उच्चतर समष्टि अर्थशास्त्र
(ADVANCED MACRO ECONOMICS)

विश्वविद्यालय अनुदान आयोग (यू०जी०सी० एवं सेन्ट्रल बोर्ड ऑफ स्टडीज, उच्च शिक्षा विभाग, मध्य प्रदेश सरकार) द्वारा निर्धारित विभिन्न भारतीय विश्वविद्यालयों की एम०ए०, एम० कॉम तथा आनर्स कक्षाओं हेतु नवीनतम पाठ्यक्रमानुसार

डॉ० वी०सी० सिन्हा

एम०ए०, एम०काम०, पी-एच०डी०, डी०लिट्०

पूर्व कुलपति

अवधेश प्रताप सिंह विश्वविद्यालय, रीवा

डॉ० पुष्पा सिन्हा

एम०ए०, एल०टी०, पी-एच०डी०

डॉ० विवेक सिन्हा

बी०ई०, एम०बी०ए०

लोकभारती प्रकाशन

पहली मंजिल, दरबारी बिल्डिंग, महात्मा गांधी मार्ग इलाहाबाद-1

लोकभारती प्रकाशन
पहली मंजिल, दरबारी बिल्डिंग, महात्मा गाँधी मार्ग
इलाहाबाद-211 001

वेबसाइट : www.lokbharatiprakashan.com
ईमेल : info@lokbharatiprakashan.com

शाखाएँ : 1-बी, नेताजी सुभाष मार्ग, दरियागंज
नयी दिल्ली-110 002
अशोक राजपथ, साइंस कॉलेज के सामने
पटना-800 006 (बिहार)
36-ए, शेक्सपियर सरणी
कोलकाता-700 017

बीसवाँ संस्करण : 2015

त्रिवेणी ऑफसेट प्रिंटर्स
इलाहाबाद द्वारा मुद्रित

ADVANCED MACRO ECONOMICS
by Dr. V.C. Sinha

ISBN : 978-93-5221-049-7

मूल्य : ₹ 360

बीसवें संस्करण की भूमिका

पहले **उन्नी**सवें संस्करणों का छात्रों एवं विद्वान प्राध्यापकों ने जो अपार स्वागत किया उसके लिए उनका हार्दिक आभार **व्यक्त** करते हुए बीसवें संस्करण को प्रस्तुत करने में हमें अपार हर्ष का अनुभव हो रहा है।

इस संशोधित संस्करण में समष्टिगत अर्थशास्त्र के क्षेत्र में हुए आधुनिक परिवर्तनों का यथासम्भव प्रयास किया गया है। साथ ही विभिन्न विश्वविद्यालयों के पाठ्यक्रमों में हुए परिवर्तनों के आधार पर नवीन सामग्री का समावेश किया गया है।

यद्यपि इस पुस्तक में मूलतः सैद्धान्तिक पक्ष पर ध्यान केन्द्रित किया गया है, जहाँ अवसर आया वहाँ इस बात को **स्पष्ट** किया गया है कि एक विकासशील अर्थव्यवस्था (जैसे भारत) में इन सैद्धान्तिक योगदानों का क्या महत्त्व है।

प्रस्तुत संस्करण में विषय से सम्बन्धित नवीनतम सामग्री, तथ्य, विचार एवं प्रवृत्तियों का समावेश करते हुए इस पुस्तक को हर दृष्टि से पूर्ण व अद्यतन बनाने का प्रयास किया गया है। साथ ही नवीन परीक्षा प्रश्नों के पैटर्न के अनुसार दीर्घउत्तरीय प्रश्नों (Long Answer Type Questions), लघुउत्तरीय प्रश्नों (Short Answer Type Questions) और वस्तुनिष्ठ प्रश्नों (Objective Type Questions) को समाहित किया गया है।

मैं अपने प्रिय विद्यार्थी श्री प्रशान्त कुमार कुशवाहा को धन्यवाद ज्ञापित करता हूँ, जिन्होंने बड़े उत्साह के साथ इस संस्करण की पाण्डुलिपि के संशोधन में मुझे अपना सहयोग दिया।

इस पुस्तक के प्रकाशक श्री आमोद महेश्वरी के प्रति हम विशेष धन्यवाद करते हैं, जिनके प्रयास के फलस्वरूप ही पुस्तक का वर्तमान संस्करण पाठकों के समक्ष अल्पसमय में ही प्रस्तुत किया जा सका है।

हम पुनः अपने सभी प्राध्यापक बन्धुओं सहकर्मियों तथा विज्ञ-पाठकों का आभार व्यक्त करते हैं। जिन्होंने पुस्तक को लोकप्रिय बनाने तथा अमूल्य सुझाव देकर कृति को अधिक उपयोगी बनाने में सहयोग दिया है, भविष्य में भी सुझावों का सादर स्वागत है।

–लेखकगण

विषय-सूची
(CONTENT)

खण्ड-1 : राष्ट्रीय आय एवं लेखांकन
(National Income and Accounts)

खण्ड-2 : आय निर्धारण सिद्धान्त
(Theory of Income Determination))

खण्ड-6 : कल्याणवादी अर्थशास्त्र
(Welfare Economic))

---

1 समष्टि अर्थशास्त्र (Macro Economics)

महत्त्वपूर्ण अवधारणाएँ (Important Concepts)

1. व्यष्टिगत अर्थशास्त्र (Micro Economics)—व्यष्टिगत अर्थशास्त्र में व्यक्तिगत स्तर पर समस्याओं जैसे एक उपभोक्ता के उपभोग की समस्या अथवा एक फर्म की कीमत निर्धारण की समस्या का अध्ययन किया जाता है।

2. समष्टिगत अर्थशास्त्र (Macro Economics)—समष्टिगत अर्थशास्त्र में **सामूहिक स्तर** पर आर्थिक समस्याओं, जैसे–सारी अर्थव्यवस्था के कुल उपभोग, सामान्य कीमत स्तर, कुल रोजगार, राष्ट्रीय आय आदि का अध्ययन किया जाता है।

3. स्थैतिक समष्टि अर्थशास्त्र (Static Macro Economics)—स्थैतिक समष्टि अर्थशास्त्र किसी समय विशेष पर एक अर्थव्यवस्था के अन्तिम सन्तुलन की व्याख्या करता है।

4. तुलनात्मक स्थैतिक समष्टि अर्थशास्त्र (Comparative Static Macro Economics)—तुलनात्मक स्थैतिक समष्टि अर्थशास्त्र का कार्य अर्थव्यवस्था द्वारा प्राप्त किये जाने वाले विभिन्न सन्तुलन स्तरों की परस्पर तुलना का अध्ययन करना है परन्तु यह विश्लेषण हमें इस बात की जानकारी नहीं देता कि एक सन्तुलन के स्तर से दूसरे सन्तुलन के स्तर तक किन प्रक्रियाओं द्वारा पहुंच गया है।

5. प्रावैगिक समष्टि अर्थशास्त्र (Dynamic Macro Economics)—प्रावैगिक समष्टि अर्थशास्त्र इस बात को बताता है कि एक सन्तुलन के स्तर से दूसरे सन्तुलन के स्तर तक कैसे या किन प्रक्रियाओं द्वारा पहुंचा गया है। इस प्रकार प्रावैगिक समष्टि अर्थशास्त्र एक 'चलचित्र' का अध्ययन करता है।

प्रमुख **अर्थशास्त्री प्रो. अल्फ्रेड मार्शल (Alfred Marshall)** ने अर्थशास्त्र को परिभाषित करते हुए लिखा है, "अर्थशास्त्र जीवन के साधारण व्यवसाय के सम्बन्ध में मानव जाति का अध्ययन करता है।" समष्टिगत अर्थशास्त्र में "हम जीवन के साधारण व्यवसाय का सामूहिक रूप से अध्ययन करते हैं अर्थात् हम समस्त अर्थव्यवस्था के व्यवहार का अध्ययन करते हैं।"[1]

सन् 1933 में सबसे पहले **ओसलो विश्वविद्यालय (नार्वे) के प्रसिद्ध अर्थशास्त्र प्रो. रैगनर फ्रिश (Ragner Frish)** ने अर्थशास्त्र के अध्ययन को दो भागों में बाँटा है–

1. व्यष्टिगत अर्थशास्त्र (Micro Economics)—इसमें किसी अर्थव्यवस्था की भिन्न-भिन्न, छोटी-छोटी इकाइयों की आर्थिक क्रियाओं का विश्लेषण किया जाता है। व्यष्टिगत अर्थशास्त्र में व्यक्तिगत स्तर पर आर्थिक समस्याओं, जैसे एक उपभोक्ता उपभोग की समस्या, अथवा एक फर्म की कीमत निर्धारण की समस्या का अध्ययन किया जाता है। इसे **कीमत सिद्धांत (Price Theory)** भी कहा जाता है।

2. समष्टिगत अर्थशास्त्र (Macro Economics)—इसमें सम्पूर्ण आर्थिक प्रणाली का अध्ययन किया जाता है। समष्टिगत अर्थशास्त्र में सामूहिक स्तर पर आर्थिक समस्याओं, जैसे सारी अर्थव्यवस्था के कुल उपभोग, सामान्य कीमत

---

1. "In Macro Economics we study this 'ordinary business of life' in the aggregate, that is, we look at the behaviour of the economic as a whole." —*Alfred Marshall*

स्तर, कुल रोजगार, राष्ट्रीय आय आदि का अध्ययन किया जाता है। समष्टिगत अर्थशास्त्र को **आय तथा रोजगार सिद्धान्त (Theory of Income and Employment)** भी कहा जाता है।

व्यष्टिगत अर्थशास्त्र और समष्टिगत अर्थशास्त्र की प्रकृति के संदर्भ में संक्षिप्त अध्ययन करने के उपरान्त अब हम समष्टिगत अर्थशास्त्र का विस्तृत अध्ययन करेंगे।

समष्टिगत अर्थशास्त्र की प्रतिष्ठित, नव-प्रतिष्ठित और कीन्सियन विचारधारा (Classical, Neo-Classical and Keynesian Concept of Macro Economics)

1. समष्टिगत अर्थशास्त्र की प्रतिष्ठित धारणा (Classical Concept of Macro Economics)—सामान्यतया **एडम स्मिथ, जे. एस. मिल, जे. बी. से** एवं **रिकार्डो** को मुख्य रूप से प्रतिष्ठित अर्थशास्त्रियों के अन्तर्गत माना जाता है। प्रतिष्ठित धारणा के अनुसार एक पूँजीवादी स्वतन्त्र अर्थव्यवस्था में **पूर्ण रोजगार (Full Employment)** की स्थिति एक सामान्य स्थिति है। इन अर्थव्यवस्थाओं में यदि बेरोजगारी पायी जाती है तो वह केवल अल्पकाल के लिए रहती है, क्योंकि बेरोजगारी की स्थिति में आर्थिक शक्तियों में स्वयं ही इस प्रकार का परिवर्तन हो जाता है, जिससे बेरोजगारी स्वत: दूर हो जाती है।

2. समष्टिगत अर्थशास्त्र की नव-प्रतिष्ठित धारणा (New-classical Concept of Macro Economics)—नव-प्रतिष्ठित अर्थशास्त्रियों में **मार्शल** और **पीगू** के नाम विशेष रूप से उल्लेखनीय हैं। मार्शल तथा उनके अनुयायियों ने पूर्ण रोजगार तथा संबंधित उत्पादन एवं आय की मान्यताओं को लेते हुए, अपना ध्यान **सापेक्षिक मूल्य निर्धारण तथा साधनों के वैकल्पिक प्रयोगों के माध्यम साधनों के आबंटन की समस्याओं पर केन्द्रित किया।**

3. समष्टिगत अर्थशास्त्र की कीन्सियन धारणा (Keynesian Concept of Macro Economics)—प्रतिष्ठित अर्थशास्त्रियों की पूर्ण रोजगार की पूर्व धारणा का खण्डन करने तथा रोजगार एवं आय-निर्धारण का एक ठीक एवं महत्त्वपूर्ण सिद्धान्त प्रस्तुत करने का श्रेय इंग्लैण्ड के **लार्ड जे. एम. कीन्स (Lord J.M. Keynes)** को है, जिन्होंने 1936 में अपनी युग प्रवर्तक पुस्तक *'General Theory of employment, Interest and Money'* में व्यक्त किया है। **कीन्स** ने यह सिद्ध कर दिया कि एक अर्थव्यवस्था पूर्ण रोजगार से नीचे के स्तर पर साम्य की अवस्था में हो सकती है। इसका कारण उन्होंने कुल माँग (Aggregate Demand) कुल पूर्ति (Aggregate Supply) से कम होना बताया। इस माँग को बढ़ाने के लिए सरकार को राजकोषीय नीति के अन्तर्गत अपने व्यय बढ़ाने चाहिए।

समष्टिगत अर्थशास्त्र का अर्थ एवं परिभाषाएँ (Meaning and Definitions of Macro Economics)

'मैक्रो' (Macro) ग्रीक भाषा के **'मैक्रोस' (Makros)** से बना है जिसका अर्थ है **'बड़ा'**। इस प्रकार मैक्रो बड़े समूह से सम्बन्धित है। अत: समष्टिगत अर्थशास्त्र में सम्पूर्ण अर्थव्यवस्था से सम्बन्धित समूहों, जैसे राष्ट्रीय आय, राष्ट्रीय बचत, राष्ट्रीय विनियोग, कुल रोजगार, कुल उत्पादन व सामान्य कीमत स्तर पर आदि का अध्ययन किया जाता है।

समष्टिगत अर्थशास्त्र की कुछ प्रमुख परिभाषाएँ निम्नलिखित हैं–

1. प्रो. बोल्डिंग के अनुसार, ''समष्टिगत आर्थिक सिद्धान्त अर्थशास्त्र का वह भाग है जो अर्थशास्त्र के कुल औसत तथा कुल समूहों का अध्ययन करता है।''[1]

2. गार्डनर एकले के अनुसार, ''समष्टिगत अर्थशास्त्र का सम्बन्ध इस प्रकार के तत्त्वों से है जैसे किसी अर्थव्यवस्था का कुल उत्पादन, उनके साधनों का किस समा तक उपयोग हो रहा है, राष्ट्रीय आय का आकार तथा सामान्य कीमत स्तर।''[2]

---

1. "Macro Economic Theory is that part of economics which studies the overall average and aggregates of the system." —*Boulding*
2. "Macro Economic concerns with such variable as the aggregate volume of the output of an economy, with the extent to which its resources are employed, with the size of national income and with the general price level." — *Gardner Ackely*

3. प्रो. शेपिरो के अनुसार, "समष्टिगत अर्थशास्त्र सारी अर्थव्यवस्था के कार्यकरण से संबंधित है।"[1]

अत: समष्टिगत अर्थशास्त्र की एक उपयुक्त परिभाषा इस प्रकार दी जा सकती है-**"समष्टिगत अर्थशास्त्र आर्थिक विश्लेषण की वह शाखा है जो कि समस्त अर्थव्यवस्था से संबंधित बड़े योगों एवं औसतों का, उनके व्यवहार का व उनके पारस्परिक सम्बन्धों का अध्ययन करती है।"**

समष्टिगत अर्थशास्त्र की विशेषताएँ
(Characteristics of Macro Economics)

उपर्युक्त परिभाषाओं के अध्ययन से समष्टिगत अर्थशास्त्र की निम्नलिखित विशेषताओं का आभास होता है-

1. परिवर्तनशील समष्टि इकाइयाँ (Variable Macro Units)—समष्टिगत अर्थशास्त्र में समष्टि इकाइयों, जैसे राष्ट्रीय आय, कुल उत्पादन, कुल रोजगार सामान्य कीमत स्तर आदि को परिवर्तनशील माना जाता है।

2. सम्पूर्ण अर्थव्यवस्था से सम्बन्धित (Related to Whole Economy)—समष्टिगत अर्थशास्त्र में सम्पूर्ण अर्थव्यवस्था से संबंधित नीतियों का अध्ययन किया जाता है। इसके साथ-साथ इन समष्टिगत नीतियों का प्रभाव किसी एक व्यक्तिगत इकाई पर नहीं देखा जाता बल्कि सम्पूर्ण समाज पर पड़ने वाले प्रभाव का विश्लेषण ही समष्टिगत अर्थशास्त्र के अन्तर्गत किया जाता है।

3. समष्टिगत मात्राएँ (Aggregate Quantitatives)—समष्टिगत अर्थशास्त्र में समष्टिगत मात्राएँ व्यष्टिगत मात्राओं का योग नहीं है और इसी प्रकार समष्टिगत मात्रा में व्यक्तिगत इकाइयों की कुल संख्या का भाग देने पर व्यष्टिगत मात्रा प्राप्त नहीं की ज़ा सकती, क्योंकि दोनों प्रकार की मात्राओं का निर्धारण अलग-अलग तरीकों से किया जाता है।

4. परस्पर निर्भरता (Inter-Dependence)—व्यष्टिगत साम्य स्तर के परिवर्तन का प्रभाव अन्य इकाइयों पर नहीं पड़ता, जबकि समष्टिगत मात्राएँ परस्पर इतनी सम्बद्ध होती हैं कि एक में परिवर्तन करने पर अन्य मात्राओं के साम्य स्तर में भी जिसके फलस्वरूप कुल रोजगार, उपभोग, विदेशी व्यापार आदि में भी गुणक प्रभाव से परिवर्तन होगा।

5. तुलनात्मक अध्ययन (Comparative Study)—समष्टिगत अर्थशास्त्र किसी विषय का विवेचन तुलनात्मक अर्थ में करता है। उदाहरणार्थ, यह दो समयावधियों के भीतर राष्ट्रीय आय, राष्ट्रीय बचत, राष्ट्रीय विनियोग, कुल रोजगार आदि की परस्पर तुलना करता है।

6. आय सिद्धान्त (Income Theory)—इस विषय को आय सिद्धान्त के नाम से भी पुकारा जाता है। इसका मूल कारण यह है कि इस विषय में इस बात का अध्ययन किया जाता है कि राष्ट्रीय आय किस प्रकार निर्धारित होती है,यह किन कारणों से घटती-बढ़ती है तथा समुचित अर्थव्यवस्था का विकास किन तत्त्वों पर निर्भर करता है।

7. रोजगार सिद्धान्त (Employment Theory)—चूँकि श्रम को रोजगारों पर लगाने से ही राष्ट्रीय आय में वृद्धि होती है, इसलिए आप के निर्धारक तत्त्व ही किसी देश में पूर्ण रोजगार को निर्धारित करते हैं, इसलिए आय के सिद्धान्त को रोजगार सिद्धान्त भी कहा जाता है।

8. व्यष्टिगत अर्थशास्त्र का पूरक (Supplement to Micro Economics)-समष्टिगत अर्थशास्त्र पूरक प्रकृति का है, क्योंकि यह व्यष्टिगत विश्लेषण द्वारा निकाले गये निष्कर्षों की सत्यता की जाँच करता है।

समष्टिगत अर्थशास्त्र का क्षेत्र
(Scope of Macro Economics)

जैसा हम अध्ययन कर चुके हैं समष्टिगत अर्थशास्त्र का क्षेत्र अत्यन्त व्यापक है। इसके अन्तर्गत अर्थव्यवस्था के बड़े समूहों, योगों व औसतों का अध्ययन किया जाता है। संक्षेप में, समष्टिगत अर्थशास्त्र के अध्ययन में निम्नलिखित प्रमुख बातों का अध्ययन किया जाता है-

1. आय व रोजगार का निर्धारण (Determination of Income and Employment)—समष्टिगत आर्थिक विश्लेषण की विषय-वस्तु यह व्याख्या करती है कि राष्ट्रीय आय तथा रोजगार का सतर किस प्रकार निर्धारित होता है तथा राष्ट्रीय आय, उत्पादन तथा रोजगार में उच्चावचन किन कारणों से होते हैं। साथ ही इस बात की भी व्याख्या करता है कि दीर्घकाल में राष्ट्रीय आय में वृद्धि किन तत्त्वों पर निर्भर है। अन्य शब्दों में, समष्टिगत अर्थशास्त्र समस्त आर्थिक क्रिया

1. "Macro Economic deals with the functioning of the economics as a whole." —*Shapiro*

(अर्थात् राष्ट्रीय आय, उत्पादन तथा रोजगार) के स्तर, उच्चावचन (व्यापार चक्र) तथा वृद्धि (विकास) के निर्धारण का विश्लेषण करता है।

2. सामान्य कीमत स्तर का सिद्धान्त (Theory of General Price Level)—समष्टिगत अर्थशास्त्र में मुद्रा स्फीति (Inflation) अर्थात् कीमतों में होने वाली सामान्य वृद्धि तथा मुद्रा-स्फीति (Deflation) अर्थात् कीमतों में होने वाली सामान्य कमी से सम्बन्धित समस्याओं का भी अध्ययन किया जाता है।

3. आर्थिक विकास का सिद्धान्त (Theory of Econonmic Growth)—समष्टिगत अर्थशास्त्र में विकास अर्थात् प्रतिव्यक्ति वास्तविक आय में होने वाले वृद्धि से सम्बन्धित समस्याओं का अध्ययन किया जाता है। अल्पविकसित अर्थव्यवस्थाओं के आर्थिक विकास का अध्ययन किया जाता है। सरकार की राजस्व तथा मौद्रिक नीतियों का अध्ययन भी किया जाता है।

4. वितरण का समष्टिगत सिद्धान्त (Macro Theory of Distribution)—समष्टिगत अर्थशास्त्र के अन्तर्गत अर्थव्यवस्था के वितरण में समष्टि सिद्धान्त का भी अध्ययन किया जाता है। इस सिद्धान्त से ज्ञात होता है कि राष्ट्रीय आय में उत्पादन के विभिन्न साधनों का हिस्सा किस प्रकार निर्धारित होता है अर्थात् मजदूरों को कितना भाग प्राप्त होता है तथा उद्यमियों तथा भूमिपतियों को कितना भाग प्राप्त होता है। इसका सम्बन्ध आय के असमान वितरण से भी है।

5. अन्तर्राष्ट्रीय व्यापार का सिद्धान्त (Theory of International Trade)—इसमें विभिन्न देशों के बीच व्यापारिक सम्बन्धों, व्यापार के मूल्य और मात्रा, व्यापार की दशा, व्यापार की शर्तों, विनिमय दरों का निर्धारण आदि का अध्ययन किया जाता है।

समष्टिगत अर्थशास्त्र (Macro Economics)

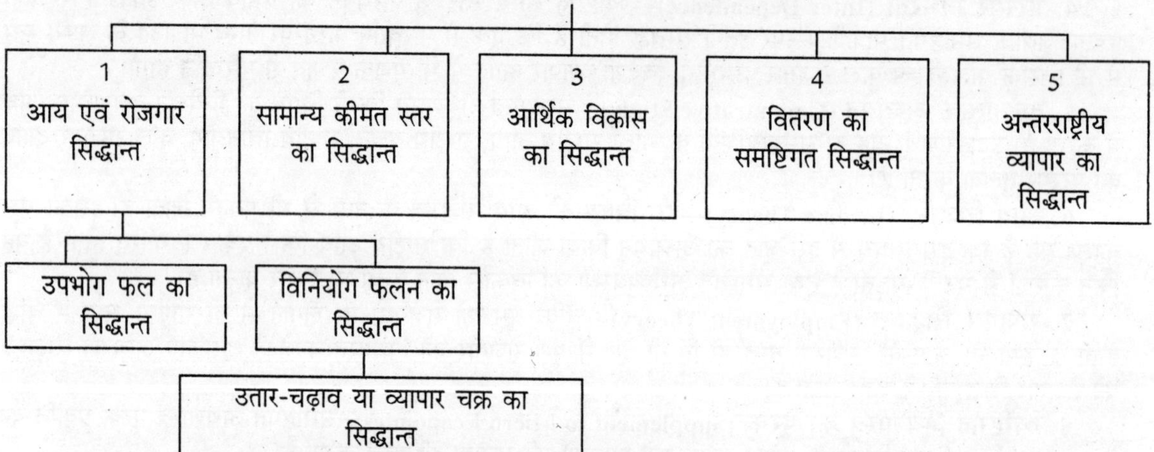

संक्षेप में, समष्टिगत अर्थशास्त्र में हम यह अध्ययन करते हैं कि–

(i) **राष्ट्रीय आय** तथा रोजगार का निर्धारण कैसे होता है?

(ii) **सामान्य मूल्य स्तर** पर किन तत्त्वों का प्रभाव पड़ता है? मुद्रा-स्फीति उत्पन्न होने के क्या कारण हैं? अर्थव्यवस्था पर मुद्रा-स्फीति का क्या प्रभाव पड़ता है?

(iii) **आर्थिक विकास** के निर्धारक तत्त्व क्या हैं तथा विकास की मुख्य समस्याएँ क्या हैं?

(iv) विभिन्न साधनों की आय के कुल **भाग का निर्धारण** किस प्रकार होता है? मजदूरी, ब्याज आदि का सापेक्ष सिद्धान्त क्या है?

व्यष्टिगत तथा समष्टिगत अर्थशास्त्र में अन्तर
(Distinction between Micro and Macro Economics)

आर्थिक विश्लेषण की इन दो महत्त्वपूर्ण विधियों में पाये जाने वाले मुख्य अन्तरों को निम्न सारणी में वर्णित किया गया है–

अन्तर का आधार	व्यष्टिगत अर्थशास्त्र	समष्टिगत अर्थशास्त्र
1. अध्ययन	इसमें व्यक्तिगत आर्थिक इकाइयों का अध्ययन होता है।	इसमें सम्पूर्ण अर्थव्यवस्था का वृहत् एवं एक समग्र इकाई के रूप में अध्ययन होता है।
2. क्षेत्र	इसका क्षेत्र सीमान्त विश्लेषण पर आधारित नियमों तक सीमित है।	इसका क्षेत्र राष्ट्रीय आय, पूर्ण रोजगार, राजस्व आदि सम्पूर्ण अर्थव्यवस्था से सम्बन्धित समस्याओं के विश्लेषण से विस्तृत है।
3. संकेत	यह वैयक्तिक कीमतों, वैयक्तिक उपभोग, उत्पादन आदि की ओर संकेत करता है।	वह सम्पूर्ण अर्थव्यवस्था के सामान्य मूल्य, कुल उपभोग, कुल उत्पादन और राष्ट्रीय आय स्तर का संकेत करता है।
4. समाधान एवं नीति	यह वैयक्तिक समस्याओं का समाधान एवं नीति प्रस्तुत करता है।	यह सम्पूर्ण अर्थव्यवस्था की समस्या का समाधान एवं उपयुक्त नीति प्रस्तुत करता है।
5. व्याख्या	यह वैयक्तिक फर्मों, उद्योगों व उत्पादन इकाइयों में उतार-चढ़ाव की व्याख्या करता है।	यह सम्पूर्ण अर्थव्यवस्था के उतार-चढ़ाव, आर्थिक मन्दी, अवसाद या आर्थिक तेजी की व्याख्या करता है।
6. महत्त्व	इसका महत्त्व आजकल अपेक्षाकृत कम है।	इसका महत्त्व दिनोंदिन बढ़ता जा रहा है।
7. सम्बन्ध	यह कीमत विश्लेषण से सम्बन्धित है।	यह आय विश्लेषण से सम्बन्धित है।
8. प्रकृति	यह विश्लेषण सरल है।	यह अत्यन्त जटिल व दुविधापूर्ण है।

समष्टिगत अर्थशास्त्र के विश्लेषण के प्रकार
(Kinds of Macro Economics Analysis)

1. व्यापक अथवा समष्टि स्थैतिक (Macro-Static)—इसके अन्तर्गत सम्पूर्ण आर्थिक व्यवस्था का अध्ययन साम्य अथवा स्थायी स्थिति में किया जाता है, परन्तु इसमें **यह बताने का प्रयत्न नहीं किया जाता कि आर्थिक दशा उस बिन्दु-विशेष अथवा साम्य पर किस प्रकार पहुँची है।** वस्तुतः यह तो साम्य का अध्ययन है। आर्थिक संसार में परिवर्तन होता रहता है और विभिन्न (Aggregates) अपनी क्रिया या प्रतिक्रिया द्वारा नये-नये सन्तुलन स्थापित करते रहते हैं। इन विभिन्न सन्तुलन स्थितियों का अध्ययन ही समष्टि स्थैतिक विश्लेषण कहलाता है। निम्नलिखित समीकरण, जो कीन्स के सामान्य सिद्धान्त से उद्धृत किया गया है, समष्टि स्थैतिक स्थिति को दिखाता है–

$$Y = C + I \text{ (कुल आय = कुल उपभोग व्यय + कुल विनियोग)}$$

उपर्युक्त समीकरण केवल यह स्पष्ट करता है कि अर्थव्यवस्था में कुल आय कुल उपभोग व्यय तथा कुल विनियोग व्यय के बराबर होनी चाहिए। इस समीकरण से हमें इस बात का बिल्कुल पता नहीं चलता कि अर्थव्यवस्था इस स्थिति पर पहुँची कैसे जहाँ कि कुल आय, कुल उपभोग व्यय तथा कुल विनियोग व्यय के बराबर हो गई है। यह समीकरण काल से परे है अर्थात् समय का विचार इसमें नहीं किया गया है। **इस प्रकार समष्टि स्थैतिक अध्ययन में न तो समय का विवेचन करते हैं और न परिवर्तन की प्रक्रिया का अध्ययन किया जाता है। यहाँ चित्र 1 में समष्टि स्थैतिक समीकरण को दिखाया गया है।**

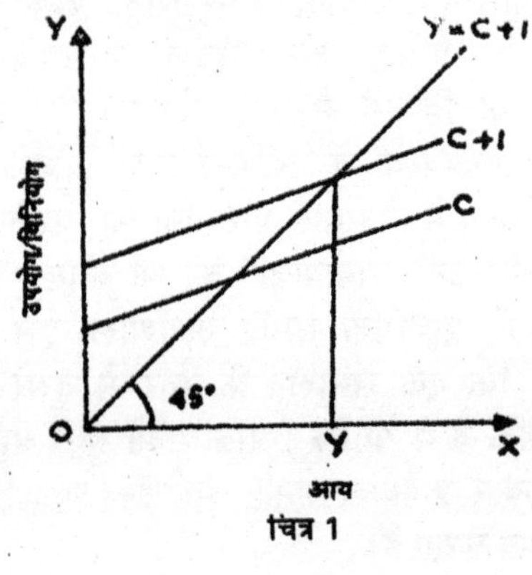

चित्र 1

चित्र में C वक्र उपभोग वक्र है, जो इस बात को बताता है कि आय के प्रत्येक स्तर पर समाज उपभोग पर कितना व्यय करेगा। C + I वक्र उपभोग एवं विनियोग दोनों पर किये जाने वाले व्यय को व्यक्त करता है। 45° कोण पर रेखा Y = C + I कुल आय तथा कुल व्यय रेखा है। अर्थव्यवस्था केवल उसी समय सन्तुलन की स्थिति में होगी, जबकि राष्ट्रीय OY रहती है, क्योंकि राष्ट्रीय आय इसी स्तर पर कुल आय और कुल व्यय (उपभोग व्यय + विनियोग व्यय) बराबर है।

2. तुलनात्मक समष्टि स्थैतिक (Comparative Macro-Static)— आर्थिक व्यवस्था में सदैव परिवर्तन होते रहते हैं, परिणामत: वह कभी स्थिर नहीं रहती। अर्थव्यवस्था में इन परिवर्तनों के कारण नये सन्तुलन बिन्दु स्थापित होते रहते हैं। कभी एक सतह पर तो कभी दूसरी सतह पर सन्तुलन स्थापित होता रहता है। **तुलनात्मक समष्टि स्थैतिक इन विभिन्न सन्तुलन बिन्दुओं का तुलनात्मक अध्ययन करता है। संक्षेप में, इस अध्ययन प्रणाली में हम सन्तुलन की दो अलग-अलग स्थितियों की एक-दूसरे से तुलना करते हैं। इसमें परिवर्तन के उस पथ का अध्ययन नहीं किया जाता जिसके द्वारा अर्थव्यवस्था एक सन्तुलन स्थिति से हटकर दूसरी सन्तुलन स्थिति को प्राप्त होती है। कीन्स ने इस अध्ययन को 'बदलते रहने वाला साम्य' (Shifting Equilibrium)** कहा है, परन्तु कीन्स ने 'बदलते रहने वाले साम्य सिद्धान्त' को प्रावैगिक विवेचन माना है और वास्तव में यह तुलनात्मक स्थैतिक दशा है। वस्तुत: कीन्स ने अपनी सम्पूर्ण पुस्तक (General Theory) में अधिकांशत: तुलनात्मक समष्टि स्थैतिक विश्लेषण को ही अपनाया है, क्योंकि यह दृष्टिकोण इस बात को प्रकट नहीं करता कि अर्थव्यवस्था किस प्रकार एक सन्तुलन स्थिति से हटकर दूसरी सन्तुलन स्थिति को प्राप्त होती है।

हम तुलनात्मक समष्टि स्थैतिक चित्र 2 की सहायता से भी समझा सकते हैं।

चित्र में प्रारम्भ में आय OY है। अब मान लीजिए, विनियोग की मात्रा में ΔI वृद्धि होती है, तब इस विधि के परिणामस्वरूप सन्तुलन आय में ΔY वृद्धि हो जाती है अर्थात् पहले सन्तुलन आय OY थी, अब बढ़कर OY_1 हो जाती है। इस प्रकार ΔI उपभोग तथा विनियोग तथा विनियोग पर प्रतिक्रिया के फलस्वरूप आर्थिक व्यवस्था प्रारम्भिक साम्य की स्थिति Y से एक नये स्तर पर Y_1 पर चली आती है, परन्तु तुलनात्मक समष्टि भाव विश्लेषण के द्वारा एक नये सन्तुलन बिन्दु को प्राप्त करने के पूर्व अर्थव्यवस्था को समायोजन प्रक्रिया के इस पथ से होकर चलना पड़ा है।

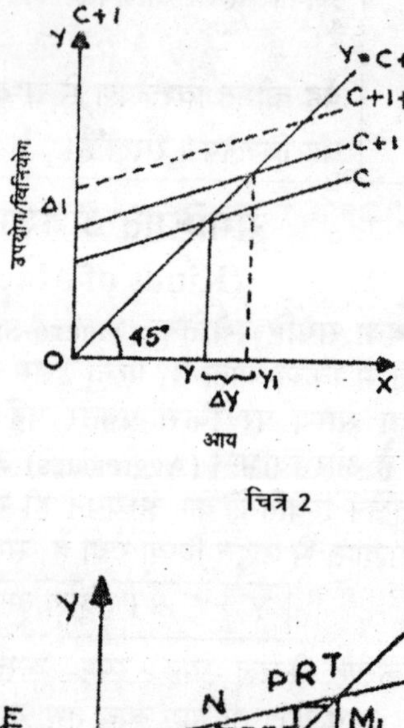

चित्र 2

3. समष्टि प्रावैगिक (Macro-Dynamic)—इसका विकास अर्थव्यवस्था में एक नवीन घटना है। **टिनबर्जन, हिक्स, बोल्डिग, फ्रिश, सैम्युलसन, राबर्ट्सन तथा हैरोड** आदि प्रसिद्ध अर्थशास्त्रियों का समष्टि प्रावैगिक विश्लेषण के विकास में भारी योगदान रहा है। इसके अन्तर्गत अर्थव्यवस्था के विभिन्न घटकों, जैसे उपभोग, विनियोग आदि में होने वाले परिवर्तनों का विश्लेषण किया जाता है और उनके समायोजनों की भी व्याख्या की जाती है। संक्षेप में, **प्रावैगिक समष्टि अर्थशास्त्र इस बात को बताता है कि एक सन्तुलन के स्तर से दूसरे सन्तुलन के स्तर तक कैसे या किन प्रक्रियाओं द्वारा पहुंचा गया है।** इस प्रकार प्रावैगिक समष्टि अर्थशास्त्र एक 'चलचित्र' का अध्ययन करता है।

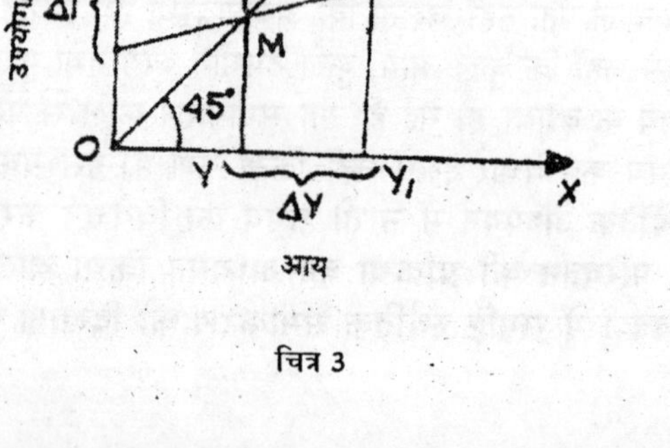

चित्र 3

चित्र 3 की सहायता से हम समष्टि प्रावैगिक प्रणाली इस प्रकार दिखा सकते हैं–

प्रारम्भिक सन्तुलन की अवस्था में आय OY है। जब विनियोग में ΔI वृद्धि होती है, तब इसमें वृद्धि होती है, तब इस वृद्धि के परिणामस्वरूप समस्त सन्तुलन आय में ΔY वृद्धि हो जाती है और सन्तुलन आय Y के प्रारम्भिक स्तर से हटकर Y_1 हो जाती है, परन्तु प्रश्न यह उठता है कि समस्त आय Y स्तर से हटकर Y_1 स्तर को कैसे प्राप्त करती है। प्रस्तुत चित्र में C + I वक्र प्रारम्भिक कुल व्यय वक्र है। यह उपभोग पर किया गया व्यय और विनियोग योग है। जब विनियोग में I से वृद्धि की जाती है तो कुल व्यय चक्र C + I ऊपर खिसकर $C + I + \Delta I$ वक्र की स्थिति हो जाती है तथा सन्तुलन आय-व्यय बिन्दु M से हटकर M_1 हो जाता है। समष्टि बिन्दु सन्तुलन आय में वृद्धि किस प्रकार होती, इसकी प्रक्रिया चित्र में $MNPQRSTM_1$ बिन्दुओं द्वारा निर्धारित बिन्दु पर रेखा द्वारा प्रदर्शित की गई है।

समष्टिगत अर्थशास्त्र के दोष, सीमाएँ एवं महत्त्व
(Defects, Limitation and Importance of Macro Economics)

समष्टि अर्थशास्त्र के दोष सीमाओं एवं महत्त्व का अध्ययन हम विभिन्न शीर्षकों के अन्तर्गत कर सकते हैं, जैसा चार्ट में दिखाया गया है।

सारणी-1 समष्टिगत अर्थशास्त्र के दोष, सीमाएँ एवं महत्त्व

I. दोष एवं सीमाएँ	II. महत्त्व
1. व्यक्तिगत इकाइयों के आधार पर सामान्य सिद्धान्त	1. जटिल अर्थव्यवस्था के अध्ययन के लिए आवश्यक
(अ) व्यक्ति और समाज की बचतें	
(ब) बैंक-जमा सम्बन्धी खतरा	
(स) मुद्रा परिणाम सम्बन्धी विरोधाभास	
2. वैयक्तिक इकाइयों की अवहेलना	2. आर्थिक नीति के निर्धारण में महत्त्व
3. समूह की माप सम्बन्धी कठिनाइयाँ	3. आर्थिक विकास का अध्ययन
4. समूह के मध्य समरूपता नहीं	4. मौद्रिक समस्याओं का विश्लेषण
5. व्यावहारिक नहीं	5. कीन्स का रोजगार सिद्धान्त
6. साधनों का अनुकूलतम प्रयोग	6. व्यष्टिगत अर्थशास्त्र के अध्ययन के लिए उपयोगी
7. विकसित देशों तक सीमित	7. व्यापक अर्थशास्त्रीय विरोधाभासों को समझना
8. विभिन्न समूहों के मध्य फलनात्मक सम्बन्ध	

समष्टिगत अर्थशास्त्र के दोष एवं सीमाएँ
(Defects and Limitations of Macro Economics)

समष्टिगत आर्थिक विश्लेषण के मुख्य दोष इस प्रकार हैं–

1. व्यक्तिगत इकाइयों के आधार पर सामान्य सिद्धान्त (General Principles Based on Individual Unit)—व्यक्तिगत इकाइयों के व्यवहार के जोड़ को कुल आर्थिक व्यवहार के समान मान लेने से भ्रांतिपूर्ण अवस्था उत्पन्न हो जाती है। यह आवश्यक नहीं कि जो बात एक व्यक्ति के विषय में सत्य हो, वह सारी आर्थिक प्रणाली पर भी लागू होती हो। इस प्रकार के अनेक उदाहरण दिये जा सकते हैं, जिनमें से प्रमुख निम्नलिखित हैं–

(अ) व्यक्ति और समाज की बचतें (Savings of Individual and Society)—एक व्यक्ति की दृष्टि से बचत करना एक गुण माना जाता है, लेकिन यदि राष्ट्र के सभी व्यक्ति बचत करने लगें तो यह एक अभिशाप सिद्ध होता है, क्योंकि ऐसी बचत से उपभोग वस्तुओं की माँग में कमी आयेगी और उसके परिणामस्वरूप उत्पत्ति, रोजगार एवं आय में निरन्तर कमी आयेगी।

(ब) बैंक-जमा सम्बन्धी खतरा (Apprehension of Bank-Deposit)—एक व्यक्ति द्वारा बैंक से रुपया निकालने में कोई खतरा नहीं है, लेकिन यदि सभी खातेदार एकसाथ रुपया निकालने लग जायें तो बैंक सौ प्रतिशत फेल हो जायेगा।

(स) मुद्रा-परिमाण सम्बन्धी विरोधाभास (Paradox of Quantity of Money)–एक व्यक्ति के पास मुद्रा की मात्रा बढ़ना लाभप्रद है, लेकिन समाज (चलन) में मुद्रा की मात्रा बढ़ना (उत्पादन में वृद्धि किये बिना) अनर्थकारी है, क्योंकि इससे मुद्रा-स्फीति की स्थिति उत्पन्न हो जाती है।

2. वैयक्तिक इकाइयों की अवहेलना (Individual Unit is Ignored)—समष्टिगत अर्थशास्त्र में सम्पूर्ण समाज पर ध्यान दिया जाता है, जबकि वैयक्तिक इकाइयों या छोटे-छोटे समूह जिनसे समाज या अर्थव्यवस्था की रचना होती है, की अवहेलना की जाती है। उदाहरण के लिए, यदि लोगों की आय में सामान्य वृद्धि हो जाये तो बहुत से लोग रेडियो के स्थान पर टेलीविजन का प्रयोग कर सकते हैं। ऐसी स्थिति में रेडियो की माँग कम हो जाने से रेडियो उद्योग पर प्रतिकूल प्रभाव पड़ेगा, जबकि टेलीविजन उद्योग पर अच्छा प्रभाव पड़ेगा।

3. समूह की माप सम्बन्धी कठिनाइयाँ (Difficulties in Measure of Aggregates)— आर्थिक समूह का निर्माण जिन इकाइयों से होता है, वे विभिन्न स्वभाव वाली होती हैं। भिन्न-भिन्न मात्राओं की मापक इकाइयाँ भिन्न-भिन्न होती हैं। 2 क्विंटल गेहूँ को 2 मीटर कपड़े में नहीं जोड़ा जा सकता। इन सबको एक साथ जोड़ने के लिए हम एक सामान्य मापदण्ड 'मुद्रा' का उपयोग करते हैं, किन्तु मुद्रा की कीमत निरन्तर बदलती रहती है। इसलिए आर्थिक योगों की तुलना कठिन हो जाती है।

4. समूह के मध्य समरूपता नहीं (Lack of Homogeneity among different groups)—यह भी सम्भव है कि सामूहिक चर, जो कि अर्थव्यवस्था को बनाते हैं, अधिक महत्त्वपूर्ण न हों। उदाहरण के लिए, एक देश की राष्ट्रीय आय सब व्यक्तिगत आयों का जोड़ है। राष्ट्रीय आय में वृद्धि का यह अर्थ नहीं कि सभी की व्यक्तिगत आय भी बढ़ गयी है। हो सकता है कि देश में कुछ धनी व्यक्तियों की आय में वृद्धि के परिणामस्वरूप राष्ट्रीय आय में वृद्धि हुई हो। इस प्रकार राष्ट्रीय आय में ऐसी वृद्धि का समाज के दृष्टिकोण से कोई महत्त्व नहीं।

प्रोफेसर बोल्डिंग (Boulding)—इन कठिनाइयों को **'समष्टि आर्थिक विरोधाभास' (Macro Economic Paradoxes)** कहते हैं, जो अकेले व्यक्ति पर लागू किये जायें तो सत्य होते हैं, परन्तु जब समस्त अर्थव्यवस्था पर लागू किये जाते हैं तो असत्य होते हैं।

5. व्यावहारिक नहीं (Not Practical)—समष्टिगत अर्थशास्त्र से सम्बन्धित सम्पूर्ण विश्लेषण अधिकतर ऐसे सैद्धान्तिक मॉडलों का निर्माण करता है जिनका नीति के निर्धारण में व्यावहारिक लाभ बहुत ही कम हो पाता है।

6. साधनों का अनुकूलतम प्रयोग (Optimum use of Resources)—समष्टिगत अर्थशास्त्र यह मान्यता लेकर चलता है कि सभी उत्पादन साधनों का श्रेष्ठतम प्रयोग हो रहा होता है। इसलिए समग्र उत्पादन व आय बढ़ाने के लिए साधनों के रोजगार में वृद्धि अनिवार्य मानी गई है। किन्तु यदि साधनों का पुनः वितरण करके उनकी उत्पादकता में वृद्धि की जाए तो बिना अतिरिक्त साधनों को रोजगार प्रदान किए भी कुल उत्पादन व आय को बढ़ाया जा सकता है।

7. विकसित देशों तक सीमित (Limited only to Developed Countries)—समष्टिगत अर्थशास्त्र विश्लेषण प्रायः विकसित देशों की परिस्थितियों और समस्याओं को मद्दे नजर रखते हुए विकसित किया गया है। इसके मॉडल एवं सिद्धान्त अधिकतम विकसित देशों की समस्याएं जो अधिक गम्भीर हैं, के लिए नहीं।

8. विभिन्न समूहों के मध्य फलनात्मक संबंध (Functional Relationship among various Aggregates)—समष्टि अर्थशास्त्र के विभिन्न समूहिक चरों जैसे-आय, उपभोग, निवेश ($Y = C + I$) आदि के मध्य फलनात्मक संबंध का होना अनिवार्य है। जैसे आय निवेश के स्तर पर और उपभोग के स्तर पर निर्भर करती है। इन दोनों में परिवर्तन आय स्तर में परिवर्तन कर देता है। परंतु यदि इन चरों के मध्य इस प्रकार का फलनात्मक संबंध नहीं है तो $Y = C + I$ का समष्टि अर्थशास्त्र में कोई अर्थ नहीं रहा जाता।

समष्टिगत आर्थिक विश्लेषण का महत्त्व (Significance of Macro Economics)

दुर्बलताएँ एवं सीमाएँ होते हुए भी व्यापक आर्थिक विश्लेषण का प्रयोग आज के युग में निरन्तर बढ़ता जा रहा है। इसके प्रमुख कारण इस प्रकार हैं–

1. जटिल अर्थव्यवस्था के अध्ययन के लिए आवश्यक (Importance in Complex Economy)–चूँकि व्यक्तिगत आर्थिक इकाइयाँ ही परस्पर मिलकर एक अर्थव्यवस्था का निर्माण करती हैं और उन इकाइयों के आर्थिक व्यवहार का सम्पूर्ण अर्थव्यवस्था पर काफी प्रभाव भी पड़ता है। इसलिए सम्पूर्ण अर्थव्यवस्था को समझने के लिए यह आवश्यक हो जाता है कि विभिन्न आर्थिक इकाइयों का व्यक्तिगत रूप से विश्लेषण किया जाये।

2. आर्थिक नीति के निर्धारण में महत्त्व (Importance in Economic Policy Formulations)—सामान्य आर्थिक विश्लेषण की सहायता से उचित आर्थिक नीतियों के बनाने में सहायता मिलती है। बोल्डिंग के शब्दों में, "आर्थिक नीति की दृष्टि से व्यापक अर्थशास्त्र का महत्त्व बहुत है, क्योंकि सरकार की आर्थिक नीति किसी एक व्यक्ति के लिए न होकर सम्पूर्ण समुदाय अथवा व्यक्तियों के एक समूह के लिए होती है। वस्तुत: आर्थिक दृष्टिकोण से राज्य व्यक्तियों का समूह है इसलिए उनका अध्ययन सामान्य दृष्टिकोण से होना चाहिए।"

3. आर्थिक विकास का अध्ययन (Study of Economic Development)—आर्थिक विकास का अध्ययन भी व्यापक अर्थशास्त्र के अन्तर्गत ही किया जाता है। व्यापक अर्थशास्त्र के आधार पर ही एक अर्थव्यवस्था के आर्थिक विकास के संसाधनों और क्षमताओं का मूल्यांकन किया जाता है; राष्ट्रीय आय, उत्पादन और रोजगार में कुल वृद्धि की योजनाएँ बनाई और कार्यान्वित की जाती हैं, ताकि अर्थव्यवस्था का बहुमुखी विकास किया जा सके।

4. मौद्रिक समस्याओं का विश्लेषण (Analysis of Monetary Problem)—व्यापक अर्थशास्त्र की सहायता से ही **मौद्रिक समस्याओं का विश्लेषण** किया जाता है और उन्हें ठीक से समझा जा सकता है। मुद्रा के मूल्य में होने वाले उच्चावचन (अर्थात् मुद्रा प्रसार व मुद्रा संकुचन) अर्थव्यवस्था पर प्रतिकूल प्रभाव डालते हैं। नियंत्रण मौद्रिक नीति, राजकोषीय नीति व अन्य साधनों द्वारा किया जाता है।

5. कीन्स का रोजगार सिद्धान्त (Keynes' Employment Theory)—कीन्स का रोजगार सिद्धान्त व्यापक अर्थशास्त्र का ही प्रयोग है। कीन्स के अनुसार प्रभावपूर्ण माँग में कमी के कारण देश में बेरोजगारी उत्पन्न होती है। इसको दूर करने के लिए आवश्यक है कि कुल उपभोग व्यय और कुल विनियोग व्यय को बढ़ाया जाने। इस प्रकार व्यापक अर्थशास्त्र का महत्त्व इस बात में है कि वह सामान्य बेरोजगारी के कारणों, प्रभावों व उपचारों का अध्ययन करता है।

6. व्यष्टिगत अर्थशास्त्र के अध्ययन के लिए उपयोगी (Useful for Micro Economics Study)— व्यष्टिगत अर्थशास्त्र के अन्तर्गत जिन आर्थिक नियमों का प्रतिपादन किया जाता है, उनकी जाँच करने के लिए वृहत् अर्थशास्त्र की सहायता लेना जरूरी है। उदाहरणार्थ, उपयोगिता ह्रास नियम का निर्माण तभी सम्भव हो सका है, जब विभिन्न व्यक्तियों के समूहों के व्यवहार से उसकी पुष्टि कर ली गयी है।

7. व्यापक अर्थशास्त्रीय विरोधाभासों को समझना (To Understand Macro Economical Paradoxes)—व्यापक अर्थशास्त्र के कुछ विरोधाभास हैं, जिनकी चर्चा हम ऊपर कर चुके हैं। इन व्यापक अर्थशास्त्रीय विरोधाभासों के कारण आर्थिक समस्या का समग्र रूप में अध्ययन हो जाता है। प्रो. बोल्डिंग ने इन विरोधाभासों को व्यापक विश्लेषण का कारण माना है।

विशिष्ट तथा व्यापक दोनों पद्धतियों की पारस्परिक निर्भरता (Mutual Dependence of Micro Economics)

व्यष्टिगत व समष्टिगत आर्थिक विश्लेषण एक-दूसरे के प्रति विरोधी न होकर बल्कि पूरक हैं, उन्हें एक-दूसरे से पूर्ण स्वतंत्र समझना भूल है। वास्तव में, ऐसी परिस्थितियाँ किसी अर्थव्यवस्था में अत्यधिक हैं, जबकि (अ) समष्टिगत आर्थिक विश्लेषण करने के लिए व्यष्टिगत आर्थिक विश्लेषण की आवश्यकता पड़ती है और (ब) व्यष्टिगत आर्थिक समस्या को समझने के लिए समष्टिगत विश्लेषण की आवश्यकता होती है। इस तथ्य को कुछ उदाहरण देकर समझाया जा सकता है–

1. समष्टिगत आर्थिक विश्लेषण में व्यष्टिगत आर्थिक विश्लेषण की आवश्यकता (Need of Micro Economic Analysis in Macro Economic Analysis)—(i) यदि एक अर्थशास्त्री सम्पूर्ण अर्थव्यवस्था का अध्ययन करना चाहता है, तब उसे इस अध्ययन के लिए व्यक्तियों, फर्मों, परिवारों और उद्योगों का अध्ययन करना आवश्यक होगा, क्योंकि वैयक्तिक इकाइयों के स्वरूप को बिना समझे अर्थव्यवस्था के सम्बन्ध में पूर्ण जानकारी प्राप्त नहीं हो सकेगी।

(ii) जब हम सम्पूर्ण अर्थव्यवस्था के बारे में कोई योजना बनाना चाहते हैं तो इसके लिए व्यक्तिगत फर्मों तथा उद्योगों आदि की योजनाओं को ध्यान में रखना होगा। भारत में जब योजना आयोग सम्पूर्ण देश के लिए पंचवर्षीय योजना की रचना करता है तो विभिन्न विभागों तथा अन्य संस्थाओं से व्यक्तिगत रूप में लक्ष्यों की सूची मँगवाता है।

2. व्यष्टिगत आर्थिक समस्या को समझने के लिए समष्टिगत विश्लेषण भी सहायक है (Macro Analysis is helpful in Understanding micro Economic Problem)—(i) एक व्यष्टिगत दुकानदार अपने स्टॉक में उसी समय वृद्धि करता है, जब वह सामूहिक रोजगार, माँग और कीमतों को बढ़ते हुए देखता है।

(ii) एक फर्म अपने श्रमिकों की मजदूरी के सम्बन्ध में निर्णय लेना चाहती है। यह एक व्यष्टिगत विश्लेषण की समस्या है, क्योंकि इसका सम्बन्ध एक फर्म-विशेष से है। इस समस्या का निर्धारण करते समय वह फर्म यह देखेगी कि अन्य फर्मों की मजदूरी की दरें तथा राष्ट्रीय मजदूरी नीति क्या है? अर्थात् व्यष्टिगत अर्थशास्त्र की समस्या का समाधान करने के लिए समष्टिगत अर्थशास्त्र की सहायता लेनी पड़ेगी।

(iii) यदि एक फर्म अपनी उत्पादित वस्तु का कीमत-निर्धारण करती है तो वह कीमत-निर्धारण करने से पहले दूसरी फर्मों द्वारा उत्पादित वस्तुओं की कीमतों की ओर भी ध्यान देती है।

(iv) यदि एक फर्म अपनी वस्तु के उत्पादन की मात्रा निर्धारित करना चाहती है तो वह मात्रा निर्धारण करते समय समाज की कुल माँग और रोजगार की स्थिति को ध्यान में रखती है।

3. विशिष्ट और व्यापक अर्थशास्त्र में परस्पर निर्भरता न पाया जाना (Non-existence of Mutual Interdependence between Micro & Macro Economics)—ऊपर वर्णित परस्पर निर्भरताओं के बावजूद बहुत-सी व्यापक आर्थिक समस्याएँ होती हैं जो व्यक्तियों पर लागू नहीं होतीं और बहुत-सी ऐसी व्यक्तिगत समस्याएँ होती हैं जोकि समूची आर्थिक प्रणाली पर लागू नहीं होतीं। उदाहरणार्थ, एक व्यक्ति की दृष्टि से बचत करना एक गुण माना जाता है, लेकिन यदि राष्ट्र के सभी व्यक्ति बचत करने लगें तो यह एक अभिशाप सिद्ध होगा। अर्थव्यवस्था में जब पूर्ण रोजगार होता है, तो एक फर्म उद्योग की दूसरी फर्मों से साधन आकर्षित करके अपने उत्पादन को बढ़ा सकती है, परन्तु सारा उद्योग इस प्रकार से अपने साधनों में वृद्धि नहीं कर सकता। एक देश का निर्यात उसके आयात से कम या अधिक हो सकता है, लेकिन विश्व के सभी देशों को एकसाथ लेने से हम देखेंगे कि समस्त देशों का आयात बराबर होता है सब देशों के निर्यात के। इसी प्रकार के अनेक उदाहरण मिलते हैं जिनमें जो बात एक व्यक्ति के लिए सही है, वह समस्त समाज के लिए सही नहीं निकलती तथा बहुत-सी व्यापक आर्थिक समस्याएँ होती हैं, जो व्यक्तियों पर लागू नहीं होतीं। दृष्टांतों से यह स्पष्ट हो जाता है कि बहुत-सी अवस्थाओं में विशिष्ट और व्यापक अर्थशास्त्र में परस्पर निर्भरता नहीं पायी जाती और दोनों का ही पृथक्-पृथक् अध्ययन आवश्यक हो जाता है।

निष्कर्ष (दोनों मार्गों का उचित समन्वय) (Conclusion—Proper Co-ordination between two Paths)—इस प्रकार अर्थशास्त्र की ये दोनों ही शाखाएँ अर्थव्यवस्था के कार्य एवं कारण को सही रूप में समझने के लिए आवश्यक हैं। वस्तुतः विशिष्ट और व्यापक विश्लेषण के बीच कोई अति कठोर रेखा नहीं खींची जा सकती। अर्थव्यवस्था के एक सामान्य सिद्धान्त के अन्तर्गत दोनों आने चाहिए। वह ऐसा सिद्धान्त होना चाहिए जो कीमतों, उत्पादन आय, व्यक्तिगत फर्मों एवं उद्योगों के व्यवहार और व्यक्तिगत चरों के समूह की व्याख्या करे। जैसा कि **प्रो. एकले** ने कहा है, "वास्तव में, व्यापक अर्थशास्त्र और विशिष्ट अर्थशास्त्र में स्पष्ट अन्तर रेखा नहीं खींची जा सकती। अर्थव्यवस्था का एक सामान्य सिद्धान्त स्पष्टतया दोनों का आलिंगन करेगा, यह व्यक्तिगत व्यवहार, व्यक्तिगत प्रदाएँ, आय और कीमतों की व्याख्या करेगा और व्यक्तिगत परिणामों के जोड़ या औसत समूहों को बनायेंगे, जिनसे समष्टिगत अर्थशास्त्र का सम्बन्ध है। ऐसा सामान्य सिद्धान्त विद्यमान है, परन्तु इसकी व्यापकता ही इसके पास बहुत कम मौलिक तत्त्व छोड़ती है। वास्तव में, हम यह पाते हैं कि यथार्थ परिणामों पर हमें व्यापक आर्थिक समस्याओं को व्यापक आर्थिक उपकरणों तथा विशिष्ट आर्थिक समस्याओं को विशिष्ट आर्थिक उपकरणों द्वारा पहुँचना चाहिए। इस प्रकार आवश्यकता इस बात की है कि दोनों मार्गों का उचित समन्वय किया जाये।"

उपर्युक्त विवेचन से स्पष्ट हो जाता है कि दोनों पद्धतियाँ प्रतियोगी न होकर एक-दूसरे की पूरक हैं। **प्रो. सैम्युल्सन** के शब्दों में, **"वास्तव में, विशिष्ट और व्यापक अर्थशास्त्र में कोई विरोध नहीं है। दोनों अत्यन्त आवश्यक हैं। आप केवल अर्द्ध-शिक्षित हैं, यदि आप एक को समझते हैं और दूसरे से अनभिज्ञ रहते हैं।"**

समष्टिगत अर्थशास्त्र में बाह्य चरों की विद्यमानता

(Existence of Exogenous Variables in Macroeconomics)

क्या समष्टिगत अर्थशास्त्र में बाह्य चर (Exogenous Variable) उत्पन्न होते हैं?

वस्तुतः यदि व्यष्टिगत अर्थशास्त्र व्यवहार को सही व्यक्त करने में सफल हो जाता है तो प्रत्येक समष्टिगत सिद्धान्त को व्यष्टिगत अर्थशास्त्र के माध्यम से व्यक्त किया जा सकता है, परन्तु यह तभी हो सकता है, जब लोगों के सामूहिक

व्यवहार के कोई बाह्य चर (Exogenous Variable) प्रवेश नहीं करता। परन्तु कुछ बाह्य चर ऐसे हैं जो सामूहिक स्तर पर प्रकट होते हैं, किन्तु व्यक्तिगत स्तर पर विद्यमान नहीं होते। इस प्रकार के बाह्य चरों का परीक्षण हम निम्नलिखित बिन्दुओं के आधार पर कर सकते हैं।

1. बचत का विरोधाभास (Paradox of Saving)—व्यक्तिगत तौर पर बचत आय व उत्पादन को बढ़ाने वाली है। परन्तु जब सभी व्यक्ति बचत बढ़ाते हैं तो 'कीन्स' के अनुसार कुल मांग में गिरावट आ जाती है, जो उत्पादन रोजगार एवं आय में निरंतर कमी लाती है।

2. सामाजिक प्रतिबंध (Social Constraints)—सामाजिक या सामूहिक स्तर पर प्रकट होने वाले चरों को सामाजिक प्रतिबन्ध (Social Constraints) का नाम दिया जा सकता है। जैसे की प्रत्येक उत्पादक अपने लाभ को अधिकतम करने के लिए अन्य उत्पादकों से प्रतियोगिता करता है, किन्तु यही प्रतियोगिता सामूहिक स्तर पर सभी के लाभों को कम कर देती है। इसका कारण यह है कि प्रतियोगिता में सभी उत्पादन विनियोग बढ़ाकर अधिकाधिक उत्पादन (पूर्ति) करते हैं। फलतः वस्तुओं का विक्रय मूल्य और लाभ घट जाता है। परन्तु व्यक्तिगत निर्णय लेते समय प्रतियोगिताओं को ध्यान में नहीं रखा जाता।

कार्ल मार्क्स के अनुसार, "प्रत्येक उद्यमी विनियोग बढ़ा कर अपने कुल लाभ को बढ़ाने का प्रयास करता है किन्तु सामूहिक प्रतियोगिताओं के परिणामस्वरूप सभी के लाभ कम हो जाते हैं। इसी को मार्क्स ने **प्रतियोगिता का विरोधाभास (Paradox of Competition) कहा है।**

3. कानूनी प्रतिबंध (Legal Constraint)—व्यावहारिक जीवन में हम देखते हैं कि सरकार ऐसे नियम व अधिनियम बना देती है, जो समष्टिगत स्तर अर्थात संपूर्ण समान पर तो लागू होते हैं, परंतु व्यष्टिगत अर्थशास्त्र के मांग व पूर्ति संबंधी सिद्धान्त को लागू नहीं होने देते। उदाहरणार्थ के लिए सरकार विभिन्न वस्तुओं की कीमत निर्धारित कर देती है, जिसमें व्यष्टिगत अर्थशास्त्र का मांग व पूर्ति संबंधी सिद्धान्त लागू नहीं हो पाता है। इस प्रकार कानूनी प्रतिबन्ध भी व्यष्टिगत एवं समष्टिगत अर्थशास्त्र के मध्य संगति के रास्ते में बाधक है।

4. मात्रात्मक प्रतिबन्ध (Quantitative Constraints)—हेयक (Hayak) का व्यापार चक्रीय संबंधी मॉडल दर्शाता है कि प्रत्येक फर्म अधिक साख (Credit) का प्रयोग करती हुई अपनी आर्थिक क्रियाओं का विस्तार करती है किन्तु इस प्रक्रिया में साख की अत्यधिक मांग साख को दुर्लभ बना देती है। सामूहिक स्तर पर साख की कमी के कारण आर्थिक क्रियाएं संकुचित होने लगती हैं। साख की कमी व्यक्तिगत निर्णय लेते समय व्यक्तिगत योजना सम्मिलित नहीं होती। फलतः व्यक्तिगत व्यवहार की संगति सामूहिक व्यवहार से नहीं बनती न ही यह आधार बन सकती है।

उपर्युक्त विवेचन से स्पष्ट है कि सामूहिक स्तर पर बहुत से बाह्य चर व प्रतिबन्ध उत्पन्न होते हैं जो व्यष्टिगत आर्थिक सिद्धान्तों को सामूहिक स्तर पर लागू होने नहीं देते हैं।

कीन्स का समष्टिगत अर्थशास्त्र और विकासशील देश
(Keynesian Macro-Economics and Developing Countries)

अंत में, यह स्पष्ट कर देना आवश्यक है कि औद्योगिक विकसित देशों में विकसित समष्टिगत अर्थशास्त्र का भारत जैसे विकासशील देशों में सीमित प्रयोग है। इसका कारण यह है कि औद्योगिक रूप से विकसित देशों तथा विकासशील देशों की प्रकृति तथा ढाँचे में बहुत अंतर है।

कीन्स ने जिस समष्टिगत अर्थशास्त्र का विकास किया वह मुख्यतः समस्त मांग की कमी के कारण उत्पन्न मंदी तथा बेरोजगारी से पीड़ित अर्थव्यवस्था के लिए था। इन देशों में पूंजी के भण्डार (Stock of Capital) की कोई कमी नहीं थी। इनमें समस्त मांग में गिरावट से क्षमता आधिक्य (Excess Capacity) अर्थात् वर्तमान पूंजी भण्डार का संपूर्ण क्षमता से कम प्रयोग की समस्या उत्पन्न हो गई थी और इससे बेरोजगारी फैल गयी है। किन्तु भारत के समान विकासशील देशों में समस्या एकदम भिन्न है। यहाँ बड़ी मात्रा में बेरोजगारी तथा पूंजी की कमी अथवा न्यून उत्पादन क्षमता के कारण राष्ट्रीय आय का स्तर निम्न है। जनसंख्या वृद्धि की दर के पूंजी-निर्माण की दर से अपेक्षाकृत अत्यन्त निम्न हो तो के कारण, व्यक्तियों के लिए रोजगार-सुविधाएं पर्याप्त मात्रा में उपलब्ध नहीं की जा सकी हैं। इसके परिणामस्वरूप इन देशों में बेरोजगारी तथा अर्थ-रोजगारी विशाल मात्रा में विद्यमान है। अतः विकासशील देशों में समस्या मांग की कमी की नहीं बल्कि पूर्ति व पूंजी की कमी है।

Select References

1. Ackley, G : Macro-economic Theory
2. Boulding, K.E. : A Reconstruction of Economics Economic Analysis, Vol. II
3. Branson, W.A. : Macro Economics
4. Henderson, J.M. : Theory Economics
5. Quandt, R.E. : Micro Economic Theory
6. Kurrihara, K.K. : Introduction to Keynesian Dynamics
7. Liebhafsky, H.H. : The Nature of Price Theory
8. Mehta, J.K. : Lectures on Modern Economic Theory
9. Samuelson, P.A. : Economics
10. Waston, D.S. : Price Theory and Its uses

परीक्षा प्रश्न
(Examination Questions)

I. दीर्घ उत्तरीय प्रश्न (Long Answer Type Questions)

1. समष्टि अर्थशास्त्र का क्षेत्र महत्त्व एवं प्रयोगों की विवेचना कीजिए। व्यष्टि एवं समष्टि अर्थशास्त्र की पारस्परिक निर्भरता को समझाइए।

   Explain the scope, significance and uses of macro-economics. Discuss the interdependence between macro & micro economics.

2. समष्टि अर्थशास्त्र के अर्थ को समझाइए। समष्टि अर्थशास्त्र के क्षेत्र एवं कठिनाइयों की विवेचना कीजिए।

   Explain the meaning of macro economics. Discuss the importance and difficulties of macro economics.

3. ''जो आधुनिक सिद्धान्तकार आज के युग की महान समस्याओं के समाधान में योगदान देना चाहता है, उसके लिए समष्टि अर्थशास्त्र की अवधारणाओं का उपयोग करना नितान्त आवश्यक है।'' (जे. टिनबरजेन) पूर्णत: समझाइए। कारणों सहित बताइये कि क्या एक अर्थपूर्ण समष्टि अर्थशास्त्र संभव है?

   "Working with macroeconomics concepts is a bare necessity for the modern theorist who wishes to contribute to the solution of the great problems of our times." (J. Tinbergen). Explain. Is a meaningful macroeconomics possible? Give reason.

4. ''समष्टि अर्थशास्त्र विशेष रूप से अर्थव्यवस्था में उत्पादन के कुल आकार, उत्पादन के साधनों के उपयोग की मात्रा, राष्ट्रीय आय के आकार, सामान्य कीमत स्तर आदि चरों से सम्बन्धित है।'' (गार्डनर एक्ले) इस कथन की पूर्ण विवेचना कीजिए।

   "More specifically, macroeconomics concerns itself such variables as the aggregate volume of the output of an economy, with the extent to which its resources are employed, with the size of the national income, with the general price level." (Gardner Ackley). Discuss fully this statement.

5. ''समष्टि अर्थशास्त्र यह अध्ययन करता है कि सम्पूर्ण अर्थव्यवस्था किस प्रकार से कार्य करती है। इस बात का अध्ययन करता है कि अर्थव्यवस्था में वस्तुओं तथा सेवाओं का कुल उत्पादन तथा साधनों का कुल रोजगार किस प्रकार से निर्धारित होते हैं तथा इनमें किन कारणों से उच्चावचन होते हैं।'' (एडवर्ड शॉपीरो)। इस कथन की पूर्ण विवेचना कीजिए।

   "Macroeconomics deals with the functioning of the economy as a whole, including how the economy's total output of goods and services and its total employment of resources are determined and what causes these totals to fluctuate." (Edward Shapiro). Discuss fully.

II. लघु उत्तरीय प्रश्न (Short Answer Type Questions)

1. व्यष्टिगत एवं समष्टिगत अर्थशास्त्र की ऐतिहासिक पृष्ठभूमि लिखिए।
2. समष्टिगत अर्थशास्त्र किसे कहते हैं?
3. समष्टिगत अर्थशास्त्र की विशेषताएँ लिखिए।
4. समष्टिगत अर्थशास्त्र की विषय-सामग्री बताइए।
5. समष्टिगत अर्थशास्त्र की उपयोगिता एवं महत्व लिखिए।
6. समष्टिगत अर्थशास्त्र के दोष एवं सीमाएँ लिखिए।
7. व्यष्टिगत एवं समष्टिगत अर्थशास्त्र में अन्तर स्पष्ट कीजिए।
8. व्यष्टिगत एवं समष्टिगत अर्थशास्त्र की पारस्परिक निर्भरता को समझाइए।
9. समष्टिगत अर्थशास्त्र के विश्लेषण के प्रकार लिखिए।

III. वस्तुनिष्ठ प्रश्न (Objective Type Questions)

सही विकल्प चुनकर लिखिए :

1. समष्टिगत अर्थशास्त्र अध्ययन करता है :
   (अ) अर्थव्यवस्था में रोजगार का स्तर (ब) वस्तुओं की पूर्ति का नियम
   (स) स्कूटरों की माँग की लोच (द) हापुड़ मण्डी में गेहूँ की कीमत
2. 'सामान्य कीमत स्तर' का अध्ययन किया जाता है :
   (अ) व्यष्टिगत अर्थशास्त्र में (ब) समष्टिगत अर्थशास्त्र में
   (स) उपर्युक्त किसी में नहीं (द) उपर्युक्त दोनों में
3. उचित रूप से समष्टिगत अर्थशास्त्र देन है :
   (अ) जे. के. मेहता की (ब) क्वीने की,
   (स) के. ई. बोल्डिग की (द) जे. एम. कीन्स की।
4. समष्टिगत अर्थशास्त्र का सम्बन्ध है :
   (अ) वस्तुओं और सेवाओं के उत्पादन के स्तर से (ब) समान्य कीमत स्तर से
   (स) आय वृद्धि से (द) उपरोक्त सभी में से
5. निम्नलिखित में से कौन-सी समष्टिगत अर्थशास्त्र की मान्यता है :
   (अ) पूर्ण रोजगार (ब) अन्य बातें समान रहें
   (स) अल्पकाल (द) निश्चित सामान्य कीमत स्तर
6. निम्नलिखित में से कौन-सी समष्टिगत अर्थशास्त्र की मुख्य विशेषताएँ हैं :
   (अ) व्यक्ति का अध्ययन (ब) समूह का अध्ययन
   (स) आंशिक सन्तुलन (द) उपर्युक्त में से कोई नहीं

उत्तर—1. (अ), 2. (ब), 3. (ब), 4. (द) , 5. (स), 6. (ब)।

OOO

2

राष्ट्रीय आय की धारणाएँ एवं माप
(Concept and Measurement of National Income)

महत्त्वपूर्ण अवधारणाएँ (Important Concepts)

1. राष्ट्रीय आय (National Income)—राष्ट्रीय आय से अभिप्राय एक राष्ट्र के सामान्य निवासियों को किसी विशेष अवधि में उनकी उत्पादक सेवाओं के फलस्वरूप प्राप्त होने वाली कुल साधन आय अर्थात् लगान, मजदूरी, ब्याज और लाभ से है। आय एक **प्रवाह (Flow)** है।

2. राष्ट्रीय उत्पाद (National Product)—यह राष्ट्रीय आय का प्रतिरूप है। अत: जब हम किसी देश की आर्थिक क्रियाओं के प्रतिफल को एक वर्ष में उत्पादित **अन्तिम वस्तुओं तथा सेवाओं के मौद्रिक मूल्य** के योग के रूप में प्रकट करते हैं तो इसे **राष्ट्रीय उत्पाद कहा जाता है।** दूसरी ओर, जब इसे ही एक वर्ष में औसत साधन आय अर्थात् मजदूरी, लगान, ब्याज तथा लाभ के योग के रूप में प्रकट करते हैं तो इसे **राष्ट्रीय आय** कहा जाता है।

3. मूल्य वृद्धि (Value-added)—मूल्य वृद्धि से अभिप्राय है कि उत्पादन की प्रत्येक अवस्था में प्रत्येक फर्म द्वारा वस्तु के मूल्य में कितना मूल्य जोड़ा गया है।

4. दोहरी गणना (Double Counting)—एक वस्तु के मूल्य की गणना जब एक बार से अधिक होती है तो इसे दोहरी गणना (Double Counting) कहते हैं। इसके फलस्वरूप राष्ट्रीय उत्पाद में अनावश्यक रूप में वृद्धि हो जाती है।

5. परिचालन अधिशेष (Operating Surplus)—सम्पत्ति तथा उद्यमशीलता से प्राप्त आय को जोड़कर परिचालन अधिशेष ज्ञात किया जाता है। परिचालन अधिशेष में निम्नलिखित मदें शामिल की जाती हैं–(i) लगान या किराया तथा रायल्टी, (ii) ब्याज तथा (iii) लाभ (लाभांश + निगम कर + अवितरित लाभ)

6. कर्मचारियों का पारिश्रमिक (Compensation of Employees)—इसमें उत्पादकों द्वारा अपने कर्मचारियों को दिये गये निम्नलिखित मदों को शामिल किया जाता है—(i) नकद मजदूरी तथा वेतन, (ii) किस्म के रूप में आय (Payment in Kind), (iii) सामाजिक सुरक्षा योजनाओं में मालिकों के योगदान तथा (iv) सेवा निवृत्त कर्मचारियों की प्रेंशन को शामिल किया जाता है।

7. मिश्रित आय (Mixed Income)—मिश्रित आय को स्वनियोजित आय भी कहते हैं। इसमें ऐसे व्यक्तियों को सम्मिलित किया जाता है, जो स्वयं अपना धन्धा या पेशा करते हैं। उदाहरण के लिए डॉक्टर, वकील और इंजीनियर स्वनियोजित या मिश्रित आय प्राप्त करते हैं। कृषकों को भी इस श्रेणी में शामिल किया जा सकता है, क्योंकि उपज का कुछ भाग वे स्वयं उपभोग के लिए रख लेते हैं।

8. लाभांश (Dividend)—शेयरधारियों में वितरित किये जाने वाले लाभ को लाभांश कहा जाता है।

9. उत्पाद विधि या मूल्य वृद्धि विधि (Production Method or Value-added Method)—उत्पादन विधि या मूल्य वृद्धि वह विधि है, जो एक लेखा वर्ष में देश की घरेलू सीमा के अन्तर्गत प्रत्येक उपादक के उत्पादन में योगदान की गणना करके राष्ट्रीय आय मालूम की जाती है।

इस विधि के द्वारा राष्ट्रीय आय को मापने के लिए निम्न संघटकों के मूल्यों का अनुमान लगाया जाता है–

(i) बाजार कीमत पर शुद्ध घरेलू उत्पाद (NDP_{MP}) = प्राथमिक क्षेत्र में सकल मूल्य वृद्धि + द्वितीयक क्षेत्र में सकल मूल्य वृद्धि + तृतीयक क्षेत्र में सकल मूल्य वृद्धि – मूल्य ह्रास।

(ii) साधन लागत पर शुद्ध राष्ट्रीय उत्पाद (NNP_{FC}) या राष्ट्रीय आय (NI) = बाजार कीमत पर शुद्ध घरेलू उत्पाद – शुद्ध अप्रत्यक्ष कर + विदेशों से शुद्ध आय।

10. आय विधि (Income Method)—आय विधि वह विधि है जो एक लेखा वर्ष में उत्पादन के साधनों (श्रम, भूमि, पूँजी तथा उद्यम) को उनकी उत्पादक सेवाओं के बदले में क्रमशः मजदूरी, लगान, ब्याज तथा लाभ के रूप में किये गये भुगतान की गणना करके राष्ट्रीय आय का माप करती है। संक्षेप में,

(i) शुद्ध घरेलू आय या साधन लागत पर शुद्ध घरेलू उत्पाद (NDP_{FC}) = कर्मचारियों का पारिश्रमिक + परिचालन अधिशेष + स्वनियोजितों की मिश्रित आय।

(ii) राष्ट्रीय आय (NI) = शुद्ध घरेलू आय + विदेशों से प्राप्त शुद्ध आय।

11. व्यय विधि (Expenditure Method)—व्यय विधि वह विधि है जिसके द्वारा एक लेखा वर्ष में बाजार कीमत पर सकल घरेलू उत्पाद किये गये अन्तिम व्यय को मापा जाता है। यह अन्तिम व्यय बाजार कीमत पर सकल घरेलू उत्पाद के बराबर होता है। संक्षेप में,

(i) बाजार कीमत पर सकल घरेलू उत्पाद (GDP_{MP}) = निजी अन्तिम उपभोग व्यय + सरकारी अन्तिम उपभोग + सकल घरेलू पूँजी निर्माण + शुद्ध निर्यात।

(ii) राष्ट्रीय आय (NI) = बाजार कीमत पर सकल घरेलू उत्पाद – मूल्य ह्रास – शुद्ध अप्रत्यक्ष कर + विदेशों से शुद्ध आय।

12. चालू या प्रचलित कीमत पर राष्ट्रीय आय (National Income at Current Price)—यदि राष्ट्रीय उत्पाद की मात्रा की चालू कीमतों से गुणा किया जाता है तो उसे चालू कीमतों पर राष्ट्रीय आय या मौद्रिक आय कहते हैं।

13. स्थिर कीमतों पर राष्ट्रीय आय या वास्तविक राष्ट्रीय आय (National Income at Current Price or Real National Income)—आधार वर्ष की कीमतों पर मापी गई राष्ट्रीय आय को स्थिर कीमत पर राष्ट्रीय आय या वास्तविक राष्ट्रीय आय कहा जाता है।

आर्थिक विचारों के इतिहास में राष्ट्रीय आय की विचारधारा बहुत अधिक पुरानी है। **एडम स्मिथ** ने सन् 1776 में **'राष्ट्रों के धन' (Wealth of Nations)** नामक पुस्तक में राष्ट्रीय उत्पादन के सम्बन्ध में महत्त्वपूर्ण विचार प्रस्तुत किये थे किन्तु उन्होंने **राष्ट्रीय आय अथवा राष्ट्रीय लाभांश (National Income or National Dividend)** के सम्बन्ध में कोई स्पष्ट परिभाषा या अवधारणा प्रस्तुत नहीं की थी। राष्ट्रीय आय सम्बन्धी अवधारणाओं का वास्तविक विकास बीसवीं शताब्दी के शुरू में हुआ।

संक्षेप में, राष्ट्रीय आय से आशय, **''किसी एक वर्ष के अन्तर्गत उत्पादित समस्त अन्तिम वस्तुओं व सेवाओं के बाजार मूल्य के जोड़ से है।''**

राष्ट्रीय आय की परिभाषाएँ
(Definitions of National Income)

विभिन्न अर्थशास्त्रियों ने राष्ट्रीय आय की अलग-अलग परिभाषाएँ दी हैं। अध्ययन की सुविधा की दृष्टि से इन्हें हम मुख्यतया दो वर्गों में विभाजित कर सकते हैं–

(I) नव-प्रतिष्ठित अर्थशास्त्रियों की परिभाषाएँ (Definitions by Neo-Classical Economists)—इसके अन्तर्गत प्रो. मार्शल, पीगू एवं फिशर की परिभाषाएँ सम्मिलित हैं।

(II) आधुनिक परिभाषाएँ (Modern Definitions)—इसके अन्तर्गत प्रो. साइमन कुजनेट्स सैम्युल्सन, बाउले एवं राबर्ट्सन, पाल स्टुडेन्स की परिभाषाएँ आती हैं।

(I) नव-प्रतिष्ठित अर्थशास्त्रियों की परिभाषाएँ (Definitions by Neo-classical Economists)—

नव-प्रतिष्ठित अर्थशास्त्री मार्शल, पीगू, फिशर आदि ने राष्ट्रीय आय की अलग-अलग परिभाषाएँ इस प्रकार दी हैं–

1. मार्शल की परिभाषा (Marshall's Definitions)—**प्रो. मार्शल** के अनुसार किसी देश का श्रम व पूँजी उस देश के प्राकृतिक साधनों पर कार्य करते हुए प्रति वर्ष भौतिक तथा अभौतिक वस्तुओं एवं सभी प्रकार की सेवाओं का

एक विशुद्ध योग उत्पन्न करते हैं। यही किसी देश की वास्तविक विशुद्ध वार्षिक आय या आगम अथवा राष्ट्रीय लाभांश है।[1]

परिभाषा की विशेषताएँ (Characteristics of Definitions)—मार्शल की परिभाषा की निम्नलिखित विशेषताएँ हैं—(i) राष्ट्रीय आय की गणना साधारणत: वार्षिक आधार पर की जाती है। (ii) कुल उत्पादन में से मशीनों की टूट-फूट एवं घिसावट घटा देनी चाहिए। (iii) इसमें विदेशी विनियोगों से प्राप्त विशुद्ध आय जोड़ देनी चाहिए। (iv) इसमें उन सेवाओं को सम्मिलित नहीं करना चाहिए, जो व्यक्ति अपने तथा अपने परिवार के सदस्यों के लिए या मित्रों के लिए नि:शुल्क करता है। इस प्रकार व्यक्तिगत सम्पत्ति तथा सार्वजनिक सम्पत्ति से प्राप्त लाभों को भी राष्ट्रीय आय में शामिल नहीं करना चाहिए।

संक्षेप में —

शुद्ध राष्ट्रीय आय (Net National Income)	=	वस्तुओं सेवाओं का वार्षिक उत्पादन	+	विदेशी विनियोगों से प्राप्त शुद्ध आय	–	मशीनों का ह्रास

मार्शल की परिभाषा की आलोचनाएँ (Criticisms of Marshall's Definition)—यद्यपि मार्शल की परिभाषा सरल तथा व्यापक है, फिर भी इसमें कुछ व्यावहारिक कठिनाइयाँ हैं जो निम्न प्रकार हैं–

(i) सही अनुमान की कठिनाई (Problem of Correct Estimation)—किसी वर्ष में उत्पादित उपभोग वस्तुओं एवं सेवाओं तथा उनकी असंख्य किस्मों की मात्रा का ठीक-ठीक अनुमान लगाना अत्यन्त कठिन है।

(ii) वस्तुएँ जिनका बाजार में विनिमय नहीं होता (Commodities which are not Exchanged)—बहुत-सी वस्तुएँ ऐसी होती हैं जिनका विनिमय बाजार में नहीं होता। उदाहरणार्थ, कृषि फसल का एक भाग उत्पादक अपने परिवार के प्रयोग के लिए रख लेता है, ऐसी वस्तुओं का मौद्रिक मूल्य ज्ञात नहीं किया जा सकता है, अत: राष्ट्रीय आय की सही गणना सम्भव नहीं है।

(iii) दोहरी गणना का भय (Fear of Double Counting)—मार्शल की परिभाषा के अनुसार, राष्ट्रीय आय की गणना करने पर दोहरी गणना (Double Counting) की सम्भावना रहती है। उदाहरणार्थ, कृषि उत्पादन में कपास के मूल्य को भी शामिल किया जा सकता है तथा औद्योगिक उत्पादन में उसी कपास से बने कपड़े के उत्पादन मूल्य को भी शामिल किया जा सकता है।

2. पीगू की परिभाषा (Pigou's Definition)—पीगू ने राष्ट्रीय आय की गणना में केवल उन्हीं वस्तुओं व सेवाओं का समावेश किया है, जिनको मुद्रा के मापदण्ड द्वारा मापा जा सके। इस प्रकार पीगू की परिभाषा मार्शल की परिभाषा से भिन्न है। **पीगू (Pigou)** के अनुसार, ''किसी समुदाय की राष्ट्रीय आय वस्तुगत आय (Objective Income) का वह भाग है, जिसमें विदेशों से प्राप्त आय सम्मिलित होती है, जिसको मुद्रा द्वारा मापा जा सकता है।''[2]

संक्षेप में,

राष्ट्रीय आय (NI) = मौद्रिक आय + विदेशों में विनियोगों से आय

पीगू की परिभाषा की विशेषताएँ (Characteristics)—पीगू ने राष्ट्रीय आय की परिभाषा में दो बातों पर विशेष महत्त्व दिया है–

---

1. "The labour and capital of the county, acting on its natural resources, produce annually a certain net aggregate of commodities, material and immaterial, including services of all kinds. This is the true net annual income or revenue or national dividend of the country." —*Marshall*
2. "National Income is that part of the objective income of a community including income earned in foreign countries, which can be measured in money." —*A.C. Pigou : Economics of Welfare, p. 31*

(i) विदेशों में किये गये विनियोगों से प्राप्त आय (Income foreign investments)— देश के उत्पादन के अतिरिक्त देश के नागरिकों द्वारा विदेशों में किये गये विनियोगों से प्राप्त आय का समावेश भी राष्ट्रीय आय में किया जाना चाहिए।

(ii) मुद्रा का मापदण्ड (Measuring Rod of Money)—केवल उन्हीं वस्तुओं व सेवाओं का समावेश राष्ट्रीय आय में किया जाना चाहिए, जिन्हें मुद्रा के मापदण्ड द्वारा मापा जा सके।

पीगू की परिभाषा की आलोचनाएँ (Criticisms of Pigou's Definition)—प्रो. पीगू की परिभाषा सरल एवं कार्य योग्य होते हुए भी त्रुटिरहित नहीं कही जा सकती। इनकी परिभाषा के दोष निम्नलिखित हैं–

(i) संकीर्ण तथा विरोधाभासयुक्त (Narrow and Paradoxical)—प्रो. पीगू के विचार बहुत ही संकीर्ण तथा विरोधाभास से परिपूर्ण हैं। उदाहरण के लिए, यदि कोई व्यक्ति अपनी नौकरानी को उसकी सेवाओं के लिए 100 रुपये प्रति माह चुकाता है तो उस नौकरानी की सेवाएँ राष्ट्रीय आय में सम्मिलित की जायेंगी, क्योंकि उसकी सेवाओं की कीमत मुद्रा के रूप में व्यय की गयी है। अब यदि व्यक्ति अपनी नौकरानी से विवाह कर लेता है तो उसकी सेवाएँ राष्ट्रीय आय में सम्मिलित नहीं की जायेंगी, क्योंकि अब उस नौकरानी को अपनी सेवाओं के बदले में मुद्रा के रूप में कोई पुरस्कार नहीं मिलता है। स्पष्ट है कि नौकरानी की सेवाएँ तो वही हैं, लेकिन कभी तो वह राष्ट्रीय आय में सम्मिलित होती हैं और कभी नहीं।

(ii) केवल मौद्रिक अर्थव्यवस्था में लागू (Applicable to only Monetary Economy)—यह परिभाषा केवल मौद्रिक अर्थव्यवस्था में ही लागू हो सकती है और जिन देशों में अधिकांश वस्तुओं एवं सेवाओं का विनिमय नहीं किया जाता वरन् प्रत्यक्ष रूप से अदल-बदल किया जाता है, वहाँ इस परिभाषा का कोई महत्त्व नहीं है।

3. प्रोफेसर फिशर की परिभाषा (Fisher's Definition)—प्रो. फिशर की परिभाषा मार्शल तथा पीगू की परिभाषाओं से बिल्कुल भिन्न है, जबकि मार्शल और पीगू ने राष्ट्रीय आय में वे वस्तुएँ और सेवाएँ सम्मिलित की हैं, जिनका प्रति वर्ष उत्पादन किया जाता है, तब फिशर ने राष्ट्रीय आय में केवल वही वस्तुएँ व सेवाएँ सम्मिलित की हैं, जिनका प्रति वर्ष उपयोग किया जाता है।

फिशर के अनुसार, ''राष्ट्रीय लाभांश या आय में केवल वे ही सेवाएं सम्मिलित की जाती हैं, जो अन्तिम उपभोक्ता को प्राप्त होती हैं चाहे ये वस्तुएँ भौतिक अथवा मानवीय वातावरण से प्राप्त हुई हों।''[1] **फिशर** ने उपभोग के स्वरूप को स्पष्ट करते हुए आगे लिखा है कि ''इस प्रकार एक पिंयानो या ओवरकोट जोकि मेरे लिए इस वर्ष बनाया गया है, वह इस वर्ष की आय नहीं है बल्कि वह पूँजी में वृद्धि है। केवल वे ही सेवाएँ, जो कि इन वस्तुओं के प्रयोग से मुझे मिलेंगी, वार्षिक आय है।''

परिभाषा का स्पष्टीकरण (Explanation of Definition)—प्रो. फिशर द्वारा प्रस्तुत की गयी परिभाषा एक उदाहरण द्वारा स्पष्ट की जा सकती है। मान लीजिए कि सन् 2015 में एक लाख रुपये की कीमत की एक मोटर तैयार की जाती है। अब मार्शल तथा पीगू के अनुसार सम्पूर्ण एक लाख रुपये को सन् 2015 की राष्ट्रीय आय में सम्मिलित किया जायेगा, लेकिन प्रोफेसर फिशर समूचे एक लाख रुपये को सन् 2015 की राष्ट्रीय आय में सम्मिलित नहीं करते। उनके अनुसार सन् 2015 की राष्ट्रीय आय में उस वर्ष में किये गये मोटर के उपयोग के मूल्य को ही सम्मिलित किया जाना चाहिए। मान लीजिए कि मोटर जीवनकाल 10 वर्ष है। **अतः सन् 2015 की राष्ट्रीय आय में फिशर के अनुसार केवल दस हजार रुपये ही जोड़ने चाहिए, एक लाख रुपये नहीं।**

परिभाषा की विशेषताएँ (Characteristics of Definition)—(1) फिशर ने 'उपभोग' के आधार पर राष्ट्रीय आय की परिभाषा प्रस्तुत की है, जबकि मार्शल तथा पीगू ने उत्पादन को राष्ट्रीय आय की गणना का आधार बनाया है। (2) फिशर की परिभाषा **आर्थिक कल्याण** के निकट है, क्योंकि उपभोग का कल्याण से प्रत्यक्ष सम्बन्ध होता है। मात्र उत्पादन से ही कल्याण में वृद्धि नहीं होती। (3) फिशर की परिभाषा अधिक वैज्ञानिक एवं तर्कपूर्ण है।

---

1. "The national dividend, or income consists solely of services as received by ultimate consumers whether from their material or from human environment..."

फिशर की परिभाषा की आलोचनाएँ (Criticisms)—मार्शल की अपेक्षा फिशर की परिभाषा अधिक वैज्ञानिक प्रतीत होती है, क्योंकि फिशर के अनुसार किसी वर्ष में वस्तुओं के उपभोग मूल्य को ही सम्मिलित किया जाता है, लेकिन व्यावहारिक दृष्टिकोण से इसमें भी बहुत-सी त्रुटियाँ हैं–

(i) उपभोग का विस्तृत क्षेत्र (Wider Scope for Consumption)—किसी निश्चित अवधि में एक समाज के कुल उपभोग की मात्रा को ज्ञात करना अधिक कठिन है, क्योंकि शुद्ध उत्पादन की अपेक्षा शुद्ध उपयोग का क्षेत्र अधिक होता है। किसी एक व्यक्ति द्वारा उत्पादित की गयी वस्तुएँ समाज के हजारों व्यक्तियों द्वारा उपभोग की जाती हैं।

(ii) टिकाऊ उपभोक्ता वस्तुएँ (Durable Consumer's Goods)—टिकाऊ वस्तुओं (कम से कम एक वर्ष से अधिक चलने वाली वस्तुओं) के जीवनकाल का ठीक-ठीक अनुमान लगाना कठिन होता है, क्योंकि किसी वस्तु का जीवन उसके प्रयोग करने के तरीके एवं बरती गयी सावधानी पर निर्भर होता है।

(iii) वस्तुओं का हस्तान्तरण (Transfer of Goods)—वस्तु का हस्तान्तरण हो सकता है और टिकाऊ वस्तु अपने प्रारम्भिक स्वामी से जिसने कि इसे पहले खरीदा था, दूसरे तथा तीसरे के हाथ जा सकती है। इससे भी उस वस्तु के निर्माण को तारीख का पता लगाना कठिन हो सकता है।

कौन-सी परिभाषा सर्वश्रेष्ठ है? (Which is a Suitable Definition)—यों तो तीनों ही परिभाषाओं के अपने-अपने गुण-दोष हैं, फिर भी यदि इनमें से किसी परिभाषा को सर्वश्रेष्ठ बताना हो तो इसका उत्तर इस उद्देश्य की पृष्ठभूमि में दिया जा सकता है कि किस उद्देश्य से राष्ट्रीय लाभांश का प्रयोग किया जाये। यदि राष्ट्रीय आय की गणना करते समय हमारा उद्देश्य कुछ वर्षों के लिए आर्थिक कल्याण को मापना हो (लोगों के जीवन-स्तर के विषय में जानकारी प्राप्त करना हो) तो इस कार्य के लिए निःसन्देह **तीनों में से फिशर की परिभाषा श्रेष्ठ है,** क्योंकि **फिशर** के अनुसार राष्ट्रीय आय में केवल उन्हीं वस्तुओं और सेवाओं का समावेश होता है, जो कि किसी वर्ष-विशेष में उस देश के निवासी उपभोग करते हैं। **फिशर** की परिभाषा उस दशा में भी अधिक उपयोगी प्रमाणित होती है, जबकि हमें यह ज्ञात हो कि एक देश के युद्ध के लिए कुछ वर्षों तक कितनी सामग्री मिल सकती है, क्योंकि इसके लिए यह जानना आवश्यक है कि कितनी सामग्री बचायी जा सकती है और कितनी का उपभोग होता है।

परन्तु जब हमारा उद्देश्य **शान्तिकाल** की स्थिति में यह ज्ञात करना हो कि कौन-से कारण आर्थिक कल्याण को प्रभावित कर रहे हैं तो **पीगू तथा मार्शल अधिक उपयुक्त** होंगी, फिशर की नहीं क्योंकि ऐसी दशा में आर्थिक कारण तथा आर्थिक कल्याण एक-दूसरे के कुल उपभोग द्वारा सम्बन्धित होते हैं, न कि तत्कालीन उपभोग द्वारा। उदाहरणार्थ, पूँजी की वृद्धि से भविष्य में अधिक उपभोग बढ़ाने की सम्भावना रहती है।

(II) आधुनिक परिभाषाएँ (Modern Definitions)—कई आधुनिक अर्थशास्त्रियों ने राष्ट्रीय आय की परिभाषाएँ निम्न प्रकार से दी हैं–

1. राष्ट्रीय आय समिति (National Income Committee)—**राष्ट्रीय आय समिति** ने अपनी पहली रिपोर्ट में कहा है कि "राष्ट्रीय आय के अनुमान से बिना दोहरी गिनती के एक दी हुई अवधि में उत्पन्न की जाने वाली वस्तुओं व सेवाओं की मात्रा की माप की जा सकती है।"[1]

आलोचना (Criticism)—यह परिभाषा अत्यन्त व्यापक है जिससे व्यावहारिक दृष्टि से राष्ट्रीय आय को मापना अत्यन्त कठिन है।

2. प्रो. साइमन कुजनेट्स (Simon Kuznets)—"राष्ट्रीय आय वस्तुओं व सेवाओं की वह विशुद्ध उत्पत्ति है, जो एक वर्ष की अवधि में देश की उत्पादन प्रणाली में अन्तिम उपभोक्ताओं के हाथों में पहुँचती है।"[2]

आलोचना (Criticism)—यह परिभाषा भी अव्यावहारिक है, क्योंकि यह मालूम करना अत्यन्त कठिन है कि किसी देश के विशुद्ध उत्पादन का कितना भाग स्टॉक में स्थानान्तरित किया गया और कितने भाग का उपभोग किया गया।

---

1. "A national income estimate measures the volume of commodities and services turned out during given period counted without duplication."
—*National Income Committee*
2. "National income is the net output of commodities and services flowing during the year from country's productive system into the hands of ultimate consumers or into net additions to the count stock of capital goods."
—*Simon Kuznets*

3. सैम्युल्सन (Samuleson)—यह (राष्ट्रीय आय) एक नाम है जोकि हम एक अर्थव्यवस्था वस्तुओं और सेवाओं की वार्षिक गति के मौद्रिक माप के लिए देते हैं।''

उपर्युक्त परिभाषाओं से हम इस निष्कर्ष पर पहुँचते हैं कि **''किसी देश की राष्ट्रीय आय साधारण वहाँ एक वर्ष में उत्पादित समस्त वस्तुओं एवं सेवाओं के मूल्य का योग होती हैं जिसमें से वस्तुओं एवं सेवा के उत्पादन हेतु प्रयोग की गयी मशीनों एवं पूँजी की घिसावट को घटा दिया जाता है तथा विदेशों से प्राप्त विशुद्ध आय को जोड़ दिया जाता है।''**

इस परिभाषा से स्पष्ट है कि–

(i) राष्ट्रीय आय किसी देश की एक वर्ष या निश्चित समयावधि की आय है। (ii) यह वस्तुओं एवं सेवाओं दोनों के द्राव्यिक मूल्य का योग है। (iii) इसमें से पूँजी की घिसावट (D) को घटा दिया जाता है (iv) इसमें विदेशों से प्राप्त विशुद्ध आय (निर्यात-आयात) को जोड़ दिया जाता है।

इस प्रकार एक देश की राष्ट्रीय आय में कुल उपभोग व्यय (C), कुल विनयोग व्यय (I), सरकारी व्यय (G) तथा विदेशों से प्राप्त विशुद्ध आय (निर्यातों एवं आयातों के मूल्यों के अन्तर); अर्थात् (X— M) को जोड़ दिया जाता है तथा मशीनों की घिसावट व्यय को घटाया जाता है। सूत्र रूप में–

राष्ट्रीय आय = उपभोग व्यय + विनियोग व्यय + सरकारी व्यय – मशीनों का घिसावट व्यय + निर्यात एवं आयात के मूल्यों का अन्तर National Income = C + I + G — D + (X —M)

राष्ट्रीय आय की संरचना
(Composition of National Income)

राष्ट्रीय आय की संरचना से तात्पर्य आय के विभिन्न समूहों या समुच्चयों (Aggregates) संरचना एवं इनके परस्पर सम्बन्धों से सम्बन्धित लेखा-जोखा के अध्ययन से है। अतः अब हम राष्ट्रीय आय के विभिन्न समुच्चयों का अध्ययन करेंगे।

विभिन्न राष्ट्रीय आय समुच्चय
(Various National Income Aggregates)

राष्ट्रीय आय से सम्बन्धित कुछ महत्त्वपूर्ण समुच्चय निम्नलिखित हैं–

I. बाजार कीमत पर सकल घरेलू उत्पाद (Gross Domestic Product at Market Price or GDP_{MP}), II. बाजार कीमत पर शुद्ध घरेलू उत्पाद (Domestic Product at Market Price or NDP_{MP}), III. बाजार कीमत पर सकल राष्ट्रीय उत्पाद (Gross National Product at Market Price or GNP_{MP}), विशुद्ध राष्ट्रीय उत्पाद (Net National Product NNP), IV. राष्ट्रीय आय या साधन लागत पर राष्ट्रीय आय (National Income or National Income at Factor Cost), V. व्यक्तिगत या वैयक्तिक आय (Personal Income), VI. व्यय योग्य या स्वायत्त आय या प्रयोज्य आय (Disposable Income), VII. प्रति व्यक्ति आय (Per Capita Income), VIII. राष्ट्रीय आय प्रचलित कीमतों पर तथा स्थिर कीमतों पर (National Income of Current Prices and Constant Prices)।

I. बाजार कीमत पर सकल घरेलू उत्पाद
(Gross Domestic Product at Market Price GDP_{MP})

सकल घरेलू उत्पाद से हमारा आशय एक देश की घरेलू सीमा में एक वर्ष में उत्पादित सभी वस्तुओं एवं सेवाओं के मौद्रिक मूल्य से है।

अर्थव्यवस्था में अनेक क्षेत्रों में उत्पादन क्रिया चलती रहती है जिसमें चीनी, कपड़ा, स्टील, खाद, गेहूँ आदि वस्तुओं तथा सरकारी प्रकाशन, बैंक, बीमा तथा परिवहन आदि सेवाओं का निर्माण होता है। इन समस्त वस्तुओं एवं सेवाओं के बाजार मूल्य के जोड़ को ही सकल घरेलू उत्पाद कहते हैं।

उदाहरण 1–मान लीजिए, एक अर्थव्यवस्था में तीन वस्तुएँ–गेहूँ, चीनी और लोहा हैं। वर्ष 2012–2013 में इन तीनों वस्तुओं का उत्पादन क्रमशः 2,000 क्विंटल, 1,000 क्विंटल तथा 3,000 टन है। तीनों वस्तुओं की कीमतें क्रमशः 300 रु., 500 रु. और 700 रु. थीं, ऐसी स्थिति में सकल घरेलू उत्पाद (GDP) को निम्न प्रकार आकलित किया जायेगा–

सारणी 1–सकल घरेलू उत्पाद, वर्ष 2012–2013

वस्तु	मात्रा (इकाइयाँ)	कीमत प्रति इकाई (रु. में)	सकल मौद्रिक मूल्य (रु. में)
गेहूँ	2,000	300	6,00,000
चीनी	1,000	500	5,00,000
लोहा	3,000	700	21,00,000
सकल घरेलू उत्पाद (GDP)			32,00,000

अतः स्पष्ट है कि वर्ष 2014–15 में अर्थव्यवस्था में GDP_{MP} 32,00,000 रु० था।

परन्तु वास्तव में किसी देश की अर्थव्यवस्था में तीन वस्तुओं के स्थान पर सैकड़ों व हजारों किस्म की वस्तुएँ और सेवाएँ होती हैं जिनके कुल बाजार मूल्य की उपर्युक्त प्रकार से ज्ञात किया जा सकता है। सकल घरेलू उत्पाद की गणना **बाजार कीमत** पर किये जाने के कारण इसे **बाजार कीमत पर सकल घरेलू उत्पाद (GDP at Market Price)** भी कहा जाता है।

सूत्र रूप में,

$$(GDP_{MP} = P(O) + P(S))$$

जहाँ पर P = प्रति इकाई मूल्य, O = भौतिक वस्तुएँ, S = भौतिक सेवाएँ।

सकल घरेलू उत्पाद में निजी और सार्वजनिक दोनों क्षेत्र के उत्पादन को शामिल किया जाता है। इसे निम्नलिखित रूप में भी प्रस्तुत किया जा सकता है–

$$GDP_{MP} = Cp + Cg + Ip + Ig$$

जिसमें Cp = निजी क्षेत्र में उपभोक्ता वस्तुओं और सेवाओं का उत्पादन
Cg = सरकारी क्षेत्र में उपभोक्ता वस्तुओं और सेवाओं का उत्पादन
Ip = निजी क्षेत्र में पूँजीगत वस्तुओं और सेवाओं का उत्पादन
Ig = सरकारी क्षेत्र में पूँजीगत वस्तुओं और सेवाओं का उत्पादन

II. बाजार कीमत पर शुद्ध घरेलू उत्पाद

(Domestic Product at Market Price or NDP_{MP})

यह सामान्य अनुभव की बात है कि उत्पादन के दौरान पूँजीगत वस्तुओं, जिस प्रकार मशीनों, उपकरणों, औजारों, ट्रैक्टरों, फैक्टरी की इमारतों आदि का ह्रास होता है। एक समय-अवधि के बाद इन पूँजीगत वस्तुओं का प्रतिस्थापन आवश्यक हो जाता है। इसलिए कुल उत्पादन में से एक हिस्सा घिसावट व्यय के लिए अलग रखना होता है। इस प्रकार सकल घरेलू उत्पाद में से घिसावट-व्यय को घटाने पर शुद्ध घरेलू उत्पादन प्राप्त होता है।

सूत्र रूप में,

बाजार कीमत पर शुद्ध घरेलू उत्पाद = बाजार कीमत पर सकल घरेलू उत्पाद – ह्रास

$$NDP_{MP} = GD_{MP} — \text{Depreciation}$$

उदाहरण 2.–निम्नलिखित सूचनाओं के आधार पर सकल घरेलू उत्पाद एवं शुद्ध घरेलू उत्पाद का मूल्य ज्ञात कीजिए–

सारणी 2

मदें	राशि (करोड़ रुपये)	मदें (रुपये में)	राशि (करोड़ रुपये)
(i) उपभोक्ता वस्तुओं का मूल्य	360	(iv) पूँजीगत सेवाओं का उत्पादन	36
(ii) उपभोक्ता सेवाओं का मूल्य	96	(v) ह्रास	12
(iii) पूँजीगत वस्तुओं का उत्पादन	192		

हल–सकल घरेलू उत्पाद (GDP_{MP}) = उपभोक्ता वस्तुओं का उत्पादन + उपभोक्ता सेवाओं का उत्पादन + पूँजीगत वस्तुओं का उत्पादन + पूँजीगत सेवाओं का उत्पादन

= 360 + 96 + 192 + 36 = 684 करोड़ रुपये

शुद्ध घरेलू उत्पाद (NDP_{MP}) = सकल घरेलू उत्पाद – ह्रास

= 684 – 12 = 672 करोड़ रुपये

उदाहरण 3.–बाजार कीमत पर शुद्ध घरेलू उत्पाद की गणना कीजिए–

सकल घरेलू उत्पाद = 6,000 करोड़ रुपये

ह्रास = 600 करोड़ रुपये

हल — शुद्ध घरेलू उत्पाद = सकल घरेलू उत्पाद - ह्रास

= 6,000 - 600 = 5,400 करोड़ रुपये

III. बाजार कीमत पर सकल राष्ट्रीय उत्पाद

(Gross National Product at Market Price or GNP_{MP})

सकल राष्ट्रीय उत्पाद राष्ट्रीय उत्पाद की एक प्रमुख अवधारणा है। यह राष्ट्रीय आय से सम्बन्धित सकल व्यापक अवधारणा है। सकल राष्ट्रीय उत्पाद से हमारा आशय अर्थव्यवस्थों में एक निश्चित वर्ष में उत्पादन अन्तिम वस्तुओं और सेवाओं के कुल मूल्य से होता है। इसमें विदेशों से प्राप्त शुद्ध आय (निर्यात-आयात) भी शामिल की जाती है। अतः सकल राष्ट्रीय उत्पाद को सकल घरेलू उत्पाद तथा विदेशों से शुद्ध साधन आय के जोड़ के रूप में परिभाषित किया जाता है।

सूत्र के रूप में,

बाजार कीमत पर सकल राष्ट्रीय उत्पाद = सकल घरेलू उत्पाद + विदेशों से प्राप्त शुद्ध आय

$GNP_{MP} = GDP_{MP}$ + Excess of Exports

अब हम विदेशों से शुद्ध साधन के अर्थ और उसके घटकों को समझने का प्रयास करेंगे।

विदेशों से शुद्ध साधन आय (Net Factor Income from Abroad—NFIA)

विदेशों से शुद्ध साधन आय एक देश के सामान्य निवासियों द्वारा दूसरे देशों को अपनी साधन सेवाएँ व सम्पत्ति प्रदान करने के बदले प्राप्त आय (लगान, मजदूरी, ब्याज तथा लाभांश) और इस देश की घरेलू सीमा में विदेशियों द्वारा प्रदान की गयी सेवाओं के बदले में दी गयी आय के अन्तर के बराबर होता है। इस प्रकार–

विदेशों से शुद्ध साधन आय (Net Factor Income from Abroad—NFIA) = देश के निवासियों द्वारा विदेशों से अर्जित साधन आय –गैर-निवासियों द्वारा हमारे देश में अर्जित साधन आय।

उदाहरण 4.–मान लीजिए, वर्ष 2014-15 में एक अर्थव्यवस्था का बाजार कीमत पर सकल घरेलू उत्पाद रु. 1,25,000 करोड़ और विदेशों से शुद्ध साधन आय + रु. 250 करोड़ है। अर्थव्यवस्था का बाजार कीमत पर सकल राष्ट्रीय उत्पाद ज्ञात कीजिए।

हल– $GNP_{MP} = GDP_{MP}$ + NFIA रु. 1, 25,000 करोड़ + रु. 250 करोड़

= रु. 1,25,250 करोड़

GNP_{MP} का मूल्य GDP_{MP} से कम हो सकता है और अधिक भी हो सकता है। यह इस बात पर निर्भर है कि विदेशों से शुद्ध साधन आय धनात्मक है या **ऋणात्मक**। यदि (i) विदेशों से शुद्ध साधन आय धनात्मक होती है तो सकल राष्ट्रीय उत्पाद, सकल घरेलू उत्पाद से अधिक होता है। (ii) इसके विपरीत यदि विदेशों से शुद्ध साधन आय ऋणात्मक होती है तो सकल राष्ट्रीय उत्पाद, सकल घरेलू उत्पाद से कम होता है।

सकल या कुल राष्ट्रीय आय की परिभाषा (Definition of Gross National Product)—सकल या कुल राष्ट्रीय उत्पादन की प्रमुख परिभाषाएँ निम्नानुसार हैं:—

1. सैम्युल्सन तथा नौरडहस (Paul A. Samuleson and William D. Nordhaus) के अनुसार सकल राष्ट्रीय उत्पादन, सरकारी क्रय सहित, उपभोग तथा विनियोग वस्तुओं के मौद्रिक मूल्य का योग है।[1]

2. बायर्न्स तथा स्टोन (Ralph T. Byrns and Gerals W. Stone) के अनुसार, "सकल राष्ट्रीय उत्पादन को किसी विशिष्ट समयावधि में (सामान्यत: एक वर्ष) समस्त उत्पादन के कुल बाजार मूल्य के रूप में परिभाषित किया जाता है।"[2]

संक्षेप में, सकल राष्ट्रीय उत्पादन किसी देश में एक वर्ष में उत्पादित सभी वस्तुओं तथा सेवाओं का माप है, जिसका मूल्यांकन प्रचलित बाजार मूल्यों पर किया जाता है।

सकल राष्ट्रीय उत्पाद की विशेषताएँ (Characteristics of Gross National Product)—सकल राष्ट्रीय उत्पाद (GNP) की निम्नलिखित विशेषताएँ हैं–

1. मौद्रिक माप (Monetary Measurement)—सकल राष्ट्रीय उत्पाद (GNP) की गणना मुद्रा के रूप में की जाती है, क्योंकि मुद्रा ही समस्त वस्तुओं एवं सेवाओं को मापने का सामान्य मापदण्ड है।

2. बाजार मूल्य (Market Price)—सकल राष्ट्रीय उत्पाद में केवल अन्तिम वस्तुओं एवं सेवाओं के बारे में बाजार मूल्यों का योग किया जाता है। मध्यवर्ती अथवा अर्द्धनिर्मित वस्तुओं एवं सेवाओं का मूल्य नहीं जोड़ा जाता।

3. मुद्रा विनिमय (Money Exchange)—कुल राष्ट्रीय उत्पाद की गणना में वही सभी वस्तुएँ या सेवाएँ जिनका बाजार में मुद्रा विनिमय या विक्रय होता है, सम्मिलित की जाती हैं।

4. केवल चालू वर्ष के उत्पादन को शामिल किया जाता है (Only Production of Current Year is included)—GNP में केवल चालू वर्ष का उत्पादन ही बाजार मूल्य के आधार पर शामिल किया जाता है। यदि हम 2015 का GNP ज्ञात करना चाहते हैं तो उसमें केवल 2015 में ही उत्पादित वस्तुओं को शामिल किया जायेगा, उसमें 2014 की वस्तुओं को शामिल नहीं किया जायेगा, भले ही उनका विक्रय 2015 में किया जाये।

5. कुल राष्ट्रीय उत्पाद में मूल्य ह्रास नहीं घटाया जाता (Depreciation not Deducted)—कुल राष्ट्रीय उत्पाद में कुल (Gross) शब्द महत्त्वपूर्ण है। जब वस्तुओं का उत्पादन होता है तो मशीनों एवं यन्त्रों की घिसावट होती है, जिससे उनमें मूल्य ह्रास (Depreciation) होता है, किन्तु GNP ज्ञात करते समय उसमें से मूल्य ह्रास अथवा प्रतिस्थापन लागत को नहीं घटाया जाता है।

6. अन्तिम उत्पादन (Final Goods)—राष्ट्रीय उत्पाद के माप को दोहरी गणना से बचाने के लिए अन्तिम उत्पादन अर्थात् पक्के माल को ही शामिल किया जाता है। अन्तिम उत्पादन या अन्तिम पदार्थों से अभिप्राय उन पदार्थों से है, जो अन्त में जिस उपभोक्ता या खरीददार द्वारा खरीदे जाते हैं, वह उनको आगे किसी और उपभोक्ता या खरीददार के पास नहीं बेचता, बल्कि स्वयं ही उनका उपभोग कर लेता है।

दोहरी गणन की समस्या को मूल्य वृद्धि विधि (Value-added Method) के द्वारा भी दूर किया जा सकता है। माना गन्ने का मूल्य 200 रुपये और चीनी का मूल्य 300 रुपये है। यहाँ गन्ने के उत्पादन चरण में मूल्य वृद्धि 200 रुपये तथा

---

1. "GNP. equals the sum of the money values of all consumption and investment goods, along purchases by Government." —*Paul A. Samuelson and William D. Nordhaus, Economic (1985), 12th Ed. P. 1*
2. "Gross National Product (GNP) is defined as the total market value of all production during some specified period (Usually one year)." —*Ralph T. Byrans and Gerald W. Stone, Economics (1981). P. 140.*

चीनी के उत्पादन चरण में मूल्य वृद्धि (300 - 200) है। इसलिए कुल मूल्य वृद्धि 300 (200 + 100) रुपये है जो अन्तिम वस्तु (चीनी) के मूल्य के समान है।

7. अनुमानित या आरोपित मूल्य (Imputed Value)—इसमें उन वस्तुओं तथा सेवाओं के अनुमानित या आरोपित मूल्य को भी शामिल किया जाता है, जो बाजार में बिकने नहीं आतीं। इनमें अग्र चार प्रकार की क्रियाएँ शामिल हैं–

(अ) कर्मचारियों को निःशुल्क मकान, भोजन, वस्त्र आदि के रूप में मिलने वाली सुविधाओं की कीमत, (ब) उत्पादकों द्वारा अपने उपभोग के लिए रखे जाने वाले उत्पादन की कीमत, (स) मकान में स्वयं रहने वाले मकान मालिकों के मकान का किराया, देता परन्तु साथ ही वह इन खातों के लिए जो सेवा करता है, उस पर कोई खर्च नहीं लेता।

8. हस्तान्तरण भुगतान (Transfer Payment)—सकल राष्ट्रीय उत्पादन की गणना में हस्तान्तरण भुगतानों (Transfer Payments) को सम्मिलित नहीं किया जाता है, क्योंकि ऐसे सौदों का सम्बन्ध चालू वर्ष के उत्पादन से नहीं होता है। पुरानी कम्पनी के अंश-पत्रों तथा ऋण पत्रों का क्रय-विक्रय भी सकल राष्ट्रीय उत्पादन में सम्मिलित नहीं किया जाता है, क्योंकि इनसे सकल राष्ट्रीय उत्पादन में किसी प्रकार की वृद्धि नहीं होती है। सामाजिक सुरक्षा एवं बीमा के अन्तर्गत प्राप्त भुगतान; जैसे–बीमा, भत्ता, पेंशन आदि को सकल राष्ट्रीय उत्पादन में नहीं जोड़ा जाता है।

9. वर्जित मदें (Excluded Items)—सकल राष्ट्रीय उत्पाद में निम्नलिखित मदों को सम्मिलित नहीं किया जाता है–

(i) पूँजी सम्पत्तियों के मूल्य में परिवर्तन–पूँजी सम्पत्तियों के बाजार मूल्य में होने वाले परिवर्तनों के कारण होने वाले लाभ एवं हानियों को सकल राष्ट्रीय उत्पाद में सम्मिलित नहीं किया जाता है।

(ii) गैर-कानूनी क्रियाएँ–यदि किसी अर्थव्यवस्था में तस्करी, जुआबाजी, अवैध शराब आदि क्रियाओं को गैर-कानूनी माना जाता है तो वहाँ इसकी गणना सकल राष्ट्रीय उत्पाद में नहीं की जाती है।

सकल राष्ट्रीय उत्पाद कुल व्यय व कुल साधन लागत के रूप में
(GNP as an Aggregate of Expenditure and as a Total Factor Cost)
अथवा
सकल राष्ट्रीय उत्पाद, सकल राष्ट्रीय आय तथा सकल राष्ट्रीय व्यय में समानता
(Identity of GNP, GNI and GNE or GNP = GNI = GNE)

सकल राष्ट्रीय उत्पाद का मूल्य, सकल राष्ट्रीय आय तथा सकल राष्ट्रीय व्यय–ये तीनों एक-दूसरे के बराबर होते हैं अर्थात् GNP = GNI = GNE होता है, क्योंकि उत्पादकों को अपनी उत्पादित वस्तुओं एवं सेवाओं के विक्रय से जो मूल्य मिलता है, वह खरीददारों के द्वारा व्यय की गयी राशि के बराबर होता है और इसी प्रकार जो कुछ व्यय किया जाता है, वह तत्काल किसी न किसी आय के रूप में प्राप्त होता है। आय प्राप्त करने वाले उसको पुनः व्यय करते हैं। इन तीनों में समानता सिद्ध करने के लिए सकल राष्ट्रीय उत्पाद (GNP) की गणना की तीनों विधियों (i) बाजार मूल्यों पर GNP, (ii) कुल व्यय के आधार पर GNP तथा (iii) साधन आय पर GNP का सहारा लिया जा सकता है।

जब सकल राष्ट्रीय उत्पाद (GNP) को उपभोग व्यय के जोड़ के रूप में ज्ञात किया जाता है तो इसे **सकल राष्ट्रीय व्यय (GNE)** कहते हैं। इसी प्रकार साधन लागत के जोड़ के रूप में इसको **सकल राष्ट्रीय आय (GNI)** कहते हैं। एक अर्थव्यवस्था में सकल राष्ट्रीय उत्पाद, सकल राष्ट्रीय व्यय तथा सकल राष्ट्रीय का मूल्य सदैव एक समान हो जाता है। इन तीनों अवधारणाओं की सर्वसमता को निम्न प्रकार से प्रकट किया जा सकता है–

$$\boxed{GNP \equiv GNI \equiv GNE}$$

यहाँ ≡ का चिह्न इन तीनों अवधारणाओं की सर्वसमता (Identity) को प्रकट करता है।

संक्षेप में, (i) उत्पादन से आय संचारित होती है; (ii) आय से व्यय संचारित होता है एवं (iii) व्यय से उत्पादन संचारित होता है। इसी आधार पर **राष्ट्रीय आय** को तीन विधियों से मापा जाता है–(अ) उत्पादन विधि, (ब) आय विधि, (स) व्यय विधि। इनकी विस्तृत विवेचना इसी अध्याय में की गयी है।

बाजार कीमत पर शुद्ध राष्ट्रीय उत्पाद
(Net National Production or NNP_{MP})

उत्पादन कार्य में हम पूँजीगत यंत्र का भी उपयोग करते हैं जो धीरे-धीरे घिसते रहते हैं तथा कुछ मशीनें तथा यन्त्र अप्रचलित हो जाते हैं, इसलिए सकल राष्ट्रीय उत्पादन का कुछ भाग घिसे तथा अप्रचलित यन्त्रों को बदलने के लिए चुकता किया जायेगा। अत: यदि सकल राष्ट्रीय उत्पाद (GNP) में से मूल्य ह्रास या घिसाई व्यय (Depreciation) को घटा दें तो शेष विशुद्ध राष्ट्रीय उत्पादन बचा रहेगा। इसको 'बाजार मूल्य पर राष्ट्रीय आय' (National Income at Market Price) भी कहा जाता है। सूत्राधार–

विशुद्ध राष्ट्रीय उत्पादन = सकल राष्ट्रीय उत्पादन – मूल्य ह्रास
NNP = G.N.P. —Depreciation

शुद्ध घरेलू उत्पाद और शुद्ध राष्ट्रीय उत्पाद में भेद

	शुद्ध घरेलू उत्पाद (NDP)	शुद्ध राष्ट्रीय उत्पाद (NNP)
1.	शुद्ध घरेलू उत्पाद का क्षेत्र सीमित होता है, क्योंकि केवल अर्थव्यवस्था के अन्तर्गत उत्पादित वस्तुएँ और सेवाएँ शामिल की जाती हैं।	शुद्ध राष्ट्रीय उत्पाद का क्षेत्र विस्तृत होता है, क्योंकि इसमें विदेशों से प्राप्त आय भी शमिल की जाती है।
2.	शुद्ध घरेलू उत्पाद का सम्बन्ध किसी देश की भौगोलिक सीमा या क्षेत्र से है	राष्ट्रीय उत्पाद का सम्बन्ध वहाँ के निवासियों और उसकी राष्ट्रीयता से होता है।
3.	शुद्ध घरेलू उत्पाद = कुल घरेलू उत्पाद – मूल्य ह्रास।	शुद्ध राष्ट्रीय उत्पाद = कुल राष्ट्रीय उत्पाद – मूल्य ह्रास।
4.	शुद्ध घरेलू उत्पाद का सम्बन्ध बन्द अर्थव्यवस्था से होता है। यह वह अर्थव्यवस्था है जिससे अन्तर्राष्ट्रीय व्यापार नहीं होता।	शुद्ध राष्ट्रीय उत्पाद का सम्बन्ध अन्तर्राष्ट्रीय व्यापार से होता है, क्योंकि इसमें आयात व निर्यात का मुख्य स्थान होता है।

उदाहरण 5.–निम्न सूचनाओं के आधार पर सकल राष्ट्रीय उत्पाद, शुद्ध घरेलू उत्पाद, सकल राष्ट्रीय उत्पाद एवं शुद्ध राष्ट्रीय उत्पाद का मूल्य ज्ञात कीजिए–

राशि (करोड़ रुपये)

(1) उपभोक्ता वस्तुएँ एवं सेवाएँ 2,460, (2) पूँजीगत एवं सेवाएँ 1,380, (3) ह्रास 150, (4) निर्यात 540, (5) आयात 600।

हल–(1) सकल घरेलू उत्पाद (GDP) = उपभोक्ता वस्तुओं एवं सेवाओं का उत्पादन + पूँजीगत वस्तुओं एवं सेवाओं का उत्पादन
= 2,460 + 1,380 = 3,840 करोड़ रुपये।

(2) शुद्ध घरेलू उत्पाद (NDP) = सकल राष्ट्रीय उत्पाद – ह्रास
= 3,840 – 150 = 3690 करोड़ रुपये

(3) सकल राष्ट्रीय उत्पाद (GNP) = सकल घरेलू उत्पाद + निर्यात – आयात
= 3,840 + 540 – 600 = 3,780 करोड़ रु.

(4) शुद्ध राष्ट्रीय उत्पाद (GNP) = सकल राष्ट्रीय उत्पाद –ह्रास
= 3,780 – 150 = 3,630 करोड़ रुपये।

IV. राष्ट्रीय आय या साधन लागत पर राष्ट्रीय आय
(National Income or National Income at Factor Cost)

शुद्ध राष्ट्रीय उत्पाद की गणना प्राय: बाजार कीमतों पर की जाती है, क्योंकि बाजार कीमतों पर इसकी गणना करना सुविधाजनक होता है किन्तु कुछ दशाओं में शुद्ध राष्ट्रीय उत्पाद की गणना साधन लागत पर भी की जाती है जिसमें हम देखते हैं कि एक वर्ष की अवधि में जितना शुद्ध राष्ट्रीय उत्पादन होता है, उसे उत्पादित करने के लिए उत्पादन के साधनों

को कितना प्रतिफल प्राप्त हुआ अर्थात् भू-स्वामी को भूमि के बदले कितना लगान, पूँजीपति को पूँजी के बदले कितना ब्याज, श्रमिकों को श्रम के बदले कितनी मजदूरी तथा साहसी को साहस के बदले कितना लाभ प्राप्त हुआ। अन्य शब्दों में, **साधन लागत पर राष्ट्रीय आय से आशय होता है कि शुद्ध राष्ट्रीय उत्पाद के वितरण करने में उत्पादन के साधनों को कितनी आय प्राप्त हुई या उनकी सेवाओं के फलस्वरूप उन्हें कितना प्रतिफल प्राप्त हुआ।** संक्षेप में, "उन्नति के विभिन्न साधनों–मजदूरों को मजदूरी, भू-स्वामियों को लगान, पूँजीपतियों को ब्याज, प्रबन्धकों को वेतन तथा साहसी को लाभ के रूप में देश-विदेश से जो आय प्राप्त होती है, उन सबका योग ही राष्ट्रीय आय है।" गणितीय सूत्र के रूप में हम इस प्रकार से प्रदर्शित करते हैं–

राष्ट्रीय आय = (लगान + मजदूरी + वेतन +ब्याज + लाभ)
NI = (Rent + Wages + Salary + Interest + Profit)

बाजार कीमत पर शुद्ध राष्ट्रीय उत्पाद (NNP) तथा कुल राष्ट्रीय उत्पाद (GNP) से राष्ट्रीय आय से साधन लागत पर राष्ट्रीय आय ज्ञात करना–राष्ट्रीय आय तथा साधन लागत पर राष्ट्रीय आय की गणना शुद्ध राष्ट्रीय उत्पाद तथा सकल राष्ट्रीय उत्पाद के आधार भी की जा सकती है।

(अ) शुद्ध राष्ट्रीय उत्पाद के आधार पर राष्ट्रीय आय की गणना–

साधन लागत पर राष्ट्रीय आय = बाजार कीमत पर शुद्ध उत्पाद – अप्रत्यक्ष कर + सरकारी सहायता

NI = NNP — Indirect Taxes + Govt. Subsidies)

(ब) कुल राष्ट्रीय उत्पाद के आधार पर राष्ट्रीय आय की गणना–

साधन लागत पर राष्ट्रीय आय = बाजार कीमत पर कुल राष्ट्रीय उत्पाद – ह्रास – अप्रत्यक्ष कर + सरकारी सहायता

NI = GNP — Depreciation—Indirect Taxes + Govt. Subsidies

अब प्रश्न यह उठता है कि राष्ट्रीय आय की मात्रा, शुद्ध राष्ट्रीय उत्पाद (NNP) के बराबर क्यों नहीं होती? अर्थात् NNP में से अप्रत्यक्ष कर क्यों घटा दिये जाते हैं तथा इसमें आर्थिक सहायता क्यों जोड़ दी जाती है? इसका उत्तर सरल है।

(अ) अप्रत्यक्ष कर क्यों घटाते हैं?–हम जानते हैं कि शुद्ध राष्ट्रीय उत्पाद की गणना करने के लिए सभी वस्तुओं एवं सेवाओं का मौद्रिक मूल्य, उनकी बाजार कीमत के आधार पर ज्ञात किया जाता है। वस्तुओं एवं सेवाओं की बाजार कीमतों अप्रत्यक्ष कर (बिक्री कर, उत्पाद कर इत्यादि) भी सम्मिलित हैं। अत: उत्पादकों को उत्पादन की समस्त बाजार कीमत प्राप्त नहीं होती, बल्कि उसका एक अंश वस्तुत: सरकार को प्राप्त होता है। अत: बाजार कीमत पर शुद्ध राष्ट्रीय उत्पाद में से सरकार द्वारा लगाये गये अप्रत्यक्ष करों को घटा दिया जाता है।

(ब) आर्थिक सहायता को क्यों जोड़ते हैं?–सरकार सामान्यत: किसी वस्तु के उत्पादक या विक्रेता को आर्थिक सहायता प्रदान करती है, ताकि वह निम्न कीमत पर वस्तु को बेच सके।

उदाहरण के लिए, एक किलोग्राम गेहूँ की साधन लागत 10 रुपये है, किन्तु सरकार उपभोक्ता को 2 रुपये कीमत पर गेहूँ देना चाहती है। इस उद्देश्य से गेहूँ के उत्पादकों को 4 रुपये प्रति किलो के हिसाब से आर्थिक सहायता देती है, जिसके फलस्वरूप गेहूँ की बाजार कीमत केवल 6 रुपये प्रति किलो हो जाती है। फलत: उत्पादक द्वारा वस्तुओं और सेवाओं से प्राप्त विक्रय मूल्य उस सीमा तक कम हो जाता है, जितनी कि आर्थिक सहायता की मात्रा है। इस उदाहरण में गेहूँ की साधन लागत 10 रुपये प्रति किलोग्राम है, जबकि बाजार कीमत 6 रुपये प्रति किलोग्राम ही है। इस प्रकार साधनों को प्राप्त होने वाली आय बाजार कीमतों द्वारा प्रदर्शित से कम होती है। इसलिए वस्तुओं और सेवाओं के सही साधन लागत मूल्य को ज्ञात करने के लिए हम वस्तुओं और सेवाओं के बाजार मूल्य में आर्थिक सहायता की राशि जोड़ देते हैं।

उदाहरण 6.—किसी एक वर्ष में देश में उत्पादन के निम्न आँकड़े उपलब्ध हैं–

बाजार लागत पर कुल राष्ट्रीय उत्पाद (GNP_{MP}) = 20,000 करोड़ रुपये
अप्रत्यक्ष कर = 200 करोड़ रुपये
अनुदान = 60 करोड़ रुपये

उक्त आधार पर साधन लागत पर कुल राष्ट्रीय उत्पाद ज्ञात करो।

हल–साधन लागत पर कुल राष्ट्रीय उत्पाद (GNP_{FC}) = बाजार लागत पर कुल राष्ट्रीय उत्पाद

(GNP_{MP})—अप्रत्यक्ष कर + अनुदान

= 20,000 − 200 + 60 = 19,860 करोड़ रुपये।

जहाँ तक साधन लागत पर शुद्ध राष्ट्रीय उत्पाद ज्ञात करने का प्रश्न है, साधन लागत पर कुल राष्ट्रीय उत्पाद में से यदि घिसावट व्यय अथवा प्रतिस्थापना व्यय को घटा दिया जाये तो **साधन लागत पर शुद्ध राष्ट्रीय उत्पाद NNP_{FC}** ज्ञात किया जा सकता है।

उदाहरण 7. उदाहरण 5 में साधन लागत पर कुल राष्ट्रीय उत्पाद (GNP_{FC}) 19,860 करोड़ रुपये है। यदि घिसावट व्यय 1,860 करोड़ रुपये है तो साधन लागत पर शुद्ध राष्ट्रीय उत्पाद (NN_{FC}) 18,000 करोड़ रुपये होगा।

सूत्र इस प्रकार है।

(NNP_{FC}) = GNP_{FC}—घिसावट व्यय

= 19,860-1860 = 18,000 करोड़ रुपये खर्च

साधन लागत पर सकल राष्ट्रीय उत्पाद या सकल राष्ट्रीय आय

(Gross National Product at Factor Cost or Gross National Income, GNP_{FC} OR GNY)

यदि साधन लागत पर शुद्ध राष्ट्रीय उत्पाद में घिसावट व्यय मूल्य ह्रास को जोड़ दिया जाये तो हमें साधन लागत पर सकल राष्ट्रीय उत्पाद प्राप्त हो जाती है। अर्थात्

साधन लागत पर सकल राष्ट्रीय उत्पाद (GNP_{FC}) = साधन लागत पर शुद्ध राष्ट्रीय उत्पाद (NNP_{FC}) + मूल्य ह्रास (Depreciation)

तीन समंजन (Three Adjustments)

उपर्युक्त अवधारणाओं से स्पष्ट है कि घरेलू उत्पाद और राष्ट्रीय उत्पाद के जोड़ प्राप्त करने के लिए अधिकाधिक तीन समंजनों (Adjustments) की आवश्यकता पड़ती है— (i) विदेशों से प्राप्त शुद्ध आय, (ii) मूल्य ह्रास, (iii) शुद्ध अप्रत्यक्ष कर।

(1) घरेलू उत्पाद से राष्ट्रीय आय प्राप्त करने के लिए घेरलू उत्पाद में **विदेशों से प्राप्त शुद्ध साधन आय** जोड़ते हैं।

(2) सकल माप से शुद्ध माप प्राप्त करने के लिए सकल माप में से **पूँजी का स्थिर उपभोग** (मूल्य ह्रास) घटाते हैं।

(3) बाजार कीमत पर माप से साधन लागत पर माप प्राप्त करने के लिए बाजार कीमत पर माप में से **अप्रत्यक्ष कर घटाते हैं वे आर्थिक सहायता** जोड़ते हैं।

उदाहरण 8–निम्न समंकों की सहायता से शुद्ध राष्ट्रीय आय की गणना कीजिए और प्रत्येक स्तर पर हिसाब प्रकट कीजिए : (रु. करोड़)

बाजार कीमतों पर सकल घरेलू उत्पाद 400, अप्रत्यक्ष कर 40, आर्थिक सहायता 10, निर्यात 40, आयात 50, पूँजीगत उपभोग (ह्रास) 20।

हल :

बाजार कीमतों पर सकल घरेलू उत्पाद (GDP_{MP})	400

घटाइये–पूँजीगत उपभोग (ह्रास)	(-) 20
बाजार कीमतों पर शुद्ध घरेलू उत्पाद	380
घटाइये–अप्रत्यक्ष कर	(-) 40
जोड़िये–आर्थिक सहायता	(+) 10
साधन लागत पर शुद्ध घरेलू उत्पाद	350
घटाये–धन विदेशों से अर्जित आय (X-M)	(-) 10
साधन लागत पर शुद्ध राष्ट्रीय उत्पाद अथवा शुद्ध राष्ट्रीय आय	340

प्रश्न हल करने के चरण

पहला चरण—सकल घरेलू उत्पाद में से पूँजीगत उपभोग ह्रास को घटायें और बाजार कीमतों पर शुद्ध घरेलू उत्पाद प्राप्त कीजिए।

दूसरा चरण–बाजार कीमतों पर शुद्ध घरेलू उत्पाद में से कर घटाइये, पर साधन लागत पर शुद्ध घरेलू उत्पाद प्राप्त करने के लिए आर्थिक सहायता जोड़िए।

तीसरा चरण–निर्यात (+) आयात (-) चूँकि आयात निर्यातों से रु. 10 करोड़ अधिक है अतः इसे घटाना पड़ेगा।

उदाहरण 9—निम्न समंकों से, बाजार कीमतों पर सकल घेरलू उत्पाद की गणना कीजिए :

(रु. करोड़)

शुद्ध राष्ट्रीय आय 3,000, मूल्य ह्रास 165, आर्थिक सहायता 45, वस्तु कर 240, आयात 300, निर्यात 360।

(i) **राष्ट्रीय आय** के अन्तर्गत सार्वजनिक क्षेत्र और निजी क्षेत्र दोनों की आयों को सम्मिलित किया जाता है जबकि **निजी आय** में केवल निजी क्षेत्र की आय को सम्मिलित किया जाता है।

(ii) **राष्ट्रीय आय** में हस्तान्तरण भुगतान सम्मिलित नहीं किये जाते जबकि **निजी आय** में हस्तान्तरण भुगतान सम्मिलित किये जाते हैं।

(iii) **राष्ट्रीय आय** में राष्ट्रीय ऋण पर दिये गये ब्याज को सम्मिलित नहीं किया जाता जबकि **निजी आय** में राष्ट्रीय ऋण पर दिये गये ब्याज को सम्मिलित किया जाता है।

उदाहरण 10–मान लीजिए, एक अर्थव्यस्था के सम्बन्ध में वर्ष 2010-11 के लिए निम्नलिखित सूचना उपलब्ध है:

		(रु. करोड़)
(i)	निजी क्षेत्र में उपार्जित घेरलू उत्पाद से आय	75,000
(ii)	राष्ट्रीय ऋणों पर ब्याज	700
(iii)	विदेशों से शुद्ध साधन आय	(-) 150
(iv)	सरकार मे चालू हस्तान्तरण	1,500
(v)	शेष विश्व से शुद्ध चालू हस्तान्तरण	700

उत्तर–अर्थव्यवस्था की निजी आय निम्न प्रकार ज्ञात की जा सकती है:

निजी आय = निजी क्षेत्र में उपार्जित घरेलू उत्पाद से आय
+ विदेशों से शुद्ध साधन आय
+ शेष विश्व से शुद्ध चालू हस्तान्तरण
+ राष्ट्रीय ऋणों पर ब्याज
+ सरकार से चालू हस्तान्तरण
= 75,000 - 150 + 700 + 700 + 15,00 = रु. 77,750 करोड़

V. व्यक्तिगत या वैयक्तिक आय
(Personal Income)

व्यक्तिगत आय से आशय उस आय से है, जो किसी देश में एक वर्ष की अवधि में व्यक्तियों अथवा परिवारों द्वारा वास्तविक रूप से प्राप्त होती है।

इस प्रकार वैयक्तिक आय सदैव राष्ट्रीय आय से कम रहती है। संक्षेप में, उत्पादन के साधनों द्वारा जितनी आय निर्मित की जाती है, वह समस्त उन्हें उपलब्ध नहीं होती। इसका कारण यह है कि राष्ट्रीय आय में से अनेक कटौतियाँ काटी जाती हैं तथा इसके बाद जो राशि शेष बचती है, वह वैयक्तिक आय कहलाती है।

वैयक्तिक आय की गणना (Computation of Personal Income)—वैयक्तिक आय की गणना निम्न प्रकार से की जाती है–

व्यक्तिगत आय = राष्ट्रीय आय –निगम कर –अवितरित व्यावसायिक लाभ –सामाजिक सुरक्षा अंशदान + अन्तरण भुगतान

व्यक्तिगत आय की गणना हेतु राष्ट्रीय आय में से निम्न कटौतियाँ की जाती हैं–

(अ) निगम आय कर (Corporation Income Tax)—व्यापारिक निगमों को अपने लाभ का कुछ हिस्सा निगम करों के रूप में सरकार को चुकाना पड़ता है। इस प्रकार आय का यह भाग अंशधारियों को व्यक्तिगत आय के रूप में प्राप्त नहीं होता। अत: इसे राष्ट्रीय आय में से घटा दिया जाता है।

(ब) निगमों की अवितरित आय (Undistributed Income of Corporations)—निगम अपनी आय का एक भाग अंशधारियों में न बाँटकर इसे पुन: व्यवसाय में विनियोजित कर देता है, अत: व्यक्तिगत आय निकालने हेतु इस भाग को राष्ट्रीय आय में से कम कर दिया जाता है।

(स) सामाजिक सुरक्षा कटौतियाँ (Deductions for Social Security)—सामाजिक सुरक्षा हेतु जो कटौतियाँ प्राविडेण्ट फण्ड व पेंशन आदि के रूप में की जाती है, उन्हें कभी राष्ट्रीय आय में से व्यक्तिगत आय निकालने हेतु घटा दिया जाता है, क्योंकि व्यक्तियों की आय इन कटौतियों से कम हो जाती है।

व्यक्तिगत आय की गणना हेतु राष्ट्रीय आय में से कटौतियों के घटने के बाद व्यक्तियों को जो हस्तान्तरण भुगतान प्राप्त होते हैं, उन्हें जोड़ दिया जाता है। इन भुगतानों में पेंशन, बेरोजगारी-भत्ता आदि सम्मिलित रहते हैं।

महत्त्व (Significance)—वैयक्तिक आय की धारणा में दो गुण हैं–वैयक्तिक आय की गणना–(1) व्यक्तियों या परिवारों को सम्भाव्य क्रय शक्ति का अनुमान हो जाता है तथा (2) राष्ट्रीय आय का कितना भाग वितरण में उत्पत्ति के साधनों को उनकी सेवाओं हेतु प्राप्त होता है, इसका ज्ञान हो जाता है। इस धारणा में केवल यह दोष है कि व्यक्तियों एवं परिवारों को वास्तव में कितनी राशि उपभोग हेतु उपलब्ध होती है इसका ज्ञान नहीं हो पाता है।

उदाहरण 11–एक अर्थव्यवस्था के सम्बन्ध में वर्ष 2014-2015 के लिए अग्रलिखित सूचना उपलब्ध हैं– राशि (करोड़ रुपये)

(i) निजी 77,716, (ii) निगमित बचतें (अवितरित व्यावसायिक लाभ) 1,316, (iii) निगमित कर 1,284।

अर्थव्यवस्था की व्यक्तिगत आय को निम्न प्रकार ज्ञात किया जा सकता है–

व्यक्तिगत आय = निजी आय – निगमित कर – निगमित बचतें

= 77,716 – 1,284 – 1,316 = 75, 116 करोड़ रुपये

वैयक्तिक आय तथा राष्ट्रीय आय में अन्तर
(Difference between Personal Income and National Income)

वैयक्तिक आय तथा राष्ट्रीय आय में मुख्य अन्तर निम्नलिखित हैं–

(1) वैयक्तिक आय की धारणा आय प्राप्ति (Receipt) सम्बन्धी धारणा है, जबकि राष्ट्रीय आय की धारणा **आय के सृजन** सम्बन्धी धारणा है। (2) राष्ट्रीय आय में अवितरित लाभ तथा निगम कर शामिल होता है, जबकि वैयक्तिक आय

में अवितरित लाभ तथा निगम करों को शामिल नहीं किया जाता। (3) राष्ट्रीय आय में केवल साधन आय शामिल की जाती है। इसके विपरीत, वैयक्तिक आय में साधन आय तथा हस्तान्तरण भुगतान दोनों शामिल किये जाते हैं।

VI. व्यय योग्य या स्वायत्त या प्रयोज्य आय (Disposable Income)

व्यक्तियों अथवा परिवारों को प्राप्त होने वाली व्यक्तिगत आय, व्यय करने योग्य उपलब्ध नहीं होती, इसका कारण यह है कि व्यक्तिगत आय का एक भाग व्यक्तियों और परिवारों द्वारा व्यक्तिगत प्रत्यक्ष कर जैसे–आय-कर, सम्पत्ति-कर आदि के रूप में सरकार को चुकाना पड़ता है। अत: व्यक्तिगत प्रत्यक्ष करों को चुकाने के उपरान्त व्यक्तिगत आय का जो भाग शेष रहता है, उसे व्यय योग्य कहते हैं। अत: व्यय योग्य आय व्यक्तिगत आय का वह भाग है, जो प्रत्यक्ष कर देने के बाद लोगों के पास शेष रह जाता है अर्थात्

(i) व्यय योग्य आय = व्यक्तिगत आय – व्यक्तिगत प्रत्यक्ष कर। (ii) इस आय का मुख्य भाग उपभोग पर व्यय हो जाता है और शेष बचा लिया जाता है। अत: व्यय योग्य आय = उपभोग + बचत

स्वायत्त आय का महत्त्व (Significance of Disposable Income)—स्वायत्त आय में निम्नलिखित गुण हैं–(1) स्वायत्त आय की तुलना वैयक्तिक आय से करके प्रत्यक्ष करों के मुद्राभार का ज्ञान हो जाता है। (2) यह धारणा विकास के अर्थशास्त्र (Economics of Growth) के लिए भी महत्त्वपूर्ण है, क्योंकि इसमें कुल बचत का ज्ञान हो जाता है, जिस पर सम्पूर्ण विकास का ढाँचा आधारित है। (3) यह धारणा कल्याण अर्थशास्त्र (Economics of Welfare) हेतु अत्यन्त महत्त्वपूर्ण है, क्योंकि किसी देश का कल्याण उस देश के कुल उपभोग पर निर्भर करता है।

उदाहरण 12–मान लीजिए, एक अर्थव्यवस्था के सम्बन्ध में निम्नलिखित सूचना उपलब्ध है–**राशि** (करोड़ रुपये)

(i) व्यक्तिगत आय 76,426, (ii) व्यक्तिगत प्रत्यक्ष कर 6,936, (iii) फीस, दण्ड, जुर्माना आदि 373

अर्थव्यवस्था की व्यक्तिगत व्यय योग्य आय को निम्न प्रकार ज्ञात किया जा सकता है–

व्यक्तिगत व्यय योग्य आय = व्यक्तिगत आय = व्यक्तिगत प्रत्यक्ष कर – फीस, दण्ड, जुर्माना आय

= 76,426 – 6,936 –373 = 69,117 करोड़ रुपये

व्यय योग्य आय व वैयक्तिक आय में अन्तर (Difference between Disposable Income & Personal Income)

व्यय योग्य आय की धारणा वैयक्तिक आय की तुलना में संकीर्ण है, क्योंकि व्यय योग्य आय वैयक्तिक आय का एक भाग है।

वैयक्तिक आय वह आय है, जो व्यक्तियों और परिवारों को सभी स्रोतों से वास्तव में प्राप्त होती है, जबकि व्यय योग्य आय व्यक्तिगत आय का ही वह अंग है, जो सभी प्रकार के प्रत्यक्ष करों का भुगतान करने के पश्चात् लोगों के पास बचता है।

VII. प्रति व्यक्ति आय (Per Capita Income)

जब देश की राष्ट्रीय आय में देश की कुल जनसंख्या का भाग दिया जाता है तो जो भाज्यफल आता है, वही प्रति व्यक्ति आय कहलाती है–

प्रति व्यक्ति आय (Per Capita Income) = राष्ट्रीय आय/जनसंख्या = NI/P

राष्ट्रीय आय के विभिन्न योगांकों में सम्बन्ध (Inter-relationship between Various National Income Aggregates)

राष्ट्रीय आय या उत्पाद के विभिन्न योगांकों की उपर्युक्त व्याख्या से यह स्पष्ट है कि ये सभी एक-दूसरे से सम्बन्धित हैं। इन योगकों के मध्य पाये जानेवाले सम्बन्ध को एक काल्पनिक उदाहरण द्वारा स्पष्ट किया जा सकता है–

	राशि (करोड़ रुपये में)
1. बाजार कीमत पर सकल राष्ट्रीय उत्पाद $(GNP)_{MP}$	20,000
घटाओ–वार्षिक मूल्य ह्रास (Depreciation)	(−) 1,000
2. प्राप्त हुआ शुद्ध राष्ट्रीय उत्पाद $(NNP)_{MP}$	19,000
(क्योंकि NNP = GNP — Depreciation)	
घटाओ–अप्रत्यक्ष अथवा परोक्ष कर (Indirect Taxes)	(−) 1,250
जोड़ो–सरकारी अनुदार (Subsidies)	(+) 250
3. प्राप्ति हुई राष्ट्रीय आय (NI)	18,000
घटाओ—(i) निगमों को रोके गये लाभ	(−) 10
(ii) निगम लाभ कर	(−) 5
(iii) सामाजिक सुरक्षा अंशदान	(−) 10
जोड़ो—(i) हस्तान्तरण भुगतान	(+) 25
(ii) सरकार द्वारा शुद्ध बयाल भुगतान	(+) 20
(iii) उपभोक्ताओं द्वारा चुकाया गया शुद्ध ब्याज	(+) 5
4. प्राप्त हुई वैयक्तिक या व्यक्तिगत आय (PI)	18,025
(ऊपरी अनेक समायोजनाओं के कारण वैयक्तिक आय (PI) सामान्यत: राष्ट्रीय आय (NI) से अधिक होती है।)	
घटाओ—(i) प्रत्यक्ष कर	(−) 65
(ii) सरकारी फीस एवं जुर्माने	(−) 10
5. प्राप्त हुई व्यय योग्य आय या स्वायत्त आय (DI)	17,950

क्योंकि व्यय योग्य आय DI = PI—Direct Taxes—Fees and Penalties)

राष्ट्रीय आय का मापन
(Measurement of National Income)

जैसा कि पहले कहा जा चुका है कि उत्पादन, आय एवं व्यय आर्थिक क्रियाओं का चक्राकार प्रवाह बनाते हैं। उत्पादन से आय संचरित होती है, आय से व्यय संचरित होता है एवं व्यय से उत्पादन संचरित होता है। इस प्रकार किसी देश की राष्ट्रीय आय को तीन वैकल्पिक विधियों द्वारा मापा जा सकता है–(अ) वस्तुओं और सेवाओं के प्रवाह के रूप में, (ब) आय के प्रवाह के रूप में, (स) व्यय के प्रवाह के रूप में।

राष्ट्रीय आय को मापने की इन तीनों विधियों को प्रवाह चित्रों द्वारा नीचे दर्शाया गया है–

(I) उत्पादन विधि या मूल्य वृद्धि विधि (Product Method or Value-added Method), (II) आय विधि या उत्पादन प्रक्रिया में साधन आय (Income Method or Factor Income in the Production Process), (III) व्यय विधि (Expenditure Method), (IV) उपर्युक्त तीनों विधियों के अतिरिक्त राष्ट्रीय आय मापन की चौथी विधि उत्पादन विधि व आय विधि को मिलाकर **उत्पादन संगणना एवं आय संगणना प्रणाली की मिश्रित नीति (Combination of Production and Income Method) है।**

उपर्युक्त चारों विधियों के अतिरिक्त राष्ट्रीय आय के मापन की एक अन्य विधि है–

(V) सामाजिक लेखांकन विधि (Social Accounting Method)।

अब हम राष्ट्रीय आय मापन की उपर्युक्त विधियों का अध्ययन करेंगे।

(I) उत्पादन विधि या मूल्य वृद्धि विधि
(Product Method or Value-added Method)

इस रीति के अनुसार देश में उत्पादित समस्त वस्तुओं व सेवाओं के मूल्य का योग ही राष्ट्रीय आय कहलाती है। ''उत्पादन से तात्पर्य कुल उत्पाद (Census of Production) से नहीं है, बल्कि शुद्ध उत्पादन (Net Production) से है।'' शुद्ध उत्पादन कुल उत्पत्ति में से अचल पूँजी की घिसावट तथा उसे बदलने का खर्च निकालकर माना जायेगा। उदाहरण के लिए, यदि किसी खेत में 160 रुपये का अनाज उत्पादित होता है तथा उसके प्रतिस्थापन का व्यय 50 रु. है तो शुद्ध उत्पादन 110 रु. माना जायेगा।

अत: इस रीति से देश में एक वर्ष में उत्पन्न वस्तुओं और सेवाओं का शुद्ध मूल्य ज्ञात किया जाता है और फिर उसे जोड़ लिया जाता है। प्रो. शूप के शब्दों में, इस योग को **अन्तिम उत्पादन योग (Final Production Total)** भी कहा जाता है। चूँकि इस रीति से देश में एक वर्ष में **'वस्तुओं और सेवाओं के प्रवाह'** का योग किया जाता है, इसलिए इस रीति को **वस्तुओं और सेवाओं की प्रवाह रीति (Flow of Goods and Service Method)** भी कहते हैं। राष्ट्रीय आय की गणना की यह रीति अर्थव्यवस्था के विभिन्न वर्गों की आयों का योग होती है। इसलिए इसे हम **'औद्योगिक उद्भव द्वारा राष्ट्रीय आय' (National Income by Industrial Origin)** भी कहते हैं।

परिभाषा (Definition)—उत्पादन विधि या मूल्य वृद्धि विधि वह विधि है जो एक लेखा वर्ष में देश की घरेलू सीमा के अन्तर्गत प्रत्येक उद्यम के उत्पादन में योगदान की गणना करके राष्ट्रीय आय मापती है।

उत्पादन विधि या मूल्य वृद्धि विधि द्वारा राष्ट्रीय आय मापने के कदम
(Steps in Estimating National Income through Production or Value-added Method)

इस विधि द्वारा राष्ट्रीय आय मापने के निम्नलिखित कदम हैं–

प्रथम कदम (First Step)—उत्पादक उद्यमों की पहचान तथा वर्गीकरण (Identification and Classification of Productive Enterprises)—इस विधि में सबसे पहले उन उत्पादक उद्यमों की पहचान की जाती है, जो उत्पादन करते हैं। इनका वर्गीकरण निम्न तीन क्षेत्रों में किया जाता है–

(i) कृषि या प्राथमिक क्षेत्र (Primary Sector)—इसमें कृषि, वन, मछली पालन, पशुपालन, खनन एवं उत्खनन आदि सम्मिलित होते हैं।

(ii) उद्योग या द्वितीयक क्षेत्र (Secondary Sector)—इसमें निर्माण उद्योग, बिजली की आपूर्ति, जल एवं गैस को सम्मिलित करते हैं।

(iii) सेवा या तृतीयक क्षेत्र (Tertiary Sector)—इसमें यातायात, संचार, व्यापार, सार्वजनिक प्रशासन, बैंक, बीमा आदि सम्मिलित करते हैं।

प्रत्येक क्षेत्र में उत्पादन को उसकी कीमत से गुणा करके कुल उत्पादन मूल्य ज्ञात किया जाता है। दूसरे शब्दों में, मूल्य वृद्धि या उत्पादन विधि के अनुसार एक देश में एक वर्ष में उत्पादित सभी अन्तिम पदार्थ व सेवाओं के मौद्रिक मूल्य की गणना की जाती है। इस मौद्रिक मूल्य को **सकल राष्ट्रीय उत्पाद** कहते हैं। सकल राष्ट्रीय उत्पादन की गणना बाजार कीमत पर किये जाने के कारण इसे **बाजार कीमत पर सकल राष्ट्रीय उत्पादन (GNP at Market Price)** भी कहा जाता है।

उदाहरण 13–मान लीजिए, कृषि, उद्योग और सेवाओं के क्षेत्र में उत्पादन क्रमश: 400, 300 और 200 इकाइयों का हुआ है। जिनका बाजार मूल्य क्रमश: 30 रुपये, 24 रुपये और 15 रुपये प्रति इकाई है तो ऐसी स्थिति में सकल घरेलू उत्पाद को अग्र प्रकार आकलित किया जायेगा–

सारणी 1–सकल घरेलू उत्पाद

विवरण	मात्रा	कीमत	सकल मौद्रिक मूल्य (रु. में)
1. कृषि क्षेत्र में कुल उत्पादन का मौद्रिक मूल्य	400	30	= 12,000
2. औद्योगिक क्षेत्र में कुल उत्पादन का मौद्रिक मूल्य	300	24	= 7,200
3. सेवाओं के क्षेत्र में कुल उत्पादन का मूल्य	200	15	= 3,000
अतः सकल घरेलू उत्पाद के बाजार का योग			= रु. 22,200

सूत्र के रूप में,

$$GDP_{MP} = P(Q) + P(S)$$

जहाँ पर,

P = प्रति इकाई बाजार मूल्य, Q = भौतिक वस्तुएँ, S = भौतिक सेवाएँ।

दूसरा कदम (Second Step)–उत्पाद के मूल्य की गणना (Measurement of Value of Output)—उत्पाद के मूल्य की गणना की दो विधियाँ हैं—**(i) अन्तिम उत्पाद विधि (Final Production Method) एवं (ii) मूल्य वृद्धि विधि (Value-added Method)।**

(i) अन्तिम उत्पाद विधि (Final Production Method)—सकल राष्ट्रीय उत्पादन (जी. एन. पी.) केवल अन्तिम वस्तुएँ व सेवाएँ ही सम्मिलित की जाती हैं। **अन्तिम उत्पादन या अन्तिम पदार्थों से अभिप्राय उन पदार्थों से है जो अन्त में जिस उपभोक्ता या खरीददार द्वारा खरीदे जाते हैं, वह उनको आगे किसी अन्य उपभोक्ता या खरीददार के पास नहीं बेचता, बल्कि स्वयं ही उनका उपभोग कर लेता है।**

अन्तिम वस्तुओं और सेवाओं का मूल्य निकालने के लिए इसमें से **मध्यवर्ती वस्तुओं और सेवाओं का मूल्य घटा दिया जाता है।**

उदाहरण के लिए, उपभोक्ता को बेची जाने वाली **डबल रोटी अन्तिम** वस्तु है। मान लीजिए, इसका मूल्य 3,600 रु. है। केवल इसी मूल्य को राष्ट्रीय उत्पादन में सम्मिलित किया जायेगा। इसके बनाने में मान लीजिए प्रयुक्त गेहूँ की कीमत 1,600 रु., मैदे की कीमत 2,400 रु. तथा बेकरी द्वारा बनायी गयी डबल रोटी की कीमत 3,200 रु. अर्थात् 1,600 + 2,400 + 3,200 = 7,200 रु. मध्यवर्ती वस्तुओं का मूल्य है, जिसे उत्पाद के कुल मूल्य (1,600 + 3,200 + 3,600 = 10,800) रु. में से घटा दिया जायेगा। अतः

अन्तिम वस्तु का मूल्य = कुल उत्पाद मूल्य – मध्यवर्ती वस्तुओं का मूल्य

3,600 = 10,800 – 7,200

(ii) मूल्य वृद्धि विधि (Value-added Method)—उत्पाद विधि द्वारा राष्ट्रीय आय को मापने का दूसरा तरीका **मूल्य वृद्धि विधि (Value-added Method)** है। इस विधि में प्रत्येक फार्म द्वारा अपनी उत्पादन क्रिया के फलस्वरूप जो मूल्य वृद्धि की जाती है, उनके योग से राष्ट्रीय उत्पाद का अनुमान लगाया जा सकता है। मूल्य वृद्धि से अभिप्राय है कि उत्पादन की प्रत्येक अवस्था में प्रत्येक फर्म द्वारा वस्तु के मूल्य में कितना मूल्य जोड़ा गया है।

मूल्य वृद्धि विधि वह विधि है जो देश की घरेलू सीमा के अन्तर्गत प्रत्येक उत्पादक उद्यम के योगदान को मापता है।

उदाहरण 14–

सारणी 2–मूल्य वृद्धि विधि (Value-added Approach)

उत्पादन की अवस्था (Stage of Production)	उत्पादन का मूल्य (Value of Output)	मध्यवर्ती वस्तु की लागत (Cost of Intermediate)	मूल्य में वृद्धि (Value Added)
1. गेहूँ	1,600	–	1,600
2. मैदा	2,400	1,600	800
3. डबल रोटी	3,200	2,400	800
4. डबल रोटी की बिक्री	3,600	3,200	400
जोड़	**10,800**	**7,200**	**3,600**

उपर्युक्त सारणी से स्पष्ट है कि–

(i) किसान को गेहूँ का उत्पादन करते समय कोई व्यय नहीं करना पड़ता; वह स्वयं परिश्रम करता है तथा बीज और खाद पर कोई व्यय नहीं होता, इसलिए किसान ने गेहूँ द्वारा 1,600 रु. की मूल्य वृद्धि की।

(ii) गेहूँ का मैदा बनाकर बेचने वाले ने गेहूँ 1,600 रु. में खरीदा तथा 2,400 रु. में बेचा। इस प्रकार मैदा बनाने वाले ने 2,400 रु.–1,600 रु. = 800 रु. की मूल्य वृद्धि की।

(iii) डबल रोटी बनाने वाले (बेकरी) ने 2,400 रु. का मैदा खरीदा तथा 3,200 रु. में डबल रोटी बेची। इस प्रकार डबल रोटी बनाने वाले ने 3,200 रु.–2,400 रु. = 800 रु. की मूल्य वृद्धि की।

(iv) दुकानदार ने ग्राहकों को डबल रोटी 3,600 रु. में बेची। इस प्रकार दुकानदार ने 3,600 रु. – 3,200 रु. = 400 रु. की मूल्य वृद्धि की।

(v) इस प्रकार कुल मूल्य वृद्धि = 1,600 रु. + 800 रु. + 800 रु. + 400 रु. = 3,600 रु.। यदि सभी वस्तुओं तथा सेवाओं की कीमत जोड़ी जायेगी तो कुल उत्पादन का मूल्य = 1,600 रु. + 2,400 रु. + 3,200 रु. + 3,600 रु. = 10,800 रु. होगा जो सम्मिलित नहीं किया जायेगा।

तीसरा कदम (Third Step)—राष्ट्रीय आय का अनुमान—(Estimation of National Income)—इस विधि द्वारा राष्ट्रीय आय के विभिन्न संघटकों के मूल्यों का अनुमान निम्न प्रकार लगाया जाता है–

(i) बाजार कीमत पर सकल घरेलू उत्पाद (GDP at MP)—GDP_{MP} = बाजार कीमत में देश की घरेलू सीमा में (i) **प्राथमिक क्षेत्र** में सकल वृद्धि, (ii) **द्वितीयक क्षेत्र** में सकल वृद्धि तथा (iii) **तृतीयक क्षेत्र** में सकल वृद्धि।

(ii) बाजार कीमत पर शुद्ध घरेलू उत्पाद (NDP at MP)—पूँजीपति वस्तुओं के स्टॉक (जैसे मशीनरी) को यथावत् रखने के लिए **घिसावट व्यय** की व्यवस्था की जाती है। घिसावट व्यय को स्थिर पूँजी के उपभोग का मूल्य ह्रास कहते हैं। अत: सकल घरेलू उत्पाद में से मूल्य ह्रास घटाने पर बाजार कीमतों पर शुद्ध घरेलू उत्पाद का मूल्य प्राप्त हो जाता है अर्थात्

$$NDP_{MP} = GDP_{MP} — \text{मूल्य ह्रास (Depreciation)}$$

(iii) साधन लागत पर शुद्ध घरेलू उत्पाद (NDP at FC)—बाजार कीमत पर शुद्ध घरेलू उत्पाद (NDP_{MP}) की सहायता से **साधन** लागत पर शुद्ध घरेलू उत्पाद (NDP_{FC}) व साधन लागत पर शुद्ध राष्ट्रीय उत्पाद या राष्ट्रीय आय (NNP_{FC} or NI) की गणना की जा सकती है परन्तु **अप्रत्यक्ष करों (Indirect Taxes)** व **आर्थिक सहायता (Subsidy)** का समायोजन करना पड़ता है अर्थात्

$$NDP_{FC} = NDP_{MP} — \text{अप्रत्यक्ष कर} + \text{आर्थिक सहायता}$$

नोट–अप्रत्यक्ष करों में से आर्थिक सहायता की राशि घटाने से शुद्ध अप्रत्यक्ष कर की राशि प्राप्त होती है। अतः

$$NND_{FC} = NDP_{MP}\text{—शुद्ध अप्रत्यक्ष कर}$$

(iv) साधन लागत पर शुद्ध राष्ट्रीय उत्पाद या राष्ट्रीय आय (NNP at FC या NI)–अन्त में साधन लागत पर शुद्ध घरेलू उत्पाद में विदेशों से प्राप्त **शुद्ध आय** का समायोजन करने से साधन लागत पर शुद्ध राष्ट्रीय उत्पाद या राष्ट्रीय आय प्राप्त हो जाती है अर्थात्

$$NNP_{FC} \text{ or } NI = NDP_{FC} + \text{विदेशों से शुद्ध साधन आय}$$

जैसा कि हम अध्ययन कर चुके हैं कि **साधन लागत पर राष्ट्रीय आय मालूम करने के लिए शुद्ध घरेलू उत्पाद की बाजार कीमत (NDP_{FC}) से अप्रत्यक्ष करों की राशि को घटा दिया जाता है और उसमें आर्थिक सहायता या अनुदान को जोड़ दिया जाता है।**

उत्पादन विधि द्वारा राष्ट्रीय आय की गणना को आगे चार्ट द्वारा स्पष्ट किया जाता है।

उत्पादन विधि या मूल्य वृद्धि विधि

(Production Method or Value added Method)

(1) बाजार कीमत पर प्राथमिक क्षेत्र में सकल मूल्य वृद्धि
(2) बाजार कीमत पर द्वितीयक क्षेत्र में सकल मूल्य वृद्धि
(3) बाजार कीमत पर तृतीयक क्षेत्र में सकल मूल्य वृद्धि

(A) बाजार कीमत पर सकल घरेलू उत्पाद (GDP_{MP})

(—)

मूल्य ह्रास (Depreciation)

(B) बाजार कीमत पर शुद्ध घरेलू उत्पाद (NDP_{MP})

(—)

शुद्ध अप्रत्यक्ष का अर्थात् अप्रत्यक्ष कर – आर्थिक सहायता

(C) साधन लागत पर शुद्ध घरेलू उत्पाद (NDP_{FC})

(+)

विदेशों से शुद्ध आय

(D) राष्ट्रीय (NI)

चार्ट–1

नोट–(1) उत्पादन विधि द्वारा उत्पादन का अनुमान **बाजार कीमत द्वारा लगाया जाता है, अतः उत्पादों की बाजार कीमत में से अप्रत्यक्ष कर घटा दिये जायें तथा आर्थिक सहायता जोड़ दी जाये तो साधन लागत पर आय प्राप्त की जा सकती है।**

(2) अप्रत्यक्ष कर में से आर्थिक सहायता घटा दी जाये तो हमें **शुद्ध अप्रत्यक्ष कर** की राशि प्राप्त हो जाती है।

उत्पाद विधि या मूल्य वृद्धि से सम्बन्धित सावधानियाँ (Precautions regarding Product Method or Value-added Method)—उत्पाद विधि या मूल्य वृद्धि से राष्ट्रीय आय की गणना करते समय कुछ मदों को इसमें सम्मिलित किया जाता है और कुछ मदों को सम्मिलित नहीं किया जाता है, जैसा निम्न विवरण से स्पष्ट हो जायेगा–

(अ) सम्मिलित करना चाहिए (Items to be Included)—1. पुरानी वस्तुओं के व्यापारियों की दलाली या कमीशन को मूल्य वृद्धि में शामिल किया जाता है। 2. सभी उत्पादक उद्यमों द्वारा किये गये स्वलेखा उत्पादन को मूल्य वृद्धि में शामिल किया जाता है। 3. स्व-उपभोग के लिए उत्पादन का आरोपित मूल्य शामिल किया जाता है। 4. जिन मकानों में मालिक स्वयं रह रहे हैं, उनका भी आरोपित किराया शामिल किया जाता है।

(ब) सम्मिलित नहीं करना चाहिए (Items not to be included)—1. मध्यवर्ती वस्तुओं के मूल्यों को मूल्य वृद्धि में सम्मिलित नहीं किया जाता है। 2. पुरानी वस्तुओं के क्रय-विक्रय को मूल्य वृद्धि में सम्मिलित नहीं किया जाता। 3. स्व-उपभोग सेवाओं को मूल्य वृद्धि में सम्मिलित नहीं किया जाता।

महत्त्व (Significance)—इस प्रणाली का एक महत्त्वपूर्ण लाभ यह है कि यह अर्थव्यवस्था विभिन्न वर्गों के तुलनात्मक योगदान को प्रदर्शित करती है और इस प्रकार उनके सापेक्षिक महत्त्व को समाने लाती है परन्तु राष्ट्रीय आय की गणना की इस रीति का उपयोग वहीं पर किया जा सकता है जहाँ वर्ष के लिए उत्पादन का सेन्सस होता है।

उदाहरण 15–नीचे दिये आँकड़ों की सहायता से 1. बाजार कीमत पर सकल मूल्य वृद्धि या सकल उत्पाद ज्ञात करें। 2. राष्ट्रीय आय ज्ञात करें–

(i) उत्पादन का मूल्य–(a) प्राथमिक क्षेत्र 640 (b) द्वितीयक क्षेत्र 160, (c) तृतीयक क्षेत्र 240। (ii) खरीदे गये मध्यवर्ती आगतों का मूल्य—(a) प्राथमिक क्षेत्र 320, (b) द्वितीयक क्षेत्र 80, (c) तृतीयक क्षेत्र 40। (iii) सभी क्षेत्रों द्वारा दिये गये अप्रत्यक्ष कर 40, (iv) सभी क्षेत्रों में स्थायी पूँजी का उपभोग 64, (v) निवासियों द्वारा शेष विश्व से प्राप्त साधन आय 8, (vi) गैर-निवासियों को प्रदान की गयी साधन आय 16, (vii) सभी क्षेत्रों द्वारा प्राप्त आर्थिक सहायता 16।

हल–1. बाजार कीमत पर सकल मूल्य वृद्धि (GDP_{MP}) = प्राथमिक क्षेत्र के उत्पाद का मूल्य + द्वितीयक क्षेत्र के उत्पाद का मूल्य + तृतीयक क्षेत्र के उत्पाद का मूल्य – प्राथमिक क्षेत्र द्वारा खरीदे गये मध्यवर्ती उत्पाद का मूल्य – द्वितीयक क्षेत्र द्वारा खरीदे गये मध्यवर्ती उत्पाद का मूल्य – तृतीयक क्षेत्र द्वारा खरीदे गये मध्यवर्ती उत्पाद का मूल्य = 640 रु. + 160 रु. + 240 रु. – 320 रु. – 80 रु. – 600 रु. उत्तर–600 रु.।

2. राष्ट्रीय आय (National Income) = बाजार मूल्य पर सकल मूल्य वृद्धि – स्थायी पूँजी का उपभोग – अप्रत्यक्ष कर + आर्थिक सहायता + शेष विश्व के निवासियों द्वारा प्राप्त साधन आय – गैर-निवासियों को प्रदान की गयी साधन आय = 600 रु. – 64 रु. – 40 रु. + 16 रु. + 8 रु. – 16 रु. = उत्तर–504 रु.।

II. आय विधि या उत्पादन प्रक्रिया में साधन आय
(Income Method or Factor Income in the Production Process)

उत्पादन के साधन, उत्पादन में योगदान इसलिए देते हैं, क्योंकि उन्हें इनके लिए पुरस्कार मिलता है। उत्पादन के साधनों द्वारा अर्पित इस प्रकार का पुरस्कार **'साधनों की आय' (Income of Factors)** कहलाता है। दूसरे शब्दों में, आय विधि के अनुसार उत्पादन के विभिन्न साधनों के द्वारा उत्पादन में उनकी सेवाओं के प्रतिफलस्वरूप मिलने वाले भुगतान अर्थात् साधनों की आय का योग करते हैं। इस योगफल को घरेलू आय कहते हैं। यदि इस योग में **विदेशों से**

अर्जित शुद्ध आय जोड़ दें तो राष्ट्रीय आय बन जाती है। संक्षेप में **राष्ट्रीय आय** = मजदूरी + लगान + ब्याज + लाभांश + अवितरित लाभ + निगम लाभ कर + सार्वजनिक क्षेत्र का अधिशेष = मिश्रित आय + विदेशों से अर्जित शुद्ध आय।

इस विधि को वर्गीकृत कार्यों के अनुसार विधि (Distribution Share Method) या साधन भुगतान विधि (Factor Payment Method) भी कहा जाता है।

परिभाषा (Definition)– "आय विधि वह विधि है जो एक लेखा वर्ष में उत्पादन के साधनों (श्रम, पूँजी, भूमि व उद्यम) को उसकी उत्पादक सेवाओं के बदले में क्रमश: मजदूरी, लगान, ब्याज तथा लाभ के रूप में किये गये भुगतान की गणना करके राष्ट्रीय आय की माप करती है।"

आय विधि द्वारा राष्ट्रीय आय मापने के कदम (Steps in Estimation of National Income using Income Method)— आय विधि के द्वारा राष्ट्रीय आय ज्ञात करने के निम्नलिखित कदम हैं–

1. कर्मचारियों का पारिश्रमिक (Compensation of Employees)— इसके अन्तर्गत (i) मजदूरी तथा वेतन, (ii) किस्म के रूप में आय (Payment in Kind), तथा (iii) सामाजिक सुरक्षा योजनाओं में मालिकों के योगदान को शामिल किया जाता है।

2. परिचालन अधिशेष (Operating Surplus)– इसके अन्तर्गत सम्पत्ति उद्यमशीलता से प्राप्त आय को शामिल किया जाता है। यह अर्थव्यवस्था के सभी क्षेत्रों अर्थात् निजी तथा सार्वजनिक क्षेत्र दोनों के ही उद्यमों में उत्पन्न होता है परन्तु सामान्य सरकारी क्षेत्र में परिचालन अधिशेष उत्पन्न नहीं होता। परिचालन अधिशेष में निम्नलिखित मदें शामिल की जाती हैं–(i) लगान, (ii) ब्याज, (iii) लाभ (लाभांश + निगम कर + उद्यमों की बचत या अविचारित लाभ)।

3. मिश्रित आय (Mixed Income)– स्वनियोजित आय को मिश्रित आय कहते हैं। वह व्यक्ति जो एक ओर साधन सेवाएँ प्रदान करते हैं और दूसरी ओर, स्वयं ही वस्तुओं का उत्पादन करते हैं, मिश्रित आय प्राप्त करते हैं। एकाकी उत्पादन इकाइयों द्वारा अर्जित आय, जैसे–दुकान, वकील, डॉक्टर, बढ़ई तथा कृषक आदि को आय मिश्रित आय या स्वनियोजित आय कहलाती है। मिश्रित आय के अन्तर्गत कृषि कार्य, स्वामित्व से आय तथा पेशेवर आय लेते हैं। मिश्रित आय राष्ट्रीय आय की गणना करते समय अवश्य शामिल की जाती है।

उपर्युक्त तीनों मदों से प्राप्त आय जोड़कर शुद्ध घरेलू आय का अनुमान लगाया जाता है अर्थात्

शुद्ध घरेलू आय = कर्मचारियों का पारिश्रमिक + परिचालन अधिशेष + मिश्रित आय

4. विदेशों से शुद्ध साधन आय (Net Factor Income From Abroad)–किसी भी अर्थव्यवस्था के कुल आयात और निर्यात के अन्तर को विदेशी शुद्ध परिसम्पत्ति आय कहते हैं। इसे शुद्ध निर्यात भी कहते हैं। मोटे तौर पर विदेशों में निम्नलिखित भौतिक और अभौतिक वस्तुओं का निर्यात किया जाता है–(i) स्वदेश से विदेश में जनशक्ति तथा मौलिक वस्तुएँ पहुँचाना। (ii) पर्यटकों द्वारा ऐतिहासिक एवं अन्य आकर्षक भवनों को देखने के लिए विदेशों से स्वदेश में आना। (iii) बैंकों और बीमा कम्पनियों द्वारा सहायताएँ उपलब्ध करवाना।

शुद्ध विदेशी साधन आय को शुद्ध घरेलू आय में जोड़कर राष्ट्रीय आय का अनुमान लगाया जाता है।

अर्थात् **राष्ट्रीय आय** = कर्मचारियों का पारिश्रमिक + परिचालन अधिशेष + मिश्रित आय + शेष संसार से शुद्ध शाधन आय।

दूसरा कदम (Second Step)–साधन आय का अनुमान (Estimation of Factor Income)–उद्योग के सभी उत्पादकों द्वारा भुगतान की गयी साधन आय को जोड़कर उद्योग की कुल आय मालूम की जाती है और अर्थव्यवस्था के सभी उद्योगों द्वारा भुगतान की गयी आय को जोड़कर शुद्ध घरेलू आय प्राप्त की जाती है।

शुद्ध घरेलू आय (Net Domestic Income)–में उचित परिवर्तन करके राष्ट्रीय उत्पाद की शेष अवधारणाएँ ज्ञात की जा सकती हैं, जैसा निम्न चार्ट 2 द्वारा समझाया गया है–

आय विधि
(Income Method)

1. कर्मचारियों का पारिश्रमिक
2. परिचालन अधिशेष
3. स्वनियोजितों की मिश्रित आय

शुद्ध घरेलू आय (Net Domestic Income)

(+)

विदेशों से शुद्ध साधन आय

राष्ट्रीय आय (National Income)

(+)

मूल्य ह्रास

साधन लागत पर सकल राष्ट्रीय उत्पाद (GDP_{FC})

(+)

शुद्ध अप्रत्यक्ष कर

बाजार कीमत पर सकल राष्ट्रीय उत्पाद (GDP_{MP})

चार्ट–2

नोट–1. आय विधि में आय का अनुमान साधनों की आय के अनुसार लगाया जाता है, अतः साधन लागत में **शुद्ध अप्रत्यक्ष कर** जोड़ दिया जाये तो **बाजार कीमत पर राष्ट्रीय उत्पाद** का मूल्य ज्ञात किया जा सकता है।

2. शुद्ध अप्रत्यक्ष कर = अप्रत्यक्ष कर – आर्थिक सहायता

आय विधि के अनुसार राष्ट्रीय आय के अनुमान में न सम्मिलित होने वाली मदें (Items not to be Included in Estimation of National Income by Income Method)– आय विधि के अनुसार राष्ट्रीय आय का अनुमान लगाते समय निम्नलिखित आयों **को सम्मिलित नहीं किया जाता**–

(i) पुरानी वस्तुओं के विक्रय से प्राप्त आय, (ii) गैर–कानूनी आय; जैसे–तस्करों, जमाखोरों, कर प्रवंचकों से प्राप्त आय, (iii) आकस्मिक आय; जैसे–लॉटरी से आय, (iv) सभी हस्तान्तरण भुगतान, (v) मृत्यु-कर, उपहार-कर सम्पत्ति-कर आदि से प्राप्त आय।

महत्त्व (Significance)– इस रीति का सबसे बड़ा लाभ यह है कि इससे समाज में विभिन्न वर्गों में आय-वितरण का पता लगता है और दोहरी गणना की सम्भावना बहुत कम रहती है, परन्तु करोड़ों लोगों की आय का अनुमान लगाना अत्यन्त कठिन हो जाता है, विशेषकर उस समय जब आय वस्तुओं और सेवाओं के रूप में प्राप्त होती है। भारत जैसे देश में जहाँ अधिकांश लोग आय का ठीक-ठीक हिसाब नहीं रखते, यह विधि उपयुक्त नहीं हो सकती है।

उदाहरण 16–निम्नलिखित आँकड़ों की सहायता से आय विधि द्वारा (1) शुद्ध घरेलू आय, (2) सकल घरेलू आय, (3) शुद्ध राष्ट्रीय आय, (4) बाजार कीमत पर शुद्ध राष्ट्रीय उत्पाद ज्ञात करो–

(1) अप्रत्यक्ष कर 3,000, (2) आर्थिक सहायता 600, (3) स्वरोजगार की मिश्रित आय 9,000 (4) मूल्य ह्रास 500, (5) परिचालन अधिशेष 3,000, (6) विदेशों से शुद्ध साधन आय 100, (7) कर्मचारियों की क्षतिपूर्ति 8,000।

हल–

1. शुद्ध घरेलू आय (NDI) = स्वरोजगार की मिश्रित आय + परिचालन अधिशेष + कर्मचारियों की क्षतिपूर्ति
= 9,000 करोड़ रु. + 3,000 करोड़ रु. + 8,000 करोड़ रु.
= 20,000 करोड़ रु.।

2. सकल घरेलू आय (GDI) = शुद्ध घरेलू आय + मूल्य ह्रास

3. शुद्ध राष्ट्रीय आय (NI) = शुद्ध घरेलू आय + विदेशों से शुद्ध साधन आय
= 20,000 करोड़ रु. (+) (−) 100 करोड़ रु. 19,900 करोड़ रु.

4. बाजार कीमत पर शुद्ध राष्ट्रीय उत्पाद (NNP_{MP}) = शुद्ध राष्ट्रीय आय + अप्रत्यक्ष कर − आर्थिक सहायता
= 19,900 करोड़ रु. + 3,000 करोड़ रु.− 600 करोड़ रु.
= 22,300 करोड़ रु.

III. व्यय विधि
(Expenditure Method)

यह विधि राष्ट्रीय आय को मापने की तीसरी विधि है। इस विधि को अन्तिम व्यय विधि या उपभोग या उपभोग विनियोग विधि (Consumption and Investment Method) के नाम से जाना जाता है, क्योंकि इस विधि के अनुसार अन्तिम उपभोग और विनियोग व्यय को जोड़कर राष्ट्रीय आय की गणना की जाती है। संक्षेप में, $Y = C + I$

परिभाषा (Definition)–''व्यय विधि वह विधि है, जिसके द्वारा एक लेखा वर्ष में बाजार कीमत पर सकल घरेलू उत्पाद पर किये गये **अन्तिम व्यय** को मापा जाता है। यह अन्तिम व्यय बाजार कीमत पर **सकल घरेलू उत्पाद** के बराबर होता है।''

व्यय विधि के कदम (Steps in Expenditure Method)–व्यय विधि के निम्नलिखित कदम उठाये जाते हैं–

पहला कदम (First Step)–अन्तिम व्यय की पहचान (Identification of Final Expenditure)–यह प्रश्न उठता है कि कौन-सा व्यय **अन्तिम व्यय** है और कौन-सा व्यय **मध्यवर्ती व्यय** है? वस्तुतः इस प्रश्न का उत्तर व्यय की प्रकृति पर निर्भर करता है। यदि एक उद्यमी दूसरे उद्यमी से जो वस्तु या सेवा खरीदता है, उसका प्रयोग दोबारा बेचने के लिए या आगे उत्पादन करने के लिए करता है तो ऐसी वस्तु पर किया गया व्यय **मध्यवर्ती व्यय** कहलायेगा। इसके विपरीत यदि किसी उद्यमी द्वारा अन्तिम उपभोग या पूँजी निर्माण के लिए वस्तुएँ तथा सेवाएँ खरीदी जाती हैं तो उन पर किया गया व्यय **अन्तिम व्यय** कहलाता है।

दूसरा कदम (Second Step)– अन्तिम व्यय करने वाली आर्थिक इकाइयों की पहचान (Identification of Economic Units incurring Final Expenditure)– देश की घरेलू सीमा के अन्तर्गत उन सभी आर्थिक इकाइयों द्वारा किये जाने वाले अन्तिम व्यय का वर्गीकरण निम्नलिखित समूहों में किया जाता है–1. परिवार क्षेत्र, 2. उत्पादक क्षेत्र, 3. सरकारी क्षेत्र, तथा 4. शेष विश्व क्षेत्र।

तीसरा कदम (Third Step)–अन्तिम व्यय की गणना (Computation of Final Expenditure)– अन्तिम व्यय में निम्नलिखित को सम्मिलित किया जाता है, जैसा कि नीचे चार्ट में दर्शाया गया है–

अन्तिम व्यय
(Final Expenditure)

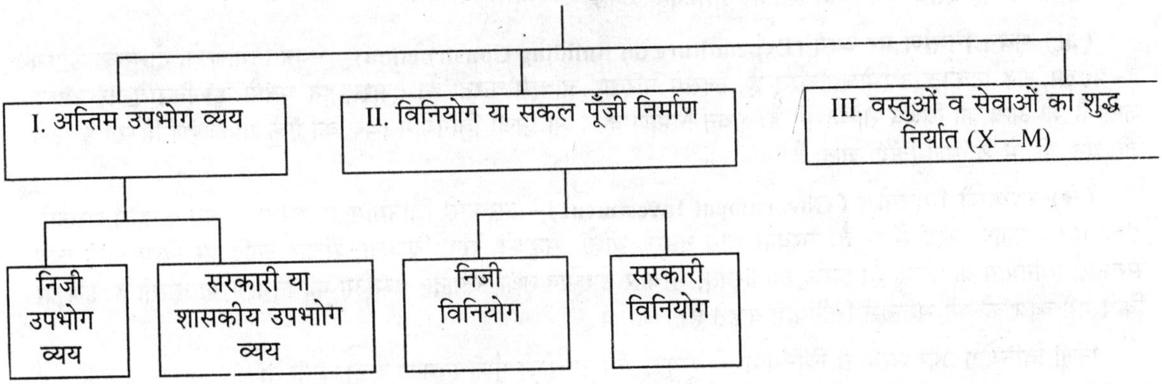

(I) अन्तिम उपभोग व्यय (Final Consumption Expenditure)–अन्तिम उपभोग व्यय को निम्न दो भागों में बाँटा जा सकता है–

(अ) निजी उपभोग व्यय (Private Consumption Expenditure)—देश के निवासियों द्वारा अपनी आवश्यकताओं की सन्तुष्टि के लिए किया जाने वाला व्यय उपभोग व्यय है। यह व्यय निम्न प्रकार का हो सकता है–

1. शीघ्र उपभोग की वस्तुओं पर व्यय; जैसे–खाद्यान्न, पेय पदार्थ इत्यादि। 2. टिकाऊ वस्तुओं पर किया जाने वाला व्यय; जैसे–फर्नीचर, कालीन, रेडियो, वीडियो तथा कार आदि। 3. विभिन्न सेवाओं पर व्यय; जैसे–शिक्षण, मनोरंजन, संचार, परिवहन।

यह भी बताया गया है कि निजी उपभोग पर व्यय विदेशी व्यक्तियों द्वारा उपभोग वस्तुओं पर किये गये व्यय को सम्मिलित नहीं करता। इस प्रकार उपभोग व्यय, सभी वस्तुओं तथा सेवाओं पर किये गये व्यय के योग का प्रतिफल है।

(ब) सरकारी या शासकीय उपभोग व्यय (Government Consumption Expenditure)— अन्तिम उपभोग व्यय में मुख्य रूप से तीन मदों को सम्मिलित किया जाता है–(i) कर्मचारियों को दिया गया वेतन, (ii) सरकार द्वारा सामूहिक आवश्यकताओं की पूर्ति के लिए वस्तुओं और सेवाओं का शुद्ध क्रय, तथा (iii) विदेशों में वस्तुओं और सेवाओं का शुद्ध क्रय।

यह उल्लेखनीय है कि सरकारी उपभोग व्यय में देशी व विदेशी हस्तान्तरण भुगतानों को सम्मिलित नहीं किया जाता।

(II) विनियोग या सकल पूँजी निर्माण (Investment or Gross Capital Formulation)— एक वर्ष के दौरान अर्थव्यवस्था की पूँजीगत सम्पत्तियों के मूल्य में होने वाली वृद्धि या पूँजी निर्माण कहते हैं। इसमें निजी विनियोग और सरकारी विनियोग सम्मिलित किये जाते हैं–

(अ) निजी विनियोग (Private Investment)—निजी विनियोग के अन्तर्गत निम्नलिखित मदों को सम्मिलित किया जाता है–

(i) मशीन व उपकरण पर व्यय (Expenditure on Machines and Equipment)— अर्थव्यवस्था की उत्पादन क्षमता में वृद्धि के लिए व्यावसायिक भवनों, मशीनों व उपकरणों का क्रय किया जाता है। ये वस्तुएँ उत्पादक होती हैं और इन्हें विनियोग में सम्मिलित किया जाता है।

(ii) स्टॉक या माल तालिकाओं पर व्यय (Expenditure on Inventories)— स्टॉक या इन्वेण्टरीज से तात्पर्य किसी विशेष तिथि पर कच्चे माल, अर्द्धनिर्मित एवं तैयार माल के स्टॉक से है। यदि वर्ष के अन्त में इस माल में वृद्धि होती है तो वृद्धि के मूल्य को स्टॉक में विनियोग माना जाता है।

स्टॉक में परिवर्तन का अनुमान अन्तिम स्टॉक में से प्रारम्भिक स्टॉक को घटाकर लगाया जाता है अर्थात्

स्टॉक में परिवर्तन = अन्तिम स्टॉक–प्रारम्भिक स्टॉक

(iii) भवन निर्माण पर व्यय (Expenditure on Building Construction)—भवन निर्माण के दो मुख्य उद्देश्य हैं–**पहला,** यह टिकाऊ उपभोक्ता वस्तु है, जिसमें परिवार आवास करता है; **दूसरा,** इन भवनों को किराये पर उठाया जाता है जो आय का विशेष साधन भी है। भवन निर्माण कार्य जो निजी विनियोग व्यय का एक महत्त्वपूर्ण हिस्सा है, उसे जी. एन. पी. में शामिल किया जाता है।

(ब) सरकारी विनियोग (Government Investment)– सरकारी विनियोग से हमारा आशय केन्द्रीय सरकार, राज्य एवं स्थानीय सरकारों से है। सरकार द्वारा नहरों, बाँधों, सड़कों, रेल, बिजली, संचार आदि पर किया गया व्यय सरकारी विनियोग कहलाता है। इसके अतिरिक्त, सरकार उपभोग तथा उत्पादन वस्तुओं का निर्माण भी करती है। इस पर किये गये व्यय को भी सरकारी विनियोग कहते हैं।

निजी विनियोग और सरकारी विनियोग को संयुक्त रूप से घरेलू पूँजी निर्माण कहा जाता है।

(III) वस्तुओं एवं सेवाओं का शुद्ध निर्यात (X—M)—निर्यात और आयात के अन्तर को शुद्ध निर्यात कहते हैं। यदि आयात की तुलना में निर्यात अधिक होगा तो शुद्ध निर्यात धनात्मक और यदि आयात-निर्यात से अधिक होगा तो शुद्ध निर्यात ऋणात्मक होता है।

उपर्युक्त विवेचन के आधार पर व्यय विधि के अनुसार राष्ट्रीय आय की गणना निम्नलिखित सूत्र द्वारा की जा सकती है–

(A) बाजार कीमत पर सकल घरेलू उत्पाद (GDP_{MP}) = निजी अन्तिम व्यय (Cn) + सरकार द्वारा अन्तिम उपभोग व्यय (Cg) + निजी विनियोग या पूँजी निर्माण (In) + सरकारी विनियोग या पूँजी निर्माण (Ig) + शुद्ध निर्यात (X—M)

अथवा

$$(GNP_{Mg}) = Cn + Cg + In + Ig + (X—M)$$

उपर्युक्त सूत्र से स्पष्ट है कि परिवारों द्वारा अन्तिम उपभोग व्यय (Cn), सरकार द्वारा अन्तिम उपभोग व्यय (Cg). निजी विनियोग या पूँजी निर्माण (In) और सरकारी विनियोग या पूँजी निर्माण (Ig) तथा शुद्ध निर्यात ((X : M) को जोड़ देते हैं तो हमें बाजार कीमत पर सकल राष्ट्रीय उत्पादन प्राप्त हो जाता है।

(B) बाजार कीमत पर शुद्ध घरेलू उत्पाद (NDP at MP)— (GNP_{MP}) में से मूल्य-ह्रास की राशि घटा देने से हमें NDP_{MP} ज्ञात हो जाता है, अर्थात्

$$NDP_{MP} = GNP_{MP} - \text{मूल्य ह्रास}$$

(C) साधन लागत पर शुद्ध घरेलू उत्पाद (NDP_{FC})–व्यय विधि द्वारा बाजार कीमत पर सकल शुद्ध घरेलू उत्पाद मालूम होता है। साधन लागत पर शुद्ध घरेलू उत्पाद (NDP_{FC}) मालूम करने के लिए NDP_{MP} में से शुद्ध अप्रत्यक्ष कर (अप्रत्यक्ष कर – आर्थिक सहायता) को घटा देना चाहिए अर्थात्

$$NDP_{FC} = NDP_{MP} - \text{शुद्ध अप्रत्यक्ष कर}$$

(D) साधन लागत पर शुद्ध राष्ट्रीय उत्पाद (NNP_{FC}) या राष्ट्रीय आय (NI)– साधन लागत पर शुद्ध राष्ट्रीय उत्पाद या राष्ट्रीय आय मालूम करने के लिए NDP_{FC} में शुद्ध निर्यात (X—M) को जोड़ देते हैं अर्थात

$$NI = NDP_{FC} + \text{शुद्ध निर्यात (विदेशों से शुद्ध साधन आय)}$$

व्यय विधि
(Expenditure Method)

(1) निजी अन्तिम उपभोग व्यय
(2) सरकारी अन्तिम उपभोग व्यय
(3) सकल घरेलू पूँजी निर्माण
(4) शुद्ध निर्यात (निर्यात-आयात)

बाजार कीमत पर सकल घरेलू उत्पाद (GDP_{MP})

(–)

मूल्य ह्रास

बाजार कीमत पर शुद्ध घरेलू उत्पाद (NDP_{MP})

(–)

शुद्ध अप्रत्यक्ष कर

साधन लागत पर शुद्ध घरेलू उत्पाद (NDP_{FC})

विदेशों से शुद्ध साधन आय

राष्ट्रीय आय (NI)

चार्ट–3

नोट–आय का अनुमान साधन लागत पर लगाया जाता है, जबकि **व्यय** का अनुमान बाजार कीमत पर लगाया जाता है। अत: बाजार कीमत में से अप्रत्यक्ष कर घटा दिये जायें और **आर्थिक सहायता** जोड़ दी जाये तो साधन लागत पर **आय** प्राप्त की जा सकती है।

सावधानियाँ (Precautions)– व्यय विधि के अनुसार राष्ट्रीय आय का अनुमान लगाते समय निम्नलिखित बातों को ध्यान में रखना चाहिए–

1. पुरानी वस्तुओं पर व्यय को शामिल नहीं करना चाहिए। 2. अंश–पत्र, ऋण–पत्र आदि पर किये गये व्यय को शामिल नहीं किया जाना चाहिए। 3. मध्यवर्ती और अर्द्ध–निर्मित वस्तुओं पर होने वाले व्यय को भी सम्मिलित नहीं करना चाहिए। 4. केवल अन्तिम वस्तुओं व सेवाओं पर किये जाने वाले व्यय को ही सम्मिलित करना चाहिए। 5. सरकार द्वारा पेंशन, छात्रवृत्ति, बेरोजगारी, बीमा, आर्थिक सहायता आदि पर किये जाने वाले व्यय को सम्मिलित नहीं करना चाहिए।

महत्त्व (Significance)–व्यय विधि अर्थव्यवस्था में उपभोग तथा विनियोग के अनुपात का ज्ञान कराती है और साथ ही अर्थव्यवस्था में विदेशी विनियोग, विदेशी सहायता व विदेशी पूँजी के योगदान का आभास कराती है।

उदाहरण 17–निम्नलिखित सूचना के आधार पर व्यय विधि के अनुसार (अ) बाजार कीमत के अनुसार सकल राष्ट्रीय उत्पादन, तथा (स) साधन कीमत के अनुसार शुद्ध राष्ट्रीय उत्पादन ज्ञात कीजिए– (रुपये में)

निजी उपभोग व्यय 1,000 वस्तुओं व सेवाओं पर सरकारी व्यय 500, किराया 50, ब्याज 20, अप्रत्यक्ष कर 50 सामाजिक सुरक्षा अभिदान 25, वैयक्तिक आय कर 120, अवितरित लाभ 125, लाभांश 100, मजदूरी एवं वेतन 1,200 निगम कर 100, शुद्ध घरेलू विनियोग 200, शुद्ध विदेशी विनियोग 50, हस्तान्तरण भुगतान 50, घिसावट व्यय 75।

(अ) GNP_{MP} = वस्तुओं व सेवाओं पर सरकारी व्यय + निजी उपभोग व्यय +

शुद्ध घरेलू विनियोग + शुद्ध विदेशी विनियोग + घिसावट व्यय

= 500 रु. + 1,000 रु. + 200 रु. + 50 रु. + 75 रु. = 1,825 रु.

(ब) GNP_{FC} = GNP_{FC} – अप्रत्यक्ष कर

= 1,825 रु. – 50 रु. = 1,775 रु.

(स) NNP_{FC} = GNP_{FC} – घिसावट व्यय

= 1,775 रु. – 75 रु. = 1,700 रु.

संक्षेप में राष्ट्रीय आय मापन-विधियाँ

उत्पाद विधि या मूल्य वृद्धि विधि (Production Method or Value-added Method)—उत्पादन विधि या मूल्य वृद्धि वह विधि है जो एक लेखा वर्ष में देश की घरेलू सीमा के अन्तर्गत प्रत्येक उत्पादक के उत्पादन में योगदान की गणना करके राष्ट्रीय आय मालूम की जाती है।

इस विधि के द्वारा राष्ट्रीय आय को मापने के लिए निम्न संघटकों के मूल्यों का अनुमान लगाया जाता है।

(i) बाजार कीमत पर शुद्ध घरेलू उत्पाद (NDP_{MP}) = प्राथमिक क्षेत्र में सकल मूल्य वृद्धि + द्वितीयक क्षेत्र में सकल मूल्य वृद्धि + तृतीयक क्षेत्र में सकल मूल्य वृद्धि—मूल्य ह्रास।

(ii) साधन लागत पर शुद्ध राष्ट्रीय उत्पाद (NNP_{FC}) या राष्ट्रीय आय (NI) = बाजार कीमत पर शुद्ध घरेलू उत्पाद—शुद्ध अप्रत्यक्ष कर + विदेशों से शुद्ध आय।

आय विधि (Income Method)—आय विधि वह विधि है जो एक लेखा वर्ष में उत्पादन के साधनों (श्रम, भूमि, पूँजी तथा उद्यम) को उनकी उत्पादक सेवाओं के बदले में क्रमशः मजदूरी, लगान, ब्याज तथा लाभ के रूप में किये गये भुगतान की गणना करके राष्ट्रीय आय का माप करती है। संक्षेप में,

(i) शुद्ध घरेलू आय या साधन लागत पर शुद्ध घरेलू उत्पाद (NDP_{FC}) = कर्मचारियों का पारिश्रमिक + परिचालन अधिशेष + स्वनियोजितों की मिश्रित आय।

(ii) राष्ट्रीय आय (NI) = शुद्ध घरेलू आय + विदेशों से प्राप्त शुद्ध आय।

व्यय विधि (Expenditure Method)—व्यय विधि वह विधि है जिसके द्वारा एक लेखा वर्ष में बाजार कीमत पर सकल घरेलू उत्पाद पर किये गये अन्तिम व्यय को मापा जाता है। यह अन्तिम व्यय बाजार कीमत पर **सकल घरेलू उत्पाद के बराबर होता है।** संक्षेप में,

(i) बाजार कीमत पर सकल घरेलू उत्पाद (GDP_{MP}) = निजी अन्तिम उपभोग व्यय + सरकारी अन्तिम उपभोग व्यय + सकल घरेलू पूँजी निर्माण + शुद्ध निर्यात।

(ii) राष्ट्रीय आय (NI) = बाजार कीमत पर सकल घरेलू उत्पाद—मूल्य ह्रास—शुद्ध अप्रत्यक्ष कर + विदेशों से शुद्ध आय।

राष्ट्रीय आय के तीनों मापन में मिलान (Reconciliation of the Three Measures of National Income)– राष्ट्रीय आय के मापन की तीनों विधियाँ हमें राष्ट्रीय आय के तीन माप प्रदान करती हैं अर्थात् सकल राष्ट्रीय आय (आय विधि), सकल राष्ट्रीय उत्पाद (शुद्ध मूल्य वृद्धि विधि या उत्पादन विधि) तथा सकल राष्ट्रीय व्यय (व्यय विधि)। राष्ट्रीय आय के मापन की किसी भी विधि का प्रयोग हम क्यों न करें, राष्ट्रीय आय का मूल्य एक समान रहता है। संक्षेप में,

$$\boxed{GNP \equiv GNP \equiv GNE}$$

अत: निष्कर्ष के रूप में कहा जा सकता है कि एक निश्चित समय में उत्पादित अन्तिम वस्तुओं तथा सेवाओं का मूल्य उत्पादन के साधनों की सेवाओं के लिए मजदूरी, लगान, ब्याज तथा लाभ के रूप में किये गये **साधन भुगतान के बराबर होता है। समस्त उत्पादन साधन सेवाओं के स्वामियों को जो साधन आय प्राप्त होती है, उसे वे या तो उपभोग पर या विनियोग पर व्यय कर देते हैं। अतएव राष्ट्रीय आय गणना की तीनों विधियों अर्थात् उत्पाद विधि, आय विधि तथा व्यय विधि एक ही प्रवाह अर्थात् राष्ट्रीय आय के प्रवाह को प्रकट करने के तीनों विभिन्न दृष्टिकोण हैं।**

यह उल्लेखनीय है कि आय का अनुमान साधन लागत पर लगाया जाता है, जबकि उत्पादन और व्यय का अनुमान बाजार कीमत पर लगाया जाता है। अत: यह आवश्यक हो जाता है कि साधन लागत और बाजार कीमत में समानता स्थापित की जाये। यह समानता **अप्रत्यक्ष करों और आर्थिक सहायता के द्वारा स्थापित की जाती है।** अत: यदि बाजार कीमत में से **अप्रत्यक्ष करों** को घटा दिया जाये और **आर्थिक सहायता** को जोड़ दिया जो तो साधन लागत पर राष्ट्रीय आय प्राप्त की जा सकती है। इसका कारण यह है कि अप्रत्यक्ष कर बाजार मूल्य को बढ़ा देते हैं, जो उत्पादन के साधनों को प्राप्त न होकर सरकार के खजाने में जमा हो जाता है। इसके विपरीत, आर्थिक सहायता बाजार मूल्य को कम कर देते हैं और यह साधनों को प्राप्त नहीं होता है। संक्षेप में,

राष्ट्रीय आय NI = बाजार कीमत पर शुद्ध राष्ट्रीय उत्पाद (NNP_{MP})− अप्रत्यक्ष कर + आर्थिक सहायता
= शुद्ध राष्ट्रीय व्यय−अप्रत्यक्ष कर + आर्थिक सहायता

IV. उत्पादन संगणना एवं आय संगणना प्रणाली की मिश्रित नीति
(Combination of Production and Income Method)

इस रीति का प्रयोग भारतीय अर्थशास्त्री प्रो. वी. के. आर. वी. राव ने किया है। इस रीति के अनुसार उन्होंने भारत की राष्ट्रीय आय की गणना की है। इस प्रणाली में उत्पादन व्यवसायों की संगणना उत्पादन के आधार पर तथा सरकारी एवं गैर-सरकारी नौकरों की आय की गणना आय संगणना के आधार पर की जाती है।

V. सामाजिक लेखांकन विधि[1]
(Social Accounting Method)

इस विधि में देश की समस्त आर्थिक गतिविधियों को तीन प्रकार से विभक्त किया जाता है–**प्रथम**–उत्पादन, **द्वितीय**– वितरण, **तृतीय**–व्यय। इस विभाजन के आधार पर ही सामाजिक लेखों को तीन खण्डों में प्रस्तुत किया जाता है।

(1) व्यावसायिक संस्थाएँ, (2) घरेलू एवं निजी गैर-लाभ संस्थाएँ एवं (3) सरकार।

प्रत्येक खण्ड में उत्पादन, उपभोग, बचत व विनियोग के सम्बन्ध में लेखा किया जाता है। इस प्रकार कई लेखे तैयार कर लिये जाते हैं। ये लेख जहाँ एक ओर देश की राष्ट्रीय आय का ब्यौरा प्रस्तुत करते हैं, वहीं दूसरी ओर, देश की आर्थिक नीतियों के निर्धारण एवं उनके मूल्यांकन के लिए भी आवश्यक सामग्री प्रस्तुत करते हैं।

विधियों का चुनाव
(Choice of Methods)

राष्ट्रीय आय की गणना की तीनों विधियों द्वारा राष्ट्रीय आय का मूल्य एक समान ही आयेगा परन्तु इसमें से कौन-सी प्रणाली श्रेष्ठ हैं, इसके उत्तर में यह कहा जा सकता है कि राष्ट्रीय आय की गणना की किस विधि का प्रयोग किस समय किया जायेगा, यह निम्नलिखित तथ्यों पर निर्भर करता है–

1. राष्ट्रीय आय की गणना अवस्था (Stage of the Estimation of National Income)– किसी अर्थव्यवस्था में राष्ट्रीय आय की गणना की किस विधि का प्रयोग किया जाये, यह इस बात पर भी निर्भर करता है कि राष्ट्रीय आय की गणना किस अवस्था में की जा रही है।

यदि राष्ट्रीय आय की गणना **उत्पादन अवस्था** में की जा रही है तो **मूल्य वृद्धि या उत्पादन विधि** का उपयोग किया जाना चाहिए।

यदि राष्ट्रीय आय का अनुमान **वितरण की अवस्था** में किया जा रहा है तो **आय विधि** अधिक उपयोगी होगी।

इसके विपरीत, यदि **उपभोग अवस्था** में राष्ट्रीय आय का अनुमान लगाया जा रहा हो **व्यय विधि** क्षेत्रों; जैसे–कृषि क्षेत्र, उद्योग क्षेत्र, व्यापार, यातायात, संचार क्षेत्र आदि में बाँटा जाता है। इन विभिन्न क्षेत्रों में विभिन्न प्रकार की विधि का

1. विस्तृत अध्ययन हेतु अध्याय 2 देखें।

उपयोग कर राष्ट्रीय आय की गणना की जाती है। प्रमुख क्षेत्रों में कौन-सी विधि अपनायी जानी चाहिए। इसका वर्णन संक्षेप में नीचे चार्ट में दर्शाया गया है–

आर्थिक क्रियाओं के अनुसार विधि का चुनाव

उत्पादन विधि (Production Method)	व्यय विधि (Expenditure Method)	आय विधि (Income Method)
(1) कृषि क्षेत्र	(3) उद्योग क्षेत्र	(1) आवास, गृह क्षेत्र
(2) वन, मछली, पशुपालन व खनिज क्षेत्र	(4) व्यापार, यातायात व संचार क्षेत्र	
	(5) वित्तीय सेवाएँ	

2. अर्थव्यवस्था की संरचना और अन्तर (Difference in the Structure of Economy)–विश्व की अर्थव्यवस्थाओं को मोटे तौर पर निम्नलिखित दो भागों में बाँटा जाता है–

(अ) विकसित अर्थव्यवस्थाएँ (Developed Economies)–इन अर्थव्यवस्थाओं में राष्ट्रीय आय की गणना के लिए आय विधि सर्वश्रेष्ठ मानी जाती है, क्योंकि इन देशों में सभी क्षेत्रों के आय सम्बन्धी आँकड़े सरलता से उपलब्ध हो जाते हैं।

(ब) अर्द्ध-विकसित अर्थव्यवस्थाएँ (Under-developed Economies)–अर्द्ध-विकसित अर्थव्यवस्थाएँ कृषि-प्रधान अर्थव्यवस्थाएँ होती हैं। इन अर्थव्यवस्थाओं में उद्योग, यातायात, संचार आदि क्षेत्र बहुत कम विकसित होते हैं। इसलिए इन अर्थव्यवस्थाओं में आय की गणना के लिए **शुद्ध उत्पाद विधि (Net Output Method)** का प्रयोग अधिक किया जाता है।

यदि ये आँकड़े पर्याप्त मात्रा तथा शुद्ध रूप में उपलब्ध हैं तो आय गणना की किसी भी विधि का प्रयोग उचित ढंग से किया जा सकता है। इसके विपरीत, यदि आँकड़े पर्याप्त मात्रा में तथा शुद्ध रूप में उपलब्ध नहीं हैं तो उत्पादन विधि का ही अधिक प्रयोग किया जाता है।

अतएव राष्ट्रीय आय की गणना करने के लिए विभिन्न विधियों का प्रयोग किया जाता है। इनका चुनाव राष्ट्रीय आय की गणना की अवस्था, आर्थिक क्रिया की प्रकृति, अर्थव्यवस्था की संरचना तथा आँकड़ों की उपलब्धि पर निर्भर करता है।

VIII. राष्ट्रीय आय प्रचलित कीमतों पर तथा स्थिर कीमतों पर

(National Income on Current Prices and Constant Prices)

राष्ट्रीय आय की गणना दो प्रकार से की जाती है–

1. चालू या प्रचलित कीमतों के आधार पर, तथा 2. स्थिर कीमतों के आधार पर।

1. चालू या प्रचलित कीमतों के आधार पर (On the Basis of Current Prices)–चालू कीमतों से आशय उस वर्ष की कीमत से है जिस वर्ष की राष्ट्रीय आय मापी जा रही है। उदाहरण के लिए, यदि हम 2014–2015 वर्ष की राष्ट्रीय आय माप रहे हैं तो हमें 2014–2015 वर्ष की चालू कीमतें लेनी चाहिए। अत: जब GDP की वर्तमान (Current) कीमतों के आधार पर गणना की जाती है तो उसे वर्तमान (चालू) कीमतों या मुद्रारूप में GDP कहते हैं।

जब चालू कीमतों के आधार पर राष्ट्रीय आय की गणना की जाती है तो इसको राष्ट्रीय आय का मुद्रारूप कहते हैं। चालू कीमतों पर राष्ट्रीय आय देश की वास्तविक प्रगति का सूचक नहीं होती, क्योंकि कीमतें बढ़ने पर वास्तविक उत्पादन में कोई वृद्धि हुए बिना आय बढ़ जाती है और कीमतें कम होने पर वास्तविक उत्पादन में कमी हुए बिना राष्ट्रीय आय कम हो जाती है।

2. स्थिर कीमतों के आधार पर (On the Basis of Fixed Prices)–स्थिर कीमतों से अभिप्राय किसी दिये गये मूल्य अथवा किसी दिये गये वर्ष की कीमतों से है, जैसे–इस समय भारत की राष्ट्रीय आय को 2011-12 की स्थिर कीमतों पर GDP कहते हैं।

स्थिर कीमतों का प्रयोग करने पर **राष्ट्रीय आय** वास्तविक कहलाती है तथा राष्ट्रीय आय में जो भी परिवर्तन होता है, वह उत्पादन में परिवर्तन के कारण होता है, कीमतों में परिवर्तन के कारण नहीं। इसलिए राष्ट्रीय आय में वास्तविक

वृद्धि एवं कमी को जानने के लिए स्थित कीमतों पर मापा जाना चाहिए।

इस प्रकार (i) स्थिर कीमतों पर शुद्ध राष्ट्रीय आय किसी देश की एक वर्ष की शुद्ध राष्ट्रीय आय है जिसका अनुमान एक निश्चित वर्ष (Base Year) कहा जाता है। (ii) इस आधार वर्ष की कीमतों को स्थिर कीमतें (Constant Prices) माना जाता है। (iii) इन कीमतों के आधार पर कसी भी दूसरे वर्ष की राष्ट्रीय आय का अनुमान कीमत सूचकांक अथवा निर्देशांक (Index Number) की सहायता से लगाया जा सकता है। (iv) सूचकांक अथवा निर्देशांक वह संख्या होती है जिसके द्वारा दो वर्षों की कीमत से होने वाले परिवर्तन को मापा जा सकता है। (1) स्थिर कीमतों पर आय का सूत्र इस प्रकार है–

$$\text{स्थिर कीमतों पर आय} = \frac{\text{चालू कीमतों पर राष्ट्रीय आय}}{\text{चालू वर्ष का निर्देशांक}} \times 100$$

उदाहरण 18–चालू कीमतों (Price level of the current year) राष्ट्रीय आय निम्नलिखित ढंग से जानी जाती है–

अवस्था (1) मान कीजिए : चालू कीमतों राष्ट्रीय आय = 5,000 रु.

चालू कीमत निर्देशांक = 100

तो स्थिर कीमतों पर राष्ट्रीय आय $= \frac{5000}{100} \times 100 = 5,000$

अवस्था (2) मान लीजिए : दूसरे वर्ष चालू कीमतों पर

राष्ट्रीय आय = 7,000 रु.

कीमत निर्देशांक = 140

तो स्थिर कीमतों पर राष्ट्रीय आय $= \frac{7,000}{140} \times 100$

= 5,000 रु.

अवस्था (3)– मान लीजिए : तीसरे वर्ष चालू कीमतों पर

राष्ट्रीय आय = 9,000 रु.

कीमत निर्देशांक = 150

तो स्थिर कीमतों पर राष्ट्रीय आय $= \frac{9,000}{150} \times 100 = 6,000$ रु०

वास्तविक राष्ट्रीय आय में वृद्धि ही आर्थिक प्रगति का सूचक मानी जाती है। इस प्रकार अवस्था (2) में चालू कीमतों पर तो राष्ट्रीय आय 5000 से बढ़कर 7,000 रु. हो गई। परन्तु यह वृद्धि केवल कीमतों में वृद्धि के कारण थी क्योंकि वास्तविक आय तो वही 5,000 रु. रहती है। अवस्था (3) में वास्तविक आय बढ़कर 6,000 रु. हो गई इसका अर्थ यह हुआ कि चालू कीमतों पर राष्ट्रीय आय में वृद्धि कीमतों व वास्तविक आय में वृद्धि के कारण हुई है।

राष्ट्रीय आय का महत्त्व
(Significance of National Income)

राष्ट्रीय आय के अनुमान की निम्न उपयोगिताएँ हैं–

1. लोगों के जीवन-स्तर के बारे में ज्ञान (Knowledge about Living Standard of People)—राष्ट्रीय आय से सम्बन्धित आँकड़ों से लोगों के रहन-सहन के स्तर का अनुमान लगाया जा सकता है, क्योंकि राष्ट्रीय आय की वृद्धि से प्रति व्यक्ति औसत आय में वृद्धि होने से देश के नागरिकों के जीवन-स्तर में वृद्धि होती है। उदाहरणार्थ, भारत में भी औसतन प्रति व्यक्ति आय न्यूनतम होने के कारण भारतवासियों का जीवन-स्तर विश्व में निम्नतम है।

2. आर्थिक नीति के निर्धारण में सहायक (Helpful in Determination of Economic Policy)— इससे सरकार को अपनी आर्थिक नीति ठीक दिशा में निर्धारित करने में सहायता मिलती है। प्रत्येक सरकार राष्ट्रीय आय के आँकड़ों के अनुसार देश की अर्थव्यवस्था का सच्चा चित्र प्राप्त कर लेती है और तदनुसार ही अपनी साख, मुद्रा, विनियोग, रोजगार एवं बजट सम्बन्धी नीति का निर्माण करती है।

3. आर्थिक उन्नति का तुलनात्मक अध्ययन (Comparative Study of Economic Progress)— इसकी सहायता से देश में हुई प्रगति का तुलनात्मक अध्ययन किया जा सकता है। अन्य देशों से भी तुलना सम्भव हो जाती है। जैसे–भारतवर्ष तथा पाकिस्तान के प्रति व्यक्ति आँकड़े देकर यह सिद्ध किया जा सकता है कि कौन अधिक खुशहाल है।

4. आर्थिक नियोजन में महत्त्व (Importance in Economic Planning)— इसी प्रकार के आधार पर आर्थिक योजनाओं का निर्माण होता है, क्योंकि राष्ट्रीय आय कितनी है, कितने समय में कितनी वृद्धि करती है, साधन क्या है, यह सब निश्चित करना पड़ता है।

5. देश के आर्थिक कल्याण का सूचक (Index of Economic Welfare of a Country)— प्रो. मार्शल के शब्दों में, अन्य बातों के समान रहने पर किसी देश की राष्ट्रीय जितनी अधिक होती है, उस देश का कल्याण भी उतना ही अधिक समझा जाता है।

6. आय के वितरण का अनुमान (Estimation of distribution of Income)— राष्ट्रीय आय के आंकलन से समाज के विभिन्न वर्गों में आय के वितरण का भी ज्ञान हो जाता है और इस प्रकार आय की असमानता को दूर करने के लिए आवश्यक कदम उठाये जा सकते हैं।

7. आय, व्यय और बचत का अनुमान (Estimation of Income, Expenditure and Saving)— इसके द्वारा आय, व्यय और बचत का अनुमान लगाया जा सकता है और उनमें उचित अनुपात रखने की दशा में प्रयत्न किये जा सकते हैं।

8. अर्थव्यवस्था के दोषों को दूर करने में सहायता (Helpful in Removing the Evils of Economy)— राष्ट्रीय आय के आँकड़े इस बात की जानकारी देते हैं कि देश की अर्थव्यवस्था में कौन-से दोष विद्यमान हैं, जिनके कारण अधिक विकास नहीं हो पा रहा है। इस ज्ञान के आधार पर इन दोषों को दूर करने के उपाय किये जा सकते हैं।

राष्ट्रीय आय के मापन की कठिनाइयाँ
(Difficulties in Measurement of National Income)

हमने राष्ट्रीय आय के मापन की विधियों का अध्ययन किया जो कि देखने में बहुत सरल प्रतीत होती हैं,परन्तु जब इनसे व्यवहार में मापने का कार्य किया जाता है तो बहुत-सी कठिनाइयों का सामना करना पड़ता है। राष्ट्रीय आय के मापन की इन कठिनाइयों का अध्ययन हम निम्नलिखित शीर्षकों के अन्तर्गत कर सकते हैं–

(1) पारिभाषिक कठिनाइयाँ (Conceptual Difficulties), (2) सांख्यिकीय कठिनाइयाँ (Statistical Difficulties) एवं (3) अल्प-विकसित देशों में कठिनाइयाँ (Problem in Under-developed Countries)।

अब हम इन कठिनाइयों का विस्तृत अध्ययन करेंगे–

पारिभाषिक कठिनाइयाँ	सांख्यिकीय कठिनाइयाँ	अल्प-विकसित देशों में कठिनाइयाँ
(i) मध्यवर्ती एवं अंतिम वस्तुएँ (ii) ह्रास या घिसावट संबंधी कठिनाइयाँ (iii) मूल्यांकन की कठिनाइयाँ (iv) हस्तान्तरण आय तथा उत्पादित आय	**(अ) आय संगणना रीति की कठिनाइयाँ–** (i) आय का खाता (ii) आय ज्ञात करना कठिन (iii) विश्वसनीयता का अभाव **(ब) उत्पादन संगणना रीति–** (i) आंकड़ों का अभाव (ii) दो बार गिना जाने वाला भय (iii) मूल्यांकन में कठिनाई **(स) व्यय विधि–** (i) उचित लेखांकन (ii) वार्षिक व्यय ज्ञात करना कठिन (iii) बचत समंकों का अभाव	(i) अशिक्षा (ii) दोषपूर्ण समंक (iii) वस्तु-विनिमय व्यवस्था (iv) दोषपूर्ण व्यवसायिक वर्गीकरण (v) क्षेत्रीय विविधताएँ (vi) पारिभाषिक कठिनाइयाँ

1. पारिभाषिक कठिनाइयाँ (Conceptual Difficulties)–राष्ट्रीय आय की गणना करने में जिन पारिभाषिक कठिनाइयों का सामना करना पड़ता है, वे निम्नलिखित हैं–

(i) मध्यवर्ती एवं अन्तिम वस्तुएँ (Intermediate and Final Goods)–सर्वप्रथम, मध्यवर्ती वस्तुओं को अन्तिम वस्तुओं से अलग करने की कठिनाई आती है। दोनों वस्तुओं का यह भेद सापेक्षिक है, क्योंकि एक वस्तु मध्यवर्ती वस्तु है या अन्तिम, उस वस्तु के प्रयोग पर निर्भर है। उदाहरण के लिए, रेडीमेड शर्ट बनाने के कारखाने के लिए कपड़ा मध्यवर्ती वस्तु है परन्तु उपभोक्ता के लिए यह अन्तिम वस्तु बन जाता है।

(ii) ह्रास या घिसावट सम्बन्धी कठिनाइयाँ (Difficulties Pertaining to Depreciation)–दूसरी कठिनाई तब आती है, जब हम शुद्ध राष्ट्रीय उत्पादन को ज्ञात करना चाहते हैं और इसके लिए हमको कुल उत्पादन में से ह्रास को निकालना पड़ता है। यहाँ समस्या यही है कि पूँजी-वस्तु के कुल मूल्य के कितने भाग को उस वर्ष का ह्रास या घिसावट माना जाये? दूसरे, यदि पूँजी-वस्तु के कुल मूल्य में वृद्धि हो जाये तो ह्रास का अनुमान किस मूल्य पर लगाया जाये? जिस मूल्य पर इस पूँजी-वस्तु को खरीदा था या जो वर्तमान मूल्य उसका है? ह्रास सम्बन्धी इन समस्याओं के कारण ही कई बार शुद्ध राष्ट्रीय उत्पादन के स्थान पर कुल राष्ट्रीय उत्पादन की अवधारणा का उपयोग किया जाता है।

(iii) मूल्यांकन की कठिनाइयाँ (Problems of Valuation)–(अ) राष्ट्रीय आय को मुद्रा में व्यक्त किया जाता है, इसलिए वस्तुओं की भौतिक मात्राओं को मौद्रिक मूल्यों में बदला जाता है, इसके लिए वस्तुओं की मात्राओं का उन वस्तुओं के मूल्य से गुणा करना होता है। एक कठिनाई यह आती है कि कौन-से मूल्यों को लिया जाये। वह मूल्य लिया जाये जिस पर वस्तु का उत्पादन किया गया है या जिस पर दुकानदार ने उस वस्तु को खरीदा या जिस पर उपभोक्ता ने खरीदा है?

(ब) एक अन्य समस्या उन वस्तुओं के मूल्यांकन की आती है जो बाजार में खरीदी और बेची नहीं जाती; जैसे–वे मकान जो किराये पर नहीं दिये गये या उत्पादन का वह भाग जिसका उपभोग उत्पादक ने स्वयं कर लिया। उनको राष्ट्रीय उत्पादन में किस प्रकार जोड़ा जाये?

(iv) हस्तान्तरण आय तथा उत्पादित आय (Transfer Income and Produced Income)–राष्ट्रीय आय के मापन में हस्तान्तरण आय और उत्पादित आय में भेद करना भी कठिन है। आय इन दोनों में से कौन-सी है, इसका भेद करना कई बार कठिन हो जाता है, जैसे–उपभोक्ता द्वारा दिया गया ब्याज हस्तान्तरित आय है, परन्तु उत्पादक द्वारा दिया गया ब्याज उत्पादित आय है और राष्ट्रीय आय में सम्मिलित किया जाता है।

सरकार द्वारा दिया गया ब्याज राष्ट्रीय आय में सम्मिलित किया जाये या नहीं, यह एक विवादग्रस्त प्रश्न है, क्योंकि सरकार द्वारा लिया गया ऋण उपभोग के लिए प्रयुक्त होता है और उत्पादन के लिए भी।

2. सांख्यिकीय कठिनाइयाँ (Statistical Difficulties)–इन कठिनाइयों का सम्बन्ध राष्ट्रीय आय की गणना के विभिन्न तरीकों से सम्बन्धित है।

(अ) आय संगणना रीति की कठिनाइयाँ (Difficulties in Income Computation)–इस विधि की प्रमुख कठिनाइयाँ अग्रलिखित हैं–

(i) आय का खाता (Income Account)–आय विधि के लिए यह आवश्यक है कि विभिन्न उत्पादक अपने द्वारा दी गयी आय का खाता या प्रमाण रखें। अल्पविकसित देशों में छोटी फर्में प्राय: ऐसा नहीं करतीं।

(ii) आय ज्ञात करना कठिन (Difficult to know Income)–देश के प्रत्येक व्यक्ति की आय ज्ञात करना कठिन होता है। शिक्षा के अभाव के कारण अनेक व्यक्ति अपनी आय का ठीक से हिसाब नहीं रखते।

(iii) विश्वसनीयता का अभाव (Lack of Reliability)–व्यक्ति द्वारा अपनी आय का पूर्ण व शुद्ध ब्यौरा न दिये जाने के कारण यह पद्धति अधिक विश्वसनीय नहीं है।

(ब) उत्पादन संगणना रीति (Production Census Method)–इस विधि से राष्ट्रीय आय की गणना करने में निम्नलिखित कठिनाइयाँ उपस्थित होती हैं–

(i) आँकड़ों का अभाव (Absence of Data)–यदि हम उत्पादन तरीके से राष्ट्रीय आय की गणना चाहें तो हमको कुल राष्ट्रीय उत्पादन, प्रयोग किये गये कच्चे माल और घिसावट आदि से सम्बन्धित आँकड़ों की आवश्यकता होती है। इन आँकड़ों को सरलता से प्राप्त नहीं किया जा सकता। अल्पविकसित देशों में कृषि तथा लघु उद्योग से सम्बन्धित इन आँकड़ों को प्राप्त करना तो लगभग असम्भव होता है।

(ii) दो बार गिना जाने वाला भय (Fear of Double Counting)–अनेक वस्तुओं के दो बार गिने जाने का भय बना रहता है और प्रशासनिक कठिनाइयों के कारण उसका मूल्य घटाना कठिन हो जाता है।

(iii) मूल्यांकन में कठिनाई (Difficulty in Valuation)–(अ) व्यापार में सम्मिलित होने वाले माल की अनेक किस्में होने के कारण उसका ठीक ढंग से मूल्यांकन सम्भव नहीं हो पाता। (ब) जिन मदों को आय में घटाया जाता है, उनका ठीक ढंग से मूल्यांकन करना सम्भव नहीं हो पाता।

(स) व्यय विधि (Expenditure Method)–इसकी मुख्य कठिनाइयाँ निम्न हैं–

(i) उचित लेखांकन (Proper Accounting)–व्यय विधि से राष्ट्रीय आय की गणना करने के लिए व्यापारियों तथा उत्पादकों को क्रय-विक्रय के ठीक-ठीक बही खाते रखने चाहिए परन्तु इस प्रकार के खाते ठीक से नहीं रखे जाते।

(ii) वार्षिक व्यय ज्ञात करना कठिन (Difficulty in finding Annual Expenditure)–सारे देश का वार्षिक व्यय ज्ञात करना रहता है, क्योंकि अनेक परिवार अपने व्यय का सम्पूर्ण ब्यौरा नहीं लिख पाते हैं।

(iii) बचत समंकों का अभाव (Lack of Saving Data)–बचत सम्बन्धी समंकों का शुद्ध अनुमान लगाना भी कठिन रहता है, क्योंकि कोई भी व्यक्ति अपनी सम्पत्ति एवं बचत की सूचना देना पसन्द नहीं करता।

3. भारत जैसे अर्द्धविकसित देशों में कठिनाइयाँ (Problems of Under-developed countries like India)–विकसित व अर्द्धविकसित दोनों प्रकार के देशों में राष्ट्रीय आय की गणना में कठिनाइयाँ होती हैं, परन्तु विकसित देशों में राष्ट्रीय आय सम्बन्धी गणनाओं के कार्य में इतनी अधिक जटिलताएँ उत्पन्न नहीं होती, क्योंकि वहाँ प्राप्त आँकड़े अधिक विश्वसनीय हैं और उन्होंने परिकलन के तरीके भी सुधार लिये हैं, जबकि अर्द्धविकसित देशों पर यह बात लागू नहीं होती। संक्षेप में, भारत जैसे अर्द्धविकसित देशों में राष्ट्रीय आय की गणना में उत्पन्न होने वाली कठिनाइयाँ इस प्रकार हैं–

(i) अशिक्षा (Illiteracy)–अशिक्षा एवं अन्धविश्वास तथा उदासीनता के कारण अधिकांश व्यक्ति अपनी आमदनी, व्यापार तथा अन्य बातों से सम्बन्धित सूचना देने में संकोच करते हैं।

(ii) दोषपूर्ण समंक (Defective Data)–राष्ट्रीय आय का अनुमान लगाने सम्बन्धी दूसरी कठिनाई यह है कि देश में विभिन्न क्षेत्रों से सम्बन्धित अधिकांश समंक अशुद्ध, अपर्याप्त एवं दोषपूर्ण होते हैं; जैसे–कृषि क्षेत्र में दूध, मछली, सब्जी, फल आदि भोजन सम्बन्धी समंकों की नितान्त कमी रहती है। इसी प्रकार कुटीर उद्योग व छोटे पैमाने के आँकड़े बहुत कम उपलब्ध होते हैं।

(iii) वस्तु विनिमय व्यवस्था (Barter System)–अर्द्धविकसित देशों में अब भी विनिमय प्रथा प्रचलित होने के कारण वस्तुओं के आदान-प्रदान का वास्तविक मूल्यांकन करने में बहुत कठिनाई का सामना करना पड़ता है।

(iv) दोषपूर्ण व्यावसायिक वर्गीकरण (Defective Occupational Classification)–अर्द्धविकसित देशों व जनसंख्या के पेशेवार विभाजन के उचित समंक प्राप्त नहीं होते हैं। कई व्यक्ति एक साथ धन्धे करते हैं और कुछ लोग किसी भी विभाजन श्रेणी में नहीं आते।

(v) क्षेत्रीय विविधताएँ (Regional Diversities)–भारत एक अर्द्धविकसित विशाल देश है और यहाँ सामाजिक, सांस्कृतिक, रीति-रिवाजों, भूमि, जलवायु, उत्पत्ति, खनिज व्यवसाय तथा आय के अन्य स्रोतों में क्षेत्रीय अन्तर इतना है कि एक क्षेत्र की आय के आधार पर अन्य क्षेत्रों की आय को अनुमानित नहीं किया जा सकता।

(vi) पारिभाषिक कठिनाइयाँ (Conceptual Difficulties)–अर्द्धविकसित देशों में आय, व्यय, बचत, उत्पादन व व्यवसाय आदि शब्दों के क्षेत्र अथवा अर्थ स्पष्ट नहीं रहते। विभिन्न क्षेत्रों में इन्हें विभिन्न अर्थों में प्रयुक्त किया जाता है।

क्रियात्मक प्रश्न एवं हल
(Practical Problems and Solution)

1. निम्नलिखित में से किसे आप GNP (सकल राष्ट्रीय उत्पाद) में शामिल करेंगे? कारण सहित उत्तर दीजिए–

(1) राष्ट्र की खनन सम्पत्ति, (2) तस्कर की आय, (3) अप्रत्यक्ष कर, (4) एक कम्पनी द्वारा बॉण्ड का विक्रय (5) पुरानी कार का विक्रय, (6) सुरक्षा अधिकारी का वेतन, (7) स्टॉक, (8) निगम कर, (9) अवितरित लाभ, (10) राष्ट्रीय ऋण पर ब्याज।

उत्तर–(1) राष्ट्र की खनन सम्पत्ति, एक सम्पत्ति है और इस रूप में राष्ट्रीय उत्पाद में शामिल नहीं किया जायेगा, परन्तु चालू वर्ष में जितना उत्पादन कर लिया गया है, उसे अवश्य राष्ट्रीय उत्पाद में शामिल किया जायेगा।

(2) तस्करी का कार्य अवैधानिक माना जाता है, अतः इस कार्य से होने वाली आय को राष्ट्रीय उत्पाद में शामिल नहीं किया जायेगा।

(3) अप्रत्यक्ष करों को सकल राष्ट्रीय उत्पाद में तभी शामिल किया जाता है, जबकि सकल राष्ट्रीय उत्पाद का अनुमान बाजार मूल्यों पर किया जाये। यदि इसका अनुमान साधन लागत पर लगाया जाये तो अप्रत्यक्ष कर सकल राष्ट्रीय उत्पाद में शामिल नहीं होगा।

(4) किसी कम्पनी द्वारा बॉण्ड का विक्रय केवल एक वित्तीय व्यवहार है, अतः इसे सकल राष्ट्रीय उत्पाद में शामिल नहीं किया जायेगा।

(5) पुरानी कार के विक्रय को राष्ट्रीय उत्पाद में शामिल नहीं किया जायेगा, क्योंकि इससे चालू वर्ष के उत्पादन में कोई वृद्धि नहीं होती।

(6) सुरक्षा अधिकारी का वेतन उसकी आय का एक साधन है, अतः इसे राष्ट्रीय उत्पाद में शामिल किया जायेगा।

(7) स्टॉक को सकल राष्ट्रीय उत्पाद में शामिल नहीं किया जाता है। स्टॉक में जो परिवर्तन होता है, केवल उसे सकल राष्ट्रीय उत्पाद में शामिल किया जाता है। यह धनात्मक भी हो सकता है और ऋणात्मक भी।

(8) निगम कर कम्पनियों द्वारा अपनी चालू वर्ष की आय में चुकाये जाते हैं। इस प्रकार ये चालू वर्ष की आय का एक भाग है। अतः इन्हें सकल राष्ट्रीय उत्पाद में शामिल किया जाता है।

(9) अवितरित लाभ उन लाभों को कहते हैं, जो कम्पनी द्वारा अपने अंशधारियों में वितरित नहीं किये जाते हैं। ये लाभ कम्पनी की आय का एक भाग होते हैं, अतः इन्हें सकल राष्ट्रीय उत्पाद में शामिल किया जाता है।

(10) राष्ट्रीय ऋण पर ब्याज एक हस्तान्तरण भुगतान है, अतः इसे सकल राष्ट्रीय उत्पाद में शामिल नहीं किया जाता।

2. किन परिस्थितियों में निम्नलिखित कथन सत्य है–

(1) शुद्ध घरेलू उत्पाद = शुद्ध राष्ट्रीय उत्पाद, (2) सकल घरेलू उत्पाद = शुद्ध घरेलू उत्पाद, (3) उत्पाद मूल्य = मूल्य वृद्धि, (4) बाजार कीमत पर शुद्ध राष्ट्रीय उत्पाद = साधन लागत पर शुद्ध राष्ट्रीय उत्पाद, (5) वैयक्तिक आय = प्रयोज्य आय।

उत्तर–(1) जब विदेशों से शुद्ध साधन आय शून्य होती है। (2) जब मूल्य ह्रास शून्य होता है। (3) जब मध्यवर्ती वस्तुओं का उपभोग शून्य है। (4) जब शुद्ध अप्रत्यक्ष कर शून्य होता है। (5) जब प्रत्यक्ष व्यक्तिगत कर तथा सरकार की विधि प्राप्तियाँ शून्य होती हैं।

3. निम्न समंकों से, बाजार कीमतों पर सकल घरेलू उत्पाद की गणना कीजिए– (करोड़ रु०)

शुद्ध राष्ट्रीय आय 3,000, मूल्य ह्रास 165, आर्थिक सहायता 45, वस्तु कर 240, आयात 300, निर्यात 360।

हल–इस उदाहरण में शुद्ध राष्ट्रीय आय (सकल लागत पर शुद्ध राष्ट्रीय उत्पाद) से बाजार कीमतों पर सकल घरेलू उत्पादन की गणना कर रहे हैं। यहाँ पर पहले वाले उदाहरण से ठीक उल्टे चरण लिये जायेंगे। इस सिद्धान्त को ध्यान में रखना आवश्यक होगा।

	(करोड़ रु०)
शुद्ध राष्ट्रीय आय	3,000
घटाइए–(X—M)	(–) 60
शुद्ध घरेलू उत्पाद =	2,940
जोड़िए–वस्तु कर	+ 240
घटाइए–आर्थिक सहायता	–45
शुद्ध घरेलू उत्पाद	3,135

प्रथम चरण–विदेशों से प्राप्त आय (X — M) घटाओ, ताकि साधन लागत पर **शुद्ध घरेलू उत्पाद** प्राप्त हो सके

दूसरा चरण–चूँकि हम पीछे चल रहे हैं, आर्थिक सहायता घटाइए और करों को जोड़िए, ताकि बाजार कीमतों पर शुद्ध घरेलू उत्पाद प्राप्त हो सके।

तीसरा चरण–बाजार कीमतों पर सकल घरेलू उत्पादन प्राप्त करने के लिए मूल्य ह्रास को जोड़ दें।

4. निम्न आँकड़ों से बाजार मूल्य पर सकल राष्ट्रीय उत्पाद ज्ञात कीजिए–

(i) अचल पूँजी का उपभोग 10, (ii) प्राथमिक क्षेत्र में उत्पादन का मूल्य 100, (iii) द्वितीयक क्षेत्र में उत्पादन का मूल्य 150, (iv) तृतीयक क्षेत्र में बाजार मूल्य पर सकल मूल्य वृद्धि 150, (v) शुद्ध निर्यात (–) 5, (vi) शुद्ध अप्रत्यक्ष कर 10, (vii) **मध्यवर्ती उपभोग का मूल्य**–(a) प्राथमिक क्षेत्र में 40, (b) द्वितीयक क्षेत्र में 50, (c) तृतीयक क्षेत्र में 60, (viii) विदेशों से शुद्ध साधन आय (–) 5।

हल–बाजार कीमत पर सकल राष्ट्रीय उत्पाद = (प्राथमिक क्षेत्र में उत्पादन का मूल्य–प्राथमिक क्षेत्र में मध्यवर्ती उपभोग का मूल्य) + (द्वितीयक क्षेत्र में उत्पादन का मूल्य–द्वितीयक क्षेत्र में मध्यवर्ती उपभोग का मूल्य) + तृतीयक क्षेत्र में बाजार मूल्य पर सकल मूल्य वृद्धि + विदेशों से शुद्ध साधन आय।

= (100 लाख रु. – 40 लाख रु.) + (150 लाख रु. – 50 लाख रु.) + 150 लाख रु. + (– 5 लाख रु.)
= 305 लाख रु.।

उत्तर–बाजार मूल्य पर सकल राष्ट्रीय उत्पाद = 305 लाख रु.।

5. निम्नलिखित आँकड़ों से बाजार मूल्य पर सकल राष्ट्रीय उत्पाद निकालिए– (रु. लाखों में)

(i) मजदूरी व वेतन 500, (ii) शुद्ध पूँजी निर्माण 100, (iii) निर्यात 50, (iv) आयात 60, (v) सकल पूँजी निर्माण 120, (vi) नियोजकों का सामाजिक सुरक्षा योजनाओं में योगदान 20, (vii) विदेशों से शुद्ध साधन आय (–) 10, (viii) लगान व ब्याज 250, (ix) लाभ 400, (x) अप्रत्यक्ष कर 50, (xi) अनुदान 10।

हल–बाजार कीमत पर सकल राष्ट्रीय उत्पाद = मजदूरी व वेतन + नियोजकों का सामाजिक सुरक्षा में योगदान + लगान व ब्याज + लाभ + विदेशों से शुद्ध आय + (सकल पूँजी निर्माण – शुद्ध पूँजी निर्माण) + अप्रत्यक्ष कर–अनुदान।

= 500 लाख रु. + 20 लाख रु. + 250 लाख रु. + 400 लाख रु. + (–10 लाख रु. + 120 लाख रु. – 100 लाख रु.) + 50 रु. – 10 लाख रु. = 1,220 लाख रु.

उत्तर–बाजार कीमत पर सकल राष्ट्रीय उत्पाद = 1,220 लाख रु.।

6. निम्नलिखित आँकड़ों से परिकलन कीजिए–

(1) आय विधि द्वारा बाजार मूल्य पर सकल घरेलू उत्पाद

(2) व्यय विधि द्वारा साधन लागत पर शुद्ध राष्ट्रीय उत्पाद

(i) निजी अन्तिम उपभोग व्यय 450, (ii) परिचालन अधिशेष 520, (iii) सरकारी अन्तिम उपभोग व्यय 50, (iv) अप्रत्यक्ष कर 60, (v) स्वनियोजितों की मिश्रित आय 20, (vi) स्थिर पूँजी का उपभोग 30, (vii) स्टॉक में

परिवर्तन 30, (viii) सकल पूँजी निर्माण 330, (ix) कर्मचारियों का पारिश्रमिक 200, (x) शुद्ध निर्यात (–) 10, (xi) विदेशों से शुद्ध साधन आय (–), (xii) आर्थिक सहायता 10।

हल–

आय विधि द्वारा	करोड़ रु.	व्यय विधि द्वारा	करोड़ रु.
(i) कर्मचारियों का पारिश्रमिक	200	(i) निजी अन्तिम उपभोग व्यय	450
(ii) परिचालन अधिशेष	520	(ii) सरकारी अन्तिम उपभोग व्यय	50
(iii) स्वनियोजितों की मिश्रित आय	20	(iii) सकल पूँजी निर्माण	330
(iv) स्थिर पूँजी का उपभोग (मूल्य ह्रास)	30	(iv) शुद्ध निर्यात	(–) 10
(v) अप्रत्यक्ष कर	60	(v) स्थिर पूँजी का उपभोग (–)	(–) 30
(vi) आर्थिक सहायता (–)	(–) 10	(vi) अप्रत्यक्ष कर (–)	(–) 60
		(vii) आर्थिक सहायता	10
		(viii) विदेशों से शुद्ध साधन आय	(–)10
बाजार मूल्य पर सकल घरेलू उत्पाद	820	साधन लागत पर शुद्ध राष्ट्रीय उत्पाद	730

7. निम्नलिखित आँकड़ों की सहायता से (i) आय विधि द्वारा बाजार कीमत पर सकल घरेलू उत्पाद तथा (ii) व्यय विधि द्वारा राष्ट्रीय आय ज्ञात कीजिए। (करोड़ रुपये)

(i) स्वनियोजित की मिश्रित आय 280, (ii) कर्मचारियों का मुआवजा 240, (iii) शेष संसार से प्राप्त शुद्ध साधन आय (–) 5, (iv) आयात 60, (v) सरकारी अन्तिम उपभोग व्यय 75, (vi) अप्रत्यक्ष कर 90, (vii) स्टॉक में परिवर्तन 35, (viii) निजी अन्तिम उपभोग 510, (ix) स्थिर पूँजी का उपभोग 40, (x) सकल अचल पूँजी निर्माण 130, (xi) आर्थिक सहायता (Subsidies) 10, (xii) लगान, ब्याज तथा लाभ 100, (xiii) राष्ट्रीय ऋण पर ब्याज 10।

हल–(i) आय विधि द्वारा बाजार कीमत पर सकल घरेलू उत्पाद = कर्मचारियों का मुआवजा + लगान, ब्याज, लाभ + मिश्रित आय + स्थिर पूँजी का उपभोग + अप्रत्यक्ष कर – आर्थिक सहायता।

= 240 करोड़ रु. + 100 करोड़ रु. + 280 करोड़ रु. + 90 करोड़ रु. – 10 करोड़ रु. = 740 करोड़ रु.

उत्तर–बाजार कीमत पर सकल घरेलू उत्पादन = 740 करोड़ रु.।

(ii) व्यय विधि द्वारा राष्ट्रीय आय = निजी अन्तिम उपभोग व्यय + सरकारी अन्तिम उपभोग व्यय + सकल अचल पूँजी निर्माण + स्टॉक में परिवर्तन + निर्यात + विदेशों से शुद्ध साधन आय – अप्रत्यक्ष कर + आर्थिक सहायता – स्थिर पूँजी का उपभोग।

= 510 करोड़ रु. + 75 करोड़ रु. + 130 करोड़ रु. + 35 करोड़ रु. + 50 करोड़ रु. – 60 करोड़ रु. – 5 करोड़ रु. – 90 करोड़ रु. + 10 करोड़ रु. – 40 करोड़ रु. = 615 करोड़ रु.।

उत्तर–राष्ट्रीय आय = 615 करोड़ रु.।

Select References

1. Samuleson, P.A. : Economics
2. Pigou, A.C. : The Economics of Welfare,
3. Hicks, J.R. : Social Framework, pp. 111-114
4. Meade, J. & Stone, P. : National Income and Expenditure,

5. Ackley G. : Macro-Economic Theory,
6. Brooman, F.S. : Macro-Economics,
7. Demburg, T.F. : Macro-Economics,
8. Shapiro : Macro-Economic Analysis

परीक्षा प्रश्न
(Examination Questions)

I. दीर्घ उत्तरीय प्रश्न (Long Answer Type Questions)

1. कुल राष्ट्रीय उत्पाद (GNP), विशुद्ध राष्ट्रीय उत्पाद (NNP) तथा राष्ट्रीय आय (National Income) की अवधारणाओं की परिभाषा कीजिए। इन तीनों में से कौन–सी एक अवधारणा अर्थव्यवस्था की निष्पत्ति की सर्वोत्तम माप है तथा क्यों?

   Define the concepts of Gross National Product (GNP), Net National Product (NNP) and National Income. Which one of these three concepts is the best measure of the performance of an economy and why?

2. कुल राष्ट्रीय उत्पादन के प्रमुख तत्त्वों की व्याख्या कीजिए तथा यह बताइए कि राष्ट्रीय आय के लेखे में कुल राष्ट्रीय उत्पादन, कुल राष्ट्रीय व्यय तथा कुल राष्ट्रीय आय समान क्यों होते हैं?

   Explain the main components of Gross National Product (GNP) and show why in the national accounts Gross National Product, Gross National Expenditure and Gross National Income must be equal.

3. कुल राष्ट्रीय उत्पाद की संरचना से क्या आशय है? इसके विभिन्न अंगों के महत्त्व और पारस्परिक सम्बन्धों पर एक निबन्ध लिखिए।

   What do you understand by the structure of Gross National Product? Write an essay on the importance of its various components and their relationship with each other.

4. राष्ट्रीय आय की परिभाषा दीजिए और उसे नापने की विधियाँ समझाए।

   Define National Income. Explain the methods of measurement of National Income.

5. राष्ट्रीय आय की गणना में जो समस्याएँ एवं कठिनाइयाँ आती हैं, उनकी विवेचना कीजिए।

   Explain those problems and difficulties which are associated with the measurement of National Income.

6. राष्ट्रीय आय का अर्थव्यवस्था में क्या महत्त्व है तथा उसके मापने के लिए कौन–सी विधियाँ अपनायी जाती हैं?

   What is the importance of National Income in an economy? What are the methods to measure National Income.

II. लघु उत्तरीय प्रश्न (Short Answer Type Question)

1. राष्ट्रीय आय किसे कहते हैं?
2. सकल घरेलू उत्पाद पर एक संक्षिप्त टिप्पणी लिखें।
3. बाजार कीमत पर सकल राष्ट्रीय उत्पाद पर टिप्पणी लिखें।

4. वास्तविक आय तथा मौद्रिक आय में क्या अन्तर है?
5. बाजार कीमत पर शुद्ध राष्ट्रीय उत्पाद तथा साधन लागत पर शुद्ध राष्ट्रीय आय में अन्तर बताइये।
6. संक्षिप्त टिप्पणियाँ लिखिए :
   (i) उत्पादन गणना पद्धति
   (ii) विशुद्ध राष्ट्रीय उत्पादन
   (iii) वैयक्तिक आय
   (iv) व्यय योग्य आय
   (v) कुल राष्ट्रीय उत्पाद
   (vi) राष्ट्रीय आय
   (vii) मूल्य योग पद्धति
   (viii) साधन लागत पर राष्ट्रीय आय
7. राष्ट्रीय आय को मापने की मुख्य विधियाँ कौन-सी हैं?
8. मूल्य वृद्धि विधि से क्या अभिप्राय है?
9. राष्ट्रीय आय की गणना करने की आय विधि क्या है?
10. राष्ट्रीय आय के माप की व्यय विधि से क्या अभिप्राय है?
11. दोहरी गणना की समस्या से कैसे बचा जा सकता है?
12. राष्ट्रीय आय के माप की व्यय विधि की प्रमुख सावधानियाँ क्या हैं?

III. वस्तुनिष्ठ प्रश्न (Objective Type Questions)

1. "राष्ट्रीय आय समुदाय की वस्तुपरक आय का वह भाग है जो मुद्रा में मापा जा सकता हो और इस आय में विदेशों से प्राप्त आय भी सम्मिलित हो।" यह राष्ट्रीय आय की परिभाषा दी गयी है :
   (अ) मार्शल द्वारा (ब) राष्ट्रीय समिति द्वारा
   (स) पीगू द्वारा (द) योजना आयोग द्वारा
2. एक वर्ष में उत्पादित वस्तुओं और सेवाओं के कुल मौद्रिक मूल्य को कहते हैं :
   (अ) सकल घरेलू उत्पाद (ब) शुद्ध घरेलू उत्पाद
   (स) राष्ट्रीय आय (द) वैयक्तिक आय।
3. घरेलू मूल्य व राष्ट्रीय मूल्य में जो अन्तर होता है, वह बराबर होता है :
   (अ) अप्रत्यक्ष कर-अनुदान (ब) ह्रास
   (स) आयात एवं निर्यात (द) उपर्युक्त में से कोई नहीं।
4. GNP ज्ञात करने के लिए GDP में जोड़ना होगा :
   (अ) शुद्ध अप्रत्यक्ष कर (ब) निर्यात आधिक्य
   (स) ह्रास (द) उपर्युक्त में से कोई नहीं।
5. NDP ज्ञात करने के लिए GDP में जोड़ना होगा :
   (अ) ह्रास (ब) शुद्ध प्रत्यक्ष कर
   (स) निर्यात आधिक्य (द) उपर्युक्त में से कोई नहीं

6. जो मद राष्ट्रीय आय में सम्मिलित नहीं होता, वह है :
(अ) अवितरित लाभ
(ब) निगम कर
(स) पुरानी वस्तुओं के विक्रय से प्राप्त आय
(द) लगान एवं ब्याज।

7. वृद्धावस्था पेंशन राष्ट्रीय आय में सम्मिलित नहीं होगी क्योंकि यह है :
(अ) अनुत्पादक क्रिया
(ब) मध्यवर्ती सेवा
(स) हस्तान्तरण भुगतान
(द) इसका कोई मूल्य नहीं।

8. बाजार मूल्य और साधन लागत पर राष्ट्रीय उत्पाद बराबर होते हैं :
(अ) आर्थिक अनुदान शून्य हों
(ब) अप्रत्यक्ष कर शून्य हो
(स) आर्थिक अनुदान और अप्रत्यक्ष कर बराबर हों
(द) लाभ शून्य हो।

9. उत्पाद विधि के सम्बन्ध में कौन-सा कथन असत्य नहीं है।
(अ) अर्थव्यवस्था के समस्त क्षेत्र के अन्तिम व्ययों की गणना की जाती है
(ब) सभी अन्तिम वस्तुओं एवं सेवाओं के मूल्यों की गणना की जाती है
(स) शुद्ध निर्यात का मूल्य एवं शुद्ध अप्रत्यक्ष कर को जोड़ा जाता है,
(द) वस्तुओं व सेवाओं का केवल प्रारम्भिक मूल्य सम्मिलित किया जाता है।

10. उत्पादन संगणना विधि के अन्तर्गत सम्मिलित किया जाता है :
(अ) प्रारम्भिक उत्पादन का योग
(ब) मध्यवर्ती उत्पादन का योग
(स) अन्तिम उत्पादन का योग
(द) उपर्युक्त में से कोई नहीं।

11. आय विधि के अन्तर्गत निम्नलिखित में से कौन-सा समीकरण लागू होता है।
(अ) लगान + मजदूरी + ब्याज + लाभ
(ब) वस्तुओं का बाजार मूल्य
(स) सेवाओं एवं वस्तुओं का बाजार मूल्य
(द) उपभोग + बचत।

12. सामाजिक लेखाविधि का प्रतिपादन किया था :
(अ) फिशर
(ब) मार्शल
(स) पीगू
(द) रिचर्ड स्टोन।

13. राष्ट्रीय आय की गणना की रीतियाँ हैं :
(अ) बचत, विनियोग एवं आय रीति
(ब) उत्पादन, घिसावट एवं आय रीति
(स) उत्पादन, बचत, विनियोग रीति
(द) उत्पादन आय, व्यय रीति।

14. दोहरी गणना की समस्या से बचने के लिए हम शामिल करते हैं :
(अ) वस्तुओं का प्रारम्भिक मूल्य
(ब) वस्तुओं का मध्यवर्ती मूल्य
(स) वस्तुओं का अन्तिम मूल्य
(द) उपर्युक्त में से कोई नहीं।

उत्तर—1. (स), 2. (अ), 3. (द), 4. (ब), 5. (अ), 6. (स), 7. (स), 8. (स), 9. (ब), 10. (स), 11. (अ), 12. (द), 13. (द), 14. (स)

IV. क्रियात्मक प्रश्न (Practical Type Questions)

1. सकल घरेलू उत्पाद व सकल राष्ट्रीय उत्पाद की गणना कीजिए– राशि (करोड़ रुपये)

   शुद्ध राष्ट्रीय उत्पाद 5,000 ह्रास 600, आयात 1,200, निर्यात 800।

   उत्तर–सकल घरेलू उत्पाद = 6,000 करोड़ रुपये, सकल राष्ट्रीय उत्पाद = 5,600 करोड़ रुपये।

2. निम्न सूचनाओं की सहायता से साधन लागत पर शुद्ध उत्पाद (NDP_{FC}) व बाजार मूल्यों पर शुद्ध उत्पाद (NDP_{MP}) ज्ञात कीजिए– राशि (करोड़ रुपये)

   (i) सकल घरेलू उत्पाद 18,000, (ii) ह्रास 3,000, (iii) अनुदान 4,500, (iv) अप्रत्यक्ष कर 3,600।

   उत्तर–(i) NDP_{FC} = 15,900 करोड़ रुपये, (ii) NDP_{MP} = 15,000 करोड़ रुपये।

3. निम्न की सहायता से ज्ञात कीजिए–

   GDP_{MP}, GDP_{FC}, GNP_{MP}, NNP_{MP}, GNP_{FC}, NDP_{MP}, NNP_{FC} राशि (करोड़ रुपये)

   (i) उपभोक्ता वस्तुओं एवं सेवाओं का उत्पादन 2,000, (ii) पूँजीगत वस्तुओं एवं सेवाओं का उत्पादन 1,000, (iii) ह्रास 500, (iv) अनुदान 700, (v) अप्रत्यक्ष कर 500, (vi) निर्यात 350, (vii) आयात 300।

उत्तर–(i) GDP_{MP} = 3,000 करोड़ रुपये, (ii) GDP_{FC} = 32,000 करोड़ रुपये (iii) GNP_{MP} = 3,050 करोड़ रुपये, (iv) NNP_{MP} = 2,550 करोड़ रुपये, (v) GNP_{FC} = 3,250 करोड़ रुपये, (vi) NDP_{FD} = 2,750 करोड़ रुपये, (vii) NDP_{MP} = 2,500 करोड़ रुपये, (viii) NNP_{FC} = 2,700 करोड़ रुपये।

3 आय का चक्रीय प्रवाह तथा राष्ट्रीय आय सीमाएँ (Circular Flow of Income and National Income Identities)

महत्त्वपूर्ण अवधारणाएँ (Important Concepts)

1. आय का चक्रीय प्रवाह (Circular Flow of Income)–अर्थव्यवस्था में उत्पादन, आय तथा व्यय का जो निरन्तर प्रवाह होता रहता है, उसे आय का चक्रीय प्रवाह कहते हैं। इस प्रवाह का न तो कोई आरम्भ होता है, न अन्त।

2. वास्तविक वस्तु प्रवाह (Real Goods Flow)–इसमें वस्तुओं और सेवाओं का आपसी विनिमय होता है और मुद्रा का प्रयोग विनिमय हेतु नहीं किया जाता है।

3. मौद्रिक प्रवाह (Money Flow)–इसका अभिप्राय मुद्रा के उस प्रवाह से है, जो वस्तुओं और सेवाओं के बदले प्राप्त होता है। यह प्रवाह भी अर्थव्यवस्था के सभी क्षेत्रों में होता है।

4. आय का रिसाव (Withdrawals of Income)–आय का वह भाग है, जो आय के चक्रीय प्रवाह में वापस खर्च नहीं किया जाता है; जैसे–बचत, कर तथा आयात आदि को आय का रिसाव कहते हैं।

5. आय का समावेश (Injection of Income)–आय में होने वाली वृद्धि जो चक्रीय प्रवाह में बाहर किसी और ढंग द्वारा होती है; जैसे–विनियोग, सरकारी व्यय तथा निर्यात आदि को आय का समावेश कहते हैं।

6. अन्तरण या हस्तान्तरण भुगतान या व्यय (Transfer Payments)–अन्तरण या हस्तान्तरण भुगतान अर्थव्यवस्था के एक क्षेत्र द्वारा दूसरे क्षेत्र को किया गया एकपक्षीय भुगतान (Unilateral Payment) है, जिसके बदले में किसी वस्तु या सेवा का उत्पादन नहीं होता। उदाहरणार्थ वृद्धावस्था पेंशन, छात्रवृत्ति आदि।

आय का अर्थ (Meaning of Income)–आय एक व्यक्ति द्वारा उत्पादन प्रक्रिया में किये गये उसके अपने योगदान के बदले प्राप्त होने वाला प्रतिफल होती है। यदि एक व्यक्ति अधिक उत्पादन करता है तो उसे प्राप्ति भी अधिक होती है। अधिक उत्पादन का अर्थ है अधिक आय।

आय के इस अर्थ के अनुसार छात्र को मिलने वाली छात्रवृत्ति या जेब खर्च, एक कर्मचारी को प्राप्त होने वाली पेंशन या एक बेरोजगार युवक को प्राप्त होने वाले बेरोजगारी भत्ते को आय नहीं कहा जायेगा, क्योंकि इनके द्वारा कोई उत्पादन क्रिया सम्पन्न नहीं की गई है।

आय के प्रवाह का अर्थ (Meaning of Income Flows)–आय के प्रवाह से तात्पर्य आय के अन्तर्गमन (Inflow) और बहिर्गमन (Outflow) से है। एक ओर से वस्तुओं या सेवाओं का प्रवाह होता है और दूसरी ओर से मुद्रा का प्रवाह। उदाहरणस्वरूप, 200 रुपये की पुस्तक खरीदने पर विक्रेता को 20 रुपये प्राप्त होते हैं और क्रेता को एक पुस्तक। इस प्रकार वस्तु का वस्तु से विनिमय या वस्तु का सेवा से विनियम भी आय का प्रवाह है। यदि एक ही पक्ष को आय प्राप्त हो और दूसरे को नहीं तो इसे आय का प्रवाह नहीं मानते; जैसे–भिखारी को 200 रुपये देना, कर्मचारी को पेंशन देना आदि। यहाँ भिखारी और कर्मचारी तो आय प्राप्त कर रहे हैं परन्तु देने वाले को कोई आय प्राप्त नहीं है।

आय के चक्राकार प्रवाह की अवधारणा (Concept of Circular Flow of Income)–उत्पादन के विभिन्न साधनों के पारस्परिक सहयोग से उत्पादन कार्य सम्पन्न होता है। उत्पादन में संलग्न व्यक्तियों को उत्पादन साधनों के

स्वामियों के रूप में प्रतिफल प्राप्त होता है; जैसे–भूमि का लगान, श्रम की मजदूरी या वेतन, पूँजी का ब्याज और साहसी को लाभ। दूसरी ओर, व्यावसायिक फर्में इन उत्पादन साधनों के प्रयोग से वस्तुओं एवं सेवाओं का उत्पादन करती हैं।

उत्पादन साधनों के स्वामी केवल साधन पूर्तिकर्त्ता ही नहीं, वरन् ये साथ-साथ उपभोक्ता भी हैं। अतः वे साधनों से अर्जित आय को उपभोग पर व्यय करते हैं। इससे व्यावसायिक फर्मों की वस्तुओं की बिक्री से आय प्राप्त होती है, जिसकी वे पुनः वस्तुओं और सेवाओं के पुनरुत्पादन के लिए उत्पादन साधनों पर व्यय करते हैं।

इस प्रकार आय प्रवाह चक्रीय होता है। **उत्पादन प्रक्रिया के अन्तर्गत वस्तुओं तथा सेवाओं के प्रवाह के फलस्वरूप साधन आय का सृजन होता है।** उत्पादन आय को, आय व्यय को, फिर वह व्यय उत्पादन की और उत्पादन आय को जन्म देता है। इस प्रकार उत्पादन प्रक्रिया के अन्तर्गत सृजित आय की व्याख्या आय के चक्रीय प्रवाह के रूप में की जा सकती है। इस प्रकार यह चक्र चलता रहता है जैसे–

उत्पादन → आय → व्यय → उत्पादन → आय
Production → Income → Expenditure → Production → Income

इस प्रकार उत्पादन, आय तथा व्यय का जो निरन्तर प्रवाह होता रहता है, **उसे आय का चक्रीय प्रवाह (Circular Flow) कहते हैं। इस प्रवाह का न तो कोई आरम्भ होता है, न कोई अन्त होता है।**

रिचर्ड लिप्से (Richard Lipse) ने आय के चक्राकार प्रवाह को इस प्रकार परिभाषित किया है, ''आय का चक्राकार प्रवाह घरेलू फर्मों एवं घरेलू परिवारों के बीच भुगतानों व प्राप्तियों का प्रवाह होता है।''[1]

आय के चक्रीय प्रवाह के सिद्धान्त
(Principles of Circular Flow of Income)

आय का चक्रीय प्रवाह निम्नलिखित दो सिद्धान्तों पर आधारित है :

(i) किसी भी विनिमय प्रक्रिया में विक्रेता अथवा उत्पादक उतनी ही मुद्रा की मात्रा प्राप्त करता है जितनी **क्रेता या उपभोक्ता व्यय करता है अर्थात् क्रेताओं द्वारा खर्च की गई राशि विक्रेताओं द्वारा प्राप्त की गई राशि के बराबर होती है।**

(ii) वस्तुएँ तथा सेवाएँ विक्रेताओं से क्रेताओं की ओर **एक ही दिशा में** प्रवाहित होती हैं, जबकि इन वस्तुओं और सेवाओं के लिए मौद्रिक भुगतान **विपरीत दिशा में** अर्थात क्रेता से विक्रेता की ओर प्रवाहित होता है।

वस्तुओं एवं सेवाओं का प्रवाह (वास्तविक प्रवाह) और मौद्रिक भुगतानों का प्रवाह (मुद्रा प्रवाह) मिलकर ही एक चक्रीय प्रवाह बनता है।

उपर्युक्त विवेचन से स्पष्ट है कि अर्थव्यवस्था में निम्नलिखित दो प्रवाह होते हैं–

(i) वास्तविक प्रवाह (Real Flow)–जब परिवारों में फर्मों को साधन सेवाओं (जैसे–भूमि, श्रम, पूँजी आदि) एवं फर्मों से परिवारों को वस्तुओं या सेवाओं का जो प्रवाह होता है, उसे वास्तविक प्रवाह कहते हैं।

(ii) मौद्रिक प्रवाह (Money Flow)–फर्मों से परिवारों को साधन सेवाओं के बदले मौद्रिक भुगतान और परिवारों से फर्मों को वस्तुओं व सेवाओं के बदले मौद्रिक भुगतान के रूप में जो चक्र चलता रहता है, वही मुद्रा प्रवाह कहलाता है।

आय के प्रवाह का जन्म और बदलता स्वरूप
(Origin of Income Flow and its Changing Nature)

आर्थिक विकास की प्रारम्भिक अवस्था में तो उत्पादन क्रिया सरल थी, पर धीरे-धीरे आर्थिक विकास के साथ-साथ जटिल श्रम विभाजन, वित्तीय संस्थाओं का विकास, राज्य के हस्तक्षेप तथा अन्तर्राष्ट्रीय व्यापार की समस्याओं ने आर्थिक जटिलताओं में वृद्धि की है। विभिन्न उत्पादन साधनों के पारस्परिक सम्बन्धों ने आय के चक्राकार प्रवाह को

1. "The circular flow of income is the flow of payment and receipts between domestic firms and domestic household."
—*R.G. Lipse*

जन्म दिया है। आय का उपार्जन सामान्यत: मुद्रा के रूप में होता है, अत: **आय प्रवाह (Income Flow) और मुद्रा प्रवाह (Money Flow) एक ही है।**

सुविधा के लिए हम आय प्रवाह का अध्ययन निम्नलिखित शीर्षकों के अन्तर्गत कर सकते हैं–

(I) वास्तविक वस्तु प्रवाह, (II) मौद्रिक प्रवाह–द्विक्षेत्रीय मॉडल, (III) बचत व विनियोग का प्रवेश आय व प्रवाह (IV) सरकारी क्षेत्र का समावेश व आय प्रवाह–त्रिक्षेत्रीय मॉडल। (V) विदेशी व्यापार का समावेश व आय का प्रवाह–चतुर्थ क्षेत्र मॉडल।

(I) वास्तविक वस्तु प्रवाह (Real Goods Flow)–वास्तविक वस्तु प्रवाह एक परम्परागत अर्थव्यवस्था में प्रचलित होता है। **वस्तु प्रवाह में वस्तुओं और सेवाओं का आपसी विनिमय होता है और मुद्रा का प्रयोग विनिमय में अनुपस्थित होता है।**

आय के **वास्तविक प्रवाह** से अभिप्राय यह है कि परिवार क्षेत्र द्वारा प्रदान की गई उत्पादन के साधनों की सेवाओं का प्रवाह फर्मों या उत्पादक क्षेत्र की ओर होता है तथा **फर्मों द्वारा** उत्पादित वस्तुओं का प्रवाह परिवार क्षेत्र की ओर होता है। आय के **वास्तविक प्रवाह** को रेखाचित्र-1 द्वारा स्पष्ट किया गया है।

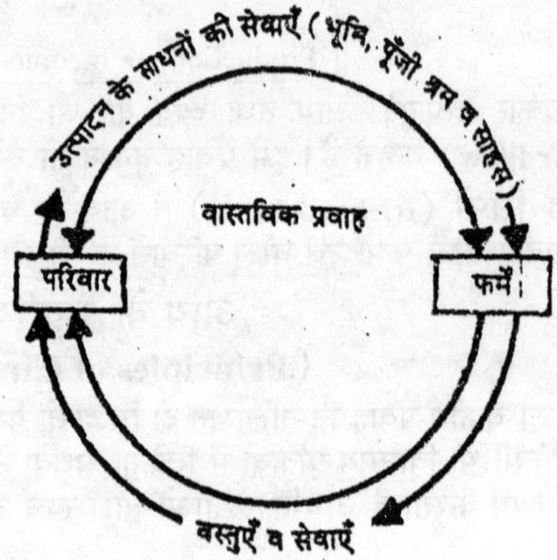

चित्र-1

चित्र 1 से ज्ञात होता है कि परिवार क्षेत्र द्वारा फर्मों को उत्पादन के साधनों की सेवाएँ; जैसे–श्रम, पूँजी, उद्यम, भूमि प्रदान की जाती हैं। इसलिए उत्पादन के साधनों का प्रवाह **परिवार क्षेत्र से फर्मों की ओर हो रहा है।** इन साधनों की सहायता से फर्में वस्तुओं तथा सेवाओं का उत्पादन करती हैं। फर्मों द्वारा परिवार क्षेत्र को उत्पादन के साधनों की सेवाओं के बदले में वस्तुएँ तथा सेवाएँ प्रदान की जाती हैं। इसलिए वस्तुओं और सेवाओं का प्रवाह फर्मों से परिवार क्षेत्र की ओर हो रहा है।

(II) मौद्रिक प्रवाह–द्विक्षेत्रीय मॉडल
(Money Flow—Two-sector Economy)

प्रत्येक अर्थव्यवस्था में मुद्रा का प्रयोग किया जाता है। इस प्रकार आर्थिक क्रियाओं के चक्रीय प्रवाह में एक दूसरा चक्र भी क्रियाशील होता है जिसे मुद्रा या आय प्रवाह कहते हैं। आजकल परिवार अपनी वस्तुओं तथा सेवाओं से वस्तु विनिमय नहीं करते, बल्कि वे साधनों के बदले में मुद्रा प्रात करते हैं और इस प्रात मुद्रा का प्रयोग वे वस्तुओं तथा सेवाओं के विनिमय के लिए करते हैं।

मौद्रिक प्रवाह से अभिप्राय उस प्रवाह से है जिसमें फर्मों द्वारा उत्पादन के साधनों को उनकी सेवाओं के बदले में ब्याज, लाभ, मजदूरी, लगान आदि के रूप में दी गई मुद्रा का प्रवाह फर्मों से परिवार क्षेत्र की ओर होता है। इसके विपरीत, **फर्मों** द्वारा उत्पादन के साधनों की सहायता से उत्पादित वस्तुओं तथा सेवाओं की कीमतों के रूप में अर्थात् उपभोग व्यय के रूप में मुद्रा का प्रवाह परिवार क्षेत्र से फर्मों की ओर होता है इसे रेखाचित्र-2 द्वारा स्पष्ट किया जा सकता है।

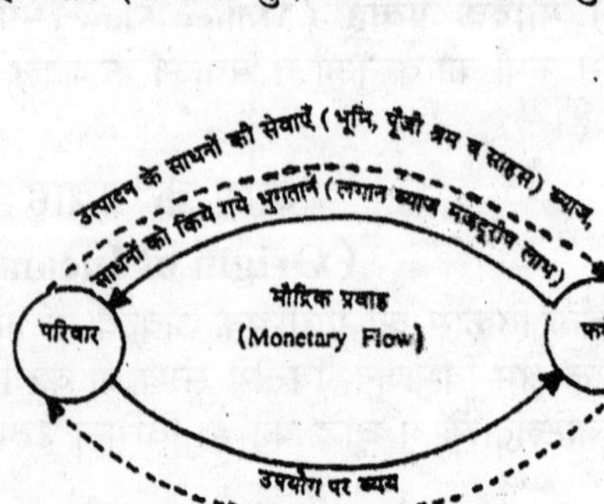

चित्र-2

रेखाचित्र से ज्ञात होता है कि–

1. परिवार द्वारा उत्पादन साधनों; जैसे–भूमि, श्रम, पूँजी आदि व्यावसायिक फर्मों को उपलब्ध कराया जाता है जिनके बदले में फर्में (उत्पादक) परिवारों को लगान, मजदूरी व ब्याज के रूप में आय प्रदान करती हैं। यह **मुद्रा प्रवाह का एक पहलू है।**

2. परिवारों को जो आय प्राप्त होती है, **उसे वे उत्पादकों या फर्मों** द्वारा उत्पादित वस्तुओं तथा सेवाओं के खरीदने पर पुन: खर्च कर देते हैं। इस प्रकार परिवार को जो आय प्राप्त होती है, वह पुन: व्यवसायी फर्मों की ओर लौट जाती है। यह मुद्रा प्रवाह का दूसरा पहलू है।

इस प्रकार एक अर्थव्यवस्था में परिवारों से फर्मों और फिर फर्मों से परिवारों के बीच मुद्रा के घूमते रहने को मुद्रा प्रवाह या आय प्रवाह कहते हैं।

जब तक परिवार अपनी समस्त आय फर्मों से वस्तुएँ एवं सेवाएँ खरीदने पर खर्च करता है और ये फर्में जो कुछ प्राप्त करती हैं, उसे परिवारों को उनकी सेवाओं के बदले में वापस दे देती हैं तो मुद्रा प्रवाह निर्बाध गति से अपरिवर्तित रूप से चलता रहता है।

इसी तथ्य को सारणी 1 के अंकों द्वारा समझाया गया है। यह सारणी इस मान्यता के आधार पर बनायी गयी है कि अर्थव्यवस्था में उत्पादन के साधनों को चुकायी गयी राशि वर्तमान उत्पादन मूल्य के बराबर होगी और परिवार अपनी समस्त आय को उत्पादित वस्तुओं और सेवाओं को खरीद पर खर्च कर देते हैं।

सारणी 1–प्रति वर्ष कुल उत्पादन, कुल आय, कुल व्यय (रुपयों में)

कुल उत्पादन (GNP)	**परिवारों की आय साधनों की आय के रूप में (GNI)**	**परिवारों का व्यय (GNE)**
5,000	1,500 मजदूरी 1,000 ब्याज 750 लगान 1,750 लाभ	3,500 वस्तुओं पर व्यय 1,500 सेवाओं पर व्यय
5,000	5,000	5,000

उपर्युक्त सारणी से स्पष्ट है–

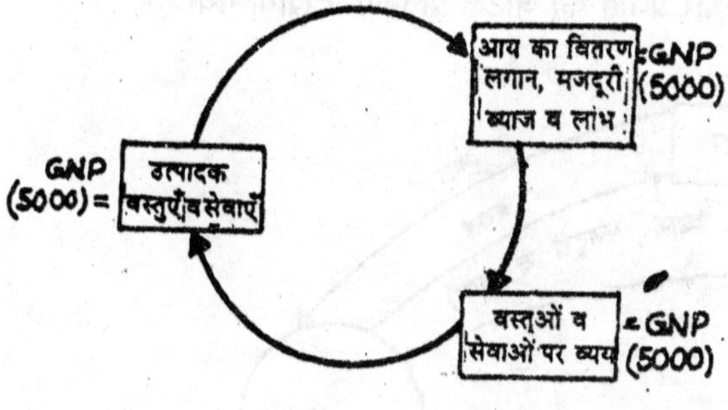

चित्र : 3

(i) एक वर्ष में कुल उत्पादन का मूल्य अर्थात् **कुल राष्ट्रीय उत्पाद (GNP)** 5,000 रुपये है।

(ii) कुल उत्पादन में से साधनों को मजदूरी 1,500 रु.; ब्याज 1,000 रु. तथा लगान 750 रुपये के रूप में चुकाया जाता है और शेष 1,750 रुपये व्यावसायिक लाभ है। इस प्रकार परिवारों की आमदनी भी प्रति वर्ष अर्थात् **कुल राष्ट्रीय आय (GNI)** भी 5,000 रुपये है।

(iii) चूँकि परिवारों द्वारा अपनी समस्त आय वस्तुओं और सेवाओं के खरीदने में व्यय कर दी जाती है, अत: परिवारों का वार्षिक व्यय या कुल राष्ट्रीय व्यय (GNE) भी 5,000 रु. है जो व्यावसायिक फर्मों को बिक्री प्राप्तियों के रूप में पुन: प्राप्त हो जायेगा।

अत: आय प्रवाह से यह स्पष्ट होता है कि अर्थव्यवस्था के **कुल राष्ट्रीय उत्पाद (GNO), कुल राष्ट्रीय आय (GNI),** तथा **कुल राष्ट्रीय व्यय (GNE),** आपस में बराबर होते हैं, जैसाकि चित्र 3 में दर्शाया गया है।

इस प्रकार वास्तविक प्रवाह और मौद्रिक प्रवाह से निम्नलिखित बातें स्पष्ट होती हैं।

(i)	फर्म या व्यवसाय क्षेत्र द्वारा वस्तुओं और सेवाओं का कुल उत्पादन	=	परिवार क्षेत्र द्वारा वस्तुओं और सेवाओं का कुल उपयोग
(ii)	व्यवसाय क्षेत्र द्वारा साधन भुगतान	=	परिवार क्षेत्र की साधन आय
(iii)	परिवार क्षेत्र का उपभोग व्यय	=	परिवार क्षेत्र की आय
(iv)	परिवार और व्यवसाय क्षेत्र का उत्पादन और उपभोग का वास्तविक प्रवाह	=	परिवार और व्यवसाय क्षेत्र के आय-व्यय का मौद्रिक प्रवाह

मान्यताएँ (Assumptions)–उपर्युक्त मॉडल कुल सरल मान्यताओं पर आधारित हैं; जैसे–(i) लोग अपनी सम्पूर्ण आय व्यय कर देते हैं और बचत व विनियोग शून्य है; (ii) उत्पादक अथवा फर्में अपनी आय को विविध तथ्यों का भुगतान करने में व्यय कर देती हैं; (iii) सरकार का कोई अस्तित्व नहीं है; (iv) वस्तुओं और सेवाओं का न तो आयात और न निर्यात होता है अर्थात् विदेशी व्यापार का अभाव है।

(III) बचत/वित्तीय प्रणाली के साथ दो क्षेत्रीय मॉडल (Two Sector Model with Savings/Financial System)–व्यवहार में परिवार व फर्म प्राप्त होने वाली अपनी आय का एक अंश बचाकर रखते हैं, यह बचत मुद्रा प्रवाह में से निकालकर रखी जाती है, फलतः मुद्रा प्रवाह सिकुड़ जाता है। इस प्रकार बचत मुद्रा प्रवाह से हुई जो **एक रिसाव अथवा चुवन (Leakage) है।**

यहाँ हम यह मान लेते हैं कि यह बचत अपसंचित नहीं की जाती, पर पूँजी बाजार में उधार देने के लिए उपलब्ध हो जाती है। व्यावसायिक संस्थान **पूँजी बाजार** से विनियोग करने के लिए ऋण लेते हैं। विनियोग का प्रभाव बचत के ठीक विपरीत होता है। **बचत से मुद्रा प्रवाह सिकुड़ता है, जबकि विनियोग से फैलता है।** अतः यदि परिवारों व व्यावसायिक संस्थानों की बचत व्यावसायिक संस्थानों के विनियोग के रूप में मुद्रा प्रवाह में वापस लौट आती है तो मुद्रा के प्रवाह की स्थिरता बनी रहती है और कीमतों व आर्थिक क्रिया में भी स्थिरता बनी रहती है। अन्य शब्दों में, **जब तक पूँजी बाजार में निधियों का प्रवाह (बचतें) पूँजी बाजार से निधियों का प्रवाह (विनियोग) बराबर रहते हैं, यह मुद्रा का चक्राकार प्रवाह बिना किसी अवरोध या परिवर्तन के बराबर चलता रहता है।**

अतः एक सरल द्विक्षेत्रीय अर्थव्यवस्था में साम्य की शर्त अर्थात् अर्थव्यवस्था में स्थिरता की शर्त है–

बचत (S) = विनियोग (I)

चित्र 4 में बचत व विनियोग को दिखाते हुए मुद्रा के चक्राकार प्रवाह का जटिल प्रतिरूप दिखाया गया है–

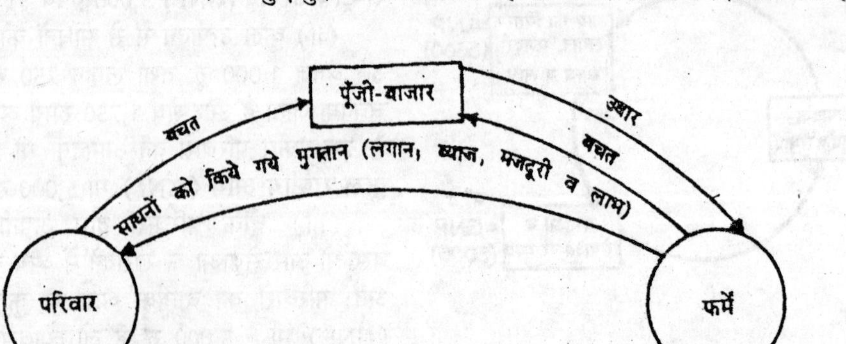

चित्र–4

चित्र 4 के अनुसार (i) परिवार क्षेत्र की बचतें पूँजी बाजार में आती हैं, इसी प्रकार व्यावसायिक क्षेत्र की बचतें भी विभिन्न वित्तीय संस्थाओं के माध्यम से पूँजी बाजार में आती हैं। (ii) इस प्रकार पूँजी बाजार में आई बचतों को **व्यावसायिक** फर्में अपनी उत्पादन क्षमता को बढ़ाने के लिए उधार लेती हैं। इस प्रकार से बचत, पूँजी बाजार से व्यावसायिक फर्मों की ओर प्रवाहित होती है।

एक स्वतन्त्र पूँजीवादी अर्थव्यवस्था में विनियोग फर्मों व उद्यमों द्वारा किया जाता है। बचत अधिकांशत: गृहस्थों द्वारा की जाती है और कई कारणों से इस बात की कोई गारण्टी नहीं है कि विनियोग सदैव बचत के बराबर ही होगा। इसलिए यहाँ आय, उत्पादन और रोजगार में घट-बढ़ निश्चित है।

1. मान लीजिए, **विनियोग** के लिए, लिये गये ऋण बचतों से कम हो जाते हैं अर्थात् ($I < S$)। ऐसी स्थिति में अर्थव्यवस्था मुद्रा का प्रवाह कम हो जायेगा। अत: अन्तिम वस्तुओं की माँग कम हो जायेगी और कीमतें गिरेंगे।

2. यदि **विनियोग बचतों** से अधिक ($I > S$) हो, यह तब हो सकता है जब मुद्रा के प्रवाह में भूतकाल में अपसंचित राशि आकर शामिल हो जाये या चलन में नई मुद्रा डाल दी जाये तो मुद्रा के प्रवाह में वृद्धि होगी, वस्तुओं की माँग बढ़ेगी और कीमतें बढ़ेंगी।

अत: मुद्रा प्रवाह के स्थिर अथवा अपरिवर्तित स्तर पर रहने की आवश्यक शर्त (Condition for the Steady or Constant Level of Income Flow) है कि विनियोग (Investment) बचत (Saving) के बराबर होनी चाहिए।

अत: सन्तुलन की शर्त :

इस प्रकार की अर्थव्यवस्था में सन्तुलन की निम्नलिखित शर्तें होंगी–

$$\boxed{S = I \text{ अथवा } C + S = C + I}$$

यहाँ, S = बचतें, I = निवेश

(IV) त्रिक्षेत्रीय चक्रीय प्रवाह मॉडल (Third Sector Circular Flow Model)–अब हम यह मान लेते हैं कि एक अर्थव्यवस्था में तीन क्षेत्र हैं–परिवार फर्में और सरकार। इस मॉडल में सरकार के क्रियाकलाप भी आय के प्रवाह को प्रभावित करते हैं। सरकार के क्रियाकलापों को मुख्य रूप से दो भागों में बाँटा जा सकता है–सरकारी राजस्व और सरकारी व्यय।

(अ) सरकारी राजस्व (Government Revenue)—सरकार विभिन्न स्रोतों से आय प्राप्त करती है। सरकारी की **आय** का प्रमुख स्रोत कर है। करों के दो प्रमुख स्वरूप हैं–**वैयक्तिक कर** (T_1) तथा **व्यावसायिक फर्मों पर कर** अर्थात् निगम कर (Ta)।

सरकार को करों द्वारा प्राप्त कुल आय को निम्न सूत्र द्वारा दर्शाया जा सकता है–$T = T_1 + Ta$

(ब) सरकारी व्यय (Government Expenditure)–सरकार करों से प्राप्त आय को विभिन्न प्रकार से व्यय करती है जिन्हें चार भागों में बाँट सकते हैं–(i) **परिवार क्षेत्र के** लोग सरकारी प्रशासन, सेना आदि में जब सेवाएँ प्रदान करते हैं तो सरकार इन्हें प्रतिफल (G_1) प्रदान करती है। (ii) **फर्मों द्वारा** उत्पादित वस्तुओं को जब सरकार क्रय करती है, तब वह उत्पादकी को भुगतान (G_2) करती है। (iii) सरकार परिवार क्षेत्र को **अन्तरण भुगतान** (G_3); जैसे–वृद्धावस्था पेंशन, बेरोजगारी भत्ता, छात्रवृत्तियाँ आदि प्रदान करती है। (iv) औद्योगिक विकास और उत्पादन वृद्धि हेतु सरकार फर्मों को **आर्थिक सहायता** (G_4) प्रदान करती है। अत: सरकार का कुल व्यय निम्न सूत्र द्वारा प्रदर्शित किया जा सकता है–

$$\boxed{G = G_1 + G_2 + G_3 + G_4}$$

यदि (अ) सरकार का कर-राजस्व (T) और सरकारी व्यय (G) बराबर ($T = G$) होंगे तो **संतुलन का बजट** होगा।

(ब) यदि कर राजस्व सरकारी व्यय से ज्यादा ($T < G$) होंगे तो **बचत का बजट होगा।** इससे आय के प्रवाह में कमी आएगी। इस स्थिति में सरकारी क्षेत्र में बचत होगी और यह बचत पूँजी बाजार में जाएगी।

(स) यदि सरकार का कर राजस्व सरकारी व्यय कम ($T < G$) है तो **घाटे का बजट** होगा। इस स्थिति में सरकार को पूँजी बाजार से उधार लेना पड़ेगा। इसका आय के प्रवाह पर अनुकूल प्रवाह पड़ेगा।

एक तीन क्षेत्रीय अर्थव्यवस्था में आय के चक्रीय प्रवाह को आगे चित्र 5 द्वारा दर्शाया गया है–

उपर्युक्त चित्र 5 से स्पष्ट है कि एक अर्थव्यवस्था में–

(अ) फर्में परिवारों को उनसे प्राप्त-सेवाओं के बदले भुगतान करती है और परिवार फर्मों से खरीदी गई वस्तुओं व सेवाओं के लिए भुगतान करते हैं।

(ब) परिवारों की बचतें पूँजी बाजार में जमा कराई जाती है और वहाँ से उन्हें फर्मों को निवेश के लिए दिया जाता है।

(स) सरकार परिवारों और फर्मों पर कर लगाकर आय प्राप्त करती है। सरकार इस आय में से फर्मों व परिवारों से वस्तुएँ व सेवाएँ खरीदकर भुगतान कर देती है।

(द) यदि सरकार की भी कोई बचत होती है, तो वह भी पूँजी बाजार में आ जाती है और घाटे की स्थिति में सरकारी पूँजी बाजार से उधार ले लेती है।

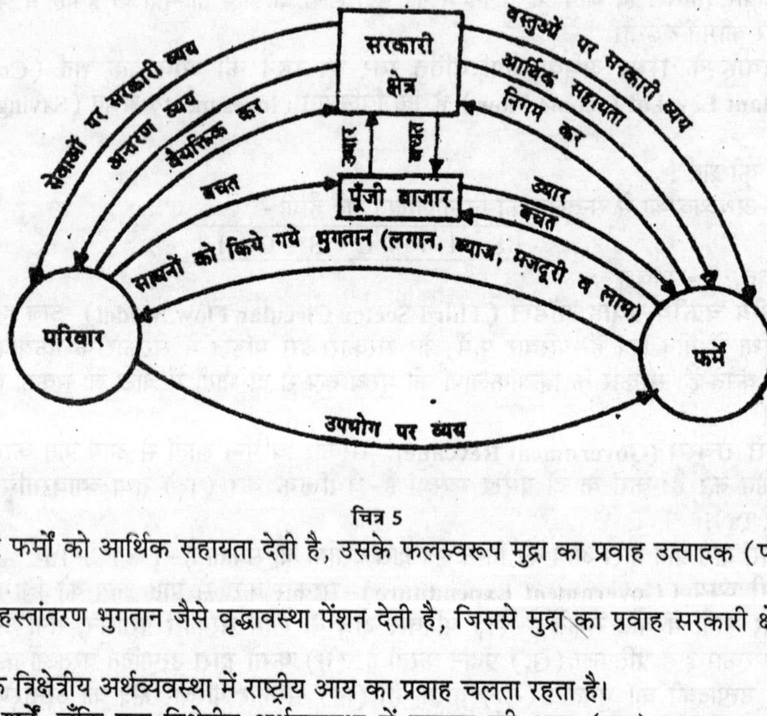

चित्र 5

(य) सरकार फर्मों को आर्थिक सहायता देती है, उसके फलस्वरूप मुद्रा का प्रवाह उत्पादक (फर्म) क्षेत्र की ओर होता है।

(र) सरकार हस्तांतरण भुगतान जैसे वृद्धावस्था पेंशन देती है, जिससे मुद्रा का प्रवाह सरकारी क्षेत्र से परिवार क्षेत्र की ओर होता है।

इस प्रकार एक त्रिक्षेत्रीय अर्थव्यवस्था में राष्ट्रीय आय का प्रवाह चलता रहता है।

संतुलन की शर्तें–चूँकि एक त्रिक्षेत्रीय अर्थव्यवस्था में सरकार की आय (कर) तथा व्यय भी बढ़ जाता है, इसलिए संतुलन की शर्तें निम्नलिखित होंगी–

$$C + S + T = C + I + G$$

(V) चतुर्थ क्षेत्रीय चक्रीय प्रवाह मॉडल (Fourth Sector Circular Flow Model)–हमने अभी तक बंद अर्थव्यवस्था (Closed Economy) जिसमें शेष विश्व से निर्यात और आयात नहीं होते हैं, का अध्ययन किया है। अब हम **खुली अर्थव्यवस्था (Open Economy)** का विश्लेषण करेंगे। इसके लिए चक्रीय प्रवाह मॉडल में एक अन्य क्षेत्र अर्थात् विदेशी क्षेत्र या **शेष विश्व क्षेत्र (Foreign or Rest of the World Sector)** का समावेश किया गया है। अतः आज की अर्थव्यवस्था खुली अर्थव्यवस्था है।

इन अर्थव्यवस्थाओं द्वारा कुछ वस्तुओं का आयात किया जाता है और कुछ वस्तुओं का निर्यात। जब एक अर्थव्यवस्था शेष विश्व से आयात की गई वस्तुओं का भुगतान करती है तो इसमें देश के बाहर शेष विश्व की ओर मुद्रा का प्रवाह (Inflow) होता है। दूसरी ओर जब एक देश शेष विश्व को निर्यात करता है तो दूसरे देश उसे भुगतान करते

हैं। इस प्रकार शेष विश्व से इस देश की ओर मुद्रा का प्रवाह (Inflow) होता है। ये आयात-निर्यात देश में उत्पादक उद्यमियों द्वारा शेष विश्व के साथ किये जाते हैं। कभी-कभी सरकार भी वस्तुओं का आयात-निर्यात करती है।

एक खुली अर्थव्यवस्था में मुद्रा के चक्राकार प्रवाह को आगे चित्र 6 में दर्शाया गया है।

चित्र 6 से स्पष्ट है कि एक खुली अर्थव्यवस्था में शेष विश्व के साथ सम्पर्क हो जाने के कारण आय-प्रवाह की कुछ कड़ियाँ और जुड़ जाती हैं, जिससे आय का चक्राकार प्रवाह व्यापक हो जाता है।

उपर्युक्त चित्र से स्पष्ट है कि चार क्षेत्रीय अर्थव्यवस्था में परिवार, फर्मों और सरकार के बीच चलने वाले लेन-देन के अतिरिक्त, देश शेष संसार के साथ भी लेन-देन करता है। इस प्रकार खुली अर्थव्यवस्था में आय प्रवाह के पाँच प्रमुख स्तम्भ होते हैं-(i) परिवार क्षेत्र (Household Sector), (ii) व्यावसायिक फर्म (Business Firm), (iii) सरकारी क्षेत्र (Government Sector), (iv) शेष विश्व क्षेत्र (Rest of the World Sector), (v) पूँजी बाजार (Capital market)।

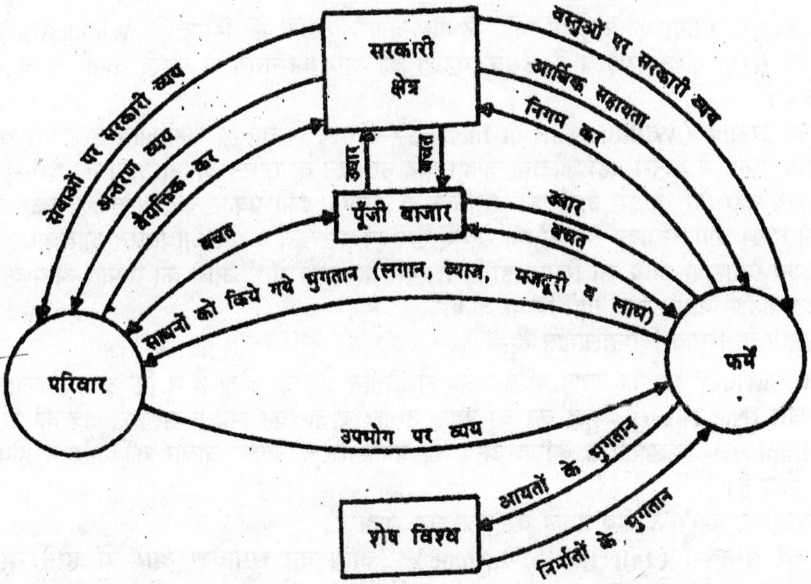

चित्र 6

शेष विश्व क्षेत्र के समावेश होने पर आयात (M) व निर्यात (X) का भी आय के चक्रीय प्रवाह पर प्रभाव पड़ता है। आयातों के होने पर चक्रीय प्रवाह से आय का रिसाव होता है तथा निर्यात किये जाने पर चक्रीय प्रवाह में आय का अन्तःक्षेपण होता है। अत:

1. यदि निर्यातों से प्राप्त आय आयातों पर किये गये व्यय के बराबर है तो मुद्रा का चक्राकार प्रभाव पूर्ववत् बना रहेगा।

2. यदि निर्यातों से प्राप्त आय आयातों पर किये गये व्यय से अधिक है तो मुद्रा का चक्राकार प्रभाव बढ़ जायेगा।

3. इसके विपरीत यदि निर्यातों से प्राप्त आय आयातों पर किये व्यय की तुलना से कम है तो इससे मुद्रा का चक्राकार प्रभाव कम हो जायेगा।

इस प्रकार स्पष्ट है कि एक अर्थव्यवस्था की आय का जो भाग आयात मूल्य को चुकाने में विदेशों में पहुँच जाता है, वह पुनः निर्यात मूल्य के रूप में अर्थव्यवस्था में अन्तरवाहित होता है।

स्पष्ट है कि अर्थव्यवस्था में उत्पादन क्षेत्र में आय का सृजन होता है तथा यह आय अर्थव्यवस्था के विभिन्न क्षेत्रों में प्रवाहित होती है।

संतुलन की शर्तें–चार क्षेत्रीय अर्थव्यवस्था में संतुलन की शर्त निम्न प्रकार है–

$$Y = C + I + G + (X - M)$$

यहाँ Y = आय अथवा उत्पादन, C = उपभोक्ता व्यय, I = निवेश व्यय, G = सरकारी व्यय, X —M = शुद्ध निर्यात (यहाँ X = निर्यात तथा M = आयात)।

क्या राष्ट्रीय आय का चक्रीय प्रवाह सदैव स्थिर रहता है?
अथवा
आय के चक्रीय प्रवाह में रिसाव तथा अन्त:क्षेपण या समावेशों का महत्त्व
(Importance of Withdrawals and Injections in the Circular Flow of Income)

आय के चक्रीय प्रवाह के संतुलन की स्थिति बनाये रखने में रिसावों (Withdrawal) तथा समावेशों (Injections) का बहुत अधिक महत्त्व है। इसके महत्त्व का अध्ययन करने से पहले वापसियों व समावेशों का ज्ञान करना आवश्यक है।

1. आय का रिसाव (Withdrawals of Income)–रिसाव से तात्पर्य वह आय है, जिसे बचाकर रख लिया जाता है और आय प्रवाह में वापस नहीं लौटाया जाता। यदि उत्पादन के साधन अपनी आय को देश में उत्पादित वस्तुओं व सेवाओं पर व्यय नहीं करें तो इसे आय का रिसाव कहा जायेगा। इसी प्रकार यदि वस्तुएँ बेचकर फर्में जो आय प्राप्त करती हैं, उसका मुख्य भाग उत्पादन साधनों की सेवाएँ खरीदने पर खर्च न करे अवितरित आय या लाभ के रूप में रख लें तो वह भी आय प्रवाह से आय का रिसाव होगी। **लिप्सी** के शब्दों में, ''आय का रिसाव आय का वह भाग है, जो आय के चक्रीय प्रवाह में वापस खर्च नहीं किया जाता।''

संक्षेप में, आय के रिसाव निम्निलिखित हैं—

(i) बचत (Saving)—इसका प्रवाह परिवार क्षेत्र से वित्तीय क्षेत्र को होता है न कि उत्पाद बाजार को।

(ii) शुद्ध कर (Net Taxes)—शुद्ध कर का प्रवाह उत्पाद बाजार की अपेक्षा सरकारी क्षेत्र की ओर होता है।

आयात (Imports)—आयातों के कारण आय का प्रवाह घरेलू उत्पाद बाजार की ओर न होकर विदेशी उत्पाद बाजार की ओर होता है।

आय के रिसाव के कारण चक्रीय प्रवाह की मात्रा घट जाती है।

2. आय का समावेश (Injection of Income)–''आय का समावेश आय में होने वाली वृद्धि है जो चक्रीय प्रवाह से बाहर किसी और ढंग द्वारा होती है।'' उदाहरण के तौर पर, यदि फर्में बैंकों से रुपया उधार लेकर उत्पादन के साधनों को उनकी सेवाओं के बदले में भुगतान करती हैं तो इसे फर्मों द्वारा किया गया **आय का समावेश (Injection of Income) कहा जायेगा,** क्योंकि इस अवस्था में फर्में उत्पादन के साधनों की अतिरिक्त सेवाएँ खरीदने के लिए चक्रीय प्रवाह से प्राप्त आय का प्रयोग नहीं कर रही हैं।

मोटे तौर पर निम्नलिखित तीन प्रकार के समावेश ऐसे होते हैं, जिनके कारण चक्रीय प्रवाह की मात्रा में वृद्धि हो जाती है।

(i) निवेश (Investment)—यह नई पूंजीगत वस्तुओं और इनवेन्ट्री पर किया गया कुल व्यय है, इसका प्रवाह उत्पाद बाजार की ओर होता है।

(ii) सरकारी व्यय (Government Expenditure)—यह सरकार द्वारा वस्तुओं तथा सेवाओं, आर्थिक सहायता अथवा हस्तांतरण भुगतानों पर किया जाने वाला कुल व्यय है। इसका प्रवाह उत्पाद बाजार की ओर होता है।

(iii) निर्यात (Exports)—यह विदेशों द्वारा घरेलू बाजार में उत्पादित वस्तुओं पर किया जाने वाला कुल व्यय है। इसका प्रवाह घरेलू उत्पाद बाजार की ओर होता है।

समावेश का राष्ट्रीय आय पर विस्तारवादी प्रभाव पड़ता है। **समावेश = रिसाव। एक अर्थव्यवस्था के संतुलन के लिए समावेशों का रिसावों के समान होना आवश्यक है।**

समावेशों और रिसावों के प्रमुख स्रोत निम्नलिखित हैं–

(1) द्वि–क्षेत्रीय अर्थव्यवस्था :

रिसाव : बचत (S)

समावेश : निवेश (I)

(2) तीन–क्षेत्रीय अर्थव्यवस्था :

रिसाव : बचत + कर (T)

समावेश : निवेश + सरकारी व्यय (G)

(3) चार–क्षेत्रीय अर्थव्यवस्था :

रिसाव : बचत + कर + आयात (M) **समावेश :** निवेश + सरकारी व्यय + निर्यात (X)

इस प्रकार चार–क्षेत्रीय अर्थव्यवस्था में साम्य की शर्त निम्नलिखित होगी :

$$C + S + T + M = C + I + G + X$$

समावेशी तथा रिसावों का आय के चक्रीय प्रवाह पर सामूहिक प्रभाव (Collective Effect of withdrowals And Injections on the Circular)

उपर्युक्त विवरण से स्पष्ट होता है कि आय के चक्रीय प्रवाहों में तीन प्रकार की रिसावों (withdrawals) अर्थात बचत (S), कर (T), तथा आयात (M) और तीन प्रकार के समावेशों (Injections) अर्थात निवेश (I), सरकारी व्यय (G) तथा निर्यात का (x) का प्रभाव पड़ता है।

संक्षेप में विभिन्न प्रकार के रिसावों और समावेशों का आय के चक्रीय प्रवाह पर सामूहिक प्रभाव निम्नलिखित तीन प्रकार से पड़ सकता है, जैसा कि नीचे विभिन्न सूत्रों से दर्शाया गया है।

1. तटस्थ प्रभाव या स्थिर चक्रीय प्रवाह (Natural Effect Constant Circular flow)

सूत्र— बचत (S) + कर (T) + आयात (M) = निवेश (I) + सरकारी व्यय (G) + निर्यात (X)

इस स्थिति में आय का प्रवाह स्थिर बना रहेगा।

2. धनात्मक प्रभाव या चक्रीय प्रवाह में वृद्धि (Positive Effect or Increase in Circular Flow)

सूत्र— $I + G + X > S + T + M$

इस स्थिति में, आय के प्रवाह में वृद्धि होने लगेगी। यह अर्थव्यवस्था में आर्थिक क्रिया के विस्तार की स्थिति है।

3. ऋणात्मक प्रभाव या चक्रीय प्रवाह में कमी (Negative Effect or Decrease in Circular Flow)

सूत्र— $S + T + M > I + G + X$

इस स्थिति में, आय का प्रवाह कम होने लगेगा। यह अर्थव्यवस्था में आर्थिक क्रिया के संकुचन की स्थिति है।

चक्रीय आय प्रवाहों का महत्त्व
(Importance of Circular Income Flows)

आर्थिक विश्लेषण के दृष्टिकोण से चक्रीय आय प्रवाह बहुत अधिक महत्त्वपूर्ण है, जैसा कि निम्नलिखित बिन्दुओं से स्पष्ट है–

1. राष्ट्रीय आय का अनुमान (Estimation of National Income)–देश की राष्ट्रीय आय मालूम करने में मुद्रा प्रवाह का अध्ययन बहुत उपयोगी है।

2. अर्थव्यवस्था की कार्य–प्रणाली का ज्ञान (Knowledge of Working of Economy)–इसके द्वारा हमें यह मालूम हो जाता है कि अर्थव्यवस्था सुचारु रूप से कार्य कर रही है अथवा नहीं।

3. मौद्रिक नीति का महत्त्व (Importance of Monetary Policy)–चक्रीय आय प्रवाह अर्थव्यवस्था में बचत तथा विनियोग की समानता लाने के दृष्टिकोण से मौद्रिक नीति के महत्त्व को स्पष्ट करती है।

4. राजकोषीय नीति का महत्त्व (Importance of Fiscal Policy)–चक्रीय आय प्रवाहों के अध्ययन के द्वारा अर्थव्यवस्था में संतुलन बनाये रखने की दृष्टि से राजकोषीय नीति का महत्त्व स्पष्ट हो जाता है।

5. असन्तुलन की समस्याओं का अध्ययन (Study of Problem of Imbalance)–चक्रीय आय प्रवाहों के द्वारा असन्तुलन के कारणों तथा उनको दूर करने के उपायों का अध्ययन किया जा सकता है।

चक्रीय आय प्रवाहों का महत्त्व

1. राष्ट्रीय आय का अनुमान
2. अर्थव्यवस्था की कार्य–प्रणाली का ज्ञान
3. मौद्रिक नीति का महत्त्व
4. राजकोषीय नीति का महत्त्व
5. असन्तुलन की समस्याओं का अध्ययन
6. आय व रोजगार सिद्धान्त का प्रतिपादन
7. अन्तर्राष्ट्रीय व्यापारिक नीतियों का आधार
8. उत्पादन, आय तथा व्यय की तिहरी समानता
9. अन्य महत्त्व

6. आय व रोजगार सिद्धान्त का प्रतिपादन (Theory of Income and Employment Pronounced)–मुद्रा प्रवाह तथा इसे प्रभावित करने वाले तत्त्वों को ध्यान में रखकर प्रसिद्ध अर्थशास्त्री जे. एम. कीन्स ने एक नये सिद्धान्त का प्रतिपादन किया है, जिसे आय व रोजगार का सिद्धान्त कहते हैं। यह सिद्धान्त समष्टिगत अर्थशास्त्र का प्रमुख अंग है।

7. अन्तर्राष्ट्रीय व्यापारिक नीतियों का आधार (Basis for International Commercial Policies)–चक्रीय आय प्रवाहों के अध्ययन से यह ज्ञात होता है कि राष्ट्रीय आय में से आयात रिसाव है क्योंकि आयातों का भुगतान अन्य देशों की आय है। आयातों को कम करने की दृष्टि से सरकार निर्यात को प्रोत्साहित करने की नीति को अपनाती है।

8. उत्पादन, आय तथा व्यय की तिहरी समानता (Triple Identity of Production, Income and Expenditure)–आय के चक्रीय प्रवाह से स्पष्ट हो जाता है कि उत्पादन, आय तथा व्यय उत्पादन प्रक्रिया के फलस्वरूप उत्पन्न वस्तुओं तथा सेवाओं के मूल्य को प्रकट करने के विभिन्न रूप हैं। इस प्रकार चक्रीय प्रवाह से ज्ञात होता है कि–

$$\text{उत्पादन} \equiv \text{आय} \equiv \text{व्यय}$$

9. अन्य महत्त्व (Other Importance)–(i) चक्रीय प्रवाह के विश्लेषण से हम राष्ट्रीय उत्पाद तथा उससे सम्बन्धित अनेक समय धारणाओं, जैसे–GDP, GNP, NNP व NI आदि तथा उनके बीच सम्बन्ध का विश्लेषण अधिक सरलतापूर्वक कर सकते हैं।

(ii) चक्रीय प्रवाह के विश्लेषण के आधार पर हम राष्ट्रीय आय समिकाएँ (National Income Identities) विकसित कर पाते हैं तथा समिका के आधार पर हम आर्थिक मॉडलों का निर्माण कर सकते हैं।

(iii) एक खुली अर्थव्यवस्था में विदेशी क्षेत्र से शुद्ध प्रवाह अर्थव्यवस्था की विदेशी विनिमय की स्थिति पर प्रकाश डालता है।

चक्राकार आय प्रवाह मॉडल की सीमाएँ, कमियाँ अथवा आलोचनाएँ
(Limitations, Shortcoming or Criticisms of Circular Flow Model)

ऊपर वर्णित चक्राकार आय प्रवाह मॉडल की तीन बड़ी सीमाएँ सामने आती हैं, जिनका विकासशील एवं अर्द्धविकसित अर्थव्यवस्था में अपेक्षाकृत अधिक महत्त्व है। ये निम्नलिखित हैं–

1. पारस्परिक सौदे (Mutual Transactions)–(i) जब विभिन्न फर्में उत्पादक वस्तुओं का आपसी लेन-देन बिना मुद्रा के प्रयोग के करती हैं तो यह भी आय के चक्राकार प्रवाह के क्षेत्र से बाहर रहता है और निश्चित ही इसके फलस्वरूप आय का भी मौद्रिक मूल्य ज्ञात करना कठिन होता है, अत: उसे शामिल कर आय का चक्राकार प्रवाह ज्ञात करना कठिन होता है।

2. गैर-मौद्रिक लेन-देन (Non-monetary Transaction)–अर्द्धविकसित देशों में कुछ क्षेत्रों में लेन-देन एवं सौदों में मुद्रा का प्रयोग नहीं किया जाता। ऐसी स्थिति में इन देशों अथवा क्षेत्रों में आय के चक्राकार प्रवाह का कोई महत्त्व नहीं होता, क्योंकि वह अमौद्रिक सौदों से अप्रभावित रहता है।

3. स्वयं के उपभोग की वस्तुएँ (Goods for Self Consumption)–उत्पादन का कुछ अंश ऐसा होता है जो स्वयं के उपभोग के लिए प्रयुक्त किया जाता है। निश्चित ही उपभोग की यह मात्रा आय के चक्राकार से पृथक् हो जाती है अर्थात् इस पर आय प्रवाह लागू नहीं होता है।

महत्त्वपूर्ण आर्थिक समानिकाएँ या समिकाएँ
(Important Economic Identities)

राष्ट्रीय उत्पाद से सम्बन्धित महत्त्वपूर्ण समिकाएँ (Important Identities Related to National Product)–आय के चक्रीय प्रवाह के अध्ययन का महत्त्व मात्र इतना ही नहीं है कि इससे हमें यह ज्ञात हो जाता है कि विभिन्न क्षेत्रों के बीच मुद्रा व वस्तुओं तथा सेवाओं का पारस्परिक प्रवाह किस प्रकार होता है बल्कि उससे राष्ट्रीय उत्पाद की विभिन्न धारणाओं के बीच समिकाएँ या सम्बन्ध (Identities) भी स्पष्ट होता है। अत: अब हम राष्ट्रीय उत्पाद से सम्बन्धित महत्त्वपूर्ण समिकाओं का अध्ययन करेंगे।

द्विक्षेत्रीय मॉडल की स्थिति में महत्त्वपूर्ण समिकाएँ (Important Identities in Two-Sector Model)

हमने द्विक्षेत्रीय मॉडल में अध्ययन किया कि कुल राष्ट्रीय उत्पादन या कुल राष्ट्रीय आय (Y) को खरीदे (अथवा माँगे) गये उत्पादन के विभिन्न घटकों (Components of Aggregate Demand) के रूप में लिख सकते हैं। एक उपभोग के लिए माँग या उपभोग व्यय (C) और दूसरे विनियोग के लिए माँग या विनियोग व्यय (I) अत:

$$\boxed{\text{GNP या } Y \equiv C + I} \qquad —1$$

दूसरी महत्त्वपूर्ण समिका बचत (Saving)–उपभोग तथा राष्ट्रीय उत्पाद (GNP) अथवा राष्ट्रीय आय में सम्बन्ध को व्यक्त फर्मों की आय के रूप में प्राप्त होता है (स्मरण रहे कि इसमें हमने सरकार तथा विदेशी क्षेत्र को अपने विश्लेषण में सम्मिलित नहीं किया है) और यह आय विभिन्न साधनों को उत्पादन के लिए सेवाएँ प्रदान करने के लिए भुगतान प्राप्त होंगे, जो उन सभी की कुल उपभोग्य आय या व्यय योग्य आय (Disposable Income) बनेगी। अत: आय के एक भाग का उपभोग किया जायेगा तथा शेष भाग बचा लिया जायेगा। अत:

$$\boxed{\text{GNP या } Y \equiv V + S} \qquad —(2)$$

समिका (1) और (2) से निष्कर्ष निकलता है कि

$$\boxed{C + I \equiv Y \equiv C + S} \qquad \text{—(3)}$$

समिका (3) का बायाँ पक्ष **कुल माँग** के घटकों को और दायाँ पक्ष आय के आबंटन को व्यक्त करता है। यह समिका इस तथ्य को व्यक्त करती है कि एक ओर उत्पादित की गयी वस्तुओं व सेवाओं का मूल्य (Y) उपभोग (C) तथा विनियोग (I) के बराबर है और दूसरी ओर, यह आय पक्ष पर व्यक्तिगत उपभोग व्यय (C) तथा बचत (S) के बराबर है।

समिका (3) में थोड़ा-सा समायोजन करके हम बचत तथा विनियोग में परस्पर सम्बन्ध की जानकारी प्राप्त कर सकते हैं। समिका (3) के दोनों पक्षों से उपभोग (C) को घटाने से हम निम्न प्राप्त करते हैं–

$$\boxed{I \equiv S} \qquad \text{—(4)}$$

अत: एक **द्विपक्षीय** अर्थव्यवस्था में विनियोग (I) और बचत (S) परस्पर समिकाएँ हैं जो यह व्यक्त करती हैं कि प्रत्येक बचत की मात्रा के साथ उतने ही मूल्य का विनियोग होता है।

तीन क्षेत्रीय बन्द अर्थव्यवस्था में महत्त्वपूर्ण समिकाएँ (Important Identities in three Sectors Close Economy)–दो क्षेत्र वाली अर्थव्यवस्था में मुख्य रूप से परिवार क्षेत्र उपभोग (C) तथा फर्म क्षेत्र विनियोग (I) पर आश्रित होते हैं। यदि आय के चक्रीय प्रवाह में सरकारी क्षेत्र को सम्मिलित कर लिया जाता है तो हमारा मॉडल तीन क्षेत्र वाली अर्थव्यवस्था का बन जाता है। चूँकि इस मॉडल में **विदेशी क्षेत्र** का अभाव रहता है, इसलिए इसे बन्द अर्थव्यवस्था वाला मॉडल भी कहते हैं।

सरकार द्वारा जो कर (Tax) लगाये जाते हैं, उनका स्वरूप निकासी (Withdrawals) की तरह होता है। अत: सरकारी क्षेत्र (Government Sector) को सम्मिलित करने पर समीकरण (2) का स्वरूप निम्न होगा–

$$\boxed{Y = C + S + T} \qquad \text{—(5)}$$

यहाँ Y = राष्ट्रीय आय, C = उपभोग व्यय, C = बचत, T = कर (Taxes)

सरकार द्वारा जो व्यय किया जाता है, वह अर्थव्यवस्था में 'अन्त:क्षेपण' (Injections) का कार्य करता है। सरकारी क्षेत्र द्वारा वस्तुओं और सेवाओं का जो उत्पादन किया जाता है, उसे सरकारी क्षेत्र के अन्तर्गत रखते हैं। अत: सरकारी व्यय (G) को समीकरण (2) में रखने पर,

$$\boxed{Y = C + I + G} \qquad \text{—(6)}$$

अब यदि अर्थव्यवस्था में **साम्य दशा** बनाये रखना है तो निकासी अर्थात् कर (T) एवं अन्त:क्षेपण अर्थात् **सरकारी व्यय (G)** की मात्राओं में समानता होनी चाहिए–

$$\boxed{\begin{array}{l} C + S + T = C + I + G \\ \text{या} \quad S + T = I + G \end{array}} \qquad \text{—(7)}$$

यदि सरकार द्वारा जितनी राशि करों (Taxes) द्वारा प्राप्त की जाती है, वह अनुत्पादक खर्चों में न लगाकार, सम्पूर्ण रूप में सरकार द्वारा व्यय (G) कर दी जाती है तो

$$\boxed{T = G} \qquad \text{—(8)}$$

इससे तीन क्षेत्रों वाली बन्द अर्थव्यवस्था में आर्थिक साम्य (Equilibrium) की स्थिति रहेगी अर्थात् बचत (S) और विनियोग (I) में भी समान होगी–

$$\boxed{S = I} \qquad \text{—(9)}$$

यहाँ राजकोषीय गति (Fiscal Policy) के संदर्भ में निम्न स्थितियाँ प्राप्त होंगी–

जब

$$S + T = I + G$$ (संतुलित बजट)
$$S + T < I + G$$ (घाटे का बजट)
$$S + T > I + G$$ (बचत का बजट)

(यहाँ '<' कम है तथा '>' अधिक है)

चार क्षेत्रीय अर्थव्यवस्था में समिकाएँ (Identities in Four Sector Economy)–अब हम अपने मॉडल में विदेशी क्षेत्र को सम्मिलित करते हुए एक खुली अर्थव्यवस्था में अन्य समिकाओं का व्युत्पादन (निर्माण) कर सकते हैं। चार क्षेत्रीय अर्थव्यवस्था में राष्ट्रीय आय का स्वरूप होगा–

$$Y = C + I + G + (X - M) \quad —10$$

यहाँ X = निर्यात, M = आयात, (X—M) शुद्ध विदेशी निवेश है जो धनात्मक (+) और ऋणात्मक (–) दोनों हो सकता है। जब देश का निर्यात (X) अधिक और आयात (M) अधिक हो तो प्रतिकूल व्यापार-संतुलन की दशा में [— (X—M)] होगा।

निर्यात (X) होने से देश को जो आय प्राप्त होती है, वह राष्ट्रीय आय में अन्त:क्षेपण (Injections) के समान है। अत:

$$Y = C + I + G + X \quad —(11)$$

यहाँ Y = राष्ट्रीय आय, C = उपभोग, I = निवेश, G = सरकारी निवेश, X = निर्यात से आय

देश में आयात (M) किये जाते हैं, वे राष्ट्रीय आय में निकासी (Withdrawal) के समान होता है। जो भुगतान विदेशों को किये जाते हैं, वे भी राष्ट्रीय आय का भाग होते हैं। इसमे सरकार द्वारा लगाये गये करों (Taxes) का भी समावेश होता है। इसे सम्मिलित करने पर राष्ट्रीय आय का स्वरूप होगा–

$$Y = C + S + T + M \quad —(12)$$

यहाँ Y = राष्ट्रीय आय, C = उपभोग, S = बचत, T = कर, M = आयात

अत: $$C + S + T + M = S + I + G + X$$

या $$S + T + M = I + G + X \quad —(13)$$

अर्थात् अर्थव्यवस्था में समष्टि आर्थिक साम्य (Equilibrium) बनाये रखने के लिए चक्रीय प्रवाह में जो अन्त:क्षेपण होते हैं, वे निकासी के बराबर होने चाहिए।

Select References

1. Samuelson, P.A. : Economics,
2. Pigou, A.C. : The Economics of Welfare,
3. Hicks J.R. : Social Framework, pp. 111-114
4. Meade, J & Stone, P. : National Income and Expenditure
5. Ackley G. : Macro-Economic Theory.
6. Brooman, F.S. : Macro-Economics,
7. Demburg, T.F. & Mc Dougall, D.M. : Macro-Economics,
8. Blockhouse & Salansi : Macro-Economics and The Real World
9. Shapiro : Macro-Economic Analysis

परीक्षा प्रश्न
(Examination Questions)

I. दीर्घ उत्तरीय प्रश्न (Long Answer Type Questions)

1. आय के चक्रीय प्रवाह से क्या समझते हैं? इसके प्रारूपों की व्याख्या कीजिए।
   What do you understand by circular nature of income flows? Explain its forms.
2. आय के चक्रीय प्रवाह से आप क्या समझते हैं? एक खुली अर्थव्यवस्था में आय के चक्रीय प्रवाह को चित्र सहित समझाइए।
   What do you understand by circular nature of 'income flows'? Explain the circular flow of income in a open economy with the help of a diagram.
3. राष्ट्रीय आय की महत्त्वपूर्ण समिकाओं पर एक संक्षिप्त निबन्ध लिखिए।
   Write a short essay on important national income identities.

II. लघु उत्तरीय प्रश्न (Short Answer Type Questions)

1. आय का अर्थ स्पष्ट कीजिए।
2. आय के चक्रीय प्रवाह को समझाइए।
3. किसी भी अर्थव्यवस्था में कितने प्रवाह प्रवाहित होते हैं?
4. आय का प्रवाह किन मान्यताओं पर आधारित है?
5. खुली अर्थव्यवस्था का आशय स्पष्ट कीजिए।
6. आय के चक्रीय प्रवाह की सीमाएँ लिखिए।
7. द्विक्षेत्रीय मॉडल की महत्वपूर्ण समिकाएँ क्या हैं?
8. एक खुली अर्थव्यवस्था में समिकाओं का व्युत्पादन कीजिए।
9. आय के चक्रीय प्रवाह का महत्व स्पष्ट कीजिए।
10. समावेश और रिसाव क्या हैं?

III. वस्तुनिष्ठ प्रश्न (Objective Type Questions)

सही विकल्प चुनकर लिखिए :

1. आधुनिक अर्थव्यवस्था में साधन सेवाओं का पुरस्कार दिया जाता है :
   (अ) वस्तुओं के रूप में (ब) सेवाओं के रूप में
   (स) मुद्रा के रूप में (द) उपर्युक्त में से कोई नहीं।
2. फार्मों से वस्तुएँ एवं सेवाएँ प्रवाहित होती हैं;
   (अ) उत्पादक की ओर (ब) पूर्तिकर्त्ता की ओर
   (स) गृहस्थ की ओर (द) उद्योग की ओर
3. आय प्रवाह की मान्यता के आधार पर अर्थव्यवस्था में निम्न दो क्षेत्र होते हैं :
   (अ) कृषि एवं उद्योग (ब) उद्योग तथा सेवाएँ
   (स) गृहस्थ और फर्म (द) उपर्युक्त सभी।

4. आय के चक्रीय प्रवाह में अन्तःक्षेपण होता है :
   (अ) जब देश से विदेश को वस्तुओं का निर्यात होता है
   (ब) जब देश के लोग बचत करते हैं
   (स) जब व्यक्ति सरकार को कर देते हैं
   (द) उपर्युक्त सभी दशाओं में।
5. आय का चक्रीय प्रवाह स्थिर रहेगा, जबकि :
   (अ) S+T+M = I+G+X
   (ब) S+T+M > I+G+X
   (स) S+T+M < I+G+X
   (द) उपर्युक्त में से कोई नहीं।

उत्तर—1. (स), 2. (स), 3.(स), 4. (अ), 5. (अ)

OOO

4 राष्ट्रीय आय लेखा विधि या लेखांकन–सामाजिक लेखांकन आदा–प्रदा लेखांकन, कोषों का प्रवाह लेखांकन व भुगतान सन्तुलन लेखांकन

(National Income Accounting—Social Accounting Input-output Accounting, Flows of Funds Accounting And Balance of Payment Accounting)

महत्त्वपूर्ण अवधारणाएँ (Important Concepts)

1. राष्ट्रीय आय लेखा (National Income Accounts)— ''राष्ट्रीय आय लेखा राष्ट्रीय आय के उत्पाद, आय तथा व्यय सम्बन्धी सम्बन्ध को प्रकट करने वाले संख्यात्मक विवरण प्रस्तुत करता है।''

2. राष्ट्रीय आय लेखा विधि लेखांकन (National Income Accounting)—राष्ट्रीय आय लेखांकन सम्पूर्ण अर्थव्यवस्था के विभिन्न क्षेत्रों की आर्थिक क्रियाओं का मात्र सांख्यिकी विवरण प्रस्तुत करता है, बल्कि उनके आपसी सम्बन्ध को भी सूचित करता है तथा विश्लेषण के लिए ढाँचा प्रदान करता है। इसे **सामाजिक लेखांकन (Social Accounting)** भी कहते हैं।

3. राष्ट्रीय आय एवं राष्ट्रीय आय लेखा में अन्तर (Difference between National Income and National Income Accounts)– राष्ट्रीय आय एक वर्ष के दौरान एक देश में कुल अंतिम वस्तुओं व सेवाओं के मौद्रिक मूल्य का माप है, जबकि राष्ट्रीय आय लेखा राष्ट्रीय आय के बारे में सांख्यिकीय कथन और तालिकाएँ हैं।

4. राष्ट्रीय आय लेखांकन तथा सांख्यिकी में भेद (Distinction between National Income Accounts and Statistics)–राष्ट्रीय आय लेखांकन अर्थव्यवस्था के विभिन्न क्षेत्रों की आर्थिक क्रियाओं और उनके आपसी सम्बन्धों को सूचित करता है, जबकि सांख्यिकी से हम आर्थिक चरों (Economic Variables) के अन्तर्सबन्धों को ज्ञात नहीं कर सकते।

5. आदा–प्रदा लेखांकन (Input-Output Accounting)–यह आर्थिक विश्लेषण का एक ऐसा उपकरण है जिसकी सहायता से हम अर्थव्यवस्था की विभिन्न शाखाओं की पारस्परिक निर्भरता का ज्ञान प्राप्त करते हैं।

6. कोष प्रवाह लेखांकन (Funds Flow Accounting)–कोष प्रवाह लेखे अर्थव्यवस्था के वित्तीय संचालन का संक्षिप्त विवरण प्रस्तुत करते हैं, जिसमें यह स्पष्ट किया जाता है कि आर्थिक क्रियाओं की वित्तीय व्यवस्था किस प्रकार की गयी है तथा वित्तीय साधनों का उपयोग किस प्रकार किया गया है।

7. भुगतान सन्तुलन लेखांकन (Balance of Payment Accounting)–यह एक देश का दूसरे देश के साथ एक निश्चित अवधि में किये गये आर्थिक लेन–देन या प्राप्तियों (Receipts) व भुगतानों (Payments) का विवरण प्रस्तुत करता है।

हम अध्ययन कर चुके हैं कि समष्टिगत अर्थशास्त्र मूलत: **समग्र मूल्यों**, जैसे–समग्र उत्पादन, समग्र आय व समग्र रोजगार आदि के अध्ययन से सम्बन्धित है। समष्टिगत अर्थशास्त्र की पुरानी समस्या की अर्थव्यवस्था में किसी अवधि में वस्तुओं तथा सेवाओं के समग्र उत्पादन का मूल्यांकन है। अत: अर्थशास्त्र के छात्रों के लिए **राष्ट्रीय आय (National Income)** से सम्बन्धित लेखों अर्थात् **राष्ट्रीय आय लेखा (National Income Accounts)** तथा उन लेखों को तैयार करने की विधि अर्थात् राष्ट्रीय आय लेखा विधि या लेखांकन (National Income Accounts) का अध्ययन आवश्यक हो जाता है।

राष्ट्रीय आय लेखा का अर्थ
(Meaning of National Income Accounts)

प्रत्येक देश अपनी राष्ट्रीय आय से सम्बन्धित आँकड़ों का जो व्यवस्थित हिसाब-किताब रखता है, उसे राष्ट्रीय आय लेखा कहा जाता है। राष्ट्रीय आय लेखा एक व्यवसाय लेखा के समान ही दोहरी अंकन प्रणाली के आधार पर तैयार किया जाता है। **राष्ट्रीय आय के (1) उत्पादन, (2) वितरण तथा (3) उपभोग से सम्बन्धित आँकड़ों के व्यवस्थित लेखे (Accounts) अथवा विवरण को राष्ट्रीय आय लेखा कहा जाता है।**

उदाहरणार्थ, भारत की राष्ट्रीय आय के कृषि, उद्योग, निर्माण सेवाओं, यातायात, बैकिंग आदि क्षेत्रों में होने वाले उत्पादन से सम्बन्धित आँकड़ों तथा राष्ट्रीय आय के निजी उपभोग, निवेश, सरकारी व्यय, शुद्ध निर्यात आदि के रूप में किये गये व्यय से सम्बन्धित आँकड़ों के विवरण को राष्ट्रीय आय लेखा कहा जायेगा। भारत में इन्हें **राष्ट्रीय आय सांख्यिकी (National Accounts Statistics)** कहते हैं।

राष्ट्रीय आय लेखा की विधियाँ
(Methods of National Accounting)

राष्ट्रीय आय लेखा की प्रमुख विधियाँ निम्नलिखित हैं–

(I) सामाजिक लेखांकन (Social Accounting)

(II) आदा-प्रदा या आगत-निर्गत लेखांकन (Input-Output Accounting)

(III) कोष प्रवाह लेखांकन (Flows of Funds Accounting)

(IV) भुगतान सन्तुलन लेखांकन (Balance of Payment Accounting)

अब हम इन विधियों का विस्तार में विवेचन करेंगे।

I. सामाजिक लेखांकन
(Social Accounting)

सामाजिक लेखांकन से तात्पर्य एक ऐसे सांख्यिकी लेखा-जोखा से है, जिसमें किसी देश के आय, उत्पादन, सामाजिक व राजनीतिक अंकगणित को इस ढंग से व्यक्त करते हैं कि अर्थव्यवस्था के विभिन्न क्षेत्रों के अन्तर्सम्बन्ध सहज ही स्पष्ट हो जायँ।

'सामाजिक लेखांकन' की इस पद्धति से अर्थव्यवस्था की विभिन्न आर्थिक इकाइयों (Economic Units) और क्षेत्रों (Sectors) के आँकड़ों को 'मेट्रिक्स' के रूप में प्रस्तुत किया जाता है, जिससे 'पारस्परिक सम्बन्धों' को समझने में मदद मिलती है। इसमें आर्थिक और वित्तीय क्रियाओं की प्रवाह-प्रक्रिया का अध्ययन किया जाता है। अन्तर्वाह (Inflow) के रूप में यह साधन सेवाओं के उत्पादन प्रक्रियाओं में योगदान का अध्ययन करता है तथा आय के विपरीत प्रवाह या उत्प्रवाह (Inflow) के रूप में यह साधन सेवाओं के उत्पादन प्रक्रियाओं में योगदान का अध्ययन करता है तथा आय के विपरीत प्रवाह या उत्प्रवाह (Outflow) के रूप में यह वर्णन करता है कि किसी प्रकार आय उत्पादकों से मजदूरी, ब्याज, लगान और लाभ के रूप में साधनों तक पहुँचती है। अन्य शब्दों में, 'सामाजिक लेखांकन' एक ओर आर्थिक क्रियाओं के स्तर को मापता है तथा दूसरी ओर, विभिन्न आर्थिक क्रियाओं (उत्पादन, उपभोग और निवेश) के अन्तर्सम्बन्ध को स्पष्ट करता है।

सामाजिक लेखांकन की कुछ महत्त्वपूर्ण परिभाषाएँ निम्नलिखित हैं–

1. फ्रेंक जान के अनुसार, ''सामाजिक लेखांकन वह विधि है, जिसके द्वारा सामूहिक आर्थिक क्रियाओं को समझा और मापा जाता है।''

2. पाल स्टूडेस्की के अनुसार, ''सामाजिक लेखांकन विश्लेषण, अर्थव्यवस्था के जटिल वित्तीय संव्यवहारों की प्रकृति, मात्रा और अन्तर्सम्बन्धों को निर्धारित करने की एक विधि है।''

3. एडी (Edey) तथा (Peacock) के अनुसार, ''सामाजिक लेखांकन का सम्बन्ध मनुष्यों तथा मानव-संस्थाओं की क्रियाओं का ऐसे तरीकों से सांख्यिकीय वर्गीकरण को समझाने में सहायता मिलती है। पर 'आर्थिक लेखांकन' शब्द

में अध्ययनों के क्षेत्र के अन्तर्गत आर्थिक क्रिया या केवल वर्गीकरण ही नहीं आता, अपितु इस प्रकार से एकत्रित की गयी सूचना को आर्थिक प्रणाली के कार्यकरण की जाँच-पड़ताल पर लागू करना भी आता है।''[1]

सामाजिक लेखांकन या राष्ट्रीय आय लेखांकन की विशेषताएँ (Characteristics of Social Accounting or National Income Accounting)

1. सौदों का विभाजन (Division of Transaction)–इसमें केवल उत्पादक क्रियाओं का अध्ययन किया जाता है। उत्पादक क्रियाओं को चार क्षेत्रों, जैसे–उत्पादन क्षेत्र, परिवार क्षेत्र, सरकारी क्षेत्र तथा शेष विश्व क्षेत्र में बाँटा जाता है।

2. दोहरी अंकन विधि (Double Entry System)–इसमें विभिन्न क्षेत्रों के लिए दोहरी अंकन विधि (Double Entry System) के आधार पर लेखे (Accounts) तैयार किये जाते हैं।

3. लेखा सम्बन्धों की स्थापना (Establishment of Accounting Relations)–लेखों के आधार पर विभिन्न क्षेत्रों के बीच लेखा सम्बन्धों की स्थापना की जाती है।

4. परस्पर सम्बन्धों का विश्लेषण (Analysis of Inter-relations)–विभिन्न क्षेत्रों में उनके कार्यों के आधार पर जो परस्पर सम्बन्ध पाया जाता है, उसका विश्लेषण किया जाता है।

5. अन्य विशेषताएँ (Other Characteristics)

1. यह पारस्परिक सम्बन्धों और प्रवाहों को स्पष्ट करते हुए अर्थव्यवस्था के विश्लेषण का एक ढाँचा (Framework) प्रदान करता है।

2. सामाजिक लेखांकन विश्लेषण अर्थव्यवस्था के जटिल वित्तीय व्यवहारों की प्रकृति, मात्रा और अन्त:सम्बन्धों को निर्धारित करने की एक विधि है।

3. इसमें केवल उन्हीं गतिविधियों का समावेश किया जाता है जिनका सम्बन्ध सम्बन्धित वर्ष (चालू वर्ष) की वस्तुओं और सेवाओं के प्रवाह से है।

राष्ट्रीय आय एवं सामाजिक लेखांकन में अन्तर (Difference between National Income and Social Accounting)

राष्ट्रीय आय	सामाजिक लेखांकन
1. राष्ट्रीय आय एक वर्ष के दौरान एक देश में कुल अंतिम वस्तुओं के मौद्रिक मूल्य का माप है।	1. यह राष्ट्रीय आय के बारे में सांख्यिकीय कथन और तालिकाएँ हैं।
2. राष्ट्रीय आय एक देश की समृद्धि का सूचक है।	2. यह विभिन्न क्षेत्रों में अर्थव्यवस्था के कार्य निष्पादन को बताते हैं।
3. राष्ट्रीय आय एक अर्थव्यवस्था की वर्तमान उपलब्धि को मापती है। यह विभिन्न क्षेत्रों के मूल सम्बन्धों की उपेक्षा कर देती है।	3. यह एक अर्थव्यवस्था के विभिन्न क्षेत्रों के बीच पाये जाने वाले अंतर्सम्बन्धों को बताते हैं, और उनका विश्लेषण करते हैं।

सामाजिक लेखांकन तथा सांख्यिकी में भेद (Distinction between Social Accounting and Statistics)

यद्यपि सामाजिक लेखांकन के विश्लेषण में सांख्यिकी का बहुलता से प्रयोग होता है किन्तु सांख्यिकी से हम आर्थिक चरों (Economic) के अन्तर्सम्बन्ध को ज्ञात नहीं कर सकते जबकि सामाजिक लेखांकन हमें इसकी जानकारी

1. "Social accounting is concerned with the statistical classification of the activities of human beings and human institutions in ways which help us to understand the operation of the economy as a whole... I embrace not only the classification of economics but also the application of the information thus assembled to the investigation of the operation of economic system?"
—Harold Edey and Allen Peacock, National Income and Social Accounting.

देता है। उदाहरण के लिए, राष्ट्रीय आय और जनसंख्या में क्या सम्बन्ध है, यह हम सामाजिक लेखांकन से जान सकते हैं। अत: अर्थव्यवस्था की कार्य-विधि का अध्ययन करने के लिए सामाजिक लेखांकन और सांख्यिकी दो परस्पर सम्बन्धित किन्तु भिन्न-भिन्न विधियाँ हैं।

सामाजिक लेखांकन का विकास
(Growth of Social Income Account)

17वीं शताब्दी में सामाजिक लेखा की अवधारणा का अभ्युदय हुआ। **सर विलियम पेटी** ने 1676 में अपनी पुस्तक 'Political Arithmetic' लिखी, जिसमें उन्होंने स्पष्ट किया–''एक देश की राष्ट्रीय आय एक वर्ष में श्रमिकों द्वारा उत्पादित मूल्य का जोड़ होती है।''

सर ग्रेगरी किंग को आधुनिक सामाजिक लेखांकन का प्रणेता कहा जा सकता है। उन्होंने सन् 1696 में इंग्लैण्ड की सकल राष्ट्रीय आय मालूम करने के लिए प्रत्येक सामाजिक और आर्थिक वर्ग के लिए प्रति व्यक्ति आय, व्यय और बचत के अनुमान तैयार किये।

यद्यपि अट्ठारहवीं व उन्नीसवीं शताब्दी में इंग्लैण्ड, फ्रांस तथा अन्य देशों में राष्ट्रीय आय को सही रूप में परिभाषित करने के प्रयत्न जारी रहे, लेकिन बीसवीं शताब्दी में ही सामाजिक लेखांकन प्रणाली का यूरोपीय देशों में वैज्ञानिक ढंग से विकास हो सका। **साइमन कुजनेट्स** ने सर्वप्रथम सामाजिक लेखांकन प्रणाली का विकास सुव्यवस्थित ढंग से द्वितीय महायुद्ध के दौरान किया। द्वितीय महायुद्ध समाप्त होने के शीघ्र बाद इस प्रणाली का द्रुतगति से विकास होने लगा। सन् 1947 तक अमेरिका, इंग्लैण्ड, आस्ट्रेलिया, कनाडा, आयरलैंड, नीदरलैंड आदि देशों में अन्तर्सम्बन्धित राष्ट्रीय लेखा प्रणालियों का न केवल विकास कर लिया था, बल्कि व्यापक पैमाने पर इसका प्रयोग भी शुरू कर दिया था।

सन् 1960 तक राष्ट्र संघ ने ऐसी राष्ट्रीय लेखा प्रणाली का विकास कर लिया था, जिसकी सहायता से विभिन्न देशों की आर्थिक क्रियाओं का तुलनात्मक अध्ययन सरलता से किया जा सकता था। इसको **'Standard Social Accounts System (SSAS)'** के नाम से भी जाना जाता है।

भारत में सामाजिक लेखा प्रणाली का विकास
(Growth of Social Accounts System in India)

यद्यपि हमारे देश में स्वतंत्रता-प्राप्ति से पूर्व भी राष्ट्रीय आय एवं प्रति व्यक्ति आय का अनुमान लगाने की दिशा में अनेक प्रयास किये गये थे, परन्तु इस दिशा में सरकारी स्तर पर विधिवत् प्रयास स्वतंत्रता-प्राप्ति के पश्चात् ही शुरू हो पाये। 1949 में भारत सरकार ने एक राष्ट्रीय आय समिति का गठन किया।

1950 में सरकार ने राष्ट्रीय न्यादर्श सर्वेक्षण निदेशालय का गठन किया। इस निदेशालय को राष्ट्रीय आय तथा प्रति व्यक्ति आय में सम्बन्धित आँकड़े एकत्र करने का कार्य सौंपा गया। एक केन्द्रीय सांख्यिकी संगठन (CSO) की भी स्थापना की गयी। यह संगठन प्रतिवर्ष **'राष्ट्रीय आय को श्वेत पत्र'** (White Paper on National Income) प्रकाशित कर रहा है जिसे **'राष्ट्रीय लेखा सांख्यिकी'** (National Account Statistics) के नाम से भी जाना जाता है।

सामाजिक आय लेखे का वर्गीकरण
(Classification of Social Income Accounts)

सामाजिक लेखांकन अर्थव्यवस्था को निम्नलिखित क्षेत्रों में वर्गीकृत करते हैं–

1. उत्पादन क्षेत्र (Producer's Sector)–इसमें उन सभी व्यक्तियों और संस्थाओं को शामिल किया जाता है जो कि उत्पादन की क्रियाओं में संलग्न होते हैं। इसको **'फर्म-क्षेत्र'** के नाम से भी सम्बोधित किया जाता है। यह क्षेत्र गृहस्थों से साधन-सेवाएँ प्राप्त करता है तथा वस्तुओं का उत्पादन करता है। इस क्षेत्र का प्रमुख कार्य उत्पादन करता है।

2. परिवार क्षेत्र लेखा (Household Sector Accounts)–गृहस्थ या परिवार क्षेत्र वह क्षेत्र है, जो उत्पादन के साधनों अर्थात् भूमि, पूँजी तथा उद्यम की सेवाएँ बेचता है। इसके फलस्वरूप लगान, ब्याज, मजदूरी तथा लाभ के रूप में क्रमश: जो आय होती है, उसका प्रयोग करके यह क्षेत्र उत्पादक क्षेत्र से वस्तुएँ तथा सेवाएँ खरीदता है।

3. सरकारी क्षेत्र लेखा (Government Sector Accounts)–सरकारी क्षेत्र वह क्षेत्र है, जिसमें सरकार के द्वारा किये गये क्रय-विक्रय को शामिल किया जाता है। सरकारी क्षेत्र उपभोग तथा उत्पादन दोनों कार्य करता है। सरकारी क्षेत्र जब अर्थव्यवस्था के सामूहिक उपभोग के लिए शिक्षा, स्वास्थ्य, आंतरिक तथा बाहरी सुरक्षा आदि प्रदान करने के लिए

साधनों की सेवाओं को खरीदता है तो यह उत्पाद क्षेत्र कहलाता है।

4. शेष विश्व क्षेत्र लेखा (Rest of the World Sector Accounts)–शेष विश्व क्षेत्र वह क्षेत्र है, जिसमें दूसरे देशों के साथ किये गये सौदों को शामिल किया जाता है। इस क्षेत्र में विदेशों से प्राप्त शुद्ध साधन आय तथा विदेशों को किये जाने वाले निर्यात (Exports) और विदेशों से किये जाने वाले आयात (Imports) से सम्बन्धित सौदों को शामिल किया जाता है।

5. पूँजी क्षेत्र लेखा (Capital Sector Accounts)–पूँजी क्षेत्र वह क्षेत्र है जिसमें सभी क्षेत्रों से प्राप्त बचत तथा सभी क्षेत्रों में किये गये निवेशों को शामिल किया जाता है। पूँजी क्षेत्र लेखे में परिवार, उत्पादक तथा सरकारी क्षेत्र की बचतों तथा घरेलू निवेश और विदेशी निवेश को शामिल किया जाता है।

सामाजिक लेखांकन की कार्यविधि
(Working of Social Accounting System)

जैसा कि हम अध्ययन कर चुके हैं कि सामान्यत: सामाजिक लेखांकन में अर्थव्यवस्था की आर्थिक क्रियाओं को प्रमुख पाँच भागों में बाँटा जाता है। जैसा कि (i) उत्पादन, (ii) उपभोग, (iii) पूँजी संचय, (iv) सरकार द्वारा किये गये लेन-देन तथा (v) शेष विश्व के साथ किये गये लेन-देन। ये सामाजिक लेखांकन के प्रमुख घटक हैं। यदि किसी देश में इन पाँच क्रियाओं से सम्बद्ध आय तथा लेखा रूप में प्रस्तुत किया जाय तो अर्थव्यवस्था की मूल संरचना को व्यक्त करने वाले प्रवाहों के बन्द नेटवर्क को प्रदर्शित करेंगे। ये प्रवाह हमेशा मौद्रिक रूप में ही प्रस्तुत किये जाते हैं और इन प्रवाहों का वर्गीकरण निम्नलिखित ढंग से किया जाता है–

1. उत्पादन लेखा (Production Account)–इसमें सब प्रकार की उत्पादक क्रियाओं को सम्मिलित किया जाता है। इसके अन्तर्गत सार्वजनिक एवं व्यक्तिगत कम्पनियाँ, फर्में, एकाकी व्यापारी और सार्वजनिक उपक्रमों को सम्मिलित किया जाता है, क्योंकि समस्त उत्पादक क्रियाएँ इसी क्षेत्र के भीतर होती हैं। अत: सभी भुगतान इस क्षेत्र से अन्य क्षेत्रों की ओर प्रवाहित होते हैं। संक्षेप में, उत्पादन लेखा अर्थव्यवस्था के व्यवसाय क्षेत्र से सम्बन्ध रखता है और व्यवसाय क्षेत्र के उत्पादन लेखा को एक काल्पनिक उदाहरण द्वारा नीचे सारणी में दर्शाया गया है–

सारणी 1–उत्पादन लेखा

भुगतान	रु. (करोड़)	प्राप्तियाँ	रु. (करोड़)
1. वैयक्तिक क्षेत्र को अर्थात् मजदूरी आदि के भुगतान (II-5)	837	5. उपभोग व्यय (II-1)	657
2. सरकार के भुगतान (III-5)	36	6. सरकारी (III-1)	90
3. व्यवसाय बचत (IV-3)	27	7. कुल या सकल निजी घरेलू विनियोग (IV-1)	108
4. वस्तुओं तथा सेवाओं के आयात (V-2)	27	वस्तुओं तथा सेवाओं के निर्यात (V-1)	72
कुल या सकल राष्ट्रीय आय GNI	927	कुल या सकल राष्ट्रीय व्यय GNUP	927

टिप्पणी–कोष्ठकों में दिये गये अंक तदनुरूपी सारणी तथा मद संख्या से सम्बन्ध रखते हैं; जैसे–II-5 का अर्थ है सारणी 2 का 5वाँ आइटम।

उत्पान लेखों में बायीं ओर व्यवसाय द्वारा विभिन्न क्षेत्रों को किये जाने वाले भुगतान दर्शाये गये हैं, जो निम्नलिखित हैं–

1. वैयक्तिक क्षेत्र को भुगतान–इन भुगतानों में किराया, ब्याज, लाभांश, मजदूरी, वेतन, कर्मचारियों को दी जाने वाली क्षतिपूर्ति और सेवायोजकों की आय सम्मिलित होती है।

2. सरकार को भुगतान–इस मद के अन्तर्गत उत्पादकों के वे शुद्ध भुगतान सम्मिलित किये जाते हैं, जो वे करों तथा सामाजिक सुरक्षा के रूप में सरकार को देते हैं।

3. व्यवसाय बचत–यह उत्पादकों की प्रतिधारित (Retained) आय या कम्पनी बचत को दर्शाती है।

4. वस्तुओं और सेवाओं के आयात–इस मद के अन्तर्गत उन भुगतानों को दर्शाया जाता है, जो वस्तुओं और सेवाओं के आयातों के बदले विदेशी क्षेत्र को दिये जाते हैं।

उपर्युक्त सभी अंकों के जोड़ से सकल राष्ट्रीय आय (GNI) है।

उत्पादन रेखा के दायीं ओर व्यवसाय क्षेत्र को मिलने वाली प्राप्तियाँ दर्शायी जाती हैं। इस ओर दर्शायी जाने वाली प्रमुख मदें निम्नलिखित हैं–

5. उपभोग व्यय–इसमें वे प्राप्तियाँ सम्मिलित की जाती हैं, जो घरेलू या वैयक्तिक क्षेत्र में वस्तुओं या सेवाओं के विक्रय से व्यवसाय क्षेत्र को उपलब्ध होती हैं।

6. सरकारी क्रय–इसमें व्यवसाय क्षेत्र द्वारा उन वस्तुओं व सेवाओं से प्राप्त होने वाली आय को दर्शाया जाता है जो सरकार को इनके व्यवसाय क्षेत्र को बचने से प्राप्त होती है।

7. कुल या सकल निजी घरेलू विनियोग–इसके अन्तर्गत पूँजी वस्तुओं का सकल प्रवाह (स्थायी पूँजी निर्माण) तथा स्टॉकों में होने वाले शुद्ध परिवर्तनों को सम्मिलित किया जाता है।

8. वस्तुओं तथा सेवाओं के शुद्ध निर्यात–यह उस आय को निर्दिष्ट करता है जो व्यवसाय क्षेत्र, शेष विश्व को वस्तुओं तथा सेवाओं को बेचकर प्राप्त करते हैं।

उपर्युक्त सभी मदों का जोड़ व्यय के माध्यम से सकल राष्ट्रीय उत्पाद (GNP) बनता है।

2. उपभोग लेखा (Consumption Account)–इसे विनियोजन लेखा (Appropriation Account) भी कहते हैं। इसमें गृहस्थों या घरेलू क्षेत्र के अन्तर्गत और लाभ न कमाने वाली संस्थाएँ, जैसे–क्लब, संघ आदि आती हैं। उपभोग लेखा को नीचे सारणी द्वारा दर्शाया गया है–

सारणी 2–उपभोग लेखा

भुगतान	रु. (करोड़)	प्राप्तियाँ	रु. (करोड़)
1. उपभोग व्यय (I-5)	657	5. कारोबार मजदूरी वेतन आदि से प्राप्तियाँ (I-1)	837
2. सरकार को किये गये भुगतान (III-6)	135	6. सरकारी से प्राप्तियाँ (III-2)	18
3. वैयक्तिक बचत (IV-3)	45		
4. विदेशियों को अंतरण भुगतान (V-2)	18		
वैयक्तिक परिव्यय एवं बचत	855	वैयक्तिक आय	855

टिप्पणी–कोष्ठकों में दिये गये अंक तदनुरूपी सारणी तथा मद संख्या से सम्बन्ध रखते हैं।

उपभोग लेखा के बायीं पक्ष में गृहस्थों के व्यय अथवा भुगतान की प्रविष्टियाँ दर्शायी जाती हैं। इस ओर की प्रमुख मदें निम्नलिखित हैं–

1. उपभोग व्यय–यह घरेलू उपभोक्ताओं का वह व्यय है, जो वे अपनी आवश्यकताओं को पूरा करने के लिए व्यवसाय क्षेत्र से वस्तुएँ तथा सेवाएँ खरीदने में करते हैं।

2. सरकार को किया गया भुगतान–इसके अन्तर्गत सरकार को भुगतान किये जाने वाले करों और विशेष बीमा भुगतानों को सम्मिलित करते हैं।

3. वैयक्तिक बचत–घरेलू क्षेत्र द्वारा विनियोग के लिए प्रयोग में लायी जाने वाली वैयक्तिक बचत को इस मद के अन्तर्गत दर्शाते हैं।

4. विदेशियों को अंतरण–इसके अन्तर्गत विदेशियों की प्रतिभूतियों एवं विनियोग अथवा आवासियों द्वारा शिक्षा या विदेश यात्रा पर किये जाने वाले व्यय को सम्मिलित करते हैं।

उपभोग लेखा के दायीं ओर प्राप्तियाँ दर्शायी जाती हैं। इस ओर की प्रमुख मदें मजदूरी, वेतन, लाभ, ब्याज, लाभांश, किराया, चालू अंतरणों से प्राप्त होने वाली आय हैं। सरकार से मिलने वाली आय के अन्तर्गत अंतरण भुगतान तथा सार्वजनिक ऋण पर ब्याज के भुगतान सम्मिलित किये जाते हैं।

3. सरकारी लेखा (Government Account)–सरकारी लेखा का सम्बन्ध सरकारी क्षेत्र के व्यय तथा आय से है। किसी देश के केन्द्रीय, राज्य एवं स्थानीय प्राधिकरण सरकारी क्षेत्र के अन्तर्गत आते हैं। सरकारी लेखा सारणी में दर्शाया गया है–

सारणी 3–सरकारी लेखा

भुगतान	रु. (करोड़)	प्राप्तियाँ	रु. (करोड़)
1. व्यवसाय को भुगतान (I-6)	90	5. व्यवसाय से प्राप्तियाँ (I-2)	36
2. व्यक्तियों को भुगतान (II-6)	18	6. व्यक्तियों से प्राप्तियाँ (II-2)	135
3. सरकारी आधिक्य (IV-5)	45		
4. विदेशियों को भुगतान (V-4)	18		
सरकारी परिव्यय और आधिक्य	171	सरकारी प्राप्तियाँ	171

टिप्पणी–कोष्ठकों में दिये गये अंक तदनुरूपी सारणी तथा मद संख्या से समबन्ध रखते हैं।

उपर्युक्त सारणी से स्पष्ट है कि इस लेखे में भी बायीं ओर सरकार द्वारा किया जाने वाला भुगतान और दायीं ओर व्यवसाय और व्यक्तियों से प्राप्त होने वाली आय दर्शायी जाती है।

उपरोक्त सारणी में केवल मद 3 को छोड़कर सभी मदों की व्याख्या सारणी 1 व 2 में की जा चुकी है। सरकारी आधिक्य से तात्पर्य उस विनियोग से है, जो सरकार अपने आधिक्य या बचत में से करती है, परन्तु यहाँ उल्लेखनीय बात यह है कि सार्वजनिक उपक्रमों अर्थात् सरकारी स्वामित्व के उद्यमों को सरकारी क्षेत्र में नहीं रखा गया है, बल्कि उसे व्यवसाय क्षेत्र के अन्तर्गत रखा गया है। इसका कारण यह है कि सार्वजनिक उपक्रम भी निजी उद्यमों की भाँति विक्रय के लिए वस्तुओं और सेवाओं का उत्पादन करते हैं।

4. पूँजी लेखा (Capital Account)–इस लेखे से यह विदित होता है कि बचत घरेलू एवं विदेशी विनियोग के बराबर होती है। बचत का देश के भीतर स्थायी पूँजियों में और अन्तर्राष्ट्रीय परिसम्पत्तियों में विनियोग किया जाता है। पूँजी लेखा को नीचे सारणी में दर्शाया गया है–

सारणी 4–पूँजी लेखा

भुगतान	रु. (करोड़)	प्राप्तियाँ	रु. (करोड़)
1. कुल या सकल घरेलू विनियोग (I-7)	108	3. व्यवसाय बचत (I-3)	27
2. शुद्ध विदेशी विनियोग (V–5)	9	4. वैयक्तिक बचत (II-3)	45
		5. सरकारी आधिक्य (III-3)	45
कुल या सकल विनियोग	117	कुल या सकल बचत	117

टिप्पणी–कोष्ठकों में दिये गये अंक तदनुरूपी सारणी तथा मद संख्या से सम्बन्ध रखते हैं।

पूँजी लेखा के बायीं ओर सकल घरेलू विनियोग और शुद्ध विदेशी विनियोग दर्शाया गया है। सकल निजी विनियोग के अन्तर्गत पूँजी वस्तुओं का सकल प्रवाह एवं स्टॉकों में होने वाला शुद्ध परिवर्तन शामिल है। शुद्ध विदेशी विनियोग से तात्पर्य चालू लेखा पर होने वाला विदेशी आधिक्य है। दायीं ओर सकल बचत है, जिसमें व्यवसाय एवं निजी बचतें तथा सरकारी आधिक्य सम्मिलित हैं।

5. विदेशी लेखा (Foreign Account)–आर्थिक क्रियाओं से सम्बन्धित यह अन्तिम लेखा है, जो देश विशेष के शेष विश्व के साथ किये गये लेन-देनों को दर्शाता है।

विदेशी लेखे के अन्तर्गत वस्तुओं तथा सेवाओं के अन्तर्राष्ट्रीय व्यापार एवं अंतरण भुगतान आते हैं और यह लेखा एक प्रकार से अन्तर्राष्ट्रोय भुगतान शेष का चालू खाता होता है। विदेशी लेखा को आगे सारणी में दर्शाया गया है।

सारणी 5–विदेशी लेखा

भुगतान	रु. (करोड़)	प्राप्तियाँ	रु. (करोड़)
1. वस्तुओं और सेवाओं का निर्यात (I-8)	72	2. वस्तुओं और सेवाओं का आयात (I-4)	27
		3. व्यक्तियों द्वारा विदेशियों को अंतरण भुगतान (II-2)	18
		4. सरकार द्वारा विदेशियों को अंतरण भुगतान (III-2)	18
		5. शुद्ध विदेशी विनियोग (IV-2)	9
विदेशियों से शुद्ध प्राप्तियाँ	72	विदेशियों को शुद्ध भुगतान	72

टिप्पणी–कोष्ठकों में दिये गये अंक तदनुरूपी सारणी तथा मद संख्या से सम्बन्ध रखते हैं।

विदेशी लेखा के सम्बन्ध में ध्यान देने योग्य महत्त्वपूर्ण बात यह है कि विदेशी लेखा में 'निर्यातों' को (बायीं ओर) भुगतान के अन्तर्गत दिखाया गया है और आयातों को (दायीं ओर) प्राप्तियाँ के अन्तर्गत दिखाया गया है। इसका कारण यह है कि किसी देश के नागरिक निर्यातों के बदले जो राशि प्राप्त करते हैं, उसको ये आयातों तक अंतरण भुगतानों के बदले बाहर के देशों को देते हैं। यहाँ भुगतानों तथा प्राप्तियों का सम्बन्ध शेष विश्व के साथ होता है, न कि स्वयं के देश के साथ।

ऊपर हमने जिन पाँच लेखा प्रणालियों का विश्लेषण किया है, वह उत्पादन, उपभोग, सरकारी लेन-देन, पूँजी संचय तथा शेष विश्व से लेन-देन के रूप में अर्थव्यवस्था के प्रवाहों से सम्बन्ध रखती हैं। इन पर आधारित लेखे कार्यात्मक लेखे (Functional Accounts) कहलाते हैं, क्योंकि वे लेन-देन के कार्यों के अनुसार उनके वर्गीकरण पर आधारित हैं।

सामाजिक लेखों का प्रस्तुतीकरण
(Presentation of Social Accounts)

सामाजिक लेखों को सामाजिक लेखांकन सारणी द्वारा प्रस्तुत किया जाता है। सामाजिक लेखांकन सारणी को सामाजिक लेखा अधारक या मैट्रिक्स (Matrix) कहते हैं।

मैट्रिक्स (Matrix) में प्रत्येक क्षेत्र के सामने बाएँ से दाएँ ओर आँकड़ों की शृंखला को पंक्तियाँ (Rows) कहते हैं। प्रत्येक पंक्ति में अन्य क्षेत्रों को किये गये भुगतान को दर्शाया जाता है।

इसी प्रकार प्रत्येक क्षेत्र के सामने ऊपर से नीचे की ओर आने वाली शृंखलाओं को हम कॉलम या स्तम्भ (Column) कहते हैं। प्रत्येक कॉलम में अन्य क्षेत्रों से प्राप्त आय दर्ज की जाती है। प्रत्येक मद की प्रविष्टि पंक्ति और स्तम्भ दोनों में ही की जाती है।

संतुलन के लिए आवश्यक है कि सामाजिक खातों की प्रत्येक पंक्ति का कुल जोड़ सामने के खातों के कुल जोड़ के बराबर हो। सामाजिक खातों को मैट्रिक्स सारणी VI में दिखाया गया है जो सारणी I से V तक दिए गए खातों में भुगतानों और प्राप्तियों के प्रवाहों में सम्बन्ध को व्यय करता है। सारणी VI में प्रत्येक खाते की एक पंक्ति है जो किये गये भुगतान दर्शाती है और प्रत्येक खाते का एक खाना है, जिसमें प्राप्तियाँ दिखाई गयी हैं। इनकी व्याख्या आगे की जा रही है।

सारणी 6–सामाजिक लेखों का प्रवाह आधारक या मैट्रिक्स

प्राप्तियाँ भुगतान	लेखे					रु. (करोड़)
	1 व्यवसाय	2 घरेलू	3 सरकार	4 पूँजी	5 विदेश	कुल
उत्पादन या व्यवसाय	–	837	36	27	27	927
घरेलू या उपभोग	657	–	135	45	18	855
सरकार	90	18	–	45	18	171
पूँजी	108	–	–	–	–	117
विदेश	72	–	–	–	–	72
कुल	927	855	171	117	72	2,142

1. प्रथम पंक्ति (Column)–इस पंक्ति में व्यवसाय क्षेत्र द्वारा किये गये भुगतान दर्शाये गये हैं, जिनमें (अ) उपभोग क्षेत्र का 837 करोड़ रुपये की राशि मजदूरी तथा वेतन आदि के रूप में किया गया है। (ब) सरकार को 36 करोड़ रुपये का भुगतान करों के रूप में किया गया है। (स) 27 करोड़ रुपये फर्मों के पूँजी लेखा में कम्पनी बचत (अवितरित लाभ) से सम्बन्धित है। (द) 27 करोड़ रुपये विदेशों से वस्तुओं तथा सेवाओं के आयात के लिये हैं।

2. द्वितीय पंक्ति (Column)–इसमें घरेलू क्षेत्र द्वारा व्यापार क्षेत्र को किये गये भुगतानों को दर्शाया गया है। इसमें 657 करोड़ रुपये व्यवसाय क्षेत्र से खरीदी गयी वस्तुओं तथा सेवाओं का भुगतान है। (ब) सरकार को 135 करोड़ रुपये करों के रूप में एवं बीमा किश्तों के रूप में चुकाये गये हैं। (स) 45 करोड़ रुपये उपभोक्ताओं द्वारा बचत के रूप में विनियोग क्षेत्र में लगाये गये हैं और (द) 18 करोड़ रुपये विदेशी प्रतिभूतियों में तथा विदेशों में शिक्षा यात्रा आदि पर व्यय है।

3. तीसरी पंक्ति (Column)–तीसरी पंक्ति सरकारी क्षेत्र के बाह्य प्रवाहों को दर्शाती है। सरकार वस्तुओं तथा सेवाओं को खरीदने के लिए व्यवसाय क्षेत्र को 90 करोड़ रुपये का भुगतान करती है, सार्वजनिक ऋण पर शुद्ध ब्याज, भुगतानों के रूप में तथा पेंशन, ग्रेच्युटी आदि के लिए अंतरण भुगतान के रूप में 18 करोड़ रुपये चुकाती है, सरकारी आधिक्य में से 45 करोड़ रुपये विनियोग के लिए व्यय किये जाते हैं और 18 करोड़ रुपये विदेशों को उनसे प्राप्त वस्तुओं तथा सेवाओं के बदले भुगतान किये जाते हैं। अंतिम 18 करोड़ के अन्तर्गत उन व्ययों को भी सम्मिलित किया जाता है, जो विदेशों में दूतावासों के रख-रखाव और विदेशों को भेजे जाने वाले शिष्टमंडलों पर व्यय किया जाता है।

4. चतुर्थ पंक्ति (Column)–यह पंक्ति अर्थव्यवस्था के पूँजी लेखा से सम्बन्ध रखती है जिसमें पूँजी वस्तुओं तथा माल सूचियों (Inventries) में शुद्ध परिवर्तन के लिए व्यवसाय क्षेत्र को 108 करोड़ रुपये का भुगतान किया गया है और करोड़ रुपये के विदेशों में किये गये शुद्ध विनियोग हैं।

5. पंचम पंक्ति (Column)–इसका सम्बन्ध शेष विश्व लेखा अर्थात् विदेशी लेखा से है। इसमें विदेशियों को वस्तुओं तथा सेवाओं के विक्रयों अर्थात् निर्यात से प्राप्त 72 करोड़ रुपये का भुगतान दर्शाया गया है।

इसी प्रकार सारणी 6 के आधार पर प्रत्येक स्तम्भ या खाना (Row) के अनुसार प्रत्येक क्षेत्र की प्राप्तियों का विश्लेषण किया जा सकता है।

सारणी 6 में प्रस्तुत की गयी सामाजिक लेखा आधारक या व्यूह से तीन बातें स्पष्ट होती हैं–

1. प्रत्येक आयताकार खाने से पता चलता है कि एक क्षेत्र के लेखा को किये गये भुगतान दूसरे क्षेत्र के लेखा से प्राप्त आय के बराबर है। उदाहरण के लिए सारणी में पंक्ति के अनुसार जो व्यवसाय या उत्पादन क्षेत्र के द्वारा घरेलू क्षेत्र को 837 करोड़ रुपये का भुगतान है, उसे खाने या स्तम्भ के अनुसार घरेलू क्षेत्र की प्राप्ति के रूप में दर्शाया गया है।

2. द्वितीय पंक्ति के अनुसार उत्पादन क्षेत्र द्वारा किया गया जो 927 करोड़ रुपये का कुल भुगतान है वह स्तम्भ के अनुसार इस क्षेत्र की कुल आय के बराबर है।

3. सामाजिक लेखांकन आधारक में सभी क्षेत्रों के कुल भुगतान सभी क्षेत्रों की कुल प्राप्तियों के बराबर हैं। सारणी 6 में पंक्ति के अनुसार और स्तम्भ के अनुसार कुल प्राप्तियों व भुगतानों की **राशि 2,142 करोड़ रुपये हैं।**

इससे सामाजिक लेखांकन का एक महत्त्वपूर्ण सिद्धान्त ज्ञात होता है कि किसी अर्थव्यवस्था में कुल आय सदैव कुल व्यय के बराबर होती है।

एक और उदाहरण–अब हम एक और उदाहरण लेकर सामाजिक लेखा के प्रस्तुतीकरण को स्पष्ट करेंगे। उदाहरण के लिए, मान लीजिए, एक अर्थव्यवस्था के सम्बन्ध में निम्नलिखित सूचनाएँ उपलब्ध हैं–

1.	सरकार की वस्तुओं व सेवाओं की बिक्री	60
2.	गृहस्थों को वस्तुओं व सेवाओं की बिक्री	240
3.	कर्मचारियों को पारिश्रमिक	300
4.	सकल घरेलू विनियोग	45
5.	अप्रत्यक्ष कर	45
6.	निगम कर	15
7.	निर्यात	60
8.	आयात	30
9.	सरकार द्वारा हस्तान्तरण भुगतान	15
10.	गृहस्थों पर प्रत्यक्ष कर	24

उपर्युक्त सूचनाओं के आधार पर अर्थव्यवस्था के सामाजिक लेखा को व्यूह के रूप में प्रस्तुत करेंगे। नीचे सारणी में अर्थव्यवस्था के 5 क्षेत्रों में होने वाले व्यवहारों को दर्शाया गया है। सारणी देखने से स्पष्ट होता है कि एक क्षेत्र का भुगतान दूसरे क्षेत्र की प्राप्ति होती है और व्यूह के दोनों छोरों पर दिये गये जोड़ों का मूल्य बराबर है।

सारणी 7–अर्थव्यवस्था का सामाजिक लेखा

(रुपयों में)

द्वारा भुगतान→ द्वारा प्राप्तियाँ↓	फर्म (1)	गृहस्थ (2)	सरकार (3)	शेष विश्व (4)	पूँजी (5)	जोड़	
फर्म	–	240	60	60–30	45	375	सकल ←राष्ट्रीय व्यय
गृहस्थ	300	–	15	–	–	315	←वैयक्तिक आय
सरकार	15+45	24	–	–	–	84	←सरकार की आय
शेष-विश्व	–	–	–	–	30	30	शेष विश्व से ←पूँजी दावे
पूँजी	15	51	9	–	–	75	←सकल घरेलू बचत
जोड़	375	315	84	30	75	879	←कुल जोड़
	↑ बाजार कीमत पर (GNP)	↑ गृहस्थों का व्यय तथा बचत	↑ सरकारी व्यय तथा बचत	↑ चालू खाता	↑ सकल घरेलू पूँजी निर्माण		

उपर्युक्त सामाजिक लेखे की सहायता से राष्ट्रीय आय की व्यूह की सहायता से सकल राष्ट्रीय उत्पाद और सकल राष्ट्रीय व्यय दोनों ही ज्ञात किये जा सकते हैं।

(अ) सकल राष्ट्रीय उत्पाद–व्यूह की सहायता से सकल राष्ट्रीय उत्पाद की गणना बाजार कीमतों के अनुसार तथा साधन लागत के अनुसार कर सकते हैं।

बाजार कीमतों के अनुसार सकल राष्ट्रीय उत्पाद के मूल्य को मालूम करने के लिए फर्म के खाता (1) की प्रविष्टियों का योग मालूम करते हैं जो कि उपर्युक्त व्यूह में 300 रु. + 15 रु. + 45 रु. + 15 रु. = 375 रु. होगा।

यदि बाजार कीमतों के अनुसार सकल राष्ट्रीय उत्पाद के मूल्य 375 रु. में से परोक्ष करों की राशि को घटा दिया जाय तो हमें साधन के अनुसार सकल राष्ट्रीय उत्पाद प्राप्त होगा जो कि 375 − 45 = 330 रु. है।

(ब) सकल राष्ट्रीय आय–व्यूह में सकल राष्ट्रीय व्यय को मालूम करने के लिए हमको पंक्ति (1) में दी गयी प्रविष्टियों के मूल्य का योग करना होगा। ये प्रविष्टियों गृहस्थ, सरकार तथा शेष विश्व द्वारा वस्तुओं के उपभोग व्यय तथा विनियोग व्यय को व्यक्त करती हैं। उपर्युक्त व्यूह में इन प्रविष्टियों का मूल्य क्रमश: 240 + 60 + 30 + 45 = 375 रु. है। अत: सकल राष्ट्रीय व्यय 375 रु. है।

उपर्युक्त सारणी के सकल राष्ट्रीय उत्पाद के अतिरिक्त कुछ अन्य महत्त्वपूर्ण बातों के सम्बन्ध में भी जानकारी उपलब्ध होती है, जैसे :

(अ) यदि गृहस्थ के खाना (2) का जोड़ प्राप्त किया जाय तो यह गृहस्थ क्षेत्र के व्यय और बचत के सम्बन्ध में जानकारी देगा जो कि सारणी में 315 रु. है। गृहस्थ की पंक्ति (i) का प्रविष्टियों का यदि क्षैतिज योग करें तो हमें व्यक्तिगत आय प्राप्त होगी, जोकि 315 रु. है।

(ब) सरकार के खाने (3) का योग सरकार के व्यय और बचत की सूचना देता है और सरकार की पंक्ति (ii) की प्रविष्टियों का क्षैतिज जोड़ सरकार की आय को प्रदर्शित करता है। सारणी में सरकार की आय तथा व्यय एवं बचत की मात्रा बराबर है।

(स) शेष विश्व के खाने (4) की प्रविष्टियों का योग 30 रु. है कि चालू खाते में निर्यात और आयात के अन्तर को व्यक्त करते हैं। शेष विश्व की पंक्ति (iv) की प्रविष्टियों शेष विश्व क्षेत्र में किये गये विनियोग के परिणामस्वरूप पूँजी दावों के मूल्य को व्यक्त करती हैं, जो 30 रु. है।

(द) पूँजी के खाना (5) की प्रविष्टियों का योग 75 रु. है जो कि सकल घरेलू पूँजी निर्माण को बताती है। पूँजी की पंक्ति (1) की प्रविष्टियाँ, गृहस्थ, फर्म तथा सरकार की बचतों अर्थात् सकल घरेलू बचतों को व्यक्त करती हैं।

(य) सारणी के दायीं ओर अन्तिम छोर पर विभिन्न क्षेत्रों की आय का जोड़ सारणी के निचले छोर पर विभिन्न क्षेत्रों की आय के जोड़ के बराबर है। सारणी में जो कुल जोड़ का मूल्य 879 रु. अंकित किया गया है, उसका राष्ट्रीय लेखा की दृष्टि से कोई महत्त्व नहीं है।

सामाजिक लेखांकन का महत्त्व
(Importance of Social Income Accounting)

राष्ट्रीय आय का सामाजिक लेखांकन किसी भी देश की अर्थव्यवस्था की वर्तमान स्थिति को प्रतिबिम्बित करता है तथा देश के आर्थिक स्वास्थ्य को सुधारने के लिए विश्लेषण का प्रारूप प्रस्तुत करता है। निम्नलिखित आधार सामाजिक लेखांकन के महत्त्व पर प्रकाश डालते हैं।

1. लेन-देन के वर्गीकरण में महत्त्व (Significance in Transaction Classification)–किसी देश की आर्थिक क्रिया में असंख्य लेन-देन पाये जाते हैं, जो क्रय-विक्रय से आय के भुगतान तथा प्राप्ति से, निर्यात-आयात से करों के भुगतान आदि से सम्बन्ध रखते हैं। सामाजिक लेखांकन का विशेष लाभ यह है कि वह इन विभिन्न प्रकार के लेन-देनों का उचित वर्गीकरण कर इनका प्रस्तुतीकरण सारगर्भित रूप में करता है और इससे राष्ट्रीय आय, व्यय, बचत, विनियोग, उपभोग व्यय, उत्पादन व्यय और सरकारी व्यय, विदेशों के भुगतान एवं प्राप्तियों आदि के सम्बन्ध में पृथक्-पृथक् जानकारी प्राप्त हो जाती है।

2. आर्थिक संरचना के समझने में महत्त्व (Importance in Understanding Economic Structure)– सामाजिक लेखांकन हमें आर्थिक संरचना को समझने में भी सहायता पहुँचाता है। यह हमें न केवल राष्ट्रीय आय का ज्ञान कराता है, अपितु उत्पादन एवं उपभोग के आकार, कराधान एवं बचत के स्तर तथा विदेशी व्यापार पर अर्थव्यवस्था की निर्भरता के बारे में भी जानकारी देता है।

3. विभिन्न क्षेत्रों के अन्तर्सम्बन्ध की जानकारी (Knowledge of Inter-relationship of Different Sectors)–इस विधि के द्वारा विभिन्न अन्तर्सम्बन्ध की जानकारी प्राप्त की जा सकती है तथा उनका तुलनात्मक अध्ययन भी किया जा सकता है। ये लेखे उत्पादन क्षेत्र, वित्तीय क्षेत्र तथा शेष विश्व (Rest of the World) के राष्ट्रीय अर्थव्यवस्था में सापेक्षिक योगदान सम्बन्धी मूल्यांकन में भी सहायता प्रदान करते हैं।

सामाजिक लेखांकन का महत्त्व

1. लेन-देन के वर्गीकरण में महत्त्व
2. आर्थिक संरचना के समझने में महत्त्व
3. विभिन्न क्षेत्रों के अन्तर्सम्बन्ध की जानकारी
4. तुलनात्मक अध्ययन
5. श्रम संघों के लिए महत्त्व
6. आर्थिक विकास का माप
7. आर्थिक नियोजन में सहायक
8. आधारभूत आर्थिक क्रियाओं का रिकार्ड
9. आर्थिक विश्लेषण के लिए महत्त्व
10. संरचनात्मक परिवर्तनों का ज्ञान
11. अन्वेषक के लिए महत्त्व

4. तुलनात्मक अध्ययन (Comparative Study)–सामाजिक लेखांकन के द्वारा विभिन्न देशों की अर्थव्यवस्था का तुलनात्मक अध्ययन किया जा सकता है तथा भविष्य में उनकी आर्थिक स्थिति में घटित होने वाले परिवर्तनों का अनुमान भी लगाया जा सकता है। अर्थव्यवस्था की प्रगति या अवनति सामाजिक लेखों में दिखाई देती है।

इसके अतिरिक्त विभिन्न समस्यावधियों के बीच सामाजिक लेखांकन की तुलना करके हम अर्थव्यवस्था की गति के दीर्घकालीन पथ को ज्ञात कर सकते हैं।

5. श्रम-संघों के लिए महत्त्व (Significance for Trade Unions)–श्रम-संघों तथा श्रम-संगठनों के लिए राष्ट्रीय आय लेखा का विशेष महत्त्व होता है। इस लेखा से उनको इस बारे में जानकारी मिलती है कि राष्ट्रीय आय के सृजन में श्रमिकों का क्या योगदान है तथा श्रमिकों और कर्मचारियों को वेतन तथा पारिश्रमिक के रूप में राष्ट्रीय आय का कितना हिस्सा मिल रहा है।

6. आर्थिक विकास का माप (Measure of Economic Growth)–राष्ट्रीय आय सांख्यिकी एक अर्थव्यवस्था के आर्थिक विकास के स्तर तथा आर्थिक कल्याण के स्तर के प्रतीक होते हैं। राष्ट्रीय आय लेखांकन एक समय अवधि में उत्पादन, उपभोग तथा पूँजी निर्माण की उपनति (Trend) के निर्धारण में सहायक होते हैं। राष्ट्रीय आय लेखांकन दो भिन्न-भिन्न समयों पर अर्थव्यवस्था में आर्थिक क्रियाओं के स्तर को मापने और उसकी तुलना में सहायक होते हैं।

7. आर्थिक नियोजन में सहायक (Helpful in Economic Planning)–राष्ट्रीय आय लेखांकन आर्थिक नियोजन के निर्माण में विशेष रूप में सहायक होता है। इनके द्वारा योजना आयोग को यह ज्ञात होता है कि आर्थिक नियोजन के लिए देश में कितने साधन उपलब्ध होंगे। विभिन्न क्षेत्रों के कौन-से लक्ष्य निर्धारित किये जायें, योजना का आकार कितना होना चाहिए, विकास की दर कितनी होनी चाहिए। कौन-से क्षेत्रों को प्राथमिकता दी जानी चाहिए। संक्षेप में, आर्थिक नियोजन की सफलता के लिए राष्ट्रीय आय लेखे का बहुत अधिक महत्त्व है।

8. आधारभूत आर्थिक क्रियाओं का रिकार्ड (Record of Basic Economic Activities)–राष्ट्रीय आय लेखों के द्वारा आँकड़ों का एक ऐसा ढाँचा प्राप्त होता है जिसकी सहायता से अर्थव्यवस्था की आधारभूत क्रियाओं अर्थात् उत्पादन, उपभोग तथा पूँजी निर्माण से सम्बन्धित रिकार्ड रखना सम्भव होता है।

9. आर्थिक विश्लेषण के लिए महत्त्व (Significance for Economic Analysis)–अर्थशास्त्र के अध्ययन में भी राष्ट्रीय आय लेखा की अवधारणा का विशेष महत्त्व है। विभिन्न समूहों और लेखाओं के बीच अन्तर्सम्बन्धों का अध्ययन तथा एकरूपता स्थापित करने में राष्ट्रीय आय लेखांकन का महत्त्वपूर्ण स्थान है।

10. संरचनात्मक परिवर्तनों का ज्ञान (Knowledge of Structural Changes)–किसी अर्थव्यवस्था में होने वाले संरचनात्मक परिवर्तनों का ज्ञान भी राष्ट्रीय आय सांख्यिकी के द्वारा होता है। इससे अर्थव्यवस्था के विभिन्न उत्पादक

क्षेत्रों के सापेक्षिक महत्त्व का पता चलता है और इस बात की भी जानकारी मिलती है कि अर्थव्यवस्था में आय का विवरण व उपभोग का स्वरूप किस प्रकार का है और लोगों के रहन–सहन का स्तर कैसा है।

11. अन्वेषक के लिए महत्त्व (Importance for Researchers)–आर्थिक अन्वेषक का मार्गदर्शन करने में भी सामाजिक लेखों का महत्त्व है। कारण यह है कि सामाजिक लेखे यह बताते हैं कि अर्थव्यवस्था के व्यवहार का विश्लेषण करने के लिए किस प्रकार के आँकड़ों का संकलन किया जाय। किस प्रकार के आँकड़ों का सम्बन्ध सकल राष्ट्रीय उत्पाद, वस्तुओं तथा सेवाओं पर सरकारी व्यय, निजी उपभोग व्यय, सकल निजी विनियोग आदि से हो सकता है।

संक्षेप में, राष्ट्रीय आय या सामाजिक लेखांकन आर्थिक क्रियाओं का अभिसूचक तथा आर्थिक नीति तथा नियोजन का एक उपयोगी उपकरण समझा जाता है। सामाजिक लेखांकन राष्ट, की आर्थिक नाड़ी पर ध्यान रखता है तथा देश के आर्थिक स्वास्थ्य को सुधारने की दृष्टि से विवेकपूर्ण आर्थिक नीतियों के निर्माण में सहयोग प्रदान करता है।

सामाजिक लेखांकन की कठिनाइयाँ
(Difficulties of Social Accounting)

1. मापन की कठिनाई (Difficulty in Measurement)–जब सामाजिक लेखे तैयार किये जाते हैं तो सब प्रकार की आय तथा भुगतानों को मुद्रा के रूप में मापा जाता है, परन्तु बहुत–सी ऐसी वस्तुएँ या सेवाएँ हैं, जिन्हें मुद्रा के रूप में आयोजित करना कठिन है। उदाहरण के लिए घर में गृहणियों द्वारा अपने परिवारों के लिए की गयी सेवाएँ, शिक्षक द्वारा अपने बच्चों को पढ़ाया जाना, किसान द्वारा अपने लिए खाद्यान्न रख लेना आदि। अत: अनेक ऐसी सेवाएँ लेन-देन जो आर्थिक होती हैं, परन्तु बाजारगत नहीं होतीं अर्थात् जिनका मूल्य मुद्रा में नहीं आँका जाता, सही–सही सामाजिक लेखे तैयार करने में समस्याएँ प्रस्तुत करते हैं।

2. दोहरी गणना (Double Counting)–सामाजिक लेखे तैयार करने में एक बड़ी कठिनाई दोहरी गणना की है जो इसलिए उत्पन्न होती है क्योंकि मध्यवर्ती वस्तुओं और अंतिम वस्तुओं में भेद सापेक्षिक होता है। एक वस्तु मध्यवर्ती वस्तु है या अंतिम, उस वस्तु के प्रयोग पर निर्भर है। उदाहरण के लिए रेडीमेड शर्ट बनाने के कारखाने के लिए कपड़ा मध्यवर्ती वस्तु है परन्तु उपभोक्ता के लिए यह अंतिम वस्तु बन जाता है। इसी प्रकार जिस आटे की बेकरी में उपभोग किया जाता है, वह तो मध्यवर्ती वस्तु है और जिसे घर में प्रयोग किया जाता है, वह अंतिम वस्तु है।

3. पूँजी ह्रास (Capital Depreciation)–पूँजीगत वस्तुओं के ह्रास को मौद्रिक रूप से अनुमानित कर उत्पादन में से इसे घटा दिया जाता है। प्रश्न यह है कि पूँजी के ह्रास का अनुमान किस प्रकार लगाया जाये। उदाहरण के लिए, कोई ऐसी पूँजी परिसम्पत्ति है जिसकी प्रत्याशित आयु 60 वर्ष है तो उसके चालू मूल्य ह्रास दर का हिसाब लगा सकना बहुत कठिन होगा। साथ ही यदि परिसम्पत्तियों की कीमतों में प्रत्येक वर्ष परिवर्तन होता जाये तो यह कठिनाई और भी बढ़ जाती है।

4. सार्वजनिक सेवाएँ (Public Services)–सामाजिक लेखों में से एक और समस्या अनेक सार्वजनिक सेवाओं के आगणन की रहती है। ये सेवाएँ पुलिस, सेना, स्वास्थ्य, शिक्षा इत्यादि से सम्बन्धित रहती हैं। इसी प्रकार बहुउद्देशीय नदी-घाटी परियोजनाओं के योगदान को भी सामाजिक लेखों में सम्मिलित करना कठिन कार्य होता है, क्योंकि इन परियोजनाओं से मिलने वाले विविध लाभों का मौद्रिक रूप से हिसाब लगाना कठिन होता है।

5. माल सूची समायोजन (Inventory Adjustment)–सामाजिक लेखांकन के अन्तर्गत व्यवसाय लेखों में माल सूचियों का सही हिसाब लगाने के लिए माल सूची मूल्यांकन के समायोजन की जरूरत होती है जो कि एक बहुत ही कठिन काम है। कारण यह है कि फर्में अपनी माल सूचियाँ उनकी मूल लागतों के हिसाब से दर्ज करती हैं, उनकी प्रतिस्थापन लागतों के हिसाब से नहीं। वस्तुत: जब कीमतें बढ़ती हैं तो माल सूची के अंकित मूल्य में लाभ होता है, परन्तु जब कीमतें गिरती हैं तो माल सूचियों के अंकित मूल्य में हानि होती है। इस प्रकार माल सूचियों में होने वाले परिवर्तनों का समायोजन करना एक कठिन कार्य है।

6. अपूर्ण लेखांकन (Incomplete Accounts)–सामाजिक लेखांकन में लेखों की अपूर्णता भी एक कठिनाई है, क्योंकि उनसे अर्थव्यवस्था की उचित जानकारी नहीं हो पाती है। ऐसे लेखों में पूँजी का हस्तान्तरण, पुराने समय के बड़े क्रय-विक्रय का भुगतान, विदेशी उपहार, सहायता एवं अनुदान आदि सम्मिलित हैं।

7. अन्य कठिनाइयाँ (Other Difficulties)–सामाजिक लेखांकन की अन्य व्यावहारिक कठिनाइयाँ सांख्यकीय आँकड़ों की विश्वसनीयता है, क्योंकि सरकार क्षेत्र, परिवार क्षेत्र एवं उत्पादन क्षेत्र के जो आँकड़ें उपलब्ध होते हैं, विश्वसनीय नहीं होते हैं। इसके अतिरिक्त लेखांकन में अन्तर्सम्बन्धों का विश्लेषण नहीं किया जाता है।

II. आदा–प्रदा या आगत–निर्गत लेखांकन
(Input-Output Accounting)

उत्पादन के विभिन्न घटकों की आपसी निर्भरता (Inter-dependency) पर आधारित आदा–प्रदा विश्लेषण तकनीक के जन्मदाता **प्रोफेसर लियोनटीफ (Wassily W. Leontief)** माने जाते हैं। इस तकनीक का उपयोग अंत:उद्योग संबंधों का विश्लेषण करने और अर्थव्यवस्था की जटिलता को समझने के लिए किया जाता है।

किसी भी व्यवस्था में उत्पादन की प्रत्येक शाखा अपने निर्माण कार्य में प्रयोग हेतु शाखाओं से माल लेती है वह आदा (Input) कहलाती है। इसी प्रकार एक शाखा जो माल तैयार करती है वह **प्रदा (Output)** कहलाती है। इस प्रकार उत्पादन केन्द्र की विभिन्न शाखाएँ एक–दूसरे के लिए आदा व प्रदा का कार्य करती हैं तथा प्रत्येक शाखा उत्पादन हेतु एक–दूसरे पर आत्मनिर्भर रहती हैं। उदाहरण के लिए, कोयले का उपयोग लोहे के उत्पादन में किया जाता है, अत: लोहा उद्योग के लिए कोयला आदा है। लोहे का उपयोग रेलवे उद्योग में इंजन बनाने में प्रयोग किया जाता है, इस प्रकार लोहा रेलवे उद्योग के लिए आदा हुआ। इस प्रकार लोहा उद्योग कोयले पर और रेलवे उद्योग लोहे पर परस्पर निर्भर करते हैं।

इसी प्रकार देश की अर्थव्यवस्था की विभिन्न शाखाओं में परस्पर निर्भरता का संबंध होता है। पारस्परिक निर्भरता की स्थिति में यदि यह ज्ञान करना हो कि किसी विशिष्ट परिवर्तन का अर्थव्यवस्था पर क्या प्रभाव पड़ा तो हमें अर्थव्यवस्था की विभिन्न शाखाओं की पारस्पिरक निर्भरता का अध्ययन करना होगा। **पारस्परिक निर्भरता का अध्ययन आदा–प्रदा विश्लेषण के माध्यम से किया जाता है।**

किसी वस्तु के उत्पादन में जो कुछ प्रयुक्त होता है आदा कहलाता है (Whatever is used up in the Production of Commodity, is called input) तथा जो कुछ उत्पादित किया जाता है, प्रदा कहलाता है (Whatever is Produced, is called output)।

अत: आदा–प्रदा विश्लेषण का अर्थ यह है कि संतुलन की स्थिति में संपूर्ण अर्थव्यवस्था के कुल उत्पादन (प्रदा) का मौद्रिक मूल्य नियन्त्रण से अत: उद्योगी आदा के मौद्रिक मूल्यों के जमा अत: उद्योग प्रदा के मौद्रिक मूल्यों के योग के बराबर होगा।

संक्षेप में, **आदा–प्रदा लेखांकन आर्थिक विश्लेषण का एक ऐसा उपकरण है जिसकी सहायता से हम (अ) सामान्य आर्थिक साम्य के अध्ययन में अर्थव्यवस्था की विभिन्न शाखाओं की पारस्परिक निर्भरता का ज्ञान प्राप्त करते हैं। (ब) किसी प्रोग्राम की आंतरिक सामंजस्यता (Integral Consistancy) की जाँच करते हैं और (स) इस बात का पूर्वानुमान कर सकते हैं कि किसी विशिष्ट उद्देश्य की प्राप्ति के लिए अर्थव्यवस्था के विभिन्न क्षेत्रों में कुल कितनी प्रदा की आवश्यकता पड़ेगी।**

आदा–प्रदा विश्लेषण की मान्यताएँ (Assumption of Input-output Analysis)

1. तकनीकी गुणांक (Technical Co-efficient)–उत्पादन के तकनीकी गुणांक अर्थात् साधन अनुपात (Factor-Proportions) पूर्णतया स्थिर रहते हैं। उत्पादन में एक निश्चित प्रतिशत से परिवर्तन करने के लिए सभी आदाओं में ठीक उसी प्रतिशत से परिवर्तन करना पड़ता है। आदा के मध्य तकनीकी प्रतिस्थापन नहीं किया जा सकता है तथा तकनीकी प्रगति मूल्य है।

2. पूर्ण क्षमता का उपयोग (Full Capacity Utilisation)–फर्म को उपलब्ध विभिन्न आदा का स्थिर साधन अनुपात में पूर्ण क्षमता से प्रयोग (Full Capacity Use) हो रहा है अर्थात् कोई भी उपलब्ध आदा अप्रयुक्त अथवा अल्पप्रयुक्त नहीं रहता।

आदा–प्रदा विश्लेषण निम्नलिखित आधारभूत मान्यताओं पर आधारित है–

3. समान वस्तु (Homogenous Product)–कोई फर्म दो या दो से अधिक वस्तुएँ एक साथ निर्मित नहीं करती है। प्रत्येक फर्म केवल एक समान वस्तु का निर्माण करती है।

4. आगत या आदा का प्रयोग (Use of Input)–इस तकनीक में यह मान्यता रहती है कि एक उद्योग की आदा का प्रयोग अन्य अंत:उद्योग क्षेत्रों में या उसी उद्योग में या अंतिम माँग क्षेत्रों में किया जाता है।

5. स्थिर पैमाने के प्रतिफल का होना–इस तकनीक में यह मान्यता रहती है कि वृहदस्तर उत्पादन की मितव्ययिताएँ या अमितव्ययिताएँ उद्योग को प्राप्त नहीं होतीं अर्थात् उत्पादन के पैमाने के घटने या बढ़ने का लागत पर कोई प्रभाव नहीं पड़ता।

6. अंतर उद्योग क्षेत्र (Inter-industry Sector)–सम्पूर्ण अर्थव्यवस्था 'अंतर उद्योग क्षेत्र' (Inter-industry Sector) तथा 'अंतिम माँग क्षेत्र' (Final Demand Sector) से विभाजित है जिसको उपक्षेत्रों में विभाजित किया जा सकता है।

7. मुद्रा का रूप (In Form of Money)–इस विश्लेषण के विभिन्न संघटक मुद्रा के रूप में व्यक्त किये जाते हैं, भौतिक मात्राओं के रूप में नहीं।

उपर्युक्त मान्यताओं को ध्यान में रखते हुए आदा-प्रदा लेखांकन किया जा सकता है।

लियोनटीफ का मॉडल (Leontief's Model)

आदा-प्रदा विश्लेषण पद्धति का विकास प्रो. लियोनटीफ (Prof. Leontief) द्वारा उद्योगों के बीच परस्पर संबंधों के विश्लेषण के लिए किया गया था। यदि सभी उद्योगों के आदा-प्रदा खातों को सम्मिलित कर लिया जाये तो मध्यवर्ती पदार्थों का प्रभाव समाप्त हो जाता है और राष्ट्रीय उत्पाद का खाता तैयार हो जाता है जिसमें एक एवं अंतिम बिक्री तथा दूसरी ओर साधनों को किये गये भुगतानों का पता चलता है।

विश्लेषण को सरल बनाने के लिए यदि निम्नलिखित क्रियाएँ की जाएँ तो सरलता होगी–

I. आदा-प्रदा सारणी का निर्माण करना (To Prepare Input-output Table)

II. लेन-देन मैट्रिक्स का आधारक निर्मित करना (To Frame Transaction Matrix)

III. तकनीकी गुणांकों की गणना करना (To Compute Technical Co-efficient)

IV. वांछित समीकरण समूह प्राप्त करना तथा सरल करना (To Obtain the Required Set of Equation and Solve)

I. आदा-प्रदा सारणी का निर्माण करना (To Prepare Input-output Table)–आदा-प्रदा विश्लेषण का मुख्य भाग आदा-प्रदा सारणी है। आदा-प्रदा सारणी यह बताती है कि प्रत्येक उद्योग का कुल रसायन अर्थव्यवस्था के सभी क्षेत्रों में किस प्रकार विभाजित किया जा सकता है।

लियोनटीफ के अनुसार, "आदा-प्रदा सारणी एक निश्चित समय अन्तराल में अर्थव्यवस्था के सभी क्षेत्रों के मध्य वस्तुओं एवं सेवाओं के प्रवाह को बताती है।"

एक कल्पिता आदा-प्रदा सारणी तैयार करने के लिए पूरी अर्थव्यवस्था को तीन भागों में बाँट दिया गया है।

(A) कृषि क्षेत्र (Agriculture Sector)

(B) औद्योगिक क्षेत्र (Industrial Manufacturing Sector)

(C) अंतिम उपभोग क्षेत्र (Final Demand Sector)

उपर्युक्त तीनों क्षेत्रों में से आरंभिक दो क्षेत्र अंतर-उद्योग के अंग है जबकि तीसरा क्षेत्र अंतिम मांग क्षेत्र बताता है।

एक कल्पित आदा-प्रदा सारणी को नीचे दर्शाया जा रहा है।

सारणी 1 में तीनों क्षेत्रों की कुल-प्रदा (Total-Output) को पंक्तियों (Rows) में एवं इनकी आदाओं को खानों (Columns) में दिखाया गया है।

सारणी 1
आदा–प्रदा सारणी
(Input-Output Table)

(करोड़ रुपये)

क्षेत्र (Sector)	कृषि-क्षेत्र के लिए आदा	क्रय क्षेत्र उद्योग के लिए आदा	अंतिम मांग	कुल प्रदा
कृषि क्षेत्र (Agriculture)	50 × 11	150 × 12	100 D 1	300 × 1
औद्योगिक क्षेत्र (Industry)	80 × 21	200 × 22	120 D 2	400 × 2
घरेलू क्षेत्र (Domestic)	50 × 31	100 × 32	0 D 3	150 × 3
कुल आदा Total Input	180	450	220	850

उपर्युक्त सारणी 1 की पंक्तियाँ प्रत्येक उद्योग के उत्पादन (प्रदा) की उस राशि को प्रकट करती हैं, जो प्रत्येक अन्य उद्योग एवं अंतिम क्रेता को बेची गई है। **स्तम्भों** में हर उद्योग की आदा की वह राशि दिखाई गई है, जो प्रत्येक अन्य उद्योग से साधन-सेवाओं से खरीदी गई है, जिन्हें **प्राथमिक आदा** (Primary Input) कहा जाता है।

उपर्युक्त सारणी में (1) प्रथम पंक्ति (Row) का योग 300 करोड़ रुपये है, जो व्यक्त करता है कि कृषि क्षेत्र का कुल आदा-प्रदा (उत्पादन) 300 इकाई या करोड़ रुपये है। इस उत्पादन या प्रदा की 100 इकाइयाँ प्रत्यक्ष उपभोग (घरेलू व सरकारी क्षेत्र) के लिए चली जाती है। इस शेष उत्पादन या प्रदा की 50 इकाइयाँ तो स्वयं कृषि उद्योग की आदा (Inputies) के रूप में तथा बाकी 150 इकाइयाँ औद्योगिक क्षेत्र के आदा (Inputs) के रूप में प्रयोग की जाती है। इसी प्रकार (2) दूसरी पंक्ति विनिर्माण उद्योग के कुल प्रदा का विभिन्न उद्योगों में वितरण स्पष्ट करती है। सारणी से स्पष्ट है कि कुल औद्योगिक उत्पादन 400 इकाई है। इस प्रदा में से 80 इकाइयाँ कृषि के लिए आदा, 200 इकाई स्वयं उद्योग के लिए आदा और शेष 120 इकाइयाँ अंतिम मांग क्षेत्र के लिए आदा के रूप में उपभोग की जाती है।

दूसरी ओर प्रथम स्तम्भ (नीचे की ओर पढ़े) में इन क्षेत्रों के लागत ढांचे का विश्लेषण किया जाता है। उदाहरण के लिए प्रथम स्तम्भ में कृषि क्षेत्र में अर्थव्यवस्था के अन्य क्षेत्रों से आने वाली आदा को दर्शाया गया है। कृषि क्षेत्र में 50 करोड़ रु. की आदा स्वयं कृषि क्षेत्र से, 80 करोड़ रु. की आदा औद्योगिक क्षेत्र से तथा 50 करोड़ रु. की आदा घरेलू क्षेत्र से आती हैं। अन्य शब्दों में यह कहा जाएगा कि कृषि क्षेत्र में 300 करोड़ रु. मूल्य की आय प्राप्त करने के लिए 180 करोड़ रु. की लागत आती है।

इसी प्रकार द्वितीय स्तम्भ औद्योगिक क्षेत्र द्वारा प्रयुक्त आदा संरचना (Input structure) को स्पष्ट करती है। इस औद्योगिक क्षेत्र में 400 करोड़ रुपये का उत्पादन प्राप्त करने के लिए 450 करोड़ रुपये मूल्य का आदा प्रयोग किया जाता है, जिसमें 150 करोड़ रुपये का कृषि क्षेत्र से 200 करोड़ रुपये का स्वयं औद्योगिक क्षेत्र से और शेष 100 करोड़ रुपये का अंतिम उपभोग क्षेत्र से आदा के रूप में प्राप्त होता है।

तृतीय स्तम्भ उपभोग के लिए प्राप्त उत्पादन को स्पष्ट करती है। इस क्षेत्र में 150 करोड़ रुपये मूल्य की सेवाएँ उत्पादित करने में कृषि क्षेत्र का 100 करोड़ रुपये का उत्पादन उपभोग किया जाता है। जबकि औद्योगिक क्षेत्र का 120 करोड़ का उत्पादन उपभोग किया जाता है। घरेलू क्षेत्र के द्वारा अपने श्रम को स्वयं उपभोग नहीं किया जाता, अतः इस स्थान पर सारणी में शून्य (Zero) दिखाया गया है।

यह उल्लेखनीय है कि आदा-प्रदा सारणी में अर्थव्यवस्था में कुल पंक्ति जोड़ स्तम्भ के कुल जोड़ के बराबर अवश्य होने चाहिए। इसका अभिप्राय है कि अर्थव्यवस्था के कुल सकल प्रदा कुल सकल आदा के बराबर हों, जैसा कि सारणी में 850 करोड़ रुपये है।

II. लेन-देन मैट्रिक्स का आधारक निर्मित करना (To Frame Transaction Matrix)–आदा-प्रदा सारणी का प्रयोग कने के लिये सारणी 1 को सामान्य उदाहरण में परिवर्तित करना पड़ेगा, जिसके लिए "लेन-देन आधारक" (Transaction Matrix) का निर्माण आवश्यक है। लेन-देन आधारक इस बात को स्पष्ट करता है कि किसी उद्योग विशेष की कुल प्रदा को अन्य उद्योगों की आदाओं के रूप में एवं अंतिम मांग क्षेत्र में किस प्रकार वितरित किया जाए। माना कृषि के 1 में, उद्योग को 2 में घरेलू या उपभोग क्षेत्र को 3 में प्रदर्शित किया जाता है। ऐसी स्थिति में उपरोक्त अर्थव्यवस्था की "लेन-देन आधारक" इस प्रकार होगी।

आदा-प्रदा

सारणी 2

(Transaction Matrix)

क्रय क्षेत्र (Purchasing)	अन्तिम माँग क्षेत्र		
कृषि क्षेत्र	औद्योगिक क्षेत्र	उपभोग क्रय	कुल निर्गत
X_{11}	X_{12}	D_1	X_1
X_{21}	X_{22}	D_2	X_2
X_{31}	X_{32}	$D_3 = 0$	X_3

III. तकनीकी आधारक या गुणांक (Technical Matrix)–सारणी 1 का तकनीकी या प्रौद्योगिकी आधारक सारणी 2 में दिया गया है। ये आदा गुणांक स्तंभ की प्रत्येक मात्रा को पहली पंक्ति के कुल जोड़ से विभक्त करके एवं दूसरे स्तंभ की प्रत्येक मात्रा को दूसरी पंक्ति के कुल जोड़ से विभक्त करके तथा इसी तरह इसी तरह आगे भी निकाले गए हैं। प्रौद्योगिकी आधारक का प्रत्येक स्तंभ यह दर्शाता है कि एक रुपया की प्रादा उत्पादित करने के लिए कृषि, उद्योग तथा अन्य क्षेत्रों से आदा प्रदा की कितनी इकाइयाँ चाहिए।

सारणी 3

तकनीकी मैट्रिक्स या गुणांक

(Technological Matrix)

क्षेत्र	कृषि क्षेत्र का आदा	औद्योगिक क्षेत्र का आदा	घरेलू क्षेत्र
कृषि क्षेत्र	$\frac{50}{300} = .167$	$\frac{150}{450} = .375$	$\frac{100}{150} = .667$
औद्योगिक क्षेत्र	$\frac{80}{300} = .267$	$\frac{200}{400} = .500$	$\frac{120}{150} = .800$
घरेलू क्षेत्र	$\frac{50}{300} = .167$	$\frac{170}{400} = .250$	—

स्थैतिक आदा प्रदा तकनीक राष्ट्रीय अर्थव्यवस्था में विभिन्न उद्योगों की परस्पर निर्भरता को तकनीकी गुणांकों के द्वारा स्पष्ट करती है। प्रत्येक गुणांक J उद्योग के द्वारा i उद्योग के उत्पादन का प्रति इकाई उत्पादन के लिए, उपभोग किया जाने वाला प्रदर्शित करता है।

क्षैतिज रूप में,

$X_1 = X_{11} + X_{12} + D_1$

$S_2 = X_{21} + X_{22} + D_2$

$X_3 = X_{31} + X_{32} + D_3 = X_{31} + X_{32}$

ऊर्ध्वाधर रूप में,

$X_1 = f_1\ (X_{11}'X_{21}'X_{33})$

$X_2 = f_2\ (X_{12}'X_{22}'X_{32})$

आगत–निर्गत सारणी के अनुसार,

$300 = f_1 (50, 80, 50)$

एवं $400 = f_2 (150, 200, 100)$

यदि m x n की Transaction Matrix बनायी जाये तो,

$X_{11}\ X_{12}\ X_{13}..............X_1n \quad D_1 \quad X_1$

$X_{21}\ X_{22}\ X_{23}..............X_2n \quad D_2 \quad X_2$

$\downarrow \quad \downarrow \quad \downarrow \quad \downarrow$

$X_{m1}\ X_{m2}\ X_{m3}..............X_{mn} \quad D_m = 0 \quad X_m$

क्षैतिज रूप में,

$X_1 = X_{11} + X_{12} + X_{13} + ... + X_1n + D_1$ (i)

$X_2 = X_{21} + X_{22} + X_{23} + ... + X_2n + D_2$ (ii)

$\downarrow$

$X_m = X_{m1} + X_{m2} + X_{m3} + ... + X_{mn} + D_m$ (iii)

गणितीय भाषा में समीकरण (1) को लिखा जा सकता है–

$$X_1 = \sum_{j=1}^{n} X_1 + D_1 \text{ जहाँ } j = 1, 2.........n$$

इसी प्रकार,

$$X_2 = \sum_{j=1}^{n} X_2 + D_2$$

$$X_m = \sum_{j=1}^{n} X_{mj} + D_m$$

उपर्युक्त सभी समीकरणों का योग (Addition) लिखा जा सकता है–

$$X_1 = \sum_{j=1}^{n} X_{ij} + D_i \quad \text{जहाँ } i = 1, 2.........m$$

$$j = 1, 2,........n$$

उपर्युक्त विश्लेषण की सहायता से हमें आदा-प्रदा विश्लेषण के आधारभूत तथ्यों (Fundamental Features) को समझने में आसानी होती है। लियोनटीफ द्वारा प्रतिपादित आगत का मॉडल दो प्रकार का है–

1. स्थिर आदा-प्रदा मॉडल (Static IO Model)
2. गत्यात्मक आदा-प्रदा (Dynamic IO Model)

1. स्थिर आदा-प्रदा मॉडल (Static IO Model)

यह मॉडल दो प्रकार के समीकरणों पर आधारित है–

1. सन्तुलित समीकरण (Balance Equations)
2. संरचनात्मक समीकरण (Structural Equations)

लियोनटीफ ने मॉडल में अर्थव्यवस्था के व्यवहार को प्रदर्शित करने के लिए दो प्रकार के संबंधों की व्याख्या की है। वह इन संबंधों को संतुलित एवं संरचना के आधारभूत संबंध (Fundamental relations Balance and Structure) के नाम से पुकारता है।

संतुलित समीकरण (Balance Equation)–यह व्यक्त करता है कि किसी उद्योग की प्रदा (Output) या तो स्वयं या अन्य उद्योगों के द्वारा अथवा घरेलू क्षेत्र द्वारा प्रयोग कर लिया जाता है। यह समीकरण अर्थव्यवस्था के प्रत्येक क्षेत्र की आंतरिक स्थिरता को प्रदर्शित करते हैं।

यदि उद्योग की संख्या n हो तो iवीं (ith) उद्योग की सन्तुलित समीकरण लिखी जा सकती है–

$$Xi = \sum_{j=1}^{n} X_{ij} + D_i$$

या $Xi = Xi_1 = Xi_2 = Xi_3 + ... Xin + Di$

जहाँ Xi ith उद्योग का कुल निर्गत है जबकि Di अन्तिम उपभोग क्षेत्र में जाने वाला भाग है।

यदि कुल उत्पादन का एक भाग बाहरी उद्योग क्षेत्र (Outside Sector) द्वारा उपभोग कर लिया जाय तो सन्तुलित समीकरण होगा–

$X_1 = X_{i1} = X_{i2} + ... + X_{in} + D_i + Y_i$

जहाँ Y_1 ith उद्योग के निर्गत का वह भाग है जो कि बाहरी क्षेत्र द्वारा उपभोग किया जाता है।

संरचनात्मक समीकरण (Structure Equations)–यह व्यक्त करते हैं कि उद्योग का संपूर्ण प्रदा (उत्पादन) सभी उद्योग व क्षेत्र के द्वारा प्रयोग कर लिया जाता है। इस प्रकार यह समीकरण अर्थव्यवस्था की प्रवाह संरचना को दर्शाता है। इन संरचनात्मक समीकरण के द्वारा हम पूरी अर्थव्यवस्था के लिए तकनीकी या प्रौद्योगिकी गुणांक (Technological Matrix) प्राप्त कर सकते हैं।

यह तो स्पष्ट हो ही चुका है X_{i3} का अभिप्राय है–ith प्रयोग के प्रदा का वह भाग है जो उद्योग 3 द्वारा प्रयोग किया जाता है।

इसी प्रकार Xij का अभिप्राय है–ith उद्योग के प्रदा का वह भाग जो ith उद्योग द्वारा प्रयोग किया जाता है।

$$Q_{ig} = \frac{X_{ij}}{X_j}$$

जहाँ Q_{ij} = ith उद्योग के उत्पादन का तकनीकी गुणांक जो ith उद्योग द्वारा प्रयोग किया गया।

X_{ij} = ith उद्योग से jth उद्योग की ओर प्रवाह

X_j = jth उद्योग का कुल उत्पादन

यह समीकरण इस बात को स्पष्ट करता है कि उद्योग की कुल प्रदा में दूसरे उद्योग की प्रदा का कितना भाग प्रयोग किया जाता है। यह समीकरण संरचनात्मक समीकरण (Structural Equation) कहलाती है।

गत्यात्मक अथवा प्रावैगिक आदा–प्रदा मॉडल
(Dynamic Input-Output Model)

स्थैतिक आदा–प्रदा तकनीक राष्ट्रीय अर्थव्यवस्था में विभिन्न उद्योगों की परस्पर निर्भरता को तकनीकी गुणांकों के द्वारा स्पष्ट करती है। प्रत्येक गुणांक j उद्योग के द्वारा i उद्योग के उत्पादन का प्रति–इकाई उत्पादन के लिए, उपभोग किया जाने वाला भाग प्रदर्शित करता है। परंतु ये गुणांक अर्थव्यवस्था की स्टॉक संबंधी आवश्यकताओं को प्रदर्शित नहीं करते

हैं। ये आदाओं की उस मात्रा को भी स्पष्ट नहीं कर सकते जो अर्थव्यवस्था के विभिन्न उद्योगों की पूँजीगत आवश्यकताओं को पूरा करने के लिए उपभोग किया जाता है। इस प्रकार के व्ययों को पूँजीगत विनियोग कहा जाता है। अत: आदा-प्रदा प्रणाली की व्याख्या तभी संभव है, जबकि संरचनात्मक समीकरण में पूर्व अवधि आवश्यकताओं के साथ-साथ प्रत्येक क्षेत्र की पूँजीगत आवश्यकताओं को भी शामिल कर लिया जाये। वस्तुत: इन धारणाओं को ध्यान में रखकर प्रो. लियोनटीफ ने गत्यात्मक आदा-प्रदा प्रणाली का विस्तार किया है। जो स्थिर मॉडल की मान्यताओं पर ही आधारित है।[1]

स्थिर मॉडल की ही भाँति, गत्यात्मक मॉडल के सन्तुलित समीकरण (Balance Equation) का लिखा जा सकता है–

$$X_i(f) = [X_{it}(f) + X_{i2}(f) + ... + X_{in}(f)] + S_i(t+1) - S_i(T) + D_1(f)$$

जहाँ t समय विशेष को सूचित करता है।

तथा $[S_i(i+1) - S_i(t)$ t वें वर्ष के ith उद्योग के उत्पादन का वह भाग है जो (t + 1)वें वर्ष में ith उद्योग में प्रयोग किया जाता है।

यदि $\Delta S_i(t) = S_i(t+1) = S_i(t)$

तब सन्तुलित समीकरण होगा।

$$X_i(t) = [K_{i1}(t) + X_{i2}(t) ......+ X_{in}(t)] + \Delta S_i(t) + D_it$$

यदि कुल प्रदा का एक आंशिक भाग बाहरी क्षेत्र द्वारा उपभोग किया जाय, तब सन्तुलित समीकरण होगा–

$$X_i(t) = [K_{i1}(t) + X_{i2}(t) +.....+ X_{in}(t)] + \Delta S_i(t) + D_it + Y_i(f)$$

जहाँ $Y_i(t)$ = tवें वर्ष में tवें उद्योग के प्रदा का वह भाग है, जो बाहरी क्षेत्र द्वारा उपभोग किया जायेगा।

गत्यात्मक मॉडल में भी स्थिर मॉडल की भाँति तकनीकी गुणांक (Technical Co-efficient) ज्ञात किये जा सकते हैं।

iवें उद्योग के उस प्रदा के लिए, जो Jवें उद्योग द्वारा उपभोग किया जा रहा है, पूँजीगत गुणांक (Capital Co-efficient) होगा।

$$\boxed{b_{ij} = \frac{S_{ij}}{X_i}}$$

जहाँ b_{ij} = iवें उद्योग के उस प्रदा का पूँजी गुणांक जो jवें उद्योग द्वारा प्रयोग किया जा रहा है।

S_{ij} = iवें उद्योग की पूँजी का वह भाग जो j वें उद्योग द्वारा प्रयोग किया जा रहा है।

X_i = j वें उद्योग का कुल प्रदा

समीकरण (1) को गत्यात्मक मॉडल का संरचनात्मक (Structural Equation) कहा जाता है।

यदि $b_{ij} = O$ तब $S_{ij} = O$

इसका अभिप्राय है कि किसी भी उद्योग द्वारा पूँजी स्टॉक प्रयोग नहीं किया जा रहा है। दूसरे शब्दों में, गत्यात्मक मॉडल स्थिर मॉडल के रूप में परिवर्तित हो जाता है।

आदा-प्रदा विश्लेषण की उपयोगिता एवं महत्त्व
(Utility and Importance of Input-Output Analysis)

आधुनिक युग में आदा-प्रदा विश्लेषण का अत्यधिक महत्त्व है जैसा कि निम्नलिखित विवरण से स्पष्ट हो जाएगा।

1. "In a dynamic Input-Output Model, the output of an industry is supposed to go to the other industries as input, to final demand sector and to the formation of capital stock which is distributed between different industries in future."

—*Leontief, Input-Output Economics, p.145.*

1. निर्णय एवं योजना निर्माण (Decision Making and Policy Formulation)–आदा-प्रदा विश्लेषण के माध्यम से अर्थव्यवस्था के एक क्षेत्र में परिवर्तन का अन्य क्षेत्रों पर प्रभाव ज्ञात किया जाता है। इसके माध्यम से केवल भूतकालीन तथ्यों का ही विश्लेषण नहीं किया जाता, अपितु भविष्य के सम्बन्ध में भविष्यवाणी की जा सकती है। अत: इस विश्लेषण का उपयोग निर्णयन एवं योजना बनाने में किया जा सकता है।

2. क्षेत्रीय नियोजन (Regional Planning)–आदा-प्रदा विश्लेषण क्षेत्रीय नियोजन (Regional Planning) में अधिक महत्त्वपूर्ण है, क्योंकि इसके प्रयोग द्वारा क्षेत्र-विशेष के कुछ विशिष्ट लक्ष्यों की प्राप्ति सरलतापूर्वक की जा सकती है। रोजगार की समस्या के समाधान में भी आदा-प्रदा विश्लेषण सहायक होता है, क्योंकि विनियोग, रोजगार तथा उत्पादन में प्राय: कोई निश्चित संबंध स्थापित किया जा सकता है। विक्रय की समस्याओं (Marketing Problems) में भी इन विश्लेषणों का विस्तृत रूप से प्रयोग किया जाता है।

3. अर्थव्यवस्था की संरचना का ज्ञान (Knowledge of Structure of Economy)–आदा-प्रदा विश्लेषण द्वारा अर्थव्यवस्था के विषय में पूर्ण ज्ञान हो जाता है, क्योंकि विभिन्न वस्तुओं के उत्पादन में अन्य उद्योगों द्वारा उत्पादित निर्गत (Output) को आगत (Input) के रूप में प्रयोग किया जाता है। इसी प्रकार सामाजिक स्तर पर ज्ञात किया जा सकता है कि देश की अर्थव्यवस्था में परिवर्तन से उपयोगिता वर्ग किस प्रकार प्रभावित होगा।

4. राष्ट्रीय आय के लेखांकन (National Income Accounts)–आदा-प्रदा सारणी की सहायता से राष्ट्रीय आय लेखांकन किया जा सकता है क्योंकि इसमें विभिन्न उद्योगों के उत्पादन का मूल्य प्रदर्शित रहता है।

5. प्रबंध महत्त्व (Significance in Management)–आदा-प्रदा विश्लेषण प्रबंध (Management) में विशेष महत्त्व रखता है। प्रबंध के प्रमुख कार्य योजना (Planning) संगठन (Organisation) समन्वय (Co-ordination) निर्देशन (Direction) व नियंत्रण (Control) है। योजना कार्य में आदा-प्रदा विश्लेषण के माध्यम से विभिन्न आर्थिक तथ्यों का अनुमान लगाया जा सकता है। वास्तविक परिणामों की तुलना आदा-प्रदा विश्लेषण के आधार पर प्राप्त पूर्व निर्धारित तथ्यों से करके विचलन के कारणों का अध्ययन किया जा सकता है तथा नियंत्रण को प्रभावी बनाया जा सकता है।

6. प्रतिक्रिया का ज्ञान (Knowledge of Reactions)–आदा-प्रदा विश्लेषण द्वारा लम्बी हड़ताल, युद्ध और व्यापार को मालूम किया जा सकता है। इन घटनाओं के उत्पन्न होने से अर्थव्यवस्था के विभिन्न उद्योगों का उत्पादन प्रभावित होता है। लम्बी हड़ताल के कारण सामान्य उद्योगों का उत्पादन तथा उनका मूल्य कम हो जाता है। इसी प्रकार तेजी के माध्यम में विभिन्न उद्योगों के उत्पादन तथा मूल्य में वृद्धि हो जाती है, अत: इस विश्लेषण से इन परिस्थितियों की आर्थिक क्रियाओं पर प्रतिक्रिया ज्ञात की जा सकती है।

आदा-प्रदा विश्लेषण की आलोचनाएँ (Criticisms of Input-Output Analysis)

इस तकनीक की प्रमुख आलोचनाएँ निम्न हैं–

1. आदा-प्रदा सारणी का निर्माण (Preparation of Input-output Table)–सम्पूर्ण अर्थव्यवस्था के समस्त उद्योगों की आदा-प्रदा सारणी का निर्माण नहीं किया जा सकता क्योंकि उद्योगों को विभिन्न वर्गों में रखने के लिए सांख्यिकीय सूचनाओं की आवश्यकता होती है। देश में उद्योगों की संख्या लाखों में होती है, अत: उनकी आदा-प्रदा सारणी का निर्माण करना असंभव है।

2. क्षेत्रों का चुनाव (Selection of Sectors)–आदा-प्रदा सारणी के निर्माण के लिए क्षेत्रों का चुनाव और समीकरणों का बनाना एक कठिन समस्या है। इसके अतिरिक्त बहुत अधिक मैट्रिक्स सारणियों का प्रयोग हल संबंधी समस्या उत्पन्न कर देता है। इस प्रकार बड़े स्तर के लिए हल संबंधी समस्याओं का निवारण करने के लिए इलेक्ट्रॉनिक कम्प्यूटर की आवश्यकता पड़ती है जिससे स्वयं हल संबंधी विभ्रम उत्पन्न हो जाते हैं, ये विभ्रम इतने बढ़ जाते हैं कि इनके माध्यम से निकाले गये निष्कर्ष भी अमान्य हो जाते हैं।

3. रेखीय संबंध (Linear Relations)–इन विश्लेषण के आदा-प्रदा के मध्य रेखीय संबंध की मान्यता, जिसका अभिप्राय स्थिर पैमाने के प्रतिफल से होता है। स्थिर पैमाने के प्रतिफल का अस्तित्व बहुत अल्पकालीन होता है।

4. पूर्ण क्षमता का उपयोग (Utilisation of Full Capacity)–यह विश्लेषण पूर्ण क्षमता प्रयोग की मान्यता पर आधारित है जबकि अनेक फर्मों में कुछ आरक्षित क्षमता होती है। इसके अतिरिक्त आदा-प्रदा का मुद्रा के रूप में ही व्यक्तिकरण भी उचित नहीं है।

5. तकनीकी परिवर्तनों का समावेश न करना–आदा-प्रदा विश्लेषण स्थैतिक स्थिति में ही उपयोगी हो सकता है, प्रावैगिक अर्थव्यवस्था के अन्तर्गत आदा-प्रदा विश्लेषण के माध्यम से प्राप्त परिणाम भ्रमात्मक हो सकते हैं, फलतः इस विश्लेषण का उपयोग ऐसी अर्थव्यवस्था में अधिक जोखिमपूर्ण है जहाँ तकनीकी परिवर्तन अधिक होते रहते हैं।

6. स्थिर उत्पादन गुणांक (Instant Production Co-efficient)–यह विश्लेषण लियोनटीफ की इस धारणा पर आधारित है कि उत्पादन या आदा का गुणांक स्थिर होता है। इसका अर्थ यह है कि विभिन्न आदा के मध्य प्रतिस्थापन का अंश शून्य होता है। अल्पकाल में इस आलोचना का महत्त्व कम है किन्तु नवीन प्रकार के समीकरणों के बनाने में कुछ समय (दो या तीन वर्ष) लग सकता है, जिस अवधि के अन्तर्गत न केवल उत्पादन के गुणांक ही परिवर्तित हो जाते हैं वरन् उत्पादन की तकनीक में परिवर्तन हो सकता है। अतः यह अधिक गंभीर आलोचना है।

7. केवल उत्पादन पक्ष का अध्ययन (Study of Only Production Aspect)–आदा-प्रदा विश्लेषण अत्यन्त सरल एवं सीमित है क्योंकि यह अर्थव्यवस्था के केवल उत्पादन पक्ष का ही अध्ययन करता है। यह हमें इस संबंध में कुछ भी जानकारी नहीं देता है कि अर्थव्यवस्था में आदा-प्रदा एक विशेष क्षेत्र की ही क्यों होती है।

8. गलत मान्यता (Wrong Assumption)–इस तकनीक में यह मान्यता अव्यवहारिक है कि अर्थव्यवस्था में कार्यरत विभिन्न उद्योग एक-दूसरे द्वारा निर्मित माल का आदा-प्रदा के रूप में एक निश्चित अनुपात में ही प्रयोग करते हैं।

9. अन्य आलोचनाएँ (Other Criticism)–(i) इस तकनीक में उपयोगिता फल का समावेश नहीं होता केवल उत्पादन के विश्लेषण के आधार पर निष्कर्ष ज्ञात कर लिये जाते हैं।

(ii) इस तकनीक में मूल्यों को स्थिर मानकर चला जाता है जबकि विभिन्न वस्तुओं व सेवाओं के मूल्य परिवर्तित होते रहते हैं।

III. कोष प्रवाह लेखांकन
(Funds Flow Accounting)

कोषों के प्रवाह लेखे अर्थव्यवस्था में होने वाले सभी प्रकार के मौद्रिक लेन-देन के विषय में बताते हैं। इनको सन् 1952 में Prof. Morris A. Copeland ने विकसित किया था। इनका उद्देश्य राष्ट्रीय आय लेखांकन के दोषों को दूर करना था। ये लेखे इसलिए राष्ट्रीय आय लेखांकन के दोषों से पीड़ित नहीं है, क्योंकि राष्ट्रीय आय लेखांकन में केवल उत्पादक लेखों पर ही विचार होता है।

अर्थ (Meaning)—अर्थव्यवस्था में जो वित्तीय लेन-देन सम्पादित किये जाते हैं, इनके द्वारा कोष में जो कमी या वृद्धि होती है, उसे कोष प्रवाह कहते हैं।

कोष प्रवाह लेखे अर्थव्यवस्था के वित्तीय संचालन का एक संक्षिप्त विवरण प्रस्तुत करते हैं, जिसमें यह स्पष्ट किया जाता है कि आर्थिक क्रियाओं की वित्त व्यवस्था किस प्रकार की गयी है तथा वित्तीय साधनों का किस प्रकार उपयोग किया गया है। दूसरे शब्दों में इस लेखे में यह दर्शाया जाता है कि विगत अवधि में कितनी मात्रा में तथा किन-किन साधनों से कोषों की व्यवस्था अर्थव्यवस्था में की गयी तथा इस प्रकार प्राप्त कोषों का कौन-कौन सी मदों में उपयोग किया गया।

अर्थव्यवस्था में विभिन्न क्षेत्रों में प्रत्येक क्षण मौद्रिक अथवा वित्तीय लेन-देन होते रहते हैं। प्रत्येक क्षेत्र का हिसाब कोषों के प्रवाह लेखों में छिपा रहता है जो कोषों के स्रोतों को भी व्यक्त करते हैं (ये कोष या तो आय के रूप में उपलब्ध होते हैं या ऋणों के रूप में) और उन उपयोगों को भी दर्शाता है, जिनमें ये कोष लगाये जाते हैं।

कोषों के प्रवाह लेखों को **मैट्रिक्स (Matrix)** के रूप में प्रस्तुत किया जाता, जिसमें प्रत्येक क्षेत्र के कोषों को स्रोत (Sources) एवं उपयोग (Uses) को एक साथ प्रदर्शित किया जाता है। इस प्रकार यह एक स्वतः पूर्ण प्रणाली है, जिसके द्वारा अर्थव्यवस्था के विभिन्न क्षेत्रों के वित्तीय सम्बन्धों को निरूपित किया जाता है। कोषों के प्रवाह लेख मैट्रिक्स के अनुसार किसी भी समय बिन्दु पर अर्थव्यवस्था की सकल देनदारियाँ (Gross Liabilities) उसकी वित्तीय परिसम्पत्तियाँ (Financial Assets) के बराबर होनी चाहिए जिसका अर्थ यह है कि अर्थव्यवस्था में बचतें, विनियोगों के बराबर होनी चाहिए।

कोषों के प्रवाह मैट्रिक्स को विभिन्न क्षेत्रों में विभाजित किया जा सकता है जैसे–घरेलू, निगम व्यवसाय, गैर-निगम व्यवसाय, कृषि व्यवसाय, गैर-कृषि व्यवसाय, बीमा कम्पनियाँ केन्द्र, राज्य व स्थानीय सरकारें विदेशी इत्यादि। क्षेत्रों को स्तम्भों में तथा लेन-देनों को पंक्तियों में दर्शाया जाता है। जैसा समीकरण में दिखाया गया है।

यह उल्लेखनीय है कि कोषों के प्रवाह लेखों में परिसम्पत्तियों के परिवर्तनों को उपयोगों (Uses) की तरह और देनदारियों के परिवर्तनों को स्रोतों के रूप में दर्शाते हैं। अत: (i) यदि कोषों के उपयोग (U) धनात्मक हैं तो परिसम्पत्तियों में वृद्धि होगी इसके विपरीत यदि वे ऋणात्मक हैं तो उनमें कमी आयेगी।

(ii) कोषों के उपयोग पूँजी व्यय (Capital Expenditure) अथवा वास्तविक विनियोग (Real Investment) को दर्शाते हैं। इसका अर्थ यह है कि कोषों के उपयोग से वास्तविक परिसम्पत्तियों में वृद्धि होती है।

(iii) जब कोषों के स्रोत धनात्मक होते हैं तब देनदारियाँ अथवा बचत बढ़ जायेगी। इसके विपरीत जब कोष के स्रोत ऋणात्मक होते हैं तब ऋण भुगतान अथवा बचत कम हो जायेगी।

(iv) इस प्रकार शुद्ध मूल्य (Net Worth) प्रत्येक क्षेत्र की कुल परिसम्पत्ति में से कुल देनदारी को घटाकर शेष राशि के बराबर होता है।

उदाहरण (Example)—अब हम एक ऐसी अर्थव्यवस्था के सम्बन्ध में कोषों के प्रवाह मैट्रिक्स का उदाहरण लेते हैं, जिसके घरेलू गैर-वित्तीय निगम, वित्तीय संस्थाएँ एवं सरकार चार क्षेत्र हैं। सारणी 1 में क्षेत्रों को स्तम्भों में और लेन-देनों को पंक्तियों में दर्शाया गया है। सारणी में 'U' शब्द का कोषों के उपयोग एवं S शब्द कोषों के स्रोतों को दर्शाता है।

सारणी-4 कोषों के प्रवाह लेखे मैट्रिक्स

(करोड़ रुपये में)

क्षेत्र→ ↓सौदेबाजी	घरेलू		अवित्तीय निगम		वित्तीय संस्थाएँ		सरकार		बचत एवं निवेश
	U	S	U	S	U	S	U	S	
1. कुल बचतें	–	90	–	60	–	–	–	–30	120
2. कुल निवेश (विनियोग)	27	–	93	–	–	–	–	–	120
3. शुद्ध वित्तीय निवेश (4–5)	63	–	–33	–	–	–	–30	–	0
4. शुद्ध वित्तीय उपयोग (6 + 7 + 8 + 9 + 10)	84	–	15	–	24	–	–	–	123
5. वित्तीय शुद्ध स्रोत	–	39	–	45	–	18	6	12	123
6. मांग जमा	24	–	–3	–	–	–18	–	–	3
7. सरकारी प्रतिभूतियाँ	15	–	9	–	–6	–	–	–	18
8. निगम प्रतिभूतियाँ	45	–	–	45	–	–	–	–	0
9. बंधक निवेशिकी	–	39	–	–	30	–	6	–	3
10. विदेशी परिसम्पत्तियों में वृद्धि			9				–9		0

पंक्ति 1. कुल-बचत (Gross Saving) में सम्बद्ध है, जो घरेलू करोड़ रुपये अवित्तीय निगमों 60 करोड़ रुपये और ऋणात्मक 30 करोड़ रुपये की सरकार के लिए कोष का स्रोत है जो बचत में घाटा दर्शाता है।

पंक्ति 2. कुल विनियोग (Gross Investment) से संबद्ध है, जो 27 करोड़ रुपये और 93 करोड़ रुपये अवित्तीय द्वारा कोष का प्रयोग है। सारणी का अंतिम स्तम्भ प्रत्येक बचत (Saving) और विनियोग (Investment) को 120 करोड़ रुपये के बराबर दिखता है। बचत एवं विनियोग के आंकड़े अर्थव्यवस्था के राष्ट्रीय आय लेखों में लिए गए हैं।

पंक्ति 3. शुद्ध वित्तीय विनियोग (Net Financial Investmental) को दर्शाती है जो विनियोग के ऊपर बचत या स्रोतों के ऊपर प्रयोगों का आधिक्य है। उदाहरणार्थ, घरेलू क्षेत्र 63 करोड़ रुपये (90–27) का धनात्मक शुद्ध विनियोग

धनात्मक शुद्ध विनियोग करता है, जबकि अवित्तीय निगम क्षेत्र 33 करोड़ रुपये का ऋणात्मक शुद्ध विनियोग करता है क्योंकि यह बचत (Saving) से अधिक विनियोग (Investment) करता है। (60-93)। यही स्थिति सरकार की है जिसे ऋणात्मक 30 करोड़ रुपये दिखाया गया है।

पंक्ति 4. कोष की शुद्ध वित्तीय प्रयोग (Net Financial Uses)–दिखाती है कि यह प्रत्येक क्षेत्र की वित्तीय परिसंपत्तियों के धारणों (Holdings) के जोड़ में परिवर्तन के बराबर होते हैं जिनमें मांग जमा, सरकारी प्रतिभूतियाँ, निगम प्रतिभूतियाँ, बंधक (Mortgages) तथा शुद्ध विदेशी परिसंपत्तियों में शुद्ध वृद्धि शामिल होते हैं। अत: घरेलू क्षेत्र के शुद्ध वित्तीय प्रयोग 84 करोड़ रुपये है जिनमें (4 के नीचे) 24 करोड़ रुपये मांग-जमा (Deposits) + 15 करोड़ रुपये सरकारी प्रतिभूतियाँ + 45 करोड़ रुपये निगम प्रतिभूतियाँ (Nigam Securities) शामिल हैं। दूसरे स्तम्भ के अंतर्गत अवित्तीय निगमों के प्रयोग 15 करोड़ रुपये है जो 9 करोड़ रुपये सरकारी प्रतिभूतियाँ + 9 करोड़ रुपये विदेशी परिसंपत्तियों शुद्ध वृद्धि (घटा) 3 करोड़ रुपये मांग जमा से बनते हैं। इसी प्रकार वित्तीय संस्थाओं के प्रत्येक 24 करोड़ रुपये है जो 30 करोड़ रुपये के बंधकों घटा 6 करोड़ रुपये की सरकारी प्रतिभूतियाँ (Govt. Securities) से प्रयोग में लाए जाते हैं।

पंक्ति 5. कोष के शुद्ध वित्तीय स्रोत (Net Financial Sources) प्रत्येक क्षेत्र की देनदारी को दिखाते हैं। घरेलू क्षेत्र को 39 करोड़ रुपये बंधकों से, अवित्तीय निगमों को 45 करोड़ रुपये निगम प्रतिभूतियों (Nigam Securities or Adverties) से, वित्तीय संस्थाओं को 18 करोड़ रुपये मांग जमा से और सरकार को 12 करोड़ रुपये सरकारी प्रतिभूतियों से प्राप्त होते हैं।

कोषों के प्रवाह लेखे के संबंध में निम्नलिखित दो बातें उल्लेखनीय हैं–

1. अर्थव्यवस्था के शुद्ध वित्तीय प्रयोग (Net Financial Uses) एवं शुद्ध वित्तीय स्रोत अवश्य बराबर हों। सारणी...में वे 12 करोड़ रुपये हैं, देखें अंतिम स्तंभ में।

2. प्रत्येक प्रकार के कोष की परिसंपत्तियों (प्रयोगों एवं देनदारियों (स्रोतों) में परिवर्तनों का जोड़ शून्य है। यह सारणी के अंतिम स्तम्भ 6, 7, 8, 9 तथा 10 संख्याओं की पंक्तियों से स्पष्ट हो जाता है। किंतु विदेशी परिसंपत्तियों में शुद्ध वृद्धि वाले अंतिम पंक्ति का शून्य होना केवल सुविधा के लिए ही दिखाया गया है। वास्तव में यह धनात्मक या ऋणात्मक होती है। यदि यह राशि धनात्मक हो तो राष्ट्रीय आय लेखे के अंतर्राष्ट्रीय चालू खाते में आधिक्य (Surplus) को व्यक्त करेगी तथा ऋणात्मक राशि घाटे को।

कोष-प्रवाह लेखों का महत्त्व
(Importance of Flow of Funds Accounts)

1. कोष-प्रवाह लेखे अर्थव्यवस्था में वित्तीय लेन-देनों का एक विस्तृत विश्लेषण प्रस्तुत करते हैं जोकि राष्ट्रीय आय लेखों से पता नहीं चलता है।

2. कोष-प्रवाह लेखे पूँजी बाजार के व्यवहार के विश्लेषण करने में सहायक होते हैं, क्योंकि वे वित्तीय लेन-देनों तथा वित्तीय बाजारों की क्रियाओं का विवरण प्रस्तुत करते हैं।

3. कोष-प्रवाह लेखे मौद्रिक नीति के प्रभाव और बजट की वित्त व्यवस्था के विश्लेषण में सहायक होते हैं। मौद्रिक प्रवाहों से हमें यह समझने में सहायता मिलती है कि अर्थव्यवस्था किस प्रकार कार्य कर रही है और परिसम्पत्तियों में वृद्धि अथवा कमी के परिणाम क्या है।

4. इनके द्वारा उन वित्तीय प्रवाहों की खोज की जाती है जो वास्तविक बचत-निवेश प्रक्रिया से जुड़े होते हैं और उस प्रक्रिया को प्रभावित करते हैं।

5. ये लेखे पृथक-पृथक वित्तीय संस्थाओं के व्यवहार का अध्ययन करने में सहायक होते हैं।

6. प्रो. गोल्ड स्मिथ के अनुसार, ''कोष प्रवाह लेखे एक अर्थव्यवस्था को विभिन्न वित्तीय क्रियाओं के सांख्यिकी संबंधों तथा अवित्तीय क्रियाओं के आंकड़े जोड़ते हैं जो आय तथा उत्पादन का सृजन करते हैं।

कोष-प्रवाह लेखों के दोष
(Shortcomings of Funds Flow Accounts)

कोष प्रवाह लेखों का महत्त्व होते हुए भी इनमें निम्नलिखित दोष हैं–

1. इन लेखों में उन वास्तविक परिसम्पत्तियों का कोई स्थान नहीं होता, जिनका पुनः उत्पादन नहीं किया जा सकता है।

2. कोष प्रवाह लेखों में मानवीय पूँजी या सम्पत्ति को हिसाब में नहीं लेते।

3. परिसम्पत्तियों का सही मूल्यांकन करना एक दुष्कर कार्य है, क्योंकि सभी परिसम्पत्तियों का एक निश्चित मूल्य नहीं होता है।

4. कोष प्रवाह लेखे अत्यधिक जटिल होते हैं। कारण यह है, कि इनमें एक बड़ी संख्या में क्षेत्रों तथा उनके वित्तीय सौदों के विस्तृत विवरण के समूहन की आवश्यकता होती है।

उपर्युक्त दोषों के होते हुए भी यह कहा जा सकता है, कि अर्थव्यवस्था के सामाजिक लेखांकन की जानकारी प्राप्त करने के लिए बहुत उपयोगी होते हैं, और इस दृष्टिकोण से वे राष्ट्रीय आय लेखों के एक उपयोगी समपूरक हैं।

कोषों के प्रवाह लेखे या राष्ट्रीय आय लेखे में अन्तर
(Difference between Funds Flow Accounts and National Income Accounts)

सारणी 1–कोष प्रवाह लेखे व राष्ट्रीय आय लेखे में अन्तर

कोषों के प्रवाह लेखे Funds Flow Accounts	राष्ट्रीय आय लेखे National Income Accounts
1. इसमें विभिन्न क्षेत्रों का वर्गीकरण संख्याओं के आधार पर किया जाता है।	1. इसमें विभिन्न क्षेत्रों का वर्गीकरण उनके कार्यों के आधार पर किया जाता है।
2. इसका सम्बन्ध वित्तीय व गैर-वित्तीय क्रियाओं दोनों से ही होता है।	2. इसका सम्बन्ध केवल गैर-वित्तीय क्रियाओं से होता है। ये लेखे अर्थव्यवस्था के विभिन्न क्षेत्रों में बचत तथा विनियोग के बीच सम्बन्ध को हिसाब में नहीं लेते।
3. इसमें उपभोक्ताओं द्वारा टिकाऊ वस्तुओं की खरीद को वास्तविक विनियोग के रूप में लेते हैं।	3. इसमें उपभोक्ता वस्तुओं को वास्तविक विनियोग के रूप में बाहर रखते हैं।
4. इसमें राष्ट्रीय आय लेखों की तुलना में आरोपों (Imputations) की संख्या कम होती है।	4. इसमें आरोपों (Imputations) की संख्या अपेक्षाकृत अधिक होती है।

IV. भुगतान सन्तुलन लेखांकन
(Balance of Payment Accounting)

अर्थ (Meaning)–भुगतान सन्तुलन से हमारा आशय किसी देश विशेष के आयातों और निर्यातों तथा उनके मूल्य के सम्पूर्ण विवरण से होता है। इसमें बायीं ओर तो निर्यात व उसके मूल्य का सम्पूर्ण ब्यौरा होता है तथा दायीं ओर आयात तथा उसके मूल्य का सम्पूर्ण वर्णन होता है। अतः बायीं ओर उन शीर्षकों को दिखाया जाता है, जिन पर विदेशियों से भुगतान प्राप्त होते हैं और दायीं ओर उन मदों को दिखाया जाता है, जिनके लिए विदेशियों को भुगतान किये जाते हैं। इन दोनों शीर्षकों के कुल अन्तर को भुगतान-सन्तुलन (Balance of Payment) कहते हैं।

भुगतान सन्तुलन एक देश के द्वारा अन्य सभी देशों को किये जाने वाले कुल भुगतानों एवं उन सभी देशों से होने वाली कुल प्राप्तियों के सम्बन्ध को प्रदर्शित करता है। अन्य शब्दों में, एक देश के लोगों के अन्य सभी देशों के लोगों के साथ निर्दिष्ट अवधि में हुए सभी आर्थिक सौदों के लेखे-जोखे को भुगतान सन्तुलन कहते हैं। इसमें **दृश्य (Visible)** वस्तुओं के आयात-निर्यात के अतिरिक्त **अदृश्य (Invisible)** मदों के आयात-निर्यात को भी सम्मिलित किया जाता है। अदृश्य मदों के आयात-निर्यात से तात्पर्य उन मदों से है जो बन्दरगाहों में रखे रजिस्टर में दर्ज नहीं होते हैं। अदृश्य मदों में प्रमुख रूप से पूँजी का आदान-प्रदान, ब्याज का भुगतान या प्राप्ति, बैंक, बीमा एवं जहाजरानी सेवाएँ तथा विशेषज्ञों का आवागमन आदि सम्मिलित होते हैं।

संक्षेप में, **भुगतान सन्तुलन एक देश का दूसरे देश के साथ एक निश्चित अवधि में किये गये आर्थिक लेन-देन या प्राप्तियों (Receipts) व भुगतानों (Payments) का विवरण होता है।**

परिभाषाएँ (Definition)

1. बेनहम (Benham) के अनुसार, "एक देश का भुगतान सन्तुलन एक निश्चित अवधि के भीतर उसका बाकी विश्व के साथ मौद्रिक सौदों का लेखा होता है।"[1]

2. वाल्टर क्रॉस (Walter Krause) के शब्दों में, "भुगतान सन्तुलन किसी देश के निवासियों एवं बाकी विश्व के निवासियों के बीच, किसी समय विशेष सामान्य रूप से एक वर्ष में सम्पूर्ण किये गये समस्त आर्थिक सौदों का एक व्यवस्थित लिपिबद्ध विवरण है।"[2]

3. पी. टी. एल्सवर्थ (P.T. Ellsworth) के शब्दों में, भुगतान सन्तुलन एक देश के निवासियों और बाकी विश्व के बीच किये गये समस्त लेन–देनों का एक सारांश–विवरण है। यह दिये हुए समय को सम्मिलित करता है, जो सामान्य रूप से एक वर्ष होता है।[3]

भुगतान सन्तुलन की विशेषताएँ
(Features of Balance Payments)

भुगतान सन्तुलन की मुख्य विशेषताएँ निम्नलिखित हैं–

1. क्रमबद्ध लेखा रिकार्ड (Systematic Record)–यह एक देश का अन्य देशों के साथ किये गये आदान–प्रदानों सम्बन्धी भुगतानों व प्राप्तियों का क्रमबद्ध लेखा होता है।

2. निश्चित समय अवधि (Fixed Period of Time)–यह समय की एक निश्चित अवधि प्राय: एक वर्ष का लेखा–जोखा होता है।

3. व्यापकता (Comprehensiveness)–इसमें सभी प्रकार की दृश्य, अदृश्य एवं पूँजी अन्तरण की मदों को शामिल किया जाता है।

4. स्व:सन्तुलित (Self-balanced)–दोहरी लेखांकन प्रणाली, लेखा दृष्टिकोण से स्वत: ही लेखे को सन्तुलन में रखती है।

5. दोहरी अंकन प्रणाली (Double Entry System)–दोहरी लेखा अंकन प्रणाली के आधार पर ही भुगतान व प्राप्तियों को लेखबद्ध किया जाता है।

6. अन्तर समायोजन (Adjustment of Differences)–वास्तविक व्यवहारों में जब कभी कुल प्राप्तियों व भुगतानों में अन्तर हो जाता है तो इनको समायोजित करने की आवश्यकता पड़ती है।

भुगतान सन्तुलन एवं व्यापार सन्तुलन में अन्तर
(Difference between Balance of Payment and Balance of Trade)

दो या दो से अधिक देशों के बीच निश्चित समयावधि में होने वाले आयात–निर्यात के अन्तर को व्यापार सन्तुलन (Balance of Trade) कहते हैं। दूसरे शब्दों में, किसी देश के कुल निर्यातों के योग से उसी देश के कुल आयातों के योग को घटा देने के बाद जो अन्तर आता है, उसे व्यापार सन्तुलन की संज्ञा दी जाती है। वस्तुत: यह अन्तर किसी वर्ष विशेष की स्थिति के बताता है। व्यापार सन्तुलन में केवल **दृश्य (Visible)** निर्यात और आयात मद ही शामिल किये जाते हैं। **दृश्य** निर्यात–आयात मदों से हमारा तात्पर्य ऐसी मदों से है जिनका बन्दरगाहों पर लेखा–जोखा रहता है।

वस्तुओं के निर्यातों तथा आयातों के मूल्य का अंतर **व्यापार–सन्तुलन** कहलाता है। यदि निर्यात आयातों से अधिक होते हैं, तो **व्यापार शेष अनुकूल (Favourable Balance of Trade)** समझा जाता है अथवा इसे व्यापार शेष में

1. "The Balance of Payment is a record of monetary transcations of a country with the rest of the world for a particular period." —*Benham*
2. "The Balance of Payment of a country is a systematic record of all economic transactions completed between its residents of the rest of the world during a given period of time, usually a year." —*Walter Krause*
3. "This is a summary statement of all the transactions between the resident of one country and the rest of the world. It covers a given period of time, usually a year." —*P.T. Ellsworth*

अधिशेष कहते हैं। यदि आयात, निर्यात की अपेक्षा अधिक होता हैं तो **व्यापार शेष प्रतिकूल (Unfavourable Balance of Trade)** होता है अथवा इसे व्यापार शेष में घाटा कहते हैं। व्यापार सन्तुलन के अन्तर्गत आने वाले आयात और निर्यात वस्तुएँ दृश्य मदें (Visible Items) कहलाते हैं, क्योंकि इन्हें देश की सीमा शुल्क चौकियों पर दर्ज किया जाता है।

वस्तुओं के आयात-निर्यात के अतिरिक्त सेवाओं जैसे परिवहन सेवाएँ, वित्तीय दलाली, यात्रियों के किराये तथा नौवहन आदि का भी आयात-निर्यात होता है। सेवाओं के **आयात-निर्यात को अदृश्य मदें (Invisible Items)** कहते हैं।

व्यापार सन्तुलन और भुगतान सन्तुलन में प्रमुख अन्तर यह है कि व्यापार सन्तुलन में केवल दृश्य मदें ही शामिल की जाती है, अर्थात् केवल वस्तुओं के आयात-निर्यात को ही शामिल किया जाता है, जबकि भुगतान सन्तुलन में दृश्य एवं अदृश्य अर्थात् वस्तुओं और सेवाओं दोनों के ही आयात-निर्यात को शामिल किया जाता है। इस प्रकार वस्तुतः व्यापार सन्तुलन, भुगतान सन्तुलन का ही एक अंग है।

भुगतान सन्तुलन की संरचना
(Structure of Balance of Payments)

भुगतान शेष एक देश का दूसरे देशों के साथ एक निश्चित अवधि के मध्य किये गये आर्थिक लेन-देन या प्राप्तियों (Receipts) व भुगतान (Payments) का विवरण होता है। कुल प्राप्तियों (Total Receipts) को लेनदारियाँ (Credits) व कुल भुगतानों (Payments) को देनदारियाँ (Debit) कहा जाता है। इस प्रकार भुगतान सन्तुलन की संरचना के दो पक्ष होते हैं–

(i) **लेनदारी पक्ष** (Credit Side) तथा (ii) (Debit Side) **देनदारी पक्ष** । लेनदारी पक्ष में उन समस्त मूल्यों को दर्शाता जाता है जो विदेशों से प्राप्त हुए हैं या होने हैं। इसे **जमा पक्ष (Credit Side)** भी कहते हैं, जबकि देनदारी पक्ष (Debit Side) में समस्त प्रकार के भुगतानों को लिया जाता है। इसे नाम पक्ष भी कहा जाता है। भुगतान सन्तुलन की संरचना को अग्र प्रकार से प्रकट किया जाता है–

भुगतान सन्तुलन की संरचना या ढाँचा
(Structure of Balance of Payment)

भुगतान सन्तुलन को निम्नलिखित 2 भागों में बाँटा जाता है–

1. चालू खाता (Current Account) एवं
2. पूँजी खाता (Capital Account)

1. चालू खाता (Current Account)–चालू खाता वह खाता है जिसमें वस्तुओं और सेवाओं के आयात और निर्यात एवं एकपक्षीय भुगतानों का हिसाब-किताब रखा जाता है।

चालू खाते के अन्तर्गत उन सभी लेन-देनों को सम्मिलित करते हैं जो वर्तमान वस्तुओं व सेवाओं के आयात-निर्यात के लिए किये जाते हैं। संक्षेप में इसके अन्तर्गत **वास्तविक व्यवहार लिखे जाते हैं।**

चालू खाते की मदें (घटक) (Components of Current Account)–चालू खाते में निम्नलिखित सौदे रिकार्ड किये जाते हैं–

(i) व्यापार माल खाता (Merchandise Account)–इसमें केवल वस्तुओं का आयात व निर्यात प्रदर्शित होता है। इन्हें दृश्य मदें कहते हैं।

(ii) अदृश्य खाता (Invisible Account)–वस्तुओं के आयात-निर्यात के अतिरिक्त अनेक ऐसी मदें होती हैं जिनसे देश को रकम की प्राप्ति होती है अथवा जिन पर रकम व्यय की जाती है। इन मदों में उल्लेखनीय हैं–

(अ) यातायात (भाड़ा एवं अन्य यातायात व्यय), (ब) यात्राएँ (सेवाओं के लिए या अन्य किसी प्रयोजन से हो), (स) विनियोग आय (ब्याज, लाभ, लाभांश आदि), (द) बीमा, (य) हस्तान्तरण (निजी क्षेत्र हो या सरकारी या संस्थाओं को पेन्शन आदि)।

(iii) एकपक्षीय अन्तरण (Unilateral Transfer)–यह अन्तरण एक देश से दूसरे देश को एकतरफा किये जाते हैं। इनका व्यापारिक सौदे से कोई सम्बन्ध नहीं होता अर्थात् प्राप्तियों के बदले कोई भुगतान नहीं किये जाते, जैसे–निजी अन्तरण, चन्दे, उपहार आदि।

चालू खाते की मदों की विशेषताएँ (Features of Current Account Items)–भुगतान सन्तुलन के चालू खाते के सन्दर्भ में **महत्त्वपूर्ण बातें** निम्नलिखित हैं–(i) सभी निर्यातों (वस्तुओं एवं सेवाओं) को **धनात्मक (+)** मदों में गिना जाता है। इसका कारण यह है कि इनसे देश में विदेशी मुद्रा का प्रवाह होता है।

(ii) सभी आयातों (वस्तुओं और सेवाओं) को **ऋणात्मक (–)** मदों में गिना जाता है क्योंकि इनके परिणामस्वरूप विदेशी विनिमय का प्रवाह देश से बाहर को होता है।

(iii) वस्तुओं के निर्यात और आयात के शेष को दृश्यगत व्यापार का शेष कहा जाता है।

(iv) सेवाओं के निर्यात एवं आयात के शेष को अदृश्य व्यापार शेष कहते हैं।

(v) एकपक्षीय प्राप्तियों को धनात्मक मदें माना जाता है।

(vi) तीनों शेषों–(i)दृश्य व्यापार शेष, (ii) अदृश्य व्यापार शेष, (iii) एकपक्षीय अन्तरण शेष के शुद्ध मूल्य को चालू खाते का शेष कहा जाता है।

इस प्रकार चालू खाते के शेष के आधार पर ही भुगतान सन्तुलन में **असाम्यता** का बोध होता है। यदि 'जमा' पक्ष 'नाम' पक्ष से अधिक है तो 'शेष' पक्ष में अथवा अनुकूल तथा 'नाम' पक्ष 'जमा' पक्ष से अधिक होने पर 'शेष' विपक्ष में या प्रतिकूल भुगतान सन्तुलन कहा जाता है।

चालू खाता–जमा (Credit) > नाम (Debit) → अनुकूल भुगतान सन्तुलन (+) जमा (Credit) > नाम (Debit) → प्रतिकूल भुगतान सन्तुलन (–)

जमा = नाम (भुगतान सन्तुलन की साम्य अवस्था)

(2) पूँजी खाता (Capital Account)

यह वह शाखा है जो एक देश के निवासियों एवं शेष विश्व के निवासियों के द्वारा किये गये उन समस्त सौदों से (लेन-देनों से) सम्बन्धित होता है जिनसे किसी देश की सरकार और निवासियों की परिसम्पत्तियों और दायित्वों में परिवर्तन होता है। संक्षेप में पूँजी खाता, पूँजी सौदों निजी एवं सरकारी पूँजी, अन्तरणों और बैंकिंग पूँजी प्रवाह का एक रिकार्ड है। पूँजी खाता ऋणों और दावों के बारे में बताता है।

पूँजी खाते की मदें (Components of Capital Account)–पूँजी खाते के सौदों की मुख्य मदें निम्नलिखित हैं–

(i) सरकारी सौदे (Official Transactions)–इनका सम्बन्ध उन लेन-देनों से है, जो सरकार और इसकी विभिन्न एजेन्सियों की परिसम्पत्तियों एवं दायित्वों को प्रभावित करते हैं। इसमें शामिल हैं–

(क) ऋण, (ख) ऋणों का परिशोधन–विदेशियों को बेची गई सिक्यूरिटीज की पुनः खरीद और पुनर्बिक्री, (ग) रुपये ऋण सेवा, (घ) अन्य प्राप्तियाँ एवं भुगतान, (ङ) स्वर्ण एवं विदेशी विनिमय कोष।

(ii) गैर-सरकारी सौदे (Non-Official or Private Transactions)–पूँजी खाते के निजी लेन-देन से तात्पर्य उन लेन-देनों से है जो व्यक्तियों, व्यवसायियों और अन्य गैर-सरकारी एजेन्सियों की निजी सम्पत्तियों या दायित्वों को प्रभावित करते हैं। उदाहरण–A देश की किसी कम्पनी द्वारा B देश में विनियोग करना।

(iii) विदेशी प्रत्यक्ष विनियोग (Foreign Direct Investment, FDI)–हमारे देश में किसी विदेशी विनियोगकर्ता या कम्पनी द्वारा उत्पादन की इकाई को खरीदना या उसमें पूँजी का विनियोग करना प्रत्यक्ष विदेशी विनियोग कहलाता है।

(iv) पोर्टफोलियो विनियोग (Portfolio Investment)–इसके अन्तर्गत दो देशों के बीच वित्तीय परिसम्पत्तियों के संव्यवहारों के हस्तान्तरणों को शामिल किया जाता है। यदि कोई विदेशी संस्थागत विनियोगकर्ता भारतीय स्टॉक एक्सचेंज में रिलायंस कम्पनी लि. के अंशपत्र खरीदता है तो इसे पोर्टफोलियो विनियोग कहते हैं।

पूँजी खाते से सम्बन्धित विशेषताएँ (Important Features of Capital Accounts)–(i) वे सभी पूँजीगत सौदे जिनके कारण विदेशी मुद्रा का प्रवाह देश में होता है, उन्हें भुगतान सन्तुलन के पूँजी खाते में धनात्मक (+) मदों के रूप में लिखा जाता है। उदाहरण के लिए–गैर निवासियों द्वारा भारत में प्रत्यक्ष विनियोग अथवा शेष विश्व से ऋण।

(ii) वे सभी पूँजीगत सौदे जिनके कारण विदेशी मुद्रा का प्रवाह देश से बाहर जाता है, उन्हें भुगतान सन्तुलन के पूँजी खाते में ऋणात्मक (-) मदों के रूप में लिखते हैं, जैसे–रिलायंस कम्पनी द्वारा विदेश में किसी फर्म को खरीदना।

(iii) (a) प्रत्यक्ष विनियोग तथा (b) पोर्टफोलियो विनियोग के शुद्ध मूल्य को पूँजी खाते के शेष में लिखा जाता है।

भुगतान शेष की अन्य मदें = चालू तथा पूँजी खाते की मदों के अतिरिक्त (Other Items of BOP : Other than the Items of Current and Capital Account)

1. भूल-चूक (Errors and Omissions)–एक वर्ष के दौरान होने वाले सभी लेन-देन को ठीक-ठीक रिकार्ड कर लेना काफी कठिन काम है। इसके कई कारण हैं, जैसे–लेन-देन के सैम्पल, व्यवसासियों की अप्रामाणिकता, तस्करी आदि।

2. सरकारी रिजर्व सौदे (Official Reserve Transactions)–सरकारी रिजर्व सौदे भुगतान शेष के अन्य सभी सौदों से भिन्न होते हैं। ये सौदे अलग इसलिए हैं क्योंकि

(a) ये सौदे केवल सरकार या सरकार की ओर से देश के केन्द्रीय बैंक द्वारा किये जाते हैं और

(b) ये सौदे अन्तर्राष्ट्रीय आर्थिक नीति को ध्यान में रखकर किये जाते हैं। फलत: सरकारी रिजर्व सौदों का देश के भुगतान शेष पर या शेष विश्व के साथ उसकी विनिमय दर पर प्रभाव पड़ता है।

इन लेन-देनों में मुख्यतया निम्नलिखित मुख्य मदें सम्मिलित होती हैं–

(अ) अन्तर्राष्ट्रीय मुद्रा कोष के पास सरकारी परिसम्पत्तियों में परिवर्तन–ये रिजर्व विदेशी मुद्रा या विदेशी मुद्रा प्रतिभूतियों, स्वर्ण एवं एस.डी.आर. के रूप में अन्तर्राष्ट्रीय मुद्रा कोष के पास जमा होते हैं। देश के रिजर्व में परिवर्तन भुगतान सन्तुलन की अन्य सभी मदों के शुद्ध मूल्य को व्यक्त करता है। रिजर्व परिसम्पत्तियों में वृद्धि को डेबिट (-) मदों के रूप में माना जाता है, क्योंकि इसके कारण देश से विदेशी विनिमय का बाहर की ओर प्रवाह होता है। इसके विपरीत रिजर्व परिसम्पत्तियों में कमी को भुगतान शेष खाते में क्रेडिट (+) मदों के रूप में लिया जाता है, क्योंकि यह देश में विदेशी विनिमय के अन्तर्प्रवाह का कारण बनता है।

(ब) देश में विदेशी सरकारी परिसम्पत्तियों में परिवर्तन–ये विदेशी केन्द्रीय बैंकों द्वारा भारत में रुपये के रूप में रखी गयी सुरक्षित निधियाँ या रिजर्व हैं। विदेशी बैंकों के रूपये के रिजर्व में कमी को डेबिट (-) मद माना जाता है, क्योंकि इसके कारण विदेशी विनिमय का प्रवाह देश से बाहर होता है। इसके विपरीत विदेशी बैंकों के रिजर्व में वृद्धि को क्रेडिट (+) मद माना जाता है क्योंकि इसके कारण भारत में विदेशी विनिमय का अन्तर्प्रवाह होता है।

उपर्युक्त विवेचन से स्पष्ट है कि भुगतान संतुलन खातों से सम्बन्धित निम्न चार प्रकार के शेष (Balance) हो सकते हैं–

(i) व्यापार-शेष या सन्तुलन-निर्यात - आयात।

(ii) चालू खाते का शेष या सन्तुलन = व्यापार शेष सन्तुलन + शुद्ध अदृश्य मदें।

(iii) पूँजी खाते का शेष या सन्तुलन अथवा पूँजी खाते का योग = विदेशी विनियोग (शुद्ध) + विदेशी ऋण (शुद्ध) + बैंकिग (शुद्ध) + रुपये ऋण सेवा + अन्य पूँजी (शुद्ध) + भूलचूक।

(iv) समग्र शेष या सन्तुलन = चालू खाता शेष या सन्तुलन + पूँजी खाता शेष या सन्तुलन।

भुगतान सन्तुलन के ढाँचे की व्याख्या एक काल्पनिक भुगतान सन्तुलन विवरणी जो वर्ष 2013-14 से सम्बन्धित है के द्वारा की जा सकती है।

सारणी 1–A. देश (काल्पनिक)
(2014–2015)

मदें	करोड़ रुपये
चालू खाता	
1. वस्तुओं का आयात	3,68,102
2. वस्तुओं का निर्यात	2,96,767
3. व्यापार-शेष (2 – 1)	– 71,335
4. अदृश्य मदों से प्राप्तियाँ	2,43,103
5. अदृश्य मदों के बदले भुगतान	1,23,816
6. अदृश्य मदें (निवल) (4–5)	1,19,287
7. चालू खाता (निवल) (3 + 6)	47,952
पूँजी खाता	
8. विदेशी निवेश (निवल)	67,592
9. विदेशी ऋण (निवल)	– 15,020
10. व्यावसायिक उधार (निवल)	–259
11. बैंकिंग (निवल)	28,656
12. रुपये ऋण सेवा	–1,756
13. अन्य पूँजी (निवल)	12,846
14. भूल-चूक	1,463
15. कुल पूँजी खाता (निवल) (8 से 14)	96,042
16. समग्र सन्तुलन (चालू खाता + पूँजी खाता) (7 + 15)	1,43,994
17. आरक्षित भण्डार में वृद्धि (+) या कमी (–)	–143,994

भुगतान सन्तुलन सदैव सन्तुलित रहता है
(Balance of Payment is always Balanced)

"भुगतान सन्तुलन सदैव सन्तुलित रहता है" यह कथन लेखाशास्त्रीय (Accounting) सिद्धान्तों पर निर्भर है। दोहरा लेखा प्रणाली के सिद्धान्तों के अनुरूप इस वाक्यांश का अर्थ है कि एक खाते अथवा लेखे के रूप में भुगतान सन्तुलन सदैव सन्तुलित रहता है। सरल शब्दों में भुगतान सन्तुलन के दोनों पक्षों की बराबरी केवल हिसाबी बराबरी होती है, वास्तविक बराबरी नहीं।

हिसाबी भुगतान के सन्तुलन तथा **वास्तविक भुगतान** के सन्तुलन के अन्तर को एक उदाहरण द्वारा स्पष्ट किया जा सकता है। यदि किसी व्यक्ति की आय 600 रु. हो, परन्तु उसका व्यय 800 रु. हो तो उसके वास्तविक बजट में घाटे की दशाएँ विद्यमान होंगी। उसकी स्थिति को निम्न अंकों द्वारा प्रकट किया जा सकता है–

आय	व्यय
600	800

परन्तु वह व्यक्ति इस घाटे को किस प्रकार पूरा करेगा। इसकी पूर्ति वह व्यक्ति अपनी पुरानी बचत को निकालकर या किसी व्यक्ति से ऋण लेकर करेगा। इस प्रकार की क्रिया को **क्षतिपूरक क्रिया** कहते हैं। इस क्षतिपूरक क्रिया की समाप्ति के बाद उस व्यक्ति की स्थिति को अग्र प्रकार दिखाया जा सकता है–

	आय	व्यय
वर्तमान	600 रु०	800 रु०
ऋण, पुरानी बचत आदि	200 रु०	
	800 रु०	800 रु०

उपरोक्त अंकों से ऐसा प्रतीत होता है कि उस व्यक्ति का बजट पूर्णतया सन्तुलित है अर्थात् उसकी आय उसके व्यय के बराबर है। सम्भवत: इसके आधार पर यह निष्कर्ष निकाला जा सकता है कि इस व्यक्ति की आर्थिक स्थिति ठीक है, परन्तु यह निष्कर्ष अवास्तविक होगा। कारण यह है कि दूसरी तालिका से तो उस व्यक्ति की अन्तिम दशा प्रकट होती है अर्थात् क्षतिपूरक क्रियाओं के कार्यान्वित होने के बाद की स्थिति। वास्तविक स्थिति तो प्रथम तालिका द्वारा विदित हो रही है, जहाँ बजट में 200 रुपये का घाटा है। इस प्रकार उस व्यक्ति की आर्थिक स्थिति की सही जानकारी बजट से होती है। हिसाबी बजट कार्य समाप्ति के बाद की स्थिति का चित्रण करता है; इसलिए इसकी आय व व्यय की समानता के आधार पर उस व्यक्ति की आर्थिक स्थिति को संतोषजनक मान लेना तर्कसंगत नहीं होगा।

अत: जिस प्रकार व्यक्ति के कुल लेन और कुल देन में सदा सन्तुलन रहता है, उसी प्रकार भुगतान सन्तुलन में भी प्राप्तियों और भुगतानों के बीच हमेशा सन्तुलन होता है। ध्यान रहे कि भुगतान सन्तुलन के दोनों पक्षों की बराबरी केवल हिसाबी बराबरी होती है; वास्तविक बराबरी नहीं। जब कभी एक देश के भुगतान सन्तुलन में व्यय की मात्रा आय की मात्रा से बढ़ जाती है तो इस घाटे की पूर्ति के लिए अनेक उपाय अपनाकर यह प्रयास किया जाता है कि जमा और खर्च के बीच सन्तुलन बना रहे।

जब भुगतान सन्तुलन में घाटा होता है तो देश अपने घाटे की पूर्ति निम्न रीतियों से करता है–

(i) स्वर्ण का निर्यात करके,

(ii) विदेश में कमाए गए अपने लाभ को स्थानान्तरित करके,

(iii) घाटे को पूरा करने के लिए विदेशों से दीर्घकाल अथवा अल्पकालीन ऋण लेकर।

ये तीनों साधन जो 'पूँजी खाता' बनाते हैं, चालू जमा और नाम के बीच का अन्तर पाटने में सहायक होते हैं। भुगतान की स्थिति दिखाने वाली बैलेंस-शीट को दो भागों में बाँटा जाता है–'चालू खाता' व 'पूँजी खाता'। 'चालू खाते' में व्यापार सम्बन्धी सामयिक वास्तविक भुगतान दिखाया जाता है तथा दूसरे शब्दों में, पूँजी सम्बन्धी भुगतान। पहला भाग लेन-देन की क्रियाओं का वास्तविक रूप दर्शाता है और दूसरा भाग क्षतिपूरक क्रियाओं को अंकित करता है जिनसे वास्तविक भुगतान के घाटे अथवा अतिरेक को सन्तुलित करते हैं। यदि भारत का वास्तविक भुगतान का सन्तुलन 100 रुपये का घाटा प्रदर्शित करता है तो उसके पूँजी सम्बन्धी भुगतान से 100 रुपये का अतिरेक अवश्य होगा जिससे घाटे की पूर्ति की जाती है।

उपरोक्त विवेचन से स्पष्ट है कि किसी देश का भुगतान के सन्तुलन के दोनों पक्षों की बराबरी केल हिसाबी बराबरी है, वास्तविक बराबरी नहीं।

संक्षेप में, "भुगतान सन्तुलन सदैव सन्तुलित रहता है।" इस वाक्य को सरल रूप से समझने में निम्न बिन्दु महत्त्वपूर्ण हैं–

(i) चालू खाते का सन्तुलन अनुकूल अथवा प्रतिकूल किसी भी स्थिति में हो सकता है।

(ii) चालू खाते में भुगतान सन्तुलन को विदेशी मुद्रा द्वारा सन्तुलित किया जाता है जब चालू खाते में घाटा होता है।

(iii) यदि पूँजीगत खाते के अतिरेक का मूल्य चालू खाते के घाटे से कम होता है तो घाटे का जो शेष बच जाता है, उसका वित्तीयन विदेशी मुद्रा भण्डार से विदेशी मुद्रा लेकर किया जाता है।

(iv) इसी तरह यदि पूँजीगत खाते के अतिरेकों का मूल्य चालू खाते के घाटों से अधिक हो तो शेष राशि को विदेशी मुद्रा भण्डार में जोड़ दिया जाता है।

भुगतान शेष की स्वायत्त या स्वप्रेरित तथा समायोजक मदें (Autonomous and Accommodating Items in BOP)—भुगतान शेष या सन्तुलन खाते की मदों को मुख्य रूप से दो श्रेणियों में विभाजित किया जा सकता है—

(1) स्वप्रेरित अथवा रेखा के ऊपर की मदें और (2) समायोजक अथवा रेखा के नीचे की मदें।

1. स्वप्रेरित अथवा रेखा के ऊपर की मदें (Autonomous or above the Line Items)–(अ) स्वप्रेरित मदों से तात्पर्य उन अन्तर्राष्ट्रीय आर्थिक लेन-देनों से है जो अधिकतम लाभ-प्राप्ति के उद्देश्य से किये जाते हैं। (ब) ये लेन-देन देश के भुगतान शेष की स्थिति पर निर्भर या उससे सम्बन्धित नहीं होते हैं, इसलिए इन्हें स्वप्रेरित मदें कहा जाता है। (स) चूँकि ये मदें भुगतान शेष खाते में घाटा या बचत की गणना करने से पहले रिकार्ड की जाती हैं, अतः इन्हें रेखा के ऊपर की मदें कहा जाता है। (द) भुगतान शेष या सन्तुलन के खाते में घाटे या बचत की गणना इन स्वप्रेरित मदों के आधार पर ही की जाती है।

संक्षेप में,

(i) स्वप्रेरित मदों से प्राप्तियाँ $<$ स्वप्रेरित मदों के लिए भुगतान = भुगतान शेष या सन्तुलन का घाटा।

(ii) स्वप्रेरित मदों से प्राप्तियाँ $>$ स्वप्रेरित मदों के लिए भुगतान = भुगतान शेष या सन्तुलन की बचत।

2. समायोजक अथवा रेखा के नीचे की मदें (Accommodating or Below the Line Items)–समायोजक मदों से आशय उन लेन-देनों से है, जो सरकार द्वारा भुगतान सन्तुलन को सन्तुलित रखने के लिए किये जाते हैं, जब कभी देश के भुगतान सन्तुलन में असाम्यता या असन्तुलन उत्पन्न हो जाता है तो सरकार अथवा मौद्रिक अधिकारियों को इसके समाधान के लिए मौद्रिक अन्तरण करने पड़ते हैं।

भुगतान सन्तुलन की स्वायत्त तथा समायोजक मदों में अन्तर
(Difference between Autonomous and Accommodating Items)

भुगतान सन्तुलन की **स्वायत्त तथा समायोजक** मदों में मूल अन्तर यह है कि जब भुगतान सन्तुलन के घाटे या **बचत का कारण स्वायत्त मदें** (आर्थिक उद्देश्यों द्वारा निर्धारित) होती हैं, जबकि **समायोजक मदों** का उद्देश्य भुगतान **सन्तुलन की समानता स्थापित करना होता है।**

समायोजक मदों के कारण ही भुगतान सन्तुलन सदा सन्तुलित रहता है–उदाहरण के लिए यदि स्वायत्त मदों के कारण भुगतान सन्तुलन के चालू खाते में घाटा रहता है तो सरकार भुगतान सन्तुलन को सन्तुलित करने के लिए अर्थात् घाटे को दूर करने के लिए विश्व बैंक या मुद्रा कोष से घाटे की राशि के बराबर ऋण लेती है। इस प्रकार के ऋण को ही समायोजक मदें कहते हैं।

उदाहरण 1–जब व्यापार सन्तुलन – 60,427 करोड़ रुपये है तथा आयात का मूल्य 2,74,778 करोड़ रुपये है तो निर्यात का मूल्य ज्ञात कीजिए।

हल–व्यापार सन्तुलन = निर्यात का मूल्य – आयात का मूल्य

– 60,427 करोड़ रु. = निर्यात का मूल्य – 2,74,778 करोड़ रु.

– 60,427 करोड़ रु. + 2,74,778 करोड़ रु. = निर्यात का मूल्य

2,14,351 करोड़ = निर्यात का मूल्य

उदाहरण 2–जब व्यापार शेष – 74,119 करोड़ रु. है और निर्यात का मूल्य 1,65,993 करोड़ रु. है तो आयात का मूल्य ज्ञात कीजिए।

हल–व्यापार शेष = निर्यात का मूल्य – आयात का मूल्य

– 74,119 करोड़ रु. = 1,65,993 करोड़ रु. – आयात का मूल्य

आयात का मूल्य = 1,65,993 करोड़ रुपये + 74,119 करोड़ रुपये = 2,40,112 करोड़ रुपये

अतः आयात का मूल्य = 2,40,112 करोड़ रुपये

भुगतान सन्तुलन का महत्त्व
(Importance of Balance of Payment)

किसी देश के लिए भुगतान सन्तुलन का अत्यधिक महत्त्व है। प्रो. जेवेन्स के अनुसार, "एक अन्तर्राष्ट्रीय अर्थशास्त्री के लिए भुगतान सन्तुलन का वही महत्त्व है जो एक रसायनशास्त्री के लिए तत्त्वों की अवधि तालिका का है।"

भुगतान सन्तुलन का महत्त्व निम्नलिखित बिन्दुओं से स्पष्ट हो जायेगा।

1. भुगतान सन्तुलन **विदेशी व्यापार की स्थिति** की जानकारी देता है।

2. इससे विदेशों से प्राप्तियाँ और विदेशों को किये जाने वाले **भुगतान** का पता चलता है।

3. एक देश अन्य देशों पर किस प्रकार **निर्भर** है, इसका ज्ञान भी हमें भुगतान सन्तुलन लेखे से चलता है क्योंकि किसी देश के भुगतान सन्तुलन में प्रतिकूलता जितनी अधिक होगी, उसकी अन्य देशों पर निर्भरता भी उतनी ही अधिक होगी।

4. भुगतान सन्तुलन की स्थिति के आधार पर ही अन्तर्राष्ट्रीय वित्तीय संस्थाएँ; जैसे–विश्व बैंक, अन्तर्राष्ट्रीय मुद्रा कोष आदि किसी देश के लिए **सहायता राशि** का निर्धारण करती है।

5. भुगतान सन्तुलन का ज्ञान देश की **आर्थिक नीतियों** के निर्माण में महत्त्वपूर्ण योगदान देता है। कई बार सन्तुलन की स्थिति के आधार पर ही देश की आर्थिक नीतियों में परिवर्तन किये जाते हैं।

भुगतान सन्तुलन में असाम्यता
(Dis-equilibrium in Balance of Payment)

जैसा कि हम अध्ययन कर चुके हैं कि लेखा विधि के अनुसार एक देश का भुगतान सन्तुलन सदैव सन्तुलन या साम्य की स्थिति में ही रहता है। यह सन्तुलन केवल हिसाबी बराबरी है क्योंकि सन्तुलन की स्थापना स्वर्ण या हिसाबी बराबरी है क्योंकि सन्तुलन की स्थापना स्वर्ण या पूँजी के स्थानान्तरण के द्वारा होती है।

जब किसी देश के भुगतान सन्तुलन में स्वर्ण के आयात-निर्यात व पूँजी के आवागमन के बिना ही साम्यता स्थापित हो जाती है तो इसे **वास्तविक साम्यता** मानते हैं। वास्तविक रूप में भुगतान सन्तुलन में साम्यता व असाम्यता दोनों ही हो सकती हैं। भुगतान सन्तुलन में वास्तविक रूप में या साम्यता असाम्यता उसके चालू खाते की प्राप्तियों या देनदारियों के **शेष के 'आधार पर** देखी जाती है। इस सम्बन्ध में निम्नलिखित बातें महत्त्वपूर्ण हैं–

1. जब चालू खाते में भुगतान व प्राप्तियाँ बराबर होते हैं तो भुगतान सन्तुलन में साम्यता मानी जाती है।

2. यदि चालू खाते में भुगतान व प्राप्तियों में अन्तर हो और इस प्रकार चालू खाते का शेष धनात्मक या ऋणात्मक हो तो भुगतान सन्तुलन असाम्यता की स्थिति में माना जाता है।

3. यदि **चालू खाते** में भुगतान प्राप्तियों से अधिक है तो भुगतान सन्तुलन में **घाटायुक्त** असाम्यता मांनी जाती है।

4. इसके विपरीत, चालू खाते में भुगतान प्राप्तियों से अधिक हो तो भुगतान सन्तुलन **आधिक्ययुक्त** असाम्यता की स्थिति में होता है।

संक्षेप में, यदि भुगतान सन्तुलन के देनदारी को पूरा करने के लिए विदेशों को सोना देना पड़ता है या अल्पकालीन कर्जे लेने पड़ते हैं तो भुगतान सन्तुलन विपक्ष (Unfavourable) का है। इसके विपरीत, यदि लेनदारी को पूरा करने के लिए विदेशों से सोना प्राप्त होता है या विदेशों को अल्पकालीन ऋण देने पड़ते हैं तो भुगतान सन्तुलन **पक्ष (Favourable)** का माना जायेगा।

भुगतान सन्तुलन तथा राष्ट्रीय आय में सम्बन्ध (Relation between Balance of Payment and National Income)–भुगतान सन्तुलन के चालू खाते का सम्बन्ध वस्तुओं तथा सेवाओं के चालू प्रवाह अर्थात् राष्ट्रीय आय से होता है। अत: भुगतान सन्तुलन और राष्ट्रीय आय लेखा के सम्बन्ध को समझने के लिए हमको वह मालूम करना होता है कि राष्ट्रीय आय का सृजन कैसे होता है और उसका व्यय कैसे किया जाता है?

राष्ट्रीय आय का सृजन निम्नलिखित समीकरण से समझाया जा सकता है–

$$Y = C + I + G + X$$

यहाँ

Y = वस्तुओं तथा सेवाओं के उत्पादन के रूप में राष्ट्रीय आय।

C = उपभोग व्यय।

I = निवेश व्यय।

G = सरकारी व्यय।

X = विदेशियों द्वारा घरेलू उत्पाद पर किये जाने वाला व्यय।

राष्ट्रीय आय को निम्न प्रकार खर्च किया जा सकता है–

उपभोक्ता वस्तुओं व सेवाओं को खरीदना (C), इसको निम्न प्रकार प्रस्तुत किया जा सकता है–

(i) बचतें (S), (ii) कर (T) तथा (iii) विदेशों में आयात द्वारा वस्तुओं व सेवाओं को खरीदना (M)।

$$Y = C + S + T + M$$

राष्ट्रीय आय लेखा के अनुसार, सृजित आय खर्च की गई आय के बराबर होनी चाहिए। अतः

$$C + I + G + X = C + S + T + M$$

अथवा

$I + G + X = S + T + M$ इसका अर्थ है कि आय के प्रवाह में समावेश (Injection) आय के प्रवाह से होने वाले रिसाव या क्षरण (Leakage) के बराबर है। सन्तुलन केवल तब होता है जब समावेश = रिसाव या क्षरण। भुगतान शेष के दृष्टिकोण से सन्तुलन के लिए निर्यात (X) का आयात (M) के बराबर होना जरूरी है।

Select References

1. Samuelson, P.A. : Economics.
2. Pigou, A.C. : The Economics of Welfare,
3. Hicks, J.R. : Social Framework, pp. 111-114.
4. Meade, J & Stone, P. : National Income and Expenditure,
5. Ackley G. : Macro-Economic Theory,
6. Brooman, F.S. : Macro-Economics,
7. Demburg, T.f. & Mc Dougall, D.M. : Macro-Economics,
8. Blockhouse & Salansi : Macro-Economics and The Real World
9. Shapiro : Macro-Economic Analysis

परीक्षा प्रश्न

(Examination Questions)

I. दीर्घ उत्तरीय प्रश्न (Long Answer Type Questions)

1. राष्ट्रीय आय लेखांकन क्या है? इसके प्रमुख प्रकारों की व्याख्या कीजिए।

   What is National Income Accounts? Explain its main kinds.

2. राष्ट्रीय आय लेखांकन की परिभाषा दीजिए। सरकारी एवं विदेशी क्षेत्र को उदाहरण सहित विश्लेषित कीजिए।

   Define Natural Income Accounting. Explain Govt. & Foreign Sector with the help of examples.

3. 'राष्ट्रीय आय लेखांकन' से आप क्या समझते हैं? उसकी विभिन्न विधियों की व्याख्या कीजिए।

   What do you understand by National Income Accounting? Explain its various methods.

4. ''राष्ट्रीय आय लेखांकन राष्ट्र की आर्थिक नाड़ी पर ध्यान रखता है तथा देश की आर्थिक स्वास्थ्य को अच्छा करने की दृष्टि से विवेकपूर्ण आर्थिक नीतियों के निर्माण में सहायता करता है।'' इस कथन की विवेचना कीजिए।

   "National Income Accounting keeps a finger on the pulse of the nation and helps in fabricating national economic policies for the betterment of its economic health." Discuss.

5. ''सामाजिक लेखांकन की पद्धति सम्पूर्ण अर्थव्यवस्था के विभिन्न क्षेत्रों से संबंधित आँकड़ों का विवरण नहीं देता बल्कि उनके पारस्परिक संबंधों को बताते हुए विश्लेषण के लिए एक ढाँचा प्रदान करता है।'' इस कथन की व्याख्या कीजिए।

   "Social Accounting not only describes the figures of the various sectors of the entire economy but also indicates their mutual relationship and provides a framework for analysis. "Discuss.

6. ''अर्थव्यवस्था के विभिन्न क्षेत्रों की पारस्परिक निर्भरता की व्याख्या आगत-निर्गत सारणी द्वारा की जा सकती है।'' इस कथन की पुष्टि कीजिए।

   "The mutual dependence of various sectors of the economy can well be explained by Input-output table." Explain the statement.

7. राष्ट्रीय आय लेखा की कोष प्रवाह लेखांकन व भुगतान सन्तुलन लेखांकन विधियों पर निबन्ध लिखिए।

   Write an essay on Funds Flow Accounting and Balance of Payment Accounting, Methods of National Income Account.

II. लघु उत्तरीय प्रश्न (Short Answer Questions)

1. राष्ट्रीय आय लेखा से क्या तात्पर्य है?
2. राष्ट्रीय आय लेखांकन की अवधारणाएँ स्पष्ट कीजिए।
3. राष्ट्रीय आय लेखांकन की विशेषताएँ लिखिए।
4. राष्ट्रीय आय एवं राष्ट्रीय आय लेखा में क्या अन्तर है?
5. सामाजिक लेखांकन पद्धति क्या है
6. आगत-निर्गत सारणी से क्या तात्पर्य है।
7. राष्ट्रीय आय लेखे के वर्गीकरण से क्या तात्पर्य है?
8. राष्ट्रीय आय लेखांकन की कोष प्रवाह लेखांकन क्या है।
9. राष्ट्रीय आय लेखांकन की क्या कठिनाइयाँ हैं?

III. वस्तुनिष्ठ प्रश्न (Objective Type Questions)

1. प्रत्येक देश अपनी राष्ट्रीय आय से सम्बन्धित जो व्यवस्थित हिसाब-किताब रखता है, उसे कहते हैं :

   (अ) दोहरी अंकन प्रणाली (ब) आर्थिक चिट्ठा
   (स) राष्ट्रीय आय लेखा (द) उपर्युक्त में से कोई नहीं

2. राष्ट्रीय आय लेखांकन में विभिन्न क्षेत्रों के लिए जो लेखे तैयार किये जाते हैं, उनका आधार है :

   (अ) दोहरी अंकन विधि (ब) एकाकी अंकन विधि
   (स) लाभ-हानि खाता विधि (द) उपर्युक्त में से कोई नहीं

3. राष्ट्रीय लेखा की अवधारणा को सर्वप्रथम विकसित किया :

(अ) सर विलियम पेटी (ब) प्रो. कीन्स

(स) साइमन कुजनेट्स (द) उपर्युक्त में से कोई नहीं।

4. राष्ट्रीय लेखांकन के लिए वर्गीकृत खातों में कौन-सा खाता सम्मिलित नहीं होता है?

(अ) उत्पादन खाता (ब) उपभोग खाता

(स) बचत खाता (द) विदेशों से लेन-देन का खाता

5. आदान-उत्पादन विश्लेषण पद्धति के विकास का श्रेय किसको दिया जाता है?

(अ) रिचर्ड स्टोन (ब) लियोण्टीफ

(स) साइमन कुजनेट्स (द) मौरिस क्रोपलैण्ड

6. भुगतान संतुलन के चालू खाते में सम्मिलित नहीं होता है—

(अ) माल (ब) यात्रा एवं परिवहन

(स) अन्तरण (द) विदेशी निवेश

उत्तर—1 (स), 2. (अ), 3. (अ), 4. (स), 5. (ब), 6. (द)

OOO

5

राष्ट्रीय आय तथा रोजगार का प्रतिष्ठित सिद्धान्त
(Classical Theory of Income and Employment)

महत्त्वपूर्ण अवधारणाएँ (Important Concepts)

1. राष्ट्रीय आय का सन्तुलन स्तर (Equilibrium Level of National Income)–यदि राष्ट्रीय आय स्तर समयोपरान्त अपरिवर्तित रहे तो उसे राष्ट्रीय आय का सन्तुलन स्तर कहते हैं।

2. प्रतिष्ठित सिद्धान्त (Classical Theory)–लार्ड कीन्स ने प्रतिष्ठित अर्थशास्त्रियों, जैसे एडम स्मिथ, रिकार्डो जे. बी. से व मार्क्स तथा नव-प्रतिष्ठित अर्थशास्त्रियों, जैसे मार्शल, पीगू आदि के रोजगार सम्बन्धी विचारों के लिए प्रतिष्ठित सिद्धान्त शब्द का प्रयोग किया गया है।

3. पूर्ण रोजगार (Full Employment)–रोजगार का वह स्तर जिस पर चालू मजदूरी पर कार्य के इच्छुक सभी व्यक्ति रोजगार पा जायें, उसे पूर्ण रोजगार कहते हैं।

4. से का बाजार नियम (Say's Law of Market)–इस नियम के अनुसार, ''पूर्ति अपनी मांग का स्वयं निर्माण करती है, इसलिए अर्थव्यवस्था में सदैव पूर्ण रोजगार की स्थिति बनी रहती है।''

5. राष्ट्रीय आय (रोजगार) के निर्धारण का प्रतिष्ठित सिद्धान्त (Classical Theory of National Income Employment Determination)–प्रतिष्ठित अर्थशास्त्रियों ने पूर्ण रोजगार के सामान्य सिद्धान्त का प्रतिपादन किया और एक ऐसी **प्रतिमान मॉडल** का निर्माण किया है, जिसमें कि पूर्ण रोजगार के स्तर पर आय का **साम्य** स्तर बना रहता है। प्रतिष्ठित अर्थशास्त्रियों का यह दृष्टिकोण मुख्यतः तीन बातों पर आधारित है–

(i) **श्रम बाजार** पूर्ण रोजगार स्तर पर सन्तुलन की स्थिति में अर्थात् पूर्ण रोजगार स्तर पर श्रम की माँग (D_L) श्रम की पूर्ति (S_L) के बराबर है।

(ii) न केवल श्रम बाजार सन्तुलन की स्थिति में है बल्कि उसके द्वारा उत्पादित सम्पूर्ण वस्तु बिक जाती है अर्थात् अर्थव्यवस्था में उत्पादित वस्तु की माँग (Dx) उसकी पूर्ति (Sx) के बराबर है, न तो अधि-उत्पादन है और न अल्प-उत्पादन। इस स्थिति में **वस्तु बाजार** सन्तुलन की स्थिति में होगा।

(iii) ब्याज दर यंत्र (Interest Rate Mechanism)–की लोचशीलता तथा स्वतंत्र क्रियाशीलता के कारण कुल विनियोग कुल बचत के बराबर होगा और परिणामस्वरूप **पूँजी बाजार में सन्तुलन बना रहेगा।**

इस प्रकार प्रतिष्ठित अर्थशास्त्रियों के अनुसार एक अर्थव्यवस्था में तीन प्रकार के बाजार होते हैं–(i) श्रम बाजार, (ii) वस्तु बाजार, (iii) पूँजी बाजार। प्रतिष्ठित अर्थशास्त्रियों का यह दृढ़ विश्वास था कि माँग व पूर्ति की शक्तियाँ इन तीनों प्रकार के बाजारों में पूर्ण रोजगार स्थापित करती है।

राष्ट्रीय आय का निर्धारण सिद्धान्त क्या है?
(What is the Theory of National Income Determination?)

राष्ट्रीय आय का निर्धारण सिद्धान्त हमें यह बताता है कि किसी भी अर्थव्यवस्था द्वारा वास्तव में कितना उत्पादन किया जाये, ताकि राष्ट्रीय आय संतुलन स्तर में बना रहे। राष्ट्रीय आय का निर्धारण सिद्धान्त मुख्यतः निम्नलिखित प्रश्नों का उत्तर देता है–

(i) 'राष्ट्रीय उत्पादन' किसी समय किसी निश्चित स्तर पर क्यों है?

(ii) पूर्ण रोजगार स्तरीय उत्पादन क्या होगा?

(iii) वर्तमान राष्ट्रीय उत्पादन की उसके सन्दर्भ में क्या स्थिति है?

(iv) राष्ट्रीय आय का संतुलन स्तर क्या है?

संक्षेप में, **'राष्ट्रीय आय के निर्धारण' से अभिप्राय राष्ट्रीय आय को प्रभावित तथा निर्धारित करने वाले चरों के सन्दर्भ में साम्य राष्ट्रीय आय मालूम करने से है।**

राष्ट्रीय आय निर्धारण के सिद्धान्त मुख्यत: दो भागों में बाँटे जा सकते हैं–

(I) राष्ट्रीय आय निर्धारण के अल्पकालीन सिद्धान्त–ये सिद्धान्त अल्पकाल में राष्ट्रीय आय का सन्तुलन-स्तर निर्धारण की विवेचना करते हैं। इसमें विनियोग तथा तकनीकी प्रगति आदि राष्ट्रीय उत्पादन क्षमता पर पड़ने वाले प्रभावों को ध्यान में नहीं रखा जाता, क्योंकि अल्पकाल में इनमें नगण्य परिवर्तन होते हैं।

राष्ट्रीय आय निर्धारण के अल्पकालीन सिद्धान्त मुख्यत: निम्नलिखित दो हैं–

1. प्रतिष्ठित सिद्धान्त (Classical Theory),
2. कीन्स का सिद्धान्त (Keynesian Theory)।

इन दोनों सिद्धान्तों की विशद् विवेचना पृथक् से की गयी है।

(II) राष्ट्रीय आय निर्धारण के दीर्घकालीन सिद्धान्त–इन सिद्धान्तों में विनियोग तथा तकनीकी प्रगति के राष्ट्रीय उत्पादन क्षमता पर पड़ने वाले प्रभावों को ध्यान में रखा जाता है इसीलिए इन सिद्धान्तों को **आर्थिक संवृद्धि के सिद्धान्त (Theories of Economic Growth)** कहा जाता है।

चूँकि इस अध्याय में हम यह स्पष्ट करना चाहते हैं कि राष्ट्रीय आय का निर्धारण किस प्रकार से होता है, इसीलिए हमारे लिए महत्त्वपूर्ण होगा कि हम–(अ) राष्ट्रीय आय का सन्तुलन स्तर, (ब) पूर्ण रोजगार अवधारणाओं को स्पष्ट कर दें।

(अ) राष्ट्रीय आय सन्तुलन स्तर (Equilibrium Level of National Income)–यदि राष्ट्रीय आय स्तर समयोपरान्त अपरिवर्तित रहे तो उसे राष्ट्रीय आय का सन्तुलन स्तर कहा जाता है। उदाहरणार्थ, माना t प्रथम समय अवधि या प्रथम वर्ष t + 1 द्वितीय समयावधि या द्वितीय वर्ष का सूचक है। इसी प्रकार t + 2 या t +3 अगली समयावधियों के सूचक हैं। यदि प्रथम समयावधि (t) की आय दूसरी समयावधि (t + 1) और तीसरी समयावधि (t + 2) की आय के बराबर रहे तथा समयोपरान्त भी वह पूर्ववत् रहे तो उसे राष्ट्रीय आय का सन्तुलन स्तर माना जायेगा। यदि Y आय स्तर और t समयावधि के प्रतीक हैं तो सन्तुलन में निम्नलिखित स्थिति होगी–

$$\boxed{Yt = Yt + 1 = Yt + 2 = Ye}$$

यद राष्ट्रीय आय सन्तुलन में नहीं है तो एक समयावधि (माना 1 वर्ष) की आय दूसरी समयावधि की आय से भिन्न होगी। या तो उसमें प्रत्येक अगली समयावधि में आय बढ़ती जायेगी या कम होती जायेगी, जिससे–

$$Yt < Yt + 1 < Yt + 2......$$
$$Yt > Yt + 1 > Yt + 2......$$

राष्ट्रीय आय की उपरोक्त सन्तुलन अवस्था की सूचक नहीं है।

(ब) पूर्ण रोजगार (Full Employment)– रोजगार से तात्पर्य उत्पादन क्रिया में कार्यरत होने से है। कोई भी व्यक्ति तभी रोजगार में कहा जाएगा जबकि उसके कार्य से राष्ट्रीय उत्पादन में वृद्धि होती है। अत: राष्ट्रीय उत्पादन में अंशदान ही रोजगार का मापदण्ड है। **रोजगार का वह स्तर जिस पर चालू मजदूरी दर पर कार्य के इच्छुक सभी व्यक्ति रोजगार पा जायें, उसे पूर्ण रोजगार कहते हैं।**

प्रो. लर्नर ने पूर्ण रोजगार की परिभाषा इस प्रकार दी है, "पूर्ण रोजगार से आशय उस अवस्था से है जबकि मजदूरी की प्रचलित दर पर बिना किसी विशेष असुविधा के इच्छुक व्यक्तियों को कार्य मिल जाता है।"

प्रो. लर्नर ने 'बिना किसी विशेष सुविधा' वाक्यांश को इस प्रकार स्पष्ट किया है कि जब तक कुल व्यय में वृद्धि करके बिना मुद्रा-प्रसार उत्पन्न किये नौकरी की संख्याओं में वृद्धि की जा सकती है, तब रोजगार प्राप्त करने में कोई

विशेष असुविधा नहीं रहती। इसका आशय यह है कि पूर्ण रोजगार का वह स्तर है, जहाँ से मुद्रा-प्रसार शुरू हो जाता है। दूसरे शब्दों में, ''पूर्ण रोजगार, का वह स्तर है जहाँ कुल व्यय में और अधिक वृद्धि कीमत स्तर में वृद्धि का कारण बनती है।''

अतः पूर्ण रोजगार एक औपचारिक धारणा है, क्योंकि पूर्ण रोजगार के होते हुए भी कोई समाज पूर्ण रूप से घर्षण, मौसमों, संरचनात्मक तथा प्राविधिक बेकारियों से मुक्त नहीं हो सकता। पूर्ण रोजगार के साथ-ही-साथ व्याप्त रहने वाली इस प्रकार की गैर-वक्रीय बेकारी की न्यूनतम मात्रा को ठीक-ठीक ज्ञात कर सकना सम्भव नहीं है। प्रो. बेवरीज ने 1944 में इंग्लैण्ड के लिए कम-से-कम 30% बेरोजगारी का अनुमान लगाया था। अतः पूर्ण रोजगार की अवस्था में लगभग 30% की सीमा तक बेरोजगारी हो सकती है, परन्तु इस सीमा के सम्बन्ध में अर्थशास्त्रियों में काफी मतभेद है।

रोजगार का प्रतिष्ठित सिद्धान्त
(Classical Theory of Employment)

प्रो. जे. एम. कीन्स (J.M. Keynes) के मतानुसार, रोजगार का सिद्धान्त **जे. बी. से (J. B. Say), जे. एस. मिल (J. S. Mill), अल्फ्रेड मार्शल (Alfred Marshall), ए. सी. पीगू (A.C. Pigou)** जैसे रिकार्डो के अनुयायियों के विचारों से बना था। इसका 1929-33 तक की **बड़ी मन्दी (Great Depression)** से पहले तक आर्थिक विचारधारा तथा नीति पर पूर्ण प्रभाव था। इस सिद्धान्त के अनुसार, 'एक पूँजीवादी अर्थव्यवस्था में सदैव पूर्णरोजगार की स्थिति पायी जाती है।'

सिद्धान्त की व्याख्या (Explanation of Theory)-इस सिद्धान्त के अनुसार अर्थव्यवस्था में कुल माँग (Aggregate Demand) कुल पूर्ति (Aggregate Supply) बराबर होते हैं जिससे **पूर्ण रोजगार** की सामान्य स्थिति पायी जाती है। यदि किसी समय बेरोजगारी हो तो यह अर्थव्यवस्था की स्वचालित (Automatic) प्रक्रिया में सरकार या एकाधिकारी शक्तियों द्वारा हस्तक्षेप के कारण होती है। परन्तु दीर्घकाल में, मजदूरी, कीमत और ब्याज दरों में लोचशीलता द्वारा पूर्ण रोजगार की स्थित अपने-आप बाजार शक्तियों द्वारा पुनः स्थापित हो जायेगी। प्रतिष्ठित अर्थशास्त्री **पूर्ण रोजगार** ऐसी अवस्था मानते थे, जिसमें अनैच्छिक बेरोजगारी (Involuntary Unemployment) नहीं पायी जाती। **अनैच्छिक बेरोजगारी ऐसी स्थिति है** जिसमें **श्रमिक वर्तमान** मजदूरी दर पर कार्य करने को तत्पर रहते हैं, लेकिन उन्हें काम नहीं मिलता। इस प्रकार, पूर्ण रोजगार वह स्थिति है, जिसमें सभी श्रमिकों को जो वर्तमान मजदूरी दर पर काम करना चाहते हैं बिना किसी कठिनाई के काम मिल जाता है।

अतः प्रतिष्ठित अर्थशास्त्रियों ने यह निष्कर्ष निकाला कि पूर्ण रोजगार की दशा एक **सामान्य दशा** है और उसमें किसी प्रकार का परिवर्तन **असामान्य दशा** का द्योतक है।

प्रतिष्ठित सिद्धान्त का आधार से **(J. B. Say) का बाजार नियम** है, जिसे **मार्शल** और **पीगू** जैसे प्रतिष्ठित अर्थशास्त्रियों ने आगे बढ़ाकर उत्पादन और रोजगार के निर्धारण की व्याख्या **श्रम, वस्तु** और मुद्रा बाजारों के सन्तुलनों द्वारा की।

इस प्रकार प्रतिष्ठित अर्थशास्त्रियों के अनुसार एक अर्थव्यवस्था में तीन प्रकार के बाजार होते हैं-(i) **श्रम बाजार**, (ii) **वस्तु बाजार**, (iii) **पूँजी बाजार**। प्रतिष्ठित अर्थशास्त्रियों का यह दृढ़ विश्वास था कि माँग व पूर्ति की शक्तियाँ इन तीनों प्रकार के बाजारों में पूर्ण रोजगार स्थित करती हैं। अब हम तीनों बाजारों का विस्तार से वर्णन करेंगे।

(I) श्रम बाजार में सन्तुलन
(Equilibrium in Labour Market)

प्रतिष्ठित सिद्धान्त की व्याख्या का प्रारम्भ श्रम बाजार के विश्लेषण से करेंगे और यह स्पष्ट करने का प्रयास करेंगे कि किस प्रकार श्रम बाजार में क्रियाशील शक्तियों द्वारा पूर्ण रोजगार, स्तरीय रोजगार तथा उत्पादन का निर्धारण होता है।

प्रतिष्ठित अर्थशास्त्रियों के मतानुसार कुल उत्पादन एवं रोजगार के साथ साम्य का निर्धारण श्रम की माँग एवं श्रम की पूर्ति अनुसूचियों से होता है।

श्रम की माँग (The Demand for Labour)–श्रम के माँग वक्र की व्युत्पत्ति **उत्पादन फलन** से की जाती है। यह उत्पादन फलन के ढाल द्वारा प्रदर्शित किया जाता है, क्योंकि इसमें **श्रम की सीमान्त** उत्पादिता समाहित होती है।

उत्पादन फलन (Production Function)–उत्पादन के साधनों तथा उत्पादन की मात्रा में सम्बन्ध प्रकट करता है। अन्य शब्दों में, उत्पादन (Q), श्रम (L), पूँजी (K), भूमि (N) तथा तकनीक (T) का फलन है अर्थात्

$$\boxed{Q = f\,(L, K, N, T)}$$

अल्पकाल में पूँजी (K), भूमि (N) तथा तकनीक (T) स्थिर रहते हैं, इसलिए उत्पादन की मात्रा रोजगार के स्तर पर निर्भर करती है अर्थात् $\boxed{Q = f(L)}$

जैसे-जैसे रोजगार में वृद्धि होगी, उत्पादन के स्तर में भी वृद्धि होगी, पर उल्लेखनीय बात यह है कि **क्रमागत लागत वृद्धि नियम** (उत्पादन ह्रास नियम) के क्रियाशीलन के कारण **श्रम का सीमान्त भौतिक उत्पादन (Marginal Physical Product) (MPP_L)** में कमी आयेगी। इस प्रकार कुल उत्पादन फलन वक्र ऊपर उठता हुआ होगा जैसा कि आगे चित्र (5.1) के ऊपरी भाग में प्रदर्शित किया गया है। संक्षेप में, **कुल उत्पादन फलन को प्रदर्शित करने वाला वक्र धनात्मक ढाल का होगा जो यह प्रदर्शित करता है कि जैसे-जैसे रोजगार स्तर बढ़** रहा है, उत्पादन भी बढ़ता जा रहा है परन्तु सीमान्त भौतिक उत्पादन (MPP_L) को दर्शाने वाला वक्र माँग वक्र की तरह ऋणात्मक ढाल या नीचे दाहिने ओर गिरता हुआ होगा जैसा कि चित्र (5.1) के नीचे में (MPP_L) वक्र द्वारा प्रदर्शित किया गया है। वस्तुतः यही **श्रमिक माँग वक्र है।**

अब प्रश्न यह उठता है कि सेवायोजक कितने श्रमिकों को रोजगार देगा? पूर्ण प्रतियोगिता की अवस्था में फर्में श्रमिकों को उस समय तक रोजगार में लगाती हैं, जब तक कि मजदूरी स्तर (W) सामान्य कीमत स्तर (P) और श्रमिकों के सीमान्त उत्पादन (MPP_L) के बराबर नहीं हो जाता है अर्थात् $\boxed{W = P \times MPP_L}$ –(2)

यहाँ W एक अतिरिक्त श्रमिक को रोजगार देने की लागत को प्रकट करता है तथा $P \times MPP_L$ इस अतिरिक्त श्रमिक से प्राप्त आय को प्रकट करता है। जब तक एक अतिरिक्त श्रमिक से प्राप्त होने वाली आय उस श्रमिक पर होने वाली लागत से अधिक होती है, फर्में अधिकाधिक श्रमिकों को रोजगार देंगी। जैसे-जैसे फर्में अतिरिक्त श्रमिकों को रोजगार देती हैं, उनकी सीमान्त उत्पादिता घटती जाती है। इसके परिणामस्वरूप श्रमिकों को केवल उस समय तक रोजगार दिया जायेगा, जब तक कि उनकी मजदूरी सामान्य कीमत-स्तर एवं श्रमिकों को रोजगार देने के लिए, इसलिए प्रेरित नहीं होती, क्योंकि अतिरिक्त श्रमिकों की लागत उससे प्राप्त आय की तुलना में अधिक हो जाती है।

इसी सम्बन्ध को हम **वास्तविक मजदूरी (Real Wages)** के रूप में भी प्रकट कर सकते हैं। इसके लिए हमें समीकरण 1 के दोनों पक्षों को सामान्य कीमत स्तर (P) से भाग देना पड़ता है। सूत्र के रूप में,

$$\boxed{\frac{W}{P} = \frac{P \times MPP_L}{P} = MPP_L} \qquad \text{—(3)}$$

उपर्युक्त समीकरण से निम्नलिखित बातें स्पष्ट होती हैं–

(i) यदि मौद्रिक मजदूरी (W) को कीमत (P) से विभाजित कर दिया जाये तो हमें श्रमिक के सीमान्त भौतिक उत्पादन (MPP_L) मालूम हो जाती है जो कि वास्तविक मजदूरी के बराबर होगी अर्थात् मौद्रिक मजदूरी और कीमत का अनुपात वास्तविक मजदूरी कहलाती है।

(ii) चूँकि श्रमिकों की माँग उनकी सीमान्त उत्पादिता पर निर्भर करती है तथा सीमान्त उत्पादिता वास्तविक मजदूरी के बराबर होती है, इसलिए **श्रमिकों की माँग वास्तविक मजदूरी का भी फलन** होती है, सूत्र के रूप में,

$$D_L = f\left(\frac{W}{P}\right) \qquad \text{—(4)}$$

यहाँ D_L श्रमिकों की माँग तथा W/P वास्तविक मजदूरी को प्रकट करते हैं।

श्रमिकों का माँग फलन वास्तविक मजदूरी से **विपरीत दिशा** में परिवर्तित होता है। दूसरे शब्दों में, **वास्तविक मजदूरी की दर में कमी करके ही अधिकाधिक श्रमिकों को रोजगार दिया जा सकता है।** इस कारण यह है कि

जैसे-जैसे अधिकाधिक श्रमिकों को रोजगार दिया जाता है, कुल उत्पादन तो बढ़ता है लेकिन श्रमिकों की सीमान्त उत्पादिकता घटती जाती है। संक्षेप में, श्रम की माँग मजदूरी का घटता हुआ फल है अर्थात् मजदूरी के बढ़ने पर श्रम की माँग कम होती है तथा मजदूरी के कम होने पर श्रम की माँग बढ़ती है अतएव **श्रम माँग वक्र का ढलान ऊपर से नीचे दायी ओर होता है (Demand Curve of Labour Slopes Downwards)** जैसा कि रेखाचित्र 1 से स्पष्ट है।

माँग वक्र का नीचे की ओर झुकना यह प्रकट करता है कि वास्तविक मजदूरी की दर में कमी करके ही अधिकाधिक श्रमिकों को रोजगार दिया जा सकता है। दूसरे शब्दों में, **वास्तविक मजदूरी (श्रम की लागत) अधिक होने पर श्रम की माँग कम तथा वास्तविक मजदूरी होने पर श्रम की माँग अधिक होगी।**

श्रम की पूर्ति (Supply of Labour)–श्रम की पूर्ति से आशय श्रम की उस संख्या से है जो वास्तविक मजदूरी की निश्चित दर पर काम करने को तैयार होते हैं। श्रमिकों को कार्य करने के लिए मेहनत करनी पड़ती है तथा आराम का त्याग करना पड़ता है। कहने का तात्पर्य यह है कि जब वह रोजगार में आता है तो उसे कुछ अनुपयोगिता मिलती है, जिसकी क्षतिपूर्ति उसे वास्तविक मजदूरी के द्वारा होती है। जब तक किसी अतिरिक्त श्रम से उत्पन्न अनुपयोगिता को पूर्णरूपेण अतिरिक्त वास्तविक मजदूरी से उत्पन्न उपयोगिता के द्वारा समाप्त नहीं कर दिया जाता, श्रमिक श्रम की अतिरिक्त पूर्ति नहीं करेगा। इस प्रकार केवल ऊँची मौद्रिक मजदूरी के कारण श्रम की पूर्ति नहीं बढ़ेगी, बल्कि यह कीमत स्तर पर भी निर्भर करती है। **केवल वास्तविक मजदूरी अधिक होने पर ही श्रम की पूर्ति बढ़ती है।** संक्षेप में, प्रतिष्ठित अर्थशास्त्रियों की यह मान्यता थी कि **श्रमिकों की पूर्ति वास्तविक मजदूरी का फलन होता है** अर्थात् वास्तविक मजदूरी और श्रम की पूर्ति के बीच धनात्मक सम्बन्ध होता है जिसे हम निम्न प्रकार व्यक्त कर सकते हैं–

$$S_L = f\left(\frac{W}{P}\right) \qquad -(5)$$

श्रम की पूर्ति वक्र (S_L) का ढाल नीचे से ऊपर दायीं ओर होगा जैसा कि चित्र 1 (B) में दर्शाया गया है। यह ढाल इस बात का प्रतीक है कि वास्तविक मजदूरी बढ़ने पर श्रमिकों की पूर्ति बढ़ती है। पूर्ति वक्र का ढाल दायीं ओर बहुत तीव्र है, जिसका आशय यह है कि वास्तविक मजदूरी में वृद्धि की तुलना में श्रमिकों की पूर्ति में अपेक्षाकृत कम वृद्धि होती है।

श्रम की माँग एवं पूर्ति में समानता तथा पूर्ण रोजगार (Equality at Demand and Supply of Labour and Full Employment)

श्रम की माँग एवं पूर्ति फलन का अध्ययन करने के पश्चात् अब हम इस स्थिति में हैं कि श्रम बाजार में साम्य का निर्धारण कर सकें। **श्रम बाजार** में साम्य के निर्धारण के लिए यह आवश्यक है कि श्रम की पूर्ति श्रम की माँग के समान होनी चाहिए। अत: श्रम बाजार में साम्य उस बिन्दु पर निर्धारित होता है, जहाँ श्रम का माँग वक्र श्रम के प्रति वक्र को काटता है अर्थात्

$$\boxed{D_L = S_L} \qquad -(6)$$

समीकरणों के रूप में साम्य की अवस्था को निम्न प्रकार स्पष्ट किया जा सकता है–

$Q = f(L)$........उत्पादन फलन –(1)

$W = P \times MPP_L$....मजदूरी स्तर –(2)

$\boxed{\frac{W}{P} = \frac{P \times MPP_L}{P}} = MPP_L$......वास्तविक मजदूरी –(3)

$D_L = f\left(\frac{W}{P}\right)$ ....माँग फलन –(4)

$S_L = f\left(\frac{W}{P}\right)$ ....पूर्ति फलन –(5)

DL = S1........श्रम बाजार में साम्य –(6)

श्रम बाजार में साम्य की अवस्था को चित्र 1 में दर्शाया गया है।

1. चित्र 1 के भाग एक में समग्र उत्पादन फलन (TP) इस मान्यता पर आधारित है कि पूँजी स्टॉक (K) टेक्नालॉजी (T) स्थिर है, अतः उत्पादन की मात्रा रोजगार के स्तर पर निर्भर करती है।

2. कुल उत्पादन फलन वक्र के आधार पर श्रम का सीमान्त भौतिक उत्पाद (MPP_L) वक्र या श्रम का माँग वक्र चित्र 1 के भाग B में प्रदर्शित किया गया है।

3. श्रम का माँग फलन और पूर्ति फलन एक-दूसरे को E बिन्दु पर काटते हैं। अतः E बिन्दु श्रम बाजार में साम्य की अवस्था दर्शाता है।

4. साम्य की अवस्था में वास्तविक मजदूरी $\left(\frac{W}{P}\right)_0$ है तथा रोजगार का स्तर OL_0 है। इस अवस्था में श्रम की माँग श्रम की पूर्ति के समान है। दूसरे शब्दों में, वास्तविक मजदूरी के $\left(\frac{W}{P}\right)_0$ स्तर पर उत्पाद OL_0 श्रमिकों की माँग करते हैं तथा श्रमिकों की पूर्ति भी OL_0 है।

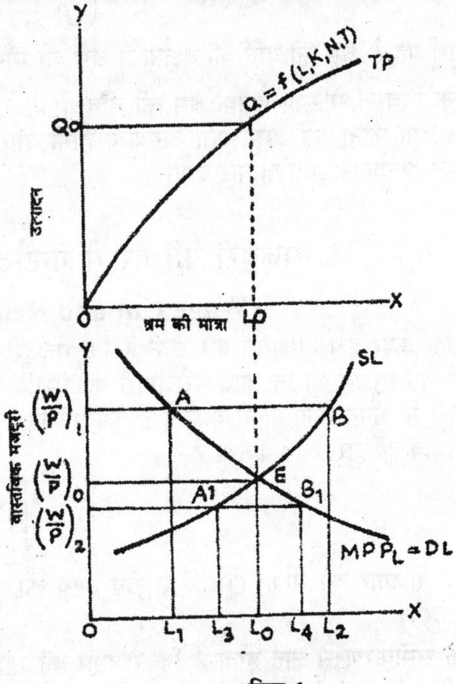

चित्र 1

5. मान लीजिए, वास्तविक मजदूरी बढ़कर $\left(\frac{W}{P}\right)_1$ हो जाती है। वास्तविक मजदूरी के इस स्तर पर श्रम की माँग कम होकर OL_1 रह जाती है, जबकि श्रम की पूर्ति बढ़कर OL_2 हो जाती है। ऐसी स्थिति में श्रम की माँग पूर्ति की तुलना में कम होगी फलतः मौद्रिक मजदूरी में कमी होने लगेगी। यदि सामान्य कीमत स्तर को स्थिर मान लिया जाये तो मौद्रिक मजदूरी कम होने पर वास्तविक मजदूरी भी उस समय तक घटेगी जब तक कि यह साम्य स्तर की मजदूरी के समान नहीं हो जाती। इस प्रकार वास्तवकि मजदूरी $\left(\frac{W}{P}\right)_1$ स्तर से $L_1 L_2$ के बराबर बेरोजगारी अन्तर उत्पन्न हुआ था, वह तभी दूर हो सकेगा, जबकि वास्तविक मजदूरी घटाकर स्तर पर $\left(\frac{W}{P}\right)_0$ के समान हो जाये।

6. इसके विपरीत यदि मजदूरी स्तर घटकर $\left(\frac{W}{P}\right)_2$ रह जाता है तो उत्पादक वर्ग अधिक मात्रा में श्रमिकों को रोजगार में लगाना चाहेंगे। इस अवस्था में मौद्रिक मजदूरी में बढ़ने की प्रवृत्ति दृष्टिगत होगी, क्योंकि रोजगार प्राप्त करने वाले श्रमिकों (पूर्ति) की तुलना में श्रमिकों की माँग अधिक है। यदि सामान्य कीमत-स्तर स्थिर रहता है तो श्रमिकों की मौद्रिक मजदूरी बढ़ने पर वास्तविक मजदूरी भी उस स्तर तक बढ़ेगी जब तक कि वह साम्य स्तर $\left(\frac{W}{P}\right)_0$ के समान

नहीं हो जाती। वास्तविक मजदूरी के नीचे स्तर $\left(\frac{W}{P}\right)_2$ या L_3L_4 के बराबर अतिरेक रोजगार अन्तर देखने को मिलेगा जिसका अर्थ यह है श्रम की पूर्ति की तुलना में श्रम की माँग अधिक है।

उपर्युक्त विवरण से स्पष्ट है कि श्रम की माँग (D_L) तथा श्रम की पूर्ति (S_L) में असमानता श्रम बाजार में असन्तुलन उत्पन्न कर देगा परन्तु यह असाम्यता अस्थायी होगी और मजदूरी यन्त्र की लोचशीलता तथा स्वतंत्र क्रियाशीलता श्रम बाजार में पुनः सन्तुलन स्थापित कर देगा।

मजदूरी की दर में कटौती तथा बेरोजगारी का निवारण
(Wage Cut and Removal of Unemployment)

जैसा कि ऊपर हम अध्ययन कर चुके हैं कि मजदूरी में कटौती करके बेरोजगारी को दूर किया जा सकता है। प्रो. पीगू का भी यह विचार था कि यदि बेरोजगारी की स्थिति में अर्थव्यवस्था में किसी प्रकार का हस्तक्षेप न किया जाये तो नकद मजदूरी में अपने आप इतनी कटौती हो जायेगी कि पूर्ण रोजगार की स्थिति प्राप्त हो सके। प्रो. पीगू ने इस सन्तुलन को निम्न समीकरण द्वारा व्यक्त किया है–

$$\boxed{N = \frac{QY}{W}}$$

(N = रोजगार की मात्रा, QY = राष्ट्रीय आय का वह भाग जो मजदूरी के रूप में दिया जाता है, W = नकद मजदूरी की दर)।

उपर्युक्त समीकरण से ज्ञात होता है कि रोजगार की मात्रा (N) तथा नकद मजदूरी की दर (W) में विपरीत सम्बन्ध पाया जाता है। यदि राष्ट्रीय आय में से मजदूरी को दिया जाने वाला भाग (QY) स्थिर रहता है तो मजदूरी की दर (W) के कम होने से रोजगार की मात्रा (N) में वृद्धि होगी। इसके विपरीत यदि श्रम संगठन तथा सरकार के हस्तक्षेप के कारण मजदूरी की ऊँची दर निर्धारण होती है तो श्रम बाजार की अपूर्णताओं के कारण बेरोजगारी की स्थिति बनी रहेगी।

इसी तथ्य को चित्र 1 के द्वारा भी स्पष्ट किया जा चुका है कि माँग वक्र का नीचे की ओर झुकना यह व्यक्त करता है कि वास्तविक मजदूरी की दर में कमी करके ही अधिकारिक श्रमिकों को रोजगार दिया जा सकता है।

II. वस्तु बाजार में सन्तुलन–'से' का बाजार सिद्धान्त
(Equilibrium in Product Market : Say's Law of Market)

वस्तु बाजार का उस समय साम्य की अवस्था में कहा जाता है, जबकि वस्तुओं की **सामूहिक माँग (Dx)** उसकी सामूहिक पूर्ति (Sx) के बराबर होती है। $Sx > Dx$ तो **अति उत्पादन** की स्थिति होगी। फलतः श्रम बाजार में भी बेरोजगारी उत्पन्न हो जायेगी। इस प्रकार यदि वस्तु बाजार में असाम्यता है तो साधन बाजार में भी असाम्यता उत्पन्न हो जायेगी। अतः रोजगार के प्रतिष्ठित सिद्धान्त का दूसरा आधार 'से' का बाजार नियम है। इस नियम के अनुसार "पूर्ति अपनी माँग का निर्माण स्वयं करती है।" (Supply creates its own demand) इसका अभिप्राय यह है कि जहाँ एक ओर उत्पादन पूर्ति में वृद्धि लाता है, वहीं दूसरी ओर साधनों को दी जाने वाली आय के रूप में माँग में वृद्धि लाता है। आय उत्पादन क्रिया के कारण उत्पादन के साधनों को जो आय को क्रय शक्ति प्राप्त होती है, वह बाजार में आयी हुई वस्तुओं के ऊपर ही व्यय हो जायेगी (क्योंकि कोई भी उत्पादन का साधन निष्क्रिय मुद्रा के रूप में आय संग्रह नहीं करेगा) परिणाम यह होगा कि उत्पादन क्रिया के कारण जितनी पूर्ति में वृद्धि होगी, माँग की वृद्धि के कारण स्वतः बिक जायेगी।

'से' के नियम की मौद्रिक अर्थ प्रणाली में क्रियाशीलता को निम्नलिखित चित्र 2 द्वारा व्यक्त किया गया है–

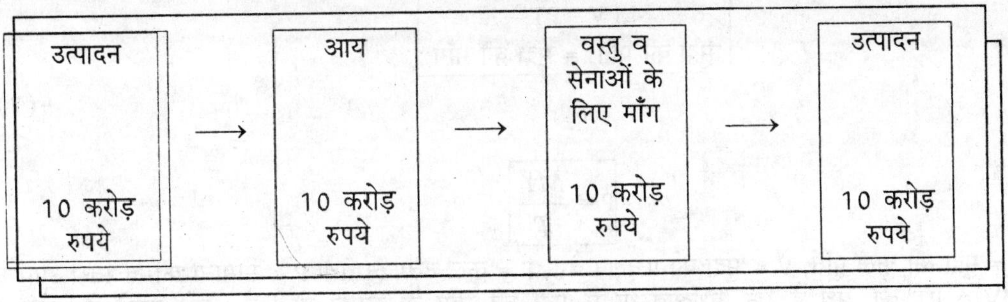

मौद्रिक अर्थव्यवस्था में 'से' के नियम की क्रियाशीलता

चित्र-2

उपर्युक्त उदाहरण से ज्ञात होता है कि प्रथम वर्ष अर्थव्यवस्था में 10 करोड़ रुपये का उत्पादन (समस्त पूर्ति) होता है। इसके फलस्वरूप उत्पादन के साधनों की आय में 10 करोड़ रुपये की वृद्धि होगी। वे 10 करोड़ रुपये की आय को कुल पूर्ति खरीदने में खर्च कर देंगे। इस कारण कुल माँग में 10 करोड़ रुपये की वृद्धि होगी। अतएव कुल पूर्ति अपनी माँग का स्वयं निर्माण कर लेगी। कुल माँग के कारण राष्ट्रीय आय फिर से उत्पादकों के पास पहुँच जायेगी तथा वे दूसरे वर्ष 10 करोड़ रुपये का उत्पादन कर सकेंगे।

इस प्रकार **कुल उत्पादन = कुल आय** (जो लगान, मजदूरी, ब्याज, लाभ के रूप में साधनों को प्राप्त हुई)

$$\boxed{\Sigma O = \Sigma Y}$$

चूँकि प्रतिष्ठित अर्थशास्त्री यह मानते हैं कि आय का कुछ भी भाग बचत के रूप में नहीं होगी। इसलिए **कुल उत्पादन = कुल व्यय = कुल उपभोग व्यय**

$$\boxed{\Sigma O = \Sigma Y = \Sigma E = \Sigma C}$$

या

$$\boxed{\Sigma O = \Sigma C}$$

अत: स्पष्ट है कि कुल उत्पादन ही कुल उपभोग के बराबर होगा अर्थात् कुल पूर्ति (उत्पादन) सदैव कुल माँग (उपभोग) के सदैव बराबर होगी, न अल्प उत्पादन होगा और न अधिक उत्पादन।

यदि किसी अर्थव्यवस्था में बेरोजगारी की स्थिति उत्पन्न भी होती है तो **मजदूरी की दर कम** हो जायेगी। मजदूरी की दर कम होने के फलस्वरूप उत्पादकों के लाभ में वृद्धि होगी, उत्पादक उत्पादन अधिक करेंगे। उन्हें यह भरोसा होगा कि **'से'** के बाजार नियम के अनुसार जितना उत्पादन किया जायेगा, वह सब बिक जायेगा। उत्पादन के बढ़ने से रोजगार में वृद्धि होगी। रोजगार में तब तक वृद्धि होती रहेगी जब तक कि पूर्ण रोजगार की स्थिति उत्पन्न नहीं हो जाती। यह स्थिति सन्तुलन की स्थिति होगी। अत: रोजगार के प्रतिष्ठित सिद्धान्त के अनुसार केवल पूर्ण रोजगार की स्थिति ही सन्तुलन की स्थिति होती है।

वस्तु बाजार से संस्थिति तथा मुद्रा परिणाम सिद्धान्त (Equilibrium in Commodity Market and Quantity Theory)—'से' का बाजार सिद्धान्त यह तो स्थापित करने में सफल हो जाता है कि वस्तु पूर्ति में होने वाला प्रत्येक परिवर्तन अपने साथ ही साथ माँग में परिवर्तन ला देता है। इस प्रकार पूर्ति में वृद्धि के साथ ही साथ माँग में वृद्धि हो जायेगी और इस प्रकार माँग हमेशा पूर्ति के बराबर बनी रहेगी। पर यदि मुद्रा की पूर्ति में वृद्धि के कारण वस्तु की माँग स्वत: ही बढ़ जायेगी और इस स्थिति में $Dx > Sx$ होगी और वस्तु बाजार में असाम्यता की स्थिति हो सकती है। प्रतिष्ठित अर्थशास्त्री इस असाम्यता को स्वत: समाप्त होने के सम्बन्ध में **फिशर के मुद्रा परिणाम सिद्धान्त का सहारा लेते हैं।** यदि प्रतिपादित करता है कि मूल्य स्तर मुद्रा के परिणाम द्वारा निर्धारित होता है जिसे समीकरण के रूप में फिशर ने इस प्रकार व्यक्त किया है–

अर्थात्

$$MV = PT,$$
मुद्रा की पूर्ति = मुद्रा की माँग –(7)

अथवा

$$P = \frac{MY}{T}$$

यहाँ M = मुद्रा की कुल पूर्ति, V = मुद्रा का प्रचलन वेग, T = कुल उत्पादन तथा P = सामान्य कीमत स्तर। उपर्युक्त समीकरण MV = PT का अर्थ है कि अर्थव्यवस्था में मुद्रा की माँग के समान होती है। दूसरे शब्दों में, मौद्रिक अधिकारियों द्वारा जितनी मुद्रा की पूर्ति की जाती है, वह सभी वस्तुओं व सेवाओं को खरीदने में खर्च कर दी जाती है।

यदि हम अल्पकाल में मुद्रा का प्रचलन वेग (V) तथा व्यापार की मात्रा या कुल उत्पादन (T) को स्थिर मान लें तो मुद्रा के परिणाम में होने वाली वृद्धि कीमत स्तर में ठीक उसी अनुपात में वृद्धि करेगा अर्थात् P = f (M) मान लीजिए, अर्थव्यवस्था पूर्ण रोजगार की अवस्था में है तथा पूर्ण रोजगार को उत्पन्न करती है। इस अवस्था में यदि मुद्रा की पूर्ति में 10 प्रतिशत की वृद्धि हो जाती है तो कीमत-स्तर में भी 10 प्रतिशत की वृद्धि होगी। इसी प्रकार मुद्रा की मात्रा में होने वाले परिवर्तन कीमत स्तर में उसी अनुपात में परिवर्तन लाते हैं।

यदि मौद्रिक मजदूरियों का स्तर ऊँचा होता है, जिसके परिणामस्वरूप वास्तविक मजदूरियाँ ऊँची होती हैं तो समाज में बेरोजगारी उत्पन्न हो जायेगी और देश में उत्पादन पूर्ण रोजगार के स्तर के उत्पादन से कम होगा। प्रतिष्ठित अर्थशास्त्री बेरोजगारी को दूर करने के लिए मुद्रा की पूर्ति (M) में वृद्धि का सुझाव देते हैं। जैसे ही कीमत स्तर बढ़ेंगे, वास्तविक मजदूरियाँ कम हो जायेंगी, हमसे मजदूरी की माँग बढ़ जायेगी और उत्पादन बढ़ जायेगा। अतः प्रतिष्ठित पद्धति में, बेरोजगारी की समस्या का हल मुद्रा की मात्रा में वृद्धि से है, जिसे समस्त माँग में वृद्धि भी समझा जा सकता है। अतः प्रतिष्ठित अर्थशास्त्रियों ने बेरोजगारी की समस्या का समाधान करने के लिए मौद्रिक नीति के उपभोग की सलाह दी है।

III. पूँजी बाजार में सन्तुलन
(Equilibrium in Capital Market)

हमने ऊपर प्रतिष्ठित प्रणाली के बहुत ही सरल प्रतिमान का वर्णन इस मान्यता के आधार पर किया है कि अर्थव्यवस्था में उत्पादन-क्रिया के दौरान जितनी आय का सृजन होता है, वह सभी उपभोग पर व्यय कर दी जाती है तथा इसका कोई भाग बचाया नहीं जाता। यदि आय के किसी भाग को वस्तुओं व सेवाओं पर व्यय नहीं किया जाता तो उसे बचत कहते हैं। यदि अर्थव्यवस्था में बचत की जाती है तो उत्पादन की तुलना में कुल व्यय कम रहेगा फलतः **'से' का बाजार नियम** लागू नहीं होगा। 'से' का बाजार नियम तभी लागू होगा जबकि समस्त बचत का उपयोग विनियोग कार्यों के लिए अर्थात् पूँजीगत वस्तुओं पर व्यय किया जाता है। यदि बचत का विनियोग नहीं किया जाता तो कुल माँग कम हो जायेगी, उत्पादन कम होगा और बेरोजगारी बढ़ेगी अतः पूर्ण रोजगार की स्थिति को बनाये रखने के लिए यह आवश्यक है कि कुल बचत का विनियोग कर दिया जाये अर्थात् **बचत तथा विनियोग (S = I)** होने चाहिए।

प्रतिष्ठित अर्थशास्त्रियों के अनुसार बचत तथा विनियोग के समान होने की स्थिति में सन्तुलन पाया जायेगा। यदि बचत और विनियोग बराबर नहीं हैं तो प्रतिष्ठित अर्थशास्त्रियों के अनुसार **ब्याज की दर** में होने वाले परिवर्तन बचत तथा विनियोग बराबर कर देंगे तथा वस्तु बाजार में सन्तुलन स्थापित हो जायेगा और पूर्ण रोजगार की स्थिति को कायम रखा जा सकेगा। प्रतिष्ठित अर्थशास्त्रियों के अनुसार विनियोग तथा बचत दोनों ही ब्याज की दर पर निर्भर करते हैं अर्थात्

$S = f(r)$ ....बचत फलन	(8)
$I = f(r)$.........विनियोग फलन	(9)
$S = I$...........पूँजी बाजार में साम्य	(10)

उपर्युक्त समीकरणों से ज्ञात होता है कि–

(1) बचत को ब्याज की दर का प्रत्यक्ष फलन माना है अर्थात् ब्याज की दर बढ़ने पर बचत बढ़ती है और ब्याज की दर कम होने पर बचत कम होती है।

(2) इसके विपरीत विनियोग ब्याज की दर का विपरीत फलन है अर्थात् ब्याज की दर बढ़ने पर विनियोग कम किया जाता है और ब्याज की दर कम होने पर विनियोग अधिक किया जाता है।

(3) **ब्याज की दर सन्तुलनकारी घटक है** अर्थात् ब्याज की दर में होने वाले परिवर्तन विनियोग तथा बचत को सदैव बराबर रखते हैं।

यदि किसी अर्थव्यवस्था में बेरोजगारी पायी जाती है तो इसका अर्थ होगा कि विनियोग आवश्यकता से कम किया जा रहा है अर्थात् विनियोग बचत से कम है (I > S) अर्थात् कुल माँग कुल पूर्ति से कम है। इसके फलस्वरूप ब्याज की दर कम होगी। ब्याज की दर कम होने पर बचत की प्रेरणा कम होगी तथा बचत कम की जायेगी, परन्तु विनियोग अधिक किया जायेगा। इस प्रकार विनियोग तथा बचत बराबर (I = S) हो जायेंगे। विनियोग के बढ़ने से वस्तुओं का उत्पादन बढ़ेगा तथा रोजगार में वृद्धि होगी। इस प्रकार बेरोजगारी को समाप्त करके पूर्ण रोजगार की स्थिति प्राप्त की जा सकती है।

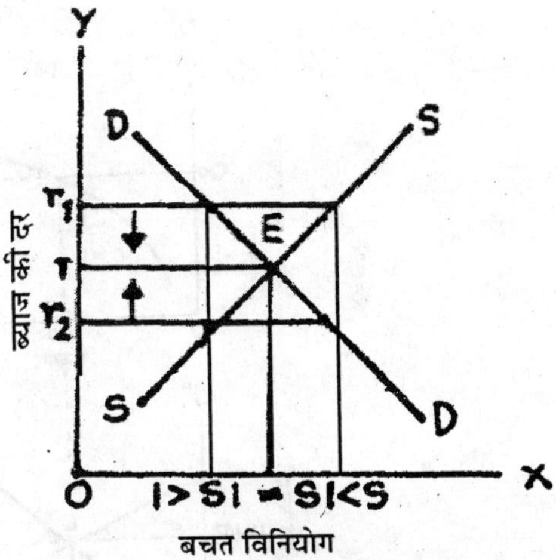

चित्र-3

पूँजी बाजार में सन्तुलन की स्थिति चित्र 3 द्वारा स्पष्ट किया जा सकता है। 1. चित्र 3 में OX अक्ष पर बचत तथा विनियोग को प्रकट किया गया है तथा OY अक्ष पर ब्याज की दर को प्रकट किया गया है। DD वक्र पूँजी की माँग वक्र या विनियोग वक्र है तथा SS वक्र पूँजी की पूर्ति वक्र या बचत वक्र है।

2. ये दोनों वक्र बिन्दु E पर एक-दूसरे को काट रहे हैं अर्थात् बिन्दु E सन्तुलन बिन्दु है। इस बिन्दु से ज्ञात होता है कि जब ब्याज की दर Or है तो विनियोग तथा बचत (I = S) बराबर हैं अर्थात् पूँजी बाजार में सन्तुलन है।

3. यदि ब्याज की दर बढ़ कर Or_1 हो जाती है तो पूँजी की पूर्ति अर्थात् बचत अधिक होगी और पूँजी की माँग अर्थात् विनियोग कम होगा। (I < S) पूँजी की माँग के पूर्ति की तुलना में कम होने के कारण ब्याज की दर Or_1 से कम होकर Or हो जायेगी। इसके विपरीत यदि ब्याज की दर बचत (I > S) कम होगी। इसके फलस्वरूप ब्याज की दर बढ़कर Or हो जायेगी।

4. इससे सिद्ध होता है कि ब्याज की दर में होने वाले परिवर्तन वस्तु बाजार को सन्तुलन में रखेंगे अर्थात् पूर्ण रोजगार की अवस्था को कायम रख सकेंगे।

उपर्युक्त विवेचन से स्पष्ट है कि–

(i) **ब्याज की दर** बचत व विनियोग में समानता उत्पन्न कर देती है।

(ii) **बचत व विनियोग** की समानता, समस्त माँग व समस्त पूर्ति की समानता को बताती है जो कि पूर्ण रोजगार उत्पादन को बताती है।

(iii) यदि बचत व विनियोग में असन्तुलन होता है तो मुद्रा अधिकारियों को ब्याज की दर को प्रभावित कर सन्तुलन की स्थिति को पुनर्स्थापित करना चाहिए।

उपर्युक्त विवेचन से स्पष्ट है कि **सम्पूर्ण आर्थिक प्रणाली के निरन्तर पूर्ण रोजगार सन्तुलन में बने रहने के लिए श्रम बाजार, वस्तु बाजार और पूँजी बाजार में समायोजन होते रहते हैं।** प्रतिष्ठित रोजगार के सिद्धान्त में सम्पूर्ण आर्थिक प्रणाली किस प्रकार सन्तुलन की स्थिति में बनी रहती है, इसे चित्र 4 द्वारा स्पष्ट किया गया है।

1. चित्र 4 के भाग (B) में TP वक्र K तथा T की स्थिर मान्यता के आधार पर उत्पादन फलन को प्रदर्शित करता है, जिसके आधार पर उसी पर आधारित माँग वक्र DL: या श्रम की सीमान्त उत्पादकता वक्र MPPL चित्र के (B) भाग में प्रदर्शित किया गया है।

2. चित्र 4 के भाग (B) में श्रम की पूर्ति फलन (SL) ऊपर उठता हुआ है। श्रम का माँग वक्र (DL) व पूर्ति वक्र (SL) एक-दूसरे को बिन्दु E पर काटते हैं। इस प्रकार साम्य वास्तविक मजदूरी पर $\left(\frac{W}{P}\right)_0$ पर दोनों परस्पर बराबर हैं।

3. चित्र 4 (B) में L_0 पूर्ण रोजगार तथा चित्र 3 (A) में Q_0 इस पूर्ण रोजगार के तदनुरूपी कुल उत्पादन की मात्रा है।

4. परन्तु पूर्ण रोजगार L_0 के समक्ष कुल उत्पादन की मात्रा Q_0 के तदनुरूप सामान्य कीमत स्तर क्या होगा?

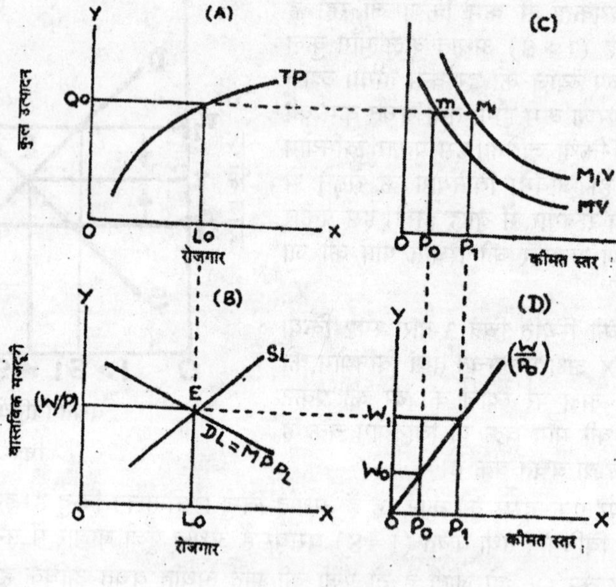

चित्र 4

चित्र 4 (C) में MV वक्र मुद्रा पूर्ति फलन प्रदर्शित करता है। चूँकि MV वक्र का प्रत्येक बिन्दु MV = PT प्रदर्शित करता है, इसलिए MV वक्र **रेक्टेंगुलर हाइपरबोला (Rectangular Hyperbola)** होता है। यह उत्पादन के स्तर और मूल्य स्तर के बीच सम्बन्ध प्रदर्शित करता है। चूँकि उत्पादन का स्तर OQ_0 पर स्थित है (पूर्ण रोजगार की मान्यता के कारण) इसलिए उससे संबंधित मेल खाता हुआ केवल एक कीमत स्तर OP_0 हुआ जहाँ कि MV वक्र पर m बिन्दु है। यदि मुद्रा की मात्रा बढ़ती है तो MV वक्र दायीं ओर सरककर M_1V वक्र हो जायेगा। परिणामस्वरूप कीमत स्तर OP_0 से बढ़कर OP_1 हो जायेगा, वही उत्पादन स्तर OQ_0 दिया होने पर कीमत स्तर में वृद्धि मुद्रा की मात्रा में वृद्धि के बिल्कुल समानुपातिक है अर्थात् $P_0P_1 = mm_1$[1]

5. कुल उत्पादन OQ_0 और कुल मुद्रा की मात्रा MV की सहायता से कीमत स्तर निर्धारित करके मुद्रा मजदूरी के साथ मेल खाती हुई वास्तविक मजदूरी का निर्धारण किया जा सकता है। यह चित्र 4 (D) में समझाया गया है, जहाँ $\frac{W}{P_0}$ मजदूरी कीमत या वास्तविक मजदूरी रेखा है। जब कीमत स्तर OP_0 है तो मुद्रा मजदूरी OW_0 है जब कीमत स्तर बढ़कर OP_1 हो जाता है तो मुद्रा मजदूरी भी बढ़कर $OW_1 = OP_1$ चित्र 4 (B) के वास्तविक मजदूरी स्तर WP_0 से मेल खाता है।

इस प्रकार प्रतिष्ठित अर्थशास्त्री एक ही प्रकार के साम्य नहीं बताते बल्कि तीन प्रकार के साम्य बताते हैं जो कि (अ) मजदूरियों, (ब) कीमत-स्तर तथा (स) ब्याज की दर के परिचालन से स्थापित होते हैं।

रोजगार के प्रतिष्ठित सिद्धान्त का नीतिगत अभिप्राय
(Policy Implications of Classical Theory of Employment)

रोजगार के प्रतिष्ठित सिद्धान्त की नीतिगत निहितार्थ बातें निम्नलिखित हैं–

1. बेरोजगारी की स्थिति केवल तभी उत्पन्न होती है जब मजदूरी की दर, ब्याज की दर तथा अन्य कीमतों में लोचहीनता अथवा जड़ता होती है और सरकार तथा श्रमिक संघों द्वारा बाजार की शक्तियों को स्वतंत्र रूप से कार्य करने में हस्तक्षेप किया जाता है। अत: पूर्ण रोजगार केवल तभी बना रह सकता है–(अ) जब अर्थव्यवस्था में पूर्ण प्रतियोगिता हो; (ब) मजदूरी, ब्याज व अन्य कीमतों में लोचशीलता हो, तथा (स) हस्तक्षेप रहित, ऐसी पूँजीवादी अर्थव्यवस्था हो जिसमें बाजार की शक्तियों को स्वतन्त्र रूप से कार्य करने में लगभग किसी प्रकार की बाधा उत्पन्न न की जाये।

2. प्रतिष्ठित अर्थशास्त्री यह मानते थे कि बाजार की अपूर्णताओं के कारण अर्थव्यवस्था में बेरोजगारी हो सकती है परन्तु यह बेरोजगारी चिर-स्थायी नहीं हो सकती। अदृश्य हाथ (मजदूर-मूल्य-लोचशीलता) माँग और पूर्ति के बीच पुन: दीर्घकालीन सन्तुलन स्थापित कर देती है।

उपर्युक्त व्याख्या से यह स्पष्ट हो जाता है कि प्रतिष्ठित अर्थशास्त्र आर्थिक सिद्धान्तों की एक सुव्यवस्थित प्रणाली है जो मूल्य सिद्धान्त और वितरण पर आधारित है। उनको इस बात का तनिक भी आभास अथवा सन्देह नहीं था कि अर्थव्यवस्था में साधनों की बेरोजगारी की समस्या उत्पन्न हो सकती है। अत: वह अपने द्वारा बुने जाल में फँस गये और जाल का निवारण कीन्स ने अपनी सुप्रसिद्ध पुस्तक 'सामान्य सिद्धान्त' में किया।

रोजगार के प्रतिष्ठित सिद्धान्त की मुख्य बातें
(Classical Theory of Employment-Main Points)

संक्षेप में, रोजगार के प्रतिष्ठित सिद्धान्त की प्रमुख बातें निम्नलिखित हैं–

1. प्रत्येक अर्थव्यवस्था पूर्ण रोजगार के स्तर पर कार्य करती है।

2. अर्थव्यवस्था में स्वत: **समायोजन की क्षमता** होती है। अत: जो कुछ भी उत्पादित किया जाता है, वह सब उपभोग कर लिया जाता है।

3. देश में अति-उत्पादन असम्भव है, क्योंकि प्रत्येक अतिरिक्त उत्पादन समाज में अतिरिक्त क्रय शक्ति को जन्म देता है। फलत: कुल आय कुल व्यय के बराबर होती है।

4. चूँकि अति-उत्पादन असम्भव है, **'सामान्य बेरोजगारी'** भी सम्भव नहीं है।

5. यदि किसी अर्थव्यवस्था में बेरोजगारी होती भी है तो इसके लिए मजदूरी स्वयं जिम्मेदार है, क्योंकि ऐसी स्थिति तभी उत्पन्न होती है जब मजदूर **अपनी उत्पादकता** से अधिक मज़दूरी की माँग करते हैं।

6. मजदूरी के **सीमान्त उत्पादकता** के बराबर होने पर अनैच्छिक बेरोजगारी का प्रश्न ही नहीं उठता।

7. पूर्ण स्पर्द्धा की दशा में **मजदूरी की कटौती** करके पूर्ण रोजगार स्थापित किया जा सकता है।

8. **ब्याज दर का लचीलापन** सदैव बचत और विनियोग को बराबर रखता है।

9. कीमत स्तर में परिवर्तन मुद्रा के परिमाण में परिवर्तन के अनुपात में होता है।

10. बेरोजगारी की स्थिति केवल तभी आती है जब मजदूरी की दर, ब्याज तथा अन्य कीमतों में अपरिवर्तनशील अथवा जड़ता होती है तथा सरकार व श्रमिक संघों द्वारा बाजार की शक्तियों को स्वतन्त्र रूप से कार्य में हस्तक्षेप किया जाता है।

पूर्ण प्रतिष्ठित मॉडल
(Complete Classical Model)

प्रतिष्ठित अर्थशास्त्रियों के विचारानुसार अर्थव्यवस्था में मुख्यतया तीन बाजार हैं–**श्रम बाजार (Labour Market)**, **वस्तु बाजार (Goods Market)** तथा **पूँजी बाजार (Capital Market)**। उनके द्वारा यह तर्क दिया गया था कि माँग

और पूर्ति की शक्तियों द्वारा इन बाजारों में सन्तुलन स्थापित होकर अर्थव्यवस्था में पूर्ण रोजगार स्थापित हो जाता है। प्रतिष्ठित मॉडल को निम्न समीकरणों की सहायता से वर्णित किया जा सकता है–

$Q = f(L)$........उत्पादन फलन –(1)

$W = P \times MPP_L$....मजदूरी स्तर –(2)

$\boxed{\frac{W}{P} = \frac{P \times MPP_L}{P}} = MPP_L$......वास्तविक मजदूरी –(3)

$D_L = f\left(\frac{W}{P}\right)$........माँग फलन –(4)

$S_L = f\left(\frac{W}{P}\right)$ ....पूर्ति फलन –(5)

$D_l = S_L$........श्रम बाजार में साम्य –(6)

$MV = PT$.........मुद्रा की पूर्ति = मुद्रा की माँग –(7)

$S = f(r)$.........बचत –(8)

$I = f(r)$........विनियोग फलन –(9)

$S = I$ ....पूँजी बाजार में साम्य –(10)

उपर्युक्त समीकरणों में–

समीकरण (1) कुल उत्पादन फलन को व्यक्त करता है। यह फलन उत्पादन एवं रोजगार से सम्बन्धित है। रोजगार के स्तर में वृद्धि होने पर उत्पादन के स्तर में भी वृद्धि घटती हुई दर से होती है।

समीकरण (2) व्यक्त करता है कि फर्में श्रमिकों को उस समय तक रोजगार में लगाती हैं, जब तक कि मजदूरी स्तर सामान्य कीमत स्तर और श्रमिकों के सीमान्त उत्पादन के बराबर नहीं हो जाता।

समीकरण (3) लाभ की अधिकतम स्थिति को प्रदर्शित करता है। इस स्थिति में वास्तविक मजदूरी श्रम की सीमान्त उत्पादकता के बराबर होती है।

समीकरण (4 व 5) स्पष्ट करते हैं कि श्रम की माँग तथा पूर्ति वास्तविक मजदूरी की दर के फलन हैं।

समीकरण (6) श्रम बाजार में साम्य की अवस्था को व्यक्त करता है।

समीकरण (7) मुद्रा की पूर्ति और मुद्रा की माँग में साम्य को बताता है अर्थात् **वह मुद्रा बाजार में साम्य को व्यक्त करता है।**

समीकरण (8) बचत की ब्याज की दर को वृद्धिमान फलन के रूप में प्रकट करता है।

समीकरण (9) विनियोग को ब्याज की दर के ह्रासमान फलन के रूप में प्रकट करता है।

समीकरण (10) में वस्तु बाजार में साम्य की अवस्था को प्रकट करता है।

खुली अर्थव्यवस्था और प्रतिष्ठित सिद्धान्त (Open Economy and Classical Theory)—ऐसा नहीं कि उनकी सन्तुलन की व्याख्या केवल बिना सरकार वाली बन्द अर्थव्यवस्था में ही लागू होती है। यदि अर्थव्यवस्था खुली है तो आयातों पर जो व्यय किया जायेगा, वह व्यय की भाँति चक्रीय प्रवाह में एक और क्षरण होगा, परन्तु यदि विदेशी लोग अर्थव्यवस्था के निर्यातों पर उतनी धनराशि व्यय कर दें तो इसे सुधारा जा सकता है। यही नहीं, कीमत प्रणाली का यह कार्य आयातों और निर्यातों को बराबर कर देता है। यदि अर्थव्यवस्था में भुगतान सन्तुलन में कुछ घाटा हो (और वह एक निश्चित विनिमय दर कायम रखे) तो आय का स्तर गिर जायेगा। फ़लतः बेरोजगारी बढ़ेगी और मजदूरी की दरों में कमी होगी। इस प्रकार निर्यात सस्ता हो जायेगा, जिसके परिणामस्वरूप उसकी माँग बढ़ जायेगी। इसके विपरीत, अन्य देशों में जहाँ भुगतान सन्तुलन में अतिरेक होगा, वहाँ मजदूरी की दरों और कीमतों में वृद्धि होगी, फलतः उनके निर्यात की माँग

कम हो जायेगी। यह प्रक्रिया तब तक चलती रहती है जब तक कि भुगतान सन्तुलन में व्याप्त विषमता समाप्त नहीं हो जाती है।

इसी प्रकार करारोपण से एक ओर क्षरण होता है, परन्तु चूँकि वित्तीय नीति का यह मूल सिद्धान्त था कि बजट को सन्तुलित किया जाये, इसीलिए सरकारी व्यय स्वतः कर से प्राप्त आय के बराबर होगा और इस प्रकार जो कुछ वापस लिया जाता है, उसे पुनः वित्तीय प्रवाह में डाल दिया जाता है।

सिद्धान्त की मान्यताएँ
(Assumptions of Theory)

1. अर्थव्यवस्था पूर्ण रोजगार की दशा में रहती है क्योंकि अतिउत्पादन का भय न होने से पूर्ति सदैव माँग के बराबर होती है।

2. अर्थव्यवस्था में उत्पादन साधनों के मध्य पूर्ण प्रतियोगिता रहती है और प्रत्येक साधन का प्रतिफल सीमान्त उत्पादकता द्वारा निर्धारित होता है।

3. अर्थव्यवस्था में सरकारी नियन्त्रण या हस्तक्षेप का अभाव रहता है।

4. अर्थव्यवस्था में ब्याज दर, मजदूरी दर और कीमतें पूर्णतया लचीली होती हैं और उनका यह लचीलापन ही रोजगार-स्तर में वृद्धि करके पूर्ण रोजगार लाने के लिए उत्तरदायी होता है।

5. अर्थव्यवस्था के रोजगार स्तर पर ही राष्ट्रीय आय का स्तर निर्भर करता है।

6. अर्थव्यवस्था एक बन्द अर्थव्यवस्था है, अर्थात् उस अर्थव्यवस्था का अन्य अर्थव्यवस्थाओं से व्यापारिक लेन-देन के रूप में कोई सम्बन्ध नहीं है।

7. अर्थव्यवस्था में मुद्रा का कोई महत्त्वपूर्ण स्थान नहीं होता है।

प्रतिष्ठित रोजगार सिद्धान्त या 'से' के सिद्धान्त की आलोचनाएँ
(Criticisms of Classical Theory or Say Theory)
अथवा
प्रतिष्ठित सिद्धान्त की कीन्स की आलोचनाएँ
(Keynes Criticisms of Classical Theory)

1. पूर्ण रोजगार की गलत मान्यता–प्रतिष्ठित रोजगार का सिद्धान्त पूर्ण प्रतियोगिता की गलत या अवास्तविक मान्यता पर आधारित है। वास्तविक जगत में पूर्ण प्रतियोगिता नहीं बल्कि अपूर्ण प्रतियोगिता पायी जती है।

2. अवास्तविक आधार (Unrealistic Base)—रोजगार का प्रतिष्ठित सिद्धान्त 'से' के बाजार नियम पर आधारित है। यद्यपि उत्पादन की प्रक्रिया में उत्पति के साधनों के स्वामी आय अर्जित करते हैं परन्तु यह आवश्यक नहीं कि वे इस आय को उत्पादित वस्तुओं को खरीदने में पूर्णतया व्यय कर दें। बल्कि वे अपनी आय का एक भाग बचा लेते हैं। इस प्रकार राष्ट्रीय बचत के परिणामस्वरूप वस्तुओं की वर्तमान माँग कम हो जाती है और अन्ततः वर्तमान उत्पादन का कुछ भाग बाजार में बिक नहीं पाता।

3. बचत विनियोग में स्वतः परिवर्तित (Self Adjustment of Saving into Investment)—प्रतिष्ठित अर्थशास्त्रियों की यह धारणा गलत थी कि बचत विनियोग में स्वतः परिवर्तित हो जाती है। बचत विनियोग आवश्यक रूप से अग्रलिखित कारणों से बराबर नहीं होते–

(i) बचत तथा विनियोग का कार्य अर्थव्यवस्था में भिन्न-भिन्न व्यक्तियों अथवा व्यक्तियों के समूहों द्वारा किया जाता है।

(ii) बचतकर्ताओं तथा विनियोगकर्ताओं के उद्देश्य सामान्यतया अलग-अलग होते हैं तथा बचत और विनियोग के निर्धारक तत्त्व भिन्न होते हैं।

4. ब्याज दर की लोचशीलता (Flexibility in Interest rate)—रोजगार के प्रतिष्ठित सिद्धान्त की यह धारणा भ्रमपूर्ण है कि बचत और विनियोग को ब्याज द्वारा बराबर किया जा सकता है। बचत और विनियोग ब्याज सापेक्ष नहीं होते बल्कि कीन्स के अनुसार ये आय सापेक्ष होते हैं। आय न होने वाले परिवर्तन के फलस्वरूप बचत और विनियोग में समानता स्थापित की जा सकती है। राष्ट्रीय आय में होने वाली वृद्धि में परिवर्तन आता रहता है। इसके फलस्वरूप रोजगार के स्तर में परिवर्तन आता रहता है।

5. अपूर्ण सिद्धान्त (Incomplete Theory)—यह सिद्धान्त उन सब बातों की व्याख्या नहीं करता जो रोजगार के स्तर को निर्धारित करता है। इस सिद्धान्त में तो पूर्ण रोजगार को केवल एक सामान्य अवस्था तथा दी हुई स्थिति मानकर चलता है तथा केवल इस स्थिति में अवस्थायी विचलनों की ओर उन तथ्यों की व्याख्या करता है, जो इन अस्थायी विचलनों के बाद पूर्ण रोजगार की सामान्य स्थिति को पुनः स्थापित करते हैं।

6. सरकारी हस्तक्षेप (Government Interference)—कीन्स ने स्वतन्त्र बाजार और प्रतियोगिता पर आधारित अर्थव्यवस्था की भी आलोचना की और कीमत प्रणाली द्वारा स्वतः सन्तुलन के लक्षण पर भी सन्देह प्रकट किया। उन्होंने आर्थिक विषयों में राज्य की हस्तक्षेप नीति को उचित बताया। कीन्स के शब्दों में, ''आजकल की अर्थव्यवस्था में बिना सरकारी हस्तक्षेप के जनकल्याण नहीं हो सकता।'' आर्थिक मन्दी और मुद्रा प्रसार दोनों ही समयों में कीन्स सरकारी हस्तक्षेप के पक्ष में थे।

7. मुद्रा सम्बन्धी विचार (Money Concept)—कीन्स ने मुद्रा सिद्धान्त को सामान्य सिद्धान्त से समन्वित किया और उन्होंने अपने सामान्य सिद्धान्त को मौद्रिक सिद्धान्त कहकर पुकारा है। प्रतिष्ठित अर्थशास्त्रियों ने मुद्रा के धन संचय कार्य की ओर कोई ध्यान नहीं दिया, परन्तु कीन्स ने इस पर अधिक बल दिया। संचय के गुण के कारण वर्तमान क्रय-शक्ति को भविष्य के लिए स्थगित किया जा सकता है और मुद्रा वर्तमान तथा भविष्य की महत्त्वपूर्ण कड़ी बन जाती है। कीन्स ने मुद्रा की सट्टे और दूरदर्शिता पर आधारित माँग के पहलू पर जोर दिया और मुद्रा को केवल विनिमय का माध्यम ही नहीं माना। कीन्स के मतानुसार मुद्रा रोजगार, आय और उत्पादन के निर्धारण में अत्यन्त महत्त्वपूर्ण स्थान रखती है।

8. दीर्घ अवधि (Long Period)—'से' के नियमों का समर्थन केवल दीर्घ अवधि सन्तुलन की पृष्ठभूमि से किया गया है, परन्तु कीन्स का कहना है कि दीर्घ अवधि में हम सबकी मृत्यु हो जायेगी तो ऐसे नियम से क्या फायदा?

9. अपूर्ण रोजगार साम्य (Under Employment Equilibrium)—प्रतिष्ठित अर्थशास्त्रियों की यह मान्यता थी कि अर्थव्यवस्था सदैव पूर्ण रोजगार की अवस्था में रहती है। कीन्स ने रोजगार के प्रतिष्ठित सिद्धान्त की आलोचना इस आधार पर की है कि अर्थव्यवस्था में साम्य की स्थिति विद्यमान होने पर भी इसमें बेरोजगारी व्याप्त हो सकती है, अर्थात् अर्थव्यवस्था पूर्ण रोजगार स्तर के पहले भी साम्यावस्था में आ सकती है। इस बेरोजगारी को दूर करने के लिए कुल माँग में वृद्धि की जानी चाहिए।

10. मजदूरी कटौती का खण्डन (Refutation of Wage Cut)—कीन्स ने पीगू के इस सिद्धान्त का खण्डन किया कि मुद्रा-मजदूरी में कटौती करने से अर्थव्यवस्था में पूर्ण रोजगार उपलब्ध किया जा सकता है। पीगू का विश्लेषण एक **विशेष उद्योग** पर लागू होता है, जिसे उसने समस्त अर्थव्यवस्था पर लागू कर दिया। मजदूरी की दर में कमी, लागतों तथा माँग को घटाकर एक उद्योग में तो रोजगार बढ़ा सकती है परन्तु समस्त अर्थव्यवस्था के लिए इस प्रकार की नीति से रोजगार घट जाता है। जब मजदूरी में सामान्य कटौती होती है, तो श्रमिकों की आय घट जाती है। फलतः कुल माँग गिरेगी और रोजगार कम हो जायेगा।

11. सट्टा माँग का महत्त्व (Importance of Speculative Demand)—प्रतिष्ठित अर्थशास्त्रियों का यह विश्वास था कि मुद्रा की माँग केवल लेन-देन (सौदा) उद्देश्य तथा सतर्कता उद्देश्यों के लिए की जाती है। वे मुद्रा की सट्टा माँग को नहीं मानते थे। क्योंकि सट्टा उद्देश्यों के लिए रखी गई मुद्रा निष्क्रिय शेषों से सम्बद्ध होती है। परंतु कीन्स इस मत से सहमत नहीं थे और उन्होंने मुद्रा की सट्टा माँग के महत्त्व पर जोर दिया। उनका यह मत था कि सौदा और सतर्कता उद्देश्यों के लिए रखी गई परिसम्पत्तियों से अर्जित ब्याज, नीची ब्याज दर पर बहुत कम हो सकती है। परन्तु नीची ब्याज दर पर मुद्रा की सट्टा मांग बहुत अधिक होगी इसलिए ब्याज की दर एक विशेष न्यूनतम स्तर से नहीं गिरेगी और मुद्रा की सट्टा मांग पूर्णतया ब्याज लोचदार होगी यह कीन्स का तरलता जाल (liquidity trap) है, जिसका प्रतिष्ठित अर्थशास्त्री विश्लेषण करने में असमर्थ थे।

इस संदर्भ में कीन्स ने यह भी स्पष्ट किया कि ब्याज दर धनात्मक होने पर बचत के विनियोग से अधिक होने की संभावना होती है। तरलता जाल, ब्याज पर को एक निश्चित न्यूनतम दर से गिरने से रोकता है।

12. मुद्रा निष्प्रभावी नहीं (Managment Method)—प्रतिष्ठित अर्थशास्त्री मुद्रा को निष्प्रभावी मानते थे। इसलिए उन्होंने मौद्रिक सिद्धान्त में उत्पादन, रोजगार और ब्याज की दर को शामिल नहीं किया था। उनके अनुसार, उत्पादन और रोजगार का स्तर और ब्याज की संतुलन पर वास्तविक शक्तियों पर निर्धारित होते हैं। कीन्स ने प्रतिष्ठित अर्थशास्त्रियों की इस अवधारणा की आलोचना की और उन्होंने मौद्रिक सिद्धांत को मूल्य सिद्धान्त के साथ जोड़ दिया और ब्याज दर को मौद्रिक तत्त्व माना।

ऐसा उन्होंने ब्याज दर के माध्यम से मुद्रा की मात्रा और कीमत स्तर में सम्बन्ध स्थापित करके किया। उनका मत था जब मुद्रा की मात्रा बढ़ती है तो ब्याज दर गिरती है फलतः विनियोग, उत्पादन, आय, मांग, साधन लागतें, मजदूरी आदि सभी बढ़ती हैं। अन्ततः सामान्यत कीमत स्तर में वृद्धि हो जाती है। इस प्रकार कीन्स ने अर्थव्यवस्था के मौद्रिक और वास्तविक क्षेत्रों को जोड़ दिया।

13. व्यापक दृष्टिकोण (Macro Viewpoint)—कीन्स का प्रतिष्ठित विचारधारा से पलायन का एक अन्य बिन्दु यह है कि **कीन्स** का विश्लेषण **व्यापक दृष्टिकोण (Macro viewpoint)** को प्रदर्शित करता है जबकि प्रतिष्ठित विश्लेषण **सूक्ष्म दृष्टिकोण (Micro Viewpoint)** पर आधारित है। **प्रो. कीन्स** का सिद्धान्त किसी व्यक्तिगत फर्म अथवा उद्योग (Individual Firm) का विश्लेषण नहीं करता, बल्कि सम्पूर्ण आर्थिक अर्थव्यवस्था का वृहत अध्ययन करता है।

प्रो. कीन्स ने इस प्रतिष्ठित विचारधारा को बिल्कुल गलत बताया कि अर्थव्यवस्था में माँग एवं पूर्ति के बीच स्वतः सन्तुलन स्थापित हो जाता है बशर्तें असन्तुलन की स्थिति में मजदूरी दर, ब्याज दर और कीमत की लचीली नीति अपनायी जाये। **कीन्स** के अनुसार अर्थव्यवस्था में आय बढ़ने पर उपभोग भी बढ़ता है, किन्तु उपभोग वृद्धि का अनुपात आय वृद्धि के अनुपात से कम होता है। इस नियम को **प्रो. कीन्स** ने **'मनोवैज्ञानिक उपभोग नियम' (Psychological Law of Consumption)** का नाम दिया।

प्रो. कीन्स ने प्रतिष्ठित विचारधारा की तीव्र आलोचना करते हुए लिखा है–

''प्रतिष्ठित सिद्धान्त के आधार तत्त्व केवल एक विशेष अवस्था पर लागू होते हैं न कि सामान्य अवस्था पर। हम वास्तव में जिन परिस्थितियों में रहते हैं प्रतिष्ठित सिद्धान्त उस आर्थिक समाज पर लागू नहीं होता। फलस्वरूप इसकी शिक्षा को हम यदि अपने अनुभव के तथ्यों पर लागू करने का प्रयास करें तो हम गलत रास्ते पर जायेंगे और इसके विनाशकारी परिणाम होंगे।''

आधुनिक काल में 'से' के नियम की वैधता
(Validity of Say's law Today)

क्या वर्तमान परिस्थितियों में 'से' का नियम लागू होता है? यह एक अत्यन्त रोचक विषय है स्पष्टतः 'से' का नियम अल्पकाल में वैध नहीं है जबकि दीर्घकाल में लागू होता है।

मुद्रा प्रधान अर्थव्यवस्था तथा व्यापारिक चक्रों (Trade Cycles) का अध्ययन करने वाले अर्थशास्त्री इस नियम को कोई महत्त्व नहीं देते। प्राचीन अर्थव्यवस्था में जहाँ सभी उत्पादन वस्तुतः उपभोग के लिए किया जाता है, इस नियम का कोई व्यावसायिक महत्त्व हो सकता था परन्तु आजकल, जबकि उत्पादन भविष्य की आशाओं और सम्भावनाओं पर ही निर्भर है, **हैबरलर (Haberler)** के अनुसार, ''हम इस निष्कर्ष पर पहुँचते हैं कि आधुनिक आय सिद्धान्त में 'से' के नियम का कोई स्थान नहीं तथा न ही इसकी कोई आवश्यकता है।'' नव-प्रतिष्ठित अर्थशास्त्रियों ने अपने मुद्रा तथा व्यापार चक्रों के सैद्धान्तिक एवं व्यावहारिक अध्ययन में इस नियम का काफी समय पहले ही परित्याग कर दिया था।

परन्तु **प्रोफेसर शुम्पीटर** का कथन है कि 'से' के नियम को कभी भी इस ढंग से प्रस्तुत नहीं किया गया था जैसे कि हम आज यहाँ देखते हैं। इस नियम में केवल इतनी सरल-सी बात कही गयी है कि उत्पादन के अधिकांश भाग का उपभोग हो जाता है और शेष भाग का विनियोग कर दिया जाता है। इस कथन में पर्याप्त सत्यता प्रतीत होती है। **प्रो. ए. एच. हैन्सन** ने उचित ही कहा है कि, ''यह बात सुगमतापूर्वक कही जा सकती है कि जो सिद्धान्त इतने लम्बे काल तक सुयोग्य अर्थशास्त्रियों के द्वारा स्वीकार किया जाता हो, इसमें कोई न कोई विशेषता अवश्य होगी।''

वे आगे और स्पष्ट करते हुए लिखते हैं कि "आर्थिक इतिहास यह बतलाता है कि किस प्रकार एक उचित सिद्धान्त वाद-विवाद के कुचक्र में फँसकर अपनी सजीवता खो देता है। अधिकतर यह ऐसी समस्याओं के सुलझाने में प्रयुक्त होता है, जिनको सुलझाने के लिए यह उचित यन्त्र नहीं है। ऐसा करने से भ्रमात्मक परिणाम निकलने अनिवार्य ही हैं। 'से' के नियमों की यही दशा हुई है।"

Select References

1. Ackely, Gardner : Macro Economic Theory, 1961 Parts II & III.
2. Dellard, Dudley : The Economics of J.M. Keynes, 1948
3. Howis, S.E. : The New Economics, 1947
4. Keynes, J.M. : The General Theory of Employment, Interest and Money.
5. Pigou, A.C. : The Theory of Unemployment, 1933, Lapses from full Employment, 1945, Essays in Economics, 1952
6. Ross, M.H. : Income : Analysis and Policy, 1964
7. Sinha, V.C. : Keynesian Economics.

परीक्षा प्रश्न
(Examination Questions)

I. दीर्घ उत्तरीय प्रश्न (Long Answer Type Questions)

1. रोजगार के प्रतिष्ठित सिद्धान्त की व्याख्या कीजिए। कीन्स ने किन आधारों पर इसकी आलोचना की थी?
   Discuss the classical theory of employment. On what grounds Keynes criticised it?
2. प्रतिष्ठित अर्थशास्त्र के बेरोजगार सिद्धान्त के मुख्य लक्षणों का आलोचनात्मक वर्णन कीजिए।
   Explain the salient features of classical theory of employment and examine it critically.
3. 'से' के बाजार के नियम की आलोचनात्मक व्याख्या कीजिए। इसके क्या निहित तत्त्व हैं?
   Critically examine Says' Law of Markets. What are its implications?
4. "अर्थव्यवस्था में सामान्य अति-उत्पादन और सामान्य बेरोजगारी असम्भव है।" व्याख्या कीजिए।
   General over-production and general unemployment are impossible in an economy." Discuss.
5. "पूर्ति अपनी माँग स्वयं उत्पन्न करती है।" व्याख्या कीजिए।
   "Supply creates its own demand." Explain.
6. 'से' के नियम की व्याख्या तथा आलोचना करें। क्या आज यह नियम वैध है?
   Explain and criticise Say's Law. Is this law valid today?

II. लघु उत्तरीय प्रश्न (Short Answer Type Questions)

1. राष्ट्रीय आय का निर्धारण सिद्धान्त क्या है?
2. राष्ट्रीय आय का सन्तुलन स्तर क्या है?
3. पूर्ण रोजगार से क्या तात्पर्य है?
4. रोजगार का प्रतिष्ठित सिद्धान्त क्या है?
5. श्रम बाजार में सन्तुलन कब होता है?
6. मजदूरी की दर में कटौती का रोजगार पर क्या प्रभाव पड़ता है?
7. वस्तु बाजार कब सन्तुलन की स्थिति में होता है?

8. पूँजी बाजार में सन्तुलन कब होता है?
9. रोजगार के प्रतिष्ठित सिद्धान्त की समीकरणों की सहायता से स्पष्ट करिए।
10. प्रतिष्ठित सिद्धान्त की मान्यताएँ क्या हैं?
11. प्रतिष्ठित सिद्धान्त की आलोचना लिखिए।

III. वस्तुनिष्ठ प्रश्न (Objective Type Questions)

सही विकल्प चुनकर लिखिए :

1. प्रतिष्ठित अर्थशास्त्रियों के अनुसार अर्थव्यवस्था में बाजार होते हैं:
   (अ) श्रम बाजार (ब) वस्तु बाजार
   (स) पूँजी बाजार (द) उपर्युक्त सभी
2. यह समीकरण व्यक्त करता है— $W = P \times MPP_L$:
   (अ) माँग फलन (ब) पूर्ति फलन
   (स) मजदूरी फलन (द) वास्तविक मजदूरी
3. पूर्ति अपनी माँग का निर्माण करती है। यह कथन है:
   (अ) 'से' का (ब) 'मिल' का
   (स) 'रिकार्डो' का (द) उपर्युक्त में से कोई नहीं।
4. मूल्य स्तर मुद्रा के परिमाण द्वारा निर्धारित होता है। यह मत है:
   (अ) मार्शल का (ब) पीगू का
   (स) फिशर का (द) उपर्युक्त में से कोई नहीं।
5. निम्नलिखित में से कौन-सा कथन गलत है:
   (अ) पूर्ण प्रतियोगिता की दशा में मजदूरी की कटौती करके, पूर्ण रोजगार प्राप्त किया जा सकता है।
   (ब) ब्याज दर का लचीलापन सदैव बचत और विनियोग को बराबर रखता है।
   (स) कीमत स्तर में परिवर्तित मुद्रा में परिणाम से परिवर्तन के अनुपात में होता है।
   (द) देश में अति-उत्पादन सम्भव होता है।

उत्तर—1. (द), 2. (द), 3. (अ), 4. (स), 5. (द)।

OOO

6

कीन्स का रोजगार सिद्धान्त
(Keynesian Theory of Employment)

महत्त्वपूर्ण अवधारणाएँ (Important Concepts)

1. पूर्ण रोजगार (Full Employment)—पूर्ण रोजगार वह स्थिति है, जिसमें मजदूरी की वर्तमान दर पर जितने लोग काम करना चाहते हैं, उन्हें रोजगार प्राप्त हो जाता है।

2. अल्प रोजगार (Under-employment)—अल्प रोजगार वह स्थिति है, जिसमें लोगों को पूरे समय के लिए रोजगार नहीं मिलता या उनकी योग्यता के अनुसार काम नहीं मिल पाता।

3. अपूर्ण रोजगार सन्तुलन (Under-employment Equilibrium)—यह वह अवस्था है, जिसमें अनैच्छिक बेरोजगारी के कारण पूर्ण रोजगार स्तर से कम स्तर पर कुल माँग तथा कुल पूर्ति बराबर होती है।

4. अति पूर्ण रोजगार सन्तुलन (Overfull Employment Equilibrium)—यह वह अवस्था है, जिसमें पूर्ण रोजगार से ऊँचे स्तर पर कुल माँग तथा कुल पूर्ति बराबर होती है।

5. प्रभावपूर्ण माँग (Effective Demand)—केवल वह कुल माँग जो कुल पूर्ति के बराबर होती है, प्रभावपूर्ण माँग कहलाती है।

कीन्स के रोजगार सिद्धान्त में प्रभावूपर्ण माँग अर्थव्यवस्था के **कुल उत्पादन** मूल्य को बताती है। कुल उत्पादन का आशय **राष्ट्रीय आय** से है। इस प्रकार राष्ट्रीय आय = कुल व्यय से है। कुल राष्ट्रीय आय उपभोंग व्यय (C), विनियोग व्यय (I) व सरकारी व्यय (G) का योग होता है। अत:

प्रभावपूर्ण माँग (Effective Demand) = राष्ट्रीय आय = राष्ट्रीय व्यय (C + I + G)

7. कुल माँग (Aggregate Demand)—एक अर्थव्यवस्था के समस्त उत्पादक श्रमिकों की एक निश्चित संख्या द्वारा पैदा किये गये उत्पाद को बेचकर जितना कुल मूल्य प्राप्त करने की आशा करते हैं, उसे कुल माँग की कीमत या कुल माँग क्रिया कहते हैं। कुल माँग कीमत रोजगार के विस्तार के साथ बढ़ती है।

संक्षेप में, **कुल माँग से अभिप्राय किसी अर्थव्यवस्था में एक वर्ष की अवधि में सभी वस्तुओं तथा सेवाओं की कुल माँग से है।**

8. कुल पूर्ति (Aggregate Supply)—कुल पूर्ति कीमत मुद्रा की वह कुल न्यूनतम आवश्यक राशि है, जो अर्थव्यवस्था के समस्त उत्पादकों को रोजगार के किसी स्तर पर नियोजित श्रमिकों द्वारा उत्पादित वस्तु की बिक्री से अवश्य प्राप्त हो जानी चाहिए।

कुल पूर्ति से अभिप्राय किसी निश्चित समय में किसी अर्थव्यवस्था द्वारा एक वर्ष में उत्पादित कुल वस्तुओं तथा सेवाओं के मौद्रिक मूल्य से है।

9. आय तथा रोजगार (Income and Employment)—आय से अभिप्राय राष्ट्रीय आय से है तो रोजगार से अभिप्राय अर्थव्यवस्था में पाये जाने वाले कुल रोजगार से है। **'अन्य बातें स्थिर रहने पर'** रोजगार के ऊँचे स्तर के फलस्वरूप उत्पादन का स्तर ऊँचा होगा और इसलिए आय का स्तर भी ऊँचा होगा। यही कारण है कि आय तथा रोजगार शब्द का प्रयोग एक-दूसरे के लिए किया जाता है। वास्तव में, कीन्स आय को रोजगार के रूप में मापता है। इसलिए कीन्स के सिद्धान्त (Keynesian Theory) में **आय का स्तर तथा रोजगार का स्तर** समान धारणाएँ ही हैं।

9. रोजगार तथा आय का सन्तुलन स्तर (Equilibrium Level of Income and Employment)–रोजगार तथा आय का सन्तुलन स्तर वह स्तर है जिस पर कुल माँग तथा कुल पूर्ति एक-दूसरे के बराबर होती है। अतएव अर्थव्यवस्था में जितना उत्पादन होता है, उतनी उसकी माँग होती है।

10. मुक्त अर्थव्यवस्था (Free Economy)—मुक्त अर्थव्यवस्था वह अर्थव्यवस्था है, जिसमें सरकार का कोई हस्तक्षेप नहीं होता।

बीसवीं शताब्दी के प्रसिद्ध अर्थशास्त्री लार्ड जे. एम. कीन्स ने अपनी पुस्तक *'The General Theory of Employment Interest and Money'* (रोजगार, ब्याज और मुद्रा का सामान्य सिद्धान्त, 1936) में रोजगार के आधुनिक सिद्धान्त का प्रतिपादन किया। **लार्ड कीन्स** के अनुसार, एक पूँजीवादी विकसित अर्थव्यवस्था में **पूर्ण रोजगार की स्थिति सामान्य** स्थिति नहीं है, वास्तव में, हर अर्थव्यवस्था में बेरोजगारी पायी जा सकती है।

कीन्स के सिद्धान्त का जन्म 1931-1935 की **विश्वव्यापी मन्दी**[1] के कारण हुआ, जबकि प्रतिष्ठित अर्थशास्त्रियों की आशा के विरुद्ध लाखों की संख्या में श्रमिक रोजगार प्राप्त करने के लिए भटक रहे थे, लेकिन उनको **'रिक्त स्थान नहीं है'** (No Vacancy) के बोर्ड देखने को मिलते थे। ब्याज की दर निम्नतम स्तर पर पहुँच गयी थी, लेकिन विनियोग की मात्रा नहीं बढ़ पा रही थी। ऐसे समय में **कीन्स** ने अपनी पुस्तक **'सामान्य सिद्धान्त' (General Theory)** का प्रतिपादन कर उन घटकों का विश्लेषण किया जो पूँजीवादी अर्थव्यवस्था में रोजगार व उत्पादन स्तर को प्रभावित करते हैं। कीन्स का विश्लेषण एक अल्पकालीन विश्लेषण है।

कीन्स के सिद्धान्त की व्याख्या
(Explanation of Keynesian Theory)

रोजगार का प्रारम्भिक बिन्दु : प्रभावपूर्ण माँग (Starting Point of Employment : Effective Demand)–लार्ड कीन्स के रोजगार सिद्धान्त के अनुसार पूँजीवादी अर्थव्यवस्था में अल्पकाल में कुल उत्पादन अथवा राष्ट्रीय आय रोजगार के स्तर पर निर्भर करती है, क्योंकि अल्पकाल में उत्पादन के अन्य साधन; जैसे पूँजी तकनीक आदि स्थिर रहते हैं। रोजगार का स्तर प्रभावपूर्ण माँग पर निर्भर करता है। **प्रभावपूर्ण माँग (Effective Demand) कुल माँग के उस स्तर को कहते हैं जिस पर वह कुल पूर्ति के बराबर होती है।**

प्रभावपूर्ण माँग से अभिप्राय अर्थव्यवस्था में माँग के उस स्तर से है जिसके लिए पूर्ति उपलब्ध है जिसके कारण उत्पादक उत्पादन को और बढ़ाने के लिए तत्पर नहीं है अर्थात् यदि उत्पादन को और बढ़ाना होगा तो अर्थव्यवस्था में माँग के स्तर में और वृद्धि करनी पड़ेगी। उदाहरण के लिए, मान लीजिए, किसी देश के एक लाख लोगों को रोजगार पर लगाने से यदि एक निश्चित समय में कुल पूर्ति कीमत 200 करोड़ रु. है तथा समय की उस अवधि में कुल माँग कीमत भी 200 करोड़ रुपये है तो उस स्थिति में **कुल माँग कीमत कुल पूर्ति कीमत के बराबर** होगी। अतएव 200 करोड़ रुपये की कुल माँग कीमत को **प्रभावपूर्ण माँग** कहा जायेगा। इस अवसर पर स्पष्ट है कि **प्रभावपूर्ण माँग कुल माँग के उस स्तर को कहते हैं जिस पर वह कुल पूर्ति के बराबर होती है।** दूसरे शब्दों में **प्रभावपूर्ण माँग वक्र पर स्थित वह बिन्दु है, जहाँ कुल पूर्ति वक्र इसे काटता है।**

प्रभावपूर्ण माँग को विभिन्न प्रकार से निम्न प्रकार से व्यक्त किया जा सकता है–

---

1. महामन्दी कितनी गम्भीर थी, इसका अनुमान उस समय अमेरिकी अर्थव्यवस्था के सम्बन्ध में उपलब्ध कुछ आँकड़ों से लगाया जा सकता है। समयावधि 1930-32 के दौरान अमेरिका में लगभग 5,000 बैंक फेल हो गये थे, जिनमें लगभग 90 लाख लोगों को अपनी सम्पूर्ण या आंशिक बचतों से हाथ धोना पड़ा था। उस समय व्यावसायिक लाज नगण्य हो गये थे। फलत: व्यावसायिक फर्में बन्द हो रही थीं जिसके कारण मन्दी से पहले जो सफल श्रमिक थे, वे मन्दी काल में रोजगार की तलाश में सड़कों व गलियों में घूमते थे और ठण्डी रात्रि उन्हें टाट के कपड़ों में लिपटकर गुजारनी पड़ रही थी और वे टूटी कारों या पैकिंग के काम आने वाली पेटियों में रात्रि गुजारते थे।

1. प्रभावपूर्ण माँग कुल उत्पादन की माँग को सूचित करता है (Effective Demand is Representative of Aggregate Production)—चूँकि प्रभावपूर्ण माँग अर्थव्यवस्था में माँग के उस स्तर को व्यक्त करती है, जिसकी पूर्ति उपलब्ध है जैसा उपर्युक्त उदाहरण में 200 करोड़ रु. है। इसलिए प्रभावूपर्ण माँग समाज में होने वाले कुल उत्पादन या राष्ट्रीय उत्पादन की कीमत को भी सूचित करती है अर्थात्

> **प्रभावपूर्ण माँग** = राष्ट्रीय उत्पादन या कुल उत्पादन का मूल्य
>
> **Effective Demand (ED)** = National Production or Value of Aggregate Output

2. प्रभावपूर्ण माँग राष्ट्रीय आय के बराबर होती है (Effective Demand is equal to National Income)—इसका कारण यह है कि राष्ट्रीय उत्पादन का कुल मूल्य और उद्योगपतियों द्वारा माल की बिक्री से प्राप्त होने वाली आय में कोई अन्तर नहीं होता। इसलिए प्रभावपूर्ण माँग कुल उत्पादन के साथ-साथ राष्ट्रीय आय के बराबर भी होती है। अत: प्रभावपूर्ण माँग को राष्ट्रीय आय या उत्पादन के साधनों की कुल आय (मजदूरी = किराया + ब्याज + लाभ) के रूप में भी प्रदर्शित किया जा सकता है। अर्थात्

> **प्रभावपूर्ण माँग** = राष्ट्रीय उत्पादन का मूल्य = राष्ट्रीय आय
>
> **Effective Demand (ED)** = Value of National Output = National Income

3. प्रभावपूर्ण माँग अर्थव्यवस्था के कुल व्यय के रूप में प्रदर्शित की जाती है (Effective Demand Reflects the Total Expenditure of Economy)–उत्पादन के साधनों को जो आय प्राप्त होती है, उसे अर्थव्यवस्था में उत्पन्न वस्तुओं व सेवाओं को खरीदने में व्यय करते हैं। इसलिए प्रभावपूर्ण माँग एक तरफ तो उपभोग की वस्तुओं पर किये गये राष्ट्रीय व्यय के बराबर होती है; दूसरी तरफ यह विनियोग की वस्तुओं पर किये गये राष्ट्रीय व्यय के बराबर होती है अर्थात्

प्रभावपूर्ण माँग (ED) = राष्ट्रीय व्यय (National Expenditure) अर्थात् वह व्यय जो उपभोग की वस्तुओं और विनियोग की वस्तुओं पर किया जाता है अर्थात् उपयोग + विनियोग = C + I। इस प्रकार

> **प्रभावपूर्ण माँग = राष्ट्रीय उत्पादन = राष्ट्रीय आय = राष्ट्रीय व्यय (C + I)**
>
> **ED = NP = NI = NE**

उपर्युक्त विवेचन से स्पष्ट है कि–

1. राष्ट्रीय आय (Y) रोजगार के स्तर (N) पर निर्भर करती है अर्थात् $Y = f(N)$
2. रोजगार का स्तर (N) प्रभावपूर्ण माँग (ED) पर निर्भर करता है अर्थात् $N = f(ED)$
3. प्रभावपूर्ण माँग (ED) कुल माँग कीमत (AD) तथा कुल पूर्ति कीमत (AS) पर निर्भर करती है अर्थात्

   $ED = AD = AS$
4. प्रभावपूर्ण माँग बढ़ने से रोजगार, उत्पादन व राष्ट्रीय आय में वृद्धि होती है।
5. प्रभावपूर्ण माँग घटने से रोजगार, उत्पादन व आय में कमी होती है।
6. प्रभावपूर्ण माँग उपभोग की वस्तुओं और विनियोग की वस्तुओं पर किये गये खर्च की मात्रा के बराबर होती है।
7. अत: हम कह सकते हैं कि रोजगार उपभोग खर्च की मात्रा और विनियोग खर्च की मात्रा पर निर्भर करता है।
8. यदि उपभोग स्थिर रहता है और विनियोग में वृद्धि होती है तो रोजगार भी बढ़ता है।
9. इसके विपरीत, यदि विनियोग स्थिर रहता है और उपभोग में वृद्धि होती है तो भी रोजगार बढ़ता है।

प्रभावपूर्ण माँग के निर्धारक तत्त्व
(Determinations of Effective Demand)

मार्शल के अनुसार कीमत माँग तथा पूर्ति की बाजार की शक्तियों द्वारा निर्धारित होती है जबकि कीन्स के अनुसार प्रभावपूर्ण माँग तथा कुल माँग तथा कुल पूर्ति की परस्पर समानता द्वारा निर्धारित होती है। अत: कीन्स के रोजगार सिद्धान्त के दो निर्धारक तत्त्व अग्रलिखित हैं–

(i) कुल माँग क्रिया या फलन (Aggregate Demand Function)–एक अर्थव्यवस्था में वस्तुओं और सेवाओं की सम्पूर्ण माँग को ही **कुल माँग या प्रभावूपर्ण माँग** कहते हैं। वस्तुओं या सेवाओं की कुल माँग दो कारणों से की जाती है–**(अ) उपभोग के लिए एवं (ब) विनियोग के लिए।**

उपभोग के लिए माँग **निजी गृहस्थों** द्वारा और **सरकार** द्वारा की जाती है। निजी गृहस्थों द्वारा उपभोक्ता वस्तुओं की माँग को **निजी उपभोग** कहते हैं। इसी प्रकार सरकार द्वारा **सार्वजनिक वस्तुओं** की पूर्ति हेतु अनेक वस्तुओं और सेवाओं; जैसे–सीमेण्ट, लोहा, बैंकिंग, यातायात, मनोरंजन आदि की माँग की जाती है, जिसे **सार्वजनिक उपभोग (Public Consumption)** कहते हैं। **निजी एवं सार्वजनिक उपभोग को मिलाकर ही वस्तुओं एवं सेवाओं की माँग का निर्माण होता है।**

कुल माँग का दूसरा महत्त्वपूर्ण अंग विनियोग की माँग अर्थात् पूँजीगत वस्तुओं की माँग है। विनियोग की माँग भी निजी एवं सार्वजनिक दोनों ही क्षेत्रों के द्वारा की जाती है। निजी एवं सार्वजनिक विनियोग को मिलाकर अर्थव्यवस्था की कुल विनियोग के लिए माँग प्राप्त होती है।

इस प्रकार **अर्थव्यवस्था की कुल उपभोग माँग (C) तथा विनियोग (I) का योग ही कुल माँग या सामूहिक माँग कहलाती है** अर्थात्

कुल माँग = उपभोग माँग (C) + विनियोग (I)

जब गृहस्थों व सरकार द्वारा वस्तुओं या सेवाओं की माँग की जाती है तो वे इन पर मुद्रा व्यय करते हैं। अत: दूसरे रूप में कुल माँग को कुल व्यय के रूप में भी व्यक्त किया जा सकता है अर्थात्

कुल माँग = कुल व्यय = उपभोग व्यय + विनियोग व्यय

इसका अभिप्राय यह है कि **कुल उपभोग तथा कुल विनियोग में वृद्धि अथवा कमी करके कुल माँग में भी वृद्धि** या कमी की जा सकती है।

कुल माँग को एक-दूसरे **दृष्टिकोण से भी आँका जा सकता है।** हम जानते हैं कि एक व्यक्ति का व्यय ही दूसरे व्यक्ति की आय बन जाती है। इसके आधार पर यह कहा जा सकता है कि एक अर्थव्यवस्था का कुल व्यय अर्थव्यवस्था की कुल आय को व्यक्त करता है अर्थात् **कुल व्यय से उन फर्मों को आय प्राप्त होती है** जो कि वस्तुओं व सेवाओं की पूर्ति करती है। इस प्रकार **अर्थव्यवस्था के कुल व्यय को फर्मों की आय के रूप में भी प्रकट किया जा सकता है।**

उपर्युक्त आधार पर **कुल माँग अथवा कुल व्यय सभी फर्मों की प्राप्तियों की वह राशि है, जो वे अपने उत्पाद को, जो कि उन्होंने निर्दिष्ट श्रमिकों की सहायता से उत्पन्न किया है, बेचकर प्राप्त करने की आशा करते हैं।** यदि फर्म अधिक आय प्राप्त करने की आशा करती हैं तो निश्चित रूप से उन्हें अधिक व्यक्तियों को रोजगार प्रदान करके उत्पादन में वृद्धि करनी होगी। **इस प्रकार रोजगार के विभिन्न स्तरों पर उत्पादित वस्तुओं की बिक्री से प्रत्याशित मौद्रिक आय की अनुसूची को कुल माँग फलन कहते हैं।** दूसरे शब्दों में, कुल माँग अथवा कुल व्यय अथवा कुल आय रोजगार के स्तर के अनुरूप घटती-बढ़ती है।

कुल माँग अनुसूची (Aggregate Demand Schedule)–अब हम उदाहरण के लिए रोजगार के विभिन्न स्तरों तथा उन पर उत्पाद की बिक्री से प्राप्त आय की एक अनुसूची तैयार करेंगे जिसे **कुल माँग अनुसूची अथवा कुल माँग फलन कहते हैं** जैसा आगे सारणी 1 में दर्शाया गया है–

सारणी 1–कुल माँग अनुसूची

रोजगार का स्तर (N) (Level of Employment) (करोड़ व्यक्तियों में)	प्रत्याशित बिक्री आय या कुल माँग (AD) (Expected Sale Proceeds or Aggregate Demand) (करोड़ रु. में)
0	30
1	50
2	60
3	70
4	80
5	90
6	95

उपर्युक्त अनुसूची से स्पष्ट है कि–

(i) जब रोजगार की मात्रा शून्य है तो भी कुल माँग 30 करोड़ रु. है। इसका अभिप्राय यह है कि बेरोजगार श्रमिकों को भी अपने उपभोग पर कम से कम 30 करोड़ रु. खर्च करने की सम्भावना है।

(ii) इसके पश्चात् जैसे-जैसे रोजगार की मात्रा बढ़ायी जाती है, वैसे-वैसे कुल प्रत्याशित बिक्री आय भी बढ़ती जाती है। अन्य शब्दों में, रोजगार की मात्रा (N) और प्रत्याशित बिक्री आय या कुल माँग कीमत (AD) में सीधा सम्बन्ध है अर्थात् कुल माँग रोजगार स्तर का फलन होता है अर्थात्

$$\boxed{AD = f(N)}$$

कुल माँग वक्र (Aggregate Demand Curve)–कुल माँग अनुसूची को जब वक्र द्वारा प्रदर्शित किया जाता है तो उसे कुल माँग वक्र कहते हैं।

चित्र 1 में AD रेखा कुल माँग रेखा है, जो O से आरम्भ न होकर उसके ऊपर से आरम्भ हो रही है, जिससे यह सिद्ध होता है कि रोजगार का स्तर शून्य होने पर भी उपभोग पर व्यय किया जाता है।

चित्र 1 में कुल माँग रेखा का ढलान नीचे से ऊपर की ओर दायीं ओर उठता हुआ है जो यह सिद्ध करता है कि रोजगार बढ़ने के साथ-साथ कुल माँग अर्थात् प्रत्याशित बिक्री आय भी बढ़ रही है।

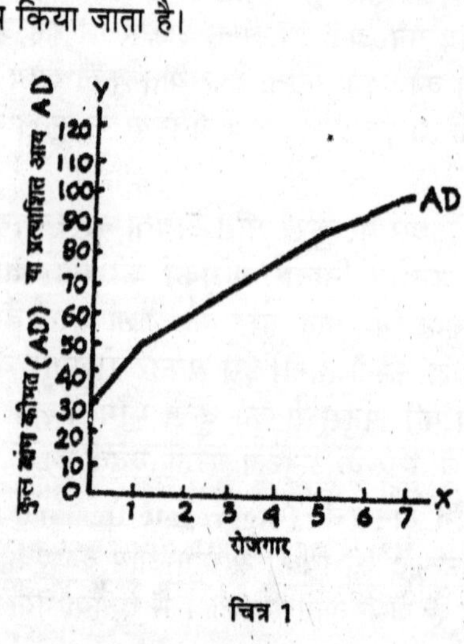

चित्र 1

संक्षेप में,

(i) अर्थव्यवस्था में किये गये कुल उपभोग व्यय और विनियोग व्यय के योग को ही कुल माँग कहते हैं।

(ii) एक व्यक्ति का व्यय दूसरे व्यक्ति की आय होती है, अत: एक अर्थव्यवस्था का कुल व्यय अर्थव्यवस्था की कुल आय को व्यक्त करता है अर्थात् कुल व्यय से उन फर्मों को आय प्राप्त होती है जो कि वस्तुओं और सेवाओं की पूर्ति करते हैं।

(iii) अतः कुल माँग वह प्रत्याशित बिक्री से प्राप्त आय है, जो फर्म निर्दिष्ट श्रमिकों द्वारा उत्पादित वस्तु के विक्रय से प्राप्त होने की आशा करती है।

(iv) रोजगार के विभिन्न स्तरों पर उत्पादन की बिक्री से प्राप्त सम्भावित आय की अनुसूची को माँग अनुसूची या माँग फलन कहते हैं।

(v) जैसे-जैसे रोजगार की मात्रा बढ़ायी जाती है, वैसे-वैसे प्रत्याशित बिक्री आय की राशि भी बढ़ती जाती है,

अर्थात् $\boxed{AD = f(N)}$

(vi) कुल पूर्ति क्रिया या फलन (Aggregate Supply Function)–अब हम प्रभावपूर्ण माँग के दूसरे निर्धारक कुल पूर्ति क्रिया या फलन के सम्बन्ध में विचार करेंगे। **एक अर्थव्यवस्था में उपभोग एवं विनियोग के लिए उपलब्ध वस्तुओं व सेवाओं की कुल मात्रा को ही कुल पूर्ति कहते हैं।** हम जानते हैं कि अर्थव्यवस्था में उत्पादित अन्तिम वस्तुओं या सेवाओं के मौद्रिक मूल्य को राष्ट्रीय उत्पाद कहते हैं। अतः यदि अर्थव्यवस्था में उत्पादित सभी वस्तुओं और सेवाओं को उपभोग अथवा विनियोग के लिए उपलब्ध कराया जाये तो राष्ट्रीय उत्पाद, राष्ट्रीय आय के समान होगा। अतः कुल पूर्ति = राष्ट्रीय उत्पाद = राष्ट्रीय आय।

विभिन्न साधनों को प्राप्त होने वाली आय फर्मों के द्वारा **एक निर्दिष्ट रोजगार के स्तर पर उत्पादित वस्तुओं और सेवाओं की लागत के बराबर होती है।** फर्में उसी अवस्था में रोजगार के इस स्तर को बनाये रख सकती हैं, जबकि उन्हें वस्तुओं व सेवाओं की बिक्री से उतनी आय अवश्य प्राप्त हो जाये, जिससे कि वे उत्पादन के साधनों को भुगतान कर सकें। दूसरे शब्दों में, **फर्मों को रोजगार एवं उत्पादन का वर्तमान स्तर बनाये रखने के लिए उत्पादित वस्तुओं और सेवाओं की बिक्री से न्यूनतम आय अवश्य प्राप्त होनी चाहिए। अतः फर्मों को निर्दिष्ट उत्पादन और रोजगार के स्तर को अपनाने के लिए जो न्यूनतम बिक्री आय प्राप्त होनी चाहिए, उसे 'कुल पूर्ति मूल्य' (Aggregate Supply Price) कहते हैं।**

कुल पूर्ति अनुसूची (Aggregate Supply Schedule)–कुल पूर्ति अनुसूची रोजगार के विभिन्न स्तरों तथा न्यूनतम बिक्री राशि में सम्बन्ध को दर्शाती है जैसा कि निम्न सारणी 2 में दर्शाया गया है–

सारणी 2–कुल पूर्ति अनुसूची

कुल रोजगार का स्तर (करोड़ रुपये में)	रोजगार के एक दिये हुए स्तर पर, उत्पादन की कुल लागत अर्थात् कुल आय (करोड़ रु. में)
0	0
1	30
2	45
3	60
4	75
5	90
6	105

उपर्युक्त सारणी से स्पष्ट है कि रोजगार में वृद्धि के फलस्वरूप कुल पूर्ति मूल्य में वृद्धि होती जाती है।

कुल पूर्ति वक्र (Aggregate Supply Curve)–जब कुल पूर्ति अनुसूची को रेखाचित्र द्वारा व्यक्त किया जाता है तो उसे कुल पूर्ति वक्र कहते हैं। चित्र 2 में X-अक्ष पर उद्यमियों द्वारा प्रस्तुत किये गये रोजगार के विभिन्न स्तरों को

दर्शाया गया है तथा Y-अक्ष पर रोजगार के विभिन्न स्तरों से प्राप्त **सम्भावित आय** को लिया गया है। कुल पूर्ति कीमत का रोजगार के स्तर से धनात्मक सम्बन्ध है। जब अर्थव्यवस्था पूर्ण रोजगार के स्तर को प्राप्त कर लेती है। 'चित्र 2 में यह स्थिति N बिन्दु द्वारा दर्शायी गयी है) तो कुल पूर्ति फलन पूर्णतया लोचहीन बन जाता है, क्योंकि पूर्ण रोजगार के स्तर को प्राप्त कर लेने के पश्चात् उत्पादन में वृद्धि की कोई सम्भावना नहीं रह जाती है।

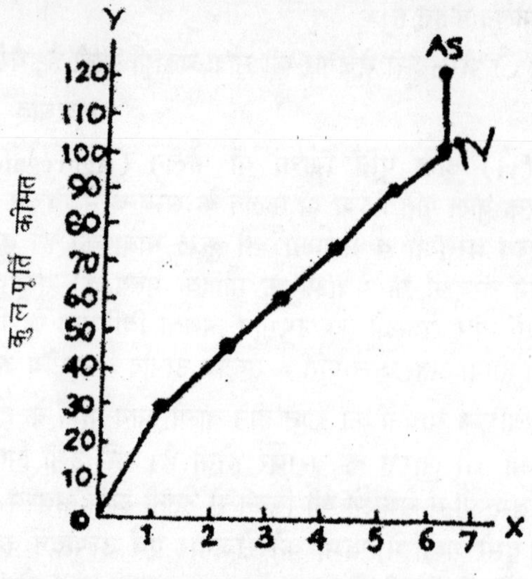

चित्र 2–रोजगार

संक्षेप में, (i) अर्थव्यवस्था में उपभोग एवं विनियोग के लिए उपलब्ध वस्तुओं व सेवाओं की कुल मात्रा को ही **कुल पूर्ति या कुल राष्ट्रीय उत्पाद या राष्ट्रीय आय कहते हैं।**

(ii) विभिन्न साधनों को प्राप्त होने वाली आय फर्मों के द्वारा एक निर्दिष्ट रोजगार के स्तर पर उत्पादित वस्तुओं और सेवाओं की लागत के बराबर होती है।

(iii) अत: कोई भी **फर्म अपने उत्पादन को बेचकर कम से कम वह न्यूनतम धनराशि अवश्य प्राप्त करना चाहेगी, जो श्रमिकों की दी हुई संख्या द्वारा उत्पादन करने में व्यय होती है। इस प्रकार कुल पूर्ति मूल्य न्यूनतम बिक्री राशि से सम्बन्धित है।**

प्रभावपूर्ण माँग का निर्धारण
(Determinants of Effective Demand)
अथवा
रोजगार का निर्धारण
(Determination of Effective Demand)

पूर्ण प्रतियोगिता की अवस्था में रोजगार का निर्धारण कुल माँग के उस स्तर पर होगा, जिस पर वह कुल पूर्ति के बराबर होती है। इस स्तर को सन्तुलन का स्तर अथवा **प्रभावपूर्ण माँग** कहा जाता है।

इस प्रकार–

(i) जब उद्यमी साहसियों की कुल प्रत्याशित आय अर्थात् कुल माँग कीमत (AD) कुल लागत और कुल पूर्ति मूल्य (AS) से अधिक होती है, साहसियों को उत्पादन बढ़ाने और अधिक व्यक्तियों को रोजगार देने को प्रोत्साहन मिलता है।

(ii) जब प्रत्याशित बिक्री आय कुल लागत से कम होती है तो उत्पादन व रोजगार घटने लगता है।

(iii) तीसरी स्थिति वह हो सकती है जबकि कुल माँग (AD) (प्रत्याशित बिक्री आय) और कुल पूर्ति मूल्य (AS) (कुल लागत) समान होते हैं। इस स्थिति में रोजगार का सामान्य स्तर बना रहता है। यही सन्तुलन या **प्रभावपूर्ण माँग का बिन्दु है** जिससे अर्थव्यवस्था में रोजगार की मात्रा निश्चित होती है।

रोजगार के स्तर को नीचे सारणी द्वारा स्पष्ट किया गया है–

सारणी 3—प्रभावपूर्ण माँग का निर्धारण (करोड़ रु. में)

सम्भावित रोजगार स्तर	कुल माँग कीमत (ADF)	कुल पूर्ति कीमत (ASF)	रोजगार की प्रवृत्तियाँ
0	30	0	AD > AS
1	50	30	AD > AS
2	60	4	AD > AS
3	70	60	AD > AS
4	80	75	AD > AS
5	90	90	AD = AS
6	95	105	AD < AS

उपर्युक्त सारणी में स्पष्ट है कि–

(i) जब रोजगार की मात्रा शून्य है तो भी कुल माँग 30 करोड़ रु. तथा कुल पूर्ति शून्य है। इसका कारण यह है कि बेरोजगार व्यक्ति भी उपभोग पर कुछ न कुछ अवश्य ही खर्च करता है।

(ii) रोजगार की 4 करोड़ संख्या तक कुल माँग के साथ-साथ कुल पूर्ति भी बढ़ रही है परन्तु कुल माँग कुल पूर्ति से अधिक है। इसलिए उत्पादन अधिक करेंगे। इसके फलस्वरूप अधिक श्रमिकों को रोजगार प्राप्त होगा।

(iii) रोजगार की 5 करोड़ संख्या पर कुल माँग (AD) कुल पूर्ति (AS) के बराबर है अर्थात् 90 करोड़ रु. है। यह सन्तुलन की स्थिति होगी **अर्थव्यवस्था में रोजगार की सन्तुलन मात्रा इसी पर निर्धारित होगी।**

(iv) रोजगार की 5 करोड़ संख्या के पश्चात् जैसे-जैसे अधिक श्रमिकों को रोजगार दिया जा रहा है, कुल माँग कुल पूर्ति से कम हो जाती है। इसलिए उत्पादक 5 करोड़ श्रमिकों से अधिक श्रमिकों को रोजगार देना पसन्द नहीं करेंगे। 5 करोड़ से अधिक लोगों को रोजगार उसी समय मिलेगा जबकि कुल माँग (AD) अर्थात् आशातीत आय में वृद्धि होगी।

रेखाचित्र द्वारा स्पष्टीकरण–रोजगार के सन्तुलन स्तर को अग्र रेखाचित्र-3 द्वारा स्पष्ट किया गया है।

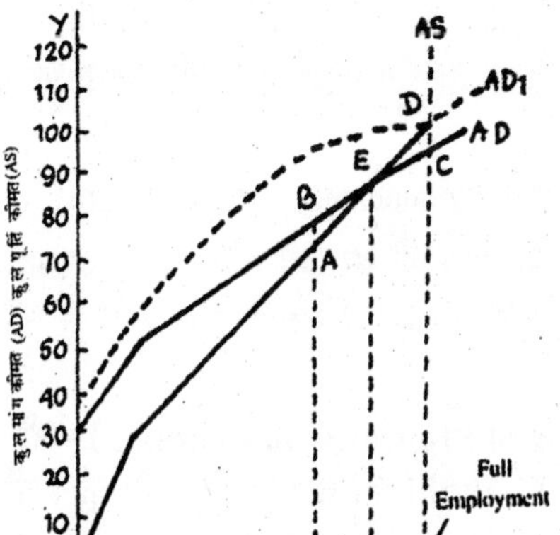

रोजगार

चित्र-3

चित्र 3 में–

(i) AS कुल पूर्ति वक्र और AD कुल माँग वक्र है जो एक-दूसरे को E बिन्दु पर काटते हैं। अत: ON रोजगार के स्तर पर E प्रभावपूर्ण माँग का सन्तुलन बिन्दु है जहाँ प्राप्तियाँ = लागतों को इस बिन्दु के अतिरिक्त अन्य कोई भी ऐसा बिन्दु नहीं है, जहाँ ये दोनों वक्र सन्तुलित हो सकें। E बिन्दु पर AS व AD की समानता का अर्थ है कि इस स्थिति में उत्पादक की **प्रत्याशित आय** अधिकतम होगी।

(ii) ON_1 रोजगार स्तर पर कुल प्राप्तियाँ BN_1 कुल लागतों (AN_1) से अधिक हैं। अत: लाभ अधिक होने के कारण रोजगार बढ़ाया जायेगा।

(iii) इसी प्रकार ON_2 रोजगार का स्तर सम्भव ही नहीं है, क्योंकि यहाँ कुल लागतें (DN_2) रोजगार स्तर पर उद्यमी को हानि होगी।

प्रभावपूर्ण माँग बिन्दु पूर्ण रोजगार स्तर पर नहीं
(Effective Demand Not at full Employment Level)

यह आवश्यक नहीं कि सन्तुलन सदैव पूर्ण रोजगार बिन्दु पर ही प्राप्त हो। कुल माँग कीमत तथा कुल पूर्ति कीमत के मध्य समानता पूर्ण रोजगार स्तर को प्रदर्शित नहीं करती। AD तथा AS के मध्य सन्तुलन पूर्ण रोजगार के बिन्दु से पहले

ही स्थापित हो जाता है। जिसे **अपूर्ण सन्तुलन (Under Full Employment Equilibrium)** कहा जाता है। इस प्रकार कीन्स ने **प्रतिष्ठित अर्थशास्त्रियों** की पूर्ण रोजगार की मान्यता को अमान्य कर दिया, क्योंकि कीन्स के विचार में विकसित देशों में कुछ सीमा तक बेरोजगारी अवश्य उपस्थित रहती है। पूर्ण रोजगार स्तर वह अन्तिम सीमा है, जिसके बाद प्रभावपूर्ण माँग की वृद्धि उत्पादन एवं रोजगार स्तर में कोई वृद्धि नहीं करती। चित्र 3 में प्रभावपूर्ण माँग के बिन्दु पर ON रोजगार स्तर है, जो पूर्ण रोजगार स्तर ON_2 से कम है। पूर्ण रोजगार स्तर की प्राप्ति के लिए कुल माँग कीमत (AD) को बढ़ाकर AD_1 करना पड़ेगा जैसा कि चित्र में AD_1 में दर्शाया गया है। चित्र-3 में NN_1 मात्रा बेरोजगारी को प्रदर्शित करती है।

प्रो. कीन्स के अनुसार **कुल या समय माँग की कमी (Deficiency in Aggregate Demand) ही अपूर्ण रोजगार सन्तुलन (Under Full Employment Equilibrium)** का मुख्य कारण है। आय और उपभोग का अन्तराल ही कुल माँग में कमी को उत्पन्न करता है। आय की वृद्धि उपभोग व्यय को बढ़ाती तो है, किन्तु कम अनुपात में क्योंकि सीमान्त उपभोग प्रवृत्ति (M.P.C.) इकाई से कम होती है। यदि इस अन्तराल को विनियोग द्वारा पूरा कर दिया जाये तो पूर्ण रोजगार बिन्दु पर सन्तुलन प्राप्त हो जायेगा किन्तु विनियोग पूँजी की सीमान्त उत्पादकता (M.E.O.) आदि के कारण कम होता है जिसके कारण वास्तविक रूप में **अपूर्ण रोजगार सन्तुलन (Under Full Employment Equilibrium)** ही प्राप्त होता है।

कुल माँग क्रिया तथा कुल पूर्ति क्रिया का तुलनात्मक महत्त्व
(Relative Importance of Aggregate Demand Function and Aggregate Supply Function)

रोजगार का मुख्य निर्धारक कुल माँग क्रिया–कीन्स ने अपने रोजगार सिद्धान्त में कुल प्रति क्रिया की अपेक्षा कुल माँग क्रिया को अधिक महत्त्व दिया है। कीन्स ने अल्पकाल में कुल पूर्ति को स्थिर माना था। इसका कारण यह है कि कुल पूर्ति में परिवर्तन, पूँजी, श्रम की उत्पादकता तथा तकनीकी तत्त्वों (Technical Factor) पर निर्भर करता है। अल्पकाल में इन तीनों में ही परिवर्तन करना सम्भव नहीं है। अत: अल्पकाल में कुल माँग क्रिया में ही परिवर्तन किया जा सकता है। इस प्रकार कीन्स ने अपने सिद्धान्त में कुल पूर्ति क्रिया को स्थिर मानकर सम्पूर्ण ध्यान कुल माँग क्रिया पर ही केन्द्रित किया है। कुल माँग क्रिया स्वयं दो बातों से प्रभावित होती है–

(अ) उपभोग प्रवृत्ति (Propensity to Consume) एवं (ब) विनियोग प्रेरणा (Inducement to Investment)।

इस प्रकार कीन्स के अनुसार रोजगार का स्तर उपभोग की वस्तुओं तथा विनियोग की वस्तुओं की माँग पर आधारित है। अत. यदि बेरोजगार में वृद्धि करनी है तो हमें उपभोग एवं विनियोग दोनों ही वस्तुओं पर होने वाले व्यय में वृद्धि करनी पड़ेगी।

(अ) उपभोग माँग तथा उपभोग प्रवृत्ति (Consumption Demand and Propensity to Consume)–कीन्स के रोजगार तथा आय सिद्धान्त में उपभोग प्रवृत्ति का विचार काफी महत्त्वपूर्ण है। उपभोग की वस्तुओं की माँग कुल माँग का अंश होती है और यह निम्न दो बातों पर निर्भर होती है–

(i) आय का आकार तथा (ii) उपभोग वस्तुओं पर व्यय किया जाने वाला आय का भाग।

संक्षेप में, उपभोग प्रवृत्ति कुल आय और कुल उपभोग के सम्बन्ध को व्यक्त करती है।

उपभोग माँग उपभोग की प्रवृत्ति पर निर्भर करती है। कीन्स का विश्लेषण **'उपभोग के मनोवैज्ञानिक नियम'** पर आधारित है जिसके अनुसार जब कुल आय बढ़ती है तो कुल उपभोग भी बढ़ता है, किन्तु उतना नहीं बढ़ता जितनी की आय बढ़ती है। कीन्स के शब्दों में, ''साधारणतया लोग आय के बढ़ने पर उपभोग को बढ़ाते हैं, परन्तु उपभोग की यह वृद्धि आय के अनुपात से कम होती है।'' इसका स्पष्ट अर्थ यह हुआ कि आय के बढ़ने पर उपभोग आय-वृद्धि की तुलना में पिछड़ जाता है।

आय और व्यय के इस अन्तर को कम करने के लिए दो उपाय किये जाने चाहिए–या तो उपभोग-मात्रा में वृद्धि की जाये अथवा विनियोग की मात्रा में वृद्धि की जाये।

उल्लेखनीय है कि अल्पकाल में आय और व्यय के इस अन्तर को कम नहीं किया जा सकता अर्थात् अल्पकाल में उपभोग प्रवृत्ति को नहीं बढ़ाया जा सकता इसलिए स्वयं कीन्स ने उपभोग वृद्धि की कठिनाई को देखते हुए विनियोग में वृद्धि करने का सुझाव दिया है।

(ब) विनियोग क्रिया अथवा विनियोग प्रेरणा (Investment Function or Inducement to Investment)– कीन्स के सामान्य सिद्धान्त में विनियोग का महत्त्व है। कीन्स के अनुसार विनियोग से आशय सदा वास्तविक विनियोग से है, जो लोगों को अतिरिक्त रोजगार प्रदान करता है। वास्तविक विनियोग से अभिप्राय नये भवनों और कारखानों का निर्माण करना, यातायात की सुविधाओं को बढ़ाना, वर्तमान पूँजी-सम्पत्ति में वृद्धि, वस्तुओं के भण्डार में वृद्धि आदि से है।

विनियोग को प्रभावित करने वाले तत्त्व निम्न हैं–

(1) पूँजी की सीमान्त उत्पादकता (Marginal Efficiency of Capital) एवं (2) ब्याज की दर (Rate of Interest)।

1. पूँजी की सीमान्त उत्पादकता (MEC)–पूँजी की सीमान्त उत्पादकता से अभिप्राय नई पूँजी सम्पत्ति द्वारा लागतों को निकालकर प्राप्त होने वाली अधिकतम भावी आय से है। इस परिभाषा से दो तत्त्वों का पता चलता है–

(i) हमें पूँजी-सम्पत्ति की सीमान्त इकाई अथवा अतिरिक्त इकाई पर ध्यान देना चाहिए। (ii) पूँजी-सम्पत्ति की लागत को इसकी भावी आय से घटा देना चाहिए।

इस प्रकार पूँजी की सीमान्त उत्पादकता दो तत्त्वों पर आधारित है–(अ) पूँजी-सम्पत्ति की भावी आय और (ब) पूँजी-सम्पत्ति की पूर्ति कीमत। पूँजी की सीमान्त उत्पादकता इन दोनों के बीच का अनुपात है।

2. ब्याज की दर (Rate of Interest)–कीन्स के अनुसार, विनियोग को प्रभावित करने वाला दूसरा तत्त्व ब्याज की दर है। कीन्स के अनुसार, "ब्याज एक निश्चित समय के लिए तरलता-परित्याग का पारितोषिक है।"

एक व्यक्ति अपनी आय को तरल साधन के रूप में निम्नलिखित तीन कारणों से रखना चाहता है–

(1) लेन-देन के उद्देश्य से, (2) संकटकालीन खर्चों के लिए, तथा (3) सट्टेबाजी के उद्देश्य से।

कीन्स ने कहा है कि इसमें से प्रथम दो उद्देश्य तो बहुत कुछ स्थिर रहते हैं, किन्तु तीसरा उद्देश्य बहुत अस्थिर है, क्योंकि सट्टेबाज़ी की प्रवृत्ति मुख्यत: ऋणदाताओं की मनोवृत्ति पर निर्भर करती है। इस प्रकार कीन्स ने कहा कि ब्याज की दर के दो निर्धारक तत्त्व हैं–(1) सट्टेबाजी की प्रवृत्ति, तथा (2) मुद्रा की मात्रा।

पूँजी की सीमान्त उत्पादकता तथा ब्याज की दर (MEC & Rate of Interest)–स्पष्ट है कि पूँजी की सीमान्त उत्पादकता तथा ब्याज की दर द्वारा विनियोग का निर्धारण होता है। एक उद्यमी विनियोग करते समय पूँजी की सीमान्त उत्पादकता की ब्याज की दर से तुलना करता है और जब तक पूँजी की सीमान्त उत्पादकता ब्याज की दर से अधिक होती है, उद्यमी विनियोग करता है। एक समय ऐसा आ जाता है जब पूँजी की सीमान्त उत्पादकता ब्याज की दर के बराबर होती है। वहाँ विनियोग बन्द कर दिया जाता है।

कीन्स का विचार है कि विनियोग पर ब्याज की दर की अपेक्षा पूँजी की सीमान्त उत्पादकता का अधिक प्रभाव पड़ता है। इसका कारण यह है कि पूँजी की सीमान्त उद्यमियों की मनोवृत्ति पर निर्भर करती है। जब उद्यमियों की मनोवैज्ञानिक उत्तेजना (आशावादिता) के कारण पूँजी की सीमान्त उत्पादकता तीव्र गति से बढ़ती है तो ब्याज की बढ़ती हुई दर भी उद्यमियों को अधिक पूँजी विनियोग करने से रोक नहीं सकती। इसलिए प्रो. कीन्स ने कहा, "जिस प्रकार घोड़े को पानी पिलाने के लिए नदी के किनारे तक ले जा सकते हैं लेकिन उसे पानी पीने के लिए विवश नहीं कर सकते, उसी प्रकार उद्यमियों को ब्याज की दर नीचे करके अधिक विनियोग करने के लिए आकर्षित तो कर सकते हैं लेकिन उन्हें विवश नहीं कर सकते।"

इस प्रकार केवल ब्याज की दर कम करने से ही विनियोग नहीं बढ़ पाता, क्योंकि यदि लाभ की आशा कम है तो शून्य ब्याज की दर पर ही लोग विनियोग करने के लिए तत्पर नहीं होंगे। इसका अभिप्राय यह है कि मन्दी की खाईं को पाटने के लिए निजी विनियोग में वृद्धि करने की सम्भावना बहुत कम रहती है।

सार्वजनिक विनियोग अथवा सार्वजनिक व्यय में वृद्धि करना (Public Investment or Increase in Public Expenditure)–उपर्युक्त विवरण से स्पष्ट हो चुका है कि मन्दी की स्थिति में आय और व्यय के अन्तर को कम करने के लिए न तो उपभोग में वृद्धि करना ही सम्भव है और न ही निजी विनियोग द्वारा इस कमी को पूरा किया जा सकता है। अत: ऐसी स्थिति में मन्दी या बेरोजगारी से लड़ने के लिए सरकारी काम ही एक महत्त्वपूर्ण अस्त्र बचता है जिसका नियन्त्रण पूर्ण रूप से सरकार के हाथ में रहता है। मन्दी के समय सरकार सार्वजनिक निर्माण कार्य में रुपया व्यय करके प्रभावपूर्ण माँग और रोजगार में वृद्धि कर सकती है।

गुणक प्रभाव (Multiplier Effect)–कीन्स के रोजगार सिद्धान्त में गुणक प्रक्रिया का अपना एक विशेष महत्त्व है। कीन्स का यह विश्वास है कि विनियोग में वृद्धि करने पर आय में वृद्धि कई गुना अधिक होती है। विनियोग तथा आय की वृद्धि के इस सम्बन्ध को कीन्स ने गुणक (K) कहा है।

सूत्रानुसार–$\Delta Y = K\Delta I$ या $K = \Delta Y/\Delta I$

यहाँ Δ (डेल्टा) = परिवर्तन की दर अर्थात् वृद्धि या कमी, ΔY = राष्ट्रीय आय में वृद्धि, ΔI = विनियोग में वृद्धि, K = गुणक।

मान लीजिए, यदि 1,000 करोड़ रु. का विनियोग से आय बढ़कर 4,000 करोड़ रुपये हो जाती है तो गुणक या K = 4000/1,000 = 4 होगा (क्योंकि यहाँ पर आय विनियोग से चार गुना अधिक है)।

गुणक का आकार सदैव सीमान्त उपभोग प्रवृत्ति (MPC) पर निर्भर करता है। MPC के अधिक होने पर गुणक अधिक होगा और (MPC) के कम होने पर गुणक भी कम होगा। संक्षेप में, गुणक सीमान्त बचत प्रवृत्ति का व्युत्क्रम है। सूत्रानुसार–

$$K = \frac{I}{I - MPC} = \frac{I}{MPC}$$

कीन्स के रोजगार सिद्धान्त का सारांश

(Keynesian Theory of Employment Summarised)

1. रोजगार प्रभावपूर्ण माँग पर निर्भर करता है।
2. प्रभावपूर्ण माँग कुल पूर्ति क्रिया (AS) और कुल माँग क्रिया (AD) से शासित होती है।
3. कुल पूर्ति क्रिया स्वयं अल्पकाल में स्थिर रहती है, इसलिए प्रभावपूर्ण माँग पर माँग-क्रिया का ही प्रभाव पड़ता है।
4. कुल माँग क्रिया स्वयं उपभोग पर व्यय और विनियोग पर व्यय द्वारा प्रभावित होती है।
5. उपभोग पर व्यय का निर्धारण (अ) आय के आकार और (ब) समुदाय की उपभोग प्रवृत्ति के द्वारा होता है।
6. ऊँची उपभोग प्रवृत्ति रोजगार के लिए बहुत अनुकूल होती है।
7. चूँकि उपभोग प्रवृत्ति शत-प्रतिशत नहीं होती, इसलिए विनियोग की आवश्यकता पड़ती है।
8. विनियोग दो बातों पर निर्भर होता है–(अ) पूँजी की सीमान्त उत्पादकता एवं (ब) ब्याज की दर।
9. पूँजी की सीमान्त उत्पादकता स्वयं (अ) पूँजी-सम्पत्ति की पूर्ति कीमत और (ब) पूँजी-सम्पत्ति की भावी आय द्वारा निधारित की जाती है।
10. ब्याज की दर को दो तत्त्व प्रभावित करते हैं–(अ) तरलता-पसन्दगी व (ब) मुद्रा की पूर्ति। तरलता पसन्दगी स्वयं तीन उद्देश्य से निर्धारित होती है–
    (i) लेन-देन के उद्देश्य से, (ii) संकटकालीन खर्चों के लिए एवं (iii) सट्टेबाजी के उद्देश्य के लिए।
11. ब्याज की दर की अपेक्षा पूँजी की सीमान्त उत्पादकता का विनियोग पर अधिक प्रभाव पड़ता है।
12. इस प्रकार स्पष्ट है कि **रोजगार बढ़ाना है तो उपभोग व विनियोग दोनों में वृद्धि करनी चाहिए।**

कीन्स के रोजगार सिद्धान्त को संक्षेप में अग्रांकित चार्ट द्वारा स्पष्ट किया गया है।

रोजगार, उत्पादन और आय
(Employment, Production & Income)

- प्रभावपूर्ण माँग पर (निर्भर है)
  - कुल पूर्ति क्रिया (अल्पकाल में यथास्थिर रहती है)
  - कुल माँग क्रिया (निर्भर है)
    - उपभोग पर (निर्भर है)
      - आय की मात्रा पर
      - उपभोग की प्रवृत्ति पर — अल्पकाल में स्थिर रहती है
    - विनियोग पर (निर्भर है)
      - पूँजी की सीमान्त उत्पादकता पर (निर्भर है)
        - भावी आय
        - सम्पत्ति की पूर्ति कीमत
      - ब्याज की दर पर
        - तरलता-पसन्दगी (निर्भर है)
          - लेन-देन के उद्देश्य से
          - संकटकालीन खर्चों की पूर्ति के लिए — अल्पकाल में स्थिर रहती है
          - सट्टेबाजी के उद्देश्य से
        - मुद्रा की मात्रा

मान्यताएँ (Assumptions)

कीन्स द्वारा प्रतिपादित रोजगार का सिद्धान्त निम्नलिखित मान्यताओं पर आधारित है–

(i) कीन्स का रोजगार सिद्धान्त **अल्पकाल में लागू होता है।** (ii) कीन्स का रोजगार सिद्धान्त **पूर्ण प्रतियोगिता** की मान्यता पर आधारित है। (iii) पूँजीवादी अर्थव्यवस्था **बन्द अर्थव्यवस्था** होती है। (iv) जैसे-जैसे श्रम की अधिक इकाइयों को रोजगार प्रदान किया जाता है, उनकी सीमान्त उत्पादकता कम होती जाती है। (v) अल्पकाल में केवल श्रम ही उत्पादन का घटता-बढ़ता साधन है। (vi) विभिन्न **आर्थिक तत्त्वों में समन्वय** बिना विलम्ब के होता है। (vii) मुद्रा विनिमय का नहीं बल्कि मूल्य संचय का माध्यम भी है। (viii) अर्थव्यवस्था में **अपूर्ण रोजगार** सन्तुलन एक सामान्य दशा है।

कीन्स का रोजगार तथा आय सिद्धान्त : सम्पूर्ण मॉडल का रेखाचित्र द्वारा निरूपण
(Keynes's Theory of Employment and Income : Complete Model Graphically Displayed)

जैसा कि हम अध्ययन कर चुके हैं कि कीन्स के सिद्धान्त में रोजगार, प्रभावपूर्ण माँग पर निर्भर करता है, और प्रभावपूर्ण माँग का परिणाम है उत्पादन। उत्पादन आय का निर्माण करती है। आय से रोजगार प्रदान किया जाता है। इस प्रकार कीन्स के सिद्धान्त के अनुसार रोजगार, उत्पादन और आय सभी एक साथ घटते-बढ़ते हैं। जब श्रमिकों

के लिए रोजगार में वृद्धि होती है, तो उत्पादन व आय बढ़ती है और जब रोजगार कम होता है तो उत्पादन आय घटती है।

कीन्स के सम्पूर्ण सिद्धान्त एक विभिन्न संघटक किस प्रकार एक-दूसरे को प्रभावित करके रोजगार तथा आय का निर्धारण करते हैं, उसे चित्र द्वारा स्पष्ट किया गया है–

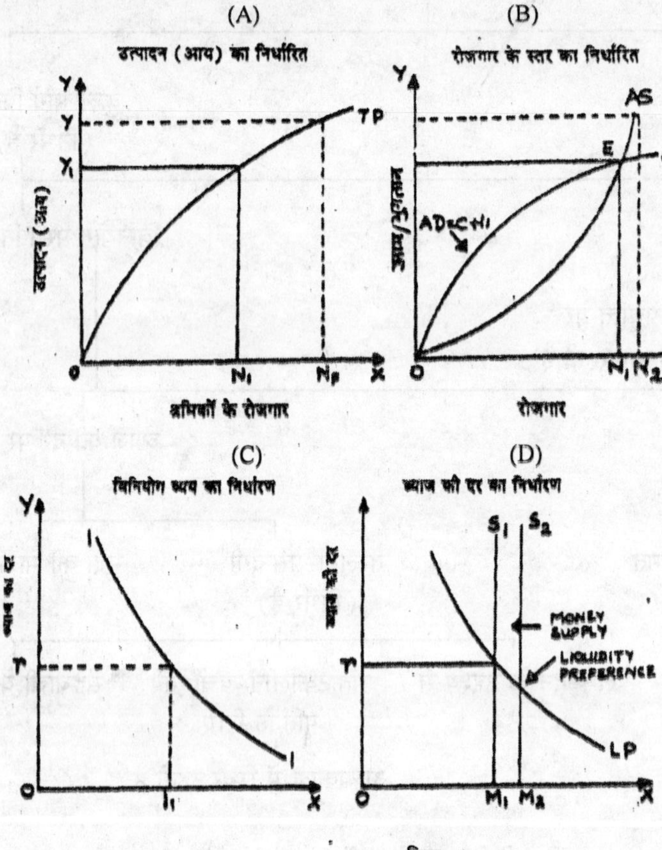

चित्र-4

(i) चित्र B में यह दर्शाया गया है कि रोजगार तथा आय का सन्तुलन स्तर कुल माँग क्रिया तथा कुल पूर्ति क्रिया के द्वारा होता है। अत: चित्र B में जहाँ कुल माँग वक्र AD और कुल पूर्ति वक्र AS के कटान द्वारा ON_1 रोजगार का सन्तुलन स्तर निर्धारित होता है, जबकि पूर्ण रोजगार का स्तर ON_F है। इस प्रकार N_1 N_F के बराबर अर्थव्यवस्था में बेरोजगारी है।

अब चित्र A में TP उत्पादन फलन (Production-function) है, जो यह प्रदर्शित करता है कि जब ON_1 श्रमिकों को रोजगार उपलब्ध कराया जाता है तो उनसे OY_1 के बराबर राष्ट्रीय आय उत्पन्न होती है जो पूर्ण रोजगार के अनुरूप उत्पादन स्तर Y_F से कम है।

रेखाचित्र C में विनियोग माँग जो प्रभावपूर्ण माँग का एक महत्त्वपूर्ण घटक है का निर्धारण दर्शाया गया है। जैसाकि हम अध्ययन कर चुके हैं कि विनियोग को प्रभावित करने वाले दो तत्त्व हैं–(अ) पूँजी की सीमान्त उत्पादकता (MEC) अर्थात् विनियोग से प्राप्त होने वाली प्रत्याशित आय की दर, (ब) ब्याज की दर (Rate of Interest) लाभ की प्रत्याशाएँ दी हुई होने पर हम विभिन्न ब्याज की दरों पर विनियोग की माँग को ज्ञात कर सकते हैं जैसा कि चित्र (C) में II वक्र द्वारा निरूपित किया गया है। इस चित्र (C) का विश्लेषण करने से विदित होता है कि ब्याज की दर Or_1 है तो विनियोग की माँग OI_1 के बराबर है। यह OI_1 विनियोग की माँग चित्र (b) में खींची गई प्रभावपूर्ण माँग वक्र AD का महत्त्वपूर्ण भाग बनकर रोजगार तथा आय का निर्धारण करती है।

ब्याज के निर्धारण के सम्बन्ध में कीन्स ने यह प्रतिपादित किया कि ब्याज के प्रमुख निर्धारक (अ) मुद्रा की पूर्ति और (ब) तरलता पसंदगी है। कीन्स का मत है कि चूँकि मुद्रा की पूर्ति मौद्रिक अधिकारियों द्वारा निर्धारित होती है इसलिए अल्पकाल में मुद्रा की पूर्ति स्थिर रहती है। जैसा कि चित्र D में S_1M_1 वक्र प्रदर्शित कर रहा है। चित्र D में यह दर्शाया गया है कि यदि मुद्रा की पूर्ति OM_1 है और तरलता पसंदगी वक्र (अर्थात् मुद्रा की माँग वक्र) LP है तो ब्याज की दर Or होगी। यदि मुद्रा की तरलता पसंदगी अथवा मुद्रा की पूर्ति में परिवर्तन होता है तो ब्याज की दर में भी परिवर्तन होगा। इस प्रकार कीन्स के अनुसार ब्याज की दर का निर्धारण मुद्रा की माँग और पूर्ति द्वारा होता है और जैसा कि हम अध्ययन कर चुके हैं कि ब्याज की दर विनियोग की माँग को प्रभावित करके प्रभावपूर्ण माँग को निर्धारित करती है, इस प्रकार ब्याज की दर भी रोजगार तथा आय निर्धारण में महत्त्वपूर्ण भूमिका निभाती है।

कीन्स के रोजगार तथा आय सिद्धान्त की उपर्युक्त व्याख्या से स्पष्ट है कि यदि अर्थव्यवस्था में मुद्रा की पूर्ति में वृद्धि की जाती है तो यह सिद्ध किया जा सकता है कि इससे देश में रोजगार एवं आय का स्तर बढ़ाया जा सकता है। चित्र D में यदि मुद्रा की माँग (तरलता पसंदगी) स्थिर रहती है और मुद्रा की पूर्ति बढ़ाकर OM_2 कर दी जाती है तो ब्याज की दर Or से घटकर Or_1 हो जाएगी, तो विनियोग की माँग पूर्व में जो OI_1 (चित्र C) थी उसमें वृद्धि हो जाएगी। कम ब्याज की दर पर पहले से अधिक विनियोग माँग के कारण प्रभावपूर्ण माँग वक्र (चित्र B) ऊपर की ओर विवर्तित हो जाएगी, जिसके फलस्वरूप रोजगार तथा आय की सन्तुलन मात्राओं में वृद्धि हो जाएगी। इस प्रकार कीन्स मौद्रिक सिद्धान्त को आय तथा रोजगार सिद्धान्त से एकीकृत (Integrate) में एकल हुआ।

मुद्रा भ्रान्ति, मजदूरी स्थिरता और रोजगार
(Money Illusion, Wage Rigidity and Employment)

कीन्स के मतानुसार श्रमिक प्रभावपूर्ण माँग की वृद्धि के फलस्वरूप हुई वास्तविक मजदूरी दर की परोक्ष कमी को तो बिना बहुत विरोध के सहन कर लेते हैं, किन्तु यदि प्रत्यक्ष रूप से उनकी नकद मजदूरी को कम किया जाये तो वे प्राय: इसका जोरदार विरोध करते हैं अर्थात् कीन्स के विचार में श्रमिक **मुद्रा सम्बन्धी भ्रम (Money Illusion)** का शिकार होते हैं।

कीन्स के मतानुसार मौद्रिक या मुद्रा मजदूरी तथा वास्तविक मजदूरी में विपरीत सम्बन्ध होता है। जब मुद्रा मजदूरी बढ़ती है तो कीमतों में वृद्धि मुद्रा मजदूरी के अनुपात से अधिक होती है। कीमतों में अधिक वृद्धि होने से मुद्रा का वास्तविक मूल्य कम हो जाता है फलत: वास्तविक मजदूरी भी घट जाती है।

कीन्स का यह तर्क है कि नकद मजदूरी को स्थिर रखते हुए जब प्रभावपूर्ण माँग में वृद्धि की जायेगी, तो सामान्यतया वास्तविकता मजदूरी दर कम हो जायेगी जिससे रोजगार बढ़ जायेगा। वास्तविक मजदूरी दर कम क्यों हो जायेगी, इसके लिए कीन्स का मत यह था कि चूँकि अल्पकाल में उत्पादन का संगठन साज-सज्जा तथा तकनीक (Organisation, equipment and technique) प्राय: नहीं बदलती, अत: जब उत्पादन तथा रोजगार बढ़ाया जाएगा तो उत्पादन की सीमान्त लागत बढ़ जायेगी, जिससे कीमतें भी बढ़ जायेंगी और कीमतों में वृद्धि होने के कारण वास्तविक मजदूरी कम हो जायेगी। इस प्रकार कीन्स ने यह निष्कर्ष निकाला कि श्रमिक चालू (स्थिर) मजदूरी दर पर कार्य करने को तत्पर रहते हैं, चाहे कीमतें बढ़ने से उनकी वास्तविक मजदूरी दर घट जाये। ऐसा श्रमिकों में **मुद्रा भ्रान्ति (Money Illusion)** के कारण होता है। अर्थव्यवस्था में जब बेरोजगारी विद्यमान रहती है और कीमतें बढ़ती हैं तो श्रमिकों की मजदूरी दर स्थिर रहने पर भी जब उन्हें रोजगार मिलता रहता है तो वे अपना रोजगार या कार्य नहीं छोड़ते। वे कीमतों में वृद्धि के प्रभावों से अनभिज्ञ रहते हैं। इसे ही **मुद्रा भ्रान्ति** कहते हैं जिसके कारण वे कीमतों में वृद्धि को नहीं देख पाते हैं कि रोजगार में लगे रहते हैं।

मुद्रा भ्रान्ति की अवधरणा को चित्र द्वारा स्पष्ट किया गया है। चित्र-5 में-

चित्र : 5 (i) OX अक्ष पर रोजगार और OY अक्ष पर वास्तविक मजदूरी को दर्शाया गया है।

(ii) D_L श्रम की माँग वक्र और S_L श्रम की पूर्ति वक्र है जो एक-दूसरे को E बिन्दु पर काटते हैं।

(iii) मजदूरी की माँग और पूर्ति के इस सन्तुलन बिन्दु पर W/P वास्तविक मजदूरी दर पर ON श्रमिक कार्यरत हैं। **यह कीन्सीयन अल्प रोजगार सन्तुलन (Under Employment)** है। इस स्तर पर N से N_1 तक श्रमिक अनैच्छिक रूप से बेरोजगार है।

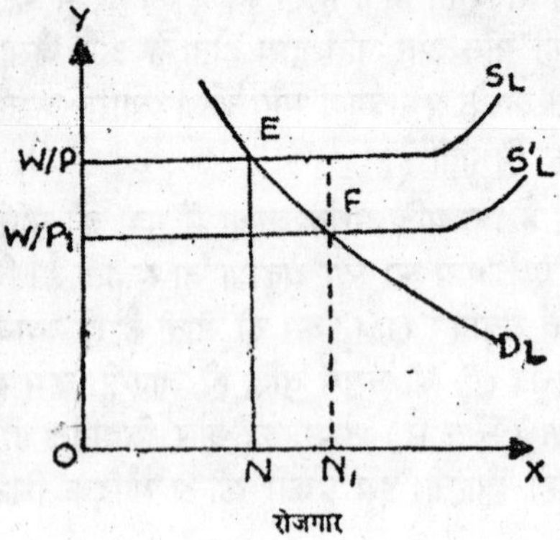

चित्र-5

(iv) जब कीमत स्तर बढ़कर P_1 हो जाता है तो वास्तविक मजदूरी दर घटकर W/P_1 हो जाती है और श्रम की पूर्ति वक्र नीचे को खिसकर S_L हो जाता है। इस वक्र का नीचे की ओर खिसकना यह प्रदर्शित करता है कि श्रमिक उसी मजदूरी दर (W) पर कार्य करते रहेंगे चाहे उनकी वास्तविक मजदूरी दर W/P_1 घट गयी है। वस्तुतः वे मुद्रा भ्रान्ति के कारण कीमत में वृद्धि को नहीं देख पाते हैं।

नई वास्तविक मजदूरी दर W/P_1 पर नया सन्तुलन बिन्दु F पर हो जाता है। जहाँ फर्मों की ओर से श्रम की माँग (D_L) परिवर्तित श्रम की पूर्ति S_L के बराबर हो जाती है और श्रमिक उसी मजदूरी दर (W) पर कार्य करने को तैयार हैं।

इस प्रकार N_F स्तर पर श्रम का पूर्ण रोजगार है। इस स्तर के बाद श्रम की पूर्ति के लिए श्रमिक अधिक मुद्रा मजदूरी की माँग करेंगे यही कारण है कि आगे चलकर श्रम की पूर्ति वक्र ऊपर की ओर मुड़ जाता है।

इस प्रकार कीन्स के अनुसार मुद्रा मजदूरी स्थिर रखकर, प्रभावपूर्ण माँग, उत्पादन और कीमतों में वृद्धि द्वारा वास्तविक मजदूरी में कटौती करके रोजगार के स्तर को बढ़ाया जा सकता है।

मान्यताएँ (Assumptions)

कीन्स द्वारा प्रतिपादित रोजगार का सिद्धान्त अग्रलिखित मान्यताओं पर आधारित है-

(i) कीन्स का रोजगार सिद्धान्त **अल्पकाल** में लागू होता है। (ii) कीन्स का रोजगार सिद्धान्त **पूर्ण प्रतियोगिता** की मान्यता पर आधारित है। (iii) पूँजीवादी अर्थव्यवस्था **बन्द अर्थव्यवस्था** होती है। (iv) जैसे-जैसे श्रम की अधिक इकाइयों को रोजगार प्रदान किया जाता है, उनकी सीमान्त उत्पादकता कम होती जाती है। (v) अल्पकाल में **केवल श्रम ही उत्पादन** का घटता-बढ़ता साधन है। (vi) विभिन्न **आर्थिक तत्त्वों** समन्वय बिना किसी विलम्ब के होता है। (vii) मुद्रा विनिमय का नहीं, बल्कि मूल्य संचय का माध्यम भी है। (viii) अर्थव्यवस्था में **अपूर्ण रोजगार सन्तुलन** एक सामान्य दशा है।

कीन्स तथा प्रतिष्ठित सिद्धान्त का तुलनात्मक अध्ययन
(A comparison between Keynesian and Classical Theory)

प्रतिष्ठित अर्थशास्त्रियों और कीन्स के रोजगार सिद्धान्त के तुलनात्मक अध्ययन से यह विदित होता है कि दोनों ही यह स्वीकार करते हैं कि पूर्ण रोजगार की स्थिति में वास्तविक मजदूरी श्रम के सीमान्त त्याग के बराबर होगी और पूर्ण रोजगार से कम की अवस्था में वास्तविक मजदूरी श्रम के सीमान्त त्याग से अधिक होगी। पर इन समानताओं के होते हुए भी दोनों के सिद्धान्त में निम्नलिखित विभिन्नताएँ हैं-

1. सन्तुलन (Equilibrium)-प्रतिष्ठित अर्थशास्त्रियों ने दीर्घकालीन सन्तुलन पर विचार किया था, परन्तु कीन्स ने **अल्पकालीन सन्तुलन** को अधिक महत्त्व प्रदान किया। कीन्स के प्रभाव के कारण ही अधिकांश अर्थशास्त्री अल्पकाल के विश्लेषण की ओर झुक रहे हैं और भविष्य में भी अल्पकालीन अर्थशास्त्र महत्त्वपूर्ण भूमिका प्रस्तुत करेगा।

2. बचत के प्रति दृष्टिकोण (Views on Savings)-प्रतिष्ठित अर्थशास्त्रियों ने यह माना था कि बचत और बचाने की प्रवृत्ति बहुत अच्छी है, क्योंकि इससे पूँजी निर्माण प्रत्यक्ष रूप से होता है परन्तु कीन्स की आर्थिक

विचारधारा में ''बचतकर्ताओं की दृष्टि तथा धन के संचय करने को अभिलाषा की **मानवता के प्रति** घोर अभिशाप माना गया है।''

3. पूर्ण रोजगार (Full Employment)–पूर्ण रोजगार की प्रतिष्ठित मान्यता के विरोध में तर्क प्रस्तुत करते हुए कीन्स ने कहा कि वास्तव में समाज में पूर्ण रोजगार नहीं, बल्कि अपूर्ण रोजगार पाया जाता है। कीन्स के **न्यून रोजगार सन्तुलन** के सिद्धान्त ने प्रतिष्ठित अर्थशास्त्रियों को एक जबर्दस्त धक्का दिया।

4. प्रावैगिक तत्त्व (Dynamic Factors)–प्रतिष्ठित अर्थशास्त्रियों से भिन्न कीन्स ने अपने सिद्धान्त में उन **प्रावैगिक तत्त्वों** को विशेषकर प्रत्याशाओं को सम्मिलित कर लिया, जिससे उनका आर्थिक विश्लेषण स्थैतिक न होकर प्रावैगिक बन गया है।

5. परिस्थितियाँ–कीन्स का सिद्धान्त एक सामान्य सिद्धान्त है क्योंकि यह सभी प्रकार की परिस्थितियों में क्रियाशील होता है। इसके विपरीत प्रतिष्ठित सिद्धान्त एक विशिष्ट सिद्धान्त है, क्योंकि यह तो केवल पूर्ण रोजगार की स्थिति पर ही लागू होता है।

6. ब्याज (Interest)–प्रतिष्ठित अर्थशास्त्रियों के अनुसार ब्याज प्रतीक्षा, परित्याग और समय-पसंदगी का प्रतिफल है और यह बचत एवं विनियोग द्वारा निर्धारित होता है। इसके विपरीत, कीन्स का कहना है कि ब्याज की दर तरलता-पसंदगी एवं मुद्रा पूर्ति से निश्चित होती है।

7. बजट (Budget)–प्रतिष्ठित अर्थशास्त्रियों ने सदैव **सन्तुलन बजट** का समर्थन किया। इसके विपरीत कीन्स का यह विचार था कि बजट को अर्थव्यवस्था की आवश्यकताओं के अनुसार समयोजित किया जाना चाहिए। उदाहरण के लिए, देश में उत्पादन एवं रोजगार का स्तर उठाने के लिए घाटे का बजट बनाया जा सकता है।

8. सरकारी नीति (Government Policy)–प्रतिष्ठित अर्थशास्त्रियों से भिन्न **प्रो. कीन्स** ने अपने सिद्धान्तों को सरकारी नीति क्षेत्र में महत्त्वपूर्ण बनाने का सतत प्रयास किया है। इसी को दूसरे शब्दों में यों तो व्यक्त किया जा सकता है कि कीन्स ने अपने सिद्धान्तों को एक निर्देशक पुस्तिका का रूप दिया जिसके आधार पर सरकार अपनी आर्थिक नीतियों को कार्यान्वित कर सके। **प्रो. राबिन्सन** का मत है कि कीन्स का महानतम् योग उसकी इस सफलता में है कि उन्होंने सैद्धान्तिक (Academic) अर्थशास्त्र को सरकारी अर्थशास्त्र से सम्बन्धित किया है।

9. मुद्रा का सिद्धान्त (Money Theory)–प्रतिष्ठित अर्थशास्त्रियों के विपरीत कीन्स अपने सिद्धान्त को मुद्रा के सिद्धान्त में जोड़ने में सफल हुए हैं अर्थात् प्रतिष्ठित अर्थशास्त्र की भाँति कीन्स ने सामान्य सिद्धान्त व मुद्रा सिद्धान्त दोनों को अर्थशास्त्र की दो पृथक् शाखाएँ नहीं रहने दिया और सफलतापूर्वक दोनों को मिला दिया है।

10. मजदूरी कटौती (Wage Cut)–प्रतिष्ठित अर्थशास्त्री यह मानते थे कि अर्थव्यवस्था में बेरोजगारी की स्थिति में, पूर्ण रोजगार सन्तुलन लाने के लिए मुद्रा मजदूरी में कटौती की जाए। परन्तु कीन्स ने **सैद्धान्तिक** तथा **व्यावहारिक** दोनों ही दृष्टि से इस प्रकार की नीति का विरोध किया। **सैद्धान्तिक दृष्टि** से, मजदूरी में कटौती की नीति उत्पादन, लागत और कीमतें कम करके बेरोजगारी को दूर करने की बजाय बढ़ाती है। **व्यावहारिक दृष्टि** से, श्रमिक मुद्रा मजदूरी में कटौती स्वीकार करने को तैयार नहीं होते। इसलिए अर्थव्यवस्था में रोजगार का स्तर बढ़ाने के लिए कीन्स ने मुद्रा मजदूरी स्थिर रखकर समस्त माँग बढ़ाने पर बल दिया जिससे कीमतें बढ़ेंगी और वास्तविक मजदूरी दर कम होगी।

11. कीमत स्तर (Price Level)–प्रतिष्ठित अर्थशास्त्रियों का कहना था कि मुद्रा की पूर्ति कीमत-स्तर को प्रत्यक्ष रूप से प्रभावित करती है अर्थात् जब कभी भी मुद्रा-पूर्ति को बढ़ाया जाता है, तब सामान्य कीमत-स्तर भी उसी अनुपात में ऊपर उठता जाता है और जब कभी भी मुद्रा-पूर्ति को घटाया जाता है तो सामान्य कीमत-स्तर उसी अनुपात में नीचे गिर जाता है। परन्तु कीन्स का मत है कि मुद्रा की पूर्ति बढ़ने से उत्पादन और रोजगार में वृद्धि होती है। कीमत-स्तर में वृद्धि केवल पूर्ण रोजगार स्तर के बाद पूर्ति बढ़ाने पर होती है।

प्रतिष्ठित तथा कीन्स के रोजगार सिद्धान्त के तुलनात्मक अध्ययन से स्पष्ट होता है कि दोनों में विश्लेषण तथा निष्कर्ष संबंधी अन्तर है। नीचे सारणी में संक्षेप में यह प्रदर्शित किया गया है कि प्रतिष्ठत एवं कीन्स के सिद्धान्त में किस प्रकार समष्टिगत चरों का अलग-अलग विश्लेषण किया गया है–

सारणी–प्रतिष्ठित एवं कीन्स सिद्धान्त में समष्टिगत चर

समष्टिगत चर (Macro-variable)	क्लासिकल सिद्धांत (Classical Theory)	कीन्स का सिद्धान्त (Keynesian Theory)
1. अर्थव्यवस्था में रोजगार स्तर	सदैवपूर्ण रोजगार	अपूर्ण रोजगार
2. राष्ट्रीय आय	रोजगार स्तर	रोजगार स्तर
3. रोजगार निर्धारण	श्रम बाजार	कुल माँग (ADP)
4. बचत (S)	ब्याज दर (i)	आय (Y)
5. विनियोग (I)	ब्याज दर (i)	ब्याज दर (i) एवं आय (Y)
6. बचत एवं विनियोग	बचत–विनियोग	बचत–विनियोग
7. कीमत–स्तर (P)	मुद्रा–पूर्ति (M)	समग्र मांग (ADP)
8. वास्तविक मजदूरी (W/P)	श्रम बाजार	उत्पादन स्तर
9. आर्थिक नीति	अहस्तक्षेप	हस्तक्षेप एवं नियंत्रण
10. उपभोग व आय सम्बन्ध	उपभोग = आय	उपभोग < आय
11. रोजगार वृद्धि का माध्यम	मजदूरी में कटौती	समग्र मांग में वृद्धि

कीन्स के सिद्धान्त की आलोचना (Criticism of the Keynesian theory)

कीन्स के रोजगार सिद्धान्त में बहुत से अर्थशास्त्रियों, जैसे–हेयक, नायक, हैजलिट व लारेन्स ने आलोचनाएँ की हैं, जिनमें से कुल आलोचनाएँ इस प्रकार हैं–

1. दोषपूर्ण रोजगार सम्बन्धी धारणा (Wrong Concept of Employment)–(अ) प्रो. कीन्स द्वारा प्रतिपादित **पूर्ण रोजगार** सम्बन्धी धारणा दोषपूर्ण है। प्रो. कीन्स ने कहा है कि रोजगार में ऐसी दशा है जिसमें संघर्षित (Frictional एवं ऐच्छिक (Voluntary) दोनों ही प्रकार की बेरोजगारियाँ पूर्ण रोजगार की व्यवस्था में विद्यमान रह सकती है। जब ये दो प्रकार की बेरोजगारियाँ पूर्ण रोजगार की अवस्था में विद्यमान रह सकती हैं तो पूर्ण रोजगार को पूर्ण नहीं कहा जा सकता। **प्रो. हैजलिट** पूर्ण रोजगार की धारणा को उपयुक्त नहीं मानते और उसके स्थान पर 'अनुकूलतम रोजगार' (Optimum Employment) की धारणा का प्रयोग करते हैं।

(ब) कीन्स ने यह प्रतिपादित किया है कि जहाँ कुल माँग–क्रिया कुल पूर्ति क्रिया को काटती है वहीं साम्य की स्थित होगी और यह साम्य की स्थिति सामान्यतया पूर्ण रोजगार स्तर से नीचे होगी **हिक्स, हैजलिट, हैबरलर, स्मिथीज, लियोन्टीफ, टोबिन** आदि अर्थशास्त्रियों ने कीन्स के इस दृष्टिकोण की आलोचना की है और उनका कहना है कि अपूर्ण रोजगार साम्य की व्यवस्था 'स्थिर साम्य' को व्यक्त नहीं करता है। कारण यह है कि कीन्स के रोजगार सिद्धान्त में प्रयुक्त जितने भी चर हैं, वे सभी परिवर्तनीय हैं। इसलिए साम्य की स्थिति सैद्धान्तिक सत्य ही होगी, उसमें स्थिरता नहीं होगी।

2. बचत और विनियोग का समायोजन (Adjustment of Savings and Investment)–कीन्स ने अपने सिद्धान्त में यह प्रतिपादित किया है कि बचत विनियोग के बराबर होगी और बिना किसी कठिनाई के आय, विनियोग और बचत के बीच सामंजस्य स्थापित हो जाता है। परन्तु व्यवहार में हम देखते हैं कि प्राय: दोनों बराबर नहीं रहते और साथ ही गुणक ठीक रूप में कार्य नहीं करता है। इसके विपरीत बचत और विनियोग में समानता एक स्थैतिक अर्थव्यवस्था में ही सम्भव है, प्रावैगिक अर्थव्यवस्था में नहीं।

3. बेरोजगारी के व्यापक उपचार का अभाव (Lack of Broad Remedy of Unemployment)–प्रो. कीन्स बेरोजगारी का कोई व्यापक उपचार नहीं बता पाये हैं। कीन्स का रोजगार सिद्धान्त केवल चक्रीय बेरोजगारी का ही निवारण करता है परन्तु चक्रीय बेरोजगारी के अतिरिक्त अर्थव्यवस्था में अन्य प्रकार की भी बेरोजगारी होती है, जैसे–प्रावैगिक बेरोजगारी अथवा संघर्षित बेरोजगारी, जिसके समाधान में उनका सिद्धान्त स्पष्ट रूप से असफल रहा है। **प्रो.**

स्वीजी (Sweezy) के अनुसार, कीन्स का सिद्धान्त न्यायपूर्ण रोजगार (Fair employment) पर ध्यान नहीं देता। 'न्यायपूर्ण रोजगार' से अर्थ है अल्पसंख्यक समूहों के लिए रोजगार की उचित या न्यायपूर्ण व्यवस्था। यह कहा जाता है कि ''जिस प्रकार से बेरोजगारी का अस्तित्व अर्थव्यवस्था में एक तरह से बीमारी को जन्म देता है और जिसके फलस्वरूप भीषण संकट उत्पन्न होता है, उसी प्रकार से 'न्यायपूर्ण रोजगार' का अस्तित्व उतनी ही गम्भीर बीमारी को जन्म देता है।''

4. दोषपूर्ण आधारभूत मनोवैज्ञानिक नियम (Defective Fundamental Psychological Law)–कीन्स का उपभोग प्रवृत्ति से सम्बन्धित, **आधारभूत मनोवैज्ञानिक नियम दोषपूर्ण है। प्रो. पीगू** का कहना है कि कीन्स ने उपभोग को मुख्यतया आय का फलन मानकर त्रुटि की है। उन्होंने उपभोक्ता के धन के स्टॉक (Stock of Wealth) के उपभोग पर की उपेक्षा की है। पीगू का मत है कि एक दी हुई आय के संदर्भ में उपभोग में वृद्धि हो सकती है जबकि कीमतें गिर रही हों।

प्रो. ड्यूसेनबरी (Duesenberry) का मत है कि किसी परिवार की उपभोग-प्रवृत्ति न केवल उसकी अपनी आय का फलन है बल्कि उसे पड़ोसियों तथा मित्रों की आय पर भी आश्रित है। यह उसकी निरपेक्ष आय के अतिरिक्त सापेक्ष आय पर भी निर्भर करती है। यदि हमारे परिवार की आय अपरिवर्तित रहे परन्तु हमारे पड़ोसियों की आय बढ़ जाये तो उनका नई तथा बढ़िया वस्तुओं का उपभोग हमारे बजट को भी प्रभावित करेगा। हम अपरिवर्तित आय से भी अधिक व्यय करने पर प्रवृत्त होंगे। अर्थात् हमारी उपभोग-प्रवृत्ति बढ़ जायेगी। उपभोग-प्रवृत्ति में इस वृद्धि को प्रदर्शन-प्रभाव या 'ड्यूसेनबरी प्रभाव' कहते हैं।

प्रो. मिल्टन फ्रीड्मैन (Prof. Milton Friedman) ने 'उपभोग-फलन' का एक और सिद्धान्त प्रस्तुत किया है जो कि 'स्थायी आय सिद्धान्त' (Permanent Income Thesis) के नाम से प्रसिद्ध है। प्रो. फ्रीडमैन ने उपभोक्ता की आय को 'स्थायी आय अंश' (Permanent Income Element) तथा 'परिवर्ती या अस्थायी आय अंश (Transitory Income Element) में बाँटते हुए यह निष्कर्ष निकाला कि उपभोग मुख्य रूप से 'स्थायी आय' पर निर्भर करता है।

5. विलग अर्थव्यवस्था की मान्यता (Assumption of closed Economy)–कीन्स का सिद्धान्त बन्द अर्थव्यवस्था (Closed Economy) की मान्यता पर आधारित है जो कि दोषपूर्ण है। कीन्स ने रोजगार स्तर का निर्धारण करते समय आयात और निर्यात को ध्यान में ही रखा है। इसकी अवहेलना करके कीन्स ने भारी भूल की है, क्योंकि किसी देश की रोजगार की मात्रा पर अनुकूल या प्रतिकूल व्यापार सन्तुलन का भारी प्रभाव पड़ता है।

6. सामान्य सिद्धान्त नहीं (Not a General Theory)–कीन्स द्वारा प्रतिपादित सिद्धान्त सामान्य नहीं है, क्योंकि यह सिद्धान्त प्रत्येक देश में लागू नहीं होता, जैसे–साम्यवादी और समाजवादी व अर्द्धविकसित अर्थव्यवस्था पर लागू नहीं होता। यही कारण है कि कीन्स के प्रमुख अनुयायी प्रो. सीमोर हैरिस (Seymor Harris) यहाँ तक कह दिया कि "If Communism comes, Keynes will be as dead as Ricardo."

7. विनियोग पर अधिक बल (More Emphasis on Investment)–कीन्स ने अपने सिद्धान्त में मुख्यत: एक ही कारक विनियोग प्रेरणा पर बल दिया है। उन्होंने उपभोग को उचित महत्त्व नहीं दिया है, क्योंकि वह यह मानकर चले हैं कि उपभोग-प्रवृत्ति अल्पकाल में स्थिर रहती है। प्रो. पीगू सहित कुछ अन्य अर्थशास्त्रियों ने विनियोग पर अत्यधिक निर्भरता की निन्दा की है। यह कहा जाता है कि बेरोजगारी का कोई एक विशेष कारण न होकर अनेक कारण होते हैं, इसलिए रोजगार के सर्वांगीण सिद्धान्त का प्रतिपादन करने के लिए दूसरे घटकों पर भी सम्यक् बल देना चाहिए।

8. त्वरक सिद्धान्त की अवहेलना (Acceleration Principle Ignored)–आलोचकों का कहना है कि कीन्स ने अपने सिद्धान्त में त्वरक की व्याख्या को स्थान न देकर एक भारी भूल की है। कीन्स ने विनियोग में होने वाली वृद्धि के अतिरिक्त पैदा होने वाली आय के स्तर पर पड़ने वाले प्रभाव का अध्ययन करने के लिए गुणक का वर्णन अवश्य किया है, परन्तु उन्होंने उपभोग में और उसके परिणामस्वरूप विनियोग में होने वाली वृद्धियों के पारस्परिक सम्बन्ध का वर्णन किया है। वास्तव में व्यापार-चक्र सम्बन्धी उतार-चढ़ाव का स्पष्टीकरण गुणक त्वरक के पास्परिक सहयोग के द्वारा ही हो सकता है।

9. समय विलम्बना की अवहेलना (Time Log Ignored)–कीन्स ने अपने सिद्धान्त में **समय विलम्बना** को कोई महत्त्व नहीं दिया है। उनकी मान्यता थी कि आय में वृद्धि में होने से ही उपभोग में वृद्धि हो जाती है और माँग की

अधिकता के साथ ही विनियोग में वृद्धि हो जाती है। वास्तव में प्रत्येक आर्थिक क्रिया की प्रतिक्रिया में कुछ समय लगता है; अत: कीन्स का सिद्धान्त समय विलम्बना को ध्यान में न रखने का दोषी ठहराया जाता है।

10. कीन्स के सिद्धान्त के विभिन्न उपकरणों में त्रुटियाँ (Errors in Different Instruments of Keynesian Theory)–कीन्स के सिद्धान्त की आलोचना इसलिए भी की जाती है कि कीन्स के सिद्धान्त के विभिन्न उपकरण, जैसे–उपभोग, प्रवृत्ति, पूँजी की सीमान्त उत्पादकता, तरलता पसन्दगी व गुणक आदि में भी त्रुटियाँ हैं जिनकी विशद चर्चा हम पहले ही कर चुके हैं। फलत: इन उदाहरणों का व्यावहारिक महत्त्व कम हो जाता है।

11. अल्पकालीन सिद्धान्त (Short-Period of Theory)–कीन्स की सबसे बड़ी कमजोरी यह है कि उनका सिद्धान्त अल्पकालीन है और इसलिए कीन्स ने अल्पकालीन नीतियों पर ही ध्यान केन्द्रित किया और दीर्घकालीन आर्थिक विकास पर कोई ध्यान नहीं दिया। एक रोजगार का सिद्धान्त, जो कि अर्थव्यवस्था के दीर्घकालीन विकास को सम्मिलित नहीं करता, वह अत्यन्त अपर्याप्त और अनुपयोगी होता है। अत: आधुनिक अर्थशास्त्रियों, जैसे–हैरोड–डोमर ने दीर्घकालीन आर्थिक विकास के शब्दों में रोजगार सिद्धान्त को पुनर्निर्मित करने का प्रयास किया है। हैरोड ने इस बात को बताया कि कीन्स का विनियोग सम्बन्धी विवेचन एकपक्षीय है। विश्लेषणात्मक दृष्टि से विनियोग का कार्य दोहरा होता है। एक ओर तो वह आय में वृद्धि करता है और दूसरी ओर वह अर्थव्यवस्था की उत्पादन क्षमता को बढ़ाता है। कीन्स ने विनियोग के दूसरे पक्ष की उपेक्षा की है। विकास की समस्या का मुख्य तत्त्व यही है कि उत्पादन क्षमता और आय के मध्य का सन्तुलन सदैव बढ़ते हुए स्तर पर होता रहे।

12. मंदी का अर्थशास्त्र (Economics of Depression)–कुछ अर्थशास्त्रियों ने कीन्स के अर्थशास्त्र को मंदी का अर्थशास्त्र (Depression Economics) कहकर पुकारा है, परन्तु यह उचित नहीं है। यह ठीक है कि उन्होंने मंदी के दिनों में अपनी पुस्तक लिखी है और मंदी से उत्पन्न बेरोजगारी की समस्या का विश्लेषण किया तथा अवस्फीति (Deflation) और बेरोजगारी की समस्याओं पर बल दिया। परन्तु इसका अभिप्राय यह नहीं कि उनका अर्थशास्त्र का मंदी का अध्ययन करने वाला अर्थशास्त्र बन गया है। दूसरे विश्वयुद्ध के समय उन्होंने स्फीति की समस्याओं का उसी प्रकार से विवेचन किया, जैसे कि मंदी की समस्याओं का। कीन्स ने जहाँ बेरोजगारी को समाप्त करने के लिए प्रभावपूर्ण माँग में वृद्धि का सुझाव दिया, वहाँ स्फीति की प्रवृत्ति को रोकने के लिए उन्होंने प्रभावपूर्ण माँग को कम करने का भी सुझाव दिया। अत: उनके अर्थशास्त्र को मंदी का अर्थशास्त्र न कहकर 'सामान्य अर्थशास्त्र' कहना उचित होगा। क्योंकि उनका सिद्धान्त कम रोजगारी, अधिक रोजगारी तथा बेरोजगारी–सभी स्थितियों में लागू किया जा सकता है।

कीन्स के सिद्धान्त का महत्त्व
(Significance of Keynesian Theory)

सन् 1936 में प्रकाशित कीन्स का सामान्य सिद्धान्त दो प्रसिद्ध पुस्तकों की प्रेरणा का स्रोत बनी–(1) हैरिस की "New Economics" और (2) हैजलिट की "The Failure of New Economics." इनमें से पहली पुस्तक कीन्स की आर्थिक विचारधाराओं की समर्थक है और दूसरी उनकी कटु आलोचक है। ये पुस्तकें कीन्स के आर्थिक विचारों से सम्बन्धित दो विरोधी मतों का प्रतिनिधित्व करती हैं। वस्तुत: पिछले 30 वर्षों में आर्थिक विचारों पर कीन्स के विचारों का अत्यधिक प्रभाव पड़ा है। एक ओर **हैरिस, डिल्लर्ड, हेन्सन** आदि अर्थशास्त्री हैं जो कीन्स के महान् समर्थक हैं तथा दूसरी ओर हैजलिट, इट्ट (Hutt), शुम्पीटर तथा साम्यवादी अर्थशास्त्री हैं जो कीन्स के आर्थिक विचारों को बौद्धिक षड्यंत्र (Intellectual Scandal) मानते हैं।

कीन्स के सिद्धान्त के महत्त्व को हम दो भागों में बाँट कर अध्ययन कर सकते हैं–

(i) सिद्धान्त का सैद्धान्तिक महत्त्व,

(ii) सिद्धान्त का व्यावहारिक महत्त्व।

1. सैद्धान्तिक महत्त्व
(Theoretical Significance)

1. समष्टि आर्थिक भाव (Macro Economic Approach)–कीन्स की महान् उपलब्धि यह है कि उन्होंने अर्थशास्त्र के प्रति समष्टि या व्यापक दृष्टिकोण अपनाया है। कीन्स का रोजगार सिद्धान्त समाज की सम्पूर्ण बेरोजगारी आय

व कुल माँग को आधार मानकर चलता है। कीन्स की सभी धारणाएँ जैसे कि आय, राष्ट्रीय उत्पादन, कुल रोजगार, बचत, विनियोग, पूर्ति समग्र को व्यक्त करती है। इसलिए इसे समग्र या व्यापक अर्थशास्त्र भी कहा जाता है। यह प्रतिष्ठित विचारधारा पर एक महत्त्वपूर्ण सुधार है।

2. न्यून रोजगार सन्तुलन (Under-employment Equilibrium)–कीन्स ने प्रतिष्ठित अर्थशास्त्रियों की इस आधारभूत मान्यता को चुनौती दी है कि यदि अर्थव्यवस्था को मुक्त छोड़ दिया जाये तो श्रम तथा अन्य साधनों में सदा ही पूर्ण रोजगार की प्रवृत्ति रहती है। कीन्स ने प्रतिष्ठित विचारधारा की त्रुटियों एवं विरोधाभास पर प्रकाश डाला और यह सिद्ध कर दिया कि अर्थव्यवस्था का सन्तुलन न्यून रोजगार की दशा में भी हो सकता है। इस धारणा को कीन्स ने अपूर्ण रोजगार सन्तुलन धारणा कहकर पुकारा है। कीन्स को तो यहाँ तक कहना है कि दीर्घकालीन आर्थिक प्रवृत्ति को चिरकालीन ह्रास की संज्ञा दी है।

3. उपभोग क्रिया तथा उपभोग प्रवृत्ति (Consumption function)–कीन्स के रोजगार सिद्धान्त में उपभोग प्रवृत्ति एक महत्त्वपूर्ण धारणा है। $Y = (C + I)$ के आधारभूत समीकरण में उपभोग प्रवृत्ति, उपभोग तथा आय के सम्बन्ध को दर्शाती है। उपभोग क्रिया हमें यह बताती है कि जैसे-जैसे आय में वृद्धि होती है वैसे-वैसे उपभोग में भी वृद्धि होती है परन्तु उपभोग में हुई वृद्धि आय में वृद्धि से अनुपात में कम होती है। अनेक व्यावहारिक अध्ययनों के आधार पर इस धारणा की सत्यता प्रमाणित हो चुकी है और वे प्रमाण कीन्स द्वारा प्रतिपादित उपभोग के मनोवैज्ञानिक नियम का समर्थन करते हैं।

4. गुणक (Multiplier)–कीन्स को I गुणक धारणा के आर्थिक विश्लेषण के क्षेत्र में अभूतपूर्व अंशदान माना जाता है। आज गुणक का सिद्धान्त इतना महत्त्वपूर्ण हो गया है कि इसको आधुनिक रोजगार सिद्धान्त से पृथक् नहीं किया जा सकता। कीन्स का गुणक सिद्धान्त विनियोग गुणक कहलाता है जो प्रारम्भिक विनियोग के कारण आय में हुई अन्तिम वृद्धि को दर्शाता है।

5. स्फीतिक तथा विस्फीतिक अन्तर (Inflationary and Deflationary Gap)–कीन्स ने स्फीतिक तथा विस्फीतिक अन्तर सम्बन्धी धारणाओं का प्रतिपादन करके अर्थव्यवस्था की वास्तविक कार्यावधि को समझने में सहायता की है। स्फीतिक अन्तर उस समय उत्पन्न होता है जब अर्थव्यवस्था की कुल माँग पूर्ण रोजगार से सम्बन्धित कुल माँग के स्तर से बढ़ जाती है। इसी प्रकार विस्फीतिक अन्तर उस समय उत्पन्न होता है, जब वास्तविक समस्त माँग पूर्ण रोजगार के स्तर पर होने वाली समस्त माँग से कम हो। कीन्स के अनुसार सरकार को पहली अवस्था में माँग को कम करने तथा दूसरी अवस्था में माँग को बढ़ाने का प्रयत्न करना चाहिए जिससे अर्थव्यवस्था में स्थिरता बनी रहे।

6. राजस्व (Public Finance)–कीन्स के पूर्व प्राचीन अर्थशास्त्रियों ने बचत को बढ़ाने के लिए उपभोग पर अधिक कर लगाने पर बल दिया। किन्तु कीन्स ने अपने सामान्य सिद्धान्त में बचत पर अधिक कर (Tax Saving) लगाने पर बल दिया जिससे कि उपभोग की मात्रा बढ़े।

7. नयी धारणाएँ (New Concepts)–कीन्स ने अर्थशास्त्र को कई नई सैद्धान्तिक धारणाएँ भी प्रदान की हैं जो आर्थिक विश्लेषण के बड़े प्रभावूपर्ण उपकरण सिद्ध हुई हैं। उदाहरणार्थ इनके अन्तर्गत उपभोग प्रवृत्ति, गुणक, विनियोग, क्रिया, पूँजी की सीमान्त उत्पादकता आदि का उल्लेख किया जा सकता है।

8. तरलता पसन्दगी (Liquidity Preference)–तरलता पसन्दगी भी कीन्स की एक मुख्य धारणा है जो विनियोग और रोजगार पर एक विशेष प्रभाव डालती है। भविष्य अनिश्चित होने के कारण लोग अपनी सम्पत्ति को नकदी या मुद्रा के रूप में रखना चाहते हैं। दिन-प्रतिदिन के खर्चों तथा आकस्मिक घटनाओं का मुकाबला करने के लिए बाजार में कीमतों के उतार-चढ़ाव से लाभ उठाने के लिए मनुष्य कुछ नकदी रखना चाहते हैं। यह बात कीन्स के ब्याज दर सिद्धान्त के माँग पक्ष को दर्शाती है। प्रो. कीन्स द्वारा प्रतिपादित ब्याज का तरलता पसन्दगी सिद्धान्त ब्याज के प्रतिष्ठित सिद्धान्त की अपेक्षा कहीं अधिक विस्तृत है।

9. आर्थिक सिद्धान्तों में गतिशीलता का तत्त्व (Dynamic Elements in Economic Theory)–कीन्स का एक अन्य महत्त्वपूर्ण सिद्धान्त यह है कि उन्होंने सर्वप्रथम अर्थशास्त्र में गतिशीलता के तत्त्व का समावेश किया है।

उदाहरण के लिए कीन्स ने विनियोग सम्बन्धी नियमों का विश्लेषण करते समय भावी आशंकाओं (Expectations) के महत्त्व पर जोर दिया। इस प्रकार विनियोग विश्लेषण में भावी आशंकाओं को सम्मिलित करके कीन्स ने अपने सिद्धान्त को गतिशील आधार पर प्रतिष्ठित किया जो अर्थशास्त्र के विकास में एक महत्त्वपूर्ण कदम था।

10. विनियोग का महत्त्वपूर्ण स्थान (Significant Place of Investment)–रोजगार की मात्रा के निर्धारक के रूप में विनियोग के महत्त्व को पहचानकर कीन्स ने आर्थिक विचारधारा को एक नई दिशा प्रदान की है। इस मान्यता के आधार पर कि रोजगार के दो निर्धारकों में उपभोग लगभग स्थिर रहता है, अतः रोजगार विनियोग पर ही निर्भर करता है। विनियोग में उतार-चढ़ाव के कारण ही रोजगार में उतार-चढ़ाव होता है। विनियोग में कमी के कारण ही रोजगार में कमी होती है, अतः रोजगार पर नियंत्रण के लिए विनियोग पर नियंत्रण आवश्यक है। अतः इस मान्यता के आधार पर कि अल्पकाल में पूँजीगत वस्तुओं की माँग में वृद्धि द्वारा रोजगार की मात्रा में वृद्धि की जा सकती है, कीन्स ने पुरानी मान्यताओं को असत्य सिद्ध कर दिया है।

11. राष्ट्रीय आय का अध्ययन (Study of National Income)–कीन्स के सिद्धान्त को लोकप्रियता के साथ ही साथ राष्ट्रीय आय के अध्ययन को बहुत प्रोत्साहन मिला है। राष्ट्रीय आय हमें उन बातों के विश्लेषण में सहायक सिद्ध होती है। जिन पर आय, रोजगार व उत्पादन निर्भर करता है। यूरोप और अमेरिका के अर्थशास्त्रियों ने राष्ट्रीय आय के विश्लेषण विषयक अनुसंधान के लिए काफी धन तथा शक्ति लगाना प्रारम्भ कर दिया है।

12. सामान्य सिद्धान्त (General Theory)–कीन्स ने अपने रोजगार सिद्धान्त को सामान्य स्वरूप देकर एक अन्य महत्त्वपूर्ण अंशदान किया है। कीन्स का सामान्य सिद्धान्त इसलिए माना जाता है कि इससे अर्थव्यवस्था की किसी भी दशा की व्याख्या की जा सकती है, चाहे यह दशा पूर्ण रोजगार की हो चाहे अधिक या न्यून रोजगार की, अर्थात् यह सिद्धान्त न्यून रोजगार, पूर्ण रोजगार तथा पूर्ण से भी अधिक रोजगार सम्बन्धी सभी स्थितियों पर लागू होता है। कीन्स के सिद्धान्त की तुलना में प्रतिष्ठित अर्थशास्त्रियों ने सदा ही एक विशेष दशा पूर्ण रोजगार पर ही बल दिया। यही कारण है, कीन्स ने प्रतिष्ठित सिद्धान्त को अपने सामान्य सिद्धान्त का एक विशेष अंश माना है। कीन्स के सामान्य सिद्धान्त में समृद्धि, प्रतिसार, मन्दी आदि सभी परिस्थितयों में आर्थिक नीति सम्बन्धी निर्देश प्रस्तुत किये गये हैं।

13. मुद्रा सिद्धान्त का सामान्य सिद्धान्त में समन्वय (Integration of Money Theory with General Theory)–कीन्स ने सामान्य सिद्धान्त एवं मुद्रा सिद्धान्त दोनों को अर्थशास्त्र की दो पृथक् शाखाएँ नहीं रहने दिया और सफलतापूर्वक दोनों को मिला दिया। उन्होंने मुद्रा, उत्पादन, रोजगार व आय की समस्याओं को एक सूत्र में बाँध दिया। वस्तुतः मुद्रा तथा उत्पादन, उत्पादन तथा रोजगार और मुद्रा तथा रोजगार के पारस्परिक सम्बन्ध को एक सिद्धान्त के माध्यम से स्पष्ट करना कीन्स की उल्लेखनीय विशेषता है। हम रोजगार या आय सिद्धान्त को मुद्रा सिद्धान्त भी कहते हैं, क्योंकि इसमें मुद्रा का केन्द्रीय महत्त्व है। मुद्रा के प्रयोग द्वारा ही अर्थव्यवस्था की जटिलता पर काबू पाकर आय, उत्पादन, बचत, विनियोग आदि को समग्र रूप में दर्शाना सम्भव हो पाया है।

14. पूँजीवाद में सुधार (Improvement in Capitalism)–कीन्स का अर्थशास्त्र न केवल सामान्य सिद्धान्त की रचना करता है बल्कि पूँजीवाद में भी सुधार करता है। कीन्स पूँजीवाद को पूर्णतया खत्म करने के पक्ष में नहीं थे, बल्कि उसमें वांछित सुधार कर उसे अधिक स्वस्थ और सुदृढ़ बनाने के पक्ष में थे ताकि यह आर्थिक समस्याओं के समाधान में अधिक प्रभावकारी सिद्ध हो सके। कीन्स का मत था कि देश की निर्धनता सामाजिक कारणों का परिणाम नहीं है बल्कि बुद्धिहीनता का परिणाम है। अतः यह आवश्यक व्यवस्था, व्यावहारिक बुद्धि और नीति द्वारा सुलझायी जा सकती है।

2. व्यावहारिक महत्त्व (Practical Significance)

1. राजकीय हस्तक्षेप (Govt. Interference)–कीन्स ने अपने सिद्धान्त की सहायता से यह सिद्ध कर दिया है कि कतिपय परिस्थितियों में आर्थिक क्षेत्र में सरकारी हस्तक्षेप न केवल वांछनीय होता है, बल्कि आवश्यक होता है। उनका कहना था कि निजी उपक्रमी अर्थव्यवस्था में पूर्ण रोजगार की दशा स्वतः उत्पन्न नहीं होती, बल्कि इसे प्राप्त करने के लिए सरकार को प्रभावपूर्ण माँग में वृद्धि करने से सम्बन्धित सक्रिय उपाय करने चाहिए। इस सिद्धान्त में यह स्पष्ट

कहा गया है कि देश में रोजगार की मात्रा में वृद्धि के लिए सरकार घाटे के बजट बना सकती है, सार्वजनिक निर्माण-कार्य आरम्भ कर सकती है और कर नीति में यथोचित समायोजन कर सकती है। वस्तुतः राजकोषीय नीतियों के सन्तुलन समन्वय द्वारा देश की अर्थव्यवस्था को वांछित दिशाओं में मोड़ देना कीन्स के सिद्धान्त में अन्तर्निहित है। पश्चिमी सरकारों ने बेरोजगारी और मन्दी की समस्याओं के निराकरण के लिए कीन्स द्वारा वर्णित सभी उपाय अपनाये थे। घाटे के बजट की वर्तमान लोकप्रियता कीन्सीयन अर्थशास्त्र के कारण ही है। आधुनिक सरकारों ने बेरोजगारी निरोधक के रूप में सार्वजनिक निर्माण-कार्य को पूर्ण रूप में स्वीकार कर लिया है।

2. आय समंक (Income Statistics)–कीन्स ने अपने रोजगार सिद्धान्त में राष्ट्रीय आय, राष्ट्रीय उपभोग, राष्ट्रीय बचत एवं राष्ट्रीय विनियोग पर इतना अधिक महत्त्व दिया है कि आधुनिक युग में इन सभी से सम्बन्धित समंकों का संग्रह, प्रकाशन एवं अधिकाधिक प्रयोग होने लगा है। अब विश्व के लगभग सभी देशों की सरकारें अपनी-अपनी अर्थव्यवस्था के सामाजिक लेखों को तैयार करती हैं और उन्हीं के आधार पर आर्थिक नीतियों का निर्माण करती हैं।

3. मजदूरी निर्धारण (Wage Determination)–कीन्स ने प्रतिष्ठित अर्थशास्त्रियों की इस मान्यता को असत्य प्रमाणित कर दिया है कि मजदूरी की दरों में कटौती करके पूर्ण रोजगार की स्थिति लायी जा सकती है। कीन्स का विचार है कि यदि मजदूरी में समान कटौती की जायेगी तो मजदूरों की आय में कमी आयेगी जिससे माँग में कमी आयेगी और रोजगार की मात्रा घटेगी। इस आधार पर आधुनिक सरकारें मजदूरी में कमी करने के विचार का समर्थन नहीं करतीं।

4. मुद्रा नीति (Money Policy)– कीन्स ने केन्द्रीय बैंकों के लिए मुद्रा के परिमाण में वृद्धि तथा नियंत्रण के महत्त्व पर समुचित प्रकाश डाला। इससे आधुनिक अर्थव्यवस्थाओं में उपयुक्त मुद्रा नीति का अनुकरण करने में सहायता मिली है।

Select References

1. Ackley G.	:	Macro Economics
2. Branson W.A.	:	Macro Economics Theory and Policy
3. Kurihara K.K.	:	Introduction to Keynesian Dynamics
4. Keynes J.M.	:	The General Theory of Employment, Interest and Money
5. Dellard Dudley	:	The Economics of J.M. Keynes 1948
6. Sinha V.C.	:	Keynesian Economics

परीक्षा प्रश्न
(Examination Questions)

I. दीर्घ उत्तरीय प्रश्न (Long Answer Type Question)

1. ''कीन्स के रोजगार सिद्धान्त का तार्किक प्रारम्भिक बिन्दु प्रभावपूर्ण माँग का सिद्धात है।'' व्याख्या कीजिए।
   "The logical starting point of Keynesian Theory of Employment is the principle of effective demand." Discuss.
2. कीन्स के प्रभावपूर्ण माँग के सिद्धान्त की व्याख्या कीजिए और उसका महत्त्व बताइये।
   State and explain Keynes 'Principle of effective demand. Give the importance of the law.
3. क्या आप इस मत से सहमत हैं कि प्रभावपूर्ण माँग का बिन्दु आवश्यक नहीं कि पूर्ण रोजगार बिन्दु भी हो? व्याख्या कीजिए।
   The point of effective demand is not necessarily a point of full employment. Do you agree? Explain.

4. प्रभावपूर्ण माँग के निर्धारक तत्त्वों की व्याख्या कीजिए। इस नियम में कोई त्रुटियाँ हैं तो दर्शायें।

   Explain the main determinants of the effective demand. Point out the weaknesses of the principle. If any.

5. ''कीन्स की एक बड़ी सफलता यह थी कि उसने पूर्ण रोजगार से नीचे के स्तर पर सन्तुलन स्थापित होने की सम्भावना पर प्रकाश डाला।'' यह समझाइये कि कीन्स ने यह किस प्रकार सिद्ध किया है कि पूर्ण-रोजगार के स्तर के नीचे भी सन्तुलन स्थापित हो सकता है?

   "A great achievement of Keynes in his General Theory was to show that under-employment equilibrium was possible." Explain how Keynes proved that equilibrium may be established at a point much below full employment?

6. एक अर्थव्यवस्था में, कीन्स के अनुसार आय तथा रोजगार के मुख्य निर्धारक तत्त्व कौन-कौन से है? रोजगार तथा आय के निर्धारण का एक सन्तोषजनक सिद्धान्त प्रस्तुत करने के लिए आप इन तत्त्वों को किस प्रकार मिलायेंगे?

   What are, according to Keynes, the principle determinants of income and employment in an economy? How would your combine them to give a satisfactory theory of employment and income determination?

7. कीन्स के रोजगार सिद्धान्त का आलोचनात्मक विवेचन कीजिए और इसकी गलतियों और त्रुटियों को स्पष्ट कीजिए।

   Critically discuss the Keynesian theory of employment bringing out clearly its fallacies and draw-backs.

II. लघु उत्तरीय प्रश्न (Short Answer Type Questions)

1. प्रभावपूर्ण माँग की धारणा की परिभाषा दीजिये।
2. प्रभावपूर्ण माँग के प्रमुख निर्धारकों का वर्णन करें।
3. कुल योग से क्या अभिप्राय है?
4. कुल पूर्ति क्या है?
5. कीन्स के रोजगार सिद्धान्त के मुख्य निर्धारक्र तत्वों का वर्णन करें।
6. कीन्स के सिद्धान्त के व्यावहारिक प्रयोगों का वर्णन करें।
7. कीन्स के रोजगार सिद्धान्त की मुख्य आलोचनाओं का वर्णन करें।
8. कीन्स के रोजगार सिद्धान्त के मुख्य लक्षणों का वर्णन करें।

(III) वस्तुनिष्ठ प्रश्न (Objective Type Questions)

सही विकल्प चुनकर लिखिए :

1. कीन्स के अनुसार विनियोग से अभिप्राय है—:

   (अ) वास्तविक विनियोग से (ब) वित्तीय विनियोग से

   (स) उपर्युक्त दोनों से (द) उपर्युक्त में से कोई नहीं

2. विनियोग सम्बन्धी निर्णय निर्भर करता है :

   (अ) पूँजी की सीमान्त क्षमता प्र (ब) ब्याज की दर पर

   (स) उपर्युक्त दोनों पर (द) उपर्युक्त में से कोई नहीं।

3. विनियोग की मात्रा में वृद्धि होने के साथ-साथ MEC:

(अ) बढ़ती रहती है (ब) घटती जाती है
(स) स्थिर रहती है (द) उपर्युक्त में से कोई नहीं

4. विनियोग प्रेरणा निर्भर करती है :
(अ) केवल MEC पर (ब) केवल ब्याज की दर पर
(स) MEC और ब्याज की दर दोनों पर (द) उपर्युक्त में से कोई नहीं

5. निम्नलिखित में से वास्तविक विनियोग है:
(अ) शेयर बाजार से शेयर खरीदना (ब) बैंक में जमा खाता खोलना
(स) पुरानी फैक्ट्री खरीदना (द) भवनों का निर्माण

उत्तर—1. (अ), 2.(स), 3. (ब), 4. (स), 5. (द)।

○○○

7 उपभोग फलन व उपभोग का मनोवैज्ञानिक नियम (Consumption Function and Psychological Law of Consumption)

महत्त्वपूर्ण अवधारणाएँ (Important Concepts)

1. उपभोग फलन (Consumption Function)—यह कुल आय एवं कुल उपभोग व्यय में सम्बन्ध व्यक्त करता है अर्थात् उपभोग फलन $\boxed{C = R(Y)}$

2. उपभोग प्रवृत्ति (Propensity to Consume)—यह आय के विभिन्न स्तरों पर उपभोग की विभिन्न मात्राओं को प्रकट करता है।

3. रेखीय उपभोग फलन (Linear Consumption Function)—

$$\boxed{C = A + bY}$$

4. औसत उपभोग प्रवृत्ति (Average Propensity to Consume)—औसत उपभोग प्रवृत्ति उपभोग तथा आय का अनुपात है अर्थात्

$$\boxed{APC = \frac{C}{Y}}$$

5. सीमान्त उपभोग प्रवृत्ति (Marginal Propensity to Consume)—सीमान्त उपभोग प्रवृत्ति उपभोग में परिवर्तन तथा आय में परिवर्तन का अनुपात है अर्थात्

$$\boxed{MPC = \frac{\Delta C}{\Delta Y}}$$

6. औसत बचत प्रवृत्ति (Average Propensity to Save)—औसत बचत प्रवृत्ति बचत तथा आय का अनुपात है अर्थात्

$$\boxed{APS = \frac{S}{Y}}$$

7. सीमान्त बचत प्रवृत्ति (Marginal Propensity to Save)—सीमान्त बचत प्रवृत्ति, बचत में परिवर्तन तथा आय में परिवर्तन का अनुपात है अर्थात्

$$\boxed{MPC = \frac{\Delta S}{\Delta Y}}$$

8. MPC तथा MPS में सम्बन्ध–

$$MPC + MPS = 1 \text{ Or } MPC = 1—MPS$$

$$\text{Ot } MPS = 1—MPC$$

9. उपभोग वक्र (Consumption Curve)–उपभोग वक्र उपभोग व्यय तथा आय के अनुपात को प्रकट करता है।

10. 45° की रेखा (45° Line)—45° की रखा आय और उपभोग के बीच पूर्ण धनात्मक सह-सम्बन्ध (Perfect Positive Co-relation) को प्रकट करती है। जैसे ही आय बढ़ती है, उपभोग व्यय ठीक उसी अनुपात में बढ़ता है।

11. उपभोग का मनोवैज्ञानिक नियम (Psychological Law of Consumption)–इस नियम द्वारा यह स्पष्ट किया गया कि ''समुदाय की मनोवृत्ति यह होती हैकि जब कुल वास्तव आय बढ़ती है तो कुल उपभोग भी बढ़ता है लेकिन इतना नहीं जितना कि आय बढ़ती है। इस नियम को ऐसे भी लिखा जा सकता है कि D C < D Y अर्थात् उपभोग में परिवर्तन (D C) आय के परिवर्तन (D Y) से कम होता है अर्थात् ''सीमान्त उपभोग प्रवृत्ति हमेशा सकरात्मक होती है परन्तु इकाई से कम होती है।''

12. ड्यूसेनबरी का नियम (Law of Dusenburry)–प्रो. ड्यूसेनबरी के अनुसार नीची आय वर्ग के लोग अपने से ऊँची आय वाले वर्ग के उपभोग-स्वरूपों की नकल करने की प्रवृत्ति रखते हैं। इसे **'प्रदर्शन प्रभाव'** (Demonstration Effect) कहते हैं।

कीन्स के रोजगार सिद्धान्त की व्याख्या करते हुए हमने पिछले अध्याय में स्पष्ट किया था कि किसी भी समाज में रोजगार और आय के स्तर प्रभावपूर्ण माँग (Effective Demand) की मात्रा पर निर्भर होते हैं और प्रभावपूर्ण माँग कुल माँग फलन (Aggregate Demand Function) द्वारा निर्धारित होती है। किसी भी द्वि-क्षेत्रीय अर्थव्यवस्था के मॉडल (Two-sector Model) में कुल माँग के दो अंग होते हैं–(i) उपभोग (Consumption) और (ii) विनियोग (Investment)।

इस अध्याय में हम उपभोग फलन व उपभोग के मनोवैज्ञानिक नियम व सिद्धान्त की व्याख्या करेंगे।

उपभोग का अर्थ (Meaning of Consumption)–राष्ट्रीय आय का वह भाग जिसे वस्तु व सेवाओं पर व्यय किया जाता है, उसे **कुल उपभोग व्यय या उपभोग (Consumption) कहते हैं** और जिसका उपभोग नहीं किया जाता, उसे **बचत (Saving)** कहते हैं। उपभोग (C) एवं बचत (S) के जोड़ को आय कहते हैं। अत:

आय = उपभोग + बचत

$$Y = C + S$$

उपभोग फलन
(Consumption Function)

उपभोग व्यय कई तत्त्वों, जैसे आय, वस्तु की कीमत, फैशन आदि पर निर्भर करता है। अतएव यह कहा जा सकता है कि उपभोग कई तत्त्वों का फलन है अर्थात् कई तत्त्वों पर निर्भर करता है परन्तु उपभोग पर सबसे अधिक प्रभाव आय का पड़ता है। इसलिए कीन्स का यह मत था कि **किसी अर्थव्यवस्था का कुल उपभोग व्यय मुख्य रूप से आय पर निर्भर करता है अथवा यह कहा जा सकता है कि उपभोग, आय का फलन है अर्थात्**

$$C = f(Y)$$

परिभाषाएँ (Definitions)

1. ब्रूमैन के अनुसार, ''उपभोग फलन यह बताता है कि उपभोक्ता आय के प्रत्येक सम्भव स्तर पर उपभोग पदार्थों पर कितना खर्च करना चाहेंगे।''[1]

1. "Consumption function shows what expenditure consumers will make on consumer goods and services at each possible level of income." —*Brooman*

2. पीटरसन के अनुसार, ''उपभोग फलन की परिभाषा एक अनुसूची के रूप में दी जा सकती है जो कि विभिन्न आय स्तरों पर, उपभोग पदार्थों और सेवाओं पर दिये गये व्यय की मात्रा को बताती है।''[1]

उपभोग प्रवृत्ति (Propensity to Consume)–अब प्रश्न यह उठता है कि आय के स्तर में वृद्धि होने पर उपभोग व्यय में कितनी वृद्धि होगी?

आय में वृद्धि होने पर उपभोग में कितनी वृद्धि होगी, यह कीन्स के अनुसार **उपभोग प्रवृत्ति** पर निर्भर करती है। इसी तरह आय के बढ़ने पर बचत में जो वृद्धि होती है, उसे **बचत प्रवृत्ति (Propensity to Save)** कहते हैं।

कीन्स ने **उपभोग फलन** के लिए **उपभोग प्रवृत्ति** शब्द का प्रयोग किया है। अत: **आय में परिवर्तन के कारण उपभोग में होने वाले परिवर्तन के सम्बन्ध को उपभोग प्रवृत्ति कहते हैं।**

परिभाषाएँ (Definitions)–उपभोग प्रवृत्ति के सम्बन्ध में कुछ महत्त्वपूर्ण परिभाषाएँ निम्नलिखित हैं–

1. प्रो. कुरिहार के शब्दों में, ''आय के एक निश्चित स्तर पर उपभोग पर जितना खर्च किया जाता है, उसे उपभोग कहा जाता है, जबकि आय के विभिन्न स्तरों को प्रकट करने वाली तालिका उपभोग प्रवृत्ति कहलाती है।''[2]

2. एफ. एस. ब्रूमैन के अनुसार, ''उपभोग क्रिया यह बताती है कि उपभोक्ता, आय के प्रत्येक सम्भव स्तर पर उपभोग पदार्थों तथा सेवाओं पर कितना खर्च करना चाहेंगे।''[3]

3. डिल्लार्ड के अनुसार, ''आय के विभिन्न स्तरों पर उपभोग की भिन्न मात्राओं को प्रकट करने वाली अनुसूची को उपभोग प्रवृत्ति की अनुसूची या संक्षेप में उपभोग प्रवृत्ति कहा जाता है।''

उपभोग प्रवृत्ति अनुसूची (Schedule of the Propensity to Consume)–आय के भिन्न-भिन्न स्तरों पर कुल आय तथा उपभोग व्यय के बीच फलनीय सम्बन्ध को व्यक्त करने वाला वितरण **'उपभोग प्रवृत्ति अनुसूची'** (Schedule of the Propensity to Consume) कहलाता है। इस प्रकार की अनुसूची केवल उपभोग की इच्छा को व्यक्त नहीं करती बल्कि यह बताती है कि आय के भिन्न-भिन्न स्तरों पर वास्तव में कितना उपभोग होता है अथवा उसकी कितनी सम्भावना होती है। नीचे सारणी 1 में एक काल्पनिक उदाहरण दिया गया है।

सारणी 1–उपभोग प्रवृत्ति सारणी (आय उपभोग सम्भव)

आय (Y) (करोड़ रुपये में)	उपभोग (C) (करोड़ रुपये में)
1	2
0	200
100	250
200	300
400	380
500	500
600	500
700	550
800	600

सारणी-1 से स्पष्ट है कि-(i) आय में होने वाली प्रत्येक वृद्धि के साथ-साथ उपभोग भी बढ़ रहा है।

---

1. "Consumption function may be defined as a schedule showing amount that will be spent for consumer goods and services at different income levels." —*Peterson*
2. "Consumption (C) represents the amount of consumer expenditure at a given level of income, whereas the propensity to consume C/Y is a schedule of consumption expenditure at various level of Income." —*Kurihara*
3. "Consumption function shows what expenditure consumers will wish to make on consumer goods and services at each possible level of income." —*F. S. Brooman, Macro Economics*

(ii) जब आय शून्य होती है तो भी लोग 200 करोड़ रुपये का व्यय उपभोग कर रहे हैं। यह व्यय लोग अपनी पिछली बचतों का प्रयोग वर्तमान उपभोग के लिए कर रहे हैं। इसको हम **विसंचय (Dis-saving)** कहते हैं।

(iii) जब आय 500 करोड़ रुपये हो जाती है तो उपभोग भी 500 करोड़ रुपये हो गया है। **जिस आय स्तर पर उपभोग आय के ठीक बराबर होता है, उसे 'अन्तराल शून्य बिन्दु' (Break Even Point)** कहते हैं।

(iv) जब आय 500 करोड़ रुपये से अधिक बढ़ती है तो उपभोग भी बढ़ रहा है, परन्तु उपभोग में होने वाली वृद्धि आय में होने वाली वृद्धि की तुलना में कम है। अन्य शब्दों में, **वृद्धिमान आय के एक भाग का उपभोग न करके उसकी बचत की जाती है।**

उपभोग प्रवृत्ति वक्र (Propensity to Consume Curve) या उपभोग वक्र (Consumption Curves)– चित्र 1 में–

1. AS रेखा कुल पूर्ति रेखा है। यह रेखा 45° पर खींची गई है, जो आय (Y) और उपभोग (C) के बीच पूर्ण धनात्मक सह-सम्बन्ध को व्यक्त करती है। जैसे ही आय बढ़ती है, उपभोग व्यय भी ठीक उसी अनुपात में बढ़ता है जैसे–जब आय 100 करोड़ रुपये है तो उपभोग भी 100 करोड़ रुपये है। यदि आय बढ़कर 200 करोड़ रुपये हो जाती है तो उपभोग व्यय भी बढ़कर 200 करोड़ रुपये हो जाता है। अतः यह रेखा अर्थव्यवस्था की कुल आय (Y) तथा कुल उपभोग व्यय (C) की समानता व्यक्त करती है। यह एक **काल्पनिक रेखा** है।

2. CC रेखा कुल उपभोग वक्र (Consumption Curve) है जो विभिन्न स्तरों पर वास्तविक उपभोग को व्यक्त करता है। उपभोग वक्र मूल बिन्दु O से आरम्भ नहीं होता। इसका कारण यह है कि जब आय शून्य होती है तो भी जैसा कि सारणी 1 से ज्ञात होता है, उपभोग 200 करोड़ रुपये का होता है। उपभोग वक्र CC का ढलान नीचे से ऊपर की ओर है। इससे सिद्ध होता है कि आय के बढ़ने के साथ-साथ उपभोग भी बढ़ता जाता है। बिन्दु E पर आय और उपभोग बराबर हैं, क्योंकि उपभोग वक्र CC कुल पूर्ति वक्र AS को काट रहा है। इसे समता बिन्दु (Break-even Point) भी कहा जाता है। बिन्दु E के बाईं ओर उपभोग वक्र CC कुल पूर्ति वक्र AS के ऊपर है। इससे प्रकट होता है कि उपभोग व्यय, आय से अधिक है, इसलिए बचत ऋणात्मक (—S) है। बिन्दु E के दाईं ओर CC उपभोग वक्र AS वक्र के नीचे है। इससे स्पष्ट होता है कि उपभोग व्यय, आय से कम है, इसलिए बचत धनात्मक (+ S) है।

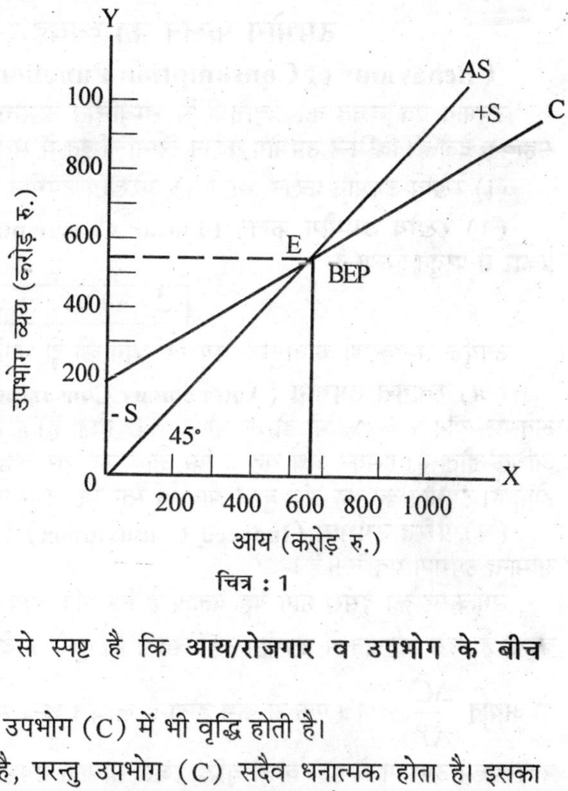

चित्र : 1

निष्कर्ष (Conclusion)–उपभोग फलन के अध्ययन से स्पष्ट है कि **आय/रोजगार व उपभोग के बीच** निम्नलिखित सम्बन्ध पाया जाता है।

(i) आय (Y) में होने वाली प्रत्येक वृद्धि के साथ-साथ उपभोग (C) में भी वृद्धि होती है।

(ii) सैद्धान्तिक रूप से आय (Y) शून्य हो सकती है, परन्तु उपभोग (C) सदैव धनात्मक होता है। इसका अभिप्राय यह है कि आय के शून्य होने पर भी उपभोग पर कुछ न कुछ व्यय अवश्य करना पड़ता है।

(iii) आय के एक निश्चित स्तर के पश्चात् उपभोग में होने वाली वृद्धि आय में होने वाली वृद्धि से कम होने लगती है। इसका कारण यह है कि आय के ऊँचे स्तर पर लोग अपनी आय के कुछ भाग की बचत करने लगते हैं। कीन्स के अनुसार, **उपभोग के मनोवैज्ञानिक नियम (Psychological Law of Consumption)** के अनुसार होता है।

उपभोग प्रवृत्ति की मुख्य विशेषताएँ
(Features of Propensity to Consume)

उपभोग प्रवृत्ति की निम्न मुख्य विशेषताएँ हैं–

1. मनोवैज्ञानिक धारणा (Psychological Concept)–इस पर अनेक भावगत तत्त्वों, जैसे–फैशन, रुचि, आदत आदि का प्रभाव पड़ता है। अल्पकाल में ये तत्त्व स्थिर रहते हैं इसीलिए अल्पकाल में उपभोग प्रवृत्ति स्थिर रहती है।

2. असमान उपभोग प्रवृत्ति (Unequal Propensity to Consume)–निम्न आय वर्ग की उपभोग प्रवृत्ति उच्च आय वर्ग से अधिक होती है। इसका कारण यह है कि गरीब वर्ग की आय कम होती है, इसीलिए वे अपनी आय का उपभोग कर लेते हैं जबकि अमीर वर्ग अपनी आय का थोड़ा हिस्सा ही उपभोग करते हैं।

3. आय और रोजगार उपभोग प्रवृत्ति पर निर्भर करते हैं (Income and Employment Depend upon Propensity to Consume)–यदि उपभोग प्रवृत्ति बढ़ती है तो अधिक उत्पादन करना होगा, जिससे रोजगार व आय में वृद्धि होती है। इसके विपरीत, उपभोग प्रवृत्ति में कमी होने पर आय व रोजगार में कमी होती है।

4. अल्पकालीन उपभोग व्यय (Short Run Consumption)–अल्पकाल में उपभोग व्यय, स्वतन्त्र उपभोग व्यय तथा सीमान्त उपभोग प्रवृत्ति पर निर्भर करता है। स्वतंत्र उपभोग तथा सीमान्त उपभोग प्रवृत्ति पर निर्भर करता है। स्वतन्त्र उपभोग से आशय ऐसे उपभोग से है, जो व्यक्ति को प्रत्येक दशा में करना ही पड़ता है चाहे आय शून्य ही क्यों न हो। अल्पकाल में आय बढ़ने पर उपभोग व्यय आय की तुलना में कम बढ़ता है।

उपभोग फलन का व्यवहार–उपभोग फलन के विभिन्न रूप
(Behaviour of Consumption Function—The Forms of Consumption Function)

उपभोग एवं बचत की प्रवृत्तियों से सम्बन्धित उपरोक्त अवधारणाएँ हमको उपभोग फलन का अध्ययन करने में सहायता देती हैं। विभिन्न उपभोग फलन निम्नलिखित में से किसी एक रूप को ग्रहण कर सकते हैं–

(i) रेखीय उपभोग फलन तथा (ii) अरेखीय उपभोग फलन।

(1) रेखीय उपभोग फलन (Linear Consumption Function)–कीन्स ने रेखीय उपभोग फलन को निम्न प्रकार से प्रस्तुत किया है–

$$C = a + bY \qquad (A > O, O < b < I)$$

उपर्युक्त समीकरण के अनुसार उपभोग व्यय को दो भागों में बाँटा जा सकता है–

(अ) स्वायत्त उपभोग (Autonomous Consumption) (जिसे a बताया गया है) समीकरण के प्रथम अंग के अनुसार, यदि $Y = O$ भी हो तो भी $C = a$ होता है। a से हमारा तात्पर्य स्वायत्त उपभोग से होता है जो कि शून्य से अधिक होता है। इसका अर्थ यह है कि आय का स्तर कुछ भी हो–चाहे शून्य ही क्यों न हो, उपभोग हमेशा धनात्मक होता है। उपभोग का यह अंश कुल आय के स्तर पर निर्भर नहीं होता है अर्थात् स्वायत्त उपभोग होता है।

(ब) प्रेरित उपभोग (Induced Consumption) [जिसे MPC × Y या b (Y) के रूप में बताया गया है, यहाँ सीमान्त उपभोग प्रवृत्ति b है]

समीकरण का दूसरा भाग यह बताता है कि यदि आय बढ़ती है तो उपभोग भी बढ़ता है, पर जिस अनुपात में आय बढ़ती है, उस अनुपात में उपभोग नहीं बढ़ता है। दूसरे शब्दों में, ΔC हमेशा ΔY से कम रहता है, जबकि ΔY धनात्मक हो अर्थात् $\frac{\Delta C}{\Delta Y} < 1$ (एक से कम होता है लेकिन शून्य से अधिक होता है)। अत: $\frac{\Delta C}{\Delta Y}$ आय में होने वाली वृद्धि के फलस्वरूप उपभोग में होने वाली वृद्धि, जिसे सीमान्त उपभोग प्रवृत्ति (MPC) कहते हैं। इसे ही समीकरण में b के रूप में प्रदर्शित किया गया है।

अत: रेखीय उपभोग फलन का सूत्र है $C = a + b(Y)$

उपरोक्त समीकरण यह बताता है कि उपभोग आय का एक रेखीय फलन है। समीकरण से यह बात भी स्पष्ट होती है कि किसी मात्रा a में मात्रा b के आय के साथ गुणा को जोड़ दिया जाये तो इसका मूल्य उपभोग के बराबर होगा।

समीकरण में a तथा b स्थिर मूल्य हैं जिनको प्राचल (Parameters) भी कहा जाता है।

अब हम स्थिर उपभोग फलन को एक सारणी तथा चित्र की सहायता से प्रदर्शित कर सकते हैं।

मान लीजिए कि आय के शून्य स्तर पर एक अर्थव्यवस्था का उपभोग 300 करोड़ रुपये है। इसके अतिरिक्त माना कि देश प्रत्येक अतिरिक्त आय का 80 प्रतिशत उपभोग पर लगाता है। देश का उपभोग फलन C = 300 + 0.8y होगा। अब हम राष्ट्रीय आय के विभिन्न स्तरों पर उपभोग व्यय की मात्रा को ज्ञात कर सकते हैं। जब राष्ट्रीय आय बढ़कर 2,000 करोड़ रुपये हो जाती है तो उपभोग व्यय 300 + 0.8 × 2,000 अथवा 1,900 करोड़ रुपये होगा। सारणी 2 राष्ट्रीय आय के विभिन्न स्तरों पर उपभोग व्यय को प्रदर्शित करती है।

सारणी 2–उपभोग फलन सूची C = a + bY

आय (Y) (करोड़ रुपये)	उपभोग (C) (करोड़ रुपये)	$APC = \frac{C}{Y}$	$MPC = \frac{\Delta C}{\Delta Y}$
0	300		
2,000	1,900	0.95	0.80
4,000	3,500	0.88	0.80
6,000	5,100	0.85	0.80
8,000	6,700	0.84	0.80
10,000	8,300	0.83	0.80

सारणी के अंकों से स्पष्ट है कि सीमान्त उपभोग की प्रवृत्ति स्थिर है। इसलिए उपभोग में होने वाली वृद्धि आय की वृद्धि के अनुपात में नहीं हो रही है, बल्कि एक स्थिर धनराशि 1,600 करोड़ रुपये से हो रही है।

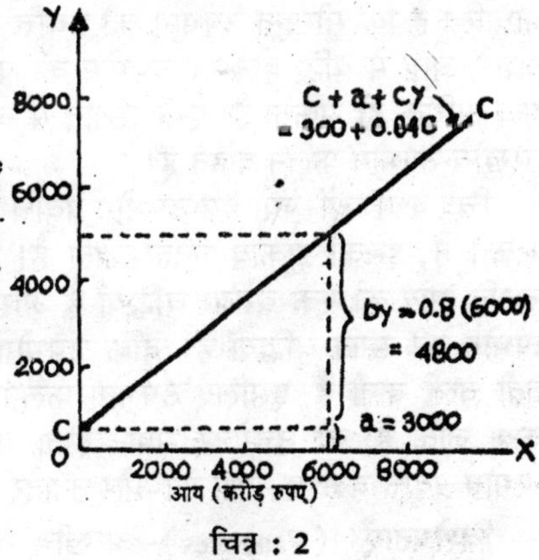

चित्र : 2

चित्र द्वारा स्पष्टीकरण (Diagrammatic Representation)– उपभोग फलन को संलग्न चित्र द्वारा दर्शाया गया है।

(i) X–अक्ष पर उपभोग और Y–अक्ष पर आय को निरूपित किया गया है।

(ii) C उपभोग वक्र है जो उपभोग व्यय को दर्शाता है और यह शून्य से आरम्भ नहीं होता है, बल्कि 300 करोड़ रुपये से आरम्भ होता है। इसका अर्थ यह है कि समाज उपभोग पर 300 करोड़ रुपया खर्च करेगा। चाहे समस्त आय (Y) शून्य ही क्यों न हो अर्थात् Y = O, C = a। यहाँ 'a' स्वायत्त उपभोग को प्रकट करता है, यानी उपभोग की वह मात्रा जो आय के स्तर पर निर्भर न हो।

(iii) उपभोग फलन के रेखीय रूप में सम्पूर्ण वक्र पर एक समान ढलान $\left(b = \frac{\Delta C}{\Delta Y}\right)$ रहता है। अत: इस उपभोग फलन में उपभोग की सीमान्त प्रवृत्ति स्थिर रहती है। इस प्रकार का उपभोग फलन आय एवं उपभोग के गैर–अनुपातीय सम्बन्ध को प्रकट करता है।

विशेषताएँ (Features)–रेखीय उपभोग वक्र की प्रमुख विशेषताएँ निम्नलिखित हैं। जो Y–अक्ष से आरंभ नहीं होती हैं, की मुख्य विशेषताएँ इस प्रकार हैं–

(i) औसत उपभोग प्रवृत्ति घटती है (APC is Diminishing)

(ii) सीमांत उपभोग प्रवृत्ति स्थिर रहती है (MPC is Constanct)

(iii) औसत उपभोग प्रवृत्ति का सीमांत उपभोग से प्रवृत्ति से अधिक होता है। (APC>MPC)

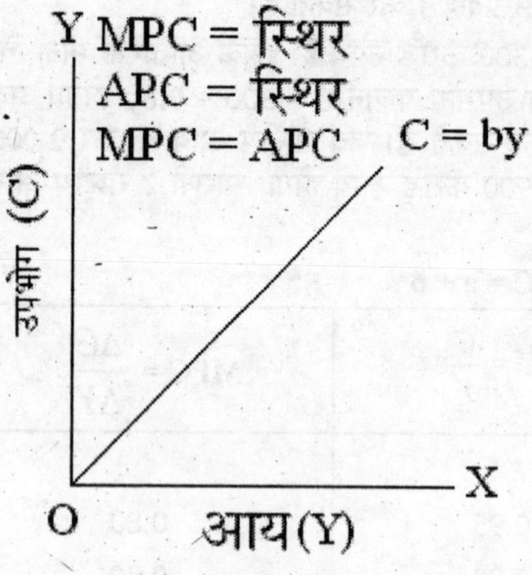

चित्र : 3

2. रेखीय उपभोग वक्र जो मूल बिन्दु O से आरम्भ होता है (Linear Consumption Curve which starts from the Point of Origin)–उपभोग वक्र जैसा कि रेखाचित्र से ज्ञात होता है कि मूल बिन्दु O से आरम्भ हो रहा है, इसका आशय यह है कि उपभोग आय में वृद्धि होने पर अधिक उपभोग व्यय करते हैं, लेकिन आय को खर्च करने का अनुपात स्थिर रहता है। ऐसी अवस्था में उपभोग का आय के साथ समान आनुपातिक सम्बन्ध होता है। ऐसी दशा में APC तथा MPC स्थिर रहते हैं। उपभोग फलन का सामान्य रूप C = bY होता है, जहाँ b उपभोग फलन के ढाल $\left(\frac{\Delta C}{\Delta Y}\right)$ को प्रकट करता है, चूँकि उपभोग फलन मूल बिन्दु से होकर गुजरता है इसलिए APC तथा MPC का मूल्य एक समान होता है।

विशेषताएँ (Features)–रेखीय उपभोग वक्र जो मूल बिन्दु 'O' से आरम्भ होती है उनकी मुख्य विशेषता यह है कि आय के सभी स्तरों पर APC तथा MPC दोनों ही स्थिर तथा एक दूसरे के समान है। ऐसा उपभोग फलन केवल दीर्घकालीन संभावना है।

3. अरेखीय उपभोग प्रवृत्ति (Non-linear Consumption Function)–रेखीय उपभोग फलन इस मान्यता पर आधारित है कि सीमान्त उपभोग की प्रवृत्ति स्थिर रहती है, लेकिन अर्थव्यवस्था में ऐसी स्थिति भी उत्पन्न हो सकती है, जिसमें आय में वृद्धि होने पर उपभोग की प्रवृति घटती जाये। अन्य शब्दों में, ऊँची आय के स्तर पर उपभोग फलन का ढाल अधिक हो सकता है। ऐसी स्थिति में जबकि आय के विभिन्न स्तरों पर उपभोग फलन का ढाल भिन्न होता है इसे अरेखीय उपभोग फलन कहते हैं।

चित्र 4 में ज्यों-ज्यों हम उपभोग प्रवृत्ति वक्र (CC) पर दाहिने ओर सरकते हैं, इसका झुकाव घटता जाता है। चित्र में ΔY_1, ΔY_2, ΔY_3 इत्यादि आय की एक बराबर वृद्धियाँ हैं और ΔC_1, ΔC_2, ΔC_3 इत्यादि उपभोग की संगत वृद्धियाँ हैं। चूँकि उपभोग की वृद्धियाँ उत्तरोत्तर कम होती चली जाती हैं, इसलिए उपभोग फलन को एक वक्र द्वारा प्रदर्शित किया जाता है, जो उत्तरोत्तर सपाट होता जाता है। निष्कर्ष यह है कि उपभोग प्रवृत्ति वक्र X-अक्ष की ओर नतोदर होता है।

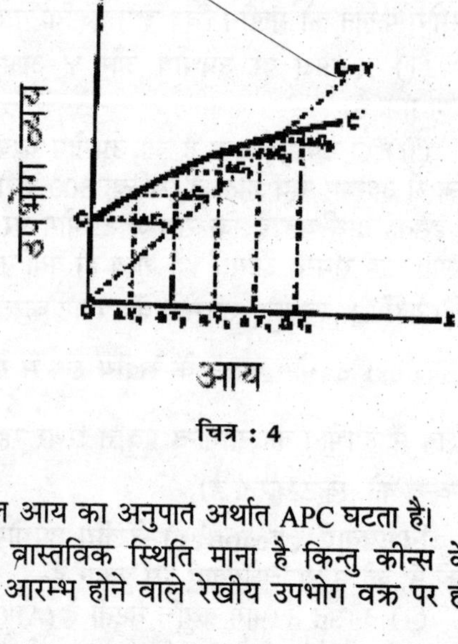

चित्र : 4

विशेषताएँ (Features)–अरेखीय उपभोग वक्र की मुख्य विशेषताएँ निम्नलिखित हैं–

(i) आय (Y) के बढ़ने पर उपभोग (C) घटती दर से बढ़ती है।

(ii) आय के प्रत्येक उच्चतर स्तर के अनुरूप $\frac{\Delta C}{\Delta Y}$ या MPC में घटने की प्रवृत्ति पायी जाती है।

(iii) आय के प्रत्येक उच्चतर स्तर के अनुरूप कुल उपभोग तथा कुल आय का अनुपात अर्थात APC घटता है।

कीन्स ने इस प्रकार के अरेखीय उपभोग-चक्र को ही जीवन की वास्तविक स्थिति माना है किन्तु कीन्स के अधिकांश अनुयायियों ने उसके सिद्धान्त की व्याख्या करते हुए Y-अक्ष से आरम्भ होने वाले रेखीय उपभोग वक्र पर ही ध्यान केन्द्रित किया है, संभवतः सरलता के लिए।

उपभोग फलन (क्रिया) के प्रकार या तकनीकी विशेषताएँ
(Kinds or Technical Attributes of the Consumption Function)

आय और उपभोग के सम्बन्ध को दो प्रकार से मापा जा सकता है अथवा उपभोग फलन या प्रवृत्ति निम्न दो प्रकार की हो सकती है–(1) औसत उपभोग प्रवृत्ति (Average Propensity to Consume) एवं (2) सीमान्त उपभोग प्रवृत्ति (Marginal Propensity to Consume)।

1. औसत उपभोग प्रवृत्ति (Average Propensity to Consume)–आय का वह भाग जो उपभोग पर खर्च किया जाता है, उसे औसत उपभोग प्रवृत्ति कहते हैं। यह कुल उपभोग का कुल आय के साथ अनुपात को प्रदर्शित करता है। औसत उपभोग प्रवृत्ति एक व्यक्तिगत उपभोक्ता या सभी उपभोक्ताओं के लिए मालूम किया जा सकता है। समष्टिगत अर्थशास्त्र में इसकी गणना समूह के आधार पर की जाती है।

औसत उपभोग प्रवृत्ति की प्रमुख परिभाषाएँ इस प्रकार हैं–

1. कुरिहारा (Kurihara) के अनुसार, ''औसत उपभोग प्रवृत्ति उपभोग व्यय तथा एक आय के विशेष स्तर का अनुपात है।''

2. पीटरसन (Peterson) के अनुसार, ''औसत उपभोग प्रवृत्ति एक विशेष आय स्तर पर उपभोग तथा आय का अनुपात है।''

3. मैकोनल (MeConnell) के अनुसार, ''कुल निश्चित आय का भाग या प्रतिशत जिसका उपभोग किया जाता है, औसत उपभोग प्रवृत्ति कहलाती है।''

सूत्र के रूप में : औसत उपभोग प्रवृत्ति (APC) = $\dfrac{\text{उपभोग की मात्रा (C)}}{\text{आय की मात्रा (Y)}}$

उदाहरण के लिए, यदि देश की कुल आय (Y) 100 करोड़ रु. है और उपभोग (C) 80 करोड़ रु. है तो :

$APC = \dfrac{C}{Y} = \dfrac{80}{100} = \dfrac{8}{10}$ या 80% या 0.8

औसत उपभोग प्रवृत्रि को निम्न सारणी द्वारा प्रकट किया जा सकता है–

सारणी 3–औसत उपभोग प्रवृत्ति

आय (Income) (Rs.)	उपभोग व्यय (Consumption Expenditure) (Rs.)	औसत उपभोग प्रवृत्ति (APC)
100	80	$\dfrac{80}{100} = 0.8$
200	120	$\dfrac{120}{200} = 0.6$

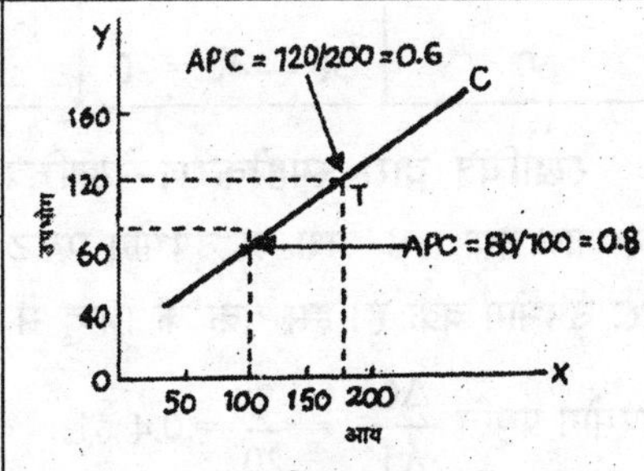

चित्र : 5

रेखाचित्र द्वारा स्पष्टीकरण–रेखाचित्र में OX–अक्ष पर आय तथा OY–अक्ष पर उपभोग व्यय प्रकट किया गया है। CC उपभोग वक्र है। इस वक्र से प्रकट होता है कि बिन्दु S पर $APC = \dfrac{C}{Y} = \dfrac{80}{100} = 0.8$ तथा बिन्दु T पर $APC = \dfrac{120}{200} = 0.6$ है। जैसे-जैसे यह वक्र ऊपर की ओर उठ रहा है, औसत उपभोग प्रवृत्ति कम होती जा रही है।

2. सीमान्त उपभोग प्रवृत्ति (Marginal Propensity to Consume)–आय में थोड़ी-सी वृद्धि के फलस्वरूप उपभोग में जो वृद्धि होती है, उसे सीमान्त उपभोग प्रवृत्ति कहते हैं अर्थात् यह अतिरिक्त आय में से अतिरिक्त उपभोग आय है।

सीमान्त उपभोग प्रवृत्ति की कुछ परिभाषाएँ निम्नलिखित हैं–

1. प्रो. कीजर (Keiser) के शब्दों में, सीमान्त उपभोग प्रवृत्ति उपभोग योग्य आय में वृद्धि या कमी और उसके फलस्वरूप उपभोग में वृद्धि या कमी के सम्बन्ध को दिखलाती है।''

2. पीटरसन (Peterson) के शब्दों में, ''सीमान्त उपभोग प्रवृत्ति से हमारा अभिप्राय आय में परिवर्तन से प्रेरित उपभोग व्यय से है।''

3. मैक्कोनल (MCConnell) के शब्दों में, ''आय में परिवर्तन का वह भाग या समानुपात जिसका उपभोग किया जाता है, सीमान्त उपभोग प्रवृत्ति कहलाता है।'' सूत्र के रूप में–

$$\text{सीमान्त उपभोग प्रवृत्ति (MPC)} = \frac{\text{उपभोग की गयी मात्रा में वृद्धि} \quad (\Delta C)}{\text{आय की मात्रा में वृद्धि हुई} \quad (\Delta Y)}$$

उदाहरण के लिए, यदि आय 20 करोड़ रु. से बढ़कर 40 करोड़ रुपये हो जाती है तो आय में 20 करोड़ रु. का परिवर्तन हुआ ($\Delta Y = 40 - 20 = 20$ करोड़ रुपये)। आय में परिवर्तन के फलस्वरूप उपभोग 16 करोड़ रुपये से बढ़कर 24 करोड़ रुपये हो जाता है। इस प्रकार उपभोग में 8 करोड़ रु. का परिवर्तन हुआ ($\Delta C = 24 : 16 = 8$ करोड़ रुपये)। अत: $MPC = \frac{\Delta C}{\Delta Y} = \frac{8}{20} = 0.4$

सीमान्त उपभोग प्रवृति को सारणी की सहायता से स्पष्ट किया जा सकता है।

सारणी 4– सीमान्त उपभोग प्रवृत्ति

आय	ΔY	उपभोग	ΔC	$MPC = \frac{\Delta C}{\Delta Y}$
20		16		$\frac{8}{20} = 0.4$
40	40 — 20 = 20	24	24 — 16 = 8	$\frac{6}{20} = 0.3$
60	50 — 40 = 20	30	30 — 24 = 6	

रेखाचित्र द्वारा स्पष्टीकरण–रेखाचित्र में OX-अक्ष पर आय तथा OY-अक्ष पर उपभोग प्रकट किया गया है। CC उपभोग वक्र है। इस वक्र के बिन्दु से S की सीमान्त उपभोग प्रवृत्ति $\frac{\Delta C}{\Delta Y} = \frac{8}{20} = 0.4$ है।

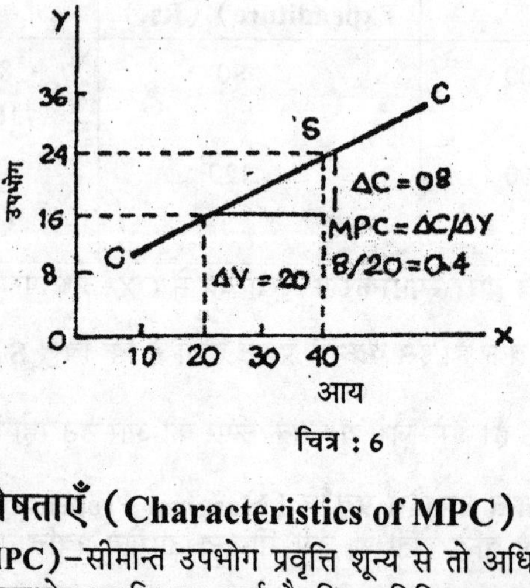

चित्र : 6

सीमान्त उपभोग प्रवृत्ति का महत्त्व–सीमान्त उपभोग प्रवृत्ति की धारणा का भी विशेष आर्थिक महत्त्व है। इससे पता चलता है कि आय में वृद्धि होने पर उसका कितना भाग उपभोग पर व्यय किया जाता है और कितना बचाया जाता है, यह विनियोग की मात्रा को भी निर्धारित करती है।

सीमान्त उपभोग प्रवृत्ति की विशेषताएँ (Characteristics of MPC)

1. धनात्मक सीमान्त उपभोग प्रवृत्ति (Positive MPC)–सीमान्त उपभोग प्रवृत्ति शून्य से तो अधिक होती है, परन्तु इकाई (Unity) से कम होती है, क्योंकि सीमान्त उपभोग प्रवृत्ति का अर्थ है कि अतिरिक्त आय का कितना

अतिरिक्त भाग उपभोग पर व्यय किया जाता है। उपभोग पर अतिरिक्त व्यय अतिरिक्त आय से अधिक नहीं हो सकता, केवल उसका कुछ भाग ही होता है, इसलिए सीमान्त उपभोग प्रवृत्ति इकाई से कम होती है।

इसको समीकरण के रूप में इस प्रकार व्यक्त करते हैं– $\frac{\Delta C}{\Delta Y} > O;\ \frac{\Delta C}{\Delta Y} < 1 \left[O. > \frac{\Delta C}{\Delta Y} < 1 \right]$

(इसे इस प्रकार पढ़ा जायेगा–सीमान्त उपभोग प्रवृत्ति शून्य से अधिक $\left(\frac{\Delta C}{\Delta Y}\right) > O$ होती है तथा एक से कम $\left(\frac{\Delta C}{\Delta Y}\right) < 1$ होती है)।

3. निर्धनों की सीमान्त उपभोग प्रवृत्ति अधिक होती है (MPC is More for Poor)–निर्धनों की सीमान्त उपभोग प्रवृत्ति धनी वर्ग की अपेक्षा अधिक होती है। इसका कारण यह है कि निर्धन वर्ग की आय कम होने के कारण उनकी अधिकांश आवश्यकताएँ असंतुष्ट रहती हैं और जब कभी आय में वृद्धि होती है, वे शीघ्र ही अपनी आय को असंतुष्ट आवश्यकताओं को पूरा करने में व्यय कर देते हैं।

4. दीर्घकाल में उपभोग की सीमान्त प्रवृत्ति स्थिर रहती है (MPC is Constant in the Long Run)–दीर्घकाल में सीमान्त उपभोग प्रवृत्ति स्थिर हो जाती है। कारण यह है कि दीर्घकाल में लोग अपने जीवन और उपभोग सम्बन्धी आदतों में परिवर्तन कर लेते हैं इसलिए दीर्घकाल में उपभोग में लगभग उसी अनुपात में वृद्धि होने लगती है, जिस अनुपात में आय में वृद्धि होती है।

5. असामान्य परिस्थितियों में सीमान्त उपभोग प्रवृत्ति इकाई से अधिक हो सकती है (In Abnormal Circumstances MPC may be more than Units)—असामान्य हालातों में सीमान्त उपभोग प्रवृत्ति इकाई से अधिक हो सकती है अर्थात् लोग अपनी आय से अधिक खर्च करने लगते हैं। इसलिए सीमान्त उपभोग प्रवृत्ति इकाई से अधिक हो जाती है। दूसरे महायुद्ध के पश्चात् संसार के कई देशों को ऐसे अनुभव हुए कि लोग अपनी दबी हुई आवश्यकताओं को पूरा करने के लिए आय से अधिक धन खर्च करने लगे। बहुत **भयंकर स्फीति (Hyper-inflation)** में भी ऐसे अनुभव होते हैं।

इकाई से अधिक सीमान्त उपभोग प्रवृत्ति को समीकरण के रूप में निम्न प्रकार व्यक्त किया जाता है– $\frac{\Delta C}{\Delta Y} > 1$

6. सीमान्त उपभोग प्रवृत्ति औसत उपभोग प्रवृत्ति से अधिक दर पर गिरती है–

सारणी 5–MPC व APC में सम्बन्ध

Income (Y)	**Consumption (C)**	**APC =** $\frac{C}{Y}$	**MPC =** $\frac{\Delta C}{\Delta Y}$
100	80	$\frac{80}{100} = .8$	………
110	86	$\frac{86}{110} = .798$	$\frac{6}{10} - .6$
120	91	$\frac{91}{120} = .795$	$\frac{5}{10} = .5$
130	95	$\frac{95}{130} = .791$	$\frac{4}{10} = .4$
140	98	$\frac{98}{140} = .786$	$\frac{3}{10} = .3$

उपर्युक्त सारणी से यह स्पष्ट होता है कि आय के स्तर में जैसे-जैसे वृद्धि होती जाती है, वैसे-वैसे सीमान्त प्रवृत्ति तथा औसत उपभोग प्रवृत्ति दोनों कम होती जा रही है, परन्तु सीमान्त उपभोग प्रवृत्ति की गिरने की दर औसत उपभोग प्रवृत्ति की गिरने की दर से अधिक है और आय के हर स्तर पर सीमान्त उपभोग प्रवृत्ति औसत उपभोग प्रवृत्ति से कम है।

7. आय में वृद्धि के साथ उपभोग घटती जाती है (Propensity to Consume decreases with the increase of income)–आय में वृद्धि के साथ सीमान्त उपभोग प्रवृत्ति घटती जाती है। इसके अग्रलिखित कारण हैं–

(i) अल्पकाल में आदतों में परिवर्तन न होना–यदि आय में केवल अल्पवृद्धि होती है तो यह सम्भव नहीं है कि समाज अपनी व्यय सम्बन्धी आदतें इतनी शीघ्रता से परिवर्तित कर लें कि इसकी बढ़ी हुई आय का सम्पूर्ण भाग ही व्यय हो जाये।

(ii) आधारभूत और महत्त्वपूर्ण आवश्यकताओं का पूर्ण होना–यदि आय में दीर्घकालीन व स्थिर परिवर्तन हो जाता है तो भी यह मानना अनुचित नहीं होगा कि कोई समाज जितना अधिक धनी होता है वह अपनी आय की वृद्धि का उतना ही कम अनुपात उपभोग पर व्यय करता है, क्योंकि व्यक्ति की आय जितनी अधिक होती है उसकी उतनी ही अधिक मूलभूत आवश्यकताओं की पूर्ति पहले से ही हो जाती है और उसकी सीमान्त उपभोग प्रवृत्ति कम हो जाती है।

(iii) भविष्य में अनिश्चितता–भविष्य में अनिश्चितता होने के कारण लोग भविष्य में उत्पन्न होने वाली आवश्यकताओं तथा संकटों से बचने के लिए भी कुछ न कुछ बचा कर रखते हैं, अत: व्यय आय से कम होता है।

(iv) उपभोग व्यय और भूतकालिक आय स्तर–उपभोग केवल प्रचलित आय पर ही निर्भर न होकर भूतकाल में आय के स्तर पर भी निर्भर करता है। अत: आय में वृद्धि होने से उपभोग व्यय में कम वृद्धि होती है और आय में कमी होने से उपभोग व्यय में कमी भी आय के अनुपात में कम होती है।

(v) आय में स्थायी वृद्धि होने पर भी उपभोग व्यय में कम वृद्धि–जब लोगों की आय में स्थायी वृद्धि हो जाती है, तब भी लोगों के उपभोग व्यय में वृद्धि कम होती है। इसका कारण है कि लोगों की रुचियों और फैशन इत्यादि में जल्दी से परिवर्तन नहीं होता।

सीमान्त उपभोग प्रवृत्ति के घटने के परिणाम
(Consequent of Falling Marginal Propensity to Consume)

सीमान्त उपभोग प्रवृत्ति के घटने के परिणाम निम्नलिखित हो सकते हैं–

(i) आय की विषमता (Disparities of Income)–सीमान्त उपभोग प्रवृत्ति के घटने के फलस्वरूप आय का अधिकांश भाग धनी वर्ग के हाथों में चला जाता है। कारण यह है कि धनवानों की सीमान्त उपभोग प्रवृत्ति निर्धनों की अपेक्षा कम होती है। अत: उपभोग प्रवृत्ति बढ़ाने के लिए आय के वितरण में असमानता कम करनी चाहिए।

(ii) उपभोग व्यय का कम अनुपात में बढ़ना (Increase of Consumption Expenditure in Less Proportion)–आय के बढ़ने पर सीमान्त उपभोग प्रवृत्ति के कम हो जाने के कारण उपभोग व्यय कम अनुपात से बढ़ता है, फलत: बचत में वृद्धि होने लगती है। यदि उसी दर से विनिमय न बढ़े तो कुल व्यय कम हो जाने से रोजगार का स्तर कम हो जायेगा, जिससे मन्दी की स्थिति उत्पन्न हो जाती है।

(iii) व्यापार चक्र की व्याख्या (Explanation of Trade Cycle)–सीमान्त उपभोग प्रवृत्ति की घटती दर व्यापार चक्र की व्याख्या करने में सहायता देती है। जब आय बढ़ती जाती है तो सीमान्त उपभोग प्रवृत्ति कम होने से बचत बढ़ती जाती है, इसलिए विनियोग ऊँची दर पर करना पड़ता है। जब विनियोग के लिए लाभदायक अवसर कम होने से विनियोग बचत से कम रह जाता है, तब कुल व्यय कम होने के कारण रोजगार और उत्पादन का स्तर गिरने लगता है, फलत: मन्दी का आगमन हो जाता है।

उपभोग का मनोवैज्ञानिक नियम
(Psychological Law of Consumption)

प्रो. कीन्स ने उपभोग क्रिया के विश्लेषण के आधार पर अपना उपभोग का **मनोवैज्ञानिक नियम** प्रतिपादित किया है। यह नियम जनता की इस सामान्य प्रवृत्ति का प्रतीक है कि जब आय बढ़ती है तो उपभोग भी बढ़ जाता है, किन्तु यह

आय की अपेक्षा कम बढ़ता है। **प्रो. कीन्स** के शब्दों में, ''उपभोग का मनोवैज्ञानिक नियम, जिसमें हम विश्वास करते हैं–मानवीय स्वभाव और अनुभव पर आधारित ज्ञान पर निर्भर करता है कि जैसे-जैसे आय बढ़ती है, लोगों में सामान्यतया और औसत रूप से अपने उपभोग को बढ़ाने की प्रवृत्ति होती है लेकिन उपभोग उतना नहीं बढ़ता, जितनी वृद्धि उसकी आय में होती है।''[1] इसी नियम या प्रवृत्ति को उपभोग प्रवृत्ति कहते हैं। कुछ लेखकों ने इसे **उपभोग कार्य कहकर** भी पुकारा है।

इस नियम को ऐसे भी लिखा जा सकता है कि $\Delta C < \Delta Y$ अर्थात् उपभोग में परिवर्तन (ΔC) आय के परिवर्तन (ΔY) से कम होता है अर्थात् ''सीमान्त उपभोग प्रवृत्ति हमेशा सकारात्मक होती है, परन्तु इकाई से कम होती है।''

तीन निर्देश वचन
(Three Prepositions)

कीन्स के उपभोग से सम्बन्धित मनोवैज्ञानिक सम्बन्ध को अग्र तीन उपविभागों में विभक्त किया जाता है–

1. कुल उपभोग में कुल आय की अपेक्षा कम वृद्धि (Less Increase in Total Consumption than increase in Total Income)–जब कुल आय बढ़ती है तो कुल उपभोग व्यय में भी वृद्धि होती है, किन्तु वह आय वृद्धि की अपेक्षा कुल कम मात्रा में बढ़ती है। इसका कारण यह है कि जैसे-जैसे आय बढ़ती है, व्यक्ति की अधिकाधिक आवश्यकताएँ सन्तुष्ट होती हैं। अतः उपभोग पर अधिक खर्च करने की आवश्यकता नहीं होती।

2. आय की वृद्धि का उपभोग व बचत में वितरण (Distribution of Increase in Income in Consumption and Saving)–जब आय बढ़ती है तो इस वृद्धि को एक अनुपात में व्यय और बचत के बीच विभाजित कर दिया जाता है। जब व्यय की वृद्धि आय की वृद्धि के बराबर नहीं होती तो अतिरिक्त आय को अवश्य ही बचा लिया जाता है। यही कारण है कि उपभोग और बचत साथ-साथ चलते हैं।

3. आय वृद्धि से उपभोग व बचत में वृद्धि (Increase in Consumption and Saving due to Increase in Income)–ज्यों ही आय में वृद्धि होती है, उपभोग और बचत दोनों ही बढ़ जाते हैं। आय बढ़ने पर एक सामान्य व्यक्ति निश्चित ही उपभोग पर अधिक व्यय करता है, क्योंकि आय में वृद्धि होने पर वह जीवन के सुख एवं सुविधाओं का अधिक उपभोग करना चाहता है।

सारणी 6 की सहायता से हम इस नियम के तीनों कथनों को स्पष्ट कर सकते हैं–

कथन (1)–आय में प्रत्येक स्तर पर 10 करोड़ रुपये की वृद्धि होती है परन्तु उपभोग में वृद्धि एक बिन्दु के बाद घटती हुई दर से हो रही है। अन्य शब्दों में, आय में वृद्धि होने पर उपभोग व्यय बढ़ता है परन्तु अपेक्षाकृत कम अनुपात में।

कथन (2)–प्रत्येक स्थिति में आय में हुई 10 करोड़ रुपये की वृद्धि उपभोग तथा बचत के बीच किसी न किसी अनुपात में विभाजित हो जाती है। उदाहरण के लिए, जब आय 30 करोड़ रुपये से बढ़कर 40 करोड़ रुपये हो जाती है तो बढ़ी आय में से 8 करोड़ रु. उपभोग और 2 करोड़ रु. बचत में चली जाती है।

कथन (3)–ज्यों-ज्यों आय 30 करोड़ रु. से बढ़कर 40, 50 तथा 60 करोड़ रु. पहुँचती है, त्यों-त्यों उपभोग भी 30 करोड़ रु. से बढ़कर 38, 44 तथा 48 करोड़ रु. हो जाता है और साथ ही बचत भी शून्य से बढ़कर क्रमशः 2, 6 व 12 करोड़ रुपये हो जाती है। आय में वृद्धि होने पर न तो उपभोग घटा है, न ही बचत।

---

1. "The Fundamental psychological law...men are disposed, as a rule, and on the average to increase their consumption as their income increases but not by the increase in their income." —*Prof. Keynes*

सारणी 6–उपभोग प्रवृत्ति सारणी

आय (Y) (करोड़ रुपये में)	उपभोग (C) (करोड़ रुपये में)	बचत (S) (करोड़ रुपये में)
0	10	−10
10	14	−4
20	22	−2
30	30	0
40	38	2
50	44	6
60	48	12

रेखाचित्र द्वारा स्पष्टीकरण–इन तीनों प्रस्थापनाओं को रेखाचित्र-7 की सहायता से स्पष्ट किया गया है चित्र-7 में–

OX–अक्ष पर आय और OY–अक्ष पर बचत तथा विनियोग को माना गया है। CC उपभोग फलन वक्र और SS बचत प्रवृत्ति वक्र हैं और 45° की रेखा आय को व्यक्त करती है।

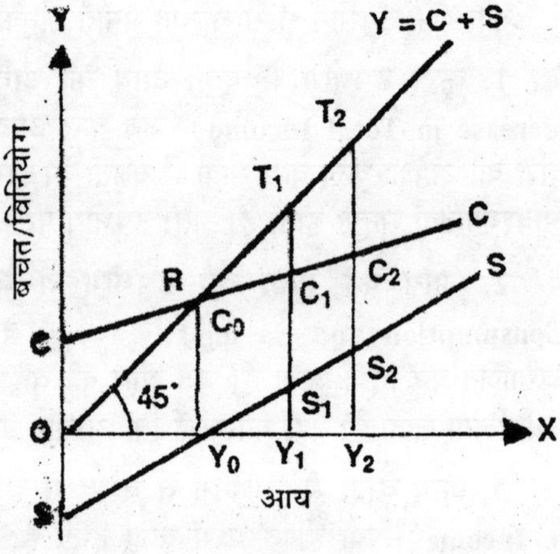

चित्र : 7

कथन (i)–जब आय OY_0 से बढ़कर OY_1 हो जाती है तो उपभोग भी C_0Y_0 से बढ़कर C_1Y_1 हो जाता है इसी प्रकार जब आय OY_1 से बढ़कर OY_2 हो जाती है तो उपभोग भी C_1Y_1 से बढ़कर C_2Y_2 हो जाता है। इस प्रकार हम देखते हैं कि उपभोग व्यय में वृद्धि आय की वृद्धि से कम होती है।

कथन (ii)–जब आय बढ़कर OY_1 तथा OY_2 हो जाती है तो यह वृद्धि उपभोग C_1Y_1 तथा C_2Y_2 और बचत T_1 C_1 तथा T_2 C_2 के बीच किसी न किसी अनुपात में विभाजित हो जाती है।

कथन (iii)–रेखाचित्र SS वक्र बचत प्रवृत्ति को प्रकट करता है। इसमें साफ दिखाई देता है कि जब आय OY से बढ़कर OY_1 हो जाती है तो बचत S_1Y_1 होती है। इस तरह जब आय OY_1 से बढ़कर OY_2 हो जाती है तो बचत S_1Y_1 से बढ़कर S_2Y_2 हो जाती है, इस प्रकार आय में वृद्धि उपभोग व बचत दोनों में ही वृद्धि लाती है।

उपभोग फलन या उपभोग के मनोवैज्ञानिक नियम की मान्यताएँ
(Assumptions of Consumption Function or Psychological Law of Consumption)

यह नियम निम्नलिखित मान्यताओं पर आधारित है–

1. मनोवैज्ञानिक एवं संस्थागत कारण स्थिर रहते हैं (Psychological and Institutional Factors are Constant)—इसका अर्थ यह है कि व्यक्ति उपभोग केवल उसकी आय पर निर्भर करता है और अन्य मनोवैज्ञानिक अथा संस्थागत कारण, जैसे–जनसंख्या, मनुष्य की आदतें, आय का वितरण, मूल्य-स्तर, रीति-रिवाज आदि में कोई परिवर्तन नहीं होता है।

2. सामान्य परिस्थितियाँ (Normal Conditions)—उपभोग का मनोवैज्ञानिक नियम केवल सामान्य परिस्थितियों में ही लागू होता है, इसका अर्थ यह है कि युद्ध, क्रान्ति, अत्यधिक मुद्रा प्रसार या मन्दी अर्थव्यवस्था के कार्य-संचालन को प्रभावित नहीं करते।

3. स्वतन्त्र नीति अर्थव्यवस्था (Independent Policy Economy)—कीन्स का उपभोग फलन सिद्धान्त केवल ऐसी अर्थव्यवस्था पर लागू होता है, जो पूर्ण रूप से स्वतन्त्र नीति पर आधारित होती है और जिसमें किसी प्रकार का सरकारी हस्तक्षेप नहीं होता।

मनोवैज्ञानिक उपभोग नियम की कुछ निहित बातें अथवा उपभोग कार्य का महत्त्व (Some Implications of the Fundamental Psychological Law or the Importance of Consumption Functions)

कीन्स द्वारा वर्णित उपभोग क्रिया का महत्त्व मनोवैज्ञानिक उपभोग नियम के विश्लेषण द्वारा स्पष्ट किया जा सकता है। उपभोग क्रिया का आर्थिक विश्लेषण में एक अपूर्व स्थान है। प्रो. हैन्सन ने इसे आर्थिक विश्लेषण का अनुपम यन्त्र कहा है और हैरिस ने उपभोग क्रिया को अद्वितीय खोज का दर्जा दिया है। निम्नलिखित विवरण से यह स्पष्ट हो जायेगा कि उपभोग क्रिया की धारणा ने आधुनिक आर्थिक विश्लेषण के क्षेत्र में कितना महत्त्वपूर्ण स्थान प्राप्त कर लिया है–

मनोवैज्ञानिक उपभोग नियम की कुछ निहित बातें अथवा उपभोग कार्य का महत्त्व

1. *विनियोग का विशेष महत्त्व*
2. *यह 'से' (Say) के बाजार नियम को असत्य सिद्ध करने में सहायक है।*
3. *पूँजी प्रवृत्ति की व्याख्या*
4. *व्यापारिक चक्रों की व्याख्या*
5. *आय जनन की धीमी गति*
6. *न्यून रोजगार संतुलन*
7. *सामान्य बेरोजगारी की संभावना*
8. *दीर्घकालीन गतिहीनता*
9. *विनियोग प्रोत्साहन*
10. *सरकारी हस्तक्षेप की आवश्यकता*
11. *आर्थिक नीति के निर्माण में सहायक*

1. विनियोग का विशेष महत्त्व (Special Significance of Investment)—हम जानते हैं कि उपभोग एवं विनियोग रोजगार सिद्धान्त के दो महत्त्वपूर्ण अंग हैं। चूँकि उपभोग क्रिया अल्पकाल में स्थिर रहती है, इसलिए यदि रोजगार में वृद्धि करनी है तो विनियोग पर ही विशेष ध्यान देना होगा। सरल शब्दों में, चूँकि उपभोग आय में हुई वृद्धि के अनुपात में नहीं बदलता, इसलिए विनियोग द्वारा उपभोग के अन्तर को पूरा किया जाता है, ताकि रोजगार और उत्पादन में वृद्धि हो। इस प्रकार से विनियोग एक अल्पकालीन महत्त्वपूर्ण निर्धारक होता है।

2. यह 'से' (Say) के बाजार नियम को असत्य सिद्ध करने में सहायक है (Helpful in Repudiating Say's Law of Market)—'से' का कहना था कि पूर्ति स्वयं अपनी माँग को उत्पन्न कर लेती है, जिससे अर्थव्यवस्था में अति-उत्पादन एवं बेरोजगारी की सम्भावना नहीं रहती है। कीन्स की उपभोग क्रिया 'से' के इस नियम का खण्डन करती है। प्रो. कीन्स के अनुसार, सीमान्त उपभोग प्रवृत्ति इकाई से कम होने के कारण सभी अर्जित आय स्वत: व्यय नहीं होती। परिणामस्वरूप बेरोजगारी एवं अति-उत्पादन की दशा का निर्माण होता है।

3. पूँजी प्रवृत्ति की व्याख्या (Explanation of Tendency of Capital)—यह पूँजी की सीमान्त उत्पादकता के गिरने की प्रवृत्ति की व्याख्या करने में सहायक होता है। जब उपभोग में वृद्धि, आय में वृद्धि की तुलना में धीमी गति से होती है तो कुल आय में कमी होती है जिसके कारण बाजार में वस्तुओं का आधिक्य हो जाता है। फलत: उत्पादक उत्पादन घटाने लगते हैं। जिसके कारण भविष्य में पूँजीगत वस्तुओं की माँग कम हो जाती है और पूँजी की सीमान्त उत्पादकता घटने लगती है।

4. व्यापारिक चक्रों की व्याख्या (Explanation of Business Cycles)–कीन्स द्वारा प्रतिपादित उपभोग प्रवृत्ति सिद्धान्त ही व्यापार चक्र के उच्च एवं निम्न मोड़ बिन्दुओं की उचित व्याख्या करने में सफल हुआ है। कीन्स के विश्लेषण के अनुसार सीमान्त उपभोग प्रवृत्ति का इकाई से कम होना ही उच्च मोड़ (अथवा तेजी से मन्दी की ओर) का कारण बनता है। तेजी की वृद्धि के साथ ही साथ आय में भी वृद्धि होने लगती है, परन्तु व्यक्ति अपनी बढ़ी आय में से समस्त आय को उपभोग पर व्यय नहीं कर पाता अथवा अधिक बचत करने लगता है। बचत की यह प्रवृत्ति ही बढ़ी हुई तेजी के आधार पर खोखला कर देती है और अन्त में मन्दी का कारण बन जाती है।

5. आय जनन की धीमी गति (Low Rate of Income Generation)—सीमान्त उपभोग प्रवृत्ति इकाई से कम होने के कारण लोग समस्त आय वृद्धि को उपभोग पर व्यय नहीं करते, जिसके परिणामस्वरूप नव-निर्मित आय धारा की गति धीमी हो जाती है।

6. न्यून रोजगार सन्तुलन (Under-employment Equilibrium)–कीन्स के अनुसार प्रभावपूर्ण माँग के स्तर पर अर्थव्यवस्था में सन्तुलन स्थापित होता है, परन्तु यह जरूरी नहीं है कि यह सन्तुलन पूर्ण रोजगार सन्तुलन ही हो, क्योंकि उपभोक्ता आय में हुई सम्पूर्ण वृद्धि को उपभोग पर व्यय नहीं करते।

7. सामान्य बेरोजगारी की सम्भावना (Possibility of General Unemployment)–इस नियम के अनुसार कुल आय के बढ़ने पर उपभोग व्यय इतना नहीं बढ़ता जितनी आय में वृद्धि होती है। इसका अर्थ यह है कि कुछ वस्तुएँ

ऐसी होती हैं जिनका कोई क्रेता नहीं होता। सीमान्त उपभोग प्रवृत्ति का इकाई से कम होना भी स्पष्ट करता है कि जितना उत्पादन होता है, यह सब का सब खरीद नहीं लिया जाता, फलत: अति-उत्पादन और उसके परिणामस्वरूप सामान्य बेरोजगारी की सम्भावना रहती है।

8. दीर्घकालीन गतिहीनता (Long-term Stagnation)–कीन्स का उपभोग सिद्धान्त दीर्घकालीन स्थिर मन्दी को स्पष्ट करता है। उपभोग प्रवृत्ति के स्थिर होने के कारण विनियोग के अवसर सीमित होते हैं और बचत बढ़ती जाती है, फलत: एक विकसित अर्थव्यवस्था में एक ऐसा समय आ जाता है, जब वह अर्थव्यवस्था अपनी अति बचतों को विनियोग करने में असमर्थ हो जाती है। इस अवस्था को ही दीर्घकालीन गतिहीनता या मन्दी कहते हैं।

9. विनियोग प्रोत्साहन (Inducement to Investment)–हम जानते हैं कि अर्द्धविकसित देशों में सीमान्त उपभोग प्रवृत्ति अधिक होती है, इसलिए इन देशों में विनियोग के अवसर भी अधिक होते हैं और इस कारण विनियोग को प्रोत्साहन मिलता है।

10. सरकारी हस्तक्षेप की आवश्यकता (Need for Govt. Interference)–चूँकि सम्पूर्ण आय अपने आय में व्यय नहीं हो जाती, अत: आय तथा व्यय के बीच एक अन्तर-सा पड़ जाता है। यह अन्तर अपने आप बाजारी दशाओं द्वारा भरा जायेगा, अत: ऐसी परिस्थिति में प्रबन्ध या हस्तक्षेप की नीति बेकार हो जाती है और इस तरह राष्ट्रीय अर्थव्यवस्था में सुधार करने के लिए अथवा व्यय को आय के बराबर करने के लिए सरकार को हस्तक्षेप करना ही पड़ेगा।

11. आर्थिक नीति के निर्माण में सहायक (Helpful in Formulation of Economic Policy)—कीन्स का यह सिद्धान्त पूर्ण रोजगार और आर्थिक स्थिरता के लिए आर्थिक नियम बनाने में काफी सहायक होता है। बेरोजगारी की स्थिति में सरकार को प्रभावपूर्ण माँग में वृद्धि करने के लिए ऐसी नीति अपनानी चाहिए, जिससे धनी वर्गों से आय निर्धन वर्गों की ओर अन्तरित हो सके। कारण यह है कि निर्धनों की सीमान्त उपभोग प्रवृत्ति धनवानों की अपेक्षा अधिक होती है, फलत: जब आय पुनर्वितरित होकर उनके पास आयेगी तो उपभोग प्रवृत्ति बढ़ेगी जिसके कारण प्रभावपूर्ण माँग और आय में भी वृद्धि होगी।

उपभोग क्रिया या उपभोग प्रवृत्ति के निर्धारक तत्त्व (Factors Determining Consumption Function)

उपभोग क्रिया या प्रवृत्ति को निर्धारित करने वाले अनेक तत्त्व हैं, क्योंकि बचत उपभोग की पूरक होती है, इसीलिए जिन तत्त्वों पर उपभोग आधारित होता है, वे ही तत्त्व बचत को भी प्रभावित करते हैं। उपभोग प्रवृत्ति ऊँची होगी या नीची, यह जिन तत्त्वों द्वारा निर्धारित किया जाता है, उनका हम दो शीर्षकों के अन्तर्गत अध्ययन कर सकते हैं, जैसा कि आगे सारणी में दर्शाया गया है–

सारणी 7–उपयोग क्रिया या उपभोग प्रवृत्ति के निर्धारक तत्त्व

(I) विषयगत या आन्तरिक तत्त्व	(II) वस्तुगत या बाह्य तत्त्व	
1. सावधानी	1. आय	11. सामाजिक बीमा एवं जीवन बीमा
2. दूरदर्शिता	2. आय का बँटवारा	12. नये उत्पादनों का परिचय
3. लाभ	3. कीमत एवं मजदूरी स्तर	13. उधार एवं किस्तों की सुविधा
4. सुधार	4. असाम्य परिस्थिति	14. भविष्य में आय की सम्भावना
5. आर्थिक स्वतन्त्रता	5. निगमों की व्यावसायिक नीति	15. यातायात के साधनों का विकास
6. व्यावसायिक उद्देश्य	6. अप्रत्याशित लाभ एवं हानियाँ	16. वस्तुओं और सेवाओं की उपलब्धता
7. प्रतिष्ठा	7. जनसंख्या की संरचना	17. लोगों की रुचियों एवं फैशनों में परिवर्तन
8. कृपणता	8. व्यय पर निजी क्षेत्र के प्रभाव	18. बचत के प्रति दृष्टिकोण
9. उद्यम	9. राजकोषीय नीति	19. ड्यूसेनबरी का नियम
10. तरलता पसन्दगी	10. ब्याज दर	
11. सुधार		
12. वित्तीय दूरदर्शिता		

(I) विषयगत या आन्तरिक तत्त्व (Subjective Factors)

सर्वप्रथम कुछ प्रेरणएँ होती हैं जो व्यक्तियों को बचत करने के लिए प्रेरित करती हैं। ये मनोवैज्ञानिक तत्त्व जिनके कारण मनुष्य अधिक बचत करता है, निम्नलिखित हैं–

1. सावधानी (Precaution)–लोग आकस्मिकताओं, जैसे–बीमारी व दुर्घटना आदि की पूर्ति के लिए अपनी आय का कुछ भाग नियमित रूप से बचाने का प्रयत्न करते हैं।

2. दूरदर्शिता (Foresight)–विवाह, शिक्षा व अन्य सामाजिक कार्य आदि जिनकी पूर्ति भविष्य में आवश्यक रूप से करनी है, उनके लिए भी व्यक्ति आय का कुछ अंश बचाता है।

3. लाभ (Profit)–कुछ व्यक्ति लाभ कमाने के लोभ में भी कम खर्च करके अधिक बचत करते हैं।

4. सुधार (Improvement)–कुछ व्यक्ति जीवन-स्तर को ऊँचा उठाने के लिए अधिक खर्च करते हैं और अधिक बचाने का प्रयत्न नहीं करते हैं।

5. आर्थिक स्वतन्त्रता (Economic Independence)–कुछ व्यक्ति धनराशि जमा करके आर्थिक दृष्टि से स्वतंत्र होना चाहते हैं। आधुनिक युग में जमा राशि अनेक संकटों से मुक्त होने में सहायता करती है।

6. व्यावसायिक उद्देश्य (Enterprise Aim)–कुछ व्यक्ति व्यवसाय शुरू करने या सट्टे के लिए भी कुछ रकम बचाना चाहते हैं।

7. प्रतिष्ठा (Pride)–कुछ व्यक्ति सामाजिक गौरव तथा भविष्य में सन्तान की प्रतिष्ठा तथा भविष्य के लिए भी कुछ रकम बचाना चाहते हैं।

8. कृपणता (Avarice)–स्वभावत: कुछ व्यक्ति कंजूस होते हैं और अपनी आय का कम से कम भाग खर्च करके अधिक से अधिक बचाने का प्रयत्न करते हैं।

उपर्युक्त सभी व्यक्तिगत कारण ऐसे हैं जिनके लिए मनुष्य अपनी आय का एक भाग बचाने का कष्ट करता है। जिन कारणों से व्यक्ति उपभोग की ओर प्रेरित होता, उन्हें प्रो. कीन्स ने अपव्यय (Extravagance), अदूरदर्शिता (Short-sightendness), आनन्द (Enjoyment), उदारता (Generosity), दिखावा (Ostentation) आदि कहा है।

इस प्रकार के कुछ ऐसे तत्त्व हैं जो कम्पनियों, निगमों व सरकारी संस्थानों को बचत करने के लिए प्रेरित करते हैं। ये तत्त्व निम्नलिखित हैं–

9. उद्यम (Enterprise)–अर्थात् बड़े कार्य करने की इच्छा अथवा व्यापार के प्रसार की कामना है।

10. तरलता पसन्दगी (Liquidity Preferences) अर्थात् मशीनों तथा उपकरणों के नवीनीकरण की भावना।

12. वित्तीय दूरदर्शिता (Financial Foresightendness) अर्थात् भविष्य की आकस्मिक हानियों की पूर्ति के लिए पर्याप्त वित्तीय प्रावधान रखना।

अल्पकाल में इन मनोवैज्ञानिक तत्त्वों में परिवर्तन सम्भव नहीं है, इसलिए उपभोग फलन अल्पकाल में प्राय: समान या स्थिर (Constant) रहता है। स्वयं कीन्स का यह मत है कि ''मानव प्रकृति की मनोवैज्ञानिक विशेषताएँ सामाजिक व्यवहार व संस्थाएँ जिन्हें यद्यपि बदला नहीं जा सकता, ये असाधारण या क्रान्तिकारी परिस्थितियों के अतिरक्त अल्पकाल में कोई विशेष परिवर्तन नहीं ला पाती।''

अल्पकाल में उपभोग प्रवृत्ति यद्यपि लगभग स्थिर रहती है किन्तु यह पूर्ण रूप से कठोर नहीं रहती। सरकार की राजकोषीय नीति में परिवर्तन, ब्याज की दर में महत्त्वपूर्ण परिवर्तन और पूँजी के मूल्यों में द्रुतगामी परिवर्तन उपभोग की प्रवृत्ति पर महत्त्वपूर्ण रूप से प्रभाव डालते हैं।[1] अत: यह घटक अल्पकाल में भी उपभोग कार्य को प्रभावित किये गये बिना नहीं रह सकते।

(II) वस्तुगत या बाह्य तत्त्व (Objective Factors)

1. आय (Income)–उपभोग प्रवृत्ति विशेष रूप से आय पर निर्भर करती है। जैसे-जैसे आय बढ़ती है, वैसे-वैसे उपभोग बढ़ जाता है और जब आय घटती है, तब उपभोग भी घट जाता है। रेखाचित्र 8 में, आय में वृद्धि के कारण

---

1. Dillard, The Economics of John Maynard Keynes, p. 50.

उपभोग में वृद्धि है, जबकि उपभोग प्रवृत्ति में कोई परिवर्तन न हो। चित्र G में उपभोग प्रवृत्ति की वृद्धि के कारण उपभोग में वृद्धि, जबकि आय में कोई परिवर्तन नहीं हुआ, दिखाया गया है।

2. आय का बँटवारा (Distribution of Income)–समाज में जिस प्रकार धन का वितरण होता है, उपभोग प्रवृत्ति भी उसी प्रकार से शासित रहती है। धन के असमान वितरण के कारण धनी वर्ग की बचत क्षमता बढ़ जाती है, जिससे उपभोग प्रवृत्ति को ठेस पहुँचती है। अत: धन का जितना ही अधिक समान वितरण होगा, प्रवृत्ति उतनी ही अधिक ऊँची होगी।

3. कीमत एवं मजदूरी-स्तर (Price and Wage Level)–चूँकि कीमत-स्तर में वृद्धि के कारण वास्तविक आय घट जाती है, इसलिए उपभोग की प्रवृत्ति भी घट जाती है। इसके विपरीत, कीमत-स्तर में गिरावट वास्तविक आय को बढ़ाकर उपभोग प्रवृत्ति को बढ़ाती है। इसी प्रकार से मजदूरी-स्तर बढ़ने से उपभोग प्रवृत्ति बढ़ती है और मजदूरी-स्तर घटने से उपभोग प्रवृत्ति घटती है।

4. असाम्य परिस्थिति (Abnormal Situation)–भविष्य में होने वाली घटनाओं के प्रति आशाओं द्वारा उपभोग प्रवृत्ति शासित होती है। यदि किसी युद्ध और अन्य प्रकार के संकट की सम्भावना है तो व्यक्ति अधिक वस्तुएँ क्रय करेगा। इससे उपभोग प्रवृत्ति को प्रोत्साहन मिलेगा।

5. निगमों की व्यावसायिक नीति (Business Policy of Corporation)–निगमों तथा संयुक्त पूँजी कम्पनियों के लाभांश वितरण पर भी उपभोग प्रवृत्ति निर्भर करती है। यदि कम्पनियाँ अधिक धन सुरक्षित कोष में रखने का निर्णय करती हैं और उपभोक्ताओं को कम धन लाभांश के रूप में देती हैं तो परिणामत: उपभोक्ताओं के पास आय कम होगी और उपभोग भी कम होगा।

6. अप्रत्याशित लाभ एवं हानियाँ (Unexpected Profit and Losses)–अप्रत्याशित लाभ एवं हानि से भी उपभोग प्रवृत्ति पर प्रभाव पड़ता है। 1929-30 के वर्ष में अमेरिका की अर्थव्यवस्था में आकस्मिक लाभ से लोगों के उपभोग में वृद्धि हुई थी।

7. जनसंख्या की संरचना (Composition of Population)–अधिकांश बचत 35 वर्ष से अधिक आयु वाले व्यक्ति करते हैं। इसलिए ऐसे लोगों की संख्या बढ़ जाने पर उपभोग प्रवृत्ति घट जायेगी।

8. व्यय पर निजी क्षेत्र के प्रभाव (Effect of Private Sector on Expenditure)–विज्ञापन और महत्त्वपूर्ण उपभोक्ता वस्तुओं के बाजार में आ जाने का उपभोग के स्तर पर प्रभाव पड़ता है, जबकि इनमें से कुछ वस्तुओं को बचत में से खरीदा जायेगा और अनेक वस्तुओं को किस्त खरीद पद्धति द्वारा प्राप्त किया जायेगा। फिर भी ऋण सम्बन्धी छूट देने पर लोग खुलकर व्यय करने लगेंगे और उपभोग बढ़ जायेगा।

9. राजकोषीय नीति (Fiscal Policy)–सरकार की करारोपण व्यय तथा ऋण सम्बन्धी राजकोषीय नीति भी उपभोग पद्धति पर प्रभाव डालती है। जैसे सरकार अपनी राजकोषीय नीति द्वारा प्रगतिशील कर प्रणाली को अपनाकर धन के समान वितरण में सहायता कर सकती है, जिससे उपभोग को प्रोत्साहन मिलता है।

10. ब्याज की दर (Rate of Interest)–सामान्यतया ब्याज की दर जितनी ऊँची होगी, उतनी ही जनता की प्रवृत्ति उपभोग कम करके बचाने की अधिक होगी।

11. सामाजिक बीमा व जीवन बीमा (Social Insurance and Life Insurance)–इन दिनों वेतन और मजदूरियों से अनेक प्रकार की कटौतियाँ की जाती हैं; जैसे–जीवन बीमा प्रीमियम, सामाजिक सुरक्षा की योजनाओं हेतु अंशदान, प्रॉविडेण्ट फण्ड में अंशदान इस प्रकार की योजनाएँ आय के बहुत बड़े भाग को ले लेती हैं, जिसे कि अन्यथा उपभोग पर खर्च किया जाता है। अत: जितनी ही अधिक इस प्रकार की कटौतियाँ की जाती हैं, उपभोग प्रवृत्ति उतनी ही कम होती है।

12. नये उत्पादनों का परिचय (Introduction of New Products)–नवीन उत्पादनों (New Products) के प्रारम्भ होने से उपभोग कार्य-सूची ऊपर की ओर खिसक (Shift) सकती है अर्थात् उपभोग प्रवृत्ति में वृद्धि हो सकती है। नवीन वस्तुओं या उत्पादों का आकर्षण उपभोक्ताओं की प्राथमिकताओं को इतना बदल सकता है कि वे उनको

खरीदने के लिए अपनी बचत को समाप्त कर दें अर्थात् उपभोक्ता बचत को रोककर भी इन नवीन वस्तुओं के क्रय में अपनी आय लगा सकता है।

13. उधार एवं किस्तों की सुविधा (Loans and Instalment Facilities)–यदि लोगों को उधार की सुविधाएँ और किश्तों पर सामान मिलने लगे, तब भी उपभोग प्रवृत्ति में वृद्धि होगी।

14. भविष्य में आय की सम्भावना (Possibility of Income in Future)–उपभोग प्रवृत्ति भविष्य में आय की सम्भावना पर भी निर्भर करती है। यदि भविष्य में लोगों को अधिक आय की सम्भावना हो तो वह वर्तमान आय में से बचत नहीं करेंगे और इसलिए उपभोग प्रवृत्ति अधिक होगी।

15. यातायात के साधनों का विकास (Development of Means of Transport)–यातायात के साधनों के विकास का भी उपभोग प्रवृत्ति पर प्रभाव पड़ता है। यदि ये साधन उपभोग वस्तुओं के आयात करने में सहायक हों तो उपभोग प्रवृत्ति बढ़ेगी और इसके विपरीत, यदि इन साधनों का प्रयोग उपभोग वस्तुओं को निर्यात करने में किया जायेगा तो उपभोग प्रवृत्ति कम होगी।

16. वस्तुओं और सेवाओं की उपलब्धता (Availability of Goods and Services)–जब वस्तुएँ बहुत समय दुर्लभ रही हों और जब वे मिलने लगें तो उनकी माँग एकाएक बढ़ जायेगी, जिससे लोगों की उपभोग प्रवृत्ति बढ़ जायेगी।

17. लोगों की रुचियों एवं फैशनों में परिवर्तन (Changes in Tastes and Fashion of People)–लोगों की रुचियों और फैशन में परिवर्तन आने से भी उपभोग प्रवृत्ति में परिवर्तन आ जाता है, परन्तु इनमें अल्पकाल में कम ही परिवर्तन आता है।

18. बचत के प्रति दृष्टिकोण (Approach towards Savings)–बचत के प्रति दृष्टिकोण पर भी उपभोग प्रवृत्ति निर्भर करती है। यदि लोग भविष्य के सम्बन्ध में अधिक विचार करेंगे तो अधिक बचत करना पसन्द करेंगे तो उपभोग प्रवृत्ति कम होगी।

19. ड्यूसेनबरी का नियम (Law of Duesenberry)–**प्रो. ड्यूसेनबरी (Duesenberry)** के अनुसार, नीची आय वर्ग के लोग अपने से ऊँची आय वाले वर्ग के उपभोग स्वरूपों की नकल करने की प्रवृत्ति रखते हैं। इसे **'प्रदर्शन प्रभाव' (Demonstration Effect)** कहते हैं। जिन देशों या समाज में प्रदर्शन का प्रभाव अधिक होता है, वहाँ उपभोग प्रवृत्ति भी ऊँची होती है। प्रो. ड्यूसेनबरी ने यह भी बताया है कि व्यक्ति एक बार जिस उपभोग स्तर को प्राप्त कर लेता है, उसका उस स्तर से नीचे उतरना कठिन होता है। इसलिए वह मन्दीकाल में आय के कम होने पर भी अपनी पिछली बचतों से अपने उपभोग स्तर को उसी स्तर पर बनाये रखता है।

उपभोग फलन की आलोचनाएँ
(Criticism of Consumption Function)

1. प्रवृत्ति शब्द का अनुचित प्रयोग (Use of Word Propensity is Irrelevant)–**प्रो. हैजलिट** ने प्रवृत्ति शब्द के प्रयोग पर ही एक आपत्ति उठाई है। वास्तव में, प्रवृत्ति का अर्थ केवल झुकाव होता है, जबकि कीन्स ने प्रवृत्ति शब्द को आय के एक निश्चित भाग को व्यक्त करने के लिए उपभोग किया है। उसके साथ-साथ उपभोग प्रवृत्ति आय में से व्यय की जाने वाली राशि को प्रकट नहीं करती। उसमें से वह भाग जो पूँजीगत पदार्थों पर व्यय किया जाता है, उपभोग में शामिल नहीं किया जा सकता। **हैजलिट** के शब्दों में, ''यदि एक डॉक्टर एक मकान खरीदता है और उसको अपने निवास स्थान और दफ्तर के रूप में प्रयोग करता है तो उस शब्द को केन्ज के खाते में, कितने भाग को डॉक्टर की उपभोग प्रवृत्ति और कितने को विनियोग में लिखा जायेगा।''

2. अवास्तविक (Unrealistic)–हैजलिट ने यह भी सिद्ध कर दिया कि तथ्यों के आधार पर भी यह सिद्धान्त गलत है। उसने अमेरिका में 1944–55 तक के उपभोग आय और बचत के आँकड़ों से स्पष्ट किया कि आय के बढ़ने पर बचत बढ़ने के बजाय कम हुई है।

3. दीर्घकालीन नहीं है (Not Long Term)–इस नियम की आलोचना इस आधार पर भी की जाती है कि यह केवल अल्पकालीन नियम हैं, क्योंकि दीर्घकाल में मनोवैज्ञानिक और संस्थागत तथ्यों में परिवर्तन हो जाने के कारण उपभोग प्रवृत्ति में भी परिवर्तन हो जाता है।

4. अन्य आलोचनाएँ (Other Criticisms)–(i) हैजलिट ने इस नियम को एक धोखा बताया है। उनके अनुसार इसे गणितीय समीकरण में व्यक्त करने से उसमें निश्चितता नहीं आ सकती।

(ii) कीन्स ने अल्पकालीन और दीर्घकालीन उपभोग प्रवृत्ति में अन्तर स्पष्ट नहीं किया है।

(iii) प्रो. गार्डनर एकले ने कहा कि ''कीन्स का उपभोग फलन आगमन तर्क का कोई महत्त्वपूर्ण उदाहरण नहीं है और निगमन तर्क को विश्लेषित करता है।''

(iv) प्रो. कीन्स के उपभोग प्रवृत्ति सिद्धान्त का समाज पर क्या गुणात्मक प्रभाव पड़ता है, इस तथ्य की विवेचना नहीं हुई है, यह केवल संख्यात्मक दृष्टिकोण बताता है।

(v) प्रो. कीन्स का सिद्धान्त धन का आकार, आय व धन के मध्य सम्बन्ध व काले धन नामक तत्त्वों का कोई विवेचन नहीं करता है।

भारतीय अर्थव्यवस्था में उपभोग फलन
(Consumption Function in Indian Economy)

उपभोग फलन आय तथा उपभोग के मध्य सम्बन्ध दर्शाता है। कीन्स के अनुसार उपभोग में उस अनुपात में वृद्धि नहीं होती, जिस अनुपात में आय में वृद्धि होती है। आय बढ़ने के साथ-साथ सीमान्त उपभोग प्रवृत्ति घटती जाती है अर्थात् सीमान्त बचत प्रवृत्ति बढ़ती जाती है। कीन्स के उपर्युक्त विचार विकसित देशों के लिए तो उपयुक्त ठहरते हैं, लेकिन अर्द्ध-विकसित देशों में विरोधाभास की स्थिति उत्पन्न हो जाती है जिसका प्रमुख कारण यह है कि विकसित देशों की प्रति व्यक्ति आय अधिक होती है तथा वहाँ लोग विलासित की वस्तुओं का उपभोग कर रहे होते हैं। अतः उनकी आय में वृद्धि होने पर उसका अधिकांश भाग औद्योगिक वस्तुओं पर व्यय किया जाता है, खाद्यान्न आदि पर बहुत कम भाग व्यय होता है। इसके विपरीत, भारत जैसे अर्द्ध-विकसित देशों में प्रति व्यक्ति आय बहुत निम्न होती है। अतः आय के बढ़ने पर यहाँ खाद्यान्नों पर अत्यधिक व्यय करने के कारण उनका उपभोग व्यय बढ़ता है।

इस आधार पर यह कहा जा सकता है कि जब निम्न आय वर्ग के लोगों की आय में वृद्धि होती है तो वे बढ़ी हुई आय को जीवन निर्वाह पदार्थों पर ही व्यय करते हैं। अतः सीमान्त उपभोग प्रवृत्ति आय में वृद्धि से कम मात्रा पर नहीं बढ़ती, बल्कि आय में वृद्धि के बराबर ही बढ़ जाती है अर्थात् उनकी बचत की सीमान्त प्रवृत्ति शून्य रहती है और इस प्रकार कीन्स का उपभोग फलन गरीब वर्ग पर लागू नहीं होता।

मोटे तौर पर हम यह कह सकते हैं कीन्स द्वारा प्रतिपादित **उपभोग फलन का सिद्धान्त भारत जैसे अर्द्ध-विकसित देशों में लागू नहीं होता।** इस सम्बन्ध में निम्नलिखित तर्क दिये जा सकते हैं–

1. औसत और सीमान्त उपभोग प्रवृत्ति का ऊँचा होना (High Average and Marginal Propensity)–भारत में लोगों की सीमान्त तथा औसत उपभोग प्रवृत्ति बहुत अधिक है, फलतः बचत प्रवृत्ति कम है। बचतों के कम होने के लिए उत्तरदायी कारण ऊँची सीमान्त उपभोग प्रवृत्ति के अतिरिक्त निम्न आय का स्तर भी है। सीमान्त उपभोग प्रवृत्ति ऊँची होने के कारण आय में जितनी वृद्धि होती है, वह सब उपभोग पर व्यय कर दी जाती है। इस प्रकार भारत जैसे अर्द्ध-विकसित देशों में उपभोग, फलन गैर-आनुपातिक न होकर रेखीय उपभोग फलन होता है। अन्य शब्दों में, भारत में उपभोग की सीमान्त प्रवृत्ति, आय में वृद्धि से कम मात्रा में नहीं बढ़ती बल्कि आय में वृद्धि के बराबर ही बढ़ती है।

केन्द्रीय सांख्यिकीय संगठन (CSO) के आँकड़ों के अनुसार भारत में निजी क्षेत्र में विगत वर्षों में सीमान्त उपभोग प्रवृत्ति (Marginal Propensity to Consume—MPC) में उल्लेखनीय वृद्धि हुई है, 1988-89 में निजी क्षेत्र में सीमान्त उपभोग प्रवृत्ति 0.70 थी जो बढ़कर 1996-97 में 0.84 हो गयी है। इसका अर्थ यह है कि अपनी व्यय योग्य आय (Disposable Income) में वृद्धि होने पर इस क्षेत्र (घरेलू क्षेत्र व निजी निगम क्षेत्र) द्वारा पहले अपनी वृद्धिमान आय (Incremental Income) का 70 प्रतिशत भाग उपभोग पर व्यय किया जाता था, जबकि वृद्धि आय का 84 प्रतिशत भाग उपभोग पर व्यय किया जाता है।

अग्रलिखित सारणी के अंकों से भी यह बात स्पष्ट हो जाती है कि भारत जैसे विकासशील देशों में विकसित देशों की तुलना में सीमान्त उपभोग प्रवृत्ति (MPC) अधिक है।

सारणी-8

देश	MPC	देश	MPC
जापान	.66	भारत	.81
पश्चिमी जर्मनी	.72	पाकिस्तान	.89
फ्रांस	.76	इजरायल	.90
इटली	.78	इथोपिया	.90

2. उपभोग ढाँचे में भिन्नता (Difference in Consumption Pattern)–भारत जैसे विकासशील देश और विकसित देशों के बीच उपभोग ढाँचे में भी अन्तर पाया जाता है। विकसित देशों के निवासी–अपनी जीवन निर्वाह सम्बन्धी अनिवार्यताओं को पूरी कर चुके होते हैं। अत: आय में होने वाली वृद्धि का अधिकांश भाग औद्योगिक वस्तुओं पर व्यय करते हैं। इसके विपरीत, भारत जैसे विकासशील देशों में लोग अपने जीवन का न्यूनतम अनिवार्यताओं की भी पूर्ति नहीं कर पाते फलत: जब उनकी आय में वृद्धि होती है तो वह प्राय: या तो भोजन सम्बन्धी आवश्यकताएँ पूरी करने में व्यय हो जाती है या फिर पौष्टिक खाद्य पदार्थ तथा बेहतर साज-समान खरीदने में व्यय हो जाती है।

राष्ट्रीय न्यायदर्श सर्वेक्षण (National Sample Survey)–के अनेक चक्रों (Rounds) के विश्लेषणों से यह परिणाम प्राप्त हुए हैं कि आय का अधिकांश भाग अर्थात् 60 प्रतिशत अभी भी आहार सम्बन्धी उत्पादनों (अनाज, दूध, सब्जी आदि) पर व्यय किया जाता है तथा बहुत ही अल्प भाग अर्थात् 40 प्रतिशत अखाद्य पदार्थों जैसे कि वस्त्र, शिक्षा, स्वास्थ्य, मनोरंजन आदि पर व्यय किया जाता है। कई स्थितियों में लोग अपनी दमित इच्छाओं को पूरा करने के लिए भी उपभोग पर व्यय करते हैं। ऐसी भी स्थितियाँ बनती हैं, जब लोगों को चालू न्यूनतम उपभोग के लिए भी कर्ज लेना पड़ता है।

इस प्रकार विकसित और भारत जैसे अर्द्ध-विकसित देशों के उपभोग ढाँचे में अन्तर है। विकसित देशों में बढ़ी हुई। आय के अधिकांश भाग का व्यय औद्योगिक उपभोग वस्तुओं पर किया जाता है और बहुत कम प्रतिशत खाद्यान्न आदि पर व्यय किया जाता है। इसके विपरीत, भारत जैसे अर्द्ध-विकसित देशों में आय का स्तर कम होने के कारण बढ़ी हुई आय को औद्योगिक उपभोग वस्तुओं पर व्यय नहीं किया जाता बल्कि खाद्यान्न, पौष्टिक तथा अन्य उत्तम प्रकार की वस्तुओं पर व्यय किया जाता है।

3. कीमतों में वृद्धि (Increase in Prices)–कीन्सवादी अर्थशास्त्र हमें बताता है कि जब सीमान्त उपभोग प्रवृत्ति ऊँची होती है तो आय में वृद्धि होने पर उपभोक्ता माँग, उत्पादन तथा रोजगार, अपेक्षाकृत अधिक तेजी से बढ़ते हैं परन्तु भारत जैसे अर्द्ध-विकसित देशों में ऊँची सीमान्त उपभोग प्रवृत्ति के कारण कीमतें बढ़ती हैं जैसा कि निम्नलिखित विवरण से स्पष्ट हो जायेगा–

अर्द्ध-विकसित देशों में घरेलू उद्योग-धन्धों की प्रधानता के कारण उत्पादन बाजार में बिक्री के लिए नहीं जाता, बल्कि उसका उत्पादन स्वत: उपभोग के लिए किया जाता है, इसलिए जब आय में वृद्धि होती है तो स्वत: उपभोग की माँग बढ़ती है और बढ़ती हुई माँग को बाजार में बेची जाने वाली वस्तुओं और सेवाओं को हटाकर पूरा किया जाता है। यद्यपि यह सत्य है कि वे बाजार से खाद्यान्न नहीं खरीदते फिर भी अपने द्वारा उत्पादित अधिकांश माल का उपभोग स्वयं ही कर डालते हैं। इसके अतिरिक्त, जब उनकी आय में वृद्धि होती है तो वे ऊँची किस्म के खाद्यान्न का भी उपयोग करने लगते हैं। इन सबका प्रभाव यह होता है कि बाजार में ले जाकर बेचने योग्य देशी माल में और भी अधिक कमी आ जाती है जिसके परिणामस्वरूप उस माल का मूल्य और अधिक ऊँचा हो जाता है।

यदि भोजन की आवश्यकताओं की पूर्ति के पश्चात् बढ़ी हुई आय का कुछ भाग बच जाता है तो विकसित देशों में उसको औद्योगिक वस्तुओं के खरीदने पर व्यय कर देते हैं, किन्तु बढ़ी हुई माँग की सन्तुष्टि के लिए औद्योगिक वस्तुओं की पूर्ति को अर्द्ध-विकसित देशों में शीघ्रतापूर्वक नहीं बढ़ाया जा सकता, क्योंकि उत्पादन के सहकारी साधनों की कमी रहती है। इसलिए कृषि पदार्थ के मूल्य के साथ-साथ औद्योगिक पदार्थों के मूल्य भी बढ़ने लगते हैं। भारत के गत वर्षों के अनुभव इस बात की पुष्टि करते हैं कि विगत पंचवर्षीय योजनाओं के अन्तर्गत हीनार्थ प्रबन्धन (Defict Financing) द्वारा

विनियोग बढ़ाये गये परन्तु उत्पादन में अधिक वृद्धि नहीं हुई, वस्तुओं के मूल्य अवश्य बहुत ऊँचे हो गये। इस प्रकार भारत जैसे अर्द्ध-विकसित देशों में कीन्स का उपभोग फलन सिद्धान्त देश को मुद्रा-स्फीति के विकराल मुँह में धकेल देता है।

उपर्युक्त विवेचन के आधार पर हम इस निष्कर्ष पर पहुँचते हैं कि अर्द्ध-विकसित देशों की अर्थव्यवस्था, विकसित देशों से सर्वथा भिन्न होने के कारण भारत में **कीन्स का उपभोग फलन सिद्धान्त लागू नहीं हुआ है।** हाँ, भारत के सम्पन्न और अति सम्पन्न लोगों के सम्बन्ध में यह सिद्धान्त क्रियाशील है, क्योंकि इन वर्गों की उपभोग की लगभग सारी आवश्यकताएँ पूरी हो चुकी हैं। फलतः आय में वृद्धि के कारण उपभोग व्यय में अनुपात से कम वृद्धि होती है।

भारतीय अर्थव्यवस्था की उपभोग फलन की विशेषताएँ
(Feature of Consumption Function of Indian Economy)

भारतीय अर्थव्यवस्था एवं उपभोग फलन का अध्ययन निम्न सन्दर्भों में किया जाना चाहिए-

1. ऊष्मांक या कैलोरी (Calories)–ऊष्मांक या कैलोरी को उपभोग फलन का एक प्रमुख कारक माना गया है। भारत की लगभग 25 से 40 प्रतिशत जनसंख्या कुपोषण की शिकार है। इस सम्बन्ध में कई सर्वे एवं अध्ययनों का आयोजन किया गया है। आहार सम्बन्धी सर्वे के विश्लेषण से स्पष्ट होता है कि अल्प-पोषित गृहस्थों को 90% कैलोरी की पूर्ति अनाजों, स्टार्चमय जड़ों, दालों, चीनी से प्राप्त होती है, जबकि अन्य विकसित देशों में इन पदार्थों से केवल 57% कैलोरी की प्राप्ति होती है। शेष कैलोरी जानवरों (मांस, अण्डे, मछली आदि) से प्राप्त होती है।

भारत में प्रति व्यक्ति प्रति दिन 2,200 से भी कम कैलोरी का उपभोग किया जाता है, जबकि विकसित देशों में प्रति व्यक्ति भारत की तुलना में 30 से 50 प्रतिशत अधिक कैलोरी का उपभोग किया जाता है। इसके अतिरिक्त, औसत भारतीय को 51 ग्राम प्रोटीन प्राप्त होती है, जबकि विकसित देशों में यह 100 ग्राम प्रति व्यक्ति से भी अधिक प्राप्त होती है।

नीचे सारणी में कुछ चुने हुए देशों के प्रति व्यक्ति दैनिक उपभोग में चर्बी, प्रोटीन और कैलोरी की मात्रा को प्रदर्शित किया गया है-

सारणी 9–कुछ चुने हुए देशों के प्रति व्यक्ति दैनिक उपभोग में चर्बी, प्रोटीन और कैलोरी की मात्रा

देश	चर्बी	प्रोटीन	कैलोरी
भारत	36	53	2,229
चीन	41	62	2,639
जापान	85	88	2,956
जर्मनी	148	101	3,443
यू. एस. ए.	164	107	3,671
यू. के.	143	88	3,380

2. प्रति व्यक्ति आय (Per Capita Income)–कीन्स का उपभोग फलन आय के बढ़ने पर उपभोग पर पड़ने वाले प्रभाव की व्याख्या करता है। कीन्स के अनुसार आय में वृद्धि के साथ उपभोग प्रवृत्ति कम होती जाती है, लेकिन भारत जैसे अर्द्ध-विकसित देशों में ऐसा नहीं होता। अतः उपभोग फलन के व्यावहारिक विश्लेषण हेतु प्रति व्यक्ति आय की जानकारी आवश्यक होती है।

3. उपभोग ढाँचा (Consumption Pattern)–हमारे देश में उपभोग ढाँचे एवं विकसित देशों के उपभोग ढाँचे में काफी अन्तर होता है। प्रति व्यक्ति आय एवं आय वितरण की दिशाओं के आधार पर समाज को अनेक वर्गों में विभाजित किया जा सकता है, जैसे-अति सम्पन्न वर्ग, सम्पन्न वर्ग या उच्च आय वर्ग, मध्यम वर्ग तथा निम्न आय वर्ग। देश में अधिकांश लोग अपनी 70 प्रतिशत आय खाद्यान्न वस्तुओं पर खर्च करते हैं और 30 प्रतिशत गैर-खाद्यान्न वस्तुओं पर। निर्धन व्यक्ति अर्थात् निम्न आय वर्ग अपनी आय का अधिकांश भाग खाद्यान्न सामग्री पर खर्च करता है और उसके पास आय का एक छोटा भाग वस्त्र, शिक्षा आदि पर खर्च करने के लिए बचता है। मध्यम वर्ग अपनी आय का अधिकांश भाग

जीवन की मूलभूत आवश्यकताओं पर खर्च करता है। औद्योगिक विकास के कारण इन वस्तुओं को खरीदने की ललक रहती है। सम्पन्न एवं अति सम्पन्न वर्ग की उपभोग सम्बन्धी आवश्यकताएँ पहले ही पूरी हो चुकी होती हैं। अतः आय बढ़ने के अनुपात में उनका उपभोग व्यय नहीं बढ़ता है।

4. प्रति व्यक्ति निजी उपभोग में धीमी वृद्धि (Slow Increase in Per Capita Private Consumption)–भारतीय अर्थव्यवस्था में उपभोग फलन के सम्बन्ध में यह भी तथ्य महत्त्वपूर्ण है कि प्रति व्यक्ति उपभोग व्यय में धीमी गति से वृद्धि हो रही है। इसका प्रमुख कारण यह है कि देश की अधिकांश जनसंख्या गरीब है और वह गाँवों में रहती है। नगरीय एवं ग्रामीण उपभोग व्यय में काफी अन्तर पाया जाता है।

5. उत्पादन वृद्धि (Increase in Production)–भारत जैसे देश में उपभोग फलन के सन्दर्भ में यह तथ्य भी उल्लेखनीय है कि यहाँ आय में वृद्धि होने पर उत्पादन बढ़ाना भी सम्भव नहीं हो पाता है। सरकारी साधनों की दुर्बलता उत्पादन वृद्धि में रोक लगाती है। फलतः रोजगार के साधन तो नहीं बढ़ते हैं, लेकिन कीमतें अवश्य बढ़ जाती हैं।

6. बढ़ती हुई मूल्य प्रवृत्तियाँ (Increasing Price Tendencies)–उपभोक्ता वस्तु के मूल्य भी उपभोग फलन को प्रभावित करते हैं। देश में **उपभोक्ता मूल्य सूचकांक** बढ़ता जाता रहा है। हीनार्थ प्रबन्धन के कारण मुद्रा की पूर्ति में निरन्तर वृद्धि हो रही है, परन्तु मजदूरी वस्तुओं की पूर्ति में आशातीत वृद्धि नहीं हो रही है, जिससे मूल्य वृद्धि को काफी प्रोत्साहन मिला है। मूल्य कभी-कभी इतने ज्यादा बढ़ जाते हैं कि लोगों की बढ़ी हुई आय नगण्य हो जाती है। अतः मूल्य वृद्धि भी हमारे देश के उपभोग फलन के प्रचालन में बाधा उत्पन्न करती है।

भारत में उपभोग क्रिया में वृद्धि हेतु सुझाव
(Suggestions to Increase Consumption Function in India)

चूँकि भारत एक कृषि-प्रधान एवं अर्द्ध-विकसित देश है, अतः यहाँ विकसित देशों की तुलना में उपभोग का स्तर काफी नीचा है। उपभोग क्रिया में वृद्धि के लिए निम्न सुझाव दिये जा सकते हैं–

1. आय का पुनर्वितरण (Redistribution of Income)–भारत में आर्थिक शक्ति का संकेन्द्रण तीव्र गति से हुआ है। यहाँ धनी वर्ग अधिक तथा गरीब वर्ग अधिक गरीब होता जा रहा है। अतः अगर गरीबों के पक्ष में राष्ट्रीय आय का पुनर्वितरण किया जाये तो इनके उपभोग व्यय में वृद्धि होगी। सरकार को धनी व्यक्तियों से प्रगतिशील दरों से कर लेना चाहिए और उसे निर्धनों के कल्याण पर खर्च करना चाहिए तथा इनके उपभोग स्तर को ऊपर उठाने के लिए अधिक सार्वजनिक व्यय करना चाहिए।

2. सामाजिक सुरक्षा (Social Security)–बेरोजगारी बीमा, वृद्धावस्था पेंशन, स्वास्थ्य बीमा, फसल बीमा आदि जैसे सामाजिक सुरक्षा के उपाय अपनाकर भी उपभोग की क्रिया को बढ़ाया जा सकता है। मन्दीकाल में जब लोगों की आय काफी कम हो जाती है तो सामाजिक सुरक्षा के प्रयासों द्वारा उपभोग के गिरते हुए स्तर को रोका जा सकता है। सामाजिक सुरक्षा की योजनाएँ श्रमिकों को असुरक्षा के भय से मुक्त करके उन्हें अधिक व्यय कर सकने में समर्थ बना सकती हैं।

3. सरल साख सुविधाएँ (Easy Credit Facilities)–सरल साख सुविधाएँ उपलब्ध कराकर भी उपभोग क्रिया में वृद्धि की जा सकती है, जैसे–यदि आसान किस्तों में लोगों को कार, टी.वी., फ्रिज, वाशिंग मशीन, कूलर आदि उपलब्ध कराये जायें तो लोग उन्हें खरीदने के लिए तैयार हो जाते हैं और उनका उपभोग बढ़ जाता है।

4. उचित मजदूरी नीति (Fair Wage Policy)–उचित मजदूरी नीति को अपनाकर भी उपभोग की प्रवृत्ति को बढ़ाया जा सकता है। अल्पकाल में मजदूरी दर को बढ़ाकर उपभोग की प्रवृत्ति को बढ़ाया जा सकता है। भारत श्रम-प्रधान देश है लेकिन यहाँ न्यूनतम मजदूरी बहुत कम है, इसे बढ़ाया जाना चाहिए लेकिन श्रम की उत्पादकता में वृद्धि किये बिना नकद मजदूरी में वृद्धि नहीं की जानी चाहिए।

5. विज्ञापन एवं प्रचार (Advertisement & Publicity)–विज्ञापन एवं प्रचार माध्यमों से उपभोक्ताओं को अनेक नयी-नयी वस्तुओं की सूचना मिल जाती है जिससे नवीन वस्तुएँ उपभोग करने को मिलती हैं। संक्षेप में, यह कह सकते हैं कि रेडियो, टी.वी., समाचार-पत्र, पत्रिकाओं, पोस्टर, वाल पेंटिंग, साइन बोर्ड आदि की सहायता से नवीन माँग निर्मित करके उपभोग प्रवृत्ति में वृद्धि की जा सकती है।

Select References

1. Lindauer J. : Macro Economics, Ch. 3.
2. Keiser Norman E. : Macro Economics, Chs. 4,6,7.
3. Ackley Gardner : Macro Economics Theory, Chs. 10-12.
4. Brooman F.S. : Macro Economics, Ch. 5.
5. Edward Shapiro : Macro Economics Analysis, Chs. 8 & 10.

परीक्षा प्रश्न
(Examinations Questions)

I. दीर्घ उत्तरीय प्रश्न (Long Answer Type Questions)

1. उपभोग प्रवृत्ति किन तत्त्वों से निर्धारित होती है? क्या उपभोग प्रवृत्ति सामान्यतया स्थिर रहती है?

   What factors govern propensity to consume? Is propensity to consume generally stable?

2. ''कीन्स का सबसे उल्लेखनीय योगदान उसकी उपभोग क्रिया की व्याख्या कीजिए।'' इस कथन के आधार पर उपभोग क्रिया का आर्थिक विश्लेषण के लिए महत्त्व स्पष्ट कीजिए।

   "Keynes' most notable contribution was his discussion of consumption function." In the light of this statement, bring out the importance of consumption function in economics analysis.

3. 'उपभोग क्रिया' से क्या अभिप्राय है? एक रेखाचित्र की सहायता से उपभोग तथा आय के बीच फलन स्पष्ट कीजिए।

   What do you mean by 'consumption function'? Bring out the functional relationship between consumption and income by the use of diagram.

4. औसत उपभोग प्रवृत्ति सीमान्त उपभोग प्रवृत्ति में अन्तर स्पष्ट कीजिए और सीमान्त प्रवृत्ति का आय से सम्बन्ध समझाइये।

   Clearly distinguish between average propensity to consume and marginal propensity to consume and explain the relationship between marginal propensity to consume and income.

5. कीन्स के उपभोग के मनोवैज्ञानिक नियम की व्याख्या कीजिए। इसकी मान्यताएँ भी लिखिए।

   Explain Keynes' Psychological Law of Consumption. What are its assumptions?

   अथवा

   or

   Explain the implication of Keynes' Psychological Law of consumption.

व्यावहारिक प्रश्न (Practical Question)

निम्नलिखित समंकों से औसत उपभोग प्रवृत्ति और सीमान्त उपभोग प्रवृत्ति ज्ञात कीजिए–(करोड़ रुपये)

Find out APC and MPC from the following data:

आय (Y)	100	200	300	400	500	600	700	800
उपभोग (C)	90	170	240	300	350	390	420	400

II. लघु उत्तरीय प्रश्न (Short Answer Type Questions)

1. उपभोग प्रवृत्ति से क्या आशय है?
2. अल्पकालीन तथा दीर्घकालीन उपभोग फलन में अन्तर बताइये।

3. टिप्पणियाँ लिखिये :
   (अ) उपभोग फलन
   (ब) औसत एवं सीमान्त उपभोग प्रवृत्ति
   (स) सीमान्त उपभोग प्रवृत्ति
4. APC तथा MPC की धारणा पर संक्षिप्त टिप्पणी लिखें।
5. उपभोग फलन को प्रभावित करने वाले पाँच महत्वपूर्ण वस्तुगत तत्वों की व्याख्या कीजिए।
6. उपभोग के मनोवैज्ञानिक नियम के पाँच मुख्य निष्कर्षों की व्याख्या करें।

III. वस्तुनिष्ठ प्रश्न (Objective Type Questions)

सही विकल्प चुनकर लिखिए :

1. आय के स्तर में जैसे-जैसे वृद्धि होती है, वैसे-वैसे आय में वृद्धि की तुलना में उपभोग में वृद्धि :
   (अ) तेजी से होती है (ब) धीमी गति से होती है
   (स) शून्य होती है (द) उपर्युक्त में से कोई नहीं।
2. कीन्स के अनुसार राष्ट्रीय आय तथा कुल व्यय के मध्य सम्बन्ध होता है :
   (अ) फलनात्मक (ब) गुणात्मक
   (स) ऋणात्मक (द) उपर्युक्त में से कोई नहीं।
3. उपभोग फलन का विचार प्रतिपादित किया :
   (अ) प्रो. हिक्स ने (ब) प्रो. जे. एम. कीन्स ने
   (स) प्रो. सैम्युल्सन ने (द) प्रो. इरविंग फिशर ने।
4. उपभोग प्रवृत्ति पर प्रदर्शन प्रभाव का अध्ययन किया :
   (अ) हिक्स ने (ब) हेन्सन ने
   (स) कीन्स ने (द) ड्यूसेनबरी ने।
5. बचत की सीमान्त प्रवृत्ति (MPS) होती है:
   (अ) MPC+1 (ब) MPC-1
   (स) 1-MPC (द) 1x MPC
6. औसत उपभोग प्रवृत्ति का सूत्र है:
   (अ) C/Y (ब) y/C
   (स) I/C (द) C/H
7. सीमान्त उपभोग प्रवृत्ति का सूत्र है :
   (अ) $\Delta Y/C$ (ब) $\Delta C/\Delta Y$
   (स) $Y/\Delta C$ (द) ΔC

उत्तर—1. (ब), 2. (अ), 3. (ब), 4. (द) 5. (स) 6. (अ), 7. (ब)।

OOO

8 उपभोग फलन के सिद्धान्त
(Theories of the Consumption Function)

महत्त्वपूर्ण अवधारणाएँ (Important Concepts)

1. अल्पकालीन अथवा चक्रीय उपभोग फलन (Short-period or Cyclical Consumption Function)–इस उपभोग फलन का प्रतिपादन लार्ड कीन्स द्वारा किया गया है। अल्पकालीन उपभोग फलन के अनुसार आय तथा उपभोग का सम्बन्ध **आनुपातिक नहीं होता।** यह रेखा लम्बवत् कोटि अक्ष Y के उद्गम बिन्दु (Point of Origin) के ऊपरी भाग से निकलता है, क्योंकि अन्य शून्य होने पर भी कुछ-न-कुछ उपभोग अवश्य होता है।

2. दीर्घकालीन उपभोग फलन (Long-period Consumption Function)–इस उपभोग फलन के अनुसार दीर्घकाल में उपभोग में वृद्धि या कमी के **अनुपात में होती है।** यह रेखा उपभोग तथा आय के बीच आनुपातिक सम्बन्ध दर्शाने हेतु मूल बिन्दु से होकर जाने वाली सीधी रेखा होती है।

3. निरपेक्ष आय उपकल्पना (The absolute Income Hypothesis)–इस उपकल्पना के अनुसार उपभोग का निर्धारण आय के निरपेक्ष वर्तमान आय स्तर के द्वारा होता है। वस्तुतः यह विचार कीन्स का था।

4. सापेक्ष आय उपकल्पना (The Relative Income Hypothesis)–ड्यूसेनबरी के मतानुसार उपभोक्ता व्यय एक व्यक्ति की आय के निरपेक्ष आकार के बजाय अन्य किसी व्यक्ति की आय की तुलना में उसकी आय पर निर्भर करता है।

5. स्थायी आय उपकल्पना (Permanent Income Hypothesis)–**फ्रीडमैन** के अनुसार एक व्यक्ति का उपभोग आय के वर्तमान स्तर के बजाय उसकी स्थायी आय पर निर्भर करता है।

6. जीवन-चक्र उपकल्पना (Life-cycle Hypothesis)–**मोदिग्लियानी (Modigliani)** के अनुसार, एक व्यक्ति अपनी जीवन अवधि की समस्या उपभोग योजना को नियोजित करता है, जो कि उसकी वर्तमान आय पर बहुत अधिक नहीं, बल्कि सम्पूर्ण जीवन अवधि में होने वाली प्रत्याशित आय पर निर्भर करती है।

कीन्स के मनोवैज्ञानिक उपभोग नियम से यह ज्ञात होता है कि जब आय में वृद्धि होती है तो उपभोग में वृद्धि उसी अनुपात में नहीं होती, जितनी आय में होती है। **दूसरे शब्दों** में हम कह सकते हैं कि उपभोग आय से पीछे रह जाता है अथवा **सीमान्त उपभोग प्रवृत्ति इकाई से कम** होती है।

अब हमारे समक्ष यह प्रश्न उठता है कि क्या आय और उपभोग में ऐतिहासिक परिवर्तन इस विचार की पुष्टि करते हैं? इसी प्रश्न को इस प्रकार भी रख सकते हैं कि क्या उपभोग प्रवृत्ति का स्थानान्तरण भी हो सकता है अथवा अल्पकालीन अथवा दीर्घकालीन उपभोग फलन में कोई अन्तर है?

कीन्स ने इस सम्बन्ध में कोई स्पष्टीकरण नहीं दिया है। **"कीन्सोपरान्त अर्थशास्त्री अल्पकाल और दीर्घकाल में उपभोग फलन का अध्ययन करके इस निष्कर्ष पर पहुँचते हैं कि इन दोनों में अन्तर होता है।"** अतः अब हम अल्पकालीन और दीर्घकालीन उपभोग फलन का अध्ययन करेंगे।

अल्पकालीन अथवा चक्रीय उपभोग फलन
(Short-period Cyclical Consumption Function)

लार्ड कीन्स ने केवल अल्पकालीन या चक्रीय उपभोग फलन का प्रतिपादन किया था। उनके अनुसार अल्पकालीन उपभोग फलन की अग्रलिखित विशेषताएँ हैं–

1. आय तथा उपभोग का सम्बन्ध आनुपातिक नहीं है (No Proportionate Relation between income and Consumption)–कीन्स का यह विचार था कि उपभोग में उसी अनुपात में परिवर्तन नहीं होता, जिस अनुपात में आय में परिवर्तन होता है। एक सीमा तक उपभोग व्यय आय से अधिक होता है। उस सीमा के पश्चात् उपभोग व्यय आय के बराबर हो जाता है तथा उसके पश्चात् जैसे-जैसे आय बढ़ती जाती है, उपभोग व्यय कम होता जाता है। इसे निम्न समीकरण द्वारा स्पष्ट किया जा सकता है–$C = C_0 + bY$

यहाँ C = उपभोग, C_0 = स्वतन्त्र उपभोग, यह उपभोग उस समय भी होता है जब आय शून्य होती है, b = सीमान्त उपभोग प्रवृत्ति, Y = आय।

मान लीजिए, यदि $C_0 = 50$ करोड़ रुपये, b = 0.5 करोड़ तथा Y = 50 करोड़ रुपये हैं।

$$C = 50 + 0.5 \times 50 = 75 \text{ करोड़ रुपये।}$$

अब आय (Y) यदि चार गुना बढ़ जाती है अर्थात् 200 करोड़ रुपये हो जाती है तो उपभोग $C = 50 + 0.5 \times 200 = 50 + 100 = 150$ करोड़ रुपये की वृद्धि होगी।

2. औसत उपभोग प्रवृत्ति सीमान्त उपभोग प्रवृत्ति से अधिक होती है (APC is more that MPC)–अल्पकालीन उपभोग फलन की दूसरी विशेषता यह है कि औसत उपभोग प्रवृत्ति सीमान्त उपभोग प्रवृत्ति से अधिक होती है अर्थात् APC > MPC।

3. घटती हुई सीमान्त उपभोग प्रवृत्ति तथा औसत उपभोग प्रवृत्ति (Declining APC & MPC)–अल्पकालीन उपभोग फलन की तीसरी विशेषता यह है कि जैसे-जैसे आय बढ़ती जाती है, सीमान्त उपभोग, प्रवृत्ति तथा औसत उपभोग प्रवृत्ति कम होती जाती है।

अल्पकालीन उपभोग फलन को निम्नलिखित सारणी के अंकों द्वारा स्पष्ट किया जा सकता है–

सारणी 1–उपभोग प्रवृत्ति (Propensity to Consume)

आय (करोड़ रु.)	उपभोग (करोड़ रु.)	औसत उपभोग प्रवृत्ति $APC = \frac{C}{Y}$	सीमान्त उपभोग प्रवृत्ति $MPC = \frac{\Delta C}{\Delta Y}$
1,000	950	0.950	
1,100	1,040	0.945	0.9
1,200	1,120	0.933	0.8
1,300	1,190	0.915	0.7
1,400	1,250	0.893	0.6
1,500	1,300	0.866	0.5

उपर्युक्त सारणी के अंकों से स्पष्ट है–

(i) उपभोग तथा आय का सम्बन्ध **अनुपातिक** नहीं है।

(ii) औसत उपभोग प्रवृत्ति (APC) सीमान्त उपभोग प्रवृत्ति (MPC) से अधिक रहती है।

(iii) जैसे-जैसे आय बढ़ती है, सीमान्त उपभोग प्रवृत्ति (MPC) और औसत उपभोग प्रवृत्ति (APC) दोनों ही कम होती जाती है।

रेखाचित्र द्वारा स्पष्टीकरण (Diagrammatic Explanation)–अल्पकालीन उपभोग फलन को अग्र चित्र की सहायता से समझाया गया है–

(i) चित्र में OX-अक्ष पर आय और OY-अक्ष पर **उपभोग** दर्शाया गया है।

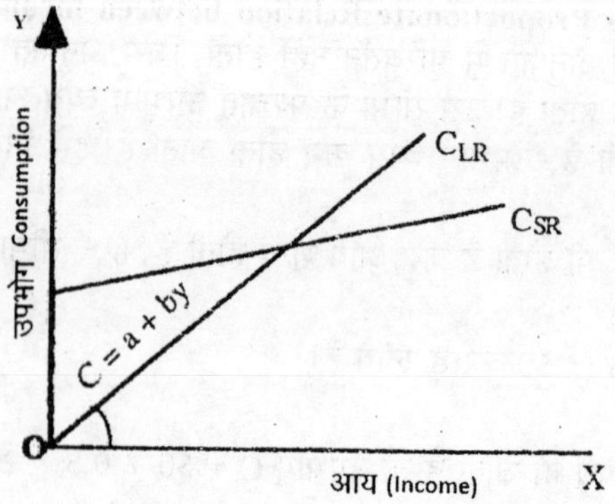

चित्र : 1

(ii) 45° की रेखा, इकाई रेखा (Unit Line) है जिसके सभी स्तरों पर आय एवं उपभोग मात्राएँ समान रहती हैं। इस अधार पर 45° की रेखा को शून्य बचत (Zero Saving) रेखा भी कहा जा सकता है।

(iii) अल्पकालीन उपभोग फलन का सामान्य स्वरूप (CSR) रेखा की तरह रहता है तथा इसे C = a + b Y-समीकरण के रूप में व्यक्त किया जा सकता है।

(iv) अल्पकालीन उपभोग फलन के Y-अक्ष के मूल बिन्दु के ऊपर से निकलता है, क्योंकि आय शून्य होने पर भी कुछ न कुछ उपभोग अवश्य होता है।

(v) अल्पकालीन उपभोग फलन वक्र दीर्घकालीन उपभोग फलन वक्र की अपेक्षा चपटे होते हैं जो यह व्यक्त करते हैं कि अल्पकालीन सीमान्त उपभोग प्रवृत्ति दीर्घकालीन सीमान्त उपभोग प्रवृत्ति की अपेक्षा कम होती है।

कई अर्थशास्त्रियों, जैसे–**टोबिन, स्मिथिज** आदि ने 1929 से 1940 तक की अल्पकालीन अवधि से सम्बन्धित आय तथा उपभोग के आँकड़े एकत्रित किये थे। इन आँकड़ों से कीन्स की इस धारणा की पुष्टि हुई थी कि अल्पकालीन उपभोग फलन आनुपातिक नहीं (Non-proportional) है।

दीर्घकालीन उपभोग फलन
(Long-period Consumption Function)

दीर्घकाल अर्थात् लगभग 100 वर्ष या उससे अधिक अवधि में आय तथा उपभोग में पाये जाने वाले सम्बन्ध को दीर्घकालीन (Secular) उपभोग फलन कहा जाता है। **प्रो. कुजनेट्स, गोल्डस्मिथ, ड्यूसेनबरी, फ्रीडमैन** आदि अर्थशास्त्रियों ने बताया कि दीर्घकाल में आय तथा उपभोग में एक आनुपातिक सम्बन्ध पाया जाता है।

चौथे दशक के अन्त में और विशेषकर युद्धोत्तरकालीन वर्षों में कीन्सियन उपभोग फलन की जाँच के लिए अनेक व्यावहारिक अध्ययन किये गये। 1946 में **साइमन कुजनेट्स** ने अमेरिकी अर्थव्यवस्था के आय एवं उपभोग व्यय सम्बन्धी आँकड़ों के आधार पर (वर्ष 1867-1968 की अवधि में) उपभोग फलन 0.9 प्राप्त किया और यह निष्कर्ष निकाला कि जहाँ तक दीर्घकालीन उपभोग प्रवृत्ति का सम्बन्ध है, उपभोग के मनोवैज्ञानिक नियम की पुष्टि नहीं होती। इसका अभिप्राय यह है कि दीर्घकाल में उपभोग प्रवृत्ति में परिवर्तन लगभग उसी अनुपात में आता है, जितना कि आय में आता है।

गोल्डस्मिथ ने 1955 में पुन: इन निष्कर्षों का परीक्षण किया और वे इस निष्कर्ष पर पहुँचे कि दीर्घकालीन उपभोग फलन 0.87 पर स्थिर रहा। इन दो अध्ययनों से पता चला कि अल्पकालीन उपभोग फलन अनानुपातिक (Non-proportional) है, क्योंकि MPC < APC और दीर्घकालीन उपभोग फलन समानुपातिक (Proportional) है MPC = APC।

दीर्घकालीन उपभोग फलन की विशेषताएँ
(Characteristics of Long-period Consumption Function)

दीर्घकालीन उपभोग फलन की निम्नलिखित विशेषताएँ हैं–

1. आय तथा उपभोग में आनुपातिक सम्बन्ध (Proportional Relationship between Income and Consumption)–दीर्घकाल में आय तथा उपभोग में आनुपातिक सम्बन्ध पाया जाता है, इसका अभिप्राय यह है दीर्घकाल में आय में जिस अनुपात में परिवर्तन होता है, उपभोग में उसी अनुपात में परिवर्तन होता है। इसे निम्नलिखित समीकरण द्वारा स्पष्ट किया जा सकता है–C = bY

इसका अर्थ यह है कि दीर्घकाल में स्वतंत्र उपभोग (C_0) नहीं होता। उपभोग तथा आय में स्थिर सम्बन्ध होता है जो सीमान्त उपभोग प्रवृत्ति अर्थात् f के मूल्य पर निर्भर करता है।

मान लीजिए, यदि b = 0.7 तथा Y = 50 करोड़ रुपये हैं तो C = 0.7 × 560 = 35 करोड़ रुपये।

अब यदि आय 4 गुना बढ़कर 20 करोड़ रुपये हो जाती है तो उपभोग भी उसी अनुपात में बढ़ेगा अर्थात् C = 0.7 × 200 = 140 करोड़ रुपये हो जायेगा। अतः आय के चार गुना बढ़ने पर उपभोग भी चार गुना बढ़ गया है।

2. औसत उपभोग प्रवृत्ति तथा सीमान्त उपभोग प्रवृत्ति बराबर होती है (ACP is equal to MPC)–दीर्घकाल में औसत उपभोग प्रवृत्ति तथा सीमान्त उपभोग प्रवृत्ति बराबर होती हैं अर्थात् APC = MPC।

3. औसत तथा सीमान्त उपभोग की स्थिर प्रवृत्ति (APC and MRC Remain Constant)–दीर्घकालीन औसत उपभोग प्रवृत्ति तथा सीमान्त उपभोग प्रवृत्ति स्थिर रहती हैं। आय के बढ़ने से उनमें कमी नहीं आती।

दीर्घकालीन उपभोग फलन की तीनों विशेषताओं को नीचे दीर्घकालीन उपभोग फलन अनुसूची द्वारा स्पष्ट किया गया है–

सारणी 2–दीर्घकालीन उपभोग फलन अनुसूची
(Long-peroid Consumption Function Schedule)

प्रयोज्य आय (Disposable Income) (Y)	आय का उपभोग 70% Consumption of Income 70% (C)	औसत उपभोग प्रवृत्ति (Average Propensity to Consume) [APC] C/Y	सीमान्त उपभोग प्रवृत्ति (Marginal Propensity to Consume) [MPC] ΔC/ΔY	औसत बचत प्रवृत्ति (Average Propensity to Save) [1—APC] S/Y	सीमान्त बचत प्रवृत्ति (Marginal Propensity to Save) [1—MPC] ΔC/ΔY
200	140	$\frac{140}{200} = 0.7$	–	0.3	–
240	168	$\frac{168}{240} = 0.7$	$\frac{28}{40} = 0.7$	0.3	0.3
280	196	$\frac{196}{280} = 0.7$	$\frac{28}{40} = 0.7$	0.3	0.3
320	224	$\frac{224}{320} = 0.7$	$\frac{28}{40} = 0.7$	0.3	0.3

उपरोक्त सारणी से स्पष्ट है कि–

1. उपभोग में परिवर्तन उसी अनुपात में हो रहा है, जिस अनुपात में आय में परिवर्तन होता है।

2. औसत उपभोग प्रवृत्ति (APC) तथा सीमान्त उपभोग प्रवृत्ति (MPC) दोनों ही 0.7 हैं।

3. आय के विभिन्न स्तरों पर औसत उपभोग प्रवृत्ति तथा सीमान्त उपभोग प्रवृत्ति स्थिर रहती है।

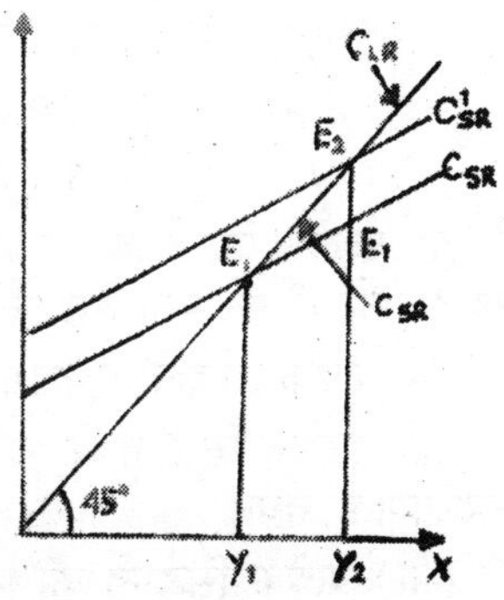

चित्र : 2

रेखाचित्र द्वारा स्पष्टीकरण–दीर्घकालीन उपभोग फलन की संलग्न रेखाचित्र से स्पष्ट किया गया है।

चित्र में **(i) अल्पकालीन उपभोग फलन रेखा (CSR)** आय उपभोग के गैर-अनुपाती सम्बन्ध को दर्शाते हुए लम्बवत् कोटि अक्ष Y को अक्षों (Axes) के उद्गम बिन्दु (Point of Origin) के कुछ ऊपरी भाग पर काटते हुए निकलती है।

(ii) दीर्घकालीन उपभोग फलन वक्र (CLR) उपभोग तथा आय के बीच आनुपातिक सम्बन्ध प्रदर्शित करता है तथा मूल बिन्दु से होकर जाने वाली सीधी रेखा होती है, जिसका अभिप्राय यह है कि APC स्थिर तथा MPC के समान होती है।

(iii) अल्पकालीन उपभोग फलन वक्र (CSR) दीर्घकालीन उपभोग फलन वक्र (CLR) की अपेक्षा अधिक चपटे होते हैं, जो यह व्यक्त करते हैं कि अल्पकालीन सीमान्त उपभोग प्रवृत्ति दीर्घकालीन सीमान्त उपभोग प्रवृत्ति की अपेक्षा कम होती है।

दीर्घकालीन एवं अल्पकालीन उपभोग फलन में अन्तर
(Distinction Between Short-period and Long-period Consumption Function)

(i) दीर्घकाल में उपभोग की वृद्धि या कमी आय में वृद्धि या कमी के अनुपात में होती है। इसके विपरीत अल्पकाल में उपभोग में हुई वृद्धि या कमी आय में हुई वृद्धि या कमी के अनुपात में नहीं होती।

(ii) दीर्घकाल में सीमान्त उपभोग प्रवृत्ति (MPC) औसत उपभोग प्रवृत्ति (APC) के बराबर होती है (MPC = APC)। इसलिए दीर्घकालीन आय के प्रत्येक स्तर पर लोग उसका एक स्थिर अनुपात (Constant Function) उपभोग करते हैं, जबकि अल्पकालीन उपभोग फलन में MPC सदैव APC से कम रहती है।

(iii) अल्पकालीन उपभोग फलन रेखा, आय उपभोग के गैर-अनुपाती सम्बन्ध को दर्शाते हुए लम्बवत् कोटि अक्ष OY अक्षों के उद्‌गम बिन्दु के कुछ ऊपरी भाग पर काटते हुए निकलती है, जबकि दीर्घकालीन फलन रेखा, आय उपभोग के अनुपाती सम्बन्ध को दर्शाते हुए X व Y अक्षों के मूल बिन्दु से ही निकलती है।

अल्पकालीन एवं दीर्घकालीन उपभोग फलनों का सामंजस्य
(Reconciliation of Short-period Consumption Function)
अथवा
कीन्सोत्तर उपभोग फलन
(Post-Keynesian Consumption Function)

अनेक वर्षों से अर्थशास्त्री अल्पकालीन तथा दीर्घकालीन उपभोग फलनों में सामंजस्य (Reconcile) बैठाने का प्रयत्न करते रहे हैं और ''जितने हल सुझाये गये हैं, उनमें उपभोग फलन में स्वतन्त्र चर की पुनर्व्याख्या करने का प्रयत्न किया गया है।''

संक्षेप में, कीन्सोत्तर उपभोग फलन के प्रमुख सिद्धान्त जिन्होंने अल्पकालीन उपभोग फलनों में सामंजस्य स्थापित करने का प्रयास किया है, निम्नलिखित हैं–

(I) निरपेक्ष आय उपकल्पना (The Absolute Income Hypothesis),

(II) सापेक्ष आय उपकल्पना (The Relative Income Hypothesis),

(III) स्थायी आय उपकल्पना (Permanent Income Hypothesis) एवं

(IV) जीवन-चक्र उपकल्पना (Life-cycle Hypothesis)।

यह उल्लेखनीय है कि उपर्युक्त वर्णित सिद्धान्तों में उपभोक्ता के व्यय के आचरण की व्याख्या विभिन्न रूपों में की गयी है। फिर भी इन सभी सिद्धान्तों में जो सामान्य विशेषता परलक्षित होती है वे संक्षेप में निम्नलिखित है–

(i) प्रत्येक सिद्धान्त में उपभोग (Consumption) एवं आय (Income) के बीच सम्बन्ध की व्याख्या की गयी है।

(ii) प्रत्येक सिद्धान्त में व्यष्टिगत एवं समष्टिगत सम्बन्धों (Micro and Macro Relationship) दोनों पर विचार किया गया है, तथा

(iii) प्रत्येक सिद्धान्त का प्रयोग शुरू में उपभोक्ता के व्यक्तिगत आचरण (Individual Behaviour) की व्याख्या करने के लिए किया गया और बाद में उपभोक्ताओं के कुल आचरण (Aggregate Behaviour) के सम्बन्ध में लागू किया गया है।

(I) निरपेक्ष आय उपकल्पना
(The Absolute Income Hypothesis)

निरपेक्ष आय उपकल्पना के अन्तर्गत उपभोग का निर्धारण आय के निरपेक्ष स्तर के द्वारा होता है। वास्तव में, यही विचार कीन्स का था। उन्होंने अल्पकालीन तथा दीर्घकालीन उपभोग फलन में अन्तर न करके केवल अल्पकालीन विश्लेषण ही किया था, परन्तु **स्मिथीज** तथा **जेम्ब टोबिन** ने इस दिशा में प्रयास किये हैं। अत: कहा जा सकता है कि इस उपकल्पना के अनुसार उपभोग एवं आय में आधारभूत सम्बन्ध अल्पकालीन उपभोग फलन का ही है।

जेम्ब टोबिन तथा **आर्थर स्मिथीज** ने अलग-अलग अध्ययनों में इस उपकल्पना का परीक्षण किया और इस निष्कर्ष पर पहुँचे कि उपभोग तथा आय में अल्पकालीन सम्बन्ध गैर-आनुपातिक है, परन्तु काल श्रेणी (Time Series) आँकड़ों से पता चलता है कि इन दोनों का दीर्घकालीन सम्बन्ध आनुपातिक है। **टोबिन** और **स्मिथीज** का तर्क यह है कि वास्तविक आय उपभोग सम्बन्ध गैर-आनुपातिक का ही है। बशर्ते उपभोग फलन की निर्धारक केवल आय ही हो। दीर्घकाल में उपभोग के अन्य निर्धारक (जो अल्पकाल में प्राय: स्थिर रहते हैं) क्रियाशील हो जाते हैं, जिससे उपभोग फलन ऊपर की ओर विवर्तित हो जाता है अर्थात् दीर्घकाल में उपभोग फलन आनुपातिक हो जाता है।

टोबिन तथा **स्मिथीज** ने ऐसे चार गैर-आय सम्बन्धी घटकों या चरों का उल्लेख किया है, जो उपभोग फलन को ऊपर की ओर खिसका देते हैं।

(i) परिसम्पत्तियों के स्टॉक में वृद्धि (Increase in Stock of Assets)–प्रो. टोबिन ने इस उपकल्पना का परीक्षण करने के लिए नीग्रो तथा श्वेत परिवारों के बजट अध्ययनों में परिसम्पत्तियों के स्टॉक को सम्मिलित किया और वह इस निष्कर्ष पर पहुँचे कि यदि परिवारों की परिसम्पत्तियों के स्टॉक में वृद्धि होती है तो उनकी उपभोग की प्रवृत्ति बढ़ने लगती है जिसके परिणामस्वरूप उनका उपभोग फलन ऊपर की ओर विवर्तित हो जाता है।

(ii) शहरीकरण की प्रवृत्ति (Tendency of Urbanization)–युद्ध के बाद की अवधि से, शहरीकरण की प्रवृत्ति बढ़ती जा रही है। ग्रामीण क्षेत्रों से शहरी क्षेत्रों की ओर जनसंख्या की इस गति से उपभोग फलन ऊपर की ओर विवर्तित हुआ है, क्योंकि खेत पर काम करने वालों की अपेक्षा शहरी मजदूरों की उपभोग प्रवृत्ति अधिक होती है।

(iii) नई घरेलू उपभोक्ता वस्तुएँ (New Domestic Consumer Goods)–द्वितीय विश्वयुद्ध के समाप्त होने के बाद से कई प्रकार की नई घरेलू उपभोक्ता वस्तुएँ बहुत तेजी से व्यवहार में आई हैं। इस तरह की आवश्यक वस्तुओं के प्रचलन से उपभोग फलन ऊपर की ओर विवर्तित हो जाता है।

(iv) बूढ़े लोगों की प्रतिशतता (Percentage of old Persons)–दीर्घकाल पर्यन्त, कुल जनसंख्या में बूढ़े लोगों की प्रतिशतता निरन्तर बढ़ती जाती है। यद्यपि बूढ़े लोग आय अर्जित नहीं करते, परन्तु उनका उपभोग बना रहता है, फलत: कुल जनसंख्या में बूढ़े लोगों का अनुपात बढ़ने से उपभोग फलन ऊपर की ओर विवर्तित हो जाता है।

इस प्रकार सांख्यिकीय आँकड़े यह सुझाते हैं कि गैर-आय सम्बन्धी चर, जैसे-परिसम्पत्तियों के स्टॉक में वृद्धि, शहरीकरण की प्रवृत्ति, कुल जनसंख्या में बूढ़े लोगों की प्रतिशतता में वृद्धि, नई उपभोग वस्तुओं की उपलब्धि आदि घटक उपभोग फलन को ऊपर की ओर खिसका देते हैं।

निरपेक्ष आय उपकल्पना को चित्र 3 में स्पष्ट किया गया है, जहाँ–

(i) यदि हम दस वर्ष का कुल माँग एवं कुल आय का उपभोग फलन बनायें तो इस सम्बन्ध को प्रदर्शित करने वाली रेखा सापेक्ष रूप में चपटी तथा Y-अक्ष पर उपभोग को धनात्मक स्तर पर काटती हुई होगी, जैसा कि चित्र में C_{S_0} रेखा है।

(ii) इस उपकल्पना के अनुसार यद्यपि आधारभूत सम्बन्ध अल्पकालीन उपभोग फलन है, परन्तु यह ऊपर की ओर विवर्तित होकर दीर्घकालीन उपभोग फलन को बनाता है।

(iii) अत: यदि अगले और 10 वर्ष के आंकड़ों पर उपभोग व आय का सम्बन्ध निकाला जाय तो यह रेखा पहली वाली रेखा C_{S_0} की तुलना में और ऊपर तथा अधिक चपटी होती है, जिसे चित्र में C_{S_1} द्वारा दिखाया गया है।

(iv) यदि पुन: अगले 10 वर्ष का उपभोग व आय सम्बन्ध देखें तो ज्ञात होता है कि रेखा C_{S_2} प्राप्त होती है और ऊपर तथा और अधिक चपटी है।

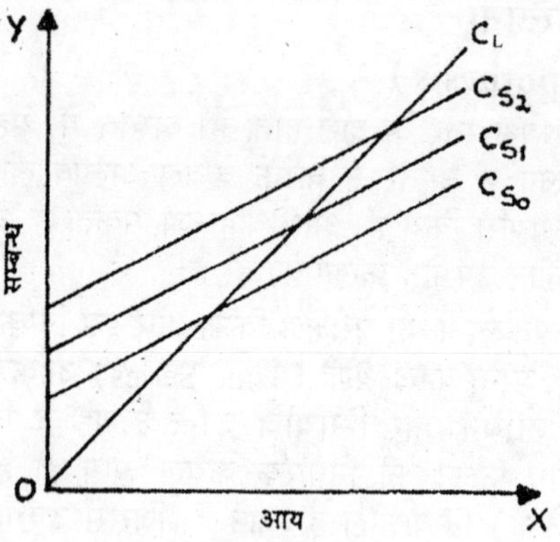

चित्र : 3

(v) परन्तु यदि इन पूरे तीस वर्षों के आँकड़ों के आधार पर उपभोग व आय का सम्बन्ध देखें तो जो रेखा प्राप्त होती है, वह मूल बिन्दु O से गुजरती है तथा अपेक्षाकृत ढालू होती है। वास्तव में, यही रेखा C_L दीर्घकालीन उपभोग फलन है।

अत: निष्कर्ष के रूप में यह कहा जा सकता है कि **निरपेक्ष आय उपकल्पना के अनुसार अल्पकालीन उपभोग फलन अनेक तत्त्वों में परिवर्तन होने के कारण ऊपर की ओर विवर्तित होकर दीर्घकालीन उपभोग फलन को उत्पन्न करता है।**

सिद्धान्त के गुण (Merits of the Theory)–इस सिद्धान्त का सबसे बड़ा गुण यह है कि यह आय को छोड़कर उन अन्य घटकों पर भी बल देता है जो उपभोक्ता व्यवहार को प्रभावित करते हैं।

आलोचनाएँ (Criticisms)–निरपेक्ष आय परिकल्पना की प्रमुख आलोचनाएँ अग्रलिखित हैं–

1. निरपेक्ष आय परिकल्पना में केवल निरपेक्ष आय स्तर विश्लेषित हुआ, जबकि सापेक्ष तथा स्थायी आय स्तरों की उपेक्षा की है।

2. निरपेक्ष परिकल्पना में **वास्तविक** तथ्यों की उपेक्षा हुई है।

3. निरपेक्ष आय परिकल्पना में आकस्मिक रूप से अर्थव्यवस्था में उत्पन्न होने वाले लाभ अथवा हानि का विवेचन नहीं है, जबकि इन तत्त्वों का उपभोग पर स्पष्ट प्रभाव परिलक्षित होता है।

(II) सापेक्ष आय उपकल्पना
(The Relative Income Hypothesis)

जेम्स एस. ड्यूसेनबरी ने सर्वप्रथम सन् 1949 में अपनी पुस्तक 'Income Saving and the Theory of Consumer Behaviour' में अल्पकालीन एवं दीर्घकालीन उपभोग फलन के मध्य संगति स्थापित करते हुए **'सापेक्ष आय उपकल्पना'** का सिद्धान्त प्रतिपादित किया। उनका यह सिद्धान्त निम्नलिखित मान्यताओं पर आधारित है–

1. उपभोग प्रवृत्ति स्वतन्त्र न होकर परस्पर निर्भर होती है (Consumption is not Independent but mutually Interdependent)–**प्रो. ड्यूसेनबरी** का मत है कि एक व्यक्ति का उपभोग उसकी निरपेक्ष आय का फलन नहीं बल्कि समाज में आय के वितरण में उसकी सापेक्ष स्थिति का फलन होता है। अर्थात् उसका उपभोग समाज में अन्य व्यक्तियों की आय की तुलना में उसकी सापेक्ष आय पर निर्भर करता है। उदाहरणार्थ यदि समाज में सभी व्यक्तियों की आय समान प्रतिशत से बढ़ती है तो उसकी सापेक्ष आय पूर्ववत् बनी रहेगी यद्यपि उसकी निरपेक्ष आय बढ़ी हुई होगी। ड्यूसेनबरी के अनुसार, चूँकि उसकी सापेक्ष आय पूर्ववत् बनी रहेगी अत: एक व्यक्ति उपभोग पर अपनी आय का वही अनुपात व्यय करेगा जिसे वह आय से निरपेक्ष वृद्धि के पूर्व कर रहा था। अर्थात् निरपेक्ष आय में वृद्धि के बावजूद उसकी औसत उपभोग प्रवृत्ति (APC) पूर्ववत् बनी रहेगी।

2. उपभोग पर प्रदर्शन प्रभाव (Demonstration Effect on Consumption)–इस सिद्धान्त के अनुसार उपभोक्ता में अपने पड़ोसियों या किसी विशिष्ट समुदाय में अन्य परिवारों की नकल करने की प्रवृत्ति होती है। इसे **प्रदर्शन प्रभाव या ड्यूसेनबरी प्रभाव (Duesenberry Effect)** कहा जाता है। इस सिद्धान्त के अनुसार निम्न आय स्तरीय व्यक्तियों के उपभोग उच्च आय स्तरीय व्यक्तियों से प्रभावित होते हैं। जैसे ही निम्न आय स्तर के लोग उन वस्तुओं का उपभोग प्रारम्भ कर देते हैं, जो उच्च आय स्तर के लोगों के द्वारा उपभोग की जाती है तो बाद के व्यक्ति उन वस्तुओं के उपभोग को त्याग कर नई वस्तुओं के उपभोग की खोज करने लगते हैं। ऐसी प्रवृत्ति का यह प्रभाव होता है कि उपभोग व्यय में तो वृद्धि होती है किन्तु बचत करने की प्रवृत्ति घट जाती है।

3. उपभोग प्रवृत्ति बदली नहीं जा सकती है–रैचेट प्रभाव (Consumption Habits cannot be changed—Ratchet Effect)–ड्यूसेनबरी के अनुसार उपभोग प्रवृत्ति बदली नहीं जा सकती। जब व्यक्तियों या परिवारों

की आय कम होती है तो उनका उपभोग व्यय बहुत कम नहीं होता है। इसे प्राय: **अनिवर्ती प्रभाव या रैचेट प्रभाव (Ratchet Effect)** कहा जाता है। **ड्यूसेनबरी** के अनुसार इसका कारण यह है कि लोग पहले प्राप्त उपभोग के अपने उच्चतम स्तर को बनाये रखने का प्रयास करते हैं। इसके निम्नलिखित दो कारण हैं–

प्रथम, प्रदर्शन प्रभाव के कारण लोग अपने पड़ोसियों को यह नहीं मालूम होने देना चाहते कि वे अब अपने उच्च जीवन स्तर को बनाये रखने में सक्षम नहीं हैं।

द्वितीय, वे पहले की अपेक्षाकृत अधिक उपभोग के स्तर के आदी बन चुके हैं और जब उनकी आय कम हो जाती है तो वे उसके अनुरूप अपने व्यय में कमी नहीं कर पाते, बल्कि वे अपनी बचतों में कमी करके अपने उपभोग स्तर को पूर्ववत् बनाये रखना चाहते हैं।

उदाहरण के लिए एक अधिकारी का मासिक वेतन 50,000 रु० है इसमें से वह 40,000 रु० प्रति मास उपभोग पर व्यय करता है। सेवा निवृत्ति या उसे 30,000 रु० प्रति मास पेन्शन मिलती है। किन्तु उसके लिए यह संभव नहीं होगा कि वह अपने रहन-सहन के स्तर को कम करे फलत: अल्पकाल में भी उसका उपभोग व्यय 40,000 रुपये प्रतिमास से कम नहीं हो पायेगा।

अत: आर्थिक मन्दी की अवधि में उपभोक्ता की आय में कमी से उपभोग व्यय में उतनी कमी नहीं होती, जितनी कि पारिवारिक बजट अध्ययनों से निष्कर्ष निकाला जाता है।

रेखाचित्र द्वारा स्पष्टीकरण–ड्यूसेनबरी के रैचेट प्रभाव को निम्नांकित रेखाचित्र की सहायता से स्पष्ट किया गया है–चित्र में,

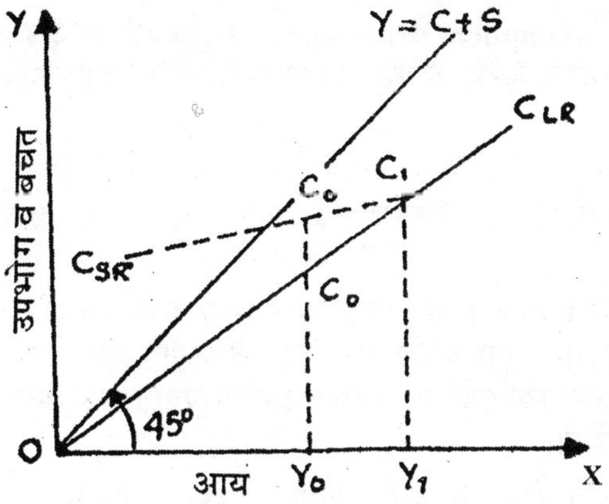

चित्र : 4

(i) X-अक्ष पर व्यय योग्य आय तथा Y-अक्ष पर उपभोग तथा बचत दर्शाया गया है।

(ii) व्यय योग्य आय शून्य से प्रारम्भ करते हुए हम मानते हैं कि व्यय योग्य आय में तब तक निरन्तर वृद्धि होती हैं जब तक कि Y_1 नहीं हो जाती है।

(iii) रेखीय उपभोग फलन (Linear Consumption Function C_{LR}) दीर्घकालीन उपभोग फलन है।

(iv) चित्र से यह स्पष्ट है कि व्यय योग्य आय के Y_1 स्तर पर उपभोग व्यय Y_1C_1 के बराबर है।

(v) अब माना कि यदि Y_1 आय का स्तर प्राप्त हो जाता है, तो अर्थशास्त्र में आर्थिक मन्दी उत्पन्न हो जाती है जिसके परिणामस्वरूप व्यय योग्य आय Y_0 स्तर तक कम हो जाती है।

(vi) ड्यूसेनबरी के अनुसार उपभोग दीर्घकालीन उपभोग फलन C_{LR} द्वारा व्यक्त Y_0C_0 स्तर तक तेजी से कम नहीं होगा। पहले किये गये अपने उपभोग स्तर को बनाये रखने के प्रयास में लोग अब कम बचत करेंगे तथा अपने उपभोग को केवल नाममात्र Y_0C_0 तक कम करेंगे जिसमें C_0 अल्पकालीन उपभोग फलन C_{SR} पर स्थित है।

उपरोक्त विवेचन से स्पष्ट है कि–

(i) सापेक्ष आय स्थिर रहने पर जब समुदाय की आय में वृद्धि होती है तो आय में उपभोग व्यय का अनुपात अधिक नहीं बढ़ेगा, क्योंकि परिवारों की सापेक्ष आय पूर्ववत् बनी रहती है (ध्यान देने योग्य है कि इसका अभिप्राय यह होता है कि बचत अनुपात में अधिक वृद्धि नहीं होगी) प्रदर्शन प्रभाव के कारण प्रत्येक परिवार आय में वृद्धि के अनुपात में ही अपने व्यय में वृद्धि करेगा।

(ii) यदि समाज की आय कम होती है तो **रैचेट प्रभाव** के कारण उपभोग व्यय अधिक कम नहीं होता जिसके अनुसार लोग अपने पहले प्राप्त किये गये उपभोग के अपेक्षाकृत अधिक स्तर को बनाये रखने का प्रयास करते हैं। यह

तथ्य समाज के उपभोग फलन को पारिवारिक बजट अध्ययनों द्वारा व्यक्त उपभोग फलन की अपेक्षा अधिक चपटा बना देता है।

(iii) इस प्रकार ड्यूसेनबरी का सिद्धान्त **प्रदर्शन तथा रैचेट प्रभाव के रूप में एक विश्वास उत्पन्न करने वाली व्याख्या प्रदान करता है कि कुल उपभोग फलन रेखीय (Linear) क्यों होता है?**

संक्षेप में, यदि अल्पकाल में आय के स्तर में वृद्धि होती है तो प्रदर्शन प्रभाव की क्रियाशीलता के कारण आय में उपभोग व्यय के अनुपात में अधिक वृद्धि की सम्भावना नहीं होती है तथा आय में कमी होने पर **रैचेट प्रभाव** के कारण आय में उपभोग के अनुपात से कम होने की सम्भावना नहीं होती है। यह तथ्य समाज के अल्पकालीन कुल **उपभोग फलन को रेखीय बना देती है।**

आलोचना (Criticism)–यद्यपि **ड्यूसेनबरी** का सिद्धान्त बजट अध्ययनों तथा अल्पकालीन एवं दीर्घकालीन काल श्रेणी अध्ययनों के बीच प्रत्यक्ष **विरोध का समाधान** करता है, फिर भी यह बात नहीं है कि इसमें कमियाँ नहीं हैं।

संक्षेप में, इस सिद्धान्त के प्रमुख दोष निम्नलिखित हैं–

1. एक ही दिशा परिवर्तन (Change in One Direction)–इस सिद्धान्त के अनुसार आय एवं उपभोग में **एक ही दिशा में परिवर्तन होते हैं**, जबकि आय में साधारण कमी और उपभोग व्यय में वृद्धि साथ-साथ देखी जा सकती है।

2. दीर्घकालीन प्रवृत्ति आनुपातिक वृद्धि की होती है (Long-term Tendency is for Proportional Increase)–इस सिद्धान्त के अनुसार चाहे कितनी ही वृद्धि हो, उपभोग में **दीर्घकालिक प्रवृत्ति आनुपातिक वृद्धि की होगी।** किन्तु यह बात सदैव सही नहीं है, क्योंकि यदि आय में अप्रत्याशित रूप से पर्याप्त वृद्धि हो जाये तो उपभोग व्यय दीर्घकाल में भी उसी अनुपात में नहीं बढ़ेगा।

3. उपभोग आचरण का अनुकरण (Emulation of Consumption Behaviour)–ड्यूसेनबरी के अनुसार उपभोक्ताओं द्वारा उच्चतर आय वर्गों के **उपभोग आचरण का अनुकरण करके** बराबरी की जाती है, लेकिन यह विषय-वस्तु अभी भी प्रमाण रहित बनी हुई है।

4. महत्त्वपूर्ण निर्धारक (Importance Determinant)–इस सिद्धान्त में उपभोग व्यय के अन्य महत्त्वपूर्ण निर्धारकों तथा उपभोक्ताओं की स्थायी एवं मौद्रिक सम्पत्तियाँ, शहरीकरण, आय वितरण, नई उपभोक्ता वस्तुओं का बाजार में आना आदि बातों पर ध्यान नहीं दिया जाता है।

5. आय वितरण अपरिवर्तित (Unchanged Income Distribution)–यह सिद्धान्त इस मान्यता पर आधारित है कि समस्त आय के स्तर में परिवर्तन होने पर भी **आय वितरण लगभग अपरिवर्तित** रहता है। यदि राष्ट्रीय आय में वृद्धि के साथ आय वितरण में समानता लायी जाय तो गरीब-अमीर सभी व्यक्तियों की औसत उपभोग प्रवृत्ति घट जायेगी। परिणामस्वरूप उपभोग फलन में आय वृद्धि के अनुरूप वृद्धि नहीं होगी।

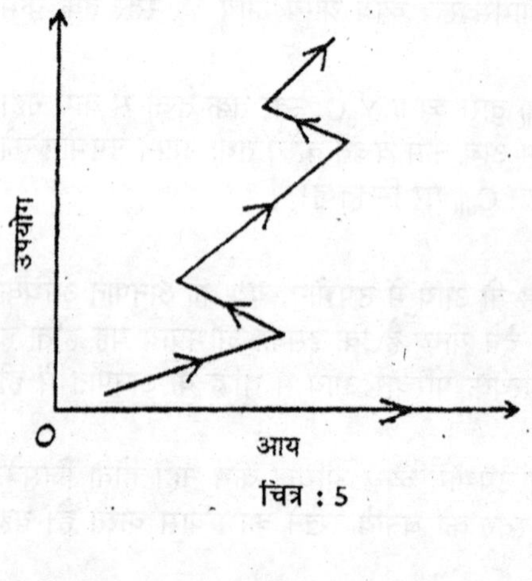

चित्र : 5

6. विपरीत बिजली चमक प्रभाव (Reverse Lighting Bolt Effect)–प्रो. स्मिथ और प्रो. जैकसन ने अपने अनुभाविक प्रमाणों के आधार पर ड्युसेनबरी की आलोचना की है मंदी के बाद से आय में जो समुत्थान (recovery) होता है, वह रैचट प्रभाव के कारण नहीं बल्कि उपभोक्ताओं के उपभोग अनुभव 'विपरीत बिजली चमक प्रभाव' की तरह होते हैं। ऐसा होने का कारण यह है कि मंदी के बाद जब आय में वृद्धि होती है तो उपभोक्ता अपने उपभोग को अनिरंतर आयत स्थिरता के कारण धीरे-धीरे वृद्धि करता है। इसी तरह चित्र-5 में दर्शाया गया है, जिसमें उपभोग स्तरों को तीरों द्वारा आय के बढ़ने के साथ दिखाया गया है, जैसे विपरीत बिजली की चमक होती है।

7. उपभोक्ता अधिमान दूसरों पर निर्भर नहीं (Consumer preferences do not depend on others)–यह सिद्धांत इस अवास्तविक मान्यता पर आधारित है कि उपभोक्ता अधिमान दूसरों पर निर्भर होते हैं, जिनके परिणामस्वरूप किसी उपभोक्ता का व्यय उसके धनी पड़ोसी के उपभोग ढांचों से संबंध रखता है। परंतु हमेशा ऐसा नहीं होता। **प्रो. जार्ज कटोना (George Kotna)** के प्रत्यक्ष अध्ययनों से पता चला है कि उपभोक्ता व्यय में प्रत्याशाओं और प्रवृत्तियों का बहुत बड़ा हाथ रहता है। उनका मत है कि महत्त्वाकांक्षाओं के स्तरों पर आधारित आय-प्रत्याशाएँ और परिसम्पत्ति धारणाओं के प्रति प्रवृत्तियाँ उपभोक्ता व्यय व्यवहार को प्रदर्शन प्रभाव की अपेक्षा अधिक प्रभावित करती हैं।

निरपेक्ष आय सिद्धान्त तथा सापेक्ष आय सिद्धान्त में संबंध
(Relationship between Absolute Income Hypothesis and Relative Income Hypothesis)

आय निरपेक्ष सिद्धान्त कीन्स द्वारा प्रतिपादित किया गया जिसका अध्ययन हम कीन्स के मॉडल में कर चुके हैं। यह सिद्धान्त अल्पकालीन उपभोग फलन पर आधारित है, जो यह सिद्ध करता है कि आय-उपभोग के मध्य संबंध गैर-आनुपातिक है। इसके विपरीत आय-सापेक्ष सिद्धान्त अल्पकालीन एवं दीर्घकालीन दोनों उपभोग फलनों पर आधारित है। इस सिद्धान्त के अनुसार भूतकाल में प्राप्त की गई आय से वर्तमान आय यदि कम है तो अल्पकालीन उपभोग फलन लागू होता है, जो आय और उपभोग के संबंध को गैर अनुपातिक बताता है। किंतु यदि वर्तमान आय उस उच्चतम आय से अधिक है तो अर्थव्यवस्था में दीर्घकालीन उपभोग फलन लागू होता है।

(III) स्थायी आय उपकल्पना
(Permanent Income Hypotehsis)

आय, उपभोग एवं बचत में कार्यात्मक सम्बन्ध का अध्ययन करने के लिए **मिल्टन फ्रायडेन (Milton Friedman) एवं दूसरे अर्थशास्त्रियों में एक बिल्कुल अलग दृष्टिकोण को विकसित किया है।** कीन्स का निरपेक्ष आय सिद्धान्त और ड्यूसेनबरी का सापेक्षिक आय सिद्धान्त दोनों ही आय बचत एवं उपभोग का निर्धारण में परिवार की वर्तगान आय की विवेचना करते हैं। मिल्टन फ्रीडमैन के अनुसार, यह परिवार की वर्तमान आय नहीं जो उपभोग एवं बचत का निर्धारण करेगी बल्कि उनकी स्थायी आय हो।

अल्पकालीन एवं दीर्घकालीन उपभोग फलनों के मध्य सामंजस्य स्थापित करने का एक अन्य प्रयास 1957 में प्रकाशित मिल्टन फ्रीडमैन के अध्ययन 'A Theory of the Consumption Function' में पाया जाता है। उन्होंने किसी भी एक प्रदत्त अवधि की वर्तमान आय एवं स्थायी आय के मध्य अन्तर स्थापित किया है, जिनको उपभोक्ता अपने उपभोग आचरण का आधार मानते हैं। इसी तरह का अन्तर वर्तमान उपभोग एवं स्थायी उपभोग के मध्य किया गया है।

मिल्टन फ्रीडमैन ने निरपेक्ष आय और सापेक्ष आय परिकल्पनाओं को अस्वीकार करते हुए **स्थायी आय परिकल्पना** प्रस्तुत की है। मिल्टन फ्रीडमैन भी सापेक्ष आय सिद्धान्त की तरह आय और उपभोग के मध्य आनुपातिक सम्बन्ध स्वीकार करते हैं। अन्तर यह है कि यह सम्बन्ध स्थायी आय और स्थायी उपभोग के मध्य विद्यमान होता है। इस तरह मिल्टन फ्रीडमैन की स्थायी आय परिकल्पना में चालू आय के स्थान पर स्थायी आय का प्रयोग किया जाता है।

स्थायी आय उपकल्पना का प्रमुख तत्त्व
(Main Ingredients of Permanent Income Hypothesis)

प्रो. मिल्टन फ्रीडमैन के सिद्धान्त के प्रमुख तत्त्व निम्नलिखित हैं–

1. स्थायी आय का अर्थ (Meaning of Permanent Income)–**मिल्टन फ्रीडमैन** ने 'चालू आय परिकल्पना' (Current Income Hypothesis) को अस्वीकार किया तथा उसके स्थान पर उपभोग व्यय के निर्धारक के रूप में **स्थायी आय** की बात की स्थायी आय में केवल वर्तमान आय को सम्मलित नहीं किया जाता बल्कि भविष्य के वर्षों में होने वाली आय को भी सम्मिलित किया जाता है एक व्यक्ति के जीवन काल की औसत आय को स्थायी आय माना जाता है।

जहाँ तक **परिवार की स्थायी आय** का सम्बन्ध है इसमें मानवीय एवं अमानवीय दोनों ही प्रकार की सम्पत्तियों को सम्मिलित किया जाता है मानवीय सम्पत्ति में मनुष्य की कुशलता, शिक्षा, प्रशिक्षण व योग्यता को सम्मिलित किया जाता

है जबकि अमानवीय सम्पत्ति के अन्तर्गत सम्पत्ति एवं वित्तीय सम्पत्ति से प्राप्त होने वाली आय जैसे–ब्याज, लाभांश आदि को सम्मिलित किया जाता है।

फ्रीडमैन स्थायी आय जो समाज के उपभोग व्यवहार को निर्देशित करती है तथा वास्तविक आय जिसे वह दी हुई अवधि में प्राप्त करता है, के बीच अन्तर स्थाथित करते हैं। **फ्रीडमैन** स्थायी आय को परिभाषित करते हुए कहते हैं कि स्थायी आय से अभिप्राय उस राशि से है, जिसे उपभोक्ता इकाई अपनी सम्पत्ति को पूर्ववत् बनाये रखते हुए उपभोग कर सकती है। सम्पत्ति से आशय व्यक्ति की आय के वर्तमान मूल्य से है, जो उसे भविष्य में आय पर निर्भर करता है।

2. वास्तविक आय के दो संघटक–स्थायी तथा अस्थायी आय (Two Parts of Real Income : Permanent and Transitory)–फ्रीडमैन के अनुसार किसी परिवार के किसी वर्ष में वास्तविक आय स्थायी से अधिक या कम हो सकती है। फ्रीडमैन किसी परिवार की वास्तविक आय को दो भागों में विभक्त करते हैं–स्थायी आय (Y_P) तथा अस्थायी आय (Transitory Income Y_t)। आय में अप्रत्याशित वृद्धि या कमी को हम अस्थायी आय कहते हैं। अस्थायी आय **धनात्मक (Positive)** या **ऋणात्मक (Negative)** हो सकती है। उदाहरण के लिए, कोई मजदूर वर्ग विशेष बोनस प्राप्त करता है जिसकी भविष्य में कोई सम्भावना नहीं है तथा आय का यह अंश धनात्मक अस्थायी आय कहलायेगी। इसके विपरीत, किसी कारण उद्योग में तालाबन्दी हो जाती है और आय की हानि होती है तो यह हानि ऋणात्मक अस्थायी आय के रूप में मानी जायेगी।

यदि व्यक्ति की अस्थायी आय **धनात्मक** होती है तो उसकी वास्तविक आय उसकी स्थायी आय से अधिक होती है। इसके दूसरी ओर, यदि अस्थायी आय **ऋणात्मक** होती है तो व्यक्ति की वास्तविक आय उसकी स्थायी आय से कम होती है। फ्रीडमैन यह प्रतिपादित करते हैं कि इस प्रकार की अप्रत्याशित कमी तथा वृद्धि दीर्घकाल में परस्पर निरस्त हो जाती है, पर अल्पकाल में बनी रहती है। इस प्रकार–

$$\boxed{\text{वास्तविक आय } (Y) = \text{स्थायी आय } (Y_P) + \text{अस्थायी आय } (Y_t)}$$

इस प्रकार किसी वर्ष में वास्तविक आय स्थायी आय से अस्थायी आय के व्यवहार के फलस्वरूप अधिक या कम हो सकती है। यदि अस्थायी आय (Y_t) धनात्मक हुई तो वास्तविक आय (Y) > स्थायी आय (Y_P) और यदि अस्थायी (Y_t) ऋणत्मक रही हो वास्तविक आय (Y) > स्थायी आय (Y_P)।

3. स्थायी उपभोग एवं अस्थायी उपभोग (Permanent Consumption and Transitory Consumption)– फ्रीडमैन वास्तविक उपभोग को भी दो भागों में विभक्त करते हैं–स्थायी उपभोग (C_P) तथा अस्थायी उपभोग (C_t)। अस्थायी आय की ही तरह अस्थायी उपभोग भी उपभोग में अप्रत्याशित वृद्धि या कमी है। उदाहरण के लिए, किसी बीमारी या दुर्घटना के कारण स्वास्थ्य पर अधिक व्यय करना पड़े। अत: स्थायी उपभोग C_t की तरह होता है, जिसकी आशा नहीं होती।

अस्थायी उपभोग को भी अस्थायी आय की भाँति दो भागों में बाँटा जा सकता है–

(अ) धनात्मक (Positive) एवं (ब) ऋणात्मक (Negative)।

उदाहरण के लिए, डिस्काउण्ट एवं 'सेल' से आकृष्ट होकर किसी वस्तु का अप्रत्याशित रूप से क्रय धनात्मक अस्थायी उपभोग प्रदर्शित करेगा, जबकि कुकिंग गैस की अनुपलब्धता के कारण सामान्य रूप से इस उपभोग की जाने वाली वस्तु के उपभोग का स्थगन ऋणात्मक अस्थायी उपभोग प्रदर्शित करेगा।

वास्तविक आय की तरह वास्तविक उपभोग भी स्थायी उपभोग से अधिक या कम हो सकता है। यदि अस्थायी उपभोग धनात्मक होता है तो व्यक्ति का वास्तविक उपभोग उसके स्थायी उपभोग से अधिक होता है। यदि अस्थायी उपभोग ऋणात्मक होता है तो व्यक्ति का वास्तविक उपभोग उसके स्थायी उपभोग से कम होता है। इस प्रकार,

$$\boxed{\text{वास्तविक उपभोग } (C) = \text{स्थायी उपभोग } (C_P) + \text{अस्थायी उपभोग } (C_t)}$$

4. स्थायी उपभोग तथा स्थायी आय के बीच सम्बन्ध (Relationship between Permanent Consumption and Permanent Income)–फ्रीडमैन ने माना कि स्थायी उपभोग व्यक्ति की स्थायी आय के स्थिर अनुपात में होता है–

$$\boxed{C_P = KY_p}$$

जिसमें K स्थायी उपभोग (C_p) तथा स्थायी आय (Y_p) के बीच आनुपातिक गुणांक (Proportionality Co-efficient) है। गुणांक K, सिद्धान्त में स्थिर नहीं है। इसमें जनसंख्या की आय संरचना, ब्याज दर और गैर-मानवीय आय

तथा स्थायी आय के बीच अनुपात आदि के कारण परिवर्तन हो सकता है। इसलिए (iii) में प्रदर्शित उपभोग फलन को इस रूप में व्यक्त किया जा सकता है–

$$C_p = K\ (i, w, u)\ Y_p$$

जिसमें i = ब्याज दर, W = गैर मानवीय सम्पत्ति तथा Y_P के बीच सम्बन्ध, u = सम्पत्ति में लगाने की तुलना में उपभोग पर खर्च करने की प्रवृत्ति जो समुदाय की आय संरचना पर निर्भर करेगी।

5. कुछ और महत्त्वपूर्ण तथ्य (Some Other Important Factors)–स्थायी उपभोग तथा स्थायी आय के बीच आनुपातिक प्रतिपादित सम्बन्ध के सन्दर्भ में कुछ और महत्त्वपूर्ण तथ्य निम्नलिखित हैं–

(i) स्थायी आय (Y_P) तथा अस्थायी आय (Y_t) के बीच सह-सम्बन्ध शून्य होता है अर्थात दोनों के बीच किसी प्रकार की परस्पर निर्भरता नहीं होती है।

(ii) स्थायी उपभोग (C_P) तथा अस्थायी उपभोग (C_t) के बीच भी कोई सम्बन्ध नहीं होता है, अर्थात उनके बीच भी सह-सम्बन्ध शून्य होता है।

(iii) **स्थायी उपभोग (C_P) तथा स्थायी आय (Y_P) के बीच सह-सम्बन्ध धनात्मक होता है** अर्थात दोनों के बीच परस्पर निर्भरता होती है।

(iv) अस्थायी उपभोग (C_t) और अस्थायी आय (Y_t) के बीच सम्बन्ध के बारे में वे अत्यन्त महत्त्वपूर्ण बात प्रस्तुत करते हुए कहते हैं कि C_t तथा Y_t के बीच सम्बन्ध शून्य होता है। इसका अर्थ यह हुआ कि–

(1) व्यक्ति को धनात्मक अस्थायी आय Y प्राप्त होने पर वह उपभोग में परिवर्तन नहीं करेगा (क्योंकि वह स्थायी आय पर निर्भर होता है) तथा उसकी बचतें बढ़ जायेंगी।

(2) यदि व्यक्ति को ऋणात्मक अस्थायी आय (Y) प्राप्त होती है तो इससे उसका उपभोग कम नहीं होगा और बचतें कम हो जायेंगी।

(3) चूँकि Y_t की वृद्धि का कोई प्रभाव C_P के ऊपर नहीं होगा, इसलिए **Y_t के सन्दर्भ में उपभोग की सीमान्त प्रवृत्ति (MPC) शून्य होगी। C_P तथा Y_t के बीच इस सम्बन्ध के कारण ही फ्रीडमैन तथा के बीच आनुपातिक सम्बन्ध स्थापित करने में सफल हो पाते हैं।**

उपर्युक्त विवेचन से स्पष्ट है कि–

परिवार का उपभोग स्तर उनकी स्थायी आय पर निर्भर करता है और अलग-अलग आय के बावजूद भी उपभोग पर व्यय की जाने वाली स्थायी आय का अनुपात (अर्थात् APC)सभी परिवारों का दीर्घकाल के समान होता है।

स्थायी आय परिकल्पना के आधार पर अल्पकालीन एवं दीर्घकालीन उपभोग फलन के मध्य संगति स्थापित करने के लिए अर्थव्यवस्था में **व्यापार-चक्र की दशा** को लिया गया है।

चूँकि स्थायी आय एक दीर्घकालीन प्रतिभास है, इसलिए व्यापार चक्रीय परिवर्तन के साथ इसमें उतना परिवर्तन नहीं होता है। परिणामस्वरूप व्यापार-चक्र की शीर्ष अवस्था में वास्तविक आय (Actual Income) स्थायी आय से अधिक होगी, क्योंकि इस दशा में अवस्था आय (Y_t) धनात्मक होती है। चूँकि अस्थायी आय की सीमान्त उपभोग प्रवृत्ति MPC शून्य होती है, अतः व्यक्ति अपने उपभोग को परिवर्तित नहीं करता है। इस प्रकार शीर्ष (Peak) स्तर पर उपभोग वास्तविक आय के अनुपात में नहीं बढ़ता है। यह उससे कम अनुपात में बढ़ता है। अतः यह दीर्घकालीन उपभोग फलन से नीचे अल्पकालीन उपभोग फलन के बिन्दु पर रहता है।

व्यापार-चक्र की **अधो या मन्दी (Tough)** स्थिति में इसके विपरीत स्थिति रहती है, क्योंकि इस समय वास्तविक आय स्थायी आय से कम होती है, क्योंकि अस्थायी आय (Y_t) धनात्मक होती है। चूँकि अस्थायी आय की सीमांत उपभोग प्रवृत्ति शून्य होती है इसलिए व्यक्ति अपने उपभोग को कम नहीं करता बल्कि वह अपनी बचतों को कम करता है, फलतः उपभोग वास्तविक आय के अनुपात से अधिक होता है, इसलिए वह अल्पकालीन उपभोग फलन पर एक बिन्दु उत्पन्न करता है, जो कि दीर्घकालीन उपभोग फलन के ऊपर होता है।

आलोचनाएँ (Criticisms)–यद्यपि अनेक व्यावहारिक अध्ययनों ने मिल्टन फ्रीडमैन की आय परिकल्पना की पुष्टि की है, पर अनेक अर्थशास्त्रियों ने इसकी कमजोरियों का उल्लेख किया है तथा आलोचना की है। प्रमुख आलोचनाएँ निम्नलिखित हैं–

1. स्थिर औसत उपभोग प्रवृत्ति (Constant APC)–इरविन फ्रेण्ड (**Irvin Friend**) तथा **क्रॉविस** ने APC के स्थिर होने की फ्राडीमैन की धारणा की आलोचना की तथा अपने अध्ययन के बाद यह दावा किया कि स्थायी आय की वृद्धि के साथ APC में गिरावट आती है। यह एक स्थापित तथ्य है कि निम्न आय वाले परिवार की औसत उपभोग प्रवृत्ति ऊँची आय वाले व्यक्तियों की तुलना में अधिक होगी।

2. शून्य सीमान्त उपभोग प्रवृत्ति (Zero MPC)–**एम.ई. क्रेमिन, बर्ड** एवं **बॉडकिन, पी.जे. तौबमैन** आदि ने अस्थायी आय से सम्बन्धित MPC के शून्य होने की धारणा को गलत बताया है, अनेक अनुभवजन्य तथ्यों से भी यह सिद्ध हो चुका है कि अस्थायी आय से सीमान्त उपभोग प्रवृत्ति MPC शून्य न होकर धनात्मक होती है।

उपर्युक्त आलोचनाओं के बावजूद भी स्थायी आय परिकल्पना की उपादेयता है। एम.के. इबन्स इस सम्बन्ध में विचार करते हुए कहते हैं, ''यद्यपि परिकल्पना के कुछ अंश गलत प्रदर्शित हो जायें तो भी फ्रीडमैन के प्रतिपादन ने उपभोग फलन के सम्बन्ध में शोध को नया स्वरूप तथा नयी दिशा दी है।

2. अन्य आलोचनाएं (Other Criticism)–(i) स्थायी आय को धन पर औसत प्राप्त आय की दर पर निर्भर होता माना है जिसको निकालना कठिन कार्य है।

(ii) स्वभाव से व्यक्ति इतना विवेकशील तथा दूरदर्शी नहीं है जितनी इस सिद्धान्त में आशा की गई है।

(iii) यह सापेक्ष आय सिद्धान्त की अवहेलना करता है।

उपर्युक्त आलोचनाओं के बावजूद भी स्थायी आय परिकल्पना की उपादेयता है। **एम.के. इबन्स** इस सम्बन्ध में विचार करते हुए कहते हैं, ''यद्यपि परिकल्पना के कुछ अंश गलत प्रदर्शित हो जायें तो भी फ्रीडमैन के प्रतिपादन ने उपभोग फलन के सम्बन्ध में शोध को नया स्वरूप तथा नयी दिशा दी है।

(IV) जीवन-चक्र उपकल्पना
(Life-cycle Hypothesis)

इस परिकल्पना का विकास **मोदिग्लियानी (Modigliani), एल्बर्ट एण्डो (Albert Ando)** तथा **ब्रम्बर्ग (Brumberg)** ने किया है। इन लोगों ने ऐसे उपभोग फलन का निर्माण किया है, जिसे जीवन-चक्र सिद्धान्त का नाम दिया गया है। इस सिद्धान्त के अनुसार उपभोग किसी उपभोक्ता की जीवन-काल में प्रत्याशित आय का फलन है। व्यक्तिगत उपभोक्ता का उपभोग इस बात पर निर्भर करता है कि उसके उपलब्ध संसाधान (Resources) क्या हैं, पूँजी पर प्रतिफल की दर क्या है, इसकी व्यय करने की योजना क्या है और वह योजना किस आयु में बनायी गयी है।

उपभोक्ता की आय तथा साधनों के वर्तमान मूल्य में सम्पत्ति से प्राप्त आय तथा चालू एवं प्रत्याशित श्रम आय से प्राप्त सम्मिलित रहती है।

मान्यताएँ (Assumptions)–यह सिद्धान्त निम्नलिखित मान्यताओं पर आधारित है–

(i) उपभोक्ता की शुद्ध परिसम्पत्तियाँ उसकी अपनी ही **बचतों** का परिणाम होती हैं अर्थात उसे कोई परिसम्पत्ति विरासत में नहीं मिलती।

(ii) उपभोक्ता के जीवनकाल में **कीमत-स्तर** में कोई परिवर्तन नहीं होता।

(iii) **ब्याज की दर** स्थिर रहती है।

व्याख्या (Explanation)–इस सिद्धान्त की व्याख्या हम निम्नलिखित बिन्दुओं के आधार पर कर सकते हैं।

1. आय के अनुसार आय और व्यय (Income and Expenditure according to Age)–व्यक्ति की जीवन अवधि दी हुई होने पर (i) बचपन में उपभोक्ता कुछ भी उपार्जन नहीं करता, लेकिन व्यय बराबरी से करता है अर्थात उसके माता-पिता उसके व्यय को पूरा करते हैं।

(ii) मध्यवर्ती आयु में वह उपार्जन करने लगता है और व्यय भी करता है तथा उसका परिवार भी हो जाता है परन्तु इस आयु में अपने व्यय से ज्यादा उपार्जन करके बचत सृजित कर लेता है, ताकि वृद्धावस्था के व्ययों को पूरा किया जा सके।

2. निश्चित जीवन-स्तर को बनाये रखना (Maintaining Standard of Living)–उपभोक्ता एक निश्चित जीवन-स्तर को बनाये रखने के लिए असमान रूप से प्राप्त होने वाली सम्पूर्ण जीवन की आमदनियों को व्यवस्थित करता रहता है।

3. स्थायी आय और जीवन-चक्र में अन्तर (Difference between Permanent Income and Life-cycle)–स्थायी आय जो उपभोक्ता ने निकट भूतकाल में अर्जित की है, इसमें भविष्य की प्रत्याशित आयों को भी शामिल किया जाता है, जबकि जीवन-चक्र परिकल्पना में उपभोग फलन के लिए सम्पूर्ण जीवन की आय को शामिल करते हैं। इस प्रकार की आय व जीवन-चक्र उपकल्पना में अन्तर होता है।

4. बचत एक अनिवार्य तत्त्व (Saving is a Compulsory Factor)–जीवन-चक्र आय परिकल्पना में यह माना जाता है कि सम्पूर्ण जीवन-काल में उपभोक्ता जितना धन अर्जित करेगा, उससे कम व्यय करके बचत अनिवार्यतः करता रहेगा।

5. शुद्ध बचत के निर्धारक तत्त्व (Determinant Factor of Net Saving)–यह सिद्धान्त शुद्ध बचत पर विशेष बल देता है लेकिन शुद्ध बचत राष्ट्रीय आय के आकार, जनसंख्या वृद्धि दर, आयु संरचना आदि निर्धारक तत्त्वों पर निर्भर होती है।

6. शुद्ध बचतें वृद्धिगत रहती हैं (Increasing Net Saving)–जब किसी देश की जनसंख्या बढ़ती जाती है तथा व्यय को पूरा करने के लिए लोग उपार्जन करते रहते हैं तो किसी भी क्षण पर हिसाब लगाकर मालूम किया जा सकता है कि शुद्ध बचतें उदय होती ही हैं और जैसे-जैसे समय व्यतीत होता जाता है, शुद्ध बचतों में वृद्धि होती जाती है। यदि लोग अपने माता-पिता से अधिक उन्नति कर लेते हैं तो बचतों में और भी अधिक वृद्धि होती है।

संक्षेप में, इस सिद्धान्त की मुख्य बात यह है कि कुल मिलाकर व्यक्ति का उपभोग स्तर जीवन-पर्यन्त लगभग स्थिर रहता है अथवा थोड़ा बढ़ा हुआ होता है। इसी तथ्य को रेखाचित्र 6.5 द्वारा स्पष्ट किया गया है।

रेखाचित्र द्वारा निरूपण (Diagrammatic Representation)–जीवन-चक्र उपकल्पना को रेखाचित्र द्वारा स्पष्ट किया गया है। यह रेखाचित्र इस मान्यता के आधार पर बनाया गया है कि व्यक्ति विशेष की प्रत्याशित जीवन अवधि 75 वर्ष है। चित्र-6 में,

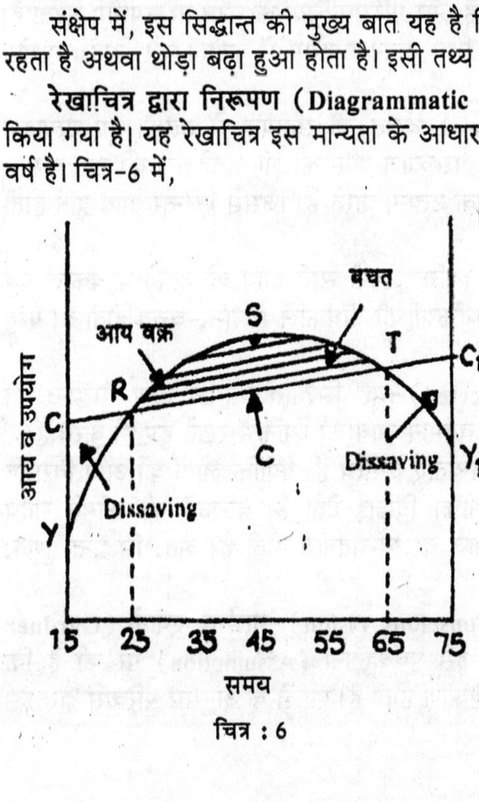

चित्र : 6

(i) OX-अक्ष पर समयावधि और OY-अक्ष पर उपभोग और आय प्रदर्शित की गयी है।

(ii) YY_1 वक्र व्यक्ति के सम्पूर्ण जीवन अवधि में आय का ढाँचा प्रदर्शित करता है और CC_1 उपभोग वक्र है, जो इस मान्यता के आधार पर बनाया गया है कि व्यक्ति के वृद्ध होने के साथ-साथ उपभोग धीरे-धीरे बढ़ता जाता है।

(iii) व्यक्ति 15 वर्ष की आयु में कार्यशील जीवन में प्रवेश करता है और 25 वर्ष की आयु तक यद्यपि उसकी आय में वृद्धि हो रही होती है किन्तु उसके उपभोग से कम होती है, फलतः वह अपने उपभोग की वित्त व्यवस्था करने के लिए लोगों से **उधार** लेता है।

(iv) 25 वर्ष की आयु के बाद आय तथा उपभोग वक्रों पर स्थित R बिन्दु के बाद से 65 वर्षों तक उसकी आय उसके उपभोग की अपेक्षा अधिक होती है अर्थात वह **बचत** करता है।

(v) इन बचतों का उपभोग वह दो प्रकार से कर सकता है–**प्रथम,** वह अपने कार्यशील जीवन के प्रारम्भिक अवस्था में लिये गये ऋणों के भुगतान के लिए **द्वितीय,** 65 वर्षों की आयु में अवकाश प्राप्ति के बाद उपभोग की व्यवस्था करने हेतु, जबकि उसकी आय उसके उपभोग-स्तर की अपेक्षा कम हो जाती है।

(vi) इस प्रकार सम्पूर्ण जीवन-काल में उसकी बचतें शून्य होती हैं।

(vii) चित्र में अपने उपभोग व्यय की अपेक्षा अधिक आय अर्जित करने की अवधि में उसकी बचतें छायांकित क्षेत्रफल RST विसंचयों (Dis-saving) को दो क्षेत्रफलों CYR + TC_1Y_1 के समान हैं अर्थात बचतें विसंचयों के बराबर हैं। अन्य शब्दों में, उपभोक्ता ने सम्पूर्ण वर्षों में अपने उपभोग व्यय को इस प्रकार नियोजित किया है कि मृत्यु के समय विशुद्ध बचत शून्य होती है।

उपरोक्त विवेचन से स्पष्ट है–

(i) **जीवन-चक्र मॉडल** के अन्तर्गत उपभोग केवल वर्तमान आय का ही नहीं, बल्कि जीवन-काल का प्रत्याशित आय का फलन होता है।

(ii) **जीवन-चक्र** किसी सिद्धान्त में व्यक्तियों द्वारा वर्तमान में संचित धन भी उनके उपभोग को प्रभावित करता है।

सिद्धान्त की सीमाएँ/आलोचनाएँ (Limitations of Criticisms of the Theory)–इस सिद्धान्त की प्रमुख आलोचनाएँ अग्रलिखित हैं–

1. योजनाबद्ध उपभोग (Planned Consumption)–इस सिद्धान्त की यह मान्यता अवास्तविक है कि उपभोक्ता अपने जीवन भर के उपभोग को योजनाबद्ध करता है। कारण यह है कि उपभोक्ता भावी उपभोग की अपेक्षा अनिश्चित है। वह वर्तमान उपभोग पर अधिक ध्यान देता है।

2. उपभोग और परिसम्पत्तियों में प्रत्यक्ष सम्बन्ध नहीं (No Direct Relationship between Consumption and Assets)–इस सिद्धान्त की यह भी मान्यता अवास्तविक है कि उपभोग का व्यक्ति की परिसम्पत्तियों से प्रत्यक्ष सम्बन्ध होता है अर्थात परिसम्पत्तियों के बढ़ने के साथ उपभोग बढ़ता है और परिसम्पत्तियों के घटने पर उपभोग घटता है। यह भी सम्भव है कि व्यक्ति अपनी परिसम्पत्तियों में वृद्धि करने के लिए अपने उपभोग में कटौती करे, अत: उपभोग व्यक्ति की परिसम्पत्तियों से प्रत्यक्ष रूप से सम्बद्ध नहीं रहता।

3. आय का स्थायी स्रोत (Permanent Source of Income)–बचत की सहायता से उत्पन्न हुए उत्पादक साधनों (Assets) को आय का स्थायी स्रोत नहीं माना गया है। बचत पर ब्याज प्राप्ति की भी अवहेलना की गई। वास्तव में व्यक्ति अपनी बचत से शेयर (shares), Bonds आदि स्थायी साधक उत्पन्न करते हैं। जिससे निरन्तर आय प्राप्त होती रहती है। किंतु इस सिद्धान्त में इनकी अवहेलना की गई।

4. शून्य-बचत (Zero Saving)–इस परिकल्पना के अनुसार व्यक्ति अपनी सारी आय को अपने कार्यकाल एवं अंतिम वर्षों में उपभोग कर लेता है। इसका अभिप्राय यह हुआ कि व्यक्तियों की दीर्घकाल में शून्य-बचत होती है। परंतु यह निष्कर्ष गलत है।

5. वर्तमान आय की अवहेलना (Present Income Neglected)–यह सिद्धान्त वर्तमान आय सिद्धान्त की अवहेलना करता है। वास्तव में अधिकतर अपने उपभोग संबंधी निर्णय वर्तमान आय को ध्यान में रखते हुए ही करते हैं।

6. असत्य मान्यताएँ (False Assumptions)–सिद्धान्त की मान्यताएँ असत्य हैं, क्योंकि लोगों को आय विरासत में मिलती है जिसके बल पर शान से जीवन व्यतीत करता उपभोक्ता दिखाई देता है। वस्तुओं की कीमतें सदैव परिवर्तनशील होती है, फिर स्थिर नहीं हो सकती हैं। इसी प्रकार ब्याज दरें परिवर्तनीय होती हैं। अत: सिद्धान्त पूर्णत: मिथ्या कथन है।

7. एक निश्चित तथा सचेतन दृष्टिकोण (A Definite and Conscious Vision)–गार्डनर एकले (Gardner Ackley) ने जीवन-चक्र सिद्धान्त की आलोचना इस सिद्धान्त की इस पूर्वकल्पना (Assumption) पर की है कि उपभोग योजना बनाते समय परिवारों का एक निश्चित तथा सचेतन दृष्टिकोण होता है। एकले के अनुसार परिवारों द्वारा इस प्रकार का दृष्टिकोण अपनाना अवास्तविक लगता है।

8. अन्य आलोचनाएँ (Other Criticisms)–(i) यह सापेक्ष आय के सिद्धान्त की भी अवहेलना करता है। (ii) कार्यकाल के बाद एक व्यक्ति कितने वर्ष जीवित रहता है पहले से सही-सही अनुमान नहीं लगाया जा सकता। इस कारण उसका उपभोग व्यय भी स्थिर (Smooth) नहीं रह सकता।

निष्कर्ष (Conclusion)–उपभोग फलन के चार सिद्धान्तों का विस्तृत विश्लेषण हमें यह सोचने के लिए बाध्य करता है कि आखिर आय एवं उपभोग के मध्य आनुपातिक या गैर-आनुपातिक सम्बन्धों के लिए कौन-सा विश्लेषण सामयिक है? इस समस्या का आज तक कोई समाधान नहीं है। यद्यपि कीन्स की निरपेक्ष आय धारणा तीसरे दशक तथा उपभोगी सिद्ध हुई, क्योंकि लोग आय व उपभोग के गैर-आनुपातिक सम्बन्ध पर विश्वास करते थे किन्तु पाँचवे दशक के पश्चात् आय और उपभोग में आनुपातिक सम्बन्ध की स्वीकारोक्ति के बाद अब कीन्स का विचार त्यागा जा रहा है।

परीक्षा प्रश्न
(Examination Questions)

I. दीर्घ उत्तरीय प्रश्न (Long Answer Type Questions)

1. अल्पकालीन एवं दीर्घकालीन उपभोग फलन में आय व उपभोग के मध्य जो गैर-आनुपातिक तथा आनुपातिक सम्बन्ध का विरोधाभास होता है, उसे व्यक्त करने के लिए प्रस्तुत की गयी विभिन्न परिकल्पनाओं का वर्णन कीजिए।

   Explain various hypothesis which have been propounded to explain the paradox of new-proportional and proportional relation between income and consumption which exists in short-period and long-period consumption function.
2. स्थायी आय परिकल्पना एवं सापेक्ष आय परिकल्पना का विस्तार से वर्णन कीजिए।

   Discuss in detail permanent income hypothesis and relative income hypothesis.
3. अल्पकालीन एवं दीर्घकालीन उपभोग फलन में संगति स्थापित करने हेतु ड्यूसेनबरी द्वारा प्रस्तुत सापेक्ष आय परिकल्पना की विवेचना कीजिए।

   Reconcile short and long-period consumption functions hypothesis of Duesenberry.
4. उपभोग फलन की कीन्स के बाद की विचारधाराओं का वर्णन कीजिए।

   Discuss post-Keynesian views on consumption function.
5. पश्चात कीन्स उपभोग फलन के निम्न विचारों को समझाइए।

   (अ) अनिवर्ती प्रभाव, (ब) प्रदर्शन प्रभाव, (स) वास्तविक प्रभाव।

   Explain the following post-Keynes concepts of consumption function:

   (a) Retchat Effect, (b) Demonstration Effect, (c) Real Balance Effect.
6. जीवन-चक्र परिकल्पना की विवेचना कीजिए।

   Discuss the life-cycle hypothesis.

II. लघु उत्तरीय प्रश्न (Short Answer Type Questions)

1. अल्पकालीन उपभोग फलन से क्या तात्पर्य है?
2. दीर्घकालीन उपभोग फलन की प्रकृति लिखिए।
3. दीर्घकालीन एवं अल्पकालीन उपभोग फलन में अन्तर लिखिए।
4. निरपेक्ष आय उपकल्पना को स्पष्ट कीजिए।
5. सापेक्ष आय उपकल्पना क्या है?
6. स्थायी आय उपकल्पना पर एक टिप्पणी लिखिए।

III. वस्तुनिष्ठ प्रश्न (Objective Type Questions)

सही विकल्प चुनकर लिखिए :

1. निरपेक्ष आय उपकल्पना का प्रतिपादन किया था :
(अ) मार्शल तथा रॉबिन्स ने (ब) जेम्स टोबिन तथा आर्थर स्मिथीज ने
(स) कीन्स ने (द) उपर्युक्त में से कोई नहीं।
2. ड्यूसेनबरी ने उपभोग फलन के किस सिद्धान्त का प्रतिपादन किया :
(अ) स्थायी आय उपकल्पना (ब) सापेक्ष आय उपकल्पना
(स) निरपेक्ष आय उपकल्पना (द) उपर्युक्त में से कोई नहीं।
3. 'Income Saving and the Theory of Consumer Behaviour' पुस्तक के लेखक हैं :
(अ) कीन्स (ब) ड्यूसेनबरी
(स) मार्शल (द) उपर्युक्त में से कोई नहीं।
4. साइमन कुजनेट्स के मतानुसार अमरीका में 1867-1938 की अवधि में उपभोग फलन था :
(अ) 0.9 (ब) 0.8
(स) 0.5 (द) उपर्युक्त में से कोई नहीं।

उत्तर—1. (ब), 2. (अ), 3. (ब), 4. (अ)।

OOO

9 निवेश या विनियोग क्रिया (फलन)
(The Investment Function)

महत्त्वपूर्ण अवधारणाएँ (Important Concepts)

1. विनियोग (Investment)–विनियोग से आशय वास्तविक विनियोग से है, जो नयी मशीन, फैक्टरी, भवन तथा प्लाटा आदि नयी पूँजीगत वस्तुओं की खरीद या व्यय के रूप में होता है। ऐसे विनियोग से आय व रोजगार का स्तर बढ़ता है।

2. प्रेरित विनियोग (Induced Investment)–प्रेरित विनियोग वह विनियोग है, जो आय के स्तर पर निर्भर करता है।

3. स्वतंत्र विनियोग (Autonomous Investment)–स्वतंत्र विनियोग वह विनियोग है, जो आय के स्तर से स्वतंत्र होता है अर्थात उस पर निर्भर नहीं करता।

4. पूँजी की सीमान्त उत्पादकता (Marginal Efficiency of Capital)–यह किसी पूँजीगत पदार्थ की एक अतिरिक्त इकाई का प्रयोग करने से उसकी लागत की तुलना में मिलने वाले लाभ की अनुमानित दर है।

5. अनुमानित आय (Expected Yield)–वह कुल लाभ जो किसी पूँजीगत पदार्थ के प्रयोग करने से उसके कार्य की कुल अवधि में सम्भावित होता है।

6. पूर्ति कीमत (Supply Price)–यह वर्तमान पूँजीगत पदार्थ के स्थान पर बिल्कुल उसी प्रकार के नये पदार्थ की लागत है।

7. ब्याज (Interest)–कीन्स ब्याज को **'नगदी की कीमत' (Price of Cash)** अथवा किसी समय विशेष के लिए 'तरलता के परित्याग का पुरस्कार' (Reward of Parting with Liquidity) मानते हैं।

8. विनियोग के निर्धारक (Determinants of Investment)–(1) ब्याज की दर, (2) पूँजी की सीमान्त उत्पादकता। विनियोग उस स्तर तक किया जायेगा जिस पर पूँजी की सीमान्त उत्पादकता = ब्याज की दर।

कीन्स के अनुसार रोजगार का वास्तविक स्तर प्रभावपूर्ण माँग पर निर्भर करता है तथा प्रभावपूर्ण माँग उपभोग व्यय तथा विनियोग तथा विनियोग व्यय पर निर्भर करती है। **अल्पकाल में उपभोग फलन लगभग स्थिर रहता है।** अत: आय में वृद्धि के साथ आय व उपभोग व्यय का अन्तर निरन्तर बढ़ता जाता है। इस अन्तर को पूरा करने के लिए या उत्पादन या रोजगार के स्तर को बनाये रखने के लिए आवश्यक होता है कि प्रभावपूर्ण माँग के दूसरे घटक अर्थात विनियोग व्यय में वृद्धि की जाये। वास्तव में, आय व रोजगार के स्तर के निर्धारण में विनियोग व्यय अधिक महत्त्वपूर्ण तत्त्व होता है।

निवेश या विनियोग से आशय
(Concept of Investment)

साधारण अर्थों में विनियोग या निवेश से तात्पर्य वर्तमान प्रतिभूतियों, बॉण्डों व शेयरों, विद्यमान पूँजी या भूमि खरीदने से होता है, परन्तु कीन्स ने विनियोग शब्द का प्रयोग इस अर्थ में नहीं किया है।

कीन्स के अनुसार एक व्यक्ति अग्र दो प्रकार का विनियोग कर सकता है–

(i) वित्तीय विनियोग (Financial Investment) अर्थात पुराने भण्डारों या शेयरों को खरीदना तथा **(ii) वास्तविक विनियोग (Real Investment)** अर्थात नये भण्डार या शेयर इत्यादि खरीदना अथवा नये कारखाने, इमारतें, पुल इत्यादि बनाना।

कीन्स के अनुसार, **वित्तीय विनियोग** के फलस्वरूप मुद्रा का केवल एक व्यक्ति से दूसरे व्यक्ति की ओर हस्तान्तरण होता है, रोजगार में कोई वृद्धि नहीं होती। इस विनियोग का केवल व्यक्तिगत दृष्टि से महत्त्व है, सामाजिक दृष्टि से इसका कोई महत्त्व नहीं है। मान लीजिए, A के पास किसी कम्पनी के एक लाख रुपये के शेयर हैं। यदि A के ये शेयर B खरीद लेता है B की दृष्टि से तो यह विनियोग कहलायेगा परन्तु इसके फलस्वरूप समाज के कुल विनियोग में कोई परिवर्तन नहीं आयेगा। यह तो एक प्रकार का वित्तीय लेन-देन है। अतएव कीन्स ने इस प्रकार के विनियोग को **वित्तीय विनियोग (Financial Investment)** माना है। वित्तीय विनियोग के फलस्वरूप उत्पादन की क्षमता का सृजन नहीं होता अर्थात अर्थव्यवस्था के पूँजीगत स्टॉक में कोई वृद्धि नहीं होती। इसके द्वारा केवल पूँजीगत स्वामित्व के अधिकार एक व्यक्ति से दूसरे व्यक्ति तक हस्तान्तरित हो जाते हैं।

(ii) वास्तविक विनियोग (Real Investment)–इसके विपरीत, दूसरे प्रकार के विनियोग को कीन्स ने **वास्तविक विनियोग (Real Investment)** कहा है। वास्तविक विनियोग नयी फैक्ट्री लगाने तथा नये कारखाने खोलने के लिए किये जाते हैं। इस प्रकार के विनियोग के फलस्वरूप कुल विनियोग में वृद्धि होती है। साधनों की माँग तथा रोजगार में वृद्धि होती है। अत: वास्तविक विनियोग आय का वह भाग है, जो वास्तविक पूँजी निर्माण के लिए व्यय किया जाता है। इसके अन्तर्गत तीन प्रकार की मदें शामिल की जाती हैं–(1) नये पूँजीगत उपकरणों तथा मशीनों का निर्माण, (2) नई इमारतों तथा (3) स्टॉक में वृद्धि। कीन्सियन अर्थशास्त्र में विनियोग शब्द का प्रयोग वास्तविक विनियोग के रूप में किया जाता है। **वास्तविक विनियोग से अभिप्राय है कि चालू पूँजीगत पदार्थों में वृद्धि की जाये जिसके फलस्वरूप रोजगार में वृद्धि होगी।**

परिभाषाएँ (Definitions)–विनियोग की कुछ प्रमुख परिभाषाएँ निम्नलिखित हैं–

1. कीन्स (Keynes)–"विनियोग से अभिप्राय पूँजीगत पदार्थों में होने वाली वृद्धि से है।"[1]

2. स्टोनियर तथा हेग (Stonier and Hague)–"विनियोग से हमारा अभिप्राय चालू प्रतिभूतियों, बॉण्डों, हिस्सों को ख़रीदने से नहीं है, वरन् इससे हमारा अभिप्राय नई फैक्टरियों, मशीनों आदि के खरीदने से है।"[2]

3. श्रीमती जॉन रोबिन्सन (Joan Robinson) के अनुसार, "विनियोग से अभिप्राय वस्तुओं के वर्तमान भण्डार में वृद्धि करने से है।"[3]

4. पीटरसन (Peterson) के अनुसार, "विनियोग खर्च का अर्थ उत्पादकों के चिरस्थायी पदार्थ, नई इमारतों तथा पदार्थों के भण्डार में परिवर्तन से है।"[4]

संक्षेप में, **"पूँजी की नयी परिसम्पत्तियों पर किये जाने वाले व्यय को विनियोग कहते हैं, जिससे कि उत्पादकता में प्रत्यक्ष रूप से वृद्धि लायी जा सके।"**

पूँजी तथा विनियोग में अन्तर
(Difference between Capital and Investment)

पूँजी तथा विनियोग के अन्तर को समझना बहुत आवश्यक है। पूँजी से अभिप्राय पूँजीगत माल के वर्तमान कुल भण्डार से है जबकि विनियोग का अर्थ इस भण्डार के एक वर्ष में होने वाली वृद्धि से होता है। इस प्रकार विनियोग से आशय किसी समय अवधि में नई पूँजी के सृजन या वर्तमान पूँजी की मात्रा में वृद्धि करने से है।

समय की एक अवधि के दौरान, वास्तविक पूँजी परिसम्पत्तियों का उत्पादन या प्राप्ति विनियोग होता है। उदाहरणार्थ, मान लीजिए कि एक फर्म की पूँजी परिसम्पत्तियाँ 31 मार्च, 2013 को रु. 200 करोड़ है और यह 2014 वर्ष में रु. 10

1. "Investment refers to the increment of capital equipment."
2. "By investment, we do not mean the purchase of existing paper securities, bonds, debentures or equities, but the purchase of new factories, machines and like."
3. "Investment means making an addition to the stock of goods in existence." —*Mrs. Joan Robinson*
4. 'Investment expenditure includes expenditure for producer's durable equipments, new construction and change in inventories.' —*Peterson*

करोड़ की दर से विनियोग करती है। अगले वर्ष के अन्त में (31 मार्च, 2014) इसकी कुल पूँजी रु. 210 करोड़ होगी। प्रतीकात्मक रूप में मान लीजिए कि I विनियोग और K वर्ष t में पूँजी है तब It = Kt = Kt = I।

विनियोग के प्रकार या वर्गीकरण
(Kinds of Classification of Investment)

विनियोग को मोटे तौर पर निम्नलिखित दो भागों में बाँटा जा सकता है–I. प्रेरित विनियोग, II. स्वायत्त विनियोग।

I. प्रेरित विनियोग
(Induced Investment)

प्रेरित विनियोग मुख्य रूप से माँग द्वारा प्रेरित होता है। जब देश में उपभोग पदार्थों की माँग बढ़ती है तो माँग को पूरा करने के लिए उत्पादन बढ़ाना जरूरी हो जाता है। उत्पादन तभी बढ़ता है, यदि विनियोग बढ़े। **विनियोग पूर्ति (Supply) उत्पन्न करता है तथा पूर्ति माँग को पूरा करती है।** इस प्रकार पहले माँग में वृद्धि होती है। तत्पश्चात् माँग से प्रेरित होकर विनियोग बढ़ता है, विनियोग के बढ़ने से पूर्ति में वृद्धि होती है तथा पूर्ति बढ़ी हुई माँग को पूरा करती है। उदाहरणार्थ जब कपड़ों के लिए माँग बढ़ती है, तब कपड़ा बनाने वाली मशीनों के उत्पादन के लिए अधिक रुपया विनियोजित किया जाता है। यह एक प्रेरित विनियोग का उदाहरण है।

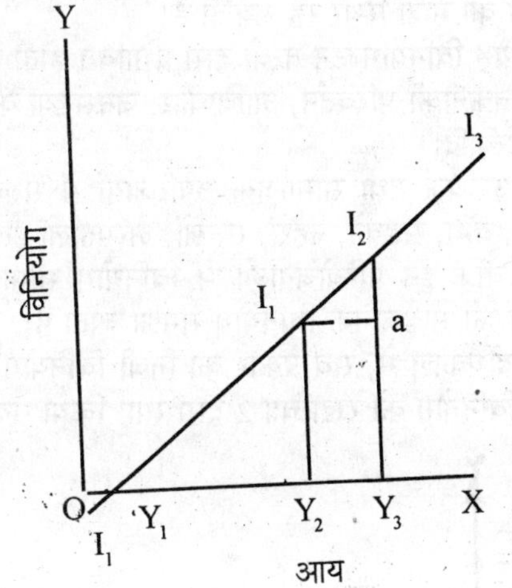

चित्र : 1

प्रेरित विनियोग आय पर निर्भर करता है। इसीलिए प्रेरित विनियोग को आय का फलन भी कहते हैं। अर्थात् I = F (Y)। इसका अर्थ यह है कि आय के बढ़ने से प्रेरित विनियोग भी बढ़ता है तथा इसके विपरीत आय के कम होने से प्रेरित विनियोग भी घटता है। इसी तथ्य को रेखाचित्र 1 द्वारा दर्शाया गया है।

विशेषताएँ
(Characteristics)

1. ये विनियोग उपभोग वस्तुओं की माँग में वृद्धि के कारण किये जाते हैं।
2. प्रेरित विनियोग आय–सापेक्ष होता है अर्थात् यह आय के स्तर में परिवर्तन के साथ–साथ बदलता रहता है।
3. आय तथा प्रेरित विनियोग के बीच एक सीधा सम्बन्ध होता है। यही कारण है कि रेखाचित्र 1 में प्रेरित विनियोग को सीधी रेखा I_1Y_1 दिखाया गया है।
4. यह विनियोग अधिकतर निजी उद्यम द्वारा किया जाता है और लाभ की आशा से प्रेरित होता है।

प्रेरित विनियोग के निर्धारक तत्त्व
(Determinants of Induced Investment)

1. आय–वृद्धि (Increase in Income)–जब आय बढ़ती है तो वस्तुओं की माँग में वृद्धि होने पर प्रेरित विनियोग भी बढ़ जाता है।

2. भविष्य में लाभ की सम्भावना (Profit Exceptions in Future)–भविष्य में माँग वृद्धि और ऊँचे लाभ की सम्भावनाएँ भी प्रेरित विनियोग को प्रभावित करती हैं।

3. जनसंख्या में वृद्धि (Increase in Population)–जनसंख्या में वृद्धि से वस्तुओं और सेवाओं की माँग बढ़ जाती है जिससे प्रेरित विनियोग भी बढ़ जाता है।

4. श्रम-पूर्ति का बेलोच होना (Inelastic Labour Supply)–जब समाज में वस्तुओं की माँग अधिक किन्तु श्रमिकों की पूर्ति कम होती है, तब उद्यमी माँग के अनुरूप उत्पादन को बनाये रखने के लिए श्रम-बचत प्रक्रियाओं का प्रयोग करता है, जिससे उसका मशीन-यंत्रों अर्थात् पूँजी के रूप में प्रेरित विनियोग बढ़ जाता है।

II. स्वायत्त या स्वतंत्र विनियोग (Autonomous Investment)

स्वायत्त विनियोग प्रेरित विनियोग की भाँति माँग व आय पर निर्भर नहीं करता। संक्षेप में स्वायत्ता विनियोग में प्रमुख **विशेषताएँ** निम्नलिखित हैं–

1. स्वायत्त विनियोग आय से प्रेरित नहीं होता, बल्कि आय (उपभोग या माँग) को प्रभावित करता है। इस प्रकार आय की मात्रा स्थिर रहने पर भी स्वायत्त विनियोग में परिवर्तन हो सकता है और आय में परिवर्तन होने पर भी स्वायत्त विनियोग की मात्रा स्थिर रह सकती है।

2. यह विनियोग उन तत्त्वों द्वारा प्रभावित होता है, जो आर्थिक प्रणाली के **बाहर या बहिर्जात (Exogenous)** होते हैं, जैसे तकनीकी परिवर्तन, आविष्कार, जनसंख्या की वृद्धि, युद्ध, अन्तर्राष्ट्रीय राजनीतिक दशायें, श्रम आन्दोलन, विदेशी व्यापार इत्यादि।

3. आर्थिक तथा सामाजिक उपरिव्ययों में सरकार अथवा निजी उद्यम द्वारा किया गया विनियोग स्वायत्त होता है। बिल्डिंग, बाँध, सड़कों, नहरों, स्कूलों, अस्पतालों इत्यादि पर किया गया व्यय इस प्रकार के विनियोग में शामिल रहता है।

4. चूँकि इन परियोजनाओं में विनियोग सामान्य रूप से सार्वजनिक नीति से सम्बद्ध रहता है, इसलिए स्वायत्त विनियोग को सार्वजनिक विनियोग समझा जाता है।

5. दीर्घकाल में, सब प्रकार का निजी विनियोग स्वायत्त बन जाता है, क्योंकि उसे बहिर्जात घटक प्रभावित करते हैं। स्वायत्त विनियोग को रेखाचित्र 2 द्वारा स्पष्ट किया गया है।

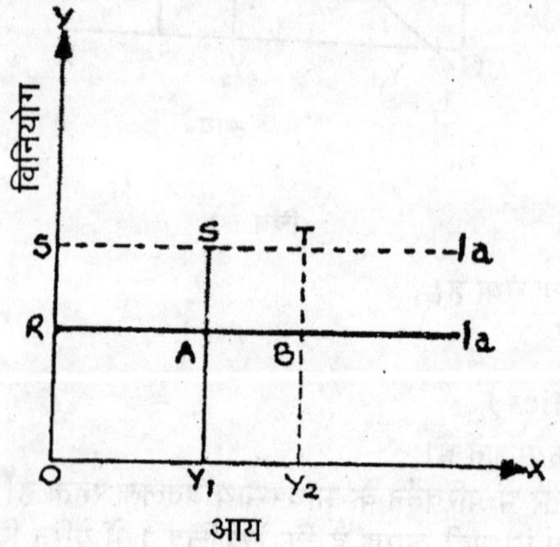

चित्र : 2

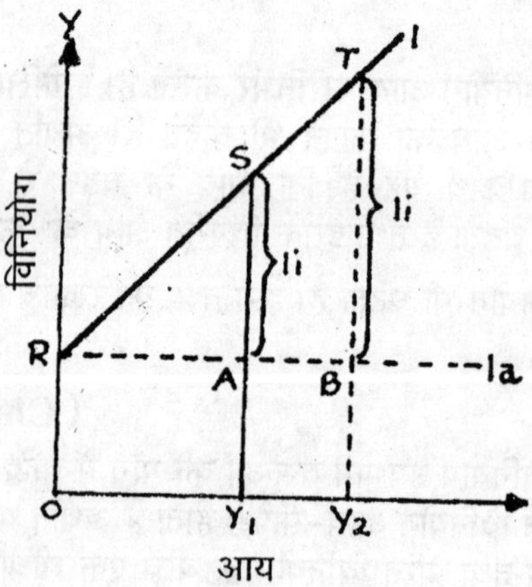

चित्र : 3

चित्र-2 में RIa सीधी क्षैतिज (पड़ी) रेखा यह बताती है कि आय के सभी स्तरों पर स्वायत्त विनियोग की मात्रा एक समान है अर्थात् OY_1 आय तथा OY_2 आय स्तर पर विनियोग की मात्रा OR एक समान है। ($OR = AY_1$ (= BY_2) है। आय के विपरीत अन्य तत्त्वों के कार्यरत होने पर स्वायत्त विनियोग RIa हो जाता है, किन्तु फिर भी आय के दोनों स्तरों पर यह एक समान ही बना रहता है अर्थात् OY_1 आय पर SY_1 विनियोग = OY_2 आय स्तर पर TY_2 विनियोग के।

रेखाचित्र 3 में दोनों प्रकार के विनियोग को कुल विनियोग के रूप में दिखाया गया है। RIa स्वायत्त विनियोग रेखा है और RI रेखा कुल विनियोग की माँग को व्यक्त करती है। आय के OY_1 स्तर पर स्वायत्त विनियोग AY_1 है और प्रेरित विनियोग SA है। जब आय का स्तर बढ़कर OY_2 हो जाता है तब प्रेरित विनियोग भी बढ़कर TB हो जाता है, किन्तु स्वायत्त विनियोग स्थिर रहता है, क्योंकि $OR = AY_1 = BY_2$ के।

विनियोग प्रवृत्ति
(Propensity to Invest)

विनियोग आय से सम्बन्धित होता है। सामान्यतया आय में वृद्धि होने से विनियोग में वृद्धि होती है और आय में कमी आने पर विनियोग में भी कमी आती है। संक्षेप में आय और विनियोग के अनुपात को विनियोग प्रवृत्ति कहते हैं। सूत्र के रूप में–

$$\text{विनियोग प्रवृत्ति (PI)} = \frac{\text{कुल विनियोग (I)}}{\text{कुल आय (Y)}}$$

विनियोग प्रवृत्ति को आय के विभिन्न स्तरों पर किये जाने वाले विनियोग की तालिका के रूप में व्यक्त किया जा सकता है।

विनियोग प्रवृत्ति के प्रकार
(Kinds of Propensity to Invest)

विनियोग प्रवृत्ति दो प्रकार की होती है।

I. औसतन विनियोग प्रवृत्ति
(Average Propensity to Invest)

औसत विनियोग प्रवृत्ति से अभिप्राय "कुल विनियोग तथा कुल आय के आनुपातिक सम्बन्ध से लिया जाता है। इसे $\frac{1}{Y}$ के समीकरण द्वारा प्रकट किया जा सकता है। औसत विनियोग प्रवृत्ति को रेखाचित्र 4 की सहायता से स्पष्ट किया गया है। रेखाचित्र में X अक्ष पर कुल आय (Y) दर्शाया गया है। आय के OY स्तर विनियोग का स्तर I_1Y_1 है। अत:

$$API = \frac{I_1Y_1}{OY_1}$$

यदि OY_1 = 40 करोड़ रुपये तथा I_1Y_1 = 10 करोड़ रुपये

तब $API = \frac{10}{4} = 2.5$

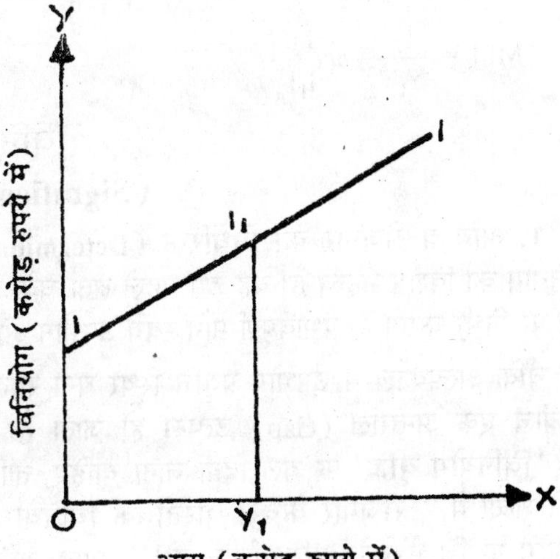

चित्र : 4

II. सीमान्त विनियोग प्रवृत्ति
(Marginal Propensity to Invest)

सीमान्त विनियोग प्रवृत्ति का अर्थ है "आय में होने वाले परिवर्तनों के फलस्वरूप विनियोग में होने वाले परिवर्तन का अनुपात।" इसको हम $\frac{\Delta I}{\Delta Y}$ समीकरण द्वारा

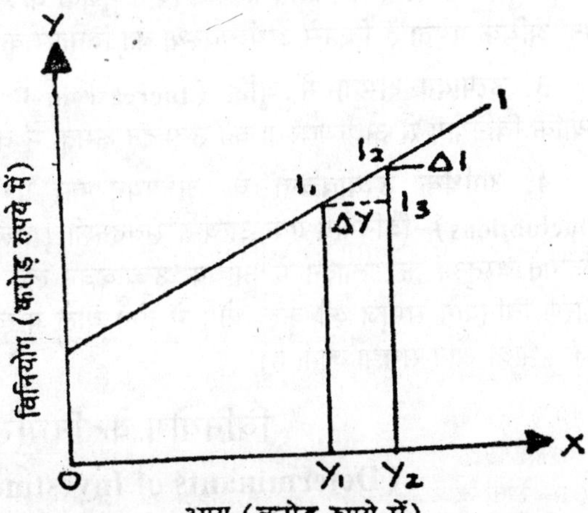

चित्र : 5

भी व्यक्त कर सकते हैं। यदि आय (ΔI) में 20 रुपये की वृद्धि हो तथा इसके फलस्वरूप विनियोग में 10 करोड़ रुपये की वृद्धि हो तो $\frac{10}{20} = \frac{1}{2} = 0.5$ सीमान्त विनियोग प्रवृत्ति (MPI) कहलायेगी।

$$MPI = \frac{\Delta I}{\Delta Y} = \frac{\text{विनियोग में परिवर्तन}}{\text{आय में परिवर्तन}}$$

रेखाचित्र 5 में आय में वृद्धि को $Y_1 Y_2$ (ΔY) द्वारा तथा विनियोग में वृद्धि को $I_3 I_3$ (ΔI) द्वारा दर्शाया गया है। $I_2 I_2$ तथा $Y_1 Y_2$ के अनुपात को सीमान्त प्रवृत्ति कहते हैं।

$$MPI = \frac{I_2 I_2}{Y_1 Y_2} \; or \; \frac{I_2 I_2}{I_1 I_2}$$

विनियोग का महत्त्व
(Significance of Investment)

1. आय व रोजगार का निर्धारक (Determinant of Income and Employment)–कीन्स के अर्थशास्त्र में विनियोग का विशेष महत्त्व है। यह हम पहले बता चुके हैं कि किसी देश में आय, उत्पादन व रोजगार का स्तर प्रभावपूर्ण माँग पर निर्भर करता है। प्रभावपूर्ण माँग स्वयं उपभोग और विनियोग पर निर्भर होती है।

चूँकि अल्पकाल में उपभोग प्रवृत्ति स्थिर बनी रहती है तथा यह इकाई से कम होती है, इसलिए आय और व्यय के बीच एक अन्तराल (Gap) उत्पन्न हो जाता है। अत: कीन्स का कहना था कि इस खाई को पूरा करने के लिए **'विनियोग वृद्धि'** पर बल दिया जाना चाहिए, ताकि समाज में आय व रोजगार का स्तर ऊँचा बना रहे। कीन्स के अपने शब्दों में, **"रोजगार केवल वास्तविक विनियोग में वृद्धि होने पर ही बढ़ सकता है बशर्ते कि समाज की उपभोग प्रवृत्ति में कोई परिवर्तन न हो।"** स्पष्टत: यदि विनियोग का स्तर ऊँचा होगा, क्योंकि इन दोनों में काफी सीमा तक प्रत्यक्ष सम्बन्ध पाया जाता है। इस प्रकार विनियोग फलन कीन्स के रोजगार सिद्धान्त की एक अत्यन्त महत्त्वपूर्ण कड़ी है।

2. विनियोग का गुणक प्रभाव (Effects of Investment Multiplier)–विनियोग का सबसे अधिक महत्त्व इसकी गुणक प्रक्रिया में निहित है। विनियोग गुणक के रूप में इसका प्रभाव आय व रोजगार पर वास्तविक राशि से कई गुना अधिक पड़ता है जिससे अर्थव्यवस्था का विकास काफी तीव्र गति से होता है।

3. उत्पादन क्षमता में वृद्धि (Increase in Production Capacity)–विनियोग का महत्त्व इसलिए भी है, क्योंकि विनियोग से अर्थव्यवस्था की उत्पादन क्षमता में वृद्धि होती है जिससे आर्थिक विकास त्वरित होता है।

4. आर्थिक उच्चावचनों के अध्ययन का प्रभावी स्रोत (Effective Source of Study in Economy Fluctuations)–विनियोग एक अत्यन्त संवेदनशील तत्त्व है। इसका कारण यह है कि उपभोक्ता वस्तुओं के उत्पादन में पूँजीगत वस्तुओं के उत्पादन में अधिक उच्चावचन लेते हैं। अपनी इस अल्पकालीन परिवर्तनशीलता या उच्चावचनों के कारण विनियोग समाज की कुल भोग में होने वाले परिवर्तन का अध्ययन करने, उनको समाप्त करने या कम करने का एक प्रभावी स्रोत समझा जाता है।

विनियोग के निर्धारक तत्त्व या विनियोग प्रेरणा
(Determinants of Investment or Inducement to Investment)

विनियोग में वृद्धि करने की प्रेरणा को विनियोग प्रेरणा कहते हैं। विनियोग प्रेरणा से ज्ञात होता है कि उद्यमी विनियोग करना पसन्द करेगा अथवा नहीं। निजी क्षेत्र में उद्यमी लाभ प्राप्त करने के उद्देश्य से विनियोग करते हैं।

एक विनियोगकर्ता तभी विनियोग करेगा, जब विनियोग से प्राप्त अनुमानित आय ब्याज की दर से अधिक होगी। कीन्स **"विनियोग से प्राप्त अनुमानित आय को पूँजी की सीमान्त उत्पादकता"** कहा है। **"विनियोग की प्रेरणा पूँजी की सीमान्त उत्पादकता तथा ब्याज की दर के अन्तर पर निर्भर करेगी। यह अन्तर जितना अधिक होगा अर्थात् पूँजी की सीमान्त उत्पादकता, ब्याज की दर से जितनी अधिक होगी, विनियोग की प्रेरणा उतनी ही अधिक होगी।"**

निजी क्षेत्र में विनियोग प्रेरणा या विनियोग के निर्धारण तत्त्व निम्नलिखित हैं–

(I) पूँजी की सीमान्त उत्पादकता (Marginal Efficiency of Capital) एवं (II) ब्याज की दर (Rate of Interest)।

विनियोग के निर्धारक तत्त्व

(प्रेरित विनियोग)

(I) पूँजी की सीमान्त उत्पादकता[1]

(Marginal Efficiency of Capital)

अर्थ (Meaning)–पूँजी की सीमान्त उत्पादकता किसी नई पूँजी पर सम्पत्ति से प्राप्त होने वाले अनुमानित लाभ को कहते हैं। नये विनियोग से प्रत्याशित लाभदायकता को पूँजी की सीमान्त उत्पादकता कह सकते हैं। इसकी कुछ परिभाषाएँ निम्नलिखित हैं–

1. प्रो. फिशर (Fisher)–पूँजी की सीमान्त उत्पादकता लागत को निकालकर प्राप्त होने वाला वह प्रतिफल है, जो पूँजी परिसम्पत्ति की सीमान्त इकाई से प्राप्त होता है।"[2]

2. प्रो. कुरिहारा (Kurihara)–"पूँजी की सीमान्त उत्पादकता किसी पूँजी परिसम्पत्ति की भावी पूर्ति और कीमत का अनुपात है।"[3]

उपर्युक्त विवेचन से स्पष्ट है कि नये विनियोग से प्रत्याशित लाभदायकता को पूँजी की सीमान्त उत्पादकता कहते हैं।

पूँजी की सीमान्त उत्पादकता का अर्थ है–लाभ की अनुमानित दर। अन्य शब्दों में, पूँजी की सीमान्त उत्पादकता से अभिप्राय है किसी पूँजीगत पदार्थ की एक अतिरिक्त इकाई का प्रयोग करने से उसकी लागत की तुलना में मिलने वाले लाभ की अनुमानित दर।

मान लीजिये, एक मशीन की पूर्ति कीमत 2,000 रुपये है। यह मशीन एक वर्ष तक चलती है, उसके बाद यह काम करने योग्य नहीं रहती। एक वर्ष में इससे 2,200 रुपये कमाने का अनुमान है। अतएव मशीन की लागत पर लाभ 2,200 रु.–2,000 रु. = 200 रुपये होगा। यह लाभ 2,000 रु. की पूँजी से प्राप्त हुआ है इसलिए पूँजी की सीमान्त उत्पादकता

---

1. पूँजी की सीमान्त उत्पादकता के सम्बन्ध में विस्तृत विवेचना अगले अध्याय में की गयी है।
2. "MEC is the rate of return over cost from the additional unit of capital invested." —*Fisher*
3. "Marginal Efficiency of Capital is the ratio between prospective yield of additional capital goods and their supply price." —*Kurihara*

$\frac{200}{2000} \times 100 = 10\,\%$ होगी। उपरोक्त उदाहरण से स्पष्ट हो जाता है कि पूँजी की सीमान्त उत्पादकता पूँजी से प्राप्त होने वाली (i) अनुमानित आय (Prospective Yield) जो इस उदाहरण में 2,200 रुपये है तथा उसकी (ii) पूर्ति कीमत (Supply Price) जो इस उदाहरण में 2,000 रुपये है, पर निर्भर करती है।

पूँजी की सीमान्त उत्पादकता के निर्धारक तत्त्व [(Determinants of Marginal Efficiency of Capital (MEC)]–उपर्युक्त विवेचन से स्पष्ट है कि MEC के दो निर्धारक तत्त्व हैं–

(1) भावी प्राप्ति (Prospective Yield) एवं (2) पूर्ति कीमत (Supply Price)।

1. भावी प्राप्ति (Prospective Yield)–पूँजीगत व्यय करते समय उद्यमी इस बात का अनुमान लगाते हैं कि उस पूँजीगत सम्पत्ति के जीवनकाल में उस सम्पत्ति के उपयोग से कितना **शुद्ध आगम (Net Revenue)** प्राप्त होगा। शुद्ध आगम से तात्पर्य सम्पत्ति के जीवनकाल में उसके उपयोग द्वारा उत्पादित वस्तु की बिक्री से प्राप्त होने वाली सकल या कुल आगम तथा परिवर्तनशील लागत; जैसे–कच्चा माल, मजदूरी आदि का अन्तर है। इसे **शुद्ध आय प्रवाह (Net Revenue Flow)** भी कहते हैं।

उपर्युक्त विधि के द्वारा एक पूँजीगत सम्पत्ति के सम्भावित जीवनकाल के लिए प्रतिवर्ष प्रतिफलों की एक श्रेणी को निम्न समीकरण के द्वारा ज्ञात किया जा सकता है–

$$PY = Q_1 + Q_2 + Q_3 + Q_4 \ldots\ldots + Qn$$

(PY = अनुमानित आय, Q_1, Q_2, Q_3.....Qn = प्रति वर्ष मिलने वाली अनुमानित आय।)

मान लीजिये, यदि किसी मशीन की जीवन अवधि 3 वर्ष है तथा पहले वर्ष उससे 1,750 रुपये, दूसरे वर्ष 1,450 रुपये तथा तीसरे वर्ष में 1,200 रुपये का लाभ होने का अनुमान है तो उसकी अनुमानित आय–

$PY = Q_1 + Q_2 + Q_3 = 1{,}750 + 1{,}450 + 1{,}200 = 4{,}400$

2. पूर्ति कीमत (Supply Price)– किसी पूँजीगत पदार्थ की सीमान्त उत्पादकता को प्रभावित करने वाला दूसरा तत्त्व पूर्ति कीमत है। **पूर्ति कीमत से अभिप्राय वर्तमान पूँजीगत पदार्थों की कीमत से नहीं है। इसका अभिप्राय यह है कि वर्तमान पूँजीगत पदार्थ अर्थात् मशीन के स्थान पर बिल्कुल उसी प्रकार की नई मशीन की लागत क्या होगी। (The Supply price of capital asset is the cost of producing, a new asset of that kind, not supply price of an existing asset.)** अतएव किसी पूँजीगत पदार्थ की पूर्ति कीमत को **पुनः स्थापना लागत (Replacement Cost) भी कहते हैं।**

इस प्रकार "किसी परिसम्पत्ति के प्रयोग से वार्षिक आय की प्राप्ति की जो सम्भावना होती है और उसे परिसम्पत्ति को खरीदने के लिए जो कीमत देनी पड़ती है, उसके अनुपात को ही पूँजी की सीमान्त उत्पादकता कहते हैं।

पूँजी की सीमान्त उत्पादकता को निम्न सूत्र द्वारा निर्धारित कर सकते हैं–

$$MEC = \frac{\text{प्रत्याशित आय (या पूर्ति फलन) (Y)}}{\text{लागत (या पूर्ति कीमत) (P)}}$$

प्रत्याशित दर के रूप में व्यक्त करने के लिए इसको 100 से गुणा कर दिया जाता है।

$$\text{अत:}\ MEC = \frac{\text{प्रत्याशित आय (Y)}}{\text{लागत या पूर्ति मूल्य (P)}} \times 100$$

उपर्युक्त सूत्र के आधार पर विभिन्न पूर्ति कीमतों और भावी आयों पर विशेष सम्पत्ति की पूर्ति की सीमान्त उत्पादकता का आकलन किया गया है।

सारणी 1–किसी विशेष परिसम्पत्ति की पूँजी की सीमान्त उत्पादकता

पूर्ति कीमत (P)	वार्षिक आय (Y)	पूँजी का सीमान्त उत्पादकता (MEC)
20,000	2,000	$\frac{2000\times100}{20000}=10\%$
20,000	1,600	$\frac{1600\times100}{20000}=8\%$
40,000	2,200	$\frac{2000\times100}{40000}=5\%$

उपर्युक्त सारणी यह दिखाती है कि पूँजी की वार्षिक प्रत्याशित आय के घटने या उसकी पूर्ति कीमत बढ़ने से पूँजी की सीमान्त उत्पादकता में कमी आती है।

इस प्रकार पूँजी का विनियोग करने से पूर्व प्रत्येक उपक्रमी एक तरफ उससे प्राप्त होने वाली आय (प्रत्याशित आय) और दूसरी तरफ उसकी पूर्ति कीमत कीमत की तुलना करता है। अत:

(i) यदि प्रत्याशित आय की दर पूँजी-विनियोग (या पूँजी परिसम्पत्ति या मशीन) की लागत पूर्ति-कीमत से अधिक होती है तो वह विनियोग करने के लिए तैयार हो जाता है अन्यथा नहीं।

(ii) प्रत्याशित आय की दर, पूँजीगत विनियोग की लागत से जितनी अधिक होती है, उद्यमी को उससे उतना ही अधिक लाभ प्राप्त होने की आशा बनी रहती है और फलस्वरूप उसके द्वारा उतना ही अधिक विनियोग किया जाता है।

(iii) इस प्रकार MEC पूँजी-परिसम्पत्ति को भावी प्रत्याशित आय और उसकी पूर्ति कीमत (अथवा लागत) के बीच का अनुपात है।

(i) चित्र 6 में rr वक्र ब्याज की दर तथा MEC वक्र पूँजी की सीमान्त उत्पादकता को प्रकट करता है।

(ii) मान लीजिए, ब्याज की दर Or स्थिर है। इसलिए rr वक्र स्थिर ब्याज की दर को प्रकट कर रहा है।

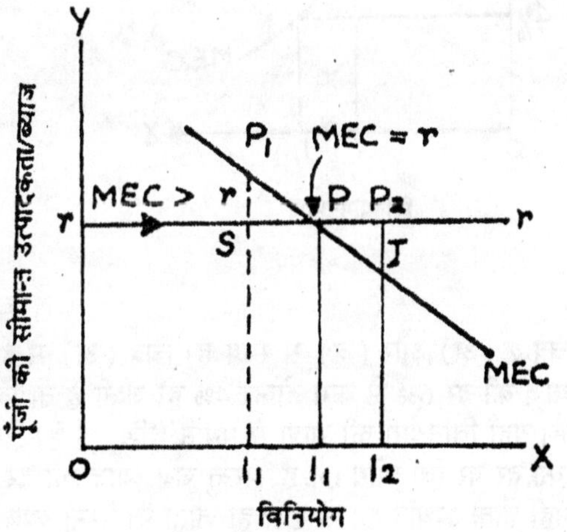

चित्र : 6

(iii) जब विनियोग की मात्रा OI_1 है तो MEC (P_1I_1) ब्याज की दर (SI_1) से अधिक है, इसलिए अधिक विनियोग किया जायेगा। विनियोग बढ़कर OI हो जायेगा। इस स्थिति में MEC वक्र तथा ब्याज वक्र rr वक्र P पर एक-दूसरे को काट रहे हैं अर्थात् MEC = r। इस स्थिति के बाद विनियोग की कोई प्रेरणा नहीं होगी।

(iv) यदि किसी कारणवश विनियोग (OI_2) हो जाता है तो MEC (TI_2) ब्याज की दर (P_2I_2) से कम होगी। इसलिए विनियोगकर्ता को हानि उठानी पड़ेगी और विनियोग घटेगा।

उपर्युक्त विवेचन के आधार पर हम अत: इस सम्बन्ध में अग्रलिखित निष्कर्ष निकाले जाते हैं–

(i) यदि ब्याज की दर में कोई भी परिवर्तन न हो तो पूँजी की सीमान्त उत्पादकता जितनी अधिक होगी, उतनी ही विनियोग की मात्रा अधिक होगी।

(ii) दूसरी ओर यदि पूँजी की सीमान्त उत्पादकता में कोई परिवर्तन न हो तो ब्याज की दर में जितनी कमी होगी उतना ही विनियोग अधिक मात्रा में होगा।

MEC लोच एवं विनियोग
(Elasticity of MEC Curve and Investment)

MEC वक्र या अनुसूची ब्याज की दर के प्रति कम लोचदार (Less-elastic) भी हो सकती है तथा अधिक लोचदार भी। MEC वक्र के कम लोचदार होने का अर्थ है, ब्याज दर में पर्याप्त कमी के बावजूद पूँजी-विनियोग की माँग का न बढ़ना। इसके विपरीत MEC वक्र के अधिक लोचदार होने का अर्थ है ब्याज-दर में मामूली-सी कमी से भी पूँजी-विनियोग की माँग का पर्याप्त मात्रा बढ़ जाना।

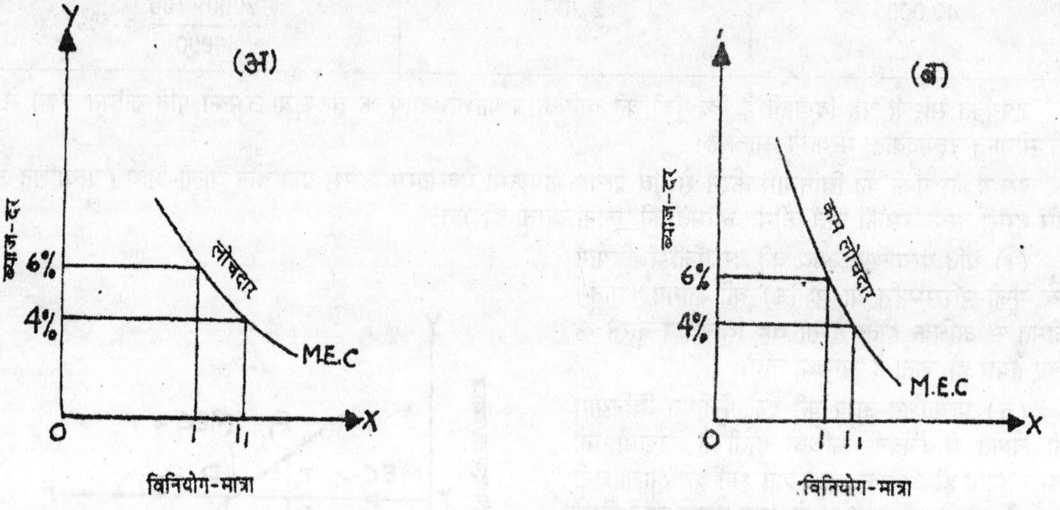

चित्र : 7

चित्र 7 (अ) और (ब) से स्पष्ट है। चित्र (अ) में MEC वक्र लोचदार है, 6% ब्याज की दर पर विनियोग OI है। जब ब्याज की दर 6% से कम होकर 4% हो जाती है तो विनियोग OI से बढ़कर OI_1 हो जाता है अर्थात् II_1 की वृद्धि हो जाती है। यहाँ विनियोग की मात्रा में पर्याप्त वृद्धि हुई है। चित्र (ब) में MEC वक्र लोचहीन या कम लोचदार हैं और 6% ब्याज की दर पर विनियोग OI है, परन्तु जब ब्याज की दर 6% से कम होकर 4% हो जाती है तो विनियोग में कोई विशेष वृद्धि नहीं होती अर्थात् OI से OI_1 हो जाता है। परन्तु व्यवहार में MEC वक्र प्राय: कम लोचदार ही होता है। यही कारण है कि ब्याज की दर में परिवर्तन का प्रभाव विनियोग की मात्रा पर बहुत कम पड़ता है।

पूँजी की सीमान्त उत्पादकता बनाम ब्याज की दर
(MEC Vs. Rate of Interest)

MEC का अधिक महत्त्व (More Significance of MEC)–इस अवस्था तक पहुँचते-पहुँचते एक प्रश्न शेष रह जाता है और वह यह कि विनियोग निर्धारण पर पूँजी की सीमान्त उत्पादकता का अधिक प्रभाव पड़ता है या ब्याज की दर का। प्रतिष्ठित अर्थशास्त्रियों का यह मत था कि विनियोग का एक मात्र निर्धारक ब्याज की दर है। किन्तु महान् विश्वमन्दी के दौरान जब ब्याज की अत्यधिक नीची दरें भी विनियोग में वांछित वृद्धि करने में असमर्थ रही तो कीन्स ने अपना मत जाहिर किया कि विनियोग, ब्याज की दर की अपेक्षा पूँजी की सीमान्त उत्पादकता जैसे मनोवैज्ञानिक धारणा पर अधिक निर्भर करता है। अत: विनियोग की मात्रा को प्रभावित करने वाला अधिक महत्त्वपूर्ण घटक पूँजी की सीमान्त उत्पादकता है।

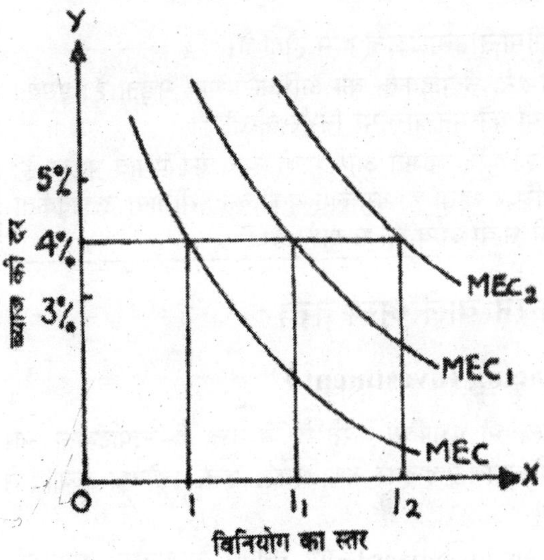

चित्र : 8

चित्र 8 में ब्याज की दर 4% पर स्थिर रहती है, पूँजी की सीमान्त उत्पादकता वक्र जब MEC से बढ़कर MEC_1 हो जाता है, तो विनियोग की मात्रा OI से बढ़कर OI_1 हो जाती है, इस प्रकार जब MEC वक्र और दाईं ओर खिसक कर MEC_2 हो जाता है तो विनियोग की मात्रा और अधिक बढ़कर OI_1 से OI_2 हो जाती है। स्पष्टत: जैसे-जैसे MEC वक्र दायीं ओर ऊपर की ओर खिसकता है, विनियोग की मात्रा में वृद्धि होती जाती है।

इस प्रकार विनियोग की मात्रा के दो निर्धारकों में पूँजी की सीमान्त उत्पादकता घटक अधिक महत्त्वपूर्ण है, यही कारण है कि उद्यमियों की आशावादिता के कारण पूँजी की सीमान्त उत्पादकता तीव्र गति से बढ़ती है तो ब्याज की बढ़ती हुई दर भी उन्हें अधिक विनियोग से नहीं रोक सकती। इसलिए **क्राउथर** ने कहा है..."जिस प्रकार घोड़े को पानी पिलाने के लिए नदी के किनारे तक ले जाया जा सकता है लेकिन उसे पानी पीने के लिए बाध्य नहीं किया जा सकता, उसी प्रकार उद्यमियों को ब्याज की दर नीची करके विनियोग करने के लिए आकर्षित कर सकते हैं, लेकिन उन्हें विनियोग करने के लिए विवश नहीं कर सकते हैं।"

सम्पूर्ण विनियोग फलन सिद्धान्त एक दृष्टि में
(Total Investment Function Theory at a Glance)

उपर्युक्त विवेचन से स्पष्ट है–

(i) विनियोग दो बातों पर निर्भर होता है–
- (अ) पूँजी का सीमान्त उत्पादकता,
- (ब) ब्याज की दर।

(ii) पूँजी की सीमान्त उत्पादकता स्वयं,
- (अ) पूँजी सम्पत्ति की पूर्ति कीमत और
- (ब) पूँजी सम्पत्ति से भावी आय द्वारा निर्धारित की जती है।

(iii) यदि सम्पत्ति की पूर्ति कीमत दी हो तो सीमान्त उत्पादकता पूँजी सम्पत्ति की भावी आय में वृद्धि होने से बढ़ेगी और भावी आय में कमी होने पर घटेगी।

(iv) यदि पूँजी सम्पत्ति की भावी आय दी हुई हो तो पूँजी की सीमान्त उत्पादकता पूँजी सम्पत्ति की पूर्ति कीमत में वृद्धि के साथ कमी आयेगी तथा पूर्ति कीमत में कमी के साथ पूँजी की सीमान्त उत्पादकता में वृद्धि होगी।

(v) जब पूँजी सम्पत्ति की भावी आय उसकी पूर्ति कीमत से अधिक रहती है, तभी विनियोजक विनियोग करने के लिए प्रेरित होता है।

(vi) विनियोजक विनियोग करते समय पूँजी की सीमान्त उत्पादकता और चालू ब्याज की दर में तुलना करता है और वह तभी विनियोग करता है जबकि सीमान्त उत्पादकता ब्याज दर से अधिक रहती है।

(vii) विनियोजक तब तक विनियोग करता जायेगा, जब तक कि पूँजी की सीमान्त उत्पादकता ब्याज दर के बराबर नहीं हो जाती। यही साम्य की स्थिति होगी।

(viii) विनियोग की मात्रा में वृद्धि के फलस्वरूप पूँजी की सीमान्त उत्पादकता कम होती है।

(ix) विनियोग पर ब्याज की दर की अपेक्षा पूँजी की सीमान्त उत्पादकता का अधिक प्रभाव पड़ता है। इसका कारण यह है कि पूँजी की सीमान्त उत्पादकता उद्यमियों की मनोवृत्ति पर निर्भर करती है।

(x) पूँजी की सीमान्त उत्पादकता के ऊपर पूँजी सम्पत्ति की पूर्ति कीमत और भावी आय का प्रभाव पड़ता है। इसमें से पूँजी सम्पत्ति की पूर्ति कीमत अल्पकाल में स्थिर रहती है। इसलिए पूँजी की सीमान्त उत्पादकता को प्रभावित करने वाला प्रमुख घटक पूँजी सम्पत्ति की भावी आय की प्रत्याशा है।

विनियोग को प्रभावित करने वाले अन्य तत्त्व

(Other Factors Influencing Investment)

दो प्रमुख तत्त्वों के अतिरिक्त विनियोग को कई अन्य तत्त्व भी प्रभावित करते हैं। ये तत्त्व हैं–उत्पादकता और इसके प्रयोग की दर, नकदी प्रवाह, माँग तथा प्रत्याशित लाभ। **प्रो. राबर्ट इजनर तथा आर. एच. स्ट्रोटज** इत्यादि ने विनियोग को प्रभावित करने वाले निम्न तत्त्वों का उल्लेख किया है।

1. नवप्रवर्तन तथा नये आविष्कार (Innovations and New Inventions)–प्रो. कीजर के अनुसार नवप्रवर्तन एक बड़ी सीमा तक विनियोग प्रेरणा को प्रभावित करते हैं। उदाहरण के लिए पिछले कई वर्षों से कृषि तथा उद्योगों में श्रम-बचाऊ (Labour-Saving) तथा पूँजी-बचाऊ (Capital Saving) मशीनों के बनने से इन क्षेत्रों में काफी विनियोग बढ़ा है। इसी प्रकार नये आविष्कारों का जैसे टेलीफोन, स्कूटर, टेलीविजन, ए. सी. रेफ्रीजरेटर आदि ने भी विनियोग के स्तर को ऊँचा उठाने में सहायता दी है। संक्षेप में प्रो. मैक्कोनल के अनुसार, ''नये आविष्कारों को बढ़ती हुई तेज रफ्तार विनियोग को बहुत प्रेरणा देती है।''

2. अनुकूल सरकारी नीतियाँ (Favourable Government Policies)–फर्म की लागतों के ढाँचे में करों का प्रमुख स्थान है। यदि उद्यमी यह अनुभव करते हैं कि वर्तमान कर व्यवस्था इस प्रकार की है जिससे उनके लाभ का अधिकांश भाग सरकार ले लेगी तो वह कम विनियोग करेंगे। इसके विपरीत यदि कर-दरें (Tax Rates) कम होगी और साख आदि की सुगम उपलब्धता होगी तो विनियोग पर प्रतिकूल प्रभाव पड़ेगा।

3. जनसंख्या वृद्धि की दर (Rate of Increase in Population)–यदि किसी देश में जनसंख्या बड़ी तेजी से बढ़ रही है तो लोगों के लिए नए घर, स्कूल, सड़कें, मोटर गाड़ियाँ उपभोक्ता पदार्थ आदि चाहिए। इस आवश्यकता को पूरा करने के लिए विनियोग की अधिक माँग होगी।

4. पूँजीगत वस्तुओं का वर्तमान स्टॉक (Present Stock of Capital Goods)–किसी उद्योग में पूँजी पदार्थों का वर्तमान स्टॉक अतिरिक्त विनियोग से अनुमानित लाभ को प्रभावित करता है। यदि किसी उद्योग में उत्पादन सुविधाओं, तैयार माल आदि का पहले से ही कम स्टॉक है तो उद्योग में अतिरिक्त विनियोग का क्षेत्र बढ़ जायेगा।

5. क्षेत्रीय विकास (Regional Development)–जब बढ़ती हुई जनसंख्या को देखते हुए नये क्षेत्रों का विकास किया जाता है तो इससे और अधिक विनियोग की आवश्यकता पड़ती है।

6. तरलता की मात्रा (Amount of Liquidity)–किसी फर्म द्वारा किया जाने वाला विनियोग उसकी तरलता की स्थिति पर भी निर्भर करता है। तरलता की उपलब्धता और मात्रा जितनी अधिक होगी विनियोग पर उतना ही अधिक प्रभाव पड़ेगा।

7. समस्त माँग में सम्भावित वृद्धि (Probable Increase in Aggregate Demand)–यदि अर्थव्यवस्था में समस्त माँग की वृद्धि की आशा है तो उद्यमी पूर्ण क्षमता तक उत्पादन करेंगे और बढ़ती हुई माँग को पूरा करने के लिए नया विनियोग भी करेंगे।

8. उपभोग प्रवृत्ति (Propensity to Consume)–उपभोक्ता की उपभोग प्रवृत्ति में परिवर्तन का विनियोग पर सीधा प्रभाव पड़ता है। यदि आय में वृद्धि होती है तो उपभोक्ता पहले से अधिक व्यय करेंगे, जिससे उपभोग वस्तुओं और पूँजीगत वस्तुओं की माँग बढ़ जायेगी। उत्पादक उन वस्तुओं का उत्पादन अधिक करेंगे जिनकी उपभोक्ता अधिक माँग करेंगे। इस प्रकार विनियोग प्रभावित होगा।

9. आय का स्तर (Level of Income)–यदि मुद्रा मजदूरी दरों तथा अन्य साधनों कीमतों में वृद्धि के माध्यम से अर्थव्यवस्था में आय स्तर बढ़ जाता है तो वस्तुओं के लिए माँग बढ़ जायेगी जो कि आगे विनियोग की प्रेरणा को बढ़ा देगी। इसके विपरीत आय स्तरों के घटने पर विनियोग की प्रेरणा घट जायेगी।

10. अनिश्चतता तत्त्व (Elements of Uncertainty)–कीन्स के अनुसार ब्याज की दर अपेक्षाकृत MEC अधिक अस्थिर है। इसका कारण यह है कि पूँजी परिसम्पत्तियों की प्रत्याशित आय व्यापार-प्रत्याशियों पर निर्भर करती है। ये प्रत्याशाएँ बहुत अनिश्चित होती है। अत: किसी परिसम्पत्ति के जीवन-भर के प्रत्याशित वार्षिक प्रतिफलों का हिसाब लगाना कठिन होता है।

विनियोग को प्रोत्साहिन करने के उपाय (Measures to Stimulate Investment)

जैसा कि हम देख चुके हैं कि अल्पकाल में उपभोग व्यय लगभग स्थिर-सा रहता है और संगठित प्रयासों का इस पर कोई विशेष प्रभाव नहीं पड़ता। अत: रोजगार बढ़ाने के लिए हमें मुख्यत: विनियोग पर ही निर्भर रहना पड़ता है। विनियोग को प्रोत्साहित करने वाले उपायों का हम दो शीर्षकों के अन्तर्गत अध्ययन कर सकते हैं–

(अ) व्यक्तिगत विनियोगों को प्रभावित करना,

(ब) सार्वजनिक विनियोग को प्रभावित करना।

(अ) व्यक्तिगत विनियोग को प्रभावित करना (Factors Influencing Individual Investment)–व्यक्तिगत विनियोगों को सार्वजनिक व्यय के द्वारा निम्नलिखित प्रकार से बढ़ाया जा सकता है–

(i) उद्योगों के नवीनीकरण के लिए सरकार को व्यक्तिगत क्षेत्र को आर्थिक सहायता प्रदान करनी चाहिए। इससे विनियोगों में वृद्धि होगी, अन्तत: माँग बढ़ेगी और रोजगार में वृद्धि होगी।

(ii) यदि उत्पादन में वृद्धि पर आर्थिक सहायता दी जाये तो उत्पादक उत्पादन बढ़ाने पर प्रेरित होंगे और अन्तत: रोजगार में वृद्धि होगी।

(iii) ऐसे सीमान्त उद्योग को, जो कि केवल किसी प्रकार से जीवित है, तुरन्त आर्थिक सहायता सरकार द्वारा प्रदान की जानी चाहिए। यह सहायता प्रत्येक उद्योग को उसके मजदूरी-देयक (wage Bill) के अनुसार दी जानी चाहिए, ताकि अधिक श्रमिकों वाले उद्योगों को अधिक सहायता मिलने से अधिक लोगों की प्रभावपूर्ण माँग में वृद्धि हो।

(iv) सरकार को व्यक्तिगत क्षेत्रों की स्पर्धात्मक शक्ति को बढ़ाना चाहिए, जिससे उनकी उत्पादन क्षमता बढ़े और वे अधिक कार्यशील हो जावे।

(v) मन्दी काल में अधिकाधिक प्रोत्साहन देने के लिए मुद्रा-अधिकारियों को जान-बूझकर ब्याज दर में कमी कर देनी चाहिए।

(vi) बेरोजगारी के काल में निजी विनियोग को प्रोत्साहित करने के लिए व्यावसायिक करों, विशेषकर नियम कर, आय कर आदि में पर्याप्त कमी कर देनी चाहिए। इससे पूँजी की सीमान्त उत्पादकता में वृद्धि होगी और व्यक्तिगत विनियोग को प्रोत्साहन मिलेगा।

(vii) **क्लेन (Clain)** ने सुझाव दिया है कि सरकार को चाहिए कि बड़ी फर्मों की एकाधिकार सम्बन्धी प्रवृत्तियों को कुचलने के लिए उपयुक्त कदम उठाए। इस प्रकार की नीति प्रतियोगिता को तथा विनियोग को प्रोत्साहित करेगी।

(viii) मूल्यों में अस्थिरता के कारण निजी विनियोग भी अस्थिर रहता है। अत: निजी विनियोग में वृद्धि के लिए सरकार को मूल्य समर्थन नीति (Price Support Policy) का अनुसरण करना चाहिए।

(ब) सार्वजनिक विनियोग (Factors Ability Public Investment)–सार्वजनिक विनियोग के द्वारा सम्पूर्ण विनियोग की मात्रा बढ़ाई जा सकती है और इससे प्रभावपूर्ण माँग की कमी को पूरा करके मन्दी की अवस्था को दूर किया जा सकता है। सार्वजनिक विनियोग की मदें इस प्रकार हैं–

(i) लीफ रीकिंग (Leaf Reacking)–यह सार्वजनिक व्यय से अनुत्पादक कार्यों को चलाने की एक विधि है। यदि सरकार के पास कुछ भी उत्पादक कार्य न हो तो वह लोगों को अनुत्पादक कार्य, जैसे गड्ढे खोद-खोदकर पुन: मिट्टी से भरने का ही काम देकर उनके हाथों में क्रय-शक्ति (रुपया) दे, ताकि प्रभावपूर्ण माँग में वृद्धि हो सके। प्रो. कीन्स का मत है, "इस प्रकार सन्देहयुक्त उपयोगिता वाले सार्वजनिक कार्य भी गम्भीर बेरोजगारी की अवस्था में बारम्बार सार्थक सिद्ध हो सकते हैं।"

(ii) सामाजिक सेवा के लिए विनियोग (Investment for Social Service)–ये ऐसे विनियोग हैं जिसमें एक ओर तो आय में वृद्धि होती है, तथा दूसरी ओर उपयोगों सम्पत्ति का सृजन होता है, जैसे सड़कों, रेल-पथों, नहरों, निवास स्थानों, उद्यानों, स्कूलों व अस्पतालों का निर्माण करना।

(iii) कच्चे माल का क्रय (Purchase of Raw Material)–चूँकि मन्दीकाल में निर्मित वस्तुओं की तुलना में कच्चे माल की कीमत सामान्यत: अधिक तेजी से गिरती है इसलिये सरकार को चाहिए कि वह कच्चे माल के संचयन (Stock Piling) की नीति अपनाये।

(iv) उपभोग के लिए विनियोग (Investment for Consumption)–व्यक्तिगत उपभोगों को प्रोत्साहित करने के लिए भी सार्वजनिक विनियोग किये जा सकते हैं, जैसे स्कूलों में मुफ्त भोजन देना इत्यादि। इसलिए सैम्युल्सन ने कहा है, "विनियोग द्रव्य एक शक्तिशाली द्रव्य है, परन्तु उपभोग द्रव्य भी ऐसा ही है।"

(v) उत्पादक उद्योगों के लिए विनियोग (Investment for Productive Industries)–सार्वजनिक क्षेत्र में सरकार उद्योगों का विकास करके भी प्रभावपूर्ण माँग और रोजगार के स्तर को बढ़ा सकती है।

(vi) प्रशासकीय विभागों का विस्तार (Extension of Administrative Department)–यदि प्रशासकीय विभागों का विस्तार एवं वृद्धि स्थगित होती रही है, तो सरकार इस कार्य में व्यय बढ़ाकर प्रभावपूर्ण माँग तथा रोजगार में वृद्धि कर सकती है।

(vii) निर्यात में वृद्धि (Increase in Export)–सरकार निर्यातों की वृद्धि करने के लिए भी विनियोग में वृद्धि कर सकती है। जब बड़ी मात्रा में देश में निर्यात किया जायेगा तब देश का औद्योगिक विकास होगा और रोजगार, आय तथा उपभोग में वृद्धि होगी।

(viii) अनुसन्धान को प्रोत्साहन (Encouragement to Investment)–सरकार को चाहिए कि अनुसन्धान को प्रोत्साहन दे और इस उद्देश्य के लिए संस्थाएँ खोले। उसे चाहिए कि विविध उद्योगों पर किए गए अनुसंधान की उपलब्धियाँ निजी उद्यमों को प्रदान करे ताकि वे उनसे लाभ उठा सकें। इस उद्देश्य के लिए सरकार पत्रिकाएँ प्रकाशित करे।

Select References

1. Hansen, Alvin : A guide to Keynes, 1953.
2. Klein, L.R. : The Keynesian Revolution, 1956.
3. Keynes, J.M. : The General Theory.
4. Sinha, V.C. : Monetary Economics.
5. Keiser, Norman F. : Macro Economics.

6. Stonier and Hague : A Text-Book of Economic Theory.
7. John Lindauer : Macro Economics.
8. Brooman, F.S. : Macro Economics.

परीक्षा प्रश्न
(Examination Questions)

I. दीर्घ उत्तरीय प्रश्न (Long Answer Type Questions)

1. विनियोग से आप क्या समझते हैं? आधुनिक अर्थव्यवस्था में विनियोग के महत्त्व का वर्णन कीजिए।
   What do you mean by investment? Discuss the importance of investment in a modern-economy.
2. विनियोग प्रेरणा को निर्धारित करने वाले तत्त्वों पर टिप्पणी लिखिए।
   Comment on the determinants of inducement of investment.
3. ''विनियोग के लिए प्रभावपूर्ण माँग उपभोग के लिए प्रभावपूर्ण माँग की अपेक्षा अधिक जटिल एवं अस्थिर रहती है।'' समझाइये।
   "Effective demand for investment is more complex and more unstable than effective demand for consumption." Explain.
4. विनियोग की प्रेरणा के क्या अर्थ हैं? एक पूँजीवादी अर्थव्यवस्था में विनियोग की प्रेरणा किन-किन मुख्य तत्त्वों पर निर्भर करती है?
   What do you understand by inducement to invest? Discuss the main determinants of inducement to investment in a capital economy?
5. विनियोग को प्रोत्साहित करने वाले उपायों की व्याख्या कीजिए।
   Explain various measures that can stimulate private investment.

II. लघु उत्तरीय प्रश्न (Short Answer Type Questions)

1. अर्थशास्त्र में विनियोग की धारणा का क्या अर्थ है?
2. प्रेरित विनियोग और स्वतन्त्र विनियोग में अन्तर कीजिए।
3. संक्षेप में विनियोग के निर्धारक तत्व लिखिए।
4. विनियोग का साम्यबिन्दु स्पष्ट कीजिए।
5. क्या विनियोग के निर्णय में MEC का अधिक महत्व रहता है?
6. विनियोग को प्रोत्साहित करने के आय लिखिए।

III. वस्तुनिष्ठ प्रश्न (Objective Type Questions)

सही विकल्प चुनकर लिखिए–

1. कीन्स के अनुसार विनियोग से अभिप्राय है :
   (अ) वास्तविक विनियोग से (ब) वित्तीय विनियोग से
   (स) उपर्युक्त दोनों से (द) उपर्युक्त में से कोई नहीं।
2. विनियोग सम्बन्धी निर्णय निर्भर करता है :
   (अ) पूँजी की सीमान्त क्षमता पर (ब) ब्याज की दर पर
   (स) उपर्युक्त दोनों पर (द) उपर्युक्त में से कोई नहीं।

3. विनियोग की मात्रा में वृद्धि होने के साथ-साथ MEC :

(अ) बढ़ती रहती है (ब) घटती जाती है

(स) स्थिर रहती है (द) उपर्युक्त में से कोई नहीं।

4. निम्नलिखित में से वास्तविक विनियोग है :

(अ) शेयर बाजार से शेयर खरीदना (ब) बैंक में जमा खाता खोलना

(स) पुरानी फैक्टरी खरीदना (द) भवनों का निर्माण।

उत्तर—1. (अ), 2. (स), 3. (ब), 4. (द)।

OOO

10 पूँजी की सीमान्त उत्पादकता
(Marginal Efficiency of Capital)

जैसा कि हम अध्ययन कर चुके हैं कि कीन्स के अनुसार प्रेरित विनियोग (Inducement to Invest) मुख्य रूप से दो तत्त्वों पर निर्भर करता है–(i) ब्याज की दर और (ii) पूँजी की सीमान्त उत्पादकता। इन दोनों तत्त्वों में से पूँजी की सीमान्त उत्पादकता अपेक्षाकृत अधिक प्रभावशाली घटक है और इसके अधिक होने से विनियोग प्रेरणा भी अधिक होती है। इस अध्याय में हम पूँजी की सीमान्त उत्पादकता (Marginal Efficiency of Capital, MEC) की सविस्तार व्याख्या करेंगे।

पूँजी की सीमान्त उत्पादकता का अर्थ[1]
(Meaning of MEC)

पूँजी की सीमान्त उत्पादकता की धारणा का उपभोग सबसे पहले **इरविंग फिशर** ने सन् 1930 में किया था। उन्होंने इसे लागत पर प्राप्त प्रतिफल की दर (Rate of Return over Cost) का नाम दिया था। साधारण शब्दों में, पूँजी की सीमान्त उत्पादकता का अर्थ है–''विनियोग से प्राप्त होने वाले लाभ की अनुमानित दर'' (Expected rate of Profitability of New Investment)। उत्पादकता (Efficiency) शब्द का प्रयोग आय की दर को प्रकट करने के लिए किया गया है। इस प्रकार **पूँजी की सीमान्त उत्पादकता से आशय पूँजी की अतिरिक्त इकाई से प्राप्त होने वाले प्रतिफल में से लागत निकालने के बाद प्राप्त हुई आय से होता है।**

पूँजी की सीमान्त उत्पादकता स्वयं दो बातों पर निर्भर करती है–(i) पूँजी परिसम्पत्ति की भावी प्राप्त आय तथा (ii) पूँजी परिसम्पत्ति की पूर्ति कीमत या लागत।

(i) भावी या प्रत्याशित आय (Prospective Yield)–भावी आय से आशय पूँजी सम्पत्ति की उस कुल शुद्ध आय से है जिसे वह सम्पत्ति या मशीन अपने सम्पूर्ण जीवनकाल में उत्पन्न कर सकती है। यहाँ 'शुद्ध' शब्द का प्रयोग इसलिए किया गया है, क्योंकि शुद्ध आय को मालूम करने के लिए कुल आय में से पूँजी की वर्तमान लागतों को घटाना पड़ता है। यदि हम पूँजी-सम्पत्ति के भावी जीवनकाल को एक वर्षीय कालों की श्रेणी, जैसे–$Q_1 + Q_2 + Q_3 \ldots Qn$ में विभाजित कर दें तो भावी आय की गणना करने के लिए हमें इन सभी वर्षों के शुद्ध लाभ को जोड़ना होगा। अर्थात्

$$Py = Q_1 + Q_2 + Q_3 \ldots\ldots Qn$$

(ii) पूर्ति कीमत या लागत (Supply Price)–प्रारम्भिक विनियोग करते समय जो पूँजी वस्तुओं पर व्यय होती है, उसे पूर्ति कीमत कहते हैं। उदाहरणार्थ, नई मशीनरी लगाते समय या प्लाण्ट लगाते समय जो खर्च किया जाता है, उसे पूर्ति कीमत या नये विनियोग की लागत कहते हैं। इसे **प्रतिस्थापन लागत (Replacement Cost)** भी कहते हैं।

1. पूँजी की सीमान्त उत्पादकता की परिभाषा व निर्धारक तत्त्व का विस्तृत अध्ययन पूर्व अध्याय में किया जा चुका है, अतः हम यहाँ उसकी पुनरावृत्ति नहीं कर रहे हैं।

(iii) इस प्रकार MEC पूँजी-परिसम्पत्ति के भावी प्रत्याशित आय और उसकी पूर्ति कीमत (अथवा लागत) के बीच का अनुपात है।

प्रो. कुरिहारा के शब्दों में, ''पूँजीगत सम्पत्ति के अतिरिक्त इकाई को भावी आय और उसकी पूर्ति कीमत का परस्पर अनुपात ही पूँजी की सीमान्त उत्पादकता है।'' MEC को सूत्र रूप में निम्न प्रकार व्यक्त कर सकते हैं।

पूँजी की सीमान्त उत्पादकता को अग्रांकित सूत्र द्वारा निर्धारित कर सकते हैं–

$$\text{MEC} = \frac{\text{प्रत्याशित आय}}{(\text{लागत या पूर्ति कीमत})}$$

प्रत्याशित दर के रूप में व्यक्त करने के लिए इसको 10 से गुणा कर दिया जाता है। अत:

$$\text{MEC} = \frac{\text{प्रत्याशित आय (Y)}}{\text{लागत या (पूर्ति मूल्य) (P)}} \times 100$$

कीन्स की सीमान्त उत्पादकता के निर्धारण का सूत्र
(Keynes Formula of Determination of MEC)
अथवा
पूँजी की सीमान्त उत्पादकता का बट्टे की दर के रूप में निर्धारण
(Determination of MEC in the Form of Rate of Discount)

यहाँ उल्लेखनीय है कि पूँजी-सम्पत्ति की पूर्ति कीमत उसकी **वर्तमान लागत** है, जबकि प्रत्याशित आय पूँजी-सम्पत्ति के जीवन काल में अथवा **भविष्य** में प्राप्त होने वाली आय को व्यक्त करता है। अत: पूँजी-सम्पत्ति का पूर्ति मूल्य तथा प्रत्याशित या अनुमानित आय का मूल्य ज्ञात करने के बाद पूँजी की **सीमान्त उत्पादकता (MEC)** का अनुमान उस बट्टा दर (Rate of Discount) के रूप में लगाया जा सकता है, जो इन दोनों धारणाओं के मूल्यों को बराबर करती है। इसलिए प्रो. कीन्स ने MEC को कटौती या बट्टे की दर के रूप में निम्न प्रकार परिभाषित किया है–

कीन्स के शब्दों में, ''पूँजी की सीमान्त उत्पादकता, कटौती की उस दर के बराबर होती है, जो किसी परिसम्पत्ति के सम्पूर्ण जीवनकाल में वार्षिक प्रत्याशित लाभों के वर्तमान मूल्यों को इसकी पूर्ति कीमत के बराबर कर देती है।''[1]

संक्षेप में, **MEC वह कटौती दर है जिससे कुल प्रत्याशित आय पूँजी की पूर्ति लागत के समान हो जाये।**

उपर्युक्त परिभाषा और अधिक स्पष्ट हो जायेगी यदि हम इसको समीकरण के रूप में प्रस्तुत करें।

माना (i) Cr = पूँजीगत परिसम्पत्तियों की प्रतिस्थापना लागत या पूर्ति कीमत है।

(ii) Q_1, Q_2, Q_3 आदि = पूँजीगत परिसम्पत्तियों के मिलने वाली प्रत्याशित वार्षिक प्राप्तियाँ (Expected Annual Returns form the Capital Assets) हैं।

---

1. "...the marginal efficiency of capital being an equal to that rate of discount which would make the present value of a series of annuities given by the returns expected from the capital asset during its life just equal to its supply price."

—*Keynes*

$$Cr = \frac{Q_1}{(1+MEC)^1} + \frac{Q_2}{(1+MEC)^2} + \frac{Q_3}{(1+MEC)^3} ... \frac{Q_n}{(1+MEC)^n}$$

यदि हम MEC के लिए r (Symbol) चिह्न का प्रयोग करें तो–

$$Cr = \frac{Q_1}{(1+r)^1} + \frac{Q_2}{(1+r)^2} + \frac{Q_3}{(1+r)^3} ... \frac{Q_n}{(1+r)^n} \quad -(1)$$

इस समीकरण (1) में समस्या है **पूँजी की सीमान्त अर्थात् बट्टे की दर (r)** को ज्ञात करने की, जबकि पूर्ति मूल्य लागत (C) तथा प्रतिफलों की शृंखलाएँ $Q_1, Q_2, Q_3...Qn$) दी हुई हैं।

उदाहरण–मान लीजिए, एक नई पूँजी परिसम्पत्ति से जिसकी जीवन अवधि तीन वर्ष है, वार्षिक भावी आय इस प्रकार होती है–

प्रथम वर्ष 2,200 रु. द्वितीय वर्ष 4,840 रु. तृतीय वर्ष 7,986 रु.

मान लीजिए कि पूँजी की वर्तमान कीमत 12,000 रुपये है। पूँजी की सीमान्त उत्पादकता को निम्न समीकरण की सहायता से ज्ञात किया जायेगा–

$$Cr = \frac{Q_1}{(1+r)} + \frac{Q_2}{(1+r)^2} + \frac{Q_3}{(1+r)^3}$$

$$1{,}2000 = \frac{2200}{(1+r)} + \frac{4840}{(1+r)^2} + \frac{7986}{(1+r)^3}$$

उपरोक्त समीकरण को हल करने पर यह विदित होता है कि वह बट्टे की दर 10% ही वह उपयुक्त दर है जो पूँजी-सम्पत्ति की भावी आय के वर्तमान मूल्य तथा उसकी पूर्ति कीमत में समानता स्थापित करती है। इस प्रकार इस उदाहरण में **बट्टे की दर** या MEC 10% आती है।

अब हम इस बट्टे की दर से प्रत्याशित आय के मूल्यों की कटौती करके देखेंगे कि वह इसकी पूर्ति कीमत के बराबर बनती है।

$$12{,}800 = \frac{2200}{(1+0.1)^1} + \frac{4840}{(1+0.1)^2} + \frac{7986}{(1+0.1)^3}$$

$$= \frac{2200}{(1.1)^1} + \frac{4840}{(1.1)^2} + \frac{7986}{(1.1)^3}$$

$$= \frac{2200}{1.1} + \frac{4840}{1.21} + \frac{7986}{1.331}$$

= 2,000 रु. + 4,000 रु + 6,000 रु. = 12,000 रु.

स्पष्ट है कि उपरोक्त उदाहरण में बट्टे की दर 10% है, जो परिसम्पत्ति की भावी आय के वर्तमान मूल्य को इसकी पूर्ति के समान बनाती है।

उपरोक्त विवेचन से निम्नलिखित बातें स्पष्ट होती हैं–

1. पूँजी की सीमान्त उत्पादकता (MEC) एक **अनुपात अथवा एक दर है** अर्थात् यह एक प्रतिशत दर है।

2. MEC **एक प्रत्याशित दर है** जो कि भविष्य की सभी अनिश्चितताओं के अधीन होती है।

3. MEC **एक सीमान्त दर है।** सीमान्त शब्द का अर्थ यह है कि प्रतिफल की दर का प्रयोग पूँजीगत वस्तु की एक अतिरिक्त इकाई के लिए होता है।

4. **यह बट्टे की एक दर (A Rate of Discount) है** विशेषकर बट्टे की वह दर है जो कि पूँजीगत वस्तु से आय के प्रत्याशित प्रवाह के वर्तमान मूल्य को उस पूँजीगत वस्तु के वर्तमान पूर्ति मूल्य (या उसकी लागत) के ठीक बराबर करती है।

5. MEC को प्रभावित करने वाले दोनों तत्त्वों–पूर्ति की कीमत तथा भावी प्रत्याशित आय में से पूर्ति–कीमत अल्पकाल में स्थिर बनी रहती है, क्योंकि अल्पकाल में सम्पत्तियों की लागत अथवा कीमत में अन्तर नहीं पड़ता है।

6. चूँकि अल्पकाल में पूँजी सम्पत्ति की पूर्ति कीमत स्थिर रहती है, इसलिए वार्षिक **भावी आयों की राशि में वृद्धि होने पर बट्टा–दर अथवा MEC में वृद्धि होती है और वार्षिक भावी आयों में कमी होने पर MEC में भी कमी होती है।**

एक नयी परियोजना पर उत्पादक द्वारा किया जाने वाला निवेश मूल रूप से **दो पैरामीटरों** के स्तर पर निर्भर करता है, जैसे, k (= पूँजी की सीमान्त उत्पादकता = निवेश परियोजना से प्राप्त लाभ की अनुमानित दर) तथा 'r' (ब्याज की दर)। कुल निवेश k और r की समानता के अनुरूप होनी चाहिए।

अतएव $\boxed{I \Rightarrow k = r}$

निवेश के स्तर (I) से अभिप्राय k और r के बीच समानता है।

पूँजी की सीमान्त उत्पादकता की प्रकृति
(Nature of MEC)

पूँजी की सीमान्त उत्पादकता का उपरोक्त विवरण एक विशेष पूँजीगत सम्पत्ति के सम्बन्ध में किया गया था परन्तु एक पूँजीगत सम्पत्ति की सीमान्त उत्पादकता तथा अर्थव्यवस्था की सीमान्त उत्पादकता में अन्तर पाया जाता है। किसी विशेष पूँजीगत सम्पत्ति की सीमान्त उत्पादकता से अभिप्राय उस अनुमानित आय की दर से है जो पूँजीगत सम्पत्ति की एक नई अथवा अतिरिक्त इकाई के लगाने से प्राप्त होती है। इसके विपरीत पूँजी की सामान्य सीमान्त उत्पादकता से अभिप्राय सबसे लाभदायक पूँजी की नयी इकाई से प्राप्त होने वाली अनुमानित आय की दर होती है। अन्य शब्दों में, सामान्य सीमान्त उत्पादकता से अभिप्राय अर्थव्यवस्था के सबसे अधिक लाभपूर्ण पूँजीगत सम्पत्ति की उच्चतम सीमान्त उत्पादकता से होता है।

पूँजी की सीमान्त उत्पादकता की प्रवृत्ति पूँजी विनियोग में होने वाली प्रत्येक वृद्धि के साथ उत्तरोत्तर घटने की होती है। **कीन्स** के शब्दों में, ''यदि किसी प्रकार की पूँजी में किसी समयावधि में विनियोग बढ़ाया जाता है तो इस विनियोग वृद्धि के साथ-साथ पूँजी की सीमान्त उत्पादकता घटने की प्रवृत्ति रखती है।'' इस तथ्य को पूँजी विनियोग माँग–अनुसूची की सहायता से स्पष्ट किया जा सकता है। ''पूँजी विनियोग में विभिन्न स्तरों पर पूँजी की सीमान्त उत्पादकता को दिखाने वाली अनुसूची को ही विनियोग माँग अनुसूची कहते हैं।'' यह अनुसूची पूँजी की सीमान्त उत्पादकता तथा विनियोग राशि के बीच एक 'फलनात्मक सम्बन्ध' (Functional Relationship) को व्यक्त करती है अर्थात् $r = f(I)$।

सारणी 1–विनियोग माँग अनुसूची : घटती हुई MEC

विनियोग (रुपये)	पूँजी की सीमान्त उत्पादकता (प्रतिशत)
10,000	12
12,000	10
14,000	8
16,000	6
18,000	4
20,000	2

इस अनुसूची के अनुसार जब विनियोग 10,000 रुपये है तो पूँजी की सीमान्त उत्पादकता 12% है परन्तु जब विनियोग बढ़कर

20,000 रु. हो जाता है तो पूँजी की सीमान्त उत्पादकता घटकर 2% हो जाती है। विनियोग और रोजगार के स्तर का निर्धारण करने के स्तर का निर्धारण करने में विनियोग माँग अनुसूची की स्थिति और आकार का विशेष महत्त्व है।

चित्र 1 में पूँजी की सीमान्त उत्पादकता वक्र का आकार ऊपर से नीचे की ओर है जिससे यह सिद्ध होता है कि विनियोग की मात्रा में वृद्धि के साथ-साथ पूँजी की सीमान्त उत्पादकता घटती जाती है। इसे **कीन्स का पूँजी की घटती हुई सीमान्त उत्पादकता सिद्धान्त (Keynesian Theory of Diminishing Marginal Efficiency of Capital)** कहते हैं। अत: MEC = (= r) एक समय इकाई में किये गये विनियोग व्यय का घटता हुआ फलन (Function) है। अर्थात् r = f (I)

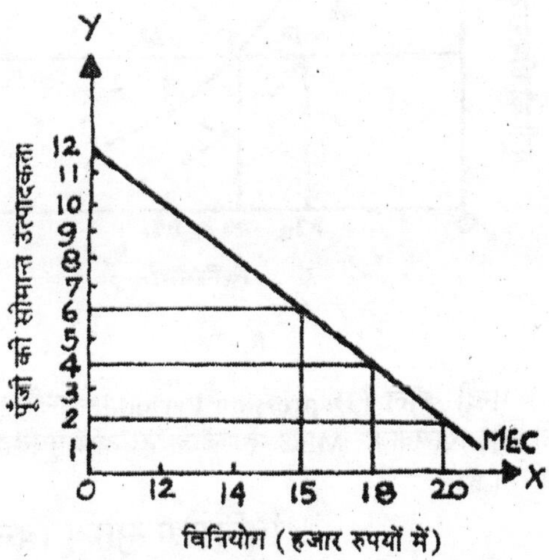

चित्र : 1

पूंजी की सीमान्त उत्पादकता क्यों घटती है?

पूँजी की सीमान्त क्षमता के गिरने के तीन कारण हैं–

1. उत्पत्ति ह्रास नियम की क्रियाशीलता (Operation of Law of Diminishing Returns)– जब उत्पत्ति के अन्य साधनों (जैसे–श्रम आदि) की स्थिर मात्रा के साथ पूँजी स्टॉक की अधिक इकाइयों का प्रयोग किया जाता है तो उत्पत्ति ह्रास नियम के लागू होने के कारण पूँजीगत वस्तु की प्रत्येक अतिरिक्त इकाई, पिछली इकाई की तुलना में उत्पादन में कम वृद्धि कर पाती है, फलत: MEC गिरने लगती है।

2. पूँजीगत वस्तुओं की कीमत में वृद्धि (Increase in the Price of Capital Goods)–जब पूँजीगत वस्तुओं की अधिक माँग की जाती है, तब पूर्ति के नियम के अनुसार पूँजी की 'पूर्ति-कीमत' बढ़ जाती है, जिससे भावी आय में कमी होने लगती है। इस प्रकार 'ऊँची पूर्ति-कीमत' का प्रभाव 'पूर्ति-कीमत' के ऊपर प्राप्त होने वाले विशुद्ध प्रतिफल' या MEC को घटाने का होता है।

3. अन्तिम वस्तुओं की पूर्ति का प्रभाव (Effect of Supply of Final Goods)–जब पूँजी सम्पत्ति के उपयोग में वृद्धि होती है, तब उससे अन्तिम वस्तुओं की पूर्ति अर्थात् उत्पादन में भी वृद्धि हो जाती है। किन्तु यह वृद्धि उस अन्तिम वस्तु की कीमत में कमी कर देती है, जिसके फलस्वरूप पूँजी की सीमान्त उत्पादकता घटने लगती है।

MEC वक्र में परिवर्तन
(Shifts in MEC Curve)

यहाँ यह उल्लेखनीय है कि यदि भावी लाभ की आशाओं में कोई परिवर्तन होता है तो सम्पूर्ण विनियोग माँग वक्र अर्थात् पूँजी सीमान्त उत्पादकता वक्र (MEC) ऊपर अथवा नीचे को परिवर्तित हो सकता है। जब उद्यमियों की आशाओं में वृद्धि होती है तब MEC वक्र नीचे की ओर खिसकता है तो वह मन्दी काल की अवस्था को अभिव्यक्त करता है। इन्हीं दोनों स्थितियों को चित्र 2 की सहायता से अधिक स्पष्ट किया गया है।

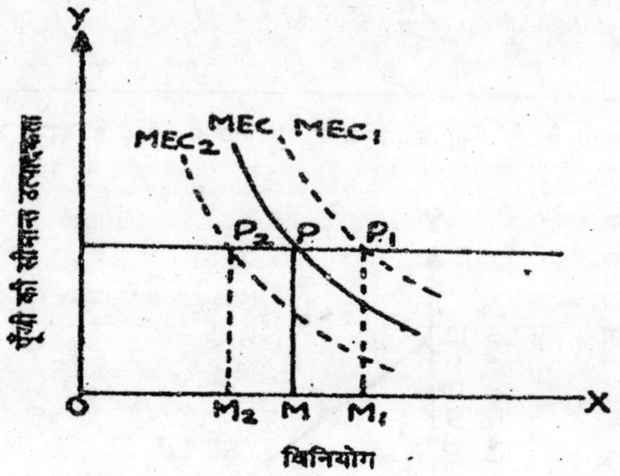

चित्र : 2

समृद्धि काल (Prosperity Period)–मान लीजिए युद्ध छिड़ जाने अथवा अन्य किन्हीं कारणों से वस्तुओं की माँग में वृद्धि हो जाने के कारण उपक्रमियों के लाभ अर्जित करने की आशाएँ बढ़ जाती हैं फलतः MEC वक्र ऊपर की ओर खिसकर MEC_1 हो जाता है। इस विवर्तन का अर्थ है स्थिर ब्याज की दर पर अब पूँजी का अधिक विनियोग होना। चित्र से स्पष्ट है कि जब विनियोग माँग वक्र MEC था तो ब्याज की दर OM या PM पर विनियोग की मात्रा OM के बराबर थी, किन्तु जब लाभ की मात्रा बढ़ने के साथ विनियोग माँग वक्र ऊपर दायीं ओर विवर्तित होकर MEC_1 हो जाता है तो पूर्ववत् ब्याज की दर OM या P_1M_1 पर विनियोग OM से बढ़कर OM_1 हो जाता है।

मन्दी काल (Depression Period)–मन्दी काल में लाभ की आशाएँ कम होती हैं। फलस्वरूप MEC वक्र बायें की ओर खिसककर MEC_2 हो जाता है। अब पूर्ववत् OM या P_2M_2 ब्याज की दर पहले से कम विनियोग अर्थात् OM_2 हो रहा है।

विनियोग साम्य बिन्दु या मात्रा-विनियोग निर्णय नियम[1]
(The Equilibrium Volume of Investment—Investment Decision Rule)
अथवा
पूँजी की सीमान्त उत्पादकता और ब्याज की दर
(MEC and Rate of Interest)

पूँजी की सीमान्त उत्पादकता और ब्याज की दर विनियोग के दो महत्त्वपूर्ण निर्धारक तत्त्व हैं, इसलिए उद्यमी कोई विनियोग करने से पहले इसकी तुलना करते हैं। जब तक पूँजी की सीमान्त उत्पादकता ब्याज की दर से अधिक होती है, उद्यमी विनियोग बढ़ाते हैं। इसके विपरीत यदि ब्याज की दर, पूँजी की सीमान्त उत्पादकता से कम होती है तो विनियोग पर प्रतिकूल प्रभाव पड़ता है। अतः उद्यमी वर्ग विनियोग को घटाता है। स्पष्ट है कि विनियोग उस स्तर पर सन्तुलन में होगा जहाँ पर ब्याज की दर और MEC समान होते हैं।

---

1. इस सम्बन्ध में विस्तृत विवेचना 'विनियोग क्रिया (फलन) एवं विनियोग के निर्धारक तत्त्व' नामक अध्याय में की जा चुकी है। अतः इसकी पुनरावृत्ति हम यहाँ नहीं कर रहे हैं।

पूँजी की सीमान्त उत्पादकता को प्रभावित करने वाले घटक
(Factors Affecting Marginal Efficiency of Capital)

पूँजी की सीमान्त उत्पादकता को प्रभावित करने वाले तत्त्वों का हम निम्न दो शीर्षकों के अन्तर्गत अध्ययन कर सकते हैं–(I) अल्पकालीन तत्त्व और (II) दीर्घकालीन तत्त्व।

(I) अल्पकालीन तत्त्व (Short-time Factors)–अल्पकालीन तत्त्व जो पूँजी की सीमान्त उत्पादकता पर प्रभाव डालते हैं, वे इस प्रकार हैं–

1. लागत व माँग का स्वरूप (Nature of Cost and Demand)–ऊपर हम देख चुके हैं कि पूँजी की सीमान्त उत्पादकता भावी आय व पूँजीगत सम्पत्ति के पूर्ति मूल्य या लागत पर निर्भर करती है। अत: यदि भविष्य में लागत बढ़ने की सम्भावना हो और माँग घटने तथा कीमत गिरने की सम्भावना हो तो भावी आय में कमी होने से पूँजी की सीमान्त उत्पादकता पर प्रतिकूल प्रभाव पड़ेगा। इसके विपरीत यदि भविष्य में लागत कम होने, माँग में वृद्धि होने और कीमत अधिक होने की सम्भावना हो तो पूँजी की सीमान्त उत्पादकता पर अनुकूल प्रभाव पड़ेगा और विनियोग को प्रोत्साहन मिलेगा।

2. आय में परिवर्तन (Change in Income)–पूँजी की सीमान्त उत्पादकता को प्रभावित करने वाला एक अन्य तत्त्व आय है। आय में वृद्धि चाहे अकस्मात् लाभ या कर की दर में छूट के कारण हो, पूँजी की सीमान्त उत्पादकता पर अनुकूल प्रभाव डालती है। आय बढ़ने से सामान्यत: वस्तुओं की माँग में वृद्धि होती है, मूल्य बढ़ते हैं और लाभ की सम्भावनाएँ बढ़ जाती हैं, जिसके फलस्वरूप पूँजी की सीमान्त उत्पादकता में वृद्धि हो जाती है। संक्षेप में, आय में वृद्धि से पूँजी की सीमान्त उत्पादकता प्रोत्साहित होती है और आय में कमी से हतोत्साहित।

3. उपभोग प्रवृत्ति (Propensity to Consume)–अल्पकाल में उपभोग प्रवृत्ति में परिवर्तन भी विनियोग और पूँजी की सीमान्त उत्पादकता पर अनुकूल प्रभाव डालता है, क्योंकि पूँजीगत वस्तुओं की माँग भी उपभोग वस्तुओं पर निर्भर रहती है। जब उपभोग वस्तुओं की माँग बढ़ती है, तब मशीन आदि पूँजीगत वस्तुओं की माँग भी बढ़ती है। अत: अनुकूल उपभोग प्रवृत्ति का भी पूँजी की सीमान्त उत्पादकता पर अच्छा प्रभाव पड़ता है।

4. तरल सम्पत्ति (Liquid Assets)–जब एक साहसी के पास अनेक प्रकार की तरल सम्पत्ति होती है, तब वह उससे हर प्रकार का विनियोग करके लाभ उठाने की चेष्टा करता है, परन्तु जब सम्पत्ति अतरल होती है, तब विनियोग पर प्रतिकूल प्रभाव पड़ता है और पूँजी की सीमान्त उत्पादकता पर भी प्रतिकूल प्रभाव पड़ता है।

5. कर नीति (Taxation Policy)–यदि भारी मात्रा में प्रत्यक्ष और अप्रत्यक्ष कर लगाये जायें तो इससे विनियोग पर प्रतिकूल प्रभाव पड़ता है जिसके फलस्वरूप MEC घट जाती है। इसके विपरीत करों की रियायतें और छूट उद्यमियों को अधिक विनियोग करने के लिए प्रेरित करती हैं और MEC पर अनुकूल प्रभाव पड़ता है।

6. पूँजीगत वस्तुओं का वर्तमान भण्डार (Present Stock of Capital Goods)–यदि पूँजीगत वस्तुओं का वर्तमान भण्डार अधिक हो तो पूँजी की सीमान्त कार्य-कुशलता स्वाभाविक रूप से कम होगी। इतना ही नहीं, वर्तमान भण्डार और नये विनियोग में प्रतियोगिता के कारण पूँजी की सीमान्त उत्पादकता के घटने की प्रवृत्ति उत्पन्न हो जाती है।

7. पूँजी पदार्थों से वर्तमान में प्राप्त होने वाली आय (Present Income From Capital Goods)–यदि वर्तमान समय में वर्तमान पूँजी पदार्थों से आय बड़ी तेज गति से बढ़ रही हो तो ऐसी स्थिति में उद्यमी अधिक मात्रा में विनियोग करेंगे। अत: पूँजी की सीमान्त उत्पादकता पर अनुकूल प्रभाव पड़ेगा।

8. वर्तमान विनियोग की दर (Present Investment Rate)–यदि किसी उद्योग में विनियोग की मात्रा पहले से अधिक है तो ऐसी दशा में उद्यमी उस उद्योग में विनियोग करने के प्रति संकोच करेंगे। जैसे–यदि देश में चीनी के अधिक कारखाने स्थापित किये जा रहे हैं तो नये उद्यमी इस उद्योग में विनियोग करना अधिक पसंद नहीं करेंगे और इसकी सीमान्त उत्पादकता पर प्रतिकूल प्रभाव पड़ेगा।

9. उत्पादन क्षमता (Production Capacity)—वर्तमान पूँजी उपकरणों की उत्पादन क्षमता का भी पूँजी की सीमान्त उत्पादकता पर प्रभाव पड़ता है, यदि किसी उद्योग के वर्तमान पूँजी उपकरणों की उत्पादन क्षमता को अभी पूरी तरह प्रयोग में नहीं लाया गया है तो चाहे उसकी वस्तुओं की माँग में कितनी भी वृद्धि की आशा हो वह अधिक विनियोग

नहीं करेगा। यदि उसकी मशीन तथा प्लाण्ट अब अपनी पूरी उत्पादन क्षमता के स्तर पर काम कर रहा है तो वस्तुओं में वृद्धि की माँग होने की सम्भावना के फलस्वरूप वह विनियोग की मात्रा में अवश्य वृद्धि करेगा।

10. भावी आशाएँ (Future Expectations)–वर्तमान विनियोग पर भावी लाभ की सम्भावना से भी पूँजी की सीमान्त उत्पादकता पर अनुकूल प्रभाव पड़ता है। यदि साहसियों को दीर्घकाल में अधिकाधिक लाभ प्राप्त करने की आशा हो तो वर्तमान में भी पूँजी की सीमान्त उत्पादकता वक्र ऊपर की ओर खिसक जाता है।

11. कुल विनियोग की मात्रा (Volume of Total Investment)–समाज के विभिन्न उत्पत्ति क्षेत्रों में कितनी पूँजी पहले से विनियोजित हैं, वह भी नई पूँजी की उत्पादकता को प्रभावित करती है।

12. आशावाद और निराशावाद की लहरें (Waves of Optimism & Pessimism)–पूँजी की सीमान्त उत्पादकता पर आशावाद और निराशावाद की लहरों का विशेष प्रभाव पड़ता है, क्योंकि आशावाद के कारण लाभ बढ़ते हैं और निराशावाद के कारण लाभ घटते हैं जिससे पूँजी की सीमान्त उत्पादकता भी प्रभावित होती है।

(II) दीर्घकालीन तत्त्व (Long-term Factor)–पूँजी की सीमान्त उत्पादकता पर दीर्घकालीन प्रभाव डालने वाले तत्त्व इस प्रकार हैं–

1. जनसंख्या (Population)–बढ़ती हुई जनसंख्या का विनियोग और पूँजी की सीमान्त उत्पादकता पर अनुकूल प्रभाव पड़ता है, क्योंकि बढ़ती हुई जनसंख्या की आवश्यकताओं को पूरा करने के लिए विभिन्न के विनियोग की आवश्यकता पड़ती है जिससे पूँजी की सीमान्त उत्पादकता पर अनुकूल प्रभाव पड़ता है।

2. नये क्षेत्रों का विकास (Development of New Sectors)–जब किसी देश में नवीन क्षेत्रों का आर्थिक विकास किया जाता है, तब कृषि, सिंचाई, बिजली, उद्योग, परिवहन व संचार-सुविधाओं आदि में बड़े पैमाने पर विनियोग किया जाता है।

3. तकनीकी प्रगति (Technical Development)–जब उत्पादन तकनीकी में सुधार होता है तो उपक्रमी नये-नये विनियोग करने के लिए प्रोत्साहित होते हैं। उदाहरण के लिए, उत्पादन तकनीकों में जब कोई नवीन आविष्कार होता है, तब कारखानों में नयी-नयी एवं महंगी मशीनें, संयंत्र और उपकरण लगाये जाते हैं।

4. वर्तमान विनियोग की दर (Present Investment Rate)–पूँजी की सीमान्त उत्पादकता पर किसी विशिष्ट उद्योग में वर्तमान विनियोग की दर का महत्त्वपूर्ण प्रभाव पड़ता है। उदाहरण के लिए, यदि किसी उद्योग में वर्तमान विनियोग की दर पहले से ही अधिक ऊँची है तो ऐसे उद्योग में अतिरिक्त विनियोग की सम्भावना बहुत कम होगी। यदि बहुत-सी जूट मिलें स्थापित की जा रही हैं तो नये उपक्रमी जूट मिलों में पूँजी लगाने में संकोच करेंगे, क्योंकि ऐसा करने से उन्हें अधिक लाभ नहीं होगा।

5. सामान्य परिस्थिति (General Conditions)–यदि भविष्य में युद्ध का वातावरण बनता जा रहा हो तो उससे राजनीतिक अशान्ति पैदा हो जायेगी, जिसका पूँजी की सीमान्त उत्पादकता पर प्रतिकूल प्रभाव पड़ेगा। इसके विपरीत यदि देश में शान्ति का वातावरण हो तो उसके फलस्वरूप विनियोग प्रोत्साहित होगा तथा पूँजी की सीमान्त उत्पादकता में वृद्धि होने की सम्भावना होगी।

6. आर्थिक नीति (Economic Policy)–भविष्य में सरकार कैसी आर्थिक नीति को अपनाती है, इस बात का भी पूँजी की सीमान्त उत्पादकता पर असर पड़ता है। यदि भविष्य में राष्ट्रीयकरण की आशा है तो पूँजी की सीमान्त उत्पादकता कम होगी।

7. माँग में दीर्घकालीन वृद्धि (Long-term Investment Demand)–यदि भविष्य में वस्तुओं की माँग में स्थायी वृद्धि की संभावना हो और इस माँग के बने रहने की दीर्घकालीन प्रवृत्ति हो तो उद्यमी वर्ग अधिक विनियोग करने के लिए प्रेरित होंगे, जिसके परिणामस्वरूप पूँजी की सीमान्त उत्पादकता बढ़ जायेगी।

8. पूँजी उपकरणों की पूर्ति में परिवर्तन (Change in Supply of Capital Equipment)–यदि पूँजी उपकरणों की वर्तमान पूर्ति पर्याप्त हो तो प्रेरित विनियोग नहीं होगा और MEC कम होगी, परन्तु यदि वर्तमान पूँजी का पूरा प्रयोग हो रहा हो तो इसका विनियोग और सीमान्त उत्पादकता पर अनुकूल प्रभाव पड़ेगा।

पूँजी की सीमान्त उत्पादकता की धारणा की आलोचनाएँ
(Criticisms of Marginal Efficiency of Capital)

(i) अनिश्चित अर्थ (Ambiguous Meaning)–आलोचकों का कहना है कि कीन्स ने MEC शब्द का प्रयोग एक निश्चित अर्थ में नहीं किया है। उन्होंने इसका कभी कुछ अर्थ लगाया है जिसकी वजह से इसका सही अर्थ समझना कठिन हो गया है। प्रो. हैजलिट ने कीन्स की MEC धारणा की आलोचना करते हुए लिखा है कि ''कीन्स यदि MEC शब्दों का प्रयोग नहीं किये होते तो अपने को कई प्रकार की अस्पष्टताओं (Ambiguities), अनिश्चितताओं (Uncertainties) एवं कुतर्कों (Bad Reasoning) में से बचा सकते थे।''

(ii) तर्कसंगत नहीं (Illogical)–कीन्स के मतानुसार पूँजी की सीमान्त उत्पादकता पर प्रभावी प्रत्याशाओं (Future Expectations) का तो प्रभाव पड़ता है, किन्तु ब्याज की दर पर इनका कोई प्रभाव नहीं पड़ता। कीन्स का यह दृढ़ विश्वास था कि पूँजी की सीमान्त उत्पादकता (MEC) और प्रत्याशाओं के बीच एक घनिष्ठ सम्बन्ध होता है, किन्तु ब्याज की दर का प्रत्याशाओं से कोई सम्बन्ध नहीं होता। इसका अर्थ यह हुआ कि कीन्स ने ब्याज की दर को स्थैतिक अर्थशास्त्र में सम्मिलित किया था और पूँजी की सीमान्त उत्पादकता (MEC) को प्रावैगिक अर्थशास्त्र का रूप दिया था। प्रो. हैजलिट का कहना है कि इस मनमानी मान्यता को स्वीकार करने का अर्थ यह होगा कि प्रत्याशाओं का उपक्रमियों पर तो प्रभाव पड़ता है, लेकिन ऋणदाताओं पर इसका कोई प्रभाव नहीं पड़ता। वस्तुत: इस प्रकार का सोचना एक बहुत बड़ी भूल होगी।

(iii) मापने की कठिनाई (Difficulties in Measurment)–कीन्स के अनुसार पूँजी की सीमान्त उत्पादकता (MEC) का सम्बन्ध पूँजी की सीमान्त लाभशीलता (Expected Profitability) से है, परन्तु हम इस सम्भावित लाभशीलता का माप कैसे कर सकते हैं यदि पूँजी की सीमान्त उत्पादकता में परिवर्तन आते रहें और इसके फलस्वरूप विनियोग प्रभावित हो तो MEC को मापा नहीं जा सकता।

(iv) पूर्ण प्रतियोगिता की गलत धारणा (Wrong Assumptions of full Competition)–कीन्स ने बाजार में पूर्ण प्रतियोगिता की धारणा को स्वीकार किया था। उन्होंने अपूर्ण प्रतियोगी बाजार की धारणा पर कोई ध्यान नहीं दिया।

उपर्युक्त आलोचनाओं के होते हुए भी इस तथ्य से इन्कार नहीं किया जा सकता कि पूँजी की सीमान्त उत्पादकता की धारणा कीन्स की एक महत्त्वपूर्ण देन है। यह धारणा विनियोग का निर्धारण करने में अत्यन्त ही महत्त्वपूर्ण भूमिका निभाती है।

(v) व्यावसायिक प्रत्याशाएँ तथा पूँजी की सीमान्त उत्पादकता (Business Expectations and Marginal Efficiency of Capital)–पूँजी की सीमान्त उत्पादकता अनुमानित आय (Prospective Yield) पर निर्भर करती है। अनुमानित आय भविष्य में आय प्राप्त होने वाली प्रत्याशाओं को प्रकट करती है। इन प्रत्याशाओं को ही व्यावसायिक प्रत्याशाएँ (Business Expectations) कहा गया है। अत: भविष्य में प्राप्त होने वाले प्रतिफल के सम्बन्ध में की जाने वाली प्रत्याशाएँ ही व्यावसायिक प्रत्याशाएँ कहलाती हैं।

व्यावसायिक प्रत्याशाओं की परिभाषा इस प्रकार से दी जा सकती है–''व्यावसायिक प्रत्याशाएँ उन समाजिक तथा राजनीतिक परिवर्तनों के सम्बन्ध में की जाने वाली प्रत्याशाएँ हैं जो किसी पूँजीगत पदार्थ से प्राप्त आय को प्रभावित करती हैं।''

व्यावसायिक प्रत्याशाओं के प्रकार
(Kinds of Business Expectations)

कीन्स ने व्यावसायिक प्रत्याशाओं को दो भागों में बाँटा है–

1. अल्पकालीन प्रत्याशाएँ (Short-term Expectations),
2. दीर्घकालीन प्रत्याशाएँ (Long-term Expectations)।

1. अल्पकालीन प्रत्याशाएँ–ये प्रत्याशाएँ निकट भूतकालीन घटनाओं से सम्बन्धित रहती हैं और उन्हीं के आधार पर उत्पन्न होती हैं। इनका सम्बन्ध वर्तमान मशीनों के उत्पादन के कुल विक्रय मूल्य से है। संक्षेप में, अल्पकालीन

प्रत्याशाएँ वर्तमान घटनाओं और विक्रय आय पर निर्भर करती हैं। मशीन व उत्पादन तकनीक प्रायः स्थिर मानी जाती है, केवल उन मशीनों से प्राप्त उत्पादन में थोड़ा-बहुत अन्तर होता है।

अल्पकालीन प्रत्याशाओं की प्रमुख विशेषताएँ निम्नलिखित हैं–

(i) स्थिर (Stationary)–प्रो. डिल्लर्ड के अनुसार अल्पकालीन प्रत्याशाएँ अधिक स्थिर होती हैं, क्योंकि जो कुछ निकट भूतकाल में हुआ है, उससे निकट भविष्य के सम्बन्ध में अच्छा मार्गदर्शन प्राप्त हो सकता है परन्तु इसी सहायता से दूर भविष्य के बारे में किसी निश्चित परिणाम पर नहीं पहुँचा जा सकता। अतः ये प्रत्याशाएँ अधिक रहती हैं।

(ii) निरन्तरता (Continuity)–अल्पकालीन प्रत्याशाओं के अन्तर्गत कुछ सीमा तक निरन्तरता भी होती है, क्योंकि जो दशाएँ वर्तमान उत्पादन को प्रभावित करती हैं, वह दिन-प्रतिदिन, सप्ताह-प्रति सप्ताह, मास-प्रतिमास प्रायः वही रहती हैं अर्थात् उनमें विशेष परिवर्तन नहीं आता।

(iii) विश्लेषण व परीक्षण (Analysis and Examination)–अल्पकालीन प्रत्याशाओं का स्वरूप ही ऐसा होता है कि उनका उचित विश्लेषण व परीक्षण किया जा सकता है और वे प्रायः स्थिर ही होती हैं। अतः वे विनियोग के उतार-चढ़ाव के कारणों के विश्लेषण में अधिक लाभदायक सिद्ध नहीं होती।

2. दीर्घकालीन प्रत्याशाएँ–दीर्घकालीन प्रत्याशाएँ भविष्य की घटनाओं और नई मशीनरी लगाना, उत्पादन तकनीक में परिवर्तन के कारण हुई बिक्री आय पर निर्भर हैं। दीर्घकाल में मशीन के आकार और उत्पादन दोनों ही में परिवर्तन आता है।

कीन्स का कहना है कि दीर्घकालीन प्रत्याशाएँ मनोवैज्ञानिक होती हैं, क्योंकि ये वर्तमान स्थिति के तथ्यों द्वारा कुछ सीमा द्वारा सुदूर भविष्य का मार्गदर्शन करती हैं (They are formed projecting the facts of the existing situation into the future) लेकिन व्यापारियों को भविष्य में क्या होने वाला है, इसकी भविष्यवाणी करनी होती है। कीन्स का यह विश्वास है कि यदि उद्यमियों को अपनी भविष्यवाणी में पूरा विश्वास है तो दीर्घकालीन प्रत्याशाएँ स्थिर होंगी, इसके विपरीत यदि यह विश्वास कम है तो इन प्रत्याशाओं की अस्थिर दशा होगी।

संक्षेप में, दीर्घकालीन प्रत्याशाओं की प्रमुख विशेषताएँ निम्नलिखित हैं–

(i) अस्थिर (Instability)–दीर्घकालीन प्रत्याशाएँ जिनका सम्बन्ध भावी आय से है, अस्थिर होती हैं। इसका एक कारण यह है कि दीर्घकाल में काम करने वाली मशीनों में विनियोजित पूँजी प्रतिफल का निश्चित अनुमान नहीं लगाया जा सकता है। इसके अतिरिक्त दीर्घकालीन प्रत्याशाओं पर अनेक प्रभाव पड़ते हैं जिनके कारण उनके स्वरूप को जानना कठिन हो जाता है, जैसे-मशीन की जीवन अवधि, उत्पादन तकनीक में परिवर्तन, प्रतियोगिता, घिसावट, श्रम बाजार में परिवर्तन, युद्ध की सम्भावना, राजनीतिक अवस्था में परिवर्तन आदि। फलतः भविष्य के सम्बन्ध में निश्चित अनुमान लगाना कठिन हो जाता है।

(ii) निरन्तरता का अभाव (Lack of Continuity)–इन घटनाओं में निरन्तरता का अभाव पाया जाता है, क्योंकि दूर भूतकाल की घटनाएँ दूर भविष्य का मार्गदर्शक नहीं बन सकतीं।

यह माना जा सकता है कि आने वाले दिन, सप्ताह व मास में आर्थिक क्रिया वही रहेगी, जो पिछले दिन, सप्ताह व मास में थी परन्तु यह नहीं माना जा सकता कि आने वाले पाँच वर्षों में वे ही आर्थिक क्रियाएँ रहेंगी जो पिछले पाँच वर्षों में थीं। समय की अवधि से दीर्घकालीन अन्तर आने के फलस्वरूप आर्थिक क्रियाओं में निरन्तरता का अभाव पाया जाता है।

संक्षेप में, दीर्घकालीन प्रत्याशाएँ अपनी अस्थिरता (Instability) तथा अनिश्चितता के फलस्वरूप विनियोग की दृष्टि से अल्पकालीन प्रत्याशाओं से अधिक महत्त्वपूर्ण हैं। हिक्स के अनुसार, "प्रत्याशाओं की विधि का प्रयोग शायद सामान्य सिद्धान्त की सबसे बड़ी क्रान्तिकारी देन है।" **शुम्पीटर** के अनुसार, "व्यावसायिक प्रत्यशाओं की धारणा ने कीन्स के रोजगार सिद्धान्त को गतिशील बना दिया है।" **हार्ट** का भी यही विचार है-"प्रत्याशाओं के सम्बन्ध में कीन्स की देन सबसे महत्त्वपूर्ण है।" कीन्स ने आर्थिक विश्लेषण में परिवर्तनशील, अस्थिर, अनिश्चित और अविश्वसनीय तत्त्वों का समावेश करके उनको वास्तविक बनाने में सहायता प्रदान की है।

दीर्घकालीन स्थिर मन्दी
(Secular Stagnation)

पूँजीवादी अर्थव्यवस्था में एक सीमा के पश्चात् दीर्घकाल में लाभ की दर के गिरने की प्रवृत्ति पायी जाती है। कीन्स ने उस प्रवृत्ति को दीर्घकालीन स्थिर मन्दी का नाम दिया है। इसका अभिप्राय यह है कि पूँजीवादी अर्थव्यवस्था में दीर्घकाल में पूँजी की सीमान्त उत्पादकता की प्रवृत्ति गिरावट की ओर होती है।

व्याख्या–मेयर तथा बाल्डविन के अनुसार, ''दीर्घकालीन मन्दी पूँजीवादी अर्थव्यवस्था की एक ऐसी अवस्था को प्रकट करती है, जिस पर पूर्ण रोजगार की स्थिति में शुद्ध बचत के बढ़ने की तथा शुद्ध विनियोग के कम होने की प्रवृत्ति प्रकट होती है। **प्रो. रिचर्ड जी. लिप्सी** के शब्दों में, ''अनुमानित बचतों की अनुमानित निजी विनियोग की तुलना में दीर्घकालीन अधिकता ही दीर्घकालीन स्थिर मन्दी की शर्त है।''

कीन्स ने इसकी व्याख्या करते हुए कहा है कि कोई अर्थव्यवस्था जितनी अधिक होगी, उसकी वास्तविक तथा सम्भावित विकास में उतना ही अधिक अन्तर होगा। इसके फलस्वरूप देश की आर्थिक प्रणाली में दोष उत्पन्न हो जायेंगे। ऐसी धनी अर्थव्यवस्था में केवल पूँजी की सीमान्त उत्पादकता ही कम नहीं होती, वरन् अर्थव्यवस्था की धन जमा करने की प्रवृत्ति बढ़ने के कारण नये विनियोग के अवसर भी आकर्षणहीन हो जाते हैं। अन्य शब्दों में, पूँजीवादी विकसित अर्थव्यवस्था में दीर्घकाल में बचत, विनियोग से अधिक हो जाती है तथा पूर्ति माँग से अधिक हो जाती है। फलत: **'अति-उत्पादन' (Over-production)** की समस्या उत्पन्न होती है। देश में बेरोजगारी फैलने का भय उत्पन्न हो जाता हैं, इस स्थिति को ही **दीर्घकालीन स्थिर मन्दी की स्थिति कहा जाता है।**

क्या दीर्घकालीन स्थिर मन्दी की धारणा नयी है?
(Is The Concept of Static Stagnation New?)

दीर्घकालीन स्थिर मन्दी की अवधारणा कोई नया विचार नहीं है। पुराने आर्थिक साहित्य में इसे लाभ की दर का गिरना (The Fall in the Rate of Profit) कहा गया था। **एडम स्मिथ, रिकार्डों, जे. एस. मिल तथा कार्ल मार्क्स** जैसे अर्थशास्त्रियों ने विश्वास से कहा था कि पूँजीवादी अर्थव्यवस्थाओं में जैसे-जैसे विकास होता जायेगा, वहाँ लाभ की दर के गिरने की प्रवृत्ति पायी जायेगी। उन्होंने लाभ की दर गिरने के विभिन्न कारण बताये। **एडम स्मिथ** ने कहा कि विकसित देशों में लाभ की दर गिरने का कारण वहाँ पूँजी का अधिक मात्रा में होना है। **रिकार्डों** और **मिल** के अनुसार यह कमी प्राकृतिक कृपणता का परिणाम है, क्योंकि जनसंख्या के बढ़ने से जैसे-जैसे घटिया भूमियों का प्रयोग किया जायेगा, उससे उत्पादन की मात्रा घटती जायेगी। अत: **कीन्स का** दीर्घकालीन स्थिर मन्दी का विचार नया नहीं है। कीन्स ने **तो केवल इसको नया नाम अर्थात् पूँजी की सीमान्त उत्पादकता का ह्रास** (The Diminishing MEC) दिया है। कीन्स के विचार कुछ सीमा तक एडम स्मिथ और कार्ल मार्क्स से मिलते-जुलते हैं। कार्ल मार्क्स का कहना है कि पूँजी में यह विशेषता है कि जैसे-जैसे पूँजी की अधिक मात्रा लगायी जाती है, पूँजी से मिलने वाला प्रतिफल घटता जाता है। इस प्रकार दीर्घकालीन स्थिर मन्दी का विचार कीन्स द्वारा प्रतिपादित कोई नया विचार नहीं है।

Select References

1. Hansen, Alvin : A guide to Keynes, 1953
2. Klein, L.R. : The Keynesian Revolution, 1956,
3. Keynes, J.M. : The General Theory.
4. Sinha, V.C. : Monetary Economics
5. Keiser, Norman F. : Macro Economics,
6. Stonier and Hague : A Text-Book of Economic Theory.
7. John Lindauer : Macro Economics.
8. Brooman, F.S. : Macro Economics.

परीक्षा प्रश्न
(Examination Questions)

I. दीर्घ उत्तरीय प्रश्न (Long Answer Type Questions)

1. पूँजी की सीमान्त उत्पादकता की परिभाषा दें और इसको निर्धारित करने वाले तत्त्वों की व्याख्या करें।
   Define marginal efficiency of capital and explain the factors affecting it.
2. पूँजी की सीमान्त उत्पादकता का क्या अर्थ है? इसकी गणना किस प्रकार की जाती है?
   What is MEC! How is it calculated?
3. पूँजी की सीमान्त उत्पादकता और ब्याज की दर के सम्बन्ध की व्याख्या करें। इनसे विनियोग का स्तर कैसे प्रभावित होता है?
   Explain the relationship between MEC and the rate of interest. How do these two affect investment?
4. पूँजी की सीमान्त उत्पादकता के निर्धारण में अल्पकालीन तथा दीर्घकालीन प्रत्याशाओं का वर्णन करें।
   Examine the role and importance of short-term and long-term expectations in determining the MEC.

II. लघु उत्तरीय प्रश्न (Short Answer Type Questions)

1. पूँजी की सीमान्त उत्पादकता का अर्थ स्पष्ट कीजिए।
2. पूँजी की सीमान्त उत्पादकता किन बातों पर निर्भर करती है?
3. पूँजी की सीमान्त उत्पादकता की प्रकृति लिखिए।
4. पूँजी की सीमान्त उत्पादकता क्यों घटती है?
5. पूँजी की सीमान्त उत्पादकता को प्रभावित करने वाले अल्पकालीन तत्व कौन-कौन से हैं?
6. पूँजी की सीमान्त उत्पादकता पर दीर्घकालीन प्रभाव डालने वाले तत्व कौन-से हैं?
7. पूँजी की सीमान्त उत्पादकता की धारणा की आलोचना कीजिए।
8. व्यावसायिक प्रत्याशाएँ कितने प्रकार की होती हैं?
9. दीर्घकालीन स्थिर मंदी क्या है?

III. वस्तुनिष्ठ प्रश्न (Objective Type Questions)

सही विकल्प चुनकर लिखिए :

1. यदि एक अतिरिक्त पूँजीगत परिसम्पत्ति की पूर्ति कीमत 20,000 रु. हो तथा उससे प्रति वर्ष होने वाली प्रत्याशित आय 1,000 रु. हो तो इसकी MEC दर बराबर होगी :
   (अ) .05% (ब) 5%
   (स) 15% (द) 20%
2. विनियोग की मात्रा में वृद्धि होने के साथ-साथ EMC :
   (अ) घटती जाती है (ब) बढ़ती जाती है
   (स) स्थिर रहती है (द) उपर्युक्त में से कोई नहीं।

3. यदि विनियोगकर्त्ता भविष्य में अधिक प्रत्याशित प्राप्तियों की आशा करते हैं तो MEC वक्र :
   (अ) अपरिवर्तित रहेगा (ब) नीचे की ओर खिसक जायेगा
   (स) ऊपर की ओर खिसक जायेगा (द) कुछ कहा नहीं जा सकता।
4. पूँजी की सीमान्त उत्पादकता का सूत्र है :
   (अ) MEC = प्रत्याशित आय/लागत (या पूर्ति कीमत)
   (ब) MEC = लागत (या पूर्ति कीमत)/प्रत्याशित आय
   (स) MEC = कुल आय/कुल लगात
   (द) उपर्युक्त में से कोई नहीं।
5. पूँजी की सीमान्त उत्पादकता घटने का कारण है:
   (अ) उत्पत्ति ह्रास नियम की क्रियाशीलता (ब) पूँजीगत वस्तुओं की कीमत में वृद्धि
   (स) अन्तिम वस्तुओं की पूर्ति का प्रभाव (द) उपर्युक्त सभी।

उत्तर—1. (ब), 2. (अ), 3. (स), 4. (स), 5. (द)।

OOO

11 ब्याज दर के सिद्धान्त (Theories of Interest Rates)

महत्त्वपूर्ण अवधारणाएँ (Important Concepts)

1. ब्याज (Interest)–ब्याज पूँजी का वह पुरस्कार है, जो ऋणी ऋणदाता को पूँजी की उत्पादन शक्ति और उसके आत्म त्याग, संयम एवं प्रतिरक्षा के बदले में देता है।

2. शुद्ध ब्याज (Net Interest)–जो भुगतान केवल मुद्रा के प्रयोग के लिए दिया जाता है, उसे शुद्ध ब्याज कहते हैं।

3. कुल ब्याज (Gross Interest)–कुल ब्याज = शुद्ध ब्याज + जोखिम का भुगतान + प्रबन्ध लागत + असुविधा का प्रतिफल।

4. ब्याज का प्रतिष्ठित सिद्धान्त (Classical Theory of Interest)–इस सिद्धान्त को माँग एवं पूर्ति का सिद्धान्त या ब्याज का वास्तविक सिद्धान्त भी कहते हैं। इस सिद्धान्त के अनुसार ब्याज की दर पूँजी की माँग व पूर्ति के द्वारा निर्धारित होती है। पूँजी की माँग विनियोग के लिए की गयी मुद्रा की माँग है तथा पूँजी की पूर्ति बनायी गयी मुद्रा की मात्रा है।

5. ऋण योग्य कोष सिद्धान्त या नवपरम्परावादी सिद्धान्त (Loanable Funds Theory or Neo-Classical Theory)–इस सिद्धान्त के अनुसार ब्याज दर का निर्धारण उस बिन्दु पर होता है, जहाँ ऋण योग्य कोष की माँग ऋण योग्य कोष की पूर्ति के बराबर हो जाती है।

6. कीन्स का तरलता अधिमान सिद्धान्त (Keynes Liquidity Preference Theory of Interest)–कीन्स के अनुसार, ब्याज विशुद्ध रूप से अधिक **मौद्रिक घटना (Monetary Phenomenon)** है और वह मुद्रा की माँग और पूर्ति द्वारा निर्धारित होता है। मुद्रा की माँग से आशय व्यक्तियों द्वारा मुद्रा को नकद रूप या तरल रूप में रखने के लिए माँग करने से होता है। मुद्रा की पूर्ति से तात्पर्य किसी समय विशेष की मुद्रा की उपलब्ध मात्रा से होता है। ब्याज का निर्धारण उस बिन्दु पर होता है जहाँ पर कि मुद्रा की माँग तथा पूर्ति बराबर होती है।

7. ब्याज का आधुनिक सिद्धान्त (Modern Theory of Interest)–हैन्सन-हिक्स ने क्लासीकल सिद्धान्त के दो वास्तविक तत्त्वों–बचत तथा विनियोग और कीन्स के सिद्धान्त के दो मौद्रिक तत्त्वों–नकद मुद्रा की माँग अर्थात् तरलता पसन्दगी) तथा नकद मुद्रा की पूर्ति को लेकर इस सिद्धान्त का निर्माण किया है। इस प्रकार ब्याज के आधुनिक सिद्धान्त में उपरोक्त चार तत्त्वों–बचत, विनियोग, तरलता पसन्दगी तथा मुद्रा की पूर्ति के अलावा एक अन्य तत्त्व 'आय' का समावेश करके सिद्धान्त की रचना की गयी है।

ब्याज (Interest)

परिभाषाएँ (Definitions)–राष्ट्रीय आय का वह भाग जो पूँजी की सेवाओं के बदले में पूँजीपति को दिया जाता है, ब्याज कहलाता है। दूसरे शब्दों में, ब्याज पूँजी की सेवाओं का पुरस्कार या कीमत है। अर्थशास्त्रियों ने ब्याज की भिन्न-भिन्न परिभाषाएँ दी हैं, किन्तु उनमें कोई मौलिक भेद नहीं है। ब्याज की कुछ प्रमख्र परिभाषाएँ अग्र प्रकार हैं–

1. मेयर्स (Mayers) के अनुसार, ''ब्याज उस कीमत को कहते हैं, जो उधार देने योग्य कोषों के प्रयोग के बदले में दी जाती है।''[1]

1. "Interest is the price for the use of loanable fund." —*A. L. Mayers*

2. प्रो. विक्सेल (Prof. Wicksell) के अनुसार, "ब्याज पूँजी के उपयोग के लिए ऋणी तथा पूँजीपतियों **को** उसके त्याग के बदले में दिया जाना वाला भुगतान है।"[1]

3. सेलिगमैन (Seligman) के अनुसार, "ब्याज पूँजी कोष के बदले में मिलने वाला पारितोषण है।[2]

4. कार्वर (Carver) के अनुसार, "ब्याज वह आय है जो पूँजी के स्वामी को प्राप्त होती है।"[3]

5. कीन्स (Keynes) के अनुसार, "ब्याज एक निश्चित अवधि के लिए द्रव्यता के परित्याग का पुरस्कार है।"[4]

उपरोक्त सभी परिभाषाओं में एक ही तथ्य पर जोर दिया गया है अर्थात् **ब्याज मौद्रिक पूँजी के उपयोग का भुगतान** है। उपरोक्त परिभाषाओं का अध्ययन करने से ज्ञात होता है कि अर्थशास्त्रियों ने ब्याज की परिभाषा दो दृष्टिकोणों से दी है–

प्रथम : ऋणदाताओं की दृष्टि से–इसके अन्तर्गत मेयर्स, मार्शल, कार्वर तथा कीन्स की परिभाषाओं को शामिल किया जा सकता है। ऋणदाता पूँजी के उपभोग के लिए ब्याज इसलिए माँगता है कि पूँजी बचाने से उसे कष्ट सहन करना पड़ता है अर्थात् उसे बचत करने के लिए अपने वर्तमान की आवश्यकताओं को स्थगित करना पड़ता है जिससे कभी-कभी उसे विशेष कष्ट सहन करना पड़ता है। दूसरे शब्दों में, "ब्याज ऋणदाता द्वारा किये गये उपभोग स्थगन का पारितोषिक होता है।"

द्वितीय : ऋणी की दृष्टि से–प्रो. हेनरी की परिभाषा श्रेष्ठ है, क्योंकि यह इस बात की ओर संकेत करती है कि ऋणी ब्याज इसलिए देता है, क्योंकि वह पूँजी की सहायता से अधिक उत्पादन प्राप्त कर सकता है।

संक्षेप में, हम कह सकते हैं कि ब्याज पूँजी का वह पुरस्कार है जो ऋणी ऋणदाता को पूँजी की उत्पादन शक्ति और उसके आत्म-तयाग, संयम एवं प्रतीक्षा के बदले में देता है।

ब्याज दर के सिद्धान्त
(Theories of Rate of Interest)

जैसा कि हमने ऊपर बताया है कि शुद्ध ब्याज दर के निर्धारण के बारे में अनेक सिद्धान्त दिये गये हैं। अर्थशास्त्र में ब्याज दर का निर्धारण सबसे अधिक विवादास्पद विषयों में से एक रहा है। नीचे हम कुछ प्रमुख सिद्धान्तों का उल्लेख करेंगे–

(I) ब्याज का प्रतिष्ठित सिद्धान्त (Classical Theory of Interest),

(II) ऋण योग्य कोष सिद्धान्त (Loanable Fund Theory),

(III) कीन्स का तरलता पसन्दगी सिद्धान्त (Keynes Liquidity Preference Theory of Interest),

(IV) ब्याज का आधुनिक सिद्धान्त (Modern Theory of Interest)।

(I) ब्याज का प्रतिष्ठित सिद्धान्त
(Classical Theory of Interest)

रिकार्डो, मार्शल, पीगू इत्यादि अर्थशास्त्रियों द्वारा प्रतिपादित ब्याज की दर का सिद्धान्त प्रतिष्ठित सिद्धान्त कहलाता है। **कैशल, वालरस, टॉजिग** और **नाइट** आदि अर्थशास्त्रियों ने इस सिद्धान्त की पुष्टि की है। यह सिद्धान्त यह मानकर चलता है कि ब्याज के निर्धारण में मुद्रा प्रत्यक्ष भूमिका अदा नहीं करती, बल्कि इस सिद्धान्त में ब्याज के **निर्धारण में 'उत्पादकता' तथा 'मितव्ययिता'** जैसे वास्तविक तत्त्वों पर जोर दिया गया है। इसलिए इस सिद्धान्त को वास्तविक सिद्धान्त भी कहते हैं।

---

1. "Interest may be defined as a payment made by the borrower of capital by virtue of its productivity as a reward for his abstinence." —*Wicksell*
2. "Interest is the return from the fund of capital." —*Seligman*
3. "Interest is the income which goes to the owner of capital." —*Carver*
4. "Interest is a reward from parting with the liquidity for a specific period." —*Keynes*

इस सिद्धान्त के अनुसार ब्याज की दर पूँजी की माँग एवं पूर्ति से निर्धारित होती है। अब हम देखेंगे कि पूँजी की माँग और पूर्ति से क्या आशय है?

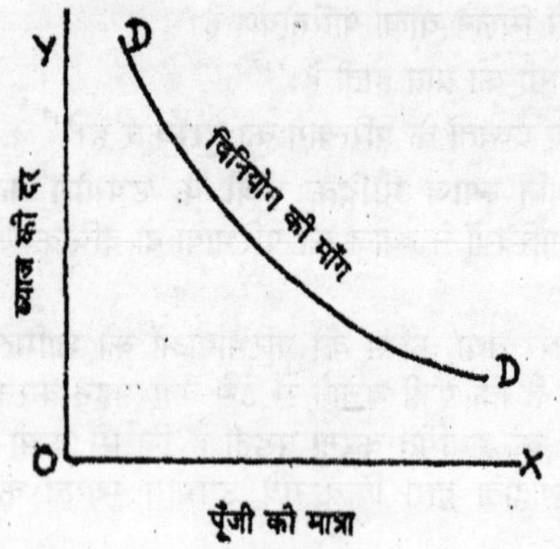

चित्र : 1

1. पूँजी विनियोग की माँग (Demand for Capital Interest)–पूँजी की माँग उत्पादकों द्वारा की जाती है, जो कि अपने उत्पादन में उसका विनियोग करते हैं। उत्पादक पूँजी की माँग केवल इसलिए करता है कि वह इसके द्वारा अधिक धन उत्पन्न कर सकता है। संक्षेप में, पूँजी की माँग पूँजी की उत्पादकता के कारण होती है, परन्तु पूँजी का अधिकाधिक उपयोग करने से उसकी सीमान्त उत्पादकता उत्तरोत्तर कम होती जाती है और अन्त में पूँजी की एक इकाई ऐसी आती है, जिस पर दिया जाने वाला ब्याज उसके द्वारा उत्पत्ति की कीमत के बराबर होता है। पूँजी की इस इकाई के उत्पादन को **सीमान्त उत्पादन** कहते हैं। इस इकाई के उपरान्त पूँजी लगाने पर ब्याज तो पहले जैसा ही रहेगा, परन्तु उत्पत्ति कम कीमत पर प्राप्त होगी और उत्पादक को हानि होगी। अत: प्रत्येक उत्पादक पूँजी का विनियोग उस बिन्दु पर करता है। **जिस पर पूँजी की सीमान्त उत्पादकता ब्याज दर के बराबर होती है।** इसलिए हम कह सकते हैं कि ऊँची ब्याज दर पर उत्पादक पूँजी की कम माँग करेंगे और ब्याज की दर नीची होने पर वे अधिक पूँजी की माँग करेंग। इसका अर्थ यह है कि पूँजी अथवा विनियोग का माँग वक्र ऊपर से नीचे की ओर झुकने की प्रवृत्ति रखता है जैसा चित्र 1 में स्पष्ट है।

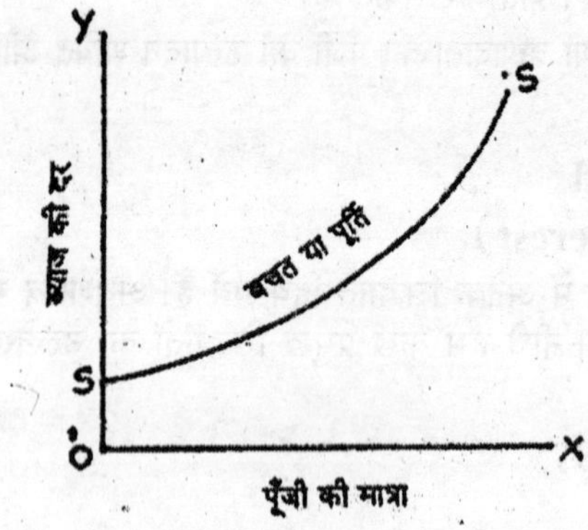

चित्र : 2

2. पूँजी अथवा बचत की पूर्ति (Supply of Capital or Savings)–पूँजी की पूर्ति बचत की मात्रा पर निर्भर रहती है। बचत की मात्रा बहुत-से तत्त्वों पर निर्भर रहती है; जैसे–लोगों की आय की मात्रा, जीवन स्तर, दूरदर्शिता, ब्याज की दर आदि परन्तु इन तत्त्वों में बचत का प्रमुख निर्धारण ब्याज की दर होती है। यद्यपि समाज में कुछ ऐसे भी व्यक्ति हो सकते हैं जो ब्याज की दर शून्य होने पर भी बचत करते हैं परन्तु इस प्रकार बचत की मात्रा अत्यन्त अल्प होगी। बचत के लिए ब्याज का प्रोत्साहन सामान्यतया आवश्यक होता है, क्योंकि बचत करने में मनुष्य को कष्ट एवं त्याग करना पड़ता है। ऐसी दशा में कोई भी व्यक्ति रुपया उधार तभी देगा जब उसे अपने त्याग का पुरस्कार प्राप्त हो। ब्याज और पूँजी में **कार्यात्मक सम्बन्ध (Functional Relation)** होता है अर्थात् ब्याज की दर ऊँची होने पर पूँजी की पूर्ति अधिक होती है और ब्याज की दर नीची होने पर कम। यही कारण है कि पूँजी की पूर्ति रेखा बायीं ओर से दायीं ओर चली जाती है, जैसा कि चित्र 2 से स्पष्ट है।

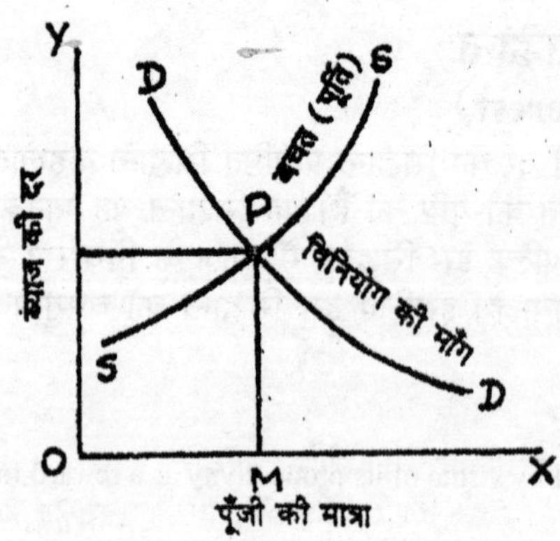

चित्र : 3

3. ब्याज-दर-निर्धारण (अर्थात् बचत विनियोग की समानता) (Determination of Rate of Interest-Equality between saving and Investment)–इस प्रकार ब्याज का निर्धारण उस बिन्दु पर होता है जहाँ पर कुल बचत कुल विनियोग का सन्तुलन हो जाता है–यदि किसी समय बचत की मात्रा विनियोग की मात्रा से अधिक हो जाती है तो ब्याज की दर गिर जायेगी।

ब्याज गिरने पर उत्पादक पूँजी की अधिक माँग करेंगे। इसका फल यह होगा कि एक ओर ब्याज की दर कम होने से उत्पादकों की पूँजी की माँग बढ़ जायेगी। इस प्रकार बचत कम किये जाने और विनियोग की माँग अधिक होने के कारण कुछ समय बाद वह स्थिति आ जायेगी, जबकि कुल बचत और विनियोग बराबर हो जायेंगे। इस बात को रेखाचित्र 3 द्वारा प्रदर्शित किया गया है।

चित्र 3 में DD माँग वक्र और SS पूर्ति वक्र है। दोनों एक-दूसरे को P बिन्दु पर काटते हैं। अतः ब्याज की दर P बिन्दु पर निश्चित होती है। PM ब्याज की दर है। सन्तुलन ब्याज की दर PM के सम्बन्ध में दो बातें महत्त्वपूर्ण हैं–(अ) पूँजी की माँग रेखा पूँजी की सीमान्त उत्पादकता को भी दर्शाती है इसलिए सन्तुलन ब्याज की दर (PM) पूँजी की सीमान्त उत्पादकता के बराबर होती है। (ब) चूँकि पूँजी की माँग रेखा विनियोग की माँग को बताती है और पूँजी की पूर्ति रेखा वस्तुओं की पूर्ति को बताती है। इसलिए सनतुलन ब्याज की दर (PM) पर विनियोग की माँग और बचत की पूर्ति दोनों बराबर होंगी।

आलोचनाएँ (Criticisms)–इस सिद्धान्त की बहुत-सी आलोचनाएँ की जाती हैं जिनमें से मुख्य निम्नलिखित हैं–

1. बचत व विनियोग में समानता (Equality between Saving & Investment)–इस सिद्धान्त के अनुसार विनियोग व बचत में समानता ब्याज के माध्यम से स्थापित होती है, किन्तु वास्तव में ऐसा नहीं होता। जैसा कि प्रो. कीन्स ने कहा है, "बचत स्वयं विनियोग में सन्तुलन ब्याज की दर सम्बन्धित नहीं होती, बल्कि राष्ट्रीय आय के परिवर्तन के माध्यम से स्थापित होती है।"

2. ब्याज बचत का प्रतिफल (Interest is Reward for Saving)–ब्याज बचत का प्रतिफल नहीं है, क्योंकि एक व्यक्ति उस पूँजी पर भी, जो कि उसके पूर्वजों ने अर्जित की थी, ब्याज कमा सकता है। इस प्रकार यदि व्यक्ति अपनी बचत को अपने पास नकद के रूप में रखे तो किसी प्रकार का ब्याज प्राप्त नहीं होगा, यद्यपि इसकी बचत पूर्ववत् है इसलिए प्रो. कीन्स ने कहा है, "ब्याज उपभोग त्यागने का पुरस्कार नहीं बल्कि तरलता परित्याग का पुरस्कार है।"

3. बचत और विनियोग पर ब्याज का प्रभाव (Effect of Interest on Saving & Investment)–प्रतिष्ठित अर्थशास्त्रियों का यह विचार भी गलत है कि विनियोग एवं बचत दोनों ब्याज से प्रभावित होते हैं, परन्तु विनियोग ब्याज की दर से नहीं बल्कि पूँजी की सीमान्त उत्पादकता (Marginal Efficiency of Capital) अर्थात् व्यवसाय में होने वाले लाभ से अधिक प्रभावित होता है। यही कारण है कि तेजी के समय अधिक ब्याज की दर पर भी विनियोग की मात्रा अधिक होती है, क्योंकि पूँजी के विनियोग से अधिक लाभ कमाने की आशा रहती है। इसके विपरीत, मन्दी के समय में लाभ की सम्भावनाएँ बहुत कम रहती हैं इसलिए ब्याज की दर कम होने पर भी विनियोग की मात्रा कम ही रहती है।

इसी प्रकार बचत ब्याज की दर से प्रभावित अवश्य होती है, पर ब्याज की दर की अपेक्षा वह आय से अधिक प्रभावित होती है। ब्याज की दर कितनी क्यों न हो, यदि आय नहीं तो बचत नहीं की जा सकती।

4. मुद्रा की मात्रा (Quantity of Money)–यद्यपि त्याग की मात्रा पर मुद्रा के परिणाम का भी प्रभाव पड़ता है, परन्तु इस सिद्धान्त में मुद्रा की मात्रा को कुछ भी महत्त्व नहीं दिया गया।

5. साख-मुद्रा (Credit Money)–इस सिद्धान्त में साख-मुद्रा के ब्याज की दर पर पड़ने वाले प्रभाव की व्याख्या नहीं की गयी है, यद्यपि ब्याज की दर से निर्धारण पर साख-मुद्रा का भी महत्त्वपूर्ण प्रभाव पड़ता है।

(II) ऋण योग्य कोष सिद्धान्त या नवपरम्परावादी सिद्धान्त (Loanable Funds Theory or Neo-Classical Theory)

इस सिद्धान्त के प्रतिपादक स्विस अर्थशास्त्रियों; जैसे-विक्सैल, ओहलिन, मिर्डल तथा अंग्रेज अर्थशास्त्री राबर्ट्सन हैं। **प्रो. पीटरसन** के शब्दों में, "ऋण योग्य सिद्धान्त के अनुसार ब्याज वह कीमत है, जो ऋण योग्य कोष के माँग तथा पूर्ति को सन्तुलित करती है।" ऋण योग्य सिद्धान्त के अनुसार, "ब्याज की दर ऋण योग्य कोष की माँग तथा पूर्ति द्वारा निर्धारित होती है।" यह सिद्धान्त ब्याज की दर को निर्धारित करते समय मौद्रिक तत्त्वों; जैसे-मुद्रा का संचय (Hoarding of Money), मुद्रा का असंचय (Dishoarding of Money) तथा बैंक साख (Bank Credit) के साथ-साथ वास्तविक तत्त्वों; जैसे-प्रतीक्षा, उत्पादकता, बचत आदि को भी ध्यान में रखती है। अतएव यह सिद्धान्त ब्याज की दर के निर्धारण पर मौद्रिक तथा वास्तविक दोनों प्रकार के तत्त्वों को ध्यान में रखता है। इस सिद्धान्त को समझने के लिए ऋण योग्य कोष की माँग तथा पूर्ति का विस्तृत अध्ययन करना आवश्यक है।

(i) ऋण योग्य कोष की माँग (Demand for Loanable Funds)

(i) विनियोग (Investment)–विनियोग के लिए माँग, ऋण योग्य कोष की माँग का एक महत्त्वपूर्ण तत्त्व है। व्यावसायिक फर्में विनियोग के लिए ऋण योग्य कोष की माँग करती हैं। इस सिद्धान्त के अनुसार विनियोग की मात्रा ब्याज की दर के साथ बदलती है। ब्याज की दर कम होने पर विनियोग के लिए ऋण योग्य कोषों की माँग अधिक होगी, इसके विपरीत ब्याज की दर अधिक होने पर इसकी माँग कम हो जायेगी।

(ii) उपभोक्ताओं द्वारा माँग (Demand by Consumers)–उपभोक्ताओं द्वारा ऋण योग्य कोषों की माँग उपभोग की टिकाऊ वस्तुओं; जैसे-कार, स्कूटर, टी.वी. आदि को खरीदने के लिए की जाती है। विशेष रूप से जब उपभोक्ता अपनी वर्तमान आय से अधिक मात्रा में व्यय करने का निश्चय करते हैं तो उनके द्वारा उधार देय कोषों की माँग की जानी लगती है।

(iii) संचय (Hoarding)–ऋण योग्य कोषों की माँग उन व्यक्तियों द्वारा भी की जाती है जो मुद्रा का नकद रूप से संचय करना चाहते हैं। यदि ब्याज की दर कम होगी तो संचय के लिए मुद्रा की माँग अधिक होगी। इसके विपरीत, ब्याज की दर अधिक होने पर संचय के लिए माँग कम हो जायेगी।

अतएव | ऋण योग्य कोष की माँग = विनियोग (J) + उपभोग (C) + संचय (H) |

उपर्युक्त सभी उद्देश्यों से हमने देखा कि मुद्रा की माँग तथा ब्याज की दर में विपरीत सम्बन्ध है। इन तीनों माँगों को जोड़कर उधार-देय कोष की माँग ज्ञात की जा सकती है। स्वाभाविक है कि उधार-देय **कोष का माँग वक्र भी नीचे गिरता हुआ अर्थात् ऋणात्मक ढाल वाला होगा, क्योंकि उधार-देय कोषों की माँग और ब्याज की दर में विपरीत सम्बन्ध होता है।**

उधार-देय कोषों की पूर्ति (Supply of Loanable Funds)

(i) बचतें (Savings)–बचतें उधार-देय कोषों की पूर्ति का सबसे महत्त्वपूर्ण स्रोत हैं। ये बचतें व्यक्तियों द्वारा अपनी वर्तमान आय में से तथा भूतकाल की आय अर्थात् 'इस्तेमाल योग्य आय' में से की जाती है। इसी तरह व्यक्तियों की तरह व्यावसायिक फर्में भी बचत करती हैं। ब्याज की दर तथा बचत की मात्रा में सीधा सम्बन्ध होता है अर्थात् ऊँची ब्याज की दर पर अधिक बचत और नीची ब्याज दर पर कम बचत की जाती है। यही कारण है कि बचत का पूर्ति वक्र धनात्मक ढाल वाला अर्थात् बायें से दायें ऊपर की ओर उठता हुआ होता है जैसा कि रेखाचित्र 1 में S द्वारा दिखाया गया है।

(ii) बैंक साख (Bank Credit)–ऋण योग्य कोषों की पूर्ति का एक दूसरा साधन बैंक साधन द्वारा निर्मित साख है। ब्याज की एक न्यूनतम दर से बैंक साख ब्याज सापेक्ष होती है। इसका अभिप्राय यह हुआ कि ब्याज की ऊँची दर पर बैंक अधिक रुपया उधार देते हैं। इसके विपरीत ब्याज की निचली दर पर बैंक कम रुपया उधार देते हैं। जैसा कि रेखाचित्र 1 में वक्र BM है।

(iii) अप-संग्रह (Dishoarding)–भूतकाल में संचित धन का जब लोग वर्तमान में अपसंचय अर्थात् विनियोग करने लगते हैं तो इससे भी उधार देय कोषों की पूर्ति भी बढ़ जाती है। अपसंचय का वक्र भी ब्याज-दर सापेक्ष अर्थात् दायें ऊपर उठता हुआ होता है। जैसा कि रेखाचित्र 1 में DH वक्र है।

(iv) अविनियोग (Disinvestment)–ऋण योग्य कोष का चौथा साधन अविनियोग है। अविनियोग से अभिप्राय यह है कि मशीनों के घिसने पर उसका प्रतिस्थापन नहीं किया जाये। इस प्रकार एक फर्म के द्वारा जो रकम प्रतिवर्ष घिसावट कोष में डालने के लिए सुरक्षित रखी जाती है उसे ब्याज के रूप में दिया जाये। ब्याज की दर बढ़ने से अविनियोग बढ़ता है तथा ब्याज की दर कम होने से अविनियोग कम हो जाता है।

अतएव | ऋण योग्य कोष की पूर्ति = बचत (S) + बैंक साख (BM) + अपसंचय (DH) + अविनियोग (DI) |

उपर्युक्त चारों स्रोतों का योग करके उधार-देय कोषों का पूर्ति वक्र प्राप्त किया जा सकता है, क्योंकि इन सभी स्रोतों तथा ब्याज की दर में सीधा सम्बन्ध होता है, अत: स्वाभाविक है कि उधार-देय कोषों का कुल पूर्ति वक्र ऊपर को चढ़ता हुआ होगा।

उधार देय कोष सिद्धान्त के अनुसार ब्याज की दर विनियोग, बचत, बैंक साख एवं तरलता पसन्दगी की इच्छा इन सभी निर्भर होती है।

सूत्र के रूप में $\boxed{r = f(I, S, M, L)}$

t = ब्याज की दर (Rate of Interest)

f = फलनात्मक सम्बन्ध (Functional Relations)

I = विनियोग (Investment)

S = बचत (Savings)

M = बैंक साख (Bank credit including dishoarded and disinvested wealth)

L = तरलता पसन्दगी की इच्छा अथवा संचय की इच्छा (Desire for liquidity or desire to hoard)

ब्याज की दर का निर्धारण (Determination of the Rate of Interest)

इस सिद्धान्त के अनुसार ब्याज की दर का निर्धारण उस बिन्दु पर होता है, जहाँ उधार देय कोष की माँग एवं उधार देय कोष की पूर्ति एक-दूसरे के बराबर हो जाती है। चित्र-4 में,

(i) SL उधार-देय कोषों का कुल पूर्ति वक्र है जो S, BM, DH तथा DI वक्रों के क्षैतिज जोड़ से प्राप्त हुआ है।

(ii) इसी प्रकार DL उधार-देय कोषों का कुल माँग वक्र है जो I, DS व H वक्रों के क्षैतिज योग द्वारा प्राप्त हुआ है।

(iii) चूँकि SL तथा DS वक्र दोनों एक-दूसरे को E बिन्दु पर काटते हैं अत: सन्तुलित ब्याज की दर or या ME है।

उधार देय कोष सिद्धान्त के अन्तर्गत ब्याज की दर निर्धारण

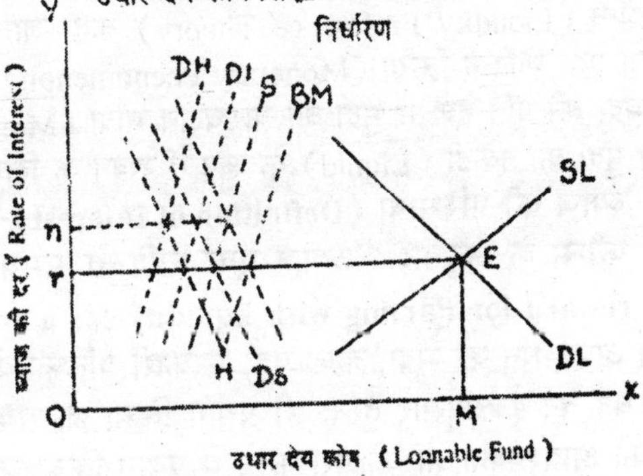

चित्र : 4

(iv) चित्र में प्रतिष्ठित सिद्धान्त एवं उधार देय कोष सिद्धान्त के अन्तर्गत ब्याज की दर में अन्तर को भी दिखाया गया है। चित्र में On प्रतिष्ठित सिद्धान्त के अनुसार साम्य ब्याज की दर है। इस On ब्याज की दर पर बचत और विनियोग एक-दूसरे के बराबर हैं, किन्तु उधार देय कोष सिद्धान्त के अनुसार साम्य ब्याज की दर Or है। चित्र से स्पष्ट है कि उधार देय कोष सिद्धान्त के अनुसार निर्धारित ब्याज की दर Or प्रतिष्ठित सिद्धान्त के अन्तर्गत निर्धारित ब्याज की दर On से कम हैं।

मान्यताएँ (Assumptions)– यह सिद्धान्त निम्नलिखित मान्यताओं पर आधारित है–

(i) बचत तथा विनियोग दोनों ही ब्याज सापेक्ष (Interest Elastic) होते हैं।

(ii) अर्थव्यवस्था में आय का स्तर स्थिर या समान रहता है।

(iii) अर्थव्यवस्था में पूर्ण रोजगार की अवस्था होनी चाहिए।

आलोचनाएँ (Criticisms)–इस सिद्धान्त की निम्न तत्त्वों के आधार पर आलोचना की गई है–

(i) वास्तविक तथा मौद्रिक तत्त्वों का मिश्रण (Integration of Real and Monetary Factors)– नवपरम्परागत सिद्धान्त में ब्याज की दर का निर्धारण वास्तविक शक्तियों; जैसे–बचत, प्रतीक्षा, समय, प्राथमिकता इत्यादि तथा मौद्रिक तत्त्व; जैसे–संचय, असंचय बैंक मुद्रा इत्यादि द्वारा निर्धारित होता है। वास्तविक तत्त्व तथा मौद्रिक तत्त्व क्योंकि एक-दूसरे से सर्वथा भिन्न होते हैं। इसलिए इनका मिश्रण वैज्ञानिक दृष्टिकोण से ठीक नहीं है।

(ii) पूर्ण रोजगार की अवास्तविक मान्यता (Unrealistic Assumption of Full Employment)–परम्परागत सिद्धान्त की तरह नव-परम्परागत सिद्धान्त भी पूर्ण रोजगार की अवास्तविक मान्यता पर आधारित है। **लार्ड कीन्स** के अनुसार संसार में कोई भी अर्थव्यवस्था पूर्ण रोजगार के स्तर पर कार्य नहीं करती बल्कि उसमें अपूर्ण रोजगार की अवस्था होती इसलिए वह सिद्धान्त वास्तविक संसार में लागू नहीं होता।

(iii) राष्ट्रीय आय की स्थिरता की अवास्तविक मान्यता (Based on Wrong Assumption of constancy of National Income)–यह सिद्धान्त ब्याज की दर और बचतों के बीच सीधा सम्बन्ध मानता है अर्थात् ऊँची ब्याज दर पर लोग अधिक बचत करते हैं परन्तु व्यवहार में इसमें उल्टा होता है अर्थात् जब ब्याज की दर ऊँची होती है तो कम विनियोग→ कम रोजगार→ कम आय→ फलस्वरूप कम बचतें हो पाती हैं।

(iv) अनिर्धारणीय (Indeterminate)–यह सिद्धान्त क्लासिकल सिद्धान्त की भाँति ब्याज दर को अनिर्धारिणीय बना देता है। इसका कारण यह है कि इस सिद्धान्त के अनुसार ब्याज दर जाने के लिए हमें बचतों की मात्रा का ज्ञान होना चाहिए किन्तु बचतों की मात्रा का ज्ञान होने के लिए ब्याज दर का पता होना जरूरी है। इस प्रकार यह सिद्धान्त एक 'वृत्ताकार तर्क' (Circular Reasoning) देकर ब्याज दर को अनिर्धारणीय समीकरण बना देता है।

(III) कीन्स का तरलता अधिमान सिद्धान्त
(Keynes Liquidity Preference Theory of Interest)

बीसवीं शताब्दी के प्रसद्धि अर्थशास्त्री **लार्ड कीन्स** ने अपनी पुस्तक '*The General Theory of Employment, Interest and Money*' (1936) में ब्याज निर्धारण का एक मौद्रिक सिद्धान्त प्रतिपादित किया है, जिसे तरलता अधिमान सिद्धान्त (Liqudity Preference Theory) कहा जाता है। इस सिद्धान्त के अनुसार ब्याज मुद्रा की सेवाओं कीमत है। ब्याज एक मौद्रिक क्रिया (Monetary Phenomenon) है, क्योंकि मुद्रा की माँग तथा पूर्ति द्वारा ब्याज का निर्धारण होता है। मुद्रा की पूर्ति देश में मुद्रा की परिचलन मात्रा (Money in Circulation) तथा बैंक जमा पर निर्भर करती है। मुद्रा की माँग मुद्रा की नकदी (Liquid) के रूप में रखने के लिए की जाती है।

ब्याज की परिभाषा (Definition of Interest)–ब्याज की परिभाषा निम्न प्रकार है–

कीन्स के अनुसार, **''ब्याज एक निश्चित समय के लिए तरलता परित्याग का पुरस्कार है।'' (Interest is the reward for Parting with liquidity for a specific period.—Keynes)**। इस परिभाषा से ज्ञात होता है कि लोग अपने धन को मुद्रा, ऋण-पत्र, सरकारी प्रतिभूतियों आदि कई रूपों में रख सकते हैं। इसमें से मुद्रा के रूप में रखे गये धन का इच्छानुसार तुरन्त ही प्रयोग किया जा सकता है, जबकि ऋण-पत्रों को पहले मुद्रा में बदलना पड़ेगा, तब उसको आवश्यकताओं को पूरा करने में प्रयोग किया जा सकेगा, इसलिए ऋण-पत्रों के रूप में रखी गई मुद्रा का प्रयोग करने में असुविधा उठानी पड़ती है। एक व्यक्ति ऋण-पत्रों से मिलने वाली असुविधा तथा उसके सम्बन्ध में अनिश्चितता उठाने के लिए तभी तैयार होगा, जब उसे कोई पुरस्कार दिया जायेगा। अतएव **कीन्स** के अनुसार, ''ब्याज की दर वह पुरस्कार है जो लोगों को अपने धन को संचित मुद्रा के अतिरिक्त किसी अन्य रूप में रखने को प्रोत्साहित करने के लिए दिया जाता है।''

ब्याज का निर्धारण (Determination of Interest)–इस सिद्धान्त के अनुसार ब्याज का निर्धारण मुद्रा की माँग तथा पूर्ति के द्वारा किया जाता है। **प्रो. कुरिहारा** के अनुसार, ''मुद्रा की माँग तथा पूर्ति के द्वारा ब्याज की दर निर्धारित होती है।'' अर्थात् ब्याज की दर वहाँ निर्धारित होगी जहाँ मुद्रा की पूर्ति (SM) = मुद्रा की माँग (DM)। मुद्रा की माँग तथा मुद्रा की पूर्ति की विस्तृत व्याख्या निम्नलिखित ढंग से की जा सकती है–

मुद्रा की माँग (Demand for Money)–**कीन्स** के अनुसार मुद्रा की माँग इसलिए की जाती है, क्योंकि वह **सबसे तरल सम्पत्ति** है। प्रत्येक व्यक्ति अपनी सम्पत्ति को तरल रूप में रखना चाहता है। इसलिए प्रत्येक व्यक्ति मुद्रा की माँग करता है। मुद्रा उधार देने में तरलता का परित्याग करना पड़ता है। इस तरलता परित्याग के परिणामस्वरूप प्राप्त होने वाला पुरस्कार ब्याज कहलाता है। जितनी अधिक मुद्रा होगी, उतना ही अधिक पुरस्कार (अर्थात् ब्याज) होगा जो कि लोगों को तरलता परित्याग करने के लिए देना चाहिए।

तरलता पसन्दगी के कारण (Causes for Liquidity Preference)–व्यक्ति अपनी आय को तरल रूप में क्या रखना चाहते हैं, इसके लिए अग्रलिखित कारण दिये जाते हैं–

1. सौदा उद्देश्य (Transactions Motive)–लोगों को आय एक निश्चित अवधि के प्रश्चात् प्राप्त होती है, जबकि आवश्यकताएँ निरन्तर उत्पन्न होती रहती हैं जिसके लिए तरल रूप में मुद्रा रखना आवश्यक होता है। मुद्रा की तरलता उपभोक्ता एवं व्यापारी दोनों के लिए समान रूप से अनिवार्य होती है।

2. दूरदर्शिता उद्देश्य (Precautionary Motive)–व्यक्ति आकस्मिक घटनाओं; जैसे–बीमारी, दुर्घटना, बेरोजगारी आदि के लिए भी मुद्रा को तरल रूप में रखना चाहता है। मुद्रा की यह राशि व्यक्तियों के स्वभाव तथा उनके आय स्तर पर निर्भर करती है।

3. सट्टा उद्देश्य (Speculative Motive)–सट्टे का अर्थ होता है–बाजार की अनिश्चितताओं से लाभ उठाना। व्यक्ति अपनी सम्पत्ति के एक भाग को तरल रूप में संचित कर भविष्य में अधिक ब्याज प्राप्त करने एवं अधिक लाभ कमाने की आशा रखते हैं। सट्टा उद्देश्य से माँग भविष्य दर की अनिश्चतता के कारण होती है।

इस प्रकार मुद्रा की कुल माँग सौदा उद्देश्य, दूरदर्शिता उद्देश्य एवं सट्टा उद्देश्य से माँगी हुई कुल मात्रा है। कीन्स के अनुसार प्रथम दो उद्देश्य स्थिर रहते हैं केवल सट्टा उद्देश्य की माँग ब्याज की दर में परिवर्तनों से प्रभावित होती रहती है। **अतः माँग ब्याज सापेक्ष है।**

तरलता पसन्दगी वक्र (Liquidity Preference Curve)–तरलता पसन्दगी वक्र ब्याज दर तथा मुद्रा की माँगी जाने वाली मात्रा के बीच सम्बन्ध को व्यक्त करता है। मुद्रा का तरलता पसन्दगी वक्र, वस्तु की माँग वक्र के समान नीचे दाहिनी ओर झुकता हुआ वक्र होता है जो यह प्रदर्शित करता है कि जैसे-जैसे ब्याज की दर घटती जाती है, मुद्रा की माँग (अर्थात् तरल सम्पत्ति के रूप में मुद्रा रखने की माँग) में वृद्धि होती जायेगी और ब्याज की दर ऊँची होने पर मुद्रा की माँग घटती जायेगी।

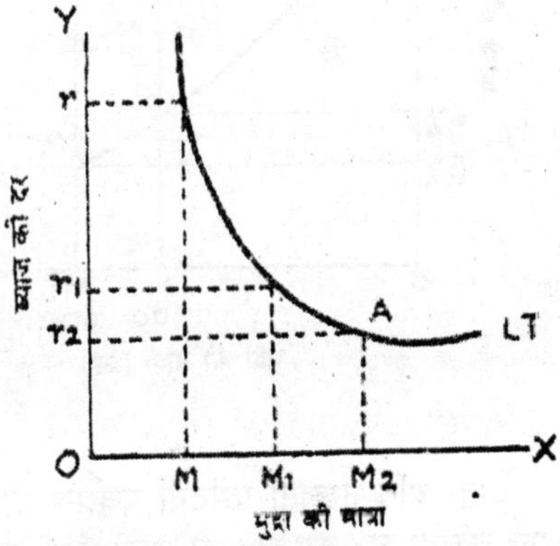

चित्र : 5

चित्र 5 में LP तरलता पसन्दगी वक्र है जो मुद्रा की माँग को प्रदर्शित करता है। चित्र में OX-अक्ष पर मुद्रा की माँग तथा OY-अक्ष पर ब्याज की दर को प्रदर्शित किया गया है। जब ब्याज की दर OR है और उस समय मुद्रा की माँग OM है। जब ब्याज की दर घटकर OR_1 हो जाती है, तब मुद्रा की माँग बढ़कर OM_1 हो जाती है। चित्र से स्पष्ट है कि A बिन्दु के बाद तरलता पसन्दगी वक्र (LP) चपटा या आधार अक्ष के समानान्तर हो जाता है। LP वक्र के आधार पर अक्ष पर सामानान्तर होने का अर्थ यह है कि ब्याज की एक न्यूनतम दर पर लोग अपनी समस्त मुद्रा तरल रूप में रखेंगे या पूँजी उधार देना बन्द करेंगे। इस अवस्था को कीन्स ने तरलता ट्रेप (Liquidity Trap) कहा है। तरलता ट्रेप का अर्थ यह है कि ब्याज की दर एक न्यूनतम सीमा तक घट सकती है किन्तु शून्य नहीं हो सकती।

मुद्रा की पूर्ति (Supply of Money)–मुद्रा के सम्भरण में धात्विक मुद्रा, पत्र मुद्रा तथा साख मुद्रा आदि को सम्मिलित किया जाता है। मुद्रा की पूर्ति जितनी ही अधिक होगी, ब्याज की दर उतनी ही कम होगी तथा मुद्रा की पूर्ति जितनी ही कम होगी, ब्याज दर उतनी ही ऊँची होगी। किसी भी अर्थव्यवस्था में मुद्रा की कुल मुद्रा की कुल पूर्ति पर सरकार का नियन्त्रण रहता है। इसलिए एक निश्चित समयावधि में मुद्रा की पूर्ति स्थिर रहती है, अतः मुद्रा पूर्ति रेखा एक खड़ी रेखा (MM) होगी, जैसा कि चित्र 7 में दिखाया गया है। चित्र में OX-अक्ष पर मुद्रा की मात्रा तथा OY-अक्ष पर ब्याज की दर प्रदर्शित की गई है चूँकि अल्पकाल में मुद्रा की पूर्ति स्थिर रहती है, इसलिए चित्र में MM मुद्रा के पूर्ति वक्र को लम्बवत् दर्शाया गया है।

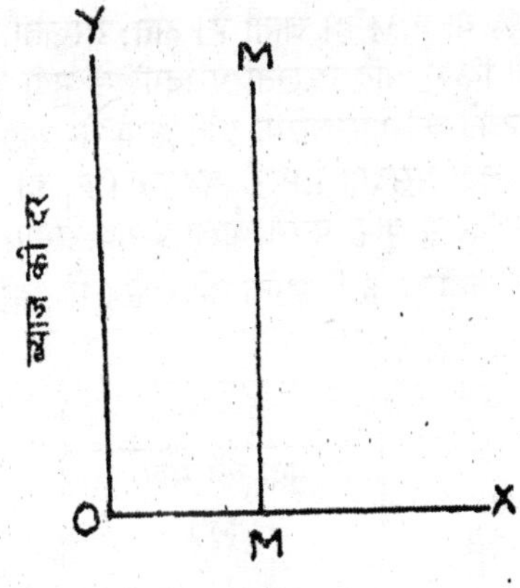

चित्र : 6

ब्याज का निर्धारण
(Determination of Interest)

ब्याज की दर उस बिन्दु पर निर्धारित होगी, जहाँ पर कि मुद्रा की माँग रेखा अर्थात् LP रेखा तथा मुद्रा पूर्ति रेखा एक-दूसरे को काटती है। जैसाकि चित्र 7 में दिखाया गया है।

माना कि मुद्रा की कुल पूर्ति 50 रु. (अर्थात् OM) है। रू से होती हुई मुद्रा की पूर्ति रेखा तरलता पसन्दगी रेखा (LP) अर्थात् मुद्रा की माँग रेखा को P बिन्दु पर काटती है। अत: ब्याज की दर 6% या PM होगी और इस ब्याज की दर नकद मुद्रा की माँग तथा मुद्रा की पूर्ति दोनों 500 रु. या OM है।

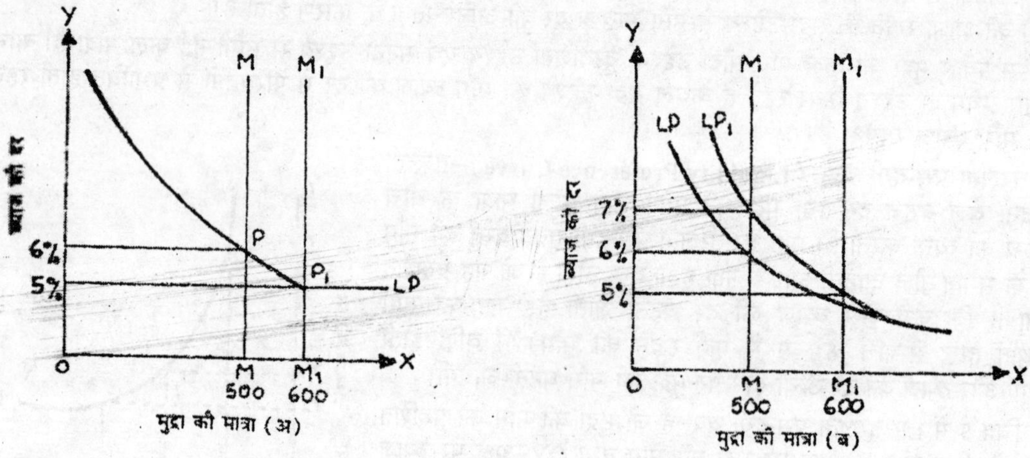

चित्र : 7

अत: यदि तरलता पसंदगी पूर्ववत् ही रहे, परन्तु केन्द्रीय बैंक मुद्रा की मात्रा को बढ़ाकर 600 रु. कर देता है तो ब्याज की दर घट कर 5% हो जाती है। अत: स्पष्ट है कि मुद्रा की पूर्ति की वृद्धि ब्याज की दर को घटाती है।

इसके विपरीत यदि मुद्रा की पूर्ति स्थिर रहती है। (अर्थात् 500 रु. ही रहती है) और मुद्रा की माँग बढ़ जाती है अर्थात् LP रेखा दायें को खिसककर LP_1 की स्थिति में आ जाती है (जैसा कि चित्र ब में है) तो ब्याज की दर बढ़कर 7% या P_1M हो जाती है। अत: तरलता पसंदगी में वृद्धि (यदि मुद्रा की पूर्ति स्थिर रहती है) ब्याज की दर को बढ़ा देती है। किन्तु यदि तरलता पसंदगी में मुद्रा की पूर्ति में परिवर्तन के साथ-साथ परिवर्तन होता है तो ब्याज की दर इन दोनों घटकों की पारस्परिक प्रतिक्रिया के शुद्ध परिणाम पर निर्भर होगी। चित्र ब में मुद्रा की मात्रा 600 रु. होने के साथ-साथ तरलता पसंदगी LP से बढ़कर LP_1 हो जाती है। मुद्रा की मात्रा में वृद्धि से न केवल तरलता पसंदगी में वृद्धि से ब्याज की दर में वृद्धि करने वाला प्रभाव समाप्त हो जाता है, बल्कि ब्याज की दर 6% से घटकर 5% हो जाती है।

कीन्स के सिद्धान्त को संक्षेप में यहाँ चार्ट के द्वारा दर्शाया गया है–

ब्याज दर (r)

- मुद्रा की मात्रा (M)
- द्रवता पसंदगी (L)
  - सट्टे का उद्देश्य (अस्थिर)
  - दूरदर्शिता का उद्देश्य (लगभग स्थायी)
  - व्यापारिक उद्देश्य (लगभग स्थायी)

उपरोक्त विवेचन से स्पष्ट है कि–

(i) यदि मुद्रा की माँग यथास्थिर रहे (अर्थात् तरलता पसंदगी पूर्ववत् रहे) तो मुद्रा की पूर्ति (मात्रा) में वृद्धि से ब्याज की दर घटेगी और मुद्रा की पूर्ति घटती है तो ब्याज की दर बढ़ेगी।

(ii) यदि मुद्रा की पूर्ति यथास्थिर रहे, परन्तु मुद्रा की माँग (तरलता पसंदगी) घटती है तो ब्याज की दर घटेगी और मुद्रा की माँग बढ़ती है तो ब्याज की दर बढ़ेगी।

(iii) किन्तु यदि तरलता पसंदगी में मुद्रा की पूर्ति में परिवर्तन के साथ-साथ परिवर्तन होता है तो ब्याज की दर इन दोनों घटकों की पारस्परिक प्रतिक्रिया के शुद्ध परिणाम पर निर्भर होगी।

अत: हम इस निष्कर्ष पर पहुँचते हैं कि ब्याज की दर भी स्वतंत्र बाजार की अन्य कीमतों की भाँति उस स्तर पर स्थापित हो जाती है, जिस पर माँग तथा पूर्ति एक-दूसरे के साथ संतुलन में होती है। संतुलन ब्याज दर अवस्था को निम्न समीकरण के रूप में व्यक्त किया जा सकता है-

$$M = M_1 + M_2 = L_1\,(Y) + L_2\,(r)$$
$$\text{or } M = L\,(r, Y)$$

इन समीकरणों में L से हमारा अभिप्राय मुद्रा की माँग अर्थात् तरलता पसंदगी से है। r ब्याज की दर है, Y राष्ट्रीय आय तथा M मुद्रा की मात्रा है, जो वास्तव में लोगों के पास है। L (rY) का अर्थ यह है कि मुद्रा की माँग ब्याज की दर (r) तथा अन्य (Y) पर निर्भर करती है। सम्पूर्ण समीकरण का अर्थ यह है कि साम्य की अवस्था में मुद्रा की माँग [L (Yr,Y)] और मुद्रा की पूर्ति (M) एक-दूसरे के बराबर होती है। इसे ऊपर देख चुके हैं, जब वे दोनों एक-दूसरे के बराबर होती है, तब संतुलन ब्याज दर स्थापित हो जाती है।

ब्याज के तरलता पसंदगी सिद्धान्त की कुछ निहित बातें
(Some Implications of Keynes Liquidity Preference Theory of Interest)

कीन्स के ब्याज की तरलता पसंदगी सिद्धान्त की कुछ महत्त्वपूर्ण बातें इस प्रकार हैं-

(i) बांडों (Bonds) की कीमतों और ब्याज दर के बीच दर के बीच उल्टा संबंध (Inverse Relationship between price of Bonds and Rate of Interest)-तरलता पसंदगी सिद्धान्त का एक महत्त्वपूर्ण आशय यह निकलता है कि बांड की कीमतों और ब्याज की दरों में उल्टा संबंध होता है अर्थात् जब ब्याज दर गिरती है तो बांड मूल्य बढ़ जाता है और जब ब्याज दर बढ़ जाती है तब बांड का मूल्य नीचे गिर जाता है। इसे हम उदाहरण द्वारा स्पष्ट कर सकते हैं। विश्लेषण के लिए यहाँ हम सरकारी बांड लेंगे। बांड का अंकित मूल्य (Face Value) उस पर लिखा होता है और प्रतिशत ब्याज-दर भी दी जाती है। अत: किसी एक बांड से निश्चित वार्षिक आय होती है। मान लीजिए कि बांड का अंकित मूल्य 100 रु. है और इस पर सरकार 6% प्रतिवर्ष ब्याज देती है अर्थात् इससे 6 रु. प्रतिवर्ष की निश्चित आय होती है। अब यदि ब्याज दर 3% वार्षिक दर तक गिर जाती है तो बांड का बाजार-मूल्य 200 रु. हो जायेगा, क्योंकि 3% वार्षिक दर केवल 200 रु. के वार्षिक मूल्य वाला बांड ही 6 रु. ब्याज के रूप में प्रदान कर सकता है। स्पष्ट है ब्याज-दर गिरने पर बांड का बाजार मूल्य बढ़ गया है। इसके विपरीत यदि ब्याज-दर 12% वार्षिक हो जाए तो बांड का बाजार मूल्य 100 रु. हो जाएगा, क्योंकि 12% ब्याज-दर केवल 50 रु. मूल्य वाला बांड ही 6 रु. का वार्षिक ब्याज प्रदान करेगा। इस प्रकार ब्याज-दर बढ़ने से बांड के मूल्य में कमी हो गई है। अत: हम इस परिणाम पर पहुँचते हैं कि किसी बांड के मूल्य और प्राप्त ब्याज-दर में उल्टा संबंध होता है। अत: यदि बांडों का मूल्य ऊँचा होगा तो इसका अर्थ यह होगा कि ब्याज दर कम होगी और यदि बांडों का मूल्य कम होगा तो ब्याज दर ऊंची होगी।

बाजार में बांडों का मूल्य तरलता पसंदगी में परिवर्तनों द्वारा दर्शाया जाता है। तरलता पसंदगी में कमी से अभिप्राय यह है कि इससे बांडों का मूल्य बढ़ेगा और ब्याज की दर घटेगी तथा इसके विपरीत स्थिति में बांडों का मूल्य गिरेगा और ब्याज की दर बढ़ेगी। अत: बांडों के मूल्यों और ब्याज की दरों में उल्टा संबंध हेाता है।

(ii) ब्याज की दर तथा मुद्रा पूर्ति (Rate of Interest and supply of Money)-कीन्स का मत है कि ब्याज की दर को घटाकर व मुद्रा की पूर्ति बढ़ाकर रोजगार को प्रोत्साहन दिया जा सकता है। यह नीति इस मान्यता पर आधारित है मुद्रा की पूर्ति में वृद्धि, सट्टे के मुद्रा (M_2) की पूर्ति में वृद्धि करेगी जिससे ब्याज दर गिरेगा और विनियोग प्रोत्साहित

होकर आय में वृद्धि करेगा। परन्तु ऐसी नीति की अनेक सीमाएँ हैं, जैसे-(अ) यदि तरलता पसंदगी में वृद्धि मुद्रा की पूर्ति में वृद्धि से अधिक है तो मुद्रा की पूर्ति में वृद्धि के कारण ब्याज की दर कम नहीं होगी। (ब) यदि पूँजी की सीमान्त उत्पादकता में कमी ब्याज की दर में कमी से अधिक है तो ब्याज का कम दर रोजगार में वृद्धि नहीं करेगी। इसी प्रकार मंदीकाल में जब तरलता पसंदगी अधिक और पूँजी की सीमान्त उत्पादकता कम होती है तो ऐसी नीति प्रभावशाली नहीं होती।

(iii) तरलता ट्रैप या जाल (Liquidity Trap)–तरलता जाल की स्थिति बताती है कि ब्याज की दर तरलता जाल द्वारा निर्धारित स्तर से नीचे नहीं गिर सकती, भले ही मौद्रिक अधिकारी मुद्रा की पूर्ति को कितना ही क्यों न बढ़ा दें। कीन्स की तरलता पसंदगी सिद्धान्त यह बताता है कि ब्याज का निर्धारण मुद्रा की माँग (तरलता पसंदगी) और मुद्रा की पूर्ति के द्वारा होता है। यदि मुद्रा की मात्रा बढ़ रही है तो ब्याज दर गिरती जाती है और इस प्रक्रिया में एक ऐसी स्थिति भी आ जाती है जहाँ मुद्रा की मात्रा बढ़ाने पर भी ब्याज की दर में कोई प्रभाव नहीं पड़ता। यह ब्याज-दर गिरने की निम्नतम दर होती है। कीन्स के विश्लेषण में वह स्थिति जहाँ ब्याज-दर गिरकर अपने निम्नतम स्तर पर आ जाती है और मुद्रा की मात्रा का इस पर कोई प्रभाव नहीं पड़ता है तो उसे इसे तरलता जाल की स्थिति कहते हैं। इस स्थिति में अर्थव्यवस्था एक तरह से तरलता के जाल या फंदे में फँस जाती है, क्योंकि जहाँ पर मुद्रा की जितनी भी मात्रा बढ़ायी जाती है, वह अर्थव्यवस्था में लोगों के पास निष्क्रिय मुद्रा शेषों के रूप में विलीन हो जाती है और ऐसी स्थिति में मौद्रिक अधिकारी अर्थव्यवस्था को इस जाल से बाहर निकालने में असमर्थ होते हैं। चूँकि यहाँ ब्याज-दर अपरिवर्तित रहती है, इसलिए अर्थव्यवस्था के विनियोग रोजगार व आय का स्तर भी अप्रभावित रहता है।

महत्वपूर्ण आर्थिक नीतियों के निर्धारण की दृष्टि से तरलता जाल का सिद्धान्त यह स्पष्ट कर देता है कि विनियोग, आय एवं रोजगार में वृद्धि हेतु राजकीय (मौद्रिक) अधिकारियों की क्षमता एक सीमा के बाद समाप्त हो जाती है। यह सीमा वहाँ प्रारम्भ होती है, जहाँ से तरलता जाल की ब्याज-दर शुरू होती है। यदि देश में भयंकर मंदी की स्थित हो, तब भी मुद्रा की पूर्ति में वृद्धि के माध्यम से (तरलता जाल की स्थिति में) ब्याज की दर को कम करके विनियोग तथा कुल माँग को बढ़ाना संभव नहीं होगा।

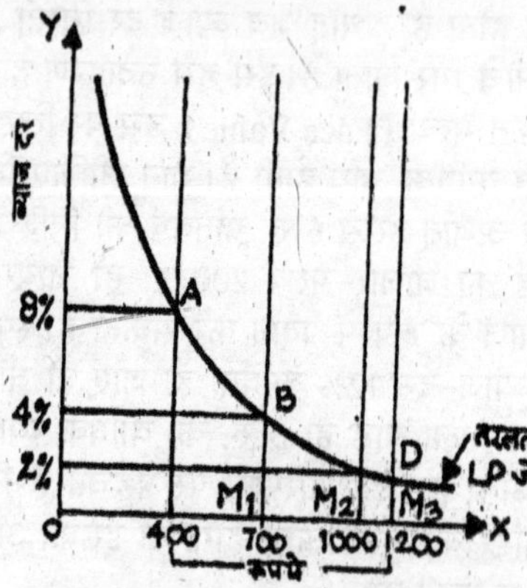

मुद्रा की माँग (सौदेबाजी के उद्देश्य के लिए)

चित्र : 8

रेखाचित्र द्वारा स्पष्टीकरण (Diagrammatic Representation)–चित्र 8 में तरलता जाल की स्थिति स्पष्ट की गई है। चित्र में LP तरलता पसंदगी अथवा मुद्रा की माँग वक्र है। इस वक्र को देखने से विदित होता है कि–

(i) जैसे-जैसे ब्याज-दर कम होती है (8 प्रतिशत से 2 प्रतिशत) वैसे-वैसे तरलता पसंदगी वक्र अधिक लोचदार होकर OX अक्ष पर सामानांतर रेखा बन जाती है, जो इस बात को स्पष्ट करती है कि यहाँ मुद्रा की माँग अनन्त है। मुद्रा की माँग पूर्णतया लोचदार होने का तात्पर्य यह है कि ब्याज-दर के निम्नतम होने पर और मुद्रा माँग से इसके विपरीत संबंध होने के कारण जब अर्थव्यवस्था में मुद्रा की अतिरिक्त मात्रा बढ़ती है तो इस मुद्रा का प्रयोग किसी आर्थिक क्रिया में प्रयुक्त न होकर लोगों के पास संचित होती जाती है।

(ii) यद्यपि मुद्रा की मात्रा बढ़ने से ब्याज-दर गिरती है, जैसे-चित्र में मुद्रा की मात्रा OM से OM_1 अथवा OM_2 होने पर ब्याज दर AM से गिरकर BM_1 अथवा CM_2 हो जाती है। परन्तु एक स्थिति ऐसी आ जाती है, तब मुद्रा की और अधिक मात्रा बढ़ने से ब्याज-दर गिरने के स्थान पर स्थिर हो जाती है और उसके बाद मुद्रा की मात्रा में वृद्धि करने से ब्याज की दर अप्रभावित रहती है।

(iii) चित्र में जब मुद्रा की मात्रा OM_2 अथवा 1000 रु. हो जाती है, तो ब्याज-दर अपने निम्नतम स्तर OM_2 अर्थात् 2% आ जाती है और इसलिए अब जब मुद्रा की मात्रा बढ़कर OM_3 अर्थात् 1200 रु. हो जाती है तो ब्याज-दर पूर्ववत् अर्थात् 2% रहती है।

(iv) चूँकि DM_3 ब्याज-दर बराबर है CM_2 ब्याज दर के, अतः स्पष्ट है कि ब्याज दर पूर्ववत् ही है? यही तरलता जाल की स्थिति है। अतः LP वक्र की पूँछ की OX अक्ष के समानांतर होने की प्रवृत्ति बताती है कि ब्याज की न्यूनतम दर (यहाँ 2%) पर लोग समस्त मुद्रा को तरल रूप में रखेंगे तथा बिलकुल उधार नहीं देंगे, अर्थात् उधार बंदी (Credit deadlock) हो जायेगी। ऐसी स्थिति को कीन्स ने तरलता जाल की संज्ञा दी है।

(v) तरलता जाल को इस रूप में परिभाषित किया जा सकता है कि यह तरलता पसंदगी वक्र पर उन बिन्दुओं के संयोग को दिखाता है जहाँ ब्याज दर में प्रतिशत अर्थात् $(\Delta i/i)$ के कारण मुद्रा माँग में प्रतिशत परिवर्तन अर्थात् $(\Delta M/M)$ अनंत हो जाता है।

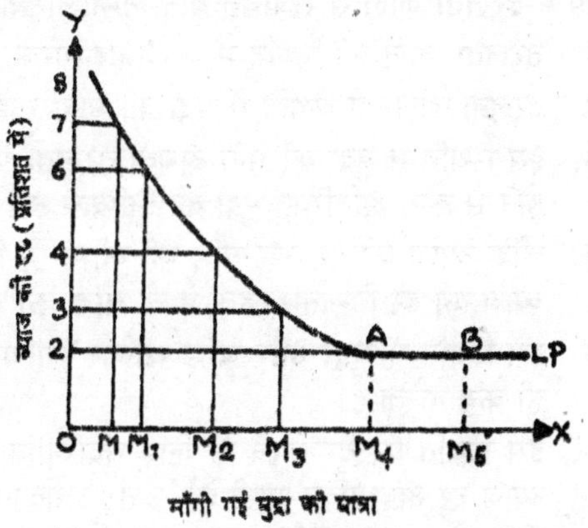

चित्र : 9

अब देखेंगे कि C बिन्दु के बाद ब्याज दर के प्रति तरलता पसंदगी वक्र पूर्णतः लोचदार क्यों हो जाता है? रेखाचित्र 9 में 2% ब्याज-दर में तरलता पसंदगी वक्र LP समानांतर हो जाता है। इसका अर्थ यह है कि अब किसी प्रकार भी मुद्रा की मात्रा में कितनी ही वृद्धि क्यों न की जाए, लोग अतिरिक्त मुद्रा को नकदी के रूप में अपने ही पास रखेंगे। वे अतिरिक्त मुद्रा को बांडों में नहीं लगायेंगे। ऐसा क्यों? इसका कारण यह है कि (i) लोगों को यह आशा नहीं है कि ब्याज दर 2% से नीचे गिरेगी। यदि ब्याज 2% से नीचे गिरने की आशा नहीं है तो बांडों का मूल्य कैसे चढ़ सकता है, क्योंकि बांडों के मूल्य के तो तभी बढ़ने की आशा हो सकती है जब ब्याज-दर गिरने की संभावना हो। परिणामतः बांडों में विनियोग करके लाभ कमाने की कोई संभावना नहीं है, अतः लोग बांडों को खरीदना पसंद करेंगे। (ii) इसके अतिरिक्त 2% ब्याज-दर इतनी कम है कि भविष्य में इसके 2% के ऊपर बढ़ने की सभी संभावनाएँ हैं। जब भी ऐसा होगा, बांडों के मूल्यों में भारी कमी आएगी। कोई भी व्यक्ति, जो अब बांडों को खरीदता है, भविष्य में भारी हानि उठायेगा। अतः ब्याज-दर अधिक गिर जाने पर लोग बांड खरीदने से बहुत घबराते हैं और वे अपने पास नकदी ही रखना चाहते हैं। दूसरे शब्दों में, कम ब्याज-दर पर व्यक्तियों की तरलता पसंदगी इतनी अधिक हो जाती है कि मुद्रा की मात्रा में चाहे कितनी ही वृद्धि कर दी जाए, ब्याज दर कम नहीं होती।

उपर्युक्त विवेचन से तरलता पसंदगी के व्यवहार से हम एक महत्त्वपूर्ण निष्कर्ष यह निकालते हैं कि ब्याज-दर को एक निश्चित निम्न बिंदु से नीचे नहीं गिराया जा सकता, चाहे सामाजिक हित के लिए इसे नीचे गिरने की कितनी ही अधिक आवश्यकता क्यों न हो। दूसरे शब्दों में इसे हम इस प्रकार भी व्यक्त कर सकते हैं कि तरलता पसंदगी की इस विशेषता के कारण ब्याज की दर शून्य नहीं हो सकती।

प्रो. हिक्स कीन्स के उक्त विचार से सहमत नहीं हैं। उनके विचार में ब्याज की दर के शून्य न होने के कारण ब्याज की कम दर या अनिश्चितता नहीं, बल्कि महत्त्वपूर्ण बात तो यह है कि मुद्रा एक तरलता सम्पत्ति है। मुद्रा तरल है व विनिमय का माध्यम होने के कारण नकदी में रखी जाती है ताकि वस्तुओं और सेवाओं को खरीदा जा सके, जबकि बांडों व प्रतिभूतियों में लगे रुपये को नकदी में बदलने का समय, खर्चा आदि जिससे असुविधा होती है। अतः प्रो. हिक्स के अनुसार ब्याज की दर कभी भी शून्य नहीं हो सकती, क्योंकि अपनी तरलता के कारण यह (मुद्रा) अन्य सम्पत्तियों की अपेक्षा श्रेष्ठ मानी जाती है। अतः जब तक लोगों को परितोषण (ब्याज) नहीं चुकाया जायेगा, तब तक वे अपनी नकदी को बांडों एवं प्रतिभूतियों-जैसे सम्पत्तियों में नहीं लगायेंगे। इसके अतिरिक्त गिरकर शून्य हो सकती है, परन्तु माँग की तुलना में मुद्रा की अधिक पूर्ति इनकी कीमत (ब्याज) को शून्य पर नहीं गिरा सकती, क्योंकि मुद्रा तरल होती है और इसे अपनी आवश्यकताओं की संतुष्टि हेतु वस्तुओं सेवाओं को खरीदने के लिए प्रयोग किया जा सकता है। अतः मुद्रा की माँग

कभी भी समाप्त नहीं होती है। इसलिए कीमत (ब्याज-दर) सदैव धनात्मक होती है और यह कभी भी शून्य नहीं हो सकती। हिक्स का विचार कि ब्याज की दर शून्य नहीं हो सकती, प्रो. कीन्स के विचार की अपेक्षा अधिक शुद्ध प्रतीत होता है।

संक्षेप में **तरलता जाल** से संबंधित बातें निम्नलिखित हैं–

1. **तरलता जाल** की स्थिति में ब्याज दर गिरकर **निम्नतम स्तर** पर स्थिर हो जाती है।
2. तरलता जाल की स्थिति में मुद्रा की मात्रा चाहे जितनी बढ़ा दी जाए **ब्याज दर अपरिवर्तित** रहती है।
3. इस स्थिति में मुद्रा की माँग अथवा **तरलता पसंदगी अनंत होती** है। कारण यह है कि ब्याज दर के निम्नतम होने से लोग अतिरिक्त मुद्रा को निष्क्रिय रूप से संग्रह करके रखते हैं।
4. चूँकि ब्याज की दर और बांड की कीमत में विपरीत संबंध होता है, इसलिए तरलता जाल की स्थिति में जब ब्याज की दर निम्नतम रहती है तो **बांड की कीमत अधिकतम** रहती है।
5. इस स्थिति में **मुद्रा और बांड बाजार शिथिल** रहते हैं, क्योंकि न कोई मुद्रा उधार देता है और न कोई बांड ही क्रय करता है।
6. इस स्थिति को दूर करने के लिए मुद्रा नीति पूर्णतया असफल रहती है, क्योंकि मुद्रा की मात्रा की वृद्धि से ब्याज दर अप्रभावित रहती है। अत: अर्थव्यवस्था के विनियोग, आय व रोजगार आदि स्तर भी प्रभावित रहते हैं। इसके कारण अर्थव्यवस्था अपूर्ण रोजगार की स्थिति में रहती है।
7. तरलता जाल की स्थिति को कीन्स ने **आर्थिक स्थिरता** की स्थिति कहा है, क्योंकि यहाँ समस्त क्रियाएँ शिथिल हो जाती हैं और अर्थव्यवस्था का विकास अवरुद्ध हो जाता है।
8. तरलता जाल की स्थिति में जबकि मौद्रिक नीति अपने प्रभाव में पूर्णतया शून्य होती है, वित्तीय नीति अपने प्रभाव में अधिकतम सीमा पर पहुँच जाती है।
9. तरलता जाल की स्थिति कीन्स के विश्लेषण का एक सामान्य रूप न होकर केवल अंतिम या चरम सीमा का विश्लेषण है। यह केवल गंभीर मंदी की स्थिति में ही उत्पन्न हो सकती है।

कीन्स के तरलता जाल की धारणा के संबंध में पीगू की आलोचनाएँ
(Pigou's Criticisms of Keynesian Concept of Liquidity Trap)

प्रो. पीगू ने कीन्स के तरलता जाल अवधारणा का विरोध किया है और यह प्रमाणित करने का प्रयत्न किया है कि यद्यपि तरलता जाल की स्थिति में ब्याज-दर निम्नतम होती है और उसमें परिवर्तन नहीं होता है, परन्तु अन्य घटकों की क्रियाशीलता के कारण अर्थव्यवस्था किसी भी जाल या स्थिरावस्था में नहीं रहती।

पीगू के मतानुसार यदि हम यह मान लें कि अर्थव्यवस्था इस तरह के किसी जाल में फँस जाती है तो भी पूर्ण रोजगार की स्थिति को प्राप्त करने में कोई कठिनाई नहीं होगी। पीगू ने यह तर्क दिया है कि तरलता की स्थिति में जब मुद्रा की मात्रा में वृद्धि हो रही है तो लोगों के पास अवांछित अतिरिक्त मुद्रा होती है जिसके फलस्वरूप उनकी सम्पत्ति में वृद्धि हो जाती है। इससे सम्पत्ति संचयन की प्रवृत्ति में ह्रास आ जाता है, जिससे इस स्थिति में लोगों की सीमान्त बचत प्रवृत्ति कम हो जाती है। सीमान्त बचत प्रवृत्ति कम होने का तात्पर्य यह है कि उपभोग की सीमान्त प्रवृत्ति बढ़ जाती है। उपभोग प्रवृत्ति में वृद्धि होने के कारण प्रभावपूर्ण माँग बढ़ती है जिससे अर्थव्यवस्था में रोजगार का स्तर बढ़ता है और आय में वृद्धि होती है। इस तरह पीगू ने यह सिद्ध करने का प्रयत्न किया कि यदि तरलता जाल की स्थिति में प्रभावपूर्ण माँग बढ़ाकर रोजगार प्राप्त किया जा सकता है तो यहाँ जाल या स्थिरावस्था कहाँ उत्पन्न होती है। अत: तरलता जाल की स्थिति को आर्थिक स्थिरता के रूप में प्रदर्शित करना और कीन्स का यह कहना कि यहाँ मौद्रिक शक्तियाँ या मौद्रिक नीति पूर्णतया अप्रभावशाली रहेंगी।

प्रो. पीगू ने यह भी कहा कि तरलता जाल की इस स्थिति को दूर करने के लिए किसी भी वित्तीय नीति अथवा सरकारी हस्तक्षेप की आवश्यकता नहीं है। इसका मत है कि यदि अर्थव्यवस्था की कार्यशीलता को पूर्णतया स्वतंत्र छोड़ दिया जाए, जिससे मजदूरी दर, ब्याज दर आदि पूर्णतया परिवर्तनशील हो तो तरलता जाल की स्थिति उत्पन्न नहीं हो

सकती। पीगू का यह कहना है कि यदि अर्थव्यवस्था की इन दरों में परिवर्तनशीलता हो तो उत्पादन लागत गिर जायेगी, जिसके फलस्वरूप कीमत स्तर में भी कमी आ जायेगी। ऐसी स्थिति में लोगों की सीमान्त उपभोग प्रवृत्ति बढ़ जाती है। फलत: प्रभावपूर्ण माँग, रोजगार के स्तर और आय में भी वृद्धि हो जाती है। इस तरह जब तक अर्थव्यवस्था में बेरोजगारी होती है तब तक मजदूरी गिरेगी जिससे उत्पादन लागत भी गिरती जायेगी और ऊपर वर्णित समस्त कियाएँ संचालित रहेंगी, जब तक पूर्ण रोजगार की स्थिति प्राप्त नहीं हो जाती। यहाँ पीगू ने यह सिद्ध कर दिया कि तरलता जाल तथा आर्थिक स्थिरता की कीन्स संबंधी धारणा निराधार है।

इस प्रकार बचत और धन के फलनात्मक संबंध के रूप में पीगू ने कीन्स के ठीक विपरीत निष्कर्ष प्राप्त किये कि अर्थव्यवस्था स्वत: अनैच्छिक बेरोजगारी की स्थिति में पूर्ण-रोजगार अवस्था की ओर अग्रसर होगी और अर्थव्यवस्था में स्थिरता की दशा नहीं आयेगी और न ही किसी प्रकार की सरकारी हस्तक्षेप या वित्तीय नीति की आवश्यकता पड़ेगी।

इस प्रकार पीगू ने कीन्स के विश्लेषण विधियों के ही द्वारा उन पर प्रहार किया और यह सिद्ध किया कि अर्थव्यवस्था किसी भी जाल या स्थिरावस्था में नहीं रहती। इस संदर्भ में पीगू द्वारा दिये गये विश्लेषणों को 'पीगू प्रभाव' (Pigour Effect) कहा जाता है।

तरलता जाल के संबंध में सैद्धान्तिक और अनुभवगम्य अध्ययन
(Theoretical and Empirical Study of Liquidity Trap)

कीन्स की तरलता जाल के संबंध में अनेक सैद्धान्तिक और अनुभवगम्य अध्ययन किये गये हैं, जिनसे इस बात का पता लगाने का प्रयत्न किया गया है कि मुद्रा की माँग कहाँ तक ब्याज दर से लोचशील है। इन अध्ययनों में प्रमुख ए. जे. ब्राउन, ए. एम. खुशरो, जैमस तोबिन और मिल्टन फ्रीडमैन आदि के अध्ययन हैं। प्रो. फ्रीडमैन के अतिरिक्त अन्य सभी अध्ययनों का यही निष्कर्ष कि मुद्रा की माँग ब्याज दर से लोचशील है। परन्तु प्रो. फ्रीडमैन ने यह सिद्ध करने का प्रयत्न किया है कि मुद्रा की माँग ब्याज दर से अप्रभावित रहती है और यही कारण है कि कीन्स के तरलता जाल की कोई स्थिति उत्पन्न नहीं होती। प्रो. फ्रीडमैन ने 1870 से 1957 के बीच अमेरिका की अर्थव्यवस्था से संबंधित मुद्रा की मात्रा के औसत मूल्यों को एक विस्तृत अर्थ में स्थायी आय से संबंधित करके व्यापार चक्र के विभिन्न रूपों को दर्शाया है, पर अध्ययन में फ्रीडमैन को कोई भी संतोषजनक राह-बंधन प्राप्त नहीं हुआ बल्कि उन्हें ब्याज दर की गिरती हुई प्रवृत्ति प्राप्त हुई। इस संबंध में कई प्रयास ऐसे हुए हैं जिनमें मुद्रा की माँग को निष्क्रिय व सक्रिय रूप में विभाजित ब्याज दर से उसके लोचशीलता को देखा गया है। इस तरह बहुत से ऐसे प्रयोग हुए हैं और हो भी रहे हैं जिसमें तरलता जाल की स्थिति का अध्ययन करने का प्रयत्न किया गया है। मेयर और बिण्ट्रानब आदि अर्थशास्त्रियों ने भी अपने अध्ययनों से निम्न ब्याज दरों पर मुद्रा की माँग को अत्याधिक लोचदार पाया है, फिर भी तरलता जाल जैसी कोई स्थिति उत्पन्न नहीं हुई है।

इस तरह सभी विश्लेषणों से स्पष्ट होता है कि यद्यपि मुद्रा की माँग ब्याज दर से लोचशील है, परन्तु कीन्सियन तरलता जाल संभव नहीं है। **फ्रीडमैन** का मत है कि मुद्रा माँग और ब्याज दर में कोई संबंध नहीं है, इसलिए तरलता जाल स्थिति उत्पन्न होने का प्रश्न ही नहीं उठता। **फ्रीडमैन** के शब्दों में, ''किसी ने भी तरलता जाल के प्रेत को आज तक नहीं देखा तथा केवल अपवादस्वरूप परिस्थितियों में ही मौद्रिक नीति के विरुद्धवादी प्रभाव न होने की सैद्धान्तिक संभावना इसे सभी अन्य परिस्थितियों एवं समय पर वैध नहीं बना सकती।'' **पेटिन्कन** का भी मत है, ''मुद्रा कीमत स्तरों के परिवर्तन से अत्यधिक प्रभावित होती है और ऐसी दशा में मुद्रा की पूर्ति बढ़ने से ब्याज दर या तो प्रभावित रहेगी या उसमें केवल अल्पकालीन परिवर्तन होगा। इस तरह मुद्रा पूर्ति के बढ़ने से केवल कीमत स्तर ही आनुपातिक रूप में बढ़ेंगे, जिससे तरलता जाल जैसी कोई स्थिति उत्पन्न नहीं हो सकती।''

कीन्स के सिद्धान्त की विशेषताएँ व महत्त्व
(Characteristics and Significance of Keynesian Theory)

कीन्स का तरलता पसंदगी ब्याज का सिद्धान्त अर्थशास्त्र में बहुत ही महत्त्वपूर्ण माना जाता है। इस सिद्धान्त की निम्नलिखित विशेषताओं से इसका महत्त्व स्पष्ट हो जाता है–

1. मौद्रिक तत्त्व (Monetary Element)–कीन्स ने ब्याज सिद्धान्त में मौद्रिक तत्त्व जोड़कर प्रतिष्ठित ब्याज सिद्धान्त में संशोधन करने का यत्न किया है। प्रतिष्ठित अर्थशास्त्रियों ने ब्याज दर निर्धारित करने में मुद्रा को महत्त्व नहीं दिया था, क्योंकि उनके अनुसार ब्याज पूँजी के प्रयोग का मूल्य है। कीन्स के अनुसार ब्याज मौद्रिक तत्त्व है अर्थात् यह

मुद्रा के प्रयोग का मूल्य है इस प्रकार कीन्स ने कहा कि **ब्याज एक विशुद्ध मौद्रिक घटना है।** अत: ब्याज दर पर बैंक व्यवस्था द्वारा नियंत्रण रखा जा सकता है।

2. मौद्रिक सिद्धान्त का रोजगार व उत्पादन सिद्धांत के साथ समन्वय (Integration of Monetary Theory with Employment and Production Theory)–कीन्स ने तरलता पसंदगी सिद्धान्त से पहले अर्थशास्त्र में **आय**, उत्पादन और रोजगार सिद्धान्त में मुद्रा का कोई स्थान नहीं था, क्योंकि प्रतिष्ठित अर्थशास्त्रियों ने मुद्रा को केवल **विनिमय** का माध्यम माना था। कीन्स ने तरलता पसंदगी के सिद्धान्त में मुद्रा को विनिमय साधन की अपेक्षा मूल्य या धन संचय के साधन के रूप में अधिक महत्त्वपूर्ण बताया। कीन्स के अनुसार ब्याज की दर विनियोग पर प्रभाव डालती है अर्थात् ब्याज की दर में परिवर्तन विनियोग की मात्रा में कमी या वृद्धि करते हैं, जिसके फलस्वरूप आय, उत्पादन और रोजगार में परिवर्तन आता है। इस प्रकार कीन्स ने मौद्रिक सिद्धान्त को रोजगार और उत्पादन सिद्धांत का एक अटूट अंग बना दिया है।

3. मुद्रा की मात्रा और कीमत में संबंध (Relationship between Quantity of Money and Price)–तरलता पसंदगी सिद्धान्त की सहायता से कीन्स ने यह सिद्ध करने का प्रयत्न किया कि मुद्रा की पूर्ति या मुद्रा की मात्रा का मूल्य स्तर से कोई प्रत्यक्ष संबंध नहीं होता और न ही मुद्रा पूर्ति में वृद्धि सदा स्फीतिक होती है। कीन्स के अनुसार अपूर्ण रोजगार की अवस्था में जब मुद्रा की पूर्ति बढ़ाई जाए तो ब्याज की दर निम्न होती है जिससे विनियोग बढ़ता है, उत्पादन बढ़ता है, आय बढ़ती है और रोजगार में वृद्धि होती है। अत: तरलता पसंदगी सिद्धान्त द्वारा मुद्रा के मूल्य या कीमतों के स्तर नये सिद्धान्त का निर्माण करता है जो प्रतिष्ठित धारणा को असत्य सिद्ध करता है कि मुद्रा की पूर्ति की प्रत्येक वृद्धि स्फीतिक होती है।

4. व्यापकता (Universality)–इस सिद्धान्त की सराहनीय विशेषता यह है कि यह सब प्रकार की अर्थव्यवस्थाओं पर लागू होता है, चाहे किसी अर्थव्यवस्था में पूर्ण रोजगार की स्थिति हो या न हो।

5. आर्थिक नीति (Economic Policy)–तरलता पसंदगी सिद्धान्त का एक महत्त्वपूर्ण पक्ष यह भी है कि इसके आधार पर देश में रोजगार तथा आय बनाये रखने के लिए हमें उचित आर्थिक नीति अपनाने में मुद्रा नीति के महत्त्व का ज्ञान होता है। ब्याज दर को प्रभावित करने का एक क्रियात्मक ढंग, जो सरकार अपना सकती है, वह यह है कि देश में मुद्रा की मात्रा बढ़ायी जाए और इस प्रकार सस्ती मुद्रा नीति अपनायी जाए।

6. बचत व विनियोग में समानता (Equality between Saving and Investment)–तरलता पसंदगी सिद्धान्त की एक विशेषता यह भी है कि इस बात की सही व्याख्या करता है कि अर्थव्यवस्था में **बचत और विनियोग के बीच संतुलन** किस प्रकार होता है। यह सिद्धान्त स्पष्ट करता है कि अर्थव्यवस्था में बचत और विनियोग का संतुलन ब्याज दर के घटने-बढ़ने से नहीं होता, वरन् आय तथा रोजगार के घटने-बढ़ने से होता है।

कीन्स के सिद्धान्त की आलोचनाएँ
(Criticisms of Keynesian Theory)

कीन्स के ब्याज के दर की तरलता पसंदगी सिद्धान्त की निम्नलिखित आलोचनाएँ की जाती हैं–

1. बचत के लिए प्रतीक्षा (Waiting for Saving)–कीन्स के अनुसार ब्याज के लिए प्रतीक्षा या बचत आवश्यक नहीं, परन्तु वह यह भूल जाते हैं कि तरलता व तरजीह प्राप्त करने के लिए प्रतीक्षा व बचत आवश्यक है। प्रो. जैकब वाइनर के अनुसार बचत के बिना तरलता नहीं हो सकती। प्रो. डी. एच. राबर्टसन के अनुसार एक मनुष्य पहले आय कमाता है फिर बचाता है फिर इस बात का निर्णय करता है कि इसे नकदी में रखा जाए या बांड इत्यादि में। स्पष्ट है कि बिना बचत के तरलता का प्रश्न नहीं उठता।

2. मुद्रा की अस्पष्ट व्याख्या (Ambiguous Explanation of Money)–कीन्स का सिद्धान्त एक ब्याज का मौद्रिक सिद्धांत है, परन्तु वास्तविकता यह है कि उसे मुद्रा का अर्थ स्पष्ट नहीं हो पाता। एक स्थान पर उन्होंने साख-मुद्रा को मुद्रा में सम्मिलित किया है, परन्तु दूसरी जगह उन्होंने यह कहा है कि साख को मुद्रा के अन्तर्गत सम्मिलित नहीं किया जाना चाहिए।

3. उत्पादकता (Productivity)–आलोचकों का कहना है कि ब्याज केवल तरलता से वंचित होने का मूल्य नहीं है बल्कि ब्याज पूँजी की उत्पादकता के कारण भी दिया जाता है।

4. तरलता (Liquidity)–तरल और अतरल मुद्रा में भेद करना सरल नहीं है जितना कीन्स ने मान लिया है। वास्तव में तरलता कई प्रकार की होती है जिसके कारण ब्याज एक जटिल समस्या बन जाती है। कीन्स ने तरल और अतरल मुद्राओं में भेद को जबर्दस्ती सुगम बनाकर अपने सिद्धान्त का निर्माण किया है।

5. संकुचित दृष्टिकोण (Narrow Approach)–वास्तविक रूप में मुद्रा की तरलता पसंदगी अनेक बातों पर निर्भर है न कि केवल तीन उद्देश्यों पर जिनका वर्णन कीन्स ने किया है। इसके अतिरिक्त बचत, उपभोग प्रवृत्ति तथा पूँजी की सीमान्त उत्पादकता द्वारा भी ब्याज प्रभावित होता है, जिन पर कीन्स ने तरलता पसंदगी सिद्धान्त में कोई ध्यान नहीं दिया है। अत: कीन्स का दृष्टिकोण सीमित है।

6. सीमित क्षेत्र (Limited Scope)–कीन्स का यह सिद्धान्त अत्यन्त संकुचित और संकीर्ण है, क्योंकि ऐसी अर्थव्यवस्थाओं में, जिसमें नकद लेन-देन नहीं होता, ब्याज दर का निर्धारण किस प्रकार होगा, इसे यह सिद्धान्त स्पष्ट नहीं करता।

7. अनिश्चितता (Uncertainties)–हेन्सन का कहना है कि प्रतिष्ठित अर्थशास्त्रियों के सिद्धान्त की भांति यह सिद्धान्त भी अनिश्चित है। कारण यह है कि इस सिद्धान्त के अनुसार ब्याज का निर्धारण मुद्रा की माँग और मुद्रा की पूर्ति होता है। **परन्तु मुद्रा की माँग अथवा तरलता पसंदगी क्या होगी यह आय पर निर्भर करता है,** क्योंकि कीन्स ने स्वयं कहा है कि सौदा उद्देश्य के लिए कितनी नकदी की आवश्यकता पड़ेगी यह आय के स्तर पर निर्भर करता है। जिस समय आय स्तर बढ़ जायेगा, उस समय तरलता पसंदगी इन दोनों उद्देश्यों के लिए L_1 तक बढ़ जायेगी। फलत: तरलता पसंदगी वक्र ऊपर को उठ जायेगा। इस प्रकार कुल तरलता पसंदगी वक्र आय के परिवर्तनों के साथ ऊपर-नीचे होता रहेगा। परन्तु आय ब्याज की दर निर्भर करती है, क्योंकि ब्याज की दर विनियोग पर प्रभाव डालती है और फिर इसके द्वारा आय स्तर को निर्धारित करती है। इस प्रकार आय स्तर का हम तब तक पता नहीं कर सकेंगे जब तक कि ब्याज की दर ज्ञात न हो। अत: कीन्स का सिद्धांत भी अनियमित तथा अनिश्चित रह जाता है। इसको चित्र 9 की सहायता से समझाया गया है। चित्र 9 में LY_1 उस समय तरलता पसंदगी वक्र है जब आय Y_1 है और LY_2 तरलता पसंदगी वक्र उस समय है जब आय Y_2 है। मुद्रा की मात्रा OM है। जब आय का स्तर Y_1 है उस समय ब्याज की दर P_1M है और जब आय का स्तर Y_2 है उस समय ब्याज की दर P_2M है। स्पष्ट है कि ब्याज की दर तभी मालूम की जा सकती है जबकि आय के स्तर को मालूम कर लिया जाए। परन्तु आय का स्तर हम तब तक पता नहीं कर सकेंगे, जब तक ब्याज की दर ज्ञात न हो, क्योंकि ब्याज की दर विनियोग पर प्रभाव डालती है और फिर इसके द्वारा आय स्तर को निर्धारित करती है।

8. तरलता तथा अतरलता (Liquidity and Illiquidity)–तरल तथा अतरल मुद्रा के बीच भेद करना उतना सरल नहीं है जितना कि कीन्स ने मान लिया है। वास्तव में, तरलता विभिन्न प्रकार की होती है, जिसके कारण ब्याज एक जटिल समस्या बन जाती है। कीन्स ने तरलता में समस्त तत्त्वों की उपेक्षा की है।

9. ब्याज-दर विनियोग राशि की माँग से स्वतंत्र नहीं (Interest Rate not Independent on Demand for Investment)–कीन्स ने ब्याज की दर को विनियोग राशि से स्वतन्त्र माना है और इन दोनों के परस्पर प्रभाव की उपेक्षा की है, परन्तु वास्तविक संसार में ब्याज की दर विनियोग राशि से प्रभावित होती है।

10. अल्पकालीन व्याख्या (Short-Period Explanation)–यह सिद्धान्त ब्याज-निर्धारण की केवल अल्पकालीन व्याख्या करता है किन्तु दीर्घकाल में ब्याज-दर के विभिन्न स्तरों को नहीं समझा सकता।

11. वस्तु विनियम प्रणाली के प्रतिकूल (Not Applicable in Barter System)–यह सिद्धान्त केवल मुद्रा पर आधारित अर्थव्यवस्था पर लागू होता है। यह सिद्धान्त वस्तु विनिमय पर आधारित अर्थव्यवस्था में लागू नहीं होता।

12. संचयित (Hoardings)–कीन्स ने अपने ब्याज के सिद्धान्त में संचय के विचार की समुचित व्याख्या नहीं की। कीन्स ने उन कारकों पर प्रकाश नहीं डाला है, जो संचय की प्रवृत्ति को बढ़ाते हैं।

13. ब्याज तरलता के परित्याग का पुरस्कार नहीं (Interest is not Reward for parting with Liquidity)–कीन्स ने ब्याज को तरलता परित्याग का पुरस्कार माना है, किन्तु **प्रो. हेनरी हैजीलर और जैकोब वाइनर**

का कहना है कि जब तक मुद्रा का संग्रह न किया जाये, तब तक तरलता परित्याग का प्रश्न ही नहीं उठता। अतः ब्याज की दर मुद्रा के संग्रह का पुरस्कार है।

प्रतिष्ठित तथा कीन्स के ब्याज के सिद्धान्तों में अन्तर (Distinction between Classical and Keynesian Theory of Interest)–प्रतिष्ठित तथा कीन्स के ब्याज सिद्धान्त के प्रमुख अन्तरों को निम्न सारणी द्वारा स्पष्ट किया गया है–

सारणी 2–प्रतिष्ठित सिद्धान्त और कीन्स सिद्धान्त की तुलना

क्रम सं.	प्रतिष्ठित सिद्धान्त (Classical Theory)	कीन्स का सिद्धान्त (Keynesian Theory)
1.	यह सिद्धान्त **विशिष्ट सिद्धान्त** है।	यह सिद्धान्त सामान्य सिद्धान्त है।
2.	इस सिद्धान्त के अनुसार **ब्याज की दर** को बचत और विनियोग में 'सन्तुलित यंत्र' माना है।	इस सिद्धान्त में आय को दोनों के बीच सन्तुलन यन्त्र माना है।
3.	इस सिद्धान्त में मुद्रा को **विनिमय का ही माध्यम माना।**	इस सिद्धान्त में मुद्रा को **संचय** का साधन भी माना और संचय किये हुए धन के महत्त्व को पहचाना।
4.	इस सिद्धान्त के अनुसार ब्याज की ऊँची दर पर अधिक बचत होगी।	इस सिद्धान्त के अनुसार आय का स्तर कम होने से बचत भी कम होगी, क्योंकि ब्याज अधिक होने से विनियोग में कमी होगी जिससे आय और बचत में भी कमी होगी।
5.	इस सिद्धान्त के अनुसार बचत एक भागी गुण है जो विनियोग के लिए आवश्यक है।	इस सिद्धान्त के अनुसार अधिक बचत दोष है, क्योंकि इससे आय का स्तर कम होगा।
6.	इस सिद्धान्त के अनुसार उधार दिये गये ब्याज को अधिक महत्त्व दिया गया।	इस सिद्धान्त में स्थित समग्र ब्याज व्यवस्था की जटिलता पर ध्यान दिया गया। दीर्घकाल में होने वाले वास्तविक विनियोग के कारण दीर्घकालीन ब्याज को अधिक महत्त्व दिया गया।
7.	इस सिद्धान्त के अनुसार बचतें विनियोग का रूप धारण करती हैं।	इस सिद्धान्त के अनुसार विनियोग के कारण ही आय बढ़ती है जिससे बचतें होती हैं।
8.	इस दृष्टिकोण के अनुसार अधिक बचत करके अधिक विनियोग किया जा सकता है।	इस दृष्टिकोण के अनुसार अधिक विनियोग आय में वृद्धि करेगा जिससे अधिक बचत होगी।

कीन्स के सिद्धान्त की उधार-देय कोष सिद्धान्त से श्रेष्ठता (Superiority of Keynesian Theory over Loanable Funds Theory)–कीन्स का ब्याज का तरलता पसन्दगी सिद्धान्त उधार-देय कोष सिद्धान्त की तुलना में निम्नलिखित बातों से श्रेष्ठ है–

(i) स्टॉक विश्लेषण–कीन्स का सिद्धान्त स्टॉक या मुद्रा की मात्राओं का विवरण है, जबकि उधार-देय कोष सिद्धान्त एक समयावधि में कुछ प्रभावों या मुद्रा की मात्राओं का विवरण है। मुद्रा के स्टॉक तथा रूपों की व्याख्या कीन्सियन विश्लेषण में मुद्रा की स्थिर पूर्ति का कारण बनती है और उधार-देय कोष सिद्धान्त में मुद्रा की परिवर्ती पूर्ति का क्योंकि किसी एक समय बिन्दु (Point of time) में मुद्रा की मात्रा स्थिर होती है, इसलिए ब्याज की दर के प्रति स्टॉक दृष्टिकोण को प्राथमिकता देते हैं। इस प्रकार तरलता पसंदगी उधार-देय सिद्धान्त में श्रेष्ठ है।

(ii) सामान्य विश्लेषण–उधार-देय कोष सिद्धान्त के सभी चर; जैसे–बचत, विनियोग, अपसंचयन, निसंचयन आंशिक साम्य विश्लेषण के रूप में हैं, अतः उधार-देय कोष सिद्धान्त एक सामान्य प्रणाली में पूरा नहीं उतरता, जबकि कीन्स की प्रणाली में मुद्रा की माँग एवं पूर्ति की सामान्य निर्धारण प्रणाली के अंश के रूप में व्याख्या की गई है।

(iii) अधिक वास्तविक–उधार-देय कोष सिद्धान्त की तुलना में तरलता पसन्दगी सिद्धान्त अधिक वास्तविक है, क्योंकि यह व्यावसायिक संसार में ब्याज दर के आचरण के अधिक नजदीक है। यह सिद्धान्त व्यापारिक आशंकाओं और ब्याज दर में सम्बन्ध तथा मुद्रा को नकदी में रखने के लिए विभिन्न उद्देश्यों का स्पष्टतः वर्णन करता है।

(iv) बचत एवं विनियोग–उधार-देय कोष सिद्धान्त में बचत एवं विनियोग अनावश्यक है और ब्याज-दर अपसंचय + बचत न करने तथा मुद्रा की पूर्ति + विसंचयन द्वारा निर्धारित हो सकती है, जबकि कीन्सियन सिद्धान्त में बचतें ब्याज बेलोचदार हैं। विनियोग कोष मुद्रा की पूर्ति पर निर्भर करते हैं। इस कारण कीन्स का सिद्धान्त उधार-देय कोष सिद्धान्त से श्रेष्ठ है।

(IV) ब्याज का आधुनिक सिद्धान्त
(Modern Theory of Interest)

ब्याज की दर के निर्धारण का आधुनिक सिद्धान्त अथवा नव-कीन्स प्रेरित (Neo-Keynesian) सिद्धान्त, प्रतिष्ठित सिद्धान्त तथा कीन्स के सिद्धान्तों का समन्वय है। प्रो. हिक्स एवं प्रो. लर्नर जैसे अर्थशास्त्रियों ने सिद्धान्तों (प्रतिष्ठित व कीन्स के सिद्धान्त) से कुछ महत्त्वपूर्ण अंशों को लेकर उन्हें एक नवीन सिद्धान्त में संयोजित कर दिया है। इसे **ब्याज का निर्धारित सिद्धान्त (Determinate Theory of Interest)** कहते हैं।

आधुनिक सिद्धान्त ब्याज दर निर्धारण की समस्या का अध्ययन मौद्रिक तथा अमौद्रिक (अथवा वास्तविक) तत्त्वों के सन्तुलन के अध्ययन में सम्मिलित करके करता है। प्रतिष्ठित सिद्धान्त ने ब्याज दर के निर्धारण की व्याख्या प्रस्तुत करते समय केवल **वास्तविक तत्त्वों (अर्थात् वास्तविक बचत एवं वास्तविक विनियोग)** को ही महत्त्व दिया था। इसके विपरीत, कीन्स के सिद्धान्त के अनुसार ब्याज की दर मुद्रा की माँग (अथवा तरलता पसन्दगी) तथा मुद्रा की पूर्ति (अथवा मुद्रा की मात्रा) द्वारा निर्धारित होती है अर्थात् कीन्स के सिद्धान्त में केवल **मौद्रिक तत्त्वों** (अर्थात् मुद्रा की माँग व मुद्रा की पूर्ति) को ही महत्त्व प्रदान किया गया था, परन्तु आधुनिक सिद्धान्त ने मौद्रिक तथा गैर-मौद्रिक तत्त्वों को संयोजित करके ब्याज-दर के निर्धारण की व्याख्या प्रस्तुत की है। अत: आधुनिक सिद्धान्त तथा ब्याज के प्रतिष्ठित सिद्धान्त और कीन्सियन दोनों का ही सम्मिश्रण है। प्रतिष्ठित सिद्धान्त तथा कीन्स के तरलता पसन्दगी सिद्धान्त का समन्वय करने से हमें चार तत्त्व प्राप्त होते हैं।

(i) विनियोग माँग वक्र या विनियोग क्रिया (Investment Function),

(ii) बचत रेखा या बचत क्रिया (Saving Function),

(iii) तरलता पसन्दगी रेखा या तरलता पसन्दगी क्रिया (Liquidity Preference Function),

(iv) मुद्रा की मात्रा या पूर्ति (Quantity and Supply of Money)।

यदि विनियोग, बचत, तरलता पसन्दगी एवं मुद्रा पूर्ति के चार परवर्ती तत्त्वों को आय सहित विलयित (Integrate) कर दिया जाये तो हमें ब्याज-दर के निर्धारण की एक सन्तोषजनक व्याख्या उपलब्ध हो जायेगी। इसके पूर्व ऋण योग्य कोष ने भी इन चार तत्त्वों को विलयित करने का प्रयास किया था, लेकिन यह प्रयास सफल सिद्ध नहीं हुआ। आधुनिक सिद्धान्त ने यह कार्य प्रशंसनीय ढंग से सम्पन्न किया है।

प्रो. हेन्सन के शब्दों में, ''ब्याज का निर्धारण सिद्धान्त निम्न पर आधारित है-(i) विनियोग माँग वक्र, (ii) बचत वक्र (अथवा इसका विलोम उपयोग वक्र), (iii) तरलता पसन्दगी वक्र और (iv) मुद्रा की मात्रा।''

इस प्रकार आधुनिक अर्थशास्त्रियों ने बचत, विनियोग, तरलता पसन्दगी और मुद्रा-पूर्ति तत्त्वों को एक सुविलयित सिद्धान्त (Well-integrated Theory) में संयोजित करने के लिए दो अनुसूचियों-IS अनुसूची व LM अनुसूची का उद्‌विकास (Evolve) किया। IS अनुसूची अर्थव्यवस्था के वास्तविक क्षेत्र या गैर-मौद्रिक क्षेत्र में बचत तथा विनियोग के बहाव कारकों के मध्य सन्तुलन को व्यक्त करती है। LM अनुसूची मौद्रिक क्षेत्र में मुद्रा की माँग व पूर्ति के मध्य सन्तुलन को व्यक्त करती है। जब हम IS अनुसूची और LM अनुसूची को रेखाचित्र द्वारा व्यक्त करते हैं तो हमें IS व वक्र व LM वक्र प्राप्त हो जाता है। जहाँ IS एक-दूसरे को काटते हैं, उसी बिन्दु पर हमें साम्य ब्याज की दर प्राप्त होती है अर्थात् IS एवं LM वक्रों का कटाव बिन्दु ब्याज की सन्तुलन दर को प्रकट करता है। इस ब्याज का सन्तुलन दर पर–

(अ) कुल बचत = कुल विनियोग (वास्तविक क्षेत्र में)

(ब) मुद्रा की कुल माँग = मुद्रा की कुल पूर्ति (मौद्रिक क्षेत्र में)

(स) वास्तविक क्षेत्र व मौद्रिक क्षेत्र दोनों ही सन्तुलनावस्था में होते हैं।

अब हम देखेंगे कि इन वक्रों (IS व LM) का निर्माण कैसे किया जाता है।

1. विनियोग बचत वक्र (Investment Saving Curve)–मान लीजिए–Y_1, Y_2, Y_3 और Y_4 विभिन आय-स्तर हैं और इन विभिन्न आय-स्तरों के लिए बचत योजना क्रमशः SY_1, SY_2, SY_3, व SY_4,हैं। ब्याज की दर ऐसी होगी जो बचत तथा विनियोग को एक-दूसरे के बराबर कर दें। जिस समय आय-स्तर Y_1 है, उस समय P_1M_1 ब्याज की दर पर बचत तथा विनियोग में साम्य स्थापित होता है, क्योंकि दोनों OM_1 के बराबर हैं। इसी प्रकार Y_2, Y_3, Y_4 आय स्तरों के लिए प्रत्येक बचत तथा विनियोग की मात्रा क्रमशः OM_2, OM_3, तथा OM_4 है और ब्याज की दरें क्रमशः P_2M_2, P_3M_3 व P_4M_4 हैं जैसा कि चित्र 10 में दिखाया गया है। यदि हम इन समस्त बिन्दुओं P_1, P_2, P_3 व P_4 को मिला दें, तब हमें एक वक्र मिलेगा जिसे बचत विनियोग (IS) वक्र कहा जायेगा, जैसा कि चित्र 13 से स्पष्ट है। IS वक्र बायें से दायें की ओर नीचे की ओर झुकता हुआ है। **इसका अर्थ यह है कि आय में वृद्धि होने पर बचत में वृद्धि होती है। फलतः ब्याज की दर गिरती है।**

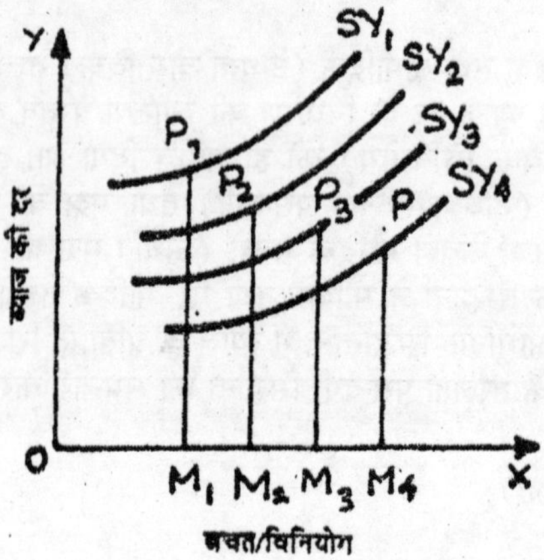

चित्र : 10

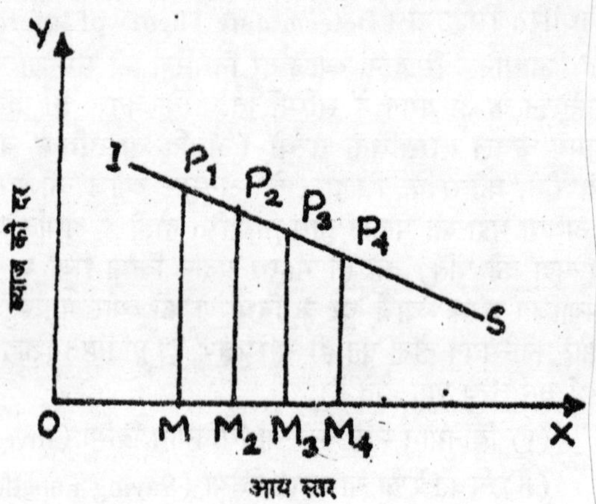

चित्र : 11

2. तरलता पसन्दगी रेखा तथा मुद्रा की मात्रा वक्र (LM Curve)–यद्यपि हमने IS वक्र को प्राप्त कर लिया है, परन्तु ब्याज-दर के सिद्धान्त की व्याख्या करने के योग्य सिद्ध होने के लिए LM वक्र को प्राप्त करना अनिवार्य है। LM वक्र यह बताता है कि यदि मुद्रा की मात्रा तथा तरलता पसन्दगी दी हुई हों तो विभिन्न आय-स्तरों के लिए ब्याज की दर क्या होगी? इस वक्र को प्राप्त करने के लिए मान लीजिए Y_1, Y_2, Y_3 व Y_4 आय-स्तरों के लिए तरलता पसन्दगी वक्र क्रमशः LY_1, LY_2, LY_3 व LY_4 हैं तथा वास्तविक मुद्रा की पूर्ति OM है। P_1M ब्याज की वह दर है जो Y_1, आय-स्तर पर नकद मुद्रा की माँग (तरलता पसन्दगी) तथा मुद्रा पूर्ति के बराबर करती है। इसी प्रकार Y_2, Y_3 व Y_4 विभिन्न आय, स्तरों पर ब्याज की दरें क्रमशः P_2M, P_3M तथा P_4M हैं जैसाकि चित्र 12 से स्पष्ट है।

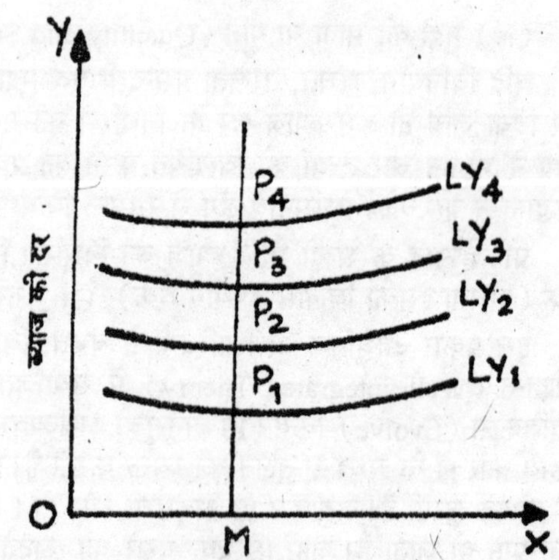

चित्र : 12

इस आधार पर बनाया गया वक्र जो ब्याज की दर तथा आय के आपसी सम्बन्ध को प्रदर्शित करता है, LM वक्र कहलाता है। वह वक्र बायें से दायें की ओर ऊपर उठा हुआ है, क्योंकि जिस समय आय बढ़ती है, उस समय तरलता पसन्दगी बढ़ती है जिससे ब्याज की दर भी बढ़ जाती है। इसके विपरीत, आय घटने पर ब्याज की दर भी घट जाती है। LM वक्र के स्वरूप को चित्र 13 में दर्शाया गया है।

ब्याज की दर का निर्धारण (Determination of Rate of Interest)–IS तथा LM वक्रों को प्राप्त करने के पश्चात् अब हमें ब्याज ज्ञात करने के लिए इन दोनों वक्रों को एक साथ चित्र में व्यक्त करना चाहिए। प्रतिष्ठित सिद्धान्त तथा कीन्सियन सिद्धान्त में मुख्य त्रुटि यह रही है कि उनमें क्रमश: IS तथा LM वक्र स्वतन्त्र रूप से ब्याज की दर का निर्धारण करते हैं। वास्तव में, ब्याज की दर का निर्धारण करने के लिए इन दोनों वक्रों का होना आवश्यक है, क्योंकि ये आपसी प्रतिक्रिया द्वारा ही ब्याज की दर का निर्धारण करते हैं, और ब्याज की दर का निर्धारण उस बिन्दु पर होता है जहाँ ये दोनों वक्र एक-दूसरे को काटते हैं जैसा कि चित्र 14 में दर्शाया गया है।

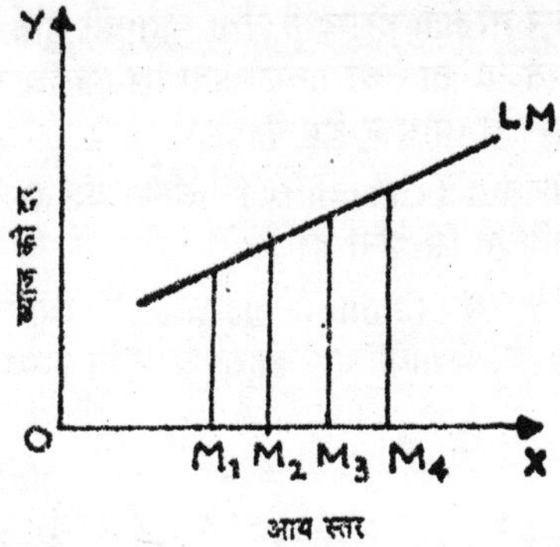

चित्र : 13

चित्र में जिस समय ब्याज की दर PM रहती है, उस समय एक ओर तो विनियोग बराबर रहते हैं और दूसरी ओर नकद के लिए माँग तथा पूर्ति बराबर रहती है। यह ब्याज की दर OM आय के लिए है। यहाँ पर यह दर्शाया जा सकता है कि कोई ब्याज की दर साम्य की अवस्था में नहीं होगी अर्थात् साम्य की अवस्था में आय कोई ब्याज की दर नहीं हो सकती है। उदाहरण के लिए, यदि ब्याज की दर ON_1 है, तब बचत तथा विनियोग OM_1 आय पर बराबर होंगे, जबकि नकद के लिए माँग तथा पूर्ति OM_2 आय पर बराबर होंगे, किन्तु एक ही समय पर दो आय के स्तर नहीं हो सकते। अत: स्पष्ट है कि ब्याज दर वहीं निश्चित होगी जहाँ पर LM तथा IS वक्र एक-दूसरे को काटते हैं। यहाँ पर ब्याज की दर और आय के इस संयोग पर सन्तुलन की दोहरी शर्त पूरी हो जाती है; जैसे–

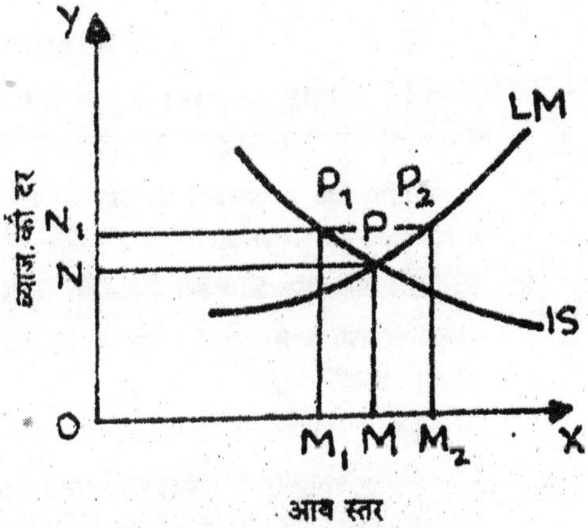

चित्र : 14

(i) I = S यानी Investment (विनियोग) = Saving (बचत)

(ii) L = M यानी नकद (मुद्रा) की माँग = नकद (मुद्रा) की पूर्ति

ब्याज की दर का आधुनिक सिद्धान्त, प्रतिष्ठित सिद्धान्त तथा कीन्स के तरलता पसन्दगी सिद्धान्त से श्रेष्ठ हैं, क्योंकि यह सिद्धान्त सफलतापूर्वक बचत, विनियोग तथा नकदी की माँग व मुद्रा की पूर्ति का एकीकरण करता है। इसके अतिरिक्त, यह सिद्धान्त ब्याज दर का निर्धारण की समस्या का अध्ययन मौद्रिक तथा अमौद्रिक क्षेत्रों के सन्तुलन के अध्ययन में सम्मिलित करके करता है। प्रतिष्ठित ब्याज के सिद्धान्त में केवल वास्तविक निर्धारक तत्त्वों—बचत तथा विनियोग की व्याख्या की गयी थी और मौद्रिक तथ्यों को इस सिद्धान्त में कोई स्थान प्राप्त नहीं था। इसके विपरीत, तरलता पसन्दगी सिद्धान्त में केवल मौद्रिक कारण—मुद्रा की पूर्ति तथा नकदी माँग को ही ब्याज दर के निर्धारण से कोई सम्बन्ध नहीं था।

कीन्सियन सिद्धान्त से श्रेष्ठता
(Superiority Over Keynesian Theory)

ब्याज का आधुनिक सिद्धान्त कीन्स के तरलता पसन्दगी सिद्धान्त से निम्नलिखित बातों में श्रेष्ठ हैं–

(i) अधिक वास्तविक (More Real)–कीन्स का ब्याज का सिद्धान्त वास्तव में एक मौद्रिक सिद्धान्त है, जो वास्तविक तत्त्वों की उपेक्षा करता है। ब्याज का आधुनिक सिद्धान्त चूँकि ब्याज के निर्धारण में मौद्रिक और वास्तविक दोनों ही तत्त्वों का अध्ययन करता है, इसलिए यह कीन्स के सिद्धान्त से अधिक वास्तविक है। कीन्स ने अपने ब्याज के

सिद्धान्त में केवल तरलता पसन्दगी तथा मुद्रा की पूर्ति पर विचार किया है। परन्तु ब्याज के आधुनिक सिद्धान्त में इन तत्त्वों के अतिरिक्त मितव्ययिता तथा उत्पादकता पर भी विचार किया गया है। इस प्रकार ब्याज का आधुनिक सिद्धान्त कीन्स के आधुनिक सिद्धान्त से अधिक श्रेष्ठ है।

(ii) निश्चितता (Certainty)–कीन्स का तरलता पसन्दगी सिद्धान्त एक अनिश्चित सिद्धान्त है, जबकि आधुनिक सिद्धान्त एक निश्चित सिद्धान्त है।

(iii) नीतिपरक (Policy-oriented)–ब्याज का आधुनिक सिद्धान्त कीन्स के तरलता पसन्दगी सिद्धान्त से इसलिए भी श्रेष्ठ है, क्योंकि यह बहुत-से नीति सम्बन्धी तत्त्वों की व्याख्या करता है, जो कीन्स का सिद्धान्त नहीं कर सका।

Select References

As in Previous Chapter

परीक्षा प्रश्न
(Examination Questions)

I. दीर्घ उत्तरीय प्रश्न (Long Answer Type Questions)

1. ब्याज के प्रतिष्ठित सिद्धान्त की विवेचना कीजिए। कीन्स ने किस आधार पर इसकी आलोचना की है?
   Examine the classical theory of the rate of interest and the grounds on which it has been citicised by Keynes.
2. प्रतिष्ठित तथा नव-प्रतिष्ठित ब्याज के सिद्धान्त का भेद प्रकट कीजिए। क्या इस भेद का कोई महत्त्व है?
   Distinguish between Classical and neo-Classical theories of interest rate. Is such a distinction of any use?
3. कीन्स के तरलता पसन्दगी सिद्धान्त की विवेचना कीजिए। इसके महत्त्व तथा तात्पर्य पर प्रकाश डालिए।
   Critically examine Keynes Liquidity Preference Theory of the rate of interest. What is its importance? Examine a few of its implications.
4. ऋण राशि व उधार-देय ब्याज के सिद्धान्त की व्याख्या कीजिए।
   Examine the Loanable funds theory of the rate of interest.
5. व्याख्या कीजिए–(i) तरलता फन्दा, (ii) सट्टे का उद्देश्य, (iii) बांड कीमतों में तथा ब्याज दर में उल्टा सम्बन्ध, (iv) LP वक्र का कम ब्याज की दर पर समतल होना, (v) ब्याज की दर का शून्य पर गिरना, (vi) निष्क्रिय द्रव्य, (vii) सक्रिय द्रव्य।
   Explain the following—(i) Liquidity Trap, (ii) Speculative Motive, (iii) Inverse relationship between interest rate and bond prices, (iv) Flatness of LP curve at low interest, (v) Inability of the rate of Interest to fall to zero, (vi) Idle Money, (vii) Active Balance.
6. प्रतिष्ठित तथा कीन्स के ब्याज के सिद्धान्तों का मूल अन्त पूर्ण रोजगार तथा अपूर्ण रोजगार की मान्यताओं के आधार के कारण हैं–व्याख्या कीजिए।
   (क) ब्याज पूँजी की माँग व पूर्ति के कारण पैदा होता है।
   (ख) ब्याज ऋण देय राशि की माँग व पूर्ति के कारण पैदा होता है।
   (ग) ब्याज द्रव्य की माँग व पूर्ति द्वारा निर्धारित होता है–कौन-सा कथन ठीक है और क्यों?
   "The difference in the traditional theory of interest and Keynes' money theory of interest is fundamental aspect of the economics of full employment and the economics of less than full employment." Discuss.

(a) The rate of interest depends upon the demand for and supply of capital.

(b) The rate of interest depends upon the demand for and supply of loanable funds.

(c) The rate of interest depends upon the demand for and supply of money. Which statement is correct and why?

II. लघु उत्तरीय प्रश्न (Short Answer Type Question)

1. ब्याज एवं शुद्ध ब्याज की व्याख्या करें।
2. कुल ब्याज तथा उसके तत्वों की व्याख्या करें।
3. तरलता ट्रेप की परिभाषा दें।
4. ऋणयोग्य कोष सिद्धान्त क्या है?
5. ऋणयोग्य कोष की माँग तथा पूर्ति के विभिन्न स्रोतों का वर्णन करो।
6. तरलता पसन्दगी से क्या तात्पर्य है?
7. तरलता पसन्दगी सिद्धान्त की मुख्य आलोचनाएँ क्या हैं?

III. वस्तुनिष्ठ प्रश्न (Objective Type Questions)

सही विकल्प चुनकर लिखिए :

1. कीन्स के ब्याज सिद्धान्त को किस नाम से जाना जाता है :
   (अ) हैन्सन-हिक्स ब्याज सिद्धान्त (ब) ब्याज का नव-प्रतिष्ठित सिद्धान्त
   (स) तरलता पसन्दगी सिद्धान्त (द) सीमान्त उत्पादकता सिद्धान्त
2. कुल ब्याज में कौन-सा तत्व सम्मिलित किया जा सकता है :
   (अ) शुद्ध ब्याज (ब) जोखिम का भुगतान
   (स) उपर्युक्त सभी (द) उपर्युक्त में कोई नहीं
3. कार्य सम्पादन उद्देश्य से की गयी मुद्रा की माँग मुख्य रूप से निर्भर करती है :
   (अ) प्रत्याशा के वर्तमान स्तर पर (ब) वर्तमान ब्याज की दर पर
   (स) आय के वर्तमान स्तर पर (द) लाभ के वर्तमान स्तर पर
4. उधार देय-कोष सिद्धान्त का प्रतिपादक है :
   (अ) मिर्डल (ब) क्लार्क
   (स) कीन्स (द) विक्सैल
5. घटनाओं का पूर्वानुमान करके लाभ कमाने की प्रवृत्ति को कहते हैं :
   (अ) दूरदर्शिता (ब) सट्टा उद्देश्य
   (स) जोखिम उद्देश्य (द) लेन-देन का उद्देश्य
6. सरकार या केन्द्रीय बैंक द्वारा वास्तविक मुद्रा की पूर्ति को कीन्स के अनुसार कहते हैं :
   (अ) माँग की पूर्ति (ब) मुद्रा की पूर्ति
   (स) जोखिम की पूर्ति (द) विनियोग की पूर्ति

उत्तर—1. (स), 2. (स), 3. (स), 4. (द), 5. (ब), 6. (ब)।

OOO

12

विनियोग का नव-प्रतिष्ठित सिद्धान्त
(Neo-Classical Theory of Investment)

अथवा

पूँजी स्टॉक समायोजन तथा विनियोग
(Capital Stock Adjustment and Investment)

महत्त्वपूर्ण अवधारणाएँ (Important Concepts)

1. अभीष्ट पूँजी स्टॉक (Desired Capital Stock)–फर्में किसी समय जितना पूँजी पदार्थों का स्टॉक दीर्घकाल में रखना चाहती हैं, उसे अभीष्ट पूँजी स्टॉक कहते हैं। अभीष्ट पूँजी स्टॉक की अनुकूलतम मात्रा वह होगी। जहाँ

$$MPK = r$$

2. पूँजी स्टॉक का समायोजन (Capital Stock Adjustment)–फर्में जब अपने वर्तमान पूँजी स्टॉक में समय के साथ-साथ वृद्धि अथवा समायोजन करती हैं, ताकि एक निश्चित समय में अभीष्ट पूँजी स्टॉक को प्राप्त किया जा सके तो उसे **पूँजी स्टॉक समायोजन** कहते हैं। इसे क्रमश: समायोजन की उपकल्पना या लचीला त्वरक मॉडल भी कहते हैं।

नव-प्रतिष्ठित विनियोग का सिद्धान्त मुख्य रूप से निम्नलिखित दो बातों की व्याख्या करता है–

(I) फर्में किसी समय कितना पूँजी पदार्थों का स्टॉक दीर्घकाल में रखना चाहेंगी, किन तत्त्वों पर निर्भर करता है अर्थात् अभीष्ट **पूँजी स्टॉक व विनियोग (Desired Capital Stock and Investment)**।

(II) फर्में अपने वर्तमान पूँजी स्टॉक में समय के साथ किस दर से वृद्धि अथवा समायोजन करती हैं, ताकि एक निश्चित समय में अभीष्ट पूँजी स्टॉक को प्राप्त किया जा सके अर्थात् **पूँजी स्टॉक समायोजन तथा विनियोग (Capital Stock Adjustment and Investment)**।

(I) अभीष्ट पूँजी स्टॉक एवं विनियोग
(Desired Capital Stock and Investment)

फर्मों को नई मशीनों, फैक्ट्रियाँ व पूँजीगत साज-सामान उत्पादित करने व उन्हें स्थापित करने में पर्याप्त समय लगता है। अत: फर्में उत्पादन हेतु अभीष्ट पूँजी स्टॉक चाहें तो भी तत्काल प्राप्त नहीं कर सकतीं। **अभीष्ट पूँजी स्टॉक सिद्धान्त** इसी बात की व्याख्या करता है कि **अभीष्ट पूँजी स्टॉक** किन बातों पर निर्भर करता है।

नव-प्रतिष्ठित विनियोग सिद्धान्त के अनुसार फर्मों द्वारा अभीष्ट पूँजी स्टॉक मुख्य रूप से अग्र **दो बातों पर निर्भर करता है**–

1. पूँजी की सीमान्त उत्पादकता (Marginal Product of Capital),

2. पूँजी की किराया लागत (Rental Cost of Capital)।

जैसा कि हम जानते हैं कि **पूँजी की सीमान्त उत्पादकता** से हमारा तात्पर्य है पूँजी की एक इकाई उत्पादन प्रयोग करने पर वस्तु उत्पादन में कितनी वृद्धि होती है।

पूँजी की **किराया लागत** को सामान्यत: उस **ब्याज** की दर से मापा जाता है, जिस दर पर ऋण करके पूँजीगत पदार्थों को उत्पादित करने अथवा क्रय करने के लिए प्रयोग किया जाता है।

अधिकतम लाभ या सन्तुलन बिन्दु (Maximum Profit or Equilibrium Point)–अब प्रश्न यह उठता है कि अपने लाभ को अधिकतम करने के लिए फर्में कितनी मात्रा में पूँजी स्टॉक रखना चाहेंगी अर्थात् **अभीष्ट पूँजी स्टॉक** की मात्रा क्या होगी?

लाभ को अधिकतम करने के लिए फर्में उतनी मात्रा में पूँजी स्टॉक रखना चाहेंगी जिसमें **पूँजी की सीमान्त उत्पादकता पूँजी की किराया लागत (अर्थात् ब्याज की दर) के बराबर हो जाये।** इसी तथ्य को संलग्न रेखाचित्र द्वारा दर्शाया गया है। चित्र 1 में–

(i) MPK_1 वक्र नीचे की ओर गिरता हुआ है जो यह व्यक्त करता है कि जैसे-जैसे विशेष उत्पादन की मात्रा Y_1 के लिए पूँजी का अधिक उपयोग किया जाता है तो उसका सीमान्त उत्पादन (MPK) घटता जाता है।

यह उल्लेखनीय है जब वस्तु की एक विशेष उत्पादन की मात्रा उत्पन्न की जाती है तो इसके लिए श्रम का पूँजी द्वारा प्रतिस्थापन किया जाता है जिससे वस्तु के उत्पादन के लिए पूँजी का अधिक गहन रूप से प्रयोग होता है।

(ii) यदि पूँजी की किराया लागत (अथवा ब्याज की दर) r_0 के बराबर है तो अधिकतम लाभ सुनिश्चित करने के लिए पूँजी स्टॉक की अभीष्ट मात्रा R_0* के समान है जहाँ पर पूँजी की सीमान्त उत्पादकता (MPK_1) पूँजी की किराया लागत के बराबर है।

(iii) यदि पूँजी की किराया लागत में कमी आ जाती है तो वस्तु की Y_1 मात्रा उत्पादित करने के लिए अभीष्ट पूँजी स्टॉक की मात्रा बढ़ जायेगी, क्योंकि पूँजी की कम लागत पर श्रम के स्थान पर अधिक पूँजी का प्रयोग होगा। चित्र 1 में यदि पूँजी की किराया लागत कम होकर r_1 हो जाती है तो पूँजी स्टॉक की अभीष्ट मात्रा बढ़कर K_1 हो जायेगी। अतः सन्तुलन की स्थिति में,

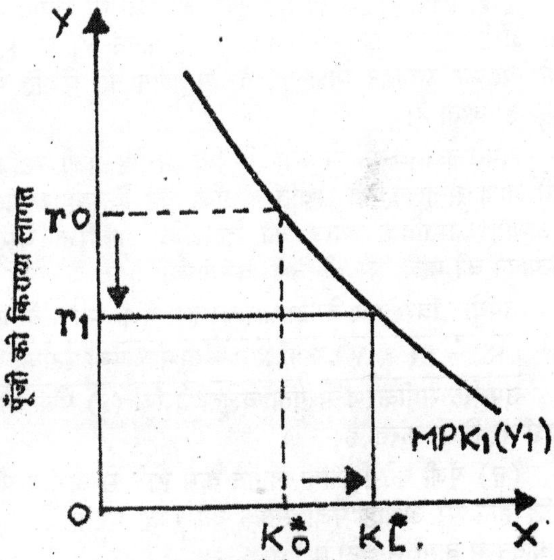

चित्र : 1

पूँजी की सीमान्त मूल्य उत्पादकता (MPK) = पूँजी की किराया लागत (r)

अभीष्ट पूँजी स्टॉक के एक और निर्धारक (One More Determinant of Desired Capital Stock)–पूँजी स्टॉक की अभीष्ट मात्रा न केवल पूँजी की किराया लागत पर निर्भर करता है बल्कि यह **वस्तु उत्पादन के स्तर** द्वारा भी निर्धारित होती है। उत्पादन फलन $Y = f(K, L)$ से मालूम होता है कि उत्पादन का स्तर (Y) पूँजी (K) और श्रम (L) के विभिन्न संयोगों पर निर्भर करता है। अतः–

(i) यदि पूँजी की कीमत कम है (अर्थात् यदि पूँजी की किराया लागत कम है) तो वस्तु की **एक दी हुई मात्रा** उत्पादित करने के लिए रकम की तुलना में पूँजी का अधिक उपयोग होगा।

(ii) यदि वस्तु की अधिक मात्रा का उत्पादन करना हो तो एक दी हुई पूँजी की किराया लागत पर अधिक पूँजी तथा अधिक श्रम की आवश्यकता होगी।

अब हम रेखाचित्र 2 की सहायता से समझाने का प्रयास करेंगे कि पूँजी की अभीष्ट मात्रा न केवल पूँजी की किराया लागत पर निर्भर करती है, बल्कि वह वस्तु के उत्पादन के स्तर द्वारा भी निर्धारित होती है। चित्र 2 में–

(i) MPK_1 सीमान्त उत्पादकता वक्र है जो इस मान्यता के आधार पर बनाया गया है कि उत्पादन की Y_1 मात्रा दी हुई है।

(ii) हम ऊपर अध्ययन कर चुके हैं कि पूँजी की किराया r_0 दी हुई होने पर तथा उत्पादन की मात्रा Y_1 होने पर पूँजी का अभीष्ट पूँजी स्टॉक K_0* के समान है।

(iii) अब यदि वस्तु की अधिक मात्रा का उत्पादन करना है तो पूँजी और श्रम दोनों की अधिक मात्राओं का उपयोग किया जायेगा और पूँजी का सीमान्त उत्पादक वक्र (MPK) दायीं ओर विवर्तित हो जायेगा। जैसा कि चित्र 2 में MPK_1 वक्र दायीं ओर सरकर MPK_2 हो जाता है।

(iv) चित्र में एक दी हुई पूँजी की किराया लागत r_0 पर अभीष्ट पूँजी स्टॉक की मात्रा जो उत्पादन Y_1 पर K_0 थी, बढ़कर उत्पादन मात्रा Y_2 पर सन्तुलन की स्थिति में K_2 हो जाती है।

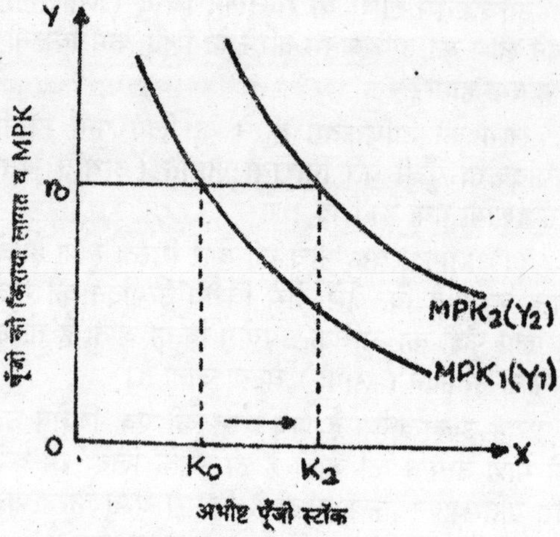

चित्र : 2

उपरोक्त विवेचन से स्पष्ट है कि अभीष्ट पूँजी स्टॉक की मात्रा सन्तुलन की स्थिति में पूँजी की किराया लागत (अर्थात् वास्तविक ब्याज की दर) के अतिरिक्त वस्तु उत्पादन की मात्रा पर भी निर्भर करती है।

उपर्युक्त विश्लेषण के आधार पर हम पूँजी स्टॉक के निर्धारकों को निम्न फलन के रूप में व्यक्त कर सकते हैं–

$K^* = f(r, Y)$ जहाँ K^* = अभीष्ट पूँजी स्टॉक, Y = उत्पादन स्तर, r = पूँजी की किराया लागत।

उपर्युक्त समीकरण से पता चलता है कि (i) पूँजी का अभीष्ट पूँजी स्टॉक पूँजी की किराया लागत तथा उत्पादन की मात्रा पर निर्भर करता है।

(ii) पूँजी की किराया लागत कम होने से अभीष्ट पूँजी स्टॉक की मात्रा बढ़ती है तथा पूँजी की किराया लागत में वृद्धि होने पर अभीष्ट पूँजी स्टॉक की मात्रा घटती है, जबकि पूँजी की अभीष्ट मात्रा उत्पादन में वृद्धि से बढ़ेगी तथा उत्पादन से कमी से घटेगी।

अभीष्ट पूँजी स्टॉक निर्धारण का सारांश
(Summary of Determination of Desired Capital Stock)

(i) पूँजी स्टॉक की अभीष्ट मात्रा (K^*) पूँजी की किराया लागत तथा प्रत्याशित वस्तु उत्पादन के स्तर द्वारा निर्धारित होती है।

(ii) अभीष्ट पूँजी स्टॉक की **अनुकूलतम मात्रा** वह होगी, जहाँ MPK = r।

(iii) पूँजी की किराया कीमत (r) पूँजी के सीमान्त उत्पादन (MPK) से जितनी कम होगी, अभीष्ट पूँजी स्टॉक की मात्रा उतनी ही अधिक होगी।

(iv) फर्में अपने पूँजी स्टॉक की मात्रा सम्बन्धी योजना बनाने के लिए भविष्य में प्रत्याशित वस्तु उत्पादन के स्तर को ध्यान में रखती हैं। उत्पादन का जितना अधिक प्रत्याशित स्तर होता है, उतना ही अधिक अभीष्ट पूँजी स्टॉक की मात्रा होगी।

(iv) उपर्युक्त (iii) व (iv) से स्पष्ट है कि पूँजी का अभीष्ट स्टॉक पूँजी को किराया लागत में कमी होने से तथा प्रत्याशित उत्पादन के स्तर में वृद्धि होने से बढ़ता है।

पूँजी की किराया लागत के निर्धारक
(Determination of Rental Cost of Capital)

ऊपर हमने अध्ययन किया है कि अभीष्ट पूँजी स्टॉक का महत्त्वपूर्ण निर्धारक पूँजी की किराया लागत होती है और पूँजी की किराया लागत **मौद्रिक ब्याज की दर पर** निर्भर करती है, परन्तु यहाँ उल्लेखनीय है कि फर्में अभीष्ट पूँजी

स्टॉक का निर्धारण करने के लिए **मौद्रिक ब्याज की दर** जिस पर वे पूँजीगत वस्तुएँ क्रय करने के लिए ऋण लेती हैं को नहीं, बल्कि **वास्तविक ब्याज की दर (Real Rate of Interest)** को ध्यान में रखती है।

वास्तविक ब्याज की दर मालूम करने के लिए हम मौद्रिक ब्याज की दर में मुद्रा-स्फीति की प्रत्याशित दर को घटा देते हैं अर्थात्

वास्तविक ब्याज दर = मौद्रिक ब्याज दर = मुद्रा-स्फीति की प्रत्याशित दर अर्थात् $i = im - n^{\circ}$

चूँकि मुद्रा-स्फीति से मुद्रा का मूल्य घट जाता है, अतः मुद्रा-स्फीति की दर अधिक होने से वास्तविक ब्याज की दर घट जाती है। फलतः फर्मों द्वारा लिया गया ऋण मुद्रा रूप में वापस करने के कारण उनका ऋण का भार (Burden of Debt) कम हो जायेगा।

पूँजी की किराया लागत का एक अन्य निर्धारक **पूँजी का मूल्य ह्रास (Depreciation)** है। किसी अवधि में जब वर्तमान पूँजी स्टॉक का वस्तु के उत्पादन के लिए प्रयोग किया जाता है तो पूँजी स्टॉक (जैसे मशीन) का **मूल्य ह्रास** होता है जिसके **प्रतिस्थापन (Replacement)** की आवश्यकता होती है। अतः मूल्य ह्रास एक प्रकार से उत्पादन की पूँजी लागत है। फलतः पूँजी का मूल्य-ह्रास पूँजी की किराया लागत को बढ़ा देता है। अतः

चूँकि

$$r = i + d$$
$$i = i_m - \pi^e$$
$$i = i_m - \pi^e + d$$

जहाँ d = पूँजी का मूल्य ह्रास। पूँजी की किराया लागत को निर्धरित करने वाला एक और महत्त्वपूर्ण घटक **है–** विनियोग पर कर की छूट (Investment Tax Credit)।

आधुनिक समय विकसित और विकासशील दोनों ही देशों में पूँजी पदार्थों की खरीद पर विनियोग को प्रोत्साहित करने के लिए सरकारें उन पर कर की छूट या रियायत देती हैं। इस प्रकार पूँजी विनियोग पर दी गयी कर की प्रतिशत छूट पूँजी पदार्थ की कीमत को कम कर देती है। अन्य शब्दों में, सरकार फर्म द्वारा पूँजी पदार्थ पर लगायी गयी कीमत का कुछ प्रतिशत विनियोग पर दी जाने वाली कर छूट के रूप में वापस कर देती है। इस प्रकार विनियोग पर कर की छूट पूँजी पदार्थ की किराया लागत को घटा देती है, जिससे अभीष्ट पूँजी स्टॉक की मात्रा बढ़ती है। यदि पूँजी विनियोग पर प्रतिशत कर छूट को t_c द्वारा व्यक्त किया जाये तो पूँजी की किराया लागत (r) को निम्नलिखित सूत्र द्वारा लिखा जा सकता है–

$$r = i_m + \pi^e + d - t_c$$

उपर्युक्त विवेचन से स्पष्ट है कि (i) पूँजी की किराया लागत के महत्त्वपूर्ण निर्धारक हैं–(अ) वास्तविक ब्याज की दर, (ब) मूल्य ह्रास (स) कर की छूट।

(ii) मौद्रिक ब्याज की दर में से प्रत्याशित मुद्रा-स्फीति की दर घटा देने से हमें **वास्तविक ब्याज की दर** मालूम हो जाती है। अतः मुद्रा की स्फीति अधिक होने से वास्तविक ब्याज की दर घट जाती है।

(iii) पूँजी का **मूल्य ह्रास** पूँजी की किराया लागत को बढ़ा देता है।

(iv) विनियोग पर कर की छूट पूँजी पदार्थ की किराया लागत को घटा देती है।

(II) पूँजी स्टॉक समायोजन तथा विनियोग
(Capital Stock Adjustment and Investment)

ऊपर हमने अभीष्ट पूँजी स्टॉक का अध्ययन किया **जिसे $K^* = f(r, y)$ समीकरण द्वारा व्यक्त किया गया है।**

वास्तविकता में हम पाते हैं कि फर्मों के अभीष्ट पूँजी स्टॉक और वास्तविक पूँजी स्टॉक में प्रायः अन्तर रहता है। इसका कारण यह है कि फर्में अभीष्ट पूँजी स्टॉक को तुरन्त प्राप्त करने में असमर्थ होती हैं। पूँजी परियोजनाओं का आयोजन करने और उनका निर्माण करने में प्रायः काफी समय लग जाता है। यह समय कुछ माह से लेकर 5-7 वर्षों तक का हो सकता है। इन पूँजी-विनियोगों की परियोजनाओं का शीघ्र निर्माण बहुत महँगा पड़ सकता है। अतः फर्में अपने

अभीष्ट पूँजी स्टॉक की प्राप्ति की ओर शनै:-शनै: (Gradually) बढ़ती हैं अर्थात् प्रत्येक अवधि में वे पूँजी स्टॉक में कुछ **समायोजन (Adjustment)** करती हैं। फलत: कुछ समय पश्चात् अभीष्ट पूँजी स्टॉक उपलब्ध हो सके। इसलिए इसे क्रमश: **समायोजन की उपकल्पना (Gradual Adjustment Mechanism Hypothesis)** कहते हैं। इसे **लचीला त्वरक मॉडल (Flexible Accelerator Model)** भी कहते हैं।

पूँजी स्टॉक समायोजन दृष्टिकोण का मौलिक विचार यह है कि वर्तमान पूँजी स्टॉक तथा अभीष्ट स्टॉक में जितना अधिक अन्तर होगा, विनियोग की दर उतनी अधिक होगी। इस दृष्टिकोण के अनुसार प्रत्येक दशा में फर्में अभीष्ट पूँजी स्टॉक तथा वर्तमान पूँजी स्टॉक में अन्तर का एक भाग (Fraction) का जिसे हम A द्वारा व्यक्त करते हैं, के समान विनियोग (अर्थात् पूँजी स्टॉक में वृद्धि) अथवा समायोजन करती हैं।

यदि K_{t-1} एक गत अवधि में पूँजी स्टॉक है तथा अभीष्ट पूँजी स्टॉक K^* है तो इन दोनों में अन्तर $K^* - K_{t-1}$ होगा। फर्म इस अन्तर का विनियोग करेगी अर्थात् पूँजी स्टॉक में वृद्धि करेगी, ताकि वर्तमान अवधि के अन्त में पूँजी स्टॉक की मात्रा बढ़कर निम्न हो जायेगी–

$$K_t = K_{t-1} + \lambda.\ K^* - K_{t-1})\ldots$$

उपर्युक्त समीकरण से स्पष्ट है कि फर्म द्वारा अवधि t में अभीष्ट पूँजी स्टॉक तथा गत अवधि t—1 के अन्त में पूँजी स्टॉक में अन्तर का l भाग पूँजी स्टॉक में वृद्धि द्वारा भर दिया गया है। पूँजी स्टॉक में निबल वृद्धि $(K_t - K_{t-1})$ विनियोग का ही दूसरा नाम है और उपर्युक्त समीकरण में यह निम्न के समान है–

$$1 = K_t - K_{t-1} = \lambda.\ (K_t - K_{t-1})$$

इस प्रकार प्रत्येक अगली अवधि में शुद्ध विनियोग अथवा पूँजी स्टॉक में वृद्धि द्वारा एक अवधि के शुरू में वास्तविक पूँजी स्टॉक तथा अभीष्ट पूँजी स्टॉक में अन्तर 1 भाग की पूर्ति करेगी।

यह उल्लेखनीय है कि अवधि 1 में शुद्ध विनियोग (पूँजी स्टॉक का समायोजन अथवा वृद्धि) अधिक होगा। कारण यह है कि इसके आरम्भ में पूँजी स्टॉक की मात्रा (K_{t-1}) तथा अभीष्ट पूँजी स्टॉक (K^*) में अन्तर अधिक है। जैसे-जैसे पूँजी स्टॉक में वृद्धि विभिन्न अवधियों में होती जायेगी, एक अवधि के आरम्भ में पूँजी स्टॉक की मात्रा तथा अभीष्ट पूँजी स्टॉक में जो अन्तर है, क्रमश: कमी होती जायेगी। इस प्रकार पूँजी स्टॉक में क्रमश: वृद्धि से अन्त में अभीष्ट पूँजी स्टॉक तथा अवधि के शुरू के पूँजी स्टॉक में अन्तर समाप्त हो जायेगा जिसके परिणामस्वरूप शुद्ध विनियोग भी शून्य हो जायेगा।

रेखाचित्र द्वारा निरूपण (Diagrammatic Representation)–पूँजी स्टॉक समायोजन (अथवा वृद्धि) की प्रक्रिया को हम रेखाचित्र 3 की सहायता से स्पष्ट करने का प्रयास करेंगे। चित्र में,

(i) अवधि के आरम्भ में या O अवधि में K_1 वास्तविक पूँजी स्टॉक है और K^* अभीष्ट पूँजी स्टॉक है। अत: $K^* - K_1{}^*$ वास्तविक पूँजी स्टॉक (K_1) और अभीष्ट पूँजी स्टॉक (K^*) में अन्तर व्यक्त करता है।

(ii) अत: मान लीजिए कि $\lambda = 0.5$ जिसका अर्थ है कि प्रत्येक अवधि के शुरू में वर्तमान पूँजी स्टॉक तथा अभीष्ट पूँजी स्टॉक के अन्तर के आधे भाग $(0.5 = \frac{1}{2})$ के बराबर शुद्ध विनियोग अर्थात् पूँजी स्टॉक में वृद्धि की जायेगी।

(iii) अत: अवधि 1 में $K^* - K_1$ के आधे भाग के बराबर शुद्ध विनियोग होगा अर्थात् अवधि 1 में विनियोग $I_1 = 0.5.K^* - K_1)$ फलत: अवधि 1 के अन्त में या अवधि 2 के शुरू में पूँजी स्टॉक में वृद्धि की जायेगी। फलत: वर्तमान पूँजी स्टॉक तथा अभीष्ट पूँजी स्टॉक (K^*) में अन्तर कम हो जायेगा।

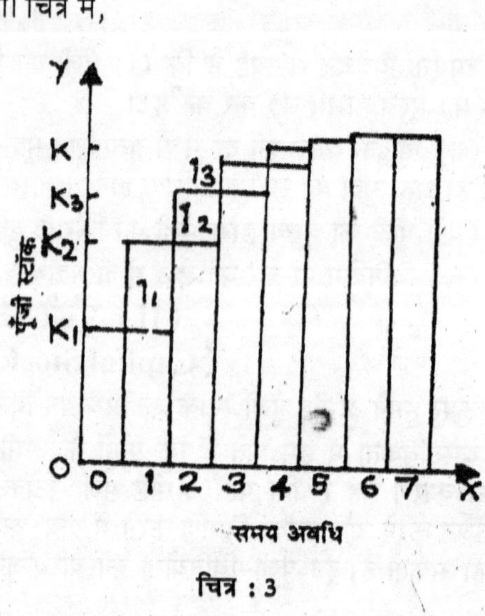

चित्र : 3

(iv) अवधि 2 के शुरू में पूँजी स्टॉक K_2 है जिससे अब वर्तमान पूँजी स्टॉक और अभीष्ट पूँजी स्टॉक में अन्तर $K^* — K_2$ रह गया है जो कि अन्तर 0.5 $(K^* — K_2)$ के बराबर पूँजी स्टॉक अर्थात् शुद्ध विनियोग बढ़ेगा जिसे चित्र में I_2 द्वारा व्यक्त किया गया है। चित्र से स्पष्ट है कि विनियोग I_2 पिछली अवधि के विनियोग I_1 से कम है।

(1) इसी प्रकार अगली अवधियों में भी क्रमश: घटती दर से शुद्ध विनियोग बढ़ेगा। अन्तत: अवधि में पूँजी स्टॉक बढ़कर अभीष्ट पूँजी स्टॉक के बराबर हो गया है। अत: अवधि 7 में शुद्ध विनियोग अथवा पूँजी स्टॉक में वृद्धि शून्य होगी और फर्म अपने पूँजी स्टॉक को पूर्ण रूप से समायोजित कर चुकी होगी।

विनियोग के निर्धारक
(Determinants of Investment)

अभीष्ट पूँजी स्टॉक और पूँजी स्टॉक समायोजन का विश्लेषण करने के पश्चात् अब हम इस स्थिति में हैं कि यह स्पष्ट कर सके कि विनियोग को निर्धारित करने वाले चर (Variables) कौन-से हैं?

उपर्युक्त विश्लेषण से हमने विनियोग फलन (Investment Function) की व्युत्पादित (निर्मित) इस प्रकार की है-

$$I = \lambda\,(K^* — K_{t-1})$$

उपरोक्त समीकरण के अनुसार किसी अवधि के शुद्ध विनियोग (I) का निर्धारण अभीष्ट पूँजी स्टॉक तथा वर्तमान पूँजी स्टॉक के द्वारा होता है। अत: इस विनियोग फलन में जो भी तत्त्व अभीष्ट पूँजी को बढ़ाता है, वह विनियोग की दर में भी वृद्धि करता है।

हम यह भी अध्ययन कर चुके हैं कि वास्तविक ब्याज की दर में कमी तथा उत्पादन की प्रत्याशित मात्रा में वृद्धि अभीष्ट पूँजी स्टॉक को बढ़ाते हैं। अत: वास्तविक ब्याज दर तथा भविष्य में उत्पादन की प्रत्याशित विनियोग के महत्त्वपूर्ण निर्धारक होते हैं।

अभीष्ट पूँजी स्टॉक को निर्धारित करने वाला एक घटक है-**पूँजी की किराया लागत (Rental Cost of Capital)** जो स्वयं मूल्य ह्रास की दर (Rate of Depreciation) तथा विनियोग पर कर की रियायत (Investment Tax Credit) द्वारा प्रभावित होती है। चूँकि मूल्य ह्रास व विनियोग पर कर रियायत घटक अभीष्ट पूँजी स्टॉक को प्रभावित करते हैं इसलिए वे विनियोग को भी प्रभावित करते हैं।

सिद्धान्त के गुण (Merits of the Theory)-विनियोग के नव-प्रतिष्ठित सिद्धान्त का सबसे बड़ा गुण यह है कि यह एक प्रावैगिक सिद्धान्त (Dynamic Theory) है। इस सिद्धान्त में दो प्रकार के प्रावैगिक तत्त्व हैं-

(i) अभीष्ट पूँजी स्टॉक (K^*) फर्मों को भविष्य में उत्पादन के स्तर सम्बन्धी आकांक्षाओं (Future Expectations) पर निर्भर करता है।

(ii) प्रावैगिक व्यवहार का दूसरा तत्त्व पूँजी स्टॉक को समायोजित करने में विलम्बों का समावेश करना है।

यह अभिनन्दनीय है कि विगत वर्षों में किये गये शोध कार्य यह प्रमाणित करते हैं कि विनियोग का नव-प्रतिष्ठित सिद्धान्त वास्तविक आर्थिक जगत विनियोग सम्बन्धी व्यवहार की बहुत सीमा तक सही व्याख्या है।

Select References

1. Hansen, Alvin : A Guide to Keynes, 1953
2. Klein, L.R. : The Keynesian Revolution, 1956
3. Keynes, J.M. : The General Theory
4. Sinha, V.C. : Monetary Economics.
5. Keiser, Norman F : Macro Economics.

6. Stonier and Hague : A Text-Book of Economic Theory.
7. John Lindaur : Macro Economics.
8. Brooman, F.S. : Macro Economics.

परीक्षा प्रश्न
(Examination Questions)

I. दीर्घ उत्तरीय प्रश्न (Long Answer Type Questions)

1. अभीष्ट पूँजी स्टॉक से क्या तात्पर्य है? इसके प्रमुख निर्धारक कौन-से हैं?

   What do you mean by desired capital stock? What are its main determinants?
2. पूँजी की किराया लागत के प्रमुख निर्धारक लिखिए। क्या पूँजी की किराया लागत अभीष्ट पूँजी स्टॉक को प्रभावित करती है?

   Write the main determinants of rent cost of capital. Does rental cost of capital affect desired stock of capital?
3. पूँजी स्टॉक समायोजन की अवधारणा स्पष्ट कीजिए। पूँजी स्टॉक समायोजन की प्रक्रिया को रेखाचित्र द्वारा स्पष्ट कीजिए।

   Explain the concept of capital stock adjustment. Explain the process of capital stock adjustment with the help of a diagram.
4. अभीष्ट पूँजी स्टॉक से क्या तात्पर्य है? इसके प्रमुख निर्धारक कौन-से हैं?

   What do you mean by desired capital stock? What are its main determinants?
5. पूँजी की किराया लागत के प्रमुख निर्धारक लिखिए। क्या पूँजी की किराया लागत अभीष्ट पूँजी स्टॉक को प्रभावित करती है?

   Write the main determinants of rent cost of capital. Does rental cost of capital affect desired stock of capital.
6. पूँजी स्टॉक समायोजन की अवधारणा स्पष्ट कीजिए। पूँजी स्टॉक समायोजन की प्रक्रिया को रेखाचित्र द्वारा स्पष्ट कीजिए।

   Explain the concept of capital stock adjustment. Explain the process of capital stock adjustment with the help of a diagram.

II. लघु उत्तरीय प्रश्न (Short Answer Type Questions)

1. अभीष्ट पूँजी स्टॉक को परिभाषित कीजिए।
2. पूँजी की किराया लागत से क्या तात्पर्य है?
3. अभीष्ट पूँजी स्टॉक की अनुकूलतम मात्रा कैसे निश्चित होती है?
4. उत्पादन का स्तर अभीष्ट पूँजी स्टॉक को किस प्रकार प्रभावित करता है?
5. पूँजी स्टॉक समायोजन से क्या तात्पर्य है?
6. पूँजी स्टॉक समायोजन की प्रक्रिया स्पष्ट कीजिए।

III. वस्तुनिष्ठ प्रश्न (Objective Type Questions)

सही विकल्प चुनकर लिखिए :

1. पूँजी स्टॉक की अनुकूलतम मात्रा होगी जहाँ :

(अ) MPK =r (ब) r = i + d

(स) MPK =i (द) उपर्युक्त में से कोई नहीं।

2. पूँजी की किराया लागत पूँजी की सीमान्त उत्पादकता से कम होगी तो अभीष्ट पूँजी स्टॉक की मात्रा :

(अ) अधिक होगी (ब) कम होगी

(स) पूर्ववत् रहेगी (द) उपर्युक्त में से कोई नहीं।

3. वास्तविक ब्याज की दर बराबर होती है :

(अ) मौद्रिक ब्याज दर + स्फीत दर

(ब) मौद्रिक ब्याज दर - मुद्रा स्फीति की प्रत्याशित दर

(स) मौद्रिक ब्याज दर - पूँजी की किराया लागत

(द) उपर्युक्त में से कोई नहीं।

उत्तर—1. (अ), 2. (अ), 3. (ब)।

○○○

13 गुणांक का सिद्धांत
(Theory of Multiplier)

महत्त्वपूर्ण अवधारणाएँ (Important Concepts)

1. गुणक (Multiplier)–गुणक गुणांक विनियोग में परिवर्तन के कारण आय में परिवर्तन को मापता है। यदि विनियोग में 10 करोड़ रु. की वृद्धि से आय में 40 करोड़ रु. की वृद्धि होती है तो विनियोग गुणक का मूल्य 4 होगा। सूत्र रूप में–

गुणक (K) = आय में वृद्धि (ΔY) में विनियोग में वृद्धि (ΔI)

2. गुणक व सीमान्त उपभोग प्रवृत्ति (Multiplier and Marginal Propensity to Consumer)–गुणक का आकार सीमान्त उपभोग प्रवृत्ति पर निर्भर करता है। यदि MPC अधिक है तो गुणक का मूल्य अधिक होगा तथा MPC कम होने पर गुणक का मूल्य कम होगा। MPC के माध्यम से गुणक का मूल्य निम्न सूत्र द्वारा निकाला जाता है–

$$K = \frac{1}{1 - MPC}$$

हम यह भी कह सकते हैं कि गुणक MPS का व्युत्क्रम Reciproral होता है। अर्थात्

$$K = \frac{1}{MPS}$$

3. गुणक का रिसाव (Leakage of Multiplier)–आय का जो भाग वर्तमान में उत्पादित वस्तुओं तथा सेवाओं पर व्यय नहीं किया जाता है, उसे आय प्रवाह से होने वाला रिसाव कहा जाता है।

4. बचत का विरोधाभास (The Paradox of Thrift)–बचत में वृद्धि का प्रयास कुल बचत में कमी उत्पन्न करता है। इसको बचत का विरोधाभास कहते हैं।

5. प्रावैगिक गुणक (Dynamic Multiplier)–गुणक के एक प्रावैगिक मॉडल का प्रतिपादन **अवधि या तारतम्य विश्लेषण (Period or Sequence Analysis)** का उपयोग करके किया जा सकता है जो सम्बन्धित चरों (Variables) में परिवर्तनों के समय मार्ग (Time path) पर विचार करता है तथा जिसमें एक निश्चित अवधि में एक चर का मूल्य पूर्व अवधि में उसके मूल्य पर निर्भर करती है।

धारणा का विकास (Development of Concept)–गुणक कीन्स के रोजगार सिद्धान्त का अभिन्न अंग है। गुणक के विचार का प्रयोग सर्वप्रथम **आर०एफ० काहन (R.F. Kahan)** ने अपने लेख **'स्वदेशी विनियोग का बेरोजगारी के प्रति सम्बन्ध' (The Relation of Home Investment to Unemployment)** किया था जो कि **'आर्थिक'** पत्रिका के जून 1931 के अंक में प्रकाशित हुआ था। काहन का गुणक रोजगार का गुणक कहलाता है। कीन्स ने काहन के **रोजगार गुणक के विचार से 'विनियोग गुणक' का प्रतिपादन किया।**

निवेश या विनियोग गुणक का अर्थ
(Meaning of Investment Multipler)

हम जानते हैं कि आय (अर्थात् GUP) का मुख्य निर्धारक विनियोग है। विनियोग में वृद्धि से आय बढ़ती है और विनियोग में कमी से आय घटती है। अब हम यह जानने की चेष्टा करेंगे कि विनियोग में **निश्चित वृद्धि या कमी के फलस्वरूप आय में कितनी वृद्धि या कमी होती है।**

कीन्स का विचार था कि **"प्रारम्भिक विनियोग के कारण आय में कई गुना वृद्धि होती है।" प्रारम्भिक विनियोग के कारण हुई आय में अन्तिम वृद्धि को ही कीन्स ने विनियोग गुणक कहा है।** सरल शब्दों में, गुणक विनियोग में परिवर्तन के कारण आय में होने वाले परिवर्तन का अनुपात होता है। उदाहरण के लिए, यदि विनियोग में 2 करोड़ रुपये की वृद्धि से आय में 10 करोड़ रुपये की वृद्धि होती है तो गुणक 5 होगा, परन्तु यदि विनियोग की इस वृद्धि से आय में 5 करोड़ रुपये की वृद्धि होती है तो गुणक 2.5 होगा। इस प्रकार प्रारम्भिक वृद्धि और कुल आय में अन्तिम वृद्धि के सम्बन्ध को 'गुणक' की संज्ञा दी जाती है। कीन्स का कहना है कि विनियोग में प्रारम्भिक वृद्धि उपभोग में परिवर्तन कर देगी जो कि कुल आय में वृद्धि का कारण बनेगी। सरल रूप में इसे इस प्रकार रखा जा सकता है–

विनियोग में परिवर्तन (प्रारम्भिक कारण) (Change in Investment)

↓

उपभोग में परिवर्तन (Change in Consumption)

↓

कुल आय में परिवर्तन (Change in Aggregate Income)

कीन्स ने विनियोग गुणक को K का नाम दिया है।

परिभाषाएँ (Definitions)–गुणक की कुछ प्रमुख परिभाषाएँ निम्नलिखित हैं–

1. कीन्स (Keynes)–"विनियोग गुणक हमें यह स्पष्ट कराता है कि जब कुल विनियोग में वृद्धि होती है तो आय उस राशि की बढ़ेगी जो विनियोग वृद्धि के K गुना हो।"[1]

2. हैन्सन (Hansen)–"कीन्स का विनियोग गुणक वह गुणांक है जिसका सम्बन्ध विनियोग वृद्धि और आय वृद्धि के मध्य से है।"[2]

इस प्रकार स्पष्ट है कि गुणक विनियोग में हुई वृद्धि का कारण आय में वृद्धि का अनुपात है। इसलिए कीन्स का गुणक विनियोग या आय गुणक के नाम से जाना जाता है। गुणक सिद्धान्त को गणितीय रूप में इस प्रकार लिखा जा सकता है–

गुणक का सूत्र (Formula of Multiplier)

$$\Delta Y = K\Delta I$$

यहाँ Δ वृद्धि को प्रकट करता है। Y आय को, K गुणक को तथा I विनियोग को प्रकट करता है।

$$\Delta Y = K\Delta I \text{ इनसे प्राप्त है } K = \frac{\Delta Y}{\Delta I}$$

अर्थात् K (गुणक) विनियोग में हुई वृद्धि के कारण आय में होने वाले परिवर्तन का अनुपात होता है।

इस प्रकार यदि किसी अर्थव्यवस्था में विनियोग में वृद्धि 10 करोड़ रुपये होती है और राष्ट्रीय आय में वृद्धि 40 करोड़ रुपये की होती है तो गुणक 4 होगा।

गुणक का सीमान्त उपभोग प्रवृत्ति के साथ सम्बन्ध
(Relationship between Marginal Propensity to Consume and Multiplier)

गुणक का आकार सीमान्त उपभोग प्रवृत्ति (MPC) पर निर्भर करता है। यदि सीमान्त उपभोग प्रवृत्ति अधिक है तो गुणक भी अधिक होगा। इसके विपरीत, यदि सीमान्त उपभोग प्रवृत्ति कम है तो गुणक भी कम होगा। वास्तव में, हम

---

1. "Investment multiplier tells us that when there is an increment of aggregate investment, income will increase by an amount which is K times the increment of investment."

—*J.M. Keynes, The General Theory, p. 115.*

2. "Keynes' investment multiplier is the coefficient relation to an increment of investment to an increment of income." —*Hansen*

गुणक के आकार को सीमान्त उपभोग प्रवृत्ति के माध्यम से ज्ञात करते हैं। सीमान्त उपभोग प्रवृत्ति के माध्यम से गुणक निकालने का सूत्र इस प्रकार है–

$$\text{गुणक} = \frac{1}{1 - \text{सीमान्त उपभोग प्रवृत्ति}} \quad \text{या } K = \frac{1}{1 - MPC}$$

मान लीजिए, कि सीमान्त उपभोग प्रवृत्ति $\frac{1}{2}$ है,

$$\text{तो गुणक} = \frac{1}{1-\frac{1}{2}} = \frac{1}{\frac{1}{2}} = \frac{1}{1} \times \frac{2}{1} = 2$$

हमें मालूम है कि सीमान्त उपभोग प्रवृत्ति (MPC) और सीमान्त बचत प्रवृत्ति (MPS) इकाई के बराबर होती हैं, इसलिए यदि हम सीमान्त उपभोग प्रवृत्ति को 1 में से घटा दें तो हमें सीमान्त बचत प्रवृत्ति मालूम हो जायेगी। अत: हम गुणक इस सूत्र के द्वारा भी व्यक्त कर सकते हैं–

$$\text{गुणक} = \frac{1}{1 - \text{सीमान्त उपभोग प्रवृत्ति}} \quad \text{या } K = \frac{1}{1 - MPC}$$

इस प्रकार यदि हमें सीमान्त उपभोग प्रवृत्ति अथवा सीमान्त बचत प्रवृत्ति दोनों में से एक मालूम है तो आसानी से गुणक ज्ञात कर सकते हैं।

(i) यदि MPC = $\frac{1}{2}$ है तो गुणक क्या होगा? $K = \frac{1}{1-MPC} = \frac{1}{1-\frac{1}{2}} = \frac{1 \times 2}{1} = 2$

(ii) यदि MPC का मूल्य 0.8 है बताइये K = ? $K = \frac{1}{1-0.8} = \frac{1}{(2)} = 5$

(iii) यदि MPC = 0.2 तो बताइए K का मान क्या होगा? $K = \frac{1}{0.2} = 5$ होगा।

नीचे सारणी में सीमान्त उपभोग प्रवृत्ति के विभिन्न स्तरों पर गुणक के आकार की गणना की गयी है–

सारणी 1–सीमान्त उपभोग प्रवृत्ति के विभिन्न स्तरों पर गुणक मान

सीमान्त उपभोग प्रवृत्ति $\left(MPC = \frac{\Delta C}{\Delta Y}\right)$	सीमान्त बचत प्रवृत्ति $\left(MPS = \frac{\Delta S}{\Delta Y}\right)$	गुणांक $K = \frac{1}{1-MPC} = \frac{1}{MPS}$
0	1–0 = 1	1
1/2	1–1/2 = 1/2	2
2/3	1–2/3 = 1/3	3
3/4	1–3/4 = 1/4	4
8/9	1–8/9 = 1/9	9
1	1–1 = 0	00अनन्त (∞)

उपर्युक्त सारणी से स्पष्ट है कि (i) जब MPC शून्य है तो गुणक एक होगा। तथा (ii) यदि MPC एक हो तो गुणक अनन्त (Infinity) होगा। यदि MPC इकाई या एक है तो इसका अर्थ यह है कि लोग अपनी सारी आय व्यय कर देते हैं। विनियोग में प्रारम्भिक वृद्धि होने के कारण आय में होने वाली सारी वृद्धि खर्च कर दी जाये अर्थात् MPC इकाई

हो तो अर्थव्यवस्था में विस्फोटक स्थिति उत्पन्न हो जायेगी। इस स्थिति में एक बार थोड़ा-सा विनियोग करने से राष्ट्रीय आय में अनन्त वृद्धि हो जायेगी। परन्तु वास्तविक जीवन में जैसा कि कीन्स के मनोवैज्ञानिक नियम से सिद्ध होता है। उपभोग में उस अनुपात में वृद्धि नहीं होती, जिस अनुपात में आय में वृद्धि होती है। अतः गुणक अनन्त नहीं हो सकता।
(iii) साधारणतया गुणक का मान इकाई और अनन्त की समीओं के बीच निर्धारित होता है।

रेखाचित्र द्वारा स्पष्टीकरण–गुणक तथा उपभोग प्रवृत्ति के सम्बन्ध को नीचे चित्र द्वारा स्पष्ट किया गया है–

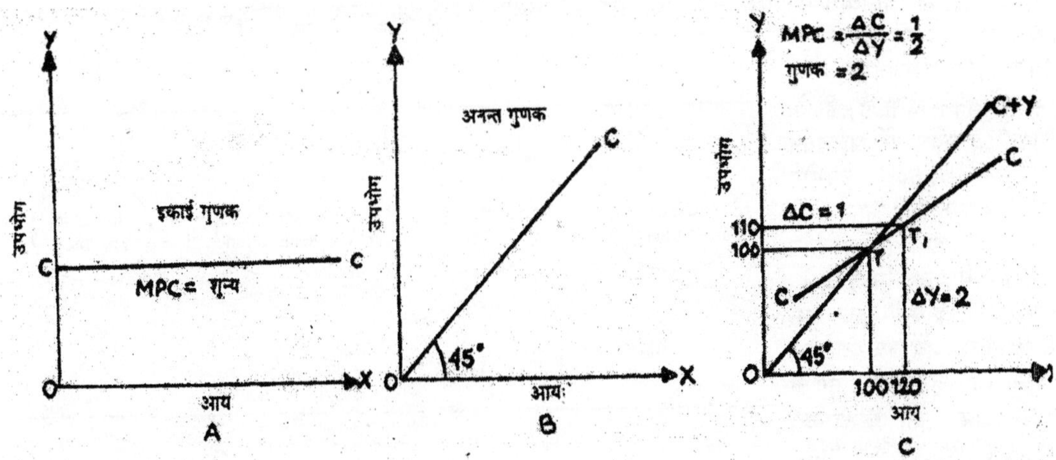

चित्र : 1

चित्र 1 (A) में CC वक्र उपभोग वक्र है। यह वक्र OX रेखा के समानान्तर वक्र है। इस वक्र से प्रकट होता है कि आय में होने वाले परिवर्तन के फलस्वरूप उपभोग में कोई परिवर्तन नहीं होता। अतः इस अवस्था में MPC शून्य होगा। इसलिए गुणक **इकाई** के बराबर होगा।

चित्र 1 (B) में OC वक्र 45° वक्र है। इससे यह सिद्ध होता है कि जितनी आय में वृद्धि होती है उतनी उपभोग में वृद्धि हो जाती है। दूसरे शब्दों में उपभोग ही सीमान्त प्रवृत्ति इकाई है। अतः गुणक इस अवस्था में **अनन्त होगा।**

चित्र 1 (C) में C + Y रेखा आय रेखा है तथा CC रेखा उपभोग रेखा है जो एक-दूसरे को T बिन्दु पर काट रही है। इससे प्रकट होता है कि T बिन्दु पर आय तथा उपभोग दोनों ही बराबर है। यदि आय 100 करोड़ रुपये से बढ़कर 120 करोड़ रुपये हो जाती है तो उपभोग व्यय 100 करोड़ रुपये से बढ़कर 110 करोड़ रुपये हो जाता है तो MPC = $\frac{\Delta C}{\Delta Y} = \frac{10}{20} = \frac{1}{2}$ होगी।

इस अवस्था में गुणक 2 के बराबर होगा। CC रेखा के विभिन्न बिन्दु MPC के विभिन्न स्तरों को प्रकट करते हैं।

कुछ महत्त्वपूर्ण निष्कर्ष
(Some Important Conclusions)

1. सीमान्त उपभोग प्रवृत्ति (MPC) तथा गुणक की मात्रा में सीधा व प्रत्यक्ष (Direct) सम्बन्ध होता है और सीमान्त बचत प्रवृत्ति (MPS) तथा गुणक में उल्टा सम्बन्ध होता है।

2. सामान्यतः MPC शून्य नहीं होती, लेकिन जब कभी उपभोक्ता द्वारा अपनी समस्त आय बचा ली जाती है तो ऐसी दशा में MPC शून्य हो जाती है और गुणक का मूल्य एक के बराबर होता है।

3. जब MPC का मान एक होता है अर्थात् जब सम्पूर्ण आय को व्यय कर दिया जाता है तो ऐसी दशा में गुणक का मान अनन्त (Infinite) होता है।

4. साधारणतया गुणक का मान इकाई या अनन्त नहीं होता है। यह प्रायः इकाई और अनन्त के मध्य विचरण करता रहता है।

गुणक का कार्यकरण व आय प्रसारण

(Working of the Multiplier and Income Propagation)

गुणक सिद्धान्त विनियोग में परिवर्तन के उस संचयी प्रभाव की व्याख्या करता है, जो उसके उपभोग व्यय पर प्रभाव के माध्यम से आय पर पड़ता है।

विनियोग में परिवर्तन होने से आय में परिवर्तन होता है, इसके फलस्वरूप उपभोग में परिवर्तन होता है। एक व्यक्ति का उपभोग व्यय दूसरे व्यक्ति की आय होती है, इसलिए उपभोग में परिवर्तन होने से आय में परिवर्तन होता है। इस प्रकार यह प्रक्रिया तब तक चलती रहती है, जब तक उपभोग व्यय शून्य नहीं हो जाता। गुणक के आय प्रसारण की क्रिया को संलग्न चित्र द्वारा प्रदर्शित किया गया है।

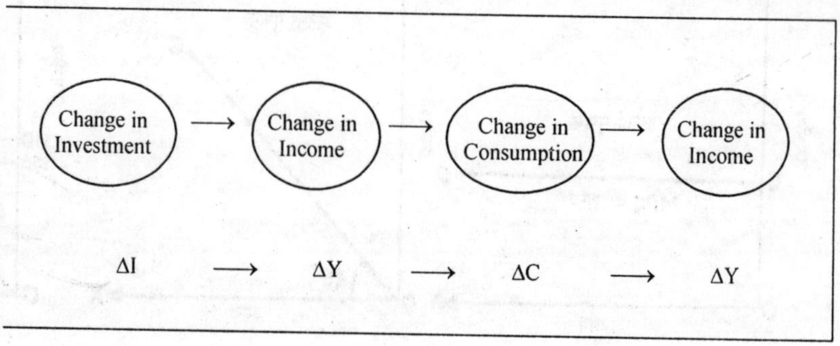

चित्र : 2

गुणक के अनुकूल प्रक्रिया व प्रतिकूल प्रक्रिया (Forward Action and Backward Action of Multiplier)–गुणक प्रक्रिया दो प्रकार की होती है। जब विनियोग के बढ़ने पर गुणक आय में कई गुना वृद्धि कर देता है तो इसे गुणक की **अनुकूल प्रक्रिया** कहते हैं। इसके विपरीत, जब विनियोग के कम होने पर गुणक आय में कई गुना अधिक कमी कर देता है, इसे गुणक की **प्रतिकूल प्रक्रिया** कहा जाता है।

(अ) गुणक की अनुकूल प्रक्रिया–गुणक की अनुकूल प्रक्रिया से प्रकट होता है कि विनियोग में होने वाली वृद्धि के फलस्वरूप आय में कई गुना अधिक वृद्धि होगी।

मान लीजिए, अर्थव्यवस्था में 100 करोड़ रुपये का प्रारम्भिक विनियोग किया गया है और **उपभोग की सीमान्त प्रवृत्ति (MPC)** $\frac{1}{2}$ है तो ऐसी दशा में कुल आय में 200 करोड़ रुपये अर्थात् दोगुनी वृद्धि होगी। इस प्रक्रिया को निम्न उदाहरण द्वारा स्पष्ट किया जा सकता है–

100 करोड़ रुपये के प्रारम्भिक विनियोग में से प्रथम दौर में आय में 50 करोड़ रुपये की वृद्धि होगी, क्योंकि आय प्रासकर्ताओं का प्रथम समूल अपनी आय का केवल 50 प्रतिशत व्यय करता है (क्योंकि MPC = $\frac{1}{2}$ है) इसी प्रकार दूसरे दौर में आय में 25 करोड़ रुपये की वृद्धि होगी (जो 50 करोड़ रुपये का $\frac{1}{2}$ है)।

इसी प्रकार तीसरे दौर में 12.5 करोड़, चौथे में 6.25 करोड़, पाँचवें दौर में 3.12 करोड़ तक आय बढ़ेगी और अन्त में कुल आय में वृद्धि 100 करोड़ रुपये होगी अर्थात मूल विनियोग के दोगुने तक पहुँच जायेगी। हाँ, यह अवश्य है कि आय प्रसारण की इस सम्पूर्ण प्रक्रिया में कुछ समय अवश्य ही लगेगा, परन्तु कीन्स ने आय प्रसारण की इस प्रक्रिया में समयान्तर की ओर विशेष ध्यान नहीं दिया।

निम्न सारणी से स्पष्ट है कि 100 करोड़ रुपये के विनियोग से कुल आय में किस प्रकार वृद्धि होती है।

सारणी 2 : 100 करोड़ रुपये की विनियोग वृद्धि का आय प्रसारण प्रभाव

चक्र	प्रारम्भिक विनियोग ΔI	आय में वृद्धि ΔY	उपभोग में वृद्धि ΔC	बचत में वृद्धि ΔS
1.	100 →	100 →	50	50
2.		50 →	25	25
3.		25 →	12.50	12.50
4.		12.50 →	6.25	6.25
5.		6.25 →	3.12	3.12
6.		0 →	0	0
अन्त में	100	200	100	100

उपर्युक्त सारणी से स्पष्ट है कि 100 करोड़ रुपये प्रारम्भिक विनियोग से एक निश्चित अवधि के पश्चात कुल आय में 200 करोड़ रुपये की वृद्धि होगी वह यह स्पष्ट करता है कि गुणांक का मूल्य 2 है। अर्थात्

$$\text{गुणक (K)} = \frac{\text{आय में परिवर्तन}}{\text{विनियोग में परिवर्तन}} \quad \frac{\Delta Y}{\Delta I} = \frac{200}{100} = 2$$

(ब) गुणक की प्रतिकूल प्रक्रिया (Backward Action of Multiplier)–गुणक की प्रतिकूल प्रक्रिया से प्रकट होता है कि विनियोग में प्रारम्भिक कमी होने के फलस्वरूप आय में कई गुना अधिक कमी होती है। इसे गुणक की प्रतिकूल प्रक्रिया कहते हैं। मान लीजिए किसी अर्थव्यवस्था में विनियोग 100 करोड़ रुपये से कम होकर 50 करोड़ रुपये हो जाता है, अर्थात विनियोग में 50 करोड़ रुपये की कमी होगी। यदि गुणांक 2 है तो आय में गुणक की प्रतिकूल प्रतिक्रिया के फलस्वरूप 50 × 2 = 100 करोड़ रुपये की कमी होगी।

प्रो. सैम्युल्सन ने इस सम्बन्ध में कहा है कि ''गुणक एक दोधारी तलवार है। यह आपके हित में कार्य करेगी और अहित में भी। नये विनियोग को यह और भी बढ़ायेगी। इसी प्रकार विनियोग में होने वाली कमी को यह और भी कम कर देगी।'' गुणक की अनुकूल क्रिया का प्रभाव उन देशों में अधिक होता है, जिनमें सीमान्त उपभोग प्रवृत्ति (MPC) अधिक होती है अर्थात सीमान्त बचत प्रवृत्ति (MPS) कम होती है।

रेखाचित्र द्वारा स्पष्टीकरण–गुणक के अनुकूल व प्रतिकूल प्रक्रियाओं को रेखाचित्र 3 द्वारा स्पष्ट किया गया है–

चित्र में (i) OX अक्ष पर आय तथा OY अक्ष पर विनियोग प्रकट किया गया है। AS वक्र कुल पूर्ति वक्र है।

(ii) मान लीजिए आरम्भ में कुल माँग वक्र AD है। यह माँग वक्र कुल पूर्ति वक्र को बिन्दु B पर काट रहा है। अतः आय का सन्तुलन स्तर OM होगा।

(iii) यदि विनियोग में वृद्धि होने के कारण माँग वक्र ऊपर की ओर उठकर (AD_1) हो जाता है, यह कुल माँग वक्र (AD_1) कुल पूर्ति वक्र (AS) को C बिन्दु पर काटेगा। इस अवस्था में सन्तुलित आय बढ़कर OM_2 हो जाती है। चित्र से ज्ञात होता है कि विनियोग में होने वाली वृद्धि की (II_1) तुलना में आय होने वाली वृद्धि (MM_2) दुगुनी है। इसका कारण यह है कि गुणक 2 है।

(iv) बिन्दु M से M_2 तक गुणक की **अनुकूल प्रक्रिया (Forward Action)** प्रकट हो रहा है।

(v) इसके विपरीत यदि विनियोग में कमी हो जाती है तो कुल माँग वक्र नीचे की ओर खिसककर AD_2 हो जायेगा। यह कुल माँग वक्र कुल पूर्ति वक्र को A बिन्दु पर काटेगा। इससे ज्ञात होता है कि उस अवस्था में सन्तुलित आय OM_1 होगी। चित्र से ज्ञात होता है कि विनियोग में की जाने वाली कमी (II_2) की तुलना में आय में दुगुनी कमी (MM_1) हुई है, क्योंकि गुणक 2 है।

(vi) बिन्दु M से M_1 की ओर गुणक की **विपरीत प्रक्रिया (Backward Action)** प्रकट हो रही है।

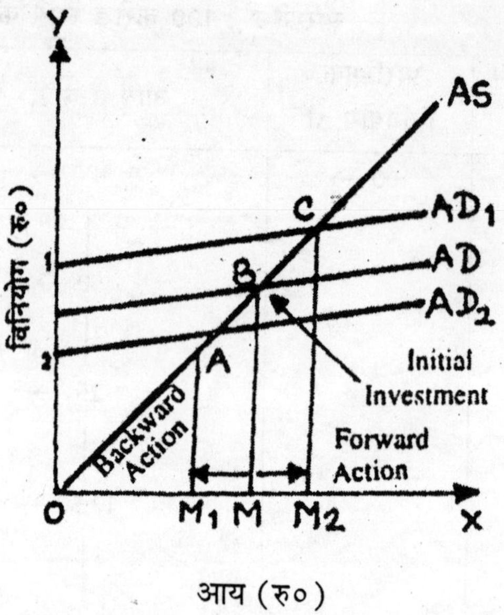

चित्र : 3

अतः स्पष्ट है कि **गुणक दुधारी तलवार के समान हैं, क्योंकि जब विनियोग में वृद्धि होती है तो आय में गुणक गुना वृद्धि होती है और यदि विनियोग में कमी होती है तो आय में भी गुणक गुना कमी होती है।**

गुणक की विशेषताएँ
(Characteristics of Multiplier)

प्रो. मैक्कोनल (McConnell) तथा **वैलेस पी. पीटरसन (Wallac P. Peterson)** ने गुणक की निम्नलिखित मुख्य विशेषताओं को व्यक्त किया है–

1. **गुणक सीमान्त उपभोग प्रवृत्ति** के आकार पर निर्भर करता है, सीमान्त उपभोग प्रवृत्ति जितनी ही अधिक होगी, गुणक उतना ही अधिक होगा। 2. सीमान्त बचत प्रवृत्ति और गुणक के आकारों में विपरीत सम्बन्ध होता है। 3. गुणक दोनों दिशाओं में कार्य करता है अर्थात् आय में थोड़ी-सी वृद्धि राष्ट्रीय आय में कई गुनी वृद्धि कर देती है और व्यय में कमी, गुणक से उल्टी दिशा में कार्य करने से कई गुनी आय में कमी ला देती है। 4. गुणक का आकार वर्तमान आय में से होने वाले रिसावों के जोड़ पर निर्भर करता है। 5. गुणक तभी कार्य कर सकता है, जबकि आर्थिक प्रणाली में व्ययों में निरन्तर और स्वतन्त्र परिवर्तन होते रहते हैं।

गुणक की मान्यताएँ
(Assumptions of Multiplier)

कीन्स का गुणक सिद्धान्त कुछ निश्चित मान्यताओं या सीमाओं के अन्तर्गत कार्यरत रहता है। यह मान्यताएँ निम्नलिखित हैं–

1. अर्थव्यवस्था में केवल स्वायत्त विनियोग (Autonomous Investment) होता है तथा प्रेरित विनियोग (Induced Investment) नहीं पाया जाता है। 2. सीमान्त उपभोग स्थिति स्थिर रहती है। 3. गुणक प्रक्रिया में समय-अन्तराल (Time lag) नहीं होता अर्थात जब अर्थव्यवस्था में विनियोग में वृद्धि (या कमी) की जाती है तो आय में तुरन्त वृद्धि

(या कमी) हो जाती है। 4. उपभोग व्यय चालू वर्ष की आय पर निर्भर करता है। 5. अर्थव्यवस्था में पूर्ण रोजगार से कम स्तर पाया जाता है। 6. उपभोग वस्तुओं की पूर्ति लोचदार होती है। 7. बन्द अर्थव्यवस्था पायी जाती है अर्थात अर्थव्यवस्था पर विदेशी व्यापार का प्रभाव शून्य है।

सारणी–1 : गुणक की सीमाएँ, रिसाव व महत्त्व

गुणक की सीमाएँ	गुणक के रिसाव	गुणक की आलोचनाएँ
1. उपभोग वस्तुओं की उपलब्धि	1. बचत	1. स्थिर सीमान्त उपभोग प्रवृत्ति
2. विनियोग की पर्याप्तता	2. ऋण की अदायगी	2. कठिन आकलन
3. गुणक काल	3. निष्क्रिय नकदी का संचय	3. समय तत्त्व की उपेक्षा
4. विनियोग का अन्य क्षेत्रों पर प्रभाव	4. पुराने अंश, स्टॉक व प्रतिभूतियों की खरीद	4. स्पष्ट व्याख्या नहीं.
5. पूर्ण रोजगार का स्तर	5. कीमत स्फीति	5. उपभोग वृद्धि के प्रभाव की उपेक्षा
6. औद्योगिक अर्थव्यवस्था	6. कम्पनियों के अवितरित लाभ	6. सरकारी विनियोग का निजी विनियोग पर प्रभाव
7. उपभोग वस्तुओं के उद्योग में अतिरिक्त क्षमता	7. उपनिवेश	7. अन्य आलोचनाएँ
8. कार्यशील पूँजी के लोच	8. अतिरिक्त भण्डारों में से पूर्ति	
9. आय वितरण में परिवर्तन का न होना	9. सरकारी प्रतिभूतियों का विक्रय	
10. स्थिर कीमतें	10. आयात	
11. त्वरक पर विनियोग के प्रभाव की अवहेलना	11. सार्वजनिक विनियोग पर प्रभाव	
12. अनैच्छिक बेरोजगारी		
13. बन्द अर्थव्यवस्था		
14. प्रेरित उपभोगों का विनियोगों पर प्रभाव		
15. सीमान्त उपभोग प्रवृत्ति में परिवर्तन न होना		

गुणक की सीमाएँ
(Limitations of Multiplier)

गुणक की गतिविधि की निम्नलिखित सीमाएँ हैं–

1. उपभोग वस्तुओं की उपलब्धि (Availability of Consumer Goods)–आय-प्रसारण की प्रक्रिया उपभोग वस्तुओं की उपलब्धि पर निर्भर है। आय में वृद्धि के कारण उपभोग वस्तुएँ अधिक मात्रा में उपलब्ध हैं तो गुणांक का परिमाण अधिक होगा अन्यथा नहीं।

2. विनियोग की पर्याप्तता (Adequacy of Investment)–गुणक का अधिक परिणाम प्राप्त करने के लिए यह आवश्यक है कि विनियोग प्राप्ति हो और उसमें बराबर वृद्धि होती रहे।

3. गुणक काल (Multiplier Period)–उपभोक्ता को जो आय प्राप्त होती है, उसे वह एकदम ही व्यय नहीं करता अर्थात आय की प्राप्ति और व्यय में समय का अन्तर होता है! यह अन्तर जितना ही अधिक होगा, उतना ही गुणक का परिमाण का होगा।

4. विनियोग का अन्य क्षेत्रों पर प्रभाव (Effect of Investment on Other Sectors)–गुणक के परिमाण का अध्ययन करते समय इस बात का ध्यान रखना आवश्यक है कि अर्थव्यवस्था के क्षेत्र में किये गये विनियोग का प्रभाव अन्य क्षेत्रों में प्रतिकूल न पड़े, क्योंकि ऐसा होने से गुणक का परिमाण कम हो जाता है।

5. पूर्ण रोजगार का स्तर (Level of Full Employment)–गुणक द्वारा आय और रोजगार में वृद्धि उसी समय होगी, जबकि अर्थव्यवस्था में बेकार-साधन उपलब्ध हों। जैसे ही साधनों का पूर्ण शोषण होता चला जायेगा और पूर्ण रोजगार स्थापित हो जायेगा, वैसे ही गुणक द्वारा आय की वृद्धि बन्द हो जायेगी चाहे उपभोग प्रवृत्ति कितनी ही अधिक क्यों न हो।

6. औद्योगिक अर्थव्यवस्था (Industrial Economy)–औद्योगिक रूप से विकसित अर्थव्यवस्था में उत्पादन 'माँग' पर बहुत अधिक निर्भर करता है और माँग बढ़ने से उत्पादन, आय और रोजगार में स्वत: वृद्धि हो जाती है। उपभोग पर होने वाला अतिरिक्त व्यय मुख्य रूप से औद्योगिक वस्तुओं पर किया जाता है। अत: गुणक अर्थव्यवस्था में अच्छी तरह से कार्य कर सकता है जो कि एक औद्योगिक अर्थव्यवस्था हो।

7. उपभोग वस्तुओं के उद्योग में अतिरिक्त क्षमता (Excess Capacity in Industry of Consumer Commodities)–गुणक के कार्यशील होने के लिए यह भी आवश्यक है कि उपभोक्ता वस्तुओं के उद्योग में अतिरिक्त क्षमता विद्यमान होनी चाहिए अर्थात माँग अधिक न होने के कारण वे अपनी उत्पादन क्षमता से कम कार्य कर रहे हों। इस स्थिति में विनियोग में वृद्धि उपभोग वस्तुओं की माँग को बढ़ा देगी और इस माँग को पूरा करने के लिए अधिक श्रमिकों को कार्य पर लगाया जायेगा। फलत: रोजगार, उत्पादन और आय में वृद्धि होगी। इस प्रकार गुणक का प्रभाव स्पष्ट हो जायेगा।

8. कार्यशील पूँजी की लोच (Elasticity of Working Capital)–अधिक श्रमिकों को रोजगार प्रदान करने के लिए यह आवश्यक है कि दूसरे साधनों की पूर्ति में पर्याप्त लोच होनी चाहिए तभी गुणक अच्छी तरह से कार्य कर सकेगा।

9. आय वितरण में परिवर्तन का न होना (No Change in Distribution of Income)–गुणक की एक पूर्व धारणा यह भी है कि विनियोग तथा आय में वृद्धि होने के फलस्वरूप आय वितरण में अधिक परिवर्तन नहीं होना चाहिए। आय वितरण में परिवर्तन आने से MPC में परिवर्तन आना भी आवश्यक है। इस अवस्था में गुणक के प्रभाव को मालूम करना बहुत ही कठिन होगा।

10. स्थिर कीमतें (Constant Price)–गुणक की धारणा इस मान्यता पर भी आधारित है कि वस्तुओं की कीमतें स्थिर रहें। कीमतों में वृद्धि होने से गुणक का प्रभाव समाप्त सा होने लगता है।

11. त्वरक पर विनियोग के प्रभाव की अवहेलना (Effects of Accelerator on Investment Ignored)–गुणक की एक पूर्व धारणा यह है कि उपभोग का विनियोग पर कोई प्रभाव नहीं पड़ता। उपभोग में होने वाले परिवर्तन के कारण विनियोग में जो अन्तिम परिवर्तन होता है, उसे त्वरक (Acceleration) कहते हैं। अतएव यह कहा जा सकता है कि त्वरक के प्रभाव की अवहेलना की गई है। यदि यह पूर्व धारणा न मानी जाये तो त्वरक के प्रभाव के कारण गुणक कई गुणा अधिक बढ़ जायेगा और गुणक के प्रभाव का अनुमान लगाना कठिन हो जायेगा।

12. अनैच्छिक बेरोजगारी (Involuntary Unemployment)–अनैच्छिक बेरोजगारी की स्थिति वह होती है जबकि मजदूरी की प्रचलित दर पर काम नहीं मिल पाता। यह इसलिए होता है कि 'कुल माँग' इतनी अधिक नहीं होती है कि उत्पादन को बढ़ाया जा सके और रोजगार में वृद्धि की जा सके। विनियोग उपभोग के स्तर तथा वस्तुओं की माँग को बढ़ाकर रोजगार, उत्पादन और आय के स्तर को बढ़ा देते हैं। यदि अनैच्छिक बेरोजगारी विद्यमान नहीं है तो विनियोग

की मात्रा चाहे कितनी भी क्यों न बढ़ा दी जाये, वह रोजगार, आय के स्तर और उत्पादन की मात्रा में वृद्धि नहीं ला सकता। अतः यदि पूर्ण रोजगार की स्थिति के बाद विनियोग में वृद्धि की जाती है तो इसके फलस्वरूप साधनों की कीमतें या उत्पादन की कीमतें बढ़ जायेंगी और वास्तविक मुद्रा प्रसार प्रारम्भ हो जायेगा और गुणक का प्रभाव शून्य बन जायेगा।

13. बन्द अर्थव्यवस्था (Closed Economy)–गुणक के सिद्धान्त में यह मान लिया जाता है कि अर्थव्यवस्था बन्द है अर्थात बाह्य दुनिया से उसका कोई व्यापारिक सम्बन्ध नहीं है। यदि अन्य देशों से व्यापारिक सम्बन्ध रहता है तो गुणक के मूल्य का प्रभाव निर्यातों की अपेक्षा आयातों की अधिक मात्रा से सीमित हो जायेगा। परिणमतः स्वदेश की आय विदेशों में अन्तरित हो जायेगी। दूसरे देश में भी आयात की अपेक्षा निर्यात अधिक होने के कारण गुणक प्रभावित होगा।

14. प्रेरित उपभोगों का विनियोग पर प्रभाव (Effects of Induced consumptions on Investment)--जिस प्रकार विनियोग में परिवर्तन उपभोग को प्रेरित करता है, उसी प्रकार प्रेरित उपभोग भी विनियोग को प्रभावित कर सकता है। कारण यह है कि उपभोग वस्तुओं को बढ़ाने के लिए अतिरिक्त मशीन आदि की भी आवश्यकता पड़ेगी और विनियोग बढ़ेगा। इस प्रकार के विनियोग को प्रेरित विनियोग कहते हैं। गुणक केवल विनियोग में होने वाले परिवर्तन से उपभोग में होने वाले परिवर्तन को बताता है। किन्तु यदि विनियोग पर प्रेरित उपभोग के प्रभाव (जिसे त्वरक कहते हैं) को भी ध्यान में रखा जाये, तो गुणक का परिमाण और भी अधिक हो सकता है।

15. सीमान्त उपभोग प्रवृत्ति में परिवर्तन न होना (No Change in MPC)–हम देख चुके हैं कि गुणक का आकार सीमान्त उपभोग प्रवृत्ति पर निर्भर करता है। अतः यदि MPC में परिवर्तन होता है तो गुणक भी स्वाभाविक रूप से बदल जायेगा। अतः यह मान लिया जाता है कि समायोजन की प्रक्रिया में उपभोग की सीमान्त प्रवृत्ति में किसी प्रकार का परिवर्तन नहीं होना चाहिए।

सरकार की करारोपण नीति में भी किसी प्रकार का परिवर्तन नहीं होना चाहिए, क्योंकि यदि कर बढ़ा दिये जाते हैं तो जनता के पास उपभोग करने योग्य आय कम हो जायेगी और परिणामतः गुणक का आकार भी कम हो जायेगा।

गुणक के रिसाव
(Leakages of Multiplier)

प्रारम्भिक निवेश या विनियोग में वृद्धि के फलस्वरूप आय में जो वृद्धि होती है वह कोई **बिना बाधा** की प्रक्रिया नहीं है। जिन कारणों से आय प्रजनन की यह प्रक्रिया या तो बिलकुल रुक जाती है या धीमी पड़ जाती है उसे गुणक का रिसाव कहते हैं।

आय-धारा में अनेक प्रकार के रिसाव होते हैं, जिनके कारण आय-प्रसारण का कार्य धीमा हो जाता है। निम्नलिखित रिसाव महत्त्वपूर्ण हैं–

1. बचत (Savings)–आय में हुई सम्पूर्ण वृद्धि उपभोग पर व्यय नहीं की जा सकती, बल्कि उसके कुछ भाग को बचा लिया जाता है, जिसके कारण गुणक का परिणाम सीमित हो जाता है। अतः बचत आय धारा की प्रक्रिया में भारी रिसाव है।

2. ऋण की अदायगी (Payment of Loan)–आय की नवीन वृद्धि का कुछ अंश पुराने ऋणों के भुगतान में निकल जाता है और वह व्यय का रूप धारण करके अर्थव्यवस्था में नहीं जाता, परिणामतः गुणक का परिमाण सीमित हो जाता है।

3. निष्क्रिय नकदी का संचय (Idle Cash Reserve)–यदि पूर्ण आय का कुछ भाग बैंक में जमा करके बचा लिया जाता है तो उपभोग पर व्यय कम हो जाता है और गुणक का परिमाण सीमित हो जाता है।

4. पुराने अंश, स्टॉक व प्रतिभूतियों की खरीद (Purchase of Old Shares, Stocks and Securities)–यदि नये विनियोग से सृजित नयी आय जनता द्वारा पुराने अंशों, बॉण्डों व अन्य प्रतिभूतियों के खरीदने पर व्यय की जाती है अर्थात केवल वित्तीय विनियोगों (Financial Investments) पर (वास्तविक विनियोगों पर नहीं) व्यय की जाती है तो उपभोग पर व्यय कम हो जाता है और गुणक का परिमाण सीमित हो जाता है।

5. कीमत स्फीति (Price Inflation)–कीमत स्फीति के कारण बढ़ी हुई आय का पर्याप्त भाग उपभोग, आय एवं रोजगार की वृद्धि के बजाय वस्तुओं की ऊँची कीमतों पर व्यय हो जाता है। अतः कीमत वृद्धि के कारण बढ़ी हुई आय का एक बहुत बड़ा भाग आय के प्रवाह से निकल जायेगा और उपभोग, आय व रोजगार को प्रभावित नहीं कर सकेगा।

6. कम्पनियों के अवितरित लाभ (Undistributed Profit of Companies)–गुणक में यह एक रिसाव इसलिए होता है कि बहुत-सी कम्पनियाँ अपने हिस्सेदारों को सारे लाभ नहीं बाँट देतीं अर्थात वे लाभ का कुछ अंश अपने सुरक्षित कोष में रख लेती है। यह अवितरित लाभ भी आय प्रभाव में होने वाली कमी का कारण बनता है, क्योंकि यह रकम कम्पनी के हिस्सेदारों को उपभोग पर खर्च करने के लिए प्राप्त नहीं हो पायेगी।

7. अपनिवेश (Disinvestment)–उपभोग वस्तुओं के लिए बढ़ी हुई माँग यदि पहले से उपलब्ध भण्डारों में पड़ी हुई अतिरिक्त वस्तुओं से पूरी की जाती है तो रोजगार गुण-प्रभाव कम पड़ेगा।

8. अतिरिक्त-भण्डारों में से पूर्ति (Supply from Additional Store)–यदि उत्पादक आय वृद्धि के फलस्वरूप उपभोग पदार्थों की बढ़ रही माँग की पूर्ति पहले संचय किये हुए उपभोग पदार्थों के भण्डार से कर दें तथा उत्पादन बढ़ाकर भण्डारों के पहले स्तर को स्थापित न रखा जाये तो आय एवं उपभोग वृद्धि होने के साथ-साथ उपभोग पदार्थों के उत्पादन में वृद्धि न होने के कारण गुणक का आय-प्रजनन प्रभाव शिथिल हो जाता है और आय में होने वाली वृद्धि धीरे-धीरे घटती हुई समाप्त हो जाती है।

9. सरकारी प्रतिभूतियों का विक्रय (Sale of Government Securities)–यदि लोग अपनी आय-वृद्धि का कुछ भाग सरकारी बाण्ड खरीदने पर व्यय करें तो भी कुल व्यय तथा आय में वृद्धि कम रह जायेगी।

10. आयात (Import)–विदेशों से आयात (Imports) किये गये माल पर व्यय की गयी मुद्रा, देश के रोजगार एवं आय में कोई वृद्धि नहीं करने पाती, क्योंकि (i) इससे देश में बने माल का उपभोग नहीं बढ़ता और (ii) दूसरा, इसका लाभ विदेशियों को ही मिलता है। इस प्रकार आय में गुणक मूल्य को कम कर देता है।

मान लीजिए उदाहरण के लिए, सीमान्त उपभोग प्रवृत्ति (MPc) $\frac{3}{4}$ है तो गुणक का मूल्य 4 होगा। परन्तु यदि आयातों पर व्यय (सीमान्त आयात प्रवृत्ति (MP_1) $\frac{1}{4}$ है तो,

$$\text{गुणक का मूल्य} = \frac{1}{1-(MPC - MP_1)}$$

या

$$K = \frac{1}{1-\left(\frac{3}{4}-\frac{1}{4}\right)} = 2$$

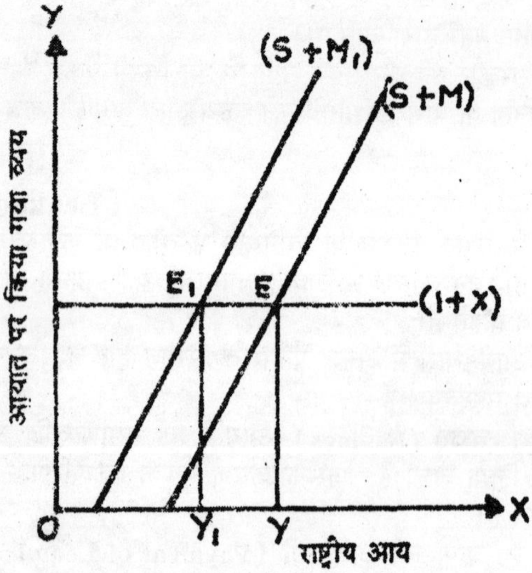

चित्र : 4

स्पष्ट है कि आयातों के कारण गुणक का मूल्य 4 से घटकर 2 ही रह जायेगा। इसे चित्र 5.4 द्वारा स्पष्ट किया।

चित्र 4 में (i) OX अक्ष पर राष्ट्रीय आय और OY अक्ष पर आयात पर किया गया व्यय (रिसाव) व अन्त: प्रवाह (इन्जेक्शन दर्शाया गया है।

(ii) S + M रेखा रिसाव और I + X रेखा अन्त:प्रवाह दर्शाता है।

(iii) I + X रेखा स्थिर विनियोग को दर्शाती है इसीलिए इसे एक पड़ी रेखा के रूप में दर्शाया गया है।

(iv) E बिन्दु सन्तुलन आय को व्यक्त करता है, क्योंकि इसी बिन्दु पर I + X रेखा S + M रेखा को काटती है।

(v) यदि आयात खर्च बढ़ जाता है तो रिसाव रेखा (S + M) ऊपर की तरफ खिसक कर ($S + M_1$) हो जाती है और रिसाव बढ़कर EE_1 हो जाता है। अब नया संतुलन E_1 पर होता है और आय स्तर OY से कम कर OY_1 हो जाता है।

11. सार्वजनिक विनियोग पर प्रभाव (Effect of Public Investment)–यदि तिनियोग में वृद्धि के फलस्वरूप आय में हुई वृद्धि पर सार्वजनिक व्ययों का प्रभाव पड़ता है तो निम्नलिखित कारणों से वह निजी उपक्रम को व आगे इस आय को विनियोग करने की प्रेरणा देने में असमर्थ रहेगा।

(i) सरकारी कार्यक्रम की शत्रुता अथवा राष्ट्रीयकरण का भय उत्पन्न करके निजी विनियोजकों से विश्वास को आघात पहुँचा सकते हैं।

(ii) सार्वजनिक विनियोग कार्यक्रम श्रम तथा माल के लिए माँग बढ़ा देंगे, जिससे निर्माण की लागतें बढ़ जायेंगी और कुछ निजी परियोजनाएँ चालू करना लाभप्रद होगा।

(iii) सरकार द्वारा उधार ग्रहण ब्याज की दर को बढ़ा सकता है और इस प्रकार निजी विनियोग को प्रोत्साहित कर सकता है, बशर्ते कि उसके साथ-साथ मुद्रा प्राधिकरण पर्याप्त रूप से उदार साख नीति न अपनाए।

गुणक की आलोचनाएँ
(Criticisms of Multiplier)

गुणक के सिद्धान्त की निम्नलिखित आधारों पर आलोचना की गई है–

1. स्थिर सीमान्त उपभोग प्रवृत्ति (Constant Propensity to Consume)–गुणक सिद्धान्त की यह मान्यता है कि सीमान्त उपभोग प्रवृत्ति स्थिर होती है, किन्तु व्यवहार में यह स्थिर नहीं होती है। आय में परिवर्तन के परिणामस्वरूप सीमान्त उपभोग प्रवृत्ति में भी परिवर्तन होता रहता है। साथ ही कीन्स का गुणक सिद्धान्त आय तथा उपभोग में रेखीय सम्बन्ध बताता है, किन्तु व्यावहारिक अध्ययनों से पता चलता है कि इन दोनों में जटिल तथा अरेखीय (Curve Liner) सम्बन्ध पाया जाता है।

2. कठिन आकलन (Difficult Estimation)–प्रो. हैन्सन का कहना है कि गुणक एक गणितीय तकनीक है, जिसका आकलन करना अत्यन्त कठिन होता है।

3. समय तत्त्व की उपेक्षा (Time Element Ignored)–कीन्स का गुणक गतिहीन या स्थैतिक है, इसमें समय तत्त्व की उपेक्षा की गयी है।

4. स्पष्ट व्याख्या नहीं (No Clear Explanation)–गुणक के विचार में हमें यह नहीं पता लगता कि प्रारम्भिक विनियोग एवं आय में हुई अन्तिम वृद्धि के बीच समयान्तर कितना होता है।

5. उपभोग वृद्धि के प्रभाव की उपेक्षा (Effect of Increase in Consumption Ignored)–गुणक सिद्धान्त विनियोग वृद्धि के उपभोग पर पड़ने वाले प्रभाव का अध्ययन करता है, परन्तु उपभोग वृद्धि का विनियोग पर क्या प्रभाव पड़ता है? इसकी उपेक्षा करता है।

6. सरकारी विनियोग का निजी विनियोग पर प्रभाव (The Effect of Government's Investment on Private Investment)–यदि सरकारी विनियोग से निजी विनियोग करने की प्रवृत्ति कम हो जाती है तो रोजगार वृद्धि की सम्भावनाएँ कम हो जाती हैं और गुणक व्यर्थ हो जाता है।

7. अन्य आलोचनाएँ (Other Criticisms)–**(i) यह सिद्धान्त अर्द्धविकसित देशों पर लागू नहीं होता। (ii) प्रो. हैजलिट के अनुसार, गुणक का सिद्धान्त एक विचित्र विचार है जिसका कोई अस्तित्व नहीं है। (iii) व्यावहारिक जीवन में C = f (Y) को आँकड़ों की सहायता से सिद्ध नहीं किया जा सकता।**

गुणक का महत्त्व
(Significance of Multiplier)

गुणक के महत्त्व को निम्न चार्ट से समझा जा सकता है–

गुणक का महत्त्व

(I) सैद्धान्तिक महत्त्व

1. आय प्रसारण का स्पष्टीकरण
2. विनियोग का महत्त्व
3. बचत एवं विनियोग में समानता
4. कीन्सोत्तर अर्थशास्त्र में सैद्धान्तिक महत्त्व

(II) व्यावहारिक महत्त्व

1. व्यापार चक्र की व्याख्या
2. आर्थिक नीतियों के निर्माण में सहायक
3. पूर्ण रोजगार
4. घाटे की वित्त व्यवस्था का महत्त्व
5. मन्दीकाल में मुक्ति दिलाने में
6. मुद्रा स्फीति पर नियन्त्रण
7. दीर्घकालीन गतिहीनता को समझने में सरलता

(I) सैद्धान्तिक महत्त्व (Theoretical Significance)

1. आय प्रसारण का स्पष्टीकरण (Explanation of Income Generation)–गुणक की धारणा आय प्रसारण की प्रक्रिया को स्पष्ट करती है। विभिन्न अर्थव्यवस्थाओं में आय प्रसारण में भिन्नता के कारण से गुणक के सिद्धान्त का महत्त्व है।

2. विनियोग का महत्त्व (Significance of Investment)–गुणक के अध्ययन से विनियोग का महत्त्व स्पष्ट हो जाता है। विनियोग में की जाने वाली प्रारम्भिक वृद्धि के फलस्वरूप ही आय में कई गुना अधिक वृद्धि होती है।

3. बचत एवं विनियोग में समानता (Equality between Saving and Investment)–गुणक का सिद्धान्त बचत एवं विनियोग में समानता स्थापित करने में मदद करता है। यदि विनियोग बचत से अधिक है तो गुणक के प्रभाव के कारण आय में विनियोग की अपेक्षा तेजी से वृद्धि होगी। आय में वृद्धि के फलस्वरूप बचत बढ़ेगी और अन्त में बचत एवं विनियोग में समानता स्थापित हो जायेगी।

4. कीन्सोत्तर अर्थशास्त्र में सैद्धान्तिक महत्त्व (Theoretical Significance of Post-Keynes' Economy)–गुणक की धारणा का सैद्धान्तिक महत्त्व मानते हुए इसका उपयोग कीन्सोत्तर अर्थशास्त्र में हैरोड तथा डोमर, हिक्स, सैम्युल्सन आदि अनेक अर्थशास्त्रियों ने आर्थिक विश्लेषण में किया है। आर्थिक विकास तथा व्यावसायिक चक्रों के लिए विश्लेषण में गुणक का प्रयोग किया है।

(II) व्यावहारिक महत्त्व (Applied Significance)

गुणक का व्यावहारिक या आर्थिक नीति में और भी अधिक महत्त्व है। यह निम्नानुसार है–

1. व्यापार-चक्र की व्याख्या (Explanation of Trade Cycle)–गुणक के विचार की सहायता से व्यापार-चक्र के परिवर्तन बिन्दुओं की व्याख्या की जा सकती है। ऊँची आय एवं नीचा उपभोग मन्दी की ओर ले जाता है, किन्तु जब मन्दीकाल में आय घट जाती है तो उपभोग उस सीमा तक कम नहीं हो पाता है। अतः फिर अर्थव्यवस्था समृद्धि की ओर अग्रसर होने लगती है।

2. आर्थिक नीतियों के निर्माण में सहायक (Helpful in Formulation of Policies)–गुणक का सिद्धान्त आर्थिक नीतियों के निर्माण में महत्त्वपूर्ण अस्त्र का कार्य करता है। इस प्रकार यह सिद्धान्त सरकारी हस्तक्षेप को मानकर चलता है।

3. पूर्ण रोजगार (Full Employment)–पूर्ण रोजगार सम्बन्धी सरकारी नीति के निर्माण के लिए गुणक की धारणा काफी सहायक सिद्ध होती है। इस धारणा से ज्ञात होता है कि पूर्ण रोजगार की अवस्था प्रास करने के लिए विनियोग में बहुत अधिक वृद्धि की जानी चाहिए।

4. घाटे की वित्त व्यवस्था का महत्त्व (Significance of Deficit Financing)–गुणक सिद्धान्त के अनुसार मन्दी के दिनों में निजी विनियोग को प्रोत्साहित करने के लिए सस्ती मुद्रा नीति के आधार पर ब्याज दरों को कम करने की अपेक्षा घाटे की वित्त व्यवस्था अधिक प्रभावशाली सिद्ध होती है।

5. मन्दीकाल से मुक्ति दिलाने में सहायक (Helpful in Relieving from Depression)–अर्थव्यवस्था में मन्दीकाल से मुक्ति दिलाने में सहायक सिद्ध होता है। इस दृष्टि से प्रारम्भिक विनियोग में थोड़ी-सी वृद्धि करके मन्दी की दशाओं से मुक्ति पायी जा सकती है।

6. मुद्रा-स्फीति पर नियन्त्रण (Control on Inflation)–गुणक सिद्धान्त विपरीत दिशा में भी कार्य करता है मुद्रा-स्फीति पर नियन्त्रण करने हेतु सरकार विनियोग में कमी करती है, जिसके परिणामस्वरूप आय में तेजी से गिरावट होने लगती है, उपभोग व्यय कम होने लगता है तथा वस्तुओं की कीमतें गिरने लगती हैं।

7. दीर्घकालीन गतिहीनता को समझने में सरलता (Easy to Explain Long-term Stagnation)–गुणक के विचार की सहायता से दीर्घकालीन गतिहीनता के विचार को समझाया जा सकता है। आय के उच्च स्तरों में व्यय एवं आय के बीच की खाईं बढ़ती जाती है जो मन्दी ले आती है। यही कारण है कि कीन्स ने विकसित देशों के आर्थिक भविष्य को निराशामय बताया है।

क्रियात्मक प्रश्न एवं हल

(Practical Problems and Solution)

1. एक अर्थव्यवस्था 8,000 करोड़ रु. की अतिरिक्त आय का सृजन करना चाहती है। बताइए कितने अतिरिक्त विनियोगों की आवश्यकता होगी–

यदि, MPS = (i) .5, (ii) .4

हल–हम जानते हैं

$$\Delta Y = \Delta I \frac{1}{MPS}$$

$$\Delta I = \Delta Y \times MPS$$

(i) में ΔI = 8,000 करोड़ रुपये × 0.5 = 4,000 करोड़ रु.

(ii) में ΔI = 8,000 करोड़ रुपये × 0.4 = 3,200 करोड़ रु.।

2. एक अर्थव्यवस्था 500 करोड़ रुपये की अतिरिक्त आय का सृजन करना चाहती है। बताइये कितने अतिरिक्त विनियोग की आवश्यकता पड़ेगी–

यदि, MPC = (i) .3, (ii) .4।

हल–हम जानते हैं $\Delta Y = \Delta I \frac{1}{1 - MPC}$

अथवा

$$\Delta I = \Delta Y \times (1 - MPC)$$

(i) में ΔI = 500 करोड़ रु. × (1–0.3)

500 करोड़ रु. × 0.7 = 350 करोड़ रु.

(ii) में ΔI = 500 करोड़ रु. × 0.6 = 300 करोड़ रु.

3. यदि अर्थव्यवस्था में अतिरिक्त विनियोग 100 करोड़ रुपये और अतिरिक्त सृजित आय 500 करोड़ रुपये तो MPS एवं MPC के मूल्य ज्ञात कीजिए।

हल–हम जानते हैं

$$\Delta Y = \Delta I \frac{1}{MPS}$$

अथवा

$$= \Delta Y \times (MPS) = \Delta I$$

$$= 500\,(MPS) = 100$$

अथवा $$MPS = \frac{100}{500} = 0.2$$

चूँकि $$MPC + MPS = 1$$

इसलिए $$MPC = 1 — MPS$$

$$= 1 — 0.2 = 0.8$$

4. यदि MPC = 0.6 और आरम्भिक विनियोग में वृद्धि 6,000 करोड़ रुपये है, तो ΔY, ΔC तथा ΔS के मूल्य ज्ञात कीजिए।

हल–इन मूल्यों को ज्ञात करने की क्रिया नीचे सारणी 3 में प्रदर्शित की गई है–

सारणी

शृंखला की संख्या	ΔI	ΔY	ΔC	ΔS
1.	6,000	6,000	3,600	2,400
2.		3,600	2,160	1,400
3.		2,160	1,296	864
4.		1,296	777.6	518.4
अन्तिम				
कुल योग		15,000	9,000	6,000

$$\Delta Y = \frac{\Delta I}{1 - MPC} = \frac{600}{1 - .6} = 15,000 \text{ करोड़ रु.}$$

$$\Delta C = \Delta Y \times MPC = 15,000 \text{ करोड़ रु.} \times 6$$

$$= 90,000 \text{ करोड़ रु.}$$

$$\Delta S = \Delta Y \times MPS = \Delta Y\,(1—MPC)$$

$$= 15,000 \text{ करोड़ रु.}\,(1 - 0.6)$$

= 15,000 करोड़ रु. (0.4)

= 6,000 करोड़ रु.

गुणक की गत्यात्मक या प्रावैगिक धारणा
(Dynamic Concept of Multiplier)

कीन्स के आय या विनियोग गुणक की इसलिए आलोचना की जाती है कि यह एक स्थैतिक (Static) धारणा है और इसका आय सृजन की सक्रिय प्रक्रिय, Dynamic Process से कोई सम्बन्ध नहीं। गुणक की ऐसी धारणा हमें यह नहीं बताती कि आरम्भिक विनियोग और आय में हुई अन्तिम वृद्धि के बीच के समय में क्या होता है? आय में अन्तिम वृद्धि कैसे और कितने समय विलम्बनों (Time-Lags)में होती है? इसका कोई ज्ञान नहीं होता। कीन्स का गुणक सिद्धान्त एक सन्तुलन बिन्दु से आय प्रजनन की प्रक्रिया को दर्शाता है। इससे तो केवल अन्तिम निष्कर्ष का पता चलता है।

यह उल्लेखनीय है कि कीन्स ने गुणक की तीन धारणाएँ दी थीं–(i) गुणक तर्क सिद्धान्त (Logical Theory of Multiplier) जो समय विलम्बना (Time Lags) के बिना लगातार ठीक उतरता है। (ii) काल विश्लेषण (Periodic Analysis) इससे उपभोग व्यय पर समय विलम्बन का प्रभाव पड़ता है। (iii) तुलनात्मक स्थिर सिद्धान्त (Comparative Static Theory) परन्तु कीन्स ने अधिक ध्यान पहली ही धारणा को दिया है।

आधुनिक अर्थशास्त्री गुणक का गत्यात्मक (Dynamic) रूप में अध्ययन करते हैं। विनियोग में परिवर्तन होने के फलस्वरूप आय में जो परिवर्तन होते हैं, उनमें **समय विलम्बना (Time Lags)** का अन्तर होता है। जब प्रारम्भ में विनियोग किया जाता है तो इसके कारण आयमों में होने वाली वृद्धि में काफी समय लगता है। यह वृद्धि तत्काल नहीं हो जाती। इस समय विलम्बना में कई दूसरे परिवर्तन भी हो सकते हैं, जैसे–विनियोग में वृद्धि, उपभोग व्यय में वृद्धि आदि। इनका भी आय पर प्रभाव पड़ता है। इस प्रकार का गुणक अल्पकालीन तथा दीर्घकालीन परिस्थितियों को ध्यान में रखता है। हैन्सन ने इसे वास्तविक गुणक (True Multiplier) का नाम दिया है। **हैन्सन** के अनुसार, "वास्तविक गुणक समानार्थक (Tautological) नहीं है चूँकि या तो यह अल्पकालीन सामान्य या दीर्घकालीन सामान्य व्यवहार पर आधारित है।"

संक्षेप में, आधुनिक अर्थशास्त्रियों ने गुणक क्रिया में समय विलम्बना के अन्तर का समावेश करके यह स्पष्ट करने का प्रयत्न किया है कि हमने विनियोग में वृद्धि होने के कारण आय के नये सन्तुलन-स्तर को किस प्रकार प्राप्त करने का प्रयत्न किया है कि हम विनियोग में वृद्धि होने के कारण आय के नये सन्तुलन-स्तर को किस प्रकार प्राप्त करते हैं, गुणक की इस धारणा को गुणक की सक्रिय या गत्यात्मक धारणा कह सकते हैं। गत्यात्मक गुणक सिद्धान्त में हम यह धारणा करते हैं कि वर्तमान उपभोग पिछले समय की आय पर निर्भर करता है। अभिप्राय यह है कि वर्तमान समय में आय में वृद्धि होने से उपभोग में आगामी वृद्धि होती है।

उपर्युक्त विवेचन से प्रावैगिक गुणक के सम्बन्ध में निम्नलिखित बातें स्पष्ट होती हैं–

(i) वर्तमान उपभोग (Ct) पिछली आय (Yt—1) पर निर्भर करता है अर्थात् Ct = F (Yt—1)

(ii) अगले समय अवधि की आय (Yt + 1) वर्तमान विनियोग (It) पर निर्भर करता है अर्थात् Yt + 1 = F (It)

(iii) वर्तमान व्यय (Et) आने वाले समय की आय (Yt + 1) निर्धारित करता है अर्थात् (Et = Yt + 1)

इस प्रकार कीन्स के प्रावैगिक गुणक के विपरीत प्रावैगिक गुणक आय सृजन की प्रक्रिया में समय-अन्तराल पर विचार करता है। इसके अन्तर्गत विनियोग के फलस्वरूप आय और उपभोग पर व्यय आदि की प्रक्रिया में वर्षों तक की अवधि लग जाती है। इसे नीचे सारणी में स्पष्ट किया गया है–

सारणी 4–प्रावैगिक गुणक (राशि करोड़ रुपये में)

अवधि (माह में)	विनियोग में वृद्धि ΔI	उपभोग में वृद्धि ΔC (MPC = 0.5)	आय में वृद्धि ΔY
0	0	0	0
t + 1	100	0	100
t + 2	100	50	100 + 50
t + 3	100	25	150 + 25
....	....	....	....
t + n	100	100	200

उपर्युक्त सारणी में यदि हम यह मानें कि प्रत्येक अवधि एक माह की है तथा प्रारम्भिक 100 करोड़ रुपये के विनियोग को 200 करोड़ रुपये की आय सृजन करने में 17 माह की अवधि लगती है तथा MPC = 0.5 है तो गुणक प्रतिक्रिया को पूर्ण होने में 17 माह की अवधि अथवा समय अन्तराल लगेगा।

सारणी से स्पष्ट है कि 100 करोड़ रुपये के विनियोग से पहले माह (t + 1) में आय में 100 करोड़ रुपये की वृद्धि होगी। चूँकि MPC = 0.5 है। अत: इसमें से 50 करोड़ रुपये उपभोग पर व्यय किये जायेंगे। दूसरे माह (t + 2) में आय में 50 करोड़ रुपये की वृद्धि होगी, जिसमें से 25 करोड़ रुपये उपभोग पर व्यय किये जायेंगे। तीसरे महीने (t + 3) में आय में 25 करोड़ रुपये की वृद्धि होगी। यह प्रक्रिया उस समय तक चलती रहेगी जब तक कि 17 माह की अवधि में आय बढ़कर 200 करोड़ रुपये हो जायेगी। सारणी में (t = n) 17 माह की अवधि का सूचक है। इसे बीजगणितीय रूप में अग्र प्रकार व्यक्त किया जा सकता है–

$$\Delta Y = \Delta I + \Delta Ic + \Delta Ic^2 + \Delta Ic^3 + ...+ \Delta Ic^{N-1}$$

(जहाँ C = MPC)

$$\Delta Y = 100 + 100\,(0.5) + 100\,(0.5)^2 + 100(.05)^3 + 100(0.5)^{n-1}$$

$$\Delta Y = \frac{1-.5^2}{1-.5}100 = \frac{1}{1-.5} = 200 \text{ करोड़ रुपये।}$$

रेखाचित्र द्वारा स्पष्टीकरण–प्रावैगिक गुणक की अवधारणा को हम रेखाचित्र 5 की सहायता से स्पष्ट कर सकते हैं। रेखाचित्र में–

(i) C + I कुल माँग फलन और 45° की रेखा कुल पूर्ति फलन है।

(ii) यदि हम to अवधि में शुरू करें, जबकि आय की OY_0 मात्रा पर सन्तुलन स्तर है और विनियोग में ΔI वृद्धि कर दी जाए तो t अवधि में आय बढ़ाए हुए विनियोग की मात्रा के बराबर बढ़ जाती है (to से t तक पहुँच जाती है)। बढ़े हुए विनियोग को नए कुल माँग फलन C + I + ΔI द्वारा दिखाया गया है।

(iii) परन्तु t_0 अवधि से उपभोग पीछे रह जाता है और अभी भी मूल आय E_0 के बराबर है, परन्तु Y_0 स्तर पर कुल माँग Y_0t_0 से बढ़कर Yot पर पहुँच जाती है।

(iv) t + I अवधि में नया विनियोग आय में वृद्धि करके OY_1 कर देता है और उपभोग को बढ़ाकर t से E_1 पर ले जाता है परन्तु इस स्तर पर कुल माँग Y_1E_1 है। जिसकी मात्रा कुल पूर्ति से CE_1 अधिक है। यह t + 2 अवधि में आय को आगे बढ़कर OY_2 तक ले जायेगा और उपभोग में E_1E_2 तक वृद्धि कर देगी।

(v) आय प्रजनन की यह प्रक्रिया तब तक चलती रहेगी, जब तक कि C + I + ΔI कुल माँग फलन En पर nth अवधि में कुल पूर्ति फलन 45° की रेखा के बराबर नहीं हो जाता है ONn पर आय का नया स्तर नहीं निर्धारित हो जाता है।

(vi) Eo से En तक सीढ़ीनुमा पथ आय प्रजनन का प्रावैगिक मार्ग है, जो गुणक की प्रावैगिक प्रक्रिया को व्यक्त करता है।

(vii) चित्र के नीचे का एक भाग गुणक प्रक्रिया के काल विस्तार को दर्शाता है, जो Y_0E_n वक्र द्वारा t + I से t + n अवधि में आय की Y_0 से Y_n वृद्धि को व्यक्त करता है। इससे यह निष्कर्ष निकलता है कि विकसित अर्थव्यवस्था में जहाँ कि सब प्रकार की कठोरताएँ और अनिश्चितताएँ विद्यमान रहती हैं, वहाँ उपभोग प्राप्त आय से काफी पीछे रह जाता है, फलतः आय प्रजनन की गति धीमी रहती है।

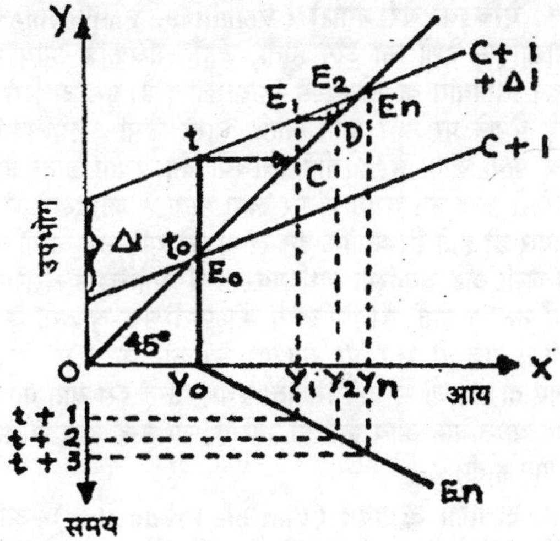

चित्र : 5

गुणक सिद्धान्त की विकासशील देशों पर व्यवहार्यता
(Multiplier Theory to Developing Countries)

यहाँ पर एक स्वाभाविक प्रश्न उठता है कि अर्द्धविकसित अर्थव्यवस्था में कीन्स के गुणक सिद्धान्त कहाँ तक क्रियाशील होते हैं। सैद्धान्तिक रूप से हम कह सकते हैं कि कीन्स का गुणक सिद्धान्त भारत जैसी अल्पविकसित अर्थव्यवस्था में तीव्र गति से क्रियाशील होगा, क्योंकि कीन्स की गुणक की धारणा उपभोग की सीमान्त प्रवृत्ति के आकार पर आधारित होती है। उपभोग की सीमान्त प्रवृत्ति जितनी अधिक होगी, गुणक का आकार भी उतना ही अधिक होगा। भारत जैसी अल्पविकसित अर्थव्यवस्था में जहाँ बहुत से अर्द्धभूखे एवं अर्द्धनग्न व्यक्ति निवास करते हैं, उपभोग की सीमान्त प्रवृत्ति स्पष्ट रूप से ऊँची होगी। इस प्रकार कम सैद्धान्तिक रूप से अल्पविकसित अर्थव्यवस्था में कीन्स का गुणक का आकार अवश्य ही बड़ा होना चाहिए, परन्तु वास्तविक स्थिति यह है कि अर्द्धविकसित अर्थव्यवस्था में कीन्स का गुणक सिद्धान्त उसी प्रकार से समान रूप से क्रियाशील नहीं हो सकता जैसा कि वह विकसित देशों में होता है, क्योंकि गुणक सिद्धान्त मुख्य रूप से औद्योगिक देशों पर ही लागू होता है।

अब हम यह देखने का प्रयत्न करेंगे कि भारत जैसे विकासशील देश में गुणक सामान्य रूप में काम क्यों नहीं करता? गुणक सिद्धान्त की क्रियाशीलता के लिए प्रो. कीन्स ने अग्रलिखित मान्यताओं को स्वीकार किया है–

1. देश में अनैच्छिक बेरोजगारी विद्यमान रहती है।

2. उत्पादन लचीला रहता है अर्थात् किसी वस्तु अथवा सेवा की माँग में जब वृद्धि है तो इसी पूर्ति को बिना किसी विशेष कठिनाई के ही बढ़ाया जा सकता है।

3. उद्योगों में अतिरिक्त उत्पादन क्षमता होती है।

4. उत्पादन की वृद्धि के लिए कच्चे माल एवं कार्यशील पूँजी की पूर्ति आसानी से हो जाती है।

कीन्स द्वारा प्रतिपादित गुणक सिद्धान्त केवल उपर्युक्त मान्यताओं के आधार पर क्रियाशील होता है। चूँकि भारत जैसे अर्द्धविकसित देश में उपर्युक्त बातें नहीं पायी जातीं इसलिए गुणक सिद्धान्त का अर्द्धविकसित देशों में क्रियाशील होना कठिन हो जाता है। अब हम उपर्युक्त मान्यताओं का एक-एक करके अध्ययन करेंगे।

1. ऐच्छिक बेरोजगारी (Voluntary Employment)–कीन्सियन अर्थ में अनैच्छिक बेरोजगारी आवश्यक रूप से औद्योगिक देशों का अंग होती, जहाँ अधिकांश आय प्राप्तकर्ता मजदूरी पाने के लिए कार्य करते हैं और जहाँ पर उत्पादन विनियोग के उद्देश्य से किया जाता है। इस अर्थ में अनैच्छिक बेरोजगारी भारत जैसी अर्द्धविकसित अर्थव्यवस्था में बड़े पैमाने पर नहीं पायी जाती। भारत जैसी अल्पविकसित अर्थव्यवस्था में जहाँ कृषि ही मुख्य धन्धा है पूँजी का अभाव पाया जाता है, प्राचीन विधियों का प्रयोग होता है और मुख्यतया अदृश्य बेरोजगारी विद्यमान रही है। अदृश्य बेरोजगारी शब्द उन व्यक्तियों पर लागू होता है जो देखने में तो कृषि एवं घरेलू कार्यों में लगे होते हैं, किन्तु वास्तव में वे बेरोजगार ही होते हैं। क्योंकि इन लोगों को यदि उन कार्यों से अलग कर दिया जाये तो भी उत्पादन कम नहीं होता। अत: भारत जैसी अर्द्धविकसित अर्थव्यवस्था में अनैच्छिक बेरोजगारी के न होने के कारण गुणक सिद्धान्त की क्रियाशीलता में बाधाएँ उत्पन्न होती हैं। विनियोग की प्रारम्भिक वृद्धियों के द्वितीयक तथा अन्य प्रभाव प्रमुख रूप से इसलिए नहीं होते कि चालू मजदूरी स्तर पर रोजगार स्वीकार करने को कोई भी श्रमिक तैयार नहीं होता। चालू मजदूरी पर बेरोजगार इसलिए दो कारणों से नहीं मिलते। प्रथम, उन्हें इस बात का आभास नहीं होता कि वे बेरोजगार हैं और द्वितीय, उन्हें पहले ही वह वास्तविक आय प्राप्त हो रही है, जो उन्हें कम से कम उतनी सन्तुष्टि देती ही है जितनी कि चालू मजदूरी स्तर से उन्हें प्राप्त होती।

2. लचीला उत्पादन (Flexible Production)–अधिकांश अर्द्धविकसित देश कृषि प्रधान देश हैं, जहाँ उत्पादन औद्योगिक देशों के समान **लचीला नहीं होता** अर्थात् मूल्य बढ़ने के फलस्वरूप उत्पादन में तेजी से वृद्धि नहीं होती। अर्थव्यवस्थाओं में वर्षों की अनिश्चितता, खाद एवं बीज की अपर्याप्तता आदि अनेक कारणों से खाद्यान्न उत्पादन को अल्पकाल में नहीं बढ़ाया जा सकता। यही नहीं कच्चे माल, कुशल श्रमिक आदि की ऐसी कठिनाइयाँ हैं, जिनके कारण गैर-कृषि क्षेत्रों में उत्पादन नहीं बढ़ाया जा सकता। परिणाम यह होता है कि विनियोग की प्रारम्भिक वृद्धि के साथ आय, उत्पादन व रोजगार में द्वितीयक तथा अन्य वृद्धियाँ नहीं हो पातीं।

इसके अतिरिक्त अर्द्धविकसित देशों में उत्पादन में बाजार में बिक्री की बजाय प्रमुख रूप से स्वयं के उपभोग के लिए किया जाता है, जिसके कारण जब कभी आय में वृद्धि होती है तो सीमान्त उपभोग की प्रवृत्ति केवल स्वउपयोग की वस्तुओं की माँग में वृद्धि लाती है अर्थात् बाजार में खरीदी गयी वस्तुओं की माँग नहीं बढ़ती। इस बढ़ी हुई माँग की आंशिक रूप से पूर्ति उपभोक्ता स्वयं वस्तुओं का उत्पादन करके करते हैं लेकिन इस बढ़ी हुई माँग का अधिकांशत: पूर्ति बाजार में विक्रय योग्य उत्पादन के स्वयं उपभोग के लिए स्थानान्तरण द्वारा ही सम्भव होती है। स्पष्ट है कि अर्द्धविकसित देशों में आय बढ़ने पर जब वस्तुओं की माँग बढ़ती है, उसकी सन्तुष्टि नये उत्पादन द्वारा नहीं बल्कि विक्रय योग्य अतिरेक में कमी करके ही किया जाता है। यही कारण है कि इन देशों में उपभोग में वृद्धि होने पर भी रोजगार के स्तर में वृद्धि नहीं हो पाती।

3. उत्पादन क्षमता (Production Capacity)–अर्द्धविकसित देशों में उद्योगों में अतिरिक्त उत्पादन क्षमता भी नहीं पायी जाती। यदि इन देशों की पूर्ति वक्र का अध्ययन करें तो हमें विदित होगा कि वह प्रभावपूर्ण माँग बढ़ने से एक सीमा तक बढ़ाता है और उसके बाद X अक्ष के समानान्तर हो जाता है। अर्थात् प्रभावपूर्ण माँग में वृद्धि होने के बावजूद भी उत्पादन में वृद्धि नहीं होती। ऐसा इसलिए होता है कि पूँजीगत विनियोग की कमी होती है, जब तक उन विद्यमान मशीनों में अतिरिक्त क्षमता होती है, उनके उपयोग से उत्पादन में वृद्धि होती है। एक सीमा के बाद उस मशीन का और अधिक उपयोग नहीं हो पाता तथा नयी मशीन लगाने के लिए साधन (पूँजी) उपलब्ध नहीं होते। अत: आर्थिक विकास के प्रत्येक चरण का पूर्ति वक्र एक सीमा के बाद बेलोच हो जाता है।

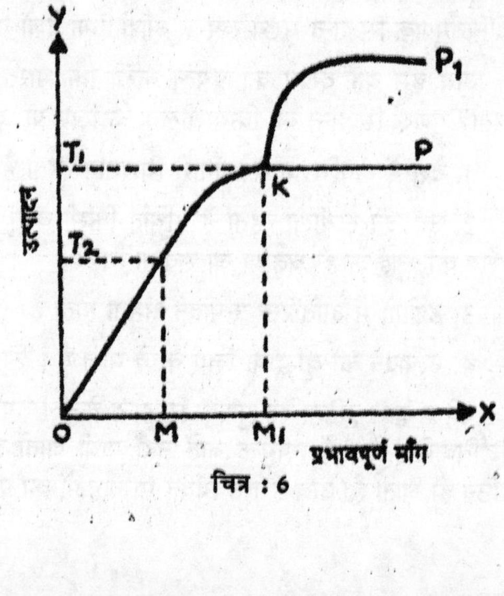

चित्र : 6

इस चित्र-6 में OP एवं KP_1 दो विकास अवस्थाओं में पूर्ति वक्र है। प्रथम अवस्था में O→M तेज में माँग बढ़ने से उत्पादन बढ़ता है। जब माँग OM था तो उत्पादन OT_2 था। अब मान लीजिए माँग बढ़कर OM_1 हो जाता है। कीन्स का गुणक सिद्धान्त केवल O→K क्षेत्र में ही क्रियाशील होता है। इसके बाद KP क्षेत्र में गुणक सिद्धान्त लागू नहीं होता है।

''इसी प्रकार अर्द्धविकसित देशों में उत्पादन में वृद्धि के लिए कच्चे माल एवं कार्यशील पूँजी की पूर्ति भी आसानी से नहीं बढ़ायी जा सकती।''

4. कच्चा माल व पूँजी की कमी (Scarcity of Raw Material and Capital)–इसके अतिरिक्त अर्द्धविकसित देशों में उत्पादन के स्तर को बढ़ाने के लिए आवश्यक कच्चा माल और कार्यशील पूँजी की भी कमी पायी जाती है।

संक्षेप में, अर्द्धविकसित देशों में बेरोजगारी तथा उत्पादन की वृद्धि पर गुणक सिद्धान्त लागू नहीं होता, क्योंकि इन देशों में विनियोग की वृद्धि घाटे की व्यवस्था द्वारा की जाती है तो इसके फलस्वरूप उत्पादन और रोजगार के स्थान पर कीमतों की स्फीतिक वृद्धि ही प्रोत्साहित होती है।

Select References

1. Ackley, Garden : Macro Economic Theory, 1961
2. Hansen, A.H. : A Guide to Keynes, 1953, C.
3. Hicks, J.R. : A Contribution to the Theory of Trade cycle, 1550; the crisis in Keynesian economics, 1974
4. Keynes, J.M. : The General Theory of Employment, Interest and Money.
5. Muller, M.G. (ed.) : Readings in Macro-Economics 1967.
6. Shapiro, Edward : Macro-Economic Analysis (Second Edition).

परीक्षा प्रश्न
(Examination Questions)

I. दीर्घ उत्तरीय प्रश्न (Long Answer Type Questions)

1. ''गुणक कीन्सीय रोजगार तथा आय सिद्धान्त का आधारभूत भाग है।'' व्याख्या करें।

   "The multiplier is an inherent part of Keynesian theory of income and employment." Discuss.

2. सीमान्त उपभोग प्रवृत्ति से क्या अभिप्राय है? सीमान्त उपभोग प्रवृत्ति तथा गुणक के सम्बन्ध की व्याख्या कीजिए।

   What is Marginal Propensity to Consume? Explain relationship between MPC and Multiplier.

3. कीन्स के 'गुणक' की धारणा आय-जनन के विश्लेषण में एक महान देन है–व्याख्या करो।

   'Multiplier concept is one of Keynes' Path breaking contributions to the income analysis. Comment.

4. गुणक की धारणा समझाइए और यह स्पष्ट कीजिए कि गुणक का आकार किस प्रकार सीमान्त उपभोग प्रवृत्ति के आकार में परिवर्तन से प्रभावित होता है?

   Explain the concept of 'Multiplier' and show how the size of multiplier varies directly with the size of the marginal propensity to consume?

5. विनियोग-गुणक की कार्यशीलता की व्याख्या कीजिए। इसकी मान्यताएँ तथा सीमाएँ क्या हैं?

Explain the working of the 'Investment Multiplier." What are its assumptions and limitations?

II. लघु उत्तरीय प्रश्न (Short Answer Type Questions)

1. गुणक की धारणा की व्याख्या कीजिए।
2. निवेश गुणक को निर्धारित करने वाला सूत्र दीजिए।
3. गुणक के रिसाव से क्या समझते हो?
4. गुणक की मुख्य आलोचनाओं की व्याख्या कीजिए।
5. गुणक के तीन मुख्य उपयोगों की व्याख्या कीजिए।
6. प्रावैगिक गुणक क्या है?

III. वस्तुनिष्ठ प्रश्न (Objective Type Questions)

सही विकल्प चुनकर लिखिए :

1. कीन्स ने विनियोग गुणक (Investment Multiplier) का विचार निम्न में से प्राप्त किया :

(अ) काहन के आय गुणक (ब) काहन के उपभोग गुणक

(स) काहन के रोजगार गुणक (द) उपर्युक्त में से कोई नहीं।

2. कीन्स के विनियोग गुणक का मूल्य निम्न पर निर्भर करता है :

(अ) आय का स्तर (ब) पूँजी की सीमान्त उत्पादकता

(स) विनियोग की मात्रा (द) सीमान्त उपभोग प्रवृत्ति।

3. गुणक का मूल्य निम्न सीमाओं में होगा :

(अ) 0 तथा 1 (ब) 1 तथा 100

(स) -1 तथा +1 (द) उपर्युक्त में कोई नहीं।

4. सीमान्त बचत प्रवृत्ति (MPS) से ज्ञात होते हुए गुणक (K) को निम्न प्रकार व्यक्त किया जा सकता है :

(अ) K = 1/1-MPS (ब) K = 1/MPS+MPC

(स) K = 1/MPS (द) K = 1/1+MPS

5. कीन्स के गुणक को तत्व प्रभावित कर सकते हैं :

(अ) उपभोग फलन (ब) सीमान्त बचत प्रवृत्ति

(स) सीमान्त उपभोग प्रवृत्ति (द) उपर्युक्त सभी।

6. यदि MPS = 0.5 है तो गुणक k होगा :

(अ) 1/2 (ब) 2

(स) 5 (द) शून्य

7. यदि MPC = 0.5 है और प्रारम्भिक विनियोग 100 रुपये है तो अर्थव्यवस्था में कुल आय में वृद्धि होगी :

(अ) 5 रुपये (ब) 50 रुपये

(स) 200 रुपये (द) 500 रुपये

उत्तर—1. (स), 2. (द), 3. (ब), 4. (द), 5. (द), 6. (ब), 7 (स)।

IV क्रियात्मक प्रश्न (Practical Problems)

1. निम्न सारणी के अंकों से विभिन्न आय व उपभोग के स्तरों पर गुणांक का मूल्य ज्ञात कीजिए–

आय (Income)	50	100	150	200	250
उपभोग (Consumption)	50	90	105	120	125

2. यदि MPS 0.4 है तो गुणक का मूल्य क्या होगा? (Ans. 2.5)
3. निम्नलिखित आँकड़ों की सहायता से कुल आय तथा कुल उपभोग में परिवर्तन ज्ञात कीजिए, यदि सन् 2012 में निवेश 100 करोड़ रुपये की वृद्धि हुई है।

वर्ष	**कुल आय (करोड़ में)**	**कुल उपभोग (करोड़ में)**
2010	10,000	9,000
2011	11,000	9,900
2012	–	–

○○○

14

त्वरक का नियम तथा अति गुणक
(The Principle of Acceleration and the Super Multiplier)

महत्त्वपूर्ण अवधारणाएँ (Important Concepts)

1. त्वरक (Acceleration)–त्वरक उपभोग में होने वाले परिवर्तन विनियोग पर पड़ने वाले प्रभाव को दर्शाता है। संक्षेप में, त्वरक वह अनुपात है जो उपभोग व्यय में परिवर्तन और प्रेरित विनियोग में परिवर्तन के बीच होता है अर्थात्

$$\text{त्वरक} = \frac{\text{प्रेरित विनियोग में परिवर्तन}}{\text{उपभोग में परिवर्तन}} \quad \frac{(\Delta I)}{(\Delta C)}$$

2. प्रेरित विनियोग (Induced Investment)–प्रेरित विनियोग मुख्य रूप से माँग द्वारा प्रेरित होता है। जब देश में उपभोग वस्तुओं की माँग बढ़ती है तो उसे पूरा करने के लिए उत्पादन बढ़ाने के लिए विनियोग किया जाता है तो इसे प्रेरित विनियोग कहते हैं।

3. महागुणक (Super Multiplier)–आय पर प्रारम्भिक विनियोजन का कुल प्रभाव मापने के लिए हिक्स ने गुणक तथा त्वरक विधि से मिला दिया तथा इसे महागुणक अधिगुणक (Super multiplier) का नाम दिया।

यह अधिगुणक बताता है कि यदि स्वायत्त विनियोजन (Autonomous Investment) में कोई प्रारम्भिक वृद्धि होती है तो आय में स्वायत्त विनियोजनकी Ks गुणा वृद्धि ही जाएगी।

इस तरह,

$$\Delta Y = \frac{1}{1-c-v}.\Delta I$$

पिछले अध्याय में हमने गुणक के सिद्धान्त का अध्ययन किया। यह सिद्धान्त यह बताता है कि अर्थव्यवस्था में प्रारम्भिक विनियोग के परिवर्तन के फलस्वरूप उपभोग में कितना परिवर्तन होता है, परन्तु इस सिद्धान्त से यह स्पष्ट नहीं होता कि उपभोग में परिवर्तन के फलस्वरूप विनियोग में कितना परिवर्तन होता है। वस्तुत: इस बात की व्याख्या **त्वरक सिद्धान्त** करता है। त्वरक सिद्धान्त बताता है कि यदि अर्थव्यवस्था में उपभोग वस्तुओं की माँग बढ़ती है तो इसके उत्पादन हेतु पूँजीगत वस्तुओं की माँग बढ़ेगी जिसके परिणामस्वरूप विनियोग में वृद्धि होगी। इस प्रकार त्वरक उपभोग में होने वाले परिवर्तन के परिणामस्वरूप **विनियोग पर पड़ने वाले प्रभाव की व्याख्या करता है।**

'त्वरक सिद्धान्त' नाम अर्थशास्त्र में पहली बार 1917 में **जे. एम. क्लार्क** ने प्रयोग किया, परन्तु इस सिद्धान्त को आगे बढ़ाने और वैज्ञानिक रूप देने में **ए. सी. पीगू, साइमन कुजनेट्स (S. Kuznets), राबर्ट्सन, हैरोड (Harrod), सैम्युल्सन (Samuelson)** जैसे अर्थशास्त्रियों का योगदान अधिक सराहनीय है। ध्यान रहे, इस सिद्धान्त का सम्बन्ध कीन्स से नहीं है।

त्वरक का अर्थ
(Meaning of Accelator)

पूँजीगत वस्तुओं की माँग, व्युत्पन्न माँग (Derived Demand) अर्थात् पूँजीगत वस्तुओं की माँग इनके द्वारा उत्पादित उपभोग वस्तुओं की माँग से उत्पन्न होती है। इस प्रकार उपभोग वस्तुओं की माँग में परिवर्तन पूँजीगत वस्तुओं में परिवर्तन करने को प्रेरित करने की प्रवृत्ति रखता है। त्वरक सिद्धान्त इसी तथ्य पर आधारित है। **"त्वरक सिद्धान्त बताता है कि**

यदि उपभोग वस्तुओं की माँग में परिवर्तन कर दिया जाये तो पूँजीगत वस्तुओं के विनियोग में कितना परिवर्तन होगा।''

ज्यों-त्यों उपभोक्ता वस्तुओं की माँग बढ़ती है, अधिक पूँजी (मशीन तथा उपकरणों के रूप में) की आवश्यकता होती है, जिससे विनियोग की राशि बढ़ती चली जाती है। इसके अतिरिक्त, निरन्तर प्रयोग से कुछ मशीनें बेकार होती जाती हैं जिनके स्थान पर नयी मशीनें लगाना आवश्यक है।

अतः पूँजीगत उपकरणों की माँग दो प्रकार की होगी–

(अ) एक तो दिये हुए उत्पादन-स्तर को बनाये रखने के लिए पुरानी घिसी मशीनों के प्रतिस्थापन के लिए प्रत्येक वर्ष नई मशीनों की आवश्यकता पड़ेगी। (ब) दूसरे, अब चूँकि हम उपभोग वस्तुओं का उत्पादन बढ़ाना चाहते हैं, इसके लिए हमें अतिरिक्त मशीनों की आवश्यकता पड़ेगी।

अतः **उपभोग स्तर में वृद्धि के फलस्वरूप विनियोग स्तर में तीव्र गति से वृद्धि होने की सम्भावना रहती है। इस प्रकार के विनियोग को 'प्रेरित विनियोग' कहते हैं।**

अतः त्वरक वह अनुपात है जो उपभोग व्यय में परिवर्तन और प्रेरित विनियोग में परिवर्तन के बीच होता है अर्थात्

$$\text{त्वरक (K)} = \frac{\text{प्रेरित विनियोग में परिवर्तन}}{\text{उपभोग में परिवर्तन}} \quad \frac{(\Delta I)}{(\Delta C)}$$

इस प्रकार त्वरक या त्वरक अंक विनियोग में परिवर्तन तथा उपभोग में परिवर्तन के अनुपात की माप है।

तकनीकी दृष्टि से, त्वरक अंक का मूल्य पूँजी-उत्पाद अनुपात तथा पूँजीगत वस्तुओं के टिकाऊपन पर निर्भर करता है। पूँजी उत्पाद अनुपात विनियोग की गयी पूँजी तथा उसके परिणामस्वरूप उत्पादन में वार्षिक वृद्धि के सम्बन्ध को दर्शाता है। मान लीजिए, आपका दरी बनाने का कारखाना है। आपके कारखाने की पूरी उत्पादन क्षमता का प्रयोग हो रहा है। यदि दरी की माँग 2 दरी प्रतिदिन बढ़ जाये तो आपको नये करघे पर विनियोग करना पड़ेगा। यदि एक दरी की कीमत 50 रु. है तो 2 दरी की कीमत 100 रुपये होगी। यदि एक करघे की कीमत 200 रुपये है तथा करघा दो दरी प्रतिदिन बुन सकता है तो इसका अभिप्राय यह हुआ कि 100 रुपये का उत्पादन बढ़ाने के लिए 200 रुपये के विनियोग की आवश्यकता पड़ेगी अर्थात् विनियोग-उत्पादन अनुपात 200 : 100 या 2 : 1 होगा। इसका अर्थ यह हुआ कि एक रुपये का उत्पादन करने के लिए 2 रुपये की पूँजी की आवश्यकता पड़ेगी। इस अनुपात को त्वरक (Accelerator) या पूँजी-उत्पाद अनुपात (Capital-Output Ratio) कहा जायेगा।

त्वरक के सिद्धान्त में पूँजी-उत्पाद अनुपात की इस तकनीकी धारणा को स्थिर मान लिया जाता है।

इस प्रकार जबकि गुणक विनियोग के कारण आय और रोजगार में हुए परिवर्तन को दर्शाता है अर्थात् गुणक प्रभाव उपभोग पर विनियोग के प्रभाव को बताता है, त्वरक, उपभोग में हुए परिवर्तन के कारण विनियोग पर प्रभाव को दर्शाता है अर्थात् त्वरक, विनियोग की उपभोग पर निर्भरता का आभास करता है। इसलिए गुणक व त्वरक सिद्धान्त दोनों एक-दूसरे के विरोधी नहीं हैं, अपितु राष्ट्रीय आय को प्रभावित करने वाले समानान्तर सिद्धान्त हैं। संक्षेप में–

(i) प्रेरित उपभोग (Induced Consumption) के द्वारा क्या परिवर्तन हुए हैं? (गुणक)

(ii) प्रेरित विनियोग (Induced Investment) (जो कि प्रेरित उपभोग का परिणाम होता है) के द्वारा क्या परिवर्तन हुए हैं (त्वरक)।

त्वरक की कार्य-विधि
(Working Method of an Accelerator)

त्वरक की कार्य-विधि को एक उदाहरण द्वारा स्पष्ट किया जा सकता है–

(1) मान लीजिए कि उपभोग की 1,000 वस्तुओं के उत्पादन के लिए 100 मशीनों की आवश्यकता है। (2) यह भी मान लीजिए कि प्रत्येक मशीन की आयु 10 वर्ष है। 10 वर्ष के बाद मशीन का प्रतिस्थापन करना पड़ता है। इसका अर्थ यह है कि उपभोग की 1,000 वस्तुओं का निरन्तर उत्पादन करते रहने के लिए प्रति वर्ष क्या मशीनों की आवश्यकता पड़ती रहेगी। मशीनों की इस माँग को हम 'पुनःस्थापन' माँग कह सकते हैं। (3) जब उपभोग वस्तुओं की

माँग में वृद्धि हो जाती है तो फलस्वरूप मशीनों की पुनःस्थापन मांग के साथ-साथ कुछ अतिरिक्त मशीनों की माँग भी की जायेगी।

इस उपभोग माँग में होने वाले परिवर्तन और त्वरक की कार्य-प्रणाली को अग्रांकित सारणी में स्पष्ट किया गया है-

सारणी 1-त्वरक की कार्य-प्रणाली

वर्ष	वस्तुएँ	आवश्यक मशीनों की माँग	पुनःस्थापन माँग	अतिरिक्त माँग	नयी मशीन की कुल माँग (4 + 5)	त्वरक
0	1,000	100	10	0	10	–
1	1,100	110	10	10	20	10
2	1,300	130	10	20	30	2.75
3	1,500	150	10	20	30	0
4	1,600	160	10	10	20	ऋणात्मक

स्पष्टीकरण (Explanation)

त्वरक की कार्य-प्रणाली का स्पष्टीकरण निम्नलिखित बिन्दुओं के आधार पर किया जा सकता है-

(i) 0 वर्ष-मान लीजिए, 0 वर्ष (चालू वर्ष) में वस्तुओं की माँग 1,000 है, जिसके बनाने के लिए 100 मशीनों की आवश्यकता पड़ती है। इस वर्ष के अन्त में 10 मशीनें पुनःस्थापित की जायेंगी, क्योंकि प्रत्येक मशीन का 1/10वाँ भाग खराब हो जाता है। (यह हमारी मान्यता भी है) अतः हमारी $100 \times \frac{1}{10} = 10$ नयी मशीनों की कुल माँग होगी (देखिये कॉलम 4 व 6) इस चालू वर्ष में त्वरक क्रियाशील नहीं होगा, क्योंकि वस्तुओं की माँग में कोई वृद्धि नहीं हुई है।

(ii) 1 वर्ष-अब मान लीजिए, अगले वर्ष में वस्तुओं की माँग 1,000 से बढ़कर 1,100 हो जाती है अर्थात् माँग में 10 प्रतिशत की वृद्धि होती है। ऐसी स्थिति में उत्पादन के लिए 10 प्रतिशत मशीनों की आवश्यकता होगी। इस प्रकार कुल मशीनों की माँग 20 (अतिरिक्त उत्पादन हेतु 10 नयी मशीनों की माँग + 10 मशीनों की पुनःस्थापन माँग) हो जायेगी। इस वर्ष के लिए त्वरक का मूल्य इस प्रकार निकाला जायेगा।

ΔC (उपभोग में वृद्धि) $= \frac{100}{1000} \times 100 = 10\ \%$

(वस्तुओं की माँग वृद्धि) = 1,100 − 1,000 = 100)

ΔI (विनियोग में वृद्धि) = 100%

∴ मशीनों की कुल माँग 10 से बढ़कर 20 अर्थात् दुगुनी हो जाती है।

अतः त्वरक $= \frac{\Delta I}{\Delta C} = \frac{100}{10} = 10$

(iii) 2 वर्ष-दूसरे वर्ष मान लीजिए वस्तुओं की माँग 1,100 से बढ़कर 1,300 हो जाती है, जिसके लिए 20 मशीनों की आवश्यकता होगी (अर्थात् 110 मशीनें 1,100 वस्तुओं का उत्पादन करने के लिए और 20 नयी मशीनें 200 वस्तुओं की माँग वृद्धि हेतु चाहिए) अतः 20 मशीनों की नयी माँग + इसके अतिरिक्त 10 मशीनों की पुनःस्थापना माँग अर्थात् कुल 30 नयी मशीनों की माँग की जायेगी (देखिए कॉलम 6) त्वरक का मूल्य इस प्रकार होगा-

ΔC (उपभोग में वृद्धि) $= \frac{200}{1100} \times 100 = 18\ .18\ \%$

(∴ वस्तुओं की माँग वृद्धि = 1,300 − 1,100 = 200)

ΔI (विनियोग में वृद्धि) = 18.18% (मशीनों की कुल माँग 20 से बढ़कर 30 अर्थात् 50% बढ़ जाती है।)

अतः त्वरक = $\frac{\Delta I}{\Delta C} = \frac{50}{18.18} = 2.75$

(iv) 3 वर्ष–यदि तीसरे वर्ष में वस्तुओं की माँग 1,300 से बढ़कर 1,500 हो जाती है तो इससे कुल नयी मशीनों की माँग 30 होगी (10 पुनःस्थापन हेतु + 20 अतिरिक्त हेतु)।

इस स्थिति में यद्यपि उपभोग में 15.38 प्रतिशत वृद्धि होती है परन्तु विनियोग नहीं बढ़ता, क्योंकि कॉलम 6 के अनुसार नयी मशीनों की कुल माँग पिछले वर्ष में भी 30 थी और इस वर्ष में भी 30 है अर्थात् विनियोग की मात्रा पूर्ववत् बनी हुई है। अतः त्वरक का मूल्य 0/15.38 = 0 अर्थात् शून्य होगा।

(v) 4 वर्ष–चौथे वर्ष में उपभोग में 7 प्रतिशत की वृद्धि हुई, किन्तु मशीनों की माँग में गिरावट आ गयी, अतः त्वरक ऋणात्मक हो गया।

निष्कर्ष–उपर्युक्त विवेचन से स्पष्ट है कि–

(1) जब वस्तुओं की कुल माँग (अर्थात् उत्पादन) में वास्तविक वृद्धि होती है तो विनियोग की दर में तीव्र गति से वृद्धि होती है। ऐसी स्थिति में त्वरक ऊँचा होता है। (2) जब माँग की वृद्धि दर यथावत् बनी रहती है तो विनियोग की दर भी यथावत् रहती है, अतः त्वरक शून्य हो जाता है। (3) जब माँग की दर गिरने लगती है तो विनियोग दर तीव्र गति से गिरती है। ऐसी स्थिति में त्वरक की धारणा व्यर्थ हो जाती है। (4) त्वरक यह चेतावनी देता है कि माँग वृद्धि के क्रम को बनाये रखने से ही आर्थिक क्रिया गतिशील रहेगी अन्यथा उसमें शिथिलता आ जाती है।

त्वरक के सम्बन्ध में निम्नलिखित बातें उल्लेखनीय हैं–

(1) त्वरक की माप–मुद्रा में होनी चाहिए अर्थात् इसे एक रुपये मूल्य का उत्पादन करने के लिए आवश्यक मशीनरी का रुपये में मूल्य बताना चाहिए। इसे प्रायः पूँजी उत्पादन अनुपात अथवा पूँजी गुणांक कहते हैं। संक्षेप में पूँजी उत्पादन अनुपात से यह पता चलता है कि उत्पादन में एक निश्चित मात्रा में वृद्धि के लिए कितनी पूँजी की आवश्यकता होती है। इस प्रकार यदि 100 उपभोक्ता वस्तुओं में प्रत्येक 100 रु. हो और मशीन की लागत 20,000 रु. है तो त्वरक $\frac{20000}{100 \times 100}$ = 1 होगा। वास्तव में त्वरक गुणांक मूल्य अथवा आकार इस बात पर निर्भर करता है कि पूँजी उत्पाद अनुपात क्या है और पूँजी सम्पत्ति का जीवनकाल कितना है।

(2) व्यवहार में प्रेरित विनियोग कहीं अन्यत्र विनियोग माँग में वृद्धि के परिणामस्वरूप और उपभोग वृद्धि के परिणामस्वरूप भी हो सकता है, क्योंकि नई मशीनें बनाने के लिए मशीनों की आवश्यकता होती है। इसलिए त्वरक केवल उपभोग की परिवर्तन दर पर ही निर्भर होने के बजाय आय में परिवर्तन पर निर्भर करता है।

(3) माँग में परिवर्तन के परिणामस्वरूप स्टॉकों में हुए परिवर्तन के द्वारा भी त्वरक कार्य कर सकता है।

बीजगणितीय विश्लेषण (Algebric Analysis)–त्वरक का सिद्धान्त इस मान्यता पर आधारित है कि एक निश्चित उत्पादन को उत्पादित करने के लिए एक निश्चित मात्रा में पूँजीगत स्टॉक की आवश्यकता होती है। उदाहरणार्थ 10 करोड़ रुपये के मूल्य का उत्पादन करने के लिए 40 करोड़ रुपये मूल्य के पूँजीगत स्टॉक की आवश्यकता पड़ती है। इसका अर्थ यह है कि पूँजी और उत्पादन में एक निश्चित अनुपात विद्यमान होता है।

यदि हम t समयावधि में उत्पादन को Yt द्वारा, पूँजीगत स्टॉक को Kt द्वारा पूँजी उत्पादन अनुपात को C द्वारा व्यक्त करें तो Yt उत्पादन की मात्रा पूँजी-उत्पादन अनुपात पर निर्भर करेगी।

$$C = \frac{Kt}{Yt} \text{ अथवा } Kt = CYt$$

यदि C का मूल्य स्थिर है, अर्थात् पूँजी उत्पादन अनुपात पूर्ववत् बना रहता है तो

$$\boxed{Kt—1 = CYt—1}$$

पहले सम्बन्ध को नये सम्बन्ध से घटाने पर–

$$Kt— \ Kt— 1 = CtY— \ CtY1 = C\ (Yt— Yt—1) \qquad (1)$$

यहाँ Yt — Yt—1 दो समयावधियों के बीच उत्पादन के अन्तर को प्रकट करता है, इसको हम ΔY द्वारा प्रकट करते हैं। इसी प्रकार Kt— Kt —1 दो समयावधियों के बीच पूँजी स्टाक के अन्तर को प्रकट करता है, जिसे हम ΔK द्वारा प्रदर्शित करते हैं। ΔK को हम विनियोग (I) के रूप में भी परिभाषित कर सकते हैं। इसलिए

$$I = Kt —Kt — I = (\Delta K)$$

प्रतिस्थापित समीकरण 1 में Kt— Kt—1 के स्थान पर I तथा Yt— Yt— 1 के स्थान पर ΔY को प्रतिस्थापित करने पर

$$\boxed{I = C\ \Delta Y}$$

इस प्रकार C को उत्पादन में परिवर्तन की मात्रा से गुणा करने पर विनियोग का मूल्य प्राप्त होता है।

उपर्युक्त विवेचन से स्पष्ट है कि उत्पादन और विनियोग के परिवर्तनों के बीच एक स्थिर आनुपातिक सम्बन्ध होता है, जिसका मूल्य पूँजी-उत्पादन अनुपात के बराबर होता है।

रेखाचित्र द्वारा स्पष्टीकरण–त्वरक के सिद्धान्त को नीचे रेखाचित्र 1 की सहायता से स्पष्ट किया गया है–

(i) चित्र के ऊपरी भाग में कुल उत्पादन वक्र (Y) में (t + 1) अवधि तक वृद्धि होती है।

(ii) t + 6 अवधि तक कुल उत्पादन वक्र घटती दर से बढ़ता है और इसके उपरान्त वह गिरना शुरू हो जाता है।

(iii) चित्र के नीचे के भाग में शुद्ध विनियोग Ig वक्र दर्शाता है किन्तु t + 4 अवधि तक उत्पादन में वृद्धि होने से शुद्ध विनियोग भी बढ़ता है, जोकि उत्पादन की बढ़ती हुई दर से बढ़ता है।

(iv) परन्तु t = 4 और t + 6 अवधि के बीच में उत्पादन घटती दर से बढ़ता है तो शुद्ध विनियोग कम हो जाता है।

(v) t + 7 अवधि में जब उत्पादन कम होना शुरू होता है तो शुद्ध विनियोग ऋणात्मक हो जाता है।

(vi) Ig वक्र अर्थव्यवस्था के कुल विनियोग को दर्शाता है। इसका व्यवहार भी शुद्ध विनियोग के समान ही है।

(vii) कुल विनियोग और शुद्ध विनियोग में एक अन्तर है कि सकल विनियोग ऋणात्मक नहीं है और जब अवधि t + 8 में यह शून्य हो जाता है तो Ig वक्र ऊपर की ओर बढ़ना प्रारम्भ कर देता है। इसका कारण यह है कि शुद्ध विनियोग ऋणात्मक होने पर भी प्रतिस्थापन विनियोग (R) एक ही दर से अर्थव्यवस्था में हो रहा है।

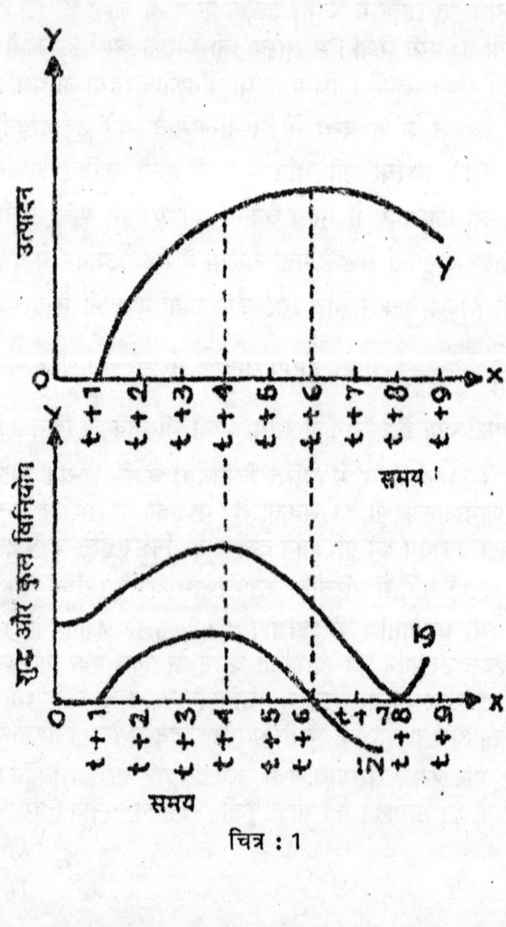

चित्र : 1

गुणक व त्वरक में अन्तर
(Distinction between Multiplier and Accelerator)

गुणक व त्वरक में निम्नलिखित अन्तर हैं–

1. पूर्व स्थिति (Pre-situation)–गुणक त्वरक की एक पूर्व स्थिति है। इसका अर्थ यह है कि पहले गुणक क्रियाशील होता है जो आय वृद्धि के रूप में माँग में वृद्धि करके त्वरक को क्रियाशील बना देता है।

2. प्रभाव (Effect)–गुणक विनियोग वृद्धि के कारण आय तथा रोजगार में हुए परिवर्तनों को व्यक्त करता है, जबकि त्वरक उपभोग में हुए परिवर्तनों के विनियोग पर पड़ने वाले प्रभाव को मापता है।

3. आश्रितता (Dependence)–गुणक की दशा उपभोग विनियोग पर आश्रित है, जबकि त्वरक के मामले में विनियोग उपभोग पर निर्भर है।

4. आकार (Size)–गुणक का आकार उपभोग प्रवृत्ति पर निर्भर करता है, जबकि त्वरक का मूल्य पूँजी-उत्पाद अनुपात पर निर्भर करता है।

5. प्रवृत्ति (Trends)–गुणक सीमान्त उपभोग प्रवृत्ति जैसे मनोवैज्ञानिक कारकों पर निर्भर करता है, जबकि त्वरक तकनीकी कारकों पर निर्भर करता है।

6. विनियोग (Investment)–गुणक क्रिया स्वतन्त्र विनियोग का परिणाम है। त्वरक क्रिया प्रेरित विनियोग का परिणाम है।

7. सूत्र (Formula)–गुणक व त्वरक के सूत्र में निम्न प्रकार अन्तर है–

$$\text{गुणक (K)} = \frac{\text{आय में परिवर्तन}}{\text{विनियोग में परिवर्तन}} \frac{(\Delta Y)}{(\Delta I)} \qquad \text{त्वरक} = \frac{\text{प्रेरित विनियोग में परिवर्तन}}{\text{उपभोग में परिवर्तन}} \frac{(\Delta I)}{(\Delta C)}$$

गुणक व त्वरक नामक धारणाएँ प्रतियोगी न होकर समानान्तर हैं (Multiplier and Acceleration named concepts are not Competitive but Similar)

गुणक तथा त्वरक की कार्य-विधि भले ही अलग है, लेकिन ये दोनों धारणाएँ प्रतियोगी न होकर समानान्तर हैं, क्योंकि दोनों का अन्तिम उद्देश्य राष्ट्रीय आय में वृद्धि करना है, इस बात को आगे स्पष्ट किया गया है–

प्रारम्भिक स्वायत्त निवेश

↓

आय में वृद्धि

↓

उपभोग माँग में वृद्धि – प्रेरित विनियोग में वृद्धि

↓ ↓

राष्ट्रीय आय में वृद्धि

सर्वप्रथम इसे प्रो. आर. एफ. हैरोड ने क्रिया-प्रतिक्रिया के रूप में उल्लेखित किया है, जबकि प्रो. हेन्सन गुणक व त्वरक के संयुक्त प्रभाव को महागुणक (Supper Multiplier) कहकर सम्बोधित करते हैं। इसी प्रकार प्रो. हिक्स, सैम्युल्सन आदि ने गुणक व त्वरक नामक भाषाओं को ''एकीकृत'' करके व्यापार चक्र के सिद्धान्त में ''आधार'' बताया है।

त्वरक की मान्यताएँ
(Assumption of Acceleration)

त्वरक की क्रियाशीलता निम्नलिखित मान्यताओं पर आधारित है–

1. अतिरिक्त क्षमता का विद्यमान न होना (Non-existent of Additional Capacity)–इस सिद्धान्त के लागू होने के लिए यह आवश्यक है कि विद्यमान पूँजी स्टॉक का पूर्ण उपयोग हो। अन्य शब्दों में, अर्थव्यवस्था में बेकार

उत्पादन क्षमता विद्यमान न हो। यदि उपभोग की वस्तुओं का उत्पादन करने वाले अपनी उत्पादन क्षमता का पूर्ण उपयोग नहीं करे रहे हैं अर्थात् पहले से ही स्थापित की गयी मशीनों के लिए पूरा कार्य नहीं है तो उपभोग की माँग बढ़ने पर भी नये विनियोग को प्रोत्साहन नहीं मिलेगा।

2. पूँजी स्टॉक में तत्काल वृद्धि (Instant Increase in Capital Stock)–इसमें यह भी मान लिया गया है कि उपभोग वस्तुओं की नयी माँग चाहे स्थायी हो या अस्थायी, उत्पादक माँग को पूरा करने के लिए पूँजी स्टॉक में तत्काल वृद्धि कर देते हैं।

3. स्थिर पूँजी उत्पादन अनुपात (Constant Capital Output Ratio)–यह सिद्धान्त पूँजी उत्पाद अनुपात को स्थिर मानता है। इस प्रकार पूँजी उत्पादन अनुपात में तकनीकी सुधारों के अन्तर्गत कोई परिवर्तन नहीं होता।

4. लोचदार पूँजी की पूर्ति (Elastic Supply of Capital)–सरल त्वरक सिद्धान्त इस मान्यता पर आधारित है कि पूँजी का पूर्ति वक्र पूर्णतया लोचदार है और आवश्यकता पड़ने पर पूँजी स्टॉक के विस्तार पर कोई रोक नहीं है।

5. विशुद्ध विनियोग में वृद्धि (Increase in Net Investment)–इस सिद्धान्त में यह भी मान लिया गया है कि उत्पादन की दर में वृद्धि के साथ-साथ विशुद्ध विनियोग में भी वृद्धि होती है, परन्तु विनियोग में वृद्धि के पूर्व उत्पादन में वृद्धि होना जरूरी है।

त्वरक सिद्धान्त की आलोचनाएँ (Criticisms)

त्वरक सिद्धान्त की प्रमुख आलोचनाएँ निम्नलिखित हैं–

1. स्थिर पूँजी उत्पाद अनुपात (Constant Capital Output Ratio)–यह सिद्धान्त इस मान्यता पर आधारित है कि पूँजी उत्पाद अनुपात स्थिर रहता है, परन्तु वास्तव में यह उत्पाद अनुपात स्थिर नहीं रहता। इसके कारण निम्नलिखित हो सकते हैं–

(i) उत्पादन कला में सुधार और नवीन-प्रक्रियाओं का निर्माण होते रहने के कारण पूँजी उत्पाद अनुपात में भी सदा परिवर्तन होते रहते हैं।

(ii) अल्पकाल में बिना मशीनरी तथा पूँजीगत स्टाक की मात्रा में वृद्धि किये हुए केवल अतिरिक्त समय काम करके तथा अतिरिक्त पारियों (शिफ्टों) के द्वारा उत्पादन में वृद्धि करना सम्भव है। अत: ऐसी स्थिति में स्थिर पूँजी उत्पाद अनुपात अथवा स्थिर त्वरक की धारणा को लागू नहीं किया जा सकता है।

(iii) कुल उद्योग जो कि थोड़ी पूँजीगत वस्तुओं का प्रयोग करते हैं अधिक श्रम (न कि अधिक पूँजी) का उपभोग करके उत्पादन में वृद्धि कर सकते हैं। इस प्रकार स्थिर पूँजी उत्पाद अनुपात का विचार लागू नहीं होता है।

(iv) अल्पकाल में यह सम्भव है कि बिक्री या माँग में वृद्धि के उत्तर में अल्पाधिकार तथा एकाधिकार प्रतियोगी फर्में अपने उत्पादन को न बढ़ायें और इसलिए पूँजीगत स्टॉक को न बढ़ायें (बल्कि अधिक लाभ को न प्राप्त करने के लिए केवल अपनी वस्तुओं की कीमतों को बढ़ायें); अत: इस प्रकार की स्थिति में स्थिर त्वरक का विचार लागू नहीं होगा।

2. विद्यमान क्षमता का पूर्ण उपयोग (Full Utilisation of Existing Capacities)–यह विश्लेषण यह मानकर चलता है कि अर्थव्यवस्था में विद्यमान उत्पादन क्षमता का पूर्ण उपयोग हो रहा है। परन्तु यह सदैव नहीं होता है; जैसे–

(i) अर्थव्यवस्था में मन्दी के समय पर्याप्त अतिरिक्त क्षमता या अप्रयुक्त क्षमता रहती है, क्योंकि इन दिनों अनेक बेकार तथा अप्रयुक्त मशीनें रहती हैं और अनेक बेकार कारखाने अप्रयुक्त रहते हैं।

(ii) क्षमता अथवा अतिरिक्त क्षमता शब्द को सही रूप में परिभाषित करने की कठिनाई है। वास्तव में 'क्षमता' अथवा 'अतिरिक्त क्षमता' एक भ्रान्तिजनक विचार है। सामान्यतया क्षमता को 'न्यूनतम औसत लागत पर उत्पादन स्तर' के शब्दों में परिभाषित किया जा सकता है।

3. उपलब्ध साधन (Available Resources)– त्वरक नियम मान लेता है कि साधन उपलब्ध रहते हैं। साधन लोचदार होने चाहिए, ताकि उन्हें पूँजी वस्तु उद्योगों में लगाया जा सके जिससे वे विस्तार कर सकें। यह तभी सम्भव है

जबकि अर्थव्यवस्था में बेरोजगारी हो। परन्तु जब अर्थव्यवस्था एक बार पूर्ण रोजगार के स्तर पर पहुँच जाती है तब पर्याप्त साधनों की अपर्याप्तता के कारण पूँजी वस्तु उद्योग विस्तार नहीं कर पाते। इससे त्वरक नियम का कार्य सीमित हो जाता है।

4. समय विलम्बना की उपेक्षा (Time Lag Ignored)–त्वरक सिद्धान्त में समय विलम्बना की उपेक्षा की गयी है। इस सिद्धान्त में यह मान लिया जाता है कि माँग को परिवर्तित दशाओं के अनुसार एक फर्म या व्यापारी द्वारा तत्काल पूँजीगत स्टाक में समायोजन किया जाता है, परन्तु यह व्यावहारिक नहीं है; क्योंकि एक व्यापारी या फर्म की योजनाओं को बनाने, उन्हें स्वीकार करने तथा क्रियान्वित करने में समय लेती है। यही नहीं, पूँजीगत यंत्र को लगाने और उससे उत्पादन मिलने में कुछ समय लग जाता है, जिसे गर्भावधि कहते हैं। उदाहरण के लिए यदि किसी पूँजीगत यन्त्र की गर्भावधि 3 वर्ष है तो अतिरिक्त विनियोग का पूर्ण प्रभाव एक वर्ष के अन्दर अनुभव नहीं किया जा सकेगा, बल्कि यह तीन वर्षों में फैल जायेगा।

5. साख की लोचदार पूर्ति (Elastic Supply of Credit)–त्वरक सिद्धान्त की मान्यता है कि साख की पूर्ति लोचदार होती है ताकि जब प्रेरित उपभोग के परिणामस्वरूप प्रेरित विनियोग हो तो पूँजी वस्तु उद्योगों में विनियोग के लिए सस्ती साख आसानी से मिल सकेगी। यदि साख पर्याप्त मात्रा में उपलब्ध होगी तो ब्याज की दर ऊँची होगी और पूँजी वस्तुओं में बहुत कम विनिमय होगा। इस प्रकार त्वरक पूर्ण रूप से काम नहीं करेगा।

6. प्रत्याशाओं की भूमिका (Role of Expectations)–त्वरक सिद्धान्त का मुख्य दोष यह है कि यह उद्यमियों द्वारा निर्णय लेने में प्रत्याशाओं की भूमिका की उपेक्षा करता है। विनियोग निर्णय केवल माँग द्वारा ही प्रभावित होता है। वे भावी प्रत्याशाओं जैसे स्टॉक बाजार परिवर्तन, राजनैतिक हलचलों, अन्तर्राष्ट्रीय घटनाओं, आर्थिक वातावरण आदि द्वारा भी प्रभावित होते हैं।

7. सापेक्षिक स्तर में परिवर्तनों के प्रभाव की उपेक्षा (Effects of Change in Relative Level Ignored)–त्वरक सिद्धान्त कीमतों तथा लागतों के सापेक्षिक स्तरों में परिवर्तनों की उपेक्षा करता है–

(i) तेजी के समय में (विशेषकर तेजी की चोटी पर) पूँजीगत वस्तुओं के उद्योगों पर अत्यधिक दबाव पूँजीगत वस्तुओं की लागत को बढ़ा सकता है। इसलिए विनियोग के लिए प्रेरणा बहुत कमजोर हो सकती है।

(ii) यह सम्भव है कि पूँजीगत वस्तुओं की लागत की तुलना में श्रम की लागत में कमी हो जाये, जिसके कारण फर्म या व्यापारी बाध्य होकर नई विनियोग योजनाओं में पूँजी के साधन पर श्रम की प्रतिस्थापना करे।

8. भावी माँग का पूर्वानुमान (Forecasting of Future Demand)–यह मान लिया जाता है कि उपभोक्ता वस्तुओं की माँग में वृद्धि का पहले से अनुमान नहीं किया गया था और पिछले विनियोग में उनके लिए कोई व्यवस्था नहीं की गयी थी। यदि भावी माँग का पूर्वानुमान करके पूँजी उपस्कर पहले ही लगा दिया गया हो तो इससे प्रेरित विनियोग नहीं होगा और त्वरक प्रभाव शून्य रहेगा।

9. समय विलम्बना (Time Lag)–पूर्ण क्षमता में पाये जाने की मान्यता का अभिप्राय यह है कि उत्पादन की बढ़ी माँग एकदम प्रेरित विनियोग लाती है। इसलिए त्वरक नियम विनियोग के समय का हिसाब लगाने में असफल होता है। उत्तम रूप में यह विनियोग की मात्रा की व्यवस्था करता है। वास्तव में नया विनियोग प्रजनन करने से पहले समय अन्तराल (Time-Lag) हो सकता है। उदाहरणार्थ, यदि समय अन्तराल चार वर्ष हो तो नये विनियोग का प्रभाव एक वर्ष में नहीं बल्कि चार वर्षों में प्रतीत होगा।

10. स्थायी नई उपभोग की माँग (Permanent New Consumption Demand)–इस सिद्धान्त में यह भी मान्यता निहित है कि नई उपभोग माँग स्थायी होती है। यदि यह आशा हो कि उपभोक्ता वस्तुओं के लिए माँग अस्थायी है तो उत्पादक नई पूँजी वस्तुओं में विनियोग करने में हिचकेंगे और वे इसके स्थान पर वर्तमान उपस्कर को ही और गहनता से चलाकर बढ़ी हुई माँग पूरी करने का प्रयास करेंगे; फलतः त्वरक सफल नहीं होगा।

11. इच्छित और वास्तविक पूँजी स्टॉकों में अन्तर (Difference between Warranted and Actual Capital Stocks)–त्वरक सिद्धान्त मान लेता है कि इच्छित और वास्तविक पूँजी स्टाकों में कोई अन्तर नहीं पाया जाता और यदि इन दोनों में कोई अन्तर होता भी है तो वह एक ही अवधि में समाप्त हो जाता है। परन्तु यदि पूँजी वस्तुएँ उत्पादित कर रहे उद्योग पहले से ही पूर्ण क्षमता पर कार्य कर रहे हों तो एक अवधि में ही अन्तर समाप्त करना संभव नहीं हो सकता है।

12. प्रौद्योगिकीय घटकों की अवहेलना (Technological Factors Ignored)–यह सिद्धान्त विनियोग में प्रौद्योगिकीय घटकों की अवहेलना करता है। प्रौद्योगिकीय परिवर्तन पूँजी-बचाऊ या कम-बचाऊ हो सकते हैं। इसलिए वे विनियोग की मात्रा को कम या अधिक कर सकते हैं। फिर जैसा कि प्रो. नोक्स (Knox) ने कहा है, ''पूँजी उपस्कर स्थूल हो सकता है और अतिरिक्त प्लांट को लगाना केवल तब उचित है जब उत्पादन में काफी वृद्धि हो। यह कारण और भी अधिक महत्त्वपूर्ण है, क्योंकि जो प्लांट बढ़ाया जाता है वह मशीनों का सम्मिश्रण होता है न कि एक मशीन।''[1]

त्वरक का महत्त्व
(Importance of Acceleration)

त्वरक की व्याख्या की विभिन्न आलोचनाएँ होने के बावजूद भी आर्थिक विश्लेषण में इस धारणा का महत्त्वपूर्ण स्थान है जैसा कि निम्नलिखित विवरण से स्पष्ट हो जायेगा।

(i) त्वरक इस बात का भी विश्लेषण करता है कि उपभोक्ता-वस्तु उद्योगों में थोड़ा-सा परिवर्तन भी किस प्रकार विनियोग वस्तु उद्योगों में भारी परिवर्तन ला देता है।

(ii) गुणक प्रारम्भिक विनियोग के फलस्वरूप आय में होने वाले परिवर्तनों की पूर्ण व्याख्या नहीं कर पाता। यह राष्ट्रीय आय में वृद्धि के एक अंश की ही व्याख्या करता है। राष्ट्रीय आय में वृद्धि के दूसरे अंश की व्याख्या त्वरक करता है।

(iii) प्रो० हिक्स (J.R. Hicks) का व्यापार चक्र का सिद्धान्त मुख्यत: त्वरक की धारणा पर ही आधारित है।

(iv) अर्थव्यवस्था में व्यापार चक्र के उथल-पुथल की व्याख्या भी त्वरक के माध्यम से की जा सकती है।

निष्कर्ष–त्वरक सिद्धान्त के विचार कार्य-प्रणाली व सीमाओं की विवेचना करने के बाद हम निम्नलिखित निष्कर्ष पर पहुँच सकते हैं–

(i) यह सिद्धान्त यान्त्रिक निश्चितता के साथ कार्य नहीं कर सकता।

(ii) यह सिद्धान्त वास्तविकता का एक मोटा चित्रण प्रस्तुत करता है, न कि उसका एक निश्चित लेखा।

(iii) यद्यपि इस सिद्धान्त की व्यावहारिक कार्यशीलता अत्यन्त सीमित है, परन्तु व्यापार-चक्र के क्रम का अध्ययन करने के लिए त्वरक की धारणा बहुत महत्त्वपूर्ण है।

अतिगुणक या गुणक-त्वरक परस्पर क्रिया
(The Super-Multiplier or the Multiplier-Accelerator Interaction)

गुणक व त्वरक की क्रिया-प्रतिक्रिया के बारे में पहला विवरण हमें आर. एफ. हैरोड के विश्लेषण से मिलता है। अपनी पुस्तक 'व्यापार-चक्र' में हैरोड ने त्वरक गुणक तथा गतिशील निर्धारकों के विचारों का प्रयोग किया है। गुणक व त्वरक के संयुक्त प्रभाव को 'महागुणक' (Super-multiplier) का उत्तोलक प्रभाव (Leverage effects) भी कहते हैं। गुणक तथा त्वरक के पारस्परिक सम्बन्ध को इस प्रकार प्रदर्शित किया जा सकता है। गुणक के अनुसार विनियोग में की गयी वृद्धि आय में कई गुना वृद्धि कर देती है। आय में वृद्धि से उपभोग में वृद्धि होती है और उपभोग में वृद्धि से त्वरक के कारण विनियोग में कई गुना वृद्धि हो जाती है जिसके परिणामस्वरूप तेजी उत्पन्न हो जाती है। जब उपभोग व्यय में वृद्धि धीमी पड़ती है तथा त्वरक के कारण विनियोग गिरता है तो अधोगति आरम्भ हो जाती है। अत: आर्थिक उतार-चढ़ाव में यद्यपि गुणक का कार्यभार महत्त्वपूर्ण है तथापि त्वरक की भूमिका उससे कहीं अधिक महत्त्वपूर्ण है। प्रो. हिक्स के अनुसार, ''त्वरक सिद्धान्त और गुणक सिद्धान्त उतार-चढ़ावों के सिद्धान्त के उसी प्रकार के दो पक्ष हैं जिस प्रकार माँग का सिद्धान्त और पूर्ति का सिद्धान्त मूल्य के सिद्धान्त के दो पक्ष हैं।'' ''गुणक उस सम्बन्ध का प्रतिनिधित्व करता है जो कि विनियोग वृद्धि और उसके परिणामस्वरूप होने वाली आय में वृद्धि के बीच स्थित है। दूसरी ओर त्वरक केवल यह प्रदर्शित करता है कि उपभोग में प्रदत्त परिवर्तन किस प्रकार विनियोग के स्तर में परिवर्तन के रूप में फलीभूत होता

---

1. A.D. Knox in M.G. Mueller, Readings in Macro Economics 2/e, 1971.

है। यदि हम आय रचना की प्रक्रिया का पूरा चित्र देखना चाहते हैं तो इसके लिए गुणक प्रभाव और त्वरक प्रभाव दोनों ही देखने होंगे।'' विनियोग की मात्रा में वृद्धि होते ही गुणक अपना कार्य आरम्भ करता है और उपभोग की मात्रा बढ़ते ही त्वरक क्रियाशील हो जाता है। इस प्रकार गुणक व त्वरक एक-दूसरे की क्रियाओं में सहयोग प्रदान करते हैं।

इसी दृष्टि से हैन्सन ने गुणक तथा त्वरक की क्रियाओं के पारस्परिक प्रभाव का विवेचन किया है।

बीजगणितीय विश्लेषण (Algebraic Analysis)–हिक्स ने आय पर पास्परिक विनियोग का कुल प्रभाव मापने के लिए गुणक तथा त्वरक को गणितीय विधि से मिला दिया है, जिसे उन्होंने 'अतिगुणक' कहा है।

अतिगुणक को प्रेरित उपभोग (cY या Δ cY या MPC) और प्रेरित विनियोग (vY या ΔI/ΔY या MPI) दोनों को जोड़कर निकाला जाता है। हिक्स विनियोग को स्वायत्त विनियोग और प्रेरित विनियोग में बाँटता है, ताकि विनियोग I = Ia + vY, जहाँ Ia स्वायत्त विनियोग और vY प्रेरित विनियोग है।

क्योंकि $Y = C + I$

इसलिए, $\Delta Y = c\,\Delta Y + \Delta Ia + v\,\Delta Y$

$\Delta Y - c\Delta Y - v\Delta Y = \Delta Ia$

$\Delta Y\,(I - c - v) = \Delta Ia$

$$\frac{\Delta Y}{\Delta Ia} = \frac{1}{1 - c - v} = \frac{1}{S - V}$$

या
$$Ks = \frac{1}{1 - c - v} = \frac{1}{S - v}$$

जहाँ–(i) Ks = अतिगुणक, (ii) c सीमान्त उपभोग प्रवृत्ति, (iii) v = सीमान्त विनियोग प्रवृत्ति, (iv) s = सीमान्त बचत प्रवृत्ति (s = I – C)।

अतिगुणक बताता है कि यदि स्वायत्त विनियोग में कोई प्रारम्भिक वृद्धि होती है तो आय में स्वायत्त विनियोग की Ks गुणा वृद्धि हो जायेगी। इस प्रकार सामान्य रूप में अतिगुणक होगा–

$$\Delta Y = \frac{1}{1 - 0.5 - 0.4} \times 100$$

अब हम उपर्युक्त समीकरण के रूप में गुणक तथा त्वरक के मिश्रित कार्यकरण की व्याख्या करते हैं। मान लीजिए कि c = 0.5, v = 0.4 और स्वायत्त विनियोग में रु. 100 करोड़ की वृद्धि होती है, तो समस्त आय में वृद्धि

$$\Delta Y = \frac{1}{1 - c - v} = \Delta I$$

$$= K_1 \Delta I$$

$$= \frac{1}{0.1} \times 100 = 10 \times 100 = 1000$$

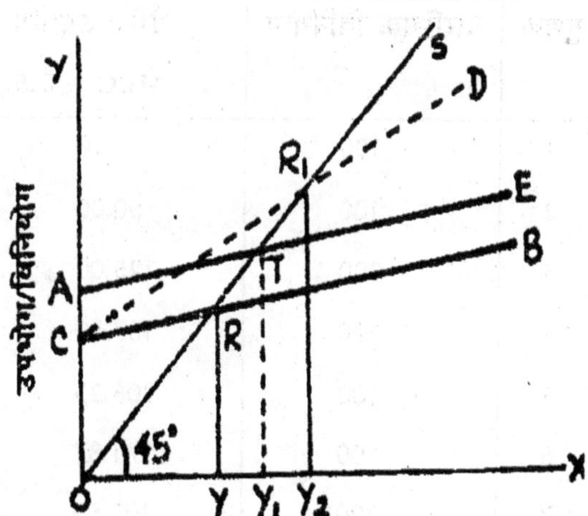

चित्र : 2

उपरोक्त समीकरण यह स्पष्ट करता है कि स्वायत्त विनियोग में से 100 करोड़ की वृद्धि ने आय को बढ़ाकर रु. 100 करोड़ कर दिया है। साधारण गुणक ने आय को केवल बढ़ाकर रु. 200 करोड़ कर दिया होता, यह मानकर कि गुणक K

का मूल्य 2 है, क्योंकि MPC = 0.5 परन्तु गुणक ने त्वरक के साथ मिलकर (Ks = 10) आय को रु. 1000 करोड़ पर बढ़ा दिया जो कि साधारण गुणक द्वारा वृद्धि से बहुत अधिक है।

गुणक तथा त्वरक के मिश्रित प्रभाव को रेखाचित्र द्वारा भी स्पष्ट किया जा सकता है।

चित्र में–(i) OS कुल पूर्ति रेखा तथा CB कुल माँग वक्र है। ये दोनों R बिन्दु पर परस्पर बराबर हैं, इसलिए OY सन्तुलन आय है।

(ii) यदि प्रेरित विनियोग बढ़ जाता है तो कुल माँग वक्र CB बढ़कर CD हो जायेगी। यह वक्र पहली माँग वक्र के आरम्भ बिन्दु C से ही शुरू होती है तथा इन दोनों माँग वक्रों का अन्तर बढ़ जाता है। इससे प्रकट होता है कि आय के बढ़ने पर माँग बढ़ती जा रही है।

(ii) इस नई माँग वक्र के फलस्वरूप सन्तुलन R_1 बिन्दु पर होगा तथा सन्तुलन आय OY के स्थान पर OY_2 होगी। आय में होने वाली वृद्धि सुपर गुणक (Super-multiplier) के कारण हुई है।

(iv) इसके विपरीत यदि केवल स्वतंत्र विनियोग बढ़ता है तो माँग वक्र A से आरम्भ होकर E हो जाती है। इसके फलस्वरूप नया संन्तुलन T बिन्दु पर होता है तथा नई आय OY होती।

उपर्युक्त चित्र से स्पष्ट होता है कि गुणक तथा त्वरक के मिश्रित प्रभाव के फलस्वरूप आय में अधिक वृद्धि अर्थात् YY_2 की होगी, जबकि केवल गुणक के कारण YY_1 की वृद्धि होगी।

व्यापार-चक्रों में गुणक-त्वरक परस्पर क्रिया का उपभोग (Use of Multiplier-Accelerator Interaction in Business Cycles)—MPC तथा त्वरक के विभिन्न मूल्यों के रहते हुए गुणक-त्वरक चक्रीय उतार-चढ़ावों के रूप में विभिन्न परिणाम दे सकता है। माना कि MPC = 0.5 है और त्वरक गुणांक (Accelerator co-efficient) 2 है–

गुणक एवं त्वरक की संयुक्त क्रिया को निम्नलिखित सारणी के अंकों से स्पष्ट किया गया है–

सारणी 2–गुणक एवं त्वरक के प्रभावों का स्पष्टीकरण MPC = $\frac{1}{2}$ (करोड़ रुपयों में)

गुणक	प्रारम्भिक विनियोग	प्रेरित उपभोग MEC = 0.5	प्रेरित विनियोग त्वरक = 2	राष्ट्रीय आय की कुल वृद्धि
1	100	0	0	100.00
2	100	50.00	100.00	250.00
3	100	125.00	150.00	375.00
4	100	187.50	125.00	412.40
5	100	206.25	37.50	343.75
6	100	171.87	−68.76	203.11
7	100	101.55	−140.64	60.91
8	100	30.45	142.20	−11.75
9	100	54.87	72.64	21.60
10	100	10.80	−33.34	144.14

उपर्युक्त सारणी स्पष्ट रूप से गुणक तथा त्वरक दोनों की सहायता से आय में वृद्धि तथा ह्रास-प्रक्रिया की व्याख्या करती है–

(i) प्रथम अवधि में चूँकि न तो गुणक और न त्वरक ही कार्यशील हो पाते हैं, इसलिए न तो कोई प्रेरित उपभोग और न ही कोई प्रेरित विनियोग होता है। कुल आय प्रारम्भिक विनियोग के बराबर ही 100 करोड़ रुपये रहता है।

(ii) द्वितीय अवधि में प्रेरित उपभोग 50 करोड़ रुपये है, क्योंकि सीमान्त उपभोग प्रवृत्ति 1/2 है और कुल प्राप्त आय अर्थात् 100 करोड़ रुपये का आधा भाग लोगों द्वारा उपभोग वस्तुओं पर व्यय कर दिया गया है। अतः दूसरी अवधि में उपभोग व्यय में 50 करोड़ रुपये की वृद्धि होती है। चूँकि त्वरक 2 है, इसलिए इस अवधि में विनियोग में 100 करोड़ रुपये की वृद्धि होती है। इस प्रकार दूसरी अवधि में आय में कुल वृद्धि 100 करोड़ रुपये + 50 करोड़ रुपये + 100 करोड़ रुपये = 250 करोड़ रुपये होगी।

(iii) तीसरी समयावधि में आय में 250 करोड़ रुपये की यह वृद्धि उपभोग में 125 करोड़ रुपये की वृद्धि उत्पन्न करती है, तथा पिछली समयावधि की तुलना में प्रेरित उपभोग में 75 करोड़ रुपये की वृद्धि होती है। चूँकि त्वरक गुणांक 2 है इसलिए 75 करोड़ रुपये की नई उपभोग वस्तुओं के उत्पादन में 150 करोड़ रुपये के प्रेरित विनियोग की आवश्यकता पड़ेगी। इस प्रकार तीसरी समयावधि में आय में कुल वृद्धि 375 करोड़ रुपये होगी।

(iv) इसी प्रकार t + 4 अवधि में रु. 412.50 करोड़ की आय का प्रजनन होता है। इस अवधि में आय में वृद्धि अधिकतम है जो व्यापार-चक्र के शिखर को दर्शाती है। इसके बाद आय गिरना शुरू कर देती है जब तक कि वह t + 8 अवधि में तल अथवा अपकर्ष (trough) अर्थात् रु. (–) 11.70 करोड़ पर नहीं पहुँच जाती है। अवधि t + 9 से वह फिर बढ़ने लगती है जो व्यापार चक्र की पुनरुत्थान (revival) अवस्था को प्रकट करती है।

उपर्युक्त सारणी के विश्लेषण करने पर यह स्पष्ट होता है कि आय में होनेवाली वृद्धि में बहुत अधिक उतार-चढ़ाव दृष्टिगोचर होते हैं। आय का यह व्यवहार पहले बढ़ना फिर गिरना और फिर स्थिर विस्तार से बढ़ना गुणक तथा त्वरक के मिश्रित कार्यकरण को दर्शाता है। पर व्यापार-चक्र का वास्तविक व्यवहार गुणक तथा त्वरक के मूल्यों पर निर्भर करता है, जैसा कि सैम्युल्सन ने अपने मॉडल में व्यक्त किया है।

प्रोफेसर कुरिहारा ने इस सम्बन्ध में लक्ष्य किया है कि इकाई से कम सीमान्त उपभोग प्रवृत्ति इस प्रश्न का उत्तर प्रदान करती है कि पूर्ण आपतन (Collapse) से पहले अथवा पूर्ण रोजगार की स्थिति से पहले संचयी प्रक्रिया क्यों समाप्त हो जाती है?

प्रोफेसर हैन्सन ने इस प्रश्न का उत्तर इस प्रकार दिया है कि "प्रत्येक अवधि में होने वाली आय की वृद्धि का बड़ा भाग प्रत्येक अगली अवधि में उपभोग पर नहीं व्यय होता। इससे अन्ततः प्रेरित विनियोग की मात्रा में कमी होती है और जब इस तरह की कमी प्रेरित उपभोग में वृद्धि से बढ़ जाती है, तो आय में पतन शुरू हो जाता है।" इस प्रकार प्रोफेसर हैन्सन लिखता है कि–"यह तो बचत की सीमान्त प्रवृत्ति ही है, जो सभी विस्तार-प्रक्रिया को रोक देती है जबकि गुणक प्रक्रिया के शिखर पर त्वरक की प्रक्रिया द्वारा विस्तार को बढ़ाया जाता है।"[1]

गुणक एवं त्वरक की परस्पर क्रिया के फलस्वरूप चार प्रकार की आय-प्रणालियों का विकास हो सकता है, जैसा कि चित्र- 3 में दर्शाया गया है।

(i) चित्र 3 A उस स्थिति को दर्शाता है जब विनियोग गुणक के फलस्वरूप आय में सुस्थिर वृद्धि होती है।

(ii) चित्र 3 B आय की अवमन्दित चक्रीय गतियों को दर्शाता है अर्थात् ये गतियाँ विनियोग गुणक के द्वारा निर्धारित आय के स्तर के चारों ओर घूमती हैं।

---

1. A.H. Hansen, Business Cycles and National Income, p. 170.

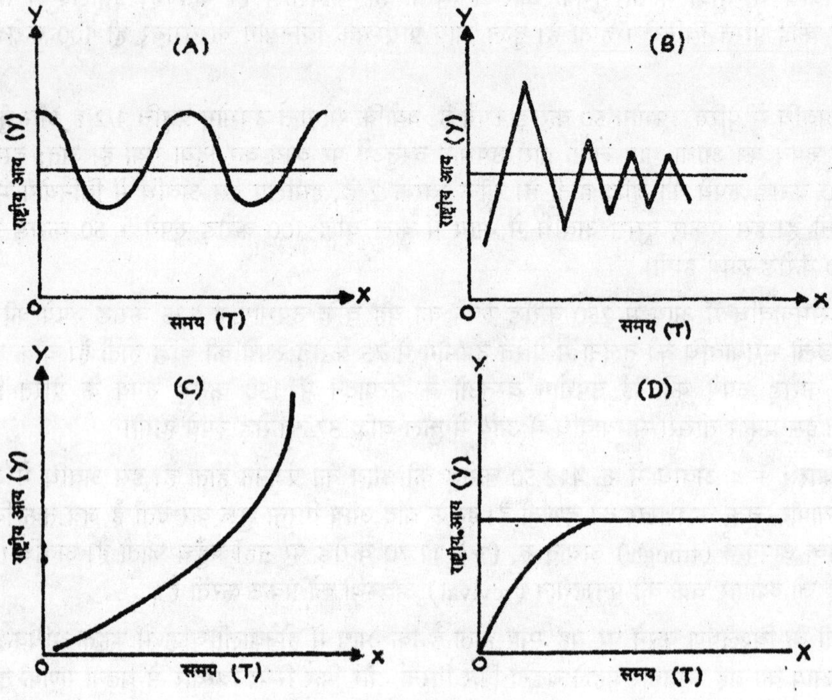

चित्र : 3

(iii) विनियोग गुणक द्वारा निर्धारित आय के स्तर के चारों ओर विस्फोटक गति से चलने वाली आय प्रणाली जिसे चित्र 3 C में प्रदर्शित किया गया है।

(iv) सदैव वृद्धिमान राष्ट्रीय आय का स्तर जैसा चित्र 3 D में दर्शाया गया है।

इस प्रकार उपर्युक्त चारों चित्र विनियोग गुणक तथा त्वरक के परस्पर क्रिया के परिणामस्वरूप निर्धारित आय की गति को व्यक्त करते हैं।

अतिगुणक का महत्त्व
(Significance of Super Multiplier)

अतिगुणक के अध्ययन के व्यवहारिक महत्त्व हैं, जैसा कि निम्नलिखित विवरण से स्पष्ट हो जायेगा–

1. दोनों सिद्धान्तों की प्रतिक्रिया व्यापार-चक्रों की अधिक सही व्याख्या करती है। प्रो. हिक्स ने आगे अपने व्यापार-चक्र के सिद्धान्त का प्रतिपादन अतिगुणक के आधार पर किया गया है।

2. व्यापार-चक्रों में मोड़ बिन्दु–अर्थात् किस प्रकार तेजी आकस्मिक प्रसार में परिवर्तित हो जाती है और कैसे मन्दी शनैः-शनैः पुनरुत्थान में परिवर्तित हो जाती है–इसको इन दोनों सिद्धान्तों की सहायता से समझाया जा सकता है।

3. अतिगुणक की सहायता से हम साम्य आय के उस स्तर को मालूम कर सकते हैं कि किसी दिये हुए स्वतंत्र या स्वायत्त विनियोग के स्तर के अनुरूप हों।

हम त्वरक के व गुणक के तथा गुणक एवं त्वरक दोनों के संयुक्त प्रभाव के विश्लेषण से निम्न बातें मालूम कर सकते हैं–

(i) स्वतंत्र विनियोग में व प्रेरित विनियोग में वृद्धि के फलस्वरूप कुल उपभोग में होने वाली वृद्धि तथा

(ii) उपभोग में वृद्धि के फलस्वरूप प्रेरित विनियोग में होने वाली कुल वृद्धि।

त्वरक सिद्धान्त एवं अर्द्धविकसित देश

(Accelerator Principle and Under Developed Countries)

गुणक की भाँति त्वरक सिद्धान्त भी अर्द्धविकसित देशों में कार्यशील नहीं होता है, जिसके लिए निम्नलिखित कारण उत्तरदायी हैं-

1. पूँजी का गहन उपयोग न होना (Non-Intensive use of Capital)-त्वरक की क्रियाशीलता में सबसे बड़ी बाधा यह है कि इन देशों में पूँजी के अभाव और श्रम की प्रचुरता के कारण पूँजी का गहन उपभोग सम्भव नहीं होता। इन देशों में पूँजी प्रधान उद्योगों की अपेक्षा श्रमप्रधान उद्योगों अर्थात् लघु उद्योगों द्वारा उत्पादन किया जाता है जिनमें प्राय: अतिरिक्त उत्पादन-क्षमता पहले से ही विद्यमान रहती है; फलत: त्वरक की भूमिका गौण हो जाती है।

2. तकनीकी ज्ञान का अभाव (Lack of Technical Knowledge)-पूँजीगत वस्तु उद्योगों के लिए उच्च स्तरीय तकनीकी ज्ञान व कुशल श्रम शक्ति की आवश्यकता होती है, जबकि इन देशों में इन दोनों का अभाव होता है। फलस्वरूप त्वरक को कार्य करने का अवसर ही नहीं मिल पाता।

3. साख की बेलोचदार पूर्ति (Inelastic Supply of Credit)-इन देशों में सुसंगठित मुद्रा बाजार का अभाव रहता है और बैंकिंग व्यवस्था व्यापक नहीं होती जिसके कारण साख सुविधाएँ पहले तो उपलब्ध ही नहीं होतीं और यदि उपलब्ध होती हैं तो ऊँची ब्याज दर पर। इस प्रकार औद्योगिक उत्पादन के लिए प्रेरित विनियोग का जोश ठण्डा बना रहता है; फलत: त्वरक काम नहीं कर पाता।

4. खुली अर्थव्यवस्था (Open-economy)-ये अर्थव्यवस्थाएँ खुली अर्थव्यवस्थाएँ होती हैं और इन्हें काफी सीमा तक विदेशी व्यापार पर निर्भर रहना पड़ता है। आमतौर से व्यापार की शर्तें भी इनके प्रतिकूल होती हैं। अत: इनके विनियोग हेतु पूँजी व मशीनों का आयात करने से अनेक ऐसे रिसाव उत्पन्न हो जाते हैं, जिससे त्वरक प्रभाव शून्य हो जाता है।

Select References

1. Ackley—Gardner : Macro-Economics : Theory and Policy, Collier Mcmillan International Edition, 1978, pp. 254-77, 640-46, 655-58.
2. Clark, J.M. : "Business Acceleration and the Law of Demand : A Technical Factor in Economic Cycles". Journal of Political Economy, March, 1917.
3. Hansen A.H. : Fiscal Policy and Business Cycles, Norton and Company, 1941.
4. Harrod Ray F : The Trade Cycle, London, Oxford, 1936, Kenneth K. Kurihara, Monetary theory and Public policy. Unwin University Books, 1970.
5. Samuelson Paul A. : A Synthesis of the Principle of Acceleration and the Multiplier, "Journal of Political Economy." December 1939.
   : "Integration between the Multiplier analysis and the Principle of Acceleration, Review of Economic Statistics, May, 1939."

परीक्षा प्रश्न

(Examination Questions)

I. दीर्घ उत्तरीय प्रश्न (Long Answer Type Questions)

1. त्वरक का अर्थ तथा इसकी कार्यशीलता की व्याख्या कीजिये। इसकी परिसीमाएँ कौन-सी हैं?
   Explain the meaning of accelerator and its working. What are its limitations?

2. त्वरक का अर्थ, कार्य-प्रणाली एवं महत्त्व की व्याख्या कीजिये। इसकी सीमाएँ क्या हैं?
Discuss the meaning of acceleration, its working and also its importance. What are its limitations?
3. गुणक व त्वरक की धारणा की आलोचनात्मक व्याख्या कीजिए। आर्थिक विश्लेषण में इसका क्या महत्त्व है?
Critically discuss the concept of accelerator and multiplier. What is its importance in economic analysis?
4. गुणक तथा त्वरक में भेद स्पष्ट कीजिए। ये कैसे निर्धारित किये जाते हैं?
Distinguish between accelerator and multiplier. How are they determined.?
5. त्वरक सिद्धान्त की आलोचनात्मक समीक्षा कीजिये।
Critically examine the Accelerator Principle.

II. लघु उत्तरीय प्रश्न (Short Answer Type Questions)

1. त्वरक से क्या अभिप्राय है?
2. सूत्र की सहायता से त्वरक की धारणा की व्याख्या कीजिये।
3. त्वरक के सिद्धान्त की पाँच मुख्य आलोचनाएँ दीजिये।

III. वस्तुनिष्ठ प्रश्न (Objective Type Questions)

सही विकल्प चुनकर लिखिये :

1. त्वरक का सूत्र है :
(अ) प्रेरित विनियोग में परिवर्तन/उपभोग में परिवर्तन
(ब) उपभोग में परिवर्तन/प्रेरित विनियोग में परिवर्तन
(स) कुल राष्ट्रीय आय/विनियोग
(द) उपर्युक्त में से कोई नहीं।
2. त्वरक की मान्यताएँ हैं :
(अ) आन्तरिक क्षमता का विद्यमान न होना (ब) लोचदार पूँजी की पूर्ति
(स) विशुद्ध विनियोग में वृद्धि (द) उपर्युक्त सभी।
3. त्वरक के सिद्धान्त का सर्वप्रथम प्रयोग किया :
(अ) जे. एम. क्लार्क ने (ब) जे. एम. कीन्स ने
(स) प्रो. हैरोड ने (द) प्रो. हिक्स ने।
4. यदि उपभोग व्यय में 10 करोड़ रुपये की वृद्धि के परिणामस्वरूप प्रेरित विनियोग 15 करोड़ रुपये बढ़ता है तो त्वरक होगा :
(अ) 2.5 (ब) 25
(स) 1.5 (द) 5
5. त्वरक का प्रभाव निर्भर करता है :
(अ) पूँजीगत वस्तुओं के टिकाऊपन पर (ब) पूँजी-उत्पाद अनुपात पर
(स) उपर्युक्त दोनों पर (द) उपर्युक्त में से कोई नहीं।

उत्तर—1. (अ), 2. (द), 3. (अ), 4. (स), 5. (स)

OOO

15 बचत और विनियोग का सम्बन्ध अथवा समानता
(Relationship or Equality of Saving and Investment)

कीन्स के रोजगार सिद्धान्त में बचत तथा विनियोग का महत्त्वपूर्ण स्थान है। बचत तथा विनियोग दोनों ही तत्त्व मिलकर रोजगार तथा आय के स्तर को निर्धारित करते हैं। **प्रो. कुरिहार** के अनुसार–"यह पाया जायेगा कि सामान्य सन्तुलन विश्लेषण में कीन्स द्वारा प्रतिपादित बचत तथा विनियोग की तालिकाओं का वह ही महत्त्व है, जो कि **आंशिक सन्तुलन (Partial Equilibrium)** विश्लेषण में मार्शल प्रतिपादित पूर्ति एवं माँग वक्रों का है।"

बचत और विनियोग में सम्बन्ध का अध्ययन करने से पूर्व हम बचत सम्बन्धी विभिन्न धारणाओं का अध्ययन करेंगे।

बचत
(Savings)

परिभाषा (Definitions)–कुल आय में से व्यय को घटा देने से जो कुछ शेष बचा रहता है उसे बचत कहते हैं। बचत (S), आय (Y) और उपभोग (C) व्यय के अन्तर को कहते हैं। अर्थात्

$$S = Y - C$$

बचत की यह परिभाषा व्यक्ति और समाज दोनों पर लागू होती है। कीन्स सदा समाज में हुई बचत से आशय रखते हैं। व्यक्तिगत बचत का उनके लिए कोई महत्त्व नहीं है।

बचत की विभिन्न धारणाएँ
(Different Concepts of Saving)

विभिन्न अर्थशास्त्रियों ने बचत की विभिन्न धारणाएँ दी हैं। इनमें से मुख्य धारणाएँ निम्नलिखित हैं–

1. कीन्स की धारणा (Keynesian Conception)–कीन्स ने अपने 'सामान्य सिद्धान्त' में बचत सम्बन्धी धारणा देते हुए बतलाया है कि "बचत एक निश्चित समय की आय में उसी समय होने वाले व्यय का अन्तर है।" इसका अर्थ यह है कि वर्तमान बचत वर्तमान आय पर निर्भर करती है। कीन्स की बचत की परिभाषा को निम्नलिखित समीकरण के रूप में प्रदर्शित किया जा सकता है–

$$St = Yt - Ct$$

(चालू बचत) = (चालू आय) – (चालू उपभोग)

इस प्रकार कीन्सवादी अर्थशास्त्रियों के अनुसार बचत चालू आय एवं वर्तमान आय का फलन है। $St = f(Yt)$ अर्थात् (Saving is a function of current income)।

2. राबर्टसन की धारणा (Robertson's Conception)–प्रो. राबर्टसन के अनुसार "बचत भूतकाल की आय तथा वर्तमान काल के व्यय का अन्तर है।" अत: राबर्टसन के अनुसार वर्तमान बचतें भूतकाल की आय पर निर्भर करती हैं। (Current Saving is a Function of Yesterday's Income) अर्थात्

$$St = f(Yt-1)$$

जहाँ t = समय की बचत, t—1 = समय की आय का फंक्शन है। अथवा

3. स्वीडिश अर्थशास्त्रियों की धारणा (Swedish Economists Conception)–स्वीडन के अर्थशास्त्री जैसे मिर्डल, ओहलिन आदि ने बचत सम्बन्धी धारणाओं को दो भागों में बाँटा है–

(i) आयोजित (Planned) या प्रत्याशित (Ex-ante) बचतें–ये बचतें किसी अर्थव्यवस्था की अनुमानित (Anticiptaed) बचतें होती हैं तथा ये किसी अर्थव्यवस्था में लोगों के बचत सम्बन्धी अनुमान पर निर्भर करती हैं।

(ii) वास्तविक (Realistic) या प्राप्त (Ex-Post) बचतें–ये बचतें वास्तविक आय तथा वास्तविक उपभोग के अन्तर के बराबर होती हैं। वास्तविक बचतें सदैव ही वास्तविक विनियोग के बराबर होती हैं।

बचत फलन
(Saving Function)

प्रतिष्ठित अर्थशास्त्रियों के अनुसार बचत ब्याज की दर का फलन है अर्थात् यह ब्याज की दर पर निर्भर करती है

$$\boxed{S = F(r)}$$

जहाँ S = बचत, r = ब्याज की दर।

बचत तथा ब्याज की दर का प्रत्यक्ष सम्बन्ध है। ब्याज़ की दर में वृद्धि होने पर बचत बढ़ती है तथा ब्याज की दर में कमी होने पर बचत कम होती है।

इसके विपरीत कीन्स के अनुसार बचत आय का फलन है अर्थात् वह आय पर निर्भर करती है।

$$\boxed{S = F(Y)}$$

जहाँ S = बचत, Y = आय।

बचत तथा आय में प्रत्यक्ष सम्बन्ध है। यदि आय का स्तर ऊँचा है तो बचत अधिक होगी। इसके विपरीत यदि आय स्तर नीचा है तो बचत भी कम होगी।

बचत एक गुण है अथवा बुराई या बचत का विरोधाभास
(Saving is a Virtue or Vice or Paradox of Thrift)

आधुनिक अर्थशास्त्रियों में यह एक विवाद उत्पन्न हो गया है कि बचत एक निजी गुण है अथवा सामाजिक गुण या एक बुराई है। इस सम्बन्ध में विभिन्न विचारों का अध्ययन हम निम्नलिखित तीन शीर्षकों के अन्तर्गत कर सकते हैं–

(1) प्रतिष्ठित विचारधारा,

(2) कीन्स की विचारधारा,

(3) आधुनिक विचारधारा।

1. प्रतिष्ठित विचारधारा (Classical Views)–प्रतिष्ठित अर्थशास्त्री बचत की धारणा का अर्थ **व्यष्टिगत (Micro)** दृष्टिकोण से करते थे। उनके मतानुसार बचत एक बड़ा निजी और सामाजिक गुण है। उनके मतानुसार प्रत्येक बुद्धिमान व्यक्ति को आपत्तिकाल के लिए कुछ न कुछ अवश्य बचाकर रखना चाहिए। मनुष्य का भविष्य अनिश्चित रहता है, अतः भविष्य की सुरक्षा और जीवन की सुविधा के लिए प्रत्येक व्यक्ति को बचत अवश्य करनी चाहिए। उनके मतानुसार कठोर परिश्रम, अधिकतम आय, न्यूनतम व्यय, अधिकतम मितव्ययिता आदमी के सर्वोत्तम गुण हैं, अतः प्रतिष्ठित अर्थशास्त्रियों का यह विचार था कि बचत एक निजी तथा सामाजिक गुण है।

2. कीन्स की विचारधारा (Keynesian Views)–कीन्स ने बचत की धारणा का **सामूहिक (Macro)** दृष्टिकोण से विश्लेषण किया है। उनके अनुसार बचत एक सामाजिक बुराई है। जब लोग अपनी निजी बचत को बढ़ाते हैं तो उसके फलस्वरूप कुल बचत बढ़ने के स्थान पर कम हो जाती है। इसका रोजगार तथा उत्पादन पर प्रतिकूल प्रभाव पड़ता है।

कीन्स के अनुसार बचत आय पर निर्भर करती है और सामाजिक अधिकतम बचत केवल तभी सम्भव हो सकेगी, जबकि राष्ट्रीय आय में वृद्धि होगी। चूँकि एक व्यक्ति का व्यय दूसरे व्यक्ति की आय होती है, इसलिए कुछ व्यक्ति अधिक

बचाते हैं तो इसका अभिप्राय है कि दूसरे मनुष्यों की आय तथा व्यय में कमी हो रही है। परिणामस्वरूप प्रभावपूर्ण माँग में कमी होने के कारण उत्पादन, रोजगार व आय में कमी होगी। इसलिए कीन्स ने बचत को समाज के लिए एक बुराई बताया है। कीन्स ने समझाया है कि व्यक्तियों को बचत करने की अपेक्षा धन व्यय करने का उद्देश्य रखना चाहिए, क्योंकि खर्च करके हम दूसरों की आय में वृद्धि करते हैं और इस प्रकार समाज के सभी व्यक्तियों के लिए सम्पन्नता की स्थापना करते हैं।

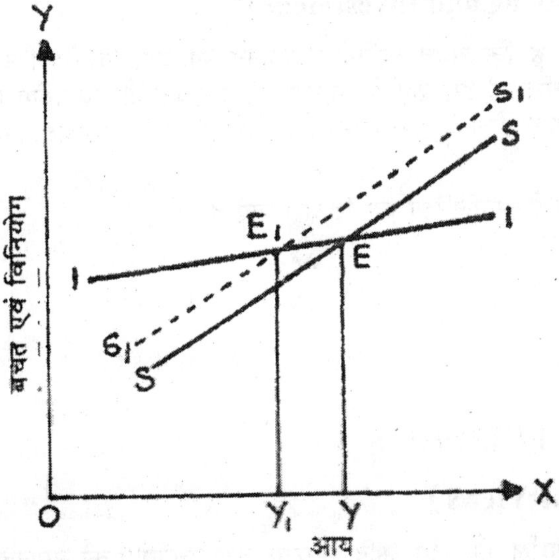

चित्र : 1

अधिक बचत के कारण आय पर पड़ने वाले प्रतिकूल प्रभाव को चित्र 1 द्वारा दर्शाया गया है–

चित्र से स्पष्ट है कि यदि समाज में एक विशेष अवधि में बचत S_1 S_1 हो जाती है (II) (अथवा बचत विनियोग में कोई परिवर्तन नहीं होता) तो कुल आय Y से घटकर Y_1 हो जाती है और इसकी बचत की मात्रा YE से घटकर Y_1E_1 तक पहुँच जायेगी। इस प्रकार बचत करने के प्रयास के फलस्वरूप आय और बचत में कमी आ जाती है। इसी कारण कीन्स ने अति बचतों को सामाजिक दोष कह कर पुकारा है। यह बचत या मितव्ययिता का प्रसिद्ध विरोधाभास है। इसे बचत का विरोधाभास दो कारणों से कहते हैं–

(i) इसलिए कि यह बताता है कि प्राचीन गुण आधुनिक दोष है। हमें प्रतिष्ठित अर्थशास्त्रियों ने बताया था कि बचत हमेशा अच्छी होती है पर जैसा कि हम चित्र-1 में स्पष्ट कर चुके हैं कि बचत एक सामाजिक दोष भी हो सकता है। यह ठीक है कि व्यक्तिगत रूप से बचत करना अच्छी बात है, परन्तु यह आवश्यक नहीं है कि जो बात एक व्यक्ति के लिए ठीक है वही सारे समाज के लिए उपयोगी हो।

(ii) इसलिए भी विरोधाभास है चूँकि व्यक्तिगत बचतों का जोड़ ही सामाजिक बचत होती है, इसलिए यदि सभी व्यक्ति अधिक बचत करें तो सामाजिक बचतों का आकार भी बढ़ेगा पर हमने देखा कि यदि सभी व्यक्ति अधिक बचत करें तो बचतें बढ़ने की जगह पर घट जाती हैं।

3. आधुनिक विचारधारा (Modern View)–आधुनिक अर्थशास्त्रियों के मतानुसार बचत एक गुण है या अभिशाप, यह कई बातों पर निर्भर करता है। इस सम्बन्ध में कोई सुनिश्चित निष्कर्ष नहीं निकाला जा सकता। यहाँ पर निम्नलिखित दो बातें विशेष रूप से उल्लेखनीय हैं–

(i) अर्द्धविकसित देश (Under-developed Countries)–इन देशों में आर्थिक विकास की समस्या गम्भीर होती है। अर्द्धविकसित देश पूँजी के अभाव वाले देश होते हैं। इन देशों में पूँजी और बचत की कमी के कारण भयंकर बेरोजगारी विद्यमान रहती है। यदि इन देशों में बचत अधिक होगी तो पूँजी-निर्माण अधिक होगा। अत: अर्द्धविकसित देशों के सम्बन्ध में कीन्स की धारणा लागू नहीं होती। इन देशों के लिए बचत एक सामाजिक गुण है। इन देशों में बचत का अनुकूल प्रभाव यह पड़ेगा कि बचत में वृद्धि होने से कीमतों में होने वाली वृद्धि कुछ कम होगी। फलतः बचत को और अधिक प्रोत्साहन मिलेगा। यही कारण है कि भारत जैसे अर्द्धविकसित देशों में अनिवार्य बचतों पर अधिक बल दिया जा रहा है, ताकि उन बचतों को विनियोग में परिवर्तित करके देश का आर्थिक विकास किया जा सके।

(ii) बचत का प्रयोग (Use of Savings)–आधुनिक अर्थशास्त्रियों के अनुसार बचत एक सामाजिक गुण है या बुराई, यह बचत के प्रयोग पर निर्भर करता है। यदि बचत का प्रयोग धन को जमा करने में किया जाये तो यह एक बुराई है। दूसरी ओर यदि बचत का प्रयोग विनियोग के लिए किया जाता है तब यह गुण है।

निष्कर्ष (Conclusion)–बचत एक गुण है अथवा बुराई, इस प्रश्न का उत्तर इस बात पर निर्भर करता है कि बचत का प्रयोग किसलिए किया जाता है। हम कीन्स की इस विचारधारा से सहमत नहीं हो सकते कि बचत एक सामाजिक बुराई है। भारत जैसे अर्द्धविकसित देशों के लिए बचत एक वरदान है।

बचत एवं विनियोग में समानता

(Equality between Saving and Investment)

प्रसिद्ध अमेरिकन अर्थशास्त्री **प्रो. बोल्डिंग** का कथन है कि बचत-विनियोग समानता आर्थिक विश्लेषण का सर्वाधिक अंधेरा क्षेत्र (Darkest Field) है। लगभग सभी अर्थशास्त्री इस बात से सहमत हैं कि बचत और विनियोग में समानता पायी जाती है, लेकिन यह समानता किस प्रकार उत्पन्न होती है, इस सम्बन्ध में अर्थशास्त्रियों में मतभेद पाया जाता है।

बचत एवं विनियोग की समानता के सम्बन्ध में प्रमुख रूप से अग्रलिखित चार विचारधाराएँ हैं–

I. प्रतिष्ठित विचारधारा

II. नव प्रतिष्ठित मत

III. कीन्सियन दृष्टिकोण

IV. आधुनिक अर्थशास्त्रियों का दृष्टिकोण

I. प्रतिष्ठित विचारधारा

(Classical Views)

प्रतिष्ठित अर्थशास्त्रियों जैसे एडम स्मिथ, जे. एस. मिल, मार्शल और पीगू आदि के बचत तथा विनियोग की समानता सम्बन्धी निम्नलिखित विचार थे–

(i) बचत और विनियोग में सदैव समानता पायी जाती है (S = I) तथा यह समानता सन्तुलन की अवस्था अथवा पूर्ण रोजगार की स्थिति प्रकट करती है।

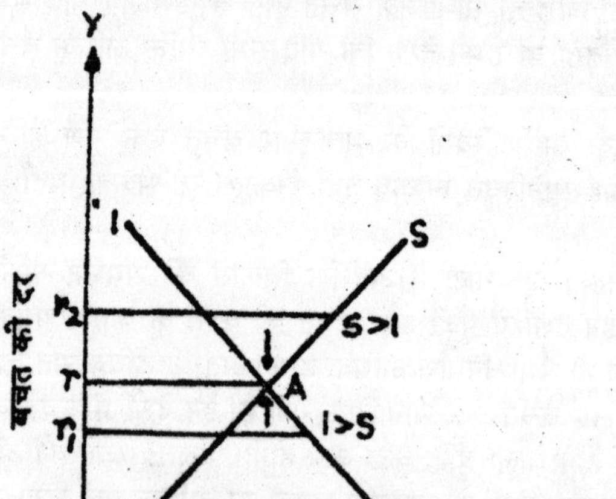

चित्र : 2

(ii) बचत तथा विनियोग दोनों ही ब्याज के फलन (Function) हैं अर्थात् ब्याज पर निर्भर करते हैं–

$$\boxed{S = f(r)}$$

इसका अर्थ यह है कि जब ब्याज की दर में वृद्धि होती है तो बचत में वृद्धि होती है तथा विनियोग कम हो जाता है तथा जब ब्याज की दर में कमी होती है तो बचत की मात्रा कम हो जाती है एवं विनियोग की मात्रा बढ़ जाती है। इसे दृष्टि में रखते हुए यदि कभी बचत की मात्रा विनियोग की तुलना में कम होती है तो ब्याज की दर में वृद्धि के माध्यम से विनियोग की मात्रा कम हो जाती है तथा बचत की मात्रा उस समय तक बढ़ती है जब तक कि बचत और विनियोग समान नहीं हो जाते। इसके विपरीत जब बचत की मात्रा विनियोग की तुलना में अधिक होती है तो ब्याज की दर में कमी के माध्यम से विनियोग में वृद्धि होती है एवं बचत उस सीमा तक कम होती है जब तक कि बचत एवं विनियोग दोनों में समानता स्थापित नहीं हो जाती।

अत: बचत तथा विनियोग दोनों ही ब्याज सापेक्ष हैं। नीचे रेखा चित्र 2 की सहायता से बचत तथा विनयोग की समानता को स्पष्ट किया गया है।

चित्र 2 में–

(i) X –अक्ष पर बचत और विनियोग तथा Y–अक्ष पर ब्याज की दर प्रदर्शित की गयी है। SS वक्र बचत वक्र है जो यह बतलाता है कि अधिक ब्याज की दर पर अधिक बचत होती है। II विनियोग वक्र है इसकी ऋणात्मक ढाल ब्याज तथा विनियोग के बीच विपरीत सम्बन्ध का प्रतीक है।

(ii) DD वक्र तथा SS वक्र एक–दूसरे को A बिन्दु पर काटते हैं, अत: A बिन्दु संतुलन बिन्दु है। इस बिन्दु से ज्ञात होता है कि ब्याज की दर Or है तो विनियोग तथा बचत बराबर ($I = S$) है अर्थात् पूँजी बाजार में सन्तुलन है।

(iii) यदि ब्याज की दर बढ़कर Or_1 हो जाती है तो पूँजी की पूर्ति अर्थात् बचत अधिक होगी और पूँजी की माँग अर्थात् विनियोग कम होगा। ($I < S$)। पूँजी की माँग के पूर्ति की तुलना में कम होने के कारण ब्याज की दर Or_1 से कम होकर Or हो जायेगी।

(iv) इसके विपरीत यदि ब्याज की दर कम होकर Or_2 हो जाती है तो पूँजी की माँग अर्थात् विनियोग अधिक होगा तथा पूँजी की पूर्ति अर्थात् बचत ($I > S$) कम होगी। इसके फलस्वरूप ब्याज की दर बढ़कर Or हो जायेगी।

इससे सिद्ध होता है कि ब्याज की दर में होने वाले परिवर्तन वस्तु बाजार को सन्तुलन में रखेंगे अर्थात् पूर्ण रोजगार की अवस्था को कायम रख सकेंगे।

प्रतिष्ठित विचारधारा की आलोचना (Criticism of Classical Views)–बचत और विनियोग समानता सम्बन्धी प्रतिष्ठित विचारधारा की कीन्स ने निम्नलिखित आलोचनाएँ की हैं–

1. अपूर्ण रोजगार (Under-employment)–प्रतिष्ठित अर्थशास्त्रियों की यह विचारधारा उचित नहीं है कि बचत और विनियोग में केवल पूर्ण रोजगार के स्तर पर ही समानता पायी जाती है। कीन्स के मतानुसार बचत और विनियोग में अपूर्ण रोजगार की अवस्था में समानता पायी जा सकती है।

2. आय द्वारा समानता (Equality by Income)–प्रतिष्ठित अर्थशास्त्रियों के अनुसार ब्याज की दर एक ऐसा यन्त्र है जो बचत और विनियोग में सन्तुलन बनाये रखता है, परन्तु कीन्स का कहना था कि बचत और विनियोग की समानता ब्याज द्वारा नहीं बल्कि आय द्वारा स्थापित होती है; अर्थात् बचत और विनियोग ब्याज सापेक्ष नहीं होते बल्कि आय सापेक्ष होते हैं।

3. ब्याज की दर की भूमिका (Role of Rate of Interest)–कीन्स का इस बात पर भी प्रतिष्ठित अर्थशास्त्रियों से मतभेद है कि ब्याज की दर के मार्ग से लायी गयी यह समानता केवल विनियोग वक्र को विवर्तित करती है और बचत वक्र नहीं बदलता। कीन्स का मत है कि जब कभी विनियोग वक्र परिवर्तित होता है तो बचत वक्र में भी परिवर्तन होता है। उदाहरण के लिए विनियोग में वृद्धि गुणक प्रभाव के माध्यम से आय वृद्धि लाती है; परिणामत: बचत भी बढ़ती है।

II. नव प्रतिष्ठित मत
(Neo-Classical Views)

लार्ड कीन्स से पहले कुछ अर्थशास्त्री ऐसे थे जिनका मत था कि बचत तथा विनियोग तब तक परस्पर समान नहीं हो सकते जब तक कि साम्य की स्थिति न आ जाये अन्य शब्दों में बचत और विनियोग केवल साम्य की स्थिति में ही बराबर हो सकते हैं। बचत और विनियोग में असमानता के लिए निम्नलिखित दो कारणों को इन्होंने उत्तरदायी माना है।

(i) चूँकि बचत करने वाले (अर्थात् उपभोक्ता) तथा विनियोग करने वाले (अर्थात् उद्यम) व्यक्ति अलग–अलग होते हैं और उनके उद्देश्य भी भिन्न–भिन्न होते हैं, इसलिए बचत तथा विनियोग की मात्रा में अन्तर होना स्वाभाविक है।

(ii) वित्तीय संस्थाओं से रुपया उधार लेने पर भी विनियोग की राशि बचत की राशि से अधिक हो सकती है।

III. कीन्सियन दृष्टिकोण
(The Keynesian Views)

कीन्स के अनुसार भी बचत और विनियोग में समानता पायी जाती है, परन्तु यह समानता मुख्यतः आय में होने वाले परिवर्तनों के फलस्वरूप होती है। उदाहरणार्थ–

(1) यदि बचत विनियोग से अधिक हो जाता है तो आय में कमी होगी जिसके फलस्वरूप बचत कम होकर विनियोग के बराबर हो जायेगी।

(2) इसके विपरीत यदि विनियोग बचत से अधिक है तो आय में वृद्धि होगी और बचत बढ़कर विनियोग के बराबर हो जायेगी।

कीन्स के अनुसार यह आवश्यक नहीं है कि बचत और विनियोग में समानता पूर्ण रोजगार की अवस्था में पायी जाये, इसमें पूर्ण रोजगार की अवस्था से पहले भी अर्थात् अपूर्ण रोजगार की अवस्था में भी समानता उत्पन्न हो सकती है।

कीन्स के बचत और विनियोग में समानता सम्बन्धी विचारधारा का अध्ययन दो दृष्टिकोणों में किया जा सकता है–

1. लेखांकन अथवा पारिभाषिक समानता (The Accounting or Definitional Equality)
2. फलनात्मक समानता (The Functional Equality)

लेखांकन अथवा पारिभाषिक समानता
(The Accounting or Definitional Equality)

कीन्स का पहला विचार है कि बचत और विनियोग के बीच लेखांकन अथवा पारिभाषिक समानता जिसे राष्ट्रीय आय लेखांकन के लिए काम में लाया जाता है, यह हमें बताता है कि सब समयों में और आय की किसी भी स्तर पर वास्तविक बचत तथा वास्तविक विनियोग सदैव समान होते हैं।

कीन्स सामान्य सिद्धान्त में लिखते हैं, "बचत तथा विनियोग, समस्त समुदाय के लिए, मात्रा में अनिवार्यतः समान होते हैं, क्योंकि वे एक ही चीज के विभिन्न पक्ष हैं।" इसे स्पष्ट करने के लिए उसने बचत और विनियोग की परिभाषा ऐसे ढंग से दी है कि उनकी समानता स्थापित हो जाये।

कीन्स ने इस समानता को तर्क द्वारा सिद्ध करने का प्रयत्न किया है। अतएव इसे तर्क पूर्ण समानता भी कहते हैं। इस विचारधारा के अनुसार–

$$\boxed{S = I}$$

बचत और विनियोग की समानता को निम्नलिखित प्रकार से सिद्ध किया जा सकता है–

(i) आय के प्रत्येक स्तर पर समाज की कुल बचत कुल विनियोग के समान होती है। इसका कारण यह है कि **राष्ट्रीय उत्पादन हमेशा राष्ट्रीय आय** के बराबर होता है। जब **राष्ट्रीय उत्पादन (O)** में वृद्धि होती है तो **आय (Y)** में भी वृद्धि होती है। इस प्रकार–

$$\boxed{O = Y}$$

कीन्स के अनुसार किसी देश की कुल राष्ट्रीय आय की जानकारी कुल राष्ट्रीय उत्पादन की कीमत से लगायी जा सकती है। राष्ट्रीय आय के दो अंग हैं– उपभोक्ता वस्तुओं का विक्रय मूल्य तथा पूँजीगत वस्तुओं का विक्रय मूल्य। दूसरे शब्दों में, राष्ट्रीय आय उपभोग वस्तुओं तथा विनियोग वस्तुओं के उत्पाद का योग होता है। अतः समीकरण रूप में,

राष्ट्रीय आय = उपभोग + विनियोग

अर्थात् $(Y = C + I)$

यहाँ Y = राष्ट्रीय आय, C = कुल उपभोग, I = कुल विनियोग।

यह समीकरण राष्ट्रीय आय के 'उत्पादन पक्ष' को व्यक्त करता है, जबकि राष्ट्रीय आय का 'व्यय पक्ष' भी होता है। व्यय पक्ष के आधार पर राष्ट्रीय आय का एक भाग उपभोग पर खर्च कर दिया जाता है और शेष भाग बचा लिया जाता है। अत: एक अन्य समीकरण के रूप में, राष्ट्रीय आय = उपभोग + बचत; अर्थात्

$$Y = C + S$$

उपरोक्त दोनों समीकरणों से पता चलता है कि–

राष्ट्रीय आय = उपभोग + विनियोग या $Y = C + I$

राष्ट्रीय आय = उपभोग + बचत या $Y = C + S$

अथवा उपभोग + विनियोग = उपभोग + बचत

या $C + I = C + S$

चूँकि उपभोग (C) समीकरण के दोनों ओर उभयनिष्ठ (कॉमन) है, अतः

बचत = विनियोग या $S = I$

S = I की समानता को एक-दूसरे प्रकार से भी स्पष्ट किया जा सकता है। हम जानते हैं कि उपभोग वस्तुओं के अलावा अन्य वस्तुओं पर किया गया व्यय 'विनियोग' कहलाता है अर्थात् विनियोग राष्ट्रीय आय और राष्ट्रीय आय और राष्ट्रीय उपभोग का अन्तर है ($I = Y — C$)। इसी प्रकार बचत तथा उपयोग का अन्तर है ($S = Y — C$); अतः

$\therefore I = Y — C$ तथा $S = Y — C$ $\therefore I = S$

लेख या खाता सम्बन्धी समानता का महत्त्व
(Significance of Accounting Equality)

1. यह मितव्ययिता के विरोधाभास (Paradox Thrift) की व्याख्या करता है। इससे हमें ज्ञात होता है कि किसी देश में यदि सभी व्यक्ति बचाना आरम्भ कर दें तो कुल बचत में वृद्धि नहीं होगी, क्योंकि एक मनुष्य की आय दूसरों का व्यय है। हमें अधिक बचत अधिक आय के कारण होती है।

2. यह समीकरण (S = I) एक विशेष समय के विनियोग से अधिक बचत करने के प्रतिकूल प्रभावों को बताता है। यह समानता यह सिद्ध करती है कि अर्थव्यवस्था में आय का सन्तुलन प्राप्त करने के लिए शर्त की पूर्ति आवश्यक है।

3. बचत और विनियोग की सैद्धान्तिक समानता क्रियात्मक समानता को समझने में सहायता प्रदान करती है।

4. यह समानता यह सिद्ध करती है कि अर्थव्यवस्था में आय का सन्तुलन स्तर प्राप्त करने के लिए किस अवस्था या शर्त का पूरा होना आवश्यक है।

5. इस समानता से यह भी सिद्ध होता है कि यदि अर्थव्यवस्था में असन्तुलन आ जाये तो उपभोक्ताओं और उद्यमकर्ताओं के बर्ताव का पूरा विश्लेषण करना चाहिए।

आलोचना (Criticism)–बचत और विनियोग के बीच इस समानता की, अथवा यों कहिए कि एकरूपता (Identity) की, जिसे कीन्स ने अपने सिद्धान्त (General Theory) पुस्तक में स्थापित किया है कि निम्नलिखित आलोचनाएँ की गयी हैं–

1. स्वयं सिद्ध (Truism)–प्रोफेसर हायलर और ओहलिन के अनुसार, बचत विनियोग की पारिभाषिक समानता एक स्वयं सिद्ध तथ्य है, अतः वह एक समायोजनकारी यन्त्र नहीं रह जाता।

2. स्थैतिक विश्लेषण (Static Analysis)–इस समानता का मुख्य दोष यह है कि यह केवल एक सत्य को प्रकट करती है। यदि बचत विनियोग के बराबर होती है तो इससे यह प्रकट नहीं होगा कि बचत किस प्रकार विनियोग के बराबर है। यह केवल एक स्थैतिक वर्णन है, इसमें परिवर्तन का अध्ययन नहीं किया जाता।

3. व्यावहारिक सम्बन्धों पर आधारित न होना (Reveals no Casual Relationship)–पारिश्रमिक बचत विनियोग समानता में किसी प्रकार के व्यावहारिक सम्बन्धों (Casual Relationship) का ज्ञान प्राप्त नहीं होता।

4. अन्य आलोचनाएँ (Other Criticisms)–

(i) लुट्ज (Lutz) के अनुसार, कीन्सी बचत और विनियोग की परिभाषाएँ हमें स्फीतिकारी साख में से विनियोग के वित्तीयन (Finance) करने या ऐच्छिक बचतों की चल पूर्ति को विनियोग में से विसंग्रह (Dishoarding) द्वारा वित्तीयन करने में भेद नहीं करने देतीं।

(ii) ओहलिन ने लक्ष्य किया है कि बचत तथा विनियोग में समानता प्रत्याशित समानता नहीं, बल्कि वास्तविक समानता है।

(iii) यह समझना कठिन है कि यह समानता वास्तव में कैसे लायी जा सकती है, क्योंकि बचत और विनियोग के निर्णय लोगों के विभिन्न वर्गों द्वारा लिये जाते हैं। इसलिए अर्थव्यवस्था में कुल बचत और कुल विनियोग का समान होना सम्भव नहीं है सिवाय संयोग से।

फलनात्मक या कार्यात्मक समानता (Functional Equality)

बचत तथा विनियोग की ऊपर बतायी गयी समानता से उन तत्त्वों का ज्ञान नहीं होता, जिनके द्वारा बचत तथा विनियोग में समानता स्थापित होती है। कार्यात्मक समानता इस तथ्य को प्रकट करती है कि समग्र तौर पर अर्थव्यवस्था में बचत तथा विनियोग में समानता किस ढंग से स्थापित होती है। इस दृष्टिकोण के अनुसार बचत तथा विनियोग में समानता राष्ट्रीय आय में होने वाले परिवर्तनों द्वारा स्थापित होती है। अन्य शब्दों में कीन्स के अनुसार आय का बचत और विनियोग से कार्यात्मक सम्बन्ध होता है। यदि विनियोग की तुलना में बचत अधिक होती है तो आय कम हो जाती है तथा जब बचत की तुलना में विनियोग अधिक होता है तो आय बढ़ जाती है। आय में परिवर्तन की गतिशील प्रक्रिया उस समय तक चलती रहती है जब तक कि बचत और विनियोग में समानता स्थापित नहीं हो जाती।

उदाहरण द्वारा स्पष्टीकरण–कार्यात्मक समानता किस प्रकार स्थापित होती है, इसे एक उदाहरण द्वारा भी समझाया जा सकता है। माना कि जब राष्ट्रीय आय 100 करोड़ रुपये है तो बचत विनियोग के बराबर है (S = I) इस दशा में सीमान्त उपभोग प्रवृत्ति के 1/2 होने के कारण 50 करोड़ रुपये उपभोग पर व्यय कर दिये जाते हैं। (जो बचत के बराबर है)। अर्थव्यवस्था में गुणक 2 होगा।

मान लीजिए विनियोग को 50 करोड़ रुपये से बढ़ाया जाता है तो कुल विनियोग 50 + 50 = 100 करोड़ रुपये हो जायेगा। ऐसी स्थिति में विनियोग बचत से बढ़ जायेगा अर्थात् I > 1 विनियोग में 50 करोड़ रुपये की वृद्धि के कारण आय में 100 करोड़ रुपये की वृद्धि होगी। चूँकि गुणक 2 है। फलतः राष्ट्रीय आय 100 करोड़ रुपये से बढ़कर 200 करोड़ रुपये हो जायेगा। यदि इस बढ़ी हुई आय को बचा लिया जाये तो बचत और विनियोग दोनों ही 100 करोड़ रुपये हो जायेंगे अर्थात् S = I इस प्रकार बचत की कार्यात्मक समानता से सिद्ध हो जाता है कि यद्यपि बचत और विनियोग करने वाले व्यक्ति अलग-अलग होते हैं परन्तु आय में होने वाले परिवर्तनों के फलस्वरूप उनके विनियोग और बचत में समानता स्थापित हो जाती है।

इस समानता को हम एक अनुसूची के रूप में भी प्रकट कर सकते हैं। इस अनुसूची में राष्ट्रीय आय के विभिन्न स्तरों पर बचत तथा विनियोग के विभिन्न स्तरों का कार्यात्मक सम्बन्ध प्रकट होता है। इसे हम निम्न सारणी द्वारा स्पष्ट कर सकते हैं–

सारणी 1–क्रियात्मक समानता (करोड़ रुपये में)

आय (Y)	बचत (S)	विनियोग (I)	आय प्राचलन
100	0	10	I > S विस्ता
200	20	30	
300	40	40	I = S सन्तुलन
400	60	50	
500	80	60	I < S संकुचन

उपर्युक्त सारणी से स्पष्ट है कि–

(i) जब आय स्तर 300 करोड़ रुपये है तो बचत और विनियोग एक–दूसरे के बराबर है (S = I)।

(ii) यदि आय कम होकर 200 करोड़ हो जाती है तो विनियोग बचत से 10 करोड़ रुपये अधिक है। जब तक विनियोग बचत से अधिक रहती (I >S) है। तब तक आय बढ़ती जाती है। आय उस समय तक बढ़ती जाती है जब तक कि वह 300 करोड़ रुपये के संतुलन स्तर पर नहीं पहुँच जाती जहाँ बचत और विनियोग में से प्रत्येक 40 करोड़ के बराबर हो जाते हैं। इस समानता को S और I की क्रियात्मक समानता कहते हैं।

(iii) इसी प्रकार यदि आय बढ़कर 500 करोड़ रुपये हो जाये तो बचत विनियोग से अधिक (S > I) हो जाती है। विनियोग के कम होने के फलस्वरूप आय में कमी होगी और पुनः सन्तुलन तभी स्थापित होगा जब आय घटकर पुनः 300 करोड़ रुपये पर आ जाती है। इस प्रकार अर्थव्यवस्था में सन्तुलन तब होगा जब S और I में क्रियात्मक समानता स्थापित होती है। ऐसी स्थिति में राष्ट्रीय आय न घटती न बढ़ती है।

रेखाचित्र द्वारा स्पष्टीकरण–क्रियात्मक समानता को रेखाचित्र 3 द्वारा नीचे स्पष्ट किया गया है। चित्र से स्पष्ट है कि–

(i) बिन्दु P पर बचत और विनियोग सन्तुलन में उस समय होंगे जब आय OY है। यदि आय कम होकर OY_1 हो जाये तो विनियोग बढ़कर RY_1 हो जायेगा और बचत कम होकर SY_1 रह जायेगी। यह असन्तुलन की अवस्था होगी, परन्तु विनियोग के अधिक होने के फलस्वरूप गुणक प्रभाव के कारण आय में इतनी वृद्धि हो जायेगी कि बचत विनियोग के बराबर हो जायेगी।

(ii) यदि आय बढ़कर OY_2 हो जाये तो बचत बढ़कर TY_2 हो जायेगी और विनियोग कम होकर KY_2 रह जायेगा। विनियोग के कम होने के कारण गुणक के विपरीत प्रभाव (Reverse Action) के फलस्वरूप आय में इतनी कमी हो जायेगी कि बचत कम होकर विनियोग के बराबर हो जायेगी।

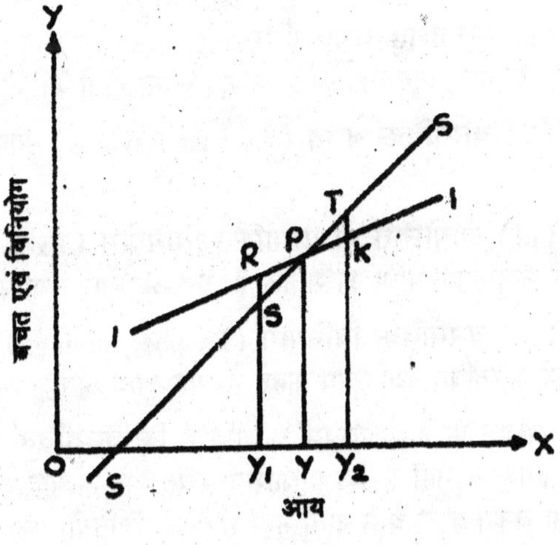

चित्र : 3

इस प्रकार केवल सन्तुलन की अवस्था में ही बचत और विनियोग समान होते हैं। जिस प्रकार माँग और पूर्ति की शक्तियों से कीमत निर्धारित होती है, उसी प्रकार बचत और विनियोग से आय का स्तर निर्धारित होता है। इस सम्बन्ध में **प्रोफेसर कुरिहार** लिखते हैं कि ''सामान्य सन्तुलन विश्लेषण में कीन्सवादी बचतों तथा विनियोग अनुसूचियों का वही स्थान है जो आंशिक सन्तुलन विश्लेषण में मार्शल की पूर्ति तथा वक्रों का है।...आधुनिक आय विश्लेषण बचत तथा विनियोग के फलनात्मक या अनुसूची विषयक सिद्धान्तों को काम में लाता है, ताकि मृत आँकड़ों में जीवन का संचार

कर सके अर्थात् समस्त अर्थव्यवस्था के व्यवहार पर बल दे सके, बजाय इसके कि उस व्यवहार के सांख्यिकीय परिणाम पर बल दें।''

क्रियात्मक समानता का महत्त्व
(Importance of Functional Equality)

कीन्स द्वारा प्रस्तुत बचत और विनियोग की क्रियात्मक समानता का विश्लेषण अत्यधिक महत्त्वपूर्ण है, जैसा कि निम्न विवरण से स्पष्ट हो जायेगा–

1. यह विश्लेषण अर्थव्यवस्था के व्यवहार और समन्वय प्रक्रिया को समझने में सहायता देते हैं। S और I की समानता के पीछे जो कारणात्मक प्रभरप हैं, उनका भी पता लगता है।

2. कीन्स का कहना है कि यदि S – I नहीं है तो अर्थव्यवस्था में आर्थिक संकट उत्पन्न हो सकते हैं। जब कभी बचत की मात्रा विनियोग से अधिक हो जाती है तो उपभोग माँग (प्रभावपूर्ण माँग) के कम होने के कारण मन्दी की दशाएँ उत्पन्न हो जाती हैं जिससे बेरोजगारी बढ़ने लगती है। इसके विपरीत जब विनियोग की मात्रा बचत से अधिक होती है तो इससे मुद्रा-प्रसार तेजी की दशाएँ उत्पन्न हो जाती हैं। यह दोनों ही स्थितियाँ समाज के लिए अहितकर हैं।

क्या बचत और विनियोग सदैव बराबर रहते हैं?
(Are Saving and Investment Always Equal?)

क्या बचत तथा विनियोग सदैव बराबर रहते हैं। इस कथन की पुष्टि के लिए हमें बचत तथा विनियोग की दो विभिन्न धारणाओं को ध्यान में रखना पड़ेगा।

स्वीडन के ओहलिन (Ohlin), लुण्डबर्ग (Lundberg), लिण्डाल (Lindahl) और मिर्डल (Mirdal) नामक अर्थशास्त्रियों के मतानुसार बचत एवं विनियोग दो-दो प्रकार के हैं–प्रत्याशित (ex-ante) तथा वास्तविक (ex-post)।

(i) प्रत्याशित बचत (Ex-ante Saving)–यह वास्तविक बचत नहीं होती। इसका केवल अनुभव किया जा सकता है। यह अनुमानित या प्रत्याशित बचत होती है।

(ii) वास्तविक बचत (Ex-post Savings)–यह बचत वास्तविक आय तथा उपभोग के अन्तर के बराबर होती है।

(iii) आयोजित या प्रत्याशित विनियोग (Ex-ante Investment)–यह वास्तविक विनियोग नहीं होता, इसका केवल अनुमान लगाया जा सकता है। यह अनुमानित या प्रत्याशित विनियोग होता है।

(iv) वास्तविक विनियोग (Ex-post Savings)–किसी अर्थव्यवस्था में वास्तव में जितना विनियोग किया जाता है, उसे वास्तविक विनियोग कहते हैं। यह आय और उपभोग पर किये जाने वाले व्यय के अन्तर के बराबर होता है।

स्वीडन के अर्थशास्त्रियों का मत है कि **वास्तविक बचत और वास्तविक विनियोग सदैव बराबर** होते हैं। परन्तु यह आवश्यक नहीं है कि प्रत्याशित बचत और प्रत्याशित विनियोग भी बराबर हों। कारण यह है कि जो लोग बचत की योजना बनाते हैं वे वही लोग नहीं होते जो विनियोग की योजना बनाते हैं। अत: जब तक बचतकर्ता और विनियोगकर्ता विभिन्न उद्देश्यों से प्रभावित रहते हैं और विभिन्न वर्गों से सम्बन्ध रखते हैं, तब तक यह आवश्यक है कि प्रत्याशित बचत और प्रत्याशित विनियोग आपस में बराबर ही हों। अतः आयोजित बचत तथा आयोजित विनियोग सदैव एक-दूसरे के समान नहीं होते। इनमें परिवर्तन आता है। आयोजित बचत तथा आयोजित विनियोग में समानता की प्रवृत्ति तो पायी जाती है, परन्तु यह केवल सन्तुलन की स्थिति में ही बराबर होते हैं। रेखाचित्र से यह बात स्पष्ट हो जाती है कि यदि चित्र में SS वक्र को आयोजित बचत वक्र तथा ii को विनियोग वक्र माना जाये तो बिन्दु P जहाँ पर से दोनों एक-दूसरे को काटेंगे सन्तुलन के स्तर को प्रकट करेगा। सन्तुलन की अवस्था में आयोजित विनियोग तथा आयोजित बचत एक-दूसरे के बराबर नहीं होंगे। यह बचत और विनियोग केवल सन्तुलन की स्थिति में समान होते हैं।

IV. आधुनिक अर्थशास्त्रियों का दृष्टिकोण

(Approach of Modern Economists)

आधुनिक अर्थशास्त्रियों जैसे प्रो. हैन्सन का मत है कि वास्तविक बचत सदैव ही वास्तविक विनियोग के बराबर होती है। परन्तु यदि इस अवस्था में आयोजित बचत और आयोजित विनियोग भी एक-दूसरे के बराबर नहीं हैं तो बचत तथा विनियोग सन्तुलन की स्थिति में नहीं होंगे। अतएव बचत और विनियोग उस समय सन्तुलन की अवस्था में होती है जबकि आयोजित बचत और आयोजित विनियोग एक-दूसरे के बराबर हों। इसी तथ्य को नीचे सारणी और रेखाचित्र की सहायता से स्पष्ट किया गया है–

सारणी 2–बचत व विनियोग में समानता व साम्य

आय Y = (AS)	उपभोग C	बचत S	विनियोग I	कुल माँग C + I (AD)
600	500	100	150	650
700	575	125	150	725
800	650	150	150	800
900	725	175	150	875
1000	800	200	150	950

सारणी से स्पष्ट है–

1. जब आय 600 करोड़ रुपये है तो उपभोग व्यय 500 करोड़ रुपये है। इस प्रकार वास्तविक बचत 100 करोड़ रुपये है। अतः वास्तविक विनियोग भी 100 करोड़ का होगा। क्योंकि वास्तविक बचत विनियोग के सदैव बराबर होता है।

2. आयोजित विनियोग 150 करोड़ रुपया है अतः आयोजित विनियोग (150 करोड़ – 100 करोड़) वास्तविक बचत से 50 करोड़ रुपये अधिक है।

3. इससे यह सिद्ध होता है कि कुल माँग (AD) अर्थात् 500 + 150 = 650 करोड़ रुपये कुल पूर्ति (AS) अर्थात् 600 करोड़ रुपये से अधिक है।

4. अर्थव्यवस्था में वास्तविक बचत और वास्तविक विनियोग दोनों ही 100 करोड़ हैं, परन्तु आयोजित विनियोग, (150 करोड़) बचत (100 करोड़) से अधिक है।

5. इस प्रकार अर्थव्यवस्था में वास्तविक बचत वास्तविक विनियोग तो बराबर हैं, क्योंकि हमेशा S = I परन्तु आयोजित विनियोग और आयोजित बचत बराबर नहीं होंगे। इसलिए अर्थव्यवस्था सन्तुलन में नहीं होगी, क्योंकि बढ़ी हुई माँग को पूरा करने के लिए उद्यमी अगले वर्ष के उत्पादन में वृद्धि करेंगे, फलतः आय में वृद्धि होगी और अर्थव्यवस्था में सन्तुलन नहीं होगा।

6. इसके विपरीत यदि आय बढ़कर 1,000 करोड़ रुपये हो जाती है तो आय के इस स्तर पर 800 करोड़ रुपये का उपभोग होगा। इसलिए वास्तविक बचत तथा वास्तविक विनियोग 200 करोड़ रुपये के होंगे। ये दोनों एक-दूसरे के बराबर हैं परन्तु आयोजित विनियोग 150 करोड़ रुपये का होगा। यह वास्तविक बचत से कम होगा। दूसरे शब्दों में कुल पूर्ति (1,000 करोड़ रुपये) कुल माँग (950 करोड़ रुपये) से अधिक होगी। इस स्थिति में कुल माँग या कुल व्यय, कुल आय से कम होगी, कुल माँग के कम होने के कारण समस्त उत्पादन की बिक्री नहीं हो सकेगी। चालू वर्ष में उत्पादक के माल के भण्डार में वृद्धि होगी तथा अगले वर्ष उद्यमी कम उत्पादन का आयोजन करेंगे, परिणामस्वरूप आय में कमी होगी।

7. जब आय 800 करोड़ रुपये है तो आयोजित बचत और आयोजित विनियोग दोनों ही 150 करोड़ रुपये है। अतः यही सन्तुलन की स्थिति है जिसमें न तो आय के विस्तार की प्रवृत्ति होती है और न ही संकुचन की।

रेखाचित्र द्वारा स्पष्टीकरण–सारणी के तथ्य को आगे रेखाचित्र 4 के द्वारा स्पष्ट किया गया है चित्र में–

(i) II रेखा आयोजित विनियोग रेखा है जो यह बताता है कि विनियोग का स्तर सदैव 150 करोड़ रुपये पर स्थिर रहता है। SS बचत रेखा जो यह व्यक्त करती है कि आय में वृद्धि के साथ-साथ बढ़ती जाती है।

(ii) जब आय 800 करोड़ रुपया है तो वास्तविक बचत और विनियोग दोनों ही 150 करोड़ रुपये हैं, साथ ही आयोजित बचत और आयोजित विनियोग भी 150 करोड़ रुपये है अर्थात् दोनों ही एक-दूसरे के बराबर हैं अत: अर्थव्यवस्था सन्तुलन की स्थिति में है। चित्र में E बिन्दु अर्थव्यवस्था का सन्तुलन बिन्दु दर्शा रहा है। ऐसी स्थिति में अर्थव्यवस्था में न तो आय के विस्तार की प्रवृत्ति होती है और न ही संकुचन की।

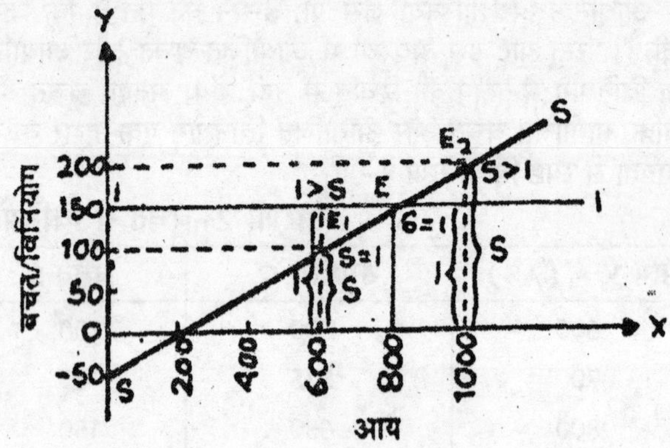

चित्र : 4

(iii) इसके अतिरिक्त कोई अन्य बिन्दु सन्तुलन बिन्दु नहीं होगा। उदाहरण के लिए जब आय 600 करोड़ रुपये है तो ऐसी स्थिति में विनियोग 150 करोड़ रुपये है जबकि बचत 100 करोड़ रुपये है। इस प्रकार आयोजित विनियोग बचत से अधिक है फलत: आय में वृद्धि होगी और अर्थव्यवस्था सन्तुलन में नहीं होगी।

(iv) इसके विपरीत जैसा कि सारणी के अंकों से स्पष्ट है, जब आय 1,000 करोड़ रुपये है तो वास्तविक विनियोग, वास्तविक बचत के बराबर है अर्थात् 200 करोड़ रुपये है। परन्तु आयोजित विनियोग (150 करोड़ रुपये), बचत (200 करोड़ रुपये) से कम है। अत: यद्यपि वास्तविक बचत और वास्तविक विनियोग बराबर हैं, परन्तु ये सन्तुलन में नहीं हैं, क्योंकि आयोजित बचत तथा आयोजित विनियोग बराबर नहीं है फलत: अर्थव्यवस्था में आय का संकुचलन होगा। संक्षेप में–

यदि (i) I = S तो अर्थव्यवस्था सन्तुलन में होगी। I > S तो अर्थव्यवस्था में आय का विस्तार होगा, I < S तो अर्थव्यवस्था में आय का संतुलन होगा।

(ii) वास्तविक बचत तथा वास्तविक विनियोग तो सदैव एक-दूसरे के बराबर होते हैं, परन्तु आयोजित विनियोग तथा आयोजित बचत केवल सन्तुलन की स्थिति में ही समान होते हैं।

Select References

As in Previous Chapter

परीक्षा प्रश्न
(Examination Questions)

I. दीर्घ उत्तरीय प्रश्न (Long Answer Type Questions)

1. बचत और विनियोग से क्या अभिप्राय है? उनमें समानता कैसे स्थापित होती है?

   What do you understand by Saving and Investment? How is equality brought between them?

2. बचत एक निजी गुण है, परन्तु सामाजिक अभिशाप है–क्या आप इस कथन से सहमत हैं?

   Do you agree with the dictum that saving is a private virtue but a social vice?

3. कीन्स द्वारा बचत विनियोग में सैद्धान्तिक तथा कार्यात्मक समानता की चर्चा कीजिए।

   Explain how accounting and functional equality are established in the Keynesian system.

4. "बचत और विनियोग सदा बराबर होते हैं।"

   "बचत और विनियोग सदैव सन्तुलन में होते हैं।"

इन दोनों कथनों की व्याख्या करें।

"Saving and Investment are always equal."

"Saving and Investment are always in equilibrium."

Explain these statements.

5. 'विनियोग सदा बचत के समान होता है, परन्तु ये हमेशा सन्तुलन में नहीं होते? व्याख्या कीजिए।

"Investment and saving are always equal but they are not in equilibrium." Discuss.

6. ''जबकी प्रत्याशित बचत प्रत्याशित विनियोग से अलग हो सकती है, वास्तविक बचत और वास्तविक विनियोग सदा समान रहते हैं।'' व्याख्या कीजिए।

"While ex-ante saving may differ from ex-ante investment, ex-part savings are always equal to ex-post investment." Explain fully.

II. लघु उत्तरीय प्रश्न (Short Answer Type Questions)

1. बचत विनियोग से क्या अभिप्राय है?
2. क्या बचत एक सामाजिक अभिशाप है?
3. बचत एवं विनियोग की समानता के सम्बन्ध में प्रतिष्ठित विचारधारा लिखिए।
4. बचत एवं विनियोग की समानता के सम्बन्ध में कीन्सियन दृष्टिकोण लिखिए।
5. क्या प्रत्याशित बचत और प्रत्याशित विनियोग सदैव बराबर रहते हैं?

III. वस्तुनिष्ठ प्रश्न (Objective Type Questions)

सही विकल्प चुनकर लिखिए :–

1. बचत एक गुण है, यह धारणा है—

(अ) प्रतिष्ठित अर्थशास्त्री (ब) प्रो. कीन्स

(ख) प्रो. हेन्सन (द) उपुर्यक्त में से कोई नहीं।

2. निम्नलिखित में से कौन सा कथन असत्य है?

(अ) प्रत्याशित बचत तथा प्रत्याशित निवेश एक-दूसरे के समान होते हैं।

(ब) वास्तविक् बचत तथा वास्तविक निवेश एक दूसरे के भिन्न होते हैं।

(स) कीन्स के अनुसार, बचत तथा निवेश के बीच समानता आय में परिवर्तनों के द्वारा स्थापित होती है।

(द) कीन्स के अनुसार बचत तथा विनियोग में अपूर्ण रोजगार की अवस्था में समानता नहीं पायी जाती है।

उत्तर—1. (अ), 2. (द) ।

ooo

16 अपूर्ण रोजगार सन्तुलन
(Under-employment Equilibrium)

प्रतिष्ठित अर्थशास्त्रियों की मान्यता है कि श्रम एवं उत्पादन के अन्य साधन हमेशा ही **'पूर्ण रोजगार'** की स्थिति में रहते हैं। वस्तुतः उनके विचार में **'पूर्ण रोजगार' की दशा एक साधारण दशा है और उसमें किसी भी प्रकार के परिवर्तन असाधारण दशा के द्योतक हैं।** प्रतिष्ठित अर्थशास्त्रियों के अनुसार यदि किसी समय में पूर्ण रोजगार की दशा नहीं होती, तो भी पूर्ण रोजगार की प्रवृत्ति सदैव विद्यमान रहती है।

परन्तु कीन्स के अनुसार प्रतिष्ठित अर्थशास्त्रियों द्वारा की गयी व्याख्या केवल वास्तविकता को सरलतम रूप देना है। कीन्स ने यह सिद्ध कर दिया है कि समाज में पूर्ण रोजगार की स्थिति बहुत कम पायी जाती है अर्थात् अधिकतम समाज में पूर्ण रोजगार की दशा रहती है।

अपूर्ण रोजगार सन्तुलन का अर्थ (Meaning of Under-employment Equilibrium)–कीन्स के मतानुसार प्रत्येक अर्थव्यवस्था में सन्तुलन की अवस्था उस समय उत्पन्न होती है जब कुल माँग और कुल पूर्ति एक-दूसरे के बराबर हो जाते हैं। माँग की यह स्थिति प्रभावपूर्ण माँग की स्थिति कहलाती है। यह स्थिति सन्तुलन की स्थिति होती है, परन्तु सन्तुलन की यह अवस्था आवश्यक नहीं है कि पूर्ण रोजगार की स्थिति में ही प्राप्त हो। अर्थात् **पूर्ण रोजगार स्थिति के पूर्व की सन्तुलन की अवस्था प्राप्त हो सकती है। इस अवस्था में प्रभावपूर्ण माँग के बढ़ने पर रोजगार में वृद्धि होती है;** अतः अपूर्ण रोजगार की परिभाषा इस प्रकार दी जा सकती है–

"अपूर्ण रोजगार वह अवस्था है, जिसमें प्रभावपूर्ण माँग में होने वाली वृद्धि के फलस्वरूप रोजगार में वृद्धि होती है, जबकि पूर्ण रोजगार वह अवस्था है, जिसमें प्रभावपूर्ण माँग बढ़ने से रोजगार की मात्रा में कोई वृद्धि नहीं होती है।"

अपूर्ण रोजगार सन्तुलन का औचित्य (Justification of Under-employment Equilibrium)–प्रतिष्ठित अर्थशास्त्रियों ने पूर्ण रोजगार अवस्था को एक सामान्य अवस्था माना था और इस धारणा के पक्ष में निम्नलिखित तर्क दिये थे–

1. मजदूरी की दर लोचदार होती है। यदि अर्थव्यवस्था में पूर्ण रोजगार से कम अथवा असन्तुलन की अवस्था पायी जाती है तो नकद मजदूरी में कटौती करके सन्तुलन की अवस्था को प्राप्त किया जा सकता है।

2. पूर्ण सन्तुलन की अवस्था में बचत तथा विनियोग में समानता पायी जाती है। यदि इसमें समानता नहीं है तो ब्याज की दर में परिवर्तन करके यह समानता उत्पन्न की जा सकती है।

3. प्रतिष्ठित अर्थशास्त्रियों के अनुसार दीर्घकाल में सन्तुलन की अवस्था तथा पूर्ण रोजगार की स्थिति अवश्य उत्पन्न हो जाती है। अल्पकाल में अपूर्ण रोजगार तथा असन्तुलन की अवस्था पायी जा सकती है।

1. मजदूरी दर में कटौती (Cut in Wage Rate)–प्रतिष्ठित अर्थशास्त्रियों का प्रथम तर्क किसी अर्थव्यवस्था में पूर्ण रोजगार सन्तुलन की स्थिति नहीं पायी जाती है तो नकद मजदूरी में कटौती करके सन्तुलन की अवस्था को प्राप्त

किया जा सकता है, कीन्स की मान्य नहीं है। कीन्स के मतानुसार सामान्यत: प्रत्येक अर्थव्यवस्था में बेरोजगारी पायी जाती है। इस बेरोजगारी को नकद मजदूरी में कटौती करके दूर नहीं किया जा सकता। इसके दो कारण हैं–

(अ) आय में कमी (Reduction in Income)–मजदूरी कम करने से वस्तु की लागत मूल्य में ही कमी नहीं होगी, बल्कि मजदूरी की आय में भी कमी हो जायेगी। इसका प्रभावपूर्ण माँग पर प्रतिकूल प्रभाव पड़ेगा, जिसके फलस्वरूप रोजगार की मात्रा में कमी होने की अवस्था उत्पन्न हो सकती है।

(ब) मजदूर संगठन द्वारा विरोध (Opposition of Labour Union)–मजदूर संगठन नकद मजदूरी में की जाने वाली कटौती का विरोध करेंगी, जिसके कारण उत्पादकों के लिए सम्भव नहीं होगा कि वे मजदूरी में कटौती कर सकें।

उपर्युक्त दो कारणों से अपूर्ण रोजगार की स्थिति अर्थव्यवस्था की एक सामान्य स्थिति बन जाती है।

2. बचत और विनियोग में समानता (Equality between saving and Investment)–प्रतिष्ठित अर्थशास्त्रियों की यह विचारधारा थी कि सन्तुलन की अवस्था में बचत और विनियोग में समानता पायी जाती है। यदि इसमें समानता नहीं है तो ब्याज की दर में परिवर्तन करके यह समानता उत्पन्न की जा सकती है। परन्तु कीन्स के अनुसार बचत और विनियोग में यद्यपि समानता होती है, परन्तु यह समानता आय के द्वारा स्थापित की जाती है और यह स्थिति अपूर्ण रोजगार की स्थिति में उत्पन्न होती है। कीन्स ने अपनी धारणा के पक्ष में यह तर्क दिया है कि ब्याज की दर का विनियोग और बचत पर किसी प्रकार का प्रभाव नहीं पड़ता कि इन दोनों में पूर्ण रोजगार की अवस्था में सन्तुलन स्थापित किया जा सके, क्योंकि ये दोनों ब्याज निरपेक्ष होते हैं।

3. दीर्घकाल में अपूर्ण रोजगार सन्तुलन (Equilibrium of Under-employment in Long-period)–प्रतिष्ठित अर्थशास्त्रियों के अनुसार पूर्ण रोजगार सन्तुलन की अवस्था दीर्घकाल में अवश्य ही स्थापित हो जाती है। परन्तु कीन्स के अनुसार दीर्घकाल में अपूर्ण रोजगार सन्तुलन की अवस्था पायी जा सकती है। दीर्घकाल में भी अपूर्ण रोजगार सन्तुलन की अवस्था को दीर्घकालीन स्थिर मन्दी की अवस्था कहा जाता है। कीन्स के अनुसार पूँजीवादी अर्थव्यवस्था में एक सीमा के पश्चात् पूँजी की सीमान्त उत्पादकता कम होनी शुरू हो जाती है, जिससे विनियोग पर प्रतिकूल प्रभाव पड़ता है। फलत: मन्दी और बेरोजगारी फैल जाती है। अत: अपूर्ण रोजगार की अवस्था दीर्घकाल में भी सम्भव है।

अपूर्ण रोजगार सन्तुलन के अध्ययन की दो विधियाँ
(Under-Employment Equilibrium has two Approaches)

अपूर्ण रोजगार सन्तुलन का विश्लेषण हम दो विधियों से कर सकते हैं–

(i) प्रत्यक्ष अध्ययन अथवा प्रभावपूर्ण माँग के द्वारा (Front-Door Approach) (Y = C + I) व

(ii) परोक्ष अध्ययन अथवा बचत-विनियोग सन्तुलन द्वारा (Back-Door Approach) (S = I)।

(i) प्रभावपूर्ण माँग द्वारा (Y= C + I)–कीन्स के अनुसार रोजगार का स्तर प्रभावपूर्ण माँग स्वयं कुल माँग क्रिया और कुल पूर्ति क्रिया द्वारा शासित होती है। अत: प्रभावपूर्ण माँग वक्र (AD) की कुल पूर्ति वक्र (AS) काटता है। चित्र-1 में E एक ऐसा बिन्दु है। इस बिन्दु पर अर्थव्यवस्था सन्तुलन स्तर पर है, क्योंकि Y = C + I अर्थात कुल माँग कुल पूर्ति के बराबर है। जहाँ कुल माँग और कुल पूर्ति एक-दूसरे के बराबर होने पर रोजगार सन्तुलन की स्थिति में होती है, वहाँ पर आवश्यक नहीं कि यह सन्तुलन पूर्ण रोजगार के स्तर पर ही हो। अन्य शब्दों में कीन्स के अनुसार प्रभावपूर्ण माँग सदैव पूर्ण रोजगार की दशा को व्यक्त नहीं करता। हो सकता है कि कुल माँग वक्र और कुल पूर्ति वक्र एक-दूसरे को उस बिन्दु पर काटें, जिस पर रोजगार पर लगाये गये व्यक्तियों की संख्या रोजगार चाहने वाले व्यक्तियों की संख्या से कम हो। इसका परिणाम यह होगा कि बहुत से व्यक्ति ऐसे रह जायेंगे, जो रोजगार प्राप्त नहीं कर सकेंगे अर्थात् वे बेरोजगार रहेंगे। चित्र में सन्तुलन की दो स्थितियों को प्रदर्शित किया गया है।

चित्र-1 में दिये गये हुए कुल पूर्ति वक्र (AS) और कुल माँग वक्र (AD) के होने पर अर्थव्यवस्था उस समय सन्तुलन प्राप्त करती है जबकि उत्पादकों की प्रत्याशित आय (OR) और रोजगार की मात्रा ON होती है। लेकिन अर्थव्यवस्था में ON_1 व्यक्ति काम करने को तैयार हैं इसलिए सन्तुलन की इस स्थिति में NN_1 व्यक्तियों को बेकार रहना

पड़ेगा। इस प्रकार यद्यपि अर्थव्यवस्था सन्तुलन की स्थिति में, है परन्तु फिर भी NN_1 व्यक्ति बेरोजगार हैं। जब तक कुल माँग क्रिया AD पर रहती है, कुल व्यय सब व्यक्तियों को रोजगार प्रदान करने के लिए पर्याप्त नहीं है। इस दृष्टान्त में जब समाज उद्योगों के माल पर कम से कम OR_1 खर्च करने को तैयार होता है, तभी समस्त काम चाहने वाले ON_1 व्यक्तियों को काम मिल सकता है। इसका अर्थ यह है कि कुल माँग क्रिया AD_1 की नई स्थित में आ जायेगी, अर्थात् कुल माँग वक्र AD_1 एक ऐसी स्थिति को प्रदर्शित करता है जहाँ उत्पादक केवल इतनी-सी धनराशि प्राप्त करने की आशा करते हैं, जिससे समस्त काम चाहने वाले व्यक्तियों को काम देना लाभप्रद हो सके। यहाँ पर ON_1 व्यक्ति काम पर लगा दिये जाते हैं और उत्पादक OR_1 धनराशि प्राप्त करता है।

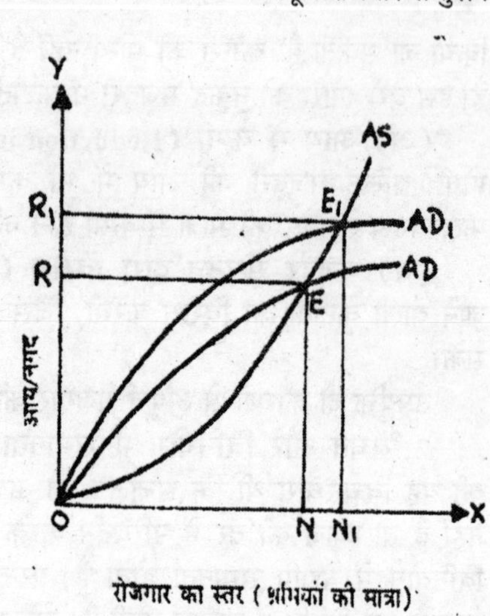

चित्र : 1

(ii) बचत विनियोग सन्तुलन द्वारा (By Saving and Investment Equality)–अपूर्ण रोजगार के स्तर का विश्लेषण चाहे हम प्रभावपूर्ण माँग द्वारा करें अथवा बचत-विनियोग समानता द्वारा, दोनों में कोई अन्तर नहीं है; क्योंकि बचत-विनियोग की समानता (S = I) प्रभावपूर्ण माँग (Y = C + I) का ही दूसरा नाम है।

प्रतिष्ठित अर्थशास्त्रियों का विचार था कि बचत और विनियोग में सन्तुलन, पूर्ण रोजगार के स्तर पर ब्याज की दर द्वारा स्वयमेव ही स्थापित हो जाता है, क्योंकि उनके मतानुसार बचत ब्याज की दर पर निर्भर करती है और ब्याज की दर में परिवर्तन होने के अनुसार ही बचत में भी परिवर्तन होता रहता है। परन्तु कीन्स के अनुसार बचत और विनियोग के कार्यात्मक समानता (Functional Equality) आय द्वारा स्थापित होती है न कि ब्याज द्वारा, अर्थात् कीन्स के अनुसार बचत और विनियोग दोनों ब्याज-निरपेक्ष व आय सापेक्ष हैं। (To Keynes both S and I are inelastic and income elastic and such functional equality between S and I is brought about by changes in the income levels)। हम जाने चुके हैं कि बचत और विनियोग में जब कार्यात्मक समानता होती है तो अर्थव्यवस्था में सन्तुलन स्थापित होता है, परन्तु इसका अर्थ यह नहीं है कि यह सन्तुलन पूर्ण रोजगार सन्तुलन पर ही है। कीन्स के विश्लेषण की विशेषता इस बात में नहीं है कि बचत और विनियोग आपस में बराबर होते हैं, बल्कि इस बात में है कि बचत और विनियोग में समानता अपूर्ण रोजगार-स्तर पर भी हो सकती है, जैसा कि चित्र 2 में स्पष्ट किया गया है।

चित्र में विनियोग रेखा II बचत रेखा SS की बिन्दु पर काटता है अर्थात् E बिन्दु पर बचत और विनियोग बराबर हैं (S = I)। इस बिन्दु पर अर्थव्यवस्था सन्तुलन स्तर पर है। परन्तु ON पूर्ण रोजगार आय का स्तर नहीं है, क्योंकि श्रमिकों की कुल संख्या ON_1 में से केवल ON को रोजगार मिला है, NN_2 श्रमिक बेरोजगार हैं। स्पष्टतः E बिन्दु पर यद्यपि अर्थव्यवस्था सन्तुलन की स्थिति में है परन्तु NN_1 श्रमिक बेरोजगार हैं। इन श्रमिकों को रोजगार देने के लिए आवश्यक है कि कुल विनियोग बढ़कर I_1I_1 हो जाये। बढ़े हुए विनियोग के कारण गुणक द्वारा आय में इतनी वृद्धि अवश्य होगी कि बढ़ी हुई आय में जो बचत होती है, वह विनियोग के बराबर हों। तभी बचत और विनियोग में समानता पूर्ण स्तर E_2 बिन्दु पर होगा (हमने यहाँ मान लिया है कि कुल श्रमिकों की संख्या ON_1 है) अन्यथा SS बचत रेखा व II विनियोग रेखा से सन्तुलन पूर्ण रोजगार से कम स्तर पर सन्तुलन स्थापित होगा।

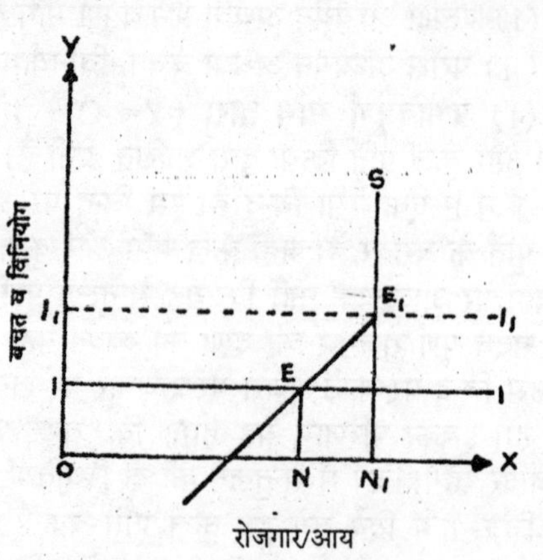

चित्र : 2

इस प्रकार हम देखते हैं कि बचत और विनियोग में समानता अपूर्ण रोजगार स्तर पर भी हो सकती है।

अपूर्ण रोजगार सन्तुलन क्यों?
(Why Under-employment Equilibrium?)

कीन्स अपने अपूर्ण रोजगार सन्तुलन सिद्धान्त को निम्न मान्यताओं के आधार पर स्पष्ट करते हैं–

(i) विनियोग ब्याज निरपेक्ष है (The investment is interest inelastic)–अर्थात् विनियोग ब्याज की दर पर निर्भर नहीं है। ब्याज की दर में पर्याप्त परिवर्तन होने पर भी विनियोग में कोई परिवर्तन नहीं होता है। प्रतिष्ठित अर्थशास्त्रियों के अनुसार विनियोग का स्तर ब्याज की दर पर निर्भर करता है। परन्तु कीन्स के अनुसार विनियोग मुख्यत: पूँजी की सीमान्त उत्पादकता (MEC) पर निर्भर करता है। पूँजी की सीमान्त उत्पादकता एक मनोवैज्ञानिक तत्त्व (Psychological factor) है, इसलिए आवश्यक नहीं है कि ब्याज की दर में कमी या वृद्धि, विनियोग की मात्रा में भी परिवर्तन ला देगी। यही कारण है कि मन्दी के समय उद्यमियों की निराशावादिता के कारण MEC तीव्र गति से गिरती है तो ब्याज की घटती हुई दर भी उन्हें अधिक विनियोग करने के लिए प्रोत्साहित नहीं कर पाती। इस प्रकार तेजी के समय उद्यमियों की आशावादिता के कारण MEC तीव्र गति से बढ़ती है तो ब्याज की दर बढ़ती हुई दर भी उन्हें अधिक विनियोग से नहीं रोक सकती। स्पष्टत: ब्याज की अपेक्षा विनियोग पर पूँजी की सीमान्त उत्पादकता का अधिक प्रभाव पड़ता है।

(ii) बचत भी ब्याज निरपेक्ष होती है (Saving is also interest inelastic)–अर्थात् बचत भी ब्याज की दर पर निर्भर नहीं रहती है। ब्याज की दर में परिवर्तनों का बचत पर कोई विशेष प्रभाव नहीं पड़ता है। परन्तु प्रतिष्ठित अर्थशास्त्रियों का मत था कि 'बचत' ब्याज पर आश्रित होती है। परन्तु कीन्स का कहना था कि बचत 'आय' पर निर्भर करती है। जैसे-जैसे आय का स्तर बढ़ता जाता है, सीमान्त उपभोग प्रवृत्ति घटती जाती है और सीमान्त बचत प्रवृत्ति बढ़ती जाती है तथा कुल बचत कुल विनियोग से अधिक होने लगती है (Aggregate S tends to exceed aggregate I)।

(iii) कीन्स के अनुसार जनता की नगदी या तरलता की माँग अत्यन्त ब्याज सापेक्ष होती है (In Keynes' opinion the demand for liquidity is highly interest elastic)–अर्थात् नगदी की माँग ब्याज-दर द्वारा प्रभावित होती है। ब्याज की दर में वृद्धि होने से जनता की नगदी की माँग घटती है, क्योंकि जनता ब्याज की अधिक दर का लाभ उठाने के लिए अपना रुपया विनियोग करना चाहेगी। इस प्रकार ब्याज की दर गिर जाने पर जनता की नगदी की माँग बढ़ जायेगी, क्योंकि अब वह बांड व सिक्योरिटीज आदि में रुपया लगाने से कोई लाभ नहीं है। ब्याज की एक कम दर मुद्रा की माँग पूर्णतया लोचदार हो जाती है (At low rate of interest, the demand for money becomes perfectly elastic) अर्थात् ब्याज की एक न्यूनतम दर पर लोग समस्त मुद्रा को तरल रूप में रखेंगे तथा बिल्कुल उधार नहीं देंगे अर्थात् 'उधार बंदी' हो जायेगी। ऐसी स्थिति में कीन्स ने 'तरलता ट्रैप' की संज्ञा दी है। इसका अर्थ यह हुआ कि ब्याज दर को एक निश्चित निम्न बिन्दु से नीचे नहीं गिराया जा सकता, चाहे सामाजिक हित के लिए इसे नीचे गिरने की कितनी ही अधिक आवश्यकता क्यों न हो। इससे बात स्पष्ट होती है कि केवल ब्याज दर में परिवर्तन करके ही पूर्ण रोजगार की स्थिति नहीं प्राप्त हो सकती।

बचत, विनियोग व नकदी या तरलता-पसन्दगी (Liquidity) के वक्रों के स्वरूप (Shope) उक्त व्याख्या के अनुसार चित्र 3 में दर्शाया गया है।

चित्र (क) में ब्याज दर जब r_1 से कम होकर r_2 हो जाती है तो विनियोग की मात्रा में कोई विशेष वृद्धि नहीं होती है अर्थात् OI से बढ़कर केवल IO_1 हो जाता है। इसी प्रकार चित्र (ब) में भी ब्याज की दर r_1 से गिरकर r_2 हो जाती है तो जनता की माँग में पर्याप्त विस्तार हो जाता है।

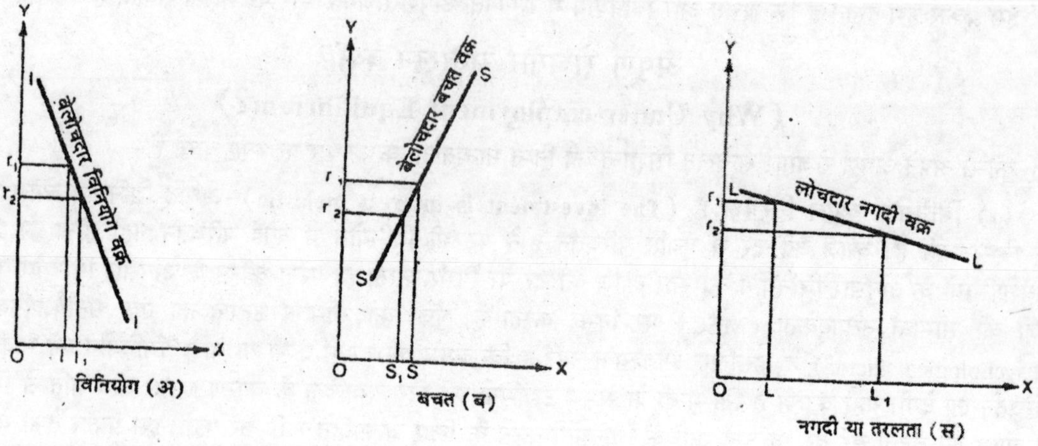

चित्र : 3

कीन्स का यह कहना था कि जब विनियोग, बचत और नकदी के वक्रों का स्वरूप ऐसा है, जैसा कि ऊपर चित्रों में दर्शाया गया है, तब बचत की मात्रा इतनी हो सकती है कि पूर्ण रोजगार के स्तर पर स्वयमेव ही सन्तुलन स्थापित हो जाये, अत: पूर्ण रोजगार होना स्वाभाविक है।

यहाँ एक बात जान लेनी चाहिए कि अपूर्ण रोजगार सन्तुलन का मूल कारण व्यक्तिगत विनियोग का कम होना (Private Under-Investment) है। यह पूँजीवादी अर्थ-व्यवस्था की ही प्रमुख विशेषता है कि विनियोग अधिकतर 'लाभ की भावना' द्वारा प्रेरित होते हैं। एक नियोजित समाजवादी अर्थव्यवस्था में जहाँ विनियोग की आयोजनाएँ (Investment Plan) सामान्यतया नियन्त्रित होती है, वहाँ अपूर्ण रोजगार सन्तुलन की समस्या इस अंश (Degree) तक नहीं पायी जाती और यदि ऐसी समस्या उत्पन्न हो भी जाती है तो उस पर नियन्त्रण शीघ्र ही पा लिया जाता है। इससे यह सार निकलता है कि स्वतन्त्र बाजार अर्थव्यवस्था (Free market economy) यदि अपूर्ण रोजगार सन्तुलन की बुराइयों से बचना चाहती है तो उसे विनियोग पर कुछ हद तक सामाजिक नियन्त्रण करना होगा। अन्य शब्दों में ऐसी व्यवस्था करनी होगी, जिसके अनुसार पूर्ण रोजगार आय-स्तर पर हुई बचतें स्वयमेव ही विनियोग का रूप धारण कर लें। यही कारण है कि स्वतन्त्र बाजार अर्थव्यवस्थाओं में व्यक्तिगत विनियोगों के अनुपूरक (Supplement) के रूप में सार्वजनिक विनियोगों का महत्त्व बढ़ जाता है।

अपूर्ण रोजगार सन्तुलन के कारण और उसे कैसे दूर किया जाये–अपूर्ण रोजगार सन्तुलन की अवस्था उत्पन्न होने का मुख्य कारण प्रभावपूर्ण माँग का कम होना है। प्रभावपूर्ण माँग उपभोग तथा विनियोग व्यय पर निर्भर करती है। इन दोनों के विनियोग में होने वाली कमी का अधिक प्रभाव पड़ता है। पूँजीवादी अर्थव्यवस्था में निजी विनियोग प्रेरित होता है। इस विनियोग में इतनी वृद्धि नहीं होने पाती जिसमें अर्थव्यवस्था पूर्ण रोजगार की स्थिति को प्राप्त कर सके। बर्न्स (Burns) के अनुसार "कीन्स के अनुयायियों के अनुसार विनियोग एक मुख्य परिवर्तनशील तत्त्व है। यदि सरकार से ऋण प्राप्त न हो तो विनियोग के कम होने के फलस्वरूप अर्थव्यवस्था की अवस्था निराशाजनक हो जायेगी।"

अपूर्ण रोजगार संतुलन के स्थान पर पूर्ण रोजगार की अवस्था प्राप्त करने के लिए आवश्यक है कि विनियोग बढ़ाया जाये। साथ ही सरकार को सार्वजनिक व्यय में भी वृद्धि करनी चाहिए। निजी विनियोग में होने वाली कमी को सार्वजनिक विनियोग द्वारा ही पूरा किया जा सकता है। सरकारी विनियोग वस्तुत: स्वतंत्र विनियोग होता है। इसमें वृद्धि होने से प्रभावपूर्ण माँग में भी वृद्धि होती है।

अपूर्ण रोजगार संतुलन का महत्त्व

(Importance of the Concept of Under-employment Equilibrium)

अपूर्ण रोजगार सन्तुलन (Under-Employment Equilibrium) सामूहिक आर्थिक विश्लेषण की कीन्स का एक महत्त्वपूर्ण उपहार है। **हैरिस** के अनुसार, "समय के साथ-साथ कीन्स का यह दिग्दर्शन कि अर्थव्यवस्था पूर्ण रोजगार से कम की अवस्था में संतुलन की स्थिति हो सकती है, उसकी प्रमुख देन मानी जाने लगी।"

हैबरलर के अनुसार, "कीन्स द्वारा प्रतिपादित अपूर्ण रोजगार सन्तुलन की अवस्था तथा रोजगार में होने वाले परिवर्तनों और उसके आकार तथा बेरोजगारी को प्रभावित करने वाले तत्त्वों का विश्लेषण कीन्स की सबसे महत्त्वपूर्ण सैद्धान्तिक खोज है।"

1. इसे धारणा के फलस्वरूप ही आधुनिक अर्थशास्त्र अर्थव्यवस्था की समस्याओं का अध्ययन पूर्ण रोजगार की मान्यताओं पर नहीं करते वरन् वे पूर्ण रोजगार को प्राप्त करने और दूसरी अल्पकालीन समस्याओं को सुलझाने का प्रयत्न करते हैं।

2. यह धारणा **से** के बाजार नियम का, जिसके अनुसार सामान्य बेरोजगारी असम्भव है, खण्डन करती है।

3. अपूर्ण बेरोजगारी को दूर करने के लिए सरकारी विनियोग का बहुत अधिक महत्त्व है कि निजी विनियोग अपूर्ण रोजगार की समस्याओं को नहीं सुलझा सकता। सरकारी हस्तक्षेप की इस सम्बन्ध में अत्यधिक आवश्यकता है।

4. यह प्रतिष्ठित अर्थशास्त्रियों की पूर्ण रोजगार सम्बन्धी मान्यताओं की अवास्तविकता को प्रकट करती है। यह एक वास्तविक धारणा है जो संसार की सबसे महत्त्वपूर्ण समस्या बेरोजगारी पर लोगों का ध्यान केन्द्रित करती है तथा उसको दूर करने के उपायों के सम्बन्ध में सुझाव देती है।

5. कीन्स ने सर्वप्रथम इस तथ्य पर प्रकाश डाला कि स्वतन्त्र बाजार और प्रतियोगिता पर आधारित अर्थव्यवस्था में साधनों का न केवल अपव्यय होता है अपितु अनुचित बेरोजगारी भी होती है और उत्पादन में उतार-चढ़ाव भी होता रहता है।

आलोचनाएँ

(Criticisms)

अपूर्ण रोजगार संतुलन की धारणा का इतना महत्त्व होते हुए भी **हैबरलर, हिक्स, लियोन्तीफ** आदि अर्थशास्त्रियों ने कटु आलोचना की है। कुछ प्रमुख आलोचनाएँ निम्नलिखित हैं–

1. **प्रो. हैजलीट** ने इसकी आलोचना करते हुए कहा है कि यह विचार बिल्कुल ही निकम्मा है। उनके विचारों में सन्तुलन उस समय होता है, जबकि सन्तुलन की शर्तें पूरी हों अर्थात् पूर्ण रोजगार की स्थिति पायी जाये। सन्तुलन शब्द को अपूर्ण रोजगार के अवरुद्ध असन्तुलन से होता है।

2. **स्मिथीज** व **टोबिन** का विचार है कि कीन्स का अपूर्ण रोजगार सन्तुलन का सिद्धान्त अवास्तविक मान्यताओं पर आधारित है।

3. **प्रो. लियोन्टीफ** ने भी कीन्स द्वारा इस धारणा के लिए सर्वमान्यता प्राप्त करने की चेष्टा की आलोचना की है।

4. **प्रो. राइट** के विचार में न्यून रोजगार संतुलन की धारणा को जितना शीघ्र त्याग दिया जाये उतना ही अच्छा है।

उपर्युक्त आलोचनाओं के होते हुए भी पूर्ण रोजगार सन्तुलन की धारणा कीन्स की महत्त्वपूर्ण देन है।

परीक्षा प्रश्न

(Examination Questions)

I. दीर्घ उत्तरीय प्रश्न (Long Answer Type Questions)

1. अपूर्ण रोजगार सन्तुलन की धारणा की चर्चा कीजिए। इसका क्या महत्त्व है?

   Examine critically the concept of under employment equilibrium. What is its importance?

2. पूर्ण रोजगार स्तर से कम स्तर पर रोजगार सन्तुलन की व्याख्या कीजिए।

   Account for equilibrium at less than full employment.

3. सामान्य सिद्धान्त की मुख्य विषय-सामग्री अपूर्ण रोजगार सन्तुलन है। समीक्षा कीजिए।

   Under-employment equilibrium is the main theme of the general theory. Comment.

II. लघु उत्तरीय प्रश्न (Short Answer Type Question)

1. अपूर्ण रोजगार संतुलन का क्या अर्थ है?
2. अपूर्ण रोजगार संतुलन का औचित्य स्पष्ट कीजिए।
3. अपूर्ण रोजगार संतुलन के अध्ययन की कौन सी विधियाँ हैं?
4. अपूर्ण रोजगार संतुलन किन मान्यताओं पर आधारित है?
5. अपूर्ण रोजगार संतुलन का महत्व लिखिए।

III. वस्तुनिष्ठ प्रश्न (Objective Type Question)

सही विकल्प चुनकर लिखिए।

1. अपूर्ण रोजगार में प्रभावपूर्ण माँग बढ़ने पर—

   (अ) रोजगार में वृद्धि होती है। (ब) रोजगार पूर्ववत रहता है।

   (स) रोजगार में कटौती होती है (द) उपर्युक्त में से कोई नहीं।

2. निम्नलिखित में कौन सा कथन असत्य है?

   (अ) अपूर्ण रोजगार संतुलन में रोजगार बढ़ाने के लिए विनियोग बढ़ाना चाहिए।

   (ब) कीन्स के अनुसार जनता की नगदी की माँग ब्याज सापेक्ष होती है।

   (स) कीन्स के अनुसार ब्याज की दर में परिवर्तित होने पर विनियोग में भी वृद्धि होती है।

   (द) पूँजी की सीमांत उत्पादकता एक मनोवैज्ञानिक तथ्य है।

उत्तर—1. (अ). 2 (स)

OOO

17

मजदूरी-कीमत परिवर्तनशीलता तथा रोजगार
(Wage-Price Flexibility and Employment)

रोजगार के प्रतिष्ठित सिद्धान्त में हमने यह अध्ययन किया कि अर्थव्यवस्था में रोजगार लाने के लिये प्रतिष्ठित अर्थशास्त्री मजदूरी में कटौती करने का समर्थन किया है। परन्तु कीन्स ने बेरोजगारी की समस्या को हल करने के लिए मजदूरी में कटौती करने का विरोध किया और प्रभावपूर्ण माँग में वृद्धि करने का समर्थन किया है। अत: मजदूरी तथा रोजगार के सम्बन्ध में अध्ययन करने के लिए हम निम्नलिखित मतों का अध्ययन करेंगे–

I. प्रतिष्ठित मत (The Classical View)

II. कीन्स का मत (Keynesian View)

III. आधुनिक मत (Modern View)

I. प्रतिष्ठित मत
(The Classical View)

प्रतिष्ठित अर्थशास्त्रियों का विश्वास था कि अर्थव्यवस्था में सदैव पूर्ण रोजगार की स्थिति रहती है। बेरोजगारी होने पर मुद्रा मजदूरी में सामान्य कटौती अर्थव्यवस्था को पूर्ण रोजगार के स्तर पर ले जायेगी। इस सम्बन्ध में वे निम्नलिखित तर्क देते हैं–

1. श्रमिकों की माँग में वृद्धि (Increase in Worker's Demand)–प्रतिष्ठित मत इस मान्यता पर आधारित है कि मुद्रा मजदूरी सीधे और समानुपातिक तौर से **वास्तविक मजदूरी** से सम्बन्धित है।[1] इस जब **मुद्रा मजदूरी** में कटौती की जाती है तो वास्तविक मजदूरी भी उसी अनुपात में घट जाती है। वास्तविक मजदूरी के कम होने से मजदूरों की माँग बढ़ती है और रोजगार का विस्तार होता है, फलत: बेरोजगारी कम हो जाती है और पूर्ण रोजगार की स्थिति को प्राप्त किया जा सकता है।

---

1. **मौद्रिक या नकद मजदूरी और वास्तविक मजदूरी में अन्तर (Difference between Money wage and Real wage)**–नगद मजदूरी वह मजदूरी है, जो श्रमिकों को उसके काम के बदले में मुद्रा (ख्ष्ठद्व4) अर्थात् नगद के रूप में चुकाई जाती है। वास्तविक मजदूरी वह मजदूरी है, जो श्रमिकों को वस्तुओं व सेवाओं के रूप में प्राप्त होती है। वास्तविक मजदूरी का अनुमान लगाने के लिए नकद मजदूरी की कीमत स्तर से भाग कर दिया जाता है, अर्थात्

$$\text{वास्तविक मजदूरी (R)} = \frac{\text{नकद या मुद्रा मजदूरी}}{\text{कीमत स्तर}} \quad \frac{(W)}{(P)}$$

यदि वस्तुओं तथा सेवाओं की कीमतें बढ़ जायें तो मजदूरों की नकद मजदूरी बढ़ाने पर भी वास्तविक मजदूरी कम हो सकती है। और यदि कीमतें कम हो जायें तो नकद मजदूरी में किसी परिवर्तन के भी मजदूरों की वास्तविक मजदूरी अधिक हो जायेगी।

2. विनियोग में वृद्धि (Increase in Investment)–प्रतियोगी अर्थव्यवस्था में, जब मुद्रा मजदूरी में कटौती की जाती है तो उससे उत्पादन की लागत कम हो जाती है, फलतः वस्तुओं की कीमतें कम होती हैं। जब कीमतें कम हो जाती हैं तो वस्तुओं के लिए माँग बढ़ेगी और बिक्री में वृद्धि होगी। बढ़ी हुई बिक्री से अधिक श्रम को रोज़गार पर लगाना आवश्यक हो जायेगा और अन्ततः पूर्ण रोजगार प्राप्त हो जायेगा। इसे रेखाचित्र 1 द्वारा स्पष्ट किया किया जा सकता है। चित्र में–

(i) DD कुल माँग वक्र तथा SS पूर्ति वक्र है। बिन्दु A सन्तुलन बिन्दु है। बिन्दु A से ज्ञात होता है कि जब कीमतें OP हैं तो उत्पादन तथा रोजगार का स्तर OM है।

(ii) मजदूरी में कमी होने के कारण उत्पादन लागत कम होगी, इसके फलस्वरूप पूर्ति वक्र नीचे की ओर खिसककर S_1S_1 हो जायेगा अर्थात् पूर्ति में वृद्धि होगी तथा B नया सन्तुलन बिन्दु होगा। इससे ज्ञात होता है कि सन्तुलन की इस स्थिति में कीमत कम होकर OP_1 हो जायेगी तथा रोजगार बढ़कर ON हो जायेगा।

उपरोक्त विवरण से स्पष्ट है कि प्रतिष्ठित अर्थशास्त्रियों के अनुसार सामान्य नकद मजदूरी कटौती का रोजगार पर अनुकूल प्रभाव पड़ता है। नकद मजदूरी कम होने से वास्तविक मजदूरी कम होती है। मजदूरी में की जाने वाली कटौती रोजगार को बढ़ाती है। इसके विपरीत मजदूरी में होने वाली वृद्धि रोजगार को कम करती है।

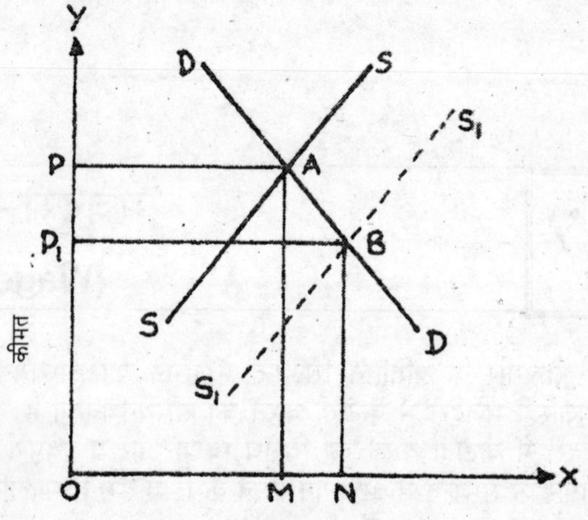

चित्र : 1

कीन्स द्वारा प्रतिष्ठित मत की आलोचनाएँ
(Keynes Criticism of the Classical View)

कीन्स तथा दूसरे आधुनिक अर्थशास्त्रियों ने मजदूरी तथा रोजगार के सम्बन्ध में प्रतिष्ठित दृष्टिकोण की आलोचना निम्नलिखित बिन्दुओं के आधार पर की है–

1. अव्यावहारिक (Impractical)–कीन्स ने बेरोजगारी को दूर करने के लिए मजदूरी-कटौती को अव्यावहारिक और अनैतिक माना। व्यावहारिक दृष्टि से यह एक अनुचित कदम है, क्योंकि श्रमिकों की सामूहिक सौदा-शक्ति में वृद्धि, श्रमिक संघ, बेकारी, बीमा तथा निम्नतम मजदूरी के नियम कुछ ऐसे उपाय हैं, जिनके कारण मजदूरी कटौती की कोई सम्भावना नहीं रहती।

2. आंशिक सन्तुलन विश्लेषण (Partial Equilibrium Analysis)–सिद्धान्त या तर्क के आधार पर मजदूरियों में कटौती से रोजगार में वृद्धि की सम्भावना नहीं है। एक विशिष्ट फर्म या उद्योग में प्रायः सम्भव हो सकता है, परन्तु सामान्य रूप में मजदूरी में कटौती करके बेरोजगारी दूर नहीं की जा सकती। मान लीजिये एक विशिष्ट उद्योग (खिलौने के उद्योग) में उत्पादकों द्वारा मौद्रिक मजदूरी में कटौती कर दी जाती है तो इसके परिणामस्वरूप खिलौना उद्योग की माँग में कमी नहीं आयेगी। इसका कारण यह है कि खिलौना उद्योग में लगे श्रमिक उन लोगों की संख्या का बहुत छोटा-सा भाग है, जो वास्तव में खिलौना खरीदते हैं। इस प्रकार खिलौना उद्योग में लगे श्रमिकों की मौद्रिक मजदूरी में कटौती करने से खिलाने की कुल माँग पर कोई प्रतिकूल प्रभाव नहीं पड़ेगा। इसका कारण यह है कि खिलौने की लगभग कुल माँग ऐसे व्यक्तियों से उत्पन्न होती है, जिनकी मौद्रिक मजदूरियों में कुछ की कटौती नहीं की गयी है, जिनकी आय में कोई भी कमी नहीं हुई है। इसके विपरीत संभावना इस बात की है कि खिलौने की उत्पादन लागत गिर जायेगी जिसके फलस्वरूप खिलौने की कीमत गिरेगी और उसकी बिक्री बढ़ जायेगी तथा अधिक संख्या में नये श्रमिकों को रोजगार मिल सकेगा।

इस प्रकार जब प्रतिष्ठित विश्लेषण एक ही उद्योग पर लागू किया जाता है, तब वह उस पर सही उतरता प्रतीत होता है। परन्तु प्रतिष्ठित अर्थशास्त्री विशिष्ट उद्योगों में मजदूरी कटौती के बजाय सामान्य मजदूरी कटौती में रुचि रखते हैं।

3. मजदूरी 'द्विगुण शस्त्र' (Double Edged Weapon)–जब मौद्रिक मजदूरी कटौती की अर्थव्यवस्था के सभी उद्योगों पर लागू किया जाता है जो प्रतिष्ठित अर्थशास्त्रियों का उपरोक्त तर्क सही नहीं उतरता, क्योंकि यदि समूची अर्थव्यवस्था पर मजदूरी कटौती लागू की जाती है तो सभी श्रमिकों की मजदूरियाँ उसी अनुपात में घट जायेंगी, जिनके फलस्वरूप अर्थव्यवस्था की कुल 'प्रभावपूर्ण माँग' भी घट जायेगी, क्योंकि अपने उपयोग हेतु वस्तुओं और सेवाओं को खरीदने के लिये श्रमिकों के पास क्रय शक्ति (आय) कम हो जाती है। इसमें कोई सन्देह नहीं कि सभी उद्योगों में सामान्य मजदूरी कटौती के परिणामस्वरूप लागत कम हो जायेगी और वस्तुओं की कीमतें भी गिर जायेंगी। इसके साथ ही साथ श्रमिकों की आय भी घट जायेगी और फलत: अर्थव्यवस्था की कुल माँग में भी कमी हो जायेगी। कीन्स ने मजदूरी को 'द्विगुण शस्त्र' माना है। मजदूरी कटौती से न केवल लागतें कम होती हैं, अपितु आय और क्रय-शक्ति में भी कमी होती है। प्रतिष्ठित अर्थशास्त्रियों ने मजदूरी के लागत पहलू की ओर और कीन्स ने मजदूरी के आय पहलू की ओर अधिक ध्यान दिया है। ध्यान रहे कि मजदूरियाँ उत्पादकों के लिये लागत की मद ही नहीं होंती, बल्कि मजदूरों के लिये माँग का स्रोत भी होती है।

4. मुद्रा मजदूरी तथा वास्तविक मजदूरी के बीच विपरीत सम्बन्ध (Inverse Relation between Money Wage and Real Wage)–इस प्रतिष्ठित मत के मुकाबले कि मुद्रा मजदूरी तथा वास्तविक मजदूरी के बीच प्रत्यक्ष तथा समानुपातिक सम्बन्ध होता है, कीन्स लक्ष्य करता है कि दोनों के बीच विपरीत सम्बन्ध (Inverse) होता है, उसके अनुसार जब मुद्रा मजदूरी घटती है तो वास्तविक मजदूरी बढ़ती है। इसका कारण यह है कि मुद्रा मजदूरी में कमी होने से कीमतों में समानुपातिक की अपेक्षा अधिक कमी होती है। जब कीमतें गिरती हैं, तो मुद्रा के मूल्य में वृद्धि के कारण, वास्तविक मजदूरी बढ़ जाती है। इसलिये यह सम्भव नहीं है कि जब मुद्रा मजदूरी दर गिरे तो वास्तविक मजदूरी घट जाये। अत: मजदूरी तथा वास्तविक मजदूरी के बीच गलत सम्बन्ध पर आधारित प्रतिष्ठित तर्क नहीं टिक पाता और मुद्रा मजदूरी में कटौती करके पूर्ण रोजगार स्तर नहीं उपलब्ध किया जा सकता।

5. मजदूरी कटौती का उपभोग की प्रवृत्ति पर पड़ने वाले प्रभाव की उपेक्षा (Effects of Wage Cuts on Propensity to Consume Ignored)–प्रो. पीगू की एक भूल यह भी रही कि उन्होंने उपभोग प्रवृत्ति पर मजदूरी-कटौती के पड़ने वाले प्रभावों की सर्वथा उपेक्षा कर दी, जबकि सच तो यह है कि प्रभावपूर्ण माँग, जो कि रोजगार का स्तर तय करती है स्वयं उपभोग एवं विनियोग पर होने वाले व्यय से प्रभावित होती है। मजदूरी की कटौती से रोजगार केवल तभी बढ़ सकता है जब इससे उपभोग में वृद्धि हो, पूँजी की सीमान्त कुशलता बढ़ जाये तथा ब्याज की दर घट जाये, लेकिन दुर्भाग्यपूर्ण बात तो यह है कि विश्लेषण की इन अगली कड़ियों पर पीगू महोदय अधिक गहराई पूर्वक चिन्तन ही नहीं कर सके।

6. मौद्रिक तथा राजकोषीय नीतियों की भूमिका (Role of Monetary and Fiscal Policies)–कीन्स प्रतिष्ठित मत की इस बात से भी सहमत नहीं हैं कि पूर्ण रोजगार स्तर लाने के लिए मुद्रा मजदूरी में कमी करना आवश्यक है। उनके अनुसार, मुद्रा-मजदूरी दरों को स्थिर रखकर, मौद्रिक तथा राजकोषीय नीतियों के माध्यम से पूर्ण रोजगार स्तर उपलब्ध किया जा सकता है।

7. सामाजिक न्याय (Social Justice)–सामाजिक न्याय के दृष्टिकोण से भी केवल श्रमिकों को मुद्रा मजदूरी में कटौती करना न्यायपूर्ण नहीं होगा, क्योंकि इससे अन्य वर्गों की जब आय अपरिवर्तित रहती है तो उनके जीवन स्तर में वृद्धि हो जायेगी। अत: कीन्स का मत है कि ''मन्दी के समय में मुद्रा की पूर्ति बढ़ाने की नीति को मजदूरी में कटौती की अपेक्षा अधिमान दिया जा सकता है, क्योंकि यदि यह मान लिया जाये कि मुद्रा मजदूरी स्थिर रहती है, तो इसका अर्थ होगा कि कीमतें बढ़ने पर सभी वर्गों के व्यक्तियों को वास्तविक आय में लगभग समान परिवर्तन सहन करना पड़ता है।''

II. कीन्स का मजदूरी तथा रोजगार सम्बन्धी सिद्धान्त (Keynesian Theory of Wage and Employment)

लार्ड कीन्स ने अपनी पुस्तक **'सामान्य सिद्धान्त'** में मजदूरी तथा रोजगार के सम्बन्ध में एक महत्त्वपूर्ण सिद्धान्त प्रस्तुत किया है। लार्ड कीन्स ने अपने सिद्धान्त में प्रतिष्ठित अर्थशास्त्रियों की इस धारणा का विरोध किया है कि नकद मजदूरी में कटौती करके रोजगार को बढ़ाया जा सकता है। कीन्स के सिद्धान्त को स्पष्ट रूप से समझने के लिए हम इसको दो भागों में बाँटकर अध्ययन करेंगे–

(1) मजदूरी तथा रोजगार सम्बन्धी कीन्स के विचार,

(2) नकद मजदूरी कटौती का रोजगार पर प्रभाव।

1. मजदूरी तथा रोजगार सम्बन्धी कीन्स के विचार (Keynes View on Wage and Employment)

कीन्स के द्वारा प्रतिपादित मजदूरी तथा रोजगार सम्बन्धी मुख्य विचार निम्नलिखित हैं–

1. वास्तविक मजदूरी तथा रोजगार (Real Wage and Employment)–इस सम्बन्ध में कीन्स के विचार प्रतिष्ठित अर्थशास्त्रियों के विचार के समान हैं। इनके अनुसार **वास्तविक मजदूरी** तथा रोजगार में विपरीत सम्बन्ध (Inverse Relationship) पाया जाता है। अन्य बातें समान रहने पर वास्तविक मजदूरी में कमी होने से रोजगार में वृद्धि तथा वास्तविक मजदूरी में वृद्धि होने से रोजगार में कमी होती है। अत: रोजगार को बढ़ाने के लिए वास्तविक मजदूरी में कटौती की जानी चाहिए।

2. मुद्रा या नकद मजदूरी तथा वास्तविक मजदूरी में विपरीत सम्बन्ध (Inverse Relation between Money Wage and Real Wage)–कीन्स ने यह स्पष्ट किया कि प्रतिष्ठित मत के विपरीत मुद्रा मजदूरी और वास्तविक मजदूरी में उल्टा सम्बन्ध होता है। उनके अनुसार जब मुद्रा घटती है तो वास्तविक मजदूरी बढ़ती है। इसका कारण यह है कि मुद्रा मजदूरी में कमी होने से कीमतों में समानुपातिक अपेक्षा अधिक कमी होती है। जब कीमतें गिरती हैं, तो मुद्रा के मूल्य में वृद्धि के कारण, वास्तविक मजदूरी बढ़ जाती है। इसलिए यह सम्भव नहीं है कि जब मुद्रा मजदूरी दर गिरे, तो वास्तविक मजदूरी घट जाये। स्पष्टत: मुद्रा मजदूरी और वास्तविक मजदूरी में उल्टा सम्बन्ध होता है।

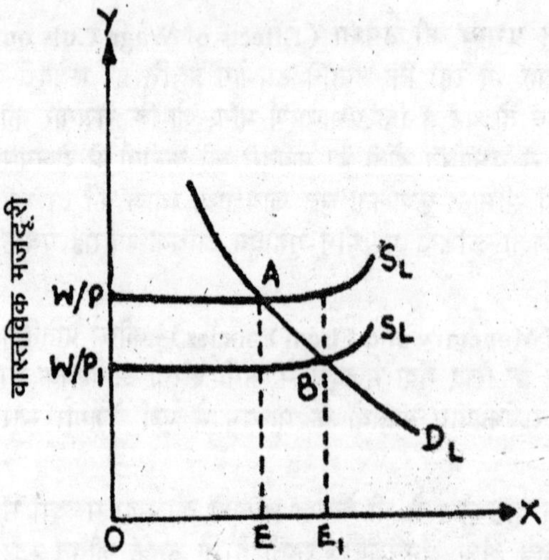

चित्र : 2

3. मुद्रा मजदूरी कटौती का विरोध (Opposition of Reduction in Money Wage.)–श्रमिकों को मुद्रा भ्रान्ति (Money Illusion) होती है। इसका अर्थ यह है कि श्रमिक मुद्रा मजदूरी में परिवर्तनों से अधिक सचेत रहते हैं। कीन्स के अनुसार श्रमिक मजदूरी में कटौती के विरुद्ध हमेशा आपत्ति करेंगे, परन्तु यदि मजदूरी से खरीदी जाने वाली वस्तुओं की कीमतें बढ़ जायेंगी (अर्थात् यदि वास्तविक मजदूरी कम हो जायेगी) तो श्रमिक इतना विचार नहीं करेंगे, क्योंकि कीमतों में वृद्धि के कारण समाज के सभी वर्ग एक साथ प्रभावित होते हैं। इसी तथ्य को चित्र–2 की सहायता से स्पष्ट किया गया है। चित्र–2 में–

(i) OX अक्ष पर रोजगार और OY अक्ष पर वास्तविक मजदूरी को मापा गया है।

(ii) DL और SL क्रमश: श्रम की माँग और श्रम की पूर्ति वक्र है।

(iii) श्रम के पूर्ति वक्र (SL) का ढलान एक सीमा तक चपटा है उसके बाद दायीं ओर ऊपर की ओर ढालू हो जाता है। इसका अर्थ यह है कि चपटे खण्ड में E_1 (पूर्ण रोजगार) स्तर पर कितने श्रमिक मजदूरी दर (W) पर कार्य

करने को तत्पर हैं, क्योंकि उन्हें इस मजदूरी दर पर कार्य करने की आदत पड़ चुकी है। अत: यदि उनकी वास्तविक मजदूरी कम भी हो जायेगी, तो भी वे मुद्रा-भ्रान्ति के अन्तर्गत काम करने को तैयार रहेंगे अर्थात् उनकी मुद्रा मजदूरी उतनी ही रहती है जितनी पहले थी, भले ही कीमत स्तर बढ़ गया हो। इस प्रकार पूर्ण रोजगार स्तर E_1 तक उसी मुद्रा मजदूरी दर पर और अधिक श्रमिक रोजगार में लाये जा सकते हैं परन्तु E_1 स्तर के बाद श्रम की पूर्ति के लिये श्रमिक अधिक मजदूरी की माँग करेंगे। यही कारण है कि श्रम पूर्ति वक्र ऊपर की ओर मुड़ जाता है।

(iv) W/P मजदूरी दर पर OE श्रमिक कार्यरत हैं, क्योंकि श्रम की माँग वक्र (DL) और पूर्ति वक्र (SL) एक-दूसरे को A बिन्दु पर काटते हैं। कीन्स के अनुसार यह अल्प रोजगार सन्तुलन है, क्योंकि यहाँ पर EE_1 तक श्रमिक अनिच्छापूर्वक बेरोजगार रहते हैं।

(1) जब कीमत स्तर बढ़कर P_1 स्तर तक पहुँच जाता है तो वास्तविक मजदूरी दर घटकर W/P_1 हो जाती है और श्रम पूर्ति वक्र नीचे को सरक जाता है जबकि मुद्रा भ्रान्ति के कारण श्रमिक उसे देख नहीं पाते। इस मजदूरी दर पर, बिन्दु B पर नया सन्तुलन स्थापित हो जाता है, जहाँ फर्मों की ओर से श्रम की माँग DL श्रम की पूर्ति SL के बराबर हो जाती है और श्रमिक उसी मजदूरी दर (W) पर काम करने को तैयार हैं। इस प्रकार E_1 स्तर पर श्रम पूर्ण रोजगार युक्त है।

4. लोचपूर्ण मौद्रिक तथा राजकोषीय नीति (Flexible Monetory and Fiscal Policy)–कीन्स के अनुसार रोजगार में वृद्धि करने के लिए नकद मजदूरी में कटौती करना आवश्यक नहीं है। नकद मजदूरी को स्थिर रखते हुए यदि प्रभावपूर्ण माँग को बढ़ा दिया जाये तो रोजगार की मात्रा में वृद्धि की जा सकती है। प्रभावपूर्ण माँग को बढ़ाने के लिए कीन्स ने यह सुझाव दिया था कि सरकार अपनी मौद्रिक राजकोषीय नीतियों में आवश्यकता के अनुसार परिवर्तन करे। इस प्रकार कीन्स के अनुसार मजदूरी की लोचपूर्ण नीति के स्थान पर लोचपूर्ण मौद्रिक तथा राजकोषीय नीति प्रभावपूर्ण माँग तथा रोजगार को बढ़ाने के लिये अधिक उपयुक्त है।

5. मजदूरी के लागत तथा आय रूप (Cost and Income Aspect Wages)–कीन्स का यह भी विचार था कि मजदूरी एक दोधारी तलवार (Double Edged Weapon) है। इसका उत्पादन की लागत तथा मजदूर की आय दोनों पर ही प्रभाव पड़ता है। मजदूरी में कटौती होने के फलस्वरूप एक ओर यदि उत्पादन लागत में कमी होती है तो दूसरी ओर मजदूरों की आय में भी कमी हो जाती है। अत: मजदूरी में की जाने वाली कटौती का **प्रभावपूर्ण माँग** पर अनुकूल प्रभाव नहीं पड़ेगा।

उपर्युक्त विवेचन से स्पष्ट है कि वास्तविक मजदूरी में कटौती से सम्बन्धित प्रतिष्ठित तथा कीन्स के दृष्टिकोण में अन्तर इस बात से निहित है कि प्रतिष्ठित अर्थशास्त्री मुद्रा मजदूरी के लचीलेपन में विश्वास रखते थे और वे मुद्रा मजदूरी में कटौती के माध्यम से वास्तविक मजदूरी में कटौती करने के समर्थ थे। इसके विपरीत कीन्स का मत है कि प्रभावपूर्ण माँग और रोजगार को बढ़ाकर ही वास्तविक मजदूरी घटाई जा सकती है। इसके विपरीत नहीं अर्थात् यह नहीं कि पहले वास्तविक मजदूरी घटाई जाये और बाद में प्रभावपूर्ण माँग और रोजगार बढ़े। साथ ही कीन्स की यह भी मान्यता है कि **मुद्रा मजदूरी लचीली नहीं होती** जिसके लिए कई कारण उत्तरदायी हैं–

(i) ''शक्तिशाली ट्रेड यूनियनें, जो कम से कम अस्थायी तौर पर, मुद्रा मजदूरी को गिरने से रोक हीं सकती है।''

(ii) वैधानिक उपबन्ध (Statutory Provisions) जैसे न्यूनतम मजदूरी कानून,

(iii) वफादार तथा अनुभवी श्रमिकों को रखने और नैतिक मनोबल बनाये रखने की इच्छा से मालिक मजदूरी न घटा पाये अथवा

(iv) बेरोजगार मजदूर कम मजदूरी पर काम करने को तैयार न हों, भले ही वे कीमतें बढ़ने के परिणामस्वरूप घटी हुई वास्तविक मजदूरी पर काम करने को तैयार हों।'' अत: कीन्स ने लचीली मुद्रा मजदूरी सिद्धान्त को रद्द कर दिया।

सामान्य मजदूरी कटौती का रोजगार पर प्रभाव
(Effect of General Wage Cut on Employment)

कीन्स के मजदूरी तथा आय सम्बन्धी विश्लेषण का सबसे अधिक महत्त्वपूर्ण भाग यह है कि **मजदूरी में कटौती करने का रोजगार के निर्धारक तत्त्वों पर क्या प्रभाव पड़ता है। रोजगार मुख्य रूप से प्रभावपूर्ण माँग पर निर्भर करता है।** प्रभावपूर्ण माँग चार बातें पर निर्भर करती है–

1. उपभोग प्रवृत्ति (Propensity to Consume)
2. पूँजी की सीमान्त उत्पादकता (Marginal Efficiency of Capital)
3. ब्याज की दर (Rate of Interest)
4. सार्वजनिक ऋण (Public Debt)

1. उपभोग प्रवृत्ति (Propensity to Consume)

नकद मजदूरी में की जाने वाली कटौती का उपभोग प्रवृति पर पड़ने वाले प्रभाव के सम्बन्ध में प्रतिष्ठित अर्थशास्त्रियों तथा कीन्स के पृथक-पृथक विचार हैं। अत: किसी निष्कर्ष पर पहुँचने से पूर्व इन दोनों विचारों का विश्लेषण करना आवश्यक है–

1. प्रतिष्ठित विचारधारा अथवा पीगू प्रभाव (Classical View or Pigou Effect)–प्रतिष्ठित विचारधारा के प्रतिनिधि प्रो. पीगू के अनुसार मजदूरी कटौती का उपभोग पर अनुकूल प्रभाव पड़ता है, क्योंकि मजदूरी कटौती से लागत में कमी आती है। लागत की कमी के कारण कीमतों में कमी आती है। फलत: लोगों की **तरलता परिसम्पत्ति (Liquid Assets)** अर्थात् नकदी, बैंक जमा, सरकारी प्रतिभूतियों आदि का वास्तविक मूल्य बढ़ जायेगा। इसके फलस्वरूप इन परिसम्पत्तियों के स्वामी अधिक धनवान हो जायेंगे। ये लोग उपभोग वस्तुओं पर अधिक व्यय करेंगे, फलस्वरूप उपभोग प्रवृत्ति में वृद्धि होगी।

मजदूरी में होने वाली कटौती का लोगों की परिसम्पत्तियों (Assets) पर पड़ने वाले प्रभाव को **पीगू प्रभाव** कहा जाता है। परन्तु आधुनिक अर्थशास्त्री 'पीगू प्रभाव' की दो कारणों से आलोचना करते हैं, **एक** तो अर्थव्यवस्था में अधिकतर लोगों के पास नकद परिसम्पत्ति का अभाव पाया जाता है, इसलिए उनके सम्बन्ध में तो पीगू के प्रभाव के लागू होने का प्रश्न ही नहीं उत्पन्न होता। **दूसरे** जिन लोगों के पास परिसम्पत्ति होती है, उन लोगों की **संचय प्रवृत्ति (Hoarding Propensity)** भी उसी अनुपात में बढ़ने लगती है, जिस अनुपात में परिसम्पत्ति का वास्तविक मूल्य बढ़ता है। फलत: उपभोग प्रवृत्ति में वृद्धि नहीं होने पाती।

2. कीन्स की विचारधारा (Keynesian View)–कीन्स का विचार है कि मजदूरी घटने से आय का पुनर्वितरण अमीर वर्ग के पक्ष में होता है। कारण यह है कि जिन लोगों की आय का माध्यम मजदूरी है, मजदूरी कटौती के कारण उनकी आय पर्याप्त गिर जाती है, परन्तु उत्पत्ति के अन्य स्वामियों के साधनों की आय जैसे कि ब्याज, किराया आदि में कटौती नहीं होती, उनकी दर वही रहती है और हो सकता है कि उनकी दर में वृद्धि हो जाये। परिणामस्वरूप आय निर्धन वर्ग से (जिनकी उपभोग प्रवृत्ति अधिक होती है) हट कर धनी वर्ग के पास (जिनकी उपभोग प्रवृत्ति कम होती है) हस्तांतरित हो जाती है। स्पष्ट है कि जिस अनुपात में श्रमिक वर्ग के उपभोग में कमी होती है, उसी अनुपात में धनी वर्ग के व्यक्तियों के उपभोग में वृद्धि न होने के कारण कुल उपभोग में कमी हो जायेगी, जिससे उत्पादन तथा रोजगार पर प्रतिकूल प्रभाव पड़ेगा। इस प्रकार मजदूरी कटौती का उपभोग पर अनुकूल प्रभाव नहीं पड़ेगा, जैसा कि प्रतिष्ठित अर्थशास्त्रियों का विचार था।

अत: उपर्युक्त विवेचन से स्पष्ट है कि कीन्स के अनुसार नकद मजदूरी में कटौती होने के कारण उपभोग में कमी हो जाती है। उपभोग में कमी के कारण प्रभावपूर्ण माँग कम होती है। प्रभावपूर्ण कम होने के फलस्वरूप रोजगार बढ़ने के स्थान पर घटता है।

2. पूँजी की सीमान्त उत्पादकता (Marginal Efficiency of Capital)

हम जानते हैं कि पूँजी की सीमान्त उत्पादकता (MEC) के बढ़ने से विनियोग में वृद्धि होती है, फलत: रोजगार बढ़ता है। परन्तु MEC में कमी होने से विनियोग तथा रोजगार दोनों ही घट जाते हैं। इससे यह निष्कर्ष निकलता है कि यदि मुद्रा मजदूरी में कटौती करने के कारण पूँजी की सीमान्त उत्पादकता में वृद्धि होती है तो रोजगार बढ़ेगा अन्यथा यह कम हो जायेगा। प्रो. कीन्स के अनुसार मुद्रा या नकद मजदूरी में कटौती होने पर MEC पर प्रतिकूल प्रभाव पड़ता है। फलत: विनियोग तथा रोजगार दोनों ही कम हो जाते हैं। इस सम्बन्ध में प्रो. कीन्स ने निम्नलिखित तर्क दिये हैं–

(अ) यदि मजदूरी में एक बार कटौती हो जाये तो उत्पादक उस कटौती का लाभ उठाने के लिए विनियोग में वृद्धि करेंगे, जिसका रोजगार पर अनुकूल प्रभाव पड़ेगा। परन्तु पूँजीवादी अर्थव्यवस्था में ऐसा नहीं हो पाता। इन अर्थव्यवस्थाओं

में इस बात की कोई गारन्टी नहीं होती कि एक मजदूरी कटौती के बाद दूसरी मजदूरी कटौती नहीं होगी, क्योंकि इन अर्थव्यवस्थाओं में श्रमिकों और पूँजीपतियों के हितों में सदैव संघर्ष चलता रहता है। अत: पूँजीपति या उत्पादक अपने विनियोग को इस आशा से स्थापित कर देते हैं कि भविष्य में मजदूरी और अधिक कम हो जायेगी। इसका **पूँजी की सीमान्त उत्पादकता, विनियोग तथा रोजगार पर प्रतिकूल प्रभाव पड़ता है।**

(ब) कीन्स के अनुसार जब नकदी मजदूरी में कटौती की जाती है तो मजदूर संगठित रूप से इस कटौती का विरोध करते हैं, जिससे श्रमिकों और सेवायोजकों में संघर्ष आरम्भ हो जाते हैं। देश का औद्योगिक वातावरण दूषित हो जाता है। उत्पादकों की लाभ प्राप्त करने की आशाएँ तक सीमान्त उत्पादकता कम हो जाती हैं। अत: विनियोग कम किया जाता है, जिससे रोजगार कम हो जाता है। फलत: नकद मजदूरी में कटौती किये जाने का पूँजी की सीमान्त उत्पादकता पर प्रतिकूल प्रभाव पड़ता है।

3. ब्याज की दर (Rate of Interest)

मजदूरी कटौती के कारण सामान्यतया ब्याज की दर कम हो जाती है, जिसके कारण विनियोग तथा रोजगार में वृद्धि होती है। इसका स्पष्टीकरण इस प्रकार किया जा सकता है कि जब समान मजदूरी दर घटने से कीमत स्तर में कमी आती है तो सौदा उद्देश्य के लिये मुद्रा की माँग कम हो जाती है। यदि मुद्रा की कुल पूर्ति पूर्ववत् बनी रहती है तो इसका अर्थ यह हुआ कि सट्टा उद्देश्य के लिये अधिक मुद्रा प्राप्त हो सकेगी। इसका प्रभाव यह होगा कि सट्टा उद्देश्य के लिये मुद्रा की पूर्ति मुद्रा की माँग से अधिक हो जायेगी। अत: ब्याज की दर घट जायेगी। ब्याज की दर घटने से विनियोग और रोजगार में वृद्धि होगी। कीमत में कमी होने के कारण, ब्याज की दर में होने वाली कमी के फलस्वरूप रोजगार पर पड़ने वाले प्रभाव को **कीन्स प्रभाव (Keynes Effect)** कहते हैं। परन्तु इस सम्बन्ध में निम्नलिखित बातें उल्लेखनीय हैं–

(अ) ब्याज की दर केवल सट्टा उद्देश्य पर ही निर्भर नहीं करती है, बल्कि तरलता पसंदगी वक्र के स्वरूप पर भी निर्भर करती है। अधिकांशत: यह पाया जाता है कि ब्याज के दर का एक निश्चित सीमा के पश्चात तरलता पसंदगी वक्र पूर्णत: लोचदार हो जाता है अर्थात् **जाल या बन्ध (Liquidity Trap)** की स्थित उत्पन्न हो जाती है।

(ब) यदि ब्याज की दर में बहुत कमी हो भी जाये तो MEC वक्र के लोचदार होने के फलस्वरूप विनियोग पर इसका बहुत कम प्रभाव पड़ेगा।

(स) ब्याज की दर एक मौद्रिक विषय है और ब्याज कुल निर्धारण मुद्रा की माँग और मुद्रा की पूर्ति द्वारा होता है, अत: ब्याज की दर को कम करने का उचित उपाय मजदूरी कटौती नहीं है बल्कि उचित मुद्रा नीति द्वारा मुद्रा की पूर्ति में वृद्धि करना है।

अत: कहा जा सकता है कि मजदूरी कटौती और ब्याज की दर में ऐसा कोई प्रत्यक्ष और विशेष सम्बन्ध नहीं है, जिसके कारण मजदूरी में कटौती करके ब्याज की दर को कम किया जा सके और रोजगार को बढ़ाया जा सके।

4. मजदूरी तथा सार्वजनिक ऋण (Wages and Public Debt)

मजदूरी में कटौती तथा कीमतों में कमी के कारण सार्वजनिक ऋण के **वास्तविक भार (Real Burden)** में वृद्धि होती है और उद्योगपतियों के लिए ऋण चुकाने कठिन हो जाते हैं। इससे **राष्ट्रीय ऋण (National Debt)** का भार भी बढ़ता है और सरकार को इसे चुकाने के लिये करों की दरों में वृद्धि करनी पड़ती है। अत: मजदूरी कटौती के कारण पूँजी की सीमान्त उत्पादकता तथा विनियोग पर यदि कोई अनुकूल प्रभाव होते भी हैं, तो वह सार्वजनिक तथा निजी ऋण के अधिक भार के कारणों से विफल हो जाते हैं।

उपर्युक्त विवेचन से स्पष्ट है कि रोजगार में वृद्धि के लिये मजदूरी में कटौती कोई उचित उपाय नहीं है, क्योंकि इससे प्रभावपूर्ण माँग या इसके किसी आवश्यक अंग जैसे उपभोग, विनियोग आदि पर कोई प्रतिकूल प्रभाव नहीं पड़ता। जब एक सामान्य मजदूरी नीति का अनुकरण किया जाता है तो यह भी सम्भव है कि आय का स्तर गिर जाये और रोजगार के स्तर पर कोई प्रभाव न पड़े। इसी तथ्य को नीचे रेखाचित्र 3 की सहायता से स्पष्ट किया गया है–

(1) चित्र में DL श्रमिक की माँग को दर्शाता है, जो प्रभावपूर्ण माँग (जिसे Y द्वारा दर्शाया गया है) के घटने-बढ़ने से स्थान परिवर्तन करता है अर्थात् नीचे ऊपर होता है।

(2) मान लीजिये कि मजदूरी दर में कटौती की जाती है और यह गिरकर W से W_1 हो जाती है, जिसके फलस्वरूप 'प्रभावपूर्ण माँग' (Y) में भी अनुपात से परिवर्तन होता है और यह गिरकर Y से Y_1 हो जाता है। स्पष्ट है कि W से W_1 पर मजदूरी में कटौती के बावजूद भी रोजगार पर कोई प्रभाव नहीं पड़ा, क्योंकि मजदूरी कटौती के पहले भी रोजगार OM_1 था और बाद में भी OM_1 ही है।

अत: स्पष्ट है कि कीन्स के अनुसार रोजगार में वृद्धि के लिये प्रभावपूर्ण माँग में वृद्धि आवश्यक है न कि मजदूरी में कटौती।

इस प्रकार उनके अनुसार बेरोजगारी का मुख्य कारण मजदूरी की ऊँची दर नहीं, अपितु प्रभावपूर्ण माँग में कमी है। पूर्ण रोजगार स्थापित करने के लिए मजदूरी की दर में कटौती के बजाय प्रभावपूर्ण माँग को छेड़ना अधिक लाभदायक है। अत: मजदूरी कटौती का प्रभावपूर्ण माँग व उसके तत्त्वों पर क्या प्रभाव पड़ता है इसका अध्ययन करना आवश्यक है।

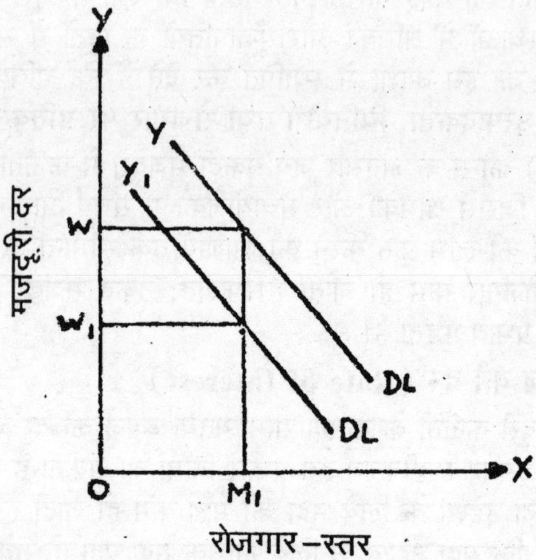

चित्र : 3

III. पीगू का मत
(Pigou's View)
अथवा
पीगू प्रभाव या धन प्रभाव
(Pigou Effect or Wealth Effect)

पीगू प्रभाव की प्रस्थापना ए. सी. पीगू ने 1943 में **कीन्स** के इस तर्क का खण्डन करने के लिए की थी कि **मजदूरी कीमत अवस्फीति (Price Deflation)** अपने आप पूर्ण रोजगार की स्थिति नहीं ला सकती।

पीगू का कहना था कि नकद मजदूरी के कम हो जाने का उपभोग प्रवृत्ति पर एक और प्रकार से प्रभाव पड़ेगा, जो उपभोग प्रवृत्ति को पहले की अपेक्षा **बढ़ा देगा**, जिसकी **ओर कीन्स** ने सर्वथा ध्यान नहीं दिया है।

पीगू का मत है कि मजदूरी कीमत अवस्फीति उपभोग का स्तर बढ़ाकर अपने आप पूर्ण रोजगार को लायेगी। उसका कहना है कि जब मुद्रा घटती है तो कीमतें गिरती हैं और मुद्रा का मूल्य बढ़ जाता है। मुद्रा का मूल्य बढ़ने का मतलब है– इस तरह की परिसम्पत्तियों के वास्तविक मूल्य में वृद्धि। वास्तव में लोगों के पास प्राय: कई प्रकार की मुद्रा परिसम्पत्तियाँ (Money Assets) होती है, जैसे–बैंक जमा (Bank Deposits), सरकारी प्रतिभूतियाँ (Government Securities) या ऋण पत्र (Debentures)। सम्पूर्ण अर्थव्यवस्था में नकद मजदूरी कम करने पर आय कीमतें भी गिर जाती हैं अर्थात् मुद्रा का मूल्य बढ़ा जाता है। ऐसा होने पर मुद्रा परिसम्पत्तियों की मात्रा भले ही उतनी रहे, उनका वास्तविक मूल्य (Real Value) बढ़ जाता है। उदाहरण के लिए, यदि कीमतें 50 प्रतिशत गिर जायें तो प्रत्येक रुपये का वास्तविक मूल्य दोगुना हो जायेगा, क्योंकि उससे पहले की अपेक्षा दोगुना क्रय किया जा सकता है। इस प्रकार स्थिर परिसम्पत्तियों के मूल्य में वृद्धि होने से उनके मालिक अपने को पहले से अधिक धनी महसूस करेंगे। इसलिए वे अपनी चालू आय में से कम बचत करेंगे और उपभोग पर अधिक खर्च करेंगे। इससे समस्त माँग और उत्पादन बढ़ेंगे और अर्थव्यवस्था में अपने आप पूर्ण रोजगार होगा। **पीगू प्रभाव** के परिणामस्वरूप उपभोग फलन ऊपर की ओर सरकेगा (अथवा बचत फलन नीचे को सरकेगा) IS फलन की शब्दावली में इसका मतलब यह है कि IS वक्र दाईं और सरक जाता है।

संक्षेप में, **मजदूरी में होने वाली कटौती का लोगों की परिसम्पत्तियों (Assets) पर पड़ने वाले प्रभाव को पीगू प्रभाव या धन प्रभाव कहा जाता है। इसे वास्तविक बैलेन्स प्रभाव (Real Balance Effect) भी कहते हैं।**

रेखाचित्र द्वारा स्पष्टीकरण (Diagrammatic Representation)

पीगू प्रभाव को संक्षेप में रेखाचित्र 4 की सहायता से स्पष्ट किया गया है। चित्र 4 के भाग (A) में हम मान लेते हैं कि अर्थव्यवस्था OY_1 आय के स्तर पर है। इस साम्य आय का निर्धारण IS_1 तथा LM_0 फलन E_1 बिन्दु पर निर्धारित करते हैं।

अब मान लीजिए मजदूरी कीमत अवस्फीति शुरू होती है जो उपभोग फलन को बढ़ाती है जिससे IS_1 फलन विवर्तित होकर दायीं तरफ IS_2 पर चला जाता है।

LM_0 फल दिया हुआ होने पर IS_2 फलन E_2 बिन्दु पर LM_0 फलन को काटता है। फलतः उपभोग फलन IS_3 आय स्तर (OY_1) को बढ़ाकर पूर्ण रोजगार स्तर OY_F पर पहुँचा देता है।

चित्र का (B) भाग यह प्रदर्शित करता है कि जब मुद्रा मजदूरी गिरने से कीमत स्तर OP_3 से गिरकर OP_1 हो जाता है तो **पीगू प्रभाव** के मार्ग से कुल माँग में वृद्धि से आय OY_1 से बढ़कर पूर्ण रोजगार स्तर OY_F पर पहुँच जाता है, जिसे नीचे की ओर कुल माँग वक्र AD द्वारा दर्शाया गया है।

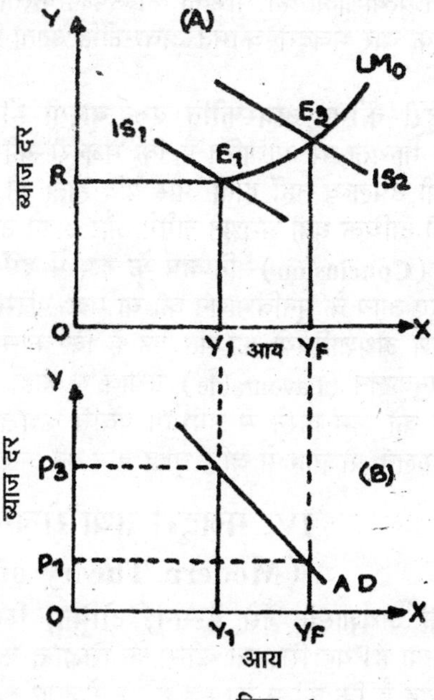

चित्र : 4

मान्यताएँ (Assumptions)—पीगू प्रभाव दो महत्त्वपूर्ण मान्यताओं पर आधारित है–

पीगू प्रभाव में महत्त्वपूर्ण बात यह है कि यह दो मान्यताओं पर आधारित है। एक लचीला मजदूरी तथा कीमत स्तर और दूसरा, मुद्रा का स्थिर स्टॉक। इसलिए जब स्थिर परिसम्पत्तियों का वास्तविक मूल्य बढ़ता है तो उपभोग बढ़ने या बचत घटने से केवल IS वक्र ही दायें को सरकता है। मुद्रा के स्थिर स्टॉक की मान्यता के कारण LM वक्र दिया हुआ मान लिया गया है। इसका कारण यह है कि पीगू का विश्लेषण पूर्ण रूप से स्थैतिक है।

आलोचनाएँ (Criticisms)

पीगू के विश्लेषण के विरुद्ध निम्नलिखित आलोचनाएँ की जाती हैं–

1. नकद परिसम्पत्तियों का अभाव (Lack of Liquid Assets)—आलोचकों का कहना है कि अर्थव्यवस्था में अधिकतर लोगों के पास नकद परिसम्पत्ति का अभाव पाया जाता है। अतः उनके सम्बन्ध में तो पीगू के प्रभाव के लागू होने का प्रश्न ही नहीं उठता।

2. संचय प्रवृत्ति (Hoarding Propensity)—आलोचकों का मत है कि जिन लोगों के पास परिसम्पत्ति होती है, उन लोगों की संचय प्रवृत्ति (Hoarding Propensity) भी उसी अनुपात में बढ़ने लगती है, जिस अनुपात में परिसम्पत्ति का वास्तविक मूल्य बढ़ता है। फलतः उपभोग प्रवृत्ति में वृद्धि नहीं होने पाती।

3. स्थैतिक प्रकृति (Static Nature)—पीगू प्रभाव स्थैतिक विश्लेषण है, जो मुद्रा के स्टॉक को स्थिर मानकर चलता है। मुद्रा के स्थिर स्टॉक की मान्यात के कारण LM वक्र दिया हुआ मान लिया गया है। इसका कारण यह है कि पीगू का विश्लेषण पूर्ण रूप से स्थैतिक है।

4. बचतों पर प्रभाव की अनिश्चितता (Uncertainty of Effect on Savings)—पीगू विश्लेषण की आलोचना उसकी इस मान्यता की भी की जाती है कि उपभोक्ताओं को कीमत की कमी का वास्तविक शेषों में वृद्धि (बचत) के प्रभाव का निश्चित ज्ञान रहता है, जबकि वास्तविकता यह है कि इस प्रभाव के बारे में उन्हें कुछ भी ज्ञान नहीं रहता।

5. मापन की कठिनाई (Difficulty of Measurement)–पीगू प्रभाव को मात्रात्मक रूप से मापना कठिन है अर्थात् कीमत स्तर में किसी दी हुई कमी के मुकाबले उपभोग व्यय कितना बढ़ेगा।

6. कीमत प्रत्याशाओं की उपेक्षा (Neglect of Price Expectations)–पीगू प्रभाव की एक और कमी यह है कि यह कीमत प्रत्याशाओं की भूमिका की उपेक्षा करता है। व्यवहार में यह नहीं होता कि कीमत-स्तर एक ही बार गिरे, बल्कि जब एक बार मजदूरी-कीमत अवस्फीति आती है तो वह कीमतों को और आगे गिरने की प्रत्याशाएँ उत्पन्न कर देती है।

7. मजदूरी-कीमत अवस्फीति एक बारगी ही नहीं (Wage-Price Deflation not once for all)–पीगू विश्लेषण इस मान्यता पर आधारित है कि मजदूरी-कीमत स्तर में कमी एक बार ही होती है। व्यवहार में सदा के लिए कीमत में कमी उपलब्ध नहीं होती और यदि होती भी हो तो यह मान लेना तर्कसंगत नहीं है कि एकल कीमत पर ही लोग अपने को अधिक धनी समझने लगेंगे और अपने उपभोग व्यय को बढ़ा देंगे।

निष्कर्ष (Conclusion)–निष्कर्ष के रूप में हमें यह देखना है कि उपभोग प्रवृत्ति पर नकद मजदूरी तथा कीमतों के गिरने से हुए आय के पुनर्विभाजन का या मुद्रा-परिसम्पत्तियों के वास्तविक मूल्य में बढ़ जाने का प्रभाव बलवान है या नहीं। अधिकांश अर्थशास्त्रियों का मत यह है कि कीन्स द्वारा बताया गया प्रतिकूल (Unfavourable) प्रभाव **पीगू** द्वारा बताये गये अनुकूलन (Favourable) प्रभाव से कहीं अधिक बलवान है, जिससे हम इस परिणाम पर पहुँचते हैं कि नकद मजदूरी को कम करने से उपभोग प्रवृत्ति कम होती है और ऐसा होने से अर्थव्यवस्था की समस्त माँग कम हो जायेगी और फलतः रोजगार में वृद्धि वृद्धि होने की आशा नहीं की जा सकती।

IV. मजदूरी तथा रोजगार सम्बन्धी आधुनिक सिद्धान्त (Modern Theory of Wages and Employment)

आधुनिक अर्थशास्त्री जैसे **हैन्सन, टोबिन, स्मिथीज, लियोनटीफ** आदि ने मजदूरी का आधुनिक सिद्धान्त प्रतिपादित किया है। यह सिद्धान्त कीन्स के सिद्धान्त का एक परिवर्तित रूप है। इस सिद्धान्त तथा कीन्स के सिद्धान्त का मुख्य अन्तर यह है कि कीन्स का मत है कि रोजगार की मात्रा में वृद्धि होने के फलस्वरूप वास्तविक मजदूरी में कमी हो जाती है। परन्तु आधुनिक सिद्धान्त के अनुसार रोजगार में वृद्धि होने के फलस्वरूप वास्तविक मजदूरी में कमी होना आवश्यक नहीं है। अन्य शब्दों में आधुनिक अर्थशास्त्रियों का मत है कि निम्नलिखित कारणों से वास्तविक मजदूरी को कम किये बिना ही प्रभावपूर्ण माँग और रोजगार में वृद्धि की जा सकती है–

(i) वस्तु की कीमत का निर्धारण औसत लागत के आधार पर (Determination of Price of a Commodity on the Basis of AC)–प्रत्येक उत्पादक अपनी वस्तु की कीमत सीमान्त लागत (Marginal Cost) के स्थान पर एक सीमा तक औसत लागत (Average Total Cost) के आधार पर निश्चित करता है। जब उत्पादन में वृद्धि की जाती है तो एक सीमा तक अनेक प्रकार की मितव्ययितायें प्राप्त होती हैं। फलतः औसत लागत कम होती जाती है। औसत लागत में यह कमी तब तक होती रहती है जब तक कि सीमान्त लागत (MC) बढ़ते-बढ़ते औसत लागत (AC) से अधिक नहीं हो जाती है। इस अवस्था तक पहुँचने के पूर्व उत्पादन तथा रोजगार में पर्याप्त विस्तार किया जा सकता है। उत्पादन में की जाने वाली वृद्धि के कारण कीमतें बढ़ने के स्थान पर कम हो जाती हैं। अतः उत्पादन में वृद्धि के साथ-साथ कीमतों का बढ़ना आवश्यक नहीं है।

(ii) अल्पकाल में भी उत्पादन तकनीक में परिवर्तन (Changes in Production Technique in Short Period)–**कीन्स** का मजदूरी तथा रोजगार सिद्धान्त इस मान्यता पर आधारित है कि अल्पकाल में उत्पादन के संगठन तथा तकनीक में कोई सुधार नहीं होता अतः अल्पकाल में सीमान्त लागत में वृद्धि हो जाती है। परन्तु आधुनिक अर्थशास्त्री कीन्स के इस तर्क से सहमत नहीं हैं। उनका कहना है कि अल्पकाल में भी उत्पादन की तकनीक में निरन्तर परिवर्तन होते रहते हैं जिसके फलस्वरूप उत्पादन बढ़ाने पर सीमान्त लागत नहीं बढ़ती।

(iii) सीमान्त लागत वक्र का चपटा स्वरूप (Flat Form of Curve MC)–कीन्स की इस विचारधारा से भी आधुनिक अर्थशास्त्री सहमत नहीं हैं कि उत्पादन में थोड़ी-सी वृद्धि होने पर भी सीमान्त लागत वक्र ऊपर की ओर उठने लगता है। कारण यह है कि वास्तविक जीवन में उत्पादन में जब वृद्धि की जाती है तो सीमान्त लागत वक्र कुछ समय तक चपटा ही बना रहता है, जिससे वह सिद्ध होता है कि उत्पादन में वृद्धि होने पर काफी सीमा तक लागतें स्थिर रहती हैं।

आधुनिक अर्थशास्त्रियों का यह भी मत है कि अल्पकाल में भी बचतों के कारण सीमान्त लागत वक्र काफी सीमा तक नीचे गिरता रहता है। अत: श्रमिकों की वास्तविक मजदूरी कम होने की बजाय बढ़ जाती है। आधुनिक अर्थशास्त्री यह नहीं मानते कि रोजगार और वास्तविक मजदूरी में विपरीत सम्बन्ध होता है।

(iv) कुशल मजदूरी की अवधारणा (Concept of Efficiency Wages)–प्रो. हैन्सन के अनुसार कीन्सोत्तर अर्थशास्त्री नकद मजदूरी तथा वास्तविक मजदूरी की धारणाओं के स्थान पर 'कुशलतम मजदूरी' (Efficiency Wages) की धारणा को अधिक महत्त्व देते हैं। कुशलतम मजदूरी से आशय नकद मजदूरी तथा उत्पादकता के अनुपात से है;

$$\text{कुशलतम मजदूरी (We)} = \frac{\text{नकद मजदूरी}}{\text{श्रम की उत्पादकता}} \quad \frac{(W)}{(E)}$$

यदि नकद मजदूरी के बढ़ने के साथ-साथ उत्पादकता में भी उतनी ही वृद्धि होती है तो कुशलतम मजदूरी स्थिर रहेगी। ऐसी स्थिति में कीमतें भी लगभग स्थिर रहेंगी तथा नकद मजदूरी में वृद्धि होने के फलस्वरूप वास्तविक मजदूरी भी बढ़ेगी।

प्रो. हैन्सन के शब्दों में, ''अल्पकाल में आधुनिक मजदूरी सिद्धान्त के अनुसार मजदूरी नीति का उपयुक्त उद्देश्य कुशलतम मजदूरी को स्थिर रखना है।'' दीर्घकाल में कुशलतम मजदूरी में लगातार थोड़ी-थोड़ी वृद्धि भी रोजगार को बढ़ाने में सहायक होगी।

आधुनिक मजदूरी तथा रोजगार सिद्धान्त का महत्त्व

(Importance of Modern Theory of Wages and Employment)

मजदूरी तथा रोजगार का आधुनिक सिद्धान्त अधिक तर्क पूर्ण, आशावादी तथा वास्तविक है। यह सिद्धान्त आधुनिक सरकारों की उचित मजदूरी नीति के निर्धारण में विशेष रूप से सहायक है। आधुनिक सरकारें मजदूरी कटौती के पक्ष में नहीं हैं, बल्कि वे मजदूरी को स्थिर बनाये रखने का प्रयत्न करती हैं। अत: आधुनिक सरकारें लोचशील मजदूरी की नीति की तुलना में लोचशील **मौद्रिक नीति** को अधिक पसन्द करती हैं।

Select References

1. Dillard, Dudley : The Economics of Keynes, J.M.
2. Harrod, R.F. : The Life of John Mayhood Keynes
3. Hazlim, Henery : The Critics of Keynesian Economics
4. Hutt, W.H. : Keynesian—Retrospect and Prospect
5. Keynes, J. M. : The General Theory
6. Hague and Stomier : A Text-Book of Economic Theory

परीक्षा प्रश्न

(Examination Questions)

I. दीर्घ उत्तरीय प्रश्न (Long Answer Type Questions)

1. एक सामान्य मजदूरी कटौती का रोजगार के स्तर पर क्या प्रभाव पड़ता है? व्याख्या कीजिए।
   Examine the effect of a general wage-cut of the volume of employment.
2. रोजगार तथा मजदूरी के सम्बन्धों में प्रतिष्ठित तथा कीन्स के विचारों की विवेचना कीजिए।
   Examine the Classical and Keynes' views on the relationship between wages and employment.

3. आधुनिक मजदूरी तथा रोजगार सिद्धान्त की व्याख्या कीजिए। क्या वह कीन्स के रोजगार सिद्धान्त पर कोई सुधार है।

State briefly the modern theory of wages and employment. Is it an improvement over Keynesian theory of employment and wages?

4. नकद मजदूरी तथा वास्तविक मजदूरी में भेद प्रकट करो तथा उसका रोजगार के स्तर पर क्या प्रभाव पड़ता है? इसकी व्याख्या कीजिये।

Distinguish between money wage and real wage and their relationship to employment.

5. ''मजदूरी केवल लागत ही नहीं–अपितु माँग का स्रोत भी है''–इस कथन की व्याख्या कीजिये।

Examine the dictum that "wages are not only cost, but a source of demand also."

II. लघु उत्तरीय प्रश्न (Short Answer Type Questions)

1. मजदूरी कीमत परिवर्तनशीलता तथा रोजगार के सम्बन्ध में प्रतिष्ठित अर्थशास्त्रियों का क्या मत है?
2. कीन्स के अनुसार सामान्य मजदूरी कटौती का रोजगार पर क्या प्रभाव पड़ता है?
3. पीगू प्रभाव क्या है?
4. पीगू प्रभाव की मान्यताएँ क्या हैं?
5. पीगू प्रभाव की आलोचनाएँ लिखिए।
6. मजदूरी कीमत अवस्फीत क्या है?
7. मजदूरी तथा रोजगार संबंधी आधुनिक सिद्धान्त क्या है?

III. वस्तुनिष्ठ प्रश्न (Objective Type Questions)

सही विकल्प चुनकर लिखिए :

1. मजदूरी में होने वाली कटौती का लोगों की परिसम्पत्तियों पर पड़ने वाले प्रभाव को कहते हैं :

(अ) पीगू प्रभाव (ब) वास्तविक बैलेन्स प्रभाव
(स) धन प्रभाव (द) उपर्युक्त सभी।

2. पीगू प्रभाव के परिणामस्वरूप उपभोग फलन विवर्तित होगा :

(अ) ऊपर की ओर (ब) नीचे की ओर
(स) पूर्ववत रहेगा (द) उपर्युक्त में से कोई नहीं।

3. पीगू प्रभाव की महत्वपूर्ण मान्यताएँ हैं :

(अ) लचीली मजदूरी तथा कीमत स्तर (ब) मुद्रा का स्थिर स्टॉक
(स) अ और ब दोनों (द) उपर्युक्त में से कोई नहीं

4. पीगू विश्लेषण के विरुद्ध महत्वपूर्ण आलोचना की जाती है कि :

(अ) पीगू प्रभाव को मात्रात्मक प्रभाव से मापना कठिन है
(ब) यह प्रभाव कीमत प्रत्याशाओं की भूमिका की उपेक्षा करता है
(स) पीगू प्रभाव स्थैतिक विश्लेषण है
(द) उपर्युक्त सभी।

उत्तर—1. (द), 2. (अ), 3. (स), 4. (द)।

OOO

18 कीन्सियन आय निर्धारण : दो-तीन एवं चार क्षेत्रीय मॉडल (Keynesian Income Determination : Two-Three and Four Sector Model)

या

साम्य राष्ट्रीय आय का निर्धारण सिद्धान्त (Theory of Equilibrium Level of National Income)

पिछले अध्याय में हमने कीन्स के **रोजगार** सिद्धान्त का अध्ययन किया। चूँकि कीन्स का सिद्धान्त अल्पकाल के लिए है, जिसमें कि पूँजी की मात्रा, श्रमिकों की कार्यकुशलता, उत्पादन तकनीक आदि स्थिर रहती हैं। ऐसी स्थिति में रोजगार की मात्रा तथा आय का स्तर एक साथ घटते-बढ़ते हैं तथा निर्धारित करने वाले तत्त्व भी एक ही हैं अर्थात् **दोनों ही कुल या सामूहिक माँग (Aggregate Demand)** द्वारा निर्धारित होते हैं, अत: इस अध्याय में हम राष्ट्रीय आय के निर्धारण की व्याख्या निम्न तीन शीर्षकों में करेंगे-

(I) द्वि-क्षेत्रीय अर्थव्यवस्था में आय का साम्य स्तर (Equilibrium Level of Income in Two-sector Economy)

(II) तीन-क्षेत्रीय अर्थव्यवस्था में आय का साम्य स्तर (Equilibrium Level of Income in Three-sector Economy)

(III) चार-क्षेत्रीय अर्थव्यवस्था में आय का साम्य स्तर (Equilibrium Level of Income in Four Sector Economy)

(I) द्वि-क्षेत्रीय अर्थव्यवस्था में आय का साम्य स्तर (Equilibrium Level of Income in Two-sector Economy)

सर्व प्रथम हम बन्द अर्थव्यवस्था में आय के सन्तुलन का अध्ययन करेंगे। इसे हम **द्वि-क्षेत्रीय अर्थव्यवस्था (Two-sector Economy)** भी कहते हैं। द्वि-क्षेत्रीय अर्थव्यवस्था में आय के साम्य स्तर का विवेचन दो विचारधाराओं के आधार पर किया जा सकता है-

(i) कुल माँग और कुल पूर्ति की समानता (Equality of Aggregate Demand and Aggregate Supply);

(ii) बचत और विनियोग की समानता (Saving and Investment Equality)।

(i) कुल माँग और कुल पूर्ति की समानता (Equality of Aggregate Demand and Aggregate Supply)-द्वि-क्षेत्रीय अर्थव्यवस्था में आय का साम्य स्तर का अध्ययन करने के लिए सर्वप्रथम हम कुल माँग व कुल पूर्ति का अध्ययन करेंगे।

1. कुल या सामूहिक माँग (Aggregate Demand)-कुल या सामूहिक माँग से तात्पर्य अर्थव्यवस्था में वस्तुओं और सेवाओं की कुल माँग से है। कुल माँग के दो भाग हैं-**एक** तो उपभोक्ता वस्तुओं के लिए माँग जिसे **उपभोग माँग (Consumption Demand)** कहते हैं। दूसरे प्रकार की माँग है **पूँजी वस्तुओं (Capital Goods)** की माँग जिसे उपभोग विनियोग माँग (Investment Demand) कहते हैं। अत: **कुल माँग से हमारा अभिप्राय अधिक लोग तथा सरकार उपभोग तथा विनियोग पर कुल कितना व्यय चाहते हैं।** अत:

कुल माँग = उपभोग माँग + विनियोग माँग

Aggregate Demand = Consumption Demand + Investment Demand

AD = C + I

(i) जहाँ तक **उपभोग माँग** का प्रश्न है, यह उपभोग प्रवृत्ति (Propensity to consume) तथा आय पर निर्भर करती हैं। यदि उपभोग प्रवृत्ति दी हुई हो तो जैसे-जैसे आय बढ़ेगी, वैसे-वैसे **उपभोग की माँग** भी बढ़ेगी। चित्र-1 में C **उपभोग माँग** को दर्शाता है।

(ii) कुल माँग का दूसरा भाग विनियोग (Investment) है। कीन्स ने यह पूर्व धारणा की थी कि **विनियोग माँग** आय के बढ़ने के साथ नहीं बढ़ती अर्थात् कीन्स ने विनियोग माँग को आय से स्वतंत्र (Autonomous) मानकर आय सिद्धान्त प्रतिपादित किया है। चित्र 1 में अ I रेखा स्वायत्त विनियोग सूची (Autonomous Investment Schedule) का प्रतिनिधित्व करती है अर्थात् आय की मात्रा कुछ भी क्यों न हो, विनियोग की मात्रा समान रहती है।

(iii) यदि इस विनियोग माँग **(I) को हम उपभोग माँग** (C) के ऊपर जोड़ दें तो हमें **कुल माँग वक्र (Aggregate Demand Curve) C + I प्राप्त होगा जैसा चित्र 1 में दर्शाया गया है। अतः आय निर्धारण विश्लेषण में C + I वक्र ही कुल माँग को प्रकट करता है।**

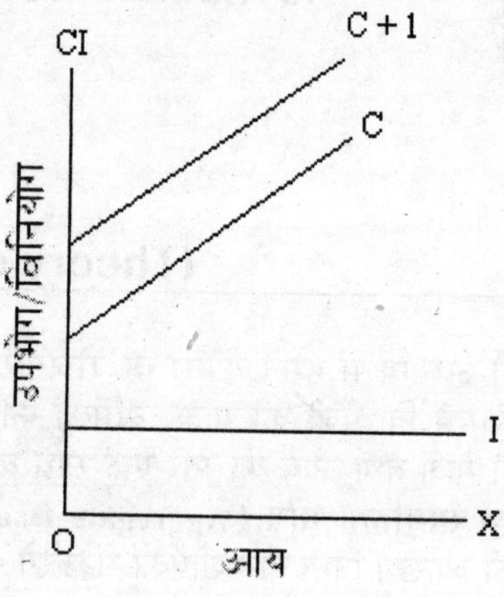

चित्र : 1

कुल या सामूहिक पूर्ति

(Aggregate Supply)

एक **अर्थव्यवस्था में उपभोग और विनियोग** के लिए वस्तुओं और सेवाओं की कुल उपलब्ध मात्रा को कुल पूर्ति कहते हैं। अर्थव्यवस्था में उत्पादित सभी वस्तुओं एवं सेवाओं के मौद्रिक मूल्य को **राष्ट्रीय उत्पादन (National Production)** कहते हैं। वास्तव में, राष्ट्रीय उत्पादन तथा राष्ट्रीय आय एक ही धारणा के दो नाम हैं।

कुल पूर्ति को 45° रेखा की सहायता से प्रदर्शित किया जाता है। जैसा कि ऊपर बताया जा चुका है कि कुल पूर्ति रेखा या 45° रेखा दो बातों को दर्शाती है-**प्रथम,** अर्थव्यवस्था में वस्तुओं की कुल पूर्ति। (उपभोक्ता वस्तुएं + विनियोग वस्तुएं) को और **द्वितीय,** मुद्रा के रूप में कुल आय (राष्ट्रीय आय) को। चित्र में 45° रेखा यह भी बताती है कि उत्पादित आय जिसे X- अक्ष पर दिखाया गया है, समाज द्वारा दो प्रकार से वितरित की जा सकती है। उसका एक भाग उपभोग (C) कर लिया जाता है और एक भाग बचा (S) लिया जाता है। अत: 45° रेखा Y = C + S का भी प्रतिनिधित्व करती है। उदाहरणार्थ, यदि Y = 2,000 करोड़ रु. है तो C + S भी 2,000 करोड़ रुपये के बराबर होंगे।

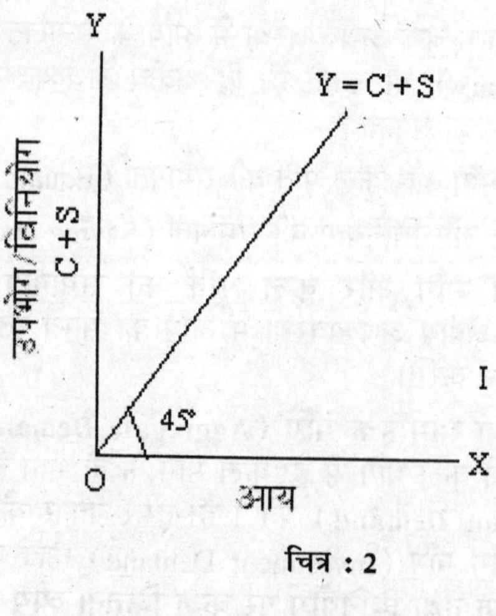

चित्र : 2

राष्ट्रीय आय का सन्तुलन स्तर

(Equilibrium Level of Income)

अब प्रश्न उठता है कि राष्ट्रीय आय का साम्य या सन्तुलन कहाँ निर्धारित होता है अथवा **किसी देश में किसी वर्ष आय किस स्तर पर निश्चित होगी?**

इस प्रश्न का उत्तर यह है कि राष्ट्रीय आय का सन्तुलन स्तर उस बिन्दु पर निर्धारित होगा, जिस पर देश की **कुल माँग (Aggregate Demand) C + I तथा कुल पूर्ति (Aggregate Supply) C + S एक-दूसरे के बराबर हैं अर्थात् जहाँ C + I रेखा C + S रेखा को काटती है।** इसे चित्र-3 में दर्शाया गया है। चित्र-3 में-

1. OX अक्ष पर राष्ट्रीय आय और OY अक्ष पर उपभोग बचत और विनियोग को दिखाया गया है।

2. C + I वक्र उपभोग एवं विनियोग का संयुक्त वक्र है, जिसे कुल माँग रेखा कहते हें।

3. कुल पूर्ति वक्र को Y = C + S वक्र या 45° रेखा के द्वारा व्यक्त किया गया है।

4. कुल माँग वक्र C + I कुल पूर्ति वक्र 45° कोण की रेखा E बिन्दु पर काटता है। अतः आय का सन्तुलन स्तर OY है।

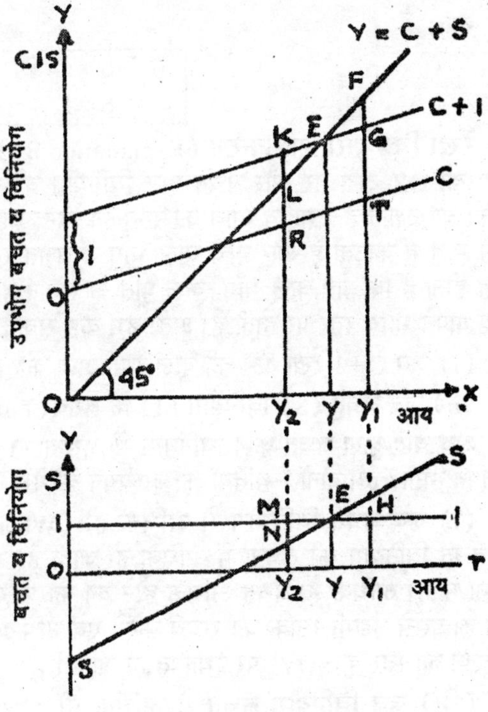

चित्र : 3

उपर्युक्त विवेचन से स्पष्ट है कि आय का सन्तुलन स्तर OY है। OY के अतिरिक्त अन्य आय स्तर पर कुल माँग और कुल पूर्ति बराबर नहीं होते।

(A) जब कुल पूर्ति, कुल माँग से अधिक हो (When AS > D)–इस स्थिति को रेखाचित्र के ऊपरी भाग में OY_1 आय स्तर पर स्पष्ट किया गया कि जहाँ कुल पूर्ति OY_1F है तथा कुल माँग Y_1G है एवं व्यय योग्य आय OY_1 है। इस आय के स्तर पर उपभोक्ता Y_1T आय उपभोग पर व्यय करेंगे तथा TF की बचत करेंगे। आय अधिक होने के कारण उद्यमी TG के बराबर राशि का विनियोग करना चाहेंगे। यदि हम उपभोग व्यय और विनियोग व्यय जोड़ दें तो कुल माँग जान सकते हैं, $Y_1T + TG = Y_1G$ अर्थात् कुल माँग फलन।

इस स्थिति में कुल पूर्ति Y_1F है माँग Y_1G से GF के बराबर अधिक है। कुल पूर्ति कुल उत्पादन के बराबर होती है अतः उपरोक्त स्थिति में अतिरिक्त उत्पादन GF उद्यमियों के द्वारा अवांछनीय स्टॉक के रूप में संचित किया जायेगा लेकिन उद्यमी इस प्रकार का स्टॉक संचित नहीं करना चाहेंगे एवं उत्पादन को घटायेंगे। इसके फलस्वरूप आय में कमी होगी तथा पुनः आय का सन्तुलन स्तर OY पर स्थापित हो जायेगा।

(B) जब कुल माँग कुल पूर्ति से अधिक हो (When AD > AS)–असन्तुलन की दूसरी स्थिति उस समय पैदा होती है, जब कुल माँग कुल पूर्ति से अधिक होती है। आय का स्तर OY_2 होने पर यह स्थिति उत्पन्न होती है। इस आय के स्तर पर कुल माँग Y_2K है तथा कुल पूर्ति Y_2L है। व्यय योग्य आय OY_2 है जो कुल पूर्ति अथवा कुल उत्पादन Y_2Lके बराबर है। आय के इस स्तर पंर उपभोक्ता Y_1R आय उपभोक्ता वस्तुओं पर व्यय करते हैं तथा RL की बचत करते हैं, किन्तु कुल माँग अधिक होने से उद्यमी विनियोग वस्तुओं पर RK आय विनियोग करने के लिए तैयार हैं। इस

प्रकार कुल माँग Y_2L (Y_2R + RK) है जो कुल पूर्ति Y_2L से LK अधिक है। ऐसी स्थिति में उद्यमी वस्तुओं के स्टॉक पर विनियोग नहीं करना चाहेंगे, वरन् अतिरिक्त माँग की पूर्ति के लिए उत्पादन में वृद्धि करेंगे, जिससे आय में वृद्धि होगी तथा आय का सन्तुलन स्तर पुन: OY आय पर स्थापित हो जायेगा।

निष्कर्ष के रूप में कहा जा सकता है कि **आय के सन्तुलन स्तर पर सदैव ही कुल पूर्ति और कुल माँग बराबर होते हैं। जब तक ये दोनों बराबर नहीं होंगे,** राष्ट्रीय आय का स्तर बढ़ता अथवा घटता रहेगा।

(ii) बचत व विनियोग कि समानता से आय का सन्तुलन स्तर (Equilibrium level Income By Equality of Saving on Investment)–अभी हमने कुल माँग और कुल पूर्ति के माध्यम से आय के सन्तुलन स्तर की व्याख्या की है किन्तु बचत व विनियोग कि समानता के द्वारा भी आय के सन्तुलन स्तर को समझा जा सकता है। उपरोक्त विवेचन में हमने देखा कि कुल पूर्ति (C + S) कुल माँग (C + I) के बराबर होने पर आय का सन्तुलन स्तर स्थापित होता है। इससे यह निष्कर्ष निकलता है कि बचत, विनियोग के बराबर होती है। इसे निम्न प्रकार से व्यक्त किया जा सकता है–

अत:

$$C + S = C + I$$
$$S = I$$

रेखा चित्र द्वारा स्पष्टीकरण (Explanation By Diagram)–पहले दिये गये रेखाचित्र 3 में नीचे के चित्र में हमने आय को OX अक्ष पर और बचत और विनियोग को OY अक्ष पर दर्शाया है। I और S क्रमश: विनियोग और बचत फलन को दर्शाते हैं । राष्ट्रीय आय का सन्तुलन बिन्दु वह हैं, जहाँ पर C + I रेखा तथा C + S रेखा को चित्र में ऊपर वाले भाग में काटती है और नीचे वाले भाग में बचत रेखा (S) तथा विनियोग रेखा (I) को काटती है। इन प्रकार यह सिद्ध होता है कि जब कुल माँग, कुल पूर्ति के समान होती है तो बचत और विनियोग भी बराबर होते हैं। इस अवस्था में आय अपने साम्य स्तर पर होती है। अत: हम कह सकते हैं कि राष्ट्रीय आय का साम्य स्तर होता है–

(i) जब C + I रेखा 45° की कुल रेखा आय को काटती है।

(ii) जब बचत (S) विनियोग (I) के बराबर होती है।

अब यदि कुल बचत कुल विनियोग में असन्तुलन की स्थिति पैदा हो जाती है तो आय का सन्तुलन स्तर पुन: कैसे स्थापित होगा? हम दोनों स्थितियों का अध्ययन करेंगे।

(i) जब बचत विनियोग से अधिक हो (When S > I)–यदि आय स्तर बढ़कर OY_1 हो जाता है तो इस बिन्दु पर बचत विनियोग की तुलना में अधिक हो जाती है। यहाँ विनियोग Y_1J तथा बचत Y_1H अर्थात् बचत, विनियोग की तुलना में JH अधिक है। बचत अधिक होने का कारण यह है कि लोग कम मात्रा में उपभोग कर रहे हैं अर्थात् कुल माँग कम है। इससे उद्यमी स्टॉक का संचय करेंगे एवं उत्पादन की मात्रा कम हो जायेगी। इससे आय भी कम होकर आय के सन्तुलन का स्तर पुन: OY पर स्थापित हो जाता है।

(ii) जब विनियोग बचत से अधिक हो (When I > S)–यदि आय का स्तर घटकर OY_2 हो जाता है तो ऐसी स्थिति में विनियोग की मात्रा, बचत की तुलना में अधिक हो जाती है। रेखाचित्र में OY_2 आय स्तर पर बचत की मात्रा Y_2N है तथा विनियोग की मात्रा Y_2M है अर्थात् बचत Y_2N की तुलना में विनियोग NM अधिक है। चूँकि कुल पूर्ति अथवा उत्पादन, कुल माँग से कम है, उद्यमी स्टॉक का संग्रह नहीं करेंगे एवं उत्पादन की मात्रा बढ़ायेंगे, इससे आय में वृद्धि होगी एवं आय का स्तर पुन: सन्तुलन बिन्दु OY पर स्थापित हो जायेगा।

अत: समाज उस समय सन्तुलन में होता है जहाँ बचत विनियोग के बराबर होती है।

राष्ट्रीय आय के सन्तुलन स्तर पर कुल माँग कुल पूर्ति के बराबर होते हैं और बचत तथा विनियोग भी बराबर होते हैं

(At Equilibrium Level of National Income, Aggregate Demand is Equal to Aggregate Supply and Saving is also Equal to Investment)

अभी तक हमने राष्ट्रीय आय के निर्धारण की दो विधियों को स्पष्ट किया। राष्ट्रीय आय का सन्तुलन स्तर वह होगा, जहाँ निम्न शर्तें पूरी होती हैं–

(i) कुल माँग (Aggregate Demand) = कुल पूर्ति (Aggregate Supply)

(ii) बचत (Saving) = विनियोग (Investment)

परन्तु यह उल्लेखनीय है कि कुल माँग तथा कुल पूर्ति में समानता तथा बचत और विनियोग में समानता राष्ट्रीय आय के समान स्तर पर होती है। **इसका अर्थ यह है कि वह स्थान जहाँ पर कुल माँग व पूर्ति बराबर होती है अथवा बचत व विनियोग बराबर होते हैं, एक ही बिन्दु है जहाँ पर राष्ट्रीय आय का सन्तुलन स्थापित होता है।**

इसको हम निम्न सारणी के अंकों द्वारा और स्पष्ट कर सकते हैं–

सारणी 1–सामूहिक माँग तथा आय का साम्य स्तर

राष्ट्रीय आय (S)	आयोजित उपभोग (C)	आयोजित बचत (S)	आयोजित विनियोग (I)	AD (C + I) AS	(C + S)	आय की प्रवृत्ति
0	80	–80	160	240 >	0	विस्तार
200	200	0	160	360 >	200	विस्तार
400	320	80	160	480 >	400	विस्तार
600	440	160	160	600 >	600	साम्य
800	560	240	160	720 =	800	संकुचन
1,000	680	320	160	84 >	1,000	संकुचन

सारणी 1 से स्पष्ट है कि 600 करोड़ रु. राष्ट्रीय आय का सन्तुलन स्तर है जहाँ (1) कुल माँग (AD) और कुल पूर्ति (AS) बराबर हैं तथा (2) आय के इस स्तर पर बचत (Saving) और विनियोग (Investment) दोनों ही 160° करोड़ रुपये है) बराबर हैं। **अत: राष्ट्रीय आय के इस स्तर पर (AD व AS बराबर होते हैं और S तथा I भी बराबर होते हैं।**

रेखाचित्र द्वारा स्पष्टीकरण–हम पुन: रेखाचित्र 3 को लेते हैं। (1) चित्र में कुल माँग वक्र (AD) को C + I व कुल पूर्ति वक्र (AS) को 45° रेखा अथवा Y = C + S द्वारा प्रदर्शित किया गया है। दोनों रेखाएँ एक-दूसरे को E बिन्दु पर काटती हैं। अत: सन्तुलन आय का स्तर OY है।

(2) चित्र 1 में निचले भाग में SS बचत और II विनियोग रेखा है, जो एक-दूसरे को E बिन्दु पर काटती है। यहाँ पर भी आय का सन्तुलन स्तर OY है।

स्पष्टतया कुल माँग (AD) व कुल पूर्ति (AS) विचारधारा और बचत-विनियोग (Saving-Investment) विचारधारा हमको एक समान राष्ट्रीय आय के साम्य स्तर पर पहुँचती है।

गणितीय निरूपता (Mathematical Presentation)–राष्ट्रीय आय के सन्तुलन स्तर के निर्धारण को गणितीय रूप में प्रस्तुत करके सरलता से समझा जा सकता है।

(I) कुल माँग व कुल पूर्ति दृष्टिकोण (Aggregate Demand And Aggregate Supply Approach)– हम जानते हैं कि राष्ट्रीय आय सन्तुलन में तब होता है जब सामूहिक या कुल माँग तथा सामूहिक (कुल) पूर्ति परस्पर बराबर होते हैं। कुल माँग उपभोग माँग (C) तथा विनियोग माँग (I) का जोड़ होता है। इस प्रकार,

कुल माँग (Aggregate Demand) = C + I

इसी प्रकार कुल पूर्ति राष्ट्रीय उत्पादन या राष्ट्रीय आय को व्यक्त करता है। अत:

कुल पूर्ति (Aggregate Supply) = Y

अब **साम्य या सन्तुलन** स्थिति को निम्न प्रकार दिखाया जा सकता है–

$$\boxed{Y = C + I}$$

कीन्स ने जिस **उपभोग फलन (C)** की चर्चा की है, वह निम्न प्रकार का है–

$$\boxed{C = a + bY}$$

उपरोक्त समीकरण का अर्थ है कि (1) उपभोग माँग (C) एक स्थिर राशि a जो कि आय (Y) से स्वतन्त्र होती है तथा आय के एक निश्चत भाग (bY) के जोड़ के बराबर है। यह b सीमान्त उपभोग प्रवृत्ति (MPC) को व्यक्त करता है।

(II) उपभोग माँग फलन में a की राशि (Constant) होने का अर्थ यह है कि यदि किसी वर्ष आय (Y) शून्य भी हो तो उनका उपभोग a के समान होगा। यह उपभोग गत वर्षों की बचतों से सम्भव होता है।

अब मान लिजिए कि विनियोग (Investment) I_a के समान है। यह I_a स्वायत्त या स्वतन्त्र विनियोग है, क्योंकि इसे आय पर निर्भर नहीं माना गया है।

उपभोग फलन को C = a + bY तथा विनियोग (I) को I_a मानते हुए द्वि-क्षेत्रीय अर्थव्यवस्था में आय का सन्तुलन स्तर निम्न प्रकार ज्ञात किया जा सकता है।

$$\boxed{\begin{aligned} Y &= C + T \\ &= a + bY + I_0 \end{aligned}}$$

उदाहरण 1–यदि C = 100 + 0.6 Y तथा $I = I_0 = 50$ लाख रुपये

$$Y = C + I = 50$$

$$= a + by + I_0 = 100 + 0.6 + 50$$

अथवा $0.4Y = 50$

इसलिए $Y = 375$ लाख रुपये

इस प्रकार एक निश्चित उपभोग फलन C = 100 + 0.6Y तथा विनियोग फलन I = 50 लाख रुपये के लिए आय का साम्य स्तर 375 लाख रुपये होगा।

उपभोग फलन का मूल्य इस प्रकार निकाला जायेगा–

$$C = 100 + 0.6Y$$

अर्थात् $C = 100 + .6 \times 375$ (Y का मूल्य रखने पर)

अर्थात् $C = 100 + 225$

$$C = 325$$

यह आवश्यक है कि साम्य के आय स्तर का मूल्य 375 करोड़ रु. उपभोग व विनियोग के बराबर हो अर्थात्

अर्थात् $Y = C + I$

375 = 325 करोड़ + 50 करोड़ रु.

अत: स्पष्ट है कि साम्य स्तर को बनाए रखने के लिए विनियोग स्तर 50 करोड़ रु. होना चाहिए। यह एक स्थिर कारक है अत: आय के प्रत्येक स्तर पर समान है।

(ii) बचत व विनियोग दृष्टिकोण (Saving and Investment Approach)–आय के साम्य स्तर को बचत व विनियोग के प्रतिच्छेद बिन्दु द्वारा भी मालूम किया जा सकता है–

$$\boxed{S = a + (I - b)\,Y} \qquad (\text{चूँकि } S = Y - C)$$

यहाँ '–a' आय के शून्य स्तर पर बचत है। ऋणात्मक चिह्न विसंचय (उपभोग) को प्रकट करता है। (I – b) अथवा (I – b) अथवा (I – MPC); सीमान्त बचत प्रवृत्ति (MPS) है।

उपरोक्त उदाहरण में,

$$S = -100 + 0.4Y$$

$$= -100 + 150 = 50 \text{ लाख रुपए} \qquad (\text{चूँकि } Y = 375 \text{ लाख रुपए})$$

अर्थात् साम्य स्थिति में, बचत विनियोग के बराबर है इसलिए

$S = -100 + 0.4Y = 100 + 0.4Y = 50$

अथवा $0.4Y = 150$

अत:, $Y = 375$ लाख रुपए

यह समझना सम्भव है कि 375 लाख रुपए के अतिरिक्त आय के सभी स्तरों पर असन्तुलन बना रहेगा। मान लीजिए–

(अ) आय का साम्य स्तर 375 लाख रुपए से घटकर 300 लाख रु. हो जाता है तो आय के इस स्तर पर कुल माँग (C + I) कुल पूर्ति (C + S) से अधिक हो जाती है। हम जानते हैं कि

$$Y = C + I = a + bY + Ia$$

किन्तु $300 = 100 + 0.6\ (300) + 50$

अथवा $300 = 100 + 180 + 50$

या $300 = 330$

अत: 30 लाख रुपए की माँग की अधिकता हो जायेगी। माँग अधिक होने पर फर्में उत्पादन के आधार पर विस्तार करेंगी और इस प्रकार राष्ट्रीय आय के स्तर में वृद्धि होगी और यह वृद्धि उस समय तक जारी रहेगी, जब तक कि आय बढ़कर 375 लाख रुपये के बराबर नहीं हो जाती।

(ब) अब मान लीजिए, आय का स्तर 375 लाख रुपये से बढ़कर 400 रुपये हो जाता है। हम जानते हैं कि

$$Y = C + I = a + bY + I_0$$

किन्तु $400 \neq 100 + 0.6\ (400) + 50$

अथवा $400 \neq 100 + 240 + 50$

या $400 \neq 390$

इसलिए 10 लाख रुपये की माँग में कमी होने के कारण अर्थव्यवस्था में असन्तुलन होगा। माँग में कमी के कारण उत्पादक उत्पादन कम करेंगे और इससे राष्ट्रीय आय का स्तर घटेगा। राष्ट्रीय आय घटने का यह क्रम तब तक चलता रहेगा और अर्थव्यवस्था सन्तुलन के एक निचले स्तर पर पहुँच जायेगी अथवा सामूहिक (कुल) माँग में वृद्धि करनी होगी, जिससे अर्थव्यवस्था साम्य के ऊंचे स्तर को प्राप्त कर सके।

II. तीन-क्षेत्रीय अर्थव्यवस्था में आय का साम्य स्तर
(Equilibrium Level of Income in the Three-Sector Economy)

अभी तब हमने एक सरल अर्थव्यवस्था के प्रतिमान में राष्ट्रीय आय के निर्धारण का अध्ययन किया था जिसमें यह मान लिया गया था कि सरकार का आर्थिक क्रियाओं में किसी प्रकार का हस्तक्षेप नहीं है। अब हम अपने विश्लेषण को अधिक वास्तविक बनाने के लिए सरकारी क्षेत्र को सम्मिलित करके यह जानने का प्रयास करेंगे कि **सरकारी व्यय (Govt. Expenditure) और करारोपण (Taxation) का राष्ट्रीय आय** पर क्या प्रभाव पड़ता है?

आय निर्धारण के दो-क्षेत्रीय मॉडल में सरकारी क्षेत्र को सम्मिलित करने से तीन क्षेत्रीय मॉडल हो जाते हैं।

अब हम सरकारी व्यय तथा करारोपण का मांग व आय पर पड़ने वाले प्रभावों का अध्ययन करेंगे।

1. सरकारी व्यय (Government Expenditure)–सर्वप्रथम हम केवल **सरकारी व्यय** को लेते हैं। इसकी व्याख्या करने के लिए ऊपर दो-क्षेत्र मॉडल में सभी मान्यताएं ही होने पर सिवाय सरकारी क्षेत्र के, आय निर्धारण निम्न प्रकार से होता है–

दो-क्षेत्र मॉडल के समीकरण Y = C + I में सरकारी व्यय (G) जोड़ने से

$$\boxed{Y = C + I + G}$$

इसी प्रकार, बचत एवं विनियोग समीकरण में सरकारी व्यय जोड़ने से ,

$$Y = C + I\,G$$

$$Y = C + S \qquad (\because S = Y - C)$$

$$\therefore \; I + G = S$$

अब हम चित्रों की सहायता से सरकारी व्यय का राष्ट्रीय आय पर पड़ने वाले प्रभावों का अध्ययन करेंगे।

(i) सरकारी व्यय (G) कुल माँग का हिस्सा होता है, क्योंकि सरकारी व्यय में वृद्धि विनियोग व्यय में वृद्धि के समान ही है, क्योंकि वह आय प्रवाहों में अतिरिक्त व्यय डाल देती है, अत: सरकारी व्यय (G) का प्रवाह भी विनियोग की तरह **उत्तेजनाकारी** होता है।

हम यह मान लेते हैं कि सरकार एक निश्चित मात्रा में व्यय करती है अर्थात् सरकारी व्यय भी आय से स्वतन्त्र (Autonomous) होता है। अत: रेखाचित्र 4 में (1) सरकारी व्यय जिसे G द्वारा व्यक्त करते हैं, को C + I वक्र के ऊपर जोड़ने पर समानान्तर सरल वक्र C + I + G प्राप्त होता है जो **कुल माँग (Aggregate Demand)** को प्रदर्शित करता है।

(ii) राष्ट्रीय आय का सन्तुलन स्तर वहाँ निर्धारित होगा जहाँ कुल माँग (C + I + G) कुल पूर्ति के बराबर होगी अर्थात् जिस पर कि C + I + G वक्र कुल पूर्ति (45° रेखा) को E बिन्दु पर काटती है जिससे राष्ट्रीय आय OY_E स्तर निर्धारित होता है।

(iii) चित्र से यह भी स्पष्ट होता है कि सरकार द्वारा व्यय (G), जो कि C + I वक्र तथा C + I + G वक्र के बीच लम्बरूप दूरी (Vertical Distance) के बराबर है कि तुलना में आय में वृद्धि जो कि $Y_A Y_E$ हुई है, अपेक्षाकृत अधिक है। इसका कारण गुणक (Multiplier) का क्रियाशील होना है जिसकी माँग $\frac{1}{1-G}$ के बराबर है। **इससे यह निष्कर्ष निकलता है कि सरकारी व्यय में वृद्धि होने से आय के साम्य स्तर में वृद्धि होती है।**

उपर्युक्त विवेचन से स्पष्ट है कि आय का सन्तुलन स्तर OY_E है। OY_E के अतिरिक्त अन्य आय स्तर पर कुल माँग (C + I + G) और कुल पूर्ति (45° रेखा) बराबर नहीं होते।

यदि आय का स्तर OY_E से अधिक है तो ऐसी स्थिति में **कुल पूर्ति** कुल माँग से अधिक हो जायेगी। फलत: उत्पादन की मात्रा बिक्री की मात्रा से अधिक हो जायेगी और उद्यमियों के पास बिना बिका हुआ माल बच जायेगा और वे अपना-अपना उत्पादन घटायेंगे। इसके फलस्वरूप आय में कमी होगी तथा पुन: आय का सन्तुलन स्तर घटकर OY_E हो जायेगा।

यदि आय का स्तर OY_E से अधिक है तो ऐसी स्थिति में **कुल पूर्ति** कुल माँग से कम हो जायेगी। इसके परिणामस्वरूप उत्पादन की मात्रा बिक्री से कम हो जाती है। अत: उद्यमी अतिरिक्त माँग की पूर्ति के लिए उत्पादन में वृद्धि करेंगे, जिससे आय में वृद्धि होगी तथा आय का सन्तुलन स्तर पुन: बढ़कर OY_E हो जायेगा।

स्पष्टत: केवल OY_E को ही आय का सन्तुलन स्तर कहा जा सकता है।

बचत-विनियोग दृष्टिकोण द्वारा व्याख्या (Explanation of Saving-Investment Approach)–बचत-विनियोग दृष्टिकोण के आधार पर भी हम इसी निष्कर्ष पर पहुंच सकते हैं।

इस दृष्टिकोण के अनुसार आय के सन्तुलन स्तर पर I + G का मूल्य S के बराबर होना चाहिए। यहाँ हमने मान लिया है कि करों की मात्रा शून्य है अर्थात् I + G = S है।

चित्र के निचले भाग में विनियोग (I) तथा सरकारी व्यय (G) को जोड़कर I + G वक्र प्राप्त किया गया है जो विनियोग व सरकारी व्यय को प्रदर्शित कर रहा है। बचत रेखा S है जो I + G वक्र को E बिन्दु पर काटती है, जहाँ साम्य स्तर OY_E है।

स्पष्ट है कि कुल माँग और कुल पूर्ति विचारधारा तथा बचत-विनियोग विचाराधारा हमको एक समान राष्ट्रीय आय के सन्तुलन स्तर पर पहुँचाती हैं।

2. करारोपण (Taxation)–सरकारी व्यय के प्रभाव के उपरोक्त विश्लेषण में हमने करों के प्रभाव की उपेक्षा कर दी थी । अतः हम सरकारी व्यय को स्थिर मानते हुए आय के संतुलन स्तर पर करों के प्रभाव का अध्ययन करेंगे। अर्थव्यवस्था में कर के प्रभावों को उपभोग में होने वाली कमी के रूप में अनुभव किया जाता है। वैयक्तिक आय (Y) में से करों की मात्रा (T) को घटाने पर प्रयोज्य आय (Yd) प्राप्त होती हैं। संक्षेप में

$$Yd = Y — T$$

मोटे तौर पर करारोपण दो प्रकार से किया जा सकता है (1) एकमुश्त कर (Lump-sum Tax) (2) अनुपातिक कर (Proportional Tax)।

अब हम उपर्युक्त दोनों प्रकार के करारोपण का प्रभाव राष्ट्रीय आय पर देखेंगे।

1. एक-मुश्त कर (Lump-sum Tax)–अपने विश्लेषण को एक सरल बनाने के लिए हम मान लेते हैं कि सरकार ने जनता से एक-मुश्त कर (Lump-sum Tax) के द्वारा 1000 करोड़ रु. की अतिरिक्त धनराशि संग्रह करने का निर्णय लेती है।

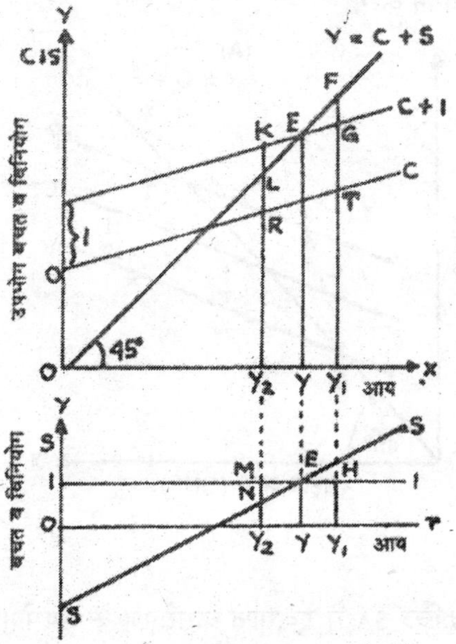

चित्र : 4

जब सरकार जनता पर 100 करोड़ रुपये का एकमुश्त आयकर लगायेगी तो जनता की वैयक्तिक आय को समान धनराशि से कम कर देगा अर्थात् जनता की **प्रयोज्य** आय या उपभोग योग्य आय कम हो जायेगी। फलतः लोग राष्ट्रीय आय (GNP) के प्रत्येक स्तर पर कम उपभोग करेंगे (तथा कम बचत भी करेंगे) चूँकि **उपभोग कुल माँग (AD) का ही एक अंश है, इसलिए कुल माँग (AD) में भी कमी होती है। इसके परिणामस्वरूप कुल माँग (AD) वक्र दायीं ओर खिसकता है, जिसके कारण आय के सन्तुलन में कमी हो जाती है।**

यह उल्लेखनीय है कि **जिस मात्रा में कर लगाया जाता है, उसी मात्रा में उपभोग में कमी नहीं आती, क्योंकि** कर के कारण उपभोग-योग्य आय में कमी का एक भाग ही उपभोग किया जा रहा था और करारोपण के पूर्व इसका एक भाग बचाया जा रहा था। स्पष्टतः एकमुश्त कर के कारण **प्रयोज्य आय (Disposable Income)** में कमी आंशिक रूप से उपभोग तथा आंशिक रूप से बचत में कमी करेगी।

अब प्रश्न यह उठता है कि करारोपण के कारण उपभोग में कितनी कमी होगी।

एकमुश्त करारोपण के कारण उपभोग जिस मात्रा में कम होगा, वह कर की धनराशि तथा सीमान्त उपभोग प्रवृत्ति (MPC) के गुणनफल के बराबर होगी।

यदि ΔY उपभोग योग्य आय या प्रयोज्य आय में परिवर्तन T करारोपण की मात्रा तथा MPC सीमान्त उपभोग प्रवृत्ति है तो एकमुश्त करारोपण के कारण उपभोग में कमी (—ΔC) है तो

$\Delta C = T; MPC$

चूँकि $T = \Delta Y_a$

अतः $—\Delta C = \Delta Y_d MPC$

उदाहरण के लिए, यदि एकमुश्त करारोपण की राशि 1000 करोड़ रुपये है तथा MPC 0.75 है तो एकमुश्त करके कारण उपभोग में कमी 1000 करोड़ × 0.75 = 75 करोड़ रु. होगी।

इसके विपरीत यदि एकमुश्त कर को कम कर दिया जाय तो उपभोग में एकमुश्त कर में कमी की धनराशि तथा MPC के गुणनफल के बराबर वृद्धि होगी। ($+ \Delta C = Ya\ MPC$)

अब हम रेखाचित्र 5 की सहायता से एकमुश्त करारोपण के उपभोग फलन व राष्ट्रीय आय के साम्य स्तर पर प्रभाव का अध्ययन करेंगे।

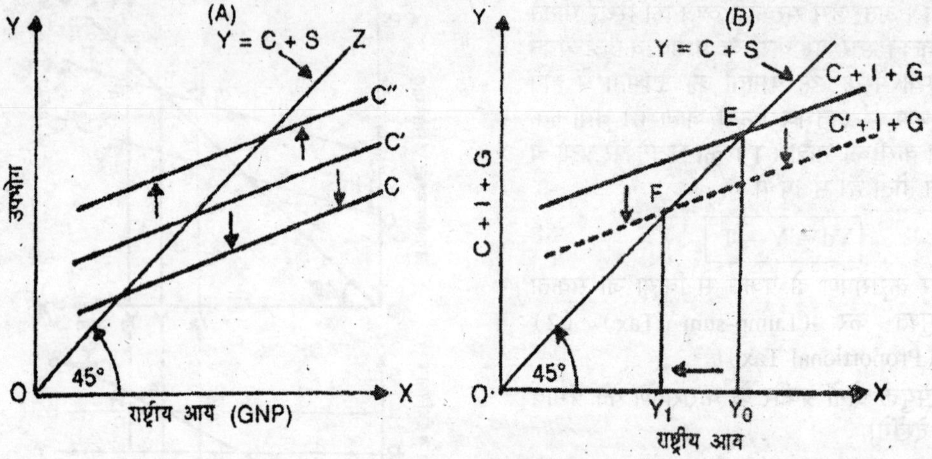

चित्र : 5

रेखाचित्र 5A में एकमुश्त करारोपण के उपभोग फलन वक्र पर पड़ने वाले प्रभाव को प्रदर्शित किया गया है। जब एकमुश्त कर लगाया जाता है तो उपभोग में कमी कर की धनराशि तथा MPC के गुणनफल के बराबर कमी होगी। यही कारण है कि एकमुश्त कर लगने पर उपयोग फलन वक्र C नीचे की ओर निविवर्तित होकर C' हो जाता है। इसके विपरीत एकमुश्त आय कर में कमी उपयोग फलन को ऊपर की ओर C' की स्थिति में विवर्तित कर देती है।

अब हम एकमुश्त करारोपण का प्रभाव **राष्ट्रीय आय के साम्य स्तर** पर क्या पड़ता है, इसका विश्लेषण करेंगे। इसे चित्र 5B द्वारा दर्शाया गया है। चित्र 5A में (I) जब एकमुश्त करारोपण किया जाता है तो लोगों की उपभोग्य योग्य आय कम हो जाने के कारण कुल व्यय कम हो जायेगा । फलतः कुल व्यय वक्र (C + I + G) नीचे की ओर विवर्तित होकर (C^1 + I + G) हो जाता है।

(ii) कुल व्यय वक्र (C^1 + I + G) के नीचे की ओर विवर्तित होने के कारण आय का साम्य स्तर aY_0 से कम होकर Y_1 हो जाता है।

(iii) यहाँ यह उल्लेखनीय है कि आय के स्तर में कमी (—ΔY) एकत्रित कर की धनराशि के बराबर नहीं, बल्कि उसके गुणक के बराबर होगी। गुणक का मूल्य $\frac{-G}{1-G}$ है जिसमें G सीमान्त उपभोग प्रवृत्ति (MC) है।

आनुपातिक आय कर तथा राष्ट्रीय आय का साम्य स्तर

(Proportional Income Tax and Equilibrium Level of Income)

अब हम यह विश्लेषण करने का प्रयास करेंगे कि यदि सरकार एकमुश्त कर के स्थान पर **आनुपातिक आय कर (Proportional Income Tax)** लगाती है तो यह उपभोग फलन वक्र (Consumption Function Curve) और आय के साम्य स्तर को किस प्रकार प्रभावित करेगा।

जैसा हम जानते हैं कि आनुपातिक अनुपात जैसे 20% या 25% कर के रूप में अदा करते हैं। इस प्रकार **अनुपातिक कर के अन्तर्गत आय के स्तर को बिना ध्यान में रखे आय का एक स्थिर प्रतिशत कर के रूप में एकत्रित करते हैं।**

जब सरकार एकमुश्त कर लगाती है तो कर की राशि से समान रूप से हमारा प्रयोज्य आय या व्यय योग्य आय कम कर देता है। और यह कमी वास्तविक राष्ट्रीय आय के प्रत्येक स्तर पर उपभोग तथा बचत की धनराशि में कमी कर देता है, परन्तु **आनुपातिक आय** कर की दशा में आय के प्रत्येक स्तर पर **उपभोग समान** धनराशि से कम नहीं होता, बल्कि आनुपातिक रूप से कम होगा। अतः आनुपातिक आय कर के फलस्वरूप उपभोग फलन वक्र नीचे की ओर दाहिनी ओर इस प्रकार विवर्तित होता है कि उपभोग की धनराशि में तो परिवर्तन होता है, किन्तु आय स्तर के प्रतिशत के रूप में गिरावट पूर्ववत् बनी रहती है, जैसा कि रेखाचित्र 10.6 में दर्शाया गया है।

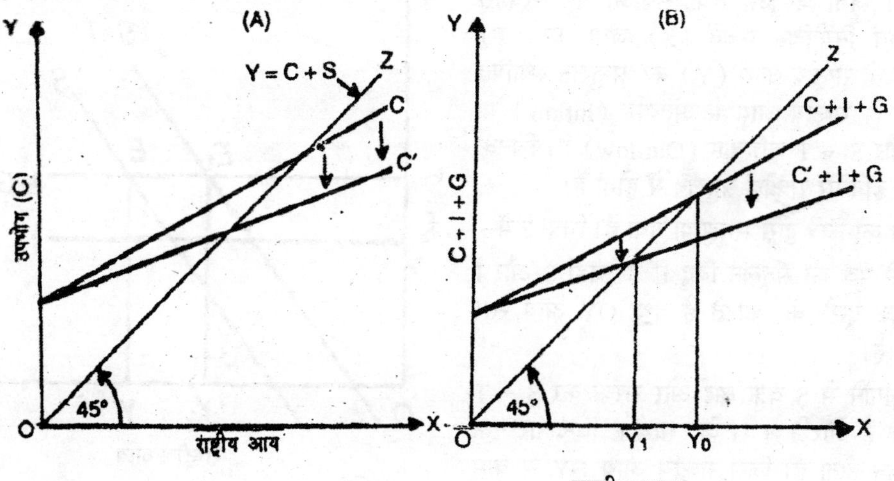

चित्र : 6

चित्र 6A में:

(i) कर लगने से पूर्व उपभोग फलन वक्र C है और आनुपातिक आय कर लगने के बाद उपभोग फलन वक्र C हो जाता है।

(ii) C व C' के बीच लम्बवत् दूरी आनुपातिक आय कर के कारण उपभोग में कमी के समान है।

(iii) यह उल्लेखनीय है कि आनुपातिक आय कर की स्थिति में वास्तविक राष्ट्रीय आय के प्रत्येक स्तर पर उपभोग (Consumption) में काफी कर राजस्व व सीमान्त उपभोग प्रवृत्ति (MPC) के गुणनफल के बराबर कम हो जाता है।

रेखाचित्र 6B में आनुपातिक आयकर का **राष्ट्रीय आय** के साम्य स्तर पर पड़ने वाले प्रभाव का अध्ययन किया गया है। रेखाचित्र में आनुपातिक आय कर लगने के फलस्वरूप उपभोग वक्र के नीचे की ओर विवर्तन के कारण कुल माँग वक्र C + I + G नीचे की ओर खिसककर C' + I + G हो जाता है।

चित्र (B) से स्पष्ट है कि आनुपातिक आय कर लगने से **राष्ट्रीय आय** का साम्य स्तर OY_0 से कम होकर OY_1 हो जाता है।

यह उल्लेखनीय है कि आनुपातिक आय कर की दर जितनी अधिक होगी, उपभोग में उतनी ही अधिक कमी होगी और फलतः राष्ट्रीय आय के **साम्य स्तर** में भी उतनी ही अधिक कमी होगी।

बचत और विनियोग पर कर का प्रभाव
(Effect of Saving and Investment)

बचत और विनियोग पर कर का प्रभाव भी राष्ट्रीय आय के संतुलन को निम्नलिखित प्रकार से निर्धारित करता है,

$$\boxed{Y = C + I + G}$$

और $Y = C + S + T$

$\therefore\ Y = C + I + G = C + S + T$

या $Y = I + G = S + T$

इस समीकरण से स्पष्ट होता है कि जब नियोजित विनियोग (T) जमा वस्तुओं तथा सेवाओं पर सरकारी व्यय (G) एवं नियोजित बचतें (S) जमा कर (T) बराबर होते हैं तो राष्ट्रीय आय (Y) का सन्तुलन स्थापित होता है। T + G राष्ट्रीय आय में अंतर्वाह (Inflow) या इंजेक्शन है और S + T बहिर्वाह (Outflow) है, जिनके परस्पर बराबर होने पर राष्ट्रीय संतुलन में होती है।

इसी तथ्य को चित्र द्वारा समझाया गया है। चित्र-7 में-

1. कर से पूर्व का संतुलन बिंदु E है, जहां S और I + G वक्र एक दूसरे को काटते हैं तथा OY आय स्तर निर्धारित होता है।

2. कर लगाने से S वक्र बाईं ओर सरक कर S + T पर चला जाता है और T + G के साथ E बिन्दु पर नया संतुलन स्थापित होता है। जिस राष्ट्रीय आय OY से कम होकर OY_1 हो जाती है।

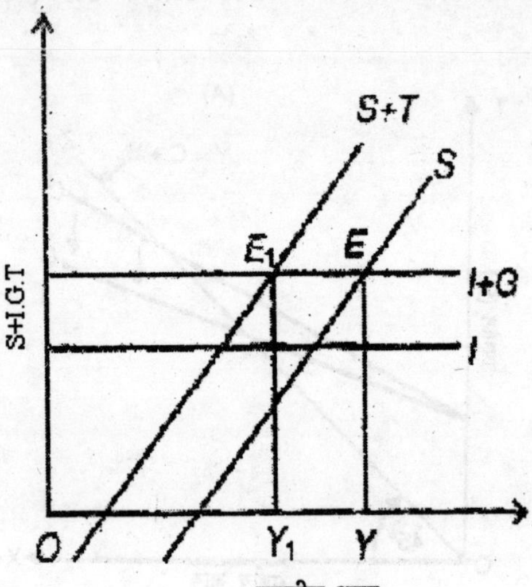

चित्र : 7

III. चार क्षेत्रीय मॉडल : खुली अर्थव्यवस्था में आय निर्धारण
(Four Sector Model : Income Determination In Open-Economy)

अभी तक हमने बंद अर्थव्यवस्था (Closed Economy) जिसमें शेष विश्व से निर्यात और आयात नहीं होते हैं, का अध्ययन किया है। अब हम खुली अर्थव्यवस्था (Open Economy) का विश्लेषण करेंगे। इसके लिए विश्लेषण में निर्यात एवं आयात को सरकारी व्यय तथा करों में जोड़ लिया जाता है। ध्यान दें कि सरकारी व्यय एवं निर्यात वस्तुओं तथा सेवाओं पर विनियोग की तरह होते हैं। जो राष्ट्रीय आय में से बहिर्वाह (outflow) या स्त्राव (Leakages) होते हैं।

इसकी मान्यताएं (It's Assumptions)–एक खुली अर्थव्यवस्था में राष्ट्रीय आय निर्धारण निम्नलिखित मान्यताओं पर आधारित है–

1. अर्थव्यवस्था में पूर्ण रोजगार से कम की स्थित है।
2. पूर्ण रोजगार स्तर पर सामान्य कीमत स्तर स्थिर रहता है।
3. घरेलू अर्थव्यवस्था का अंतर्राष्ट्रीय व्यापार कुल विश्व व्यापार की अपेक्षा थोड़ा है।
4. निर्यात (X); विनियोग (I) एवं सरकारी व्यय (G) स्वायत्त हैं।
5. उपभोग (C) आयात (M), बचतें (S) और कर (T); आय (Y) का स्थिर अनुपात है तथा आय के साथ संबंध रेखीय हैं।
6. विनियोग दरें स्थिर हैं।
7. टैरिफ (प्रशुल्क) व्यापार एवं विनिमय प्रतिबंध नहीं हैं।
8. सकल निर्यात बाह्य कारकों द्वारा निर्धारित होते हैं।

उपर्युक्त मान्यताएँ दी होने पर, एक चार-क्षेत्रीय खुली अर्थव्यवस्था में आय का संतुलन स्तर निर्धारित होता है, जब राष्ट्रीय व्यय (E) राष्ट्रीय आय (Y) बराबर हों।

संतुलित जी. डी. पी. निर्धारण

(Equilibrium GDP Determination)

चार क्षेत्रीय अर्थव्यवस्था अर्थात खुली अर्थव्यवस्था में संतुलित वास्तविक जी. डी. पी. के निर्धारण भी उसी प्रकार होता है जिस प्रकार द्वि-क्षेत्रीय एवं त्रि-क्षेत्रीय अर्थव्यवस्था के अन्तर्गत होता है। संक्षेप में ऐसी अर्थव्यवस्था में भी संतुलित GDP के निर्धारण की निम्नलिखित दो विधियाँ हैं—

I. कुल व्यय (Aggregate Expenditure) = कुल उत्पाद (Aggregate output)

II. बचत (Saving) = निवेश (Investment) विधि या दृष्टिकोण

कुल व्यय एवं कुल उत्पाद दृष्टिकोण (Aggregate Expenditure and Aggregate output Approach)– इस दृष्टिकोण के अनुसार संतुलित वास्तविक GDP का निर्धारण उस बिन्दु पर होता है जब अर्थव्यवस्था का कुल व्यय (राष्ट्रीय व्यय) कुल उत्पाद (अर्थात् राष्ट्रीय आय) के बराबर हो जाता है। हम जानते हैं कि कुल उपभोग (C), निवेश (I), सरकारी व्यय (G) और शुद्ध निर्यात (X –M) का योग होता है। शुद्ध निर्यात से तात्पर्य निर्यात (X) और आयात (M) के अन्तर से होता है। संक्षेप में,

कुल व्यय (AE) = उपभोग (C) + निवेश (I) + सरकारी व्यय (G) + शुद्ध निर्यात (X –M)

अब हम अर्थव्यवस्था के सभी क्षेत्रों अर्थात् घरेलू फर्म, सरकार एवं शेष विश्व द्वारा होने वाले व्यय का राष्ट्रीय आय के निर्धारण में विवेचन करेंगे।

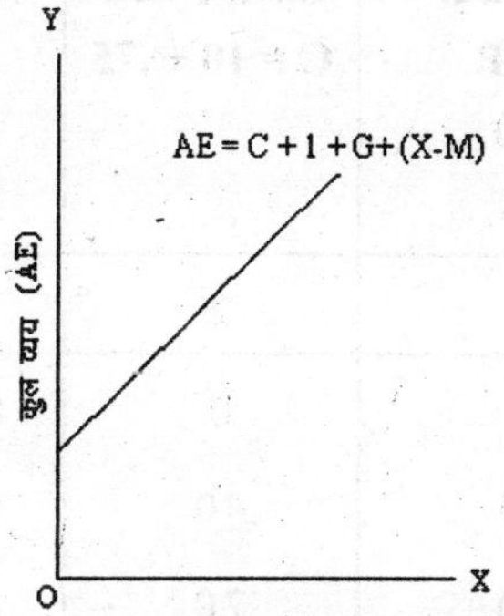

वास्तविक आय GDP(Y)

चित्र : 8

चित्र-8 में (i) कुल व्यय फलन AE = C + I + G + (X – M) रेखा द्वारा प्रदर्शित किया गया है।

(ii) AE रेखा का ढलान ऊपर की ओर है जो यह प्रदर्शित करता है कि अर्थव्यवस्था का कुल व्यय GDP में बढ़ने व घटने के अनुसार बढ़ता और घटता है।

एक दी हुई समयावधि में अर्थव्यवस्था में उत्पादित वस्तुओं तथा सेवाओं की मात्रा की कुल उत्पाद अर्थात् GDP कहलाता है। चूँकि कुल उत्पाद को पूर्णतः लोचदार माना गया है अतः वह कुल व्यय के (AE) प्रत्येक स्तर पर समान होता है। चित्र में AE एवं कुल उत्पाद की समानता को एक 45° के माध्यम से प्रदर्शित किया गया है।

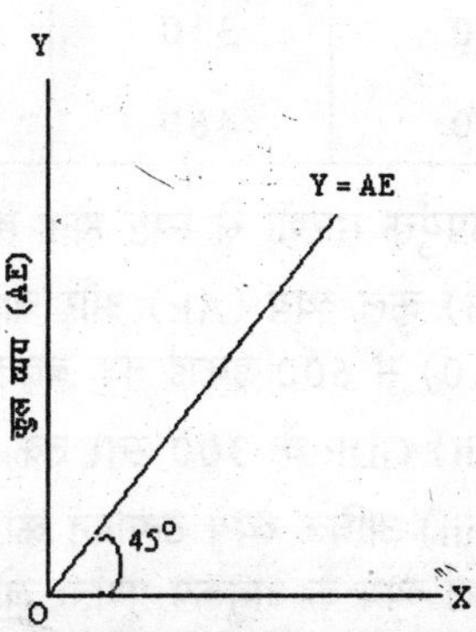

वास्तविक आय GDP(Y)

चित्र : 9

45° रेखा पर कुल व्यय एवं कुल उत्पाद का संतुलन होता है चूंकि कुल उत्पाद पूर्णतः लोचदार होता है इसलिए AE के प्रत्येक स्तर पर कुल उत्पाद अपने को समायोजित करता है। वस्तुतः कुल व्यय ही संतुलित GDP का निर्धारण करता है।

अर्थव्यवस्था में सृजन होने वाली कुल आय ही कुल उत्पाद होती है। दूसरे शब्दों में अर्थव्यवस्था में सृजन होने वाला कुल उत्पाद (GDP), कुल आय (Y) को दर्शाता है।

अर्थव्यवस्था में सृजन होने वाली कुल आय का उपयोग इस प्रकार से किया जा सकता है—उपभोग के लिए (C), अथवा बचत (S) के लिए या आयात (M) अथवा कर (T) का भुगतान करने के लिए इस प्रकार

कुल उत्पाद या कुल आय (Y) = उपभोग (C) + बचत (S) + कर (S) + आयात (M)

चूँकि हमने **कुल व्यय फलन** में शुद्ध निर्यात (X—M) को जोड़ा है। इसलिए कुल उत्पाद में आयात (M) संघटक नहीं रहेगा। अतः हमारा कुल उत्पाद या कुल आय इस प्रकार होगी—

कुल आय (Y) = C + S + T

संतुलन पर कुल व्यय (AE) = कुल उत्पाद (Y)

$$AE = C + I + G + (X—M)$$

एवं $Y = C + S + T$

$$\Rightarrow C + I + G + (X—M) = (C + S + T)$$

सारणी में काल्पनिक समंकों की सहायता से कुल व्यय (AE) और अब उत्पाद (GDP) के सम्बन्ध को दर्शाया गया है।

सारणी 2–कुल व्यय (Aggregate Expenditure) एवं कुल उत्पाद (Aggregate out)

वास्तविक GDP (Y)	उपभोग व्यय C = 10 + .75	निवेश (I)	सरकारी व्यय (G)	निर्यात (X)	आयात M = .25 Y	शुद्ध निर्यात (X—M)	कुल व्यय AE = C + I + G + X- M
1	2	3	4	5	6	7	8
0	0	80	20	40	0	40	140
40	40	80	20	40	10	30	170
80	70	80	20	40	20	20	190
300	235	80	20	40	75	-35	300
400	310	80	20	40	100	- 60	350
600	460	80	20	40	150	-110	450

उपर्युक्त सारणी से स्पष्ट होता है कि—

(i) कुल व्यय (AE) और वास्तविक GDP (Y) के साथ प्रत्येक स्तर से सम्बन्धित है। उदाहरण के लिए GDP शून्य (0) से 600 इकाई तक बढ़ता है कुल व्यय भी बढ़कर 140 से 450 तक बढ़ता है। (कालम 1 व 8)

(ii) GDP के 300 स्तर तक कुल व्यय (AE) कुल उत्पाद (Y) से अधिक होता है।

(iii) अधिक व्यय उत्पादन को बढ़ाता है अतः व्यय बढ़ने के साथ-साथ उत्पादन में भी वृद्धि होती है। यहाँ उत्पादन को कुल व्यय के अनुरूप पूर्णतः लोचदार माना गया है।

(iv) GDP के 300 स्तर पर कुल व्यय अर्थव्यवस्था के कुल उत्पादन के बराबर है। चूँकि AE= Y है इसलिए अर्थव्यवस्था सन्तुलन की स्थिति में है।

(v) 300 से ऊपर किसी भी आय पर कुल व्यय कुल उत्पाद से कम है। कम व्यय उत्पादन स्तर को सन्तुलन स्तर तक घटा देगा अतः यह स्थिति सन्तुलन की स्थिति नहीं होगी।

इसी तथ्य को नीचे रेखाचित्र-10 की सहायता से समझाया गया है।

चित्र-10 में (i) E बिन्दु पर संतुलन स्थिति दर्शायी गयी है। जहाँ पर कुल व्यय (AE) कुल उत्पाद के बराबर है अतः OY संतुलित GDP है।

(ii) OY_1 GDP स्तर पर कुल व्यय E_1Y_1 है जबकि कुल व्यय RY_1 है अतः कुल व्यय कुल उत्पाद से RE_1मात्रा से अधिक है। ऐसी स्थिति में उत्पादन की तुलना में अधिक व्यय इच्छित उत्पाद स्तर को OY तक बढ़ाता है।

(iii) GDP के OY_2 स्तर पर AE $\angle$Y। यहाँ कुल व्यय कुल उत्पादन से TE_2 मात्रा में कम है। कम व्यय इच्छित उत्पादन स्तर को OY_1 तक घटाता है।

स्पष्टतः अर्थव्यवस्था में संतुलित आय उसी समय होगी जब कुल व्यय (AE) कुल उत्पाद (Y) के बराबर होगा। जैसा कि चित्र में OY_1 द्वारा दर्शाया गया है।

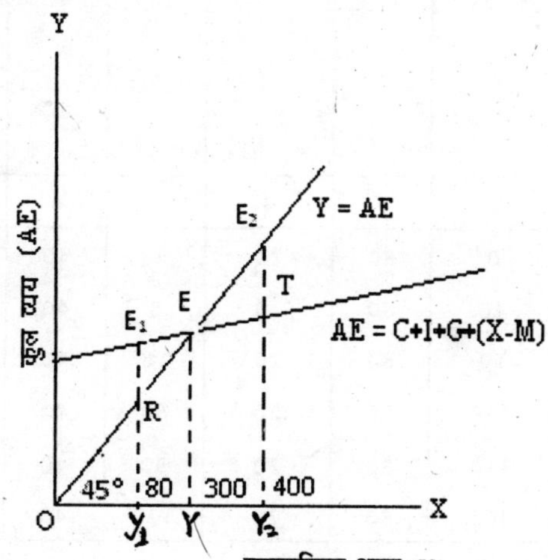

चित्र : 10

बचत (अथवा क्षरण) = निवेश (अथवा समावेश) दृष्टिकोण Saving (or Leakages) = Investment (or Injections) Approach)

अब हम बचत और निवेश दृष्टिकोण से भी संतुलित आय के निर्धारण का अध्ययन करेंगे।

जैसा कि हम पूर्व में पढ़ चुके हैं बचत (S), कर (T) एवं निर्यात (X– M) प्रभाव से क्षरण (Leakages) है जबकि निवेश (I), सरकारी व्यय (G) एवं आयात (M) आय प्रवाह के समावेश (Injection) है। सन्तुलन पर क्षरण और समावेश एक-दूसरे के बराबर होना चाहिए।

कुल व्यय (AE) + उपभोग (C) + निवेश (I) + सरकारी व्यय (G) + शुद्ध निर्यात (X–M) आय (Y) = उपभोग (C) + बचत (S) + कर (T)

सन्तुलन पर, AE = Y

$C + I + G + X - M = C + S + T$

$\Rightarrow I + G + X - M = S + T$

$\Rightarrow I + (X - M) = S + (T - G)$

(यहाँ, S = निज़ी बचत, T – G = बजट अधिक्य अथवा सार्वजनिक बचत S + (T– G) = अर्थव्यवस्था की कुल बचत)

I + (X– M) = निवेश + शुद्ध निर्यात अथवा, निवेश माध्यम से अर्थव्यवस्था में कुल परिसम्पत्ति निर्माण।

इस प्रकार अर्थव्यवस्था में संतुलित आय की उस स्थिति में होगी जब कुल बचत निवेश के माध्यम से सृजित की गयी कुल सम्पत्ति के बराबर होगी।

सन्तुलित आय की स्थिति को नीचे सारणी द्वारा दर्शाया गया है।

सारणी : बचत निवेश सम्बन्ध

वास्तविक GDP (Y)	उपभोग (C = 10 + .75Y)	निवेश (I)	सरकारी व्यय (G)	कर (T = .2Y)	निर्यात (X)	आयात (M) = .25Y	शुद्ध निर्यात (X - M)	कुल व्यय (AE) = C + I + G + X - M	सरकारी बचत या बजट अतिरेक (T - G)	निजी बचत (S = -10 + .25 Y- T	कुल बचत (Sd = S + T - G)	सम्पत्ति निर्माण I + (X -M)
1	2	3	4	5	6	7	8	9	10	11	12	13
0	0	80	20	0	40	0	40	140	-20	-10	-30	120
40	40	80	20	8	40	10	30	170	-12	-8	-20	110
80	70	80	20	16	40	20	20	190	-4	-6	-10	100
300	235	80	20	60	40	75	-35	300	40	5	45	45
400	310	80	20	80	40	100	-60	350	60	10	70	20
600	460	80	20	120	40	150	-110	450	100	20	120	-30

उपर्युक्त सारणी के अंकों से स्पष्ट होता है कि

(i) 300 के आय स्तर पर अर्थव्यवस्था की **कुल बचत** (कॉलम 12) **कुल निवेश** अर्थात् कुल सम्पत्ति निर्माण (कॉलम 13) बराबर है जो 45 है।

(ii) आय के संतुलित स्तर 300 पर (कॉलम 9) में दर्शाया गया है जो **कुल व्यय** (AE) कॉलम 9 में प्रदर्शित है। कुल आय (x) के बराबर है।

(ii) 300 से ऊपर या नीचे किसी भी आय स्तर पर अर्थव्यवस्था की कुल बचत (S), कुल निवेश (I) बराबर नहीं है।

इस प्रकार संतुलित आय (300) के स्तर पर कुल व्यय (AE) और कुल उत्पाद (GDP) के बराबर है और दूसरी ओर इसी संतुलित आय के स्तर पर कुल बचत (S), कुल निवेश (I) भी बराबर है।

II. बचत व निवेश दृष्टिकोण से संतुलित GDP का निर्धारण

संतुलित GDP का निर्धारण बचत व निवेश दृष्टिकोण से चित्र के द्वारा स्पष्ट किया गया है। चित्र में (i) Sd रेखा कुल बचत रेखा (अर्थात) [S + (T – G)] है तथा I + (X–M) कुल निवेश अर्थात् पूँजी निर्माण रेखा है।

(ii) अर्थव्यवस्था में संतुलित GDP का निर्धारण E_1 बिन्दु पर दर्शाया गया है। जहाँ S + (I – G) = I + (X – M) अर्थात् राष्ट्रीय बचत राष्ट्रीय विनियोग के बराबर है।

(iii) GDP के अन्य स्तरों पर अर्थव्यवस्था में संतुलन नहीं होगा उदाहरण के लिए OY_1आय स्तर पर अर्थव्यवस्था में कुल पूँजी निर्माण (निवेश) बचत से अधिक है इसके विपरीत OY_2 आय स्तर पर कुल बचत कुल विनियोग से अधिक है। इस प्रकार GDP के इन दोनों स्तरों पर अर्थव्यवस्था में संतुलन नहीं होता है।

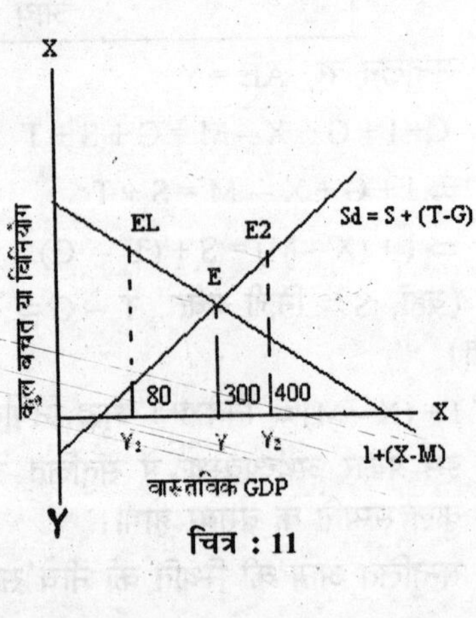

चित्र : 11

(iv) **अतः स्पष्ट है OY ही संतुलित राष्ट्रीय आय है** $S + (T + G) = I + (X - M)$ अर्थात् **राष्ट्रीय बचत कुल पूँजी निर्माण (निवेश) के बराबर है।**

यह उल्लेखनीय है कि संतुलित GDP निर्धारण के कुल व्यय व कुल उत्पाद दृष्टिकोण (Aggregate Expenditure and Aggregate output Approach) तथा कुल बचत व कुल निवेश अथवा पूँजी निर्माण दृष्टिकोण दोनों ही विधियों से संतुलित आय का स्तर 300 ही है।

आय का साम्य स्तर तथा आय का पूर्ण रोजगार स्तर (Equilibrium Level of Income and Full Employment Level of Income)–हमने ऊपर यह अध्ययन किया कि एक अर्थव्यवस्था में आय का सन्तुलन स्तर उस बिन्दु पर निर्धारित होता है जहाँ (अ) कुल माँग पूर्ति के बराबर होती है अथवा (ब) जहाँ बचत विनियोग के बराबर होती है।

परन्तु कीन्स का मत है कि यह सदैव आवश्यक नहीं है कि आय के साम्य का स्तर पूर्ण रोजगार के साम्य स्तर के समान ही हो। अन्य शब्दों में, कीन्स के अनुसार आय का साम्य स्तर पूर्ण रोजगार के साम्य स्तर पर अथवा इससे कम स्तर पर भी स्थापित हो सकता है।

प्रतिष्ठित अर्थशास्त्रियों की यह मान्यता थी कि एक अर्थव्यवस्था सदैव पूर्ण रोजगार की अवस्था में रहती हैं। इस मान्यता का आधार पर प्रो. जे. बी. से का बाजार नियम है जिसके अनुसार ''पूर्ति स्वयं अपनी माँग का सृजन करती है।'' इस प्रकार की अवस्था में वे सभी साधन जो कि प्रचलित मज़दूरी के स्तर पर कार्य करने के लिए तत्पर हैं, उन्हें रोजगार के अवसर उपलब्ध होते हैं। इस प्रकार एक अर्थव्यवस्था सदैव पूर्ण रोजगार की स्थिति में बनी रहती हैं।

1930 की महामन्दी ने प्रतिष्ठित अर्थशास्त्रियों की विचारधारा को गलत सिद्ध कर दिया जबकि पूरे विश्व में बेरोजगारी फैली हुई थी। प्रो. कीन्स का मत है कि एक अर्थव्यवस्था में साम्य की स्थिति रहते हुए भी बेरोजगारी व्याप्त हो सकती है जिसे कुल माँग में वृद्धि करके ही दूर किया जा सकता है। इसके लिए साम्य बिन्दु को ऊपर दायीं ओर खिसकाना पड़ता है जैसा कि चित्र-12 में स्पष्ट किया गया है। चित्र-12 में–

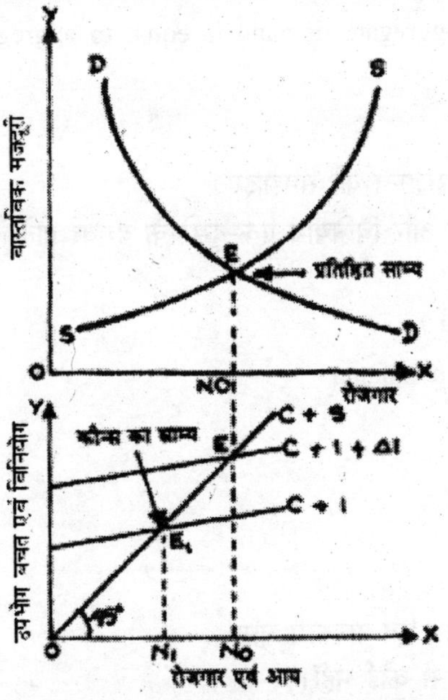

चित्र : 12

(i) प्रतिष्ठित अर्थशास्त्रियों के अनुसार साम्य सदैव पूर्ण रोजगार के बिन्दु पर ही स्थापित होता है। जैसा कि चित्र के ऊपरी भाग में ONO रोजगार के स्तर द्वारा प्रदर्शित किया गया है।

(ii) परन्तु कीन्स की विचारधारा के अनुसार साम्य पूर्ण रोजगार से कम स्तर पर भी स्थापित हो सकता है जैसा कि चित्र में E_1 बिन्दु पर दर्शाया गया है। E_1 बिन्दु पर कुल माँग वक्र (C + I) कुल पूर्ति वक्र (C + S) को काट रहा है अत: यह साम्य बिन्दु है परन्तु इस साम्य की अवस्था में भी $N_1 N_0$ साधन बेरोजगार हैं जिससे स्पष्ट होता है कि आय का साम्य स्तर पूर्ण रोजगार के साम्य स्तर से पहले भी स्थापित हो सकता है।

(iii) अत: $N_1 N_0$ बेरोजगार साधनों को उसी अवस्था में रोजगार के अवसर उपलब्ध हो सकते हैं जबकि सामूहिक माँग में वृद्धि की जाये। इसको चित्र में नयी कुल माँग वक्र $C + I + \Delta I$ के द्वारा दर्शाया गया है।

(iv) सामूहिक माँग वक्र के ऊपर की ओर खिसकने के परिणामस्वरूप साम्य बिन्दु भी E_1 से खिसकर E बिन्दु पर पहुँच जाता है। चित्र से स्पष्ट है कि प्रतिष्ठित विचारधारा का साम्य बिन्दु E तथा कीन्स की विचारधारा का साम्य बिन्दु E_1 एक समान साम्य रोजगार के स्तर को प्रकट करते हैं। इस अवस्था में आय का साम्य स्तर रोजगार के साम्य स्तर के समान है।

Select References

1. Dillard, Dudley : The Economics of Keynes; J,M.
2. Harrod; R.F. : The Life of John Moyhood Keynes
3. Hazlitt, Henery : The Critics of Keynesian Economics
4. Hutt, W. M. : Keynesian—Retrospect And Prospect
5. Keynes, J. M. : The General Theory
6. Hague and Stonier : A Text-Book of Economic Theory

परीक्षा प्रश्न
(Examination Questions)

I. दीर्घ उत्तरीय प्रश्न (Long Answer Type Questions)

1. राष्ट्रीय आय के सन्तुलन से क्या आशय है? यह स्पष्ट कीजिए कि यह साम्य केवल तभी प्राप्त होता है, जब बचत विनियोग के बराबर होती है।

   What do you mean by equilibrium of national income? Explain how this equilibrium is achieved only when saving is equal to investment.

2. आय-निर्धारण एक द्वि-क्षेत्रीय अर्थव्यवस्था और एक तीन-क्षेत्रीय अर्थव्यवस्था में किस प्रकार होता है?

   How Income is determined in a two-sector economy and in three sector economy?

3. राष्ट्रीय आय के सन्तुलन स्तर पर कुल माँग कुल पूर्ति के बराबर होते हैं और बचत तथा विनियोग भी बराबर होते हैं। स्पष्ट कीजिए।

   Explain that equilibrium level of national. Income, aggregate demand is equal to aggregate supply and saving as also equal to investment.

II. लघु उत्तरीय प्रश्न (Short Answer Type Questions)

1. कुल माँग एवं कुल पूर्ति विचारधारा की सहायता से आय निर्धारण सिद्धान्त को समझाइए।
2. स्पष्ट कीजिए कि आय का निर्धारण उस स्तर पर होता है जहाँ बचत और विनियोग एक-दूसरे के बराबर होते हैं।
3. राष्ट्रीय आय के निर्धारण पर सरकारी व्यय का क्या प्रभाव पड़ता है?
4. एकमुश्त आय कर क्रा राष्ट्रीय आय सन्तुलन पर क्या प्रभाव पड़ता है?
5. राष्ट्रीय आय के सन्तुलन स्तर पर आनुपातिक आयकर का प्रभाव स्पष्ट कीजिए।
6. क्या आय का साम्य स्तर पूर्ण रोजगार का स्तर भी होता है?

III. वस्तुनिष्ठ प्रश्न (Objective Type Questions)

सही विकल्प चुनकर लिखिए :

1. कुल माँग से हमारा तात्पर्य है:

   (अ) उपभोग माँग + विनियोग माँग (ब) उपभोग माँग एवं सरकारी माँग
   (स) विनियोग माँग और बचत की माँग (द) उपर्युक्त में से कोई नहीं।

2. कीन्स के आय निर्धारण सिद्धान्त में विनियोग आय बढ़ने के साथ :

   (अ) बढ़ता है (ब) घटता है
   (स) स्थिर रहता है (द) उपर्यूक्त में से कोई नहीं।

3. 45^0 अंश की रेखा प्रदर्शित करती है
   (अ) वस्तुओं की कुल पूर्ति (ब) मुद्रा के रूप में कुल आय
   (स) अ और ब दोनों (द) उपर्युक्त में से कोई नहीं।
4. राष्ट्रीय आय का साम्य स्तर होता है जब :
   (अ) C + I रेखा 45° अंश रेखा को काटती है (ब) C + I = C + S
   (स) S = I (द) उपर्युक्त सभी
5. एकमुश्त करारोपण के कारण राष्ट्रीय आय के साम्य स्तर में कमी करारोपण की धनराशि
   (अ) के बराबर होती है (ब) कम होती है
   (स) अधिक होती है (द) उपर्युक्त में से कोई नहीं।
6. आनुपातिक आय कर की दर जितनी अधिक होगी, राष्ट्रीय आय के साम्य स्तर में :
   (अ) कोई कमी नहीं होगी (ब) अधिक कमी होगी
   (स) कम कमी होगी (द) उपर्युक्त में से कोई नहीं
7. यदि $C = 80 + 0.6Y$ तथा $I = I_0 = 160$ करोड़ रुपए तो आय का सन्तुलन स्तर क्या होगा :
   (अ) 500 करोड़ रुपए (ब) 600 करोड़ रुपए
   (स) 700 करोड़ (द) उपर्युक्त में से कोई नहीं।

उत्तर—1. (अ), 2. (स), 3. (स), 4. (द), 5. (अ), 6. (ब), 7. (ब)।

□□□

19 IS और LM फलन–वस्तु और मुद्रा बाजारों का सामान्य सन्तुलन
(IS and LM Functions—General Equilibrium of Product and Money Market)

महत्त्वपूर्ण अवधारणाएँ (Important Concepts)

1. आय निर्धारण का हिक्स मॉडल (Hicksian Model of Income Determination)–आय निर्धारण का हिक्स–मॉडल यह बताता है कि आय निर्धारण के लिए **वस्तु बाजार** में सन्तुलन (अर्थात् I = S) स्थापित होना चाहिए और साथ ही साथ **मुद्रा बाजार** में सन्तुलन (अर्थात् L = M) स्थापित होना चाहिए। अत: **हिक्सियन मॉडल** कुल अर्थव्यवस्था का एक सामान्य सन्तुलन मॉडल (A General Equilibrium of the Aggregate Economy) प्रस्तुत करता है।

2. वस्तु बाजार सन्तुलन (The Product Market Equilibrium)–(i) वस्तु बाजार सन्तुलन के लिए आवश्यक है कि विनियोजन (I) और **बचत (S)** बराबर हो अर्थात् I = S अत: IS वक्र वस्तु बाजार सन्तुलन को व्यक्त करता है।

(ii) यदि हम एक ऐसे वक्र का निर्माण करें जो ब्याज की विभिन्न दरों को तत्सम्बन्धी (Corresponding) आय स्तरों पर जोड़ता है तो हमें OD वक्र प्राप्त हो जायेगा।

(iii) IS वक्र उन ब्याज दरों व आय के स्तरों को व्यक्त करता है, जिन पर बचत (S) व विनियोजन (I) बराबर होते हैं। फलत: अर्थव्यवस्था का वास्तविक क्षेत्र सन्तुलन की स्थिति में रहता है।

3. मुद्रा बाजार सन्तुलन (The Money Market Equilibrium)–(i) मुद्रा बाजार सन्तुलन के लिए आवश्यक है कि मुद्रा की माँग (L) और मुद्रा की पूर्ति (M) बराबर हो अर्थात् L + M अत: LM वक्र मुद्रा बाजार सन्तुलन को व्यक्त करता है।

(ii) IM वक्र आय के स्तर और ब्याज दरों के उन संयोगों को व्यक्त करता है जहाँ मुद्रा की माँग (L) और मुद्रा की पूर्ति (M) के बराबर होती है। फलत: मुद्रा बाजार सन्तुलन में होता है।

(iii) वस्तु बाजार तथा मुद्रा बाजार में एक साथ सन्तुलन (Simultaneous Equilibrium of the Product Market and Money Market)–जब IS वक्र की ब्याज दर तथा साथ ही सन्तुलन जोड़ी LM वक्र की ब्याज दर तथा आय की सन्तुलन जोड़ी के बराबर होती है अर्थात् जिस बिन्दु पर IS वक्र तथा LM वक्र एक-दूसरे को काटते हैं, वहाँ अर्थव्यवस्था में **सामान्य सन्तुलन (General Equilibrium)** स्थापित होता है। अन्य शब्दों में, इस बिन्दु पर वस्तु बाजार तथा मुद्रा बाजार में एक साथ सन्तुलन पाया जाता है।

यह सामान्य सन्तुलन की स्थिति एक निश्चित समय में पायी जाती है। हाँ यदि सन्तुलन अवस्था में कोई विचलन हो तो कुछ शक्तियाँ इस प्रकार कार्य करेंगी कि सन्तुलन अवस्था पुन: स्थापित हो जायेगी।

इस प्रकार आय निर्धारण के हिक्स मॉडल में निम्नलिखित चार महत्त्वपूर्ण तत्त्व हैं, जो आय-स्तर को साथ-साथ निर्धारित करते हैं–

(i) विनियोग अर्थात् उत्पादकता, विनियोग को I द्वारा व्यक्त करते हैं।

(ii) बचत (Saving) अर्थात् किफायत (Thrift) बचत को S द्वारा व्यक्त करते हैं।

(iii) **तरलता** पसन्दगी या नकदी की इच्छा (Liquidity Preference or Desire for Cash) को L द्वारा व्यक्त करते हैं।

(iv) **मुद्रा की पूर्ति (Money Supply)** या **नकदी की पूर्ति (Quantity of Cash)** को हम M द्वारा व्यक्त करते हैं। यह सरकार द्वारा नियन्त्रित की जाती है, अत: स्थिर होती है।

(v) IS रेखा तथा LM रेखा के कटाव बिन्दु पर ब्याज दर और आय स्तर दोनों साथ-साथ निर्धारित होते हैं। अर्थात् वस्तु बाजार (Product Market) तथा मुद्रा बाजार (Money Market) में एक साथ सन्तुलन स्थापित होता है।

इसके पूर्व के अध्यायों में हमने **प्रतिष्ठित अर्थशास्त्रियों (Classical Economists) व कीन्स (Keynes)** के राष्ट्रीय आय निर्धारण सिद्धान्त का अध्ययन किया।

प्रतिष्ठित अर्थशास्त्रियों के अनुसार आय का निर्धारण **वास्तविक तत्त्वों (Real Factors)**, जैसे-विनियोग (I) तथा बचत (S) द्वारा होता है।

कीन्स का सिद्धान्त आय निर्धारण में **मौद्रिक चरों (Monetary Factors)** पर ही अधिक बल देता है। कीन्स के अनुसार आय का निर्धारण मुद्रा की माँग [तरलता पसन्दगी (L)] तथा मुद्रा की पूर्ति (M) द्वारा प्रभावित होता है।

प्रो. हिक्स तथा **प्रो. हेन्सन** ने उपर्युक्त दोनों विचारधाराओं का **उचित समन्वय** करे आय निर्धारण का **आधुनिक सिद्धान्त** I S व LM मॉडल प्रस्तुत किया है।

आय निर्धारण का **हिक्स मॉडल** यह बताता है कि आय निर्धारण के लिए **वस्तु बाजार में सन्तुलन** (अर्थात् I = S) स्थापित होना चाहिए और साथ ही साथ **मुद्रा बाजार** में सन्तुलन (अर्थात् L = M) स्थापित होना चाहिए। अत: हिक्सियन सिद्धान्त या मॉडल कुल अर्थव्यवस्था का एक **सामान्य सन्तुलन मॉडल (A General Equilibrium Model of the Aggregate Economy)** प्रस्तुत करता है।

अब हम वस्तु बाजार सन्तुलन व मुद्रा बाजार सन्तुलन का पृथक्-पृथक् अध्ययन करेंगे।

वस्तु बाजार सन्तुलन
(The Product Market Equilibrium)

वस्तु बाजार का सम्बन्ध उन आर्थिक क्रियाओं से होता है, जो कि वस्तुओं और सेवाओं के उत्पादन व उपभोग से सम्बन्धित होती है। विनियोग आय उत्पन्न करने वाला व्यय है तथा इसकी सहायता से वस्तुओं और सेवाओं का उत्पादन होता है।

वस्तु बाजार के सन्तुलन के लिए यह आवश्यक है कि विनियोग बचत के बराबर हो। अत: वे सब तत्त्व जो विनियोग (I) बचत (S) को प्रभावित करते हैं, वे वस्तु बाजार में सन्तुलन के निर्धारण को भी प्रभावित करते हैं। अत: वस्तु बाजार के लिए हमारे पास 3 समीकरण हैं-

$I = f(i)$ विनियोग फंक्शन है ब्याज दर का —(i)

$S = f(Y)$ बचत फंक्शन है आय का — (ii)

(i) और (ii) समीकरणों से $I = S$ —(iii)

वस्तु बाजार में सन्तुलन के लिए आवश्यक है कि विनियोग (I) और बचत (S) बराबर हों अर्थात् I = S।

अत: IS वक्र वस्तु बाजार **सन्तुलन** को व्यक्त करता है। यह ब्याज दरों और आय स्तरों के उन संयोगों को दर्शाता है, जहाँ बचत और विनियोग की समानता होती है, जो अर्थव्यवस्था का **वस्तु बाजार सन्तुलन** कहलाता है। इसे **वास्तविक क्षेत्र सन्तुलन** भी कहते हैं।

IS वक्र का व्युत्पन्न (निर्माण) करना (Deriving the IS Curve)

अब हम रेखाचित्र की सहायता से IS रेखा का निर्माण करेंगे।

रेखाचित्र 1 (A) (i) में आय के विभिन्न स्तरों से सम्बन्धित बचत रेखाओं को $S_1 Y_1$, $S_2 Y_2$, S_3Y_3, $S_4 Y_4$ तथा S_5Y_5 द्वारा दर्शाया गया है। बचत आय के स्तर पर निर्भर करती है। Y_1, Y_2, Y_3, Y_4 तथा Y_5 आय के बढ़ते हुए विभिन्न

स्तरों को व्यक्त करते हैं। आय बढ़ने के साथ-साथ बचत बढ़ती जाती है। बचत रेखाएँ S_1, Y_1 S_2 Y_2 इत्यादि दाहिनी ओर खिसकती जाती है, जो यह स्पष्ट करती है कि आय में वृद्धि होने से बचतें अधिक होगी।

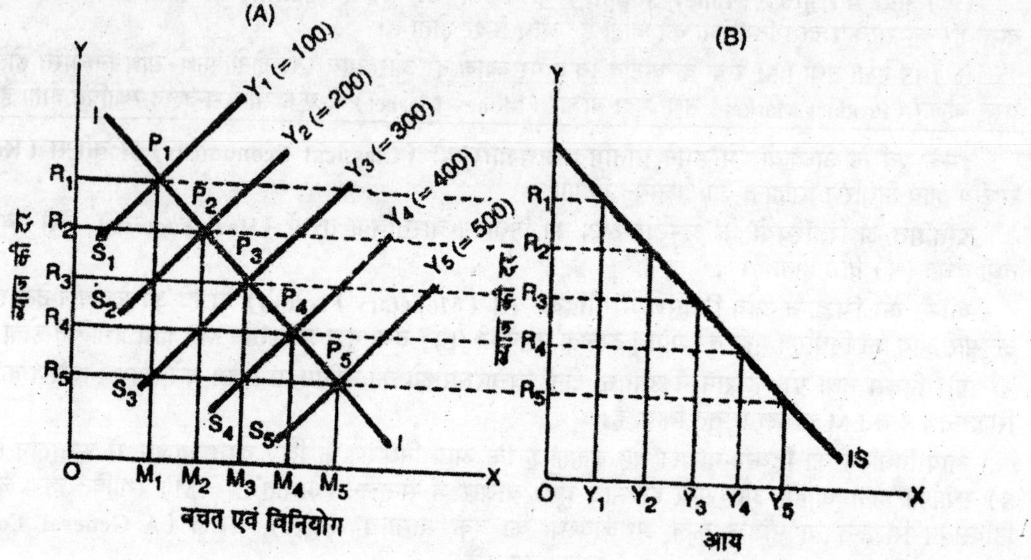

चित्र : 1

(ii) II, 'विनियोग रेखा' है। चित्र में S_1Y_1 तथा विनियोग रेखा (II) को P_1 बिन्दु पर काटती है। फलत: ब्याज की दर P_1M_1 अर्थात R_1 होगी। इसका तात्पर्य यह है कि जब आय का स्तर Y_1 है और ब्याज की दर R_1 है तो बचत और विनियोग में समानता प्राप्त होती है, क्योंकि दोनों में से प्रत्येक OM_1 है। अन्य शब्दों में, Y_1 आय के स्तर पर P_1M_1 या R_1 ब्याज की वह सन्तुलन दर है जो बचत और विनियोग के बीच समानता स्थापित करती है, अर्थात् जिस दर पर **वस्तु बाजार** सन्तुलन में है।

जब आय बढ़कर Y_2 हो जाती है तो ब्याज की दर R_2 (या P_2M_2) होगी, आय के स्तर Y_2 तथा ब्याज की दर R_2 पर बचत और विनियोग में सन्तुलन स्थापित होगा। दोनों OM_2 के बराबर हैं। इस प्रकार हमें एक दूसरा बिन्दु P_2 प्राप्त हो जाता है, जो कि आय और ब्याज के एक ऐसे दूसरे संयोग को बताता है जिस पर $I = S$ है अर्थात् जिस पर **'वस्तु बाजार'** सन्तुलन में है।

इसी प्रकार यदि आय का स्तर बढ़कर Y_3, Y_4 तथा Y_5 हो जाता है तो हमें अन्य बिन्दु P_3, P_4 तथा P_5 प्राप्त होते हैं, जो कि आय व ब्याज के अन्य संयोगों को बताते हैं जिन पर कि $I = S$ है अर्थात् जिन पर **'वस्तु बाजार'** संतुलन में है।

उपर्युक्त विवरण से स्पष्ट है कि आय का कोई एक अकेला स्तर नहीं होता, जिस पर कि विनियोग बचत के बराबर हो ($I = S$) बल्कि ब्याज के प्रत्येक भिन्न दर के लिए आय का एक भिन्न स्तर होता है। नीची ब्याज दर पर वह आय स्तर ऊँचा होता है जिस पर कि $I = S$ है।

चित्र-1 (B) में IS रेखा को दर्शाया गया है। **यदि हम एक ऐसे वक्र का निर्माण करें, जो ब्याज की विभिन्न दरों को तत्सम्बन्धी (Corresponding) आय स्तरों पर जोड़ता है तो हमें IS वक्र प्राप्त हो जायेगा।** इस वक्र का रूप वही होता है जो चित्र (अ) में II वक्र है जो P_1, P_2, P_3, P_4 व P_5 पर सन्तुलन बिन्दुओं को जोड़ता हो।

IS वक्र पर स्थित प्रत्येक बिन्दु उन ब्याज दरों व आय के स्तरों को बताता है, जिन पर बचत व विनियोग सन्तुलन बिन्दु में है परिणामस्वरूप अर्थव्यवस्था का वास्तविक क्षेत्र सन्तुलन में रहता है।

IS वक्र नीचे की ओर क्योंकि गिरता हुआ होता है? (Why does IS curve slope downward?)

अब प्रश्न यह उठता कि IS वक्र दायीं ओर नीचे की ओर झुकता हुआ क्यों होता है? इसका कारण यह है कि आय में वृद्धि होती है। फलत: ब्याज की दर गिर जाती है। अत: आय का ऊँचा स्तर अधिक बचत और परिणामस्वरूप नीची ब्याज दर को दिखाता है, इसलिए IS वक्र दाहिनी ओर नीचे को जाता है।

IS वक्र चपटा (Flat) या ढाल वाला (Steep) हो सकता है, यह विनियोग की माँग की (अ) ब्याज दर में परिवर्तनों की लोच का सापेक्षता तथा (ब) गुणक के आकार पर निर्भर करता है। यदि विनियोग की माँग ब्याज की दर के समय में अधिक लोचदार हो तो IS वक्र बहुत चपटा (Flat) होता है। इसके विपरीत यदि विनियोग की माँग ब्याज की दर के सम्बन्ध में अधिक लोचदार नहीं है तो IS वक्र ढाल वाला (Steep) होगा।

IS वक्र की आकृति **गुणक** के आकार पर भी निर्भर करती है। यदि गुणक का आकार बढ़ा है तो आय ब्याज दर में परिवर्तन के अधिक सापेक्ष होती है तथा IS वक्र चपटा होता है। इसी प्रकार अपेक्षाकृत कम मूल्य वाले गुणक की स्थिति में IS वक्र अपेक्षाकृत अधिक तीव्र ढाल वाला होगा।

IS वक्र में स्थानान्तरण (Shift in the IS Curve)

IS वक्र की स्थिति बचत और विनियोग वक्रों की स्थितियों पर निर्भर करती है। यदि इन दोनों वक्रों की स्थिति में कोई परिवर्तन होता है तो IS रेखा की स्थिति में भी परिवर्तन कर देगा।

IS वक्र **बचत में कमी** होने से दायीं ओर सरक जाता है। एक या अधिक तत्त्व जो उपभोग में वृद्धि लाते हैं के कारण बचत में कमी हो सकती है।

स्वायत्त विनियोग (Autonomous Investment) में वृद्धि होने से IS वक्र दायीं ओर विवर्तित हो सकता है। विनियोग में वृद्धि भविष्य में ऊँचे लाभों की प्रत्याशा, वस्तु की भावी माँग में वृद्धि की प्रत्याशा या नवप्रवर्तक आदि के कारण हो सकती है।

2. मुद्रा बाजार में सन्तुलन
(The Money Market Equilibrium)

मुद्रा बाजार का सम्बन्ध उन आर्थिक क्रियाओं रो होता है, जिनका राम्बन्ध नकदी अर्थात् तरल सम्पत्ति के लिए मुद्रा की माँग और मुद्रा की पूर्ति से होता है। यदि **मुद्रा की माँग को L** द्वारा **मुद्रा की पूर्ति को M** बताया जाये तो मुद्रा बाजार में सन्तुलन के लिए L = M के होना चाहिए। मुद्रा की कुल माँग L = Lt + Ls के हैं। जहाँ Lt = मुद्रा का सौदा उद्देश्य (Transaction Motive) व सतर्कता उद्देश्य (Precaution Motive) की माँग और Ls = मुद्रा की सट्टा उद्देश्य (Speculative Motive) के लिए माँग।

कीन्स ने यह माना कि Lt निर्भर करता है आय के स्तर (Y) पर अर्थात् Lt = f(Y)। आय के स्तर (Y) तथा Lt में प्रत्यक्ष सम्बन्ध (Direct Relation) होता है।

LS ब्याज की दर (i) पर निर्भर करती है और Ls ब्याज की दर के साथ विपरीत दशा में बदलती है अर्थात् यदि ब्याज दर ऊँची है तो सट्टा माँग Ls नीची होगी और यदि नीची है तो Ls ऊँची होगी। इस प्रकार Ls निर्भर करता है (i) पर अर्थात् Ls = f(i)।

उपर्युक्त विवरण से स्पष्ट है कि मुद्रा बाजार के लिए निम्नलिखित समीकरण प्राप्त होते हैं–

Lt = f(Y) Lt फंक्शन है आय का।

Ls = f(i) Ls फंक्शन है ब्याज दर का।

अत: L = (Y_1i) मुद्रा की माँग या तरलता पसन्दगी आय स्तर व ब्याज की दर का फलन है।

LM वक्र का व्युत्पन्न (निर्माण) करना (Deriving the LM Curve)–LM वक्र आय के स्तरों और ब्याज दरों के उन संयोगों को व्यक्त करता है, जहाँ मुद्रा की माँग (L) और मुद्रा की पूर्ति (M) बराबर होती है तथा मुद्रा बाजार सन्तुलन में होता है। अत: LM वक्र खींचने के लिए हमें उन ब्याज की दरों और आय के स्तरों को ज्ञात करना चाहिए, जिन पर मुद्रा की माँग और मुद्रा की पूर्ति दोनों बराबर हों। अब हम चित्र 11.2 की सहायता से LM वक्र का निर्माण करेंगे।

चित्र में (i) आय के 100 करोड़ रु. 200 करोड़ रु. तथा 300, 400 व 500 करोड़ रु. स्तरों पर क्रमशः $L_1 Y_1$, $L_2 Y_2$, $L_3 Y_3$, $L_4 Y_4$, $L_5 Y_5$ तरलता, अधिमान (मुद्रा की माँगें) वक्रों का एक समूह खींचा गया है।

(ii) चित्र में OM मुद्रा की वास्तविक मुद्रा मात्रा में हुई है। मुद्रा की पूर्ति पूर्णत: बेलोचदार है, इसलिए पूर्ति वक्र को खड़ी रेखा MQ द्वारा प्रदर्शित किया गया है।

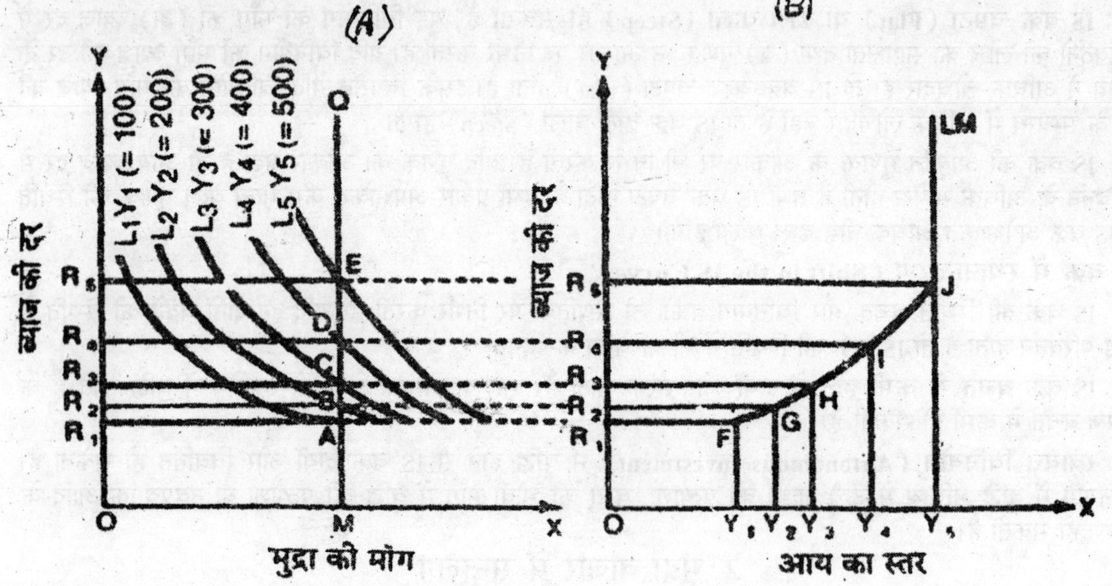

चित्र : 2

(iii) इस प्रकार आय के विभिन्न स्तरों पर L_1Y_1, L_2 Y_2, L_3 Y_3, L_4 Y_4, L_5 Y_5 मुद्रा की माँग वक्र (तरलता पसन्दगी वक्र) है जो मुद्रा पूर्ति के पूर्णतया बेलोचदार वक्र MQ के साथ मिलकर हमें LM वक्र प्रदान करते हैं। अत: LM वक्र बिन्दुओं की एक शृंखला मिली होती है जिस पर प्रत्येक बिन्दु **ब्याज–आय स्तर** को व्यक्त करता है, जहाँ मुद्रा की माँग (M), मुद्रा की पूर्ति (L) के बराबर होती है।

(iv) यदि आय स्तर Yt (100 करोड़ रु.) हो तो OR_1 ब्याज दर पर मुद्रा की माँग L_1Y_1 और मुद्रा की पूर्ति (QM) बराबर है। Y_2 (200 करोड़ रुपये) आय स्तर पर मुद्रा की माँग L_2Y_2 और मुद्रा की पूर्ति (QM) के बीच OR_2 ब्याज दर पर सन्तुलन स्थापित होता है। इसी प्रकार Y_3 (300 करोड़ रु.) आय स्तर पर मुद्रा की माँग L_3Y_3 तथा मुद्रा की पूर्ति (QM) में OR_3 ब्याज दर पर सन्तुलन स्थापित होता है।

इस प्रकार चित्र–2 (A) में मौद्रिक सन्तुलनों की शृंखला (बिन्दु A, B, C, D व E) प्रदान करता है, प्रत्येक मौद्रिक सन्तुलन एक विशेष आय स्तर तथा एक विशेष ब्याज दर से सम्बन्धित होता है।

चित्र–2 (B) में LM रेखा को दर्शाया गया है जो चित्र 2 के (A) भाग से निकाली गयी है।

चित्र के B भाग आय स्तरों (Y_1,Y_2, Y_3) इत्यादि को पड़े अक्ष (Horizontal Axis) पर तथा ब्याज की दरों R_1, R_2, R_3 इत्यादि को खड़े अक्ष (Vertical Axis) पर दिखाया गया है। चित्र के (A) भाग की सहायता से हम ऐसे बिन्दुओं की शृंखला (Series of Points) को अंकित कर सकते हैं, जिससे प्रत्येक बिन्दु पर विशेष ब्याज दर तथा आय स्तर को बताये गये और प्रत्येक बिन्दु पर मौखिक सन्तुलन होगा अर्थात् L = M के होगा। चित्र के (B) भाग में एक

ऐसा बिन्दु F है, जो कि ब्याज दर R_1 तथा आय स्तर Y_1 से सम्बन्धित है। एक दूसरा बिन्दु G है जो कि ब्याज दर R_2 तथा आय स्तर Y_2 से सम्बन्धित है।

इसी प्रकार तीसरा बिन्दु H है जो कि ब्याज दर R_3 तथा **आय स्तर** Y_3 से सम्बन्धित है। इसी प्रकार बिन्दु I तथा J हैं।

यदि हम इन बिन्दुओं को मिला दें तो हमें एक रेखा प्राप्त हो जाती है, जिसे LM रेखा कहते हैं। इस रेखा पर प्रत्येक बिन्दु L तथा M की बराबरी (अर्थात् उसके सन्तुलन) को बताता है। अत: LM रेखा को अन्य शब्दों में इस प्रकार परिभाषित किया जा सकता है–

"LM रेखा ब्याज दरों तथा वास्तविक आय स्तरों के उन सब संयोगों का रास्ता है, जिन पर कि मुद्रा की पूर्ति (M) बराबर होती है मुद्रा की माँग (L) के।"

LM वक्र की ढलान (The Slope of the LM Curve)–अब प्रश्न यह उत्पन्न होता है कि LM वक्र दायीं ओर ऊपर क्यों उठता है? ऐसा इस कारण होता है कि जैसे-जैसे आय स्तर में वृद्धि होती है, लोगों की तरलता-पसन्दगी या उनकी मुद्रा की माँग बढ़ी जाती है। परिणामत: ब्याज की दर भी बढ़ती जाती है। इसके विपरीत, आय के स्तर में कमी आने पर लोगों की तरलता-पसन्दगी में भी ह्रास होता है, परिणामत: ब्याज की दर भी नीचे गिर जाती है।

यदि मुद्रा की माँग की ब्याज-लोच अधिक है तो LM वक्र अपेक्षाकृत चपटा होता है। इसके विपरीत यदि मुद्रा की माँग की ब्याज-लोच कम है तो LM वक्र अधिक तेज ढाल वाला होता है।

LM वक्र में स्थानान्तरण (Shift in the LM Curve)–मुद्रा की माँग दी गयी होने पर मुद्रा की पूर्ति में वृद्धि से या मुद्रा की पूर्ति दी हुई होने पर मुद्रा की माँग में कमी से LM वक्र दायीं ओर स्थानान्तरण करता है। मुद्रा की माँग में कमी का अर्थ है प्रत्येक आय और ब्याज स्तर पर माँगी गयी शेषों की मात्रा में कमी। मुद्रा शेषों की माँग में ऐसी कमी मुद्रा की पूर्ति करके मुद्रा की माँग से अधिक कर देती है। यह अर्थव्यवस्था में मुद्रा पूर्ति में वृद्धि के समान है जिसका प्रभाव LM वक्र को दायीं ओर स्थानान्तरित करता है।

IS तथा LM वक्रों का प्रतिच्छेद : वस्तु बाजार तथा मुद्रा बाजार का एक साथ साम्य (Intersection of IS and LM Curve : Simultaneous Equilibrium of The Product Market and Money Market)

अभी तक उन शर्तों का विश्लेषण किया गया है, जिन्हें IS तथा LM फलनों के रूप में वस्तु और मुद्रा बाजारों के सामान्य सन्तुलन के लिए सन्तुष्ट करना आवश्यक है। अब यह अध्ययन किया जा रहा है कि किस प्रकार ये बाजार एक साथ सन्तुलन में लाये जाते हैं।

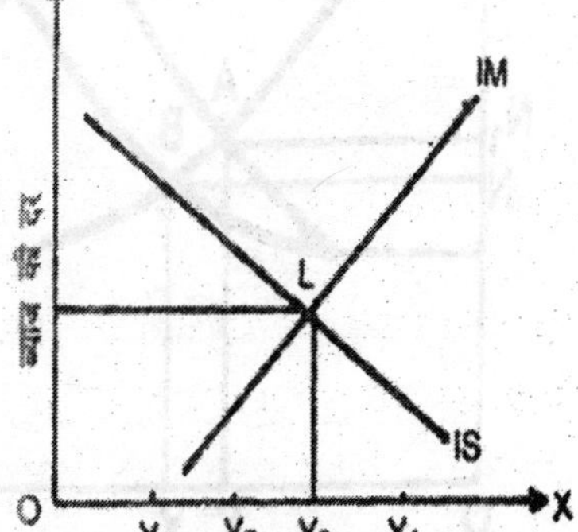

चित्र : 3

जब IS वक्र की ब्याज-दर तथा आय की सन्तुलन जोड़ी LM वक्र की ब्याज-दर तथा आय की सन्तुलन जोड़ी के बराबर होती है तो सामान्य सन्तुलन स्थापित होता है। दूसरे शब्दों में, जब दोनों **वस्तु और मुद्रा बाजारों में ब्याज-दर और आय-स्तर की एक ही जोड़ी हो तो दोनों बाजार सामान्य सन्तुलन की स्थिति में होते हैं।** ऐसी सन्तुलन स्थिति चित्र में दर्शायी गयी है, जहाँ IS वक्र तथा LM एक-दूसरे को E बिन्दु पर काटते हैं जो OY आय-स्तर तथा OR ब्याज दर से सम्बद्ध है। इस बिन्दु पर ब्याज दर या आय एक दूसरे से इस प्रकार सम्बन्धित होते हैं कि (1) **वस्तु बाजार (Goods Market)** साम्य की स्थिति में होता है अर्थात् कुल माँग कुल उत्पादन के स्तर के बराबर होती है तथा (2) **मुद्रा की माँग**

तथा मुद्रा की पूर्ति में साम्य (Money Market Equilibrium) की स्थिति में होती है (अर्थात् मुद्रा की वांछित मात्रा मुद्रा की वास्तविक पूर्ति के समान होती है) यह ध्यान देने योग्य है कि LM वक्र मुद्रा की पूर्ति को स्थिर मानते हुए खींचा जाता है।

सामान्य संतुलन में परिवर्तन (Change in General Equilibrium) IS रेखा या LM रेखा में परिवर्तन या दोनों में परिवर्तन संतुलन ब्याज दर तथा आय स्तर में परिवर्तन उत्पन्न करेंगे।

(i) IS रेखा में परिवर्तन (Change in IS Curve)–सर्वप्रथम हम IS रेखा में परिवर्तन को लेते हैं (इसके साथ यह मान लिया जाता है कि LM रेखा में कोई परिवर्तन नहीं होता।) माना कि विनियोग में वृद्धि (या बचत में कमी) के कारण IS_1 रेखा दायें को खिसककर IS_2 की स्थिति में आ जाती है जैसा कि चित्र 4 में दिखाया गया है। बिन्दु P प्रारम्भिक सन्तुलन को बताता है। चूँकि IS रेखा दायें को खिसक जाती है इसलिए नये P सन्तुलन को बिन्दु P_1 बताता है। इसका अर्थ है कि आय स्तर Y_1 बढ़कर Y_2 हो जाता है तथा ब्याज दर N से बढ़कर N_1 हो जाती है। इस प्रकार IS रेखा का दायीं ओर खिसकना आय स्तर तथा ब्याज दर दोनों में वृद्धि करता है।

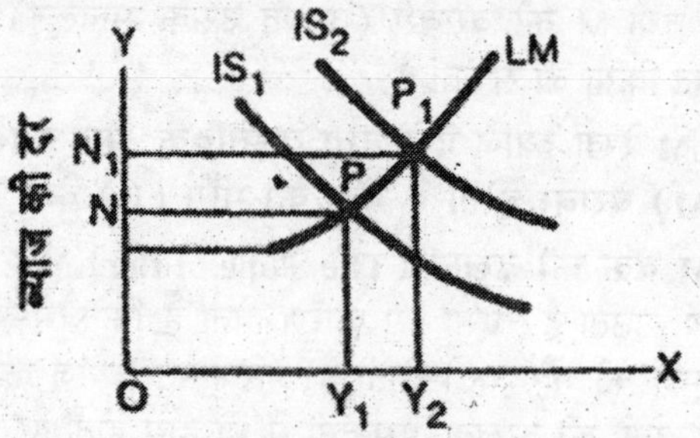

आय का स्तर

चित्र : 4

(ii) LM रेखा में परिवर्तन (Change in LM Curve)–अब हम LM रेखा में परिवर्तन को लेते हैं और यह मान लेते हैं कि IS रेखा पूर्ववत् रहती है। चित्र 5 में प्रारम्भिक सन्तुलन बिन्दु को A बताता है। मुद्रा की पूर्ति में वृद्धि (अथवा तरलता पसन्दगी में कमी) LM_1 रेखा को दायीं ओर खिसकायेगी और अब उसकी नई स्थिति LM_2 हो जाती है परिणामस्वरूप नया सन्तुलन बिन्दु B बताता है अर्थात् आय स्तर Y_1 से बढ़कर Y_2 हो जाता है परन्तु ब्याज दर N से घटकर N_1 हो जाती है।

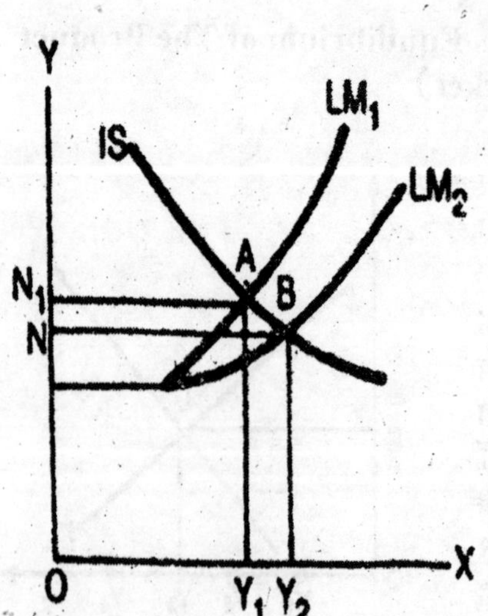

चित्र : 5

(iii) IS रेखा तथा LM रेखा दोनों में परिवर्तन (Change in both IS and LM Curve)–अन्त में हम एक ऐसी स्थिति का अध्ययन करेंगे, जिससे IS रेखा तथा LM रेखा दोनों में परिवर्तन होता है, जिसे चित्र 6 द्वारा स्पष्ट किया गया है। यहाँ पर हम कई सम्भावित स्थितियों में से केवल एक स्थिति लेते हैं।

माना कि विनियोग में वृद्धि होती है, जिसके कारण IS_1 वक्र रेखा विवर्तित होकर IS_2 की स्थिति में आ जाती है। इसी प्रकार मुद्रा की पूर्ति में वृद्धि होने जाने के कारण LM_1 रेखा दायीं ओर विवर्तित होकर LM_2 की स्थिति में आ जाती है

प्रारम्भिक सन्तुलन को P बिन्दु व्यक्त करता है अर्थात् प्रारम्भिक सन्तुलन की स्थिति में ब्याज की दर ON और आय स्तर OY_1 है।

IS रेखा तथा LM रेखा में परिवर्तनों के कारण नये सन्तुलन को T बिन्दु बताता है। इसका अर्थ है कि सन्तुलन की नई स्थिति में ब्याज दर पूर्ववत् ON रहती है, परन्तु आय स्तर OY_1 से बढ़कर OY_2 हो जाता है।

उपर्युक्त विवेचना से स्पष्ट है कि IS तथा LM रेखाओं का विश्लेषण आय का एक निर्धारणीय सिद्धान्त प्रस्तुत करता है, यह एक साथ सन्तुलन ब्याज दर तथा सन्तुलन आय स्तर को निर्धारित करता है। यह वस्तु बाजार तथा मुद्रा बाजार दोनों में एक साथ सामान्य सन्तुलन (General Equilibrium) स्थापित करता है।

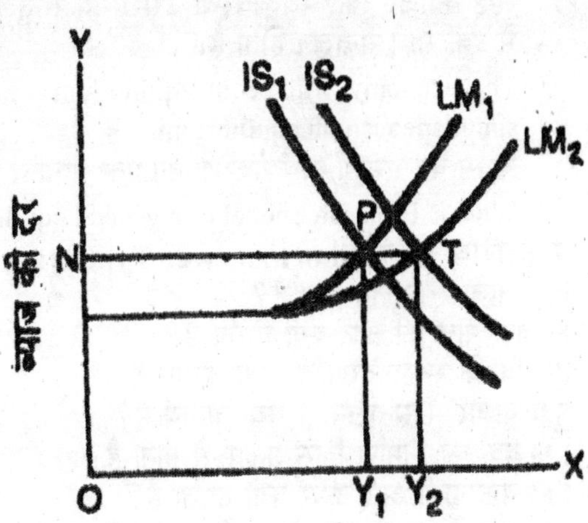

आय का स्तर

चित्र : 6

IS-LM वक्र मॉडल के गुण (Merits of IS-LM Curve Model)

1. IS-LM वक्र मॉडल ब्याज दर तथा राष्ट्रीय आय के स्तर के एक साथ निर्धारण की व्याख्या करने में महत्त्वपूर्ण सुधार करता है। यह ब्याज दर निर्धारण की अपेक्षाकृत अधिक सामान्य, समावेशी तथा वास्तविक दृष्टिकोण को प्रदर्शित करता है।

सामान्य सन्तुलन में परिवर्तन
(Change in General Equilibrium)

IS रेखा या LM रेखा में परिवर्तन या दोनों में परिवर्तन सन्तुलन ब्याज दर तथा आय स्तर में परिवर्तन उत्पन्न करेंगे।

2. IS-LM वक्र मॉडल के अन्तर्गत वस्तु बाजार तथा मुद्रा बाजार में एकीकरण अथवा समन्वय स्पष्ट रूप से प्रदर्शित होता है कि सरकार **मौद्रिक** व **राजकोषीय** उपायों के माध्यम से राष्ट्रीय आय के स्तर या आर्थिक गतिविधियों को प्रभावित करती है।

IS-LM वक्र मॉडल की आलोचनाएँ (Criticisms of IS-LM Curve Model)

1. स्थैतिक सिद्धान्त (Static Theory)-यह स्थैतिक सिद्धान्त है, जो अर्थव्यवस्था के अल्पकालीन व्यवहार की व्याख्या करता है। इस प्रकार यह इस बात की व्याख्या करने में असफल है कि अर्थव्यवस्था दीर्घकाल में कैसे कार्य करती है।

2. ब्याज दर लोचशील नहीं (Interest Rate not Flexible)-यह मॉडल इस मान्यता पर भी आधारित है कि विनियोग ब्याज-लोचपूर्ण (interest Elastic) होता है अर्थात् विनियोग ब्याज दर के साथ परिवर्तित होता है रहता है। यदि विनियोग ब्याज दर से बेलोचपूर्ण होता है, जैसा कि बहुत बड़ी संख्या में आनुभाविक प्रमाणों के आधार पर मत व्यक्त किया गया है तो IS-LM वक्र मॉडल खण्डित हो जाता है, क्योंकि आवश्यक समायोजन नहीं हो पाते हैं।

3. समय तत्त्व की उपेक्षा (Ignores Time Element)-कीन्स के सिद्धान्त की भाँति यह सिद्धान्त भी स्पष्ट नहीं करता कि अल्पकाल तथा दीर्घकाल में ब्याज दर में अन्तर क्यों होता है।

4. कीमत परिवर्तन की उपेक्षा (Ignores Price Changes)-इस सिद्धान्त में IS तथा LM दोनों ही फलन (Functions) कीमत स्थिर मानकर प्राप्त किये गये हैं, जबकि वास्तव में ऐसी स्थिति नहीं पायी जाती।

परीक्षा प्रश्न
(Examination Questions)

I. दीर्घ उत्तरीय प्रश्न (Long Answer Type Questions)

1. क्या आप इस बात से सहमत हैं कि हिक्स का LM तथा IS रेखाओं के शब्दों में 'सामान्य सन्तुलन' ब्याज का प्रतिष्ठित सिद्धान्त तथा कीन्सियन सिद्धान्त में एक मेल है?

2. स्पष्ट कीजिए कि अर्थव्यवस्था उस समय सन्तुलन की स्थिति में होती है, जब वस्तु बाजार और मुद्रा बाजार में एक साथ सन्तुलन होता है।

   The economy will be in equilibrium when both the product market and money market are simultaneously in equilibrium.

3. हिक्स का सम्पूर्ण अर्थव्यवस्था का एक सामान्य सन्तुलन मॉडल क्या है?

   What is Hicksian model of a general equilibrium of the aggregate economy?

(II) लघु उत्तरीय प्रश्न (Short Answer Type Questions)

1. वस्तु बाजार सन्तुलन क्या है?
2. IS वक्र नीचे की ओर क्यों गिरता है?
3. IS वक्र के स्थानान्तरण के क्या कारण हैं?
4. मुद्रा बाजार में सन्तुलन से क्या तात्पर्य है?
5. LM वक्र का निर्माण किस प्रकार से होता है?
6. LM वक्र दायीं ओर ऊपर क्यों उठता है?
7. LM वक्र में स्थानान्तरण के क्या कारण हैं?
8. अर्थव्यवस्था में सामान्य सन्तुलन की स्थिति कब पायी जाती है?
9. सामान्य सन्तुलन में परिवर्तन के क्या कारण है?
10. IS-LM वक्र-मॉडल के गुण लिखिए।
11. IS-LM वक्र मॉडल की आलोचनाएँ लिखिए।

III. वस्तुनिष्ठ प्रश्न (Objective Type Questions)

सही विकल्प चुनकर लिखिए :

1. अर्थव्यवस्था का एक सामान्य सन्तुलन मॉडल प्रस्तुत किया है :
   (अ) हिक्स ने (ब) कीन्स ने
   (स) राबर्टसन ने (द) उपर्युक्त में से कोई नहीं।
2. वस्तु बाजार में सन्तुलन के लिए आवश्यक है कि
   (अ) I = S (ब) L = M
   (स) Y = I (द) उपर्युक्त में से कोई नहीं।
3. वस्तु बाजार सन्तुलन को कहते हैं :
   (अ) मौद्रिक क्षेत्र में सन्तुलन (ब) वास्तविक क्षेत्र में सन्तुलन
   (स) अ और ब दोनों क्षेत्रों में सन्तुलन (द) उपर्युक्त में से कोई नहीं
4. जो वक्र आय के स्तरों और ब्याज दरों के उन संयोगों को व्यक्त करता है जहाँ मुद्रा की पूर्ति के बराबर होती है, उसे कहते हैं :
   (अ) Lt + Ls वक्र (ब) IS वक्र
   (स) LM वक्र (द) उपर्युक्त में से कोई नहीं।
5. वस्तु बाजार और मुद्रा का एक साथ सन्तुलन होता है जब :
   (अ) IS वक्र तथा LM वक्रों का प्रतिच्छेदन होता है
   (ब) मुद्रा की पूर्ति के बराबर होती है
   (स) जब बचत विनियोग के बराबर होता है
   (द) उपर्युक्त में से कोई नहीं।

   उत्तर—1. (अ), 2. (अ), 3. (ब), 4. (स), 5. (अ)।

OOO

20 कीन्सियन विश्लेषण एवं अर्द्धविकसित देश
(Keynesian Analysis and under Developed Countries)

कीन्स का **'सामान्य सिद्धान्त' (General Theory)** अर्थशास्त्र का एक बहुत ही महत्त्वपूर्ण तथा **क्रान्तिकारी** सिद्धान्त है। परन्तु अर्थशास्त्रियों में इस बात में मतभेद पाया जाता है कि यह सिद्धान्त किस प्रकार की अर्थव्यवस्थाओं में लागू होता है। अधिकतर अर्थशास्त्रियों के अनुसार यह सिद्धान्त केवल विकसित अर्थव्यवस्थाओं जैसे अमेरिका, इंग्लैण्ड, जर्मनी आदि में लागू होता है और अर्द्धविकसित अर्थव्यवस्थाओं में इनकी उपयोगिता सीमित है।

इस सम्बन्ध में **शुम्पीटर (Schumpeter)** लिखते हैं, ''व्यावहारिक कीन्सवाद एक ऐसा पौधा है, जिसे विदेशी भूमि में ले जाकर नहीं उगाया जा सकता है। यदि इस पौधे को दूसरे देशों में लगाया जाता है तो वह सूख ही नहीं जाता, बल्कि जहरीला बन जाता है।'' इसी प्रकार **हैरिस** लिखते हैं, ''वे लोग प्रत्येक स्थान में तथा प्रत्येक समय में सिद्ध होने वाले सार्वभौमिक सत्य की खोज में है, अच्छा हो यदि सामान्य सिद्धान्त के अध्ययन पर अपना समय नष्ट न करें।[1]

दूसरी ओर कुछ ऐसे अर्थशास्त्री भी हैं जो इस विचार के हैं कि, ''कीन्स द्वारा प्रतिपादित सिद्धान्त आय निर्धारण का एक सामान्य सिद्धान्त है। यह विकसित तथा अल्प-विकसित, दोनों ही प्रकार की अर्थव्यवस्थाओं पर समान रूप से सही उतरता है।''

इन विरोधी मतों के सम्बन्ध में कोई निष्कर्ष निकालने से पहले यह आवश्यक है कि कीन्स के रोजगार-सिद्धान्त की विभिन्न धारणाओं का अर्द्धविकसित देशों के सम्बन्ध में अध्ययन किया जाये। किसी भी सिद्धान्त के प्रयोग तथा व्यावहारिकता की दृष्टि से अध्ययन करने के लिए तीन बातों का ज्ञान आवश्यक है जैसा कि चार्ट में दर्शाया गया है–

कीन्सियन विश्लेषण एवं अर्द्धविकसित देश

(I)	(II)	(III)
सिद्धान्त के लागू होने की परिस्थितियाँ	सिद्धान्त की मान्यताएँ	सिद्धान्त के महत्त्वपूर्ण उपकरण
1. बेरोजगारी की प्रकृति 2. मुख्य समस्या 3. आवश्यक दशाएँ	1. अल्पकाल 2. बन्द अर्थव्यवस्था 3. बचत की अधिकता 4. पूँजीगत पदार्थों, तकनीकी ज्ञान तथा श्रम की कुशलता की स्थिरता	1. प्रभावपूर्ण माँग और अर्द्ध-विकसित अर्थव्यवस्था 2. उपभोग फलन और अर्द्ध-विकसित देश (अ) अधिक उपभोग की सीमान्त और औसत प्रवृत्ति (ब) खाद्यान्नों पर अधिक व्यय

1. "Practical Keynesianism is a seeding which cannot be transplanted into a foreign soil. It dies there and becomes poisonous before it dies—left in English soil, this seedling is a healthy thing and promises both fruit and shape. All this applies to every bit of advice that Keynes offered." —*J.A. Schumpeter*

	5. पूँजी तथा श्रम की बेरोजगारी 6. श्रम की लोचदार पूर्ति 7. उपभोग पदार्थ उद्योगों में अतिरिक्त क्षमता की विद्यमानता	(स) स्व-उपयोग 3. बचत प्रवृत्ति 4. विनियोग फलन और अर्द्धविकसित देश (अ) पूँजी की सीमान्त उत्पाकदता (ब) ब्याज की दर (स) तरलता पसन्दगी 5. अर्द्धविकसित अर्थव्यवस्था व गुणक 6. नीतिगत उपाय

उपर्युक्त तीनों तथ्यों के आधार पर ही यह निष्कर्ष निकाला जा सकता है कि कोई आर्थिक सिद्धान्त किसी अर्थव्यवस्था में लागू होता है या नहीं?. अर्द्धविकसित देशों के सम्बन्ध में कीन्स का सिद्धान्त किस सीमा तक लागू होता है, इसका अध्ययन इन तीनों तथ्यों के आधार पर ही कर सकते हैं। यदि ये तीनों तथ्य अर्द्धविकसित देशों में लागू होते हैं अन्यथा हमारा निष्कर्ष इसके विपरीत होगा।

I. कीन्स के सिद्धान्त लागू होने की परिस्थितियाँ तथा अर्द्धविकसित देश (Conditions for Applicability of Keynesian Theory and Under-developed Countries)

कीन्स का सिद्धान्त अर्द्धविकसित देशों में बहुत कम लागू होता है, इसका मुख्य कारण यह है-

1. बेरोजगारी की प्रकृति (Nature of Under-employment)–अर्द्धविकसित देशों में बेरोजगारी होती है उसका स्वरूप विकसित देशों में पायी जाने वाली बेरोजगारी से भिन्न होता है। कीन्स ने तो अपना सिद्धान्त चक्रीय बेरोजगारी को ही ध्यान में रखते हुए प्रतिपादित किया है, जबकि हम जानते हैं कि अर्द्धविकसित देशों में बेकारी का स्वरूप चक्रीय नहीं होता। अर्थात् इन देशों में रोजगार व्यापार चक्र के अनुसार घटता-बढ़ता नहीं रहता है। अर्द्धविकसित देशों में मुख्य समस्या अदृश्य बेरोजगारी की है। यह बेरोजगारी कृषि में पायी जाती है। अर्द्धविकसित देशों में पायी जाने वाली बेरोजगारी का कारण न केवल पूँजी की कमी है, बल्कि मजदूरी वस्तुओं (Wage Goods) अर्थात् आवश्यक उपभोक्ता वस्तुओं का भी अभाव है। श्री पी. आर. ब्रह्मानन्द और सी. एन. वकील का मत है कि अर्द्धविकसित देशों में पायी जाने वाली बेरोजगारी का प्रमुख कारण मजदूरी वस्तुओं का अभाव है। उनका कहना है कि जब बेरोजगारी श्रमिकों को कृषि जैसे सार्वजनिक निर्माण कार्य में लगाया जाता है तो उन्हें मुद्रा के रूप में जो मजदूरियाँ दी जायेंगी, वे उनका अधिकांश भाग आवश्यक उपभोक्ता वस्तुओं जैसे खाद्यान्नों पर व्यय करेंगे। यदि सभी बेरोजगार व्यक्तियों के लिए आवश्यक मजदूरी वस्तुएँ उपलब्ध नहीं हैं तो उनमें से कई व्यक्तियों को रोजगार नहीं दिया जा सकेगा। इस प्रकार ब्रह्मानन्द व वकील के मतानुसार अर्द्धविकसित देशों में पायी जाने वाली बेरोजगारी का प्रमुख कारण मजदूरी वस्तुओं का अभाव है।

प्रो. एन. के. सेन ने अपनी पुस्तक *'Employment Technology and Development'* में भी यह स्पष्ट किया है कि अर्द्धविकसित देशों में मजदूरी दर रोजगार की मात्रा, मजदूरी वस्तुओं की उपलब्धि और वास्तविक मजदूरी की दर पर निर्भर करता है। प्रो. सेन ने रोजगार की निर्धारित मात्रा मालूम करने के लिए निम्नलिखित समीकरण दिया है-

$$E = \frac{M}{W}$$

यहाँ पर E रोजगार की मात्रा, M = मजदूरी वस्तुओं की पूर्ति और W = मजदूरी की दर।

उपर्युक्त समीकरण से स्पष्ट है कि यदि मजदूरी वस्तुओं की पूर्ति (M) पूर्ण रोजगार की स्थिति में आवश्यक मात्रा से कम है तो सभी व्यक्तियों को पूर्ण रोजगार नहीं दिया जा सकेगा।

2. मुख्य समस्या (Main Problem)–दूसरा मुख्य अन्तर यह है कि कीन्स ने अपना सिद्धान्त विकसित देशों को अपने सम्मुख रखकर प्रतिपादित किया है। जहाँ मुख्य समस्या यह होती है कि इन अर्थव्यवस्थाओं में जो व्यापार चक्र होते रहते हैं, उनको कैसे हटाया जाये और किस प्रकार अर्थव्यवस्था को स्थिर बनाये रखा जाये? संक्षेप में, विकसित देशों की मुख्य समस्या उनकी आर्थिक अस्थिरता है। इसके विपरीत अर्द्धविकसित देशों की मुख्य समस्या यह नहीं है, बल्कि उनकी सबसे बड़ी समस्या यह है कि अपना आर्थिक विकास कैसे किया जाये। दूसरे शब्दों में अर्द्धविकसित देशों के सामने यह समस्या है कि वे अपनी आय तथा रोजगार के स्तर को कैसे द्रुतगति से बढ़ायें।

यदि हम दोनों देशों की समस्याओं पर विचार करें तो विदित होगा कि विकसित देशों में समस्या एक दी हुई उत्पादन संभावना वक्र पर चलते रहने की है जबकि अर्द्धविकसित देशों में समस्या उत्पादन सम्भावना वक्र के स्वयं विवर्तित करने की है जैसा रेखाचित्र 1 में स्पष्ट किया गया है।

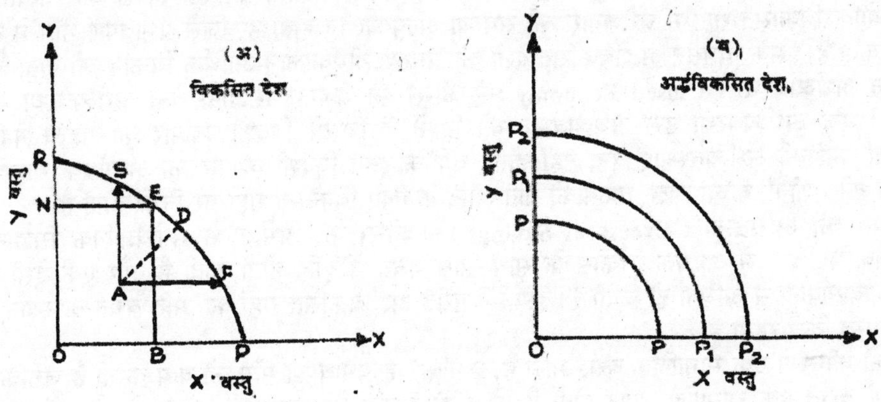

चित्र : 1

रेखाचित्र 'अ' में उत्पादन सम्भावना वक्र पूर्ण रोजगार स्तर पर प्राप्त होने वाली उत्पादन की सम्भावनाओं को व्यक्त करता है। एक विकसित अर्थव्यवस्था में जिसकी समस्या कीन्स के सम्मुख थी, समस्या इसी उत्पादन सम्भावना वक्र पर चलते रहने की है। यदि अर्थव्यवस्था प्रभावपूर्ण माँग की कमी के कारण A बिन्दु पर है अर्थात् अपूर्ण रोजगार की स्थिति है तो प्रभावपूर्ण माँग को बढ़ाकर उत्पादन सम्भावना वक्र की प्राप्ति हो सकती है। परन्तु अर्द्धविकसित देशों की समस्या संसाधनों की वृद्धि की है। संसाधनों की वृद्धि की समस्या का आशय है कि उत्पादन सम्भावना वक्र को दायीं ओर विवर्तित करना जैसा कि चित्र 'ब' में दिखाया गया है। आर्थिक विकास के कारण उत्पादन सम्भावना को विवर्तित करके PP से P_1P_1 व P_2P_2 आदि किया जा सकता है। माना कि अर्थव्यवस्था के लिए उत्पादन वक्र PP है इस वक्र PP से सन्दर्भ में बिन्दु स्र वस्तुओं के अप्राप्त संयोगों को बताता है, क्योंकि यह PP वक्र के बाहर है। आर्थिक विकास का अर्थ है कि PP उत्पादन सम्भावना वक्र आगे को खिसककर नयी स्थिति P_1P_1 में आ जाती है, और अब वस्तुओं के अप्राप्त संयोगों को बताने वाला बिन्दु F नयी उत्पादन सम्भावना वक्र P_1P_1 पर आ जाता है।

3. आवश्यक दशाएँ (Essential Conditions)–कीन्स के अनुसार आय, उत्पादन और रोजगार के स्तरों को बढ़ाने के लिए अर्थव्यवस्था में निम्न बातों का होना आवश्यक है, जैसे (ब) उपभोग वस्तु उद्योग में अतिरिक्त क्षमता। (ब) विशिष्ट तथा संगठित मुद्रा बाजार का होना। (स) अनैच्छिक श्रमिक दल जो वर्तमान मजदूरी दर में काम करने के लिए तैयार हों। (द) उत्पादन को बढ़ाने के लिए कार्यशील पूँजी।

उपरोक्त बातें विकसित अर्थव्यवस्था में ही पायी जाती हैं। इसके विपरीत अर्द्धविकसित अर्थव्यवस्था में आय का स्तर अत्यन्त निम्न होता है, देश मुख्यतः कृषि प्रधान होता है, जनसंख्या अधिक होती है, पूँजी की मात्रा सीमित होती है व विशाल औद्योगिक उत्पादन के लिए आधारभूत सुविधाओं का अभाव रहता है। इस प्रकार अर्द्धविकसित अर्थव्यवस्था और

विकसित अर्थव्यवस्था में आधारभूत आर्थिक, सामाजिक तथा संस्थागत स्थितियों में अन्तर होता है, जिसके कारण कीन्स का सिद्धान्त अर्द्धविकसित देशों में लागू नहीं है।

इस प्रकार कीन्स ने जिन परिस्थितियों के सन्दर्भ में 'रोजगार सिद्धान्त' का प्रतिपादन किया है, वे अर्द्धविकसित राष्ट्रों में नहीं पायी जातीं।

II. कीन्स के रोजगार सिद्धान्त की मान्यताएँ तथा अर्द्धविकसित राष्ट्र
(Assumptions of Keynesian Theory and Under-developed Countries)

कीन्स का सिद्धान्त कुछ मान्यताओं पर आधारित है, जिनका अध्ययन करने के पश्चात् ही हम यह निष्कर्ष निकाल सकते हैं कि यह सिद्धान्त अर्द्धविकसित देशों में लागू होता है अथवा नहीं।

1. अल्पकाल (Short-period)—कीन्स ने अपने रोजगार सिद्धान्त को अल्पकाल की मान्यता पर आधारित किया है, क्योंकि विकसित राष्ट्रों में बेरोजगारी की समस्या अल्पकालीन होती है, जिसे प्रभावपूर्ण माँग में वृद्धि करके दूर किया जा सकता है। इसके विपरीत अर्द्धविकसित देशों की समस्या दीर्घकालीन आर्थिक विकास की होती है।

2. बन्द अर्थव्यवस्था (Closed Economy)—कीन्स का रोजगार सिद्धान्त बन्द अर्थव्यवस्था की मान्यता पर आधारित है। बन्द अर्थव्यवस्था उस अर्थव्यवस्था को कहते हैं जिसमें विदेशी व्यापार का महत्त्व नहीं होता। किन्तु अर्द्धविकसित राष्ट्रों की अर्थव्यवस्थाएँ बन्द नहीं होतीं, क्योंकि इनमें विदेशी व्यापार का अत्यधिक महत्त्व होता है। यह अनेक प्रकार की मशीनों, कच्चा माल, तकनीकी ज्ञान आदि के लिए विकसित राष्ट्रों पर निर्भर होती है।

3. बचत की अधिकता (Excess of Savings)—कीन्स के उपभोग के मनोवैज्ञानिक सिद्धान्त के अनुसार पूँजीवादी विकसित देशों में आर्थिक विकास के साथ-साथ बचत में वृद्धि होती जाती है और एक ऐसी सीमा आती है जब बचत आवश्यकता से अधिक हो जाती है। इसके विपरीत अर्द्धविकसित राष्ट्रों को अति बचत के स्थान पर न्यून बचत की समस्या ग्रस्त किये रहती है।

बचत को कीन्स ने एक सामाजिक बुराई माना है, क्योंकि यह प्रभावपूर्ण माँग को कम करती है जबकि अर्द्धविकसित राष्ट्रों के लिए बचत एक सामाजिक गुण होती है जो पूँजी निर्माण के महत्त्वपूर्ण साधन के रूप में आर्थिक प्रगति में सहायक होती है।

4. पूँजीगत पदार्थों, तकनीकी ज्ञान तथा श्रम की कुशलता की स्थिरता (Capital Goods, Technical Knowledge and Labour Efficiency are Counstant)—कीन्स का विचार था कि अल्पकाल में पूँजीगत पदार्थों की पूर्ति श्रम की कुशलता तथा तकनीकी ज्ञान स्थिर रहती है, जबकि वास्तविकता यह है कि अर्द्धविकसित राष्ट्रों पर यह मान्यता लागू नहीं होती।

5. पूँजी तथा श्रम की बेरोजगारी (Unemployment of Capital and Labour)—कीन्स का रोजगार सिद्धान्त इस मान्यता पर आधारित है कि श्रम और पूँजी की बेरोजगारी साथ-साथ पायी जाती है। अन्य शब्दों में जब श्रमिकों को रोजगार नहीं मिलता तो उत्पादन के पूँजीगत साधनों का भी पूरी तरह उपयोग नहीं हो पाता और वे बेकार पड़े रहते हैं। परन्तु अर्द्धविकसित राष्ट्रों में कीन्स की यह मान्यता लागू नहीं होती, क्योंकि इन राष्ट्रों में प्राय: श्रमिक तो बेकार रहते हैं, किन्तु पूँजी की कमी होती है।

6. श्रम की लोचदार पूर्ति (Elastic Supply of Labour)—कीन्स ने अपने सिद्धान्त में यह मान लिया है कि माँग बढ़ने पर श्रम की पूर्ति में भी वृद्धि हो जाती है अर्थात् श्रम की पूर्ति लोचदार होती है, किन्तु अर्द्धविकसित राष्ट्रों में कुशल श्रम का अभाव रहता है। इसके अतिरिक्त इन राष्ट्रों में श्रम की गतिशीलता कम होती है। इस प्रकार कीन्स का यह विचार मजदूरी की प्रचलित दरों पर प्रशिक्षित श्रमिकों की पूर्ति लोचदार होती है, अर्द्धविकसित राष्ट्रों में लागू नहीं होती।

7. अतिरिक्त क्षमता की विद्यमानता (Existence of Excess Capacity)—कीन्स की यह मान्यता है कि उपभोग पदार्थ उद्योगों में अतिरिक्त क्षमता विद्यमान रहती है। उपभोग वस्तुओं की माँग में वृद्धि होने पर उत्पादन में वृद्धि लायी जा सकती है किन्तु यह मान्यता अर्द्धविकसित देशों में लागू नहीं होती, क्योंकि इन देशों के उपभोग पदार्थ उद्योगों में अतिरिक्त क्षमता का प्रश्न ही नहीं उठता।

उपरोक्त विवरण से सिद्ध हो जाता है कि कीन्स के रोजगार सिद्धान्त मान्यताएँ अर्द्धविकसित देशों के सम्बन्ध में लागू नहीं होती।

III. कीन्स के सिद्धान्त के महत्त्वपूर्ण उपकरण या धारणाएँ
(Important Weapons or Concepts of Keynesian Theory)

कीन्स ने अर्थशास्त्र को बहुत-सी नवीन धारणाएँ प्रदान की हैं। इन धारणाओं को भी अर्द्धविकसित देशों पर लागू करके यह निष्कर्ष निकाला जा सकता है कि इनमें से अधिकांश उन देशों पर लागू ही नहीं होतीं। कीन्स की मुख्य धारणाएँ निम्नलिखित हैं।

1. प्रभावपूर्ण माँग और अर्द्धविकसित अर्थव्यवस्था (Effective Demand and Under-developed Economy)—कीन्स के मतानुसार रोजगार प्रभावपूर्ण माँग पर निर्भर करता है। प्रभावपूर्ण माँग उपभोग पर व्यय और विनियोग पर व्यय द्वारा व्यक्त होती है। अर्द्धविकसित देशों में माँग की कमी इसलिए होती है कि वहाँ आय का स्तर कम होता है, जबकि विकसित देशों में प्रभावपूर्ण माँग में कमी अधिक बचत के कारण होती है।

कीन्स के अनुसार यदि अन्य बातें सामान्य रहें तो मुद्रा की मात्रा बढ़ाने से ब्याज की दर घटेगी और विनियोग तथा रोजगार बढ़ेगा परन्तु अर्द्धविकसित देशों में जब मुद्रा की मात्रा बढ़ायी जाती है तो स्फीतिजनक स्थितियाँ उत्पन्न हो जाती हैं। इसका कारण यह है कि विकसित देशों में अधिक श्रमिकों के साथ-साथ उद्योगों में अतिरिक्त क्षमता रहती है, कच्चे माल की प्रचुरता रहती है तथा पूँजी संसाधनों की कमी नहीं रहती, जिसके फलस्वरूप मुद्रा की माँग में वृद्धि के साथ-साथ उत्पादन और रोजगार भी बढ़ता है तथा वैसी स्थितियाँ उत्पन्न नहीं हो पातीं, जबकि अर्द्धविकसित देशों में पूँजी उपकरण जैसे पूरक साधनों की कमी होती है, जिसके कारण उत्पादन नहीं बढ़ा है। अतः **कीन्स का प्रभावपूर्ण माँग का सिद्धान्त** अर्द्धविकसित देशों में क्रियाशील नहीं होता, क्योंकि अर्द्धविकसित देशों में समस्या माँग की वृद्धि की नहीं, क्योंकि वह पहले से ही वहाँ अधिक रहती है, बल्कि वस्तुओं और सेवाओं की पूर्ति को बढ़ाने की है। इस प्रकार एक विकसित अर्थव्यवस्था तथा एक अर्द्धविकसित अर्थव्यवस्था के बीच मुख्य अन्तर यह है कि जहाँ मन्दी में पड़ी विकसित अर्थव्यवस्था में कुल माँग में कमी होती है वहाँ अर्द्धविकसित अर्थव्यवस्था में पूर्ति की कमी होती है। पूर्ति को बढ़ाने के उद्देश्य से जिन उपायों का प्रयोग अर्थव्यवस्था में समूचे उत्पादन को बढ़ाने के लिए किया जाता है वे उपाय वह नहीं होते हैं जो उपभोग की कुल माँग को बढ़ाने के लिए किये जाते हैं। प्रो. बी. के. आर. वी. राव के शब्दों में, ''आर्थिक प्रगति के दो स्पष्ट वर्ग हैं-एक जहाँ आर्थिक विकास का स्तर दिया हुआ होने पर आय कम रोजगार से पूर्ण रोजगार की ओर जाती है और दूसरे, जहाँ आय आर्थिक विकास के एक दिये हुए स्तर पर पूर्ण रोजगार से आर्थिक विकास के अगले अपेक्षाकृत अधिक ऊँचे स्तर पर पूर्ण रोजगार की ओर जाती है कीन्स का सिद्धान्त केवल पहले वर्ग पर लागू होता है।''

2. उपभोग फलन और अर्द्धविकसित देश (Consumption Function and Under-developed Countries)—एक अर्थव्यवस्था में आय के स्तर एवं उपभोग व्यय के बीच संबंध को ही उपभोग फलन कहते हैं। उपभोग फलन का सिद्धान्त निम्नलिखित मान्यताओं पर आधारित है–

(i) उपभोग में उसी अनुपात में वृद्धि नहीं होती जिस अनुपात में आय बढ़ती है, अर्थात् जैसे-जैसे आय बढ़ती जाती है, सीमान्त उपभोग प्रवृत्ति घटती जाती है।

(ii) जैसे-जैसे आय के स्तर में वृद्धि होती है और इसके साथ उपभोग का स्तर बढ़ता है वैसे-वैसे बाजार में वस्तुओं एवं सेवाओं की माँग बढ़ती है, जिससे प्रभावपूर्ण माँग का स्तर ऊँचा उठता है।

एक अर्द्धविकसित देश में ये मान्यताएँ सत्य सिद्ध नहीं होतीं। एक अर्द्धविकतिस देश की प्रमुख विशेषताएँ निम्नलिखित हैं–

(अ) ऊँची उपभोग की सीमान्त और औसत प्रवृत्ति (High MPC & APC)—अर्द्धविकसित देशों में आय का स्तर निम्न होने के कारण आय का अधिक भाग उपभोग पर खर्च कर दिया जाता है, फलतः ऐसे देशों में उपभोग की सीमान्त और औसत प्रवृत्ति बहुत अधिक होती है और बचत प्रवृत्ति बहुत कम होती है। जैसा कि एन. के. खान ने लिखा है-''भारत में कुल उपभोग के आँकड़े उपलब्ध नहीं हैं, परन्तु विगत वर्षों के राष्ट्रीय आय एवं बचत (शुद्ध घरेलू पूँजी निर्माण) के आँकड़े बताते हैं कि राष्ट्रीय आय की प्रतिशत वृद्धि की तुलना में बचत में प्रतिशत वृद्धि बहुत कम रही है, जिसके परिणामस्वरूप अतिरिक्त बचतें अतिरिक्त आय का घटता हुआ अनुपात रही है।''

(ब) खाद्यान्नों पर अधिक व्यय (More Expenditure on Food grains)—अर्द्धविकसित देशों में आय का एक बहुत बड़ा भाग खाद्यान्नों पर व्यय किया जाता है। चूँकि अर्द्धविकसित देशों में खाद्यान्नों के लिए आय की लोच

अधिक होती है, इसलिए आय में वृद्धि के साथ-साथ खाद्यान्नों पर किये जाने वाले उपभोग व्यय में वृद्धि होने लगती है। इसके अतिरिक्त लोग ऊँची किस्म के खाद्यान्न का उपभोग करने लगते हैं। इसका अर्थ यह हुआ कि इन अर्थव्यवस्थाओं में बढ़ी हुई आय का प्रयोग मुख्य रूप से भोजन सामग्री पर ही व्यय किया जाता है, इसका प्रभाव अन्य क्षेत्रों या वस्तुओं पर नगण्य ही रहता है। खाद्यान्नों की माँग में वृद्धि होने का प्रभाव यह होता है कि खाद्य पदार्थों की कीमतें तेजी के साथ बढ़ने लगती हैं। खाद्यान्न सम वस्तु होने के कारण मजदूरी की दर तथा कीमतों में वृद्धि का दुश्चक्र अनवरत रूप से चलने लगता है।

कीन्स को कभी इस प्रकार की अवस्था का सामना नहीं करना पड़ा। विकसित देशों में खाद्यान्न की आय लोच यदि ऋणात्मक नहीं तो शून्य अवश्य होती है। फलतः इन अर्थव्यवस्थाओं में आय बढ़ने पर सभी प्रकार की वस्तुओं और सेवाओं की माँग बढ़ती है। विकसित अर्थव्यवस्थाओं में इस बढ़ी हुई माँग को पूरा करने हेतु पर्याप्त मात्रा में पूर्ति उपलब्ध होती है। फलतः कीमतों में वृद्धि नहीं हो पाती है। इस प्रकार कीन्स का सिद्धान्त अल्प विकसित देशों में लागू नहीं होता है।

(स) स्व-उपभोग (Self-Consumption)—एक अर्द्धविकसित देश में उत्पादन का एक बहुत बड़ा भाग स्वतः उपभोग के लिए उत्पादित किया जाता है, बाजार में विक्रय के लिए नहीं, केवल विशेष परिस्थितियों में किसान अपनी गैर-कृषि आवश्यकताओं को पूरा करने के लिए अनाज का विक्रय करते हैं। अतः जब आय में वृद्धि होती है तो स्वतः उपभोग की माँग बढ़ती है और बढ़ी हुई माँग को बाजार में बेची जाने वाली वस्तुओं और सेवाओं को हटाकर पूरा किया जाता है। जिसका प्रभाव यह होता है कि बाजार में ले जाकर बेचने योग्य घरेलू माल में और भी अधिक कमी आ जाती है, जिसके परिणामस्वरूप उस माल का मूल्य और अधिक ऊँचा हो जाता है। यदि भोजन की आवश्यकताओं की पूर्ति के पश्चात् बढ़ी हुई आय का कुछ भाग बच जाता है तो वे उसको औद्योगिक वस्तुओं के खरीदने पर व्यय कर देते हैं। किन्तु बढ़ी हुई माँग की सन्तुष्टि के लिए औद्योगिक वस्तु को भी अर्द्धविकसित देशों में चूँकि शीघ्रतापूर्वक नहीं बढ़ाया जा सकता, इसलिए औद्योगिक वस्तुओं का मूल्य भी बढ़ने लगता है। इस प्रकार कृषि तथा अकृषि सभी वस्तुओं की कीमतों में वृद्धि होने लगती है। अतः अर्द्धविकसित देशों में कीन्स द्वारा सुझाया गया बेकारी को दूर करने का ढंग स्फीति को जन्म देता है। स्पष्ट है कि उपभोग की प्रवृत्ति के सम्बन्ध में कीन्स द्वारा की गयी कल्पनाएँ अर्द्धविकसित देशों में सत्य सिद्ध नहीं होतीं।

3. बचत प्रवृत्ति (Propensity to Save)—**कीन्स** ने बचत को एक सामाजिक दोष माना है, क्योंकि बचत की अधिकतम माँग में कमी लाती है। यह विचार भी अर्द्धविकसित देशों के सन्दर्भ में लागू नहीं होता, क्योंकि आर्थिक विकास के लिए बचत आवश्यक है। बचत से ही पूँजी-निर्माण सम्भव होता है और पूँजी-निर्माण ही आर्थिक विकास की कुंजी है। अतः उपभोग में कमी और बचतों में वृद्धि करके ही अर्द्धविकसित देश प्रगति कर सकते हैं और यह बात कीन्स की धारणा के ठीक विपरीत है कि उपभोग बढ़ाया जाये और बचतें घटायी जायें।

4. विनियोग फलन एवं अर्द्धविकसित देश (Investment function and an Under-developed Country)—**कीन्स** के सिद्धान्त का एक अन्य महत्त्वपूर्ण तत्त्व विनियोग फलन है, जो-

(i) पूँजी की सीमान्त उत्पादकता तथा

(ii) ब्याज की दर पर निर्भर करता है।

कीन्स के सिद्धान्त में विनियोग फलन के सम्बन्ध में निम्नलिखित मान्यताएँ की गयी हैं-

(अ) विनियोग की प्रारम्भिक अवस्था में पूँजी की सीमान्त उत्पादकता अधिक रहती है क्योंकि विनियोगों की भावी प्रत्याशाएँ काफी ऊँची होती हैं, लेकिन जैसे-जैसे विनियोग का स्तर बढ़ता जाता है, पूँजी की सीमान्त उत्पादकता में ह्रास होने लगता है।

(ब) ब्याज की दर का निर्धारण तरलता पसन्दगी और मुद्रा की पूर्ति के द्वारा होता है तथा मुद्रा की पूर्ति बढ़ने पर ब्याज की दर घटती है और मुद्रा की पूर्ति कम होने पर ब्याज की दर बढ़ती है।

उपर्युक्त बातें अर्द्धविकसित देशों के सम्बन्ध में लागू नहीं होती हैं। जैसा कि निम्न विवरण से स्पष्ट हो जायेगा-

(अ) पूँजी की सीमान्त उत्पादकता (MEC)—अर्द्धविकसित देशों में विनियोग के बहुत नीचे स्तर पर भी पूँजी की सीमान्त उत्पादकता बहुत कम होती है, जिसके कारण विनियोग को प्रोत्साहित करना बहुत ही कठिन हो जाता है।

पूँजी की सीमान्त उत्पादकता का कम होना कई कारणों का सम्मिलित परिणाम होता है, जैसे-(अ) राष्ट्रीय आय का बहुत बड़ा भाग कृषि से प्राप्त होता है, जिसमें प्रकृति पर निर्भरता का बोझ होता है और उत्पादन में प्रति वर्ष उतार-चढ़ाव होता रहता है। (ब) अधिकांश जनसंख्या की आय अत्यन्त न्यून होती है अतः वस्तुओं और सेवाओं की कुल माँग की मात्रा अत्यन्त सीमित होती है। प्रो. नर्क्स एक दृष्टान्त देते हुए बताते हैं कि चिली जैसे निर्धन देश में यदि आधुनिक इस्पात कारखाना खोल दिया जाये तो केवल तीन घंटे में लोहे का एक विशेष सामान इतनी अधिक मात्रा में उत्पादित कर सकता है कि उस देश की साल-भर की आवश्यकता पूरी करने के लिए पर्याप्त होगी और बाकी दिनों के लिए मशीन बेकार पड़ी रहेगी। (स) अर्द्धविकसित देशों में श्रम का बाहुल्य होने के कारण यह अपेक्षाकृत सस्ता होता है, जो बड़े पैमाने पर पूँजी विनियोग के मार्ग में बाधक होता है और उसे हतोत्साहित करता है। (द) अर्द्धविकसित देशों में औद्योगिक विकास के लिए आधारभूत सुविधाओं बिजली, पानी की पूर्ति, यातायात और संचार के साधनों, सड़कों एवं बैंक, वित्तीय साधन, प्रशिक्षित श्रम आदि का अभाव रहता है, जो निजी विनियोग आदि को हतोत्साहित करता है।

उपरोक्त कारणों से अर्द्धविकसित देशों में विनियोग को निरुत्साहित करने वाला एक मुख्य कारण पूँजी की बहुत कमी सीमान्त उत्पादकता है। प्रो. ए. के. दास के अनुसार "अन्य अल्पविकसित देशों की तरह भारत में भी यह विरोधाभास पाया जाता है कि श्रम की तुलना में बढ़ती हुई जनसंख्या एवं पूँजी का स्वल्पता के उपरान्त भी पूँजी की सीमान्त क्षमता सदैव नीची बनी रहती है।"

(ब) ब्याज की दर (Rate of Interest)–कीन्स के अनुसार ब्याज की दर का निर्धारण तरलता पसन्दगी व मुद्रा की पूर्ति द्वारा होता है। तरलता पसन्दगी के उद्देश्य में से लेन-देन व दूरदर्शिता उद्देश्य तो आय पर आश्रित है तथा वे ब्याज की दर को प्रभावित नहीं करते। केवल सट्टा उद्देश्य से मुद्रा के लिए माँग ही ब्याज की दर को प्रभावित नहीं करते। केवल सट्टा उद्देश्य से मुद्रा के लिए माँग ही ब्याज की दर को प्रभावित करता है। चूँकि अर्द्धविकसित देशों में, लेन-देन व दूरदर्शिता उद्देश्यों के लिए ही तरलता पसन्दगी अधिक होती है और सट्टा उद्देश्य के लिए कम। इसलिए यह कहा जा सकता है कि तरलता पसन्दगी ब्याज दर को प्रभावित करने में असमर्थ रहती है।

ब्याज की दर को प्रभावित करने वाला दूसरा घटक है-मुद्रा की पूर्ति। कीन्स के अनुसार मुद्रा की पूर्ति में वृद्धि ब्याज की दर को घटाती है तथा विनियोग, आय और रोजगार के स्तर को प्रोत्साहित करती है। परन्तु अर्द्धविकसित देशों में मुद्रा की पूर्ति में वृद्धि के परिणामस्वरूप ब्याज की दर में कमी होने के बजाय कीमतें बढ़ जाती हैं। जैसा स्वयं कीन्स ने भारत के सन्दर्भ में कहा है, "हर युग में भारत का इतिहास इस बात का साक्षी रहा है कि भारत एक ऐसा देश है, जिसकी दरिद्रता का कारण तरलता पसन्दगी है जो इतनी तीव्र लालसा के रूप में विद्यमान रहा है कि कीमती धातुओं का चिरकालिक तथा भारी मात्रा में आगमन भी ब्याज की दर को घटाकर उस स्तर तक लाने में असमर्थ रहा है जो वास्तविक धन की वृद्धि के अनुकूल ही।" इस प्रकार अर्द्धविकसित देशों में ब्याज की दर की मुद्रा की माँग व मुद्रा की पूर्ति इतना नहीं प्रभावित करती जितना कि परम्पराएँ, रीति-रिवाज तथा संस्थागत साधन। अतः कीन्स का ब्याज सिद्धान्त भी अर्द्धविकसित देशों पर लागू नहीं होता और इसलिए अर्द्धविकसित देशों में विनियोग को प्रोत्साहन देने के लिए ब्याज की दर का ढाँचा सहायक नहीं है। कीन्स का ब्याज का सिद्धान्त अर्द्धविकसित अर्थव्यवस्था में लागू न होने के कई कारण हैं-

(अ) एक विशाल अमौद्रिक क्षेत्र का अस्तित्व, (ब) एक विकसित मुद्रा बाजार का अभाव, (स) मुद्रा के लिए सट्टेबाजी सम्बन्धी माँग की सीमितता। अर्द्धविकसित देशों में बांड की मतों में उतार-चढ़ाव से लाभ उठाने की भावना कम होती है क्योंकि इन देशों में बांड और साख-पत्रों के विकसित बाजार नहीं पाये जाते हैं। अतः स्पष्ट है कि कीन्स का ब्याज सिद्धान्त भी अर्द्धविकसित देशों में लागू नहीं होता।

इसके अतिरिक्त अर्द्धविकसित अर्थव्यवस्था में अल्पकालीन और दीर्घकालीन ब्याज की दरों में भी बहुत अन्तर होता है। ब्याज दर के संगठित ढाँचे के प्रति कोई एक विशेष ब्याज की दर नहीं होती साथ ही ब्याज का समूचा ढाँचा ऊँचे स्तर पर पाया जाता है। ब्याज की दर अधिक तथा लोचहीन और संस्थागत होती है। ब्याज की दरों में बहुत अधिक अन्तर पाया जाता है।

उदाहरणार्थ–ब्याज की दर 2 प्रतिशत चालू खातों पर और 20 से 50 प्रतिशत तक कृषि ऋणों पर पाया जाता है। ब्याज का ढाँचा ऊपरी दिशा में तो मुद्रा नीति द्वारा सुलझाया जा सकता है, परन्तु नीचे की दिशा में नहीं। कारण यह है कि वित्तीय अधिकारी ब्याज की दर पर नियन्त्रण बैंकों द्वारा उपलब्ध कराये गये, ऋण पर नियंत्रण करने का प्रयत्न करता है परन्तु अर्द्धविकसित देशों में बैंकों द्वारा उपलब्ध की गयी वित्तीय सहायता नगण्य होती है।

5. अर्द्धविकसित अर्थव्यवस्था व गुणक (Multiplier and an Under-developed Country)–कीन्स के सिद्धान्त की गुणक सम्बन्धी धारणा भी अर्द्धविकसित देशों में लागू नहीं होती, जिसकी चर्चा हम पृथक् अध्याय में कर चुके हैं।

6. नीतिगत उपाय (Policy Implications)–अब हम यह देखने का प्रयत्न करेंगे कि कीन्स द्वारा बेरोजगारी को दूर करने के लिए तथा पूर्ण रोजगार की प्राप्ति के लिए जो सुझाव दिये गये हैं, वे विकासशील राष्ट्रों में कहाँ तक लागू होते हैं। इस सम्बन्ध में कीन्स द्वारा प्रस्तुत सुझाव निम्नलिखित हैं–

(अ) सस्ती मुद्रा नीति (Cheap Money Policy)

(ब) घाटे की वित्त व्यवस्था (Deficit Financing)

(स) कर पुनर्वितरण (Redistribution of Taxes)

(द) सार्वजनिक विनियोग (Public Investment)।

विकसित राष्ट्रों में कीन्स की सस्ती मुद्रा नीति अर्थात् ब्याज की दर को घटाकर निजी विनियोग को प्रोत्साहित करना ही सर्वोत्तम उपाय है। परन्तु विकासशील राष्ट्रों की केन्द्रीय समस्या मुद्रा की कमी नहीं, बल्कि पूँजी की कमी है। अधिक मुद्रा पूर्ति तथा बैंक की साख निर्माण के द्वारा अतिरिक्त पूँजी तथा कार्यशील पूँजी की मात्रा में वृद्धि नहीं की जा सकती, क्योंकि इन देशों में इनकी पूर्ति बेलोचदार होती है।

कीन्स द्वारा बतायी गयी राजकोषीय नीति का उपयोग भी विकासशील राष्ट्रों में किया जाता है, परन्तु उसका प्रभाव विकसित राष्ट्रों से अलग होता है। उदाहरण के लिए घाटे के अर्थव्यवस्था में इन देशों में रोजगार तथा आय बढ़ाने के अतिरिक्त मुद्रा स्फीति को बढ़ावा दिया है। इसके अतिरिक्त कर की दरों में कमी और सार्वजनिक विनियोग विकसित देशों में पैदा होने वाली मन्दी में तो आर्थिक क्रियाकलापों को प्रोत्साहित करने में सहायक होते हैं। परन्तु विकासशील देशों में इनकी उपयुक्तता सीमित ही है। अतः हम कह सकते हैं कि विकासशील देशों में मौद्रिक तथा राजकोषीय नीतियों को अपनी परिसीमाएँ होती हैं। कारण यह है कि विकासशील राष्ट्रों में बहुत बड़ा एक भाग अमौद्रिक होता है जिसमें करारोपण और ब्याज की दर जैसे उपाय कुछ हद तक सफल नहीं हो पाते। यही नहीं ये देश संस्थागत दृढ़ताओं एवं पूर्ति की लोचहीनता के कारण स्फीति से शीघ्र ही प्रभावित हो उठते हैं। सारांश में हम कह सकते हैं कि उपर्युक्त सुझाव विकासशील राष्ट्रों में अपनाये गये हैं और वर्तमान में भी अपनाये जा रहे हैं।

विकसित तथा अर्द्धविकसित राष्ट्र आज के सन्दर्भ में (Developed and Under-developed Nations in Modern Context)

अब पश्चिमी औद्योगिक राष्ट्रों में ही कीन्स का अर्थशास्त्र आलोचना का विषय बना हुआ है। मौद्रिक अर्थशास्त्रियों का मत है कि कीन्स की मुद्रा और राजकोषीय नीतियाँ जिनको 1930 में प्रारम्भ होने वाले दशक और उसके बाद रोजगार तथा आय वृद्धि के लिए उपयोग में लाया गया था, आज रोजगार बढ़ाने में असमर्थ सिद्ध हो रही है और स्फीतिजनक स्थितियों को प्रोत्साहन दे रही हैं अब इन देशों में भी बेरोजगारी का स्वरूप बदल गया है। अब यहाँ भी बेरोजगार मजदूर ऐसे नहीं हैं जो 1930 से प्रारम्भ होने वाले दशक में थे। आज लगभग सभी पश्चिमी औद्योगिक देश एक कल्याणकारी राज्य की स्थापना कर चुके हैं; फलतः इन देशों में बेरोजगारी की आय भी बहुत सीमा तक सुरक्षित है। अन्य शब्दों में इन देशों में बेरोजगार भी ऐसे ही हैं, जैसे कि आय प्राप्त करने वाले। इसके अतिरिक्त विकसित देशों में उपभोग का स्तर अपनी चरमसीमा पर है, इसलिए कीन्स का मुख्य उपकरण 'प्रभावी माँग' अब इन देशों में इतना सफल नहीं हो रहा है जितना कि 1930 से प्रारम्भ होने वाले दशक या उसके बाद के समय में हुआ था।

इसके विपरीत अर्द्धविकसित राष्ट्रों का स्वरूप भी द्रुतगति से बदल रहा है। आज तीसरी दुनिया के देश जिन्हें हम विकासशील राष्ट्र भी कहते हैं, केवल अर्द्धविकसित ही नहीं, बल्कि उनकी अर्थव्यवस्था की प्रकृति दोहरी अर्थव्यवस्था जैसी होती जा रही है। भारत जैसे विकासशील औद्योगिक राष्ट्र में एक सुसंगठित क्षेत्र पनप रहा है और अनैच्छिक बेरोजगारी के दर्शन हो रहे हैं।

अशोक माथुर के अनुसार **"कीन्स का गुणांक एक अर्द्धविकसित देश में भले ही क्रियाशील न हो परन्तु एक प्रावैगिक अर्थव्यवस्था में रोजगार तथा वास्तविक आय को प्रभावित कर सकता है।"** कीन्स ही ऐसे अर्थशास्त्री थे, जिन्होंने आर्थिक क्रिया में सरकारी हस्तक्षेप का सुझाव दिया था। आज विकासशील राष्ट्रों में सरकारी हस्तक्षेप बढ़ गया है।

निष्कर्ष (Conclusion)–कीन्स के यंत्रों के सर्वेक्षण तथा विश्लेषण के पश्चात् हम **प्रो. ए. के. दासगुप्त** के इस कथन से सहमत हैं कि ''कीन्स के सामान्य सिद्धान्तों की क्रियाशीलता अर्द्धविकसित देशों में अत्यन्त सीमित है।'' डॉ. बी. के. आर. वी. राव के अनुसार–''कीन्स के यन्त्रों का अर्द्धविकसित देशों की आर्थिक समस्याओं को सुलझाने के लिए अन्धाधुन्ध प्रयोग बहुत ही घातक सिद्ध हुआ है और यह स्फीति का कारण बन गया है। उसका मत है कि अर्द्धविकसित देशों में आर्थिक विकास के लिए लगभग उसी नीति का अपनाया जाना उपयुक्त है, जिसे प्रतिष्ठित अर्थशास्त्रियों ने प्रतिपादित किया था। उनका यह विचार था कि कठिन कार्य और अधिक बचत अर्द्धविकसित अर्थव्यवस्थाओं के आर्थिक विकास का उत्तम उपाय है।'' परन्तु इस बात को स्वीकार करना पड़ेगा कि ''भले ही कीन्स के नीति-नुस्खे अर्द्धविकसित देशों की समस्याओं पर सम्पूर्ण रूप से लागू न हों, पर ऐसी अर्थव्यवस्थाओं की समस्याओं को समझाने के लिए कीन्स के विश्लेषण के औजार अपरिहार्य है।''

सारांश में हम यह कह सकते हैं कि कीन्स का अर्थशास्त्र भले ही विकसित राष्ट्रों की मुख्य समस्याओं में अपना महत्त्व न रखता हो, परन्तु उसके द्वारा सुझाये गये उपकरण विकासशील राष्ट्रों की जो संक्रमण काल से गुजर रहे हैं, कुछ समस्याओं को सुलझाने में उपयुक्त सिद्ध हो सकते हैं। उदाहरण के लिए प्रभावी माँग राष्ट्रीय आय की गणना, स्फीति अंतर, मौद्रिक बहाव सभी देशों के लिए उपयुक्त है। इसलिए कीन्स के विचारों को आज की समस्याओं को सुलझाने के लिए काम में लिया जा सकता है। प्रो. के. एन. राज ने ठीक ही कहा है कि ''कीन्स के अर्द्धविकसित राष्ट्रों में पूर्ण रूप से अनुपयुक्त ठहराना ऐसा ही है, जैसा कोई नहाने के पानी के साथ बच्चे को भी बाहर फेंक दे।''

केन्द्रीय नियोजित तथा समाजवादी अर्थव्यवस्था में कीन्स के नियम
(Keynesian Economics in Centrally Planned Socialist Economy)

अब प्रश्न यह उठता है कि कीन्स का सिद्धान्त **केन्द्रीय नियोजित, समाजवादी या साम्यवादी अर्थव्यवस्था में लागू होता है या नहीं?** साम्यवाद में कीन्स के सिद्धान्त का कोई महत्त्व नहीं है इसका अर्थ यह है कि रूस जैसी नियोजित समाजवादी अर्थव्यवस्था में, जहाँ पर उत्पादन के सभी साधन सरकार के हाथ में हैं और सभी आर्थिक कार्य जैसे उत्पादन, विनिमय, वितरण सरकारी वित्त केन्द्र द्वारा नियोजित होते हैं और साधनों का आबंटन योजना अधिकारियों द्वारा होता है, कीन्स के अर्थशास्त्र का सीमित अवसर है। इसके सम्बन्ध में **प्रो. हैरिस (Harris)** का कहना है ''यदि साम्यवाद आ जाता है तो कीन्स उसी प्रकार समाप्त हो जायेगा जैसे कि रिकार्डो रूस में समाप्त हुआ है।'' (If Communism Comes, Keynes will be as dead as Ricardo is in the U.S.S.R.)। हैरिस के इन शब्दों से स्पष्ट है कि कीन्स का सिद्धान्त साम्यवादी अर्थव्यवस्था में लागू नहीं होता। संक्षेप में कीन्स का सिद्धान्त लागू न होने के अग्रलिखित कारण हैं–

1. कीन्स का सिद्धान्त तो वहीं लागू हो सकता है, जहाँ कि **स्वतंत्र उद्यम प्रणाली (Free Enterprise Economy)** हो अर्थात् जहाँ विनियोग का निर्णय लाभ प्रयोजन (Profit Motive) को सामने रखकर किया जाये। अन्य शब्दों में समाजवादी या साम्यवादी अर्थव्यवस्था में विनियोग की न्यूनता की कोई समस्या नहीं होती, क्योंकि विनियोग पूँजी की सीमान्त उत्पादकता और लाभ भावना द्वारा प्रयोजित नहीं होता।

2. ऐसी अर्थव्यवस्था में प्रभावूपर्ण माँग में कमी की सम्भावना कम होती है। यदि प्रभावपूर्ण माँग में कमी हो भी जाये तो मजदूरी दर बढ़ाकर, कीमतों या करों की दरें घटाकर उस पर नियंत्रण पाया जाता है।

3. **समाजवादी अर्थव्यवस्था** में बचत, विनियोग, ब्याज की दर, उपभोग अर्थात् सभी महत्त्वपूर्ण निर्धारक चर केन्द्रीय सत्ता द्वारा नियोजित किये जाते हैं। अत: विनियोग और बचत में असन्तुलन कठिन है।

4. कीन्स का सारा सिद्धान्त अस्थिर तत्त्वों (Unstable Elements) को ही स्थिर रखने की व्याख्या करता है। अन्य शब्दों में कीन्स ने अपने सिद्धान्त में आर्थिक उतार-चढ़ाव को मौद्रिक एवं राजकोषीय नीति द्वारा दूर करने के उपाय सुझाये हैं, और मन्दी के दिनों में निजी प्रोत्साहन देने के लिए सस्ती मुद्रा नीति पर बल दिया जाता है। पर साम्यवादी देशों में विनियोग की अस्थिरता की कोई समस्या नहीं है, क्योंकि वहाँ सारा विनियोग सरकार द्वारा किया जाता है।

उपर्युक्त विवेचन से यह स्पष्ट है कि कीन्स का सिद्धान्त केन्द्रीय नियोजित, समाजवादी या साम्यवादी अर्थव्यवस्था में लागू नहीं होता। वस्तुत: वह सिद्धान्त (कीन्स का सिद्धान्त) जिसका साम्यवाद के प्रतिस्पर्धी के रूप में विकास हुआ हो,

इनका सहायक नहीं हो सकता। कीन्स का सिद्धान्त ऐसी अर्थव्यवस्था में लागू होता है, जो आंशिक रूप में समाजवादी और आंशिक रूप में पूँजीवादी हो। इस प्रकार की विकसित अर्थव्यवस्था में आर्थिक समस्याओं को सुलझाने के लिए कीन्स के सिद्धान्त उपयोगी सिद्ध होंगे। अवस्थाओं में परिवर्तन के साथ-साथ इन सिद्धान्तों का उचित अध्ययन और परिवर्तन करना आवश्यक हो जाता है।

Select References

1. Dasgupta, A.K. : Keynesian Economics in Under-developed Countries.
2. Harris. S.E. : The New Economics (1954)
3. Rao, V.K. : Article on "Investment, Income and the multiplier in an Economy.
4. Singh, V.B. : Keynesian Economics in Under-developed Countries.

परीक्षा प्रश्न
(Examination Questions)

I. दीर्घ उत्तरीय प्रश्न (Long Answer Type Questions)

1. प्रो० कीन्स द्वारा प्रतिपादित रोजगार का सिद्धान्त अल्पविकसित देशों पर कहाँ तक लागू होता है?
   How far does the principle of Keynes theory of employment is applicable on under developed countries?
2. ''कीन्स द्वारा प्रेरित नीतियाँ अल्पविकसित देशों की समस्याओं के लिए अधिक प्रासंगिक नहीं है।'' व्याख्या कीजिए।
   "Keynes' Policies do not have much relevance to the problems of under-developed countries." Discuss.
3. अर्द्धविकसित देशों में कीन्स के सिद्धान्तों की सीमाओं की व्याख्या कीजिए।
   Discuss the limitations of Keynes theory on under developed countries.
4. ''कीन्स का रोजगार सिद्धान्त विकासशील देशों के लिए व्यर्थ है।'' इस कथन को समझाइये।
   "Keynesian theory of employment is useless for developing countries." Explain this statement.
5. अर्द्धविकसित अर्थव्यवस्थाओं की उन विशेषताओं का उल्लेख कीजिये, जिनके कारण कीन्स का आय एवं रोजगार सिद्धान्त उन पर लागू नहीं होता।
   Mention those characteristics of under developed economies on account of which the Keynesian theory of income and employment is not applicable on them.
6. ''अल्पविकसित देशों की समस्याओं में कीन्सियन नीतियों का विशेष उपयोग नहीं है।'' व्याख्या कीजिए।
   "Keynesian policies are not of much use for problems of under-developed countries." Discuss.
7. अर्द्धविकसित देशों में कीन्स के सिद्धान्त की प्रयोजनीयता पर अपने विचार लिखिये।
   Give your view on the applicability of Keynes theory in under-developed countries.

II. लघु उत्तरीय प्रश्न (Short Answer Type Questions)

1. अर्द्धविकसित देशों में कीन्स का अर्थशास्त्र कहाँ तक लागू होता है?
2. "व्यावहारिक कीन्सवाद एक ऐसा पौधा है जो विदेशी भूमि में नहीं लगाया जा सकता है।'' विवेचना कीजिये।
3. अर्द्धविकसित देशों में प्रभावपूर्ण माँग में वृद्धि का प्रभाव रोजगार पर क्या प्रभाव पड़ता है?
4. अर्द्धविकसित देशों में कीन्स के सिद्धान्त की प्रमुख अवधारणाओं को कहाँ तक लागू किया जा सकता है।

III. वस्तुनिष्ठ प्रश्न (Objective Type Questions)

सही विकल्प चुनकर लिखिये :

1. अर्द्धविकसित देशों में पाये जाने वाली बेरोजगारी को कहते हैं :

(अ) चक्रीय बेरोजगारी (ब) अदृश्य बेरोजगारी

(स) नगरीय बेरोजगारी (द) उपर्युक्त में स कोई नहीं।

2. अर्द्धविकसित देशों में प्रभावपूर्ण माँग का प्रमुख कारण है:

(अ) अधिक बचत (ब) कम प्रति व्यक्ति आय

(स) उपभोग प्रवृत्ति (द) उपर्युक्त में कोई नहीं।

3. अर्द्धविकसित देशों का विकास सम्भव है :

(अ) उपभोग को बढ़ाकर (ब) बचतों को बढ़ाकर

(स) प्रभावपूर्ण माँग को बढ़ाकर (द) उपर्युक्त में से कोई नहीं।

4. अर्द्धविकसित देशों में तरलता पसन्दगी के उद्देश्यों में सबसे कम महत्त्वपूर्ण होता है :

(अ) लेन-देन उद्देश्य (ब) सावधानी

(स) सट्टा उद्देश्य (द) उपर्युक्त में से कोई नहीं।

उत्तर—1. (ब), 2. 3. (ब), 4. (स)।

□□□

21 मुद्रा की माँग
(Demand for Money)

महत्त्वपूर्ण अवधारणाएँ (Important Concepts)

1. प्रतिष्ठित दृष्टिकोण (Classical Approach)—प्रतिष्ठित दृष्टिकोण के अनुसार मुद्रा विनियम का माध्यम है इसलिए किसी देश में मुद्रा की माँग उन वस्तुओं और सेवाओं की मात्रा पर निर्भर करता है जिसका विनिमय किया जाता है। अर्थात् मुद्रा की माँग (Md) विनिमय के सौदे का मूल्य (P) × वस्तुओं और सेवाओं की मात्रा (Md = PT)

2. मुद्रा की माँग का नव-प्रतिष्ठित दृष्टिकोण (Neo-Classical Approach)—नव-प्रतिष्ठित या कैम्ब्रिज दृष्टिकोण के अनुसार मुद्रा की माँग **नकद शेषों** के लिए होती है। समाज द्वारा मुद्रा की माँग राष्ट्रीय आय (Y) का एक निश्चित भाग (K) होता है जो समय के अनुसार बदलता रहता है। अर्थात् Md = KY

3. कीन्स का दृष्टिकोण (The Keynesian Approach)—कीन्स के अनुसार की की माँग का अर्थ है मुद्रा को नकद रूप में अर्थात् तरल रूप में रखने की माँग। कीन्स मुद्रा की माँग को तरलता पसन्दगी (Liquidity Preference) कहते हैं। कीन्स के अनुसार तरलता पसन्दगी या मुद्रा की माँग के तीन कारण या उद्देश्य हैं—

(i) सौदा उद्देश्य,

(ii) दूरदर्शिता या सतर्कता उद्देश्य तथा

(iii) सट्टा उद्देश्य।

कीन्स के अनुसार सौदा उद्देश्य और दूरदर्शिता उद्देश्यों के लिए रखी गई मुद्रा मुख्यतया आय के स्तर का फलन है, अर्थात् $L_T = f(Y)$ और मुद्रा की सट्टा माँग, ब्याज की दर का फलन है $L_S = f(r)$ इस प्रकार मुद्रा की कुल माँग आय और ब्याज दर दोनों का फलन है

$$L_T + L_S = f(Y) + f(r)$$
$$L = f(Y\ r)$$

जहाँ L मुद्रा की कुल माँग को व्यक्त करता है।

मुद्रा की माँग
(Demand for Money)

मुद्रा की माँग, मुद्रा के दो महत्त्वपूर्ण कार्यों से उत्पन्न होती है। **प्रथम** यह कि मुद्रा विनिमय के माध्यम (Medium of Exchange) का कार्य करती है और दूसरा कि मुद्रा मूल्य का संचय (Store of Value) है। अतः व्यक्ति और व्यापारी मुद्रा को आंशिक रूप से नकदी में और आंशिक रूप से परिसम्पत्तियों में रखना चाहते हैं। मुद्रा की माँग के तीन मत हैं—

1. प्रतिष्ठित दृष्टिकोण
2. नव-प्रतिष्ठित दृष्टिकोण
3. कीन्स का दृष्टिकोण
4. कीन्सोत्तर दृष्टिकोण

I. प्रतिष्ठित दृष्टिकोण
(The Classical Approach)

मुद्रा के दो महत्त्वपूर्ण कार्य हैं—विनिमय का माध्यम व मूल्य का मापदण्ड। **प्रो. मिल, प्रो. फिशर** आदि प्रतिष्ठित अर्थशास्त्रियों ने **मुद्रा के विनिमय माध्यम कार्य को ही** अधिक महत्त्वपूर्ण बताया और कहा कि मुद्रा की माँग स्वयं मुद्रा के लिए नहीं होती (Money is not demanded for its own sake), बल्कि दिन-प्रतिदिन के सौदों को तय करने के लिए की जाती है। मुद्रा विनिमय का माध्यम है, इसलिए किसी देश में मुद्रा की माँग उन वस्तुओं और सेवाओं की मात्रा पर निर्भर रहती है, जिसका विनिमय किया जाता है। जिस देश में जितने अधिक विनिमय के सौदे होंगे वहाँ उतनी ही अधिक मुद्रा की माँग होगी। किसी निश्चित अवधि में कितनी वस्तुएँ अथवा सेवायें विनिमय के बाजार में उपलब्ध हैं, इस पर मुद्रा की माँग निर्भर करती है। इस अर्थ में किसी निश्चित अवधि में मुद्रा की कुल माँग कुल खरीदी व बेची गयी वस्तुओं और सेवाओं के मूल्य के बराबर होती है।

फिशर के 'विनिमय के समीकरण' में

$$MV = PT$$

जहाँ M मुद्रा की कुल मात्रा है, V इसका प्रचलन वेग, P कीमत स्तर तथा T मुद्रा में विनिमय की गयी कुल वस्तुओं और सेवाओं की मात्रा।

इस समीकरण में PT **मुद्रा की माँग** को भी व्यक्त करता है जो अर्थव्यवस्था में किये गये लेन-देनों के मूल्य पर निर्भर करता है। MV मुद्रा की पूर्ति को व्यक्त करता है जो दी हुई है, और सन्तुलन में मुद्रा की माँग के बराबर होती है। इस प्रकार समीकरण बन जाता है—

मुद्रा की कुल माँग = विनिमय के सौदे का मूल्य (P) x वस्तुओं और सेवाओं की मात्रा (T)

$$\text{Demand for Money} = P \times T = PT$$

विनिमय के माध्यम के रूप में मुद्रा की माँग को मुद्रा की **''सौदों के लिए माँग''** (Transactions Demand for Money) कहते हैं।[1]

मुद्रा की यह लेन-देन माँग पूर्ण रोजगार आय-स्तर द्वारा निर्धारित होती है। ऐसा इसलिए कि प्रतिष्ठित अर्थशास्त्री से के नियम में विश्वास रखते थे, **जिसके अनुसार पूर्ति अपनी माँग स्वयं उत्पन्न करती है, यह मानते हुए कि अर्थव्यवस्था में पूर्ण रोजगार आय-स्तर पाया जाता है।** इस प्रकार, फिशर के मत में मुद्रा की माँग लेन-देन के स्तर का एक स्थिर अनुपात है जिसका आगे राष्ट्रीय आय के स्तर के साथ एक स्थिर संबंध पाया जाता है। फिर, मुद्रा की माँग को किसी समय अर्थव्यवस्था में चल रहे व्यापार की मात्रा से **सम्बन्धित** किया गया है।

II. मुद्रा की माँग का नव-प्रतिष्ठित सिद्धान्त
(Neo-Classical Theory of Demand for Money)

मुद्रा की माँग का नव-प्रतिष्ठित सिद्धान्त जिसे कैम्ब्रिज सिद्धान्त भी कहते हैं, मार्शल तथा पीगू द्वारा प्रस्तुत किया गया है। इस सिद्धान्त के अनुसार मुद्रा की माँग को निम्न समीकरण द्वारा व्यक्त कर सकते हैं—

$$Md = KY$$

उपर्युक्त समीकरण में (i) K, की प्रति इकाई पर लेखे की प्रति इकाई (जैसा एक रुपया) के रूप में मुद्रा की माँग को संबोधित करता है अर्थात् $K = Md/Y$। इसका अर्थ यह है कि K मुद्रा आय का वह अनुपात है जिसे लोग मुद्रा के रूप में अपने पास रखना चाहते है। (ii) प्रति समय इकाई (जैसे एक वर्ष) पर आय का प्रवाह है और (iii) Md एक समय बिन्दु पर मुद्रा का स्टॉक है। Md का कोई समय परिमाप नहीं है जबकि K का होता है। उदाहरण के लिए हम मान लेते

---

1. विस्तृत अध्ययन के लिए मुद्रा का परिणाम सिद्धान्त देखें।

हैं कि Md 6,000 करोड़ रुपये है और मुद्रा आय 60,000 करोड़ रुपये प्रति वर्ष है तो K प्रति वर्ष एक चौथाई होगा अर्थात् लोग अपनी वार्षिक आय का 1/4 भाग मुद्रा के रूप में रखना चाहते हैं। इसको चित्र 1 द्वारा दर्शाया जा सकता है।

चित्र 1 में Md को Y का एक रैखिक फलन दिखाया गया है। यह रेखा आरम्भ बिन्दु से गुजराती है। क्षैतिज अक्ष के साथ यह जो कोण बनाती है वह है Md/Y = K।

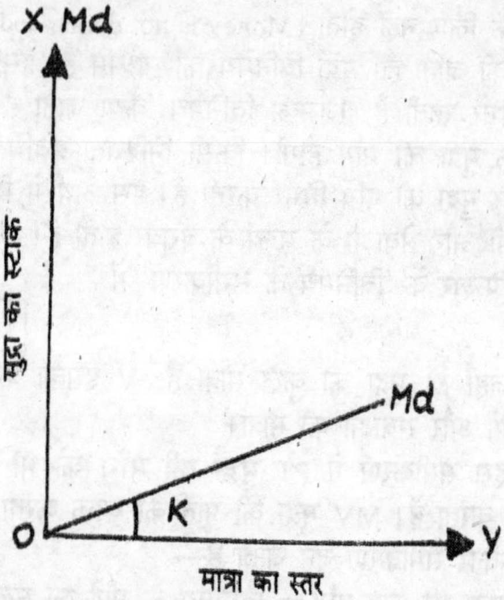

चित्र : 1

मुद्रा की माँग K अनेक बातों में प्रभावित होती है जिनमें कुछ निम्नलिखित हैं—

(i) मुद्रा की माँग का आधार कुल वास्तविक राष्ट्रीय आय (Y) है। ऊपर बताया जा चुका है कि किसी समय समाज द्वारा की गयी नकद कोष की माँग सम्पूर्ण वास्तविक आय के एक भाग के बराबर होती है।

(ii) मुद्रा की माँग के निर्धारण के समय अवधि का महत्त्वपूर्ण स्थान है जिसे ध्यान में रखकर समाज द्वारा मुद्रा के रूप में नकद राशि रखी जाती है। व्यापार की मात्रा स्थिर रहने पर भी समय अवधि अधिक होने पर मुद्रा की माँग अधिक होगी तथा कम होने पर मुद्रा की माँग कम होगी। यदि लोग अपनी वार्षिक वास्तविक आय के 4 माह के बराबर नकद मुद्रा चाहते हैं तो K $\frac{1}{3}$ होगा। 2 माह की नकद मुद्रा चाहने पर K $\frac{1}{6}$ होगा।

(iii) मुद्रा के प्रचलन वेग (V) तथा मुद्रा की माँग (K) में पूर्णतः उल्टा सम्बन्ध है। यदि किसी समय K $\frac{1}{3}$ है तो इसका आशय यह हुआ कि सम्पूर्ण वास्तविक आय की खरीद के लिए नकद राशि को तीन बार व्यय करना होगा। अतः स्पष्ट है कि K $\frac{1}{3}$ होने पर प्रचलन वेग (V) 3 होगा।

इस प्रकार—

$$K = \frac{1}{3} V = 3 \text{ or } K = \frac{1}{V'} V = \frac{1}{K}$$

अतः समाज द्वारा मुद्रा की माँग, राष्ट्रीय आय (Y) का एक निश्चित अनुपात या भाग (K) होता है और यह भाग (K) समय के अनुसार बदलता रहता है वास्तव में यह भाग (K) ही मुद्रा की माँग को दर्शाता है।

कैम्ब्रिज सिद्धान्त में मूल्य संचय संबंधी मुद्रा के कार्य के महत्त्व पर बल दिया गया है। इन अर्थशास्त्रियों का कहना था कि लोग मुद्रा को विभिन्न उद्देश्यों की पूर्ति के लिए अपने पास रखना चाहते हैं। इसलिए उन्होंने बताया कि मुद्रा की माँग नकद शेषों के लिए होती है जिस पर विभिन्न कारकों का प्रभाव पड़ता है जैसे (i) वस्तुओं तथा सेवाओं के विनिमय अर्थात् लेन-देन की आवश्यकता; (ii) अनिश्चितता के विरुद्ध भविष्य को अधिक सुरक्षित बनाना; (iii) व्यक्ति की आय तथा सम्पत्ति ; (iv) अन्य परिसम्पत्तियों के रूप में न रखकर मुद्रा के रूप में रखने की अवसर लागत।

III. कीन्स का दृष्टिकोण : तरलता पसन्दगी
(The Keynesian Approach : Liquidity Preference)

कीन्स ने मुद्रा की माँग के सिद्धान्त का प्रतिपादन अपनी प्रसिद्ध पुस्तक *"The General Theory of employment, Interest and Money"* में किया है।

कीन्स के अनुसार मुद्रा की माँग का अर्थ है मुद्रा को नकद रूप में अर्थात् तरल रूप में रखने की माँग। वे (कीन्स) मुद्रा की माँग को **'तरलता पसंदगी'** **(Liquidity Preference)** कहते हैं।

अब हम देखेंगे कि **तरलता** से हमारा क्या अभिप्राय है। तरलता का अभिप्राय धन को नकद या ऐसे रूप में रखने से है जिसे व्यक्ति तुरन्त नकद के रूप में परिवर्तित करा सके। धन को रखने का सबसे तरल रूप मुद्रा या नकदी है। इस प्रकार तरलता पसन्दगी का सरल शब्दों में अर्थ है **मुद्रा या नकदी की माँग (Demand for Money or Cash)**। अतः जब यह कहा जाता है कि तरलता पसन्दगी अधिक है तो इसका अर्थ यह है कि लोगों तथा व्यवसायों की नकदी की माँग अधिक है और उसके विपरीत तरलता पसन्दगी कम होने का अर्थ है कि नकदी की माँग कम है।

तरलता पसंदगी के कारण (Causes of Liquidity Preference)

प्रो. कीन्स के अनुसार व्यक्ति सदा मुद्रा को निम्नलिखित कारणों से नकद के रूप में रखना चाहता है—

(i) सौदा उद्देश्य (Transaction Motive)—प्रत्येक व्यक्ति अथवा व्यवसायी अपनी आय का एक अंश दिन-प्रतिदिन के कार्यों व अनेक प्रकार के भुगतानों के लिए रखता है जिसे सौदा उद्देश्य कहते हैं। **कीन्स** ने कहा है, "नकदी की आवश्यकता आय प्राप्ति तथा व्यय करने के बीच के समय को पार करने के लिए पड़ती है।" इस उद्देश्य के लिए मुद्रा की माँग सामान्यतया आय के स्तर पर निर्भर रहती है।

यह माँग निम्नलिखित तत्त्वों पर निर्भर करती है—

(i) आय तथा रोजगार का स्तर (Volume of Income & Employment)—देश में आय, उत्पादन एवं रोजगार का स्तर जितना अधिक होगा क्रय-विक्रय के लिए नकद मुद्रा की माँग उतनी ही अधिक होगी। कीमतें तथा मजदूरी बढ़ जाने से भी क्रय-विक्रय के लिए नकदी की माँग बढ़ जाती है।

(ii) आय प्राप्ति की आवृत्ति (Frequency of Income Payment)—नकदी की माँग आय के परिणाम पर भी निर्भर नहीं करती बल्कि इस बात पर निर्भर करती है कि आय कितने अन्तराल के बाद प्राप्त हो रही है। आय प्राप्ति की अवधि में वृद्धि के साथ सौदा उद्देश्य के लिए नकद की माँग बढ़ जाती है।

(iii) व्यय की अवधि (Span of Expenditure)—व्यय की अवधि भी नकदी की माँग को प्रभावित करती है। खर्चों का भुगतान जितनी लम्बी अवधि के बाद किया जायेगा उतनी ही दैनिक क्रय-विक्रय के लिए धन की माँग कम होगी।

(iv) साख का उपयोग (Use of Credit)—साख के प्रयोग से कम मुद्रा के द्वारा अधिक मूल्य के सौदों को सम्पन्न करना संभव है, इसलिए मुद्रा की माँग कम हो जाती है। यदि एक विक्रेता किसी ग्राहक को उधार देकर वस्तु बेचता है तो इस सौदे के लिए मुद्रा की तत्काल आवश्यकता उत्पन्न नहीं होती। इसी प्रकार यदि बहुत से व्यवसायी एक-दूसरे को वस्तुएँ उधार देते हैं तो कुल सौदों को सम्पन्न करने के लिए बहुत कम मात्रा में मुद्रा की माँग की जायेगी।

2. दूरदर्शिता अथवा सुरक्षात्मक उद्देश्य (Precautionary Motive)—भविष्य की अनिश्चितताओं—जैसे बेकारी, बीमारी, दुर्घटना, मृत्यु आदि—की दशाओं में सुरक्षित रहने के लिए अथवा भविष्य में सामाजिक रीति-रिवाजों को पूरा करने के लिए व्यक्ति नकद मुद्रा की मात्रा अपने पास रखना चाहता है। नकदी का संचय भी अनिश्चित भविष्य के प्रति सतर्कता के उद्देश्य से किया जाता है। ऐसी आपातकालीन परिस्थितियों से बचने के लिए व्यक्ति मुद्रा की कुछ मात्रा नकद रूप में रखता है जिसे दूरदर्शिता के लिए मुद्रा की माँग कहा जाता है। यह माँग मुख्यतः व्यक्तियों के आय स्तर पर निर्भर करती है तथा यह माँग ब्याज की दर से प्रभावित नहीं होती।

सुरक्षात्मक उद्देश्य की पूर्ति के लिए मुद्रा की माँग मनुष्य की मनोवैज्ञानिक रुचि और आय के स्तर पर निर्भर करती है। यदि व्यक्ति निर्भय, आशावादी और चिन्ता रहित स्वभाव वाला हो तो वह नकद मुद्रा की कम आवश्यकता अनुभव करेगा और यदि व्यक्ति कायर और चिन्ता करने वाला हो तो वह नकदी के रूप में अपने पास अधिक मुद्रा रखना पसन्द करेगा। व्यापारी वर्ग के लिए मुद्रा की ऐसी माँग इस बात पर निर्भर करती है कि आवश्यकता पड़ने पर वह बाजार से कितनी सुगमता से मुद्रा उधार लेकर अपनी आवश्यकता पूरी कर सकता है। यदि **मुद्रा बाजार (Money Market)** संगठित अवस्था में हो तो व्यापारी संकट के समय सरलता से उधार लेकर अपनी आवश्यकता को पूरी कर सकते हैं और इस प्रकार वे अपने पास नकद मुद्रा कम रखेंगे। इसका अर्थ यह हुआ कि सुरक्षात्मक उद्देश्यों के लिए मुद्रा की माँग कम होती है।

(i) सौदा उद्देश्य (Transactive Motive) तथा **दूरदर्शिता उद्देश्य (Precautionary Motive)** दोनों के अन्तर्गत उत्पन्न होने वाली मुद्रा की माँग आय पर निर्भर करती है। यदि दोनों उद्देश्यों के लिए माँगी गयी मुद्रा की मात्रा L_1 हो तो $L_1 = f(Y)$

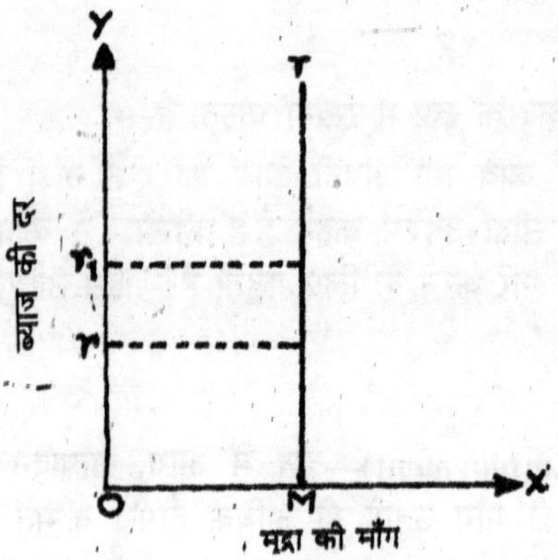

चित्र : 2

अर्थात् सौदा उद्देश्य एवं दूरदर्शिता उद्देश्य के लिए माँगी जाने वाली मुद्रा की मात्रा आय के स्तर (Y) का एक फलन होती है। इसका अर्थ यह है कि अधिक आय होने पर सौदा उद्देश्य तथा दूरदर्शिता उद्देश्य के लिए नकदी की माँग बढ़ जाती है और ब्याज की दर बोलोचदार होती है। अर्थात् ब्याज की दर का M_1 पर कोई प्रभाव नहीं पड़ता। इसी तथ्य को नीचे चित्र 2 के द्वारा दर्शाया गया है। चित्र में सौदा व दूरदर्शिता उद्देश्यों के लिए माँगी जाने वाली मुद्रा की माँग (M) एक खड़ी रेखा MT द्वारा दर्शायी गयी है जो यह प्रदर्शित करती है कि ब्याज बेलोचदार है अर्थात् ब्याज की दर चाहे or या or_1 हो मुद्रा की माँग (M) स्थिर रहती है।

(ii) सट्टा उद्देश्य (Speculation Motive)— बहुत से व्यक्ति विशेषकर सट्टेबाज भविष्य में बाजार में होने वाले ब्याज की दर में परिवर्तनों से लाभ उठाने के लिए भी मुद्रा अपने पास नकद रूप में रखना चाहते हैं जिसे "सट्टा उद्देश्य" कहते हैं। "सट्टा उद्देश्य" से उत्पन्न मुद्रा की माँग अत्यन्त अनिश्चित तथा शीघ्र परिवर्तनशील होती है।

प्रो. कीन्स के अनुसार, "भविष्य के सम्बन्ध में बाजार की तुलना में अधिक जानकारी द्वारा लाभ प्राप्त करने के उद्देश्य को सट्टा उद्देश्य कहा जाता है।"[1]

मुद्रा की सट्टा माँग, बांड तथा प्रतिभूतियों के क्रय-विक्रय से सट्टा लाभ प्राप्त करने के लिए रखे गये नकद शेषों की माँग होती है। ये सट्टा लाभ बांड तथा प्रतिभूतियों की ब्याज दर/लाभांश में परिवर्तनों के कारण प्राप्त होते हैं। इसलिए स्पष्ट है कि यह माँग, ब्याज दर तथा बांडों की कीमतों से निर्धारित होती है। ब्याज दर तथा बांड की कीमतों में प्रतिलोम संबंध होता है। जब बांड की कीमतें ऊँची होती हैं तब ब्याज दर नीची होती है और जब बांड की कीमतें नीची होती हैं तब ब्याज दर ऊँची होती है। उदाहरणार्थ एक बांड जिस पर 5% ब्याज दर और उसका मूल्य 1000 रु. है तो उस पर 50 रु. वार्षिक ब्याज प्राप्त होगा। चूँकि बांड से प्राप्त आय निश्चित है, इसलिए यदि बांड के बाजार मूल्य में कोई परिवर्तन होते हैं तो ब्याज की दर का बांड के मूल्य के साथ विपरीत संबंध होता है। यदि बांड की कीमत 1,200 रुपये होने पर इसे खरीदा जाता है, तो इससे प्राप्त होने वाली 50 रुपये वार्षिक आय पर लाभ की दर घट कर 4.2% रह

---

1. "Speculative motive is the motive of securing profit from knowing better than the market what the future will bring forth."

जायेगी।[1] मान लीजिए, यही बांड 900 रुपये में खरीदा जाता है, तो इस पर प्राप्त होने वाली ब्याज की दर **बढ़कर** 5.55% $\left(50 \text{ रु.} : \frac{900 \text{ रु.}}{100 \text{ रु.}}\right)$ हो जायेंगी।[2] इससे यह निष्कर्ष निकलता है कि बांड की कीमत तथा ब्याज की दर में विपरीत सम्बन्ध होता है। बांड की ऊँची कीमत होने पर ब्याज की दर कम तथा बांड की नीची कीमत पर ब्याज दर अधिक होता है।

कीन्स के अनुसार, बांड कीमतों या चालू बाजार ब्याज की दर में परिवर्तन संबंधी प्रत्याशाएँ मुद्रा की सट्टा माँग को निर्धारित करते हैं। मुद्रा की सट्टा माँग की व्याख्या करते हुए कीन्स के मन में एक सामान्य या क्रांतिक (critical) ब्याज की दर (r) थी। यदि चालू ब्याज दर क्रांतिक ब्याज दर (r) से ऊँची होती है, तो व्यापारी इसके गिरने की आशा रखते हैं और बांड कीमतों के बढ़ने की। इसलिए वे भविष्य में बेचने के लिए अब बांड खरीदेंगे जब उनकी कीमतें बढ़ेंगी ताकि वे इस तरह लाभ कमा सकें। ऐसे समय में, मुद्रा की सट्टा माँग गिर जाएगी, और विलोमशः जब चालू ब्याज दर (r) क्रांतिक ब्याज दर (r) से नीचे होती है। इस प्रकार, जब $r > r_c$, एक निवेशक अपनी सभी तरल परिसम्पत्तियाँ बांडों में रखता है तथा $r > r_c$, तो उसके समस्त धारण मुद्रा में चले जाते हैं। परन्तु जब $r = r_c$, तो वह बांड या मुद्रा रखने के बारे में उदासीन हो जाता है।

समस्त अर्थव्यवस्था के लिए व्यक्तिगत माँग वक्रों को इस मान्यता पर जोड़ा जा सकता है कि व्यक्तिगत प्रतिभूति-धारक अपनी क्रांतिक दरों r_c में भिन्न होते हैं। इस प्रकार एक समतल वक्र जो दाईं से बाईं ओर नीचे ढालू होता है, जिसे चित्र 3 में L_S वक्र दिखाया गया है। इससे यह स्पष्ट होता है कि मुद्रा की सट्टा माँग ब्याज दर का घटता हुआ फलन है। ब्याज की दर जितनी ऊँची होगी, मुद्रा की सट्टा माँग उतनी ही कम होगी, तथा ब्याज दर पर जितनी कम होगी मुद्रा की सट्टा माँग उतनी ही कम होगी, तथा ब्याज दर पर जितनी कम होगी मुद्रा की सट्टा माँग उतनी ही ऊँची होगी। **बीजगणितीय** रूप में इसको इस प्रकार व्यक्त किया जा सकता है—

$$\boxed{L_2 = f(r)}$$

उपर्युक्त समीकरण का अर्थ यह है कि ब्याज की दर जितनी ऊँची होगी, मुद्रा की सट्टा माँग उतनी ही कम होगी तथा ब्याज दर जितनी कम होगी मुद्रा की सट्टा माँग उतनी ही ऊँची होगी।

इसी तथ्य को अग्रांकित रेखा चित्र 3 द्वारा स्पष्ट किया गया है। चित्र से स्पष्ट है कि—

(i) ब्याज की बहुत ऊँची दर r_{12} पर मुद्रा की सट्टा माँग शून्य है तथा व्यापारी अपने नकदी धारणों को बांडों में विनियोग करते हैं, क्योंकि वे विश्वास रखते हैं कि ब्याज दर में और वृद्धि नहीं हो सकती है।

(ii) जब ब्याज की दर गिरकर r_8 हो जाती है तो मुद्रा की माँग OM हो जाती है।

(iii) जब ब्याज की दर और घटती है और r_6 हो जाती है तो मुद्रा की माँग बढ़कर OM_1 हो जाती है।

(iv) चित्र में L_S वक्र का ढाल बायें से दायें नीचे की ओर है जिसका तात्पर्य यह है कि ऊँची ब्याज की दर पर मुद्रा की माँग कम और नीची ब्याज की दर पर मुद्रा की माँग अधिक है। इससे सिद्ध होता है कि सट्टा उद्देश्य के लिए मुद्रा की माँग ब्याज की दर पर निर्भर करती है।

सट्टा उद्देश्य के लिए मुद्रा की माँग (m_2).

चित्र : 3

---

1. $\frac{50}{1200} \times 100 = 4.2\%$
2. $\frac{50}{900} \times 100 = 5.5\%$

मुद्रा की कुल माँग
(The Total Demand for Money)

कीन्स के अनुसार, लेन-देन और सतर्कता उद्देश्यों के लिए रखी गई मुद्रा मुख्यतया आय के स्तर का फलन है, अर्थात् $L_T + L_P = f(Y)$, और मुद्रा की सट्टा माँग, ब्याज की दर का फलन है,

LS = f (r), इस प्रकार मुद्रा की कुल माँग आय और ब्याज दर दोनों का फलन है—

$$L_T + L_P + L_S = f(Y) + f(r)$$

या, $$L = f(Y) + f(r)$$

या, $$L = f(Y, r)$$

जहाँ $L = L_T + L_P + L_S$ मुद्रा की कुल माँग को व्यक्त करता है।

मुद्रा की कुल माँग वक्र लेन-देन और सतर्कता उद्देश्यों के माँग फलन तथा सट्टा उद्देश्य के लिए माँग फलन के पार्श्वयोग (Lateral Summation) द्वारा खींचा जा सकता है जैसा कि नीचे चित्र 4 में स्पष्ट किया गया है—

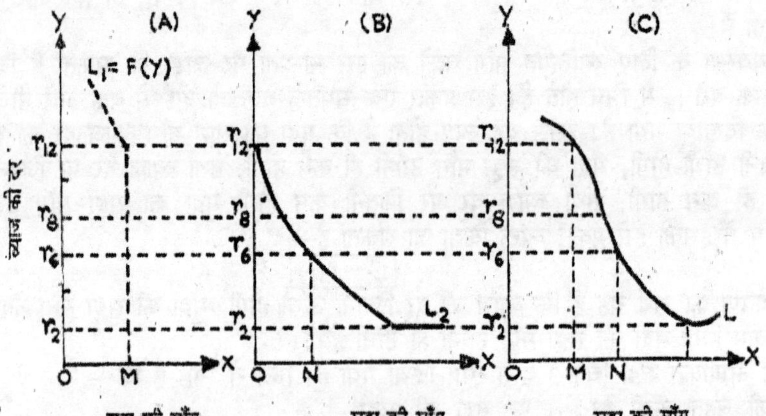

चित्र : 4

चित्र का (A) भाग आय के स्तर (Y) तथा विभिन्न ब्याज दरों पर मुद्रा की लेन-देन और सतर्कता उद्देश्यों के लिए माँगी जाने वाली मुद्रा OM को व्यक्त करता है। चित्र से स्पष्ट है कि मुद्रा की माँग स्थिर रहती है चाहे ब्याज की दर बढ़े या घटे।

चित्र का (B) भाग विभिन्न ब्याज दरों पर मुद्रा की सट्टा उद्देश्य के लिए माँगी जाने वाली मात्रा को दर्शाता है। चित्र में L_2 वक्र का ढाल बायें से दायें नीचे की ओर है जिसका तात्पर्य यह है कि ऊँची ब्याज की दर पर मुद्रा की माँग कम और नीची ब्याज की दर पर मुद्रा की माँग अधिक है।

चित्र में भाग (C) मुद्रा की कुल माँग वक्र (L) को दर्शाता है जो L_1 और L_2 वक्रों का पार्श्वयोग है अर्थात् $L = L_1 + L_2$। उदाहरण के लिए r_6 पर मुद्रा की कुल माँग ON है जो लेन-देन और सतर्कता माँग OM तथा सट्टा माँग MN जोड़ है अर्थात् ON = OM + MN, ब्याज की दर r_2 पर, मुद्रा का कुल माँग वक्र पूर्णतया लोचदार हो जाता है जो तरलता जाल की स्थिति दर्शाता है।

तरलता जाल मौद्रिक अधिकारियों के लिए कठिन चुनौती प्रस्तुत करता है। तरलता जाल की अवस्था में अर्थव्यवस्था में मुद्रा की पूर्ति बढ़ाने पर भी ब्याज की दर पर कोई प्रभाव नहीं पड़ता अथवा मुद्रा की पूर्ति द्वारा विनियोग तथा आय के स्तर को प्रभावित करना कठिन हो जाता है।

उपर्युक्त विवेचन से स्पष्ट है कि—

(i) मुद्रा की कुल माँग सौदा उद्देश्य, सतर्कता उद्देश्य और सट्टा उद्देश्य से की जाती है।
(ii) मुद्रा की सौदा उद्देश्य और सतर्कता उद्देश्य की माँग राष्ट्रीय आय के स्तर के अनुपात में की जाती है।
(iii) सट्टाकारों के लिए मुद्रा की माँग ब्याज की दर पर निर्भर करती है।

तरलता जाल
(Liquidity Trap)

रेखाचित्र 5 में तरलता पसंदगी वक्र का विश्लेषण करने से स्पष्ट होता है कि जैसे-जैसे ब्याज की दर गिरती जाती है or से or 1 पर तथा or तक LP वक्र अधिक लोचदार होती जाती है जब तक कि यह पूर्ण रूप से लोचदार नहीं हो जाता। इसका अर्थ यह है कि बहुत कम ब्याज दर (चित्र में or) पर सट्टा उद्देश्य के लिए मुद्रा की माँग पूर्णतया लोचदार हो जाती है अर्थात् व्यक्ति अपनी समस्त मुद्रा को अपने पास नदक रूप में रखने को इच्छुक होंगे। LP वक्र के पूर्ण लोचदार भाग को कीन्स ने **तरलता जाल** कहा है। **तरलता पसंदगी** वक्र के पूर्ण लोचदार होने की दशा में लोगों का तरलता (नकदी) पसन्दगी चरम स्तर तक पहुँच जाता है और उधार देने की प्रवृत्ति समाप्त हो जाती है तथा **ब्याज की दर का** घटना या घटाना कठिन हो जाता है, क्योंकि ब्याज की कम दरों पर ब्याज आय (Interest Income) कम होती है। इसके अतिरिक्त ब्याज की कम दर पर बांडों को खरीदने में जो असुविधा और जो प्रासंगिक व्यय (Incidental Expenditure) होता है, वह भी पूरा नहीं होता। इसके साथ-साथ लोगों का यह विश्वास बन जाता है, कि बांडों की कीमतें बदलती नहीं और यदि बदलती भी हैं तो गिरेंगी ही, न कि चढ़ेंगी। इन्हीं कारणों से तरलता पसंदगी वक्र पूर्ण लोचदार बन जाता है और वह यह सिद्ध करता है कि मुद्रा पूर्ति के विकास के बावजूद भी ब्याज की दर गिरने नहीं पाती, जैसा कि रेखाचित्र से स्पष्ट है। मुद्रा की मात्रा को OM" से OM" तक बढ़ने पर भी ब्याज की दर वही (Or) रहती है (Or = P"M" =P'M')। ऐसी अवस्था में बांड की अपेक्षा प्रत्येक मनुष्य मुद्रा रखना चाहेगा। चित्र 5 में M" M' अधिक नगदी से बांड आदि नहीं खरीदे जायेंगे फलतः बांडों की कीमतें नहीं बढ़ेंगी तथा ब्याज दर or पर, एक प्रकार से फंस (Trapped) जायेगी।

मान लो, 1,000 रुपये वाले किसी साख-पत्र पर, 2% कम ब्याज की दर पर 20 रुपये वार्षिक नियत आय होती है। मान लो ब्याज की दर बदल कर 2% से 3% हो जाती है, इससे साख-पत्र की कीमत गिर कर लगभग 670 रुपये हो जाती है (क्योंकि 3% पर 670 रुपये से 20 रुपये वार्षिक आय होगी) और इस तरह से 330 रुपये हानि होगी। इसी प्रकार की हानि से बचने के लिए लोग ब्याज की कम दर पर अधिक रुपया नकदी में रखना चाहते हैं। अतः कुछ एक संस्थागत कारणों से ब्याज की दर 2% पर आकर जम (sticky) जाएगी, परन्तु शून्य (zero) पर वह नकारी या नकारात्मक (negative) नहीं हो सकती। स्पष्ट है कि ब्याज की दर जब कम-से-कम स्तर (जैसे कि 2%) पर पहुँच जाती है, उसे और अधिक कम करना सम्भव नहीं, और क्योंकि कम नहीं हो सकती, अतः ब्याज की दर शून्य नहीं हो सकती।

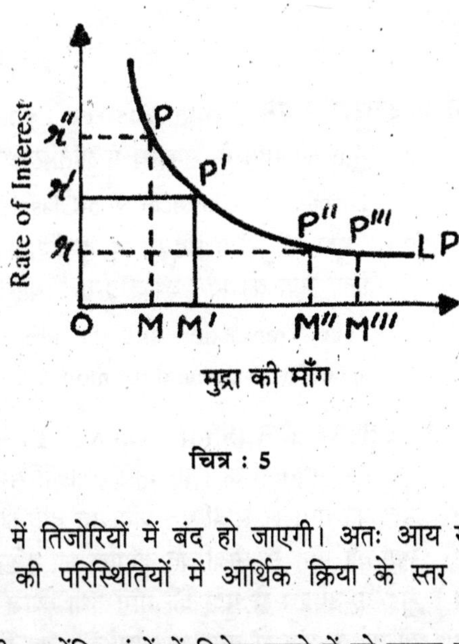

चित्र : 5

तरलता-जाल स्थिति में निम्नलिखित महत्त्वपूर्ण बातें निहित हैं—

(i) मुद्रा पूर्ति में कोई भी वृद्धि निवेश में लगने के बजाय बैंक में तिजोरियों में बंद हो जाएगी। अतः आय स्तर बिल्कुल भी प्रभावित नहीं होगा। इसलिए निरपेक्ष तरलता अधिमान की परिस्थितियों में आर्थिक क्रिया के स्तर को परिवर्तित करने में मुद्रा नीति की भूमिका बहुत कम होती है।

(ii) ब्याज दर काफी लम्बे समय तक गिरकर शून्य नहीं हो सकती, क्योंकि बांडों में निवेश करने में जो लागत तथा असुविधा होती है उसके प्रतिकार के लिए कुछ मुआवजा देना आवश्यक होता है और इसलिए ब्याज की दर का धनात्मक

होना बहुत आवश्यक है। तरलता अधिमान (Liquidity Preference) पूर्णतया लोचदार होने की स्थिति में एक सामान्य मजदूरी कटौती की नीति प्रभावकारी नहीं हो सकती। ऐसी नीति से मजदूरियों तथा कीमतों में अवश्य ही गिरावट आएगी जिससे मुद्रा लेन-देन उद्देश्य से सट्टा उद्देश्य के लिए मुक्त हो जाएगी। किन्तु ब्याज दर पर कोई भी प्रभाव नहीं पड़ेगा, क्योंकि मुद्रा बाजार में व्याप्त अनिश्चितता के कारण लोग मुद्रा को अपने पास नकदी में रखना चाहेंगे।

(iii) सस्ती मुद्रा नीति को लागू करके भी मुद्रा प्राधिकारी के लिए ब्याज दर को प्रभावित करना संभव नहीं होगा।

IV. मुद्रा की माँग का कीन्सोत्तर दृष्टिकोण
(Post Keynesian Approach of Demand for Money)

कीन्स के उपरान्त मुद्रा की माँग के सम्बन्ध में **प्रो. टोबिन, प्रो. बामोल व प्रो. फ्रीडमैन** ने मुद्रा की माँग का पोर्टफोलियो दृष्टिकोण (Portfolio Approach of Money) प्रस्तुत किया जिसकी विवेचना अगले अध्याय में की गई है।

Select References

1. Day, A.C.L. : Outline of Monetary Economics
2. Frazer, W.J. : The Demand for Money
3. Friedman, Milton (ed.) : Studies in the Quantity Theory of Money.
4. Johnson, H.G. : Essays in Monetary Economics
5. Patinkin, Don : Money, Interest and Prices, Second Edition
6. Samuelson, : Economics (Seventh Edition)
7. Trescott, P.B. : Money, Banking and Economic Welfare

परीक्षा प्रश्न
(Examination Questions)

I. दीर्घ उत्तरीय प्रश्न (Long Answer Type Questions)

1. मुद्रा की माँग के सम्बन्ध में प्रतिष्ठित नव-प्रतिष्ठित तथा कीन्सीयन दृष्टिकोणों की विवेचना कीजिए।

   Discuss the Classical Neo-Classical and Keynesian Approaches to the demand for money.

2. ''मुद्रा की सौदा उद्देश्य व दूरदर्शिता उद्देश्य की माँग आय द्वारा निर्धारित होती है जबकि सट्टा उद्देश्य के लिए मुद्रा की माँग ब्याज द्वारा निर्धारित होती है।'' स्पष्ट कीजिए।

   "The Transaction and the precautionary demand for money is income-determined, but the speculative demand for money is interest determining." Explain.

II. लघु उत्तरीय प्रश्न (Short Answer Type Questions)

1. मुद्रा कर भुगतानों के लिए माँग तथा परिसम्पत्ति के रूप में माँग में अंतर कीजिए।
2. मुद्रा की माँग से सम्बन्धित प्रतिष्ठित दृष्टिकोण क्या है?
3. मुद्रा की माँग से सम्बन्धित बॉमोल का दृष्टिकोण कीन्स के दृष्टिकोण से किस प्रकार भिन्न है?
4. सट्टे के उद्देश्य से मुद्रा की माँग तथा ब्याज दर के बीच सम्बन्ध स्पष्ट कीजिए।
5. वास्तविक शेष से क्या अभिप्राय है? यह किन कारणों से प्रभावित होता है?
6. मुद्रा की माँग से सम्बन्धित मिल्टन फ्रीडमैन तथा कीन्स की व्याख्या में अंतर बतलाइये।

III. वस्तुनिष्ठ प्रश्न (Objective Type Questions)

सही विकल्प चुनकर लिखिए–

1. सट्टा के उद्देश्य से नकदी की माँग का सही आधार क्या है?
   (अ) ब्याज दर का प्रत्यक्ष फलन
   (ब) बाण्डों की कीमतों पर आधारित ब्याज दर का प्रत्यक्ष तथा ऋणात्मक फलन
   (स) ब्याज दर का ऋणात्मक फलन
   (द) उपरोक्त में से कोई नहीं।
2. मुद्रा की माँग का जोखिम निवारण तरलता अधिमान सिद्धान्त किसने प्रतिपादित किया है?
   (अ) जेम्स रॉबिन (ब) जे. एम. कीन्स
   (स) मिल्टन फ्रीडमैन (द) बॉमोल
3. निम्नलिखित में से किसने यह माना है कि मुद्रा की माँग का सिद्धान्त पूँजीगत परिसम्पत्तियों की माँग का सामान्य सिद्धान्त है—
   (अ) इरविंग फिशर (ब) मिल्टन फ्रीडमैन
   (स) बॉमोल (द) जे. एम. कीन्स
4. पोर्टफालियो अधिशेष दृष्टिकोण के अनुसार कौन-सा कथन गलत है?
   (अ) ब्याज की दरें बढ़ने से निवेश में कमी होगी तथा अर्थव्यवस्था की गति धीमी हो जायेगी।
   (ब) ऋणों और प्रतिभूतियों पर ब्याज दर घटने से मुद्रा की माँग प्रभावित होती है।
   (स) अलग-अलग परिसम्पत्तियों की ब्याज दर अलग-अलग है।
   (द) मुद्रा भी अन्य परिसम्पत्तियों में से एक है।

उत्तर—1. (स), 2. (अ), 3. (ब), 4. (अ)

OOO

22 मुद्रा की माँग के कीन्सोत्तर सिद्धान्त—टोबिन, बामोल व फ्रीडमैन दृष्टिकोण

(Post Keynesian Theories of Demand for Money-Tobin Baumol and Friedman's Approaches)

महत्त्वपूर्ण अवधारणाएँ (Important Concepts)

1. मुद्रा के माँग का पोर्टफोलियो दृष्टिकोण (Portfolio Approach to Demand for Money)—सम्पत्ति के पोर्टफोलियो के अन्तर्गत मुद्रा, ब्याज वाले बांड शेयर, भौतिक सम्पत्ति आदि सम्मिलित किये जाते हैं। पोर्टफोलियो दृष्टिकोण के अनुसार वास्तविक जीवन में लोग अपनी वित्तीय सम्पत्ति को मुद्रा तथा बांड दोनों के संयोग में रखते हैं। कीन्स के सट्टे उद्देश्य से मुद्रा की माँग की प्रमुख कमी यह है कि यह मानता है कि लोग अपनी समस्त आय को या तो मुद्रा के रूप में या बांडों के रूप में रखते हैं।

पोर्टफोलियो दृष्टिकोण के अनुसार सौदा उद्देश्य से रखी गयी मुद्रा की माँग ब्याज दर से संवेदनशील होती है।

2. मुद्रा के माँग का इनवेन्टरी दृष्टिकोण (Inventory Approach to Demand for Money)—इनवेन्टरी दृष्टिकोण के अनुसार जिस प्रकार व्यावसायिक फर्मों द्वारा वस्तुओं की माँग में परिवर्तन होने की दशा में क्रय-विक्रय की सुविधा की दृष्टि से वस्तुओं का भंडार या स्टाक रखते हैं उसी प्रकार व्यक्ति भी मुद्रा का भंडार रखते हैं ताकि वस्तुओं के क्रय-विक्रय में सुविधा रहे।

भंडार-संचय पर लागत आने के कारण उसे कम करने के लिए वस्तुओं के अनुकूलतम भंडार रखने की आवश्यकता होती है। इसी प्रकार व्यक्तियों को भी क्रय-विक्रय के उद्देश्य से **मुद्रा का अनुकूलतम भंडार** रखना होता है। इसका कारण यह है कि जब व्यक्ति सौदा उद्देश्य से मुद्रा का धारण (संचय) करता है तो उसकी भी लागत उठानी पड़ती है, क्योंकि वे उस ब्याज का परित्याग करते हैं जो उसे तब प्राप्त होती यदि वे अपनी सम्पत्ति (मुद्रा) को बचत जमा या स्थायी जमा के रूप में रखते अथवा बांडों में विनियोग करते हैं। परित्याग की गई ब्याज-आय ही सौदा उद्देश्य से मुद्रा संचय की लागत है। इस प्रकार इनवेन्टरी दृष्टिकोण भी बात पर जोर देता है कि सौदा उद्देश्य से मुद्रा की माँग ब्याज दर से स्वतंत्र नहीं है।

3. वर्गमूल्य नियम (Square Root Rule)—यह नियम बताता है कि लागत को न्यूनतम करने वाली नकद निकालने की औसत धनराशि दलाली शुल्क के दुगने तथा व्यक्ति की आय (Y) के गुणनफल को ब्याज दर से विभाजित करने से प्राप्त मूल्य की वर्ग मूल होती है। अर्थात् $C = \sqrt{\frac{2by}{r}}$ इस नियम के अनुसार अधिक दलाली शुल्क मुद्रा-संचय में वृद्धि करेगा, क्योंकि यह एक व्यक्ति को बैंक तक अधिक आवागमन को हतोत्साहित करेगा अर्थात् बैंक से नकद निकासी की संख्या कम हो जायेगी।

जैसा कि हम अध्ययन कर चुके हैं कि कीन्स ने सट्टे के उद्देश्य के मुद्रा की माँग की धारणा प्रस्तुत करके मुद्रा की माँग के प्रतिष्ठित व नव-प्रतिष्ठित सिद्धान्तों से पर्याप्त भिन्नता स्थापित की जो केवल सौदा (क्रय-विक्रय) के उद्देश्य से मुद्रा की माँग पर अधिक जोर देता है। परन्तु कीन्स के सट्टे उद्देश्य से मुद्रा की माँग की प्रमुख कमी इसकी यह मान्यता है कि लोग अपनी समस्त सम्पत्ति को या तो मुद्रा के रूप में या बांड (Bonds) के रूप में रखते हैं, क्योंकि वास्तविक

जीवन में लोग अपनी वित्तीय सम्पत्ति को मुद्रा तथा बांड दोनों के किसी संयोग के रूप में रखते हैं। इसी आधार पर **टोबिन (Tobin) बामोल (Baumol)** तथा **फ्रीडमैन (Friedman)** ने मुद्रा की माँग का **पोर्टफोलियो दृष्टिकोण (Portfolio Approach)** प्रस्तुत किया।

टोबिन, बामोल एवं **फ्रीडमैन** के मुद्रा की माँग सिद्धान्त की विस्तृत विवेचना करने से पूर्व हमारे लिए उपयुक्त होगा कि **कीन्सोत्तर** मुद्रा के माँग सिद्धान्तों के मुख्य तत्त्वों के बारे में जान लें।

कीन्सोत्तर मुद्रा के सिद्धान्तों का एकीकरण
(Post Keynesian Integration of Theory of Money)

अभी तक हमने कीन्स के पश्चात् अर्थशास्त्रियों के मुद्रा के माँग के सम्बन्ध में जो विचार व्यक्त किये हैं उनका विश्लेषण किया। अब हम इन विचारों को एकीकृत करके आधुनिक मुद्रा की माँग के सम्बन्ध में एकीकृत विचार का अध्ययन करेंगे।

(i) आधुनिक अर्थशास्त्रियों के अनुसार मुद्रा की माँग को कृत्रिम रूप से सौदा उद्देश्य, सतर्कता उद्देश्य व सट्टा उद्देश्य के मध्य विभाजन करना उपयुक्त नहीं है क्योंकि—

(अ) मुद्रा की उक्त तीनों प्रकार की माँगें किसी सीमा तक आय के स्तर पर तथा किसी सीमा तक ब्याज की दर पर निर्भर करती हैं? उदाहरणार्थ सट्टा प्रयोजन हेतु मुद्रा की माँग केवल ब्याज दर से प्रभावित नहीं होती, इस पर आय स्तर का भी प्रभाव पड़ता है। इसी प्रकार अन्य प्रयोजन केवल आय से ही नहीं ब्याज दर से भी प्रभावित होता है।

(ब) व्यक्ति अपने नकदी कोषों को अलग-अलग हिस्सों में जिनमें से प्रत्येक पर सौदा हेतु कोष, सतर्कता हेतु कोष व सट्टा हेतु कोष का लेबल लगा हो, नहीं रखते। अतः तीनों प्रयोजनों के बीच एक स्पष्ट विभाजन रेखा नहीं की जा सकती।

उपरोक्त कारणों से कीन्सोत्तर दृष्टिकोणों में मुद्रा L_1 तथा L_2 में विभाजित कर इसकी माँग के अध्ययन की विधि को त्याग दिया गया है। अतः अब कुल मुद्रा की माँग के साथ आय एवं ब्याज का सम्बन्ध टुकड़ों में विभाजित नहीं है।

(ii) कीन्स के सिद्धान्त के अनुसार सौदा उद्देश्य के लिए मुद्रा की माँग ब्याज दर से असंवेदनशील (बेलोचदार) होती है जबकि **टोबिन बामोल** द्वारा प्रस्तुत मुद्रा की माँग के आधुनिक सिद्धान्त यह प्रदर्शित करते हैं कि सौदा उद्देश्य से रखी गयी मुद्रा भी ब्याज दर के परिवर्तनों पर निर्भर करती है। इस विचारधारा को निम्न रूप में r भी सम्मिलित कर सकते हैं—

$$\boxed{L \text{ या } Md = f(y,r), \text{ जहाँ } L \text{ या } Md = \text{मुद्रा की माँग}}$$

कीन्सोत्तर दृष्टिकोण एवं कीन्स के दृष्टिकोण में एक महत्त्वपूर्ण अन्तर मुद्रा की माँग पर सम्पत्ति (wealth) के प्रभाव से संबंधित है। कीन्स के पश्चात् वे दृष्टिकोण में मुद्रा की माँग में सम्पत्ति (w) के स्टाक को भी सम्मिलित किया गया है। अतः इन दृष्टिकोणों के अनुसार मुद्रा की माँग (Md) को प्रभावित करने वाले तीन प्रमुख घटक हैं—आय (y), ब्याज (r) एवं सम्पत्ति (w)।

इस प्रकार मुद्रा की माँग को प्रभावित करने वाले घटकों में सम्पत्ति के सम्मिलित करने पर ऊपर दिया गया समीकरण निम्न प्रकार हो जायेगा

$$\boxed{L \text{ या } Md = f(y,r,w),} \text{ जहाँ } W = \text{सम्पति के लिए मुद्रा माँग।}$$

अब हम मुद्रा की माँग के कीन्सोत्तर सिद्धान्तों का विशद विवेचन निम्नलिखित शीर्षकों के अन्तर्गत करेंगे।

1. मुद्रा की माँग का टोबिन का पोर्टफोलियो दृष्टिकोण
2. सौदा उद्देश्य से मुद्रा की माँग का बामोल का इनवेन्टरी दृष्टिकोण
3. फ्रीडमैन का मुद्रा का माँग सिद्धान्त

1. मुद्रा की माँग का टोबिन का पोर्टफोलियो दृष्टिकोण
(Tobin's Portfolio Approach Demand for Money)

जेम्स टोबिन ने अपने प्रसिद्ध लेख "तरलता पसंदगी का जोखिम के प्रति व्यवहार" (Liquidity Preference as behaviour towards Risk) ने विनियोग सूची चयन पर आधारित जोखिम निवारण तरलता पसंदगी सिद्धान्त प्रस्तुत किया है।

टोबिन के अनुसार कीन्स के मुद्रा के माँग के सिद्धान्त में निम्नलिखित दो दोष थे—

(i) कीन्स के सिद्धान्त के अनुसार क्रय-विक्रय या सौदा उद्देश्य के लिए मुद्रा की माँग ब्याज दर से संवेदनशील होती है जबकि टोबिन का मत है कि क्रय-विक्रय उद्देश्य से रखी गई मुद्रा भी ब्याज दर के परिवर्तनों पर भी निर्भर करती है।

(ii) कीन्स के सिद्धान्त में सट्टे के उद्देश्य से रखी गई मुद्रा के सम्बन्ध में यह माना है कि व्यक्ति अपनी समस्त सम्पत्तियों को या तो मुद्रा के रूप में अथवा बांड के रूप में रखते हैं। टोबिन के अनुसार यह विचार अवास्तविक है, क्योंकि वास्तव में लोग अपनी वित्तीय सम्पत्ति को मुद्रा तथा बांड्स दोनों के संयोग या मिश्रण के रूप में रखते हैं।

कीन्स के सिद्धान्त की आलोचना करते हुए **टोबिन** ने मुद्रा के माँग का **पोर्टफोलियो दृष्टिकोण** प्रस्तुत किया, जिसका अध्ययन हम निम्नलिखित शीर्षकों के अन्तर्गत कर सकते हैं—

1. व्यक्ति का पोर्टफोलियो या विनियोग सूची (Portfolio of a Person)—व्यक्ति की **निवेश सूची** में मुद्रा तथा बॉण्ड दोनों ही होते हैं, न कि इन दोनों में से केवल एक जैसा कीन्स की विचार था। टोबिन अपने विश्लेषण को इसी धारणा से आरम्भ करता है। उसके अनुसार मुद्रा न तो कोई आय प्रदान करती है और न व्यक्तिगत धारक को उसके धारण करने में कोई जोखिम होता है। बॉन्ड ब्याज के रूप में आय प्रदान करते हैं। किन्तु यह आय अनिश्चित रहती है और उनमें लाभ अथवा हानि का जोखिम रहता है। बॉन्डों में निवेश की राशि जितनी बड़ी होती है उतना ही पूँजी हानि का जोखिम अधिक होता है। यदि व्यक्तिगत निवेशकर्ता को बॉन्डों से पर्याप्त आय मिलती है तो वह इस जोखिम को वहन कर सकता है।

2. विनियोजक के प्रकार (Kinds of Investors)—विनियोजक **तीन प्रकार** के होते हैं। एक प्रकार के विनियोजक तो वे हैं जिन्हें जोखिम उठाने में मजा आता है और वे अधिकतम जोखिम उठाने में अपना सारा धन बांडों में लगा देते हैं। बांडों से प्रत्याशित आय के बदले जोखिम उठाते हैं, वे जुआरियों जैसे होते हैं। दूसरा वर्ग गोताखोरों (Plungers) का है, ये या तो अपना सारा धन बांडों में लगा देते हैं या उसे नकदी के रूप में रखते हैं। ये गोताखोर प्रवृत्ति के लोग या तो सब कुछ दाँव पर लगा देते हैं, या बिल्कुल जोखिम नहीं उठाते। **तीसरे वर्ग** के विनियोजक को जोखिम निवारक (Risk Averters) अथवा विविधक (Diversifiers) कहते हैं जो हानि के उस जोखिम से बचना चाहते हैं जो मुद्रा के बजाय बांड रखने से संबंधित रहती है। वे केवल उसी अवस्था में अतिरिक्त जोखिम उठाने को तत्पर होते हैं जब उन्हें यह आशा होती है कि बांडों पर कुल अतिरिक्त प्रतिफल (आय) प्राप्त होगी अतः वे अपनी विनियोग सूची को विविध बनायेंगे और मुद्रा तथा नकदी दोनों ही रखेंगे।

3. उदासीनता वक्र का उपयोग (Use of Indifference Curves)—जोखिम निवारक के जोखिम तथा प्रत्याशित प्रतिफल में अधिमान का पता लगाने के लिए टोबिन धनात्मक ढलान वाले उदासीनता वक्रों का प्रयोग करता है, जो प्रकट करते हैं कि जोखिम निवारक अधिक जोखिम उठाने के लिए और अधिक प्रत्याशित प्रतिफलों की माँग करता है। इसे चित्र 1 द्वारा स्पष्ट किया गया है—

(i) OX अक्ष पर जोखिम तथा OY अक्ष पर प्रत्याशित प्रतिफलों को दर्शाया गया है।

(ii) OR रेखा जोखिम निवारक की बजट रेखा है जो जोखिम और प्रत्याशित प्रतिफल के उन संयोगों को व्यक्त करती है जिनके आधार पर वह अपने धन की विनियोग सूची को मुद्रा और बांडों में लगाता है।

(iii) IC_1 तथा IC_2 उदासीनता वक्र हैं। उदासीनता वक्र व्यक्त करता है कि वह प्रत्याशित प्रतिफलों और जोखिम के उन सभी संयोगों के प्रति उदासीन हैं जो IC_1 वक्र पर स्थित हैं।

(iv) वह IC_1 वक्र पर स्थित बिन्दुओं की तुलना में IC_2 पर स्थित बिन्दुओं को अधिमान देता है।

(v) जोखिम निवारक को प्रत्याशित प्रतिफल तथा जोखिम के बीच संतुलन की स्थिति वहाँ उपलब्ध होगी जहाँ उसकी बजट रेखा उदासीनता वक्र को स्पर्श करेगी बजट रेखा और IC_1 वक्र पर ऐसा बिन्दु S है।

(vi) चित्र के निचले भाग में अनुलम्ब वक्र की लम्बाई उस सम्पत्ति को व्यक्त करता है जिसे जोखिम निवारक अपनी विनियोग सूची को मुद्रा एवं बांडों में करती है।

(vii) OC रेखा जोखिम को बांडों में रखी कुल विनियोग सूची के भाग के अनुपात को व्यक्त करती है। इस प्रकार बिन्दु S के लम्ब के रूप में खींची गयी इस रेखा पर बिन्दु T मुद्रा तथा बांडों का विनियोग सूची निर्धारित करता है इसमें OP बांड तथा PW मुद्रा है। इस प्रकार जोखिम निवारक अपने कुल धन OW को कुछ बांडों में और कुछ नकदी के रूप में रखकर अपने कुल धन को विविध करता है।

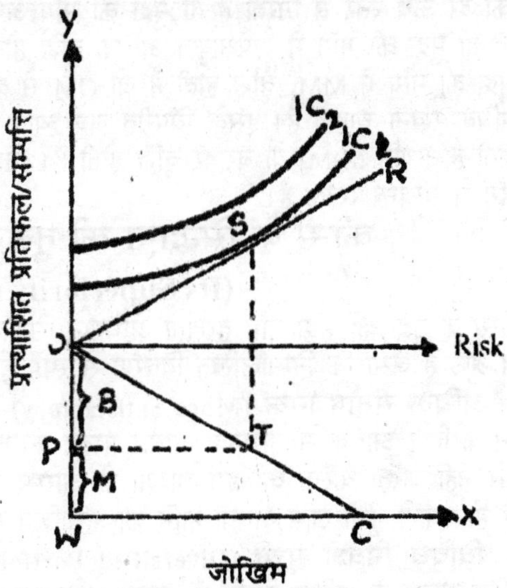

चित्र : 1

(viii) वह तब तक जोखिम उठाने के लिए तत्पर नहीं होता जब तक कि उसे अधिक प्रत्याशित प्रतिफल की आशा नहीं होती साथ ही साथ जोखिम निवारक अपने मन में तरलता को भी अधिमान देता है और जिसका परित्याग वह केवल ऊँची ब्याज दर पर ही करने को तैयार होता है।

(ix) अतः ब्याज की दर जितनी ऊँची होगी, मुद्रा की माँग उतनी ही कम होगी और परिणामतः बांड रखने की प्रेरणा उतनी ही अधिक होगी, इसके विपरीत ब्याज की दर जितनी कम होगी मुद्रा की माँग उतनी ही अधिक होगी और परिणामतः बांड रखने की इच्छा उतनी ही कम होगी।

4. टोबिन का तरलता अधिमान (पसंदगी) फलन (Tobin's Liquidity Preference Function)—टोबिन ने ब्याज दर के बीच सम्बन्ध के प्रदर्शित करने वाला तरलता पसन्दगी फलन का निर्माण किया। उनका मत है कि ब्याज दर (बान्डों पर प्रतिफल की दर) में वृद्धि होने पर सामान्यतः सम्पत्ति धारक अपनी सम्पत्ति का अपेक्षाकृत अधिक अंश बांडों के रूप में रखने के लिए आकर्षित होंगे तब इस प्रकार वे अपनी सम्पत्ति को मुद्रा के रूप में संचय में कमी करेंगे। अर्थात् अपेक्षाकृत अधिक ब्याज दर पर उनकी मुद्रा संचय की माँग (अर्थात् तरलता कम हो जायेगी और इसलिए वे अपने पोर्टफोलियो में अधिक बांड रखेंगे) इसके विपरीत कम ब्याज दर पर व्यक्ति अपने पोर्टफोलियो में कम बांड और अधिक मुद्रा रखेंगे। इसका अर्थ यह है कि कीन्स के सट्टे के उद्देश्य से मुद्रा के माँग के समान टोबिन के पोर्टफोलियो दृष्टिकोण के अन्तर्गत वित्तीय परिसम्पत्ति के रूप में मुद्रा का माँग फलन (अर्थात् तरलता पसन्दगी फलन) वक्र नीचे की ओर गिरता हुआ होगा जैसा कि चित्र में दर्शाया गया है।

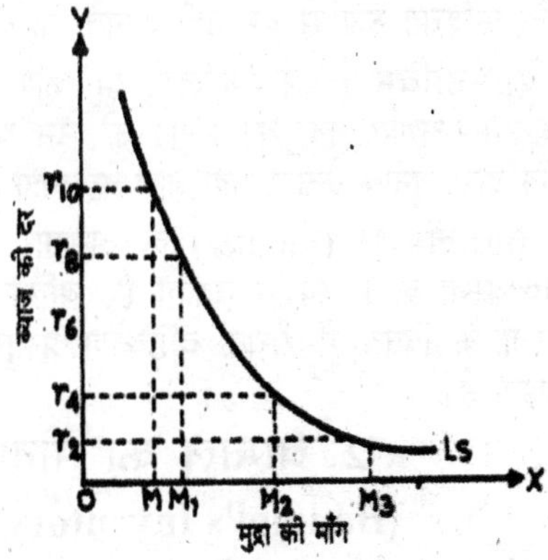

चित्र : 2

चित्र 2 में नीचे की ओर गिरता हुआ तरलता पसन्दगी फलन (LS) यह प्रदर्शित करता है कि बान्डों पर ब्याज दर में कमी के साथ परिसम्पत्ति के रूप में मुद्रा की माँग बढ़ती जाती है। इस प्रकार टोबिन ने व्यक्ति के पोर्टफोलियो में ब्याज दर में परिवर्तन के परिसम्पत्ति के रूप में मुद्रा की माँग पर प्रभाव निर्धारित करके समग्र तरलता पसन्दगी वक्र का निर्माण किया जो चित्र में L_S वक्र के रूप में प्रदर्शित किया गया है। इस वक्र से एक और महत्त्वपूर्ण बात स्पष्ट होती है कि

ब्याज की दर ऊँचे स्तर से गिरती है तो मुद्रा की माँग अपेक्षाकृत कम बढ़ती है परन्तु नीचे के स्तर पर जब ब्याज की दर गिरती है तो मुद्रा की माँग में अपेक्षाकृत अधिक वृद्धि होती है। उदाहरणार्थ जब ब्याज की दर r_{10} से गिरकर r_8 हो जाती हैं तो मुद्रा की माँग में MM_1 वृद्धि होती है जो OM से कम है इसका कारण यह है कि जोखिम निवारक मुद्रा की अपेक्षा बांड अधिक रखना चाहता है। इसके विपरीत जब ब्याज r_4 से गिरकर r_2 हो जाता है तो मुद्रा की माँग में बहुत अधिक वृद्धि होती है अर्थात् M_2M_3 के बराबर वृद्धि होती है। यह मुद्रा की माँग वक्र मुद्रा की समस्त माँग से नहीं बल्कि मुद्रा के सट्टा माँग से सम्बन्ध रखता है।

कीन्स के सिद्धान्त की तुलना में टोबिन के सिद्धान्त की श्रेष्ठता

(Its Superiority over Keynesian Theory)

कीन्स के मुद्रा की सट्टा माँग तरलता अधिमान सिद्धान्त की तुलना में टोबिन का निवेश सूची चयन जोखिम निवारक सिद्धान्त श्रेष्ठ है जैसा कि निम्नलिखित विवरण से स्पष्ट हो जायेगा—

1. अधिक संतोषजनक (More Satisfactory)—टोबिन के अनुसार उसका सिद्धान्त तर्क की दृष्टि से तरलता अधिमान के लिए अधिक संतोषजनक आधार प्रस्तुत करता है, क्योंकि वह भावी ब्याज दरों की प्रत्याशाओं की लोचहीनता पर निर्भर नहीं करता बल्कि वह इस धारणा से आरम्भ करता है कि ब्याज अर्जित करने वाली परिसम्पत्तियों को धारण करने से होने वाले पूँजी लाभ अथवा हानि का प्रत्याशित मूल्य हमेशा शून्य होता है।

2. विविध निवेश सूची (Diversified Portfolio)—कीन्स के सिद्धान्त की तुलना में टोबिन का विश्लेषण व्यावहारिक जीवन के अधिक निकट है, क्योंकि वह यह बताता है कि व्यक्ति तथा फर्म अपनी निवेश सूचियों में विविधता लाने के लिए मुद्रा तथा बांड दोनों को धारण करते हैं न कि इन दोनों में से किसी एक को जैसा कीन्स ने बताया था।

3. अधिक व्यावहारिक (More Realistic)—कीन्स की भाँति टोबिन भी मानता है कि मुद्रा की माँग ब्याज दर पर निर्भर करती है और उसका ब्याज दरों से प्रतिलोम संबंध होता है, परन्तु यह कीन्स के इस विचार से सहमत नहीं है कि ब्याज की बहुत कम दरों पर मुद्रा की माँग पूर्णतः लोचदार हो जाती है। इस संबंध में उसका दृष्टिकोण कीन्स की अपेक्षा अधिक व्यावहारिक है।

4. अन्य महत्त्व– (i) टोबिन का मुद्रा तथा बांड के एक साथ संचय का विश्लेषण कीन्स की उस त्रुटिपूर्ण मान्यता पर आधारित नहीं है कि ब्याज दर केवल एक ही दिशा में परिवर्तित होगी बल्कि यह एक ऐसे तथ्य पर आधारित है कि व्यक्ति निश्चित रूप से यह नहीं जानते कि ब्याज दर में परिवर्तन किस दिशा में होगा।

(ii) **टोबिन** के पोर्टफोलियो दृष्टिकोण के अन्तर्गत जोखिम के प्रति व्यक्तियों के दृष्टिकोण द्वारा निर्धारित तरलता अधिमान (अर्थात् मुद्रा की माँग) को उन परिसम्पत्तियों में चुनाव की समस्या पर भी लागू किया जा सकता है जबकि व्यक्ति द्वारा चुनाव केवल मुद्रा तथा ऋणपत्रों में ही नहीं बल्कि अनेक वैकल्पिक परिसम्पत्तियों में होता है।

(iii) **लेडलर (Laidler)** के अनुसार टोबिन के विश्लेषण का महत्त्व, इसमें नहीं है कि प्रत्यक्ष रूप से समस्त अर्थव्यवस्था के विषय में बताता है, बल्कि इसमें है कि वह अनिश्चितता की स्थिति रहते मुद्रा की माँग से संबंधित समस्या के विषय में रोचक दृष्टिकोण प्रस्तुत करता है और सम्भवतः भविष्य में इस दृष्टिकोण के काफी विकास की गुंजाइश है।[1]

2. बामोल का सौदा उद्देश्य से मुद्रा की माँग का इनवेन्टरी दृष्टिकोण

(Baumol's Inventory Approach to Transaction Demand for Money)

प्रो. बामोल ने कीन्स के सट्टा उद्देश्य से मुद्रा की माँग के बजाय सौदा उद्देश्य से मुद्रा की माँग पर ध्यान दिया और इसकी व्याख्या करने के लिए एक नया दृष्टिकोण प्रस्तुत किया।[2]

कीन्स ने मुद्रा के सौदे उद्देश्य की माँग को आय के स्तर का फलन माना है और उनका विचार है कि सौदा उद्देश्य के लिए मुद्रा की माँग तथा आय के बीच रेखीय एवं समानुपातिक सम्बन्ध होता है परन्तु **बामोल** का मत है कि सौदा

---

1. David E.W. Laidler, *The Demand for Money : Theories and Evidence, 1972,* Part Two.
2. W.J. Baumol, "Transactions demand for cash- an inventory theoretic approach," Quarterly Journal of Economics, Nov., 1952; and James Tobin, "The interest elasticity of the transactions demand for cash." *Review of Economics and Statistics*, August, 1956.

उद्देश्य के लिए माँग तथा आय में सम्बन्ध न तो रेखीय है और न ही समानुपातिक बल्कि, यह होता है कि जब आय में परिवर्तन होते हैं, तो मुद्रा की सौदा उद्देश्य के लिए माँग में आनुपातिक से कम परिवर्तन होते हैं। फिर **कीन्स** का मत था कि सौदा उद्देश्य के लिए माँग प्रमुखतः ब्याज बेलोच होती है। परन्तु **बामोल** ने मुद्रा की सौदा उद्देश्य के लिए माँग की ब्याज लोचात्मकता का विश्लेषण किया है।

बामोल व्यावसायिक फर्मों द्वारा वस्तुओं के स्टाक-प्रबन्ध के समान **स्टाक नियन्त्रण या स्टाक प्रबन्ध (Inventory Management)** के दृष्टिकोण से **सौदा उद्देश्य** से मुद्रा की माँग की व्याख्या करते हैं। बामोल का मत है कि जिस प्रकार व्यवसायी फर्में वस्तुओं तथा पदार्थों की माँग में परिवर्तन होने की दशा में क्रय-विक्रय या विनिमय की सुविधा के लिए उनका भण्डार रखते हैं, उसी प्रकार **व्यक्ति (individuals)** भी **मुद्रा का भण्डार भी (inventory of money)** रखते हैं, क्योंकि इससे वस्तुओं तथा सेवाओं के क्रय-विक्रय में सुविधा होती है।

भण्डार-संचय पर लागत आने के कारण उसे कम करने के लिए वस्तुओं के **अनुकूलतम भण्डार (optimal inventory)** रखने की आवश्यकता होती है। इसी प्रकार व्यक्तियों को भी सौदा उद्देश्य से मुद्रा का अनुकूलतम भण्डार रखना होता है। कारण यह है कि जब व्यक्ति सौदा उद्देश्य से मुद्रा का धारण (संचय) करता है तो उसकी भी लागत उठानी पड़ती है, क्योंकि वे उस ब्याज का परित्याग करते हैं जो तब प्राप्त होती है यदि वे अपनी सम्पत्ति (मुद्रा) को बचत जमा या स्थायी जमा के रूप में उसे रखते अथवा बान्डों में विनियोग करते हैं। परित्याग की गई ब्याज आय ही सौदा उद्देश्य से मुद्रा संचय की लागत है। इस प्रकार बामोल ने भी टोबिन की तरह इस बात पर जोर दिया है कि सौदा उद्देश्य से मुद्रा की माँग ब्याज दर से स्वतंत्र नहीं है।

सौदा उद्देश्य से मुद्रा की माँग का बामोल का विश्लेषण

(Baumol's Approach of Transaction Demand for Money)

बामोल एक ऐसे व्यक्ति के **क्रय-विक्रय** उद्देश्य से मुद्रा के माँग का विश्लेषण करते हैं जिसे एक निश्चित अन्तराल जैसे प्रत्येक माह के बाद आय प्राप्त होती है और उसका व्यय वह धीरे-धीरे एक स्थिर दर से करता है। इसी तथ्य को रेखाचित्र 3 द्वारा स्पष्ट किया गया है।

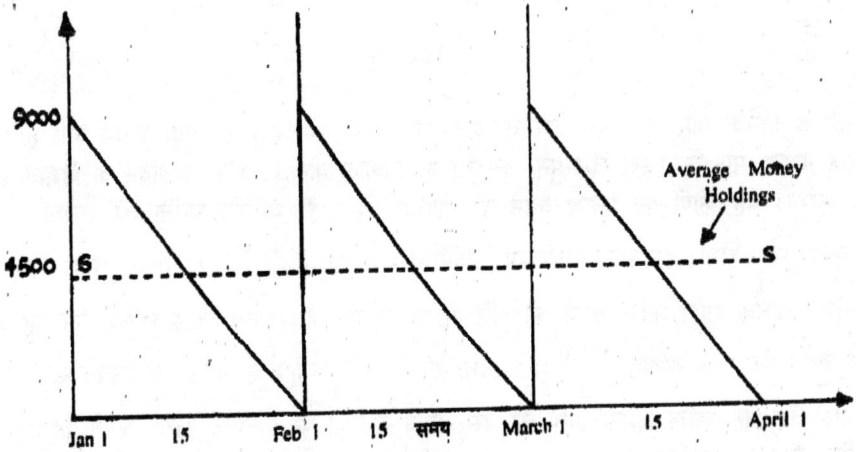

चित्र : 3

मान लीजिए व्यक्ति विशेष को प्रत्येंक माह के प्रथम दिन 9,000 रु. वेतन चेक के रूप में प्राप्त होता, है, जिसे वह उसी दिन नकद करवा लेता है और 300 रु. प्रतिदिन (एक स्थिर दर) व्यय करता है फलतः माह के अन्तिम दिन उसके पास कोई राशि शेष नहीं बचती। यह सरलतापूर्वक देखा जा सकता है कि माह में उसका **औसत मुद्रा संचय** (धारणा) $\frac{9000}{2}$ = 4500 रु. होगा जिसे

चित्र 1 में SS एक सीधी रेखा द्वारा प्रदर्शित किया गया है। परन्तु यहाँ यह प्रश्न उठना स्वाभाविक है कि क्या यह मुद्रा का प्रबन्ध करने की **अनुकूलतम रणनीति (Optional Strategy)** है। सहज रूप में इसका उत्तर नकारात्मक होगा, क्योंकि व्यक्ति को उस ब्याज की हानि हो रही है जिसे वह प्राप्त करता यदि वह प्रथम दिन ही अपना सम्पूर्ण वेतन नकद के रूप में नहीं निकालता। उदाहरण के लिए माह के प्रथम दिन वह अपना सम्पूर्ण वेतन न निकाल कर केवल 50% वेतन (अर्थात् 4500 रु.) ही नकद के रूप में निकालता तथा शेष 4500 रु. उस बचत खाते में जमा कर देता है जिस पर उसे 4% ब्याज प्राप्त होता है तथा उसका व्यय प्रतिदिन 300 रु. स्थिर बना रहता है, जैसा चित्र 4 में प्रदर्शित किया गया है।

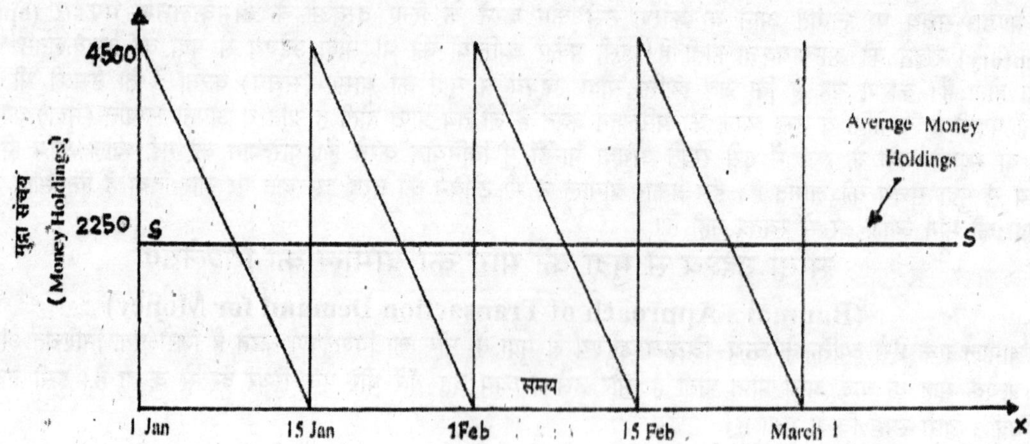

चित्र : 4

चित्र से स्पष्ट है प्रत्येक माह के 15वें दिन के अन्त में उसका 4500 रु. मुद्रा संचय कम होते-होते शून्य हो जायेगा। अतः वह प्रत्येक माह के 16वें दिन पुनः 4500 रु. निकाल कर 300 रु. प्रतिदिन के हिसाब से आगामी 15 दिनों तक व्यय करेगा। यह कोषों का प्रबन्ध करने की श्रेष्ठतर विधि है, क्योंकि व्यक्ति को प्रत्येक माह में 15 दिन 4500 रु. पर ब्याज प्राप्त होगा। इस मौद्रिक योजना में औसत मुद्रा संचय $\frac{4500}{2} \cdot 2250$ रु. होगा।

ब्याज की और अधिक राशि प्राप्ति करने की दृष्टि से व्यक्ति यह भी निर्णय ले सकता है कि वह प्रत्येक माह के प्रथम दिन अपने वेतन का 1/3 अर्थात् $\frac{9000}{2} = 3000$ रु. निकाले तथा शेष 6000 रु. बचत खाते में जमा कर दे। ऐसी स्थिति में जैसे-जैसे वह व्यक्ति अपनी आय को वस्तुओं व सेवाओं पर प्रतिदिन 300 रु. के हिसाब से व्यय करता जायेगा, 10वें दिन के अन्त तक उसका 3000 रु. कम होते-होते शून्य हो जायेगा। अतः प्रत्येक माह के 11वें दिन वह पुनः 20वें दिन के अन्त तक वस्तुओं तथा सेवाओं पर 300 रु. प्रतिदिन व्यय करने के लिए 3000 रु. निकालेगा। इसी प्रकार माह के 21वें दिन वह पुनः माह के अन्त तक निरन्तर व्यय करने के लिए 3000 रु. निकालेगा। इस योजना में उसके पास औसतन $\frac{3000}{2} = 1500$ रु. होगा तथा शेष मुद्रा को बचत जमाओं में विनियोग करेगा तथा उन पर ब्याज प्राप्त करेगा। इस प्रकार इस योजना में वह अपेक्षाकृत अधिक ब्याज अर्जित करेगा।

अब प्रश्न यह उठता है कि उपर्युक्त दोनों योजना में व्यक्ति कौन-सी योजना पसन्द करेगा? यह उल्लेखनीय है कि बचत जमाओं में विनियोग करना तथा सौदा उद्देश्य से माँग को पूरा करने के लिए उसमें से नकद निकालने की लागत भी होती है।

बॉमोल के अनुसार **नकदी को धारण करने की दो प्रकार** की लागतें होती हैं—(अ) ब्याज लागतें, और (ब) ब्याज-भिन्न लागतें। नकद शेषों को अपने पास रखने का अभिप्राय यह है कि व्यक्ति ब्याज देने वाली अन्य परिसम्पत्तियों में निवेश न करके ब्याज की आय से वंचित रहता है। यही व्यक्तिगत मुद्रा धारक के लिए ब्याज लागत है। जब बांडों को एक निवेशकर्ता नकदी में बदलता है तब उसको कुछ भुगतान करने होते हैं जैसे **दलालों** की फीस, डॉक खर्च इत्यादि। इनको ब्याज-भिन्न लागतें कहते हैं या दलाली शुल्क कहते हैं।

बॉमोल के विश्लेषण का आधार यह है कि कोई फर्म या व्यक्ति सौंदे के लिए मुद्रा का अनुकूलतम स्टॉक अपने पास रखता है। वे लिखते हैं "फर्म के नकदी शेष का अर्थ मुद्रा का वह स्टॉक माना जा सकता है जिसे उसका रखने वाला श्रम, कच्चे माल आदि के क्रम के बदले देने को तैयार है। नकदी शेष रखे जाने का कारण यह है कि आय तथा व्यय एक साथ नहीं होते। परन्तु पूँजी की बड़ी राशियों को नकदी शेष के रूप में बाँध रखना महँगा पड़ता है, क्योंकि उस मुद्रा का कहीं और अधिक लाभप्रद ढंग से फर्म में प्रयोग किया जा सकता है। उदाहरण के लिए उसे लाभप्रद रूप से प्रतिभूतियों में विनियोग किया जा सकता है।" इस प्रकार नकदी शेष रखने का दूसरा तरीका बांड है जिन पर ब्याज मिलता है। अपनी सम्पत्तियों से अधिकतम ब्याज अर्जन करने के लिए फर्म हमेशा यह प्रयास करेगी कि सौदा उद्देश्य के लिए न्यूनतम नकदी शेष रखे जायें। बांडों पर जितनी ही अधिक ब्याज की दर होगी फर्म उतनी ही कम नकद शेषों को रखेंगे।

जब एक फर्म लेन-देन शेषों को अपने पास रखती है तो वह ब्याज लागत तथा ब्याज भिन्न लागत, दोनों को सहन करती है। यदि बांडों पर ब्याज की दर बढ़ जाती है तो फर्म तथा लोगों के लिए बांडों में निवेश करना अधिक लाभकारी रहेगा और यदि बांडों पर ब्याज की दर कम हो जाती है तो फर्म को अधिक मात्रा में नकद शेष रखना लाभप्रद होगा। जब एक व्यक्ति अथवा फर्म बांडों में बहुत अधिक निवेश कर देती है तो उसके पास नकद शेषों की बहुत कम मात्रा रह जाएगी और विलोमशः। परन्तु बांडों में प्रत्येक निवेश की ब्याज-भिन्न लागत भी होगी, इसलिए प्रत्येक व्यक्ति अथवा फर्म को बांडों में कम निवेश करके कम आय प्राप्त करने तथा बांडों में अधिक निवेश करके अधिक लागत वहन करने के बीच सन्तुलन स्थापित करता है।

इस प्रकार बॉमोल ने यह स्पष्ट किया है कि मुद्रा संचय (धारणा) की अनुकूलतम धनराशि परित्याग की गई **ब्याज-आय** तथा **दलाली शुल्क की लागत को न्यूनतम करके निर्धारित की जाती है**। इस तथ्य को हम उदाहरण द्वारा और स्पष्ट करने के प्रयत्न करेंगे।

मान लीजिए (i) Y = वेतन चेक की राशि, (ii) C = व्यक्ति द्वारा निकाली गई औसत धनराशि, (iii) T = नकद निकालने के लिए बैंक जाने की बारम्बारता, (iv) b = दलाली शुल्क है। ऐसी स्थिति में मौद्रिक प्रबन्ध की **प्रथम योजना** के अन्तर्गत व्यक्ति केवल एक बार ही दलाली शुल्क (b) देता है, क्योंकि वह प्रत्येक माह के प्रथम दिन अपनी सम्पूर्ण वेतन चेक को नकद करा लेता है और इसलिए वह बैंक केवल एक बार ही आता जाता है। अतः प्रथम स्थिति में $T = \frac{Y}{C} = \frac{9000}{9000} = 1$ के समान है, क्योंकि इस स्थिति में C = Y है।

द्वितीय स्थिति में $T = \frac{9000}{4.500} = 2$ तथा तीसरी स्थिति में $T = \frac{9000}{3000} = 3$। मुद्रा संचय द्वारा परित्याग की गई ब्याज-आय मुद्रा संचय की **औसत धनराशि** तथा ब्याज दर का गुणनफल होती है। जैसा ऊपर से स्पष्ट होता है कि औसत मुद्रा संचय प्रत्येक बार निकाली गयी नकद धनराशि की आधी $\left(\text{अर्थात } \frac{C}{2}\right)$ होता है। अतः **प्रथम स्थिति में** यदि ब्याज

की दर 4% है तो खोयी गई ब्याज-आय r. C/2 = 4/100 × 9000/2 = 160 रु., **द्वितीय स्थिति में** $r.\ \frac{C}{2} = \frac{4}{100} \times \frac{4500}{2} = 90$ रु., तथा **तृतीय स्थिति** में यह $\frac{4}{100} \times \frac{3000}{2} = 60$ रु. होगी।

इस प्रकार दलाली शुल्क तथा परित्यागी की गई ब्याज आय को निम्न प्रकार व्यक्त किया जा सकता है—

कुल लागत $bT + r.\ \frac{C}{2}$ जिसमें b = दलाली शुल्क। जैसा की ऊपर स्पष्ट किया जा चुका है $T = \frac{Y}{C}$ अतः कुल लागत $\frac{bY}{C} + \frac{rC}{2}$ होगी।

बॉमोल ने प्रदर्शित किया है कि लागत को न्यूनतम करने वाली नकद निकालने की औसत धनराशि को निम्न रूप में लिखा जा सकता है।

$$C = \sqrt{\frac{2bY}{r}}$$

उपर्युक्त सूत्र का अर्थ यह है कि लागत को न्यूनतम करने वाली नकद निकालने की औसत धनराशि दलाली शुल्क के दुगुने तथा व्यक्ति की आय (Y) के गुणनफल को ब्याज दर से विभाजित करने से प्राप्त मूल्य की वर्गमूल होती है। इसे वर्गमूल नियम (Square-Root Rule) कहा जाता है। इस नियम के अनुसार—

1. अधिक दलाली शुल्क मुद्रा संचय में वृद्धि करेगा, क्योंकि यह एक व्यक्ति को बैंक एक अधिक आवागमन को हतोत्साहित करेगा अर्थात् बैंक से नकद निकासी की संख्या कम हो जायेगी। दूसरे शब्दों में अनुकूलतम नकदी शेष बढ़ जायेगा, क्योंकि व्यक्ति बांडों में कम विनियोग करेंगे।

2. दूसरी ओर यदि बांडों पर **ब्याज की दर** बढ़ती है तो फर्म के लिए बांडों में विनियोग करना अधिक लाभदायक होगा और अनुकूलतम नकदी शेष (अर्थात् मुद्रा संचय) अपेक्षाकृत कम हो जायेंगे और विलोमशः भी।

इस प्रकार **बॉमोल** ने (**टोबिन** की भाँति) यह प्रदर्शित किया कि सौदा-उद्देश्य (या क्रय-विक्रय उद्देश्य) के लिए मुद्रा की माँग ब्याज दर से संवेदनशील होती है, जबकि **प्रो. कीन्स** ने माना था कि सौदा उद्देश्य से मुद्रा की माँग ब्याज दर से स्वतंत्र होती है। अतः बॉमोल के अनुसार सौदा उद्देश्य से मुद्रा का माँग वक्र-नीचे की ओर गिरता हुआ होता है, जैसा कि चित्र 5 में प्रदर्शित किया गया है। चित्र 5 से स्पष्ट है कि—

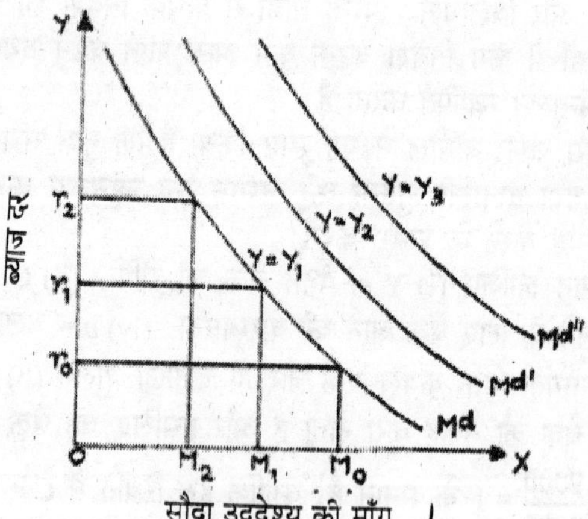

सौदा उद्देश्य की माँग

चित्र : 5

1. जब ब्याज की दर or_0 है तो सौदा उद्देश्य के लिए रखी जाने वाली मुद्रा की माँग OM_0 है।

2. जैसे-जैसे ब्याज की दर बढ़ती जाती है सौदा उद्देश्य के लिए माँगी जाने वाली मुद्रा की माँग कम होती जाती है। अतः जब ब्याज की दर बढ़कर or_1 हो जाती है तो मुद्रा की माँग घटकर OM_1 हो जाती है। इसी प्रकार or_2 ब्याज की दर पर मुद्रा की माँग घटकर OM_2 है।

उपर्युक्त विवेचन से स्पष्ट है कि अधिक ब्याज दरों पर सौदा के उद्देश्य से लोग कम मुद्रा संचय करने की प्रवृत्ति रखते हैं क्योंकि ऊँची ब्याज दर पर बांड बचत तथा स्थायी जमा अधिक आकर्षक हो जाते हैं। उपरोक्त **वर्गमूल नियम** (Square root rule) से स्पष्ट होता है कि **क्रय-विक्रय** के उद्देश्य से मुद्रा की माँग व्यक्ति की आय (Y) के साथ प्रत्यक्ष

रूप से बढ़ती है। अतः आय का स्तर जितना ही अधिक होगा, एक निशिचत ब्याज दर पर क्रय-विक्रय के उद्देश्य से मुद्रा की माँग उतनी ही अधिक होगी। रेखाकृति 4 में आय के तीन भिन्न स्तर Y_1, Y_2, Y_3 से सम्बन्धित क्रय-विक्रय के उद्देश्य से मुद्रा के तीन माँग वक्र क्रमशः Md, Md', Md" प्रदर्शित हैं। वर्गमूल नियम से ज्ञात है कि **क्रय-विक्रय** के उद्देश्य से अनुकूलतम मुद्रा संचय में आय में वृद्धि के अनुपात की अपेक्षा कम वृद्धि होगी। अतः बॉमोल तथा टोबिन के अनुसार क्रय-विक्रय के **उद्देश्य से मुद्रा की माँग ब्याज दर तथा आय के स्तर दोनों की ही फलन (function)** होती है। अर्थात्

$$Md = f(r.Y)$$

जिसमें M_d क्रय-विक्रय के उद्देश्य से मुद्रा की माँग, r ब्याज दर तथा Y आय का स्तर प्रदर्शित करते हैं।

क्या बॉमोल का विश्लेषण प्रतिष्ठित तथा कीन्सीयन सिद्धान्तों से श्रेष्ठ है?
(Is Baumol's Analysis Superior to Classical and Keynesian Approaches?)

बॉमोल का मुद्रा की लेन-देन सम्बन्धी स्टॉक **सैद्धान्तिक मत कीन्सियन तथा प्रतिष्ठित मतों की तुलना में श्रेष्ठ है जैसा कि निम्न विवरण** से स्पष्ट हो जायेगा—

(i) कीन्स का विश्वास था कि मुद्रा की लेन-देन माँग प्रमुखतः ब्याज बेलोच होती है। प्रोफेसर बॉमोल ने अपने स्टॉक सैद्धान्तिक दृष्टिकोण के आधार पर मुद्रा की लेन-देन की ब्याज लोचात्मकता का विश्लेषण किया है।

(ii) मुद्रा की नकदी शेष परिमाण सिद्धान्त की यह मान्यता है कि लेन-देन माँग और आय स्तर में रेखीय एवं समानुपातिक सम्बन्ध होता है। परन्तु **बॉमोल** ने यह सिद्ध किया कि जब आय बढ़ती है तो लेन-देन माँग भी बढ़ती है परन्तु नकदी प्रबन्ध में पैमाने की बचतों के कारण यह माँग आय की अपेक्षा कम अनुपात में बढ़ती है।

(iii) बॉमोल का सिद्धान्त वास्तविक शेषों के लिए लेन-देन माँग का विश्लेषण करता है, और फलतः परिणामतः मुद्रा भ्रान्ति के अभाव पर बल देता है।

(iv) बॉमोल का स्टॉक विषयक सैद्धान्तिक दृष्टिकोण क्लासिकी एवं कीन्सीय दोनों ही दृष्टिकोणों से इसलिए भी श्रेष्ठ है कि यह परिसम्पत्तियों और उनकी ब्याज एवं ब्याजेत्तर लागतों को ध्यान में रखकर मुद्रा की लेन-देन माँग को पूँजी सिद्धान्त में एकीकृत कर लेता है।

3. फ्रीडमैन का मुद्रा माँग का सिद्धान्त
(Friedman's Theory of Demand for Money)

फ्रीडमैन का मुद्रा का माँग सिद्धान्त पूँजी अथवा सम्पत्ति सिद्धान्त है (It is a capital or wealth-theory), क्योंकि वह मुद्रा को परिसम्पत्ति (Asset) अथवा पूँजी वस्तु मानता है। अंतिम सम्पत्तिधारकों (Wealth Holder) की ओर से मुद्रा की माँग एक टिकाऊ वस्तु के लिए माँग की तरह है।

अंतिम सम्पत्तिधारकों के लिए वास्तविक रूप में मुद्रा की माँग मुख्यतया निम्न चरों का फलन होने की संभावना हो सकती है

1. कुल सम्पत्ति (Total Wealth)—एक समय पर व्यक्ति के पास जो विभिन्न परिसम्पत्तियाँ होती हैं, उन्हीं से कुल सम्पत्ति का गठन होता है। वास्तविक जीवन में कुल सम्पत्ति की गणना कठिन होती है, इसलिए फ्रीडमैन कहता है कि आय को कुल सम्पत्ति का सूचक मानना चाहिए। इसलिए उसने सम्पत्ति को स्थायी आय (Y) से प्रतिस्थापित किया।

2. सम्पत्ति का मानव और गैर-मानव रूप में विभाजन (Division of Wealth between Human and Non-Human Forms)—कुल सम्पत्ति, मानवीय तथा गैर-मानवीय सम्पत्ति में रूपान्तरित करने में अनेक कानूनी तथा संस्थानिक बाधाएँ होती हैं।

ऐसा गैर-मानव सम्पत्ति को वर्तमान अर्जनों द्वारा खरीद कर अथवा गैर-मानव सम्पत्ति के प्रयोग से वित्त प्रबन्धन द्वारा दक्षताएँ प्राप्त करने के लिए किया जा सकता है। अतः गैर-मानव सम्पत्ति के रूप में कुल सम्पत्ति का अंश एक अतिरिक्त

महत्त्वपूर्ण चर है। फ्रीडमैन गैर-मानव से मानव सम्पत्ति के अनुपात को अथवा सम्पत्ति से आय के अनुपात को W कहता है।

3. मुद्रा को संग्रहीत करने की अवसर लागत (The Opportunity Cost of Holding Money)—मुद्रा को संग्रहीत करने की अवसर लागत दो बातों से प्रभावित होती है—

(अ) विभिन्न प्रकार की वैकल्पिक परिसम्पत्तियों जैसे बांड व शेयरों पर ब्याज की दर तथा,

(ब) कीमत स्तर में परिवर्तन की प्रत्याशित दर। वास्तव में ये दोनों ही कारक मुद्रा शेषों को रखने की लागत को प्रभावित करते हैं।

ब्याज दर में वृद्धि होती है अथवा सामान्य कीमत-स्तर में वृद्धि होती है (अर्थात् जब नकदी रखने की लागत में वृद्धि हो जाती है) तो व्यक्ति अपने पास नकदी की मात्रा कम रखकर अपने दायित्वों व खर्चों को पूरा करता है। इस प्रकार लोगों की तरलता पसंदगी घट जाती है। इसके विपरीत, जब ब्याज की दर कम हो जाती है अथवा कीमतों की वृद्धि दर में ह्रास होता है तो मुद्रा या नकदी रखने की लागत घट जाती है, जिसके परिणामस्वरूप तरलता पसंदगी बढ़ जाती है।

संक्षेप में मुद्रा की माँग और मुद्रा रखने की लागत में विपरीत सम्बन्ध होता है।

4. अन्य चर (Other Variables)—आय के अतिरिक्त अन्य चर, मुद्रा की सेवाओं से संबंध उपयोगिता को प्रभावित कर सकते हैं, जो वास्तविक तरलता को निर्धारित करते हैं। तरलता के अतिरिक्त सम्पत्ति धारकों की रुचियाँ और अधिमान चर होते हैं। एक अन्य चर अंतिम सम्पत्तिधारकों द्वारा वर्तमान पूँजी वस्तुओं में व्यापार है। ये चर सम्पत्तियों के अन्य प्रकारों के साथ मुद्रा के माँग फलन को भी निर्धारित करते हैं। ऐसे चरों को फ्रीडमैन μ (म्यू) का नाम देता है।

सम्पत्ति के प्रकार (Forms of Wealth)

फ्रीडमैन के अनुसार, मोटे तौर पर सम्पत्ति में आय के सभी स्रोत अथवा उपभोग करने योग्य सेवाएँ शामिल होती हैं। यह पूँजीकृत (Capitalised) आय है। आय से फ्रीडमैन का मतलब 'स्थायी आय' से है जो सम्पत्ति के जीवनकाल की औसत प्रत्याशित प्राप्ति **है**। सम्पत्ति पाँच भिन्न प्रकारों से धारण की जा सकती है—मुद्रा, बांड, इक्विटियाँ, भौतिक वस्तुएँ और मानव पूँजी। प्रत्येक प्रकार की सम्पत्ति की अपनी अद्वितीय विशेषता है और यह विभिन्न प्रतिफल देती है, जिसकी विवेचना नीचे की जा रही है—

1. मुद्रा (Money) मुद्रा के विस्तृत अर्थ में लिया गया है, जिसमें करेंसी, माँग खाते और समय खाते शामिल हैं जिनमें जमाओं पर ब्याज प्राप्त होती है। इस प्रकार मुद्रा एक विलासिता वस्तु है। यह धारक को सुविधा, सुरक्षा आदि के रूप में वास्तविक प्रतिफल देती है जिसे सामान्य कीमत स्तर (P) में मापा जाता है।

2. बांड (Bonds) बांडों को भुगतानों की समय धारा के दावों के रूप में परिभाषित किया गया है, जो मुद्रा रूप इकाइयों में स्थिर है।

3. इक्विटियाँ (Equities) यह ऐसी परिसम्पत्ति है जो निरन्तर वास्तविक आय प्रदान करती है।

4. भौतिक वस्तुएँ अथवा गैर-मावन वस्तुएँ (Physical Goods or Non-human Goods) ये इक्विटी जैसी हैं, केवल इतना अन्तर है कि उनका प्रतिफल मुद्रा में न होकर वस्तुओं के रूप में प्राप्त होता है।

5. मानव पूँजी (Human Capital) यह मानव की उत्पादकीय क्षमता है।

फ्रीडमैन का माँग फलन
(Friedman's Demand Function)

उपर्लिखित मान्यताओं व समीकरण के आधार पर मिल्टन फ्रीडमैन माँग फलन के सिद्धान्त को निम्न प्रकार से निरूपित करता है—

$$\frac{Md}{P} = f\left[W, H, \frac{\Delta P}{P}, rm, rb, re, U\right]$$

जहाँ

Md = मुद्रा के नकद कोषों की माँग,

W = कुल सम्पत्ति,

H = गैर मानवीय सम्पत्ति का मानवीय सम्पत्ति के साथ अनुपात,

P = कीमत स्तर,

rm = मुद्रा से प्राप्त प्रतिफल की प्रत्याशित दर,

rb = प्रतिभूतियों के स्थिर मूल्यों पर प्राप्त प्रतिफल की प्रत्याशित दर (इसमें उनकी कीमतों की प्रत्याशित दर भी शामिल है।)

$\frac{\Delta P}{P}$ = वस्तुओं की कीमतों में परिवर्तन की प्रत्याशित दर अर्थात् वास्तविक परिसम्पत्तियों के प्रतिफल की प्रत्याशित दर,

re = अंश पत्रों से प्राप्त प्रतिफल की प्रत्याशा,

U = आय के अलावा उन सभी कारकों को प्रदर्शित करता है जिनमें मुद्रा की उपयोगिता प्रभावित होती है।

Money Balances लेकिन व्यवहार में कुल सम्पत्ति के बारे में सही सूचनाएँ उपलब्ध नहीं होतीं। इसलिए कुल सम्पत्ति (W) के स्थान पर स्थायी **आय (Y) की अवधारणा का प्रयोग किया जाता है।** यदि उपरोक्त फलन में W के स्थान पर y को प्रतिस्थापित किया जाये तो फलन निम्नलिखित रूप धारण करेगा—

$$\boxed{\frac{Md}{P} = f\left[Y, H, \frac{\Delta P}{P}, rm, rb, re, U\right]}$$

यही मिल्टन फ्रीडमैन का फलन है जो कि मुद्रा की माँग को प्रदर्शित करता है।

उपर्युक्त समीकरण से स्पष्ट है कि वास्तविक मुद्रा शेषों को प्रभावित करने के **तीन प्रमुख कारण होते हैं—**

(i) वास्तविक आय व सम्पत्ति का स्तर,

(ii) नकद शेषों को रखने की अवसर लागत तथा

(iii) सम्पत्तिवानों की रुचियाँ व अधिमान।

इन तीनों कारकों का माँग फलन में निरूपण किया गया है।

प्रथम कारक से, फ्रीडमैन यह निरूपित करता है कि मुद्रा की माँग आय **लोच** एक से अधिक है। दूसरे कारक पर विचार करते हुए फ्रीडमैन यह मानता है कि मुद्रा की माँग की ब्याज लोच नगण्य होगी। अतः इन सबसे फ्रीडमैन निम्न निष्कर्षों पर पहुँचता है—

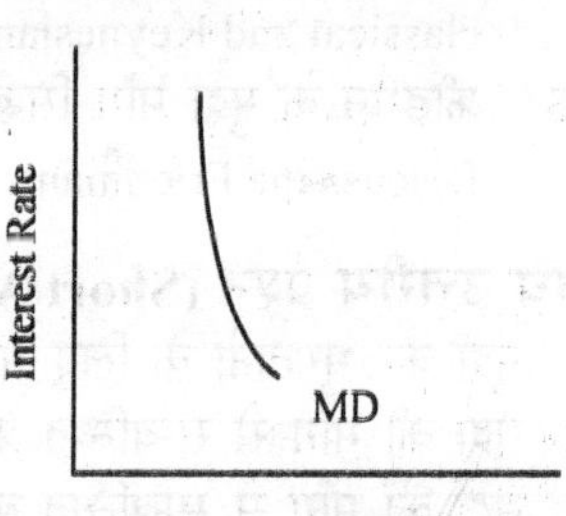

चित्र-6

1. विभिन्न परिसम्पत्तियों की प्रत्याशित प्राप्तियों (R_b, R_e और g_p) (प्रतिफलों) में वृद्धि होने से एक सम्पत्तिधारक की मुद्रा की माँग कम हो जाती है, और सम्पत्ति में वृद्धि से मुद्रा की माँग बढ़ जाती है।

2. सम्पत्ति के साथ मुद्रा की माँग का धनात्मक (positive) संबंध पाया जाता है। जब सम्पत्ति बढ़ती है तो इससे मुद्रा की माँग में वृद्धि होती है, क्योंकि लोग मुद्रा को अधिक धारण करते हैं।

3. मुद्रा माँग की आय इकाई से अधिक होती है, जिसका अर्थ है कि दीर्घकाल में आय चलन वेग (velocity) गिर रही होती है। इसका अभिप्राय है कि मुद्रा का दीर्घकालीन माँग फलन स्थिर और सापेक्षतया ब्याज बेलोच है जैसा चित्र 2 में दर्शाया गया है जहाँ M_D मुद्रा का माँग वक्र है। यदि ब्याज दर में परिवर्तन होता है तो परिसम्पत्तियों में नगण्य (negative) परिवर्तन होगा।

Select References

1. Modigilani, F. : Liquidity Preference and the Theory of Interest and Money. Economics, January 1944.
2. Baumol W.J. : Transactions Demand for Cash. An Inventory—Theoretic Approach, Quarterly Journal of Economics Nov. 1952.

3. Muller M.G. : Reading in Micro Economics.
4. Ahuze H2 : Advanced Micro Economic Theory.

परीक्षा प्रश्न
(Examination Questions)

I. दीर्घ उत्तरीय प्रश्न (Long Answer Type Questions)

1. मुद्रा की माँग का टोबिन का पोर्टफोलियो दृष्टिकोण क्या है? इस दृष्टिकोण की प्रमुख आलोचनाएँ लिखिए।
   What is Tobin's portfolio approach demand for money? Give the main criticism of this approach.
2. टोबिन के मुद्रा के माँग सिद्धान्त की विशेषताएँ लिखिए। कीन्स के सिद्धान्त की तुलना में टोबिन के सिद्धान्त की श्रेष्ठता स्पष्ट कीजिए।
   Write the features of Tobin's Theory of demand for money. Explain its superiority over Keynesian Theory.
3. बॉमोल का सौदा उद्देश्य से मुद्रा की माँग का इन्वेन्टरी दृष्टिकोण की आलोचनात्मक व्याख्या कीजिए।
   Critically explain Baumols's inventory approach to transaction demand for money.
4. बॉमोल के मुद्रा के माँग के सिद्धान्त की विशेषताएँ बताइए। क्या बॉमोल का विश्लेषण परम्परागत तथा कीन्सियन सिद्धान्तों से श्रेष्ठ है?
   Discuss the features of Baumol's demand theory of money. Is Baumol's analysis superior to classical and Keynesian approaches?
5. फ्रीडमैन के मुद्रा माँग सिद्धान्त की विवेचना कीजिए।
   Discuss the Friedman's Theory of demand for money.

II. लघु उत्तरीय प्रश्न (Short Answer Type Questions)

1. मुद्रा कर भुगतानों के लिए माँग तथा परिसम्पत्ति के रूप में माँग में अंतर कीजिए।
2. मुद्रा की माँग से सम्बन्धित प्रतिष्ठित दृष्टिकोण क्या है?
3. मुद्रा की माँग से सम्बन्धित बॉमोल का दृष्टिकोण कीन्स के दृष्टिकोण से किस प्रकार भिन्न है?
4. सट्टे के उद्देश्य से मुद्रा की माँग तथा ब्याज दर के बीच सम्बन्ध स्पष्ट कीजिए।
5. वास्तविक शेष से क्या अभिप्राय है? यह किन कारणों से प्रभावित होता है?
6. मुद्रा की माँग से सम्बन्धित मिल्टन फ्रीडमैन तथा कीन्स की व्याख्या में अंतर बतलाइये।

III. वस्तुनिष्ठ प्रश्न (Objective Type Questions)

सही विकल्प चुनकर लिखिए–

1. सट्टा के उद्देश्य से नकदी की माँग का सही आधार क्या है?
   (अ) ब्याज दर का प्रत्यक्ष फलन
   (ब) बाण्डों की कीमतों पर आधारित ब्याज दर का प्रत्यक्ष तथा ऋणात्मक फलन
   (स) ब्याज दर का ऋणात्मक फलन
   (द) उपरोक्त में से कोई नहीं।
2. मुद्रा की माँग का जोखिम निवारण तरलता अधिमान सिद्धान्त किसने प्रतिपादित किया है?
   (अ) जेम्स टॉबिन (ब) जे. एम. कीन्स
   (स) मिल्टन फ्रीडमैन (द) बॉमोल

3. निम्नलिखित में से किसने यह माना है कि मुद्रा की माँग का सिद्धान्त पूँजीगत परिसम्पत्तियों की माँग का सामान्य सिद्धान्त है—

(अ) इरविंग फिशर (ब) मिल्टन फ्रीडमैन

(स) बॉमोल (द) जे. एम. कीन्स

4. पोर्टफोलियो अधिशेष दृष्टिकोण के अनुसार कौन-सा कथन गलत है?

(अ) ब्याज की दरें बढ़ने से निवेश में कमी होगी तथा अर्थव्यवस्था की गति धीमी हो जायेगी।

(ब) ऋणों और प्रतिभूतियों पर ब्याज दर घटने से मुद्रा की माँग प्रभावित होती है।

(स) अलग-अलग परिसम्पत्तियों की ब्याज दर अलग-अलग है।

(द) मुद्रा भी अन्य परिसम्पत्तियों में से एक है।

उत्तर—1. (स), 2. (अ), 3. (ब), 4. (अ)

OOO

23 मुद्रा के सिद्धान्त : परिमाण सिद्धान्त (फिशर) व कैम्ब्रिज सिद्धान्त

(Theory of Money : Quantity Theory (Fisher's) and Cambridge Theory)

महत्त्वपूर्ण अवधारणाएँ (Important Concepts)

1. मुद्रा के मूल्य की अवधारणा (Concept of Value of Money)—मुद्रा के मूल्य से आशय उसकी सामान्य क्रय-शक्ति से है।

2. मुद्रा के मूल्य एवं कीमत स्तर में सम्बन्ध (Relationship between Value of Money and Price Level)—मुद्रा के मूल्य और वस्तुओं तथा सेवाओं के मूल्य-स्तर के बीच उल्टा या प्रतिलोमी सम्बन्ध (Inverse Relationship) होता है। अर्थात मुद्रा का मूल्य = $\frac{1}{P}$ (यहाँ P = कीमत-स्तर)

3. मुद्रा के परिमाण सिद्धान्त का अर्थ (Meaning of Quantity Theory of Money)—इस सिद्धान्त के अनुसार मुद्रा का मूल्य मुद्रा की मात्रा (परिमाण) के अनुसार निर्धारित होता है। मुद्रा के परिमाण में वृद्धि होने से कीमत-स्तर बढ़ जाता है तथा मुद्रा का मूल्य कम हो जाता है। इसके विपरीत, मुद्रा के परिमाण में कमी होने से कीमत-स्तर कम हो जाता है तथा मुद्रा का मूल्य बढ़ जाता है।

4. मुद्रा के प्रचलन वेग (Velocity of Money)—मुद्रा के प्रचलन वेग से आशय है कि एक निश्चित समयावधि में वस्तुओं को खरीदने में मुद्रा की किसी निश्चित मात्रा का औसत कितनी बार प्रयोग होता है।

5. कैम्ब्रिज समीकरण (Cambridge Equation)—**मार्शल, पीगू, कीन्स, रॉबर्ट्सन** आदि कैम्ब्रिज अर्थशास्त्रियों ने मुद्रा के परिमाण सिद्धान्त को दूसरे विकल्प के रूप में प्रतिपादित किया जिसे **कैम्ब्रिज समीकरण** कहते हैं। इस समीकरण को नकद शेष समीकरण Cash Balance Equation) भी कहते हैं, क्योंकि इस समीकरण के अनुसार मुद्रा का मूल्य जनता द्वारा रखे जाने वाले नकद शेषों की माँग द्वारा निर्धारित होता है।

इस सिद्धान्त के अनुसार जब मुद्रा की माँग की जाती है (नकद कोष के रूप में रखने के लिए), तब इसका आशय यह होता है कि वस्तुओं, सेवाओं को नहीं माँगा जा रहा है। इस प्रकार मुद्रा की माँग में वृद्धि का अर्थ है, 'कम खर्च' (Less Spending) वस्तुओं का कम मूल्य→मुद्रा का अधिक मूल्य)।

अतः नकद शेष समीकरण के अनुसार मुद्रा की माँग व मुद्रा के मूल्य में प्रत्यक्ष सम्बन्ध होता है।

मुद्रा की माँग इसके स्वयं के लिए नहीं की जाती है बल्कि वस्तुओं व सेवाओं को खरीदने की क्षमता के कारण ही मुद्रा की माँग की जाती है। वस्तुओं की भाँति मुद्रा का भी मूल्य होता है।

6. फिशर का समीकरण(Fisher's Equation)— $PY = MV + M'V'$ अथवा $P = \frac{MV + M'V'}{Y}$

7. मार्शल का समीकरण(Marshall's Equation)— $M = KY + K'A$

8. पीगू का समीकरण (Pigou's Equation)— $P = \frac{KR}{M}$

9. राबर्टसन का समीकरण (Robertson's Equation)— $P = \frac{M}{KT}$

मुद्रा के मूल्य की अवधारणा
(Concept of Money)

अर्थशास्त्र में मुद्रा के वाक्यांश का प्रयोग तीन अर्थों में होता है जैसा कि आगे चार्ट में दर्शाया गया है—

मुद्रा का मूल्य

ब्याज की दर (Rate of Interest)	विदेशी विनिमय (Foreign Exchange)	क्रय-शक्ति (Purchasing Power)
(ऋणों में मुद्रा का उपयोग करने के फलस्वरूप ब्याज के रूप में जो आय प्राप्त होती है।)	(मुद्रा का बाह्य मूल्य)	(मुद्रा की सामान्य क्रय-शक्ति)

अब हम मुद्रा के तीनों अर्थों को भली-भाँति समझने का प्रयास करेंगे।

1. मुद्रा-मूल्य का अर्थ ब्याज दर से होता है—कुछ अर्थशास्त्रियों का मत है कि मुद्रा के मूल्य का अभिप्राय उस ब्याज दर से होता है जो ऋणदाता, ऋणी को रुपया उधार देने के उपलक्ष में उससे प्राप्त करता है अर्थात् ''ऋणों में मुद्रा का उपयोग करने के फलस्वरूप ब्याज के रूप में जो धनराशि प्राप्त होती है, वही मुद्रा का मूल्य है।'' इसे आय-मूल्य (Income Value) भी कहते हैं।

यह विचार भ्रामक है क्योंकि ब्याज दर उधार दी गई राशि के बदले में ऋणदाता का एक प्रकार का पारितोषिक है, न कि स्वयं मुद्रा का मूल्य।

2. मुद्रा-मूल्य का अर्थ विदेशी विनिमय दर से होता है—कुछ दूसरे अर्थशास्त्रियों का विचार है कि मूल्य के मूल्य का अभिप्राय 'बाह्य मूल्य' (External Value) से होता है अर्थात् किसी एक देश की मुद्रा की एक निश्चित इकाई के बदले में किसी दूसरे देश की मुद्रा की जितनी मात्रा मिलती है, वही मुद्रा का मूल्य है। दूसरे शब्दों में, मुद्रा का अभिप्राय विदेशी विनिमय दर से है। विदेशी व्यापार और विदेशी विनिमय में मुद्रा के मूल्य का यही अर्थ लगाया जाता है।

यह विचार भी ठीक नहीं है क्योंकि विदेशी विनिमय दर से तो एक देश की मुद्रा को दूसरे देश की मुद्रा में परिवर्तित कराने की केवल दर मात्र है, स्वयं मुद्रा का मूल्य नहीं।

3. मुद्रा-मूल्य का अर्थ मुद्रा की सामान्य क्रय-शक्ति से है–तीसरी विचारधारा के अनुसार मुद्रा के मूल्य का अभिप्राय मुद्रा की क्रय-शक्ति से है अर्थात् ''मुद्रा की एक निश्चित इकाई के बदले में जितनी वस्तुएँ और सेवाएँ क्रय की जाती हैं, वही मुद्रा का मूल्य है।'' इसे उपभोग मूल्य (Consumption Value) भी कहते हैं।

परिभाषाएँ (Definitions)

मुद्रा के मूल्य की कुछ प्रमुख परिभाषाएँ निम्नलिखित हैं—

1. प्रो. क्राउथर के अनुसार, ''मुद्रा के मूल्य से अभिप्राय उसकी क्रय-शक्ति से होता है।''[1]

2. रॉबर्ट्सन् के अनुसार, ''मुद्रा के मूल्य से हमारा तात्पर्य वस्तुओं की उस मात्रा से होता है जो सामान्य रूप से एक इकाई के बदले में प्राप्त होती है।''[2]

3. फिशर के अनुसार, ''मुद्रा का मूल्य उसकी क्रय-शक्ति का बोध कराता है और इसलिए मुद्रा की क्रय-शक्ति का अध्ययन मूल्य-स्तरों के समान है।''

---

1. "The value of money is what it will buy." —*Crowther*
2. "By value of money we mean the amuont of things in general which will be given in exchange for a unit of money." —*Robertson : Money*

मुद्रा का मूल्य एवं कीमत स्तर (Value of Money and Price Level)

विभिन्न वस्तुओं एवं सेवाओं का मूल्य मुद्रा के रूप में व्यक्त किया जाता है परन्तु इस सम्बन्ध में एक समस्या हमारे सामने आती है कि संसार में तो अनेक प्रकार की वस्तुएँ होती हैं, यदि मुद्रा का मूल्य सभी वस्तुओं और सेवाओं के लिए अलग-अलग मालूम किया जायेगा तो मुद्रा के असंख्य मूल्य हो जायेंगे। इस कठिनाई को दूर करने के लिए विभिन्न वस्तुओं और सेवाओं पर सामूहिक रूप से विचार किया जाता है और उसके मूल्यों पर अलग-अलग विचार न करके सामूहिक रूप से विचार किया जाता है। मुद्रा का मूल्य निकालने के लिए कुछ वस्तुएँ और सेवाएँ सभी वस्तुओं और सेवाओं के प्रतिनिधिस्वरूप चुन ली जाती हैं और फिर उनका औसत मूल्य निकाला जाता है जिसे सामान्य मूल्य-स्तर (Generai Price Level) कहा जाता है।

संक्षेप में, मुद्रा की माँग पर कई तत्त्वों का प्रभाव पड़ता है परन्तु इनमें से अधिकतर तत्त्व स्थिर रहते हैं तथा उनके प्रभाव की अवहेलना की जा सकती है। इसलिए मुद्रा की माँग साधारणतया स्थिर रहती है।

2. मुद्रा की पूर्ति (Supply of Money)

मुद्रा का पूर्ति से आशय मुद्रा की कुल मात्रा से है जो एक निश्चित बिन्दु पर वस्तुओं एवं सेवाओं के लेन-देन के लिए वास्तव में चलन में होती है। मुद्रा की पूर्ति को निम्न दो अर्थों में प्रयोग किया जा सकता है—

1. संकुचित अर्थ में (In a Narrow Sense)—इसके अन्तर्गत करेन्सी एवं माँग जमाओं को सम्मिलित किया जाता है अर्थात्

मुद्रा की पूर्ति = जनता के पास करेन्सी + बैंकों की माँग जमा

2. विस्तृत अर्थ (In a Broader Sense)—इसके अन्तर्गत करेन्सी एवं माँग जमाओं के साथ-साथ सावधि जमाओं को भी सम्मिलित किया जाता है अर्थात् नकद मुद्रा के साथ-साथ साख मुद्रा भी शामिल होती है अर्थात्

मुद्रा की पूर्ति = करेन्सी + बैंकों की माँग जमा + सावधि जमा

परन्तु यह उल्लेखनीय है कि मुद्रा की पूर्ति सम्बन्धी यह धारणाएँ समय विशेष के सन्दर्भ में हैं। यदि मुद्रा की पूर्ति किसी समय अवधि (जैसे 1 वर्ष) में ज्ञात करनी हो तो मुद्रा की पूर्ति को मुद्रा के औसतन प्रचलन वेग से गुणा करना पड़ेगा।

मुद्रा की पूर्ति को प्रभावित करने वाले तत्त्व (Factors Influencing the Supply of Money)—मुद्रा की पूर्ति को प्रभावित करने वाले तत्त्वों की विशद् व्याख्या अध्याय 6 में की गयी है।

मुद्रा के मूल्य का निर्धारण (Determination of Value of Money)

इस प्रकार माँग एवं पूर्ति के सामान्य सिद्धान्त के अनुसार मुद्रा का मूल्य भी ऐसे स्थान पर नियत होता है जहाँ पर कि उसकी माँग एवं पूर्ति का साम्य स्थापित हो जाता है और इन दोनों में परिवर्तन होने पर मुद्रा के मूल्य में भी परिवर्तन होता है।

क्राउथर के शब्दों में, "मुद्रा की माँग में वृद्धि होने पर और साथ ही साख मुद्रा की पूर्ति में वृद्धि न होने पर इसके मूल्य में वृद्धि हो जाती है अर्थात् सामान्य मूल्य-स्तर गिर जाता है। इसी प्रकार यदि मुद्रा की पूर्ति में वृद्धि हो जाय और माँग यथास्थिर रहे तो मुद्रा के मूल्य में कमी आ जायेगी अर्थात् सामान्य मूल्य-स्तर में वृद्धि हो जायेगी।"

अब प्रश्न उठता है कि मुद्रा के मूल्य में समय-समय पर परिवर्तन क्यों होते रहते हैं, इसके सम्बन्ध में निम्न चार सिद्धान्त दिये गये हैं— (i) मुद्रा का वस्तु सिद्धान्त, (ii) मुद्रा का राजकीय सिद्धान्त, (iii) मुद्रा का परिमाण सिद्धान्त, तथा (iv) आय सिद्धान्त।

मुद्रा का परिमाण सिद्धान्त : व्यावसायिक दृष्टिकोण (फिशर)
Quantity Theory of Money : The Transaction Approach (Fisher)

यद्यपि मुद्रा परिमाण सिद्धान्त के बारे में **डेविड ह्यूम, एडम स्मिथ, रिकार्डो, जे. एस. मिल** आदि अर्थशास्त्रियों ने अपने विचारों को व्यक्त किया है लेकिन **प्रो. फिशर** (Fisher) ने इस सिद्धान्त को लोकप्रिय बनाया है। वर्तमान में **मिल्टन फ्रीडमैन** ने जिन्हें सन् 1976 में अर्थशास्त्र में विशेष योगदान के कारण नोबल पुरस्कार प्रदान किया गया था, मुद्रा के परिमाण सिद्धान्त को नया रूप प्रदान किया।

प्रो. इरविंग फिशर ने 1911 में प्रकाशित अपनी पुस्तक 'The Purchasing Power of Money' में मुद्रा परिमाण सिद्धान्त के नगद व्यवसाय दृष्टिकोण या व्यावसायिक दृष्टिकोण (Transaction Approach) का प्रतिपादन किया है।

परिभाषाएँ और व्याख्या (Definitions & Explanation)—मुद्रा के परिमाण सिद्धान्त से यह ज्ञात होता है कि **मुद्रा के परिमाण और सामान्य कीमत-स्तर में प्रत्यक्ष आनुपातिक सम्बन्ध होता है।** इस सिद्धान्त की कुछ प्रमुख परिभाषाएँ अग्रलिखित हैं—

1. **फिशर** के अनुसार, "मुद्रा के परिमाण सिद्धान्त के अनुसार अन्य बातें स्थिर रहने पर जब चलन में मुद्रा का परिमाण बढ़ता है तो कीमत-स्तर भी प्रत्यक्ष अनुपात में बढ़ता है तथा मुद्रा का मूल्य कम हो जाता है।"[1]

2. **प्रो. टॉजिंग** के अनुसार, "अन्य बातों के समान रहने पर मुद्रा की मात्रा दुगुनी कर देने से कीमतें पहले से दुगुनी हो जायेंगी और मुद्रा का मूल्य आधा रह जायेगा। अन्य बातें समान रहने पर मुद्रा की मात्रा आधी कर देने से कीमतें आधी रह जायेंगी और मुद्रा का मूल्य पहले से दुगुना हो जायेगा।"

उपर्युक्त परिभाषाओं से मुद्रा के परिमाण सिद्धान्त में निम्नलिखित बातें स्पष्ट होती हैं—

1. **मुद्रा के परिमाण तथा सामान्य कीमत-स्तर में प्रत्यक्ष आनुपातिक सम्बन्ध** होता है।
2. **मुद्रा के परिमाण तथा मात्रा तथा मुद्रा के मूल्य में विपरीत समानुपातिक सम्बन्ध** होता है।

इसी तथ्य को नीचे सारणी में अंकों के द्वारा स्पष्ट किया गया है—

सारणी 1–मुद्रा तथा वस्तु का नाम

स्थिति	मुद्रा की मात्रा (M)	वस्तुओं एवं सेवाओं की मात्रा (T)	सामान्य कीमत स्तर (P)	मुद्रा का मूल्य
प्रथम	10	10	$\frac{M}{Y}=\frac{10}{10}=1$	$\frac{1}{P}=\frac{1}{1}=1$
द्वितीय	20 (दो गुना)	10	$\frac{M}{Y}=\frac{20}{10}=2$	$\frac{1}{P}=\frac{1}{2}=0.5$ (आधा)
तृतीय	5 (आधा)	10	$\frac{M}{Y}=\frac{5}{10}=.5$	$\frac{1}{P}=\frac{1}{.5}=$ (दो गुना)

उपर्युक्त सारणी से **स्पष्ट है कि** (i) मुद्रा की मात्रा दुगुनी हो जाती है तो सामान्य कीमत-स्तर भी दुगुना हो जाता है परन्तु मुद्रा का मूल्य आधा रह जाता है।

(ii) इसके विपरीत, जब मुद्रा की मात्रा 10 से घटकर 5 रह जाती है अर्थात् आधी हो जाती है तो सामान्य कीमत-स्तर भी घटकर आधा हो जाता है परन्तु मुद्रा का मूल्य बढ़कर दो गुना हो जाता है।

मुद्रा के परिमाण सिद्धान्त का समीकरण
(Equation of the Quantity Theory of Money)

फिशर के समीकरण को **विनिमय समीकरण (Equation of Exchange)** भी हो जाता है। **प्रो. फिशर** के सिद्धान्त की स्पष्ट रूप से व्याख्या करने के लिए **मुद्रा की माँग तथा पूर्ति** की धारणाओं को समझना आवश्यक है।

1. मुद्रा की पूर्ति (Supply of Money)—फिशर के समीकरण में चलन मुद्रा (M), चलन मुद्रा का चलन वेग (v), साख मुद्रा (M') तथा साख मुद्रा का चलन वेग (V') मुद्रा की पूर्ति के विभिन्न अंग हैं।

---

1. "The quantity theory of money states that other things remaining unchanged, as the quantity of money in circulation increases the price level in direct proportion and the value of money decreases and *vice versa.*" —*Irving Fisher*

मुद्रा की पूर्ति = (MV + M + 'V')

उपर्युक्त समीकरण से ज्ञात होता है कि मुद्रा का परिमाण (M + M') तथा उसके प्रचलन वेग (V + V') का गुणन (MV + M'V') एक निश्चित समयावधि (Period of Time) में **मुद्रा की कुल पूर्ति को प्रकट करता है।**

2. मुद्रा की माँग (Demand of Money)—मुद्रा की माँग इसलिए की जाती है, क्योंकि मुद्रा के माध्यम द्वारा वस्तुओं तथा सेवाओं की प्राप्ति की जा सकती है। अतः किसी समय विशेष में मुद्रा की माँग समाज में किये जाने वाले **विनिमय** की मात्रा पर निर्भर करती है।

अर्थव्यवस्था में उपलब्ध कुल वस्तुओं एवं सेवाओं की मात्रा (T) को सामान्य कीमत-स्तर (P) से गुणा करके मुद्रा की कुल माँग मालूम की जाती है अर्थात्

मुद्रा की माँग (Demand for Money = PT)

उपर्युक्त समीकरण में **समय की निश्चित अवधि में वस्तुओं तथा सेवाओं के सौदों की मात्रा** (T) तथा **कीमत-स्तर (P) का गुणन (PT) मुद्रा की माँग को प्रकट करता है।**

प्रो. फिशर ने मुद्रा की माँग व मुद्रा की पूर्ति के आधार पर मुद्रा के परिमाण सिद्धान्त का निम्नलिखित समीकरण दिया—

फिशर के मुद्रा परिमाण सिद्धांत अर्थात् **नकद सौदा समीकरण (Cash Transaction Equation)** के अनुसार—

मुद्रा की माँग = मुद्रा की पूर्ति

$$PT = MV$$

फिशर का संशोधित समीकरण (Revised Equation)—फिशर ने अपने संशोधित समीकरण में मुद्रा की पूर्ति में चलन मुद्रा के साथ-साथ साख मुद्रा को भी सम्मिलित किया। **संशोधित समीकरण** के अनुसार—

मुद्रा की माँग (Demand for Money) = मुद्रा की पूर्ति (Supply of Money)

$$PT = MV + M'V'$$

$$\text{or} \quad P = \frac{MV + M'V'}{T}$$

$$\text{or} \quad \frac{1}{P} \text{ (Value of Money)} = \frac{T}{MV + M'V'}$$

यहाँ M = प्रचलन में मुद्रा या करेन्सी की मात्रा

V = प्रचलन में मुद्रा या करेन्सी की चलन गति

M' = बैंक मुद्रा या साख मुद्रा की मात्रा

V' = साख मुद्रा की चलन गति

T = वस्तुओं व सेवाओं की कुल मात्रा

P = कीमत-स्तर

1/P = मुद्रा का मूल्य

उपर्युक्त समीकरण से ज्ञात होता है कि (1) मुद्रा का परिमाण (M + M') तथा उसके प्रचलन वेग (V + V') का गुणन (MV + M'V') एक **निश्चित समयावधि** (Period of Time) में मुद्रा की **कुल पूर्ति** को प्रकट करता है तथा (2) समय की निश्चित अवधि में वस्तुओं तथा सेवाओं के सौदों की मात्रा (T) तथा कीमत-स्तर (P) का गुणन (PT) मुद्रा की माँग को प्रकट करता है।

(i) **फिशर** के अनुसार एक निश्चित समयावधि में M'V'V तथा T स्थित रहते हैं। इस स्थिति में कीमत-स्तर तथा मुद्रा के परिमाण में प्रत्यक्ष सम्बन्ध स्थापित हो जाता है अर्थात् मुद्रा के परिमाण,(M + M') में वृद्धि होने से कीमत-स्तर (P) में वृद्धि होती है और मुद्रा के मूल्य $\frac{1}{P}$ में कमी होती है।

फिशर के समीकरण का उदाहरण द्वारा स्पष्टीकरण–फिशर के समीकरण को हम एक उदाहरण द्वारा स्पष्ट कर सकते हैं—

फिशर का स्पष्टीकरण है $$\boxed{P = \frac{MV+'V'}{T}}$$

मान लीजिए

$$M = 600, M' = 1,000\ V = 2, V' = 3, T = 4,200$$

अब समीकरण के अनुसार

पहली स्थिति (i)—$P = \frac{600 \times 2 + 1000 \times 3}{4200} = \frac{4200}{4200} = 1$ रुपया

अर्थात् वस्तु की एक इकाई का मूल्य 1 रु. हुआ यदि मुद्रा का इकाई मूल्य ज्ञात करना हो तो 1/P = 1/1 अर्थात् 1 वस्तु होगा।

दूसरी स्थिति (ii)—अब यदि M = 1,200 व M_1 = 2,000 हो जाये तो सामान्य कीमत-स्तर में आनुपातिक वृद्धि हो जायेगी और मुद्रा के मूल्य में आनुपातिक कमी अर्थात्

$P = \frac{1200 \times 2 + 2000 \times 3}{4200} = \frac{8400}{4200} = 2$ रुपये

इस प्रकार सामान्य कीमत-स्तर पर (P) बढ़कर दुगुना हो जाता है परन्तु मुद्रा की एक इकाई का मूल्य $\frac{1}{P} = \frac{1}{2} = .5$ वस्तु अर्थात् आधा हो गया है।

स्पष्ट है कि मुद्रा के परिमाण एवं कीमत-स्तर में प्रत्यक्ष आनुपातिक सम्बन्ध होता है।

रेखाचित्र द्वारा स्पष्टीकरण (Diagrammatic Representation)

फिशर के सिद्धान्त को निम्नलिखित रेखाचित्र द्वारा भी स्पष्ट किया जा सकता है—

चित्र A में—

(i) OX रेखा पर मुद्रा की मात्रा और OY रेखा पर कीमत-स्तर दिया गया है। जब मुद्रा की मात्रा OM है तो कीमत-स्तर OP है।

(ii) जब मुद्रा की मात्रा OM से बढ़कर OM_1 अर्थात् दुगुनी कर दी जाती है तो कीमतों का सामान्य स्तर भी OP से बढ़कर OP_1 अर्थात् दुगुना हो जाता है। इसी प्रकार मुद्रा की मात्रा चार गुनी OM_2 होने पर कीमत-स्तर तदनुसार चार गुनी बढ़कर OP_2 हो जाती है।

(iii) रेखाचित्र में ON रेखा जो RST बिन्दुओं को मिलाने पर बनती है, कीमत-स्तर और मुद्रा की मात्रा में आनुपातिक सम्बन्ध को व्यक्त करती है।

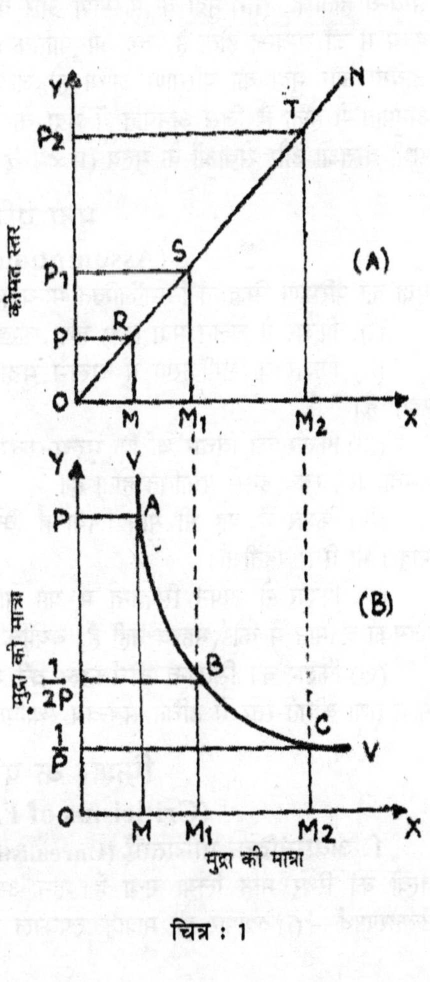

चित्र : 1

चित्र B में–

(i) OX रेखा पर मुद्रा की मात्रा और OY रेखा पर मुद्रा का मूल्य $\frac{1}{P}$ प्रकट किया गया है।

(ii) अन्य बातें समान रहने पर मुद्रा की मात्रा (M) और मुद्रा का मूल्य 1/P में उल्टा सम्बन्ध पाया जाता है। जब मुद्रा की मात्रा OM से बढ़ाकर OM_1 अर्थात् दुगुनी की जाती है तो मुद्रा का मूल्य $\frac{1}{P}$ से घटकर $\frac{1}{2P}$ (आधा) हो जाता है। इसी प्रकार यदि मुद्रा की मात्रा OM_2 अर्थात् चार गुनी कर दी जाती है तो मुद्रा का मूल्य $\frac{1}{4P}$ (एक चौथाई) ही रह जाता है।

(iii) चित्र में A, B और C बिन्दुओं से मिलकर VV वक्र बना है, वह मुद्रा की मात्रा और मुद्रा के मूल्य में पाये जाने वाले विपरीत आनुपातिक सम्बन्ध को व्यक्त करता है।

निष्कर्ष (Conclusion)

मुद्रा परिमाण सिद्धान्त से निम्न निष्कर्ष निकलते हैं—

(i) मुद्रा का मूल्य मुद्रा की मात्रा द्वारा निर्धारित होता है; (ii) मुद्रा के परिमाण और मुद्रा के मूल्य में विपरीत सम्बन्ध होता है; (iii) मुद्रा के परिमाण और वस्तु के मूल्यों में सीधा सम्बन्ध होता है; (iv) मुद्रा के परिमाण और उसके मूल्य में जो सम्बन्ध होता है, वह आनुपातिक होता है। यदि मुद्रा का परिमाण दुगुना हो जाय तो मुद्रा का मूल्य आधा रह जायेगा और मुद्रा का परिमाण आधा हो जाय तो मुद्रा का मूल्य दुगुना हो जायेगा; (v) मूल्य-स्तरों में परिवर्तन उसी अनुपात में होता है जिस अनुपात में मुद्रा के परिमाण में परिवर्तन होता है; (vi) मुद्रा का कुल परिमाण (MV + M'V') सभी वस्तुओं और सेवाओं के मूल्य (P × T = PT) के बराबर होता है।

मुद्रा परिमाण सिद्धान्त की मान्यताएँ
(Assumptions of Quantity Theory of Money)

मुद्रा का परिमाण सिद्धान्त निम्नलिखित मान्यताओं पर आधारित है—

(i) फिशर ने चलन मुद्रा (M) तथा साख मुद्रा (M') के **अनुपात को स्थिर मान** लिया है।

(ii) फिशर के समीकरण में **चलन मुद्रा का प्रचलन वेग V तथा साख मुद्रा का प्रचलन वेग** V' भी स्थिर रहता है।

(iii) फिशर का विचार था कि **मूल्य-स्तर 'P' निष्क्रिय रहता है** अर्थात् यह M, M'V, V' तथा T को प्रभावित नहीं करता वरन् स्वयं इनसे प्रभावित होता है।

(iv) फिशर ने यह भी मान लिया है कि अर्थव्यवस्था **पूर्ण रोजगार** की अवस्था में है तथा T (अर्थात् उत्पादन मात्रा) भी स्थिर रहती है।

(v) फिशर ने अपने सिद्धान्त में यह मान लिया कि **'अन्य बातें स्थिर रहती हैं।'** यह एक प्राचीन मान्यता है जिसका वर्तमान में कोई महत्त्व नहीं है, क्योंकि यह संसार गतिशील है, न कि स्थिर।

(vi) फिशर का सिद्धान्त **दीर्घकाल की मान्यता** पर आधारित है। इस सिद्धान्त के अनुसार दीर्घकाल में मुद्रा की मात्रा तथा कीमत-स्तर में उचित समन्वय स्थापित हो जाता है।

फिशर के परिमाण सिद्धान्त की आलोचनाएँ
(Criticisms of Fisher's Quantity Theory of Money)

1. अवास्तविक मान्यताएँ (Unrealistic Assumptions)—इस सिद्धान्त में मुद्रा को प्रभावित करने वाले अनेक तत्त्वों को स्थिर मान लिया गया है। इन अवास्तविक मान्यताओं ने इस सिद्धान्त को अव्यावहारिक बना दिया है, उदाहरणार्थ— (i) व्यापार की मात्रा अल्पकाल में परिवर्तनशील होती है। (ii) मूल्य (P) निष्क्रिय घटक नहीं होता। (iii)

वास्तविक मुद्रा व साख मुद्रा की चलन गति भी स्थिर नहीं रहती। (iv) साख मुद्रा और वैधानिक मुद्रा में निश्चित अनुपात स्थिर नहीं रहता है। (v) पूर्ण रोजगार की सामान्य स्थिति अवास्तविक है।

2. दीर्घकालीन सिद्धान्त (Long-term Theory)—इस सिद्धान्त की मान्यताएँ दीर्घकाल में सत्य सिद्ध हो सकती हैं परन्तु मुद्रा मूल्य में दीर्घकाल तक परिवर्तनों का ज्ञान हमारे लिए अधिक उपयोगी नहीं होता। अर्थव्यवस्था की अल्पकालीन समस्याएँ अधिक महत्त्वपूर्ण होती हैं और उनके विश्लेषण अधिक उपयोगी हुआ करते हैं।

3. पृथक् सिद्धान्त की आवश्यकता नहीं (No Need of Seperate Theory)—यह सिद्धान्त मुद्रा के मूल्य के सिद्धान्त को मूल्य के सामान्य सिद्धान्त से पृथक् मानता है। वह इस कारण अर्थव्यवस्था के मौद्रिक तथा वास्तविक क्षेत्रों को पृथक् कर देता है। वस्तुतः किसी भी वस्तु की भाँति मुद्रा का मूल्य भी माँग व पूर्ति की सापेक्षिक शक्तियों द्वारा निर्धारित होता है अतः मुद्रा के मूल्य निर्धारण हेतु एक पृथक् सिद्धान्त की आवश्यकता नहीं है।

4. पूर्ति पक्ष पर अनुचित जोर (Undue Importance to Supply Side)—इस सिद्धान्त ने केवल पूर्ति पक्ष पर विशेष जोर दिया है जो अनुचित है, क्योंकि मुद्रा का मूल्य केवल प्रचलित मुद्रा के परिमाण द्वारा ही प्रभावित नहीं होता वरन् उसकी माँग द्वारा भी प्रभावित होता है। अतः यह एकपक्षीय सिद्धान्त है।

> *फिशर के परिमाण सिद्धान्त की आलोचनाएँ*
>
> 1. *अवास्तविक मान्यताएँ*
> 2. *दीर्घकालीन सिद्धान्त*
> 3. *पृथक् सिद्धान्त की आवश्यकता नहीं*
> 4. *पूर्ति पक्ष पर अनुचित जोर*
> 5. *मुद्रा की मात्रा में परिवर्तन का मूल्य पर किस प्रकार प्रभाव पड़ता है।*
> 6. *ब्याज के प्रभाव की अवहेलना*
> 7. *मुद्रा की क्रय-शक्ति की ठीक-ठीक माप नहीं करता*
> 8. *समय विलम्ब पर ध्यान नहीं देता*
> 9. *अमौद्रिक घटनाओं का भी प्रभाव पड़ता है*
> 10. *संचित मुद्रा पर ध्यान नहीं देता*
> 11. *व्यापार-चक्रों की व्याख्या करने में असफल*

5. मुद्रा की मात्रा में परिवर्तन का मूल्य पर किस प्रकार प्रभाव पड़ता है (How Price is affected by the Change in Quantity of Money)—फिशर यह मानते थे कि माप बढ़ने पर मुद्रा-स्फीति प्रारम्भ होती है और स्फीति की गति नयी मुद्रा के सृजन पर निर्भर करती है अर्थात् $\Delta M/M$ पर। इस प्रकार यदि $\Delta M/M$ 5 प्रतिशत है तो सामान्य मूल्य-स्तर में भी 5 प्रतिशत की दर से प्रतिवर्ष वृद्धि होगी परन्तु यह दोषपूर्ण है, क्योंकि यह सिद्धान्त उस प्रक्रिया को स्पष्ट नहीं करता जिसके द्वारा मुद्रा की मात्रा में वृद्धि के फलस्वरूप कुल मौद्रिक व्यय में वृद्धि होती है और जिसके कारण उत्पादन स्थिर रहने की स्थिति में मूल्यों में वृद्धि हो जाती है। संक्षेप में, यह सिद्धान्त इस बात को स्पष्ट नहीं करता कि मुद्रा की मात्रा के परिवर्तन किस प्रकार से मूल्य-स्तर को प्रभावित करते हैं।

6. ब्याज के प्रभाव की अवहेलना (It Ignores the Effect of Rate of Interest)—यह सिद्धान्त कीमतों पर ब्याज की दर के प्रभाव की अवहेलना करता है। लार्ड कीन्स (Lord Keynes), हॉट्रे (Hawtrey), प्रो. हायक (Hayek) आदि के अनुसार इस सिद्धान्त की यह धारणा गलत है कि मुद्रा की मात्रा तथा कीमत-स्तर में प्रत्यक्ष तथा आनुपातिक सम्बन्ध है। वास्तव में, मुद्रा में होने वाला परिवर्तन ब्याज की दर को प्रभावित करता है तथा ब्याज की दर में होने वाला परिवर्तन कीमत-स्तर में परिवर्तन उत्पन्न करता है। मुद्रा की मात्रा तथा कीमत-स्तर में पाया जाने वाला सम्बन्ध प्रत्यक्ष न होकर अप्रत्यक्ष (Indirect) है। अर्थात्—

मुद्रा की मात्रा में परिवर्तन	→	ब्याज की दर में परिवर्तन	→	निवेश में परिवर्तन	→	आय तथा रोजगार में परिवर्तन	→	उत्पादन लागत में परिवर्तन	→	कीमतों में परिवर्तन

अतः यह सिद्धान्त ब्याज की दर की अवहेलना करता है।

7. मुद्रा की क्रय-शक्ति की ठीक-ठीक माप नहीं करता (It does not correctly measure the purchasing power)—यह सिद्धान्त तो केवल नकद लेन-देन की गणना करता है, जबकि आधुनिक युग के व्यापार

के अन्तर्गत अनेक व्यवहार साख और वस्तु विनिमय के आधार पर होते हैं जो कि T में सम्मिलित नहीं रहते। अतः यह सिद्धान्त मुद्रा की क्रय-शक्ति को मापकर केवल रोकड़ी लेन-देन के स्तर (Cash Transaction Standard) को मापता है।

8. समय विलम्ब पर ध्यान नहीं देता (It does not take into account time-lag)—मुद्रा के परिमाण में परिवर्तन का प्रभाव मूल्य-स्तर पर तत्काल नहीं पड़ता वरन् कुछ समय बाद ही दिखायी पड़ता है। इस बीच में अनेक बातें ऐसी हो सकती हैं जो उस परिवर्तन के प्रभाव को नष्ट कर दें। यह सिद्धान्त इस बात पर ध्यान नहीं देता है।

9. अमौद्रिक घटनाओं का भी प्रभाव पड़ता है (Non-monetary factor's also Effect)—मूल्य-स्तर केवल मुद्रा की मात्रा पर निर्भर नहीं रहता वरन् ऐसे अनेक मौद्रिक व अमौद्रिक कारणों पर निर्भर रहता है जो मुद्रा के प्रभाव को नष्ट कर सकते हैं।

10. संचित मुद्रा पर ध्यान नहीं देता (It ignores the Store Money)—कीन्स ने इस सिद्धान्त को एक और दृष्टिकोण से असंतोषजनक बताया है। उनका विचार है कि व्यक्ति चलन अथवा साख-मुद्रा की सारी की सारी रकम वस्तुओं और सेवाओं पर व्यय नहीं कर देता वरन् भावी संकटों से बचने के लिए व्यक्ति हर समय मुद्रा की कुछ राशि संचय करके रखता है। यह संचय की हुई राशि सामान्य मूल्य-स्तर पर कोई प्रभाव नहीं डालती, अतः इसे मुद्रा की मात्रा में से कम करना आवश्यक है।

11. व्यापार-चक्रों की व्याख्या करने में असफल (It fails to explain Trade Cycle)—यह सिद्धान्त कीमत-स्तर के उन परिवर्तनों को समझाने में असमर्थ रहता है जो व्यापार-चक्रों के कारण पैदा होते हैं। इस सिद्धान्त के अनुसार यदि मूल्य गिरते हों तो मुद्रा की मात्रा में वृद्धि करके इसको बढ़ाया जा सकता है परन्तु अनुभव बताता है कि सन् 1929 ई. की विश्वव्यापी मन्दी के समय मुद्रा की मात्रा बढ़ने पर भी वस्तु के मूल्य गिरते गये। इस सम्बन्ध में **क्राउथर** ने कहा है कि "घोड़े को पानी पीने से रोका जा सकता है परन्तु यदि उसे प्यास नहीं है तो कितना ही उसे पानी के समीप ले जाइये, वह पानी नहीं पीयेगा।"

मुद्रा के परिमाण सिद्धान्त की उपयोगिता
(Utility of Quantity Theory of Money)

(i) एक उचित मुद्रा नीति अपनायी जानी चाहिए जिससे मुद्रा तथा साख की पूर्ति पर उचित नियन्त्रण रह सके जो मूल्य में स्थायित्व बनाये रखने के लिए आवश्यक है।

(ii) वस्तुओं के अनुचित संग्रह को रोका जाना चाहिए, ताकि वस्तुओं की पूर्ति मुद्रा की पूर्ति से पीछे न रहने पाये।

(iii) देश के आयात-निर्यात पर उचित ध्यान रखा जाना चाहिए, ताकि कमी वाली वस्तुओं का आयात हो सके और अधिकता वाली वस्तुएँ निर्यात की जा सकें।

(iv) एक उचित उद्योग नीति अपनायी जानी चाहिए, ताकि देश के उत्पादन में तेजी से वृद्धि हो सके और वस्तुओं की कमी के कारण मूल्यों में वृद्धि न हो।

मुद्रा का प्रचलन वेग या चलन गति
(Velocity of Money)

बिग्रेस और **जार्डन** के अनुसार, "एक निश्चित अवधि में एक सिक्का जितनी बार क्रय करने के लिए काम में आता है, वह मुद्रा की चलन गति कहलाती है।" उदाहरण के लिए, यदि 10 रुपये का नोट दिन में 5 बार विनिमय माध्यम के रूप में एक व्यक्ति के पास जाता है तो उसका दैनिक प्रचलन वेग 5 होगा। मुद्रा की कुल मात्रा में इसको सम्मिलित करते हैं।

एक देश में मुद्रा की चलन गति निकालने के लिए एक वर्ष के कुल राष्ट्रीय उत्पाद को मुद्रा की प्रचलन मात्रा (Money in Circulation) से भाग दे दिया जाता है, अर्थात्

$$\text{प्रचलन गति (V)} = \frac{\text{कुल उत्पाद (GNP)}}{\text{प्रचलन में मुद्रा}}$$

मुद्रा की चलन गति को निर्धारित करने वाले तत्त्व (Factors Determining Velocity of Money)

1. मुद्रा की मात्रा (Quantity of Money)—यदि मुद्रा की मात्रा चलन में कम है तो इसकी गति अधिक होगी, क्योंकि वही मुद्रा बार-बार प्रयोग में लायी जायेगी। इसके विपरीत स्थिति में चलन गति कम होगी।

2. क्रय की किस्म (Modes of Purchase)—यदि उधार माल क्रय करने की प्रथा प्रचलित है तो तत्काल भुगतान करने की आवश्यकता न होने के कारण मुद्रा की चलन गति कम हो जायेगी।

3. जनता में बचत की आदत (Saving Habits of People)—यदि जनता अपनी आय का अधिक भाग बचाकर रखती है तो चलन गति कम होगी और यदि बचत की आदत कम होगी तो चलन गति अधिक होगी।

4. उधार का भुगतान की रीति (Mode of Payment of Debt)—यदि भावी भुगतान को साल में एक-दो बार चुकाने की प्रथा है और भुगतान बड़ी मात्रा में किया जाता है तो चलन गति कम होगी और यदि बार-बार छोटी-छोटी मात्रा में भुगतान किया जाता है तो चलन गति अधिक होगी।

5. जनता में द्रव्य-तरलता पसन्दगी (Liquidity Preference of Public)—यदि व्यापारी एवं जन-साधारण अपने दैनिक कार्यों के लिए धन अधिक रखते हैं तो मुद्रा की चलन गति कम होगी और यदि कम रखते हैं तो चलन गति अधिक होगी।

6. मजदूरी चुकाने की रीति (Method of Wage Payments)—यदि मजदूरी लम्बे काल के पश्चात् मिलती है तो अधिकांश मनुष्य अपनी दैनिक आवश्यकताओं को पूरी करने के लिए अपने पास नकद रुपया अधिक मात्रा में रखेंगे जिसके कारण मुद्रा की चलन गति कम हो जायेगी। इसके विपरीत, यदि मजदूरी का भुगतान शीघ्र और बार-बार होता है तो मुद्रा की चलन गति बढ़ जायेगी।

7. यातायात एवं सन्देशवाहन के साधनों की दशा (Condition of Transport and Communication)—यदि देश में यातायात एवं संदेशवाहन के साधन उन्नत दशा में हैं तो व्यावसायिक सीमा का विस्तार होगा, क्रय-विक्रय बढ़ेगा, इसके फलस्वरूप मुद्रा की चलन गति भी बढ़ेगी।

8. आर्थिक विकास की दशा (Condition of Economic Development)—साधारणतया जिस देश की आर्थिक स्थिति जितनी अधिक दृढ़ होगी, वहाँ उतना ही अधिक विनिमय होगा। परिणामस्वरूप चलन गति अधिक होगी।

9. जनसंख्या का घनत्व (Density of Population)—यदि किसी देश में जनसंख्या अधिक है तो मुद्रा की चलन गति अधिक होगी, क्योंकि मुद्रा बहुत-से व्यक्तियों के हाथों से हस्तान्तरित होती है। जनसंख्या कम होने पर उसकी चलन गति भी कम हो जायेगी।

10. साख पत्र की गतिशीलता (Mobility of Credit Instruments)—यदि साख पत्रों (जैसे—चैक) द्वारा एक व्यक्ति से दूसरे व्यक्ति के लेखे में शीघ्रता से जमा का हस्तान्तरण होता है तो साख की चलन गति अधिक होगी।

कैम्ब्रिज का मुद्रा का परिमाण सिद्धान्त
(The Cambridge Quantity Theory of Money)
अथवा
मुद्रा का परिमाण सिद्धान्त : नकद शेष दृष्टिकोण
(Quantity Theory of Money & Cash Balance Approach)

नकद शेष समीकरण का प्रतिपादन कैम्ब्रिज विश्वविद्यालय के अर्थशास्त्रियों; जैसे—**मार्शल, पीगू, कीन्स, राबर्ट्सन** ने किया। इसलिए इसे **कैम्ब्रिज समीकरण** भी कहा जाता है।

प्रो. इरविंग फिशर के मुद्रा के परिमाण सिद्धान्त की इंग्लैण्ड के कैम्ब्रिज विश्वविद्यालय के अर्थशस्त्रियों ने तीव्र आलोचनाएँ कीं। उन्होंने बताया कि फिशर ने बैंकों में लोगों के द्वारा रखे जाने वाले नकद शेष (Cash Balance) और बैंकों द्वारा किये जाने वाले निक्षेपों को कोई महत्त्व नहीं दिया है। कैम्ब्रिज विश्वविद्यालय के अर्थशास्त्रियों का मत है कि मुद्रा के मूल्य का निर्धारण मुद्रा का परिमाण नहीं करता वरन् कुल मुद्राओं में से मुद्रा की केवल वह मात्रा ही मुद्रा के

मूल्य को निर्धारित करती है जिसे लोग नकद रूप में संचित करते हैं। इसीलिए उनके विचार को 'नकद संचयन दृष्टिकोण' (Cash Balance Approach) कहते हैं।

यह सिद्धान्त मुद्रा की पूर्ति की तुलना में मुद्रा की माँग को अधिक महत्त्व देता है। इसलिए इस सिद्धान्त को **मुद्रा की माँग का सिद्धान्त (Demand Theory of Money)** भी कहा जाता है।

सिद्धान्त के आधारभूत तत्त्व (Main Elements of Theory)

इस सिद्धान्त की आधारभूत बातें निम्नलिखित हैं—

1. मुद्रा की पूर्ति (Supply of Money)—मुद्रा की पूर्ति एक निश्चित समय-बिन्दु (Point of Time) पर जनता के पास उपलब्ध नोटों, सिक्कों तथा बैंकों में माँग की जोड़ है अर्थात्

मुद्रा की पूर्ति = नोट + सिक्के + माँग जमा

कैम्ब्रिज समीकरण के अनुसार मुद्रा की पूर्ति का सम्बन्ध **समय के बिन्दु (Point of Time)** से है, जबकि फिशर के समीकरण के अनुसार मुद्रा पूर्ति का सम्बन्ध **समय की अवधि (Period of Time)** से होता है। समय की अवधि में मुद्रा की पूर्ति पर **चलन गति (Velocity)** का प्रभाव पड़ता है परन्तु समय के बिन्दु पर चलन गति का प्रभाव नहीं पड़ता।

2. मुद्रा की माँग (Demand for Money)—कैम्ब्रिज दृष्टिकोण में मुद्रा की माँग मुद्रा को **नकद शेष** अर्थात् नकदी के रूप में रखने के लिए की जाती है, जबकि फिशर के अनुसार मुद्रा की माँग विनिमय के माध्यम के रूप में की जाती है। इस प्रकार कैम्ब्रिज दृष्टिकोण में मुद्रा केवल विनिमय के माध्यम का कार्य ही नहीं करती बल्कि मूल्य के संचय का भी कार्य करती है। अतः लोग नकद कोषों के रूप में मूल्य का संचय करते हैं जिसका प्रयोग वे अपनी सुविधा अनुसार विनिमय के माध्यम के रूप में कर सकते हैं।

इस प्रकार एक अर्थव्यवस्था में सभी लोग अपनी वास्तविक आय का जितना भाग नकद रूप में रखना चाहते हैं, उसे ही मुद्रा की माँग कहा जाता है।

3. मुद्रा की माँग में वृद्धि व कमी का अर्थ (Implication of Increase and Decrease in Demand)—इस सिद्धान्त के अनुसार यदि मुद्रा की पूर्ति स्थिर रहती है तो—

जब मुद्रा की माँग की जाती है (नकद कोष के रूप में रखने के लिए), तब इसका आशय यह होता है कि वस्तुओं, सेवाओं को नहीं माँगा जा रहा है।

(i) यदि समाज में **मुद्रा की माँग बढ़ जाती है** तो यह अर्थ हुआ कि समाज मुद्रा को नकद कोष के रूप में रखकर मुद्रा को रोके रहता है, सेवाओं पर व्यय कम कर रहा है। इस प्रकार मुद्रा की माँग में वृद्धि होने से आशय यह होता है कि समाज में वस्तुओं और सेवाओं पर खर्च कम हो जाते हैं तो उनका मूल्य गिर जाता है अर्थात् मुद्रा का मूल्य बढ़ जाता है।

(ii) इसके विपरीत, जब **मुद्रा की माँग कम हो जाती है** तो इसका आशय यह होता है कि समाज की वस्तुओं और सेवाओं पर खर्च अधिक हो गये हैं और जब वस्तुओं पर खर्च हो जाते हैं तो उनका मूल्य बढ़ जाता है अर्थात् मुद्रा का मूल्य गिर जाता है।

(iii) इस प्रकार **मुद्रा की माँग में वृद्धि** का अर्थ है **कम खर्च → वस्तुओं का कम मूल्य → मुद्रा के मूल्य में वृद्धि।**

(iv) **मुद्रा की माँग में कमी का अर्थ है–अधिक खर्च → वस्तुओं का अधिक मूल्य → मुद्रा का कम मूल्य।** अतः मुद्रा की माँग व मुद्रा के मूल्य में प्रत्यक्ष सम्बन्ध होता है।

विभिन्न नकद शेष समीकरण
(Different Cash Balance Equations)

विभिन्न अर्थशास्त्रियों ने मुद्रा के मूल्य निर्धारण से संबंधित नकद शेष समीकरणों का प्रतिपादन निम्नलिखित रूप में किया है—

1. मार्शल का समीकरण (Marshall's Equation)—मार्शल के अनुसार किसी भी देश में व्यक्ति अपनी कुल वार्षिक आय तथा सम्पत्ति का कुछ भाग नकद रूप में अपने पास रखते हैं किन्तु मार्शल के अनुयायियों ने सम्पत्ति भाग को महत्त्वहीन माना। अतः मार्शल के समीकरण के अनुसार **मुद्रा की माँग कुल माँग का फलन** है। डॉ. मार्शल ने मुद्रा के मूल्य से संबंधित निम्नलिखित समीकरण दिया है—

$$\boxed{M = KY}$$

चूँकि मौद्रिक आय (Y), कुल उत्पादन (O) तथा कीमत स्तर (P) का गुणनफल होता है, इसलिए—

$$Y = P \times O$$

$$M = K \times P \times O \text{ or } P = \frac{M}{KO}$$

मान लीजिए, K = 1/5, O = 1,500 इकाइयाँ तथा M = 3,000 रुपये है तो उत्पादन की एक इकाई का मूल्य निम्नलिखित होगा—

$$P = \frac{M}{KO} = \frac{3000}{1/5 \times (1500)} = \frac{3000}{300} = 10 \text{ रुपये}$$

मार्शल की विचारधारा में इस बात पर अधिक बल दिया गया है कि यदि मुद्रा की मात्रा में कोई परिवर्तन नहीं होते तो भी K की मात्रा में परिवर्तन होने पर कीमत-स्तर में महत्त्वपूर्ण परिवर्तन होंगे। मान लीजिए K का मूल्य 1/5 से 1/3 हो जाता है तो उत्पादन का प्रति इकाई मूल्य घट जायेगा—

$$P = \frac{M}{KO} = \frac{3000}{1/3 \times (1500)} = \frac{3000}{500} = 6 \text{ रुपये}$$

स्पष्ट है कि उपर्युक्त समीकरण में M की अपेक्षा K का प्रभाव कीमत-स्तर पर अधिक पड़ता है।

2. पीगू का समीकरण (Pigou's Equation)—मार्शल के नकद शेष समीकरण में सुधार करके प्रो. पीगू ने इसे निम्न रूप में प्रस्तुत किया है—

$$\boxed{P = \frac{KR}{M}}$$

यहाँ P मुद्रा के मूल्य में परिवर्तन को प्रदर्शित करता है, (K) कुल वास्तविक आय के उस भाग को प्रदर्शित करता है जिसे नकद रूप में संग्रहीत किया जाता है, (R) कुल वास्तविक आय को तथा (M) मुद्रा की कुल मात्रा को प्रदर्शित करता है।

हम जानते हैं कि मुद्रा का मूल्य सामान्य कीमत-स्तर से उल्टा होता है। लोग अपनी सारी मुद्रा करेन्सी या विधिग्राह्य मुद्रा (Legal Tender Money) के रूप में नहीं रखते हैं। वे अपने नकद शेष का कुछ भाग बैंक जमा के रूप में संग्रह कर लेते हैं। इस बात को ध्यान में रखते हुए पीगू ने अपने समीकरण में कुछ सुधार किया जिसमें **K** का कुछ भाग विधिग्राह्य मुद्रा (Legal Tender Money) के रूप में और कुछ भाग बैंक जमा (Bank Deposits) के रूप में रखा गया। नया समीकरण इस प्रकार है—

(i) मुद्रा की एक इकाई का मूल्य :

$$\boxed{P = \frac{KR}{P}[c + h(1 - c)]}$$

(ii) वस्तु की एक इकाई का मूल्य :

$$\boxed{M = \frac{KR}{P}[c + h(1 - c)]}$$

(यहाँ पर c = जनता के पास नकदी; 1 — c = बैंक जमा, h = बैंक जमा का वह भाग जो बैंक अपने पास नकदी के रूप में (Cash-Reserve Ratio) रहते हैं।) इसको हम एक प्रत्यक्ष उदाहरण द्वारा समझा सकते हैं।

उदाहरण/ (Example)—मान लीजिए, K = 1/10, c = 1/3, h = 1/10 तथा R = 4,000 क्विंटल चावल तथा M = 2,000 रुपये हैं, P = ? अर्थात् P ज्ञात करना है।

$$P = \frac{KR}{M}[c + h(1-c)]$$

$$= \frac{\frac{1}{10}\times 4000}{2000}\left[\frac{1}{3}+\frac{1}{10}\left(1-\frac{1}{3}\right)\right]$$

$$= \frac{400}{2000}\left[\frac{1}{3}+\frac{1}{10}\left(1-\frac{1}{3}\right)\right]$$

$$= \frac{1}{5}\left[\frac{1}{3}+\frac{1}{5}\right] = \frac{6}{75} = \frac{2}{25} \text{ क्विंटल चावल}$$

पीगू द्वारा अपने समीकरण में उक्त संशोधन किये जाने के पश्चात भी सामान्यतः नकद शेष समीकरण के सरल रूप में $P = \frac{KR}{M}$ का ही प्रयोग किया जाता है, क्योंकि व्यवहार में साख मुद्रा को वास्तविक मुद्रा में ही सम्मिलित माना जाता है।

पीगू के अनुसार K, R, c तथा h को स्थिर मान लिया जाये तो मुद्रा की पूर्ति में होने वाले परिवर्तन के कारण मुद्रा के मूल्य में आनुपातिक परिवर्तन होगा। इसे रेखाचित्र 2 द्वारा स्पष्ट किया गया है।

1. रेखाचित्र में OX रेखा पर मुद्रा की माँग तथा पूर्ति और OY रेखा पर मुद्रा के मूल्य को प्रकट किया गया है। DD मुद्रा का माँग वक्र है।

2. चित्र से ज्ञात होता है कि जब मुद्रा की पूर्ति OM_1 से बढ़कर OM_2 हो जाती है तो मुद्रा का मूल्य OP_1 से कम होकर OP_2 हो जाता है। मुद्रा के मूल्य में होने वाली कमी मुद्रा की पूर्ति में होने वाली वृद्धि के बराबर है।

3. इसी प्रकार यदि मुद्रा की पूर्ति OM_2 से बढ़कर OM_3 हो जाती है तो मुद्रा का मूल्य भी OP_2 से कम होकर OP_3 हो जायेगा। मुद्रा के मूल्य में उसी अनुपात में कमी हुई जिस अनुपात में मुद्रा की पूर्ति में वृद्धि हुई है। इसीलिए DD माँग वक्र एक रेक्टेंगुलर हाइपरबोला है।

प्रो. पीगू के समीकरण की विशेषताएँ (Characteristics of Pigou's Equation)—1. प्रो. पीगू ने मुद्रा को केवल विनिमय का माध्यम ही नहीं, मूल्य का संचय भी माना है। 2. प्रो. पीगू के अनुसार मुद्रा की माँग व्यापार के आकार (T) पर नहीं वरन् लोगों की संचय करने की पसन्दगी पर निर्भर करती है। 3. मन्दी में नकद मुद्रा का मूल्य बढ़ जाता है। 4. तेजी में वस्तुओं के मूल्य बढ़ने से नकद मुद्रा की माँग बढ़ती है जिससे मुद्रा का मूल्य कम हो जाता है।

3. राबर्ट्सन का समीकरण (Robertson's Equation)—रॉबर्ट्सन का समीकरण कैम्ब्रिज समुदाय के समीकरणों में सर्वाधिक प्रमुख समीकरण माना जाता है। प्रायः राबर्ट्सन के समीकरण की ही कैम्ब्रिज समीकरण के रूप में व्याख्या की जाती है। रॉबर्ट्सन ने मुद्रा के मूल्य-मापन के लिए निम्न समीकरण दिया है—

$$\boxed{M = PKT}$$

जहाँ M = मुद्रा की मात्रा

P = सामान्य मूल्य

T = एक निश्चित समय में वस्तुओं और सेवाओं का कुल व्यापार

K = मुद्रा की वह मात्रा जो निश्चित समय में T के एक अंश के लिए माँगी जाती है। इस तरह, यदि

$$M = PKT$$

तो

$$P = \frac{1}{KT}.M \text{ या } P = \frac{M}{KT}$$

अतः यहाँ यदि K तथा T अपरिवर्तित रहें तो मुद्रा की मात्रा (M) के परिवर्तित होने पर सामान्य मूल्य-स्तर (P) में आनुपातिक परिवर्तन होगा। इस प्रकार रॉबर्ट्सन मुद्रा परिमाण सिद्धान्त के **'आनुपातिकता के नियम'** में पूरा विश्वास रखतें थे।

4. कीन्स का समीकरण (Keynes' Equation)—कीन्स ने जो नकद शेष समीकरण अपनी पुस्तक A Tract on Monetary Returns' में दिया, उसका सम्बन्ध केवल उपभोक्ता वस्तुओं से है। उनके अनुसार, लोग केवल उपभोक्ता वस्तुओं को खरीदने के लिए मुद्रा रखते हैं। उनका समीकरण इस प्रकार है—

$$n = P(K + rK^1)$$

इस समीकरण में—

n = वह विधिग्राह्य मुद्रा जो समाज के चलन में है।

P = वस्तु व उपभोग इकाई की वस्तु

K = उपभोग की उन इकाइयों की मात्रा जिसे लोग नकद मुद्रा के रूप में अपने पास संचित करके रखते हैं।

r = बैंकों का नकद धन

K^1 = वस्तुओं और सेवाओं की वह मात्रा जिसे प्राप्त करने के लिए लोग बैंकों में धन को नकद जमा के रूप में रखते हैं। इस दशा में मुद्रा की एक इकाई का मूल्य है— $P = \dfrac{n}{(K = rK^1)}$

निष्कर्ष (Conclusion)—कीन्स के उपर्युक्त समीकरण के प्रमुख निष्कर्ष निम्नलिखित हैं—

(1) K, K^1 और r स्थिर रहने पर n में होने वाले परिवर्तनों के अनुपात में P में भी परिवर्तन होते हैं। (2) मुद्रा की माँग वस्तुओं और सेवाओं की मात्रा पर निर्भर नहीं करती वरन् जनता द्वारा रखी गयी नकद मात्रा पर निर्भर करती है। (3) जनता तथा बैंक द्वारा तरल मुद्रा अधिक मात्रा में रखने पर K का मूल्य कम तथा K^1 का मूल्य अधिक होता है।

कैम्ब्रिज के समीकरणों की आलोचनाएँ (Criticism of Cambridge Equations)

1. स्थैतिक सिद्धान्त (Static Theory)—यह एक ऐसा पर्याप्त मौद्रिक सिद्धान्त नहीं है जिसके द्वारा अर्थव्यवस्था में मूल्यों की प्रावैगिक प्रवृत्ति की व्याख्या की जा सकती हो। यह प्रावैगिक संसार की जटिल आर्थिक समस्याओं की व्याख्या करने में असमर्थ है।

2. सट्टा उद्देश्य (Speculation Motives)—इसमें मुद्रा की उस माँग पर कोई प्रकाश नहीं डाला गया है जो सट्टेबाजी के उद्देश्य के फलस्वरूप उत्पन्न होती है और जिनका मुद्रा की कुल माँग को निर्धारित करने में एक विशेष महत्त्व होता है।

3. अनुचित मान्यता (Unreal Assumptions)—फिशर के समीकरण की भाँति इस समीकरण में भी K तथा T को निश्चित मान लिया गया है जो सर्वथा अनुचित है।

4. निक्षेपों की श्रेणी (Type of Savings)—प्रो. कीन्स के अनुसार कैम्ब्रिज समीकरण में उन कठिनाइयों की ओर ध्यान नहीं दिया गया है जो विभिन्न वर्ग के निक्षेपों (अर्थात् बचत, चालू तथा स्थायी जमा) के अनुपात में होने से उत्पन्न होती हैं।

5. ब्याज दर (Rate of Interest)—कैम्ब्रिज दृष्टिकोण ब्याज-दर की भूमिका को मान्यता देने में असफल रहा है। इससे ऐसा लगता है कि मुद्रा की पूर्ति में परिवर्तन कीमतों से प्रत्यक्ष सम्बन्ध रखते हैं जो कि उचित नहीं है। डॉन पेटिन्कन के मतानुसार नकदी शेष समीकरण में ब्याज की दर की अपेक्षा यह भ्रम पैदा करती है कि इस दर की प्रतिष्ठता स्थिरता (Invariance) केवल उस विशेष परिस्थिति में रहती है, जब वह (ब्याज दर) मुद्रा की माँग को प्रभावित नहीं करती।

6. अपूर्ण सिद्धान्त (Incomplete Theory)—नकद शेष सिद्धान्त एक अपूर्ण सिद्धान्त है। यह सिद्धान्त नकद कोषों (K) को प्रभावित करने वाले केवल एक तत्त्व अर्थात् वर्तमान आय (R) को महत्त्व देता है परन्तु नकद कोष कई अन्य तत्त्वों, जैसे—कीमत-स्तर, मौद्रिक आदतें, व्यावसायिक ढाँचे आदि पर भी निर्भर करता है। इस सिद्धान्त में इन तत्त्वों की अवहेलना की गयी है।

7. मूल्य सिद्धान्त तथा मौद्रिक सिद्धान्त के समन्वय का अभाव (Lack of Integration of Theory of Value and Theory of Money)—डॉन पैटिन्कन (Don Patinkin) के अनुसार, "नकद शेष समीकरण में मूल्य सिद्धान्त या सापेक्ष मूल्यों तथा मुद्रा सिद्धान्त या सामान्य कीमत-स्तर के समन्वय का अभाव पाया जाता है।"

8. व्यापार-चक्रों की व्याख्या करने में असमर्थ (Fails to Explain Trade Cycles)—इस सिद्धान्त से यह विदित नहीं होता कि अर्थव्यवस्था में तेजी व मन्दी अर्थात् व्यापार-चक्र क्यों आते हैं। अन्य शब्दों में, यह सिद्धान्त दीर्घकालीन परिवर्तनों की व्याख्या करता है परन्तु अल्पकालीन परिवर्तनों को स्पष्ट नहीं करता।

9. मुद्रा की माँग की लोच इकाई (Unitary Elasticity of Demand for Money)—इस सिद्धान्त के अनुसार मुद्रा के मूल्य में उसी अनुपात में परिवर्तन होता है जिस अनुपात में मुद्रा की माँग में परिवर्तन होता है अर्थात् इस सिद्धान्त के अनुसार मुद्रा की माँग की लोच इकाई के बराबर होती है परन्तु वास्तविक जीवन में अर्थव्यवस्था में निरन्तर होने वाले परिवर्तनों के कारण मुद्रा की माँग की लोच इकाई के बराबर नहीं रहने पाती है।

उपर्युक्त आलोचनाओं के होते हुए भी निष्कर्ष के रूप में यह कहा जा सकता है कि यह सिद्धान्त कीमत-स्तर के निर्धारण की विस्तृत तथा वैज्ञानिक व्याख्या प्रस्तुत करता है।

फिशर तथा कैम्ब्रिज समीकरणों की तुलना (Comparison of Fisher's and Cambridge Equations)—फिशर, पीगू तथा कीन्स के मुद्रा परिमाण समीकरण आगे दिये जा रहे हैं—

सारणी-2

फिशर का व्यावसायिक समीकरण	पीगू का नकद शेष समीकरण	कीन्स का वास्तविक नकद शेष समीकरण
$P = \frac{MV + M'V'}{T}$	$P = \frac{KR}{M}$	$P = \frac{n}{K = rK^1}$

फिशर और कैम्ब्रिज समीकरणों में समानता (Similarity between Fisher's and Cambridge Equations)—उपर्युक्त तीनों समीकरणों में निम्नलिखित समानता पायी जाती है—

(i) तीनों समीकरणों में P $\left(\text{अर्थात} \frac{1}{P}\right)$ मूल्य-स्तर को बताता है।

(ii) MV + M"V", M तथा n में समानता पायी जाती है।

फिशर के समीकरण में MV + M'V' = कैम्ब्रिज समीकरण के M = कीन्स के समीकरण n। तीनों संकेताक्षर मुद्रा की पूर्ति को व्यक्त करते हैं।

(iii) T, KR तथा K + rK' एक ही तथ्य के भिन्न रूप है। फिशर का T लेन-देन के सौदों की ओर संकेत करता है, जबकि कैम्ब्रिज समीकरण का KR तथा कीन्स का K + rK' मुद्रा की उस नकद मात्रा का संकेत करते हैं जो निकट भविष्य में लेन-देन सम्बन्धी भुगतान के लिए अपने पास या बैंक में रखी जाती है।

फिशर तथा कैम्ब्रिज समीकरणों में अन्तर (Distinction between Fisher's and Cambridge Equations)—मुद्रा परिमाण सिद्धान्त की तीनों धारणाओं के समीकरणों में कुछ मौलिक अन्तर हैं; जैसा कि नीचे चार्ट में दिखाया गया है—

फिशर व कैम्ब्रिज समीकरणों की तुलना
(Comparison between Fisher's nad Cambridge Equations)

क्र. सं	आधार	फिशर (Fisher's)	कैम्ब्रिज (Cambridge)
1.	**मुद्रा की माँग**	मुद्रा की माँग का आशय व्यापार की उस मात्रा से लिया जाता है जिसको नकद मुद्रा के द्वारा विनिमय किया जाता है अर्थात् इसमें मुद्रा को मुख्यतः विनिमय का माध्यम माना गया है।	इसमें मुद्रा की माँग को नकद रखने अर्थात् मुद्रा के संचय से दिया गया है।
2.	**मुद्रा के मूल्य के निर्धारण में महत्त्व**	मुद्रा के मूल्य निर्धारण में मुद्रा की पूर्ति को अधिक महत्त्व दिया गया है।	इसमें मुद्रा के माँग पक्ष को अधिक महत्त्व दिया गया है।
3.	**प्रवाह व स्टॉक**	मुद्रा को प्रवाह माना जाता है।	मुद्रा को स्टॉक माना जाता है।
4.	**प्रचलन गति**	मुद्रा तथा साख पत्रों की गति का अलग से उल्लेख किया गया है।	इसमें इसका उल्लेख नहीं है।
5.	**मुद्रा तथा साख**	मुद्रा तथा साख को अलग-अलग बताया है।	इसमें साख को मुद्रा का ही अंग माना है।
6.	**समय सीमा**	यह सिद्धान्त समय की अवधि से सम्बन्धित है।	यह समय के बिन्दु से सम्बन्ध रखता है।
7.	**कीमत-स्तर**	कीमत-स्तर का अर्थ सामान्य कीमत-स्तर से है।	कीमत-स्तर उपयोग वस्तुओं के कीमत-स्तर को सूचित किया करता है।
8.	**अन्तर काल**	यह समीकरण दीर्घकालीन परिवर्तनों की ओर संकेत करता है।	यह समीकरण अल्पकालीन तथा मुद्रा के नियमित परिवर्तनों का कारण बताते हैं।
9.	**ब्याज दर**	इसमें ब्याज दर की भूमिका को महत्त्व नहीं दिया गया है।	इसमें ब्याज की भूमिका पर बल दिया गया है।
10.	**प्रकृति**	यह सिद्धान्त मुख्यतः यान्त्रिक है।	यह सिद्धान्त मनोवैज्ञानिक है।

कैम्ब्रिज दृष्टिकोण की श्रेष्ठता
(Superiority of Cambridge Approach)
अथवा
कैम्ब्रिज दृष्टिकोण का महत्त्व
(Importance of Cambridge Quantity Theory)

कैम्ब्रिज दृष्टिकोण की श्रेष्ठता व्यक्त करते हुए **क्राउथर** ने कहा है कि ''इस विश्लेषण ने हमें एक-दो कदम वास्तविकता की ओर बढ़ाया है। व्यापार-चक्रों के स्पष्टकीरण के रूप में इस प्रकार का विश्लेषण चलन गति के विश्लेषण से अधिक विश्वसनीय हैं।''

नकद शेष सिद्धान्त को फिशर के मुद्रा मात्रा के सिद्धान्त से निम्न कारणों से श्रेष्ठ माना गया है—

कैम्ब्रिज दृष्टिकोण की श्रेष्ठता

1. *व्यापार-चक्रों का स्पष्टीकरण*
2. *मानीवय आकांक्षाओं का महत्त्व*
3. *माँग व पूर्ति के सामान्य सिद्धान्त का समन्वय*
4. *स्पष्ट व्याख्या*
5. *यथार्थवादी*
6. *तरलता पसन्दगी*
7. *मनोवैज्ञानिक घटकों पर बल*
8. *अधिक उपयोगी*
9. *मुद्रा के मूल्य का राष्ट्रीय आय से सम्बन्ध*
10. *कीन्स के रोजगार सिद्धान्त का आधार*
11. *सरलता*

1. व्यापार-चक्रों का स्पष्टीकरण (Explanation to Trade Cycles)—परिमाण सिद्धान्त की नकद शेष व्याख्या को नयी बोतल में पुरानी शराब के रूप में नहीं समझा जा सकता। नकद शेष विचारधारा सम्पादन वेग विचारधारा से बेहतरहै जो कि वेग के निर्धारकों तक सीमित थी। नकद शेष विचारधारा ने मुद्रा को पास रखने के निर्धारकों को समझाने के प्रयास किये थे। यदि लोग अधिक मुद्रा की माँग करते हैं (K में वृद्धि) तो उन्हें वस्तुओं व सेवाओं पर कम व्यय करना होता है, क्योंकि किसी समय पर मुद्रा की कुल पूर्ति स्थिर रहती है। वस्तुओं और सेवाओं की घटायी हुई माँग मूल्य को नीचे खिसका देगी। इसके विपरीत, जब लोग अपने पास कम नकद रखना चाहते हैं, वस्तुओं व सेवाओं के लिए उनकी माँग बढ़ जायेगी। इस तरह नकद शेष सिद्धान्त स्फीति व अपस्फीति अथवा व्यापारिक-चक्रों की घटना को समझाता है।

2. मानवीय आकांक्षाओं का महत्त्व (Significance of Human Aspirations)—मुद्रा की मात्रा का नकद शेष सिद्धान्त व्यक्तिगत उद्‌गारों, उद्देश्यों तथा निर्णयों को सभी आर्थिक क्रियाओं का आधार मानता है जिनका फिशर के सिद्धान्त में कोई स्थान नहीं है।

3. माँग व पूर्ति के सामान्य सिद्धान्त का समन्वय (Integration with General Theory of Demand and Supply)—चूँकि कैम्ब्रिज समीकरण माँग एवं पूर्ति के सन्दर्भ में प्रस्तुत किया गया है; अतः यह मौद्रिक सिद्धान्त को माँग-पूर्ति के सामान्य सिद्धान्त से समन्वित कर देता है।

4. स्पष्ट व्याख्या (Clear Explanation)—कैम्ब्रिज सिद्धान्त कारण और परिमाण की भली-भाँति व्याख्या करता है—मुद्रा को तरल रूप में रखने की इच्छा में परिवर्तन से ही कीमत-स्तर में परिवर्तन आ जाता है, चूँकि मुद्रा व साख की मात्रा यथावत् रहे तथा उसमें कोई परिवर्तन न हो, जबकि फिशर का सिद्धान्त यन्त्रवत् है।

5. यथार्थवादी (Realistic)—कैम्ब्रिज समीकरण में मुद्रा के बारे में इस मौलिक सत्य पर जोर दिया गया है कि उसका संचय होता है और K (तरलता पसन्दगी) पर अधिक बल देना V (चलन गति) की अपेक्षा उपयुक्त है।

6. तरलता पसन्दगी (Liquidity Preference)—नकद शेष द्वारा तरलता पसन्दगी सिद्धान्त का जन्म हुआ जो आधुनिक आय रोजगार सिद्धान्त का आधार है।

7. मनोवैज्ञानिक घटकों पर बल (Influence on Psychological Factors)—कैम्ब्रिज समीकरण में मनोवैज्ञानिक घटकों पर मुद्रा की माँग को प्रभावित करने वाले घटकों को प्रधानता दी गयी है, जबकि फिशर ने मुद्रा माँग को प्रभावित करने वाले उत्पादन के तकनीकी एवं संस्थागत घटकों पर ही बल दिया है।

8. अधिक उपयोगी (More Useful)—फिशर की व्याख्या केवल दीर्घकालीन परिवर्तनों को ही महत्त्व देती है परन्तु कैम्ब्रिज व्याख्या अल्पकालीन परिवर्तनों को भी प्रस्तुत करती है। कैम्ब्रिज सिद्धान्त अधिक उपयोगी है।

9. मुद्रा के मूल्य का राष्ट्रीय आय से सम्बन्ध (Relation of National Income with the Value of Money)—नकद शेष समीकरण की श्रेष्ठता का कारण यह भी है कि यह मुद्रा के मूल्य को राष्ट्रीय आय से सम्बन्धित करता है। राष्ट्रीय आय ही नकद कोष के लिए मुद्रा की माँग का निर्धारक तत्त्व है। आय से सम्बन्धित होने के कारण यह सिद्धान्त मुद्रा के मूल्य निर्धारण के आय सिद्धान्त से अधिक निकट है।

10. कीन्स के रोजगार सिद्धान्त का आधार (Basis for Keynesian Employment Theory)—कैम्ब्रिज समीकरण की श्रेष्ठता तब तक कई गुनी बढ़ी, जबकि तरलता पसन्दगी सिद्धान्त के प्रतिपादन से आर्थिक क्षेत्र में रोजगार, आय और अर्थव्यवस्था के नियन्त्रण सम्बन्धी मौद्रिक नीतियों के विशेष सिद्धान्तों का विकास हुआ और मानवीय उद्देश्यों का महत्त्वपूर्ण गतिशील घटक के रूप में विश्लेषण किया जाने लगा।

11. सरलता (Simplicity)—कैम्ब्रिज सिद्धान्त अधिक सरल है, क्योंकि व्यक्तियों द्वारा भिन्न-भिन्न प्रकार के सौदों के लिए कितनी मुद्रा व्यय की जाती है, इसकी अपेक्षा यह पता लगाना सरल है कि वे कितनी मुद्रा संचित अथवा तरल रूप में अपने पास रखते हैं।

प्रो. राबर्ट्सन ने नकद शेष दृष्टिकोण की उच्चता को इन शब्दों में स्वीकार किया है, ''व्यापक रूप से निष्क्रिय मुद्रा का अभ्यास अधिक उपयोगी है, क्योंकि यह हमें मुद्रा के मूल्य को निर्धारित करने वाली निहित सैद्धान्तिक शक्तियों को समझाने के योग्य बनाता है।''

Selecte References

1. Chandler, L.V. : An Introduction to Monetary Theory
2. Crowther : An Outline of Money
3. Day, A.C.L. : Outline of Monetary Economics
4. Haines. W.W. : Money, Prices, and Policy
5. Hansen, Alvin H. : Monetary Theory and Fiscal Policy
6. Keynes J.M. : A Tract on Monetary Reform
   A Treatise on Money
7. Kurihara, K.K. : Monetary Theory and Public Policy
8. Marget, A.W. : The Theory of Prices, Vol. I
9. Whittlesey, Friedman, and Harman : Money and Banking

परीक्षा प्रश्न
(Examination Questions)

I. दीर्घ उत्तरीय प्रश्न (Long Answer Type Questions)

1. मुद्रा के मूल्य की अवधारणा को समझाइए एवं इसके निर्धारकों की विवेचना कीजिए।
   Explain the concept of value of money and discuss its determinants.
2. फिशर के मुद्रा परिमाण सिद्धान्त की आलोचनात्मक व्याख्या कीजिए।
   Critically Discuss the Fisher's quantity theory of money.
3. मुद्रा की चलन गति क्या है? मुद्रा की चलन गति किन-किन बातों पर निर्भर होती है?
   What do you understand by velocity of money? On what factors does the velocity of money depends?
4. फिशर के मुद्रा परिमाण सिद्धान्त व्याख्या की कैम्ब्रिज व्याख्या से तुलना कीजिए। आप इन दोनों में से किसें उत्तम समझते हैं और क्यों?
   Compare Fisher's version of the quantity of money with Cambridge version. Which of the two should you prefer and why?
5. ''यह सत्य नहीं है कि नकद शेष समीकरण नये बीजगणितीय परिधान में परिमाण सिद्धान्त ही है।'' इस कथन के उद्धरण में परिमाण सिद्धान्त की फिशर तथा कैम्ब्रिज व्याख्याओं का आलोचनात्मक परीक्षण कीजिए।

"It is not true as is alleged that the 'Cash Balance Equation' is merely the quantity theory in new algebric dress." In the light of this statement critically examine the quantity theory of money in its Fisherian and Cambridge approaches.

6. नकद शेष समीकरण का आलोचनात्मक परीक्षण कीजिए। मुद्रा के परिमाण सिद्धान्त में नकद शेष समीकरण व नकद लेन-देन समीकरण में भेद बताइए।

   Critically evaluate the cash balance equation. Differentiate between the cash balance equation and the transaction of the quantity theory of money.

II. लघु उत्तरीय प्रश्न (Short Answer Type Questions)

1. मुद्रा के मूल्य से क्या अर्थ है?
2. मुद्रा के परिमाण सिद्धान्त (फिशर समीकरण) का वर्णन करो।
3. मुद्रा के परिमाण सिद्धान्त की मान्यताओं का वर्णन करो।
4. मुद्रा के परिमाण सिद्धान्त या फिशर के सिद्धान्त की पाँच मुख्य आलोचनाओं का वर्णन करो।
5. कैम्ब्रिजन सिद्धान्त में मुद्रा की माँग से क्या आशय है?
6. मुद्रा की माँग में वृद्धि या कमी का अर्थ लिखिए।
7. फिशर और कैम्ब्रिज समीकरणों में तुलना कीजिए।
8. कैम्ब्रिज सिद्धान्त की विशेषताएँ लिखिए।

III. वस्तुनिष्ठ प्रश्न (Objective Type Questions)

सही विकल्प छाँटकर लिखिए :

1. मुद्रा की एक इकाई के बदले में जितनी वस्तुएँ एवं सेवाएँ प्राप्त की जा सकती हैं, उनका सम्बन्ध है :

   (अ) मुद्रा के मूल्य से, (ब) मुद्रा की माँग से,

   (स) उपर्युक्त दोनों से, (द) उपर्युक्त में से कोई नहीं

2. फिशर के समीकरण में मुद्रा के मूल्य-स्तर को प्रभावित करती है:

   (अ) निष्क्रिय मुद्रा (ब) सक्रिय मुद्रा

   (स) सक्रिय मुद्रा एवं निष्क्रिय मुद्रा (द) उपर्युक्त में से कोई नहीं।

3. फिशर के समीकरण को निम्न प्रकार लिखा जाता है:

   (अ) $MV = PV \times M'V'$ (ब) $PT = MV + M'V'$

   (स) $P = T/MV + M'V'$ (द) $MV = M'V'$

4. यदि चलन मुद्रा की मात्रा 1,000 तथा उसका प्रचलन वेग 4 हो और साख मुद्रा की मात्रा 500 तथा उसका प्रचलन वेग 2 और व्यापारिक सौदों की मात्रा 2,000 हो तो सामान्य मूल्य-स्तर (P) होगा :

   (अ) 1.5 (ब) 2.5

   (स) 3.5 (द) 4.5

5. फिशर के समीकरण में P तथा M के मध्य :

(अ) एक धनात्मक सम्बन्ध पाया जाता है
(ब) एक आनुपातिक सम्बन्ध पाया जाता है
(स) उपर्युक्त दोनों
(द) उपर्युक्त में से कोई नहीं।

6. निम्न में से पीगू का कैम्ब्रिज समीकरण है :
(अ) P = M/KR'
(ब) P = N/K+rK[1]
(स) P = KR/M [C +h (1-C)]
(द) उपर्युक्त में से कोई नहीं।

7. कैम्ब्रिज समीकरण P = KR/M में R = 50,000 इकाइयाँ K = 60%, M = 60,000 रुपये हो तो मूल्य-स्तर P होगा :
(अ) 0.5 रुपये प्रति इकाई
(ब) 2 रुपये प्रति प्रकाई
(स) 4 रुपये प्रति इकाई
(द) 1 रुपया प्रति इकाई।

8. फिशर तथा पीगू के कैम्ब्रिज समीकरण में क्या अन्तर है :
(अ) फिशर M को मुद्रा का मूल्य मानते हैं, जबकि पीगू P को वस्तु मानते हैं
(ब) फिशर तथा पीगू के समीकरणों में कोई अन्तर नहीं है
(स) फिशर P को वस्तुओं का मूल्य मानते हैं, जबकि पीगू P को मुद्रा का मूल्य मानते हैं
(द) उपर्युक्त में से कोई नहीं।

उत्तर—1. (अ), 2. (ब), 3. (ब), 4. (ब), 5. (स), 6. (स), 7.(ब), 8. (स)।

□□□

24 कीन्स का मुद्रा का आय अथवा बचत विनियोग सिद्धान्त (Keynesian Income or Saving-Investment Theory of Value of Money)

महत्त्वपूर्ण अवधारणाएँ (Important Concepts)

1. कीन्स का आय सिद्धान्त का कथन (**Statement of Keyne's Income Theory**)—"मुद्रा का मूल्य उसके परिमाण पर आश्रित नहीं होता बल्कि वह तो लोगों की आय, उनकी बचाने की शक्ति, बचत तथा विनियोग के सम्बन्ध पर निर्भर करता है।"

2. सिद्धान्त की आधारभूत विशेषताएँ (**Basic Features of the Theory**)—

(i) कीमत-स्तरों में परिवर्तन या मुद्रा के मूल्य में परिवर्तन पृथक् घटना न होकर **अर्थव्यवस्था में सामान्य परिवर्तन के ही अंग होते हैं।**

(ii) कीमत-स्तरों या मुद्रा के मूल्य में परिवर्तन अर्थव्यवस्था में **आय व व्यय** के स्तरों में परिवर्तन पर निर्भर होते हैं, न कि मुद्रा के परिमाण पर, जैसा कि परिमाण सिद्धान्त ने बताया है।

(iii) ये आय व व्यय के स्तरों में परिवर्तन **बचत व विनियोग** के सम्बन्धों के कारण उत्पन्न होते हैं।

(iv) यदि **बचत विनियोग से अधिक** (S>I) हो जाती है तो कीमत-स्तरों में कमी आती है अर्थात् मुद्रा का मूल्य बढ़ जाता है।

(v) यदि विनियोग बचत से अधिक (I>S) है तो कीमत-स्तर में वृद्धि हो जाती है अर्थात् मुद्रा का मूल्य घट जाता है।

आय सिद्धान्त क्यों (**Why Income Theory?**)—मुद्रा के परिमाण सिद्धान्त के अनुसार मुद्रा की मात्रा को नियन्त्रित करके कीमत-स्तर को नियंत्रित किया जा सकता है परन्तु अनुभव बताता है कि सन् 1929 ई. की **विश्वव्यापी मन्दी** के समय मुद्रा की मात्रा बढ़ने पर भी वस्तु के मूल्य गिरते गये। इस समबन्ध में **क्राउथर** ने लिखा है कि "घोड़े को पानी पीने से रोका जा सकता है परन्तु यदि उसे प्यास नहीं है तो कितना ही उसे पानी के समीप ले जाइए, वह पानी नहीं पियेगा।" वर्तमान अर्थशास्त्रियों ने यह विचार छोड़ दिया है कि मुद्रा की मात्रा कीमत-स्तर को प्रभावित करती है, उल्टे वे यह मानते हैं कि मुद्रा की कुल मात्रा मूल्यों का परिमाण होती है। जब मूल्य-स्तर में वृद्धि होती है तो व्यापारिक क्रियाएँ बढ़ती हैं, बैंक साख बढ़ती है और इस प्रकार कुल मुद्रा की मात्रा में वृद्धि हो जाती है। कीन्स के अनुसार मन्दी के समय मुद्रा की मात्रा अधिक होते हुए भी मूल्य-स्तर कम होने का कारण यह है कि लोगों के पास खर्च करने के लिए आय नहीं होती। अगर समाज में व्यक्तियों को आय मिलती है तो व्यक्ति वस्तुओं को खरीदेंगे, व्यापारिक कार्यों में वृद्धि होगी, बैंकों द्वारा साख-निर्माण होगा और मूल्य-स्तर प्रभावित होगा। इससे यह निष्कर्ष निकलता है कि मूल्य-स्तर को प्रभावित करने के लिए आय महत्त्वपूर्ण है। **कीन्स** के शब्दों में, "मुद्रा का मूल्य उसके परिमाण पर आश्रित नहीं होता बल्कि वह तो लोगों की आय, उनकी बचाने की शक्ति, बचत तथा विनियोग के सम्बन्ध पर निर्भर रहता है।"

सिद्धान्त की आधारभूत विशेषताएँ
(Basic Features of the Theory)

इस सिद्धान्त की आधारभूत विशेषताएँ अग्रलिखित हैं—

1. आय व व्यय का निरन्तर प्रवाह (Continuous Flow of Income and Expenditure)—यदि हम समस्त अर्थव्यवस्था को लें तो समाज की समस्त आय व व्यय को एक निरन्तर प्रवाह के रूप में मान सकते हैं अर्थात् एक व्यक्ति का व्यय ही दूसरे व्यक्ति की आय बन जाती है और यह आय पुनः आय का आधार बन जाती है। यदि हम यह मान लें कि एक अवधि में उत्पन्न आय दूसरी अवधि में स्वतः ही व्यय बन जाती है तो आय का स्तर, व्यापारिक क्रियाओं का स्तर व कीमतों का स्तर स्थिर रहेगा।

आय का स्रोत कम या अधिक भी हो सकता है। उदाहरण के लिए, व्यय की मात्रा में वृद्धि अर्थात् **कीन्स** के शब्दों में, प्रभावपूर्ण माँग में वृद्धि, समाज की आय में विस्तार उत्पन्न कर देगी जिससे व्यय में और भी अधिक विस्तार हो जायेगा। फलतः अर्थव्यवस्था में विस्तार होगा, उत्पादन, रोजगार व व्यापार बढ़ेगा कीमत-स्तर में वृद्धि होगी।

इसके विपरीत, यदि समाज कम व्यय करना चाहता है तो प्रभावपूर्ण माँग कम हो जायेगी फलतः आय का स्तर गिरेगा जिससे व्यय में और भी कमी होगी और अर्थव्यवस्था में संकुचन प्रारम्भ होगा तथा कीमतें गिरने लगेंगी। अतः मुद्रा के आय सिद्धान्त के अनुसार, **कीमत-स्तर में परिवर्तन कोई पृथक् घटना नहीं है बल्कि अर्थव्यवस्था में सामान्य परिवर्तन का ही एक अंग है।** अतः यह प्रश्न उत्पन्न होता है कि व्यय अर्थात् प्रभावपूर्ण माँग में विस्तार व संकुचन क्यों होता है? वे तत्त्व कौन-से हैं जिन पर समाज का आय व व्यय निर्भर होता है।

2. बचत एवं विनियोग में समानता (Equality between Saving and Investment)—कीन्स के विचार में आय (Y), विनियोग (I) और उपयोग (C) का योग होता है।

$$\boxed{Y = C + I} \qquad \text{—(1)}$$

आगे चलकर कीन्स ने यह सिद्ध किया कि कुल बचत (S), कुल आय (Y) और कुल उपभोग (C) का अन्तर है। इसलिए

$$\boxed{S = Y - C}$$

अथवा

$$\boxed{Y = S + C} \qquad \text{—(2)}$$

प्रथम एवं द्वितीय समीकरणों से स्पष्ट है कि

$$\boxed{S + C = C + I}$$

अथवा

$$\boxed{S = I}$$

3. साम्य की स्थिति (Equilibrium Position)—कीन्स का कहना है कि **यदि बचत व विनियोग बराबर हैं** (S =I) तो अर्थव्यवस्था 'साम्य' की स्थिति में रहती है। कारण समाज आय प्रवाह में से जितना बचत के रूप में निकलता है, उतना ही विनियोग के रूप में जोड़ देता है। अधिक स्पष्ट शब्दों में बचत का अभिप्राय यह है कि उपभोग पर व्यय नहीं हो रहा है जिससे आय के प्रवाह में अन्तर आ जाता है। यह अन्तर तभी रोका जा सकता है, जब बचत जितना हो, विनियोग व्यय के रूप में अर्थव्यवस्था में खर्च किया जाय। यदि बचत, विनियोग का रूप धारण कर लेती है तो कुल आय कुल व्यय के बराबर होगी और आय-व्यय की समानता बनी रहेगी। ऐसी परिस्थिति में प्रभावपूर्ण माँग स्थिर रहेगी और उत्पादन तथा रोजगार की मात्रा में परिवर्तन करने का कोई भी कारण नहीं होगा। फलतः कीमतें स्थिर रहेंगी मुद्रा का मूल्य भी स्थिर रहेगा। **अतः अर्थव्यवस्था में यह शर्त** S = I पूरी होनी चाहिए, यदि आय, उत्पादन, रोजगार में उतार-चढ़ाव को रोकना है।[1]

---

1. जब बचत और विनियोग में समानता होती है तो अर्थव्यवस्था में सन्तुलन स्थापित होता है परन्तु इसका अर्थ यह नहीं है कि यह सन्तुलन पूर्ण रोजगार स्तर पर ही है। बचत और विनियोग में समानता अपूर्ण रोजगार स्तर पर भी हो सकती है।

4. प्रत्याशित बचत व प्रत्याशित विनियोग में अन्तर (Difference between Planned Saving and Planned Investment)—देश में बचतें और विनियोग की क्रियाएँ समाज के अलग-अलग वर्गों द्वारा भिन्न-भिन्न उद्देश्यों की पूर्ति हेतु की जाती हैं। जहाँ बचतों की मात्रा बचतकर्त्ताओं की आय, दूरदर्शिता, ब्याज दर, परिवार के सदस्यों की संख्या, पारिवारिक स्नेह आदि पर निर्भर करती है, वहीं विनियोग की मात्रा उत्पादकों की लाभ की आशा, उत्पादन के साधनों का पुरस्कार, ब्याज दर और व्यापारिक भविष्य पर निर्भर करती है। इस प्रकार बचत और विनियोग दो अलग-अलग क्रियाएँ हैं और अलग-अलग वर्गों द्वारा सम्पादित होती हैं तथा उनको प्रभावित करने वाले तत्त्व भी भिन्न-भिन्न हैं। **फलतः बचत व विनियोग में अन्तर हो सकता है।**

5. बचत और विनियोग में असाम्यता के परिणाम (Consequences of Inequality between Saving and Investment)—बचत और विनियोग में असाम्यता के निम्न परिणाम होते हैं—

(i) जब विनियोग बचत से अधिक होता है (I > S)—विनियोग बचत से अधिक उसी समय हो सकता है, जबकि साहसी जितना समाज बचाने के लिए उद्यत है, उससे अधिक विनियोग करने का निर्णय लेता है। इसके लिए विनियोगकर्ता (साहसी) पूर्व बचतों को उपयोग में ले सकता है या बैंकों से नये ऋण ले सकता है। जब विनियोग बचत से अधिक रहता है, तब पूँजीगत उद्योगों में उत्पादन बढ़ता है, उनमें अधिक श्रमिकों को रोजगार मिलता है, श्रमिकों की आय बढ़ती है और वे उपभोक्त वस्तुओं पर अधिक व्यय करते हैं जिसका फल यह होता है कि उपभोक्ता उद्योगों के उत्पादन में वृद्धि होती है और ऐसे उद्योगों में भी रोजगार की मात्रा बढ़ जाती है। **संक्षेप में, यदि विनियोग बचत से अधिक है तो अनेक बेकार साधनों को कार्य मिलेगा, उत्पादन बढ़ जायेगा, राष्ट्रीय आय में वृद्धि होगी और मूल्य-स्तर बढ़ जायेगा अर्थात् मुद्रा का मूल्य घट जायेगा।**

क्या सदैव कीमतों में वृद्धि होती है, जब विनियोग बचत से अधिक रहता है—इसका उत्तर इस पर निर्भर करेगा कि विनियोग किस समय किया जा रहा है। यदि मन्दी के समय किया जा रहा है, जबकि अर्थव्यवस्था में अप्रयुक्त साधन रहते हैं तो विनियोग का प्रभाव यह होगा कि बेकार श्रमिकों और अप्रयुक्त पूँजी को कार्य मिलेगा जिससे उत्पादन में वृद्धि होगी। मुद्रा की मात्रा में वृद्धि से ब्याज की दर गिरेगी और यदि लाभदायक विनियोग के अवसर उपलब्ध हैं तो विनियोग में भी वृद्धि होगी। पूँजीगत उद्योगों में कार्य करने वाले श्रमिकों की आय बढ़ेगी और वे उपभोक्ता वस्तुओं पर अधिक व्यय करेंगे जिसका फल यह होगा कि उपभोक्ता उद्योगों के उत्पादन में भी वृद्धि होगी और ऐसे उद्योगों में भी रोजगार की मात्रा बढ़ जायेगी और व्यक्तियों की आय में वृद्धि होगी। उपभोक्ता वस्तुओं की बढ़ी हुई माँग पुनः पूँजीगत वस्तुओं के लिए माँग पैदा कर देगी और यह प्रक्रिया इसी प्रकार से चलती रहेगी। अतः मन्दी से जब अर्थव्यवस्था पुनरुत्थान की ओर जाती है तो उस समय मुद्रा की मात्रा में वृद्धि के साथ-साथ उत्पादन में भी वृद्धि हो जाती है और इसलिए कीमतें बढ़ती हैं परन्तु **जबकि अर्थव्यवस्था पूर्ण रोजगार की स्थिति में पहुँच गयी है तो मुद्रा की मात्रा में वृद्धि उत्पादन और रोजगार में वृद्धि नहीं करती बल्कि कीमत-स्तर में वृद्धि कर देती है और कीमतें बढ़ने लगती हैं।**

विनियोग के बचत से अधिक होने पर, जब आय बढ़ती है तो बचत भी, जो कि आय का एक स्थिर फलन है, बढ़ने लगती है।[1] **इस प्रकार बचत और** विनियोग के बीच का अन्तर घटने लगता है। अतः रोजगार व आय में उस समय तक वृद्धि होती रहेगी जब तक बचत बढ़कर पुनः विनियोग के बराबर नहीं हो जाती। इस प्रकार बचत और विनियोग के मध्य नया साम्य एक ऊँची कीमत के स्तर पर होता है। **(Thus the new savings investment equilibrium is restored at a high level of income and high price level.)**

इस तथ्य का स्पष्टीकरण कि जब विनियोग बचत से अधिक होता है (I < S) तो बचत और विनियोग के बीच समानता अपेक्षाकृत ऊँची आय के स्तर पर होती है। हम अग्र चित्र 1 के सहारे इसे दर्शा सकते हैं। चित्र में SS विनियोग रेखा है। बचत की मात्रा आय पर निर्भर करती है। आय अधिक होने पर बचत भी अधिक होती है इसीलिए SS बचत रेखा दाहिनी ओर ऊपर उठती हुई है जो यह प्रदर्शित करती है कि आय बढ़ने के साथ-साथ बचत भी बढ़ रही है। विनियोग को आय से स्वतन्त्र माना गया है, इसलिए II विनियोग रेखा क्षैतिज सरल रेखा है जो यह प्रदर्शित है कि एक

---

1. आय और बचत के बीच फलनात्मक सम्बन्ध होता है अर्थात् आय बढ़ने पर बचत बढ़ती है और आय घटने पर बचत घटती है।

दी हुई परिस्थिति में विनियोग की मात्रा स्थिर रहती है। बचत और विनियोग एक-दूसरे को E बिन्दु पर काटते हैं जहाँ आय का स्तर OM है।

मान लीजिए, किन्हीं कारणों से विनियोग की मात्रा में वृद्धि हो जाती है और विनियोग रेखा ऊपर खिसककर I_1I_1 जो जाती है। इसी स्थिति में आय बढ़कर OM_1 हो जाती है और बचत और विनियोग के बीच में नया सन्तुलन E_1 बिन्दु पर स्थापित होता है। इस प्रकार (अ) पुराना सन्तुलन बिन्दु E और पुराना आय का स्तर OM (ब) नया सन्तुलन बिन्दु E_1 व नया आय का स्तर OM_1 स्पष्टतः बचत और विनियोग के बीच नया सन्तुलन अपेक्षाकृत ऊँची आय के स्तर पर हुआ है।

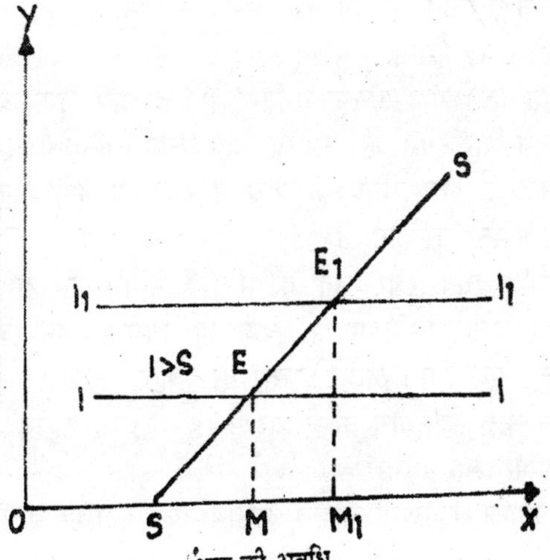

चित्र : 1

(ii) जब बचत विनियोग से अधिक होती है (S—I)—बचत विनियोग से अधिक तभी हो सकती है, जबकि समाज अधिक बचाने का निर्णय करे या जब उद्यमकर्ता कम विनियोग करने का निर्णय करें। मुद्रा को जमीन के अन्दर गाड़कर रखने के कारण भी बचत विनियोग से अधिक हो सकती है।

यदि बचत विनियोग से अधिक है तो इसका अर्थ यह है कि नयी उत्पादित वस्तुओं पर किया गया कुल खर्च उस समय आय से अपेक्षाकृत कम है जो इन वस्तुओं का उत्पादन करने के परिणामस्वरूप उत्पादन साधनों को प्राप्त होती है। अतः उत्पादक देखेंगे कि अधिक बचत के कारण उनकी वस्तुओं के लिए माँग अपर्याप्त है तथा उनमें से कुछ को हानि भी हो रही है। इसलिए वे उत्पादन घटा देंगे, फलतः रोजगार तथा राष्ट्रीय आय में भी कमी हो जायेगी और मूल्य-स्तर गिर जायेगा अर्थात् मुद्रा का मूल्य बढ़ जायेगा।

मान लीजिए, समाज की कुल आय (Y) 200 रु. है जिसमें से समाज 160 रु. का उपभोग (C) कर लेता है और 40 रु. बचत (S) के रूप में रखता है जिसे विनियोग कर दिया जाता है तो—

$$C + I = Y$$
$$160 + 40 = 200$$

मान लीजिए, अब समाज 60 रु. बचाने का निश्चय करता है (अर्थात् 20 रु. और अधिक) तो उपभोग 160 रु. से घटकर 140 रु. हो जायेगा। अतः बचत में वृद्धि का तत्काल प्रभाव समाज के उपभोग में कटौती होगी। पर यदि विनियोग में उसी राशि (अर्थात् 20 रु.) से वृद्धि कर दी जाती है तो राष्ट्रीय आय पूर्वस्तर अर्थात् 200 रुपये पर बनी रहेगी अर्थात्

$$C + I = Y$$
$$140 + 60 = 200$$

परन्तु विनियोग के समान रहने या गिरने की भी आशा की जा सकती है, क्योंकि साहसी जब यह देखते हैं कि लोग अधिक बचा रहे हैं और उपभोग कम हो गया है तो वे विनियोग बढ़ाने के लिए उत्सुक नहीं होंगे। अतः यदि बढ़ी हुई बचत के कारण उपभोग घट जाता है और विनियोग की राशि पूर्ववत् रहती है (अर्थात् बचत विनियोग) तो दूसरी अवधि में उत्पन्न आय की मात्रा पूर्व अवधि की अपेक्षा कम होगी अर्थात् स्थिति इस प्रकार होगी—

$$C + I = Y$$
$$140 + 40 = 180$$

स्पष्ट है कि बचत की अधिकता आय-संकुचन को पैदा करती है। तथ्य की बात तो यह है कि जब बचत बढ़ती है तो उपभोग व्यय और विनियोग दोनों के कम होने की आशा की जा सकती है। ऐसी स्थिति में राष्ट्रीय आय गिर जाती

है और फलतः गिरी हुई आय में से बचत की मात्रा भी गिरेगी। विनियोग के कम होने से राष्ट्रीय आय के कम होने पर बचत के होने की प्रक्रिया उस समय तक चलेगी जब तक कि बचत विनियोग के बराबर नहीं हो जाती है। बचत और विनियोग में यह समानता अपेक्षाकृत नीची आय के स्तर पर होगी। इसे हम संलग्न चित्र 2 द्वारा स्पष्ट कर सकते हैं—

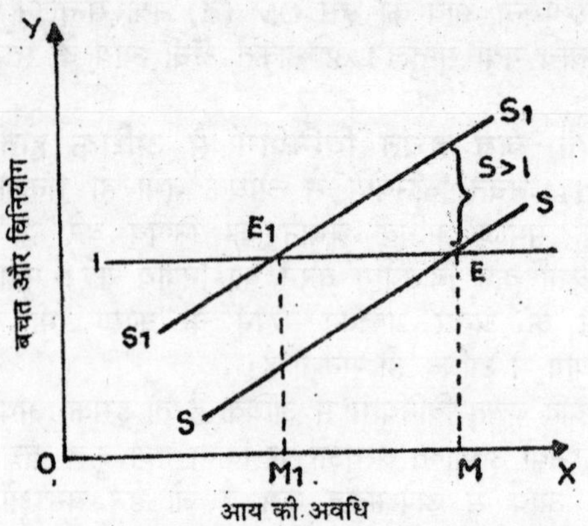

चित्र : 2

चित्र में SS बचत रेखा, I-I विनियोग रेखा और साम्य बिन्दु E है। अब यदि विनियोग यथास्थिर रहता है परन्तु बचत में वृद्धि हो जाती है तो बचत रेखा S_1S_1 हो जाती है और बचत तथा विनियोग का नया सन्तुलन बिन्दु E_1 हो जाता है। स्पष्टतः (अ) पुराना सन्तुलन बिन्दु E और आय का स्तर OM है तथा (ब) नया सन्तुलन बिन्दु E_1 है और नया आय का सन्तुलन स्तर OM_1 है। स्पष्टतः जब बचत विनियोग से अधिक हो जाता है, तब दोनों के बीच में समानता अपेक्षाकृत नीची आय के स्तर पर होती है।

यदि बचत स्थिर रहती है परन्तु विनियोग कम हो जाता है तो भी बचत विनियोग से कम हो जायेगी दोनों के बीच सन्तुलन एक निम्न आय के स्तर पर स्थापित होगा।

उपर्युक्त विवेचन से स्पष्ट होता है कि (अ) यदि कुल बचत कुल विनियोग के बराबर है (S = I) तो राष्ट्रीय आय में कोई परिवर्तन नहीं होगा, कीमतें स्थिर रहेंगी तथा मुद्रा का मूल्य भी स्थिर रहेगा।

(ब) यदि बचत विनियोग से अधिक है तो अनेक उत्पादन साधन बेकार हो जायेंगे, राष्ट्रीय आय कम हो जायेगी तथा मूल्य स्तर गिर जायेगा अर्थात् मुद्रा का मूल्य बढ़ जायेगा।

(स) यदि विनियोग से बचत अधिक है तो अनेक बेकार साधनों को कार्य मिलेगा, उत्पादन बढ़ जायेगा, राष्ट्रीय आय में वृद्धि होगी और मूल्य-स्तर बढ़ जायेगा अर्थात् मुद्रा का मूल्य घट जायेगा।

निष्कर्ष–उपर्युक्त विवेचन से मुद्रा के आय सिद्धान्त के निम्नलिखित तत्त्वों का आभास होता है—

(अ) कीमत-स्तरों में परिवर्तन या मुद्रा के मूल्य में परिवर्तन पृथक् घटना न होकर अर्थव्यवस्था में सामान्य परिवर्तन के ही अंग होते हैं।

(ब) कीमत-स्तरों या मुद्रा के मूल्य में परिवर्तन अर्थव्यवस्था में **आय व व्यय** के स्तरों में परिवर्तन पर निर्भर होते हैं, न कि मुद्रा के परिमाण पर, जैसा कि मुद्रा के परिमाण सिद्धान्त ने बताया है।

(स) ये आय व व्यय के स्तरों में परिवर्तन **बचत व विनियोग** के सम्बन्धों के कारण उत्पन्न होते हैं।

(द) **यदि बचत विनियोग से अधिक** हो जाती है तो कीमत-स्तरों में कमी आती है अर्थात् मुद्रा का मूल्य बढ़ जाता है, इसके विपरीत, **यदि विनियोग बचत से अधिक है** तो कीमत-स्तर में वृद्धि हो जाती है अर्थात् मुद्रा का मूल्य घट जाता है।

(य) आय सिद्धान्त का निष्कर्ष यह है कि मुद्रा के मूल्य में मुद्रा की मात्रा के कारण परिवर्तन नहीं होता (जैसा कि मुद्रा का परिमाण सिद्धान्त मानकर चलता है) वरन् बचत तथा विनियोग के अनुपात में परिवर्तन से होता है।

आय अथवा बचत तथा विनियोग सिद्धान्त की श्रेष्ठता

(Superiority of Income or Saving and Investment Theory)

आधुनिक अर्थशास्त्री बचत, विनियोग अथवा आय सिद्धान्त को मुद्रा परिमाण सिद्धान्त की अपेक्षा श्रेष्ठ मानते हैं। ्नकी पुष्टि में निम्न तर्क दिये जा सकते हैं—

1. अधिक व्यापक (More Comprehensive)—कीन्स का यह सिद्धान्त मुद्रा के मूल्य के सम्बन्ध में अधिक व्यापक है, क्योंकि यह मुद्रा-मूल्य पर प्रभाव डालने वाले सभी तत्त्वों का व्यापक अध्ययन प्रस्तुत करता है। यह आय, बचत, विनियोग, उपभोग एवं लागत आदि सभी शक्तियों के प्रभावों को समन्वित करता है।

2. व्यावहारिक एवं सरल (Practical and Easy)—यह सिद्धान्त मूल्यों में परिवर्तनों के कारणों की विधि एवं क्रम के साथ-साथ विभिन्न तत्त्वों के पारस्परिक सम्बन्ध में ताल-मेल बैठाकर सिद्धान्त को सरल बनाता है।

3. पूर्ण रोजगार की मान्यता (Assumption of Full Employment)—परम्परावादी मुद्रा सिद्धान्त पूर्ण रोजगार की अवास्तविक मान्यता पर आधारित है। **प्रो. कीन्स** ने पूर्ण रोजगार को एक अपवाद माना और बेरोजगारी और उत्पादन भी इसी वृद्धि के अनुपात में बढ़ेगा और जब पूर्ण रोजगार की स्थिति आ जायेगी तो कीमतें मुद्रा की मात्रा में होने वाली वृद्धि के अनुपात में बढ़ेंगी।

4. व्यापार-चक्रों की सन्तोषजनक व्याख्या (Satisfactory Explanation of Business Cycle)—यह सिद्धान्त यह स्पष्ट करता है कि व्यापार-चक्र की मन्दी वास्तव में विनियोग की कमी के कारण मौद्रिक आय के अभाव से उत्पन्न होती है, मुद्रा की कमी के कारण नहीं। **क्राउथर** के शब्दों में, "मन्दी की घोरतम अवस्था में स्पष्टतः जिस चीज की तेजी की उच्चतम अवस्था की तुलना में अभाव होता है, वह मुद्रा नहीं बल्कि लोगों की व्यक्तिगत आयों का जोड़ है।"

5. मुद्रा के चलन वेग का महत्त्व (Importance of Velocity of Money)—बचत एवं विनियोग सिद्धान्त मुद्रा के चलन वेग पर भी पर्याप्त प्रकाश डालता है। यदि बचत, विनियोग से अधिक हो जाती है तो मुद्रा का संचय (Hoarding) होने लगता है और मुद्रा की चलन गति कम हो जाती है। ऐसी हालत में यदि मुद्रा की मात्रा बढ़ायी भी जाय तो वह बचत का रूप धारण कर लेगी और MV ज्यों का त्यों रह जायेगी। इसके विपरीत, जब विनियोग, बचत से अधिक होता है तो मुद्रा संचित कोषों से निकलने लगती है और उसी प्रकार उसकी चलन गति बढ़ जाती है।

6. समीकरण के तत्त्वों की गणना (Calculation of Factors of Equation)—इस सिद्धान्त की सबसे महत्त्वपूर्ण विशेषता यह है कि इसके समीकरण में Y, S, I और C सभी तत्त्वों की शुद्ध गणना की जा सकती है।

7. मौद्रिक एवं रोजगार नीति का आधार (Basis for Monetary and Employment Policy)—यह सिद्धान्त न केवल मुद्रा मूल्य की व्याख्या करता है बल्कि इससे नीति निर्धारकों को उचित मार्ग-दर्शन मिलता है।

8. समष्टि अर्थशास्त्र का आधार (Basis for Macro Economics)—यह सिद्धान्त अर्थशास्त्र की जटिलताओं को समझने में योगदान देता है और यह समष्टि अर्थशास्त्र का आधार है।

सिद्धान्त की आलोचनाएँ
(Criticisms of the Theory)

इस सिद्धान्त में भी निम्नलिखित कमियाँ हैं—

(अ) यह सिद्धान्त यह स्पष्ट नहीं करता है कि अर्द्ध-विकसित देशों में पूर्ण रोजगार को प्राप्त होने के पूर्व ही उसी मूल्य-स्तर में वृद्धि होने लगती है।

(ब) **क्लार्क** का यह मत है कि **कीन्स** का यह कहना कि यह सिद्धान्त प्रावैगिक है, ठीक नहीं है।

(स) **प्रो. लुट्ज** के अनुसार, कीन्स ने बचत और विनियोग की जो परिभाषाएं दी हैं, वे प्रावैगिक परिवर्तनों व साख नीति के अध्ययन में बेकार और अव्यावहारिक हैं।

(द) इस सिद्धान्त की **लियोनटीफ** ने आलोचना की है कि बचत और विनियोग प्रत्येक दशा में समान नहीं होते और न उन्हें मापना ही सरल है कि वे बराबर हैं या नहीं।

निष्कर्ष रूप में कहा जा सकता है कि मुद्रा के **परिमाण सिद्धान्त एवं आय सिद्धान्त** दोनों का ही अपना महत्त्व है। जहाँ परिमाण सिद्धान्त मूल्य की दीर्घकालीन प्रवृत्तियों का विश्लेषण करता है, वहीं आय सिद्धान्त मूल्य-स्तर के अल्पकालीन परिवर्तनों को स्पष्ट करता है। वास्तव में, मूल्य-स्तर के परिवर्तनों को पूर्ण रूप से समझने के लिए दोनों सिद्धान्त आवश्यक हैं।

क्राउथर के शब्दों में, "मुद्रा का परिमाण सिद्धान्त, समुद्र के सामान्य स्तर का विश्लेषण करता है, जबकि बचत एवं विनियोग का सिद्धान्त ज्वार-भाटे की उग्रता को स्पष्ट करता है।"

Select References

1. Dillard, Dudley : The Economics of J.M. Keynes, 1948.
2. Hansen, A.W. : A Guide to Keynes, 1953.
3. Keiser, Noorman F. : Macro Economics, 1971.
4. Keynes, J.M. : The General Theory.
5. Kurihara, K.K. : Monetary Theory and Public Policy, 1951.
6. Shapiro, Edward : Macro Economic Analysis, Second Edition.

परीक्षा प्रश्न
(Examination Questions)

I. दीर्घ उत्तरीय प्रश्न (Long Answer Type Questions)

1. "मुद्रा का मूल्य, वास्तव में कुल आयों का परिमाण है, न कि मुद्रा की मात्रा का।" व्याख्या कीजिए।
   "The value of money in fact, is a consequence of total of income rather than the quantity of money." Discuss.
2. मुद्रा मूल्य के निर्धारण से संबंधित 'आय दृष्टिकोण' समझाइये और परिमाण सिद्धान्त से इसके अन्तर का उल्लेख कीजिए।
   Explain 'Income Approach' to the determination of value of money and point out its differences from the quantity theory of money.
3. "मुद्रा परिमाण सिद्धान्त समुद्र के औसत स्तर को बताता है, जबकि बचत और विनियोग सिद्धान्त इसके ज्वार भाटों के वेग को स्पष्ट करता है।" विवेचना कीजिए।
   "The quantity Theory of Money explains, as it were the average level of sea. The saving and investment theory explains the violence of tides." Discuss.

II. लघु उत्तरीय प्रश्न (Short Answer Type Questions)

1. आय सिद्धान्त का प्रादुर्भाव कैसे हुआ?
2. बचत व विनियोग में समानता स्पष्ट कीजिए।
3. क्या प्रत्याशित बचत व प्रत्याशित विनियोग में अन्तर हो सकता है?
4. बचत और विनियोग में असमानता के परिणाम लिखिए।
5. बचत और वनियोग सिद्धान्त अन्य सिद्धान्तों से किस प्रकार श्रेष्ठ है?
6. बचत व विनियोग सिद्धान्त की आलोचनाएँ लिखिए।

III. वस्तुनिष्ठ प्रश्न (Objective Type Questions)

(A) सही विकल्प छाँटकर लिखिए :

1. मुद्रा के आय सिद्धान्त का सर्वप्रथम प्रतिपादन किया था :
   (अ) टामस टुक ने (ब) मार्शल ने
   (स) पीगू ने (द) उपर्युक्त में से कोई नहीं।
2. यदि बचत विनियोग से अधिक होती है तो :
   (अ) मुद्रा का मूल्य गिरता है (ब) मुद्रा का मूल्य बढ़ता है
   (स) मुद्रा का मूल्य पूर्ववत् रहता है (द) उपर्युक्त में से कोई नहीं।

3. पूर्ण रोजगार की स्थिति के बाद जिस अनुपात में मुद्रा की मात्रा होती है तो कीमतें बढ़ती हैं :
(अ) उसी अनुपात में (ब) उससे अधिक अनुपात में
(स) उसमें कम अनुपात में (द) उपर्युक्त में से कोई नहीं।
उत्तर—1. (अ), 2. (ब), 3. (अ)।

(B) निम्नलिखित कथन सही हैं या गलत :

1. विनियोग से आशय मुद्रा का नई **पूँजीगत वस्तु**ओं के खरीदने पर व्यय किये जाने से है।
2. विनियोग जब बचत से कम होता है, जब स्फीति की दशा उत्पन्न होती है।
3. कीन्स के समीकरण में आय का अर्थ—मौद्रिक आय एवं वास्तविक आय दोनों से है।
4. मुद्रा के मूल्य में परिवर्तन बचत तथा विनियोग के अनुपात में परिवर्तन से होता है।

उत्तर—1. सही, 2. गलत, 3. सही, 4. सही।

(C) रिक्त स्थानों की पूर्ति कीजिए :

1. कीन्स के अनुसार मुद्रा की मात्रा तथा कीमत-स्तर में................सम्बन्ध है :
[(अ) प्रत्यक्ष, (ब) अप्रयत्यक्ष]
2. कीन्स के अनुसार मुद्रा की मात्रा मात्रा में होने वाला परिवर्तन पहले...........को प्रभावित करता है:
[(अ) ब्याज की दर, (ब) निवेश की दर]
3. कीन्स मुद्रा को............मानता है। [(अ) निष्क्रिय (ब) सक्रिय]

उत्तर—1. (ब), 2. (अ), 3 (ब)।

OOO

25 मुद्रा परिमाण सिद्धान्त का तंरलता दृष्टिकोण–रेडक्लिफ-सेयर्स व गुर्ले एवं शॉ (Liquidity Approach to the Quantity of Money—Redcliffe's-Sayers & Gurley and Shaw)

फिशर व अन्य प्रतिष्ठित अर्थशास्त्रियों ने मुद्रा की मात्रा व सामान्य कीमत स्तर में आनुपातिक प्रत्यक्ष सम्बन्ध स्थापित किया था। **तरलता दृष्टिकोण** इस तथ्य पर जोर देता है कि फिशर के मुद्रा परिमाण सिद्धान्त द्वारा मुद्रा की मात्रा और सामान्य कीमत स्तर अथवा व्यापारिक क्रिया की मात्रा में सम्बन्ध को स्पष्ट नहीं किया जा सकता।

आधुनिक अर्थशास्त्री आर्थिक प्रणालियों में मुद्रा की गतिशील भूमिका को स्वीकार करते हुए मुद्रा की पूर्ति में न केवल मुद्रा की मात्रा (करेन्सी) व माँग जमा अर्थात् बैंक मुद्रा को सम्मिलित करते हैं बल्कि उनके निकट प्रतिस्थापन जैसे सावधि जमा, साखपत्र, शेयर्स, बाण्ड्स, वित्तीय मध्यस्थों द्वारा दी जाने वाली साख आदि को सम्मिलित करते हैं। इस प्रकार आधुनिक अर्थशास्त्री मौद्रिक विश्लेषण में मुद्रा की मात्रा को गौण तथा अर्थव्यवस्था की तरलता को अधिक महत्त्व देते हैं। अन्य शब्दों में आधुनिक विश्लेषण में **तरलता** का अधिक महत्त्व है और मुद्रा की तरलता[1] केवल मुद्रा की उपलब्धि मात्रा द्वारा ही निर्धारित नहीं होती। संक्षेप में—

मुद्रा की तरलता पूर्ति (Liquidity of Money Supply)—करेन्सी + माँग जमा + समय जमा + शेयर + बाण्ड्स + प्रतिभूतियाँ + असंगठित क्षेत्र से साख। इस प्रकार वर्तमान में तरलता दृष्टिकोण ने मुद्रा के परिमाण सिद्धान्त को गौण बना दिया है।

1959 में ग्रेट-ब्रिटेन में मौद्रिक प्रणाली पर **रेडक्लिफ कमेटी की रिपोर्ट (Redcliffe Committee's Report)**—प्रकाशित होने के बाद तरलता दृष्टिकोण पर अधिक जोर दिया गया। इस विचारधारा को विकसित करने में **प्रो. आर. एल. सेयर्स, प्रो. गुर्ले एवं प्रो. शॉ** की भी महत्त्वपूर्ण भूमिका है। तरलता दृष्टिकोण का यह निष्कर्ष है कि "मुद्रा एवं कीमतों के पूर्ण एवं वास्तविक सिद्धान्त न केवल नकद की माँग अथवा बैंक मुद्रा का समावेश होना चाहिए वरन् सम्पूर्ण तरल सम्पत्तियों का समावेश होना चाहिए जो किसी न किसी रूप में मुद्रा के स्थानापत्र का कार्य करती है तथा लोगों की तरलता की इच्छा को सन्तुष्ट करती है।"

मुद्रा तरलता दृष्टिकोण के सम्बन्ध में अब हम **रेडक्लिफ-सेयर्स तथा प्रो. गुर्ले-शॉ** की विचारधारा का अध्ययन करेंगे—

I. रेडक्लिफ-सेयर्स की विचारधारा (Redcliffe's-Sayers Thesis)—रेडक्लिफ-सेयर्स की विचारधारा के मुख्य तत्त्व निम्नलिखित हैं—

1. मुद्रा परिमाण व आर्थिक क्रियाओं के प्रत्यक्ष सम्बन्ध की आलोचना (Criticism of Direct Relationship between Quantity of Money and Economic Activities)—रेडक्लिफ समिति ने सर्वप्रथम प्रतिष्ठित अर्थशास्त्रियों की इस विचारधारा की आलोचना की कि मुद्रा की मात्रा और आर्थिक क्रियाओं में प्रत्यक्ष सम्बन्ध होता है। जैसा कि उन्होंने अपने समीकरण **MV = PT** द्वारा व्यक्त किया है। इस सम्बन्ध में रेडक्लिफ-सेयर्स ने निम्न तर्क दिया है—

1. तरल परिसम्पत्तियों को निकट मुद्रा अथवा मुद्रावत के रूप में वर्गीकृत किया जाता है, जिसमें समय जमा राशि, ट्रेजरी बिल्स, विनिमय पत्र, बचत बाण्ड, यूनिट ट्रस्ट में बचत, डाकघर में बचत और वित्तीय क्षेत्र में साख-पत्र इत्यादि का समावेश होता है।

(अ) मुद्रा की पूर्ति और आर्थिक क्रिया के स्तर में कोई कठोर सम्बन्ध नहीं पाया जाता।

(ब) अत्यधिक विकसित वित्तीय व्यवस्था जहाँ बहुत अधिक गैर बैंकिंग वित्तीय मध्यस्थ द्वारा साख की आपूर्ति की जाती है वहाँ मुद्रा की पूर्ति की वास्तविक मात्रा का अनुमान लगाना कठिन है।

(स) इस समिति को कोई ऐसा ऐतिहासिक प्रमाण या तर्क नहीं मिला जिसके आधार पर कहा जा सके कि मुद्रा की प्रचलन गति स्थिर रहती है।

(द) आज की अत्यधिक विकसित वित्तीय प्रणाली में जहाँ बहुत अधिक गैर बैंकिंग वित्तीय मध्यस्थ कार्यरत हैं वहाँ मुद्रा की प्रचलन गति को मालूम करना कठिन है अर्थात् मुद्रा की प्रचलन गति अनिर्धारणनीय है।

2. मुद्रा परिमाण व आर्थिक क्रियाओं के परोक्ष सम्बन्ध की आलोचना (Criticisms of Indirect Relationship between Quantity of Money and Economic Activities)—कीन्स का विचार था कि मुद्रा की पूर्ति मूल्य स्तर में प्रत्यक्ष आनुपातिक सम्बन्ध न होकर परोक्ष सम्बन्ध, ब्याज की दर के माध्यम से होता है। परन्तु रेडक्लिफ समिति ने कीन्स की इस विचारधारा की आलोचना निम्नलिखित आधारों पर की है—

(i) ऐसा कोई प्रमाण नहीं मिला कि ऊँची ब्याज दर उपभोग को घटा देती है।

(ii) इस प्रकार का कोई संकेत नहीं मिला कि बड़ी फर्मों द्वारा विनियोग करने में ब्याज की दर महत्त्वपूर्ण होती है।

(iii) राष्ट्रीयकृत उद्योगों और स्थानीय अधिकारियों द्वारा किया जाने वाला व्यय भी ब्याज की दर में परिवर्तन के प्रति अधिक संवेदनशील नहीं था।

(iv) छोटी फर्मों का ब्याज की दर के प्रति कोई अधिक आकर्षण नहीं था।

उपर्युक्त तर्कों के आधार पर रेडक्लिफ समिति इस निष्कर्ष पर पहुँची कि माँग के स्तर पर ब्याज की दर का प्रत्यक्ष प्रभाव शायद ही कभी पड़ता है।

3. रेडक्लिफ एवं सेयर्स विचारधारा के अनुसार मुद्रा की पूर्ति व आर्थिक क्रियाओं के स्तर में सम्बन्ध (According to Redcliffe's-Sayer's Views the Relationship between Supply of Money and Level of Economic Activities)—इस विचारधारा के अनुसार मौद्रिक एवं सामान्य व्यापारिक क्रियाओं में सम्बन्ध स्थापित करने में न तो मुद्रा का परिमाण और न ही आय की विचारधारा महत्त्वपूर्ण है वरन् इसमें समग्र **तरलता** ही महत्त्वपूर्ण है। मुद्रा की तरलता केवल मुद्रा की उपलब्ध मात्रा द्वारा ही निर्धारित नहीं होती किन्तु इस पर लोगों के उधार देने की क्षमता, लाभ की प्रत्याशा एवं भविष्य की सम्भावनाओं का भी प्रभाव पड़ता है।

इस प्रकार रेडक्लिफ समिति के अनुसार कुल माँग के स्तर को निर्धारित करने वाले निर्णयों में तरलता की महत्त्वपूर्ण भूमिका होती है। कुल तरलता का नियंत्रण मुद्रा की पूर्ति में परिवर्तनों द्वारा नहीं बल्कि ब्याज दर के ढांचे एवं स्तर में परिवर्तन के द्वारा किया जा सकता है। यदि ब्याज की दर में वृद्धि की जाती है तो इससे व्यय पर प्रत्यक्ष प्रभाव नहीं पड़ता, किन्तु इसका प्रभाव वित्तीय संस्थाओं के ऋण देने की नीति पर पड़ेगा। ब्याज दर में वृद्धि से इन संस्थाओं की पूँजीगत परिसम्पत्तियों पर नुकसान होता है और उनकी ऋण देने की क्रियाएँ शिथिल हो जाती हैं तथा अर्थव्यवस्था में तरलता कम हो जाती है। ब्याज की दर में कमी होने से इसकी विपरीत क्रिया होती है तथा कुल तरलता में वृद्धि होती है। तरलता में होने वाले परिवर्तन ही मुद्रा, बॉण्ड्स और वस्तुओं के बाजार में परिवर्तन लाते हैं। जिसके फलस्वरूप सामान्य कीमत स्तर तथा व्यापारिक क्रियाओं में परिवर्तन होते हैं।

4. नीतिपरक बातें (Policy Implications)—रेडक्लिफ कमेटी के अनुसार मौद्रिक नीति का मुख्य आधार मुद्रा पर नियंत्रण न होकर अर्थव्यवस्था की **कुल तरलता पर नियंत्रण होना** चाहिए।

मौद्रिक कार्यवाहियों का मुख्य बिन्दु ब्याज दर की संरचना का नियंत्रण होना चाहिए और ब्याज की दर की संरचना को प्रभावित करने के लिए मुद्रा की पूर्ति (तरलता) एक महत्त्वपूर्ण साधन है। अन्य शब्दों में तरलता प्रभाव के माध्यम से ब्याज की दरों पर नियंत्रण होना चाहिए। परन्तु रेडक्लिफ समिति के मतानुसार इसका तात्पर्य यह नहीं है कि आर्थिक क्रियाओं के नियंत्रण के लिए मौद्रिक नीति ही सबसे प्रभावपूर्ण उपाय है और केवल उसी पर ही निर्भर होना चाहिए। इस समिति ने **आर्थिक स्थिरीकरण नीति (Economic Stabilisation Policy)** के सम्बन्ध में निम्नलिखित सुझाव दिये हैं—

(अ) सामान्य तथा मुद्रा स्फीति की दशाओं में भी मौद्रिक नीति की अपेक्षा राजकोषीय नीति पर अधिक जोर दिया जाना चाहिए।

(ब) असामान्य समयों में तरलता को प्रभावित करने के लिए प्रत्यक्ष उपायों जैसे निर्गमन, बैंक अग्रिम, उपभोक्ता साख नियंत्रण का उपयोग किया जाना चाहिए।

(स) कमेटी ने गैर बैंकिंग वित्तीय मध्यस्थों की उधार देने की क्षमता को नियंत्रित करने के विचार को अस्वीकार कर दिया, क्योंकि इससे अत्यधिक प्रशासनिक कार्यभार बढ़ जायेगा।

II. गुर्ले-शॉ की विचारधारा (Gurley-Shaw Thesis)—गुर्ले एवं शॉ ने अपनी प्रसिद्ध सैद्धान्तिक पुस्तक 'Money in Theory of Finance' में वित्त के योगदान पर अधिक जोर दिया और आर्थिक विकास के साथ गैर बैंकिंग वित्तीय मध्यस्थों (Non-Banking Financial Intermediaries) का विश्लेषण किया है जो मौद्रिक सिद्धान्त तथा मौद्रिक नीति दोनों के लिए महत्त्वपूर्ण है।

रेडक्लिफ रिपोर्ट के विपरीत **गुर्ले-शॉ** का महत्त्वपूर्ण कार्य रेमण्ड गोल्डस्मिथ के अद्वितीय शोध कार्य जो वित्तीय मध्यस्थों के माध्यम से बचत एवं उसके संस्थागत पर था, के द्वारा काफी प्रभावित हुए। गोल्डस्मिथ के कार्य से यह स्पष्ट हुआ कि जहाँ सभी वित्तीय मध्यस्थों की वृद्धि तीव्र गति से हुई है, वहीं गैर बैंकिंग वित्तीय मध्यस्थों में तुलनात्मक रूप में व्यापारिक बैंकों की माँग जमाओं की तुलना में बढ़ी है। इससे **वित्तीय मध्यस्थों** में व्यापारिक बैंकों का महत्त्व कम हुआ है।

संक्षेप में गुर्ले एवं शॉ विचारधारा की प्रमुख बातें निम्नलिखित हैं—

1. किसी भी अर्थव्यवस्था में सम्पूर्ण वित्तीय ढाँचा ही महत्त्वपूर्ण होता है तथा व्यापारिक बैंक इस ढांचे का एक भाग है।

2. व्यापारिक बैंक तथा बत्तीय मध्यस्थता करने वाले दोनों की ही भूमिका ऋणदेय कोष के क्षेत्र में महत्त्वपूर्ण है तथा दोनों ही एक-दूसरे के पूरक हैं।

3. मौद्रिक सिद्धान्त एवं नीति का विश्लेषण बिना अर्थव्यवस्था के वित्तीय संस्थान के नहीं हो सकता। उनके अनुसार मौद्रिक नीति अधिक प्रभावकारी होती है जब यह गैर बैंक वित्तीय संस्थाओं की क्रियाओं को भी ध्यान में रखती है। अतः गैर-बैंकिंग वित्तीय संस्थाओं का भी मौद्रिक अधिकारियों द्वारा नियमन एवं नियंत्रण किया जाना चाहिए अन्यथा मौद्रिक नीति सफल नहीं होगी। इसी तथ्य को नीचे चित्र-1 में दर्शाया गया है—

चित्र-1 में—

(i) MS मुद्रा का पूर्ति वक्र है और MD मुद्रा का माँग वक्र है। दोनों एक-दूसरे को P बिन्दु पर काटते हैं जहाँ ब्याज की दर r निर्धारित होती है।

(ii) मान लीजिए कि स्फीतिकारी स्थिति उत्पन्न हो जाती है और केन्द्रीय बैंक उस पर नियंत्रण पाने के लिए मुद्रा पूर्ति की कुछ मात्रा कम करता है।

(iii) मुद्रा की पूर्ति में की गई कटौती MS **वक्र को बाईं ओर सरकाकर** M_1S_1 द्वारा दिखाया गया है जिससे नया संतुलन बिन्दु P_1 पर स्थापित होता है और ब्याज की दर बढ़कर r_2 हो जाती है।

(iv) गैर बैंकिंग वित्तीय संस्थाएँ भी अपनी जमाओं की ब्याज दर बढ़ा देते हैं, जिससे आगे जनता की मुद्रा की माँग घट जाती है।

(v) MD वक्र बाएँ को सरकाकर M_1D_1 पर चला जाता है और M_1S_1 वक्र को P_2 पर काटता है। ब्याज की दर अब r_2 से गिरकर r_1 पर आ जाती है। इस प्रकार गैर-बैंकिंग वित्तीय संस्थाएँ महँगी मुद्रा की नीति को असफल कर देते हैं।

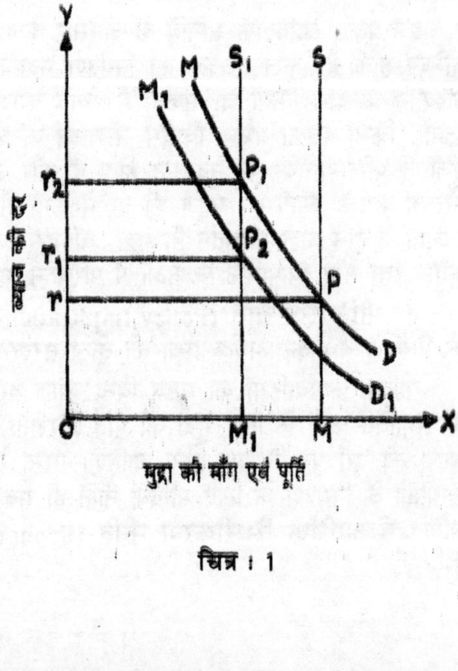

चित्र : 1

अतः गुर्ले-शॉ का मत है कि गैर बैंकिंग वित्तीय संस्थाओं पर केन्द्रीय बैंक के नियंत्रण लागू किये जाने चाहिए। वे लिखते हैं कि "यदि हम यह बात समझ लें कि "**मौद्रिक नियंत्रक**" का स्थान "**वित्तीय नियंत्रण**" को लेना चाहिए तो मध्यस्थों के संस्थानिक विकास के पीछे विद्यमान नियामक (Regulatory) तकनीकों की पश्चात (Lag) पर काबू पाया जा सकता है।"

निष्कर्ष–मुद्रा की तरलता सिद्धान्त को संक्षेप में निम्नलिखित बिन्दुओं द्वारा स्पष्ट किया जा सकता है—

(i) मुद्रा की मात्रा और आर्थिक क्रियाओं (सामान्य कीमत स्तर) के सम्बन्धों को न तो प्रतिष्ठित मुद्रा परिमाण सिद्धान्त द्वारा और न ही कीन्स के आय सिद्धान्त द्वारा समझाया जा सकता है बल्कि इसकी व्याख्या, अर्थव्यवस्था में उपलब्ध कुल तरल सम्पत्तियों की उपलब्धता द्वारा किया जा सकता है।

(ii) मौद्रिक विश्लेषण में अर्थव्यवस्था में उपलब्ध कुल मुद्रा की मात्रा की अपेक्षा समग्र तरलता ही अधिक महत्त्वपूर्ण है अर्थात् अर्थव्यवस्था में आर्थिक क्रियाओं में होने वाले परिवर्तन तरलता में परिवर्तन के कारण ही होते हैं।

(iii) मुद्रा की तरलता केवल मुद्रा की उपलब्ध मात्रा द्वारा ही निर्धारित नहीं होती, किन्तु इस पर लोगों की उधार देने की क्षमता, लाभ की प्रत्याशा एवं भविष्य की सम्भावनाओं का भी प्रभाव पड़ता है।

(iv) अर्थव्यवस्था में होने वाला कुल व्यय न केवल करेन्सी और बैंक जमा से प्रभावित होता है बल्कि गैर बैंकिंग वित्तीय संस्थाओं द्वारा सृजित निकट मुद्रा सम्पत्ति (Near Money Assets) द्वारा भी प्रभावित होता है।

(v) गैर बैंकिंग वित्तीय संस्थाएँ अपनी निकट मुद्रा सम्पत्तियों द्वारा अर्थव्यवस्था में तरलता की वृद्धि करते हैं।

(vi) निकट मुद्रा सम्पत्ति में समय-जमा राशि, ट्रेजरी बिल्स, विनिमय-पत्र, बचत बॉण्ड, यूनिट ट्रस्ट में बचत, डाकघर में बचत और वित्तीय क्षेत्र के साख पत्र इत्यादि का समावेश होता है।

(vii) अर्थव्यवस्था की तरलता में जो वृद्धि होती है उससे मुद्रा की प्रचलन गति बढ़ती है फलतः सामान्य आर्थिक क्रियाओं में वृद्धि होती है।

(viii) सफल मौद्रिक नीति के लिए मात्र मुद्रा की मात्रा का नियंत्रण एक अपर्याप्त कदम है। इसके लिए आवश्यक है कि व्यापारिक बैंक और गैर बैंकिंग वित्तीय संस्थाओं द्वारा निर्मित सम्पूर्ण तरलता पर विचार किया जाय।

(ix) यदि गैर बैंकिंग वित्तीय संस्थाएँ केन्द्रीय बैंक के परिमाणात्मक नियंत्रण से परे होंगी तो मौद्रिक नीति की प्रभावकारिता पर हानि पड़ेगी। अतः गुर्ले-शॉ गैर बैंकिंग वित्तीय संस्थाओं पर बैंक की तरह नियंत्रण चाहते हैं।

परीक्षा प्रश्न
(Examination Questions)

I. दीर्घ उत्तरीय प्रश्न (Long Answer Type Questions)

1. मुद्रा परिमाण सिद्धान्त के तरलता दृष्टिकोण की विवेचना कीजिए और मौद्रिक सिद्धान्त में उसका महत्त्व बताइए।
   Discuss the Liquidity Approach to Quantity Theory of Money and show their significance in Monetary Theory.

II. लघु उत्तरीय प्रश्न (Short Answer Type Questions)

1. मुद्रा तरलता दृष्टिकोण के सम्बन्ध में रेडक्लिफ सेयर्स के विचार लिखिए।
2. रेडक्लिफ-सेयर्स ने आर्थिक स्थिरीकरण नीति के सम्बन्ध में क्या सुझाव दिये हैं?
3. मुद्रा परिमाण के तरलता दृष्टिकोण के सम्बन्ध में गुर्ले एवं शॉ के विचार लिखिए।

III. वस्तुनिष्ठ प्रश्न (Objective Type Questions)

सही विकल्प चुनकर लिखिए–

1. आधुनिक अर्थशास्त्री मौद्रिक विश्लेषण में प्रमुख महत्त्व देते हैं—

(अ) मुद्रा की मात्रा (ब) साख की मात्रा

(स) मुद्रा की तरलता (द) उपर्युक्त में से कोई नहीं

2. निम्नलिखित में से कौन-सा कथन असत्य है—

(अ) रेडक्लिफ-सेयर्स के अनुसार मुद्रा स्फीति की दशाओं में राजकोषीय नीति को अधिक महत्व देना चाहिए।

(ब) गुर्ले-शॉ की विचारधारा में गैर बैंकिंग वित्तीय मध्यस्थों को अधिक महत्व दिया गया है।

(स) तरल परिसम्पत्तियों को निकट मुद्रा कहते हैं।

(द) डाकघर में बचत को तरल मुद्रा में सम्मिलित नहीं किया जाता है।

उत्तर— 1 (स), 2. (द)

ooo

26 फ्रीडमैन का मुद्रा का आधुनिक परिमाण सिद्धान्त
(Friedman's Modern Quantity Theory of Money)

कीन्स के पूर्व अर्थशास्त्रियों द्वारा प्रस्तुत मुद्रा के परिमाण सिद्धान्त में इस बात पर जोर दिया गया कि मुद्रा की पूर्ति (M) में परिवर्तन कीमत स्तरों (P) में परिवर्तन के लिए उत्तरदायी होते हैं। 1936 में कीन्स का **'सामान्य सिद्धान्त'** प्रकाशित होने के उपरान्त अर्थशास्त्रियों ने मुद्रा के प्रतिष्ठित परिमाण सिद्धान्त को रद्द कर दिया। उसके अनुसार मुद्रा की पूर्ति व उत्पादन व कीमत के स्तरों में कोई सरल सम्बन्ध नहीं है। इस प्रकार मुद्रा के प्रतिष्ठित परिमाण सिद्धान्त ने अपना महत्त्व खो दिया था। तथापि **पाँचवीं तथा छठी दशाब्दी** में एक प्रसिद्ध अर्थशास्त्री **मिल्टन फ्रीडमैन (Milton Friedman)** के नेतृत्व में एक नई विचारधारा उत्पन्न हुई जिसने सामान्य कीमत स्तर निर्धारण में ही नहीं बल्कि देश की आर्थिक गतिविधियों में परिवर्तनों के सम्बन्ध में भी मुद्रा के महत्त्व पर बल दिया।

प्रो. फ्रीडमैन, जिन्होंने तथाकथित मुद्रावादी क्रान्ति प्रस्तुत की, ने अपने 1956 में प्रकाशित **'मुद्रा के परिमाण सिद्धान्त का पुनः व्यवस्थापन (The Quantity Theory of Money : A Restatement)** शीर्षक निबन्ध में मुद्रा के आधुनिक परिमाण सिद्धान्त का विशेष मॉडल बनाया जिससे **मुद्रा तथा कीमतों के बीच प्रत्यक्ष सम्बन्ध को प्रदर्शित किया गया है।**

आधुनिक मुद्रा परिमाण सिद्धान्त के प्रमुख तत्त्व
(Main Ingredients of Modern Quantity Theory of Money)

मिल्टन फ्रीडमैन द्वारा परिमाण सिद्धान्त की जो नई व्याख्या की गयी है उसके प्रमुख तत्त्व निम्नलिखित हैं—

1. मुद्रा का माँग सिद्धान्त (Demand Theory of Money)—मुद्रा के परिमाण सिद्धान्त के पुनः व्यवस्थापन में फ्रीडमैन बलपूर्वक कहता है कि **''मुद्रा निश्चय ही बहुत महत्त्व रखती है।'' फ्रीडमैन के अनुसार मुद्रा का परिमाण सिद्धान्त, मुद्रा का माँग सिद्धान्त है।** यह उत्पादन, मौद्रिक आय एवं कीमत स्तर का सिद्धान्त नहीं है। फ्रीडमैन के अनुसार मुद्रा की माँग उसी प्रकार की जाती है जिस प्रकार उपभोग की वस्तुओं तथा सेवाओं की माँग होती है।

2. मुद्रा की माँग के निर्धारक (Determinants of Demand of Money)—फ्रीडमैन के अनुसार **मुद्रा की माँग** निम्नलिखित चरों का फलन है—

(i) कुल सम्पत्ति (Total Wealth)—फ्रीडमैन ने सम्पत्ति शब्द का उपयोग बहुत विस्तृत अर्थ में किया है। उनके अनुसार कोई भी चीज जो आय की एक धारा प्रदान कर सकती है सम्पत्ति है। इसीलिए वे **मानवीय पूँजी** को सम्पत्ति में सम्मिलित करते हैं। अतः फ्रीडमैन के मुद्रा के सिद्धान्त में सम्पत्तियों के निम्नलिखित स्वरूप बताए गये हैं :

(क) मुद्रा (Money)—मुद्रा के विस्तृत अर्थ में लिया गया है जिसमें करेंसी, माँग खाते और समय खाते शामिल हैं जिनमें जमाओं पर ब्याज प्राप्त होता है। इस प्रकार मुद्रा एक विलासिता वस्तु है। यह धारक को सुविधा, सुरक्षा आदि के रूप में वास्तविक प्रतिफल देती है जिसे सामान्य कीमत स्तर (P) में मापा जाता है।

(ख) बांड (Bonds)—बांडों को भुगतानों की समय धारा के दावों के रूप में परिभाषित किया गया है, जो मुद्रारूप (Nominal) इकाइयों में स्थिर हैं।

(ग) इक्विटियाँ (Equities)—यह ऐसी परिसम्पत्ति है जो निरन्तर वास्तविक आय प्रदान करती है।

(घ) भौतिक वस्तुएँ अथवा गैर-मानव वस्तुएँ **(Physical Goods or Non-Human Goods)**—ये इक्विटी जैसी हैं; केवल इतना अन्तर है कि उनका प्रतिफल मुद्रा में न होकर वस्तुओं के रूप में प्राप्त होता है।

(ङ) मानव पूँजी (Human Capital)—यह मानवों की उत्पादकीय क्षमता है।

उपर्युक्त पाँच प्रकार की सम्पत्ति से इन प्रत्याशित आय प्रवाहों का वर्तमान बट्टागत मूल्य सम्पत्ति का चालू मूल्य बनता है, जिसे निम्न प्रकार व्यक्त किया जा सकता है—

$$W = Y/r$$

जहाँ W कुल सम्पत्ति का चालू मूल्य है, Y सम्पत्ति की पाँच किस्मों से प्रत्याशित आय का कुल प्रवाह है, और r ब्याज दर। यह समीकरण दर्शाता है कि सम्पत्ति पूँजीकृत आय (Capitalised Income) है।

(ii) सम्पत्ति का मानव और गैर-मानव रूपों में विभाजन (Division of Wealth between Human and Non-Human Forms)—मिल्टन फ्रीडमैन की सम्पत्ति की परिभाषा में मानवीय एवं गैर-मानवीय दोनों ही प्रकार की सम्पत्तियों को शामिल किया गया है। कई संस्थात्मक प्रतिबन्धों के कारण मानवीय सम्पत्ति का किसी गैर-मानवीय सम्पत्ति द्वारा प्रतिस्थापन बहुत ही सीमित मात्रा में सम्भव है।

चूँकि मानवीय सम्पत्ति गैर मानवीय सम्पत्ति की तुलना में कम तरल है इसलिए फ्रीडमैन की यह मान्यता है कि जैसे-जैसे कुल सम्पत्ति में गैर मानवीय सम्पत्ति का प्रतिशत अनुपात घटता है तो मानवीय सम्पत्ति की तरलता की कमी को पूरा करने के लिए मुद्रा की माँग में वृद्धि होती है।

(iii) मुद्रा को संग्रहीत करने की अवसर लागत (The Opportunity Cost of Holding Money)—मुद्रा को संग्रहीत करने की अवसर लागत दो बातों से प्रभावित होती है—

(अ) विभिन्न प्रकार की वैकल्पित परिसम्पत्तियों जैसे बाण्ड व शेयरों पर ब्याज की दर तथा कीमत स्तरों में परिवर्तन की प्रत्याशित दर। वास्तव में, ये दोनों ही कारक मुद्रा शेषों को रखने की लागत को प्रभावित करते हैं।

(ब) ब्याज की दर में वृद्धि होने अथवा कीमत स्तर में वृद्धि होने से लोगों द्वारा रखी जाने वाली नकदी की मात्रा कम हो जाती है।

उदाहरण के लिए हम सरकारी बॉण्ड को लेते हैं। बॉण्ड का अंकित मूल्य उस पर लिखा रहता है और प्रतिशत ब्याज-दर भी उसी पर दी होती है। अतः किसी एक बॉण्ड से निश्चित वार्षिक आय होती है। मान लीजिए कि बॉण्ड का अंकित मूल्य 100 रू. है और इस पर सरकार 10% ब्याज देती है। इसका अर्थ यह हुआ कि यदि कोई व्यक्ति 100 रु. बॉण्ड में नहीं लगाकर अपने पास ही रखता है तो 100 रु. अपने पास नकदी में रखने की लागत 10 रु. होगी।

इसी प्रकार यदि सामान्य कीमत स्तर में 10% की वार्षिक वृद्धि हो रही है तो वर्ष के आरम्भ में 100 रु. में जितनी वस्तुएँ खरीदी जा सकती थीं, उतनी ही वस्तुओं को वर्ष के अन्त में 110 रु. में खरीदा जा सकेगा। अतः यदि एक व्यक्ति वर्ष के प्रारम्भ में 100 रु. की वास्तविक वस्तुएँ न रखकर 100 रु. नकद के रूप में रखता है तो 100 रु. नकदी में रखने की लागत 10 रु. होगी, क्योंकि कीमतों में वृद्धि हो जाने से मुद्रा की क्रय-शक्ति में 10% की कमी आ गयी है। अतः **ब्याज दर में वृद्धि होती है अथवा सामान्य कीमत-स्तर में वृद्धि होती है (अर्थात् जब नकदी रखने की लागत में वृद्धि हो जाती है) तो व्यक्ति अपने पास नदकी की मात्रा कम रख कर अपने दायित्वों व खर्चों को पूरा करता है।** इस प्रकार लोगों की तरलता पसंदगी घट जाती है। इसके विपरीत, जब ब्याज की दर कम हो जाती है अथवा कीमतों की वृद्धि की दर में ह्रास होता है तो मुद्रा या नकदी रखने की लागत घट जाती है जिसके परिणामस्वरूप तरलता पसंदगी बढ़ जाती है।

संक्षेप में मुद्रा की माँग और मुद्रा रखने की लागत में विपरीत सम्बन्ध होता है।

(iv) अन्य चर (Other Variables)—आय के अतिरिक्त अन्य चर मुद्रा की सेवाओं से सम्बद्ध उपयोगिता को प्रभावित कर सकते हैं, जो वास्तविक तरलता को निर्धारित करते हैं। तरलता के अतिरिक्त सम्पत्ति धारकों की रुचियाँ और अधिमान चर होते हैं। एक अन्य चर अंतिम सम्पत्ति धारकों द्वारा वर्तमान पूँजी वस्तुओं में व्यापार है। ये चर सम्पत्तियों के अन्य प्रकारों के साथ मुद्रा के माँग फलन को भी निर्धारित करते हैं। ऐसे **चरों को फ्रीडमैन μ (म्यू)** का नाम देता है।

3. मुद्रा रखने की माँग (Demand for Money to Hold)—फ्रीडमैन के सिद्धान्त के अनुसार व्यक्ति अपनी आय के एक निश्चित अंश को मुद्रा या नकद शेष के रूप में रखने की इच्छा करते हैं। इस सम्बन्ध में दो बातें ध्यान देने योग्य हैं। **प्रथम,** मुद्रा या नकद शेष का वांछित संचय **मौद्रिक आय (Nominal Income)** अर्थात् GNP का फलन होता है। मौद्रिक GNP जितनी अधिक होगी, मुद्रा या नकद शेष की मात्रा उतनी ही अधिक होगी जिसे लोग संचय करना कहेंगे। **द्वितीय,** फ्रीडमैन **नकद मुद्रा संचय (Nominal Money Holdings)** अर्थात् नकद शेष तथा वास्तविक मुद्रा संचय अर्थात् **वास्तविक नकद शेष (Real Cash Balance)**—के बीच अन्तर करते हैं। **वास्तविक मुद्रा संचय**

(वास्तविक नकद शेष) से हमारा तात्पर्य रखी गयी मुद्रा की क्रयशक्ति से होता है जिसे मुद्रा की मात्रा (M) को औसत कीमत स्तर से भाग देने पर प्राप्त किया जाता है। इस प्रकार वास्तविक नकद संचय को M/P द्वारा व्यक्त किया जाता है। चूँकि मुद्रा संचय की क्रयशक्ति ही वस्तुओं तथा सेवाओं पर व्यय के दृष्टिकोण से महत्त्वपूर्ण होती है, अतः फ्रीडमैन ने लोगों द्वारा अपनी आय के एक भाग को **वास्तविक नकद शेष के रूप** में रखने की लोगों की इच्छा पर अधिक जोर दिया है।

इस प्रकार फ्रीडमैन तथा अन्य मुद्रावादियों द्वारा प्रस्तुत **मुद्रा को रखने की माँग (Demand for Money to Hold)** के विचार को निम्न प्रकार लिखा जा सकता है—

$$\boxed{M^1 = kPY} \qquad \text{—(1)}$$

जिसमें

M^1 = मुद्रा या नकद शेष को रखने की माँग

k = राष्ट्रीय आय का वह अनुपात जिसे लोग मुद्रा संचय अर्थात् नकद शेष के रूप में रखना चाहते हैं।

PY = मौद्रिक राष्ट्रीय आय जिसे कीमत स्तर को वास्तविक आय से गुणा करने पर प्राप्त किया जाता है।

4. मुद्रा की पूर्ति (Supply of Money)—अर्थव्यवस्था में किसी समय विशेष पर मुद्रा की पूर्ति स्थिर होती है जो देश के मौद्रिक अधिकारी द्वारा निर्धारित की जाती है। इसीलिए आगे चित्र 1 A में मुद्रा का पूर्ति वक्र MS एक लम्बवत् सीधी रेखा है जिसका अर्थ यह है कि मुद्रा पूर्ति आय में परिवर्तनों से अनुमानित रहती है।

5 मौद्रिक सन्तुलन (Monetary Equilibrium)—अर्थव्यवस्था में मौद्रिक सन्तुलन उस समय स्थापित होता है जहाँ **मुद्रा संचय की माँग मुद्रा की पूर्ति के** बराबर हो जाती है अर्थात्

$$\boxed{M^d \text{ (या kPY)} = MS} \qquad \text{—(2)}$$

यदि M^d या kPY की अपेक्षा MS अधिक है अर्थात् मुद्रा संचय की माँग की अपेक्षा मुद्रा की पूर्ति अधिक है तो लोगों के पास मुद्रा की अतिरिक्त पूर्ति (excess supply) की मात्रा होगी। नवीन मुद्रावादियों के अनुसार, लोगों की प्रतिक्रिया अतिरिक्त मुद्रा की पूर्ति को वस्तुओं तथा सेवाओं पर व्यय करने की होगी ताकि मुद्रा की पूर्ति तथा मुद्रा की माँग में सन्तुलन लाया जा सके। दूसरी ओर यदि मुद्रा-माँग kPY की अपेक्षा MS कम है तो यह पुनः असन्तुलन की स्थिति होती है और लोग कम मुद्रा व्यय करके इस स्थिति की प्रतिक्रिया करेंगे ताकि उनकी मुद्रा संचय की माँग के समान होने के लिए मुद्रा की पूर्ति में वृद्धि हो जाय।

मुद्रा संचय की माँग के तथा मुद्रा की पूर्ति के बीच सन्तुलन की व्याख्या आय चित्र 1A की सहायता से की गई है। चित्र में 1A में मुद्रा की पूर्ति OM तथा मुद्रा का माँग वक्र M^d (M^d = kPY) होने पर मौद्रिक सन्तुलन E बिन्दु पर है जिस पर मौद्रिक आय का साम्य PY है।

मुद्रा पूर्ति में वृद्धि तथा कीमत स्तर में सम्बन्ध (Relationship between Increase in Money Supply and Price Level)—अब हम फ्रीडमैन के मुद्रावादी सिद्धान्त के अन्तर्गत किस प्रकार मुद्रा पूर्ति में वृद्धि कीमत स्तर तथा राष्ट्रीय आय को प्रभावित करेगी उस प्रसारण तन्त्र (Transmission Mechanism) की भी व्याख्या करेंगे जिसके द्वारा मुद्रा की पूर्ति में वृद्धि कीमत स्तर तथा आय में वृद्धि करती है। मुद्रा सन्तुलन के समीकरण पर पुनः विचार करें।

$$\boxed{kPY = MS} \qquad \text{—(3)}$$

$$\boxed{\text{or } P = \frac{MS}{kY}} \qquad \text{—(4)}$$

अतः यदि k तथा Y स्थिर (constant) रहते हैं तो समीकरण (Y) से निष्कर्ष निकलता है कि कीमत, मुद्रा की पूर्ति की दिशा में समानुपातिक होती है।

अतः **मुद्रावादी** दृष्टिकोण के अनुसार मुद्रा पूर्ति तथा कीमतों के बीच सम्बन्ध केवल सबल ही नहीं बल्कि प्रत्यक्ष भी होता है। इस सिद्धान्त में मुद्रा पूर्ति के विस्तार को उपभोक्ताओं तथा विनियोजकों दोनों के हाथों में अधिक मुद्रा रख दिए जाने के रूप में माना गया है। चूँकि इस सिद्धान्त की यह मान्यता है कि मुद्रा संचय माँग (M^1) राष्ट्रीय आय की स्थिर फलन (Stable Function) है, इसलिए मुद्रा पूर्ति में वृद्धि लोगों की मुद्रा संचय की माँग की अपेक्षा अधिक नकद शेष उत्पन्न करती है और **अतिरिक्त मुद्रा शेष** को शीघ्र ही व्यय कर दिया जाता है जिसके फलस्वरूप वस्तुओं तथा सेवाओं

की कुल माँग में वृद्धि होती है और कीमतें बढ़ती हैं। इस प्रकार **फ्रीडमैन विश्लेषण में कीन्सीयन विश्लेषण**[1] **से भिन्न मुद्रा की** पूर्ति में वृद्धि का कुल माँग में वृद्धि के माध्यम से कीमतों तथा आय पर प्रत्यक्ष प्रभाव का विश्लेषण किया है।

रेखाचित्र द्वारा स्पष्टीकरण (Diagrammatic Explanation)—फ्रीडमैन के मुद्रा परिमाण सिद्धान्त को चित्र द्वारा स्पष्ट किया गया है—

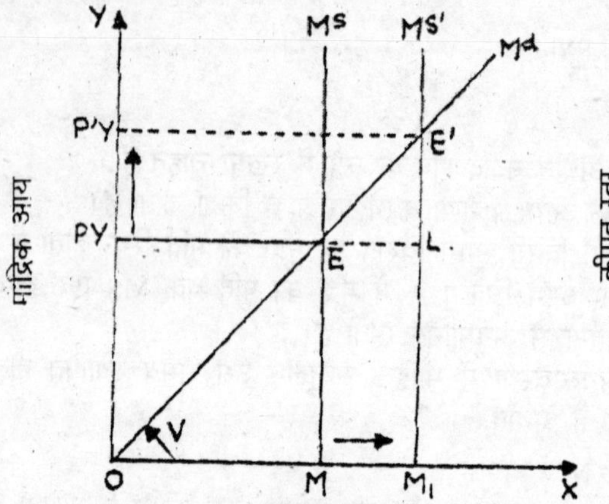

चित्र-1A

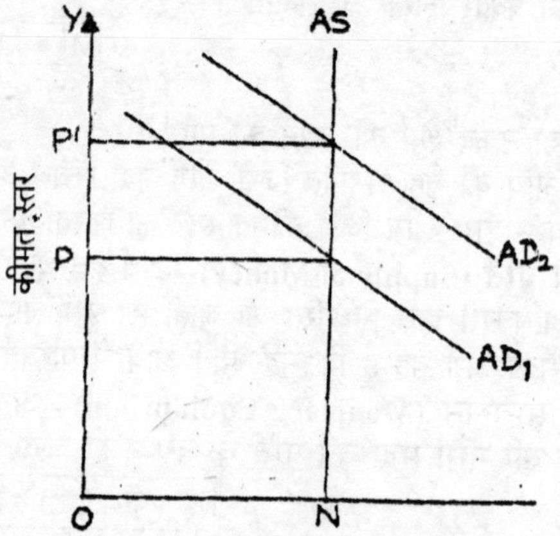

चित्र-1B

1. चित्र-1A में मुद्रा की प्रारम्भिक पूर्ति OM है जो बढ़कर अब OM_1 हो जाती है तो मौद्रिक आय के PY स्तर पर मुद्रा की पूर्ति मुद्रा संचय की माँग की अपेक्षा अधिक हो जाती है। अतः लोग अतिरिक्त मुद्रा शेष या पूर्ति को व्यय करने के लिए उत्साहित होंगे। फलतः वस्तुओं तथा सेवाओं की कुल माँग में वृद्धि होगी। अब यदि पूर्ण रोजगार की स्थिति होने के कारण वास्तविक आय का स्तर (Y) रहता है तो कुल माँग या व्यय में वृद्धि से कीमत स्तर (P) में वृद्धि होगी और वह मौद्रिक आय में वृद्धि कर देगी जैसा कि चित्र-1A में P^1Y मौद्रिक आय के स्तर पर पुनः मुद्रा संचय की माँग नवीन अधिक मुद्रा पूर्ति OM_1 के बराबर हो जाती है।

2. चित्र-1B में मुद्रा पूर्ति में वृद्धि के कीमत पर प्रभाव को प्रत्यक्ष रूप से प्रदर्शित किया गया है। चित्र में सकल राष्ट्रीय उत्पाद या वास्तविक आय को OX-अक्ष पर तथा कीमत स्तर को OY-अक्ष पर दर्शाया गया है। AS मुद्रा का कुल पूर्ति वक्र है जो पूर्ण रोजगार की मान्यता के अनुसार लम्बवत् सीधी रेखा है। AD_1 व AD_2 मुद्रा-पूर्ति की विभिन्न मात्राओं से सम्बन्धित कुल माँग वक्र है।

इस प्रकार चित्र-1A में मुद्रा की पूर्ति OM से OM_1 होने पर चित्र-1 B में मुद्रा की माँग AD_1 से बढ़कर AD_2 हो जाती है जिसके फलस्वरूप कीमत स्तर OP से बढ़कर OP^1 हो जाती है।

उपर्युक्त विवेचन से स्पष्ट है कि फ्रीडमैन के मुद्रा के परिमाण सिद्धान्त के अनुसार मुद्रा पूर्ति में वृद्धि कुल माँग में आनुपातिक वृद्धि करता जिसके कारण कीमतों में वृद्धि होती है। इस प्रकार मुद्रावादी दृष्टिकोण के अनुसार **मुद्रा पूर्ति तथा कीमतों के बीच सम्बन्ध केवल सबल ही नहीं बल्कि प्रत्यक्ष भी होता है।**

7. मौद्रिक नीति पर जोर (Emphasis of Monetary Policy)—फ्रीडमैन का मौद्रिक उपागम आय के स्तर के निर्धारक के रूप में मुद्रा की पूर्ति को बहुत अधिक महत्त्व देता है और अर्थव्यवस्था की आय के स्तर को प्रभावित करने

---

1. कीन्स के विश्लेषण के अनुसार मुद्रा पूर्ति में वृद्धि पहले ब्याज की दर को कम करती है और उसके द्वारा विनियोग तथा कुल माँग में वृद्धि करती है तथा कीमतों को प्रभावित करती है।

की दृष्टि से राजकोषीय या बजट नीति के उपयोग के कीन्सवादी सिद्धान्त को ठुकरा देता है। इस सम्बन्ध में प्रो. फ्रीडमैन दो विशिष्ट सूत्रीकरण करते हैं—

(क) यदि सरकार का दीर्घकालीन उद्देश्य कीमत स्तरों में स्थिरता लाना है तो उसे ऐसे उपाय अपनाने चाहिए कि मुद्रा की पूर्ति में वृद्धि की दर को पर्याप्त स्थिर दर पर, जो कि उत्पादन में वृद्धि की दर के बराबर या उससे कुछ अधिक हो, बनाये रखे। अन्य शब्दों में जहाँ तक हो सके उत्पादन में वृद्धि के अनुरूप ही मुद्रा की पूर्ति में वृद्धि होनी चाहिए।

(ख) चूँकि अल्पकाल में मुद्रा व आर्थिक क्रियाशीलता में सम्बन्धों का सही अनुमान नहीं लगाया जा सकता है इसलिए आर्थिक स्थिरता को उत्पन्न करने वाली अल्पकालीन शक्तियों पर नियन्त्रण करने की दृष्टि से मौद्रिक नीति को सही उपकरण नहीं माना जा सकता।

सिद्धान्त की आलोचनाएँ
(Criticism of the Theory)

फ्रीडमैन ने मुद्रा के परिमाण सिद्धान्त के पुनर्कथन द्वारा आर्थिक क्रियाशीलता में मुद्रा के कारण सम्बन्धी घटक के रूप में योगदान पर रुचि को पुनर्जागृत कर दिया है। पर अधिकांश अर्थशास्त्री फ्रीडमैन के परिमाण सिद्धान्त से सहमत नहीं हैं। वे उसकी धारणाओं पर प्रश्न करते हैं और उसकी मान्यताओं, निष्कर्षों व नीति सूत्रों पर शंका करते हैं। फ्रीडमैन के मुद्रा परिमाण सिद्धान्त की प्रमुख **आलोचनाएँ** निम्नलिखित हैं—

1. मुद्रा की व्यापक परिभाषा (Broad-definition of Money)—फ्रीडमैन ने मुद्रा की धारणा को व्यापक अर्थ में लिखा है जिसमें चलन मुद्रा, चालू जमा (Current Deposits) तथा सावधि जमा (Time Deposits) भी सम्मिलित किये गये हैं। इस प्रकार की विस्तृत परिभाषा के कारण ही आधुनिक परिमाण सिद्धान्त में मुद्रा की माँग पर ब्याज दरों का प्रभाव कम हो जाता है। सावधि निक्षेपों पर ब्याज की प्राप्ति होती है जबकि चलन मुद्रा एवं माँग निक्षेप ब्याज रहित सम्पत्तियाँ हैं। जब ब्याज की दरों में वृद्धि होती है तब अवधि जमाओं से प्राप्त होने वाले ब्याज में भी वृद्धि होगी। इस स्थिति में चलन मुद्रा एवं माँग जमाओं की माँग में गिरावट एवं सावधि जमाओं की माँग में वृद्धि होगी। इसलिए मुद्रा की माँग पर कुल मिलाकर जो प्रभाव पड़ेगा, वह नहीं के बराबर होगा। परन्तु फ्रीडमैन के विश्लेषण की कमजोरी यह है कि वह दीर्घकालीन तथा अल्पकालीन ब्याज दरों में अन्तर नहीं करता।

2. मुद्रा पूर्ति बहिर्जात नहीं (Money Supply not Exogeneous)—फ्रीडमैन ने मुद्रा को अस्थिर माना है, क्योंकि फ्रीडमैन की व्यवस्था में मुद्रा को मुद्रा अधिकारी बहिर्जात ढंग से परिवर्तित करते हैं। यह निष्कर्ष भी संयुक्त राज्य अमेरिका के अनुभव पर आधारित है किन्तु जिन कीन्सवादियों ने आँकड़ों का परीक्षण किया है उन्होंने यह पाया कि वहाँ पर भी मुद्रा की पूर्ति पूर्ण रूप से बहिर्जात नहीं है बल्कि उसमें बहुत आन्तरिक तत्त्व है।

3. मुद्रा पूर्ति और मुद्रा GNP में धनात्मक सम्बन्ध नहीं (No Positive Relation between Money Supply and Money GNP)—प्रोफेसर काल्डोर को मुद्रा पूर्ति तथा मुद्रा के GNP के बीच धनात्मक सहसंबंध, जैसा कि फ्रीडमैन ने स्थापित किया है, देखने को नहीं मिला। काल्डोर के अनुसार, ब्रिटेन में अधिक से अधिक लोगों द्वारा नोटों और सिक्कों के रूप में धारित नकदी की राशि में होने वाले तिमाही परिवर्तनों तथा बाजार कीमतों पर वैयक्तिक उपभोग में तदनुरूपी परिवर्तनों के बीच सहसंबंध पाया जाता है।

4. मुद्रा विलास की वस्तु नहीं (Money not a Luxury Good)—सावधि जमाओं को मुद्रा में शामिल करके फ्रीडमैन ने मुद्रा को **विलास** की वस्तु माना है कदाचित इसलिए कि संयुक्त राज्य अमेरिका में उसने देखा कि आय की तुलना में मुद्रा पूर्ति की प्रवृत्ति दर अधिक ऊँची थी। परन्तु ऐसा हर देश में नहीं होता।

5. मुद्रा पूर्ति की दर (Rate of Money Supply)—फ्रीडमैन ने मूल्यों में स्थिरता लाने के उद्देश्य से इस बात पर जोर दिया है कि मुद्रा की पूर्ति में वार्षिक वृद्धि एक निश्चित दर पर होनी चाहिए। इस दर का निर्धारण उत्पादन की मात्रा तथा अर्थव्यवस्था के अन्य तत्त्वों को ध्यान में रखकर किया जा सकता है, परन्तु व्यवहार में ऐसा करना सम्भव नहीं होता, क्योंकि न तो मुद्रा ही एक निश्चित स्तर पर कार्य करती है और न ही अर्थव्यवस्था के अन्य तत्त्वों को सही तरीके से तैयार किया जा सकता है। अर्थव्यवस्था का स्वरूप भी गतिशील होता है। अतः फ्रीडमैन के **'निश्चित दर पर' मुद्रा पूर्ति** में वृद्धि के सिद्धान्त को स्वीकार नहीं किया जा सकता।

6. मुद्रा की माँग में होने वाले परिवर्तन (Change in Demand for Money)—इस सिद्धान्त की यह भी मान्यता है कि मुद्रा की माँग में होने वाले परिवर्तन आय में होने वाले परिवर्तनों के अनुपात से अधिक होते हैं। परन्तु इस मान्यता का समर्थन भी अनुभवसिद्ध अध्ययन नहीं करते।

7. मुद्रा पूर्ति पर अन्य चरों के प्रभाव की उपेक्षा (The Effect of Other Variables on Money Supply Ignored)—फ्रीडमैन मुद्रा पूर्ति पर अन्य चरों जैसे कीमतों, उत्पादन अथवा ब्याज दर के प्रभाव की उपेक्षा करता है। परन्तु पर्याप्त अनुभवांछित प्रमाण है कि मुद्रा पूर्ति ऊपर वर्णित चरों के फलन के रूप में व्यक्त नहीं की जा सकती।

8. समय घटक पर विचार नहीं (Time-Factors Ignored)—फ्रीडमैन समायोजन गति और समय निर्धारण के बारे में अथवा समय की अवधि जिसमें यह सिद्धान्त लागू नहीं होता को इसमें कुछ नहीं बताता है।

निष्कर्ष (Conclusion)—इन आलोचनाओं की वैधता के बावजूद मुद्रा सिद्धान्त में फ्रीडमैन के योगदान को नकारा नहीं जा सकता। **जोहसन** ने ठीक ही कहा है कि **''फ्रीडमैन द्वारा पूँजी सिद्धान्त के मूल नियम को मुद्रा सिद्धान्त पर लागू किया जाना संभवतः कीन्स की जनरल थ्योरी''** के बाद मुद्रा सिद्धान्त में सबसे महत्त्वपूर्ण उन्नति है। उसका सैद्धान्तिक महत्त्व इस बात में निहित है कि यह व्यवहार पर प्रभावों के रूप में सम्पत्ति तथा आय का वैचारिक एकीकरण करता है।

फ्रीडमैन के सिद्धान्त का महत्त्व (Importance of Friedman's Theory)—फ्रीडमैन के सिद्धान्त का महत्त्व अग्रलिखित बातों में निहित है—

1. कीमत स्तर की भूमिका (The Role of Price Level)—इस सिद्धान्त ने मुद्रा के माँग फलन में कीमत स्तर को प्राथमिक महत्त्व दिया है, क्योंकि कीमत स्तर ही मुद्रा की माँग और पूर्ति में संतुलन स्थापित करता है।

2. आय के प्रचलन में परिवर्तन (Changes in Income Velocity)—फ्रीडमैन ने अपने सिद्धान्त में यह स्पष्ट किया है कि आय के प्रचलन में चक्रीय परिवर्तन स्थायी आय की अपेक्षा चालू आय में चक्रीय परिवर्तन के कारण होते हैं जबकि कीन्स का मत था कि चक्रीय परिवर्तन ब्याज दर में परिवर्तन लाते हैं।

ब्याज दर की सीमान्त भूमिका (Marginal Role of Rate of Interest)—फ्रीडमैन के सिद्धान्त का महत्त्व इसलिए भी है कि उन्होंने यह स्पष्ट किया कि मुद्रा की माँग को प्रभावित करने में ब्याज दर की न्यूनतम भूमिका होती है।

4. मौद्रिक नीति का महत्त्व (Importance of Monetary Policy)—फ्रीडमैन का मौद्रिक उपागम आय के स्तर के निर्धारक के रूप में मुद्रा की पूर्ति को अत्यधिक महत्त्व देता है और अर्थव्यवस्था में आय के स्तर को प्रभावित करने की दृष्टि से राजकोषीय या बजट नीति के उपयोग के कीन्सवादी सिद्धान्त को ठुकरा देता है। फ्रीडमैन दो विशिष्ट सूत्रीकरण करता है—

(क) यदि दीर्घकालीन उद्देश्य कीमत स्तरों की स्थिरता हो, तो सरकार को ऐसे उपाय अपनाने चाहिए, जो मुद्रा की पूर्ति में वृद्धि की दर को पर्याप्त स्थिर दर पर, जो कि उत्पादन में वृद्धि की दर के बराबर या उससे अधिक हों, बनाये रखे; तथा

(ख) चूँकि अल्पकाल में मुद्रा व आर्थिक क्रियाशीलता में सम्बन्धों का सही अनुमान नहीं किया जा सकता है, अतः आर्थिक स्थिरता को उत्पन्न करने वाली अल्पकालीन शक्तियों पर नियंत्रण करने की दृष्टि से मौद्रिक नीति को एक सही उपकरण नहीं माना जा सकता है।

क्या फ्रीडमैन का सिद्धान्त परिमाण सिद्धान्त है?
(Is Friedman's Theory a Quantity Theory?)

प्रो. फ्रीडमैन ने अपने परिमाण सिद्धान्त को पुराने परिमाण सिद्धान्त का संशोधित संस्करण कहा है परन्तु डान पेटिन्किन का मत है कि फ्रीडमैन का परिमाण सिद्धान्त कीन्स के मुद्रा और कीमतों के विश्लेषण के अधिक समीप है न कि पुराने परिमाण सिद्धान्त के। **डान पेटिन्किन** लिखते हैं ''1956 में फ्रीडमैन ने आधुनिक कीन्सवादी सिद्धान्त का अति विशाल व परिमार्जित कथन किया व जिसे भ्रम पूर्ण नाम दिया ''मुद्रा का परिमाण सिद्धान्त : एक पुनर्कथन।'' स्वयं मिल्टन फ्रीडमैन भी लगभग यही मानते हैं जबकि वह लिखते हैं कि ''मौद्रिक सिद्धान्त में अधिक मूलभूत व सारपूर्ण विकास, मुद्रा के परिमाण सिद्धान्त का इस प्रकार पुनर्निरूपण है कि वह कीन्सवादी तरलता अधिमान विश्लेषण से अधिक प्रभावित है।''

फ्रीडमैन के मुद्रा सिद्धान्त का अनुभविक प्रमाण
(Empirical Evidence of Friedman's Theory)

फ्रीडमैन के मुद्रा सिद्धान्त के कुछ अनुभविक प्रमाण निम्नलिखित हैं—

1. मुद्रा का आधुनिक सिद्धान्त इस बात पर बल देता है कि मुद्रा की वृद्धि दर ही राष्ट्र के व्यवहार के प्रमुख निर्धारक हैं। यह मत अनेक ऐतिहासिक अध्ययनों पर आधारित है जो फ्रीडमैन और श्वार्ट्ज ने फ्रीडमैन और सीजलमैन ने और ''फैड्रल रिजर्व बैंक आफ सेण्ट लुई'' (Federal Reserve Bank of St. Louis) के एण्डर्सन तथा जोर्डन ने किये थे, इन अध्ययनों से पता चलता है कि मुद्रा की पूर्ति और राष्ट्रीय आय के बीच घनिष्ठ सम्बन्ध पाया जाता है। उदाहरण के लिए सेण्ट लुई के मॉडल से पता चला कि पहले के तीन वर्षों में मुद्रा की पूर्ति में 6 प्रतिशत की वृद्धि मान लेने पर मुद्रा की पूर्ति में दस अरब डालर की वृद्धि होने से राष्ट्रीय आय के स्तर में 60 अरब डालर की वृद्धि हो जायेगी।

2. मुद्रा धारण करने की लागत, अर्थात् ब्याज दर के सम्बन्ध में फ्रीडमैन अनुभविक प्रमाणों के आधार पर इस निष्कर्ष पर पहुँचा कि ब्याज दरें मुद्रा की माँग पर सुनिश्चित प्रभाव डालती हैं परन्तु ये प्रभाव आकार में बड़ा नहीं है।

3. आय के सम्बन्ध में फ्रीडमैन ने पाया कि प्रति व्यक्ति मुद्रा स्टाक तथा प्रति व्यक्ति वास्तविक आय के दीर्घकालीन परिवर्तनों में उच्चकोटि का सहसम्बन्ध है। परन्तु प्रति व्यक्ति आय में परिवर्तनों के प्रति मुद्रा के माँग की लोच एक से अधिक है। अमेरिका के बारे में फ्रीडमैन ने पाया कि यह लोच 1.8 है जिससे वह इस निष्कर्ष पर पहुँचा कि वास्तविक शेषों की माँग का यह व्यवहार विलासिता वस्तुओं की माँग व्यवहार की तरह ही रहा है।

फ्रीडमैन एवं कीन्स के दृष्टिकोण में अन्तर
(Difference between Friedman's and Keynesian Approach)

फ्रीडमैन एवं कीन्स के दृष्टिकोण के मुख्य अन्तरों को निम्न चार्ट में दर्शाया गया है—

फ्रीडमैन	कीन्स
1. मुद्रावाद के समर्थक को मुद्रावादी कहते हैं।	1. कीन्सवाद के समर्थक को फिस्कलवादी कहते हैं।
2. इन्होंने मुद्रा माँग को स्थायी माना है।	2. इनका विश्लेषण मुद्रा माँग की अनिश्चितता से सम्बन्धित है।
3. इन्होंने राष्ट्रीय आय में अल्पकालीन परिवर्तनों की व्याख्या करने में मुद्रा की भूमिका पर बल दिया है। इनका मत है कि मुद्रा पूर्ति में परिवर्तनों के कारण ही राष्ट्रीय आय में परिवर्तन होता है।	3. इनका मत है कि राष्ट्रीय आय में होने वाले परिवर्तन ही मुद्रा पूर्ति में परिवर्तन लाते हैं न कि मुद्रा पूर्ति में होने वाले परिवर्तन राष्ट्रीय आय में परिवर्तन लाते हैं।
4. मुद्रावादी विवरण के अनुसार मुद्रा पूर्ति में जो परिवर्तन होते हैं वे परोक्ष रूप से व्यय तथा राष्ट्रीय आय को प्रभावित करते हैं।	4. इनका मत है कि मुद्रा पूर्ति में जो परिवर्तन होते हैं वे ब्याज दरों में परिवर्तनों के माध्यम से समस्त व्यय तथा आय के स्तर को परोक्ष रूप में प्रभावित करते हैं।
5. मुद्रावादियों के अनुसार मुद्रा की माँग और पूर्ति दोनों ही ब्याज बेलोच होते हैं, जबकि समस्त व्यय अत्यधिक ब्याज लोच होते हैं।	5. इनका मत है कि मुद्रा की माँग तथा पूर्ति अत्यधिक ब्याज लोच होती है जबकि समस्त व्यय ब्याज बेलोच होते हैं।
6. उन्होंने मुद्रा को एक ऐसी परिसम्पत्ति अथवा पूँजी वस्तु माना है जो क्रयशक्ति की अस्थायी निवास है। लोग इसको इसलिए अपने पास रखना चाहते हैं, क्योंकि यह आय अथवा उपभोज्य सेवाएँ प्रभावित करती हैं। मुद्रा के अन्तर्गत इन्होंने चलन मुद्रा, चालू जमा तथा सावधि जमा को सम्मिलित करके मुद्रा की परिभाषा को व्यापक बना दिया है।	6. कीन्स ने मुद्रा के अन्तर्गत केवल माँग जमाओं और बिना ब्याज के सरकारी ऋण को सम्मिलित किया है। इस प्रकार कीन्स की मुद्रा की परिभाषा फ्रीडमैन की तुलना में संकीर्ण है।

फ्रीडमैन	कीन्स
7. इनके अनुसार सम्पत्तिधारकों की ओर मुद्रा की माँग अनेक चरों का फलन है। ये हैं— R_{nl}—मुद्रा पर प्राप्ति; बांडों पर प्राप्ति; R_e—प्रतिभूतियों पर प्राप्ति (yield); gp'—भौतिक परिसम्पत्तियों पर प्राप्ति; और (म्यु) अन्य चरों को व्यक्त करता हुआ।	7. इन्होंने मुद्रा की माँग को केवल बाण्डों तक ही सीमित रखा है जहाँ ब्याज दरें उनको धारण करने की लागत हैं।
8. इनके अनुसार लोग विभिन्न उद्देश्यों के लिए तथा विभिन्न रूपों में मुद्रा शेषों को धारण करते हैं जैसे नकद मुद्रा, भौतिक परिसम्पत्ति, मानवीय सम्पत्ति इत्यादि।	8. कीन्स के अनुसार लोग मुद्रा शेषों को केवल तीन उद्देश्यों—सौदा उद्देश्य, सतर्कता उद्देश्य एवं सट्टा उद्देश्य के लिए रखते हैं।
9. मुद्रावादियों का मत है कि आर्थिक क्रियाओं पर राजकोषीय नीति की अपेक्षा मौद्रिक नीति का अधिक प्रभाव पड़ता है। राजकोषीय नीति तो केवल मुद्रा पूर्ति में परिवर्तन लाने में ही महत्त्वपूर्ण है।	9. कीन्सवादी इस बात पर बल देते हैं कि अर्थव्यवस्था को प्रभावित करने में राजकोषीय तथा मौद्रिक दोनों ही नीतियाँ महत्त्व रखती हैं परन्तु वे मौद्रिक नीति की अपेक्षा राजकोषीय नीति को अधिक महत्त्व देते हैं।

Selecte References

1. Dillard, Dudley : The Economics of J.M. Keynes, 1948.
2. Hansen, A.W. : A Guide to Keynes, 1953.
3. Keiser, Noorman F. : Macro Economics, 1971.
4. Keynes, J.M.. : The General Theory.
5. Kurihara, K.K. : Monetary Theory and Public Policy, 1951.
6. Shapiro, Edward : Macro Economic Analysis, Second Edition.

परीक्षा प्रश्न
(Examination Questions)

I. दीर्घ उत्तरीय प्रश्न (Long Answer Type Questions)

1. मिल्टन फ्रीडमैन के मुद्रा-परिमाण सिद्धान्त की आलोचनात्मक व्याख्या कीजिए। यह प्रतिष्ठित परिमाण सिद्धान्त से किन बातों में भिन्न है?

   Explain critically Friedman's quantity theory of money. In what respects is it different from the classical quantity theory of money?

2. फ्रीडमैन और कीन्स के मुद्रा सिद्धान्त में अन्तर बताइये।

   Explain the main difference between Friedman and Keynes, principles.

II. लघु उत्तरीय प्रश्न (Short Answer Type Questions)

1. मिल्टन फ्रीडमैन के मुद्रा-परिमाण सिद्धान्त की प्रमुख मान्यताएँ क्या हैं?
2. फ्रीडमैन के माँग-फलन को लिखिए।
3. फ्रीडमैन तथा फिशर की व्याख्या में अंतर स्पष्ट कीजिए।
4. मिल्टन फ्रीडमैन के विचारों की आलोचना कीजिए।

III. वस्तुनिष्ठ प्रश्न (Objective Type Questions)

सही विकल्प चुनकर लिखिए—

1. मिल्टन फ्रीडमैन के विचार में कौन सा कथन सही नहीं है?
   (अ) स्थायी आय की धारणा धन से सम्बन्धित है।
   (ब) ब्याज दर मुद्रा की माँग व प्रमुख निर्धारक तत्व है।
   (स) मुद्रा की माँग में परिवर्तन वास्तविक आय में होने वाले परिवर्तनों के अनुपात से अधिक होते हैं।
   (द) मुद्रा की पूर्ति आय-स्तर तथा कीमतों के परिवर्तनों से स्वतंत्र होती है।
2. मुद्रावादी विचारधारा की प्रमुख मान्यता क्या है?
   (अ) आर्थिक स्थिरता के लिए मौद्रिक उपाय अपनाना ही पर्याप्त है।
   (ब) आर्थिक स्थिरता के लिए मौद्रिक तथा राजकोषीय उपायों की आवश्यकता होती है।
   (स) मुद्रा-पूर्ति सम्बन्ध प्राथमिक पदार्थों की कीमतों से जोड़ा जाना चाहिए।
   (द) राज्य द्वारा मौद्रिक आय तथा कीमतों को नियंत्रित किया जाए।
3. धन से प्राप्त होने वाली दीर्घकालीन आय को मिल्टन फ्रीडमैन ने क्या कहा है?
   (अ) स्थायी आय (ब) ब्याज दर
   (स) बॉण्डों पर बाजार की ब्याज दर (द) इक्विटी पर लाभांश की दर
4. मिल्टन फ्रीडमैन के मुद्रा माँग फलन में कौन-सा तत्व अमानवीय (Physical) धन का मानवीय धन से अनुपात व्यक्त करता है।
   (अ) w (ब) u
   (स) rb (द) re

उत्तर—1. (ब), 2. (अ), 3. (अ), 4. (अ)

□□□

27

मुद्रा की पूर्ति की माप एवं संघटक
(Measures and Components of Supply of Money)

महत्त्वपूर्ण अवधारणाएँ (Important Concepts)

1. मुद्रा की पूर्ति (Supply of Money)—मुद्रा की पूर्ति से तात्पर्य किसी समय विशेष पर एक देश में प्रचलित वैधानिक मुद्रा की कुल मात्रा से है। संक्षेप में :

> मुद्रा की पूर्ति = करेन्सी (सिक्के + नोट) + माँग जमा
> Supply of Money = Currency (Coins + Notes) + Demand Deposits

2. मुद्रा की पूर्ति का स्टॉक (Stock of Money)—यदि मुद्रा पूर्ति का अध्ययन किसी समय बिन्दु के अध्ययन में किया जाता है तो यह **मुद्रा की स्टॉक धारणा** कहलाती है।

3. मुद्रा का प्रवाह (Flow of Money)—जब मुद्रा की पूर्ति किसी अवधि में देखी जाती है तो यह मुद्रा की प्रवाह धारणा कहलाती है।

मुद्रा प्रवाह में मुद्रा स्टॉक तथा मुद्रा का प्रचलन वेग दोनों ही सम्मिलित रहते हैं।

4. भारत में मुद्रा पूर्ति के मापक (Measures of Money Supply in India)—भारत में मुद्रा पूर्ति के 4 मापक निम्नलिखित हैं—

(i) M_1 जनता के पास करेन्सी (C)+ बैंक की माँग जमा (DD) + रिजर्व बैंक के पास अन्य जमा (OD)

(ii) $M_2 = M_1$ + डाकघरों के बचत बैंक में जमा

(iii) $M_3 = M_1$ + बैंकों की सावधि जमा

(iv) $M_4 = M_3$ + डाकखानों की कुल जमा

अर्थ (Meaning)—मुद्रा पूर्ति से तात्पर्य किसी समय विशेष पर एक देश में प्रचलित वैधानिक मुद्रा की कुल मात्रा से है। वैधानिक मुद्रा में देश में चलन में आये नोट व सिक्के शामिल हैं जो कि विनिमय के माध्यम के रूप में काम में लाये जाते हैं। वर्तमान में बैंक मुद्रा (साख मुद्रा) भी विनिमय माध्यम के रूप में काम में लायी जाती है। अतः बैंक मुद्रा को भी मुद्रा की पूर्ति में शामिल किया जाता है।

परिभाषा (Definition)—मुद्रा मुख्य रूप से दो कार्य करती है— (i) विनिमय का माध्यम तथा (ii) मूल्य का संचय। मुद्रा के इन दोनों कार्यों के आधार पर मुद्रा की पूर्ति को भी दो अर्थों में परिभाषित किया गया है—(अ) संकीर्ण अर्थ में तथा (ब) व्यापक अर्थ में।

(अ) संकीर्ण अर्थ में मुद्रा की पूर्ति (Narrow Approach of Money Supply)—संकीर्ण अर्थ में मुद्रा की पूर्ति से तात्पर्य विनिमय के माध्यम के रूप में प्रयोग की जाने वाली चलन में समस्त मुद्रा की मात्रा से है तथा जो वस्तुओं और सेवाओं के क्रय-विक्रय सम्बन्धी भुगतान व ऋणों की अदायगी के लिए सर्वसम्मति से स्वीकार की जाती है।

संक्षेप में, **संकीर्ण अर्थ में मुद्रा की पूर्ति में केवल निम्नलिखित तरल परिसम्पत्तियों (Assets) को सम्मिलित किया जाता है जो कि भुगतानों में स्वीकार्य होते हैं।**

(i) जनता के पास करेन्सी (नोट व सिक्के) (Currency with Public)—करेन्सी एक देश की सरकार अथवा केन्द्रीय बैंक द्वारा निर्गमित (Lssue) की जाती है। इसको **विधिग्राह्य मुद्रा (Legal Tender Money)** कहते हैं, क्योंकि इसे विनिमय के माध्यम एवं ऋणों के भुगतान के लिए सामान्य रूप से स्वीकार किया जाता है।

(ii) बैंकों की माँग जमा (Demand Deposits of Bank-DD)—जनता द्वारा बैंकों में जमा किये गये माँग जमा भी मुद्रा पूर्ति का एक भाग है, क्योंकि इनको भुगतान के साधन के रूप में सरलता से स्वीकार किया जाता है। संकीर्ण अर्थ में, मुद्रा की पूर्ति को M_1 से प्रकट करते हैं। समीकरण रूप में:

मुद्रा की पूर्ति (M_1) = जनता के पास करेन्सी (नोट + सिक्के) + बैंकों की माँग जमा

(Supply of Money (M_1) = Currency (Notes + Coins) + Demand Deposits

(A) इसे समझें–

1. तरलता क्या है?

उत्तर —किसी परिसम्पत्ति (Assets) की बिना समय के विलम्ब तथा मूल्य की हानि से नकदी में परिवर्तित होने की क्षमता को उसकी तरलता कहते हैं। जिस परिसम्पत्ति को जितनी जल्दी में बिना मूल्य की हानि के नगदी में बदला जा सकता है, वह परिसम्पत्ति उतनी ही अधिक तरल होगी। स्पष्टतः मुद्रा सबसे अधिक तरल परिसम्पत्ति है।

1. निम्नलिखित परिसम्पत्तियों को तरलता के क्रम में शृंखलाबद्ध कीजिए–

(अ) बैंक द्वारा जारी सावधि जमा की रसीद
(ब) आपके बैंक में बचत खाते में बची राशि
(स) आपका कम्प्यूटर
(द) आपकी जेब में रुपए की राशि।

उत्तर–तरलता के क्रम में (द), (ब), (अ), (स)।

(ब) व्यापक अर्थ में मुद्रा की पूर्ति (Broad Approach of Money Supply)—मुद्रा पूर्ति के संकीर्ण अर्थ में मुद्रा के मूल्य के संचय के कार्य को भुला दिया गया है जिसमें विनिमय के माध्यम के रूप में ही मुद्रा की पूर्ति का वर्णन किया गया है लेकिन कुछ अर्थशास्त्रियों जिनमें **मिल्टन फ्रीडमैन** प्रमुख हैं, ने कहा है कि **मुद्रा का संचय कार्य उतना ही महत्त्वपूर्ण है जितना विनिमय कार्य**। उन्होंने मुद्रा पूर्ति में समय जमाओं (मियादी जमाओं) को भी शामिल किया है। उनके अनुसार समय जमाओं को किसी भी समय माँग जगाओं अथवा नकदी में परिवर्तित किया जा सकता है। अतः उनको भी मुद्रा की पूर्ति में शामिल किया जाना चाहिए। इसे मुद्रा पूर्ति का व्यापक दृष्टिकोण कहा जाता है। इस दृष्टिकोण को भारत में M_3 कहा जाता है। संक्षेप में,

मुद्रा की पूर्ति (M_3) करेन्सी + माँग जमाएँ + समय या मियादी जमाएँ
(Supply of Money (M_3) = Currency + Demand Deposits + Time Deposits)

स्पष्ट रूप से संकुचित परिभाषा के अनुसार बचत एवं सावधिक जमाओं को मुद्रा की पूर्ति में नहीं जोड़ा **जाता**, जबकि **व्यापक परिभाषा** के अनुसार इसे जोड़ा जाता है।

बचत एवं सावधिक जमाओं को जोड़ने के पक्ष में तर्क—बचतों और साविध जमाओं को मुद्रा की पूर्ति में सम्मिलित करने के पक्ष में यह तर्क दिया जाता है कि लोग प्रायः अपनी सावधि जमाओं को करेन्सी और माँग जमाओं में बदलते रहते हैं इसलिए सावधि जमाओं के आधार पर भुगतान न होने के बावजूद भी समस्त बैंक इन्हें मुद्रा की पूर्ति में सम्मिलित करते हैं।

मुद्रा की पूर्ति में बहिष्कृत मदें
(Items Excluded from Money Supply)

निम्नलिखित मदों को एक देश की मुद्रा की पूर्ति से बहिष्कृत किया जाता है—

(1) वाणिज्य बैंकों के पास उपलब्ध रोकड़ को मुद्रा की पूर्ति में सम्मिलित नहीं किया जाता, क्योंकि ये जनता की जमाओं या साख मुद्रा का आधार होती है।

(2) एक देश में **पत्र मुद्रा** को छापने के लिए जो स्वर्ण प्रतिभूति के रूप में आरक्षित रखा जाता है, उसे मुद्रा की पूर्ति में शामिल नहीं किया जाता, क्योंकि यह प्रचलन में नहीं रहता।

(3) सरकार तथा केन्द्रीय बैंक के पास उपलब्ध रोकड़ को मुद्रा की पूर्ति में शामिल नहीं किया जाता, क्योंकि इन कोषों पर ही जनता की माँग जमाएँ आधारित होती हैं।

मुद्रा की पूर्ति का स्टॉक तथा प्रवाह में अन्तर

(Distinction between Stock and Flow of Supply of Money)

मुद्रा की पूर्ति का स्टॉक तथा प्रवाह दोनों रूपों का अध्ययन किया जा सकता है। यदि मुद्रा पूर्ति का अध्ययन किसी **समय-बिन्दु** के सम्बन्ध में किया जाता है तो यह स्टॉक धारणा कहलाती है। यह कहना कि देश में इस दिनांक को मुद्रा की पूर्ति इतनी है तो यह स्टॉक धारणा कहलायेगी परन्तु जब मुद्रा की पूर्ति किसी अवधि में देखी जाती है तो यह प्रवाह धारणा (Flow Concept) बन जाती है। मुद्रा का प्रवाह मालूम करने के लिए जनता के पास मुद्रा के स्टॉक को एक निश्चित अवधि (या एक वर्ष) में चलन मुद्रा के औसत **प्रचलन वेग** से गुणा कर दिया जाता है। मुद्रा के प्रचलन वेग (Velocity) से तात्पर्य इस बात से होता है कि एक निश्चित अवधि में मुद्रा की एक इकाई सौदों के निपटारे हेतु एक व्यक्ति से दूसरे व्यक्ति के पास किस गति से जाती है। यदि मुद्रा की स्टॉक M हो तथा औसत वेग V हो तो एक निश्चित अवधि में मुद्रा की पूर्ति $M \times V = MV$ होगी।

संक्षेप में, मुद्रा के प्रवाह में मुद्रा स्टॉक तथा मुद्रा का प्रचलन वेग दोनों ही सम्मिलित रहते हैं।

मुद्रा की पूर्ति के सम्बन्ध में विभिन्न धारणाएँ

(Different Concepts of Money Supply)

मुद्रा की पूर्ति के सम्बन्ध में हम निम्नलिखित दृष्टिकोणों का अध्ययन करेंगे—

(1) परम्परावादी विचारधारा, (2) फ्रीडमैन की विचारधारा, (3) गुर्ले तथा शॉ की विचारधारा, (4) केन्द्रीय बैंकिंग या रैडक्लिफ विचारधारा।

उपर्युक्त विभिन्न दृष्टिकोणों के सम्बन्ध में प्रथम अध्ययन **'मुद्रा की परिभाषा, कार्य व महत्त्व'** में अध्ययन कर चुके हैं। अतः उसकी पुनरावृत्ति हम यहाँ नहीं कर रहे हैं।

आधुनिक दृष्टिकोण (Modern Views)

आधुनिक दृष्टिकोण के अनुसार किसी देश की मुद्रा की कुल पूर्ति में चलन मुद्रा (Currency) और बैंक मुद्रा अर्थात् माँग जमा (Demand Deposits) को ही सम्मिलित किया जाता है अर्थात्

मुद्रा की पूर्ति = करेन्सी (सिक्के + नोट) + माँग जमा
Supply of Money = Currency (Coins + Notes) + Demand Deposits

भारत में मुद्रा पूर्ति के मापक व संघटक

(Measures and Components of Money Supply in India)

मुद्रा पूर्ति के द्वितीय कार्यकारी दल (Second Working Group of Money Supply) की सिफारिशों के आधार पर अप्रैल 1977 से भारतीय रिजर्व बैंक भारत में मुद्रा पूर्ति का आकलन चार संघटकों की सहायता से करता है :

$M_1, M_2, M_3, M_4.$

अब हम भारत में मुद्रा पूर्ति की चारों धारणाओं का अध्ययन करेंगे :

1. M_1 अर्थात् मुद्रा की पूर्ति की संकुचित धारणा (M_1 or Narrow Concept of Supply of Money)— भारत जैसे अर्द्धविकसित देश के लिए मुद्रा की पूर्ति की संकुचित धारणा अर्थात् M_1 सबसे अधिक महत्त्वपूर्ण है। मुद्रा पूर्ति की इस अवधारणा अर्थात् M_1 के अन्तर्गत निम्नलिखित तत्त्वों को सम्मिलित किया जाता है :

(अ) जनता के पास करेन्सी (Currency with the Public-C)—जनता के पास करेन्सी का मुद्रा की पूर्ति में महत्त्वपूर्ण योगदान है। इसके अन्तर्गत निम्नलिखित तत्त्व शामिल होते हैं— 1. संचलन में नोट (Notes in Circulation), 2. रुपयों के सिक्के (Rupee Coins), 3. छोटे सिक्के (Small Coins), इनके जोड़ में से बैंकों के पास नकदी को घटा

दिया जाता है। अतएव **जनता के पास करेन्सी =** चलन में नोट + रुपयों के सिक्के + छोटे सिक्के − बैंकों के पास नकदी।

(ब) बैंकों में माँग जमा (Demand Deposits With the Banks-DD)—बैंकों में माँग जमा से अभिप्राय व्यापारिक तथा सहकारी बैंकों की माँग जमा से है। इनका निर्माण दो प्रकार से किया जाता है—(अ) सक्रिय (Active) तथा (ब) निष्क्रिय (Passive)। पहली प्रकार की मजा राशियों का निर्माण तब होता है जब लोग बैंकों में नकदी जमा करते हैं। इसे उच्च शक्ति (High Powered Money) भी कहा जाता है। दूसरी प्रकार की जमा राशियों का निर्माण तब होता है जब बैंक ऋण देकर जमा राशियाँ एकत्र करते हैं।

(स) रिजर्व बैंक के पास अन्य जमा (Other Deposits with the Reserve Bank-OD)—रिजर्व बैंक के पास अन्य जमा के अन्तर्गत विदेशी सरकारों, अन्य केन्द्रीय बैंकों व अन्तर्राष्ट्रीय मुद्रा कोष व विश्व की माँग जमाएँ शामिल होती हैं। संक्षेप में,

$$M_1 = C + DD + OD$$

भारतीय रिजर्व बैंक प्रायः M_3 की वार्षिक वृद्धि दर का लक्ष्य घोषित किया करता है जो मुद्रास्फीति को नियन्त्रित करने के लिए आवश्यक मानी जाती है। पिछले वर्षों में यह लगभग 13% से 15.5% वार्षिक रही है। स्मरण रहे कि M_3 **की वार्षिक वृद्धि दर को नियन्त्रित करना भारत में मौद्रिक नीति का एक महत्त्वपूर्ण अंग रहा है।**

4. मुद्रा की पूर्ति की M_4 धारणा (M_4 Concept of the Supply of Money)—M_4 मुद्रा की पूर्ति की सबसे अधिक विस्तृत धारणा है। इसके अन्तर्गत M_3 के अतिरिक्त डाकखानों की कुल जमा शामिल होती है चाहे ये बचत बैंकों द्वारा किया जाये या अन्य स्कीमों द्वारा किया जाये।

$$M_4 = M_3 + \text{डाकखानों की कुल जमा}$$

संक्षेप में मुद्रा की पूर्ति की चार धारणाएँ निम्नलिखित हैं :

M_1 = जनता के पास करेन्सी + बैंकों की माँग जमा + रिजर्व बैंक के पास अन्य जमा

M_2 = M_1+ डाकघरों के बचत खातों में जमा

M_3 = M_1 बैंकों की सावधि जमा (Time Deposits)

M_4 = M_3 + डाकघरों की कुल जमा

भारत में मुद्रा पूर्ति में निम्नलिखित तत्त्व शामिल किये जाते हैं:

1. जनता के पास करेन्सी नोट एवं सिक्के।
2. अनुसूचित तथा गैर-अनुसूचित बैंकों और राज्य सहकारी बैंकों की माँग तथा समय जमा।
3. रिजर्व बैंक के पास जमा खातों की राशि।
4. डाकघरों के खातों की कुल जमा।

सारणी-1. भारत में M_1, M_2, M_3 तथा M_4 के बीच सम्बन्ध (कल्पित अंक)

मुद्रा की धारणा	रु. करोड़ में
M_1	4,52,552
(1) जनता के पास करेन्सी	2,61,383
+ (2) बैंकों के पास माँग जमाएँ	1,88,607
+ (3) रिजर्व बैंक के पास अन्य जमाएँ	2,562
M_2	**4,59,505**
(1) M_1	4,52,552
+ (2) डाकघर के बचत खातों की जमा	7,053
M_3	**16,80,070**

(1) M_1	4,52,552
+ (2) समय जमाएँ (Time Deposits)	12,27,518
M_4	**17,13,977**
(1) M_3	16,80,070
+ (2) डाकघरों की कुल जमाएँ	33,907

मुद्रा की पूर्ति (मौद्रिक तरलता) के उपर्युक्त चार मापों का **तरलता** की दृष्टिकोण से निम्नलिखित महत्त्व है :

1. M_1—यह मुद्रा का सबसे अधिक तरल रूप है, मुद्रा का यह भाग ही किसी बिन्दु पर **विनिमय के माध्यम** के रूप में प्रयुक्त होता है अर्थात् यही मुद्रा वस्तुओं के लेनदेन तथा दावों की अन्तिम प्रदायगी के लिए सर्वधारण द्वारा विनिमय के माध्यम के रूप में प्रयोग होती है। इसे **जनता के पास मुद्रा** की पूर्ति भी कहते हैं।

2. M_2—यह M_1 की तुलना में कम तरल होता है। इसका कारण यह है कि **डाकघरों** की बचत जमा, बैंकों की माँग जमा से कुछ कम होती है।

3. M_3—यह अन्य मुद्राओं M_1 तथा M_2 की अपेक्षाकृत कम तरल होती है। इसका कारण यह है कि इसमें बैंकों की सावधि जमा भी सम्मिलित होती है जो डाकखानों की बचत जमा से कम तरल होती है।

4. M_4—इसी प्रकार M_4 जिनमें M_3 के अतिरिक्त डाकघरों की कुल जमाएँ भी सम्मिलित होती हैं। अतः यह अन्य प्रकार की मुद्राओं की अपेक्षा कम तरल होती है।

उपर्युक्त विवेचन से स्पष्ट है कि जैसे हम M_1 से M_2, M_3 की ओर बढ़ते हैं, मुद्रा की तरलता घटती जाती है अथवा हम मुद्रा के 'विनिमय के माध्यम' के रूप में उसके 'मूल्य संचय' के रूप की ओर बढ़ते जाते हैं। मुद्रा-पूर्ति के विभिन्न संघटक समान रूप से महत्त्वपूर्ण नहीं होते, इनके सापेक्षिक महत्त्व में अन्तर होता है।

भारत में मुद्रा आपूर्ति के उपर्युक्त संघटकों में M_3 सबसे अधिक महत्त्वपूर्ण है। इसे ही प्रायः **विस्तृत मुद्रा** (Broad Money) कहा जाता है।

संख्यात्मक उदाहरण

1. निम्नलिखित आँकड़ों से मुद्रा की पूर्ति ज्ञात कीजिए। रु. करोड़ में

(i) जनता के पास करेन्सी	5,30,870
(ii) बैंकों के पास माँग जमाएँ	3,96,830

उत्तर–मुद्रा की पूर्ति (Money supply) = (i) + (ii) =5,30,870 + 3,96,830

= रु 9,27,700 Crores

2. निम्नलिखित आँकड़ों की सहायता से जनता के पास करेन्सी की गणना कीजिए।

(रु. करोड़ में)

(i) बैंक के पास नकद (Cash with banks)	537
(ii) चलन में नोट्स (Notes in circulation)	5,202
(iii) छोटे सिक्के (Small coins)	222
(iv) रुपये सिक्के (Rupee coins)	342

उत्तर–जनता के पास करेन्सी (Currency with the public) = (ii) + (iii) + (iv)

=5,202 + 222 + 342

= रु. 5,766 Crores

3. निम्नलिखित अंकों की सहायता से M_1, M_2, M_3, एवं M_4 (रु. करोड़ में)

(i) जनता के पास करेन्सी	2,56,787
(ii) बैंकों के पास जमाएँ	1,85,779
(iii) डाकघर के बचत खातों की जमा	5,041
(iv) बैंक के पास समय जमा (Time deposit)	12,15,844
(v) डाकघरों की कुल जमाएँ	25,969

उत्तर–

$M_1 = (i) + (ii) = 2,56,787 + 1,85,779 = 4,42,566$

$M_2 = M_1 + (iii) = 4,42,566 + 5,041 = 4,47,607$

$M_3 = M_1 + (iv) = 4,42,566 + 12,15,844 = 16,58,410$

$M_4 = M_3 + (v) = 16,58,410 + 25,969 = 16,84,379$

भारत में मुद्रा की पूर्ति (Money Supply in India)

रिजर्व बैंक ऑफ इण्डिया के द्वारा मुद्रा की पूर्ति के जिन चार मापकों का प्रयोग किया जाता है, उनमें M_1 तथा M_2 सबसे अधिक महत्त्व रखते हैं। M_1 द्वारा मुद्रा की पूर्ति के संकुचित अर्थ तथा M_3 इसके विस्तृत अर्थ को प्रकट करता है। अतः हम संकुचित मुद्रा (M_1) की पूर्ति और विस्तृत की पूर्ति (M_3) का विस्तृत अध्ययन करेंगे।

संकुचित मुद्रा की पूर्ति (M_1)—सारणी 2 में 1970-71 से सन् 2012-13 तक की मुद्रा की पूर्ति को दर्शाया गया है। सारणी के अंकों से स्पष्ट होता है:

सारणी 2 – M_1 मुद्रा की पूर्ति में वृद्धि

वर्ष	जनता के पास करेन्सी	बैंकों के पास माँग जमा	रिजर्व बैंक के पास अन्य जमा	मुद्रा की कुल पूर्ति
1970-71	4,367	2,910	44	7,321
1980-81	13,464	9,336	317	23,117
1991-92	61,231	52,855	885	1,14,971
2001-02	2,40,795	1,79,198	2,850	4,22,843
2010-11	9,14,200	7,17,660	3,650	16,35,510
2011-12	10,25,670	7,04,910	2,820	17,73,400
2012-13	11,08,790	6,92,280	1,420	18,02,540

(1) जनता के पास करेन्सी जो 1970-71 में रु. 4,367 करोड़ थी, वह 2012-13 में बढ़कर रु. 11,08,790 करोड़ हो गई।

(2) जहाँ तक मुद्रा की कुल पूर्ति (M_1) का सम्बन्ध है जो वर्ष 1970-71 में रु. 7,321 करोड़ थी वह वर्ष 2012-13 में बढ़कर रु. 18,02,540 करोड़ हो गई। मुद्रा की पूर्ति वृद्धि में जनता के पास करेन्सी बैंक की माँग जमाओं तथा रिजर्व बैंक ऑफ इण्डिया के पास अन्य जमा राशियों का महत्त्वपूर्ण योगदान रहा है।

(3) विगत 30 वर्षों में मुद्रा की कुल पूर्ति में जनता के पास करेन्सी की तुलना में जमा मुद्रा के अनुपात में अधिक वृद्धि हुई है। सन् 1970-71 में मुद्रा की कुल पूर्ति में करेन्सी का योगदान 69.8 प्रतिशत था, जबकि, 2012-13 में यह घटकर लगभग 56 प्रतिशत रह गया है। यद्यपि पिछले 38 वर्षों में बैंक जमाओं में पर्याप्त वृद्धि हुई है लेकिन यहाँ भी लोग विनिमय के सौदे के लिए करेन्सी का ही अधिक उपयोग करते हैं।

मुद्रा की पूर्ति (M_3) की वृद्धि तथा हाल के वर्षों में भारत में मुद्रा-स्फीति की दर (Growth of Money Supply M_3 and Rate of Inflation in India in Recent Years)

M_1 में बैंक के पास समय जमाओं (Time Deposits) की मात्रा को जोड़ने पर मुद्रा की पूर्ति का विस्तृत मापक (M_3) प्राप्त हो जाता है। भारत में पिछले तीन दशक में मुद्रा की पूर्ति में एक महत्त्वपूर्ण परिवर्तन यह हुआ है कि **समय जमाओं** में पर्याप्त वृद्धि हुई है। वर्ष 1970-71 तथा 2012-13 को समय जमाएँ रु. 3,637 करोड़ से बढ़कर रु. 62,97,860 करोड़ हो गयी हैं, जबकि माँग जमाएँ इसी समयावधि के दौरान रु. 2,910 करोड़ से बढ़कर रु. 6,92,280 करोड़ हो गयी जैसा कि सारणी 2 व 3 के अंकों से स्पष्ट होता है।

सारणी 3–मुद्रा की पूर्ति का विस्तृत मापक (M_3)(रु. करोड़ में)

वर्ष (1)	M_1 (2)	बैंकों के पास समय जमाएँ	(M_3) (1+2)
1970-71	7,321	3,637	10,958
1980-81	23,117	32,241	55,358
1990-91	92,892	1,72,936	2,65,828
2001-02	4,22,843	10,75,512	14,98,355
2010-11	16,35,510	48,63,980	69,99,490
2011-12	17,33,400	56,24,350	73,57,705
2012-13	18,02,540	62,97,860	81,00,400

वस्तुतः समय जमाओं में वृद्धि होने से बैंकों की उधार देने की क्षमता में वृद्धि होती है और बैंकों द्वारा साख सृजन के फलस्वरूप मुद्रा की पूर्ति में वृद्धि होती है। मुद्रा की पूर्ति M_3 धारणा मुद्रा के दोनों कार्यों अर्थात् विनिमय का माध्यम व मूल्य संचय दोनों को अभिव्यक्त करती है।

GDP के प्रतिशत के रूप में M_1 व M_3 (M_1 and M_3 As Percentage of GDP)

जैसा कि सारणी 4 के अंकों से स्पष्ट होता है विगत वर्षों में M_1 की अपेक्षा M_3 में अपेक्षाकृत अधिक वृद्धि हुई है।

सारणी-4–GDP के प्रतिशत के रूप में M_1 व M_3

वर्ष	M_1	M_3
2004-05	18.5	65.5
2005-06	19.3	66.1
2006-07	20.0	68.9
2007-08	20.1	72.8
2008-09	20.4	77.8
2009-10	21.2	83.1

भारतीय रिजर्व बैंक की मुद्रा की पूर्ति का नवीनतम माप (Latest Measures of Money Supply of RBI)

रिजर्व बैंक ऑफ इण्डिया ने **श्री बाई. वी. रेड्डी** की अध्यक्षता में एक विशेष समिति का गठन किया। इस समिति का कार्य वित्तीय क्षेत्र में आये परिवर्तनों के कारण अर्थव्यवस्था का मौद्रिक स्वरूप तेज गति से बदलते हुए परिवर्तनों का अध्ययन करना था।

रेड्डी समिति के सुझावों पर अब भारतीय रिजर्व बैंक मुद्रा की पूर्ति के निम्नलिखित नवीनतम मापों का प्रयोग करता है :

1. M_0 = चलन में करेन्सी + RBI के पास बैंकों की जमाएँ + RBI के पास अन्य जमाएँ

2. M_1 = चलन में करेन्सी + बैंकों के पास माँग जमाएँ + RBI के पास अन्य जमाएँ

3. M_2 = M_1 + बैंकों के पास बचत जमाओं की सावधि देयताएँ + बैंकों द्वारा जारी जमाओं के प्रमाण-पत्र + बैंकों के पास घरेलू निवासियों की एक वर्ष तक की परिपक्वता वाली जमाएँ

4. M_3 = M_2 + बैंक के पास घरेलू निवासियों की एक वर्ष से अधिक परिपक्वता वाली सावधि जमाएँ + बैंकों द्वारा वित्तीय निगमों से लिये गये तुरन्त लौटाओ ऋण (Call Borrowings)

भारतीय रिजर्व बैंक द्वारा मुद्रा की पूर्ति के नवीनतम मापों का विश्लेषण करने से निम्नलिखित तथ्य सामने आते हैं।

(i) M_0 को मुद्रा आधार के रूप में सम्मिलित किया गया है जिसका आशय उस मुद्रा से है जिसका निर्माण रिजर्व बैंक करता है।

(ii) M_1 की गणना के तरीके में कोई परिवर्तन नहीं हुआ है।

(iii) M_1, M_2 तथा M_3 मापों को तरलता के घटते हुए क्रम में प्रस्तुत किया गया है। M_1 सर्वाधिक तरल, M_2 उससे कम तरल और M_3 सबसे कम तरल मुद्रा है।

बैंकों द्वारा निर्गमित किये गये प्रमाण-पत्रों (CD_s) को पहली बार मुद्रा के माप में सम्मिलित किया गया है। CD_s की परिपक्वता अवधि एक वर्ष या इससे अधिक होती है और बैंक इन पर अपेक्षाकृत ऊँची दर से ब्याज का भुगतान करते हैं।

तरल साधनों की नई धारणा (New Concept of Liquid Resources)[1]

रिजर्व बैंक की मुद्रा पूर्ति के कार्यकारी समूह ने मौद्रिक धारणाओं को पुनः परिभाषित करने के उपरान्त भारत में तरल साधनों की भी नई धारणा को दर्शाया है जो निम्नलिखित हैं :

$L_1 = M_3 +$ डाकघरों के पास समस्त जमाएँ (राष्ट्रीय बचत प्रमाण-पत्र छोड़कर)

$L_2 = L_1 +$ वित्तीय संस्थाओं के पास सावधि जमाएँ + वित्तीय संस्थाओं द्वारा जारी जमा के प्रमाण-पत्र

$L_3 = L_2 +$ गैर-बैंकिंग वित्तीय कम्पनियों के पास सार्वजनिक जमाएँ

इस प्रकार तरल समूह में वित्तीय तथा गैर-वित्तीय संस्थाओं को शामिल किया गया।

(A) रेड्डी कमेटी की तरलता समुच्चय (Liquidity Aggregates)— की धारणा को रिजर्व बैंक ने स्वीकार कर लिया। आर. बी. आई. बुलेटिन 2000 से ही L_1, L_2 तथा L_3 सम्बन्धी आंकड़े प्रकाशित कर रही है। उल्लेखनीय है कि L_1 तथा L_2 सम्बन्धी आंकड़े मासिक आधार पर तैयार किये जाते हैं जबकि L_3 सम्बन्धी आँकड़े त्रैमासिक आधार पर तैयार किये जाते हैं।

रेड्डी कमेटी के अनुसार Mo साप्ताहिक और M_1, M_2 तथा M_3 मासिक आधार पर तैयार किया जायेगा परन्तु रिजर्व बैंक ऑफ इण्डिया अभी भी मुद्रा समुच्चयों (Aggregate) के सम्बन्ध में 1977 से चली आ रही M_1, M_2 और M_3 की धारणा को ही स्वीकार कर रहा है और यही आर्थिक समीक्षा में भी प्रकाशित किया जाता है।

रेड्डी कमेटी में Mo प्रारक्षित मुद्रा को व्यक्त करता है। RBI बुलेटिन में व्यक्त Mo तो रेड्डी कमेटी के प्रारक्षित मुद्रा को व्यक्त करता है, पर M_1, M_2 तथा M_3 इस कमेटी की धारणा से सम्बन्धित नहीं हैं।

मुद्रा पूर्ति को प्रभावित करने वाले कारक (Factors Affecting Money Supply)

मुद्रा पूर्ति को प्रभावित करने वाले कुछ प्रमुख घटक निम्नलिखित हैं :

1. केन्द्रीय बैंक की मौद्रिक नीति (Monetary Policy of the Central Bank)—यदि देश का केन्द्रीय बैंक सस्ती मुद्रा नीति अपनाता है अर्थात् कम ब्याज दर पर ऋण उपलब्ध हो जाते हैं तो मुद्रा की पूर्ति बढ़ेगी, इसके विपरीत यदि महँगी मुद्रा नीति अपनाता है तो मुद्रा की पूर्ति घटेगी।

2. व्यापारिक बैंकों की साख निर्माण क्षमता एवं नीति (Commercial Bank Capacity and Policy or Credit Creation)—बैंकों के पास जितनी अधिक नकदी जमा होगी, उतनी ही अधिक साख का विस्तार होगा अर्थात् मुद्रा की पूर्ति बढ़ेगी। इसके विपरीत कम नकदी जमा होने पर साख का विस्तार भी कम होगा।

3. सरकार की राजकोषीय नीति (Government's Fiscal Policy)—यदि सरकार घाटे के बजट की नीति अपनाती है तो मुद्रा की पूर्ति में वृद्धि होगी। इसके विपरीत सरकार बचत के बजट की नीति अपनाती है तो मुद्रा की पूर्ति कम होगी।

4. जनता की करेन्सी तथा जमाएँ रखने की इच्छा (Desire to hold Currency & Deposits)—जनता की करेन्सी तथा जमाएँ रखने की इच्छा भी मुद्रा की पूर्ति को निर्धारित करती है। यदि लोगों की यह आदत बनी हुई है कि वे नकदी कम रखते हैं और व्यापारिक बैंकों में अधिक जमा रखते हैं तो मुद्रा पूर्ति अधिक होगी। इसका कारण यह है कि

1. **तरलता क्या है?** किसी परिसम्पत्ति (assets) के बिना समय के विलम्ब तथा मूल्य की हानि के नकदी में परिवर्तित होने की क्षमता को उसकी तरलता कहते हैं। जिस परिसम्पत्ति को कितनी जल्दी बिना मूल्य की हानि के नकदी में बदला जा सकता है, वह परिसम्पत्ति उतनी ही अधिक तरल होगी। स्पष्टतः मुद्रा सबसे अधिक तरल परिसम्पत्ति है।

अधिक जमाओं से अधिक मुद्रा का निर्माण किया जा सकता है। इसके विपरीत, यदि लोगों में बैंकिंग की आदत नहीं है और वे अपनी बचतों को अपने पास ही नकदी के रूप में रखना श्रेष्ठकर समझते हैं तो बैंक द्वारा साख निर्माण अपेक्षाकृत कम होगा और मुद्रा पूर्ति का स्तर भी नीचा होगा।

5. मुद्रा की चलन गति (Velocity of Money)—मुद्रा की चलन गति भी मुद्रा की पूर्ति को प्रभावित करती है। एक विशेष समयावधि में मुद्रा की एक इकाई का प्रयोग कई बार किया जा सकेगा। इसलिए मुद्रा की वह एक इकाई एक से अधिक इकाइयों का काम करेगी। मान लीजिए, भारत में मुद्रा की एक इकाई एक वर्ष में औसतन 5 बार भुगतान के लिए प्रयोग में लागी गयी है। इसका अर्थ यह हुआ कि मुद्रा की एक इकाई ने 5 इकाइयों का काम किया है। अर्थशास्त्र की भाषा में यह कहा जायेगा कि मुद्रा की व्यवसाय चलन गति (अर्थात् V) 5 है।

अतः एक निश्चित समयावधि में मुद्रा की पूर्ति का अनुमान मुद्रा की मात्रा की चलन गति से गुणा करके लगाया जायेगा। अन्य शब्दों में :

$$\text{मुद्रा की पूर्ति (Supply of Money)} = M \times V = MV$$

6. उच्च शक्ति मुद्रा का आकार (Volume of High Project Money)—हाई पावर या रिज़र्व मनी (i) जनता के पास करेन्सी (C), (ii) बैंकों के पास नकदी कोष (R), (iii) रिजर्व बैंक के पास अन्य जमाओं का जोड़ है (OD)।

अर्थात्
$$H = C + R + OD$$

जैसा कि हम अध्ययन कर चुके हैं उच्च शक्ति मुद्रा के बढ़ने से मुद्रा की पूर्ति बढ़ती है और उसके घटने से मुद्रा की पूर्ति घटती है।

7. अन्य कारक (Other factors)

(I) यदि ब्याज दर घटा दी जाती है तो पोस्ट-ऑफिस व बैंकों में कम धन राशि जमा होती है। फलतः बैंकों की साख सृजन क्षमता कम हो जाती है और मुद्रा पूर्ति कम हो जाती है।

(II) यदि रिजर्व बैंक अधिक विदेशी-मुद्रा खरीदता है या अधिक लोग विदेशी मुद्रा को रुपये में परिवर्तित करवाते हैं तो इससे भी देश में मुद्रा की पूर्ति में वृद्धि होगी।

(III) जब व्यापारिक बैंक रिजर्व बैंक से अधिक ऋण की माँग करते हैं और रिजर्व बैंक द्वारा उनकी पूर्ति की जाती है तो भी अर्थव्यवस्था में मुद्रा की पूर्ति बढ़ती है।

बूझो तो समझें (Quiz)—

1. रेड्डी समिति द्वारा अनुमोदित L_3 स्टॉक पहले के मुद्रा मापक के समान है—
   (अ) M_1 (ब) M_2 (स) M_3 (द) M_4
2. वित्तीय संस्थानों की सावधि जमाओं को सम्मिलित किया जाता है—
   (अ) L_1 (ब) L_2 (स) L_3 (द) उपर्युक्त में से कोई नहीं

उत्तर–1. (द), 2. (स)।

भारत में मुद्रा पूर्ति में परिवर्तन के स्रोत (M_3)
(Sources of Change in Supply of Money in India (M_3))

समग्र मौद्रिक संसाधनों (M_3) को प्रभावित करने वाले घटकों के सम्बन्ध में रिजर्व बैंक ने निम्नलिखित विश्लेषण प्रस्तुत किया है जिसे **मुद्रा पूर्ति में परिवर्तन के स्रोत** भी कहा जाता है। भारत में मुद्रा पूर्ति निम्नलिखित पाँच स्रोतों पर निर्भर करती है—

1. सरकार को बैंक के निबल साख या ऋण,
2. वाणिज्य क्षेत्र के बैंक को साख या ऋण,
3. निबल विदेशी विनिमय सम्पत्तियाँ,
4. जनता के प्रति सरकार की करेन्सी देनदारियाँ,
5. बैंकिंग क्षेत्र का निबल गैर-मौद्रिक दायित्व।

1. सरकार को बैंक के निबल साख या ऋण (Net Bank Credit to the Government)—बैंकिंग क्षेत्र द्वारा सरकार को दिये गये निबल ऋण (साख) के दो रूप होते हैं—(अ) रिजर्व बैंक द्वारा दी गयी साख और (ब) अन्य बैंकों द्वारा दी गयी साख।

जब सरकार रिजर्व बैंक से अपनी वित्तीय आवश्यकताओं की पूर्ति के लिए उधार लेती है। रिजर्व बैंक सरकार को ऋण देने के लिए नयी मुद्रा का निर्माण करता है। अर्थशास्त्र में इसे **घाटे की वित्त व्यवस्था (Deficit Financing)** कहते हैं।

इसी प्रकार जब सरकार अन्य बैंकों से अपनी प्रतिभूतियों के आधार पर ऋण लेती है तो प्रतिभूतियों के मूल्य के बराबर बैंक एक माँग जमा (Demand Deposit) सरकार के नाम खोल देता है तथा साख मुद्रा का सृजन करता है। इससे देश में अतिरिक्त क्रय शक्ति अस्तित्व में आती है और सामान्यतया इससे देश में कीमतें बढ़ जाती हैं, क्योंकि इस अतिरिक्त क्रय शक्ति के निर्माण से देश में वस्तुओं तथा सेवाओं की माँग बढ़ जाती है।

2. वाणिज्य क्षेत्र के बैंक को साख या ऋण (Bank Credit of the Commercial Sector)—वाणिज्यिक क्षेत्र को दिये जाने वाले साख के दो रूप हो सकते हैं—**रिजर्व बैंक द्वारा दिये गये ऋण** का प्रभाव वैसा ही होगा जैसा रिजर्व बैंक द्वारा सरकार को दिये गये ऋण का होगा। दूसरे, **व्यापारिक बैंक द्वारा दिये गये साख** का भी प्रभाव ऊपर दिये गये विश्लेषण के अनुरूप होगा। ऐसा करने में व्यापारिक बैंक साख मुद्रा का सृजन करेंगे।

3. निबल विदेशी विनिमय सम्पत्तियाँ (Net Foreign Exchange Assets)—भारत में मुद्रा की पूर्ति को प्रभावित करने वाला तीसरा घटक बैंकिंग प्रणाली की विदेशी मुद्रा सम्पत्तियाँ हैं। ये सम्पत्तियाँ रिजर्व बैंक व अन्य बैंकों की होती हैं। मान लीजिए, कोई भारतीय निर्यातकर्ता अपनी वस्तुओं का निर्यात करके डॉलर प्राप्त करता है जो देश के भीतर आता है। मान लीजिए, उसे वह रिजर्व बैंक में जमा कर देता है। रिजर्व बैंक उसके बदले में निर्यातकर्ता को भारतीय मुद्रा दे देता है। अतः जब कभी रिजर्व बैंक या किसी अन्य बैंक को किसी व्यक्ति या फर्म से विदेशी मुद्रा या सम्पत्तियाँ प्राप्त होती हैं तो इनके बदले में इतने ही मूल्य की भारतीय मुद्रा (रुपया) देनी पड़ती है।

इसी प्रकार आयातकर्ताओं को आयातित वस्तुओं की कीमतों का भुगतान करने के लिए रिजर्व बैंक को रुपए देकर विदेशी मुद्रा खरीदनी पड़ती है। इसके दो प्रभाव होते हैं—**प्रथम,** बैंकिंग प्रणाली के पास विदेशी विनिमय कम हो जाता है और **द्वितीय,** देश में मुद्रा की पूर्ति कम हो जाती है।

यह उल्लेखनीय है कि हम जब बैंकिंग प्रणाली की विदेशी विनिमय सम्पत्तियों पर विचार करते हैं तो हमें बैंकिंग प्रणाली की कुल विदेशी विनिमय सम्पत्तियों और कुल विदेशी विनिमय दायित्वों के अन्तर को ज्ञात करना होता है। इस प्रकार बैंकिंग क्षेत्र की निबल विदेशी विनिमय सम्पत्तियाँ = रिजर्व बैंक की निबल विदेशी विनिमय सम्पत्तियाँ + अन्य बैंकों की निबल विदेशी विनिमय सम्पत्तियाँ।

देश में बैंकिंग प्रणाली की निबल विदेशी विनिमय में वृद्धि तथा कमी होने पर देश में मुद्रा की पूर्ति भी बढ़ती और घटती है। अन्य शब्दों में, निबल विदेशी विनिमय सम्पत्तियों तथा देश के मुद्रा स्टॉक (M_3) के बीच प्रत्यक्ष धनात्मक सम्बन्ध होता है।

4. जनता के प्रति सरकार की करेन्सी देनदारियाँ (Government's Currency Liabilities to the Public)—भारत सरकार एक रुपया का नोट छापती है तथा एक रुपया, 50 पैसा व 25 पैसा आदि के सिक्कों का टंकन करती है। ये सभी सरकार जनता के प्रति मौद्रिक दायित्व प्रदर्शित करते हैं और उनकी वृद्धि के साथ मुद्रा की पूर्ति में वृद्धि होती है। इस प्रकार जनता के प्रति सरकार की करेन्सी देनदारियों और देश में मुद्रा की पूर्ति या मुद्रा स्टॉक में प्रत्यक्ष और धनात्मक सम्बन्ध होता है।

देश में विस्तृत मुद्रा की पूर्ति को मालूम करने के लिए उपर्युक्त चारों स्रोतों को जोड़ना पड़ता है लेकिन देश में विस्तृत मुद्रा की पूर्ति (M_3) की सही जानकारी के लिए हमको इसमें से एक अन्य स्रोत बैंकिंग क्षेत्र की **गैर-मौद्रिक दायित्वों** को घटाना पड़ता है। इसका वर्णन हम आगे करेंगे।

5. बैंकिंग क्षेत्र का निबल गैर-मौद्रिक दायित्व (Net Non-monetary Liabilities of the Banking Sector)—इस शीर्षक के अन्तर्गत रिजर्व बैंक तथा अन्य बैंक दोनों की ही देयताओं को सम्मिलित किया जाता है।

रिजर्व बैंक की **गैर-मौद्रिक देयताओं** की प्रमुख मदें हैं—(अ) चुकता पूँजी (Paid-up Capital), (ब) रिजर्व फण्ड, (स) रिजर्व बैंक के कर्मचारियों की पेंशन विधि व भविष्य निधि।

इसी प्रकार अन्य बैंकों की गैर-मौद्रिक निधियों में रिजर्व फण्ड्स व पूँजी भुगतान योग्य बिल बैंकों की अचल सम्पत्तियों, भूल-चूक आदि को शामिल किया जाता है। **चूँकि ये बैंकिंग प्रणाली की देनदारियाँ हैं। इसलिए इन्हें घटाकर देश में मुद्रा की पूर्ति (M_3) को ज्ञात करते हैं।**

भारत के सन्दर्भ में M_3 में परिवर्तन के स्त्रोतों को सारणी के द्वारा और अच्छी तरह स्पष्ट किया गया है।

सारणी : M_3 में परिवर्तन के स्त्रोत

1. सरकार को निबल बैंक साख या ऋण (क + ख)

(क) RBI द्वारा सरकार को निबल साख (i-ii)

(i) सरकार का दायित्व

(ii) RBI के पांस सरकार का जमा

(ख) सरकार को अन्य बैंकों का ऋण

2. व्यापारिक क्षेत्र को बैंकों का साख (क + ख)

(क) व्यापारिक क्षेत्र को RBI द्वारा ऋण

(ख) व्यापारिक क्षेत्र को अन्य बैंकों का ऋण

3. बैंकिंग क्षेत्र की निबल विदेशी विनिमय सम्पत्ति (क + ख)

(क) RBI के पास निबल विदेशी विनिमय सम्पत्ति

(ख) अन्य बैंकों के पास निबल विदेशी विनिमय सम्पत्ति

4. जनता के प्रति सरकार का करेंसी दायित्व

5. बैंकिंग क्षेत्र का निबल गैर मौद्रिक दायित्व (Net non-monetary Liabilities) (क + ख)

(क) RBI का निबल गैर मौद्रिक दायित्व

(ख) बैंकों का निबल गैर मौद्रिक दायित्व

$M_3 = 1 + 2 + 3 + 4 - 5$

बूझो तो समझें (Quiz)—

1. नीचे आँकड़े दिये जा रहे हैं—(अ) बैंक क्षेत्र द्वारा सरकार को ऋण 3,21,660 करोड़, (ब) वाणिज्यिक क्षेत्र को बैंक साख 4,29,780 करोड़, (स) बैंकिंग क्षेत्र को निबल विदेशी विनिमय सम्पत्ति 12,41,201 करोड़, (द) सरकार की जनता के प्रति चालू देयता 3,120 करोड़, (य) बैंकिंग क्षेत्र की निबल गैर-मौद्रिक देयता 57,800 करोड़ रुपये। M_3 का मूल्य होगा—

(अ) 8,80,820 करोड़ रुपये (ब) 8,20,880 करोड़ रुपये

(स) 1,08,800 करोड़ रुपये (द) 6,78,530 करोड़ रुपये

[उत्तर—1. (ब)]

परीक्षा प्रश्न
(Examination Questions)

I. दीर्घ उत्तरीय प्रश्न (Long Answer Type Questions)

1. मुद्रा की पूर्ति से क्या आशय है ? मुद्रा की पूर्ति के विभिन्न अंगों की व्याख्या कीजिए।
   What is meant by supply of money? Discuss the various components of money supply.
2. मुद्रा की पूर्ति से आप क्या समझते हैं? मुद्रा पूर्ति के माप के सम्बन्ध में विभिन्न धारणाओं को समझाइए।
   What do you understand by supply of money? Explain the various concepts related to measurement of supply of money.

3. मुद्रा की पूर्ति से आप क्या समझते हैं? उसके घटक तथा उसे प्रभावित करने वाले कारकों की व्याख्या कीजिए।

   What do you understand by supply of money? Discuss its different components and factors affecting it.

4. भारत में मुद्रा पूर्ति के मापकों की विवेचना कीजिए। भारत में मुद्रा में परिवर्तन के स्रोतों को स्पष्ट कीजिए।

   Discuss measures of money supply in India. Explain the sources of change in supply of money in India.

II. लघु उत्तरीय प्रश्न (Short Answer Type Questions)

1. मुद्रा की पूर्ति से क्या आशय है?
2. मुद्रा की पूर्ति और मुद्रा के स्टॉक में अन्तर लिखिए।
3. भारतीय रिजर्व बैंक मुद्रा की पूर्ति की माँग कैसे करता है?
4. मुद्रा पूर्ति के सम्बन्ध में परम्परात्मक दृष्टिकोण क्या है?
5. गुर्ले एवं शॉ का दृष्टिकोण मुद्रा की पूर्ति के सम्बन्ध में क्या है?
6. मुद्रा की पूर्ति को निर्धारित करने वाले किन्हीं तीन तत्वों का विश्लेषण कीजिए।
7. उच्च शक्ति मुद्रा एवं समान मुद्रा में क्या अन्तर है?
8. उच्च शक्ति मुद्रा के संघटक कौन-कौन से हैं?
9. उच्च शक्ति मुद्रा के संघटकों में मौद्रिक नीति निर्माण में सर्वाधिक महत्व किसका है?
10. उच्च शक्ति मुद्रा और मुद्रा गुणक में क्या सम्बन्ध है?

III. वस्तुनिष्ठ प्रश्न (Objective Type Questions)

सही विकल्प छाँटकर लिखिएः

1. मुद्रा की पूर्ति को जब किसी विशेष के सन्दर्भ में परिभाषित किया जाता है तो यह कहलायेगी :

   (अ) स्टॉक धारणा (ब) प्रवाह धारणा

   (स) अनुभवगम्य धारणा (द) उपर्युक्त में से कोई।

2. मुद्रा की पूर्ति के समय जमाओं को शामिल किया गया हैः

   (अ) शिकागो सम्प्रदाय दृष्टिकोण में (ब) परम्परावादी दृष्टिकोण में

   (स) उपर्युक्त दोनों (द) उपर्युक्त में से कोई नहीं

3. जब मुद्रा की पूर्ति में कमी होती है तो वस्तुओं के मूल्य :

   (अ) बढ़ जाते हैं (ब) घट जाते हैं

   (स) समान रहते हैं (द) कोई परिवर्तन नहीं होता।

4. RBI की परिभाषा के अनुसार 'करेन्सी नोट और जनता के पास सिक्के' सम्मिलित किये जाते हैं :

   (अ) M_1 में (ब) M_2 में

   (स) M_3 में (द) उपर्युक्त सभी में।

5. RBI के अनुसार M_2 में सम्मिलित होते हैं :

(अ) M_1 तथा डाकघरों में बचत जमाएँ, (ब) M_1 तथा बैंकों की शुद्ध माँग जमाएँ

(स) M_1 + बैकों की समयबद्ध जमाएँ (द) M_1 तथा केन्द्रीय बैंकों की जमाएँ।

6. उच्च शक्ति मुद्रा के संघटक हैं

(अ) जनता के पास करेंसी (ब) बैंकों के पास नकद रिजर्व

(स) केन्द्रीय बैंक के पास अन्य जमाएँ (द) उपर्युक्त सभी।

7. उच्च शक्ति मुद्रा में प्रारम्भिक वृद्धि और मुद्रा की पूर्ति में अंतिम वृद्धि के सम्बन्ध को कहते हैं—

(अ) मुद्रा की पूर्ति का मौद्रिक आधार (ब) अतिरेक रिजर्व

(स) मुद्रा गुणक (द) उपर्युक्त में से कोई नहीं।

उत्तर—1. (अ), 2. (अ), 3. (ब), 4. (स), 5. (अ), 6. (द), 7. (स)

○○○

28

उच्च शक्ति मुद्रा
(High Powered Money)

महत्त्वपूर्ण अवधारणाएँ (Important Concepts)

1. उच्च शक्ति मुद्रा (High Powered Money)—उच्च शक्ति मुद्रा का सम्बन्ध भारत सरकार तथा रिजर्व बैंक द्वारा जारी सरकारी मुद्रा से है जो वाणिज्य बैंकों के पास रिजर्व और जनता के पास करेन्सी के रूप में रहता है।

2. उच्च शक्ति मुद्रा के संघटक (Components of High Powered Money)—यह योग होती है— (i) जनता के पास करेन्सी (C), (ii) बैंकों के पास नगदी कोष (R), (iii) रिजर्व बैंक के पास अन्य जमाओं का जोड़ है (OD)

$$H = C + R + OD$$

3. अतिरेक रिजर्व (Excess Reserve, ER)—कुल नकद रिवर्ज तथा आवश्यक रिजर्व (RR) का अन्तर अतिरेक रिजर्व कहलाता है।

4. मुद्रा गुणक (Money Multiplier)—मुद्रा गुणक से अभिप्राय उस संख्या से है जिससे यह ज्ञात होता है कि उच्च शक्ति मुद्रा में परिवर्तन होने पर मुद्रा की पूर्ति में कितने गुना परिवर्तन होगा : अर्थात् $m = \frac{M}{H}$

अर्थ (Meaning)—उच्च शक्ति मुद्रा (H) का सम्बन्ध भारत सरकार तथा रिजर्व बैंक द्वारा जारी **सरकारी मुद्रा** से है जो वाणिज्यिक बैंकों के पास रिजर्व (Reserves) और जनता के पास करेन्सी (नोटों तथा सिक्कों) के रूप में रहता है। इस प्रकार उच्च शक्ति मुद्रा के प्रमुख संघटक हैं—

(I) जनता के पास करेन्सी (C)।

(II) बैंकों के पास नकद रिजर्व निधि (R) जिसके दो भाग होते हैं—(अ) अपने पास रखी नकद रिजर्व तथा (ब) RR पास रखी बैंकों की जमा निधि।

(III) केन्द्रीय बैंक के पास अन्य जमाएँ (OD) जिसमें अर्द्ध-सरकारी संस्थाओं की माँग जमाओं को शामिल किया जाता है। इस प्रकार

उच्च शक्ति मुद्रा (H) = C + R + OD

उच्च शक्ति मुद्रा एवं सामान्य मुद्रा (संकुचित मुद्रा) में भेद
(Distinction between High Powered Money and Common or Narrow Money)

हमने संकुचित मुद्रा (M_1) की परिभाषा पहले ही निम्नलिखित रूप में दी है—

M_1 = जनता के पास करेन्सी (C) + वाणिज्य बैंकों के पास माँग जमाएँ (DD + RBI के पास अन्य जमाएँ (OD)

हम संकुचित मुद्रा (M_1) और उच्च शक्ति मुद्रा (H) की तुलना निम्न रूप में कर सकते हैं—

M_1	H
C	C
+ DD	+ R
+ OD	+ OD

अतः स्पष्ट है कि M_1 तथा H दोनों में जनता के पास करेन्सी (C) तथा रिजर्व बैंक के पास अन्य जमाएँ (OD) शामिल की गयी हैं। ये दोनों तत्त्व एक समान हैं। अतएव इनमें मुख्य अन्तर यह है कि M_1 में बैंकों की माँग जमा (DD) शामिल की जाती है, जबकि H में बैंकों के नकद कोष (R) शामिल किये जाते हैं।

उच्च शक्ति मुद्रा के संघटक
(Components of High Powered Money)

एक आधुनिक अर्थव्यवस्था में **मौद्रिक आधार** (उच्च शक्ति मुद्रा) पर ही साख तथा मुद्रा की पूर्ति का निर्माण किया जाता है। **उच्च शक्ति मुद्रा,** जैसा कि हम अध्ययन कर चुके हैं, निम्नलिखित समीकरण द्वारा प्रकट किया जाता है—

$$H = C + R + OD$$

उपर्युक्त समीकरण के आधार पर हम कह सकते हैं कि उच्च शक्ति मुद्रा (H) के संघटक निम्नलिखित हैं—

1. जनता के पास करेन्सी (C)—उच्च शक्ति मुद्रा का एक महत्त्वपूर्ण संघटक करेन्सी (C) है। भारत के सन्दर्भ में करेन्सी RBI तथा भारत सरकार द्वारा जारी की जाती है। करेन्सी की मात्रा में केवल **दीर्घकाल** में ही परिवर्तन सम्भव हो पाते हैं अतः उच्च शक्ति मुद्रा (H) में इसकी महत्त्वपूर्ण भूमिका नहीं होती।

यहाँ यह उल्लेखनीय है कि निर्गमित करेन्सी का एक भाग जनता द्वारा बैंकों में रखा जाता है। अतः यदि लोगों में बैंकिंग की आदत नहीं है और वे अपने मुद्रा धारणों को नकदी रूप में रखना बेहतर समझते हैं तो बैंकों द्वारा साख निर्माण अपेक्षाकृत कम होगा और मुद्रा पूर्ति का स्तर नीचा होगा।

2. बैंक के पास नकद रिजर्व (R)—आवश्यक रिजर्व से अभिप्राय बैंकों द्वारा रखे गये नकदी रिजर्वों से है। ये नकदी रिजर्व निम्नलिखित दो प्रकार के हो सकते हैं—

(अ) आवश्यक रिजर्व (Required Reserve, RR)—केन्द्रीय बैंक सभी वाणिज्य बैंकों के लिए यह आवश्यक कर देता है कि वे अपनी सावधि एवं माँग जमाओं, दोनों का एक निश्चित प्रतिशत भाग आरक्षित या रिजर्व (Reserve) के रूप में रखें। यही कानूनी न्यूनतम अथवा **आवश्यक रिजर्व हैं।** आवश्यक रिजर्वों (RR) को वाणिज्य बैंक आवश्यक रिजर्व अनुपात (RRr) तथा जमाओं के स्तर (D) निर्धारित करते हैं— $RR = RRr \times D$. यदि जमाओं की राशि 50 लाख रुपये और आवश्यक रिजर्व अनुपात 10 प्रतिशत है तो आवश्यक रिजर्व $10\% \times 50 = 5$ लाख रुपये होंगे। यदि रिजर्व अनुपात घटाकर 5% कर दिया जाए तो आवश्यक रिजर्व भी घटकर 2.5 लाख रुपये रखने होंगे। इस प्रकार **रिजर्व अनुपात जितना अधिक होगा, बैंक को उतने ही अधिक आवश्यक रिजर्व रखने होंगे।** भारत में इसे **नकदी रिजर्व अनुपात (Cash Reserve Ratio, CRR)** कहते हैं।

(ब) अतिरेक रिजर्व (Excess Reserve, ER)—आवश्यक रिजर्व (RR) से अधिक नकदी के जो रिजर्व वाणिज्य बैंकों के पास उपलब्ध होते हैं, उन्हें अतिरेक रिजर्व (ER) का नाम दिया जाता है। संक्षेप में, **कुल नकद रिजर्व (Total Cash Reserve) तथा आवश्यक रिजर्व (RR) का अन्तर अतिरिक्त रिजर्व (ER) कहलाता है।** उदाहरण के लिए, कुल नकद रिजर्व 50 लाख रुपये है और आवश्यक रिजर्व 5 लाख रुपये हैं तो अतिरेक रिजर्व 45 लाख (50—5 लाख) रुपये होंगे। जब आवश्यक रिजर्व घटाकर 2.5 लाख रुपये कर दिये जाते हैं तो अतिरेक रिजर्व बढ़कर 47.5 लाख रुपये हो जाते हैं। ER का उपयोग जमाकर्ताओं द्वारा अपनी जमाओं की वापसी माँगने तथा अन्य वाणिज्य बैंकों के प्रति निबल दायित्वों के भुगतान के लिए किया जाता है।

उच्च शक्ति मुद्रा की मात्रा निर्धारित करने में अतिरेक रिजर्व (ER) ही अधिक महत्त्वपूर्ण है, क्योंकि वाणिज्य बैंक के **अतिरेक रिजर्व** ही उसकी जमा देयताओं के आकार को प्रभावित करते हैं। वाणिज्य बैंक अपनी अतिरेक रिजर्व (ER) के बराबर ऋण देते हैं और अतिरेक रिजर्व (ER) **मुद्रा पूर्ति** का आवश्यक अंग है।

देश का केन्द्रीय बैंक खुले बाजार की क्रियाएँ (Open Market Operations) और बैंक दर नीति (Bank Rate Policy) के द्वारा वाणिज्य बैंक के रिजर्वों को प्रभावित करके मुद्रा पूर्ति को निर्धारित करता है।

खुले बाजार की क्रियाओं का सम्बन्ध सरकारी प्रतिभूतियों तथा अन्य प्रकार की सरकारी तथा निजी परिसम्पत्तियों, जैसे—हुण्डी, प्रतिभूतियाँ बॉण्ड इत्यादि के खुले बाजार में खरीदने व बेचने से सम्बन्ध रखता है। खुले बाजार की क्रियाओं से केन्द्रीय बैंक वाणिज्य बैंकों की साख सृजन अथवा ऋण देने की क्षमता को घटा-बढ़ा सकता है। हम जानते हैं कि बैंकों द्वारा दिये गये ऋण की मात्रा अथवा साख सृजन उनके पास **नकदी शेषों (Cash Balances)** पर निर्भर

करता है। जब केन्द्रीय बैंक यह चाहता है कि अन्य बैंक अधिक ऋण न दे तो इसे चाहिये कि बाजार में प्रतिभूतियाँ बेच दे। जब बैंक केन्द्रीय बैंक से प्रतिभूतियाँ खरीदेंगे तो अपने चेक देकर उनकी कीमत का भुगतान करेंगे। इससे उनके **नकदी शेष (Cash Balances)** घट जायेंगे तथा वे ऋण देने से हाथ खींच लेंगे। जब केन्द्रीय बैंक यह चाहे कि देश में मन्दी है तथा अधिक ऋण देकर बैंकों द्वारा व्यापार को प्रोत्साहित किया जाना चाहिए तो वह बैंकों से ऋण-पत्र व बॉण्ड खरीद लेगा और जब वह कीमत की अदायगी करेगा तो बैंकों के पास नकद रुपया बढ़ जायेगा। बैंक समृद्ध हो जायेंगे तथा उदार ऋण देने लगेंगे। फलतः मुद्रा व साख में वृद्धि होगी।

उपर्युक्त विवेचन से स्पष्ट है कि जब केन्द्रीय बैंक अतिरेक रिजर्व (ER) को कम करके साख का संकुचन करना चाहते हैं तो वे खुले बाजार में प्रतिभूतियों को बेचते हैं। इसके विपरीत जब केन्द्रीय बैंक साख का प्रसार करना चाहता है तो वह प्रतिभूतियों को खरीदते हैं।

बैंक दर वह न्यूनतम दर है जिस पर केन्द्रीय बैंक देश के वाणिज्य बैंकों को ऋण प्रदान करता है। बैंक दर को **बट्टा दर (Discount Rate)** भी कहते हैं। बैंक दर नीति वाणिज्य बैंकों की बैंक साख की लागत एवं पूर्ति को प्रभावित करके मुद्रा पूर्ति पर प्रभाव डालती है। बैंक दर में परिवर्तन से व्यापारिक बैंकों द्वारा अपने ग्राहकों को दिये जाने वाले ऋणों पर ब्याज दरें (Lending Rates) भी बदल जाती हैं अर्थात् बैंक से ऋण अथवा साख प्राप्त करने की लागत (Cost of Borrowing or Credit from Banks) बदल जाती है। ऋण अथवा साख पर ब्याज (लागत) की दर में परिवर्तन से व्यापारियों द्वारा बैंकों से लिये जाने वाले ऋण अथवा साख की मात्रा प्रभावित होती है जिससे देश में मुद्रा पूर्ति में घट-बढ़ होती है।

ऊँची बट्टा दर का अर्थ है कि यदि वाणिज्य बैंक केन्द्रीय बैंक की प्रतिभूतियों पर ऋण लेता है तो उसे पहले की अपेक्षा अधिक ब्याज दर देनी होगी। फलतः वाणिज्य बैंक भी अपने ग्राहकों को उधार देने की दर में वृद्धि कर देते हैं जिसके कारण उनके ऋण महँगे हो जाते हैं। इस प्रकार साख तथा वाणिज्य बैंकों के **रिजर्व संकुचित** हो जाते हैं। यदि **बैंक दर** घटा दी जाती है तो उपर्युक्त की बिल्कुल विपरीत स्थितियाँ उत्पन्न हो जाती हैं। फलतः साख और वाणिज्य बैंकों के रिजर्वों का विस्तार होता है।

संक्षेप में, जब केन्द्रीय बैंक अपनी बैंक दर को बढ़ाता है तो साख महँगा हो जाता है। फलतः अर्थव्यवस्था में साख का संकुचन होता है। इसके विपरीत बैंक दर घटने पर साख का विस्तार होता है।

3. केन्द्रीय बैंक के पास अन्य जमाएँ (Other Deposits with Central Bank-OD)—उच्च शक्ति मुद्रा का तीसरा संघटक है OD। इसके अन्तर्गत गैर-बैंकिंग संस्थाओं, जैसे—औद्योगिक बैंक, यूनिट ट्रस्ट, विदेशी सरकारें, केन्द्रीय बैंक के पास जमा करती हैं। चूँकि केन्द्रीय बैंक की अन्य जमाएँ भी बैंकों द्वारा माँग जमाओं के बहुगुणी सृजन के आधार के रूप में कार्य करती हैं अतः वे भी **उच्च शक्ति मुद्रा (H)** का एक संघटक है। चूँकि इनकी मात्रा बहुत कम होती है अतः उच्च शक्ति मुद्रा में परिवर्तन के स्रोत के रूप में बहुत अधिक महत्त्वपूर्ण नहीं होती।

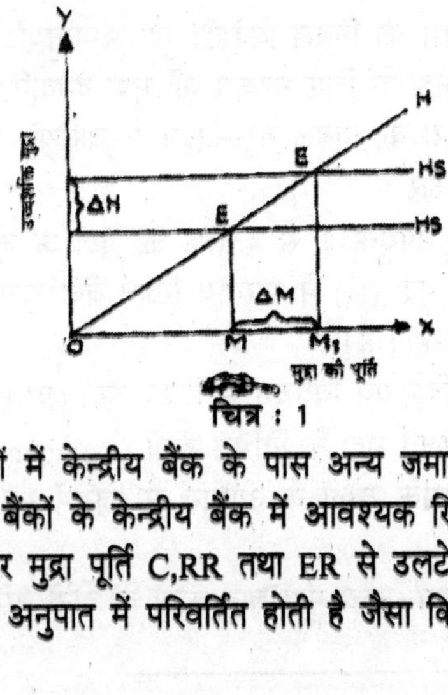

चित्र : 1

उपर्युक्त विवेचन से स्पष्ट है कि उच्च शक्ति मुद्रा के प्रमुख संघटकों में केन्द्रीय बैंक के पास अन्य जमाएँ (OD) महत्त्वपूर्ण नहीं हैं। ऐसी स्थिति में जनता द्वारा धारित करेन्सी, व्यापारिक बैंकों के केन्द्रीय बैंक में आवश्यक रिजर्व तथा अतिरिक्त रिजर्वों के बीच उच्च शक्ति मुद्रा का विभाजन दिया हुआ होने पर मुद्रा पूर्ति C,RR तथा ER से उलटे अनुपात में बदलती है परन्तु मुद्रा की पूर्ति उच्च शक्ति मुद्रा के परिवर्तन से प्रत्यक्ष अनुपात में परिवर्तित होती है जैसा कि चित्र 1 में दर्शाया गया है—

(i) यदि उच्च शक्ति मुद्रा की पूर्ति में ΔH की वृद्धि होती है तो HS वक्र ऊपर की ओर विवर्तित होकर HS' पर चला जाता है।

(ii) E बिन्दु पर उच्च शक्ति मुद्रा की माँग और पूर्ति सन्तुलन में है और मुद्रा पूर्ति OM है।

(iii) जब उच्च शक्ति मुद्रा की पूर्ति में वृद्धि होने से वक्र HS' हो जाता है तो नये सन्तुलन बिन्दु E_1 पर मुद्रा की पूर्ति भी बढ़कर OM_1 हो जाती है।

(iv) चित्र से यह भी स्पष्ट होता है कि जब उच्च शक्ति मुद्रा में ΔH की वृद्धि होती है तो मुद्रा पूर्ति (ΔM) में कई गुना वृद्धि होती है जिससे मुद्रा गुणक[1] के कार्यकरण का पता चलता है।

बूझो तो समझें (Quiz)—

प्रश्न–उच्च शक्ति मुद्रा के संघटकों (C + R + OD) में मौद्रिक नीति निर्माण में सर्वाधिक महत्त्व किसका है?

उत्तर–उच्च शक्ति मुद्रा में करेन्सी (C) की मात्रा में केवल दीर्घकाल में ही परिवर्तन सम्भव हो पाते हैं। परिणामतः मौद्रिक नीति के निर्माण की दृष्टि से C की कोई **विशेष** भूमिका नहीं होती। इसी प्रकार उच्च शक्ति मुद्रा (H) में OD भी बहुत थोड़े अंश में पाये जाते हैं। इसलिए OD भी मौद्रिक नीति को प्रभावित करने में समर्थ नहीं होता।

अब बचा 'R' जो उच्च शक्ति मुद्रा का प्रमुख स्रोत है और बैंकों की कुल जमाओं का ढाँचा 'R' द्वारा निर्धारित होता है। R के आधार पर ही वाणिज्य बैंक माँग जमाओं का निर्माण कर सकते हैं। साधारणतः यदि H में आवश्यक रिजर्व (R) का अनुपात अधिक हो तो H की उच्च शक्ति भी अधिक होगी। अतः उच्च शक्ति मुद्रा केन्द्रीय बैंक द्वारा सीधे तौर से नियन्त्रित की जा सकती है।

उच्च शक्ति मुद्रा के स्त्रोत और उसमें परिवर्तन
(Sources of High Powered Money and Changes Therein)

उच्च शक्ति मुद्रा के प्रमुख स्त्रोतों का विश्लेषण हम निम्नलिखित शीर्षकों के अन्तर्गत कर सकते है—

1. सरकार को दी जाने वाली RBI की निबल ऋण राशि।
2. बैंकों को RBI की ऋण राशि।
3. वाणिज्यिक क्षेत्र को RBI की ऋण राशि।
4. RBI की निबल विदेशी मुद्रा सम्पत्तियाँ।
5. जनता के लिए सरकार की मुद्रा देनदारियाँ।
6. RBI की निबल गैर-मौद्रिक देनदारियाँ।

इस प्रकार

उच्च शक्ति मुद्रा (H) = 1 + 2 + 3 + 4 + 5 + 6

अर्थात् उपर्युक्त 1 से 4 तक की मदों के जोड़ में से मद संख्या 5 को घटाने से ज्ञात होती है। रिजर्व मुद्रा अथवा उच्च शक्ति मुद्रा (H) में भारतीय रिजर्व बैंक द्वारा सरकार को दी जाने वाली शुद्ध उधार का प्रमुख स्थान लगभग 80 से 95% भाग रहता है।

ऊपर दिये गये विवेचन से रिजर्व मुद्रा (RM) अथवा **उच्च शक्ति मुद्रा के ज्ञात करने के दो तरीके हैं :**

(1) रिजर्व मुद्रा के विभिन्न अंगों (Components) का जोड़ (1 + 2 + 3 + 4) तथा,

(2) उसके स्त्रोतों के आधार पर जिसमें मद **संख्या** 1 से 4 तक के जोड़ में से मद संख्या 5 को घटाने से प्राप्त होता है।

उदाहरण–उच्च मुद्रा ज्ञात करने के दोनों तरीकों को नीचे सारणी द्वारा दर्शाया गया है :

---

1. इन मदों के सम्बन्ध में हम 'भारत में मुद्रा की पूर्ति' नामक अध्याय में विवेचना कर चुके हैं अतः उनकी पुनरावृत्ति हम यहाँ नहीं कर रहे हैं।

सारणी-1 : भारत में उच्च मुद्रा के स्रोत (करोड़ रु. में)

विवरण	31 मार्च, 2010	31 जनवरी, 2011
(I) M_1 (संकीर्ण मुद्रा)	2,43,629	6,14,759
(II) M_3 (विस्तृत या स्थूल मुद्रा के संघटक) (1+2+3+4)	7,03,015	21,96,876
1. जनता के पास मुद्रा	1,31,315	3,46,930
2. बैंकों में माँग जमा राशियाँ	1,09,119	2,62,382
3. बैंकों में सावधिक जमा राशियाँ	4,59,387	15,82,117
4. RBI के पास अन्य जमाएँ	3,194	5,447
(III) M_3 (मुद्रा स्टॉक) में परिवर्तन के स्रोत		
1. सरकार को निबल बैंक ऋण (A + B)।	2,88,513	7,53,387
A. सरकार को रिजर्व बैंक के निबल ऋण		14,187
B. सरकार को अन्य बैंकों के निबल ऋण		7,39,200
2. वाणिज्य क्षेत्र को बैंक ऋण (A + B)	3,81,097	12,25,825
A. वाणिज्य क्षेत्र को रिजर्व बैंक के ऋण		1,890
B. वाणिज्य क्षेत्र को अन्य बैंकों के ऋण		12,23,935
3. बैंकिंग क्षेत्र की निबल विदेशी विनिमय सम्पत्तियाँ	1,05,496	5,98,123
4. सरकार की जनता के प्रति करेन्सी देयताएँ	2,918	7,374
5. बैंकिंग क्षेत्र की निबल और गैर-मौद्रिक देयताएँ	75,009	387,833
(सावधि जमाओं के अतिरिक्त)	**7,03,015**	**21,96,876**
मुद्रा स्टॉक (M_3) = 1+2+3+4-5।		

उपर्युक्त सारणी से स्पष्ट है कि भारतवर्ष में 21 जनवरी 2011 को उच्च शक्ति मुद्रा रिजर्व मुद्रा के संघटक तथा मुद्रा स्टॉक में परिवर्तन के स्रोत के अनुसार रु. 21,96,876 करोड़ थी।

उच्च शक्ति मुद्रा के उपयोग व महत्त्व
(Uses and Importance of High Powered Money)

आधुनिक अर्थव्यवस्था में उच्च शक्ति मुद्रा (H) धारणा का अत्यधिक महत्त्व व उपयोग है जैसा कि निम्नलिखित बिन्दुओं से स्पष्ट हो जायेगा—

1. आधार मुद्रा (Base Money)—उच्च शक्ति मुद्रा (H) बैंक जमाओं के विस्तार और मुद्रा पूर्ति के निर्माण का आधार है इसलिए कुछ व्यक्ति इसे **आधार मुद्रा** (Base Money or Reserve Money) कहते हैं।

2. परिवर्तन का मुख्य स्रोत (Main Source of Charge)—अर्थव्यवस्था में मुद्रा की पूर्ति उच्च शक्ति मुद्रा (H) पर निर्भर करती है। जिस दिशा में इसमें परिवर्तन होता है, उसी दिशा में मुद्रा की पूर्ति में भी परिवर्तन होता है। मुद्रा की पूर्ति में अधिकांश परिवर्तन इसी के कारण होता है।

3. मुद्रा गुणक (Money Multiplier)—अर्थव्यवस्था में मुद्रा की पूर्ति (M) उच्च शक्ति मुद्रा (H) से कई गुना अधिक होती है। H में होने वाली वृद्धि के कारण मुद्रा की पूर्ति में कितनी गुनी वृद्धि होगी, यह **मुद्रा गुणक (Money Multiplier)** या m पर निर्भर करता है जिसका निर्धारक स्वयं उच्च शक्ति मुद्रा पर निर्भर करता है।

4. मौद्रिक नियन्त्रण (Monetary Control)—उच्च शक्ति मुद्रा मौद्रिक नियन्त्रण का एक प्रमुख उपकरण है। हम जानते हैं उच्च शक्ति मुद्रा वह राशि है जो वाणिज्य बैंकों के पास रिजर्व (Reserve-R) तथा जनता के पास करेन्सी (C) के रूप में विद्यमान है।

जहाँ तक करेन्सी (C) की बात है, इसकी पूर्ति RBI तथा भारत सरकार द्वारा की जाती है परन्तु इसकी मात्रा में केवल दीर्घकाल में ही परिवर्तन सम्भव हो पाते हैं। फलतः मौद्रिक नीति के निर्माण की दृष्टि से C की कोई विशेष भूमिका नहीं होती।

अब शेष बचा 'R' जिन्हें वाणिज्य बैंकों को बनाये रखना पड़ता है। यदि R की आपूर्ति इनकी माँग से अधिक है तो बैंकों के पास अतिरेक रिजर्व उपलब्ध होंगे जिसका प्रयोग वे प्रतिभूतियों की खरीद अथवा साख प्रदान करने में कर सकते हैं। R में परिवर्तन आर्थिक क्रियाओं पर महत्त्वपूर्ण प्रभाव रखते हैं। **मौद्रिक अधिकारी (Monetary Authorities)** R के मूल्य में परिवर्तन लाकर साख की मात्रा एवं प्रवाह को प्रभावित कर सकता है। संक्षेप में M = H.m. यह निरूपण करता है कि मौद्रिक अधिकारी मुद्रा गुणक अथवा उच्च शक्ति मुद्रा को परिवर्तित करके मुद्रा पूर्ति को नियन्त्रित कर सकते हैं।

उच्च शक्ति मुद्रा एवं मुद्रा गुणक
(High Powered Money and the Money Multiplier)

उच्च शक्ति मुद्रा (H), जैसा कि हम अध्ययन कर चुके हैं, बैंक जमाओं के विस्तार और मुद्रा पूर्ति के निर्माण का आधार है। जिस दिशा में उच्च शक्ति मुद्रा (H) में परिवर्तन होता है, उसी दिशा में मुद्रा की पूर्ति में भी परिवर्तन होता है परन्तु प्रारम्भिक उच्च शक्ति मुद्रा (H) के कारण मुद्रा की पूर्ति में कई गुना वृद्धि होती है। **उच्च शक्ति मुद्रा की एक निश्चित पूर्ति मुद्रा गुणक की क्रियाशीलता के माध्यम से मुद्रा की पूर्ति में कई गुना विस्तार कर देती है।** H में **प्रारम्भिक वृद्धि और मुद्रा की पूर्ति (M) में अन्तिम वृद्धि के सम्बन्ध** को मुद्रा गुणक की संज्ञा दी जाती है। अतः मुद्रा गुणांक जिसे m से व्यक्त किया जाता है, मुद्रा की कुल पूर्ति (M) तथा उच्च शक्ति मुद्रा (H) का अनुपात है अर्थात्

$$m = \frac{M}{H}$$

इस प्रकार मुद्रा गुणक (m) जब बैंकों के नकद कोषों (या उच्च शक्ति मुद्रा) में वृद्धि होती है तो मुद्रा की पूर्ति में वास्तविक वृद्धि को मापता है।

संक्षेप में, **मुद्रा की पूर्ति मौद्रिक आधार या उच्च शक्ति मुद्रा का वृद्धिमान फलन होता है।** अन्य शब्दों में—

(i) जब H बदलता है तो M भी उसी दिशा में बदलता है।

(ii) M में अधिकांश परिवर्तन H के कारण होते हैं।

भारत में मुद्रा गुणक
(Money Multiplier in India)

प्रो. एच. एल. आहूजा ने मुद्रा की पूर्ति की M_3 व M_1 धारणाओं का उपयोग करते हुए भारत में मुद्रा गुणक की गणना की है जिसे सारणी में दर्शाया गया है—

सारणी 2—भारत में मुद्रा गुणक

	1991-92	1994-95	1998-99	1999-2000	2006	2007
M_3/H	3.2	3.14	3.75	4.20	4.76	4.67
M_1/H	1.06	1.15	1.24	NA	NA	NA

Source : Advanced Macro Economics Theory : A. L. Ahuja. p.581

सारणी के अंकों से स्पष्ट है कि मुद्रा गुणक $\frac{M3}{H}$ का मूल्य 1998-99 व 1999-2000 में लगभग 4 के बराबर रहा, जबकि $\frac{M_1}{H}$ का मूल्य 1.22 था, जो यह प्रदर्शित करता है कि मुद्रा गुणक लगभग स्थिर रहते हुए भी इन वर्षों में भारत में मुद्रा की पूर्ति में तीव्र गति से वृद्धि उच्च शक्ति मुद्रा (H) में वृद्धि के कारण हुई है।

परीक्षा प्रश्न
(Examination Questions)

I. दीर्घ उत्तरीय प्रश्न (Long Answer Type Questions)

1. उच्च शक्ति मुद्रा से क्या तात्पर्य है? उच्च शक्ति मुद्रा के संघटकों की विवेचना कीजिए।
   What is high powered money? Discuss the components of high powered money.
2. भारतवर्ष में उच्च शक्ति मुद्रा के स्रोतों का विश्लेषण उदाहरण सहित कीजिए। उच्च शक्ति मुद्रा का महत्त्व स्पष्ट कीजिए।
   Analysis the sources of high powered money in India with an example. Explain the importance of high powered money.
3. उच्च शक्ति मुद्रा एवं मुद्रा गुणक पर एक संक्षिप्त निबन्ध लिखिए।
   Write a brief essay on high powered money and the money multiplier.

II. लघु उत्तरीय प्रश्न (Short Answer Type Questions)

1. मुद्रा की पूर्ति से क्या आशय है?
2. मुद्रा की पूर्ति और मुद्रा के स्टॉक में अन्तर लिखिए।
3. भारतीय रिजर्व बैंक मुद्रा की पूर्ति की माँग कैसे करता है?
4. मुद्रा पूर्ति के सम्बन्ध में परम्परात्मक दृष्टिकोण क्या है?
5. गुर्ले एवं शॉ का दृष्टिकोण मुद्रा की पूर्ति के सम्बन्ध में क्या है?
6. मुद्रा की पूर्ति को निर्धारित करने वाले किन्हीं तीन तत्वों का विश्लेषण कीजिए।
7. उच्च शक्ति मुद्रा एवं समान मुद्रा में क्या अन्तर है?
8. उच्च शक्ति मुद्रा के संघटक कौन-कौन से हैं?
9. उच्च शक्ति मुद्रा के संघटकों में मौद्रिक नीति निर्माण में सर्वाधिक महत्व किसका है?
10. उच्च शक्ति मुद्रा और मुद्रा गुणक में क्या सम्बन्ध है?

III. वस्तुनिष्ठ प्रश्न (Objective Type Questions)

सही विकल्प छाँटकर लिखिए:

1. मुद्रा की पूर्ति को जब किसी विशेष के सन्दर्भ में परिभाषित किया जाता है तो यह कहलायेगी :
   (अ) स्टॉक धारणा (ब) प्रवाह धारणा
   (स) अनुभवगम्य धारणा (द) उपर्युक्त में से कोई।
2. मुद्रा की पूर्ति के समय जमाओं को शामिल किया गया है:
   (अ) शिकागो सम्प्रदाय दृष्टिकोण में (ब) परम्परावादी दृष्टिकोण में,
   (स) उपर्युक्त दोनों (द) उपर्युक्त में से कोई नहीं
3. जब मुद्रा की पूर्ति में कमी होती है तो वस्तुओं के मूल्य :
   (अ) बढ़ जाते हैं (ब) घट जाते हैं
   (स) समान रहते हैं (द) कोई परिवर्तन नहीं होता।

4. RBI की परिभाषा के अनुसार 'करेन्सी नोट और जनता के पास सिक्के' सम्मिलित किये जाते हैं :

(अ) M_1 में, (ब) M_2 में

(स) M_3 में (द) उपर्युक्त सभी में।

5. RBI के अनुसार M_2 में सम्मिलित होते हैं :

(अ) M_1 तथा डाकघरों में बचत जमाएँ (ब) M_1 तथा बैंकों की शुद्ध माँग जमाएँ

(स) M_1 + बैंकों की समयबद्ध जमाएँ (द) M_1 तथा केन्द्रीय बैंकों की जमाएँ।

6. उच्च शक्ति मुद्रा के संघटक हैं

(अ) जनता के पास करेंसी (ब) बैंकों के पास नकद रिजर्व

(स) केन्द्रीय बैंक के पास अन्य जमाएँ (द) उपर्युक्त सभी।

7. उच्च शक्ति मुद्रा में प्रारम्भिक वृद्धि और मुद्रा की पूर्ति में अंतिम वृद्धि के सम्बन्ध को कहते हैं—

(अ) मुद्रा की पूर्ति का मौद्रिक आधार (ब) अतिरेक रिजर्व

(स) मुद्रा गुणक (द) उपर्युक्त में से कोई नहीं।

उत्तर—1. (अ), 2. (अ), 3. (ब), 4. (स), 5. (अ), 6. (द), 7. (स)

OOO

29 मुद्रा-प्रसार (स्फीति) : सिद्धान्त, कारण प्रभाव व नियंत्रण

(Inflation : Theories, Causes, Effects and Control)

महत्त्वपूर्ण अवधारणाएँ (Important Concepts)

1. मुद्रा-प्रसार या मुद्रा-स्फीति (Inflation)—मुद्रा-प्रसार एक मौद्रिक घटना है जिसका अभ्युदय सामान्यतया मुद्रा की अत्यधिक पूर्ति के कारण होता है।

पीगू और **कीन्स** की दृष्टि में मुद्रा-स्फीति वह वृद्धि है जो पूर्ण रोजगार की अवस्था में पहुँचने के बाद पैदा होती है।

2. आंशिक या अर्द्ध-मुद्रा-स्फीति (Partial Inflation)—पूर्ण रोजगार से पूर्व मुद्रा की मात्रा में वृद्धि के कारण कीमत-स्तर में होने वाली वृद्धि को कीन्स ने आंशिक मुद्रा-स्फीति कहा है।

3. मुद्रा-संकुचन या विस्फीति (Deflation)—मुद्रा-संकुचन उस दशा को कहते हैं जिसमें मुद्रा तथा साख की पूर्ति माँग की अपेक्षा कम होती है जिसके परिणामस्वरूप वस्तुओं के मूल्य में कमी आ जाती है।

4. मुद्रा-अवस्फीति (Dis-inflation)—मुद्रा-अवस्फीति वह स्थिति है जिसमें अर्थव्यवस्था में मुद्रा-स्फीति के कारण जो असन्तुलन उत्पन्न हो जाता है, उसे फिर से सन्तुलन में लाने के लिए कीमतों में कमी करनी पड़ती है।

5. मुद्रा-संस्फीति (Reflation)—मुद्रा-संकुचन के प्रभावों को दूर करने के लिए जब नियन्त्रित रूप से मुद्रा-प्रसार किया जाता है तो मुद्रा संस्फीति कहते हैं।

6. मुद्रा-स्फीति, मुद्रा-अवस्फीति, मुद्रा-विस्फीति तथा मुद्रा-संस्फीति में सम्बन्ध (Relation among Inflation, Deflation, Dis-inflation and Reflation)—जब कीमतें तीव्र गति से निरन्तर बढ़ने की प्रवृत्ति प्रकट करती हैं, तब इस स्थिति को (i) **मुद्रा-स्फीति** (Inflation) कहा जाता है। जब मुद्रा-स्फीति को कम करने के लिए किये जाने वाले प्रयत्नों के फलस्वरूप कीमतों में कमी होने की प्रवृत्ति आरम्भ होती है तो इस स्थिति को (ii) **मुद्रा-विस्फीति** (Dis-inflation) कहा जाता है। जब कीमत-स्तर निरन्तर तेजी से गिरने की प्रवृत्ति प्रकट करता है तो इस स्थिति को (iii) **मुद्रा-विस्फीति** (Deflation) कहा जाता है। कीमत में निरन्तर गिरने की इस प्रवृत्ति को रोकने के लिए प्रयत्न किये जाते हैं, उनके फलस्वरूप कीमतों में कुछ बढ़ने की प्रवृत्ति पायी जाती है। इस स्थिति को (iv) **मुद्रा-संस्फीति** (Reflation) कहते हैं।

7. फिलिप्स वक्र (Phillip's Curve)—फिलिप्स वक्र यह प्रदर्शित करता है कि बेरोजगारी के विभिन्न स्तरों पर कीमतों में सम्भावित परिवर्तन कितना होगा?

8. माँग-प्रेरित मुद्रा-स्फीति (Demand-pull Inflation)—माँग-प्रेरित स्फीति में अत्यधिक मुद्रा अत्यधिक कम वस्तुओं का पीछा करती है जिससे कीमत-स्तर में वृद्धि होती है।

9. लागत-वृद्धि स्फीति (Cost-push Inflation)—उत्पादन लागतों में वृद्धि होने के फलस्वरूप जो मुद्रा-स्फीति होती है, उसे लागत-वृद्धि स्फीति कहते हैं।

10. गतिहीन स्फीति (Stagflation)—इस स्फीति में मन्दी के साथ-साथ मुद्रा-स्फीति अर्थात् बेरोजगारी में वृद्धि के साथ-साथ कीमतों में वृद्धि दिखायी पड़ती है।

11. मौद्रिक गहनता (Monetary Depth)—मौद्रिक गहनता को औसत M_3 के GDP के साथ अनुपात के रूप में व्यक्त किया जाता है। अर्थात मौद्रिक गहनता = $\frac{M_3}{GDP} \times 100$

12. अर्थव्यवस्था का मौद्रीकरण (Monetis ation of the Economy)—मौद्रीकरण की माप के लिए हम GDP के अनुपात के रूप में औसत M_1 की मात्रा को लेते हैं। अर्थात

$$\text{मौद्रीकरण} = \frac{M_1}{GDP} \times 100$$

13. मुद्रा की आय गति (Income Velocity of Money)—

$$\text{मुद्रा की आय वेग} = \frac{\text{चालू बाजार मूल्य पर GDP}}{\text{वर्ष में औसत मुद्रा स्टाक}}$$

(I) मुद्रा-प्रसार या मुद्रा-स्फीति

(Inflation)

परिभाषा (Definition)—शब्दकोष के अनुसार अंग्रेजी भाषा के **Inflation** शब्द का अर्थ है 'फैलाव या वृद्धि'। जब फुटबाल के ब्लैडर में हवा भरी जाती है तो वह 'इन्फ्लैट्' होता जाता है अर्थात् फैलता जाता है। इस प्रकार कीमत-स्तर के सम्बन्ध में 'इन्फ्लेशन' का अर्थ कीमतों में होने वाली निरन्तर वृद्धि है। सामान्यतः कीमत-स्तर में होने वाली निरन्तर वृद्धि को मुद्रा-स्फीति (Inflation) कहा जाता है।

मुद्रा-स्फीति की सर्वमान्य परिभाषा देना कठिन है। अब तक विद्वानों ने मुद्रा-स्फीति की बहुत-सी परिभाषाएँ दी हैं जिनका मोटे तौर पर हम दो शीर्षकों के अन्तर्गत अध्ययन कर सकते हैं जैसा कि नीचे दिये चार्ट में दर्शाया गया है—

मुद्रा-प्रसार की परिभाषा

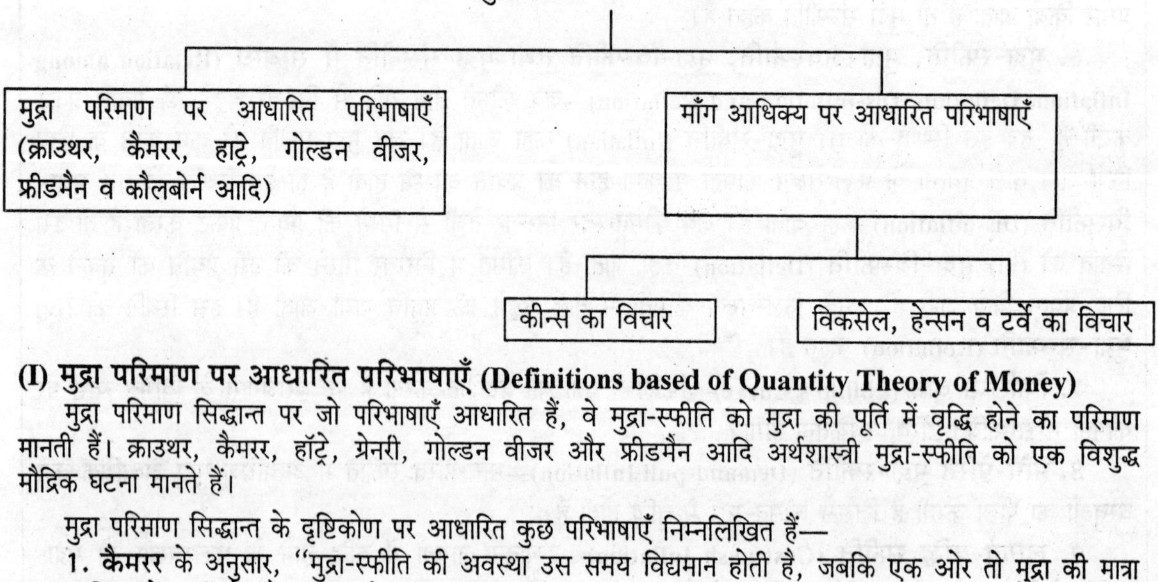

(I) मुद्रा परिमाण पर आधारित परिभाषाएँ (Definitions based of Quantity Theory of Money)

मुद्रा परिमाण सिद्धान्त पर जो परिभाषाएँ आधारित हैं, वे मुद्रा-स्फीति को मुद्रा की पूर्ति में वृद्धि होने का परिमाण मानती हैं। क्राउथर, कैमरर, हॉट्रे, ग्रेनरी, गोल्डन वीजर और फ्रीडमैन आदि अर्थशास्त्री मुद्रा-स्फीति को एक विशुद्ध मौद्रिक घटना मानते हैं।

मुद्रा परिमाण सिद्धान्त के दृष्टिकोण पर आधारित कुछ परिभाषाएँ निम्नलिखित हैं—

1. कैमरर के अनुसार, "मुद्रा-स्फीति की अवस्था उस समय विद्यमान होती है, जबकि एक ओर तो मुद्रा की मात्रा बहुत अधिक हो जाती है और दूसरी ओर, वस्तुओं तथा सेवाओं की मात्रा बहुत कम हो जाती है।"[1]

1. "Inflation is too much Currency in relation to the physical volume of business being done." —*Kemmerer*

2. क्राउथर के अनुसार, "मुद्रा-स्फीति वह परिस्थिति है जिसमें मुद्रा का मूल्य गिरता है अथवा वस्तुओं की कीमतें बढ़ती हैं।"[1]

3. हॉट्रे के शब्दों में, "वह परिस्थिति जिसमें मुद्रा का अत्यधिक निर्गमन हो, मुद्रा-स्फीति कहलाती है।"[2]

4. मिल्टन फ्रीडमैन के अनुसार, "कीमतों में सुस्थिर एवं अविरत होने वाली वृद्धि मुद्रा-स्फीति है।"[3]

उपर्युक्त परिभाषाओं से स्पष्ट होता है कि मुद्रा-स्फीति कीमत-स्तर के निरन्तर बढ़ने की प्रक्रिया है।

(II) माँग आधिक्य या अतिरेक पर आधारित परिभाषाएँ (Definitions based on Excess Demand)

विकसेल, वेण्ट, वेन्सन, कीन्स व टर्वे आदि अर्थशास्त्रियों ने मुद्रा-स्फीति की परिभाषा माँग आधिक्य के रूप में दी है। माँग आधिक्य विश्लेषण के अनुसार जब कभी अर्थव्यवस्था में वस्तुओं एवं सेवाओं के लिए प्रभावपूर्ण माँग अधिक होती है और चालू बचतों पर उपलब्ध पूर्ति के द्वारा उसे पूरा नहीं किया जा सकता तो स्फीति की स्थति उत्पन्न हो जाती है।

पीगू और कीन्स की दृष्टि में मुद्रा-स्फीति कीमतों में वह वृद्धि है जो पूर्ण रोजगार की अवस्था में पहुँचने के बाद पैदा होती है। वे सभी प्रकार की कीमतों की वृद्धि को मुद्रा-स्फीति नहीं मानते।

कीन्स ने कीमत वृद्धि को दो भागों में वर्गीकृत किया है—

1. आंशिक या अर्द्ध-मुद्रा-स्फीति (Semi-inflation)—पूर्ण रोजगार से पूर्व मुद्रा की मात्रा में वृद्धि होने से रोजगार तथा उत्पादन की मात्रा में भी कुछ वृद्धि होती है। इसके फलस्वरूप कीमतों में वृद्धि मुद्रा की मात्रा में हुई वृद्धि के अनुपात में नहीं होती। पूर्ण रोजगार-स्तर के पूर्व कीमत-स्तर में होने वाली वृद्धि को कीन्स ने आंशिक या 'अर्द्ध-मुद्रा-स्फीति' कहा है। यह मुद्रा-स्फीति मुख्यतः उत्पादन के साधनों की गतिशीलता में अड़चन के कारण होती है। इसे 'अड़चन स्फीति' (Bottleneck Inflation) भी कहा जाता है।

2. खुली या पूर्ण मुद्रा-स्फीति (Open or Full Inflation)—पूर्ण रोजगार-स्तर तक पहुँचने के पश्चात् मुद्रा की मात्रा में वृद्धि के परिणामस्वरूप कीमत-स्तर में जो वृद्धि होती है, उसे कीन्स ने खुली, पूर्ण, वास्तविक या निरपेक्ष (Open, Full, True or Absolute) मुद्रा-स्फीति कहा है। इसका कारण यह है कि प्रभावपूर्ण माँग के बढ़ने पर भी वस्तुओं के उत्पादन में वृद्धि होना सम्भव नहीं होता, क्योंकि उत्पादन के सभी साधन काम पर लगे होते हैं।

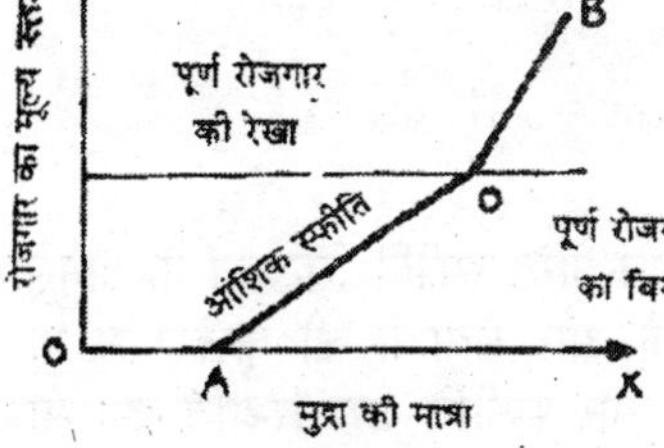

चित्र : 1

डिल्लर्ड के अनुसार, "वास्तविक मुद्रा-स्फीति तब होती है जब वर्तमान कीमतों के आधार पर पूर्ण रोजगार की अवस्था में उपभोग तथा पूँजीगत पदार्थों के लिए प्रभावपूर्ण माँग कुल उत्पादन के मूल्य से बढ़ जाती है।

उपर्युक्त विवेचन से यह स्पष्ट हो जाता है कि "यद्यपि आंशिक स्फीति की घटना अर्थव्यवस्था में पूर्ण रोजगार बिन्दु से पूर्व उत्पन्न हो सकती है परन्तु वास्तविक या पूर्ण स्फीति की घटना केवल पूर्ण रोजगार की अवस्था के विद्यमान होने के उपरान्त ही उत्पन्न होगी।"

पूर्ण आंशिक मुद्रा-स्फीति को हम रेखाचित्र 1 द्वारा स्पष्ट कर सकते हैं। चित्र में O बिन्दु के पूर्व कीमतों में वृद्धि के साथ-साथ रोजगार व उत्पादन में भी वृद्धि होती रहती है, इसलिए सैद्धान्तिक दृष्टि से पूर्ण स्फीति की अवस्था उत्पन्न नहीं होती है। T बिन्दु के पश्चात् TB पूर्ण स्थिति की अवस्था दर्शा रहा है।

कीन्स की परिभाषा के अनुसार 'मुद्रा-स्फीति' शब्द भारत जैसे विकासोन्मुख देश पर भी लागू किया जा सकता है जहाँ मनुष्यों और संसाधनों (Resources) को बेकारी और कीमतों में स्फीतिक वृद्धि साथ-साथ रहते हैं। ऐसा अनेक अड़चनों व बाधाओं के कारण होता है; जैसे—पूँजी की कमी, कौशल व तकनीकी ज्ञान का अभाव, कच्चे माल की

1. "Inflation is a stage in which the volume of money is falling i.e. prices are rising." —*Crowther*
2. "The state in whice over issue of currency is called inflation." —*Hawtrey*
3. "Inflation is a steady and sustained rise in price." —*Milton Friedman*

कमी, यातायात के साधनों का अभाव आदि। इन बाधाओं के कारण मूल्य वृद्धि एक निश्चित अवस्था के बाद उत्पादन में वृद्धि नहीं करती, चाहे वह देश पूर्ण रोजगार की व्यवस्था को न पहुँच पाया हो।

उपर्युक्त विवेचन से हमें मुद्रा-स्फीति की निम्न विशेषताओं का आभास मिलता है—

(i) मुद्रा-प्रसार एक **गतिशील प्रक्रिया (Dynamic Process)** है जिसे दीर्घ अवधि में ही अनुभव किया जा सकता है।

(ii) स्फीति एक अवस्था नहीं अपितु **एक प्रवृत्ति है (Inflation is not a State, but a trend)**। यदि मूल्य एक ऐसे स्तर तक बढ़ गया है जिस पर मजदूरी और लागत जैसी अन्य सभी बातें समंजित हो गयी हों तो स्फीति नहीं होगी।

(iii) स्फीति की प्रवृत्ति संचयी व **स्वतः पूर्ति (Self-stimulating)** वाली होती है। मूल्य-वृद्धि के फलस्वरूप मुद्रा-स्फीति की क्रय-शक्ति में कमी हो जाने के कारण प्रचलन में मुद्रा की मात्रा में वृद्धि करना स्वाभाविक बात हो जाती है जिससे लोगों की मौद्रिक आय बढ़ती है। अतः मूल्य में वृद्धि खर्च करने वालों की आमदनी को पुनः बढ़ा देती है जिससे वे अधिक व्यय करने में असमर्थ हो जाते हैं। फलतः मूल्य में अनिवार्यतः और अधिक वृद्धि हो जाती है। यह क्रिया-प्रतिक्रिया चलती रहती है।

(iv) मुद्रा-प्रसार एक **मौद्रिक घटना (Monetary Phenomenon)** है जिसका अभ्युदय सामान्यतया मुद्रा की अत्यधिक पूर्ति के कारण होता है। अतः सामान्य आवश्यकताओं से अधिक मुद्रा की मात्रा का प्रसारण करना मुद्रा-स्फीति का प्रमुख कारण है।

(v) मुख्य रूप से मुद्रा-प्रसार एक **आर्थिक घटना (Economic Phenomenon)** है जो एक अर्थव्यवस्था के अन्तर्गत फलित (Originate) होती है और आर्थिक शक्तियों की प्रतिक्रिया (Interaction of Economic Forces) द्वारा बलवती होती है।

(vi) यह एक चक्रीय गति स्फीति नहीं है। (A Cyclical Movement is not Inflation)।

(vii) पूर्ण स्फीति की घटना केवल पूर्ण रोजगार की अवस्था के विद्यमान होने के पश्चात् ही उत्पन्न होती है।

(viii) प्रत्येक पूर्ति पर माँग का आधिक्य होना मुद्रा-स्फीति का प्रमुख लक्षण है (Excess demand in relation to the supply of everything is the hall-mark of Inflaion)।

(ix) स्फीति या तो माँग वृद्धि (Demand pull) या लागत वृद्धि (Cost push) अथवा दोनों ही हो सकती है।

मुद्रा-स्फीति या मुद्रा-प्रसार के सिद्धान्त
(Different Types of Inflations)

मुद्रा-स्फीति के प्रमुख सिद्धान्त निम्नलिखित हैं—

(I) माँग-प्रेरित मुद्रा-स्फीति
(Demand-pull Inflation)

माँग-प्रेरित मुद्रा-स्फीति का सिद्धान्त कीमत वृद्धि का सबसे पुराना सिद्धान्त है। माँग-प्रेरित स्फीति सिद्धान्त के अनुसार स्फीति या मूल्य वृद्धि उत्पन्न होने का कारण यह है कि वर्तमान कीमतों पर वस्तुओं और सेवाओं की कुल माँग मात्रा इनकी कुल पूर्ति मात्रा की तुलना में अधिक होती है। संक्षेप में, इस सिद्धान्त के अनुसार **स्फीति उस स्थिति का नाम है जिसमें अत्यधिक मुद्रा अति कम (या अत्यधिक कम) वस्तुओं का पीछा करती है। अतएव माँग-प्रेरित मुद्रा-स्फीति की स्थिति में कुल माँग बढ़ती है, रोजगार बढ़ता है परन्तु उत्पादन के कुल माँग की तुलना में कम बढ़ने के कारण कीमतें बढ़ती हैं।**

परिभाषाएँ (Definitions)—माँग-प्रेरित मुद्रा-स्फीति की कुछ परिभाषाएँ निम्नलिखित हैं—

1. शेपिरो के शब्दों, " माँग-प्रेरित मुद्रा-स्फीति में कीमत-स्तर इसलिए बढ़ जाता है, क्योंकि वर्तमान कीमतों पर वस्तुओं तथा सेवाओं की माँग उपलब्ध पूर्ति से बढ़ जाती है।"[1]

2. पीटरसन के शब्दों में, "मुद्रा-स्फीति का कारण वर्तमान कीमतों पर उपलब्ध वस्तुओं और सेवाओं की पूर्ति की

---

1. "In demand-pull Inflation, the general price level rises because the demand for goods and services exceeds the supply available at existion prices." —*Shapiro*

तुलना में माँग (व्यय) का अधिक होना है।''[1]

रेखाचित्र द्वारा स्पष्टीकरण (Explanation by a Diagram)—माँग-प्रेरित मुद्रा-स्फीति को चित्र 2 के द्वारा स्पष्ट किया गया है—

(i) चित्र में OX-अक्ष पर उत्पादन तथा OY-अक्ष पर कीमतों को दर्शाया गया है। D_1D_1, D_2D_2, D_3D_3, D_4D_4 माँग वक्र में होने वाले परिवर्तन को व्यक्त करते हैं।

(ii) SS पूर्ति वक्र है जो T बिन्दु तक लोचदार है तथा यह दिखाता है कि माँग बढ़ने पर T बिन्दु तक उत्पादन में वृद्धि होती है किन्तु उसके बाद उत्पादन में कोई वृद्धि न होकर केवल कीमतों में वृद्धि होती है।

(iii) M_3 पूर्ण रोजगार का बिन्दु है जिसके बाद कीमतों में वृद्धि होने पर उत्पादन में कोई वृद्धि नहीं होती और यही कारण है कि T बिन्दु के बाद पूर्ति वक्र पूर्णतः बेलोचदार हो जाता है।

(iv) पूर्ण रोजगार बिन्दु के पहले माँग में वृद्धि होने पर कीमत तथा उत्पादन दोनों में वृद्धि होती है किन्तु पूर्ण रोजगार के बाद माँग में वृद्धि होने पर केवल कीमतों में ही वृद्धि होती है जो मुद्रा-स्फीति की स्थिति को दर्शाता है।

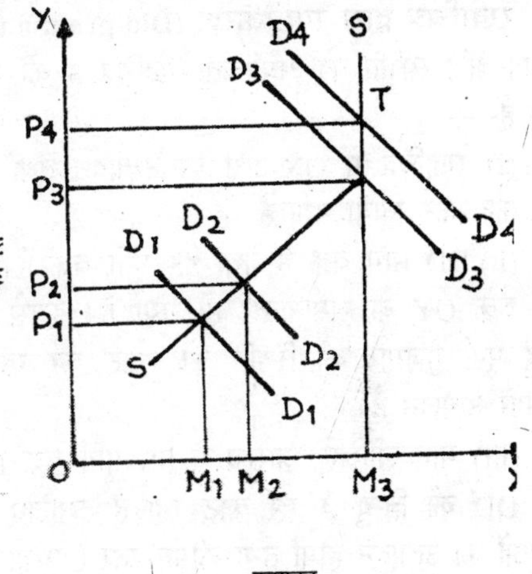

चित्र : 2

माँग-प्रेरित मुद्रा-स्फीति के कारण (Cause for Demand-pull Inflation)—माँग-प्रेरित मुद्रा-स्फीति के कारणों से सम्बन्धित निम्नलिखित तीन विचार हैं—

1. फिशर आदि अर्थशास्त्रियों का मत–इस मत के अनुसार पूर्ण रोजगार की स्थिति के पश्चात् जब मुद्रा की मात्रा में वृद्धि की जाती है तो कीमत स्तर बढ़ने लगता है। अतः माँग-प्रेरित मुद्रा-स्फीति का कारण मुद्रा के परिमाण में होने वाली वृद्धि है।

2. कीन्स के मत के अनुसार–लार्ड कीन्स के अनुसार जब कुल माँग (AD) कुल पूर्ति (AS) से अधिक हो जाती है तो कीमतें बढ़ने लगती हैं। कुल माँग उपभोग व्यय (C) तथा विनियोग (I) का जोड़ होती है। ($AD = C + I$) फलतः, जब अर्थव्यवस्था में उपभोग व्यय या विनियोग दोनों ही बढ़ जाते हैं तो कीमतों में बढ़ने की प्रवृत्ति आरम्भ हो जाती है।

3. फ्रीडमैन तथा आधुनिक अर्थशास्त्रियों के मत के अनुसार–इस मत के अनुसार माँग-प्रेरित मुद्रा-स्फीति का मुख्य कारण मुद्रा की पूर्ति में आवश्यकता से अधिक वृद्धि का होना है।

(II) लागत-वृद्धि स्फीति
(Cost-push Inflation)

उत्पादन लागतों में वृद्धि होने के फलस्वरूप जो मुद्रा-स्फीति होती है, उसे **लागत-वृद्धि स्फीति (Cost-push Inflation)** कहा जाता है। इस स्थिति में एक ओर कीमतें बढ़ती हैं, दूसरी ओर, उत्पादन तथा रोजगार कम हो जाता है। इसके विपरीत, माँग-प्रेरित मुद्रा-स्फीति में कीमतें बढ़ने के साथ-साथ उत्पादन तथा रोजगार में भी वृद्धि होती है।

मजदूरी और लाभ में वृद्धि होने के कारण कीमतों में जो वृद्धि होती है, उसे लागत-प्रेरित स्फीति कहते हैं। 1970 के दशक से इसे कीमतों में वृद्धि का मुख्य कारण माना जाने लगा है। इसे नयी स्फीति (New Inflation) भी कहा जाता है।

---

1. "Demand-pull Inflation Theory holds that inflation is caused by an excess of demand (spending) relative to the available supply of goods and services at existing prices." —*Peterson*

परिभाषाएँ (Definitions)—लागत-वृद्धि स्फीति की कुछ परिभाषाएँ निम्नलिखित हैं—

1. रेनलर्ट के अनुसार, ''लागत-प्रेरित स्फीति सिद्धान्त का आधार यह है कि श्रम तथा व्यापार दोनों में ही संगठित समूह अपनी वस्तुओं तथा सेवाओं की कीमत सामान्य प्रतिस्पर्द्धा बाजारों में प्रचलित कीमतों से ऊँची रखते हैं।''[1]

रेखाचित्र द्वारा स्पष्टीकरण (Dia-grammatic Explanation)—लागत-वृद्धि स्फीति को अग्रांकित रेखाचित्र 3 की सहायता से स्पष्ट किया गया है—

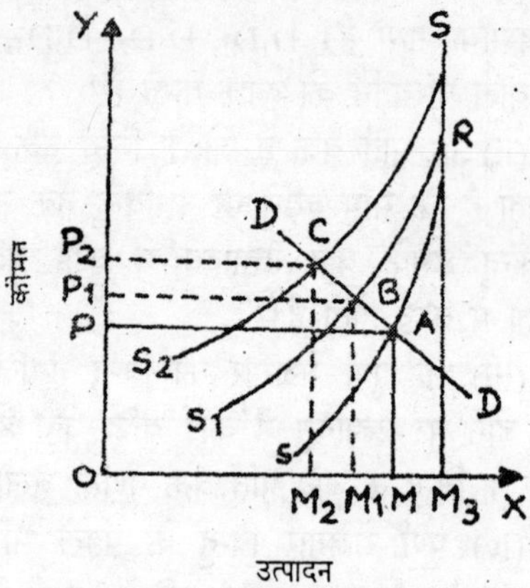

चित्र : 3

(i) रेखाचित्र में OX-अक्ष पर उत्पादन तथा OY-अक्ष पर कीमत-स्तर को प्रकट किया गया है।

(ii) DD माँग वक्र है तथा SS पूर्ति वक्र है। R बिन्दु के बाद SS पूर्ति वक्र OY के समानान्तर हो गया है। इससे स्पष्ट होता है कि R बिन्दु पूर्ण रोजगार की स्थिति को प्रकट कर रहा है तथा OM_3 पूर्ण रोजगार उत्पादन है।

(iii) मान लीजिए, प्रारम्भ में SS पूर्ति वक्र है। पूर्ति वक्र SS माँग वक्र DD को बिन्दु A पर काट रहा है इसलिए अर्थव्यवस्था में OM वस्तुओं का उत्पादन होगा तथा कीमत-स्तर OP होगा।

(iv) यदि लागत बढ़ जाती है तो पूर्ति वक्र ऊपर को उठकर S_1S हो जायेगा। यह पूर्ति वक्र S_1S माँग वक्र DD को B बिन्दु पर काटेगा। नये सन्तुलन बिन्दु B से ज्ञात होता है कि उत्पादन कम होकर OM_1 तथा कीमत बढ़कर OP_1 हो जायेगा। यदि लागत और भी अधिक बढ़ जाती है तो नया पूर्ति वक्र S_2S होगा।

(v) यह पूर्ति वक्र S_2S माँग वक्र DD को C पर काटेगा। इससे प्रकट होता है कि उत्पादन कम होकर OM_2 हो जायेगा परन्तु कीमत-स्तर बढ़कर OP_2 हो जायेगा।

लागत-वृद्धि स्फीति के कारण (Causes for Cost-push Inflation)—लागत-वृद्धि स्फीति अपूर्ण प्रतियोगी बाजार (Imperfectly Competitive Market) से सम्भव होती है। इसके तीन मुख्य कारण हैं—

1. मजदूरी की दर या मौद्रिक मजदूरी में वृद्धि (Increase in the Rate of Wages or Wage Induced Inflation)—लागत-प्रेरित स्फीति का मूल कारण यह है कि श्रमिकों की उत्पादकता की तुलना में उनकी मौद्रिक मजदूरी में अधिक तेजी से वृद्धि होती है।

2. लाभ की दरों में वृद्धि (Increase in Rate of Profit)—लागत-प्रेरित स्फीति का एक कारण लाभ के हिस्से में वृद्धि भी है। कभी-कभी व्यापारिक संस्थाएँ जिन्हें लाभ के बढ़ाने की एकाधिकारी शक्ति प्राप्त होती है, वे अपनी वस्तु की कीमत, मजदूरी की दर उत्पादन लागत में हुई वृद्धि से अधिक बढ़ा देती है। परिणामस्वरूप अर्थव्यवस्था में स्फीति की दशा उत्पन्न हो जाती है।

3. प्रमुख कच्चे माल की लागत में वृद्धि (Increase in Cost of Basic Raw Material)—जब घरेलू तथा अन्तर्राष्ट्रीय बाजार दशाओं के कारण प्रमुख कच्चे माल; जैसे—कोयले, इस्पात तथा पेट्रोल आदि की कीमतें कई गुना बढ़ जाती है तो इसके फलस्वरूप लागत बढ़ जाती है तथा तैयार वस्तुओं की कीमतें बढ़ जाती हैं। उदाहरण के लिए, 1973 में पेट्रोल उत्पादन करने वाले देशों के संगठन OPEC ने पेट्रोल की कीमतें 40% बढ़ा दी थीं। इसके फलस्वरूप कई देशों में कीमतें बढ़ गयीं।

---

1. "The basis of cost-push theory of inflation is that organized groups, both business and labour, establish higher prices for their product of services that would prevail in perfectly competitive markets."

—*J. C. Ranler*

माँग-प्रेरित एवं लागत-स्फीति में अन्तर
(Difference between Demand-pull and Cost-push Inflation)

माँग-प्रेरित एवं लागत-प्रेरित स्फीति में अन्तर को निम्नांकित सारणी द्वारा स्पष्ट किया गया है—

माँग-प्रेरित एवं लागत-प्रेरित स्फीति में अन्तर

क्र.सं.	अन्तर का आधार	माँग-प्रेरित स्फीति	लागत-प्रेरित स्फीति
1.	कारण	इस स्फीति के उत्पन्न होने का मुख्य कारण वस्तुओं और सेवाओं की माँग में वृद्धि है।	इस स्थिति के उत्पन्न होने का कारण लागत में वृद्धि है।
2.	बाजार की पूर्णता	माँग-प्रेरित स्फीति तब उत्पन्न होती है जब सार्वजनिक व्यय की पूर्ति हेतु मुद्रा की मात्रा बढ़ायी जाती है।	लागत-प्रेरित स्फीति, बाजार की अपूर्णता के कारण पैदा होती है।
3.	विद्यमानता	यह स्फीति पूर्ण रोजगार की अवस्था के बाद उत्पन्न होती है।	यह स्फीति बेरोजगारी की स्थिति में पायी जाती है।
4.	नियन्त्रण	इस स्फीति को माँग में कमी करके या उत्पादन बढ़ाकर नियन्त्रित किया जा सकता है।	इस स्फीति को नियन्त्रित करने के लिए मजदूरी पर नियन्त्रण एवं बाजार अपूर्णताओं को दूर करना आवश्यक है।

उपरोक्त अन्तर होते हुए भी माँग-प्रेरित और लागत-प्रेरित स्फीति दोनों इस प्रकार एक-दूसरे से गुँथे हुए हैं कि इनमें भेद करना कठिन हो जाता है।

(IV) मुद्रा-स्फीति के रूप या प्रकार
(Types of Inflation)

1. साख-स्फीति (Credit Inflation)—जब देश के व्यापारिक बैंक उदारता से ऋण देते हैं तो वस्तुओं की माँग में बहुत अधिक वृद्धि होती है, फलतः कीमत बढ़ने लगती है। इसे साख-स्फीति कहते हैं।

2. घाटा-प्रेरित स्फीति (Deficit Induced Inflation)—सरकार का व्यय अपनी आय से अधिक होने पर जब घाटे की पूर्ति हीनार्थ प्रबन्धन द्वारा की जाती है तो देश में मुद्रा की मात्रा में वृद्धि होती है और स्फीति उत्पन्न हो जाती है।

3. मजदूरी-प्रेरित स्फीति (Wage Induced Inflation)—जब मजदूर अपने आपको शक्तिशाली श्रमिक संघों में संगठित कर लेते हैं और अपनी मजदूरी में वृद्धि बिना उत्पादन बढ़ाये ही कर लेते हैं तो उत्पादन लागतों में वृद्धि हो जाती है, परिणामतः वस्तुओं की कीमतें बढ़ जाती हैं, इसे वेतन-प्रेरित स्फीति कहते हैं।

4. लाभ-प्रेरित स्फीति (Profit Induced Inflation)—कभी-कभी ऐसा भी होता है कि उत्पादन लागत घटने लगती है जिसके परिणामस्वरूप कीमतों में गिरने की प्रवृत्ति उत्पन्न हो जाती है। ऐसी स्थिति में कृत्रिम उपायों द्वारा कीमतों को नीचे गिरने से रोका जाता है तो उत्पादकों के लाभ में वृद्धि होती है। इस प्रकार की स्फीति को कीन्स ने लाभ-प्रेरित कहा है।

5. खुली तथा दमित स्फीति (Open and Suppressed Inflation)— मुद्रा-स्फीति खुली अथवा नियन्त्रित या दमित हो सकती है। एक खुली स्फीति में सरकार की ओर से मूल्य-वृद्धि पर कोई नियन्त्रण नहीं होता। इसमें मूल्य बाजार की परिस्थिति के अनुसार माँग और पूर्ति पर निर्भर रहते हैं।

जब बढ़ती हुई कीमतों को प्रशासनिक उपायों, जैसे—राशनिंग, कीमत नियन्त्रण इत्यादि द्वारा सरकार दबा देती है अर्थात् कीमतों को नहीं बढ़ने देती तो इसे दबी मुद्रा-स्फीति कहते हैं।

मुद्रा प्रसार या स्फीति के कारण
(Causes of Inflation)

कीमत निर्धारण के सामान्य सिद्धान्त के अनुसार कीमतों में वृद्धि निम्नलिखित दो कारणों से हो सकती है—(अ) जब कुल माँग में वृद्धि होती है तथा (ब) जब पूर्ति कम हो जाती है।

यदि पूर्ति पूर्ववत् रहे तो कुल माँग में होने वाली वृद्धि कीमतों में भी वृद्धि कर देती है। इसी प्रकार माँग स्थिर रहने पर यदि पूर्ति में कमी हो जाती है तो कीमतों में वृद्धि हो जाती है।

इस बात को चित्र 4 की सहायता से स्पष्ट किया जाता है।

(i) चित्र में SS प्रारम्भिक वक्र और DD प्रारम्भिक माँग वक्र है। ये दोनों वक्र एक-दूसरे को T बिन्दु पर काटते हैं। अतः T साम्य बिन्दु है। इस बिन्दु पर साम्य कीमत OP है।

(ii) यदि कीमत बढ़कर OP_1 हो जाती है तो कीमत में यह वृद्धि दो कारणों से हो सकती है—(अ) पूर्ति वक्र के नीचे की ओर खिसककर S_1S_1 होने पर और (ब) माँग वक्र के ऊपर की ओर खिसककर D_1D_1 होने पर अथवा (स) माँग वक्र के ऊपर एवं पूर्ति वक्र के नीचे की ओर खिसकने के संयुक्त परिणामस्वरूप भी कीमत में वृद्धि हो सकती है।

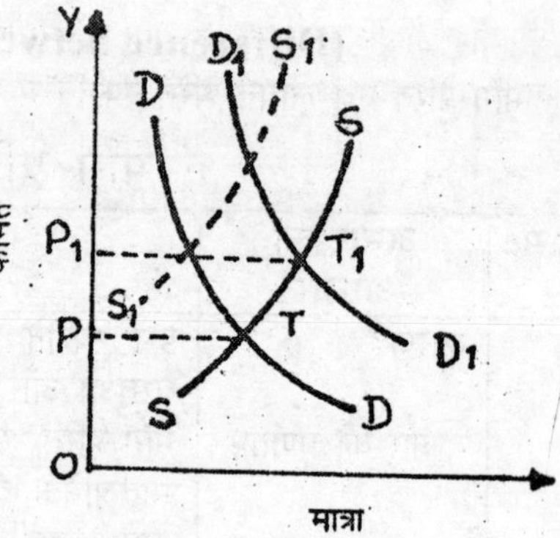

चित्र : 4

उपर्युक्त विवेचन से स्पष्ट होता है कि मुद्रा-स्फीति या प्रसार के उत्पन्न होने के मुख्य दो कारण हो सकते हैं—

(I) वे कारण जो माँग में वृद्धि करते हैं, और

(II) वे कारण जो पूर्ति में कमी लाते हैं। सामान्यतया लागत में वृद्धि के कारण पूर्ति कम हो जाती है।

(I) माँग पक्ष के घटक (Demand Side)—वस्तुओं और सेवाओं के लिए माँग पर अनेक सहायक घटकों का प्रभाव पड़ता है। संक्षेप में, माँग पक्ष की ओर स्फीति को प्रभावित करने वाले घटक निम्नलिखित हैं—

1. बढ़ता हुआ सार्वजनिक व्यय (Increasing Public Expenditure)—जब युद्ध अथवा सार्वजनिक विकास के लिए तेजी से सार्वजनिक व्यय में वृद्धि की जाती है तो लोगों के पास क्रय-शक्ति (आय) बढ़ जाती है फलतः वस्तुओं एवं सेवाओं की माँग भी बढ़ जाती है। **प्रो. कीन्स** के अनुसार, जब पूर्ण रोजगार बिन्दु प्राप्त हो जाता है तो इस प्रकार के व्यय में वृद्धि के परिणामस्वरूप उत्पादन में वृद्धि नहीं हो पाती। फलतः उत्पादन की तुलना में माँग में अधिक वृद्धि हो जाती है और कीमत बढ़ने लगती है अर्थात् मुद्रा-स्फीति की स्थिति उत्पन्न होने लगती है। यही बात तब भी क्रियाशील होती है, जबकि अर्थव्यवस्था में विद्यमान अवरोधों के कारण उत्पादन बढ़ने की गति सीमित हो जाती है और लागतें बढ़ने लगती हैं और लागतों में वृद्धि कीमतों में वृद्धि के कारण बनती है।

2. बढ़ता हुआ निजी विनियोग (Increase in Private Investment)—जब व्यक्तिगत उपक्रमी अच्छी व्यापारिक दशाओं या प्राविधिक नव प्रवर्तनों एवं अन्य किसी कारण से अधिक विनियोग करने लगते हैं और यदि पूर्ण रोजगार बिन्दु की प्राप्ति हो गयी है या अर्थव्यवस्था में कुछ बाधाएँ आ जाती हैं जिनके कारण उत्पादन बढ़ने की गति सीमित हो जाती है तो बढ़ता हुआ निजी विनियोग कीमतों में वृद्धि का कारण बन जाता है। कारण यह है कि जब अधिक विनियोग के कारण उत्पत्ति के साधनों की आय बढ़ती है तो उनके उपभोग व्यय में भी वृद्धि होती है अर्थात् माँग भी बढ़ती है और यदि पूर्ति स्थिर रही तो कीमतों का बढ़ना स्वाभाविक हो जाता है।

3. करारोपण में कमी (Reduction in Taxes)—करारोपण सम्बन्धी कटौती के परिणामस्वरूप लोगों की वास्तविक आय और मौद्रिक आय में वृद्धि हो जाती है जिसके कारण प्रभावपूर्ण माँग में वृद्धि हो सकती है। उदाहरण के लिए, यदि युद्ध के अन्त में करारोपण में कमी कर दी जाय तो ऐसी स्थिति में करों में कमी के कारण जो क्रय-शक्ति मुक्त हो जाती है, लोग उसका प्रयोग विभिन्न प्रकार की वस्तुओं के क्रय में करते हैं। फलतः वस्तुओं की कमी अनुभव होने लगती है और कीमतों में शीघ्रता से वृद्धि होने लगती है।

4. काला धन (Black Money)—जब अकुशल प्रशासन के कारण करों की राशि वसूल नहीं हो पाती तो इस प्रकार की छिपायी गयी राशि को काला धन कहते हैं। इस काले धन के कारण वस्तुओं की माँग बढ़ती है जिससे कीमतें बढ़ती हैं।

5. सार्वजनिक ऋण में कमी (Reduction in Public Debt)—जब सरकार द्वारा जनता से उधार लेने के कार्यक्रमों में शिथिलता बरती जाती है अर्थात् जनता से कम ऋण लिए जाते हैं व जनता से प्राप्त ऋणों का भुगतान किया जाता है तो जनता के पास क्रय-शक्ति बढ़ जाती है जिसके कारण वस्तुओं और सेवाओं की माँग में भी वृद्धि होती है और यदि वस्तुओं की पूर्ति स्थिर रही तो कीमतें बढ़ने लगती हैं।

6. निर्यात वस्तुओं की माँग में वृद्धि (Increase in Demand for Export Goods)—निर्यात के लिए जब माँग में वृद्धि होती है तो निर्यात बढ़ता है और यदि इस प्रकार की वस्तुओं की पूर्ति स्थिर रही तो स्वदेशी उपभोग के लिए वस्तुएँ कम उपलब्ध हो पाती है। स्पष्टतः यदि वस्तुओं की स्वदेशी माँग पूर्ववत् ही रहती है परन्तु उनकी पूर्ति कम हो जाती है तो उसका प्रभाव कीमतों पर पड़ता है और कीमतें बढ़ने लगती हैं।

7. जनसंख्या में वृद्धि (Increase in Population)—जब देश की जनसंख्या में तेजी से वृद्धि होती है तो वस्तुओं एवं सेवाओं की माँग भी बढ़ जाती है किन्तु उत्पादन में जनसंख्या तथा वस्तुओं की माँग में वृद्धि की तुलना में कम ही वृद्धि होती है। इससे भी स्फीति की स्थिति उत्पन्न हो जाती है।

8. केन्द्रीय बैंक द्वारा साख निर्माण (Credit Creation of Central Bank)—जब देश का केन्द्रीय बैंक सरकार के आदेशानुसार साख निर्माण की नीति अपनाता है अर्थात् बैंक दर में कमी, खुले बाजार की प्रवृत्तियाँ तथा इसी प्रकार देश की बैंकिंग व्यवस्था को अधिक साख निर्माण की सुविधा उपलब्ध की जाती है तो साख निर्माण से लोगों के पास क्रय-शक्ति बढ़ जाती है।

9. व्यापारिक बैंकों द्वारा साख निर्माण (Creation of Credit by Commercial Banks)—जब व्यापारिक बैंक अधिकाधिक साख का निर्माण करते हैं तो वह मुद्रा की मात्रा में वृद्धि के समान ही है। अतः व्यापारिक बैंकों द्वारा साख निर्माण किये जाने पर मौद्रिक आय में वृद्धि होती है। उपभोक्ता साख इसमें प्रमुख होती है। इनसे मुद्रा-स्फीति उत्पन्न होती है।

10. प्रयोज्य आय (Disposable Income)—प्रयोज्य आय से आशय उस आय से है जो कि उत्पादन के साधनों को वैयक्तिक करों के भुगतान के बाद उपभोग कार्यों के लिए उपलब्ध होती है। प्रयोज्य आय में वृद्धि होने पर अर्थव्यवस्था में निरपेक्ष उपभोग व्यय की मात्रा में वृद्धि हो जाती है। इस प्रकार की उपभोग व्यय में वृद्धि स्फीतिकारी होती है।

(II) पूर्ति या लागत पक्ष के घटक (Supply or Cost Side)—कई कारकों के सामूहिक प्रभावों के कारण लागतों में वृद्धि होती है, इनमें से प्रमुख कारक निम्नलिखित हैं—

1. प्राकृतिक कारण (Natural Causes)—देश में प्राकृतिक विपत्तियों के कारण उत्पादन कम हो जाता है, जैसे—भूचाल, बाढ़, सूखा, महामारी आदि।

2. औद्योगिक संकट (Industrial Crisis)—जब देश में मजदूरों द्वारा हड़ताल या उद्योगपतियों द्वारा तालाबन्दी कर दी जाती है तो उत्पादन कार्य कुछ समय तक अवरुद्ध हो जाने से उत्पादन में कमी आती है। फलतः मौद्रिक आय में वृद्धि न होने या स्थिर रहने पर भी मुद्रा-स्फीति उत्पन्न हो जाती है।

3. सरकार की व्यापार नीति (Trade Policy of Govt.)—जब सरकार विदेशों को अधिक निर्यात कर देती है तो देश में वस्तुओं की कमी हो जाती है और इसका परिणाम मुद्रा-स्फीति होता है।

4. सरकार की घातक नीतियाँ (Discriminate Policy of Govt.)—अगर सरकार उद्योगों पर अत्यधिक नियन्त्रण लगाये अथवा लाइसेन्स नीति के क्रियान्वयन में शिथिलता से नई औद्योगिक इकाइयों की स्थापना में हतोत्साहन या अनावश्यक विलम्ब हो या अत्यधिक करारोपण से पूँजी विनियोग का हतोत्साहन हो तो उत्पादन वृद्धि का मार्ग अवरुद्ध हो जाता है और यह स्थिति बनी रहने से मूल्य-स्तर में वृद्धि होती है।

5. पूर्ति का अभाव (Lack of Supply)—उपलब्ध श्रम, कच्चा माल, पूँजीगत उपकरण, भूमि आदि का अभाव विभिन्न प्रकार की वस्तुओं के उत्पादन को बढ़ाने में बाधक होते हैं। ऐसी स्थिति में मुद्रा-प्रसारिक प्रवृत्ति माँग की वृद्धि के कारण नहीं बल्कि पूर्ति में कमी के कारण उत्पन्न हो जाती है।

6. व्यापारियों एवं उपभोक्ताओं द्वारा वस्तुओं का संचय करना (Hoarding of Goods by Traders and Consumers)—जब कीमतें बढ़ रही होती हैं तो और अधिक कीमत बढ़ने की आशा में व्यापारी बाजार से वस्तुओं का स्टॉक हटा लेते हैं और उपभोक्ता वस्तुओं का संचय करना शुरू कर देते हैं जिसके परिणामस्वरूप पूर्ति कम हो जाती है और कीमतें बढ़ने लगती हैं।

7. युद्ध (War)—युद्ध काल में उपभोग वस्तुओं के उत्पादन में कमी हो जाती है, क्योंकि साधनों का प्रयोग युद्ध सामग्री में होने लगता है। इस कारण उपभोग वस्तुओं की कीमतों में वृद्धि हो जाती है।

8. अन्तर्राष्ट्रीय कारण (International Causes)—विभिन्न देशों के एक-दूसरे के साथ व्यापारिक सम्बन्ध होते हैं। इनमें से किसी एक देश की कीमतों में वृद्धि होने के कारण इसका सहानुभूतिपूर्ण प्रभाव दूसरे देशों में भी होता है और दूसरे देशों में भी कीमतें बढ़ने लगती हैं।

9. उत्पादन लागत में वृद्धि (Increase in Production Cost)—देश में उद्योगों में श्रम-शक्ति की कमी व श्रमिक संघ के दबाव से अगर मजदूरी में वृद्धि होती है या उत्पादन ह्रास नियम के कारण उत्पादन लागत में वृद्धि होती है तो लागत विधि (Cost-push Inflation) का जन्म होता है, क्योंकि वस्तुएँ लागत से कम पर नहीं बेची जा सकतीं।

10. प्रौद्योगिक परिवर्तन (Technological Changes)—जब देश में तकनीकी एवं प्रौद्योगिक परिवर्तनों का दौर चलता है तो अल्पकाल में उत्पादन कार्य रुकने से पूर्ति कम हो जाती है तथा मुद्रा-स्फीति की स्थिति बनती है।

संक्षेप में नीचे चार्ट में मुद्रा-स्फीति के लिए उत्तरदायी कारणों को दर्शाया गया है—

मुद्रा-स्फीति के कारण

माँग वृद्धि-स्फीति	लागत वृद्धि स्फीति
1. बढ़ता हुआ सार्वजनिक व्यय	1. प्राकृतिक कारण
2. बढ़ता हुआ निजी विनियोग	2. औद्योगिक संकट
3. करारोपण में कमी	3. सरकार की व्यापार नीति
4. काला धन	4. सरकार की घातक नीतियाँ
5. सार्वजनिक ऋण में कमी	5. पूर्ति का अभाव
6. निर्यात वस्तुओं की माँग में वृद्धि	6. व्यापारिक एवं उपभोक्ताओं द्वारा वस्तुओं का संचय करना
7. जनसंख्या में वृद्धि	7. युद्ध
8. केन्द्रीय बैंक द्वारा साख निर्माण	8. अन्तर्राष्ट्रीय कारण
9. व्यापारिक बैंकों द्वारा साख निर्माण	9. उत्पादन लागत में वृद्धि
10. प्रयोज्य आय	10. प्रौद्योगिक परिवर्तन

मुद्रा-स्फीति के प्रभाव
(Effects of Inflation)

मुद्रा-स्फीति के प्रभाव का अध्ययन हम निम्नलिखित शीर्षकों के अन्तर्गत कर सकते हैं—

1. आर्थिक प्रभाव (Economic Effects)—

मुद्रा के मूल्य में परिवर्तन का आर्थिक प्रभाव निम्न तीन पर मुख्यतः पड़ता है—(अ) धन के उत्पादन एवं साधनों के रोजगार पर प्रभाव, (ब) धन के पुनर्वितरण पर प्रभाव, तथा (स) अन्य आर्थिक प्रभाव।

(अ) उत्पादन व रोजगार पर प्रभाव (Effects on Production and Employment)—साधारणतया मुद्रा-स्फीति से उत्पादन व रोजगार में वृद्धि होती है। मूल्य बढ़ने की अवधि में (मुद्रा-प्रसार) लाभ की परिसीमा (Margin) बढ़ जाती है, क्योंकि कीमत में वृद्धि उत्पादन लागत में वृद्धि से अधिक तेजी से होती है। वस्तु की उत्पादन लागत में

मजदूरी, लगान, ब्याज इत्यादि सम्मिलित रहता है परन्तु इनकी लागतों में वृद्धि इतनी तेजी से नहीं होती जितनी वस्तु के मूल्य में वृद्धि होती है। अतः मुद्रा-स्फीति अर्थात् मूल्य-स्तर में वृद्धि व्यापारियों के लिए लाभदायक होती है। इससे उद्योग को प्रोत्साहन मिलता है, उत्पादन अधिक होता है और श्रमिकों को अधिकाधिक मात्रा में रोजगार मिलता है, इस प्रकार मूल्य-स्तर में वृद्धि के फलस्वरूप उत्पादन और रोजगार में वृद्धि होती है लेकिन यह अनुकूल प्रभाव केवल तभी तक रहता है जब तक कि अर्थव्यवस्था में पूर्ण रोजगार की स्थिति नहीं आ जाती। पूर्ण रोजगार की स्थिति के बाद स्फीति तेजी के साथ होती है जिसके भयंकर परिणाम होते हैं। जैसे—अर्थव्यवस्था में अत्यधिक मुद्रा-प्रसार **(Hyper Inflation)** हो जाता है जिसके कारण उत्पादन में कमी और बेरोजगारी में वृद्धि होती है।

(ब) धन के पुनर्वितरण पर प्रभाव (Effects on Redistribution of Wealth)—मुद्रा-स्फीति का समाज के विभिन्न वर्गों पर निम्न प्रभाव पड़ता है—

(i) ऋणी तथा ऋणदाता (Debtors & Creditors Class)—ऋणी, ऋणदाता से रुपया उधार लेकर भविष्य में ब्याज सहित लौटाने का वादा करता है परन्तु स्फीति के कारण जब कीमतें बढ़ जाती हैं अर्थात् मुद्रा का मूल्य कम हो जाता है तो ऋणी वास्तविक रूप में रूपया कम वापस करता है और उसे लाभ होता है परन्तु ऋणदाता को हानि होती है। उदाहरण के लिए, यदि कोई व्यक्ति सन् 2014 में 100 रु. उधार लेकर वह सन् 2015 में चुकाता है, जबकि वस्तुओं के मूल्य दुगुने हों तो वह 100 रुपया चुकाकर सन् 2015 की तुलना में केवल 50 रुपये की वस्तुएँ दे रहा है (क्योंकि मुद्रा की क्रय-शक्ति आधी रह गयी है)।

(ii) उत्पादक व व्यापारी वर्ग (Producers and Businessmen Class)—उत्पादक व व्यापारी वर्ग को स्फीति से लाभ होता है, क्योंकि मूल्य बढ़ने पर स्टॉक के मूल्य अचानक बढ़ जाते हैं। यद्यपि आगतों के मूल्य बढ़ने के कारण इनकी उत्पादन लागत भी बढ़ती है लेकिन एक तो आगतों के मूल्य बढ़ने और उत्पादन के मूल्य बढ़ने में समयान्तराल होता है। आगत जो स्फीति से पूर्व खरीदे जा चुके हैं, उनके मूल्य-वृद्धि का लाभ उत्पादकों को मिल जाता है। दूसरे, उत्पादन के मूल्यों में वृद्धि आगतों के मूल्यों में वृद्धि से अधिक होती है। तीसरे, मजदूरी, ब्याज व बीमे की दरें प्रायः स्थिर रहती हैं। अतः इस काल में उत्पादकों व व्यापारियों को लाभ होता है।

(iii) विनियोगी वर्ग (Investor Class)—विनियोगी वर्ग से हमारा आशय उन व्यक्तियों से है जो उद्योग और व्यापार में अपना धन लगाते हैं और उससे आय प्राप्त करते हैं। इस वर्ग को दो भागो में बाँटा जा सकता है—**(क) निश्चित आय वाले विनियोगी**–निश्चित आय प्राप्त करने वाले विनियोगी; जैसे—ऋणपत्र के स्वामियों को मुदा-स्फीति में हानि उठानी पड़ती है, क्योंकि वस्तुओं के मूल्य में वृद्धि हो जाने से वास्तविक आय घट जाती है। **(ख) परिवर्तन आय वाले विनियोगी**–इस वर्ग के व्यक्तियों को मुद्रा-स्फीति की दशा में लाभ होता है, क्योंकि मौद्रिक आय भी व्यापार व व्यवसाय के लाभ के साथ-साथ बढ़ जाती है परन्तु एक बात उल्लेखनीय है कि इस वर्ग की वास्तविक आय में कोई विशेष वृद्धि नहीं होती, क्योंकि वस्तुओं का कीमत-स्तर पर्याप्त ऊँचा हो जाने के कारण मुद्रा की क्रय-शक्ति घट जाती है।

(iv) वेतन आश्रित वर्ग (Salaried Class)—वेतन पाने वाले श्रमिक स्फीति-काल में हानि उठाते हैं, हालांकि कीमतों में वृद्धि के साथ-साथ उनके वेतन में भी वृद्धि होती है परन्तु उनके वेतन में उस अनुपात में वृद्धि नहीं होती जितनी वृद्धि उन वस्तुओं की कीमतों में होती है जिनको वे अधिक प्रयोग में लाते हैं।

हाँ, एक दृष्टि से श्रमिकों को मुद्रा-स्फीति काल में लाभ प्राप्त होता है। मुद्रा-स्फीति के समय आशावादी वातावरण होता है जिसके फलस्वरूप उत्पादन की मात्रा बढ़ायी जाती है जिससे बेरोजगारी में कमी होती है तथा सभी श्रमिकों को काम उपलब्ध हो जाता है। श्रमिक परिवार की कुल मौद्रिक आय में वृद्धि हो जाती है, क्योंकि परिवार के सभी सदस्यों को काम मिल जाता है।

(v) कृषक वर्ग (Farmer Class)—स्फीति में किसानों को लाभ होता है, क्योंकि उनके उत्पादनों का मूल्य बढ़ता है और उनकी लागतें (ब्याज, कर इत्यादि) प्रायः पूर्ववत् रहती हैं। लागतों में यदि वृद्धि होती भी है तो उतनी नहीं होती जितनी कीमतों में वृद्धि होती है। अतः किसानों को स्फीति-काल में लाभ होता है।

(vi) उपभोक्ता वर्ग (Consumers)—समाज का प्रत्येक वर्ग उपभोक्ता होता है और इनमें से मुद्रा-प्रसार के दिनों में कुछ व्यक्तियों की आय बढ़ जाती है, पर सामान्य जनता को कष्ट ही होता है, क्योंकि वस्तुओं के मूल्य अधिक बढ़ जाते

हैं फलस्वरूप उन्हें अपना उपभोग कम करना पड़ता है। **सैम्युल्सन** ने लिखा है, "पहले हम जेब में द्रव्य ले जाते थे तथा टोकरी में खाद्य पदार्थ लाते थे। अब टोकरी में द्रव्य ले जाते हैं और जेब में खाद्य पदार्थ लाते हैं।"

उदाहरणार्थ, 1924 में जर्मनी की अति मुद्रा-स्फीति काल में मूल्य इतने बढ़ गये थे कि मनुष्य की उम्र-भर की बचत से एक प्याली कॉफी का मूल्य नहीं निकलता था।

(स) अन्य आर्थिक प्रभाव (Other Economic Effects)—अन्य आर्थिक प्रभाव निम्न हैं—

(1) करारोपण (Taxation)—मुद्रा-प्रसार में अनेक नये कर लगाये जाते हैं और पुराने करों की दरों में वृद्धि की जाती है।

(ii) बैंकिंग व बीमा कम्पनी पर प्रभाव (Effects on Banks and Insurance Companies)—नये-नये बैंक, बीमा कम्पनियों की स्थापना होने लगती है और पुरानी संस्थाओं का विकास होता है।

(iii) आयात व निर्यात पर प्रभाव (Effects of Imports and Exports)—आयात उत्साहित और निर्यात हतोत्साहित होते हैं, क्योंकि देश में कीमत-स्तर बढ़ जाता है। इसमें देश का व्यापार सन्तुलन प्रतिकूल हो जाता है।

(iv) गैर-आयोजित व्यय में वृद्धि (Increased in Non-planned Expenditure)—स्फीति के कारण गैर-आयोजित व्यय का प्रतिशत भी बढ़ रहा है। राज्य सहायताएँ (Subsidies) देने से समस्या का समाधान नहीं होगा बल्कि राज्य सहायताएँ प्रदान न करने पर कीमतों में अधिक वृद्धि होगी।

(v) उच्च लागत अर्थव्यवस्था (High Cost Economy)—स्फीति का सबसे बुरा प्रभाव **उच्च लागत अर्थव्यवस्था सृजन** के रूप में लक्षित होता है। इसके कारण हमारा अन्तर्राष्ट्रीय प्रतियोगिता में टिक पाना कठिन होता जा रहा है। इस सन्दर्भ में हम निम्न तकनीकी स्तर, सार्वजनिक क्षेत्र की अक्षमता, उत्पादिता की तुलना में ऊँची मजदूरी के स्तर आदि को तो दोषी ठहराते हैं लेकिन स्फीति को इसके लिए जिम्मेदार नहीं ठहराते।

मुद्रा-स्फीति का नैतिक प्रभाव (Moral Effects of Inflation)

मुद्रा-स्फीति के प्रमुख नैतिक प्रभाव निम्नलिखित हैं—

(i) नैतिक पतन (Moral Down-fall)—ऊँचे मूल्यों से अधिक लाभ कमाने की दृष्टि से उत्पादक एवं व्यापारी अनैतिक कार्य करने लगते हैं। वस्तुओं की किस्म में कमी करना, निर्धारित मूल्यों से कीमत अधिक होना, मुनाफाखोरी, मिलावट तथा चोरबाजार में बेचने की प्रवृत्तियाँ नैतिक पतन लाती हैं।

(ii) घूसखोरी को प्रोत्साहन (Encouragemtnt to Brifery)— सरकारी अधिकारियों में भी नियन्त्रणों को लागू करने में रिश्वत एवं घूसखोरी को प्रोत्साहन मिलता है।

(iii) सट्टेबाजी को प्रोत्साहन (Encouragement to Speculation)—स्फीति के समय सट्टेबाजी की क्रियाओं में अपार वृद्धि हो जाती है तथा प्रत्येक व्यक्ति सट्टे की प्रवृत्ति की ओर आकर्षित होने लगता है।

सामाजिक प्रभाव (Social Effects)

मुद्रा-स्फीति के सामाजिक प्रभाव निम्नलिखित हैं—

(i) आर्थिक विषमता (Economic Disparities)—स्फीति-काल में वृद्धि का अधिकांश भाग धनिकों को प्राप्त होने से आर्थिक विषमता में निरन्तर वृद्धि होती रहती है जिससे समाज में असन्तोष की भावना बढ़ती है।

(ii) बेरोजगारी में कमी (Reduction in Unemployment)—स्फीति-काल में अनेक नवीन उद्योग स्थापित हो जाते हैं जिससे बेरोजगारी में कमी हो जाती है तथा बेरोजगारी की समस्या का एक सीमा तक समाधान सम्भव हो जाता है।

(iii) संचय में कमी (Reduction in Hoarding)—भविष्य में मुद्रा की क्रय-शक्ति के कम हो जाने के कारण जनता में धन संचय करने की प्रवृत्ति कम हो जाती है और वह वस्तुओं पर व्यय करने लगती है।

(iv) हड़तालें (Strikes)—जब कीमतें बढ़ती हैं, तब मजदूर वर्ग अपनी मजदूरी बढ़ाने का प्रयत्न करता है, क्योंकि रहन-सहन का खर्च बढ़ जाता है। इसके फलस्वरूप मूल्य-वृद्धि के काल में प्रायः हड़तालें होती रहती हैं।

राजनीतिक प्रभाव (Political Effects)

(i) राजनीतिक क्रान्ति (Political Revolution)—मुद्रा-स्फीति के केवल आर्थिक तथा सामाजिक प्रभाव नहीं होते, इसके राजनीतिक परिणाम भी होते हैं। मुद्रा-स्फीति काल में जनता में सरकार के प्रति असन्तोष बढ़ता है तथा तनावपूर्ण वातावरण उत्पन्न हो जाता है। राजनीतिक पार्टियाँ इस स्थिति से लाभ उठाती हैं तथा राज्य सत्ता को बदल देती हैं।

स्फीति के कारण जनता में असन्तोष होने पर ही इटली, स्पेन, फ्रांस आदि में राजनीतिक परिवर्तन हुए थे।

(ii) व्यक्तिगत स्वतंत्रता पर प्रभाव (Effects of Individual Freedom)—स्फीति-काल में सरकार द्वारा तरह-तरह के प्रतिबन्ध लगाने पर व्यक्तिगत स्वतंत्रता को आघात पहुँचता है तथा प्रजातंत्र अव्यावहारिक हो जाता है।

मुद्रा-स्फीति को रोकने के उपाय

(Measures to Check Inflation)

मुद्रा-स्फीति के आर्थिक, नैतिक, सामाजिक और राजनीतिक दुष्परिणामों की व्यापकता और गम्भीरता को देखते हुए उसके नियंत्रण के उपायों की उपेक्षा नहीं की जा सकती है। मुद्रा-स्फीति के दो मुख्य कारण होते हैं—मुद्रा की पूर्ति में तेजी से वृद्धि तथा वस्तुओं तथा सेवाओं के उत्पादन में कमी। अतः मुद्रा-स्फीति को रोकने के लिए भी हमें इन्हीं दो स्तरों पर प्रयास करने होते हैं। एक तरफ ऐसे तरीके अपनाने पड़ते हैं जिनसे मुद्रा की पूर्ति में कमी की जा सके और दूसरी तरफ ऐसी रीतियाँ अपनानी पड़ती हैं जिनसे देश में वस्तुओं तथा सेवाओं के उत्पादन में वृद्धि हो।

अध्ययन की सुविधा की दृष्टि से मुद्रा-स्फीति को रोकने वाले उपायों को तीन भागों में बाँटा जा सकता है जैसा कि निम्नलिखित चार्ट में दर्शाया गया है—

मुद्रा-स्फीति को रोकने के उपाय

मौद्रिक (Monetary)

(i) मुद्रा की मात्रा पर नियन्त्रण
(ii) पुरानी करेन्सी का विमुद्रीकरण
(iii) साख नियन्त्रण
(अ) बैंक दर में वृद्धि
(ब) न्यूनतम नकद कोष में वृद्धि
(स) सरकारी प्रतिभूतियों को बेचना
(द) साख राशनिंग
(य) मार्जिन में वृद्धि

राजकोषीय (Fiscal)

(i) कर में वृद्धि
(ii) सार्वजनिक ऋण में वृद्धि
(iii) सार्वजनिक व्यय में कमी
(iv) बचतों को प्रोत्साहन
(v) विनियोग पर नियंत्रण
(vi) मुद्रा का अधिमूल्यन

अन्य (Other)

(i) उत्पादन में वृद्धि
(ii) लाभ वितरण पर प्रतिबन्ध
(iii) सट्टेबाजी पर प्रतिबन्ध
(iv) मूल्य नियन्त्रण व राशनिंग
(v) आयात प्रोत्साहन
(vi) मजदूरी नीति
(vii) बेरोजगारी और कीमत स्थिरता

1. मौद्रिक उपाय (Monetary Measures)—प्रतिष्ठित अर्थशास्त्रियों के साथ-साथ कई आधुनिक अर्थशास्त्री, जैसे—**मिल्टन फ्रीडमैन (Milton Friedman), डॉन पैटिन्कन (Don Patinkin)** का भी मत है कि मुद्रा-स्फीति को मुद्रा की पूर्ति में नियन्त्रण करके रोका जा सकता है। मुद्रा-स्फीति को रोकने के लिए केन्द्रीय बैंक द्वारा जो उपाय किये जा सकते हैं, संक्षेप में अग्रलिखित हैं—

(i) मुद्रा की मात्रा पर नियन्त्रण (Control over Money)—मुद्रा की मात्रा को नियन्त्रित कर मुद्रा-स्फीति को रोका जा सकता है। इस हेतु सरकार को केन्द्रीय बैंक द्वारा की जाने वाली मुद्रा निर्गमन पर कड़ा प्रतिबन्ध लगा देना चाहिए।

(ii) पुरानी करेन्सी का विमुद्रीकरण (Demonetization of Old Currency)—जब मुद्रा-स्फीति खतरनाक अवस्था में पहुँच जाती है तो सरकार पुरानी मुद्रा समाप्त करके नई मुद्रा जारी कर सकती है। सरकार कुछ निश्चित समय में पुरानी मुद्रा की कुछ निश्चित मात्रा को नई मुद्रा में बदलने की अनुमति दे सकती है।

(iii) साख नियन्त्रण (Credit Control)—मुद्रा-स्फीति को नियमित करने के लिए केन्द्रीय बैंक को साख नियन्त्रण या साख का संकुचन करना चाहिए। इसके लिए **परिमाणात्मक (Quantitative)** तथा **गुणात्मक (Qualitative)** दोनों प्रकार के उपाय अपनाये जाने चाहिए। केन्द्रीय बैंक को निम्न प्रकार के उपाय अपनाने चाहिए—

(अ) बैंक दर में वृद्धि, (ब) न्यूनतम नकद कोष में वृद्धि, (स) सरकारी प्रतिभूतियों को खुले बाजार में बेचना, (द) साख की राशनिंग, (य) मार्जिन या सीमान्त आवश्यकता में वृद्धि इत्यादि। इसके अतिरिक्त, केन्द्रीय बैंक देश के अन्य बैंकों को इस प्रकार के निर्देश जारी कर सकता है जिससे वे साख निर्माण को सीमित कर दें।

मौद्रिक उपाय की सीमाएँ (Limitations of Monetary Measures)—इन मौद्रिक उपायों की निम्न सीमाएँ होती हैं—

(अ) अकेले मौद्रिक उपचार ही मुद्रा-प्रसार पर रोक लगाने हेतु सफल प्रमाणित नहीं हुए हैं। उदाहरण के लिए, सन् 1929-33 में अमेरिका में कठोर साख नीति का पालन करने पर भी वस्तुओं की कीमतें बढ़ती रहीं, (ब) वास्तविक विनियोगकर्ताओं पर अंकुश रखने में सरकार असमर्थ रहती है तथा (स) मौद्रिक नीति प्रायः इतनी कोमलता से लागू की जाती है कि इसकी व्यावहारिक उपयोगिता नहीं के बराबर होती है।

2. राजकोषीय उपाय (Fiscal Measures)—इस श्रेणी में सरकार के वे सभी वित्त सम्बन्धी उपाय आते हैं जो चलन में मुद्रा की मात्रा कम करने में सहायक होते हैं; जैसे—कर, सार्वजनिक व्यय और सार्वजनिक ऋण। इनसे सम्बन्धित नीतियों की संक्षिप्त व्याख्या नीचे दी जा रही है—

(i) कर में वृद्धि (Increase in Taxes)—मुद्रा-स्फीति पर नियन्त्रण लगाने के लिए सरकार को जनता की अतिरिक्त क्रय-शक्ति को कम करने हेतु कर में वृद्धि करने की दिशा में प्रयत्नशील होना चाहिए। ऐसी स्थिति में फालतू क्रय-शक्ति वसूल कर ली जाती है।

(ii) सार्वजनिक ऋण में वृद्धि (Increase in Public Dedts)—मुद्रा-स्फीति को कम करने के लिए सरकार को अधिकाधिक मात्रा में लोगों से ऋण वसूल करना चाहिए। इस प्रकार प्राप्त किये गये धन को उत्पादन कार्यों में लगाने का प्रयत्न करना चाहिए। परिणामस्वरूप एक ओर तो जनता में क्रय-शक्ति की कमी हो जाती है और दूसरे, उत्पादन की मात्रा भी बढ़ने लगती है।

(iii) सार्वजनिक व्यय में कमी (Reduction in Public Expenditure)—स्फीतिकाल में सरकार को चाहिए कि वह यथासम्भव अपने व्यय में कटौती करे, विशेषकर अनुत्पादक व्यय को कम करना अत्यन्त आवश्यक होता है।

(iv) बचतों को प्रोत्साहन (Encouragement to Savings)—सरकार को अपनी वित्त सम्बन्धी नीति के द्वारा उपभोग को हतोत्साहित और बचतों को प्रोत्साहित करना चाहिए। इसके लिए सरकार को चाहिए कि वह उपभोग की वस्तुओं पर कर लगाकर तथा बचत सम्बन्धी उपायों का प्रचार कर मुद्रा-स्फीति पर नियन्त्रण करे।

(v) विनियोग पर नियन्त्रण (Control on Investment)—मुद्रा-स्फीति के परिणामस्वरूप वस्तुओं के मूल्य में वृद्धि हो जाती है। इससे व्यापारी एवं उद्योगपति लाभ कमाकर अपनी पूँजी व्यवसायों के विस्तार में लगाते हैं जिससे मुद्रा की मात्रा में वृद्धि हो जाती है और स्फीति की स्थिति उत्पन्न हो जाती है। अतः सरकार को चाहिए कि स्फीति-काल में विनियोग पर नियन्त्रण रखे।

(vi) मुद्रा का अधिमूल्यन (Devaluation of Money)—इससे विदेशों के आयात सस्ते और निर्यात महँगे हो जाते हैं। इससे दोहरा लाभ प्राप्त होता है। आयात बढ़ने से पूर्ति बढ़ती है और निर्यात कम होने से उपलब्ध पूर्ति में वृद्धि हो जाती है जो बढ़ते मूल्यों पर नियन्त्रण में उपयोगी है।

3. अन्य उपाय (Other Measures)—मुद्रा-स्फीति को रोकने के लिए अन्य उपाय सुझाये जाते हैं जो अग्रलिखित हैं—

(i) उत्पादन में वृद्धि (Increase in Production)—इसके लिए औद्योगिक व कृषि उत्पादन में वृद्धि की जाये। यह वैज्ञानिक उपकरणों, आवश्यक कच्चे माल की पूर्ति, मशीनों की व्यवस्था तथा कुशल प्रबन्ध एवं संचालन से सम्भव है। सरकार स्वयं उद्योग खोलकर उत्पादन बढ़ा सकती है।

(ii) लाभ वितरण पर प्रतिबन्ध (Restriction on Profit Distribution)—सरकार लाभ वितरण पर प्रतिबन्ध लगाकर हिस्सेदारों के लाभ को उपभोग पर व्यय करने से रोक सकती है। इससे उस सीमा तक मुद्रा-प्रसार पर नियन्त्रण सम्भव होगा।

(iii) सट्टेबाजी पर प्रतिबन्ध (Restriction of Speculation)—कुछ सट्टेबाज भावी सौदों से ऊँचे मूल्यों का मनोवैज्ञानिक वातावरण उत्पन्न कर देते हैं जिससे मूल्यों का स्तर अनायास ही बढ़ जाता है। अतः इस पर नियन्त्रण भी सहायक सिद्ध होता है।

(iv) मूल्य नियन्त्रण व राशनिंग (Price Control and Rationing)—सरकार अपनी आर्थिक नीति के अन्तर्गत—(अ) वस्तुओं के अधिकतम मूल्य निर्धारित कर विक्रेताओं को बेचने को बाध्य कर सकती है। (ब) सरकार राशनिंग की नीति से आवश्यक वस्तुओं में मूल्य वृद्धि को रोकने में समर्थ हो सकती है। (स) मजदूरी की अधिकतम दर या Wages Freeze की नीति सहायक सिद्ध होगी। (द) इसी प्रकार आवश्यक वस्तुओं की बिक्री की समूची व्यवस्था सरकार अपने हाथ में ले सकती है; जैसे—खाद्यान्नों का थोक व्यापार सरकार ने अपने हाथ में ले लिया।

(v) आयात प्रोत्साहन (Export Promotion)—वस्तुओं और सेवाओं की पूर्ति में वृद्धि के लिए सरकार आवश्यक आयातों को प्रोत्साहन दे सकती है तथा निर्यातों पर प्रतिबन्ध लगा सकती है। इससे मुद्रा-प्रसार का प्रभाव रोका जा सकता है।

(vi) मजदूरी नीति (Wages Policy)—मजदूरी की दरों में वृद्धि द्वारा वस्तुओं की उत्पादन लागत में वृद्धि हो जाती है जिसके कारण कीमतें बढ़ती हैं। कीमतें बढ़ने के कारण फिर मजदूरी बढ़ती है और यह क्रम चलता रहता है। यदि मजदूरी की दरों को स्थिर रखा जाये अथवा मजदूरी में वृद्धि का सम्बन्ध उसकी उत्पादकता से हो तो स्फीति को रोका जा सकता है।

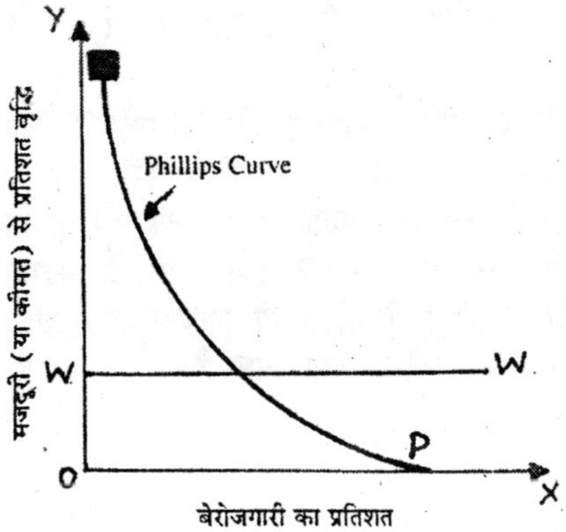

चित्र : 5

(vii) बेरोजगारी और कीमत स्थिरता (Unemployment & Price Stability)—फिलिप्स वक्र (Phillips Curve)—पूर्ति के विश्लेषण के अध्ययन में रुचि रखने वाले अर्थशास्त्रियों ने विगत वर्षों में अपना ध्यान मजदूरी वृद्धि दर एवं बेरोजगारी के मध्य सम्बन्ध के अध्ययन पर केन्द्रित किया है। **प्रो. ए. डब्ल्यू. फिलिप्स** ने 1916 और 1957 के बीच ब्रिटेन में मजदूरी-दरों और बेरोजगारी के बीच बने रहने वाले सम्बन्ध के बारे में जो अनुसंधान किया है, उससे इस निष्कर्ष की पुष्टि होती है कि **बेरोजगारी का स्तर बढ़ाकर कीमतों की वृद्धि-दर में कमी लायी जा सकती है।** कारण यह है कि स्वतंत्र अर्थव्यवस्था की मजदूरी की लागत एवं कीमत-स्तर में बहुत घनिष्ठ सम्बन्ध होता है। अतः यह मानते हुए कि मजदूरी-दर के अनुरूप ही कीमतों में वृद्धि होती है, **फिलिप्स वक्र यह प्रदर्शित करता है कि बेरोजगारी के विभिन्न स्तरों पर कीमतों में सम्भावित परिवर्तन कितना होगा।** यदि हम स्फीति की दर को कम करना चाहते हैं तो हमें बेरोजगारी के अधिक स्तर के लिए तैयार रहना चाहिए। चित्र 5 में PP फिलिप्स वक्र है जो बायीं ओर से दायीं ओर नीचे की ओर ढालू है। नीचे की ओर गिरता हुआ वक्र यह दर्शाता है कि **मजदूरी वृद्धि, स्फीति को बेकारी का स्तर बढ़ाकर समाप्त किया जा सकता है।**

यह उल्लेखनीय है कि **केवल वही मजदूरी वृद्धि-दर स्फीति उत्पन्न करती है जो श्रम की उत्पादकता में वृद्धि का परिणाम नहीं होती। चित्र में WW समतल रेखा श्रम की उत्पादकता में प्रतिशत वृद्धि प्रदर्शित करती है अतः मजदूरी दर में W प्रतिशत तक मजदूरी वृद्धि स्फीति उत्पन्न नहीं होती।**

प्रो. सैम्युल्सन तथा **प्रो. सोलो** ने फिलिप्स वक्र को अमेरिका में लागू किया तथा यह निष्कर्ष निकाला कि कीमतों में स्थिरता रखने के लिए बेरोजगारी की दर 5.5 प्रतिशत आवश्यक है, जबकि श्रम उत्पादकता की दर 2.5 की वृद्धि होती है।

(II) मुद्रा-संकुचन तथा अपस्फीति
(Deflation)

अर्थ (Meaning)—मुद्रा-स्फीति की सर्वथा विपरीत स्थिति ही संकुचन कहलाती है। मुद्रा-संकुचन उस दशा को कहते हैं जिसमें मुद्रा की साख तथा पूर्ति माँग की अपेक्षा कम होती है जिसके परिणामस्वरूप वस्तुओं के मूल्य में कमी आ जाती है।

मुद्रा-संकुचन की कुछ प्रमुख परिभाषाएँ निम्नलिखित हैं—

1. प्रो. पीगू के शब्दों में, ''मुद्रा-संकुचन मूल्यों के गिरने की वह स्थिति है जो उस समय उत्पन्न होती है, जबकि वस्तुओं और सेवाओं का उत्पादन मौद्रिक आय की अपेक्षा अधिक तेजी से बढ़ता है।'' इस प्रकार मुद्रा-संकुचन के दो प्रमुख लक्षण हैं—(अ) उत्पादन में वृद्धि की मात्रा खपत से अधिक होती है, तथा (ब) मूल्यों में गिरावट आती रहती है।

2. क्राउथर के अनुसार, ''मुद्रा-संकुचन वह अवस्था होती है जिससे मुद्रा का मूल्य बढ़ता है अर्थात् कीमतें गिरती हैं।''

3. ए. पी. लर्नर के शब्दों में, ''पूर्ति की अपेक्षा माँग का कम होना मुद्रा-संकुचन है।''

4. प्रो. कीन्स के शब्दों में, ''मुद्रा-संकुचन वह नीति है जिसके द्वारा देश में मुद्रा की मात्रा और उसकी माँग के बीच का अनुपात इतना कर दिया जाये कि उससे मुद्रा की विनिमय शक्ति बढ़ जाये तथा वस्तुओं के मूल्य गिर जायें।''

इन परिभाषाओं के आधार पर कहा जा सकता है कि मुद्रा-संकुचन निम्न परिस्थितियों में दृष्टिगोचर होता है—

(i) मौद्रिक आय यथावत् रहे, पर वस्तुओं का उत्पादन बढ़े; (ii) मौद्रिक आय घटती हो, पर वस्तुओं के उत्पादन में वृद्धि हो; (iii) मौद्रिक आय तथा उत्पादन दोनों घटें, पर मौद्रिक आय में कमी अधिक हो; (iv) मौद्रिक आय तथा उत्पादन दोनों बढ़ें, पर उत्पादन में वृद्धि अपेक्षाकृत अधिक हो; (v) उत्पादन यथावत् रहे, पर मौद्रिक आय घटे; (vi) जब वस्तुओं की पूर्ति माँग से अधिक हो।

संक्षेप में, अपस्फीति एक ऐसी अवस्था है जिसके अन्तर्गत प्रभावपूर्ण माँग में कमी के कारण कीमतें गिरती हैं। यह ठीक है कि अपस्फीति काल में कीमतें गिरती हैं परन्तु जिस प्रकार से मूल्यों की प्रत्येक वृद्धि को स्फीति नहीं कहा जा सकता, ठीक इसी प्रकार मूल्यों में प्रत्येक कमी को अपस्फीति नहीं कहा जा सकता है। उदाहरणार्थ, जब स्फीति के पश्चात् मूल्य गिरते हैं तो मूल्यों की शह कमी अपस्फीति नहीं कहलायेगी, क्योंकि मूल्य के इस पतन के कारण अर्थव्यवस्था में बेरोजगारी उत्पन्न नहीं होती। यदि कीमतें पूर्ण रोजगार के स्तर के नीचे गिरती है तो आय तथा रोजगार दोनों ही प्रतिकूलतया प्रभावित होते हैं तो ऐसी परिस्थिति के लिए अपस्फीति शब्द का प्रयोग किया जाता है।

मुद्रा-संकुचन के कारण
(Causes of Deflation)

प्रायः मुद्रा-संकुचन निम्न कारणों से उदय होता है—

1. चलन मुद्रा की मात्रा कम करना (Reduction in Money Circulation)—मुद्रा-प्रसार में कमी करने के लिए जब सरकार मुद्रा की मात्रा को निरन्तर घटाती चली जाती है तो कभी-कभी वास्तविक चलन में मुद्रा की मात्रा इतनी कम रह जाती है कि माँग को भी पूरा नहीं कर पाती जिससे देश में मुद्रा-संकुचन की स्थिति बन जाती है।

2. बैंक दर ऊँची करना (Increase in Bank Rate)—जब देश का केन्द्रीय बैंक साख पर नियन्त्रण करने के लिए बैंक दर बढ़ा देता है तो वास्तविक चलन मुद्रा में साख मुद्रा के कम रह जाने से देश में मुद्रा का संकुचन हो जाता है।

3. केन्द्रीय बैंक द्वारा खुले बाजार की क्रियाएँ (Open Market Operations by Central Bank)—जब केन्द्रीय बैंक खुले बाजार की नीति अपनाकर साख का नियन्त्रण करता है तो देश में मुद्रा-संकुचन की स्थिति बन जाती है।

4. भारी कर लगाना (Heavy Taxation)—सरकार कभी-कभी भारी कर लगाकर देश में चलन मुद्रा की मात्रा को कम कर देती है जिससे मुद्रा-संकुचन की स्थिति बन जाती है।

5. जनता से ऋण (Loan from Public)—जब सरकार जनता से ऋण लेकर चलन मुद्रा की मात्रा को कम कर देती है तो ऐसी स्थिति में मुद्रा-संकुचन उत्पन्न हो जाता है।

6. उत्पादन में वृद्धि (Increase in Production)—जब चलन की मात्रा पहले के समान रहते हुए वस्तुओं एवं सेवाओं की मात्रा किसी कारण से बढ़ जाती है तो देश में मुद्रा-संकुचन की स्थिति बन जाती है।

मुद्रा-संकुचन के प्रभाव
(Effects of Deflation)

मुद्रा-संकुचन के प्रभाव, मुद्रा-प्रसार के प्रभावों के बिल्कुल विपरीत होते हैं। मुद्रा-संकुचन का अध्ययन हम अग्रलिखित शीर्षकों के अन्तर्गत कर सकते हैं, जैसा कि चार्ट में दर्शाया गया है—

मुद्रा-संकुचन के प्रभाव

आर्थिक प्रभाव

1. विनियोक्ताओं को हानि
2. व्यापारी वर्ग एवं व्यापार
3. कृषक वर्ग
4. उद्योगपति
5. उपभोक्ता
6. ऋणदाता या ऋणी
7. सरकार
8. रोजगार
9. बैंकिंग
10. विदेशी व्यापार

नैतिक व सामाजिक प्रभाव

1. संघर्ष
2. व्यावसायिक साहस को आघात
3. बेरोजगारी में वृद्धि

आर्थिक प्रभाव (Economic Effects)—1. विनियोक्ताओं को हानि (Loss to Investors)—मुद्रा-संकुचन के फलस्वरूप विभिन्न प्रकार के अंश एवं प्रतिभूतियों के मूल्य गिरने से विनियोक्ताओं को हानि उठानी पड़ती है। मन्दी के कारण व्यापार व व्यवसाय के बन्द हो जाने से विनियोग-पत्रों का मूल्य गिर जाता है।

2. व्यापारी वर्ग एवं व्यापार (Business Class & Trade)—उत्पादन आधिक्य तथा माँग में कमी होने से व्यापार ठप हो जाता है; नीचे मूल्यों पर व्यापारी घाटा उठाते हैं।

3. कृषक (Farmers)—कृषि उत्पादित वस्तुओं के मूल्य अपेक्षाकृत तेज गति से गिरते हैं। अतः किसानों को भारी हानि उठानी पड़ती है।

4. उद्योगपति (Industrialists)—उद्योगों में माल की माँग के अभाव में स्टॉक जमा हो जाते हैं। नीचे मूल्यों से घाटा होता है। औद्योगिक संस्थाओं की आर्थिक स्थिति बिगड़ने से उद्योग बन्द हो जाते हैं, उत्पादन गिर जाता है और उद्योगों में मायूसी छा जाती है।

5. उपभोक्ता (Consumers)—मूल्यों के गिरने से सीमित आय में अधिक वस्तुएँ प्राप्त की जा सकती हैं जिससे मुद्रा-संकुचन उपभोक्ताओं को लाभप्रद होता है। सीमित आय वाले उपभोक्ताओं को अधिक लाभ प्राप्त होता है और वे अपनी आवश्यकताओं को अधिक मात्रा में सन्तुष्ट करने में सफल हो जाते हैं।

6. ऋणदाता या ऋणी (Debtors and Creditors)—मुद्रा-संकुचन में ऋणदाता वर्ग को लाभ होता है तथा ऋणी वर्ग को हानि होती है क्योंकि मुद्रा-संकुचन में मुद्रा का मूल्य बढ़ जाता है अतः ऋणदाता वर्ग को मूलधन व ब्याज के रूप में जो राशि प्राप्त होती है, उसकी वस्तुओं और सेवाओं के रूप में अधिक क्रय-शक्ति होती है, जबकि ऋणी वर्ग को वस्तुओं और सेवाओं के रूप में अधिक क्रय-शक्ति का त्याग करना पड़ता है।

7. सरकार (Government)—सरकार की आय में कमी हो जाती है, सरकारी समस्याएँ बढ़ जाती हैं क्योंकि अर्थव्यवस्था में बेकारी, भुखमरी की समस्याओं का सामना करना पड़ता है।

8. रोजगार (Employment)—मुद्रा-संकुचन के समय उत्पादकों को हानि होती है जिसके कारण वे उत्पादन बन्द कर देते हैं या उत्पादन की मात्रा को घटा देते हैं जिसके फलस्वरूप मजदूरों की छँटनी की जाती है तथा देश में बेरोजगारी फैल जाती है।

9. बैंकिंग (Banking)—मन्दी के कारण बैंक एवं बीमा कम्पनियों का कार्य भी धीमा हो जाता है तथा उनकी आर्थिक स्थिति भी खराब हो जाती है। बैंकों द्वारा व्यवसाय बढ़ाने के अन्य ढंग अपनाये जाते हैं जिससे उनका कारोबार चलता रहे।

10. विदेशी व्यापार (Foreign Trade)—मुद्रा-संकुचन के समय देश के भुगतान सन्तुलन प्रायः अनुकूल हो जाते हैं क्योंकि वस्तुओं की कीमतें गिरने के कारण देश के आयात हतोत्साहित होते हैं तथा निर्यातों को प्रोत्साहन मिलता है। इस प्रकार देश की मुद्रा का मूल्य बढ़ जाता है।

नैतिक व सामाजिक प्रभाव (Moral and Social Effects)—संकुचन के नैतिक व सामाजिक प्रभाव निम्नलिखित हैं—

1. संघर्ष (Disputes)—मुद्रा-संकुचन काल में व्यापार और कारखाने बन्द होने लगते हैं और मजदूरों की छँटनी की जाती है जिससे श्रमिक वर्ग व पूँजीपति वर्ग में संघर्ष होता है, फलतः **समाज में अशान्ति** फैलती है।

2. व्यावसायिक साहस को आघात (Attack on Business Enterprises)—मुद्रा-संकुचन के समय गिरती हुई कीमतों के कारण व्यापार जगत में निराशा की भावना फैलने लगती है जिससे व्यावसायिक साहस लगभग समाप्त हो जाता है।

3. बेरोजगारी में वृद्धि (Increase in Unemployment)—वस्तुओं की माँग घट जाने के कारण अनेक कारखाने बन्द हो जाते हैं जिससे बेरोजगारी की मात्रा में वृद्धि हो जाती है।

मुद्रा-संकुचन रोकने के उपाय

(Measures to Check Deflation)

संकुचन को रोकने के उपायों का अध्ययन हम तीन शीर्षकों के अन्तर्गत कर सकते हैं, जैसा कि नीचे चार्ट में दर्शाया गया है—

मुद्रा-संकुचन रोकने के प्रभाव

(I) मौद्रिक उपाय	(II) राजकोषीय उपाय	(III) अन्य उपाय
1. बैंकिंग विकास	1. करों में कमी	1. निर्यात को प्रोत्साहन देना व आयात को नियन्त्रित करना
2. मुद्रा का निर्गमन	2. सरकारी व्यय में वृद्धि	2. अतिरिक्त उत्पादन को नष्ट करना
3. साख नीति में सुविधा	3. आर्थिक सहायता	
	4. ऋणों का भुगतान	

(I) मौद्रिक उपाय (Monetary Measures)—मुद्रा-संकुचन पर नियन्त्रण लगाने के लिए निम्न मौद्रिक उपायों का पालन किया जा सकता है—

1. बैंकिंग विकास (Banking Development)—सरकार द्वारा बैंकों के विकास के लिए आर्थिक सहायता देकर साख का विस्तार किया जा सकेगा तथा मुद्रा-संकुचन पर नियन्त्रण लगाया जा सकेगा।

2. मुद्रा का निर्गमन (Issuance of Money)—देश में मुद्रा का अधिक मात्रा में निर्गमन करके गिरते हुए मूल्यों को रोका जा सकेगा तथा मुद्रा-संकुचन पर रोक लगायी जा सकेगी। इसके लिए नवीन प्रकार के नोटों का प्रचलन किया जाता है तथा देश में मुद्रा की मात्रा को बढ़ाया जाता है।

3. साख नीति में सुविधा (Facilities of Credit Policy)—केन्द्रीय बैंक द्वारा साख नीति में सुविधाएँ देने से व्यापारिक बैंकों को अधिक साख विस्तार के अवसर प्राप्त होंगे। ब्याज की दर कम होने से व्यापारी भी अधिक ऋण लेंगे तथा मुद्रा-संकुचन की स्थिति में सुधार होने लगेगा।

(II) राजकोषीय उपाय (Fiscal Measures)—सरकार को संकुचन काल में निम्नलिखित राजकोषीय उपाय करने चाहिए—

1. करों में कमी (Reduction in Taxes)—मुद्रा-संकुचन की स्थिति में करों में कमी कर देने से उत्पादकों को लाभ अधिक मिलता है, फलतः उत्पादन को प्रोत्साहन मिलता है। रोजगार की स्थिति में सुधार होने लगता है जिससे लोगों की क्रय-शक्ति बढ़ने लगती है। अतः वस्तुओं एवं सेवाओं की माँग बढ़ने से कीमत-स्तर और अधिक नीचे नहीं जा पाता।

2. सरकारी व्यय में वृद्धि (Increase in Public Expenditure)—मुद्रा-संकुचन से सम्पूर्ण अर्थव्यवस्था में बेरोजगारी बढ़ जाती है। अतः सरकार को चाहिए कि निर्माण कार्यों पर व्यय करके अपने व्यय में वृद्धि करे। इससे लोगों को रोजगार मिलेगा, आय बढ़ेगी, फलतः वस्तुओं की माँग में वृद्धि होगी और अर्थव्यवस्था धीरे-धीरे सन्तुलन की अवस्था में आने लगेगी।

3. आर्थिक सहायता (Subsidies)—मुद्रा-संकुचन के प्रभाव के कारण जो उद्योग बन्द हो जाते हैं, उनकी पुनर्स्थापना के लिए सरकार द्वारा उद्योगपतियों को आर्थिक सहायता दी जानी चाहिए जिससे उत्पादन को प्रोत्साहन मिलेगा तथा रोजगार के अवसरों में वृद्धि होगी।

4. ऋणों का भुगतान (Redemption of Debts)—मुद्रा-संकुचन काल में सरकार को यथासम्भव सार्वजनिक ऋणों का वितरण करना चाहिए। इससे प्रचलन में मुद्रा की मात्रा बढ़ेगी तथा प्रोत्साहन मिलेगा।

(III) अन्य उपाय (Other Measures)—उपर्युक्त मौद्रिक एवं राजकोषीय उपायों के अतिरिक्त निम्नलिखित उपाय भी हैं—

1. निर्यात को प्रोत्साहन देना व आयातों को नियन्त्रित करना (Promotion of Export and Control of Import)—संकुचन काल में सरकार द्वारा निर्यात व्यापार को बढ़ाने के लिए छूट देनी चाहिए जिससे देश में वस्तुओं का स्टॉक बेकार नहीं पड़ा रहे। ऐसा करने से व्यापारियों एवं उद्योगपतियों को लाभ मिलेगा तथा उत्पादन उत्साहित होगा।

2. अतिरिक्त उत्पादन को नष्ट करना (Elimination of Excess Capacity)—कीमतों में वृद्धि करने के लिए यह भी आवश्यक है कि अतिरिक्त उत्पादन को नष्ट किया जाय, ताकि वस्तुओं की पूर्ति में कमी होने से कीमत में वृद्धि हो।

"मुद्रा-स्फीति अनुचित है, मुद्रा-संकुचन अव्यावहारिक (Inflation is Unjust and Deflation is Inexpedient)

सामान्यतया मुद्रा-प्रसार वह अवस्था है जिसमें वस्तुओं की कीमतों में वृद्धि होने लगती है या मुद्रा का मूल्य कम होने लगता है। इसके विपरीत, मुद्रा-संकुचन से आशय कीमतों में कमी आने से है परन्तु इस प्रकार की परिभाषा अत्यन्त विस्तृत और व्यापक है। कीमतों में केवल वही वृद्धि 'मुद्रा-प्रसार' कहलाती है जिसका प्रारम्भ पूर्ण रोजगार की अवस्था में पहुँचने के बाद होता है। इसी प्रकार कीमतों में केवल वही कमी ही मुद्रा-संकुचन कहलाती है जो कि पूर्ण रोजगार की अवस्था में प्रारम्भ होती है। मुद्रा-प्रसार एवं मुद्रा-संकुचन दोनों ही सामाजिक दृष्टि से बुरे हैं परन्तु **लार्ड कीन्स** का मत है कि "मुद्रा-प्रसार अन्यायपूर्ण है और मुद्रा-संकुचन अनुपयुक्त, दोनों में से कदाचित मुद्रा-संकुचन अधिक बुरा है।" इस कथन की सच्चाई को परखने के लिए हमें मुद्रा-संकुचन के प्रभावों की जाँच करनी होगी।

मुद्रा-प्रसार और मुद्रा-संकुचन दोनों ही बुरे हैं–क्यों? (Inflation and Deflation Both are Bad—Why?)

मुद्रा-प्रसार और संकुचन दोनों ही बुरे हैं, क्योंकि ये समाज के विभिन्न वर्गों के मध्य आय का कुवितरण (Maldistribution of Income) उत्पन्न कर देते हैं और नैतिक स्तर गिरा देते हैं। मुद्रा-प्रसार में वस्तुओं का मूल्य बढ़ जाने से निर्माताओं, व्यापारियों, उद्योगपतियों, मध्यस्थों व सटोरियों को लाभ होता है तो वेतनभोगियों तथा उपभोक्ताओं को हानि होती है। कीमत-स्तर में वृद्धि और मजदूरियों की वृद्धि के मध्य समय विलम्ब (Time-lag) के कारण मजदूरों का जीवन-निर्वाह कठिन हो जाता है। मध्यवर्गीय जनता की आय स्थिर रहने के कारण इस वर्ग के लोग महँगाई के कारण पिस जाते हैं। **सैम्युल्सन** ने लिखा है, "पहले हम जेब में मुद्रा ले जाते थे तथा टोकरी में खाद्य पदार्थ लाते थे। अब टोकरी में मुद्रा ले जाते हैं तथा जेब में खाद्य पदार्थ लाते हैं।" और इस काल में अधिक से अधिक चोरबाजारी, किस्म गिरावट, मुनाफाखोरी, वेश्यावृत्ति जैसे अनैतिक कार्यों को प्रोत्साहन मिलता है।

इसके विपरीत, मुद्रा-संकुचन में वस्तुओं के भाव घटने से यदि उपभोक्ताओं को लाभ होने की आशा रहती है तो इसमें व्यापारिक स्थिति खराब हो जाती है, उत्पादन कम होने लगते हैं और बेकारी की समस्या उत्पन्न हो जाती है। इसमें आर्थिक विकास अवरुद्ध हो जाता है। अतः मुद्रा-संकुचन और मुद्रा-प्रसार दोनों ही समाज के लिए हानिकारक होते हैं।

मुद्रा-प्रसार अन्यायपूर्ण क्यों ? (Why Inflation is Unjust?)

कीन्स ने कहा है कि मुद्रा-प्रसार अन्यायपूर्ण है—इसके कई कारण हैं—

1. निर्बल वर्ग पर बुरा प्रभाव (Bad Effects on Weaker Section)—इसके कारण सम्पत्ति का केन्द्रीकरण धनिक वर्ग (निर्माता, सटोरिये आदि) में ही हो जाता है और समाज के निर्बल वर्ग (मजदूर व मध्यम वर्ग, अध्यापक वर्ग आदि) को अपार कष्ट सहना पड़ता है।

2. अदृश्य करारोपण (Invisible Taxation)—जबकि सरकार अपने बजट सम्बन्धी घाटे की पूर्ति हेतु नयी मुद्रा का निर्माण करती है, तब यह नीति एक प्रकार से लोगों पर अदृश्य करारोपण होती है, क्योंकि इसमें वस्तुओं तथा सेवाओं की कीमत बढ़ जाती है और उपभोक्ता उनके उपभोग से वंचित रह जाते हैं। इस प्रकार मुद्रा-स्फीति के कारण वस्तुएँ लोगों की उपभोग क्षमता से निकलकर सरकार के पास पहुँच जाती हैं; स्पष्टतः यह अन्यायपूर्ण है।

3. कृत्रिम सम्पन्नता (Artificial Prosperity)—यह इस कारण भी अन्यायपूर्ण है, क्योंकि इससे समाज में कृत्रिम सम्पन्नता (Artificial Prosperity) उत्पन्न हो जाती है जो थोड़े समय तक बनी रहती है। धीरे-धीरे अभिवृद्धि काल तक अपनी चरम सीमा तक पहुँचकर हट जाती है जिससे मुद्रा-संकुचन के सभी दृष्ट परिणाम उपस्थित हो जाते हैं।

4. आर्थिक विषमता (Economic Inequality)—मुद्रा-प्रसार में धन का हस्तान्तरण गरीबों की जेब से अमीरों की जेब में होता है। अमीरों को अत्यधिक लाभ और गरीबों की आय में अस्थिरता से धन के असमान वितरण को प्रोत्साहन मिलता है। धनी अधिक धनिक और गरीब अधिक गरीब होते जाते हैं, जैसे—भारतवर्ष में पिछले कुछ वर्षों से यह प्रवृत्ति अधिक प्रबल है।

5. नैतिक पतन (Fall of Moral Values)—इससे समाज में नैतिक पतन होता है, व्यापारी व उत्पादक मुनाफाखोरी एवं चोरबाजारी के अनैतिक तरीके अपनाते हैं, अधिकारी भ्रष्ट हो जाते हैं तथा चोरी, डकैती, आत्म हत्याएँ, वेश्यावृत्ति आदि अनैतिक कार्यों को बढ़ावा मिलता है। ''भूखा मरता, क्या नहीं करता'' की कहावत चरितार्थ होती है।

6. समाज के विभिन्न वर्गों की हानि (Loss to Different Sections of Society)—मुद्रा-प्रसार से समाज के विभिन्न वर्गों को हानि होती है, क्योंकि विनियोजन करने के लिए वे मुद्रा की बचत करके रखते हैं जिसका मूल्य निरन्तर कम होता जाता है। इसी प्रकार ऋणदाता वर्ग, श्रमिक वर्ग और उपभोक्ता वर्ग को हानि होती है, क्योंकि वे अपनी मुद्रा से पहले की अपेक्षा कम वस्तुएँ खरीद पाते हैं। स्थिति का यह प्रभाव इन विभिन्न वर्गों पर अन्यायपूर्ण है।

7. सामाजिक विघटन (Social Dis-organisation)—मुद्रा-स्फीति विशेषकर मध्यम वर्ग के लिए एक अभिशाप बन जाती है। कारण यह है कि जीवन-निर्वाह व्यय आय के मुकाबले बढ़ जाता है, बचतें समाप्त हो जाती हैं। इससे अर्थव्यवस्था छिन्न-भिन्न हो जाती है और सामाजिक विघटन को जन्म मिलता है। जर्मनी के प्रथम विश्वयुद्ध में यही दुर्दशा हुई थी।

अतः मुद्रा-प्रसार "आर्थिक दृष्टि से खोखली, नैतिक दृष्टि से अनुचित, सामाजिक दृष्टि से विनाशक और राजनीतिक दृष्टि से खतरनाक है।"

मुद्रा-संकुचन अनुपयुक्त क्यों है? (Why Deflation is Inexpedient?)

प्रो. कीन्स ने मुद्रा-संकुचन को अनुपयुक्त एवं अव्यावहारिक माना है, क्योंकि इसमें निम्न दोष नजर आते हैं—

1. हानि अधिक (More Loss)—यद्यपि मूल्यों के कम होने पर (मुद्रा-संकुचन) उपभोक्ता के रूप में निश्चित आय वालों तथा ऋणदाताओं व श्रमिकों को लाभ होता है परन्तु यह लाभ उन्हें तभी मिलेगा जब उनका रोजगार बना रहे लेकिन मुद्रा-संकुचन के दिनों में उत्पादकों को हानि होती है फलतः वे अपने उद्योग बन्द कर देते हैं जिसके कारण बेरोजगारी अत्यन्त उग्र हो जाती है। अतः लाभ केवल कल्पना बन जाता है।

2. विरोधाभास (Paradox)—मुद्रा-संकुचन में सम्पन्नता के बीच निर्भरता के विरोधाभास का आविर्भाव होता है, उत्पादन अधिक होने पर रोजगार व आय के अभाव में उपभोग सम्भव नहीं हो पाता; यद्यपि वस्तुएँ सस्ती रहती हैं परन्तु उन्हें क्रय करने के लिए पैसा नहीं रहता। जैसा कि विश्वव्यापी आर्थिक मन्दी में हुआ था, जबकि कोयले के ढेर पड़े थे परन्तु लोग ठण्डक से ठिठुर रहे थे, क्योंकि अति-उत्पादन से उनका रोजगार छूट गया था। अतः कोयला खरीदने के लिए उनके पास क्रय-शक्ति नहीं थी।

3. आर्थिक व्यवस्था अस्त-व्यस्त (Disruption of Economic System)—मुद्रा-संकुचन इसलिए भी अनुपयुक्त है कि जब एक बार मुद्रा-संकुचन की प्रवृत्ति शुरू हो जाती है तो वह चक्र इतनी तेजी से चलता है कि देश के आर्थिक कलेवर को खोखला कर डालता है, उत्पादन के साधन पूर्णतया नष्ट हो जाते हैं व आर्थिक क्रियाएँ शिथिल पड़ जाती हैं। संक्षेप में, मुद्रा-संकुचन का दौर एक बार चालू होने पर उस पर नियन्त्रण करना कठिन हो जाता है। अमेरिका की आर्थिक मन्दी भयंकर सिद्ध हुई है।

4. अत्यधिक नैतिक पतन (Excesssive Fall of Moral Values)—मुद्रा-संकुचन में नैतिक पतन अत्यधिक होता है, क्योंकि मुद्रा-प्रसार में तो एक रोटी के बजाय आधी रोटी तो मिल जाती है परन्तु मुद्रा-संकुचन में रोटी होते हुए भी न मिले तो नैतिक पतन स्वाभाविक है।

इस प्रकार हम देखते हैं कि मुद्रा-संकुचन के चारों ओर निराशा व मन्दी का वातावरण व्याप्त हो जाता है। ऐसा कहा गया है कि मानव की अवनति के अनेक कारणों; जैसे—युद्ध, अकाल, अव्यवस्थित शासन आदि में सबसे भयानक बहुत समय तक गिरते हुए मूल्य हैं जिनके कारण उत्पादन गिर जाता है, बेकारी फैलती है, राष्ट्रीय आर्थिक विकास रुक जाता है, राजनीतिक समस्याएँ उत्पन्न होती हैं तथा समस्त राष्ट्र भीषण आर्थिक एवं राजनीतिक कठिनाइयों में पड़ जाता है।

मुद्रा-संकुचन ही अधिक बुरा है (Deflation is Worst)

उपर्युक्त विवेचना करने के पश्चात् यह निर्णय करना शेष रह जाता है कि दोनों में से कौन अधिक बुरा है। यों तो समाज के लिए दोनों बुरे हैं लेकिन मुद्रा-प्रसार अपेक्षाकृत कम बुरा है, क्योंकि—

1. वास्तविक आय में कमी (Fall in Real Income)—यद्यपि मुद्रा-प्रसार समाज के विभिन्न वर्गों के मध्य आय का कुवितरण उत्पन्न करता है परन्तु वह समाज की वास्तविक आय को नहीं घटाता है। इसके विपरीत, मुद्रा-संकुचन न केवल बेकारी को जन्म देकर राष्ट्रीय आय में कमी लाता है वरन् समाज के प्रत्येक वर्ग को निर्धन कर देता है।

2. अनैतिकता (Unethical)—मुद्रा-संकुचन में मुद्रा-प्रसार की तुलना में अनैतिकता अधिक गम्भीर रूप में फैलती है, क्योंकि मुद्रा-संकुचन में लाखों स्वस्थ कार्य करने योग्य स्त्री-पुरुषों को रोजगार न मिलने के कारण असहाय गृहों के सामने मदद मिलने की आशा में लाइन लगाये खड़े रहना पड़ता है और उदरपूर्ति के लिए अनैतिक कार्यों का सहारा लेना पड़ता है परन्तु मुद्रा-प्रसार में ऐसी बात नहीं होती है, क्योंकि सभी व्यक्ति किसी न किसी तरह से रोजगार में संलग्न होते हैं।

3. प्रारम्भिक अवस्था (Initial Stage)—मुद्रा-प्रसार अपनी प्रारम्भिक अवस्था में लाभदायक सिद्ध हो सकता है। इसकी शुरू की अवस्था में नये-नये उद्योग-धन्धों की स्थापना होने लगती है, उत्पादन में वृद्धि होती है और बेरोजगारी दूर होती है, इसलिए इसे आर्थिक विस्तार (Economic Expansion) की संज्ञा दी जाती है परन्तु इसके विपरीत, मुद्रा-संकुचन शुरू से ही विनाशकारी परिणाम पैदा करने लगता है—बेकारी व बेरोजगारी फैलती है, उत्पादन कम होने लगता है तथा राष्ट्र का आर्थिक एवं नैतिक पतन हो जाता है।

4. नियन्त्रण (Control)—मुद्रा-प्रसार को जोर पकड़ने से पहले ही नियन्त्रण में लाया जा सकता है लेकिन मुद्रा-संकुचन हठी होता है और एक बार प्रारम्भ हो जाने पर उसे रोकना कठिन हो जाता है।

निष्कर्ष—उपर्युक्त विवरण से स्पष्ट है कि यदि कोई विकल्प न दिया जाय और केवल मुद्रा-प्रसार और मुद्रा-संकुचन इन दोनों में से किसी एक को चुनना पड़े तो मुद्रा-प्रसार ही अधिक अच्छा होगा। यद्यपि मुद्रा-संकुचन की अपेक्षा मुद्रा-प्रसार अच्छा है तथापि सबसे अच्छी नीति किसी प्रकार की 'स्फीति' न होना है। सबसे अच्छी नीति एक राष्ट्र के लिए आर्थिक विकास के साथ मूल्य-स्तर में स्थिरता बनाये रखना है।

मुद्रा-स्फीति एवं मुद्रा-संकुचन में अन्तर
(Difference between, Inflation and Deflation)

क्र. सं.	आधार	मुद्रा-स्फीति	मुद्रा-संकुचन
1.	मूल्यों में परिवर्तन	वस्तुओं के मूल्यों में वृद्धि होती है।	वस्तुओं के मूल्यों में गिरावट आ जाती है।
2.	उत्पादन	देश के उत्पादन में वृद्धि होती है।	देश के उत्पादन में गिरावट आ जाती है।
3.	रोजगार	देश के अधिकांश व्यक्तियों को रोजगार मिलने लगता है।	देश के अधिकांश लोगों को बेरोजगारी का शिकार होना पड़ता है।
4.	व्यापार	व्यापार एवं उद्योग तीव्र गति से चलने लगते हैं।	व्यापार तथा उद्योग ठप होने लगते हैं।
5.	विकास	देश का आर्थिक विकास तीव्र गति से होता है।	सरकार और जनता की आय गिर जाती है जिससे न तो पूँजी का निर्माण होता है और न ही आर्थिक विकास सम्भव हो पाता है।
6.	साहसियों को प्रोत्साहन	साहसियों को प्रोत्साहन मिलता है।	साहसियों को प्रोत्साहन नहीं मिलता है।
7.	नैतिक पतन	कम नैतिक पतन होता है।	नैतिक पतन की कोई सीमा नहीं रहती, क्योंकि व्यक्ति बेरोजगार हो जाते हैं और उनकी आय बिल्कुल समाप्त हो जाती है।

(III) मुद्रा-विस्फीति
(Disinflation)

इस शब्द का प्रचलन युद्ध-काल तथा युद्धोत्तर काल में अधिक लोकप्रिय हुआ था। मुद्रा-विस्फीति, मुद्रा-स्फीति से सुधार की नीति है। इसके अन्तर्गत वे सब क्रियाएँ, नीतियाँ व उपाय आ जाते हैं जो मुद्रा-स्फीति के वेग को रोकने के लिए किये जाते हैं।

मुद्रा-विस्फीति का 'प्रमाणिक हिन्दी कोष' में निम्नलिखित अर्थ बताया गया है—कृत्रिम रूप से बढ़ी हुई मुद्रा-स्फीति को घटाकर कम करना या साधारण स्थिति में लाना विस्फीति कहलाता है।

मुद्रा-विस्फीति वह स्थिति है जिसमें अर्थव्यवस्था में मुद्रा-स्फीति के कारण जो असन्तुलन उत्पन्न हो जाता है, उसे फिर से सन्तुलन में लाने के लिए कीमतों की कमी करनी पड़ती है। यदि मुद्रा-विस्फीति एक सीमा के बाद भी जारी रहती है तो मुद्रा-संकुचन (Deflation) का रूप धारण कर लेती है।

मुद्रा-विस्फीति तथा मुद्रा-संकुचन (अपस्फीति) में अन्तर
(Difference between Disinflation and Deflation)।

निम्न चित्र द्वारा मुद्रा-प्रसार, मुद्रा-संकुचन, संस्फीति और विस्फीति को स्पष्ट रूप से समझाया गया है—

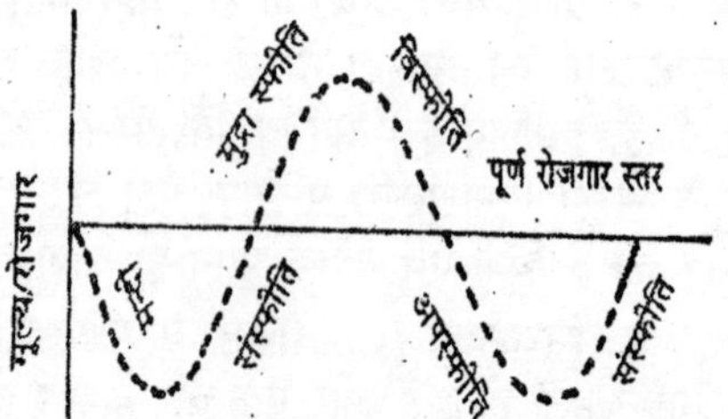

चित्र : 6

1. प्राकृतिक अथवा ऐच्छिक होना (Natural or Voluntary)—मुद्रा-विस्फीति प्राकृतिक अथवा ऐच्छिक दोनों प्रकार की हो सकती है परन्तु अपस्फीति सदा ही कृत्रिम होती है।

2. उद्देश्य में अन्तर (Difference in Objective)—मुद्रा-स्फीति में कीमतों को घटाकर सामान्य स्तर से नीचे तक लाया जाता है परन्तु मुद्रा-संकुचन में कीमतें सामान्य स्तर से बहुत नीचे तक भी आ जाती हैं।

3. प्रभाव सम्बन्धी भेद (Difference in Effect)—मुद्रा-संकुचन में उत्पादन के घट जाने से बेकारी बढ़ जाती है और देश में चारों ओर मन्दी का वातावरण छा जाता है परन्तु विस्फीति में इस प्रकार के दोष दृष्टिगोचर नहीं होते हैं।

अवसाद या मन्दी
(Depression)

पूँजीवादी देशों में आर्थिक क्रियाओं में निरन्तर उतार-चढ़ाव आते रहते हैं जिसे व्यापार-चक्र कहते हैं। व्यापार-चक्र की पहली अवस्था अवसाद की है। इस अवधि में अर्थव्यवस्था में उत्पादन तथा रोजगार के स्तर में गिरावट का गम्भीर, रोग विद्यमान हो जाता है। विनियोग की कमी के कारण अर्थव्यवस्था में श्रमिक तथा अन्य साधन बेकार हो जाते हैं तथा मजदूरी दरों में अत्यधिक कमी हो जाती है। यद्यपि उपभोग वस्तुओं की कीमतों में भारी कमी आ जाने से उनकी वास्तविक मजदूरी में वृद्धि हो जाती है परन्तु ऊँची वास्तविक मजदूरी के ही सामने निर्धन बेरोजगार व्यक्तियों की एक भीड़-सी होती है जो ऊँची मजदूरी के प्रभाव को कम कर देती है। वे व्यक्ति जो रोजगार में लगे हुए हैं उनके सामने सदैव यह भय बना रहता है कि कहीं वे भी रोजगार से अलग न कर दिये जायें। उत्पादन के साधनों की अपेक्षा वस्तु का मूल्य अधिक गिरने के कारण व्यवसायों की हानि होती है। औद्योगिक वस्तुओं (Industrial Goods) के मुकाबले कच्चे माल की कीमतें और भी अधिक कम होती हैं, अतः कृषकों तथा कच्चे माल के उत्पादकों की आर्थिक स्थिति व्यापारियों व पक्के माल के उत्पादकों की तुलना में अधिक खराब होती है। इस प्रकार मन्दी काल में सम्पूर्ण अर्थव्यवस्था की उत्पादन तथा वितरण प्रणालियाँ अस्त-व्यस्त हो जाती हैं। स्पष्टतः मन्दी का क्रम इस प्रकार चलता है।

वस्तुओं की माँग में कमी→ मूल्यों में कमी → व्यापार में हानि → बैंकों में ऋणों की अदायगी का न होना → बहुत से व्यावसायिक उपक्रमों व बैंकों का बन्द होना → भीषण बेरोजगारी → आय में ह्रास → वस्तुओं की माँग में कमी आदि। संक्षेप में, मन्दी काल की निम्मिलिखित विशेषताएँ हैं— (i) व्यवसाय निष्क्रिय रहता है, विनियोग कम रहता है तथा उत्पादन निम्नतम स्तर पर रहता है। (ii) रोजगार व अन्य आय निम्नतम स्तर पर रहते हैं। (iii) नीची मजदूरियाँ, नीची आय, नीची कीमतें और नीचे लोग सभी एक साथ दृष्टिगोचर होते हैं। (iv) अन्तर्राष्ट्रीय व्यापार की मात्रा में अधिक कमी हो जाती है। (v) ब्याज की दरें बहुत गिर जाती हैं। (vi) सर्वत्र गहन निराशा रहती है तथा (vii) दिवालियापन तथा घाटे का साम्राज्य रहता है।

व्यापार चक्र की विभिन्न अवस्थाएँ

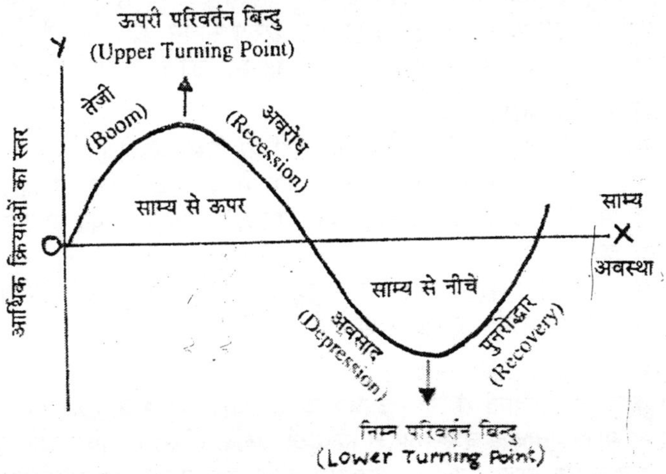

चित्र : 7

परिशिष्ट
(Appendix)

1. बैंट हैन्सन का माँगजन्य स्फीति मॉडल (Bent Hanson's Excess Demand Inflation Model)

कीन्स द्वारा प्रतिपादित मुद्रा-स्फीति सम्बन्धी केवल वस्तु-बाजार को ध्यान में रखकर प्रतिपादित किया गया है। वस्तु-बाजार में वस्तुओं की माँग उनकी पूर्ति से अधिक होने के कारण मुद्रा-स्फीति अन्तराल होता है जो मुद्रा-स्फीति को जन्म देता है। कीन्स ने मुद्रा-स्फीति की व्याख्या में साधन बाजार की पूर्णरूप से अवहेलना की है।

डेनमार्क के प्रसिद्ध अर्थशास्त्री प्रोफेसर बैण्ट हैन्सन ने वस्तु-बाजार तथा साधन-बाजार दोनों को मद्देनजर रखते हुए मुद्रा-स्फीति की व्याख्या की है। उन्होंने इस बात पर बल दिया कि वस्तु बाजार में सन्तुलन है तो भी अर्थव्यवस्था में मुद्रास्फीति हो सकती है। **हैन्सन** के अनुसार वस्तुओं की माँग की अधिकता (Goods Gap) तथा साधनों की माँग की अधिकता (Factor Gap) दोनों मुद्रा-स्फीति की स्थिति उत्पन्न करती है।

मान्यताएँ (Assumptions)

1. वस्तु और साधन बाजार में पूर्ण प्रतियोगिता होती है।
2. समय के प्रति इकाई श्रम की सेवाओं की मात्रा दी हुई है।
3. भविष्य में इस समय की कीमत कायम रहेगी।
4. केवल एक परवर्ती साधन श्रम की सेवाओं की सहायता से एक ही वस्तु का उत्पादन किया जाता है।
5. पूँजी स्टॉक और प्रौद्योगिकी दिये हुए हैं और वास्तविक उत्पादन पूर्ण रोजगार के स्तर का फलन है।
6. रोजगार का वास्तविक स्तर स्थिर है, परिणामस्वरूप उत्पादन का स्तर भी स्थिर होता है जो पूर्ण रोजगार का है।

सिद्धान्त की व्याख्या (Explanation)

स्फीति का सिद्धान्त कीमत स्तर के **दो अलग-अलग** स्तरों के समावेश का स्पष्ट वर्णन करता है। **पहला है,** वस्तु बाजार (Goods Market) और दूसरा है साधन बाजार (Factor Market)। हैन्सन के सिद्धान्त में इस प्रकार दो अलग-अलग बाजार-साधन बाजार और वस्तु बाजार सम्मिलित किये गये हैं, जिसमें प्रत्येक बाजार में कीमत परिवर्तन की दर उस बाजार में अधिक माँग की मात्रा पर निर्भर करती है।

हैन्सन के अनुसार मजदूरी तथा कीमत स्तर में परिवर्तन की दर वस्तु बाजार व साधन बाजार में वस्तु अन्तराल (Goods gap) तथा साधन अन्तराल (Factor gap) के आकारों पर निर्भर करती है। अतः अर्थव्यवस्था में पूर्ण मुद्रा-स्फीति (Complete Inflation) तभी होती है जब वस्तु अन्तराल (Goods gap) तथा समय अन्तराल (Factor gap) दोनों विद्यमान होते हैं तथा धनात्मक होते हैं वैसे किसी एक बाजार में माँग की पूर्ति पर अधिकता होने से भी मुद्रा-स्फीति उत्पन्न हो सकती है। यदि वस्तु-बाजार सन्तुलन में है या वस्तु अन्तराल (Goods gap) शून्य है, परन्तु साधन बाजार में साधनों की माँग उनकी पूर्ति से अधिक (Factor gap) होने के कारण साधन कीमत बढ़ती है जो उत्पादन लागत को बढ़ा देती है। इससे वस्तु-बाजार में पूर्ति बायीं ओर खिसकेगी जो कीमत-स्तर को बढ़ा देगी तथा मुद्रा-स्फीति उत्पन्न हो जायेगी।

मुद्रा-स्फीति की दर (Rate of Inflation)

हैन्सन के अनुसार मुद्रा-स्फीति की दर निम्नलिखित दो बातों पर निर्भर करती है :

(i) मजदूरी तथा कीमत स्तर में परिवर्तन की दर इन बाजारों में वस्तु अन्तराल (Goods gap) तथा समय अन्तराल (Factor gap) के आकारों पर निर्भर करती है। अर्थात् दोनों बाजारों में अन्तराल का आकार जितने बड़े होंगे उतनी ही अधिक मुद्रा-स्फीति की दर होगी।

(ii) माँग की अधिकता के कारण कीमत स्तर तथा मजदूरी तेजी से बढ़ती है या धीरे-धीरे बढ़ती है। यदि तेजी से बढ़ती है तो मुद्रा-स्फीति की दर तीव्र होगी अन्यथा धीमी होगी।

श्रेष्ठता (Superiority)

हैन्सन का सिद्धान्त कीन्स के सिद्धान्त से निम्न आधार पर श्रेष्ठ कहा जा सकता है :

1. हैन्सन के सिद्धान्त में गत्यात्मकता का समावेश किया है जबकि कीन्स का विश्लेषण पूर्णरूप से स्थैतिक है।
2. हैन्सन ने वस्तु तथा साधन बाजार दोनों का समन्वय करके मुद्रा-स्फीति का विश्लेषण किया है, जबकि कीन्स ने केवल वस्तु बाजार पर ही अपना ध्यान केन्द्रित रखा है।

आलोचना (Criticisms)

1. यह सिद्धान्त इसलिए भी अवास्तविक है क्योंकि यह मौद्रिक नीति और मुद्रा पूर्ति में परिवर्तनों के स्फीति पर प्रभावों की उपेक्षा करता है।

2. वस्तु व साधन बाजार दोनों में पूर्ण प्रतियोगिता की मान्यता अवास्तविक है। वास्तविक जगत् में एकाधिकार प्रतियोगिता अधिक पायी जाती है।

3. पूर्ण रोजगार सम्भव पूर्ति (S_0) मान लेने के बावजूद साधन बाजार में अन्तराल की व्याख्या बनावटी-सी प्रतीत होती है।

4. सरकारी नीतियों की अवहेलना की गयी है जो सही नहीं है।

परीक्षा प्रश्न
(Examination Questions)

I. दीर्घ उत्तरीय प्रश्न (Long Answer Questions)

1. "किसी वस्तु की माँग समस्त पूर्ति से अधिक होना ही मुद्रा-स्फीति है।" इस कथन की व्याख्या कीजिए और मुद्रा-स्फीति उत्पन्न करने वाले कारकों का विश्लेषण कीजिए।
   "Inflation is an excess of demand of anything over the supply of everything." Discuss this statement and analyse the factors that result in inflation.
2. मुद्रा-स्फीति के आर्थिक परिणामों की व्याख्या कीजिए। स्फीति दबावों को रोकने के लिए आप कौन-से उपाय सुझायेंगे?
   Discuss the economic consequences of inflation. What measures should you recommend to check inflationary pressures in the economy?
3. मुद्रा-स्फीति आर्थिक विकास के क्रम को किस प्रकार प्रभावित करती है? क्या यह आर्थिक विकास की ही एक उपज है?
   How dose inflation affects the process of economic growth? Is it a by-product of economic growth?
4. 'माँग-प्रेरित' स्फीति तथा 'लागत-प्रेरित' स्फीति में अन्तर स्पष्ट कीजिए। क्या यह तत्त्व मुद्रा-स्फीति पर अलग-अलग प्रभाव डालते हैं?
   Distinguish between 'Demand-pull' inflation and 'Cost-push' inflation. Do these factors exert their pressure on inflation independently?
5. 'स्फीतिक अन्तर' की धारणा स्पष्ट कीजिए। क्या यह आलोचना से मुक्त है?
   Explain the concept 'Inflationary Gap'. Is it free from criticism?
6. "मुद्रा-स्फीति अन्यायपूर्ण है तथा अवस्फीति अनुपयुक्त।" व्याख्या कीजिए।
   "Inflation is unjust and deflation is inexpedient." Elucidate.
7. मुद्रा के मूल्य में परिवर्तन के परिणामस्वरूप उत्पादन, रोजगार तथा विभिन्न वर्गों की वास्तविक आय पर पड़ने वाले प्रभावों की व्याख्या कीजिए।
   Discuss fully the effects of changes in the value of money on the volume of production, employment and real incomes of the various sections in the community.

II. लघु उत्तरीय प्रश्न (Short Answer Type Questions)

1. मुद्रा-स्फीति की परिभाषा दें।
2. मुद्र-स्फीति के कौन-से कारण हैं।
3. मुद्रा-स्फीति के प्रमुख प्रकारों पर संक्षिप्त टिप्पणी लिखो।

4. मुद्रा-स्फीति के पाँच मुख्य प्रभावों को लिखें।
5. मुद्रा-स्फीति को रोकने के लिए महत्त्वपूर्ण उपायों का वर्णन करें।
6. माँग-प्रेरित व लगान-प्रेरित स्फीति में अन्तर लिखिए।
7. गतिहीन स्फीति की अवधारणा स्पष्ट कीजिए।
8. अपस्फीतिकारी तथा स्फीतिकारी अन्तराल में भेद स्पष्ट कीजिए।

III. वस्तुनिष्ठ प्रश्न (Objective Type Questions)

सही विकल्प चुनकर लिखिए :

1. मुद्रा-स्फीति की दशा उस समय विद्यमान होती है जब :
(अ) मौद्रिक आय में उत्पादन की तुलना में तेजी से वृद्धि हो
(ब) कीमतों में नियमित वृद्धि हो
(स) उपर्युक्त दोनों ही
(द) उपर्युक्त में से कोई नहीं।
2. जब मुद्रा की माँग की अपेक्षा मुद्रा की पूर्ति अधिक हो जाती है तो :
(अ) मुद्रा का मूल्य गिर जाता है (ब) मुद्रा-स्फीति उत्पन्न हो जाती है
(स) वस्तुओं एवं सेवाओं के मूल्य बढ़ जाते हैं (द) उपर्युक्त सभी।
3. मन्दी-स्फीति से आशय होता है :
(अ) आर्थिक विकास में स्थिरता के साथ स्फीति (ब) आर्थिक विकास के साथ मुद्रा-स्फीति
(स) आर्थिक विकास में स्थिरता (द) उपर्युक्त में से कोई नहीं।
4. लागत-प्रेरित स्फीति का कारण है :
(अ) एकाधिकारी फर्मों द्वारा लाभ के हिस्से में वृद्धि
(ब) मजदूरी की दर में वृद्धि
(स) उपर्युक्त दोनों
(द) उपर्युक्त में से कोई नहीं।
5. मुद्रा-स्फीति हानिप्रद है, इनके लिए :
(अ) व्यापारी वर्ग के लिए (ब) सरकार के लिए
(स) बैंकिग विकास के लिए (द) श्रमिक वर्ग के लिए।
6. मुद्रा-प्रसार लाभदायक है :
(अ) व्यापारियों और उत्पादकों के लिए (ब) ऋणियों के लिए
(स) उपभोक्ताओं के लिए (द) किसानों के लिए।

उत्तर—1 (स), 2. (द), 3. (अ), 4. (स), 5. (द), 6. (अ)।

OOO

30

फिलिप्स वक्र
(Phillips' Curve)
अथवा
फिलिप्स वक्र : रोजगार और स्फीति में सम्बन्ध
(The Phillips' Curve : The Relation Between Employment and Inflation)

अर्थशास्त्री फिलिप्स ने मुद्रा-स्फीति का अनुभवजन्य दृष्टिकोण प्रस्तुत किया है। इस दृष्टिकोण का स्पष्टीकरण, अनुभवजन्य प्रमाणों पर आधारित एक वक्र द्वारा किया जाता है जिसे **फिलिप्स वक्र** कहा जाता है। वक्र अनुभवजन्य आधार पर **मजदूरी, कीमत एवं बेरोजगारी के सम्बन्ध** को स्पष्ट करता है।

कीन्स तथा श्रीमती रॉबिन्सन ने कीमत तथा मजदूरी को बिना नियन्त्रण किये रोजगार तथा कीमत स्थायित्व के द्वैत उद्देश्यों को साथ-साथ प्राप्त करने की सम्भावना प्रकट की है किन्तु अनेक देशों के अनुभव यह बतलाते हैं कि जैसे-जैसे हम बेरोजगारी को कम करने का प्रयत्न करते हैं कीमतों पर दबाव अवश्य पड़ता है। यदि मूल्य स्तर को स्थिर रखा जाय तब बेरोजगारी रोजगार के उस स्तर को भी पार कर जाती है जो **'सामाजिक दृष्टि से सहनीय' (Socially Tolerable)** समझा जाता है, विशेष रूप से उन देशों के लिए जो पूर्ण रोजगार प्राप्त करने के लिए वचनबद्ध हैं। यह विचार कीमत-परिवर्तन दर तथा बेरोजगारी स्तर के बीच सम्बन्ध स्थापित करता है।

प्रसिद्ध अर्थशास्त्री **ए. डब्ल्यू. फिलिप्स** ने ब्रिटेन के लगभग 100 वर्षों के ऐतिहासिक आँकड़ों का उपयोग करते हुए अपने पर्याप्त अनुसन्धान के आधार पर 1958 में एक लेख 'The relation between unemployment and the rate of change in money wage rates in United Kingdom' प्रकाशित किया। फिलिप्स ने ब्रिटेन के 1861 से 1957 के बीच बेरोजगारी के प्रतिशतों तथा मौद्रिक मजदूरी की दरों में होने वाले परिवर्तनों के प्रतिशतों से सम्बन्धित आँकड़ों का विश्लेषण किया, जिसे बाद में मूल्य में परिवर्तनों की दरों तथा बेरोजगारी में परिवर्तनों की दरों में परिवर्तित कर दिया गया तथा रेखाचित्रीय प्रदर्शन किया गया। फिलिप्स वक्र का बाद में सुधरा हुआ रूप प्रस्तुत किया गया जो मूल्य में परिवर्तन की दर तथा बेरोजगारी की दर के बीच सम्बन्ध प्रदर्शित करता है।

बेरोजगारी की दर तथा मुद्रा-स्फीति की दर के विपरीत सम्बन्ध का अभिप्राय एक **ट्रेड-आफ (Trade off)** से होता है जिसमें बेरोजगारी कम करने के लिए मुद्रा-स्फीति की अपेक्षाकृत अधिक दर के रूप में कीमत चुकानी पड़ती है तथा मुद्रा-स्फीति की दर को कम करने के लिए बेरोजगारी की अपेक्षाकृत ऊँची दर के रूप में कीमत अदा करनी होती है।

फिलिप्स वक्र का निर्माण

किसी भी अर्थव्यवस्था में कुछ वर्षों के आँकड़ों को लेकर यदि OX-अक्ष पर बेरोजगार श्रम शक्ति प्रतिशत को तथा OY-अक्ष पर मौद्रिक मजदूरी दर की वृद्धि $\Delta W/W$ को वर्षानुसार ग्राफ पर अंकित कर लिया जाय तो **फिलिप्स वक्र** का निर्माण किया जा सकता है। यह वक्र मौद्रिक मजदूरी दर एवं बेरोजगारी दर के बीच विपरीत सम्बन्ध को प्रदर्शित करता है जैसा कि अग्रांकित चित्र से स्पष्ट होता है। चित्र 1 में—

(i) AA फिलिप्स वक्र को दर्शाता है।

(ii) फिलिप्स वक्र AA में जब बेरोजगारी का प्रतिशत u_1 है तो मजदूरी में वृद्धि की दर $\Delta W/W_1$ है। यदि बेरोजगारी में कमी लानी है, अर्थात् बेरोजगारी की दर u_2 प्रतिशत करनी है तो मजदूरी की दर में $\Delta W/W_2$ वृद्धि करनी होगी। बिना मजदूरी में वृद्धि किये बेरोजगारी दूर नहीं की जा सकती।

(iii) मजदूरी में वृद्धि के फलस्वरूप लागतों में वृद्धि होती है जिसके कारण कीमतों में वृद्धि होती है। अर्थात् मुद्रा प्रसार होता है।

इस प्रकार यदि बेरोजगारी घटानी है तो मुद्रा-प्रसार को स्वीकार करना होगा। पूर्ण रोजगार के स्तर पर स्थिरता (Stability at full Employment Level) के युगल लक्ष्यों (Twin Objectives) को एक साथ प्राप्त नहीं किया जा सकता है। यदि स्थिरता (कीमत स्थिरता लानी है तो पूर्ण रोजगार नहीं होगा और यदि पूर्ण रोजगार लाना है तो स्थिरता नहीं आयेगी। **प्रसार रोजगार की लागत है।** रोजगार बढ़ाने के लिए प्रसार और प्रसार के रूप में त्याग करना पड़ेगा।

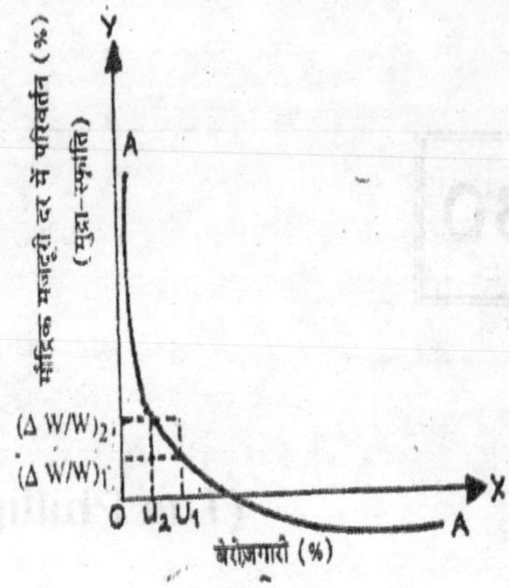

चित्र : 1

विलोम सम्बन्ध के कारण
(Causes for Inverse Relation)

फिलिप्स वक्र बेरोजगारी की परिवर्तन दर तथा मजदूरी की परिवर्तन दर के **विलोम सम्बन्ध (Inverse Relationships)** को स्पष्ट करता है। इस विलोम सम्बन्ध की व्याख्या आधारों पर की जा सकती है।

1. व्यापार क्रिया की प्रकृति (Nature of Trade Activity)—मुद्रा मजदूरी दर और बेरोजगारी के बीच इस विपरीत सम्बन्ध को प्रभावित करने वाला व्यापार क्रिया की प्रकृति है। जब व्यापार क्रिया का विस्तार होता है तब श्रम की माँग बढ़ने के कारण बेरोजगारी कम हो जाती है जिसके कारण सेवायोजक मजदूरी में वृद्धि कर देते हैं। इसके विपरीत व्यापार क्रिया की संकुचन की अवधि में जब श्रम के लिए माँग गिर रही होगी और बेरोजगारी बढ़ रही होगी तो सेवायोजक मजदूरी बढ़ाने के लिए तत्पर नहीं होते ब्लकि वे मजदूरी घटाने का प्रयास करते हैं लेकिन मजदूर एवं उनके संघ इन अवधियों में मजदूरी की कसौटी स्वीकार करने के लिए तैयार नहीं होते, फलतः सेवायोजक श्रमिकों को कार्य से हटाने के लिए बाध्य हो जाते हैं। इस प्रकार जब श्रम बाजार मन्द होता है तो मजदूरी में थोड़ी कटौती बेरोजगारी में अधिक वृद्धि लायेगी।

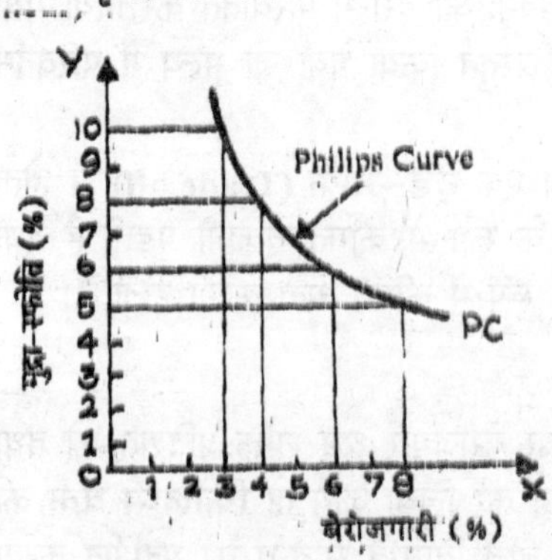

चित्र : 2

फिलिप्स ने उपर्युक्त तर्कों के आधार पर निष्कर्ष निकाला कि बेरोजगारी की दरों और मुद्रा मजदूरियों (मुद्रा-स्फीति) में परिवर्तन के बीच सम्बन्ध चित्र में दिखाने पर अति अरेखीय (non-linear) होगा। ऐसा वक्र फिलिप्स वक्र के नाम से जाना जाता है।

चित्र में (i) PC फिलिप्स वक्र है जिसमें OX-अक्ष पर बेरोजगारी की दर तथा OY- अक्ष पर मुद्रा-स्फीति की दर को मापा गया है। (ii) चित्र से स्पष्ट है कि जब मुद्रा-स्फीति की दर 10% है तो बेरोजगारी की दर 3% है और जब मुद्रा-स्फीति की दर को 5% तक कम कर दिया जाता है तो बेरोजगारी की दर बढ़कर श्रम शक्ति का 8% हो जाता है।

2. श्रमिकों के मोल-भाव की शक्ति (Bargaining Power of the Labour)—यदि श्रम संघ सुसंगठित हैं तो उनके मोल-भाव की शक्ति बढ़ जाती है और वे श्रमिकों की उत्पादकता में वृद्धि किये बिना मजदूरी की दरों में वृद्धि

कराने में सफल हो जाते हैं। ऐसा उदाहरण **संयुक्त राष्ट्र अमेरिका में 1975** के बाद देखने को मिलता है। श्रम संघ मजदूरी दर के किस सीमा तक बढ़ाने में सफल होंगे यह उस समय की बेरोजगारी दर पर निर्भर करता है। यह दर नीची होने पर (अर्थात् मजदूरों की माँग अधिक होने पर) श्रम संघ मजदूरी दर को बढ़वाने में अधिक सफल हो जाते हैं। कम बेरोजगारी आर्थिक क्रिया—या समृद्धि का भी द्योतक है अतः लाभ की दरें ऊँची होती हैं। ऐसे समय में श्रमसंघ हड़ताल की धमकी देकर उद्योगपतियों के ऊँचे दर पर अर्जित होते लाभ पर बाधा डाल सकते हैं जिससे उद्योगपति उनकी माँग शीघ्र मान लेते हैं। इसके विपरीत बेरोजगारी अधिक होती है तो यह घटते लाभ का द्योतक है। अतः ऐसे समय में मजदूरी में थोड़ी-सी वृद्धि की भी माँग का उद्योगपति विरोध करेंगे।

3. श्रम की अत्यधिक माँग (Excess Demand for Labour)—मौद्रिक मजदूरी वृद्धि एवं बेरोजगारी में वृद्धि के बीच विपरीत सम्बन्ध की दूसरी व्याख्या का आधार श्रमिकों की मोलभाव शक्ति के स्थान पर श्रम माँग का आधिक्य (Excess Demand for Labour) है। यह दृष्टिकोण की उचित प्रकार व्याख्या करने के लिए यह आवश्यक है कि श्रम माँग अतिरेक (Excess Demand for Labour) को माँग एवं पूर्ति के सन्दर्भ में समझा जाये, जो कि चित्र द्वारा स्पष्ट किया गया है।

चित्र 3 में—

(i) DL तथा SL वक्र क्रमशः श्रम की माँग तथा श्रम की पूर्ति को दर्शाते हैं। संतुलित मजदूरी दर OW_3 पर तय होती है। यद्यपि यह सन्तुलित मजदूरी दर है किन्तु यह दर बेरोजगारी की अनुपस्थिति (Absence of Unempolyment) का द्योतक नहीं है। यह एक सन्तुलन है जो इस तथ्य पर प्रकाश डालता है कि बेरोजगार व्यक्तियों की संख्या उतनी ही है जितने रिक्त स्थानों की पूर्ति उद्योगपति करना चाहते हैं। यह सन्तुलन तभी पूर्ण रोजगार बिन्दु भी होगा जबकि इस सन्तुलनावस्था में घर्षणात्मक बेरोजगारी भी शून्य होगी।

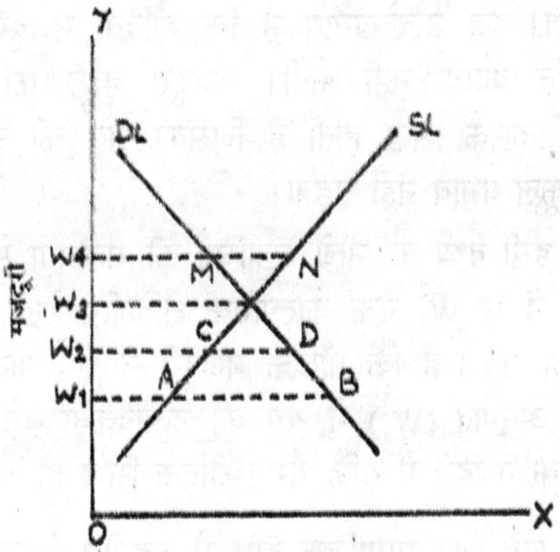

चित्र : 3

(ii) चित्र पर दृष्टिगत करने से स्पष्ट होता है कि जब मजदूरी संतुलित मजदूरी OW_3 से कम होकर OW_2 हो जाती है तब ऐसी स्थिति में श्रमिकों की माँग अधिक तथा उनकी पूर्ति कम हो जाती है जो श्रम की अत्यधिक माँग (Excess Demand for Labour) का द्योतक है। श्रमिकों की यह अत्यधिक माँग W_2 पर CD तथा W_1 पर AB है।

(iii) इसके विपरीत सन्तुलित मजदूरी दर से ऊँची मजदूरी दरों पर श्रमिकों की पूर्ति में अत्यधिक वृद्धि हो जाती है। उदाहरण के लिए W_4 पर MN श्रमिकों की पूर्ति में अतिरेक दर्शाता है। अन्य शब्दों में यह भी निष्कर्ष निकाला जा सकता है कि जब श्रमिकों की पूर्ति की तुलना में श्रमिकों की माँग अधिक होती है तो मौद्रिक मजदूरी में वृद्धि शीघ्रता से होती है। इसके विपरीत इस अतिरेक के कम होने पर मजदूरी की दर में वृद्धि धीरे-धीरे होती है।

(iv) चित्र में जब पूर्ति की तुलना में श्रमिकों की माँग अतिरेक AB है तो मजदूरी दर W_1 से W_2 शीघ्र हो जायेगी किन्तु जब यह अतिरेक CD है तब मजदूरी दर में वृद्धि W_2 से W_3 उतनी शीघ्रता से नहीं होगी। शैपिरो ने इस बात पर टिप्पणी करते हुए लिखा है कि "फिलिप्स वक्र द्वारा प्रस्तुत विपरीत सम्बन्ध के पक्ष में एक महत्त्वपूर्ण तर्क यह है कि मजदूरी में वृद्धि की दर श्रम-माँग-आधिक्य से प्रत्यक्ष रूप से सम्बन्धित होती है।"[1]

---

1. "A key argument in the present explanation is that the rate of which wage varies directly with the extent of the excess demand for labour." Edward Shapiro

प्रो. फिलिप्स ने बेरोजगारी की माप को प्रवाह के रूप में करने के उद्देश्य से 'कितनी अवधि तक बेरोजगार रह गया' को बेरोजगारी की माप का आधार माना है। प्रो. फिलिप्स की धारणा है कि जब श्रम माँग अतिरेक होता है, जितनी अतिरेक माँग होगी उतना ही कम समय बेरोजगार ढूँढ़ने में लगेगा। चित्र 3 के माध्यम से यह कहा जा सकता है कि जब श्रम की माँग आधिक्य AB होगी तब CD की तुलना में रोजगार के मिलने की सम्भावनाएँ शीघ्र रहेंगी।

उपर्युक्त विश्लेषण से यह निष्कर्ष निकाला जा सकता है कि **बेरोजगारी की मात्रा श्रमिक की माँग की अधिकता की विपरीत दिशा में परिवर्तित होती है।** दूसरे शब्दों में "श्रम-पूर्ति के एक नियत स्तर पर संतुलित मजदूरी दर पर बेरोजगारी की जो भी दर विद्यमान होती है, वह बेरोजगारी की दर वैसे-वैसे घटती जाती है जैसे-जैसे हम श्रम की आधिक्य माँग के वृहत स्तर की ओर क्रमशः बढ़ते जाते हैं।" फिलिप्स वक्र इस तथ्य की पुष्टि करता है कि मजदूरी दर तथा बेरोजगारी की दर में विलोम (Inverse) सम्बन्ध है।

फिलिप्स वक्र इस ओर भी संकेत करता है कि स्फीति-रहित मूल्य स्थिरता के लिए बेरोजगारी का अनुपात बहुत ऊँचा होना आवश्यक है। इससे यह निष्कर्ष निकलता है कि **मजदूरी प्रेरित अथवा लागत प्रेरित मुद्रा** स्फीति से अर्थव्यवस्था को बचाने के लिए समाज को काफी ऊँची बेरोजगारी दर को स्वीकार करना पड़ेगा। यह उल्लेखनीय है कि मौद्रिक मजदूरी की प्रत्येक वृद्धि स्फीति कारक नहीं होती। मजदूरी वृद्धि का केवल वही भाग स्फीतिकारक सिद्ध होता है जिसका श्रम की उत्पादकता पर कोई अनुकूल प्रभाव नहीं पड़ता।

इसी तथ्य को नीचे रेखाचित्र की सहायता से समझाया गया है। चित्र में W_1W_1 एक काल्पनिक क्षैतिजीय रेखा खींच कर हम यह बतला सकते हैं कि मौद्रिक मजदूरी में W_1 प्रतिशत वृद्धि होने पर इसी अनुपात (W_1) में श्रम की उत्पादकता बढ़ेगी। अतः W_1 तक मौद्रिक मजदूरी में वृद्धि गैर स्फीतिक सिद्ध होगी।

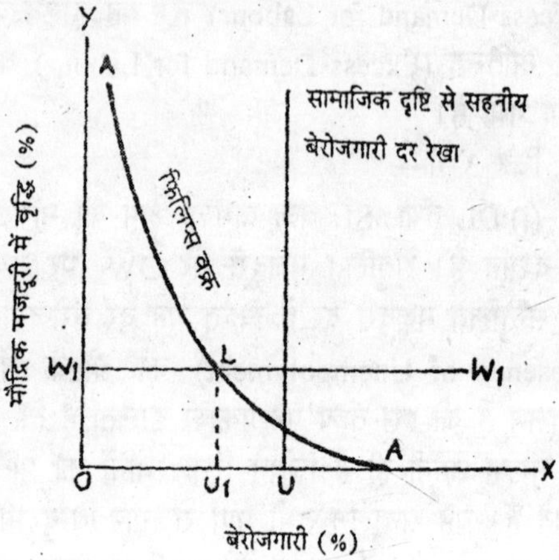

चित्र : 4

यदि OU सामाजिक दृष्टि से सहनीय बेरोजगारी की दर को स्वीकार किया जाये तो W_1W_1 रेखा फिलिप्स वक्र को L बिन्दु पर काटती है जो सामाजिक दृष्टि से सहनीय बेरोजगारी दर की रेखा से बायीं ओर स्थित है तो इसका यह अर्थ होगा कि मजदूरी प्रेरित स्फीति को मौद्रिक तथा राजकोषीय नीतियों के माध्यम से समाप्त किया जा सकता है। साथ ही अर्थव्यवस्था में सामाजिक दृष्टि से सहनीय बेरोजगारी के प्रवेश को भी रोका जा सकता है। कीमतों में स्थिरता लाने के लिए केवल U_1 प्रतिशत बेरोजगारी आवश्यक होगी। बेरोजगारी का यह स्तर समाज को भी स्वीकार्य होगा। कारण यह है कि समाज द्वारा स्वीकार्य अधिकतम बेरोजगारी OU से प्रतिशत से कम है।

प्रो. सैम्युल्सन तथा **प्रो. सोलो** ने फिलिप्स वक्र को अमेरिका में लागू किया तथा यह निष्कर्ष निकाला कि कीमतों में स्थिरता रखनें के लिए बेरोजगारी की दर $5\frac{1}{2}$ प्रतिशत आवश्यक है। इसके पीछे उनकी यह मान्यता थी कि श्रम उत्पादकता की दर में $2\frac{1}{2}$ की वृद्धि होती है।

फिलिप्स वक्र की आलोचना अथवा मौद्रिक अर्थशास्त्रियों द्वारा फिलिप्स वक्र को चुनौती (Criticism of Phillips Curve or Monetarist Challenge to Phillips Curve)

विभिन्न अर्थशास्त्रियों ने फिलिप्स वक्र की विभिन्न दृष्टिकोणों से आलोचना कर उसमें सुधार का प्रयास किया है। कुछ प्रमुख आलोचनाएँ निम्नलिखित हैं—

1. फ्रीडमैन तथा फैलप्स[1] **(Friedman & Phelps)**—इन अर्थशास्त्रियों का मत है कि फिलिप्स वक्र अल्पकाल से सम्बन्ध रखता है और स्थिर नहीं रहता। जब स्फीति की प्रत्याशाओं में परिवर्तन होता है तो यह वक्र खिसक जाता है। दीर्घकाल में, स्फीति तथा रोजगार में कोई विनिमय (Trade off) नहीं रहता। फ्रीडमैन तथा फैलप्स यह विचार **'त्वरणवादी परिकल्पना' (Accelarationist Hypothesis)** के नाम से प्रसिद्ध है।

फ्रीडमैन का कहना है कि बेरोजगारी की प्राकृतिक (Natural Rate of Unemployment) होती है जो प्रमुख रूप से अस्थाई बेरोजगारी से निर्मित होती है। फ्रीडमैन की परिकल्पना यह है कि मजदूरी बेरोजगारी की दर के कारण नहीं बल्कि प्राकृतिक दर से कम बेरोजगारी के कारण मजदूरी बढ़ती है। इसके विपरीत मजदूरी तभी गिरती है जब बेरोजगारी प्राकृतिक दर से बढ़ जाती है। यदि बेरोजगारी प्राकृतिक दर से कम होगी तो फिलिप्स वक्र ऊपर की ओर मुड़ जायेगा और कीमत में त्वरित वृद्धि होगी। यदि प्राकृतिक द की अपेक्षा बेरोजगारी अधिक होगी तो अल्पकालीन फिलिप्स वक्र नीचे को घूम जायेगा और कीमत वृद्धि मन्द पड़ जायेगी।

इस सिद्धान्त को चित्र की सहायता से स्पष्ट किया गया है। चित्र 5 में—

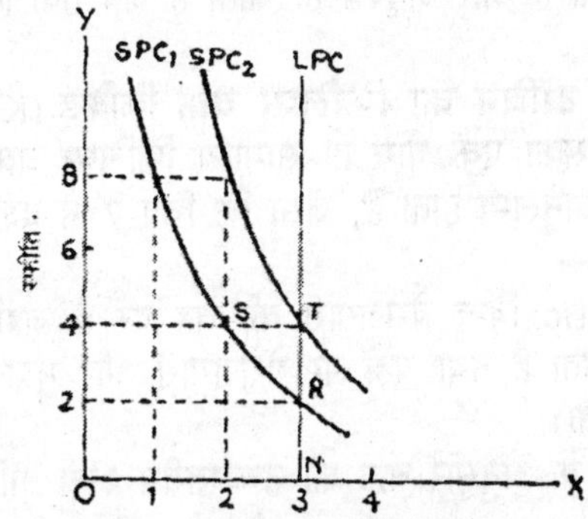

चित्र : 5

(i) मान लीजिए कि बेरोजगारी का स्तर प्राकृतिक दर N पर 3 प्रतिशत है। अल्पकाल में यदि फर्में और श्रम यह आशा करते हैं कि स्फीति की दर बढ़कर 4 प्रतिशत हो जायेगी और मज़दूरी इसी दर से बढ़ेगी। फलतः वास्तविक मजदूरी कम हो जायेगी और बेरोजगारी में वृद्धि हो जायेगी। अल्पकालीन फिलिप्स वक्र SPC_1 पर बेरोजगारी बिन्दु R से चलकर बिन्दु S पर पहुँचेगी। अन्य शब्दों में जब स्फीति की दर 2 प्रतिशत से बढ़कर 4 प्रतिशत हो जाती है तो बेरोजगारी 3 प्रतिशत से कम होकर 2 प्रतिशत हो जाती है।

(ii) परन्तु जब कीमत स्तर में वृद्धि होने लगती है तो श्रमिक यह अनुभव करने लगते हैं कि उनकी वास्तविक मजदूरी गिर रही है। अतः वे वास्तविक मजदूरी को प्रारम्भिक स्तर R (2 प्रतिशत स्फीति) पर पुनः स्थापित करने के लिए ऊँची मुद्रा मजदूरी की माँग करेंगे। जब वास्तविक मजदूरी प्रारम्भिक स्तर की ओर बढ़ने लगेगी, तो बेरोजगारी बढ़कर 3 प्रतिशत हो जायेगी और बेरोजगारी कके प्राकृतिक स्तर N के बराबर हो जायेगी। परन्तु फर्में बढ़ती मजदूरी देने को तत्पर होती हैं, क्योंकि उन्हें आशा रहती है कि वे बढ़ी हुई मजदूरी को कीमत में सम्मिलित कर देंगी। इसलिए मज़दूरी वृद्धि की दर स्फीति की 4 प्रतिशत दर ही रहती है।

(iii) वास्तविक मजदूरी में वृद्धि और रोजगारी का स्तर फिलिप्स वक्र SPC_1 को विवर्तित करके ऊपर की ओर SPC_2 पर ले जायेंगे ताकि बेरोजगारी की प्राकृतिक दर N (3%) और मजदूरी वृद्धि की 4 प्रतिशत दर T बिन्दु पर सम्बद्ध हो जायें जहाँ पर कि अल्पकालीन फिलिप्स वक्र SPC_2 को दीर्घकालीन फिलिप्स वक्र LPC पर काटता है।

(iv) अल्पकालीन फिलिप्स वक्र को दीर्घकालीन फिलिप्स वक्र LPC पर बिन्दु R से T पर स्थानान्तरण त्वरण सिद्धान्त के नाम से प्रसिद्ध हो गया है।

इस प्रकार निष्कर्ष के रूप में कहा जा सकता है कि "इस सिद्धान्त में दीर्घकालीन फिलिप्स वक्र अनुलम्ब होता है। इसका अर्थ यह है कि अल्पकाल को छोड़कर विनियम (Trade-off) नहीं होता कि बेरोजगारी की प्राकृतिक दर स्फीति की किसी दर के साथ मेल खाती है और बेरोजगारी की नीची दर का अर्थ होता है निरन्तर तवरणशील स्फीति।

आलोचनाएँ (Criticism)

(i) कुछ अर्थशास्त्रियों का कहना है कि बेरोजगारी की प्राकृतिक दर एक छलावा मात्र है, क्योंकि फ्रीडमैन ने उसकी कोई स्पष्ट परिभाषा देने का प्रयत्न नहीं किया है।

1. M.F. Friedman, 'the Role of Monetary Policy A.E.R. March 1958 and E.S. Phelps, Inflation Policy and Unemployment Theory, 1973.

(ii) **सऊल हासमन** ने हिसाब लगाया है कि दीर्घकालीन फिलिप्स वक्र अनुलम्ब नहीं होता बल्कि ऋणात्मक रूप से ढालू होता है। हाइमन का मत है कि यदि हम स्फीति दर में वृद्धि स्वीकार करने को तैयार हैं तो बेरोजगारी की दर स्थाई रूप से घटाई जा सकती है।[1]

(iii) यह विश्वास है कि मजदूरों में मुद्रा-भ्रान्ति होती है। वे अपनी वास्तविक मजदूरी दरों की अपेक्षा अपनी मुद्रा मजदूरी दरों में वृद्धि से अधिक मतलब रखते हैं।

(iv) कुछ अर्थशास्त्री समझते हैं कि बेरोजगारी की ऊँची दर पर मजदूरी दरें नहीं बढ़ती हैं।

2. प्रो. टाबिन का दृष्टिकोण (Tobin's Viewpoint)—जेम्स टाबिन ने अमेरिकन आर्थिक परिषद् (American Economic Association) के समक्ष 1971 में जो अध्यक्षीय भाषण दिया था उसमें उनका यह सुझाव था कि ऋणात्मक ढालू तथा अनुलम्ब फिलिप्स वक्र के बीच समन्वय किया जाय। उनका विश्वास था कि सीमाओं के भीतर तो एक फिलिप्स वक्र होता है परन्तु जब अर्थव्यवस्था का विस्तार होता है तो रोजगार बढ़ता है तो यह वक्र और भी अधिक नाजुक बन जाता है और अदृश्य हो जाता है जब तक कि बेरोजगारी की क्रांतिक (Critical) निम्न दर पर वह अनुलम्ब नहीं बनता।

इस प्रकार **टॉबिन का फिलिप्स वक्र** किकिड (Kinked) आकृति का होता है जिसका एक भाग तो सामान्य फिलिप्स वक्र जैसा होता है और शेष भाग अनुलम्ब होता है, जैसा कि चित्र 7 में दर्शाया गया है।

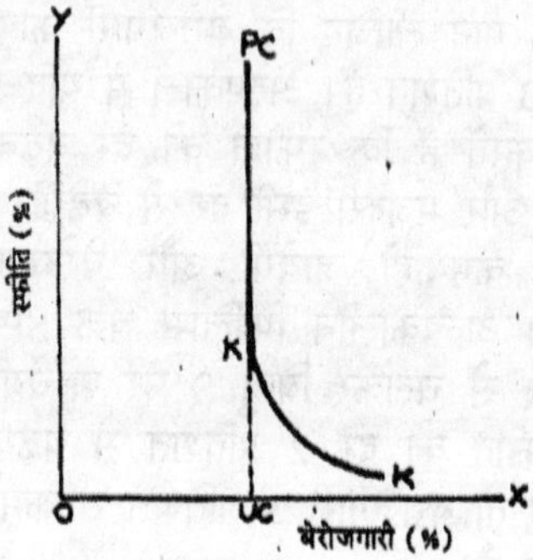

चित्र : 6

चित्र 6 में—

1. इसमें Uc बिन्दु बेराजगारी की वह दर है जहाँ फिलिप्स वक्र व्यकुंचित हो जाता है तथा यहाँ पर बेरोजगारी और मुद्रा-स्फीति में कोई सम्बन्ध नहीं होता।

2. टॉबिन के अनुसार वक्र का उर्ध्वस्तरीय अंश अधिक मजदूरी के कारण नहीं वरन् श्रम बाजार की अपूर्णता के कारण होता है। टॉबिन के शब्दों में Uc बिन्दु पर रोजगार बढ़ाना सम्भव नहीं है, क्योंकि अनुकूल श्रमिकों की संख्या उपलब्ध नहीं है।

3. चित्र में फिलिप्स वक्र का सामान्य अंश निषेधात्मक ढाल (kk) दिखाया है, जहाँ मजदूर मजदूरी की दर में कमी का विरोध करते हैं अर्थात् बेरोजगारी बढ़ने पर ही मजदूरी गिर सकती है।

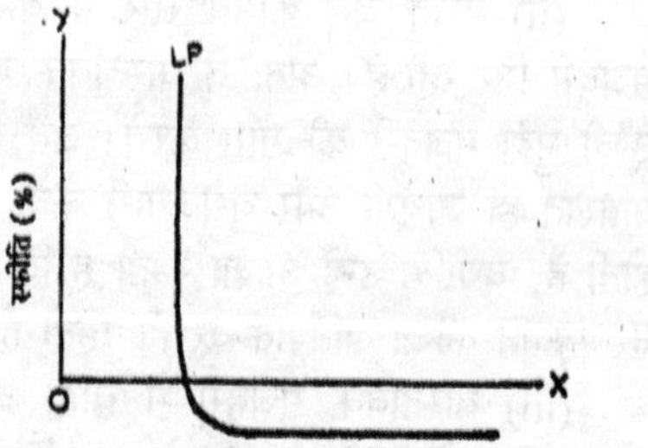

चित्र : 7

3. प्रो. सोलो का दृष्टिकोण (Prof. Solow's Viewpoint)—प्रो. सोलो का मत है कि फिलिप्स वक्र स्फीति की सभी दरों पर अनुलम्ब या ऊर्ध्वस्तरीय (Vertical) नहीं होता है। उनका मत है कि फिलिप्स वक्र स्फीति की धनात्मक दरों पर अनुलम्ब या ऊर्ध्वस्तरीय और स्फीति की ऋणात्मक दरों पर क्षैतिज होता है। जैसा कि चित्र 7 में दर्शाया गया है।

निष्कर्ष—अर्थशास्त्रीय यह स्वीकार करते हैं कि बेरोजगारी की U प्रतिशत दर पर फिलिप्स वक्र उर्ध्वस्तरीय (Vertical) हो जाता है तथा बेरोजगारी और मुद्रा-स्फीति का सह-सम्बन्ध दृष्टिगत नहीं होता। चूँकि बाजार में अपूर्णता होती है इसलिए बेरोजगारी U प्रतिशत से नीचे नहीं गिर पाती।

फिलिप्स वक्र की नीति विषयक निहित तत्त्व (Policy Implications of the Phillips Curve)—फिलिप्स वक्र की नीति सम्बन्धी निहित तत्त्व अत्यन्त महत्त्वपूर्ण है जैसा कि निम्न विवरण से स्पष्ट हो जायेगा।

(i) मौद्रिक तथा राजकोषीय नीति का उपयोग (Use of Monetary & Fiscal Policy)—फिलिप्स वक्र यह सुझाव देता है कि बेरोजगारी के ऊँचे स्तरों के बिना, स्फीति की नियंत्रित करने के लिए मौद्रिक तथा राजकोषीय नीतियाँ किस सीमा तक प्रयोग में लाई जा सकती है। अन्य शब्दों में यह वक्र अधिकारी वर्ग को इस सम्बन्ध में मार्ग दर्शन करता

1. Inflation and Unemployment, A.E.R. March 1972.

है कि जब बेरोजगारी का स्तर दिया हुआ हो तो स्फीति की कितनी दर सहन की जा सकती है। इसे निम्न चित्र में दर्शाया गया है—

यदि फिलिप्स वक्र की स्थिति है जहाँ श्रम उत्पादकता की दर बिन्दु पर समान है तो हम कीमत स्थिरता और पूर्ण रोजगार की स्थिति प्राप्त कर सकते हैं। यदि फिलिप्स वक्र Pc है तो या तो कीमत स्थिरता रहेगी अथवा अधिक बेरोजगारी होगी अर्थात् इन दोनों में से एक स्थिति का चयन करना होगा। फिलिप्स वक्र के आधार पर यह निर्धारित किया जा सकता है कि कौन सी मौद्रिक एवं राजकोषीय नीतियों को लागू किया जाय। उदाहरणार्थ U_1 बेरोजगारी के स्तर पर यदि मुद्रा-स्फीति की P_2 दर मेल नहीं खाती तो ऐसी मौद्रिक नीति स्वीकार की जायेगी जिससे फिलिप्स वक्र को Pc के स्थान पर Pc_1 की स्थिति पर लाया जा सके। इस स्थिति में मुद्रा-स्फीति की दर गिरकर P_1 हो जायेगी तथा बेरोजगारी का स्तर वही U_1 रहेगा। (चित्र 8)

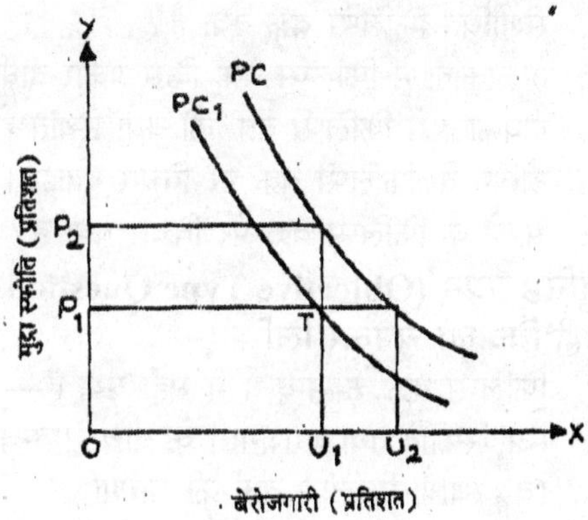

चित्र : 8

(ii) बेरोजगारी की प्राकृतिक दर को घटाना (Reduction of Natural Rate of Unemployment)— बेरोजगारी की प्राकृतिक दर की व्याख्या करते हुए फ्रीडमैन ने कहा था कि सार्वजनिक नीति के बेरोजगारी के स्तर को प्रभावित करने की गुंजाइश फिलिप्स वक्र के अनुरूप रहते हुए केवल अल्पकाल में है। उसने अनुलम्ब फिलिप्स वक्र के कारण इस सम्भावना को नहीं माना कि बेरोजगारी की दीर्घकालीन दर प्रभावित हो सकती है। परन्तु अधिकांश अर्थशास्त्री फ्रीडमैन से सहमत नहीं हैं। उनका मत है कि श्रम बाजार नीतियों के माध्यम से बेरोजगारी की प्राकृतिक दर घटाई जा सकती है जिसके परिणामस्वरूप श्रम बाजार अधिक कुशल बनाया जा सकता है। अतः दीर्घकालीन अनुलम्ब फिलिप्स वक्र को बाईं ओर सरकाकर बेरोजगारी की प्राकृतिक दर घटाई जा सकती है।

प्रो. जानसन इस बात से सहमत नहीं हैं कि फिलिप्स वक्र का उपयोग आर्थिक नीति के निर्माण में किया जा सकता है। इस सम्बन्ध में उन्होंने दो कारण दिये हैं—

(i) "फिलिप्स वक्र श्रम बाजार में समायोजन की क्रियाविधि का केवल सांख्यिकीय विवरण प्रस्तुत करता है और आर्थिक गत्यात्मकता के सरल माडल पर टिका है जिसके पीछे कोई सामान्य तथा सुपरीक्षित मौद्रिक सिद्धान्त नहीं है।

(ii) यह वक्र आर्थिक उतार-चढ़ाव और बदलती स्फीति दरों की अवधियों के संयोग में श्रम बाजार के व्यवहार का वर्णन करता है जबकि ये ऐसी स्थितियाँ हैं जिन्होंने सम्भवतः श्रम बाजार को ही प्रभावित किया। इसलिए यह संदेह ठीक ही है कि यदि आर्थिक नीति द्वारा अर्थव्यवस्था को इस वक्र के किसी भी बिन्दु पर कीलने का प्रयत्न किया जाय तो क्या यह वक्र अपनी आकृति बनाये रखेगा या नहीं।"

परीक्षा प्रश्न
(Examination Questions)

I. दीर्घ उत्तरीय प्रश्न (Long Answer Type Questions)

1. माँग प्रेरित व लागत प्रेरित मुद्रा-स्फीति में अन्तर स्पष्ट कीजिए। मुद्रा-स्फीति को नियन्त्रित करने के विविध उपाय क्या हैं।

   Distinguish between demand pull and cost push inflation. What are the various methods to control Inflation?
2. फिलिप्स वक्र क्या है। फिलिप्स वक्र की क्या आलोचनाएँ की जाती हैं। उसकी नीतिगत व्यावहारिकता को स्पष्ट कीजिए।

   What is Philips Curve? What is the criticism levelled against it? Explain its Policy Implications.

II. लघु उत्तरीय प्रश्न (Short Answer type on Question)

1. मूल रूप में फिलिप्स वक्र किन सम्बन्धों की व्याख्या करता है?
2. संशोधित फिलिप्स वक्र क्या है?
3. अल्पकाल में फिलिप्स वक्र किस प्रकार दीर्घकालीन वक्र से भिन्न है?
4. दीर्घकाल में फिलिप्स वक्र की क्या स्थिति होती है?
5. टोबिन के फिलिप्स वक्र पर विचार बताइए।
6. सोलो के फिलिप्स वक्र पर विचार क्या हैं?

III. वस्तुनिष्ठ प्रश्न (Objective Type Questions)

सही विकल्प चुनकर लिखिए—

1. फिलिप्स वक्र के सम्बन्ध में सही क्या है—
(अ) स्फीति तथा बेरोजगारी के बीच सम्बन्ध
(ब) स्थायी फिलिप्स वक्र की धारणा
(स) मजदूरी दरों तथा बेरोजगारी के बीच आरेखीय सम्बन्ध
(द) मजदूरी दरों तथा बेरोजगारी के बीच रेखीय सम्बन्ध।
2. मिल्टन फ्रीडमैन के अनुसार फिलिप्स वक्र—
(अ) केवल एक कल्पना मात्र है (ब) दीर्घकाल में सही है
(स) अल्पकाल में सम्भव है (द) बेरोजगारी की स्वाभाविक दर से सम्बन्धित नहीं है।
3. मूल रूप में फिलिप्स वक्र कौन-से तत्वों के बीच विनिमय (trade off) व्यक्त करता है?
(अ) मजदूरी दरें तथा स्फीति (ब) बेरोजगारी तथा मजदूरीं दरें
(स) बेरोजगारी तथा स्फीति (द) उपरोक्त सभी
4. फिलिप्स वक्र की व्याख्या में स्फीति में वृद्धि दर की स्थिति क्या होगी?
(अ) बेरोजगारी में वृद्धि के बराबर
(ब) मजदूरी-दरों में वृद्धि के बराबर
(स) मजदूरी दर तथा श्रम उत्पादकता में अन्तर के बराबर
(द) बेरोजगारी में कमी के बराबर।
5. निम्न में से किसके अनुसार, फिलिप्स वक्र व्यकुंचित (Kinked) आकार की हो सकती है—
(अ) लिप्से (ब) फेल्कस
(स) रॉबिन (द) सोलो।
6. 'स्टेगफ्लेशन' की स्थिति फिलिप्स वक्र को—
(अ) प्रमाणित करती है (ब) खण्डन करती है
(स) आंशिक रूप से स्वीकार करती है
(द) उपरोक्त में से कोई नहीं।

उत्तर—1. (स), 2. (स), 3.(ब), 4. (स) 5. (स). 6 (ब)

ooo

31 गतिहीन स्फीति (Stagflation)

'Stagflation' शब्द दो शब्दों Stagnation तथा Inflation से मिलकर बना है जो इस बात का प्रतीक है कि अर्थव्यवस्था में एक ओर तो कीमतें बढ़ती हैं तथा दूसरी ओर आर्थिक विकास अवरुद्ध होने से अर्थव्यवस्था में निष्क्रियता एवं जड़ता की स्थिति आ जाती है। इस स्थिति को ही गतिहीन स्फीति की स्थिति कहते हैं।

पाल. ए. सैम्युल्सन (Paul. A. Samuelson) के अनुसार "गतिरोध स्फीतिक एक ऐसी स्फीति है जहाँ मूल्य और मजदूरी में वृद्धि पर भी व्यक्ति रोजगार पाने में असमर्थ होते हैं, तथा व्यवसाय उस माल को जो मशीनों द्वारा निर्मित किये जा सकते हैं, बेचने के लिए ग्राहक पाने में असमर्थ रहते हैं।"

हैबरलर (Haberlar) के मतानुसार "गतिरोध स्फीति को इस प्रकार परिभाषित किया जा सकता है जहाँ प्रधान रूप में मुद्रा-स्फीति तथा सामान्य बेरोजगारी तथा दीर्घावधि मन्दी का सह-अस्तित्व हो, स्फीतिक प्रतिसार (Inflationary Recession) मुख्यतया चक्रीय प्रतिसार होता है जिसमें बढ़ती हुई बेरोजगारी, घटते हुए उत्पादन के साथ मिश्रित मुद्रा-स्फीति के लक्षण पाये जाते हैं। गतिरोध स्फीति एक व्यापक धारणा है, जिसमें मुद्रा स्फीतिक प्रतिसार का तो समावेश होता ही है, साथ ही उनमें व्यापार चक्र की उर्ध्वागति (Upsursing), सामान्य बेरोजगारी तथा मुद्रा-स्फीति भी सम्मिलित होते हैं।"

इस प्रकार गतिहीन स्फीति में मन्दी के साथ-साथ मुद्रा-स्फीति अर्थात् कीमतों की वृद्धि के साथ-साथ बेरोजगारी की वृद्धि दिखलाई पड़ती है। संक्षेप में स्टेगफ्लेशन में मुद्रा-स्फीति, महँगाई, बेरोजगारी तथा उत्पादन में जड़ता साथ-साथ चलती है।

संयुक्त राज्य अमेरिका में 1975 के अन्तिम चार महीनों में ऐसी ही गतिरोध-स्फीति उत्पन्न हो गयी थी। इस अवधि में बेरोजगारी की दर बढ़कर 6.5 प्रतिशत हो गयी और वास्तविक उत्पादन 0.6 प्रतिशत से लेकर कुछ उद्योगों में 2 प्रतिशत तक घटा था। मूल्यों में वृद्धि 13.5 प्रतिशत रही। अमेरिका में गतिरोध स्फीति की स्थिति के कारण वहाँ की सरकार को एक विचित्र समस्या का सामना करना पड़ा—एक ओर मन्दी को रोकने के लिए तथा दूसरी ओर बढ़ते हुए मूल्यों को नियंत्रित करने के लिए भारत की 1973-74 एवं 1974-75 में ऐसी प्रवृत्ति पायी गयी। एक ओर कृषक-जन्य वस्तुओं के लिए माँग कम हो गयी और दूसरी ओर इन उद्योगों की पूर्ण क्षमता का विदोहन नहीं हो रहा था। 1975-76 के काल में कुछ सुधार हुआ किन्तु 1978-79 में फिर इस प्रवृत्ति की पुनरावृत्ति हुई। सन् 1979-80 में तो औद्योगिक विकास की गति शून्य हो गयी।

गतिहीन स्फीति Stagflation की घटना भारत में 1991-94 में भी देखी गयी है। 1980 के दशक की अवधि में औद्योगिक उत्पादन की वार्षिक वृद्धि लगभग 8 प्रतिशत थी तथा 1990-91 में यह लगभग 9 प्रतिशत थी किन्तु 1991-92 में यह कम होकर बिल्कुल स्थैतिक हो गयी। बाद में औद्योगिक उत्पादन की दर में वृद्धि हुई किन्तु 1992-93 तथा 1993-94 में अपेक्षाकृत बहुत कम लगभग 2 प्रतिशत प्रतिवर्ष थी। दूसरी ओर, 1991-92 तथा 1992-93 में थोक कीमत सूचकांक द्वारा मापी जाने वाली मुद्रा-स्फीति की दर 1991-92 में 13.7 प्रतिशत तथा 1992-93 में यह 10 प्रतिशत पर बनी रही। 1993-94 में यह थोड़ी कम 8.3 प्रतिशत के स्तर पर थी किन्तु यह पुनः 1994 की अवधि में दो अंकों की दर को पार कर गयी। इस प्रकार हम देखते हैं कि 1991-94 की अवधि में **ऊँची मुद्रा-स्फीति की दर के साथ धीमी औद्योगिक वृद्धि बनी रही है अतः इसे गतिहीन स्फीति (Stagflation) कहना उचित है।**

गतिहीन स्फीति उत्पन्न होने के कारण (Causes for Emergence of Stagflation)

गतिहीन स्फीति उत्पन्न होने के विभिन्न कारण बताये जाते हैं जिनमें से कुछ प्रमुख निम्नलिखित हैं—

1. मिश्रित अर्थव्यवस्था (Mixed Economy)—सैम्युल्सन की मान्यता है कि गतिहीन स्फीति का मुख्य कारण "मिश्रित अर्थव्यवस्था" है। आधुनिक युग में सभी देशों में जनता को अधिकाधिक रोजगार देने की नीति अपनाने की प्रवृत्ति है। अधिक रोजगार देने के लिए उदार मौद्रिक नीति अपनायी जाती है। इतना ही नहीं मूल्यों के सामान्य दर से बढ़ने की प्रवृत्ति को उचित नीति माना जाता है। अतः मूल्य स्थायित्व के लिए कोई सरकार प्रयत्न नहीं करती। यहाँ तक कि फसलें अच्छी होने पर भी सरकार मूल्यों को नीचे नहीं आने देती। इस प्रकार मूल्य निरन्तर ऊँचे बने रहते हैं। भारत तथा एशियाई देशों में इसके उदाहरण मिल सकते हैं।

2. प्राकृतिक प्रकोप (Natural Calamities)—प्रो. सैम्युल्सन का यह भी मत है कि प्राकृतिक प्रकोपों में जैसे—सूखा, बाढ़ आदि के कारण भी गतिहीन स्फीति उत्पन्न हो जाती है। एशिया और अमेरिका के देशों में निरन्तर सूखा पड़ने और बाढ़ आने से खाद्यान्नों के कम उत्पादन के कारण उनकी कीमतों में अत्यधिक वृद्धि हुई है। इसी प्रकार तेल तथा कोयले की कीमतों में वृद्धि हुई। इन आवश्यक वस्तुओं की कीमतों में वृद्धि का व्यापक प्रभाव पड़ा किन्तु इससे रोजगार और उत्पादन की स्थिति में कोई सुधार नहीं हुआ। सैम्युल्सन ने इसे व्यष्टि आर्थिक वस्तु स्फीति (Micro Economic Commodity Inflation) की संज्ञा दी है।

3. राजनीतिकारी शक्तियाँ (Political Forces)—"गतिहीन स्फीति की अवस्था उस समय उत्पन्न होती है जबकि अर्थव्यवस्था में स्फीतिजनक परिस्थितियाँ एक लम्बी अवधि तक विद्यमान रहती हैं। कीमतों में असाधारण वृद्धि के कारण वास्तविक आय कम हो जाती है। फलतः वस्तुओं और सेवाओं की माँग में कमी आ जाती है। एक सीमा तक बढ़ती हुई कीमतें उत्पादन में वृद्धि को प्रोत्साहित करती हैं। लेकिन इसके बाद माँग प्रायः स्थिर हो जाती है अथवा कम होने लगती है। इसके बाद उत्पादन में वृद्धि का क्रम रुक जाता है। स्फीति के कारण लागतें बढ़ती हैं, कीमतों में वृद्धि होती है, उत्पादन में अनिश्चितता पैदा हो जाती है और लागत और कीमत का सम्बन्ध विच्छिन्न हो जाता है। इस प्रकार उत्पादन क्रियाओं में अवसाद की स्थिति उत्पन्न हो जाती है।"

4. स्फीति के नियन्त्रण सम्बन्धी उपाय (Measures for Controling Inflation)—स्फीति को नियंत्रित करने के लिए जो उपाय अपनाये जाते हैं उसके बाद मन्दी में अवसाद की स्थिति पैदा हो जाती है। साख को नियंत्रित करने के लिए मुद्रा की माँग पर जो प्रतिबन्ध लगाये जाते हैं, उससे उत्पादन के लिए उपलब्ध वित्तीय साधनों में कमी हो जाती है। ब्याज की दरों में वृद्धि विनियोग क्रियाओं को हतोत्साहित करती है। आय को नियंत्रित करने के लिए जो उपाय अपनाये जाते हैं इससे कुल माँग में कमी हो जाती है। इस प्रकार ये उपाय उत्पादन की मात्रा को पहले की अपेक्षा कम कर देते हैं फलतः स्फीतिक व अस्फीतिक दोनों ही प्रकार के दबावों का सह-अस्तित्व रहता है।

5. आयातित स्फीति (Imported Inflation)—गतिहीन स्फीति का एक कारण यह भी है कि अमेरिका निरन्तर कच्चा और निर्मित माल विदेशों से आयात करता रहा है। फ्रांस से जर्मनी आदि देशों ने भी अपने आयात को पर्याप्त उदार रखा है। अमेरिका, जर्मनी, फ्रांस आदि ने माल खरीदकर जो भुगतान किये हैं तथा विकासशील तथा अन्य देशों को जो ऋण दिये हैं उनसे इन देशों के बैंकों के कोषों में वृद्धि हुई है, जिससे तीव्र गति से साख निर्माण हुआ है और स्फीतिक प्रवृत्तियों को प्रोत्साहन मिला है। इन प्रवृत्तियों ने रोजगार तथा उत्पादन को विशेष प्रोत्साहन नहीं दिया।

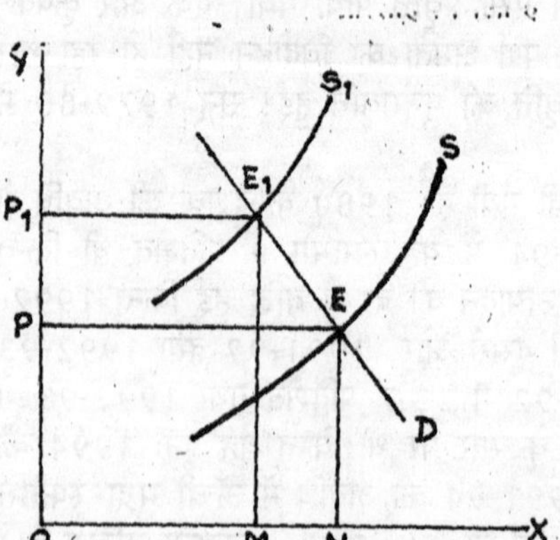

चित्र : 1

गतिहीन स्फीति की स्थिति को चित्र 1 द्वारा दर्शाया गया है। चित्र 1 में—

(i) OX-अक्ष पर रोजगार और OY-अक्ष पर कीमत स्तर को दर्शाया गया है।

(ii) प्रारम्भिक साम्य स्थिति E है जहाँ पर माँग वक्र (D), पूर्ति वक्र (S), कीमत स्तर OP और रोज़गार स्तर ON है।

(iii) जब उपर्युक्त कारणों में से किसी के कारण समस्त पूर्ति घट जाती है तो पूर्ति वक्र बायीं ओर खिसककर S_1 हो जाता है और नया साम्य E_1 बिन्दु पर स्थापित होता है जहाँ नया पूर्ति वक्र S_1 माँग वक्र D को काटता है।

(iv) नये सन्तुलन बिन्दु E_1 पर कीमत स्तर बढ़कर OP_1 हो जाता है। परन्तु रोजगार का स्तर ON से गिरकर OM हो-जाता है। यह गतिहीन स्फीति की स्थिति है।

गतिहीन स्फीति का नियंत्रण (Measures to Contr0l Stagflation)—वर्तमान आर्थिक नीतियों के निर्धारकों एवं अर्थशास्त्रियों के सामने इस परस्पर विरोधी स्थिति का समाधान एक चुनौती है। प्रतिष्ठित मौद्रिक एवं राजकोषीय नीतियों के पास गतिहीन स्थिति या मुद्रा स्फीति के साथ मन्दी जैसी समस्या का कोई समाधान नहीं है।

संयुक्त राज्य अमेरिका के अनुभव से पता चलता है कि यदि गतिहीन स्फीति को प्रतिबन्धात्मक अथवा विस्तारशील उपायों से नियंत्रित किया जायेगा तो वह बढ़ेगी। जैसा कि आगे के चित्र 2 से स्पष्ट किया गया है—

(i) मान लीजिए कि प्रतिबन्धात्मक माँग, प्रबंधित मौद्रिक एवं राजकोषीय उपाय अपनाये जाते हैं तो वे समस्त माँग को घटा देंगे और नया माँग वक्र D_1 पूर्ति वक्र S_1 को पुराने कीमत स्तर OP_0 पर काटेगा।

(ii) इस नीति से रोजगार का स्तर और गिरकर ON_0 पर आ जाता है और इसके साथ ही कीमत स्तर भी OP_1 से गिरकर OP_0 हो जाती है।

(iii) इस प्रकार इस तरह की नीति से N_1N_0 से बेरोजगारी बढ़ती है और P_1P_0 मात्रा में स्फीति घट जाती है। इस प्रकार यह नीति गतिहीन स्फीति को रोकने में असमर्थ है।

(iv) दूसरी ओर यदि विस्तारशील माँग प्रबन्धित मौद्रिक एवं राजकोषीय रीतियाँ अपनाई जाती हैं तो वे समस्त माँग को बढ़ा देंगी जिससे नया माँग वक्र D_2 पूर्ति वक्र S_1 को E_2 पर पुराने रोजगार स्तर ON पर काटेगा।

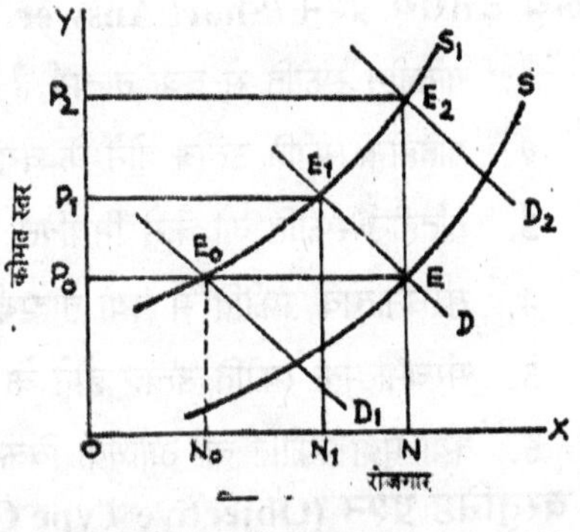

चित्र : 2

(v) इसका परिणाम यह होता है कि रोजगार स्तर ON_1 से बढ़कर ON पर चला जाता है। इस प्रकार यह नीति भी गतिहीन स्फीति को रोकने में असमर्थ है, क्योंकि यह अधिक रोजगार के साथ अधिक स्फीति को उत्पन्न करती है। गतिहीन स्फीति को नियन्त्रित करने के लिए जो अन्य सुझाव दिये गये हैं वे इस प्रकार हैं—

(i) कर आधारित आय नीति (Tax Based Income Policy)—गतिहीन स्फीति की समस्या के समाधान के लिए कर पर आधारित आय का काफी सुझाव दिया जाता है। इस सुझाव के अनुसार निगमों की आय पर एक अधिभार लगाया जाना चाहिए। जब भी कर्मचारियों की मजदूरी एवं वेतन में वृद्धि हो तो उस पर अधिभार लगाया जाना चाहिए। दूसरी ओर यदि कोई निगम सरकार द्वारा निर्धारित मजदूरी वृद्धि के मापदण्ड में कम मजदूरी वृद्धि रखे तो उसे कर में कुछ राहत दी जाये। अर्थशास्त्रियों ने यह भी स्पष्ट किया है कि कर पर आधारित आय नीति का उद्देश्य सरकार की कर प्राप्तियों में वृद्धि करना नहीं है। उन्होंने यह भी सुझाव दिया है कि सरकार को यदि अधिभार एवं कम मजदूरी देने वाले निगमों को दिये जाने वाले भुगतान से जो भी लाभ हो उसे निगमों के करों को कम करने में प्रयुक्त किया जा सकता है। इस प्रकार इस सुझाव का उद्देश्य यह है कि निगमों के मालिक श्रमिकों को मजदूरी में अधिक वृद्धि न करें। यदि इस दिशा में सरकार को सफलता प्राप्त हो जाती है तो स्फीति पर कुछ सीमा तक नियन्त्रण रखा जा सकता है।

यह सुझाव नया नहीं है परन्तु इसकी सफलता संदिग्ध है। श्रमिक संघों का इतिहास एवं मजदूरी वृद्धि के उदाहरण इसके प्रमाण हैं।

(ii) करारोपण सम्बन्धी उपाय (Taxation Related Measures)—गतिहीन स्फीति को दूर करने के लिए यह भी सुझाव दिया जाता है कि व्यक्तिगत तथा व्यापार कर घटा दिये जायें, क्योंकि वे श्रम लागतें घटाते हैं, और श्रम के लिए माँग बढ़ा देते हैं। इसी प्रकार बिक्री कर व उत्पादन शुल्क घटा दिये जायें ताकि कीमत स्तर को बढ़ने से रोका जा सके। केन्द्रीय सरकार को चाहिए कि राज्य तथा स्थानीय बिक्री कर और उत्पादन शुल्क घटाने को प्रोत्साहन देने के लिए केन्द्रीय सरकार, राज्य सरकारों तथा स्थानीय सरकारों को अतिरिक्त सहायता अनुदान प्रदान करें।

(iii) अन्य सुझाव (Other Suggestions)

(अ) न्यूनतम मजदूरी बिल्कुल न बढ़ायी जाये।

(ब) नयी आय नीति चालू करने की जरूरत है। आय नीतियों का एक महत्त्वपूर्ण आय स्तम्भ यह है कि मजदूरी की वृद्धि को उत्पादकता वृद्धि से सम्बन्ध किया जाय।

परीक्षा प्रश्न
(Examination Questions)

I. दीर्घ उत्तरीय प्रश्न (Long Answer Type Questions)

1. गतिहीन स्फीति से क्या तात्पर्य है? गतिहीन स्फीति के कारण स्पष्ट कीजिए। इसे किस प्रकार नियोजित किया जा सकता है?

   What do you understand by stagflation? Explain the causes of stagflation. How is it controled?

II. लघु उत्तरीय प्रश्न (Short Answer Type Questions)

1. गतिहीन स्फीति से क्या तात्पर्य है?
2. गतिहीन स्फीति उत्पन्न होने के क्या कारण हैं?
3. गतिहीन स्फीति को कैसे नियंत्रित किया जा सकता है?
4. संरचनात्मक स्फीति से क्या तात्पर्य है?
5. संरचनात्मक स्फीति उत्पन्न होने के क्या कारण हैं?
6. क्या मुद्रा स्फीति का आर्थिक विकास पर अनुकूल प्रभाव पड़ता है?

III. वस्तुनिष्ठ प्रश्न (Objective Type Questions)

सही विकल्प चुनकर लिखिए

1. गतिहीन स्फीति वह स्थिति है, जिसमें—

   (अ) स्फीति के साथ-साथ रोजगार बढ़ता है।

   (ब) स्फीति के साथ-साथ बेरोजगारी बढ़ती है।

   (स) माँग-प्रेरित कारणों से कीमतों में वृद्धि होती है।

   (द) लागतों तथा कीमतों में कमी होती है।

2. गतिहीन स्फीति उत्पन्न होने के प्रमुख कारण हैं—

   (अ) मिश्रित अर्थव्यवस्था (ब) प्राकृतिक प्रकोप

   (स) राजनीतिकारी शक्तियाँ (द) उपर्युक्त सभी

3. संरचनात्मक मुद्रा-स्फीति सिद्धान्त के अनुसार मौद्रिक आय में वृद्धि का तत्काल प्रभाव क्या है?

   (अ) निवेश में वृद्धि (ब) बचत में वृद्धि

   (स) उपभोग पदार्थों के उत्पादन में वृद्धि (द) उपभोग पदार्थों की माँग में वृद्धि।

उत्तर—1. (अ), 2. (द), 3. (द)

OOO

32 संरचनात्मक स्फीति एवं मुद्रा स्फीति और आर्थिक विकास
(Structural Inflation and Inflation and Economic Growth)

अभी तक हमने स्फीति के जिन सिद्धान्तों का वर्णन किया है उनका सम्बन्ध विकसित देशों के साथ है। इन देशों में स्फीति को पूर्ण रोजगार की घटना मानकर इसका सम्बन्ध पूर्ण रोजगार की नीतियों के साथ जोड़ा जा सकता है। किन्तु **अर्द्धविकसित** देशों में स्फीति की समस्या पर प्रकाश डालने के लिए **प्रो. मिरडल (Myrdal)** तथा **स्ट्रीटन (Streeten)** आदि ने संरचनात्मक सिद्धान्त प्रतिपादित किया है।

स्फीति का **संरचनावादी सिद्धान्त** दक्षिण अमरीका में विकसित हुआ था। यह सिद्धान्त इस बात पर बल देता है कि अर्जेन्टीना, ब्राजील तथा चिली जैसे विकासशील देशों में स्फीति का प्रमुख कारण संरचनात्मक कठोरताएँ होती हैं।

संरचनावादियों का मत है कि आर्थिक विकास के साथ-साथ मुद्रा-स्फीति का आना आवश्यक है। इस मत के अनुसार जैसे-जैसे अर्थव्यवस्था का विकास होता जाता है उसी तरह से ही कठोरताएँ उत्पन्न हो जाती हैं जिनसे संरचनात्मक स्फीति आती है। आर्थिक विकास की प्रारम्भिक अवस्था में जब मुद्रा की पूर्ति बढ़ाई जाती है तब विभिन्न कठोरताओं और अड़चनों के कारण उत्पादन नहीं बढ़ पाता है फलतः संरचनात्मक स्फीति उत्पन्न हो जाती है।

इस संरचनात्मक विचारधारा के अनुसार मुद्रा स्फीति अत्यधिक मुद्रा प्रसार द्वारा जनित प्रेरित हो अथवा लागत प्रेरित मुद्रा स्फीति हो इसके पीछे आधारभूत संस्थागत आर्थिक व सामाजिक शक्तियाँ कार्यशील होती हैं जो उत्पादन को पर्याप्त मात्रा में पड़ने नहीं देती जिसके कारण मुद्रा-स्फीति उत्पन्न हो जाती है।

संरचनात्मक मुद्रास्फीति उत्पन्न होने के कारण (Causes of Structural Inflation)—संरचनात्मक मुद्रा-स्फीति उत्पन्न होने के विकासशील अर्थव्यवस्था की विभिन्न अड़चनें व जटिलताएँ हैं—

(i) खाद्यान्नों की पूर्ति का बेलोचपूर्ण होना (Inelastic supply of Foodgrains)—औद्योगीकरण के माध्यम से विकासशील देशों में तीव्र अर्थिक विकास करने के लिए जो अत्यधिक विनियोग किये जाते हैं उनके फलस्वरूप जनता की मुद्रा आयों और वस्तुओं व सेवाओं की माँग में वृद्धि हो जाती है जिसका एक बड़ा अंश खाद्यान्नों पर व्यय किया जाता है। किन्तु कृषि में संस्थागत सामाजिक व तकनीकी तथा आर्थिक बाधाओं के कारण कृषि उत्पादन में पर्याप्त मात्रा में वृद्धि नहीं हो पाती जिससे मुद्रा-स्फीति को प्रोत्साहन मिलता है।

(ii) सरकारी बजट अवरोध (Government Budget Constraint)—विकासशील देशों में मुद्रास्फीति उत्पन्न होने का एक अन्य कारण सरकारी व्यय व आय (बजट) से सम्बन्धित है कारण यह है कि आर्थिक विकास की प्रक्रिया में सरकार को आर्थिक व सामाजिक आधारिक संरचनाओं पर व्यय करना पड़ता है किन्तु संस्थागत एवं सामाजिक अवरोधों के कारण सरकार करों आदि से पर्याप्त राजस्व नहीं प्राप्त कर पाती। फलतः सरकार को घाटे की वित्त व्यवस्था का सहारा देना पड़ता है जिससे मुद्रा-स्फीति उत्पन्न हो जाती है।

(iii) विदेशी मुद्रा अवरोध (Foreign Exchange Constraint)—विकासशील देशों में विभिन्न संरचनात्मक बाधाओं के कारण पर्याप्त मात्रा में निर्यात द्वारा विदेशी मुद्रा नहीं प्राप्त हो पाती किन्तु उनके द्वारा औद्योगीकरण के लिए बड़ी मात्रा में पूँजीगत वस्तुओं तथा कच्चे माल का आयात करना पड़ता है। जिससे इन देशों के भुगतान शेष में असंतुलन उत्पन्न हो जाता है। भुगतान असंतुलन को कम करने के लिए इन देशों में प्रायः अपनी करेन्सी का अवमूल्यन (Devaluation) करना पड़ता है जो मुद्रा स्फीति को और तीव्र बना देती है।

(iv) बाजार की अपूर्णताएँ (Inperfections of Market)—साधनों की गतिहीनता, कीमतों की स्थिरता तथा संस्थागत तथा अन्य संरचनात्मक प्रकार की बाजार की अपूर्णताओं के कारण कम विकसित देशों में सीमित साधनों का कुशलतम प्रयोग नहीं हो पाता। अतः मुद्रा की पूर्ति बढ़ने पर वस्तुओं और सेवाओं की पूर्ति में वृद्धि न होने के कारण कीमत वृद्धि की समस्या उत्पन्न हो जाती है।

(v) पूँजीगत गतिरोध (Capital Related Obstruction)—पूँजी निर्माण की धीमी गति तथा पूँजी के अभाव के कारण अर्द्धविकसित देश निर्धनता के दुष्चक्र में फँस जाते हैं और मुद्रा की पूर्ति इन चक्रों को तोड़ने के बजाय स्फीतिकारक दबावों को उत्पन्न कर देती है। अतः आन्तरिक पिछड़ेपन के कारण इन दोषों में स्फीति की भावना बनी रहती है।

(vi) उद्यम सम्बन्धी गतिरोध (Entrepreneurial Boottlenecks)—अर्द्धविकसित देशों में उत्पादन के न बढ़ने का कारण उद्यमशीलता का अभाव तथा प्रशिक्षित कारीगरों की कमी है। अतः समाज की बचतों का उचित प्रयोग नहीं हो पाता और स्फीतिकारक स्थिति उत्पन्न हो जाती है।

उपर्युक्त विवेचन से स्पष्ट है कि अर्द्धविकसित देशों में जिस अनुपात में मुद्रा की पूर्ति बढ़ाई जाती है उसी अनुपात में वस्तुओं की पूर्ति में वृद्धि नहीं होती, क्योंकि वस्तुओं और सेवाओं की पूर्ति की लोच बेलोचदार होती है यद्यपि उत्पादन के साधन उपलब्ध रहते हैं। अर्थव्यवस्था की अपनी अपूर्णताओं के कारण, मुद्रा की मात्रा में वृद्धि के कारण उत्पादन, रोजगार तथा आय में वृद्धि की अपेक्षा वस्तुओं की मौद्रिक माँग तथा कीमतों में वृद्धि होती है जिससे मुद्रा-स्फीति का जन्म होता है।

संक्षेप में कह सकते हैं कि अर्द्धविकसित देशों में मुद्रा-स्फीति की स्थिति पूर्ण रोजगार से पूर्व की अवस्था में भी उत्पन्न होती है।

स्पष्ट है कि अर्द्धविकसित देशों में स्फीति का स्वरूप अधिकतर 'बाधा प्रेरित' होता है। कई प्रकार की अड़चनों और कमियों के कारण बाधाएँ उत्पन्न होती हैं और कीमतें बढ़ती हैं। अर्द्धविकसित देशों में पाई जाने वाली स्फीति को 'दुर्लभता स्फीति' भी कहते हैं, क्योंकि अर्द्धविकसित देश की स्फीति भी आवश्यक वस्तुओं की सामान्य कमी के कारण प्रेरित होती है।

मुद्रा स्फीति और आर्थिक विकास
(Inflation and Economic Growth)

मुद्रा-स्फीति और आर्थिक विकास का विषय विवादग्रस्त रहा है। कुछ अर्थशास्त्रियों के अनुसार मुद्रा-स्फीति आर्थिक विकास को प्रोत्साहित करने के लिए आवश्यक है, इसके विपरीत कुछ अर्थशास्त्रियों का मत है कि मुद्रा-स्फीति के कारण आर्थिक विकास की गति धीमी हो जायेगी इसलिए मुद्रा-स्फीति आर्थिक विकास के लिए उचित नहीं है। इस सम्बन्ध में किसी निष्कर्ष पर पहुँचने के लिए यह आवश्यक है कि इन दोनों मतों का विस्तृत अध्ययन किया जाय—

I. मुद्रा-स्फीति का आर्थिक विकास पर अनुकूल प्रभाव (Favourable Effect of Inflation on Product Economic Development)—**राबर्टसन (Robertson), रोस्टोव (Rostow)**, मोरिस डाब काल्डोर, कीन्स आदि का मत है कि आर्थिक विकास के लिए कुछ मात्रा में मुद्रा-स्फीति का होना आवश्यक है। **प्रो. आर्थर लुइस (Arther Lewis)** के अनुसार ''मुद्रा-स्फीति विकास का ही उप-परिणाम (By Product) होती है।'' विनियोग के बढ़ने से मौद्रिक आय में वृद्धि होती है लेकिन उत्पादन में तत्काल वृद्धि नहीं होती। निर्माण कार्यों को पूरा होने में कुछ समय लगता है। इसके फलस्वरूप माँग तथा पूर्ति में असन्तुलन की स्थिति उत्पन्न होती है जो मुद्रा-स्फीति को जन्म देती है। यह मुद्रा-स्फीति निम्नलिखित कारणों से आर्थिक विकास को प्रोत्साहित करती है।

1. अमौद्रिक क्षेत्र (Non-Monetised Sector)—अर्द्धविकसित देशों में एक विशाल अमौद्रिक क्षेत्र पाया जाता है। विकास के साथ-साथ अमौद्रिक क्षेत्र का मौद्रिकीकरण होता जाता है एवं अर्थव्यवस्था में मुद्रा की माँग में वृद्धि होती है जिसकी पूर्ति स्फीतिक वित्त द्वारा की जा सकती है। **आर्थर लुइस** ने तो यहाँ तक कहा है कि यदि तीव्र गति से अर्थव्यवस्था का मौद्रिकीकरण किया जा रहा है तब, उत्पादन के स्थिर रहने पर भी कीमत-स्तर पर प्रभाव डाले बिना मुद्रा की मात्रा में वृद्धि की जा सकती है। अतः विकासशील अर्थव्यवस्था में, पूँजी निर्माण के उद्देश्य से स्फीतिक वित्त की नीति का अनुसरण किया जा सकता है।

2. विनियोग को प्रोत्साहन (Encouragement to Investment)—मुद्रा-स्फीति काल में जनता को अधिक पूँजी विनियोग करने का अवसर मिलता है जिससे नये-नये उद्योगों की स्थापना होती है, व्यवसाय की उन्नति होती है तथा रोजगार में वृद्धि होती है।

3. पूँजी निर्माण का साधन (Means of Capital Formation)—डॉ. वी. के. आर. वी. राव के अनुसार मुद्रा-स्फीति के फलस्वरूप देश में बलात् बचत (Forced Savings) सम्भव हो जाती है। कीमतें अधिक होने के कारण

अधिकांश लोग बहुत-सी वस्तुओं का उपभोग नहीं कर पाते। इस प्रकार वास्तविक उपभोग (Real Consumption) कम हो जाता है तथा वास्तविक बचत (Real Savings) में वृद्धि हो जाती है। इस वृद्धि का उपयोग पूँजी निर्माण के लिए किया जा सकता है।

4. आय का पुनर्वितरण (Redistribution of Income)—मुद्रा-स्फीति के कारण आय का पुनर्वितरण समाज के उस वर्ग जैसे कृषक, उद्योगपति, व्यापारी आदि के पक्ष में होने लगता है जिसमें बचत करने की शक्ति अधिक होती है। मुद्रा-स्फीति के ही कारण उन लोगों की आय में कम वृद्धि होती है जिनमें बचत करने की शक्ति कम होती है। आय के इस पुनर्वितरण के फलस्वरूप देश में बचत अधिक होती है। बचत अधिक होने के कारण विनियोग अधिक होता है तथा आर्थिक विकास की गति तेज हो जाती है।

5. स्वभुगतान (Self-Payment)—प्रो. आर्थर लुइस के अनुसार आर्थिक विकास के लिए जो वित्त व्यवस्था की जाती है वह अपना भुगतान स्वयं कर लेती है। कारण यह है कि आर्थिक विकास के लिए की जाने वाली मुद्रा-स्फीति स्वयं ठीक होने वाली होती है जिससे अर्द्धविकसित देशों को किसी प्रकार का भय नहीं होना चाहिए।

6. विदेशी पूँजी को प्रोत्साहन (Encouragement to Foreign Capital)—यह निश्चित है कि मुद्रा-स्फीति की अवस्था में लाभ की मात्रा में वृद्धि होती है फलस्वरूप बढ़ते हुए लाभ विदेशियों को अपनी पूँजी इन देशों में विनियोग करने के लिए प्रोत्साहित करते हैं जिससे विकास कार्य को बल मिलता है।

II. मुद्रा-स्फीति के आर्थिक विकास पर प्रतिकूल प्रभाव (Adverse Effect of Inflation on Economic Development)—कई अर्थशास्त्रियों जैसे हैबरलर **(Haberler)**, प्रो. बी. आर. शनाय (Prof. B.R. Shenoy), सिंगर (Singer) आदि के अनुसार मुद्रा-स्फीति आर्थिक विकास के लिए बाधक है। **प्रो. हैबरलर तथा मायर एवं बाल्डविन** जैसे विचारकों ने मुद्रा-प्रसार के आधार पर आर्थिक विकास को सर्वथा अनुपयुक्त ठहराया है। इनके अनुसार मुद्रा-प्रसार आर्थिक विकास का उत्प्रेरक घटक नहीं बल्कि एक विनाशकारी साधन है। **प्रो. हैबरलर** के अनुसार "दीर्घकाल में मुद्रा-स्फीति से विकास रुक जाता है। आज के युग में मुद्रा-स्फीति से पूँजी निर्माण का बहुत ही अधिक दुरुपयोग हुआ है और यह दुरुपयोग विशेष रूप से अर्द्धविकसित देशों में अधिक हुआ है।" वे अपनी धारणा के पक्ष में निम्नलिखित तर्क देते हैं—

1. विनियोग को हतोत्साहन (Discouragement of Investment)—यह सोचना भयंकर भूल होगी कि मुद्रा-प्रसार से विनियोगों को प्रोत्साहन मिलता है। वास्तविकता यह है कि मूल्यों में होने वाली निरन्तर वृद्धि से विकास परियोजनाओं में पूँजीगत विनियोग हतोत्साहित होता है, क्योंकि इससे प्रतिफल प्राप्त होने में अधिक समय लग जाता है जिसके फलस्वरूप विनियोग-वृद्धि की प्रेरणा का अभाव बना रहता है।

2. अनिश्चितता (Uncertainties)—इन अर्थशास्त्रियों के अनुसार मुद्रा-स्फीति के फलस्वरूप लागतों में वृद्धि होने लगती है। मजदूर अधिक मजदूरी की माँग करते हैं। औद्योगिक संघर्ष प्रारम्भ हो जाते हैं, वस्तुओं की माँग तथा कीमतों में उतार-चढ़ाव प्रारम्भ हो जाते हैं। इनके फलस्वरूप अर्थव्यवस्था में अनिश्चितता की स्थिति उत्पन्न हो जाती है। इसका आर्थिक विकास पर प्रतिकूल प्रभाव पड़ता है।

3. आर्थिक विषमता में वृद्धि (Increase in Economic Disparities)—निरन्तर बढ़ते हुए मूल्यों से आर्थिक विषमता में वृद्धि होती है, क्योंकि व्यापारी तथा पूँजीपति मुद्रा-स्फीति की अवस्था में बहुत लाभ उठाते हैं और कम आय तथा निश्चित आय वाले लोगों की वास्तविक आय घट जाती है। मूल्य वृद्धि थोड़े से व्यक्तियों को ही धनवान बनाती है और अधिकांश को निर्धनता की ओर ले जाती है।

4. स्फीति-जनित लाभों का अलाभप्रद होना (Unprofitable Inflation-Induced Profit)—मुद्रा-स्फीति की अवस्था में जो लाभ प्राप्त होते हैं उनकी 'आर्थिक व सामाजिक लागत' अधिक होती है। इसका प्रमुख कारण यह है कि प्राप्त होने वाले लाभों का वितरण असमान एवं अन्यायपूर्ण ढंग से होता है जो कि सामाजिक न्याय के सिद्धान्त के विपरीत है।

5. विलासितापूर्ण उपभोग में वृद्धि (Increase in Conspicuous Consumptions)—मुद्रा-स्फीति के फलस्वरूप जिन लोगों की आय में वृद्धि होती है वे इसका उपभोग उत्पादक क्रियाओं में करने के स्थान पर सट्टे, जमाखोरी या विलासितापूर्ण उपभोग के लिए करने लगते हैं। इसके फलस्वरूप साधनों का अपव्यय होता है और आर्थिक विकास पर इसका प्रतिकूल प्रभाव पड़ता है।

6. औद्योगिक अशान्ति (Industrial Unrest)—बढ़ती हुई कीमतों के अनुपात में जब श्रमिकों की मौद्रिक आय नहीं बढ़ पाती तो प्रतिक्रिया व रोष व्यक्त करने के लिए हड़तालें की जाती हैं, उत्पादन कार्य बन्द हो जाता है, औद्योगिक संघर्ष पनपने लगते हैं फलस्वरूप देश का औद्योगिक वातावरण विषाक्त हो जाता है।

7. अधिक मुद्रा-स्फीति की सम्भावना (Possibility of More Inflation)—मुद्रा-स्फीति की आलोचना इसलिए भी की जाती है कि एक बार मुद्रा-स्फीति आरम्भ होने पर उसकी कोई सीमा नहीं रहती। रेंगती हुई मुद्रा-स्फीति अति मुद्रा-स्फीति का रूप धारण कर लेती है। फलस्वरूप समस्त अर्थव्यवस्था अस्त-व्यस्त हो जाती है। **डर्नवर्ग तथा मैकडूगल ने अपनी पुस्तक 'Macro Economics'** में ठीक ही लिखा है कि ''मन्द मुद्रा-स्फीति को धीरे-धीरे बढ़कर दौड़ने वाली मुद्रा-स्फीति का रूप धारण करने का हमेशा खतरा रहता है। मुद्रा-स्फीति की ओर लापरवाह रवैया अपनाना बेवकूफी होगी।''

निष्कर्ष–मुद्रा-स्फीति तथा आर्थिक विकास के सम्बन्ध में किसी निश्चित निष्कर्ष पर पहुँचना कठिन है। ऐतिहासिक दृष्टिकोण से भी आर्थिक विकास तथा मुद्रा-स्फीति का कोई सम्बन्ध नहीं रहा है। अमेरिका में 1870 से 1895 के बीच कीमतें गिरीं पर वहाँ विकास की गति तेज रही। इसी प्रकार भारत में **प्रथम योजना काल** में कीमतें कम होने पर भी आर्थिक विकास संतोषजनक रहा। अतः इन तथ्यों से स्पष्ट है कि मुद्रा-स्फीति में आर्थिक विकास होना अनिवार्य नहीं, पर इसका अर्थ यह नहीं कि गिरती हुई कीमतें आर्थिक विकास को प्रोत्साहित करती हैं।

प्रो. जानसन, मिल्टन फ्रीडमैन, नर्कसे, मेरिसडाल, काल्डोर, हैन्सन, राबर्टसन तथा रोस्टोव जैसे अर्थशास्त्रियों का यह विचार है कि वित्तीय साधनों के अभाव में यदि हीनार्थ प्रबन्धन द्वारा थोड़ी बहुत मात्रा में मुद्रा-प्रसार किया जाये तो इससे उत्पादकों व विनियोगकर्त्ताओं को प्रोत्साहन मिलता है और आर्थिक विकास कार्य सुगमतापूर्वक होने लगता है। यह लोग इस बात में विश्वास रखते हैं कि अल्प-मात्रा में किया गया मुद्रा-प्रसार अर्थव्यवस्था पर कोई विपरीत प्रभाव नहीं डालता है और धीरे-धीरे विकास की गति के साथ-साथ मुद्रा-प्रसार की स्थिति स्वतः समाप्त होकर अर्थव्यवस्था को सामान्य बनाये रखती है। वस्तुतः मुद्रा-प्रसार का आर्थिक विकास के लिए योगदान निम्न बातों पर निर्भर करता है।

(i) देश में पूँजी निर्माण को बल मिलना चाहिए।

(ii) प्राप्त बचतों का हस्तान्तरण विनियोगिक क्षेत्र की ओर होना चाहिए।

(iii) मुद्रा-स्फीति के फलस्वरूप कुल उपभोग का स्तर घटना चाहिए।

(iv) आय-बचत अनुपात में वृद्धि होनी चाहिए।

कुछ भी हो, मुद्रा-प्रसार के आर्थिक विकास पर यद्यपि कुछ विपरीत प्रभाव हो सकते हैं तथापि मुद्रा-स्फीति के बिना पिछड़े हुए देशों का आर्थिक विकास सम्भव नहीं हो सकता। धनाभाव के कारण आर्थिक क्रियाओं को गति प्रदान करने के लिए नयी मुद्रा का प्रचलन करना आवश्यक होगा अन्यथा ये देश सदैव के लिए अविकसित अवस्था में पड़े रहेंगे। हाँ! प्रयत्न यह होना चाहिए कि मुद्रा-स्फीति को नियंत्रित रखा जाये। अतः मुद्रा-स्फीति का प्रयोग करते समय हमें निम्न बातों को ध्यान में रखना चाहिए—

1. मुद्रा की मात्रा को क्रमशः एवं नियमित गति से बढ़ाना चाहिए।

2. लाभ निर्मित मुद्रा का प्रयोग हमें ऐसी योजनाओं में करना चाहिए जिससे उत्पादन शीघ्र होने लगे तथा परिणाम शीघ्र मिलने लगे।

3. मूल्यवृद्धि को नियंत्रित करने के लिए सरकार को प्रारम्भ से ही विभिन्न प्रकार के आर्थिक नियंत्रणों को अपनाना चाहिए।

4. नव-निर्मित मुद्रा का प्रयोग केवल उत्पादक कार्यों के लिए ही लाभप्रद रहेगा और साथ ही उसे वर्तमान उपभोग पर व्यय नहीं करना चाहिए।

5. सरकार को चाहिए कि वह आवश्यक वस्तुओं जैसे अनाज आदि का भण्डारण पर्याप्त मात्रा में बनाये रखे जिससे इन वस्तुओं की कीमत में वृद्धि की प्रवृत्ति को रोका जा सके।

निष्कर्ष के रूप में हम यह कह सकते हैं कि मूल्य स्थिरता के साथ अधिक विकास अर्द्धविकसित देशों का प्रमुख उद्देश्य होना चाहिए। परन्तु मूल्य स्थिरता से हमारा अभिप्राय यह नहीं कि मूल्य सदा एक ही स्तर पर स्थिर रहें। यदि मूल्य-स्तर में थोड़ी तथा सामान्य वृद्धि हो तो वह अर्थव्यवस्था के लिए लाभदायक है। मूल्यों में एक या दो प्रतिशत वृद्धि

या ''**रेंगता हुआ मुद्रा-प्रसार**'' **(Creeping Inflation)** अपरिहार्य है। किन्तु इस बात की पूर्ण सतर्कता बरतनी चाहिए कि रेंगता हुआ मुद्रा-प्रसार कूदते हुए और लपकते हुए मुद्रा-प्रसार (Galloping Inflation) में परिवर्तित न हो जाये। इस प्रकार की स्थिति होने पर सारा आर्थिक विकास अवरुद्ध हो जायेगा। डॉ. वी. के. आर. वी. राव के अनुसार "जिस सीमा तक मूल्यों में वृद्धि उत्पादन में वृद्धि नहीं करे, उस सीमा तक मूल्यों में वृद्धि उचित नहीं है और इसे रोकने के यथासम्भव सभी उपाय अपनाए जाने चाहिए। परन्तु जिस सीमा तक मूल्यों से उपभोग या अनावश्यक दिशाओं में साधनों के उपयोग में कमी लाती है, यह वांछनीय है और इसे प्रोत्साहित किया जाना चाहिए। मूल्यों में वृद्धि नहीं करने पर भी उस समय स्वीकार्य है, जबकि वह वांछनीय दिशाओं में माँग का पुनर्निदेशन, उत्पादन शक्तियों का पुनर्वितरण और उत्पादन का नवीनीकरण करे।''

परीक्षा प्रश्न
(Examination Questions)

I. दीर्घ उत्तरीय प्रश्न (Long answer Type Questions)।

1. मुद्रा-स्फीति आर्थिक विकास के क्रम को किस प्रकार प्रभावित करती है? क्या यह आर्थिक विकास की ही एक उपज है?
   How does Inflation affect the process of economic growth? Is it a by-product of economic growth?

II. लघु उत्तरीय प्रश्न (Short Answer Type Questions)

1. गतिहीन स्फीति से क्या तात्पर्य है?
2. गतिहीन स्फीति उत्पन्न होने के क्या कारण हैं?
3. गतिहीन स्फीति को कैसे नियंत्रित किया जा सकता है?
4. संरचनात्मक स्फीति से क्या तात्पर्य है?
5. संरचनात्मक स्फीति उत्पन्न होने के क्या कारण हैं?
6. क्या मुद्रा स्फीति का आर्थिक विकास पर अनुकूल प्रभाव पड़ता है?

III वस्तुनिष्ठ प्रश्न (Objective Type Questions)

सही विकल्प चुनकर लिखिए

1. गतिहीन स्फीति वह स्थिति है, जिसमें—
   (अ) स्फीति के साथ-साथ रोजगार बढ़ता है।
   (ब) स्फीति के साथ-साथ बेरोजगारी बढ़ती है।
   (स) माँग-प्रेरित कारणों से कीमतों में वृद्धि होती है।
   (द) लागतों तथा कीमतों में कमी होती है।
2. गतिहीन स्फीति उत्पन्न होने के प्रमुख कारण हैं—
   (अ) मिश्रित अर्थव्यवस्था (ब) प्राकृतिक प्रकोप
   (स) राजनीतिकारी शक्तियाँ (द) उपर्युक्त सभी
3. संरचनात्मक मुद्रा-स्फीति सिद्धान्त के अनुसार मौद्रिक आय में वृद्धि का तत्काल प्रभाव क्या है?
   (अ) निवेश में वृद्धि (ब) बचत में वृद्धि
   (स) उपभोग पदार्थों के उत्पादन में वृद्धि (द) उपभोग पदार्थों की माँग में वृद्धि।

उत्तर—1. (अ), 2. (द), 3. (द)

OOO

33 व्यापार-चक्र
(Business Cycle)

महत्त्वपूर्ण अवधारणाएँ (Important Concepts)

1. व्यापार-चक्र (Business Cycle)—व्यापार-चक्रों से हमारा अभिप्राय पूँजीवादी देशों में आर्थिक क्रियाओं के उन उतार-चढ़ावों से होता है जो पर्याप्त निश्चित अवधि के पश्चात् बार-बार होते रहते हैं।

2. हाट्रे का व्यापार चक्र सिद्धान्त (Hawtrey Business Cycle Theory)—प्रो. आर. जी. हाट्रे ने व्यापार-चक्रों को **विशुद्ध मौद्रिक घटना (Pure Monetary Phenomenon)** की संज्ञा दी है। इस सिद्धान्त के अनुसार मुद्रा या साख प्रसार एवं मुद्रा या साख संकुचन के कारण ही व्यावसायिक क्रियाओं में परिवर्तन एवं उतार-चढ़ाव आते हैं जिन्हें व्यापार-चक्र की संज्ञा दी जाती है।

3. हेयक का अधि-विनियोग का सिद्धान्त (Over Investment Theory of Hayek)—

(i) हेयक के अनुसार अर्थव्यवस्था में जब तक ब्याज की प्राकृतिक एवं बाजार दशाएँ बराबर एवं समान रहती हैं, तब तक अर्थव्यवस्था सन्तुलित एवं स्थिर रहती है तथा कोई उच्चावचन उपस्थित नहीं होता। अर्थव्यवस्था में उच्चावचनों की उपस्थिति मूलतः ब्याज की प्राकृतिक एवं बाजार दरों में असमानता का परिणाम है।

(ii) **शुम्पीटर का नवप्रवर्तन सिद्धान्त (Suhumpeter's Theory of Innovation)**—जोसेफ शुम्पीटर (Joseph Schumpeter) ने व्यापार-चक्र के नव-प्रवर्तन सिद्धान्त का प्रतिपादन किया था। शुम्पीटर के अनुसार आर्थिक विकास प्रक्रिया कभी भी सहज नहीं होती है। पूँजीवादी देश की आर्थिक प्रणाली में आर्थिक उच्चावचन एक सामान्य घटना है। पूँजीवादी आर्थिक प्रणाली में समय-समय पर जो नव-प्रवर्तन होते रहते हैं, उन्हीं के कारण आर्थिक उच्चावचन उपस्थित होते हैं जिससे अर्थव्यवस्था एक आर्थिक अवस्था को छोड़कर दूसरी आर्थिक अवस्था की ओर पलायन कर जाती है।

4. सैम्युल्सन का गुणक त्वरक सिद्धान्त (Samuelson's Multiplier and Accelerator Model)—सैम्युल्सन ने अपने प्रसिद्ध लेख *'Interaction between the Multiplier Analysis and Principle of Accelerator'* में यह सिद्ध किया है कि अर्थव्यवस्था के सामयिक उतार-चढ़ाव गुणक और त्वरक की परस्पर क्रिया द्वारा होता है। इस मॉडल के अनुसार (i) कुल माँग के किसी भी भाग में परिवर्तन होने से आय के स्तर पर गुणक प्रभाव पड़ता है और आय में गुणक गुना वृद्धि होती है। गुणक प्रभाव की मात्रा सीमान्त उपभोग प्रवृत्ति (MPC) पर निर्भर करती है। (ii) जब आय बढ़ती है तो त्वरक द्वारा जिसका आकार पूँजी उत्पादन अनुपात (Capital-output Ratio) अथवा P पर निर्भर करता है, प्रेरित विनियोग (Induced Investment) उत्पन्न करता है।

उपर्युक्त दोनों सम्बन्धों (गुणक व त्वरक) की अन्तर्किया (Interaction) के फलस्वरूप अर्थव्यवस्था में उच्चावचन पर व्यापार चक्रों का आगमन होता है।

5. व्यापार-चक्र का आधुनिक सिद्धान्त—हिक्स विचारधारा (Modern Theory of Business Cycle-Hicksian View-point)—व्यापार-चक्र का आधुनिक सिद्धान्त भी गुणक त्वरक अन्तर्क्रिया पर निर्भर करता है परन्तु हिक्स के सिद्धान्त की विशेषता यह है कि उन्होंने अपने सिद्धान्त में गुणक एवं त्वरक की अन्तर्क्रिया द्वारा व्यापार चक्रों की उच्चतम सीमाओं (Ceiling) एवं निम्नतम सीमा (Floor) की व्याख्या की जिनके महत्त्व से व्यापार-चक्र चक्रीय रूप प्राप्त करता है।

व्यापार चक्र
(Business Cycles)

विकसित देशों जैसे अमेरिका व ब्रिटेन ने विगत दो शताब्दियों में महान आर्थिक प्रगति की है परन्तु यह आर्थिक प्रगति विभिन्न **आर्थिक उतार-चढ़ाव** के साथ सम्पन्न हुई है। यद्यपि इन देशों में आर्थिक प्रगति के कारण राष्ट्रीय आय में दीर्घकालीन प्रवृत्ति बढ़ने की रही है परन्तु विभिन्न वर्षों में राष्ट्रीय आय में उतार-चढ़ाव भी आते रहे हैं। इन आर्थिक उतार-चढ़ाव को ही व्यापारिक-चक्र (Business Cycle) कहते हैं। अतः **व्यापारिक चक्र अथवा उतार-चढ़ाव से हमारा तात्पर्य उत्पादन, आय, रोजगार व कीमतों में अल्पकालीन उतार-चढ़ावों या उच्चावचनों से है।**

ऊँची आय, अधिक उत्पादन तथा अधिक रोजगार के काल को **समृद्धि का काल (Period of Prosperity)** कहा जाता है और कम आय, कम उत्पादन तथा कम रोजगार के काल को **मन्दी का काल (Period of Depression)** कहा जाता है। इन उतार-चढ़ावों की एक उल्लेखनीय विशेषता यह है कि ये एक **विशेष क्रम के साथ तथा नियमानुसार (Regular)** होते रहते हैं।

परिभाषा (Definition)—व्यापार-चक्र की कोई उचित परिभाषा देना सरल कार्य नहीं है। आवश्यकता इस बात की है कि व्यापार-चक्र की कोई संक्षिप्त परिभाषा की जाय जिससे कि इसे इसी प्रकार के अन्य उतार-चढ़ावों से पृथक् किया जा सके। अमेरिका में आर्थिक अनुसंधान कार्यपीठ (National Bureau of Economic Research) ने व्यापार-चक्र के क्षेत्र में अनेक अध्ययनों के उपरान्त प्रसिद्ध अमेरिका अर्थशास्त्री **क्लेयर मिचेल (Mitchell)** द्वारा दी गयी व्यापार-चक्र की परिभाषा को उपयुक्त बताया है।

1. प्रो. मिचेल के अनुसार, **"व्यापार-चक्र इस प्रकार के उतार-चढ़ाव को कहते हैं जो विकसित व्यवसाय संगठन वाले समाजों की सम्पूर्ण आर्थिक कार्यशीलता में पाये जाते हैं। व्यापार-चक्र में सामान्य विस्तार की अवस्था में लगभग समान समय पर बहुत-सी आर्थिक कार्यशीलताओं में विस्तार रहता है। इसके बाद सामान्य सुस्ती, गिरावट तथा मन्दी की अवस्था आती है जो अगले व्यापार-चक्र की विस्तार अवस्था में मिल जाती है। परिवर्तनों का यह चक्र आवर्तीय** (Recurring) होता है परन्तु यह सामयिक (Periodic) नहीं होता है।"[1]

मिचेल की उपरोक्त परिभाषा से व्यापार-चक्र की निम्न विशेषताओं का पता चलता है—

(i) व्यापार-चक्र से तात्पर्य उन उतार-चढ़ावों से है जो सम्पूर्ण अर्थव्यवस्था में विद्यमान होते हैं। ये अर्थव्यवस्था के लगभग प्रत्येक अंग, जैसे—व्यवसाय, उद्योग व वित्त आदि में व्यापार रूप से और लगभग एक साथ फैल जाते हैं, यद्यपि विभिन्न अंगों या विभिन्न उद्योगों में इनमें प्रभावों की तीव्रता में अन्तर हो सकता है।

(ii) व्यापार-चक्र का सम्बन्ध केवल उन्हीं उतार-चढ़ावों से है जो व्यावसायिक जगत में होते हैं।

(iii) यह परिभाषा इस बात पर जोर देती है कि परिवर्तनों का क्रम आवर्तीय (बार-बार होने वाला) है परन्तु यह सामयिक नहीं होता। व्यापार-चक्र आवर्तीय होने का अर्थ है कि एक चक्र के विकास की पुनरावृत्ति का स्वरूप होता है अर्थात् विस्तार, अवरोध (Recession), संकुचन तथा पुनरुत्थान और फिर नवीन सिरे से विस्तार, इस प्रकार की पुनरावृत्ति का क्रम रहता है परन्तु इस बात का कोई प्रमाण नहीं मिलता है कि व्यापार-चक्र सदैव एक ही रूप और एक ही चौड़ाई या विस्तार में घटित होते हैं। अतः दो व्यापार चक्र न तो समय अवधि की दृष्टि से और न ही फैलाव की दृष्टि से एक समान होते हैं।

2. जॉन मेनार्ड कीन्स (J. M. Keynes) ने अपनी पुस्तक *'A Treatise of Money'* नामक पुस्तक में व्यापार-चक्र की व्याख्या करते हुए लिखा है, "व्यापार-चक्र उत्तम व्यापार अवधि, जिसमें मूल्यों में वृद्धि तथा बेरोजगारी के आकार में गिरावट होती है तथा खराब व्यापार अवधि, जिसमें कीमतों में गिरावट तथा बेरोजगारी के आकार में वृद्धि होती है, का जोड़ होता है।"[2]

---

1. "Business cycles are a type of fluctuation found in the aggregate economic activity of nations that organize their work mainly in business enterprises : A cycle consists of expansions occurring at about the same time in many economic activities, followed by similarly-general recessions contractions and revivals which merge into the expansion phase to the next cycle; this sequence of changes is recurrent but not periodic..."
2. Keynes. J.M. : *A treatise of Money*, Vol. I. p. 83.

3. प्रो. बेनहम ने व्यापार-चक्र की एक सरल परिभाषा इस प्रकार दी है, "व्यापार-चक्र की एक साधारण परिभाषा इस प्रकार से हो जाती है कि यह वैभव विपन्नता का वह काल है जिसके पश्चात् अवसाद अथवा मन्दी का काल होता है।"[1]

4. प्रो. हैन्सन के अनुसार, "व्यापार-चक्र अर्थव्यवस्था में औद्योगिक भाग, जहाँ से समृद्धि अथवा मन्दी का वर्तमान अत्यधिक परस्पर सम्बन्धित समाज के अन्य वर्गों (Groups) में पुनर्वितरित होता है, की अनोखी स्पष्टता है।"[2]

इस प्रकार स्पष्ट है कि **व्यापार-चक्रों से हमारा अभिप्राय पूँजीवादी देशों में आर्थिक क्रियाओं के उन उतार-चढ़ावों से होता है जो पर्याप्त निश्चित अवधि के पश्चात् बार-बार होते रहते हैं।** संक्षेप में, **"विस्तार की एक प्रावस्था तथा संकुचन की एक प्रावस्था को मिलाकर व्यापार-चक्र (Trade Cycle) कहते हैं।"**

व्यापार-चक्रों की विशेषताएँ

(Characteristics of Trade Cycle)

व्यापार-चक्र की विशेषताओं को हम दो वर्गों में बाँटकर अध्ययन कर सकते हैं—

(अ) प्रमुख विशेषताएँ एवं (ब) गौण विशेषताएँ।

(अ) प्रमुख विशेषताएँ (Main Characteristics)—व्यापार-चक्र की प्रमुख विशेषताएँ दो हैं—

(i) सामयिकता (Periodicity)—व्यापार-चक्र की एक प्रमुख विशेषता यह है कि व्यापार का उतार-चढ़ाव एक चक्र में चलता है अर्थात् विस्तार व संकुचन एक-दूसरे के उपरान्त नियमित रूप से मध्यान्तर काल से आते रहते हैं। इनको सामयिक चक्र कहते हैं। **प्रो. टामस** का कथन है कि "19वीं शताब्दी तथा 20वीं शताब्दी के प्रथम भाग में यह अच्छे व बुरे व्यापार का परिवर्तन इस नियमितता से हुआ कि लोगों ने एक व्यापार का साख-चक्र मान लिया जिसका काल 7 वर्ष से लेकर 10 वर्ष तक होता है।"[3]

(ii) समक्रमिकता (Synchronism)—व्यापार-चक्र का स्वरूप समक्रमिकता होता है अर्थात् उस समय देश की सभी फर्मों पर एक जैसा ही रंग चढ़ जाता है। यदि वैभव काल है तो सभी फर्मों के लाभ बढ़ जाते हैं यदि मन्दीकाल है तो सभी फर्मों पर मन्दी छायी रहती है। इसको समक्रमिकता कहते हैं अर्थात् उद्योग के अच्छे या बुरे काल एक ही समय में सब उद्योगों में होते हैं। यह फैलने वाली प्रवृत्ति किसी एक ही राष्ट्र के लोगों तक ही सीमित नहीं होती वरन् सम्पूर्ण व्यावसायिक संसार में फैल सकती है। संसार के राष्ट्र इतने अधिक एक-दूसरे पर आश्रित हैं कि "एक देश की अच्छी-बुरी व्यापारिक दशाएँ दूसरे देश के व्यापार में अच्छी या बुरी दशाएँ उत्पन्न कर देती हैं।" स्पष्ट शब्दों में, एक देश में तेजी अथवा मन्दी में अन्तर्राष्ट्रीय व्यापार के द्वारा अन्य देशों में पहुँचने की प्रवृत्ति होती है।

(ब) गौण विशेषताएँ (Secondary Characteristics)—अमेरिका आर्थिक सभा (American Economic Association) की रिपोर्ट ने व्यापार-चक्र की अन्य विशेषताओं पर प्रकाश डाला है—

(i) कृषि के अतिरिक्त शेष उत्पादन तथा कीमतें एक ही दशा में गतिमान होते हैं।

(ii) उपभोग वस्तुओं तथा अन्य स्थायी वस्तुओं की अपेक्षा पूँजीगत वस्तुओं तथा टिकाऊ वस्तुओं पर किये गये कुल व्यय में उतार-चढ़ाव अधिक होता है।

(iii) कुल विक्रय की अपेक्षा तैयार माल पर किया गया व्यय अधिक घटता-बढ़ता है।

(iv) कुल उत्पादन और कुल रोजगार में परिवर्तन में ही मुद्रा की मात्रा (जिसमें बैंक मुद्रा सम्मिलित है) और उसकी प्रचलन गति में परिवर्तन होता है।

(v) कृषि पदार्थों की कीमतें लचीली होती हैं किन्तु निर्मित वस्तुओं की कीमतें दृढ़ होती हैं।

(vi) लाभ से प्राप्त आय, अन्य स्रोतों से प्राप्त आय की अपेक्षा अधिक घटती-बढ़ती है।

---

1. Benham : *Economics'* P. 341.
2. Hansen : *Business Cycle and National Income*, p. 21.
3. Thomas. S. E. : *Elements of Economics*, p. 585.

व्यापार-चक्रों के प्रकार

(Forms of Business Cycle)

व्यापार-चक्रों की उपर्युक्त विशेषताओं के अतिरिक्त एक अन्य विशेषता यह है कि इनकी अवधि अलग-अलग होती है। उस आधार पर व्यापार-चक्रों को निम्नलिखित शीर्षकों के अन्तर्गत बाँटा जा सकता है—

1. प्रमुख चक्र (Major Cycle)—ये चक्र एक प्रमुख मन्दी और प्रमुख प्रतिसार (Recession) के बीच समयान्तर अथवा दूरी को बताते हैं। इस प्रकार के चक्रों की खोज उन्नीसवीं शताब्दी के फ्रांसीसी अर्थशास्त्री **क्लीमेंट जगलर** ने की थी, इसलिए इस प्रकार के चक्रों को **'जगलर चक्र'** कहते हैं। इन चक्रों की अवधि लगभग 10 वर्ष की होती है।

प्रसिद्ध अमेरिकी अर्थशास्त्री हैन्सन ने इन चक्रों की अवधि 8 वर्ष बतायी है। अपने अध्ययन को अमेरिका के आर्थिक इतिहास पर आधारित करते हुए हैन्सन ने लिखा है कि 1795 से लेकर 1973 तक 142 वर्ष की अवधि में 8.35 वर्ष अवधि वाले लगभग 17 बड़े व्यापार-चक्र का आगमन हुआ था।

2. लघु चक्र (Minor Cycles)—ये चक्र व्यापारिक क्रिया में हल्के उतार-चढ़ावों को व्यक्त करते हैं। प्रायः एक प्रमुख चक्र में दो अथवा तीन लघु चक्र होते हैं और एक लघु चक्र की अवधि लगभग 40 महीने होती हैं। चूँकि प्रमुख चक्र और लघु चक्र के बीच भेद एक अंग्रेज अर्थशास्त्री **जोसेफ किचिन** ने किया था, इसलिए लघु चक्रों को **किचिन चक्र** भी कहा जाता है।

हैन्सन का कहना है कि अमेरिका में 1807 से लेकर 1937 तक लगभग 37 छोटे चक्र उत्पन्न हुए थे। इस आधार पर लघु चक्रों की औसत अवधि 3.5 वर्ष होती है।

3. दीर्घ लहरें (Long Waves)—इन्हें एक-दूसरे अर्थशास्त्री **निकोलाई डी. कौन्ड्रेटीफ (Nikolai D. Kondratieff)** के नाम पर **कौन्ड्रेटीफ-चक्र** कहते हैं जो व्यापार-चक्रों की दीर्घकालीन लहरों को बताते हैं। 1925 में कौन्ड्रेटीफ थोक कीमतों, मजदूरी दरों, विदेशी व्यापार तथा उत्पादन सम्बन्धी आधार-सामग्री फ्रांस, इंग्लैण्ड तथा अमरीका से प्राप्त करके इस सामग्री के आधार पर इस निष्कर्ष पर पहुँचे थे कि 50 वर्ष की औसत अवधि वाले व्यापार-चक्रों की उपस्थिति सम्भव हो सकती है। इस प्रकार दीर्घकालीन लहरों की अवधि 50 से 60 वर्ष की होती है और प्रत्येक में अनेक लघु एवं प्रमुख चक्र शामिल होते हैं। कौन्ड्रेटीफ के मतानुसार ये दीर्घावधि वाले व्यापार-चक्र अन्तर्राष्ट्रीय होते हैं और ये उन्हीं गतिशील शक्तियों के फल होते हैं जो 7 वर्ष से लेकर 10 वर्ष तक की अवधि वाले व्यापार-चक्रों को जन्म देते हैं।

4. निर्माण-कार्य चक्र (Building Cycle)—ये चक्र निर्माण कार्यों से सम्बन्धित होते हैं। इस प्रकार के चक्र की अवधि 15-20 वर्ष की होती है।

प्रो. शुम्पीटर ने जगलर, किचिन तथा कौन्ड्रेटीफ चक्रों को मिलाकर यह विचार व्यक्त किया है कि ये तीनों चक्र एक-दूसरे पर प्रभाव डालते हैं। प्रत्येक जगलर चक्र में तीन किचिन चक्र होते हैं और 6 जगलर चक्र एक कौन्ड्रेटीफ चक्र बनाते हैं परन्तु व्यावहारिक अनुभव के आधार पर इस बात का कोई प्रमाण नहीं मिलता है कि विभिन्न समय अवधियों के चक्र परस्पर सम्बन्धित होते हैं। आधुनिक अर्थशास्त्रीय तो दीर्घ लहरों को व्यापार-चक्र मानते ही नहीं।

व्यापार-चक्र की अवस्थाएँ

(Phases of Trade Cycles)

व्यापार-चक्रों की अवस्थाओं में परिवर्तन एक नियमित ढंग से होते हैं। भिन्न-भिन्न अर्थशास्त्रियों ने व्यापार-चक्र के मार्ग को विभिन्न अवस्थाओं में बाँटा है तथा इन अवस्थाओं के विभिन्न नाम भी दिये हैं। उनमें मुख्य निम्नलिखित हैं—

(अ) के. ई. बोल्डिंग (K. E. Boulding) के अनुसार—1. अवसाद (Depression). 2. पुनरुद्धार (Recovery), 3. पूर्ण रोजगार (Full Employment), 4. अभिवृद्धि (Boom), 5. अवरोध (Recession)।

(ब) मे वुड साइमन (May Wood Simon) ने निम्न चार अवस्थाएँ बतायी हैं—1. समृद्धि (Prosperity), 2. गिरावट (Decline), 3. अवसाद (Depression), 4. पुनरुद्धार (Recovery)।

(स) जे. ए. इस्ट (J. A. Estey)—नीचे चार अवस्थाएँ बतायी हैं—1. विस्तार (Expansion), 2. अवरोध (Recession), 3. संकुचन (contraction), 4. पुनर्जीवन (Revival)।

(द) अल्बर्ट मेयर्स (Albert Mayers) के अनुसार—1. पुनरुद्धार (Recovery) 2. समृद्धि (Prosperity), 3. अवरोध (Recession), 4. अवसाद (Depression),।

एक अर्थव्यवस्था ने व्यापारिक-व्यतिक्रम की गति के निम्न प्रकार बताये हैं—निष्प्राण शान्ति की अवस्था फिर सुधार → बढ़ता हुआ व्यापारिक विश्वास → समृद्धि उत्तेजना → अधिव्यवस्था → ऐंठन → दबाव → निश्चेष्टा → अतिपीड़ा निष्प्राण शांति में पुनः अन्त।[1]

प्रायः प्रत्येक व्यापार-चक्र की पांच अवस्थाएँ देखने को मिलती हैं।

1. अवसाद अथवा मन्दी की स्थिति (Depression)—व्यापार-चक्र की पहली अवस्था अवसाद की है। इस अवधि में अर्थव्यवस्था में उत्पादन तथा रोजगार के स्तर में गिरावट का गम्भीर रोग विद्यमान हो जाता है। विनियोग की कमी के कारण अर्थव्यवस्था में श्रमिक तथा अन्य साधन बेकार हो जाते हैं तथा मजदूरी दरों में अत्यधिक कमी हो जाती है। यद्यपि उपभोग वस्तुओं की कीमतों में भारी कमी आ जाने से उनकी वास्तविक मजदूरी में वृद्धि हो जाती है परन्तु ऊँची वास्तविक मजदूरी के ही सामने निर्धन बेरोजगार व्यक्तियों की एक भीड़-सी होती है जो ऊँची मजदूरी के प्रभाव को कम कर देती है। वे व्यक्ति जो रोजगार में लगे भी हुए हैं, उनके सामने सदैव यह भय बना रहता है कि कहीं वे भी रोजगार से अलग न कर दिये जायें। उत्पादन के साधनों की अपेक्षा वस्तु का मूल्य अधिक गिरने के कारण व्यावसायियों को हानि होती है। औद्योगिक वस्तुओं (Industrial Goods) के मुकाबले कच्चे माल की कीमतें और भी अधिक कम होती हैं, अतः कृषकों तथा कच्चे माल के उत्पादकों की आर्थिक स्थिति व्यापारियों व पक्के माल के उत्पादकों की तुलना में अधिक खराब होती है। इस प्रकार मन्दी काल में सम्पूर्ण अर्थव्यवस्था से उत्पादन तथा वितरण प्रणालियाँ अस्त-व्यस्त हो जाती हैं। स्पष्टतः मन्दी का क्रम इस प्रकार चलता है—

वस्तुओं की माँग में कमी → मूल्यों में कमी → व्यापार में हानि → बैंकों में ऋणों की अदायगी का न होना → बहुत-से व्यावसायिक उपक्रमों व बैंकों का बन्द होना → भीषण बेरोजगारी → आय में ह्रास → वस्तुओं की माँग में कमी आदि। संक्षेप में, मन्दीकाल की निम्नलिखित विशेषताएँ हैं— (i) व्यवसाय निष्क्रिय रहता है; विनियोग कम रहता है तथा उत्पादन निम्नतम स्तर पर रहता है। (ii) रोजगार व आय निम्न स्तर पर रहते हैं। (iii) नीची मजदूरियाँ, नीची आय, नीची कीमतें और नीचे लाभ सभी एक साथ दृष्टिगोचर होते हैं। (iv) अन्तर्राष्ट्रीय व्यापार की मात्रा में अधिक कमी हो जाती है। (v) ब्याज की दरें बहुत नीचे गिर जाती हैं। (vi) सर्वत्र गहन निराशा रहती है तथा (vii) दिवालियापन तथा घाटे का साम्राज्य रहता है।

2. पुनरुद्धार (Recovery)—अर्थव्यवस्था में अवसाद की स्थिति कुछ समय तक विद्यमान रहने के पश्चात् साधारणतया पुनरुद्धार की स्थिति आती है। इस अवस्था में अर्थव्यवस्था की आर्थिक स्थिति मन्दी की स्थिति की तुलना में अधिक संतोषजनक होती है। आर्थिक व्यवस्था में कुछ ऐसी परिस्थितियाँ उत्पन्न हो जाती हैं कि व्यापारिक क्रियाएँ बढ़ने लगती हैं।

व्यापार का पुनरुद्धार प्रायः किसी प्रकार के विनियोग से ही प्रारम्भ होता है। इसके कई कारण हो सकते हैं, जैसे—विनियोग का कोई नया क्षेत्र पैदा हो सकता है या सरकार ने जनहित कार्यों अथवा शस्त्रीकरण पर अधिक व्यय करना शुरू किया हो। इससे रोजगार या उत्पादन की स्थिति में सुधार होने लगता है। बेकारों का आकार जो अवसाद के काल में बहुत अधिक था, कम होने लगता है। व्यक्तियों की आय बढ़ती है, क्रय शक्ति तथा वस्तु विक्रय बढ़ते हैं। व्यक्तियों में आवश्यक वस्तुओं को, कीमतों के बढ़ने से पूर्व ही खरीद लेने की होड़-सी लग जाती है। अर्थव्यवस्था में इस क्रिया-प्रतिक्रिया द्वारा व्यापार बढ़ जाता है। इस प्रकार व्यापार-चक्र की इस अवस्था में नई आशा का संचार होता है और पूर्ण अर्थव्यवस्था का पहिया ऊपर की ओर गतिमान हो जाता है।

संक्षेप में, पुनरुद्धार की विशेषताएँ इस प्रकार हैं— (i) विनियोग में लगातार वृद्धि, (ii) उत्पादन में लगातार वृद्धि, (iii) रोजगार तथा आय में लगातार वृद्धि, (iv) आर्थिक क्षेत्र में बढ़ता हुआ उत्साह, विश्वास व आशा, (v) बढ़ते हुए लाभ, मजदूरी व कीमतें, (vi) बैंक ऋण में निरन्तर वृद्धि और (vii) सट्टों के बाजार में बढ़ती हुई क्रियाशीलता।

3. पूर्ण रोजगार (Full Employment)—व्यापार की यह अवस्था एक अति उत्तम तथा आदर्श अवस्था है। पूर्ण रोजगार की स्थिति को प्राप्त करना प्रायः सभी देशों की राष्ट्रीय आर्थिक नीतियों का लक्ष्य होता है। इस दशा में उत्पत्ति के

---

1. Lord Overstone. quoted by Marshall : *Money, Credit and Commerce, p. 246.*

सम्पूर्ण साधन कार्य में लगे होते हैं। प्रत्येक उत्पत्ति के साधन का स्वामी जो प्रचलित दर पर अपने साधन को उत्पादन कार्य में लगाना चाहता है, लगा सकता है।

पूर्ण रोजगार का यह अर्थ नहीं है कि बेकारी बिल्कुल नहीं रह जाती, क्योंकि श्रम की गतिशीलता के कारण श्रमिक एक काम छोड़कर दूसरे काम पर पहुँच जाने के बीच में बेकार रहता है। **लार्ड बेवरिज** (Beveridge) ने 1944 में इंग्लैण्ड के लिए कम से कम 8% बेकारी का अनुमान लगाया था। अतः पूर्ण रोजगार की अवस्था में, यहाँ तक (अर्थात् लगभग 3% की सीमा तक) बेकारी हो सकती है। **कीन्स** के शब्दों में, "पूर्ण रोजगारी एक ऐसी अवस्था है जिसके बाद प्रभावी माँग में वृद्धि उत्पादन तथा रोजगार में वृद्धि नहीं करती बल्कि स्फीति का कारण बनती है।"

संक्षेप में, **पूर्ण रोजगार अवस्था की विशेषता इस प्रकार है**— (i) उत्पत्ति संसाधनों का प्रायः पूर्ण उपयोग हो सकता है। (ii) उत्पत्ति अधिकतम रहती है। (iii) नकद आय लगभग स्थिर रहती है। (iv) मूल्यों में स्थिरता रहती है। (v) लागत, आय और लाभ केवल इतने ही होते हैं जिससे साहसी इच्छा से काम करने वाली कुछ जनसंख्या को काम पर लगा सके। (vi) यद्यपि अनैच्छिक बेरोजगारी का अभाव रहता है तथापि कुछ-कुछ घर्षण बेकारी (Frictional Unemployment), संरचनात्मक बेकारी (Structural Unemployment) या ऐच्छिक बेकारी हो सकती है।

4. अभिवृद्धि या तेजी की स्थिति (Boom)—पुनरुद्धार की दशाएँ सदैव पूर्ण रोजगार की दशाएँ उत्पन्न नहीं करतीं वरन् इससे अभिवृद्धि अथवा तेजी की दशाएँ उत्पन्न हो जाती हैं। पूर्ण रोजगार की अवस्था के बाद भी विनियोग होते रहने के कारण वास्तविक उत्पादन में तो वृद्धि नहीं होती (क्योंकि संसाधनों का पूर्ण उपयोग हो चुका होता है) बल्कि कीमतों में वृद्धि हो जाती है। साहसी ऐसी दशा में प्रत्येक वस्तु के सम्बन्ध में अत्यधिक आशावादी हो जाता है जिसका फल यह होता है कि प्रत्येक उद्योग-धन्धे में अत्यधिक द्रव्य लगा दिया जाता है। इससे पहले ही से रोजगार पर लगे हुए उत्पत्ति के साधनों पर चारों ओर से दबाव बढ़ जाता है। इस प्रकार पूर्ण रोजगार की अवस्था अत्यधिक रोजगार (Hyper Employment) की अवस्था में परिणत हो जाती है। अत्यधिक रोजगार वह अवस्था है जब नौकरियों की संख्या अधिक होती है परन्तु नौकरी करने वाले व्यक्तियों की संख्या कम रहती है। यद्यपि इस काल में नकद मजदूरी बढ़ जाती है परन्तु मूल्य इससे भी तेजी से बढ़ जाते हैं अतः वास्तविक मजदूरी घट जाती है। लाभ असामान्य रीति से ऊँचे हो जाते हैं। इससे विनियोग और अधिक होने लगता है। सभी का सामूहिक परिणाम यह होता है कि अभिवृद्धि, जनसाधारण ऊँचाई प्राप्त कर लेती है। स्पष्टतः अभिवृद्धि अवस्था में इस क्रम से वृद्धि होती है—

|वस्तुओं की माँग → ऊँचा मूल्य स्तर → लाभ उत्पादन → पूँजी विनियोग| [रोजगार → राष्ट्रीय आय → वस्तुओं की माँग]

यह क्रम एक निश्चित बिन्दु तक चलता रहता है।

अभिवृद्धि की विशेषताएँ संक्षेप में निम्नलिखित हैं— (i) विनियोग में अधिकता। (ii) सभी वस्तुओं की कीमतों में वृद्धि, ऊँचे व्यय और ऊँचे लाभ (iii) कीमतों में वृद्धि की तुलना में मजदूरी न बढ़ने के कारण वास्तविक मजदूरी में कमी। (iv) बाजारों में अत्यधिक आशा भविष्य के प्रति लापरवाह विश्वास। (v) सट्टेबाजी की धूम। (vi) बैंकों द्वारा प्रदत्त ऋण का बाहुल्य। (vii) श्रम संघों की कार्यवाही का विस्तार तथा अधिक हड़तालें।

5. अवरोध या प्रतिसार (Recession)—इस अभिवृद्धि की दशा में ही उसके नाशक बीज भी मौजूद हैं। कुछ समय पश्चात् कठिनाइयाँ प्रकट होने लगती हैं। (i) बढ़ी हुई मजदूरी तथा अधिकाधिक उत्पादन करने के लिए अकुशल श्रमिकों को काम पर लगाने आदि कारणों से मजदूरी की लागत बढ़ जाती है; (ii) पुरानी मशीन की प्रतिस्थापना के कारण तथा कच्चे मालों की कीमतों के बढ़ जाने के कारण उत्पादन की लागत बढ़ जाती है; (iii) ब्याज की दरें ऊँची हो जाने तथा बैंकों के ऋण देने की नीति में कठोरता के कारण पूँजी लागत बढ़ जाती है; (iv) भविष्य के प्रति लोग सन्देहात्मक दृष्टि से देखने लगते हैं जिससे व्यापार-चक्र का अन्तिम चरण, अवरोध काल आता है जिसकी निम्नलिखित विशेषताएँ हैं—(अ) व्यवसाय घटने लगता है। (ब) उत्पादन, आय, विनियोग, रोजगार घटने लगता है। (स) व्यावसायिक क्षेत्र में भविष्य के प्रति निराशा हो जाती है। (द) कीमतें, मजदूरी तथा लागतें घटने लगती हैं। (य) ऋण की कठोर शर्तों पर बढ़ती हुई ब्याज दर के कारण बैंकों द्वारा दिये जाने वाले ऋण में कमी आने लगती है।

व्यापार-चक्र की विभिन्न अवस्थाओं को रेखाचित्र 1 द्वारा दिखाया गया है—

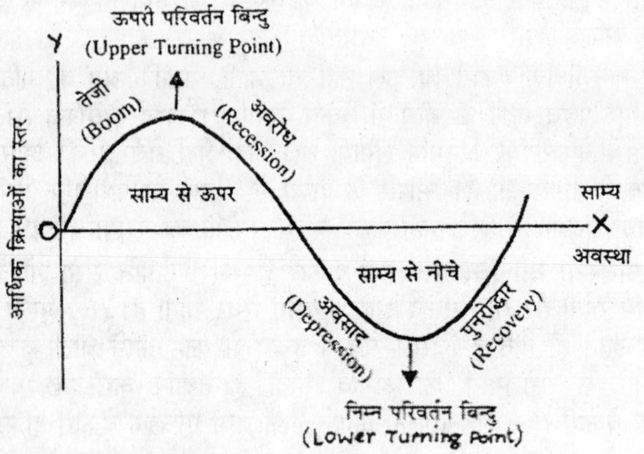

चित्र 1

व्यापार-चक्र के प्रमुख सिद्धान्त
(Theories of Business Cycles)

व्यापार-चक्र बहुत जटिल होते हैं। इनके कारणों की व्याख्या के सम्बन्ध में अनेक सिद्धान्त प्रतिपादित किये गये हैं। व्यापार-चक्र के कुछ प्रमुख सिद्धान्त निम्नलिखित हैं—

1. हाट्रे का शुद्ध मौद्रिक सिद्धान्त (Hawtrey's Pure Monetary Theory),
2. हेयक का अधि-विनियोग का सिद्धान्त (Over Investment Theory of Hayek),
3. शुम्पीटर का नवप्रवर्तन सिद्धान्त (Schumpeter's Theory of Innovation),
4. विकसेल का व्यापार-चक्र का सिद्धान्त (Wicksell's Theory of Business Cycle),
5. सैम्युल्सन का गुणक-त्वरक सिद्धान्त (Prof. Sameulson's Multiplier Accelerator Interaction Theory) तथा
6. व्यापार-चक्र का आधुनिक सिद्धान्त : हिक्स का सिद्धान्त (Modern Theory of Business Cycle : Hicksian Theory)।

1. हाट्रे का शुद्ध मौद्रिक सिद्धान्त
(Hawtrey's Pure Monetary Theory)

इस सिद्धान्त के मुख्य प्रतिपादक अंग्रेज अर्थशास्त्री आर. जी. हाट्रे के विचार में, **"व्यापार-चक्र एक शुद्ध मौद्रिक घटना है, क्योंकि सामान्य माँग एक मौद्रिक घटना है।"** उनके विचारानुसार यद्यपि युद्ध, भूकम्प, बाढ़ इत्यादि अमौद्रिक कारण कभी-कभी अर्थव्यवस्था के कुछ भाग में कुछ समय के लिए मन्दी अथवा तेजी की घटनाओं को जन्म दे सकते हैं परन्तु उनके द्वारा व्यापार-चक्र जैसी पेचीदा घटना उत्पन्न हो सकती है बल्कि मुद्रा की मात्रा में समय-समय पर होने वाली कमी अथवा वृद्धि अर्थव्यवस्था में आर्थिक क्रियाओं के उच्चावचन का एकमात्र कारण है।

सिद्धान्त की व्याख्या (Explanation of the Theory)—वर्तमान मुद्रा और साख व्यवस्था बहुत ही अस्थिर स्वभाव की है। इसका यह अस्थिर स्वभाव ही आर्थिक उतार-चढ़ाव की जननी है। जब बैंक साख का विस्तार होता है तो व्यापार-चक्र की ऊर्ध्वगति (Upward Direction) घटित होती है।

(क) ऊर्ध्वगति व तेजी (Upswing and Boom)—जब बैंक द्वारा साख की ब्याज की दर में कमी लाकर विस्तार किया जाता है तो व्यापारी अपने स्टॉक की मात्रा बढ़ाने पर प्रेरित होते हैं। वे अत्यधिक मात्रा में उत्पादकों को वस्तुओं के ऑर्डर भेजने लगते हैं। उत्पादक इन ऑर्डरों की पूर्ति के लिए उत्पत्ति-साधनों में वृद्धि करने लगते हैं। इसका परिणाम यह होता है कि उत्पत्ति के साधनों की माँग में वृद्धि हो जाती है। उत्पत्ति-साधनों की माँग बढ़ने से इसकी पुरस्कार दरें बढ़

जाती हैं और रोजगार में भी वृद्धि हो जाती है। इस प्रकार जनता के हाथों में क्रय-शक्ति (आय) बढ़ने से प्रभावपूर्ण माँग में भी वृद्धि हो जाती है। इन सब घटनाओं के कारण एक उन्मुख चक्र का आविर्भाव होता है अर्थात् (i) ब्याज की दर में कमी के कारण स्टॉक के ऑर्डरों में वृद्धि होती है। (ii) अधिक ऑर्डर के कारण उत्पत्ति-साधन पूर्णतः रोजगार संलग्न होने लगते हैं और उत्पादन बढ़ता है। (iii) अधिक उत्पादन में अधिक विक्रय और अधिक आय फलित होते हैं। (iv) अधिक विक्रय से आशावादिता बढ़ती है और (v) अधिक आशावादिता के कारण स्टॉक के ऑर्डरों में और भी अधिक वृद्धि होती है। इस प्रकार चक्रों की ऊर्ध्वगति जोर पकड़ती जाती है।

(ख) अधोगति व प्रतिसार (Downswing and Recession)—दूसरी ओर, यदि ब्याज की दर में वृद्धि हो जाती है तो व्यापारी अपने स्टॉक घटाने के लिए विवश हो जाते हैं। वे उत्पादकों को कम मात्रा में वस्तुओं के ऑर्डर भेजने लगते हैं। जब उत्पादकों के पास कम मात्रा में ऑर्डर पहुँचते हैं तो वे कम उत्पादन करते हैं, कम उधार लेते हैं तथा कम आय अर्जित करते हैं। व्यापारी अपने विक्रय को कम होता देखकर निराश हो जाते हैं और एक कुचक्र चल पड़ता है अर्थात् निराशा के कारण ऑर्डर में कमी होती है जिसके परिणामस्वरूप उत्पादन तथा रोजगार में कमी आती है, आय गिर जाती है और विक्रय की मात्रा घट जाती है विक्रय घटने के कारण निराशा और अधिक गहन हो जाती है। एक बार अधोगति (Downswing) अथवा संकुचन प्रावस्था आरम्भ हो जाती है तो यह जोर पकड़ती जाती है।

उपर्युक्त विवेचन के उपरान्त अब हम दो महत्त्वपूर्ण प्रश्नों का उत्तर देंगे— (i) संकटावस्था (Crisis) किस प्रकार घटित होती है तथा (ii) पुनरुद्धार (Recovery) किस प्रकार प्रारम्भ होता है।

(ग) संकटावस्था (Crisis)—जब तक कि बैंक व्यापारियों को नीची ब्याज दर पर ऋण की उदार सुविधाएँ प्रदान करते रहते हैं, अर्थव्यवस्था सुचारू रूप से कार्य करती रहती है परन्तु बैंकों के ऋण देने की एक निश्चित सीमा होती है। बैंक को अपने दायित्वों के अनुपात में न्यूनतम नकद कोष रखना पड़ता है। अतः जब उन्हें यह अनुपात कायम रखने में कठिनाई अनुभव होती है; तब वे एकदम व्यापारियों को ऋण देना बन्द कर देते हैं तथा उनसे अपने पुराने ऋणों का शीघ्र भुगतान करने को कहते हैं। बैंकों की नीति में अकस्मात् यह परिवर्तन होने के कारण व्यापारी अपने स्टॉक बेचने लगते हैं, ताकि बैंक ऋण का भुगतान कर सकें। अनेक व्यापारी व फर्में अपने वित्तीय दायित्वों को पूरा करने में असमर्थ हो जाती हैं, अतः एक के बाद एक फर्में बन्द होने लगती हैं और 'साख-संरचना' (Credit Structure) तथा ताश के पत्ते के बने हुए भवन के सदृश्य तेजी से पूर्णतः ढह जाती है। संकुचन-प्रावस्था भी संचयी (Cumulative) होती है। पुराने ऑर्डरों को समाप्त होते तथा नये ऑर्डरों को समाप्त होते देखकर उत्पादनकर्ता उत्पत्ति को घटाने लगते हैं। इसके कारण उत्पत्ति के विभिन्न साधनों की माँग कम हो जाती है, वे बेरोजगार हो जाते हैं तथा उनकी आय कम हो जाती है। आय के अभाव के कारण बाजार से वस्तुओं की माँग और भी अधिक कम हो जाती है और व्यापारियों में निराशा की भावना उत्पन्न हो जाती है तथा इसके कारण उद्योगों में उत्पादन की मात्रा पहले से और अधिक कम हो जाती है, अवसाद सर्वत्र फैल जाता है।

(घ) पुनरुद्धार (Recovery)—अवसाद काल जैसे-जैसे बढ़ता है, बैंकों के पास नकद कोष बढ़ता जाता है, क्योंकि इस काल में व्यापारी अपने विक्रय-आगम का भारी भाग बैंक-ऋणों को वापस करने में लगते हैं। अतः एक ऐसी स्थिति आ जाती है जब बैंकों के पास इच्छित मात्रा से अधिक नकदी हो जाती है। फलतः बैंक पुनः ब्याज की दर कम करके भूतकाल की भाँति साख का विस्तार करने लगते हैं और धीरे-धीरे आर्थिक धन्धा जोर पकड़ने लगता है और पुनरुत्थान आरम्भ हो जाता है। इस तरह उतार-चढ़ाव का एक चक्र पूरा हो जाता है और विस्तार की संचयी प्रवृत्ति पुनः नये सिरे से प्रारम्भ हो जाती है।

इस प्रकार हाट्रे के अनुसार मूलतः बैंक-साख की अस्थिरता ही व्यापार-चक्र के लिए उत्तरदायी है। यदि इस अस्थिरता को समाप्त कर दिया जाय तो व्यापार-चक्र स्वयं ही समाप्त हो जायेगा।

सिद्धान्त की आलोचनाएँ (Criticism of Theory)—हाट्रे के शुद्ध मौद्रिक सिद्धान्त की निम्न आलोचनाएँ हैं—

1. अवास्तविक (Unrealistic)—सांख्यिकी अध्ययन इस मत की पुष्टि नहीं करते हैं कि ब्याज की नीची दरें व्यापारियों को अधिक स्टॉक बनाने की दिशा को प्रोत्साहित करती हैं। स्टॉक तो वास्तव में यह देखकर बनाये जाते हैं कि स्टॉकों को लाभपूर्ण कीमतों पर बेचने की सम्भावना कितनी है। यदि व्यापारियों को यह विश्वास हो जाये कि भविष्य में वस्तुओं का मूल्य अधिक ऊँचा हो जायेगा तो भले ही ब्याज की दर ऊँची हो, वे स्टॉकों में वृद्धि कर देंगे। इसके

विपरीत, यदि भविष्य में मूल्यों के गिरने की आशा रहती है तो नीची ब्याज की दर पर भी व्यापारी अधिक स्टॉक नहीं रखते।

2. ब्याज दर में वृद्धि (Increase in Rate of Interest)—हाट्रे के सिद्धान्त के अनुसार तेजी के शिखर पर ब्याज की दर में वृद्धि ही स्थिति को नया मोड़ देती है और संकट को आरम्भ करती है परन्तु सामान्य अनुभव यह बताता है कि ब्याज की दर में वृद्धि संकट के पश्चात् आती है, न कि संकट के पहले। इसका कारण यह है कि संकट साख का पतन कर देता है। अवसाद काल में व्यक्ति की तरलता पसन्दगी बढ़ जाती है जिसके कारण ब्याज की दर बढ़ जाती है।

3. पूँजीगत वस्तुओं का उत्पादन (Production of Capital Coods)—इस सिद्धान्त से यह ज्ञात नहीं होता कि उपभोग वस्तुओं की तुलना में पूँजीगत वस्तुओं के उत्पादन में घट-बढ़ क्यों होती है।

4. साख मुद्रा नीति (Credit Money Policy)—हाट्रे के मतानुसार यदि बैंक अपनी साख मुद्रा नीति का इस प्रकार निर्माण करे कि अर्थव्यवस्था में विनिमय माध्यम की पूर्ति स्थिर रहे तो व्यापार-चक्र की घटना का अन्त हो सकता है। पहले तो विनिमय माध्यम को स्थिर रखना कठिन है, यदि यह किसी प्रकार सम्भव भी हो, केवल ऐसा करने से व्यापार-चक्र की घटना का समापन नहीं हो सकता।

5. बैंक साख भी व्यापार-चक्रों का कारण नहीं (Bank Credit is not cause of Trade Cycle)—केवल बैंक साख को ही व्यापार-चक्रों के उदय होने का कारण नहीं माना जा सकता— (i) यह कहना गलत है कि केवल बैंक साख में विस्तार (और इसलिए ब्याज दर में कमी) मन्दी को दूर करने का उपाय है। कारण यह है कि 1930 की महान् मन्दी में मुद्रा की बढ़ती हुई पूर्ति 'मन्दी' को समाप्त करने में असफल रही। (ii) इसी प्रकार यह कहना बहुत कठिन है कि केवल बैंक साख में संकुचन (और इसलिए ब्याज की दर में वृद्धि) मन्दी को उत्पन्न करेगी। व्यापारी ऊँची ब्याज की दर पर भी मुद्रा उधार ले सकते हैं यदि वे पूँजी पर प्रत्याशित लाभ की दर (अर्थात् पूँजी की सीमान्त उत्पादकता) को ऊँचा समझते हैं। (iii) वास्तव में, बैंक साख व्यापार-चक्रों को शुरू करने का कारण नहीं है। यह तो केवल विस्तार या संकुचन की संयमी प्रक्रिया को बढ़ा देती है।

6. अन्य आलोचनाएँ (Other Criticisms)—(i) हाट्रे ने अमौद्रिक कारणों की सर्वथा उपेक्षा की है, जबकि वास्तविकता यह है कि अमौद्रिक कारण भी व्यापार-चक्र की घटना उत्पन्न कर सकते हैं।

(ii) **हैमवर्ग** का यह मत है कि हाट्रे ने अपने सिद्धान्त में थोक व्यापारियों के महत्त्व का अनावश्यक रूप से बहुत बढ़ा-चढ़ाकर व्यक्त किया है।

(iii) **प्रो. हैरोड** ने इस सिद्धान्त की आलोचना करते हुए कहा है कि यह सिद्धान्त व्यापार-चक्र को जन्म देने वाले मूल कारण की व्याख्या ही नहीं करता।

उपर्युक्त आलोचनाओं और कमजोरियों के होने पर भी हाट्रे की यह देन है कि उन्होंने विस्तार व संकुचन की संचयी प्रक्रिया में बैंक साख के महत्त्व पर हमारा ध्यान केन्द्रित किया।

2. हेयक का अधि-विनियोग का सिद्धान्त (Over-Investment Theory of Hayek)

व्यापार-चक्र का अधि-विनियोग का सिद्धान्त आस्ट्रिया के प्रसिद्ध अर्थशास्त्री श्री **एफ. ए. वान हेयक (F. A. Von Hayek)** के नाम से सम्बद्ध है। यह सिद्धान्त भी मुद्रा की ब्याज के ऊपर ही आधारित है और विभिन्न नामों से प्रचलित है, जैसे—अतिरिक्त साख सिद्धान्त या मौद्रिक अधि-विनियोग सिद्धान्त आदि।

आगे हम हेयक का सिद्धान्त प्रस्तुत करेंगे परन्तु ऐसा करने से पहले हम उनके द्वारा प्रयुक्त की गयी निम्न तीन संधारणाओं की व्याख्या करेंगे—

(क) उत्पादन का ढाँचा (Structure of Production)—किसी दिये हुए समय पर आर्थिक व्यवस्था से संशोधन के विभिन्न चरणों (Stages) पर कार्य में लगे होते हैं। उत्पादन क्रियाओं के चरण जो उपभोक्ता से दूर होते हैं, उत्पादन के उच्चतर चरण (Higher Stages of Production) कहलाते हैं। इन उच्चतर चरणों पर कच्चे माल का उत्पादन, मशीनों तथा उपकरणों का बनाना तथा भवनों का निर्माण आदि होता है। ये 'चरण' उच्चतर इसलिए कहे जाते हैं, क्योंकि अभी

उपभोग सामग्री के तैयार होने तथा उससे उपभोक्ताओं की सन्तुष्टि मिलने में बहुत समय लगेगा। उत्पादन के बाद के चरण जिसमें उपभोग वस्तु उत्पादित की जाती है, 'उत्पादन के निम्न चरण' (Lower Stages) कहलाते हैं। उत्पादन के ये विभिन्न चरण मिलकर उत्पादन के ढाँचे कहलाते हैं। उत्पादन का ढाँचा समाज द्वारा अपनी आय को बचत तथा उपभोग के बीच वितरित करने सम्बन्धी निर्णय पर आधारित होता है। समाज द्वारा बचत, लोगों का यह मत प्रकट करती है कि वे अपनी आय को उत्पादन से उच्चतर चरणों पर लगाना चाहते हैं अर्थात् पूँजीगत वस्तुओं के निर्माण के लिए अपनी आय को प्रयुक्त करना चाहते हैं। आय को उत्पादन के निम्न चरणों पर लगाने का यह अर्थ होता है कि समाज में उपभोग वस्तुओं का उत्पादन बढ़ रहा है। उत्पादन के ढाँचे में क्रमिक परिवर्तन ही व्यापार-चक्र को जन्म देते हैं।

(ख) ब्याज दर की भूमिका (Role of Interest)—ब्याज दर का कार्य बचत और विनियोग में साम्य स्थापित करना है। जिस ब्याज दर पर बचत की पूर्ति तथा विनियोग के लिए माँग बराबर होती है, उसे 'ब्याज की सन्तुलन दर' अथवा 'ब्याज की प्राकृतिक दर' (Natural Rate of Interest) कहते हैं। इस दशा में न तो लाभ होता है और न हानि क्योंकि आर्थिक अवस्था की यह साम्य अवस्था होती है। यदि वास्तविक या बाजार ब्याज दर इससे ऊँची होती है तो बचत इतनी अधिक हो जाती है कि इसका विनियोग नहीं हो पायेगा। इसके विपरीत यदि ब्याज दर प्राकृतिक दर से कम है तो बचत कम होगी जिससे विनियोग नहीं हो पायेगा। इसके विपरीत यदि ब्याज दर प्राकृतिक दर से कम है तो बचत कम होगी जिससे विनियोग की माँग पूरी नहीं हो पायेगी। यदि ब्याज की दर ठीक-ठीक कार्य करती है तो बचत और व्यय के समतुल्य ही पूँजीगत वस्तुओं और उपभोग वस्तुओं का उत्पादन होगा। बचत में यदि वृद्धि होती है तो ब्याज की दर गिर जायेगी और पूँजीगत वस्तुओं के उत्पादन में अधिक तथा उपभोग वस्तुओं में कम साधन प्रयुक्त होने लगेंगे। दूसरी ओर, यदि बचत कम हो जाती है तो ब्याज की दर में वृद्धि हो जायेगी और पूँजीगत वस्तुओं के उत्पादन में कम संसाधन प्रयुक्त होने लगेंगे। अतः ब्याज की दर एक ऐसा उपकरण है जिसे उत्पादन के ढाँचे और बचत-व्यय निर्णय में समन्वय स्थापित करनी चाहिए।

(ग) ऐच्छिक बचत तथा बलात् बचत (Voluntary and Compulsory Savings)—ऐच्छिक बचत वह है जो कि व्यक्ति इच्छानुसार अपनी आय का कुछ अंश उपभोग से बचाता है लेकिन वस्तु की कीमतों में वृद्धि के कारण जब व्यक्ति उपभोग की पहले से ही कम वस्तुएँ खरीदने लगता है तो उसे 'बलात् बचत' कहते हैं। अधि-विनियोग के लिए यह बलात् बचत मुख्य रूप से उत्तरदायी होती है।

अब हम हेयक के व्यापार-चक्र के मुख्य सिद्धान्त की विवेचना करेंगे।

(क) ऊर्ध्वगति व तेजी (Upswing and Boom)—हेयक का सिद्धान्त इस अवधारणा के साथ शुरू होता है कि अर्थव्यवस्था साम्य की स्थिति में है। इस साम्य-अवस्था के भाग को ही **व्यापार-चक्र** कहते हैं। साम्य-अवस्था में ब्याज की दर 'प्राकृतिक' होती है जिससे बचत और विनियोग में समानता रहती है। उत्पादन का ढाँचा जनता के बचत-व्यय निर्णय के ठीक अनुरूप रहता है। इस परिस्थिति में संसाधनों का पूर्ण उपयोगीकरण हो चुका होता है अर्थात् पूँजीगत वस्तुओं के उत्पादन में वृद्धि केवल उपयोग वस्तुओं का उत्पादन घटाकर ही हो सकती है।

अब मान लीजिये कि किसी कारण से बैंक साख में विस्तार होता है जिसके कारण बाजार में ब्याज की दर 'प्राकृतिक दर' से कम हो जायेगी। व्यवसायी बैंक से अधिक रुपया उधार लेंगे तथा अतिरिक्त राशियाँ उत्पादन के साधनों में वृद्धि के लिए प्रयुक्त करेंगे। परिणामतः उत्पादन वस्तुओं (अर्थात् पूँजीगत वस्तुओं) की माँग तथा कीमतें बढ़ जायेंगी और संसाधन उपभोग वस्तुओं के उत्पादन से पूँजीगत वस्तुओं के उत्पादन के उच्चतर चरणों के पक्ष में बदल जायेगा। उपभोग वस्तुओं का उत्पादन घट जायेगा तथा उनकी कीमतें बढ़ जायेंगी। कीमतों के अधिक बढ़ जाने से लोग अपनी आय द्वारा उनकी कम मात्रा खरीद सकेंगे। उपभोग की इस अनैच्छिक कमी को बलात् बचत (Forced Saving) कहते हैं। इससे उपभोग वस्तुओं की माँग कम हो जाती है। इसका परिणाम यह होता है कि उपभोग वस्तु के निर्माण करने वाले उद्योगों में संकुचन आता है तथा इस क्षेत्र से अधिकाधिक संसाधन पूँजी वस्तुओं के उत्पादन के क्षेत्र में स्थानान्तरित होने लगते हैं। इस प्रकार उपभोग वस्तुओं के उत्पादन में कमी दोनों तरफ से आती है—एक तो बैंक द्वारा साख-प्रसारण के कारण पूँजीगत वस्तु के उत्पादन संसाधनों का लालच देकर उपभोग वस्तु उद्योगों से खींच लेते हैं; दूसरे, माँग की कमी के कारण भी वस्तुओं के उत्पादन में ह्रास आता है तथा संसाधन स्वयं पूँजी वस्तुओं के उत्पादन में लगे उद्योगों की ओर

खिंच जाते हैं। इस प्रकार व्यापार-चक्र की ऊर्ध्वगति में संसाधन निम्न चरणों से उच्चतर चरणों पर आ जाते हैं। अभिवृद्धि की इस दशा में कई बातें होती हैं—ब्याज की बाजार दर प्राकृतिक दर से नीचे रहती है; दोनों के बीच अन्तर बढ़ता जाता है; अधिकाधिक पूँजीगत वस्तुओं का निर्माण किया जाता है तथा अधिकाधिक ऋण लिए जाते हैं।

(ख) अधोगति व मन्दी (Downswing & Depression)—उपक्रमी जो अतिरिक्त मुद्रा बैंक से लेकर पूँजीगत वस्तुओं के निर्माण में लगाते हैं, उससे अतिरिक्त आय पैदा होती है। चूँकि लोगों की उपभोग के बारे में भावना अपरिवर्तित रहती है। इसलिए अधिक अतिरिक्त आय अधिकतर उपभोग पर खर्च होती है। अतः उपभोग वस्तुओं की कीमतें भी बढ़ जाती हैं और उपभोग वस्तुओं का उत्पादन अधिक लाभप्रद हो जाता है। अतः उत्पादन के साधन उपभोग वस्तुओं के उत्पादन की ओर प्रवृत्त होने लगते हैं। इस बीच बैंक यह महसूस करने लगते हैं कि साख का विस्तार बहुत आगे आ चुका है।[1] इसलिए वे साख का संकुचन करने लगते हैं जिससे उत्पादन चरण और भी कम लाभदायक होने लगते हैं।

इन सब कारणों से संसाधन उत्पादन के उच्चतम चरणों से निम्नतर चरणों की ओर प्रवृत्त होते हैं परन्तु दुर्भाग्यवश संसाधन जितनी जल्दी उच्चतर चरणों से निकाले जाते हैं, उतनी शीघ्रता से उनकी खपत निम्न चरणों में नहीं हो पाती। परिणामस्वरूप बेरोजगारी फैल जाती है। बैंक भी अपना उधार वापस माँगने लगते हैं। बैंक साख में उत्तरोत्तर कमी, निराशावाद तथा लोगों की मुद्रा संचय की प्रवृत्ति बेरोजगारी को अधिक गहन कर देती है। अधोगति उस समय तक जोर पकड़ती रहती है जब तक बैंक अपनी नीति नहीं बदलते।

(ग) पुनरुद्धार (Recovery)—जब अवसादावस्था एक लम्बे काल तक चजती रहती है वह व्यापारियों में यह भावना उत्पन्न हो जाती है कि अब यह बुरा समय समाप्त हो गया है और भविष्य की दशा इससे बुरी नहीं होगी। इस भावना का कोई आर्थिक कारण नहीं है। धीरे-धीरे बैंक का नकद कोष भी बढ़ जाता है, क्योंकि एक तो व्यापारियों द्वारा पुराने ऋणों का भुगतान किया जाता है तथा दूसरे, बैंक में लोग अपनी बचतों को भी जमा कर देते हैं। जब बैंक उत्पादकों को पूँजी उधार देने के लिए तत्पर हो जाते हैं। अपनी इच्छा की अभिव्यक्ति वे ब्याज की दर घटाकर करते हैं। बैंक दर नीची होने से व्यापारियों की आशा जाग्रत हो उठती है, ऋण फिर लिये जाने प्रारम्भ हो जाते हैं और धीरे-धीरे अवसाद की दशाएँ समाप्त होकर अभिवृद्धि की दशाएँ आरम्भ हो जाती हैं।

सिद्धान्त की आलोचनाएँ (Criticisms of Theory)— हेयक के अधि-विनियोग के सिद्धान्त की निम्न आलोचनाएँ हैं—

1. साधारण अनुभव के विरुद्ध (Against General Experience)—हेयक का यह विचार कि पूँजी वस्तुओं की माँग उपभोक्ता वस्तुओं की माँग के साथ प्रतियोगिता करती है, साधारण अनुभव के विरुद्ध है, क्योंकि पूँजीगत वस्तुओं की माँग केवल इसी कारण होती है कि उपभोग वस्तु की माँग होती है। उपभोग वस्तुओं के अधिक उत्पादन के विस्तार के हेतु ही पूँजीगत वस्तुओं की माँग होती है। अतः उपभोक्ता वस्तु की माँग से पूँजीगत वस्तुओं के उद्योगों का जन्म होता है।

2. बचत और विनियोग में समता (Equality between Saving and Investment)—हेयक का सिद्धान्त इस मान्यता पर आधारित है कि बचत तथा विनियोग साम्य अवस्था में रहते हैं और इस साम्य अवस्था में विघ्न बैंकों की नीति के कारण आते हैं परन्तु जैसा कि **प्रो. कीन्स** ने कहा, "व्यापार-चक्र का आधार समय नहीं वरन् समय का प्रस्ताव है।"

3. पूर्ण रोजगार (Full Employment)—इस सिद्धान्त की एक मान्यता यह भी है कि सभी आर्थिक प्रसाधन पूरा-पूरा काम पा रहे हैं। यह मान्यता उचित नहीं है, क्योंकि प्रसाधन कभी भी पूर्ण रूप से कार्यरत नहीं होते।

4. ब्याज की दर में परिवर्तन (Change in Rate of Interest)—हेयक के सिद्धान्त में ब्याज की दर में परिवर्तनों को अत्यधिक महत्त्व दिया गया है। उनके अनुसार विनियोग का मुख्य निर्धारक ब्याज की दर है। सिद्धान्त में इस महान् सत्य को भुला दिया गया है कि ब्याज-दर के अतिरिक्त प्राविधिक परिवर्तन, जनसंख्या इत्यादि का विनियोग की मात्रा को निर्धारित करने में भारी महत्त्व है।

---

1. हेयक इसके लिए वही तर्क प्रस्तुत करता है जो हाट्रे ने दिया है।

5. गैर-मौद्रिक कारण (Non-monetary Causes)—हाट्रे की तरह हेयक ने भी अपने सिद्धान्त में गैर-मौद्रिक कारणों पर ध्यान नहीं दिया जिनका बहुत अधिक प्रभाव चक्रीय उच्चावचनों पर पड़ता है तथा जिनकी अवहेलना नहीं की जा सकती है।

4. कीन्स का व्यापार-चक्र का सिद्धान्त (Keynesian Theory of Business Cycle)

कीन्स ने अपनी पुस्तक **सामान्य सिद्धान्त (General Theory)** में आय, उत्पादन तथा रोजगार के स्तर की व्याख्या की है अर्थात् यह बताया है कि किसी देश में आय रोजगार में कैसे उतार-चढ़ाव आते हैं। **कीन्स** ने अलग से कोई व्यापार-चक्र का सिद्धान्त प्रतिपादित नहीं किया है। **प्रो. मैट्ज़लर (Metezler)** ने कहा कि, "प्रो. कीन्स का मुख्य उद्देश्य व्यापार-चक्र से किसी सिद्धान्त को प्रतिपादित करना कभी नहीं रहा।" परन्तु कीन्स ने अपनी पुस्तक में जो आय तथा रोजगार के बढ़ाने की व्याख्या की है। उससे व्यापार-चक्र अथवा आर्थिक उतार-चढ़ाव का पता चल जाता है, क्योंकि आर्थिक उतार-चढ़ाव (व्यापार-चक्र) भी एक प्रकार से आय रोजगार का उतार-चढ़ाव है।

सिद्धान्त की व्याख्या (Explanation of Theory)—पूँजीवादी अर्थव्यवस्था में, जहाँ उत्पादन लाभ के उद्देश्य से किये जाते हैं, प्रत्येक फर्म उतने ही श्रमिकों को रोजगार पर लगाती है जिससे उसे अधिकतम लाभ प्राप्त होता है। सम्पूर्ण अर्थव्यवस्था में विनियोजित अथवा कार्यरत (Employed) श्रमिकों की संख्या, वास्तव में देश में सभी फर्मों द्वारा कार्य पर लगाये गये श्रमिकों की संख्या का योग ही होता है। कीन्स के अनुसार रोजगार का स्तर 'प्रभावपूर्ण माँग' पर निर्भर करता है। प्रभावपूर्ण माँग कुल व्यय के बराबर होती है। कुल व्यय उपभोग पर व्यय और विनियोग पर व्यय का जोड़ होता है। कुल व्यय (अर्थात् प्रभावपूर्ण माँग) बढ़ने पर रोजगार बढ़ता है और कुल व्यय घटने पर रोजगार घटता है। कभी तो कुल व्यय इतना बढ़ जाता है कि सभी संसाधनों को पूर्ण रोजगार मिल जाता है और कभी कुल व्यय इतना कम हो जाता है कि विशाल बेरोजगारी फैल जाती है। अतः हम व्यापारिक क्रियाओं अथवा रोजगार स्तर में उतार-चढ़ाव के कारण को जानना चाहते हैं तो इसके लिए हमें उन कारणों का अध्ययन करना पड़ेगा जो कुल व्यय (अर्थात् प्रभावपूर्ण माँग) को प्रभावित करते हैं। चूँकि कुल व्यय उपभोग व्यय और विनियोग व्यय के योग के बराबर होता है, इसलिए कुल व्यय में परिवर्तनों के कारणों की खोज के लिए हमें उन घटकों का विश्लेषण करना पड़ेगा जो कि उपभोग व विनियोग को निर्धारित करते हैं।

उपभोग पर किया गया व्यय समाज की आय और समाज की उपभोग प्रवृत्ति पर निर्भर करता है। आय का वह भाग जो उपभोग पर व्यय किया जाता है काफी स्थायी रहता है। क्योंकि उपभोग पर व्यय, जो उपभोग की आदतों, कर-प्रणाली, आय का वितरण इत्यादि बातों पर निर्भर करता है, में अल्पकाल में कोई परिवर्तन नहीं होता। इसके अतिरिक्त जैसे-जैसे आय बढ़ती है। उपभोग पर व्यय बढ़ जाता है परन्तु जिस अनुपात में आय में वृद्धि होती है उसी अनुपात में उपभोग पर व्यय नहीं बढ़ता है। दूसरे शब्दों में, आय बढ़ने के साथ-साथ आय और उपभोग में अन्तर बढ़ता जाता है जिसे पूरा करने के लिए विनियोग की आवश्यकता पड़ती है। यदि उपभोग प्रवृत्ति ऊँची है तो उपभोग पर व्यय अधिक होगा और रोजगार को उच्च स्तर पर कायम रखने के लिए अधिक मात्रा में विनियोग करने की आवश्यकता पड़ेगी। चूँकि विकसित देशों में औसत-उपभोग-प्रवृत्ति शत-प्रतिशत नहीं होती इसलिए आय और उपभोग के अन्तर को पूरा करने के लिए विनियोग की आवश्यकता पड़ती है। अन्य शब्दों में, बिना विनियोग में वृद्धि किये रोजगार में वृद्धि नहीं की जा सकती। यही प्रभावपूर्ण माँग का स्तर है।

चूँकि उपभोग पर व्यय लगभग स्थिर रहता है इसलिए विनियोग की मात्रा में होने वाले उतार-चढ़ाव ही आर्थिक उच्चावचन के मुख्य कारण हैं। विनियोग की मात्रा दो तत्त्वों पर आधारित रहती है—1. ब्याज की दर, और 2. पूँजी की सीमान्त उत्पादकता (Marginal Efficiency of Capital) विनियोग उस बिन्दु तक किया जाता है, **जहाँ पर पूँजी की सीमान्त उत्पादकता ब्याज की दर के बराबर हो जाती है।** ब्याज की दर जो मुद्रा की मात्रा और द्रवता पसन्दगी (Liquidity Preference) पर निर्भर करती है, कम से कम अल्पकाल में तो स्थायी रहता है इसलिए व्यापारिक क्रियाओं के उतार-चढ़ाव में इसका कोई महत्त्वपूर्ण हाथ नहीं रहता। अतः पूँजी की सीमान्त उत्पादकता ही विनियोग की मात्रा का वास्तविक निर्धारक है और पूँजी की सीमान्त उत्पादकता के उतार-चढ़ाव ही विनियोग की मात्रा में उतार-चढ़ाव उत्पन्न

करते हैं। अतः कीन्स के मतानुसार व्यापार-चक्र की क्रियाशीलता का मुख्य कारण पूँजी की सीमान्त उत्पादकता में होने वाले उतार-चढ़ाव हुआ करते है। **कीन्स** के शब्दों में, ''व्यापार-चक्र का आवश्यक स्वभाव विशेषकर समयांतर की नियमितता ही ऐसे लक्षण हैं जिनके कारण व्यापार को एक चक्र कहा गया है। इस चक्र की गतिशीलता का मुख्य कारण पूँजी की सीमान्त उत्पादकता ही होती है। पूँजी की सीमान्त उत्पादकता में जिस भाँति उतार-चढ़ाव आते हैं व्यापार-चक्र भी उसी भाँति चलता है। मेरा विचार है कि पूँजी की सीमान्त उत्पादकता के चक्रीय परिवर्तनों के ही कारण व्यापार-चक्र क्रियाशील होता है।''[1]

पूँजी की सीमान्त उत्पादकता दो तत्त्वों पर निर्भर रहती है—(i) भावी आय, और (ii) पूँजी सम्पत्ति की पूर्ति कीमत। **पूँजी सम्पत्ति की पूर्ति कीमत** अल्पकाल में स्थिर मानी जा सकती है, इसलिए **'भावी आय'** में होने वाले परिवर्तनों द्वारा ही पूँजी की सीमान्त उत्पादकता निश्चित होती है। चूँकि भावी आय की सम्भावनाएँ बदलती रहती हैं, पूँजी की सीमान्त उत्पादकता भी बदलती रहती है, जिससे आर्थिक उतार-चढ़ाव होता रहता है। पूँजी की सीमान्त उत्पादकता की वृद्धि विनियोग में वृद्धि करती हैं तथा उसके परिणामस्वरूप अर्थव्यवस्था में अधिक रोजगार, उत्पादन एवं आय फलित होती है। इस प्रकार समृद्धि काल का आविर्भाव होता है। **पूँजी की सीमान्त उत्पादकता की गिरावट विनियोग की मात्रा को घटाती है जिसके परिणामस्वरूप बेरोजगारी फैलती है और उत्पादन एवं आय का संकुचन होता है।** इस प्रकार पूँजी की सीमान्त उत्पादकता के चक्रीय परिवर्तनों के ही कारण व्यापार-चक्र क्रियाशील होता है। व्यापार-चक्र की क्रियाशील के कारण निम्न चार्ट द्वारा स्पष्ट किया गया है—

व्यापार-चक्र

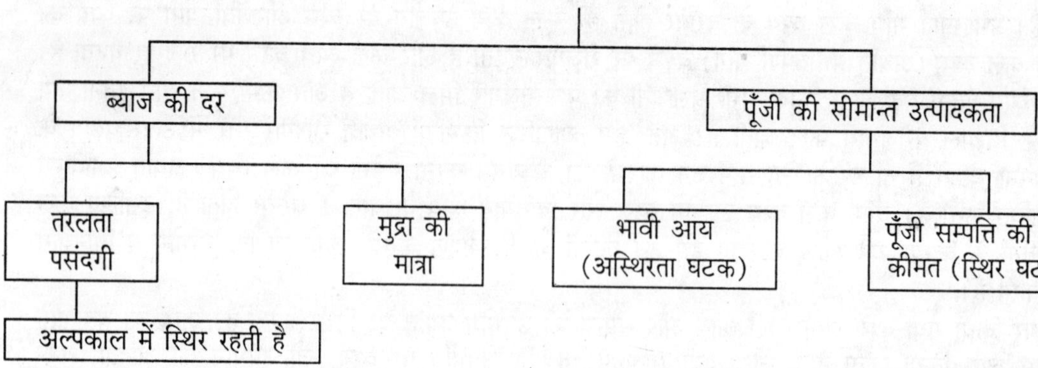

व्यापार-चक्र की अवस्थाएँ (Phases of Business Cycle)—व्यापार-चक्र का ऊपर जो आधारभूत कारण बताया गया है उसके आधार पर अब हम व्यापार-चक्र की उन अवस्थाओं का अध्ययन करेंगे, जो व्यवहार में दृष्टिगोचर होता है।

1. ऊर्ध्वगति व तेजी (Upswing and Boom)—मान लीजिए व्यवसायी लोग भविष्य के प्रति बड़े ही आशावादी हैं, अर्थात् पूँजी की सीमान्त उत्पादकता अधिक है। पूँजी की सीमान्त उत्पादकता में वृद्धि एवं ब्याज-दर स्थिर न होने के कारण नवीन उद्योगों की स्थापना व्यवसायियों के लिए लाभदायक हो जाती है जिसके परिणामस्वरूप विनियोग की मात्रा स्वभावतः बढ़ती ही चली जाती है। विनियोग में वृद्धि के कारण रोजगार एवं उत्पादन में वृद्धि होती है। गुणक भी क्रियाशील हो जाता है जो आय में वृद्धि को वास्तविक विनियोग से कई गुना अधिक कर देता है। आर्थिक प्रसारण की यह प्रक्रिया तब तक चलती रहती है जब तक कि तेजी अपने चरम शिखर तक नहीं पहुँच जाती।

2. अधोगति व प्रतिसार (Downswing and Recession)—जब आर्थिक प्रसारण की प्रक्रिया तेजी के शिखर तक पहुँच जाती है, तो उस शिखर पर कुछ ऐसी आर्थिक शक्तियाँ क्रियाशील हो जाती हैं, जो पूँजी की सीमान्त उत्पादकता को गिराने के लिए बाध्य कर देती है। ये शक्तियाँ निम्न हैं—प्रथम, जैसे-जैसे विस्तार की प्रक्रिया बढ़ती है, वैसे-वैसे पदार्थों एवं उपकरणों के बढ़ते हुए अभाव के कारण उत्पादन की लागतें बढ़ने लगती हैं। श्रमिकों की माँग बढ़

1. Keynes : General Theory, p. 313

जाती है अतः मजदूरी बढ़ने के कारण मजदूरी लागतों में भी वृद्धि हो जाती है। लागतों में वृद्धि के परिणामस्वरूप पूँजी की सीमान्त उत्पादकता में गिरावट आने लगती है। द्वितीय तीव्र औद्योगिक विकास के कारण उत्पादन इतना अधिक हो जाता है कि उसके बचने से प्राप्त होने वाली आय स्वभावतः ही आशाओं (Expectations) से नीचे गिरने लगती है। इन दोनों कारणों से पूँजी की सीमान्त उत्पादकता से गिरावट आने लगती है। **कीन्स** का विचार है कि पूँजी की उत्पादकता में गिरावट धीरे-धीरे न आकर अकस्मात् आती है। पूँजी की सीमान्त उत्पादकता में कमी आने से व्यवसायी निराशावादी बन जाते हैं तथा विनियोग में कमी आ जाती है। परिणामतः साधनों में बेकारी फैल जाती है तथा वस्तुओं की माँग कम हो जाती है। इस अवस्था में गुणक के विपरीत दिशा में क्रियाशील होने के कारण अर्थव्यवस्था में मन्दी की संचयी अवस्था शीघ्र गम्भीर हो जाती है।

3. पुनरुद्धार (Recovery)—कुछ समय तक तो पूँजी की सीमान्त उत्पादकता निम्न स्तर पर रहती है, परन्तु जैसे-जैसे समय व्यतीत होता जाता, वैसे-वैसे पूँजी की सीमान्त उत्पादकता निम्न कारणों से ऊपर उठने लगती है—(i) ज्यों-ज्यों समय व्यतीत होता जाता है त्यों-त्यों मशीनें (जो समृद्धि काम में बैठायी गयी थीं) घिसती जाती है और कार्य के अयोग्य हो जाने के कारण उनके प्रतिस्थापन की आवश्यकता होने लगती है। अतः नवीन मशीनों की माँग में वृद्धि हो जाती है, तथा (ii) कुछ समय पश्चात् अन्य वस्तुओं के बचे हुए स्टॉक भी समाप्त होने लगते हैं। साथ-ही-साथ कच्चे माल एवं पूँजीगत वस्तुओं की कीमतों में गिरावट के कारण लागतों में पर्याप्त कमी आ जाती है। यही नहीं, मजदूरी लागतें भी कम हो जाती है। इन सबका परिणाम यह होता है कि पूँजी की सीमान्त उत्पादकता में सुधार होने लगता है। व्यावसायियों का दृष्टिकोण फिर आशावान हो उठता है—नवीन व्यवसाय क्रिया में वृद्धि होने लगती है और रोजगार तथा उत्पादन में तेजी से वृद्धि होने लगती है! अर्थव्यवस्था की यह विस्तार प्रक्रिया तब तक चलती रहती है, जब तक कि रोजगार एवं उत्पादन अपनी चरम सीमा तक नहीं पहुँच जाते।

सिद्धान्त की आलोचनाएँ
(Criticism of Theory)

1. पूँजी की सीमान्त उत्पादकता (Marginal Efficiency of Capital)–प्रो. हैजलिट ने कीन्स के सिद्धान्त की आलोचना इस आधार पर की है कीन्स ने आर्थिक संकटों का कारण पूँजी की सीमान्त उत्पादकता की आकस्मिक गिरावट बतलाया है, परन्तु पूँजी की सीमान्त उत्पादकता नाम का शब्द अति स्पष्ट है और उसके अनेक सम्भव अर्थ हो सकते हैं।

2. मनोवैज्ञानिक सिद्धान्त (Psychological Theory)–कीन्स के अनुसार पूँजी की सीमान्त उत्पादकता सबसे महत्त्वपूर्ण कारण है, जो साहसी के विनियोग की मात्रा को निश्चित करता है और आर्थिक उतार-चढ़ाव को उत्पन्न करते हैं। परन्तु यह तत्त्व किस पर आधारित है? कीन्स के अनुसार यह विनियोगकर्ता की मनोवृत्ति पर ही आधारित है। यदि यह ठीक है तो कीन्स का सिद्धान्त प्रो. पीगू द्वारा प्रतिपादित मनोवैज्ञानिक सिद्धान्त के बहुत निकट है।

3. सस्ती मुद्रा नीति (Cheap Money Policy)–कीन्स ने सस्ती मुद्रा नीति अथवा नीची ब्याज दरों को आर्थिक संकट का उपचार माना हैं। परन्तु प्रो. क्राउथर का कहना है कि नीची ब्याज दर साहसी को विनियोग के लिए तैयार नहीं कर सकता। क्राउथर ने ब्याज की नीची दर को पानी से तथा साहसी की घोड़े से उपमा देते हुए लिखा है, घोड़े को तालाब तक ले जाना सुगम है परन्तु उसको पानी पिलाना सुगम नहीं है।

4. सरकार नियन्त्रित विनियोग नीति (Government Regulated Investment Policy)–मन्दी एवं बेरोजगारी से लड़ने के लिए कीन्स ने '**सरकार-नियन्त्रित विनियोग नीति**' का समर्थन किया है, परन्तु आलोचकों का कहना है कि यदि इस नीति को स्वीकार कर लिया जाय तो समूची अर्थव्यवस्था उन सरकारी अधिकारियों के हाथों में चली जाएगी जो न पूर्णतः विवेकशील होते हैं, न उन्हें ज्ञान ही होता है। ग्रेट ब्रिटेन में कीन्स के इस उपचार का प्रयोग किया गया था, जिसके कारण उसे भारी हानि उठानी पड़ी थी।

5. व्यापार-चक्र का आगमन (Emergence of Trade Cycle)–कीन्स का सिद्धान्त यह बताने में असमर्थ है कि व्यापार-चक्र बार-बार एक नियत समय पर ही क्यों आते हैं तथा उनका एक नियत मार्ग क्यों बना हुआ है। उपरोक्त आलोचनाओं के होते हुए भी यह उल्लेखनीय है कि कीन्स ने व्यापार-चक्र के सिद्धान्त में हो महत्त्वपूर्ण परिवर्तन ला दिये हैं।

3. शुम्पीटर का नवप्रवर्तन सिद्धान्त
(Schumpeter's Theory of Innovation)

अमेरिकन अर्थशास्त्री **जोसेफ शुम्पीटर (Joseph Schumpeter)** ने व्यापार-चक्र के नव-प्रवर्तन सिद्धान्त का प्रतिपादन किया था। **शुम्पीटर** के अनुसार आर्थिक विकास प्रक्रिया कभी भी सहज (Smooth) नहीं होती। पूँजीवादी देश की आर्थिक प्रणाली में आर्थिक उच्चावचन एक सामान्य घटना है। पूँजीवादी आर्थिक प्रणाली में समय-समय पर जो नव-प्रवर्तन होते रहते हैं, उन्हीं के कारण आर्थिक उच्चावचन उपस्थित होते हैं जिससे अर्थव्यवस्था एक आर्थिक अवस्था को छोड़कर दूसरी आर्थिक अवस्था की ओर पलायन कर जाती है।

शुम्पीटर के अनुसार, **''नव-प्रवर्तन का अभिप्राय ऐसे नवीन प्रवर्तन से है जिसमें उत्पादन की वर्तमान तकनीकी प्रविधियों में उद्यमियों द्वारा रूपान्तरण कर दिया जाता है।''**

शुम्पीटर ने नव-प्रवर्तन की श्रेणी में निम्नलिखित अवयवों को सम्मिलित किया है—

1. किसी नवीन वस्तु का उत्पादन (Production of New Goods), 2. उत्पादन की किसी नवीन पद्धति का विकास (The Development of a New Method of Production), 3. नवीन बाजार का सृजन (Opening of a New Market), 4. कच्चे माल के नवीन स्रोतों का विकास (Discovery of a New Sources of Raw Material), 5. औद्योगिक प्रबन्ध एवं संगठन का पुनर्गठन (Reconstitution of Organisation & Management of Industry)।

इस प्रकार **शुम्पीटर नव-प्रवर्तन (Innovation)** एवं **आविष्कार (Invention)** में मौलिक भेद करते हैं। **शुम्पीटर** के अनुसार नवीन उत्पादन तकनीक का विकास, स्थानापन्न, कच्चे माल की खोज आदि नव-प्रवर्तन हैं। **शुम्पीटर** के विचार में नव-प्रवर्तन अचानक (Spontaneous) उपस्थित नहीं होते बल्कि वे उद्यमियों द्वारा क्रियात्मक रूप से विकसित किये जाते हैं। उद्यमी नव-प्रवर्तन (Innovator) होता है। यही कारण है कि **शुम्पीटर के सिद्धान्त का केन्द्र बिन्दु उद्यमी** ही है। अपनी नव-प्रवर्तन क्रियाओं को सम्पन्न करने के लिए **उद्यमी बैंक** की साख सृजन नीति के अन्तर्गत विनियोग हेतु ऋण आहरित करता है।

सिद्धान्त की व्याख्या (Explanation of Theory)—शुम्पीटर यह मानकर चलते हैं कि अर्थव्यवस्था साम्य की स्थिति में है और प्रत्येक साधन पूर्ण रूप से नियुक्त है। प्रत्येक फर्म सन्तुलन में है और दक्षता से उत्पादन कर रही है तथा उसकी लागतें उसकी आय के बराबर हैं। वस्तु कीमतें उसकी औसत तथा सीमान्त दोनों लागतों के बराबर हैं। न तो कोई बचतें हैं, न ही कोई निवेश। इस सन्तुलन को शुम्पीटर ने **वृत्तीय प्रवाह (Circular Flow)** कहा है जो हर वर्ष एक ही ढंग से अपनी पुनरावृत्ति (Repeat) करता रहता है वैसे ही जैसे प्राणियों में एक ही ढंग से रक्त का संचार होता है। **वृत्तीय प्रवाह** में हर वर्ष एक ही ढंग से एक ही प्रकार की वस्तुओं का उत्पादन होता है। शुम्पीटर का मॉडल इस बात से शुरू होता है कि लाभ कमाने के लिए उद्यमी नई वस्तु के रूप में **नव-प्रवर्तन करके वृत्तीय प्रवाह को भंग करता है।**

शुम्पीटर के विचार में आर्थिक विकास तब उत्पन्न होता है जब उत्पादन प्रक्रिया में उत्पत्ति साधनों के नवीन संयोग के प्रयोग द्वारा अधिक लाभ अर्जित करने के लिए उद्यमियों द्वारा प्रयास किया जाता है। उद्यमियों का यह प्रयास अर्थव्यवस्था की साम्य स्थिति में अस्थायित्व उत्पन्न कर देता है और अर्थव्यवस्था नवीन साम्य स्थिति की ओर चल देती है।

व्यापार-चक्र की विभिन्न अवस्थाओं का विश्लेषण
(Analysis of Different Phases of Business Cycle)

1. तेजी अथवा समृद्धि (Boom or Prosperity)—शुम्पीटर की मान्यता के अनुसार चूँकि एक पूँजीवादी व्यवस्था में उत्पाद के साधनों के नये व अच्छे संयोगों की सम्भावना हमेशा मौजूद होती है इसलिए साहसी इन लाभ सम्भावनाओं का फायदा उठाने के लिए प्रयोग अर्थात् नव-प्रवर्तन करते हैं। वे अपनी अधिकांश पूँजी व्यापारी बैंकों से उधार लेकर नये उपक्रम नव-प्रवर्तनों के सहारे खड़े करते हैं। यदि वे अधिक लाभ प्राप्त करने में सफल होते हैं तो और नये उपक्रमी उनका अनुकरण करते हैं। इस निवेश वृद्धि का परिणाम यह होता है कि मौद्रिक आय तथा कीमतें बढ़ने लगती हैं जो आगे चलकर समस्त अर्थव्यवस्था के संचयी विस्तार की दशाएँ उत्पन्न कर देती हैं। शुम्पीटर ने इस 'आर्थिक चेतना' को उद्यमी के नव-प्रवर्तन की **'प्राथमिक लहर'** की संज्ञा दी है।

उपर्युक्त परिस्थिति के पश्चात् आर्थिक प्रगति में **द्वितीय** लहर प्रारम्भ होती है जिसमें पुरानी फर्में अपने उत्पादन में वृद्धि करती हैं, क्योंकि अब उपभोग व्यय आय में वृद्धि के साथ-साथ बढ़ने लगता है। व्यापारी वर्ग मूल्य में निरन्तर वृद्धि की सम्भावना करता है। जिसके फलस्वरूप परिकाल्पनिक व्यापार (Speculative Business) में वृद्धि होती है। अब बैंक केवल नव-प्रवर्तन सम्बन्धी आर्थिक क्रियाओं के लिए ऋण प्रदान नहीं करते बल्कि वर्तमान विधियों के अन्तर्गत उत्पादन बढ़ाने के लिए भी धन देते हैं। इस प्रकार विनियोजन में और वृद्धि हो जाती है। ऐसी स्थिति में साख स्फीति की **द्वितीयक लहर (Second Wave)** प्रेरित होती है जो नव-प्रवर्तन की प्राथमिक लहर पर छा जाती है। शुम्पीटर ने इसे **समृद्धि अवस्था (Prosperity Phase)** कहा है। प्राथमिक लहर व द्वितीयक लहर को चित्र-2 में प्रदर्शित किया गया है।

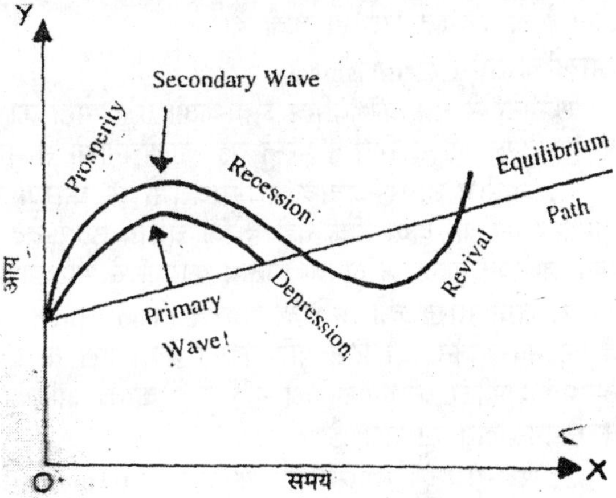

चित्र-2

2. प्रतिसार की अवस्था (Recession Stage)–विनियोग वृद्धि एवं नये साहसियों के उत्पादन प्रक्रिया में प्रवेश से बाजार में नयी वस्तुओं तथा फर्मों के माध्यम से प्रतिस्पर्द्धा प्रारम्भ हो जाती है जिसे शुम्पीटर **रचनात्मक विनाश की प्रक्रिया (Process of Creative Destruction)** कहते हैं। नव-प्रवर्तनों के कारण पुराना सन्तुलन असन्तुलन में बदल जाता है तथा लाभ घटने से नव-प्रवर्तनों के प्रयोग भी घटने लगते हैं जिससे मौद्रिक आय एवं कीमतें भी घटती हैं। आय एवं कीमत के ह्रास को शुम्पीटर ने प्रतिसार अवस्था की संज्ञा दी है।

3. मन्दी की अवस्था (Stage of Depression)—पुरानी वस्तुओं की माँग घट जाती है। उनकी कीमतें गिर जाती हैं। पुरानी फर्में उत्पादन घटा देती हैं और कुछ फर्में तो बन्द हो जाती हैं। जब नव-प्रवर्तन अपने लाभों में से बैंक का कर्जा चुकाना शुरू करते हैं तो मुद्रा की मात्रा घट जाती है और कीमतें गिरने लगती हैं। लाभ कम हो जाते हैं। अनिश्चितता एवं जोखिम बढ़ जाती है। नव-प्रवर्तन का आवेग कम हो जाता है और समाप्त हो जाता है। मंदी शुरू हो जाती और 'संतुलन के पिछले बिन्दु के आस-पास' पुनर्समायोजन की दुःखद प्रक्रिया शुरू हो जाती है। संक्षेप में, **अवस्फीति के कारण कीमतें गिरती हैं → उत्पादन घटता है → लाभ कम हो जाता है → प्रतिफल में अनिश्चितता एवं जोखिम बढ़ जाती है → नव-प्रवर्तनों की प्रेरणा समाप्त होने लगती है → साख का ढाँचा भी गड़बड़ा जाता है →** मन्दी की भयंकर स्थिति उत्पन्न होती है जिससे अर्थव्यवस्था एक भयंकर दुश्चक्र में फँस जाती है।

4. पुनरुत्थान (Recovery)–कुछ फर्में एवं साहसी असफल हो जाते हैं तथा अपना कारोबार बन्द करने पर मजबूर हो जाते हैं परन्तु ऐसी स्थिति में प्रेरित विनियोग के कुछ नये प्रवर्तन शुरू किये जाते हैं जिससे पुनः बाजार में चेतना उत्पन्न होने लगती है। शुम्पीटर ने इसे ही **पुनरुत्थान (Recovery)** की अवस्था कहा है। विकास की नयी प्रक्रिया अपने को पूर्व की भाँति ऊपर की तरफ बढ़ाती जाती है जिससे पुनः सन्तुलन, पूर्व सन्तुलन की स्थिति में आ जाता है।

शुम्पीटर की धारणा थी कि मंदी काल में अर्थव्यवस्था नवीनताओं से आवश्यक समायोजन करती हुई एक नवीन सन्तुलन की ओर अग्रसर होती है परन्तु जैसे ही यह समायोजन पूरा होता है, अर्थव्यवस्था एक स्थिर प्रवाह बन जाती है। फिर नव-प्रवर्तन की एक नई लहर उत्पन्न होती है और यह चक्रीय प्रक्रिया बार-बार दुहराई जाती है।

निष्कर्ष के रूप में शुम्पीटर की धारणा है कि पूँजीवाद के अन्तर्गत आर्थिक विकास की कीमत चक्रीय उतार-चढ़ाव के रूप में चुकानी पड़ती है जो इसके गतिशील कालपथ की स्थायी विशिष्टता है। शुम्पीटर आर्थिक सक्रियता में उतार-चढ़ाव पूर्ण कौन्ड्रेटीफ (Kondratieff) दीर्घ लहर के अस्तित्व में विश्वास रखता है। प्रत्येक दीर्घ लहर का उत्कर्ष

(Upswing) नव-प्रवर्तन लाता है जो जनसाधारण को बहुतायत में वस्तुएँ प्रदान करती है। जब एक बार उत्कर्ष समाप्त होता है तो अवनति शुरू हो जाती है।

आलोचनाएँ (Criticisms)

शुम्पीटर ने चक्र की विभिन्न अवस्थाओं तथा मोड़ों का जो विश्लेषण किया है, वह और अन्य सभी अर्थशास्त्रियों द्वारा प्रस्तुत विश्लेषणों से भिन्न है परन्तु वह आलोचनाओं से मुक्त नहीं है।

1. चक्रीय उतार-चढ़ाव नव-प्रवर्तनों के कारण नहीं (Cyclical Fluctuations not dut to Innovations)—शुम्पीटर का यह दावा ठीक नहीं है कि चक्रीय उतार-चढ़ाव नव-प्रवर्तनों के कारण आते हैं परन्तु वास्तविकता यह है कि मनोवैज्ञानिक, प्राकृतिक अथवा वित्तीय कारणों से भी व्यापार-चक्र आते हैं।

2. बैंक साख को अधिक महत्त्व (Too Much Importance to Bank Credit)—शुम्पीटर यह मानकर चलते हैं कि नव-प्रवर्तनों की वित्त पूर्ति केवल बैंक साख के द्वारा की जाती है लेकिन यह सदैव आवश्यक नहीं। ऐतिहासिक अनुभव शुम्पीटर के निष्कर्ष की पुष्टि नहीं करते। अधिकांश नव-प्रवर्तनों की वित्तपूर्ति चालू बचतों, अंश तथा ऋण-पत्रों के निर्गमन द्वारा की जाती है।

3. नव-प्रवर्तन साहसी का कार्य नहीं (Innovations not the Function of Entrepreneur)—शुम्पीटर की यह मान्यता गलत है कि नव-प्रवर्तन साहसी द्वारा ही सम्भव है। पिछला अनुभव यह है कि प्रत्येक उत्पादन इकाई एवं फर्में स्वतः नव-प्रवर्तन करती रहती हैं। यह उनके जीवन का अभिन्न अंग है। विशेष व्यक्ति की आवश्यकता नहीं पड़ती है।

4. वित्त केवल साख का परिणाम ही नहीं (Finance is not a matter of Credit)—वित्त व्यवस्था या पूँजी निर्माण केवल साख के द्वारा ही पूरा नहीं बल्कि अल्प-बचत, अंश पूँजी में वृद्धि एवं ऋण-पत्रों द्वारा भी प्राप्त होती है। आजकल सार्वजनिक क्षेत्र में वित्त पूर्ति करों, बचतों, उपक्रमों की बचत, नोट छापकर एवं विदेशी सहायता द्वारा की जाती है।

5. शून्य लाभ की अवधारणा (Zero Profit Concept)—व्यावहारिक, आर्थिक जीवन में लाभ का शून्य होना कल्पनीय चीज है। लाभ कभी भी शून्य नहीं होता। शुम्पीटर की यह मान्यता गलत है।

6. पूर्ण प्रतियोगिता (Perfect Competition)—यह धारणा गलत है कि स्थिर सन्तुलन हमेशा पूर्ण प्रतियोगितामूलक होते हैं।

7. अन्य आलोचनाएँ (Other Criticisms)—शुम्पीटर के सिद्धान्त की कुछ अन्य आलोचनाएँ भी की जाती हैं, जैसे—(i) शुम्पीटर ने इसका जवाब ठीक नहीं दिया कि नव-प्रवर्तन में अनियमितता क्यों उत्पन्न होती है। (ii) सामाजिक वातावरण का साहसियों की पूर्ति पर पूर्ण प्रभाव मानना गलत है। (iii) आधुनिक समय में पूँजीवादी व्यापारिक संसार में चक्रीय परिवर्तनों को समझने में यह सिद्धान्त अपर्याप्त है।

4. विकसेल का व्यापार-चक्र का सिद्धान्त
(Wicksel's Theory of Business Cycle)

प्रो. विकसेल नव-संस्थापक सम्प्रदाय के महत्त्वपूर्ण सदस्य तथा प्रवर्तक रहे हैं। विकसेल के मतानुसार व्यापार-चक्रों के जन्म के प्रमुख कारण **गैर-मौद्रिक** तथा **मौद्रिक** दोनों ही होते हैं।

अतः हम गैर-मौद्रिक और मौद्रिक कारणों का विश्लेषण करेंगे जिनके परिणामस्वरूप व्यापार-चक्रों का जन्म होता है।

(I) व्यापार-चक्र के गैर-मौद्रिक अथवा वास्तविक कारण (Non-monetary or Real Causes of Business Cycle)—विकसेल के मतानुसार आर्थिक उतार-चढ़ाव के गैर-मौद्रिक अथवा वास्तविक कारण उस समय उत्पन्न होते हैं जब आर्थिक प्रगति अर्थव्यवस्था में विकास की उस दर को सम्भव नहीं बनाती जिससे बढ़ती हुई जनसंख्या की आवश्यकताओं की पूर्ति की जा सकें। फलतः माँग में वृद्धि के कारण यद्यपि विनियोग में वृद्धि होती है किन्तु नवीन खोजों, आविष्कारों तथा अन्य परिवर्तनों के कारण उत्पादन में वृद्धि होने में कुछ समय लग जाता है। माँग और पूर्ति के इस अन्तराल में वस्तुओं की कमी होने के परिणामस्वरूप अर्थव्यवस्था में तेजी की स्थिति उत्पन्न हो जाती है व व्यापार-चक्र का जन्म होता है।

(II) व्यापार-चक्र के मौद्रिक कारण (Monetary Causes of Business Cycle)–विकसेल के मतानुसार व्यापार-चक्रों के मौद्रिक कारण **बाजार ब्याज दर** तथा **प्राकृतिक ब्याज दर** के अन्तर में निहित हैं।

प्राकृतिक ब्याज दर (Natural Rate of Interest)–यह वह दर है जिस पर (अ) उधार देय पूँजी की माँग (विनियोग की माँग) तथा बचत की पूर्ति ठीक-ठीक बराबर हों।

(ब) जो नयी सृजित पूँजी पर प्रत्याशित प्रतिफल या आय के लगभग बराबर हो।

(स) जिस पर सामान्य कीमत से नीचे या ऊपर जाने की प्रवृत्ति नहीं हो।

इसके विपरीत **ब्याज दर (Market Interest Rate)** उस दर को कहा जाता है जो समय-समय पर बाजार में मुद्रा की माँग तथा पूर्ति द्वारा निर्धारित होती है। वस्तुतः यह वह दर है जो औसतन साख बाजार (Credit Market) में भुगतान की जाती है।

रेखाचित्र 3 की सहायता से प्राकृतिक ब्याज दर और वास्तविक ब्याज दर में अन्तर को स्पष्ट किया गया है। चित्र 3(A) में,

(i) DD विनियोग की माँग वक्र और SS बचत की पूर्ति वक्र है।

(ii) R_n प्राकृतिक ब्याज दर है जिस पर विनियोग की माँग तथा बचत की पूर्ति बराबर है।

(iii) बाजार में प्रचलित वे दरें जो इससे ऊपर-नीचे पर इसके बराबर हों, बाजार दरें कहलायेंगी जैसे चित्र में R_m व R_{m1} आदि हैं।

जब अर्थव्यवस्था में कुल उधार देय कोष की मात्रा ऐच्छिक बचतों द्वारा निर्धारित होती है, तब प्राकृतिक ब्याज दर तथा बाजार ब्याज दर दोनों एक-दूसरे के बराबर होते हैं।

विकसेल का मत है कि बाजार ब्याज दर और प्राकृतिक ब्याज दर में अन्तर होने के कारण ही व्यापार-चक्र अर्थात् विस्तार तथा संकुचन की संचयी प्रक्रिया का जन्म होता है।

इस सम्बन्ध में निम्नलिखित दो परिस्थितियाँ हो सकती हैं—

1. यदि बाजार ब्याज दर प्राकृतिक ब्याज दर से कम है (If Market Rate of Interest is less than Natural Rate of Interest)–यदि बाजार ब्याज दर प्राकृतिक ब्याज दर से कम है तो कीमत स्तर में वृद्धि होगी। इसका कारण यह है कि प्राकृतिक ब्याज दर से बाजार ब्याज दर कम होने के कारण बचत हतोत्साहित होगी और लोगों का उपभोग व्यय बढ़ेगा अर्थात् माँग में वृद्धि होगी। माँग में वृद्धि होने के कारण विनियोग पर लाभ की प्रत्याशा और विनियोग की माँग भी बढ़ेगी, फलतः उपक्रमियों की उत्पादन के साधनों की माँग बढ़ेगी → उत्पादन के साधनों की आय बढ़ेगी → उपभोक्ता की माँग में और **वृद्धि होगी** → कीमत स्तर में और अधिक वृद्धि होगी और यह क्रम संचयी होता जायेगा।

फलतः प्राकृतिक ब्याज दर में और अधिक वृद्धि होगी तथा बाजार ब्याज दर और प्राकृतिक ब्याज दर में अन्तर और बढ़ेगा, विनियोग माँग तथा बचत की पूर्ति के अन्तर में भी और वृद्धि होगी और यह संचयी प्रक्रिया बलवती होती जायेगी।

विस्तार की संचयी प्रक्रिया को स्पष्ट करने के लिए हम पुनः चित्र A को लेते हैं।

चित्र A में (1) DD विनियोग या पूँजी की माँग वक्र है तथा SS बचत की पूर्ति वक्र है।

(2) OR_n प्राकृतिक ब्याज दर है, क्योंकि इस ब्याज दर पर विनियोग की माँग और बचत की पूर्ति दोनों बराबर हैं।

(3) OR_m तथा OR_{m1} ब्याज दरें हैं जिन पर दोनों प्राकृतिक ब्याज दर और बाजार ब्याज दर परस्पर बराबर नहीं हैं।

(4) अब मान लीजिए, OR_m बाजार दर है जो प्राकृतिक ब्याज दर OR_n से कम है तो ऐसी स्थिति में बचत की माँग OS_3 है, जबकि बचत की पूर्ति OS_1 है।

(5) यदि ऐसी स्थिति हो तो लाभ की मात्रा बढ़ेगी, फलस्वरूप विनियोग की माँग और बढ़ेगी और विनियोग की माँग वक्र विवर्तित होकर D_1 हो जायेगी जैसा चित्र B में दिखाया गया है।

(6) इस स्थिति में प्राकृतिक ब्याज दर OR_{n1} हो जायेगी। स्पष्ट है कि प्राकृतिक ब्याज दर OR_{m1} तथा ब्याज दर (OR_m) का अन्तर और बढ़ जायेगा। फलतः अर्थव्यवस्था में कीमत स्तर में वृद्धि की स्थिति संचयी रूप से बलवान होती जायेगी।

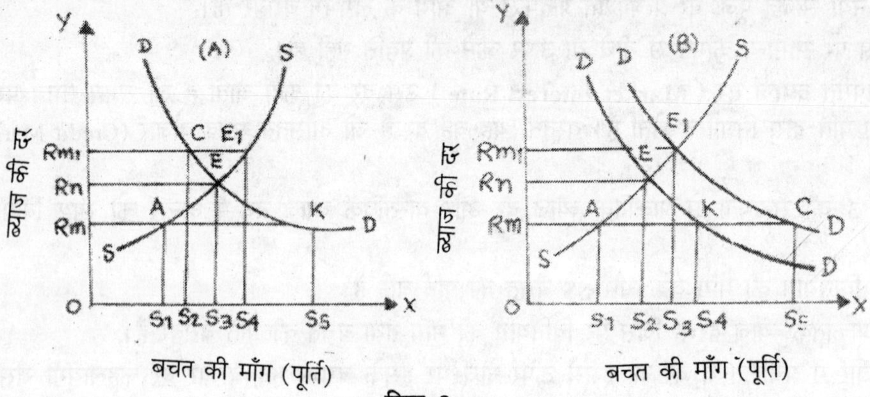

चित्र-3

इसके विपरीत, स्थिति की व्याख्या माँग वक्र को नीचे विवर्तित करके की जा सकती है।

2. यदि बाजार ब्याज दर प्राकृतिक दर से ऊँची है तो बचत प्रोत्साहित होगी, उपभोग व्यय में कमी होगी, विनियोग की माँग घटेगी, उत्पादन के साधनों की माँग और उनकी आय घटेगी, उपभोक्ता वस्तुओं की माँग में और अधिक कमी होगी। इस प्रकार संचयी रूप से संकुचन की प्रक्रिया शुरू हो जायेगी और मंदी की स्थिति बलवती होती जायेगी।

उपर्युक्त विवेचन से स्पष्ट है कि आर्थिक निकाय या अर्थव्यवस्था उसी समय साम्य की स्थिति में होगी जबकि (अ) बाजार ब्याज दर, प्राकृतिक ब्याज दर के बराबर हो; (ब) उधार देय कोषों की माँग बचत की पूर्ति के द्वारा हो तथा (स) ब्याज की दर लाभ की दर के ठीक बराबर हो।

आलोचनाएँ (Criticisms)

विकसेल के सिद्धान्त की आलोचनाएँ निम्नलिखित आधारों पर की जाती हैं—

1. विकसेल का सिद्धान्त पूर्ण रोजगार स्तर की अवास्तविक मान्यता पर आधारित है।

2. विकसेल की यह मान्यता भी सही नहीं है कि जब विनियोग की माँग बढ़ेगी तो साधनों की माँग में वृद्धि के कारण उपभोक्ता वस्तुओं के उत्पादन में संकुचन होगा। कारण यह है कि साख संकुचन की अवस्था के बाद अधिक मात्रा में निष्क्रिय उत्पादन के साधन रहते हैं। अतः साधनों की माँग इसी से पूरी हो जायेगी और उपभोक्ता वस्तुओं के उत्पादन के संकुचन का प्रश्न ही नहीं उठेगा।

3. राबर्टसन के मतानुसार जब एक असन्तुलन की स्थिति आ जाती है तो प्राकृतिक ब्याज दर को एक निश्चिन्त स्वरूप देना अत्यन्त कठिन हो जाता है।

4. डेविडसन, हेयक तथा अन्य लोगों ने यह मत व्यक्त किया कि सामान्य ब्याज दर से कम बाजार ब्याज दर आवश्यक रूप से सामान्य कीमत स्तर में वृद्धि नहीं लायेगी।

5. सैम्युल्सन का गुणक-त्वरक सिद्धान्त
(Samuelson's Multiplier and Accelerator Model)

सैम्युल्सन की व्यापार-चक्र की व्याख्या का आधार गुणांक (**Multiplier**) तथा त्वरक (**Accelerator**) की पारस्परिक क्रियाएँ हैं।

सैम्युल्सन ने अपने प्रसिद्ध लेख 'Interaction between the Multiplier Analysis and Principle of Acceleration' में यह सिद्ध किया है कि गुणक अकेला व्यापारिक चक्र की पूर्ण व्याख्या नहीं कर सकता। अर्थव्यवस्था के सामाजिक उतार-चढ़ाव गुणक और त्वरक की परस्पर क्रिया द्वारा होते हैं। इस मॉडल के अनुसार—

(i) कुल माँग के किसी भी भाग में परिवर्तन होने से आय के स्तर पर गुणक प्रभाव पड़ता है और आय में गुणक गुना वृद्धि होती है। गुणक प्रभाव की मात्रा सीमान्त उपभोग प्रवृत्ति (MPC) पर निर्भर करती है।

(ii) जब आय बढ़ती है तो त्वरक द्वारा जिसका आकार पूँजी-उत्पादन अनुपात (Capital-output Ratio) अथवा β पर निर्भर करता है, प्रेरित विनियोग (Induced Investment) उत्पन्न करता है।

उपर्युक्त दोनों सम्बन्धों (गुणक व त्वरक) की अन्तर्क्रिया (Interaction) के फलस्वरूप अर्थव्यवस्था में उच्चावचन या **व्यापार-चक्रों** का आगमन होता है।

उदाहरण (Illustration)

गुणक और त्वरक की परस्पर क्रिया को हम अग्र सारणी के अंकों की सहायता से समझाने का प्रयास करेंगे—

सारणी 1-गुणक एवं त्वरक के प्रभावों का स्पष्टीकरण **(करोड़ रुपये में)**

गुणक अवधि	प्रारम्भिक विनियोग	प्रेरित उपभोग =1/2= 0.5	प्रेरित विनियोग β–2	कुल आय में परिवर्तन
1	200	0	0	200
2	200	100	200	500
3	200	250	300	750
4	200	375	250	825
5	200	413	75	688

उपर्युक्त सारणी की रचना दो मान्यताओं के आधार पर की गयी है—(i) उगभोग की सीमान्त प्रवृति 1/2 अर्थात् 0.5 है तथा (ii) त्वरक = 2 है।

यह तालिका स्पष्ट रूप से गुणक तथा त्वरक दोनों की सहायता से आय में वृद्धि तथा ह्रास प्रक्रिया की व्याख्या करती है।

(i) प्रथम अवधि में चूँकि न तो गुणांक और त्वरक ही कार्यशील हो पाते हैं इसलिए न तो कोई प्रेरित उपभोग और न ही कोई प्रेरित विनियोग होता है। कुल आय प्रारम्भिक विनियोग के बराबर ही दो सौ करोड़ रुपया रहती है।

(ii) द्वितीय अवधि में प्रेरित उपभोग 100 करोड़ है, क्योंकि सीमान्त उपभोग प्रवृत्ति 1/2 है और कुल प्राप्त आय अर्थात् 200 करोड़ रुपये का आधा भाग लोगों द्वारा उपभोग वस्तुओं पर व्यय कर दिया गया है। अतः दूसरी अवधि में उपभोग व्यय में 100 करोड़ रुपये की वृद्धि होती है। चूँकि त्वरक दो हैं इसलिए इस अवधि में विनियोग में 200 करोड़ रुपये की वृद्धि होती है। इस प्रकार दूसरी अवधि में पहली अवधि की अपेक्षा एक तो 200 करोड़ रुपये की वृद्धि होती है जिसे कायम रखा जाता है, इसके अतिरिक्त 100 करोड़ रुपये की वृद्धि उपभोग व्यय में तथा 200 करोड़ रुपये की वृद्धि विनियोग में होती है अर्थात् द्वितीय अवधि में आय में कुल वृद्धि 500 करोड़ रुपये होती है।

(iii) तीसरी अवधि में उपभोग व्यय 500 × 1/2=250 करोड़ रुपया होगा। इस प्रकार तीसरी अवधि में दूसरी अवधि की अपेक्षा उपभोग व्यय 250 — 100 = 150 करोड़ की वृद्धि होगी। उपभोग व्यय में 150 करोड़ की वृद्धि के साथ प्रेरित नया विनियोग 300 करोड़ रुपया होगा, क्योंकि त्वरक 2 है। इस प्रकार तीसरी अवधि में कुल आय में 750 करोड़ की वृद्धि होती है।

(iv) इसी प्रकार चतुर्थ अवधि में गुणक एवं त्वरक की सम्मिलित परस्पर क्रिया के फलस्वरूप कुल आय बढ़कर 825 करोड़ रुपये तक पहुँच जायेगी।

(v) गुणक तथा त्वरक के प्रभाव के परिणामस्वरूप अवधि 1 से 4 तक आय बढ़ती है, इसके उपरान्त आय घटने लगती है, क्योंकि इस स्थिति तक पहुँचते-पहुँचते गुणक एवं त्वरक दोनों ही अशक्त हो जाते हैं।

(vi) अवधि चार मोड़-बिन्दु अथवा परिवर्तन बिन्दु (Turning Point) है तथा इसके पश्चात् व्यापार-चक नीचे को चल पड़ता है।

इस प्रकार गुणक एवं त्वरक के प्रभाव को ग्रहण कर व्यापार-चक्र की भिन्न-भिन्न अवस्थाएँ बनती हैं।

सैम्युल्सन मॉडल (Samuelson's Model)

सैम्युल्सन की गुणक तथा त्वरक की अन्तर्क्रिया मॉडल को निम्न प्रकार व्यक्त किया जा सकता है—

$$\boxed{C_t = \alpha\, Y_t—1} \qquad ...(1)$$

जहाँ α = सीमान्त उपभोग क्षमता

C_1 = t समय पर उपभोग

$Y_t—1$ = (t—1) **समय** पर प्राप्त आय

इसके अतिरिक्त विनियोग को उपभोग परिवर्तन के फलन के रूप में परिभाषित किया जा सकता है—

$$\boxed{I_t = \beta\,(C_t—C_t—1)} \qquad ...(2)$$

जहाँ β त्वरक गुणक है।

कीन्स विचारधारा के अनुसार

$$\boxed{Y_1 = (C_t + I_t + G_t)} \qquad ...(3)$$

जहाँ G_t = समय t पर स्वतन्त्र विनियोग (Autonomous Investment) है।

समीकरण (3) में समीकरण (1) और (2) का मान प्रतिस्थापित करने पर

$Y_t = G_t + \alpha\, Y_t—1 + \beta\,(C_t—C_t—1)$

$= G_t + \alpha\, Y_t—1 + \beta\, C_t—\beta C_t—1$ (यदि $C_t = \alpha\, Y_t—1$

$= G_t + \alpha\, Y_t—1 + \beta\,.\,\alpha Y_t—1—\beta.\,\alpha\, Y_t—2$ तब $C_t—1 = \alpha\, Y_t—2$

$= G_t + \alpha\, Y_{t-1} + \beta\,.\,\alpha\,.\,Y_t—1 — \alpha\beta\, Y_t—2$ तब $C_t—1 = \alpha Y_t—2$

$$Y_t = G_t + \alpha\,(1+\beta)\, Y_t—1—\alpha\beta\, Y_t—2 \qquad ...(4)$$

समीकरण (4) से स्पष्ट है कि किसी समय बिन्दु पर आय का स्तर दो गत वर्षो के आय स्तरों पर निर्भर करता है अर्थात् (t) समय की आय (Y) दो समय के आय स्तरों $Y_t—1$ तथा $Y_t—2$ पर निर्भर करती है। समीकरण से यह भी स्पष्ट है कि अर्थव्यवस्था में आय का स्तर सीमान्त उपभोग प्रवृत्ति (α) तथा पूँजी उत्पाद अनुपात अर्थात् त्वरक (β) पर निर्भर करता है। α तथा β के भिन्न-भिन्न मूल्यों पर आर्थिक क्रियाओं का परिवर्तन देखा जा सकता है।

सैम्युल्सन के अनुसार, "यदि हमें दो अवधियों की राष्ट्रीय आय ज्ञात हो तो अगली अवधि को राष्ट्रीय आय, भारित जोड़ (Weighted Sum) लेकर आसानी से निकाली जा सकती है। भार, निस्संदेह सीमान्त उपभोग प्रवृत्ति के साथ सम्बन्ध के चुने गए मूल्यों पर निर्भर करेंगे। यह मानकर कि सीमान्त उपभोग प्रवृत्ति का मूल्य शून्य से अधिक एक से कम $o < \alpha < 1$ एवं त्वरक का मूल्य शून्य से अधिक ($\beta < O$) है।" सैम्युल्सन पाँच प्रकार के चक्रीय उतार-चढ़ावों की व्याख्या करता है।

सैम्युल्सन के मॉडल की निम्नलिखित विशेषताएँ हैं—

(i) गुणक एवं त्वरक के मान में अन्तर आने के साथ ही व्यापार-चक्र की आकृति भी बदल जाती है। जैसे-जैसे गुणक तथा त्वरक के मान में अन्तर आता है, वैसे-वैसे व्यापार-चक्र की आकृति भी बदल जाती है।

(ii) साधारणतया त्वरक β का मान जितना अधिक होगा, Y का समय पथ (Time Path) भी उतना ही विस्फोटक होगा।

(iii) सीमान्त उपभोग की प्रवृत्ति α का मान जितना ऊँचा होगा, उतार-चढ़ावों की सम्भावना उतनी ही कम होगी।

(iv) व्यापार-चक्रों का विश्लेषण इस मान्यता पर निर्भर करेगा कि उपभोग प्रवृत्ति का मान शून्य से अधिक तथा 1 से कम हो तथा त्वरक का मूल्य शून्य से अधिक हो।

अर्थात् $o < \alpha > 1$ तथा $\beta > O$

सैम्युल्सन पांच प्रकार के चक्रीय उतार-चढ़ावों की व्याख्या करते हैं। ये पाँच मॉडल निम्न हैं—

स्थिति	मूल्य	व्यापार-चक्र का स्वरूप
1	$\alpha = .5, \beta = 0$	चक्रहीन पथ अथवा सामान्य गुणक मॉडल
2	$\alpha = .5, \beta = 1$	परिमंदित उच्चावचन
3	$\alpha = .5, \beta = 2$	नियमित चक्र
4	$\alpha = .6, \beta = 3$	विस्फोटक चक्र
5	$\alpha = .8, \beta = 4$	चक्रहीन विस्फोटात्मक पथ

1. चक्रहीन पथ अथवा सामान्य गुणक मॉडल ($\alpha = .5, \beta = 0$) ऐसी स्थिति में केवल गुणक की सहायता से अर्थव्यवस्था अपने शिखर पर पहुँच जायेगी। चूँकि त्वरक का मूल्य शून्य है अतः त्वरक इसमें क्रियाहीन रहता है। फलतः

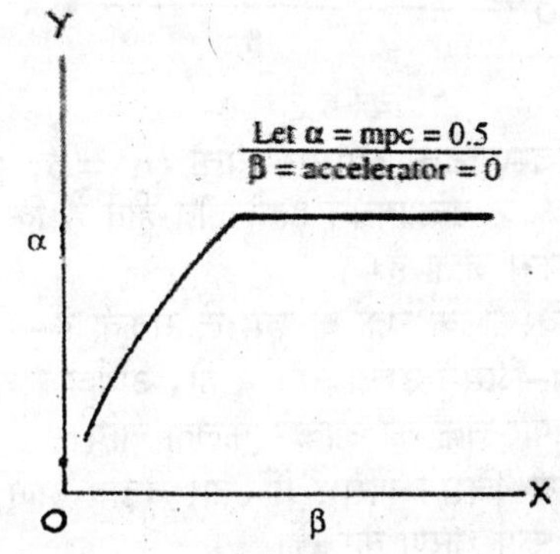

चित्र : 4

2. परिमन्दित चक्रीय पथ ($\alpha = .5, \beta = 1$)—चूँकि इस स्थिति में गुणक का मूल्य 2 है तथा त्वरक का मूल्य 1 है। व्यापार-चक्र के उच्चावचन धीरे-धीरे कम होते जायेंगे और अंत में एक सीधी रेखा में परिणत हो जायेगा। ऐसे मॉडल को परिमन्दित चक्र (Damped Asciliatoty) कहा जाता है। चित्र 5 इसी प्रकार की आकृति को प्रदर्शित करता है।

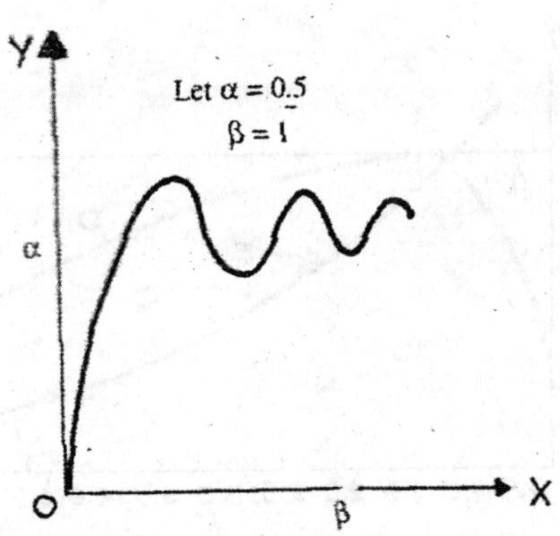

चित्र : 5 A

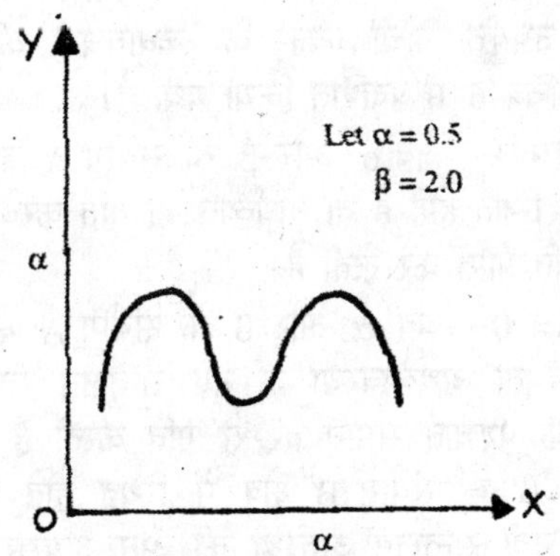

चित्र : 5 B

3. नियमित चक्र ($\alpha = .5, \beta = 2$)—यदि अर्थव्यवस्था में गुणक तथा त्वरक का मान समान हो तो अर्थव्यवस्था में उतार-चढ़ाव एक निश्चित समय के बाद आयेंगे तथा उनकी गति भी समान होगी तथा उनमें उतार-चढ़ाव भी समान अंश (Degree) का होगा। ऐसी स्थिति को चित्र 5B में प्रदर्शित किया गया है। इसमें सीमान्त उपभोग प्रवृत्ति MPC का मूल्य 0.5 होने से गुणक का मूल्य स्वयमेय 2 है तथा त्वरक का मूल्य भी 2 है इसे नियमित चक्र नाम दिया जा सकता है।

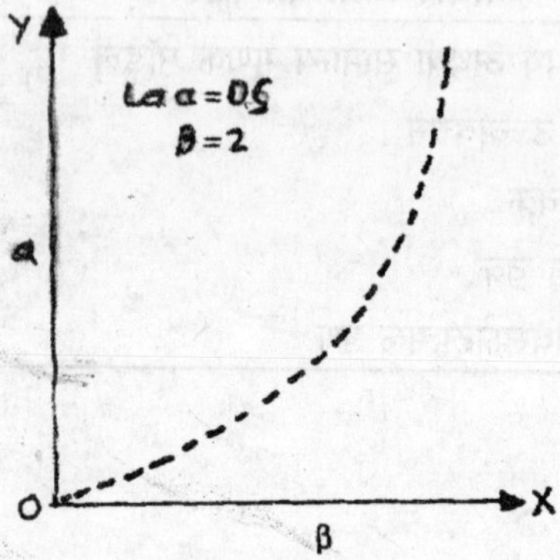

चित्र-5 C

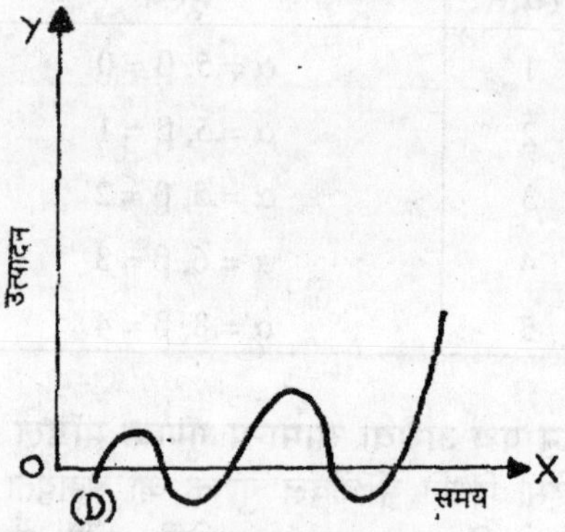

चित्र-5 D

4. विस्फोटक व्यापार चक्र (α =.5, β = 2) विस्फोटक व्यापार-चक्र ऐसी स्थिति को व्यक्त करते हैं जब व्यापार-चक्र के उच्चावचन इतने तीव्र होते हैं कि कीमतें निरन्तर बढ़ती जाती हैं और अर्थव्यवस्था मुद्रा प्रसार की भयंकर स्थिति में फँस जाता है।

यह विस्फोटक चक्र दो रूप ले सकती है—

प्रथम–जिसमें उच्चावचन न हो। अर्थव्यवस्था यदि समृद्धि की ओर आगे बढ़े तो फिर पीछे मुड़ने का नाम ही न ले अर्थात् व्यापार-चक्र का आकार फैलता जाय।

द्वितीय–जिसमें प्रारम्भ में उतार-चढ़ाव आए, बाद में इन उतार-चढ़ाव की विभीषिका बढ़ती जाये और अन्त में यह विस्फोटक रूप धारण कर ले।

विस्फोटक व्यापार-चक्र के इन दोनों स्वरूपों को चित्र 5C व 5D में दर्शाया गया है।

गुणक (α) तथा **त्वरक** (β) की विभिन्न मूल्यों, स्थितियों में उपर्युक्त पाँचों प्रकार के उच्चावचनों की क्षेत्र सीमाओं को चित्र 6 में प्रदर्शित किया गया है।

सीमा क्षेत्र A—जब α और β के संयोग A तथा B क्षेत्रों के मध्य स्थित होते हैं तो अर्थव्यवस्था गति करके नयी सन्तुलन स्थिति प्राप्त कर लेती है।

सीमा क्षेत्र B—जब α और β के संयोग A क्षेत्र के भीतर होते हैं तो अर्थव्यवस्था के नए सन्तुलन स्तर को प्राप्त करने के पश्चात् समान दर से गति करती है परन्तु जब α और β के संयोग B क्षेत्र में स्थित होते हैं तो अर्थव्यवस्था नयी सन्तुलन अवस्था की ओर अग्रसर होती है किन्तु घटते चक्रीय पथ (Damped Cyclical Route) द्वारा जिसके चक्रीय आकार कालान्तर में घटते जाते हैं।

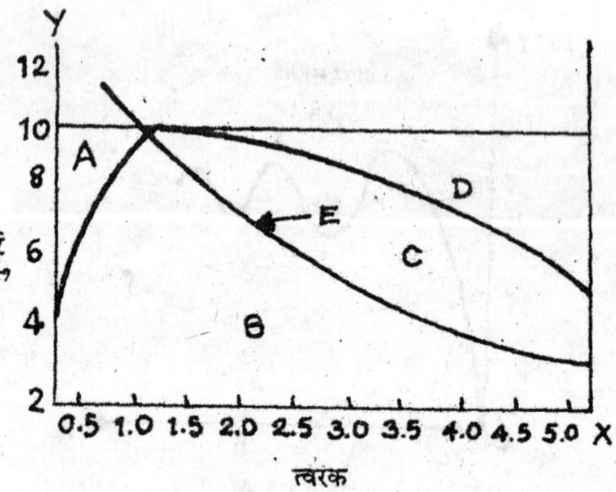

चित्र-6

सीमा क्षेत्र C—यह क्षेत्र गुणक एवं त्वरक के संयुक्त एवं शक्तिशाली प्रभाव के कारण राष्ट्रीय आय के विस्फोटक उच्चावचनों (Explosive Oscillation) को सूचित करता है।

सीमा क्षेत्र D—इस सीमा क्षेत्र C की दीर्घकालीन परिणति सीमा क्षेत्र D है जहाँ त्वरक का मान अधिक महत्त्वपूर्ण होता है और इसी कारण दीर्घकाल में यह क्रिया संचयी क्रम में अधिक शक्तिशाली होकर अति विस्फोटक उच्चावचनों में परिणत हो जाती है।

सीमा क्षेत्र E—इस सीमा रेखा E पर गुणक (α) तथा त्वरक (β) के मूल्यों के संयोग स्थिति होने पर समान आकार (Constant Amplitudes) के निरन्तर चक्रीय उच्चावचन उत्पन्न होंगे। ऐसी दशा में आय का कोई सन्तुलन स्तर कभी भी प्राप्त नहीं हो पाता।

सिद्धान्त का समीक्षात्मक मूल्यांकन (Critical Evaluation of Theory)—प्रो. सैम्युल्सन ने व्यापार-चक्र का एक तार्किक सिद्धान्त प्रस्तुत किया है। गुणक तथा त्वरक पर आधारित प्रो. सैम्युल्सन के मॉडल का बहुत बड़ा गुण यह है कि यह न केवल व्यापार-चक्र की घटना उत्पन्न होने की स्पष्ट व्याख्या करता है बल्कि अर्थव्यवस्था में स्थिरता बनाये रखने के लिए उचित मार्गदर्शन उपलब्ध कराता है। जैसा कि **प्रो. कुरीहारा** ने लक्ष्य किया है—''सीमान्त उपभोग प्रवृत्ति (एक से कम होने) की धारणा पर आधारित गुणक विश्लेषण से मिलकर ही त्वरक नियम व्यापार-चक्र विश्लेषण के उपयोगी औजार के रूप में तथा व्यापार-चक्र नीति के कोटामद मार्गदर्शन के रूप में कार्य करता है।''

यद्यपि सैम्युल्सन के व्यापार-चक्र सिद्धान्त का काफी महत्त्व है फिर भी उनके सिद्धान्त की अग्र आलोचनाएँ की जाती हैं—

1. यांत्रिक क्रिया (Mechanical Process)—इस सिद्धान्त के अध्ययन से ऐसा प्रतीत होता है कि अर्थव्यवस्था का संचालन मशीनवत होता है। त्वरक व गुणक उसके कल-पुर्जे मात्र हैं जो निर्जीव हैं तथा एक निश्चित क्रम से कार्य करते हैं। वास्तविकता इससे भिन्न है। अर्थव्यवस्था के सभी अंग अनिश्चित होते हैं। उनमें पर्याप्त लोच होती है तथा वे अनेक घटकों से प्रभावित होते हैं। दूसरे शब्दों में, न केवल त्वरक व गुणक का मूल्य अर्थव्यवस्था को प्रभावित करता है वरन् अर्थव्यवस्था भी त्वरक व गुणक मूल्य को प्रभावित करती है। वास्तविक अर्थव्यवस्था इतनी जटिल है कि उसके संचालन का क्रमबद्ध विवरण देना कठिन है।

2. तकनीकी सिद्धान्त (Technical Theory)—यह सिद्धान्त तकनीकी अवधारणाओं से इतना गर्भित है मानवीय, आर्थिक और मनोवैज्ञानिक अवधारणों के लिए कोई स्थान नहीं है। अधिक स्पष्ट शब्दों में, गुणक व त्वरक जो इस मॉडल में अत्यधिक महत्त्वपूर्ण हैं, उन्हें इतना अधिक तकनीकी रूप दिया गया है कि उन्हें प्रभावित करने वाले गैर-तकनीकी कारणों को छोड़ दिया गया है।

3. अवास्तविक मान्यता (Unrealistic Assumption)—इस सिद्धान्त में यह मान लिया गया है कि उपभोग की सीमान्त प्रवृत्ति और त्वरक स्थिर हैं परन्तु वास्तव में वे आय के स्तर के साथ-साथ परिवर्तित होते हैं। अतः यह सिद्धान्त अव्यावहारिक है।

4. मौद्रिक शक्तियों की उपेक्षा (Monetary Forces Ignored)—इस सिद्धान्त की व्याख्या केवल वास्तविक शक्तियों के रूप में की गई है और मौद्रिक शक्तियों का इसमें कोई महत्त्व नहीं है जो कि उचित नहीं है। कारण यह है कि आधुनिक मौद्रिक अर्थशास्त्री **मिल्टन फ्रीडमैन** ने यह स्पष्ट कर दिया है कि मुद्रा का अर्थव्यवस्था के मौद्रिक आय उत्पादन और कीमत स्तर को निर्धारित करने में महत्त्वपूर्ण स्थान होता है।

5. उपभोग और विनियोग फलन की दोषपूर्ण अवधारणा (Wrong Assumption of Consumption and Investment Functions)—इस सिद्धान्त में उपभोग तथा विनियोग फलन अपूर्ण है, क्योंकि वास्तव में वर्तमान उपभोग न केवल पिछले समय की आयों पर निर्भर है बल्कि कई पिछली आयों तथा भविष्य की आय पर भी निर्भर करता है, क्योंकि आय सम्बन्धी भविष्य की अनुकूल प्रत्याशाएँ भी वर्तमान समय में उपभोग को प्रभावित करती हैं। इसी के साथ-साथ वर्तमान विनियोग भी बहुत-सी पिछड़ी आयों पर निर्भर करती है।

6. अन्य आलोचनाएँ (Other Criticisms)—(अ) सैम्युल्सन ने जिन विभिन्न चक्रों की व्याख्या की है, उनकी अवधि की लम्बाई के सम्बन्ध में वह मौन है।

(ब) इस सिद्धान्त में जिन चक्रों की व्याख्या की गयी है, प्रवृत्तिहीन अर्थव्यवस्था में स्थिर स्तर के गिर्द ही प्रदोलन (Oscillate) करते हैं। यह वास्तविक नहीं है, क्योंकि अर्थव्यवस्था प्रवृत्तिहीन (Trendless) नहीं होती बल्कि वृद्धि की प्रक्रिया में रहती है। इसी का परिणाम है कि हिक्स ने वृद्धिशील अर्थव्यवस्था में व्यापार-चक्र के अपने सिद्धान्त का सविन्यास किया।

उपर्युक्त आलोचनाओं के कारण प्रो. जे. आर. हिक्स ने इस सिद्धान्त की कुछ कमियों को सुधारते हुए व्यापार-चक्र के आधुनिक सिद्धान्त का प्रतिपादन किया है जिसकी व्याख्या हम नीचे कर रहे हैं।

6. व्यापार-चक्र का आधुनिक सिद्धान्त : हिक्स विचारधारा
(Modern Theory of Business Cycles : Hicksian Viewpoint)

सैम्युल्सन ने गुणक (Multiplier) एवं त्वरक (Accelerator) की अन्तर्क्रिया के विश्लेषण द्वारा राष्ट्रीय आय में उत्पन्न होने वाली अनेक ऐसी काल श्रेणी (Time Series) को स्पष्ट किया है जिनसे काल श्रेणियों के चक्रीय क्रम की सत्यता प्रमाणित होती है। किन्तु **सैम्युल्सन** द्वारा **गुणक त्वरक अन्तर्क्रिया (Multiplier Accelerator Interaction)** की व्याख्या व्यापार-चक्र के सिद्धान्त के रूप में प्रतिष्ठित नहीं हो सकी। 1950 ई. में प्रकाशित **प्रो. जे. आर. हिक्स** की पुस्तक *'A Contribution to the Theory of Trade Cycles'* व्यापार-चक्र के स्पष्ट सिद्धान्त की व्याख्या करती है। **हिक्स** द्वारा प्रतिपादित व्यापार-चक्र की व्याख्या भी गुणक एवं त्वरक की अन्तर्क्रिया पर आधारित है किन्तु हिक्स एक विकासशील अर्थव्यवस्था (Growing Economy) अर्थात् ऐसी अर्थव्यवस्था जिसमें राष्ट्रीय आय में बढ़ती हुई प्रवृत्ति (Rising Trend) पायी जाती है, में गुणक तथा त्वरक की परस्पर क्रिया द्वारा व्यापारिक-चक्रों के घटने तथा उनकी विभिन्न अवस्थाओं, मोड बिन्दुओं तथा उच्चतम सीमाओं (Ceilings) एवं निम्नतम सीमा (Floor) की व्याख्या करता है।

मॉडल के तत्त्व (Ingredients of the Model)–हिक्स के व्यापार-चक्र के मॉडल के प्रमुख तत्त्व निम्नलिखित हैं—

1. विकास की वांछित दर (Warranted Rate of Growth)–वह दर है जो अपने आपको बनाए रखेगी। यह बचत विनियोग सन्तुलन के अनुरूप होती है। जब वास्तविक विनियोग तथा वास्तविक बचत एक ही समान दर से हो रही है तो कहा जाता है कि अर्थव्यवस्था वांछित दर से विकास कर रही है। हिक्स के अनुसार गुणक-त्वरक परस्पर क्रिया ही है जो वांछित विकास दर के गिर्द आर्थिक उतार-चढ़ावों का मार्ग प्रशस्त करती है।

2. उपभोग फलन— $C_t = \alpha C\ Y_t$—1 का रूप लेता है। अवधि t में उपभोग की पिछली अवधि (t—1) की आय (Y) का फलन माना जाता है। इस प्रकार आय से उपभोग पीछे रह जाता है। और गुणक को समय पश्चात सम्बन्ध (Lagged Relation) समझा जाता है।

3. स्वायत्त या स्वतन्त्र विनियोग (Autonomous Investment)–उत्पादन के स्तर में परिवर्तनों से स्वतन्त्र होता है, अतः यह अर्थव्यवस्था के विकास से नहीं सम्बद्ध होता।

4. प्रेरित विनियोग (Induced Investment)–यह उपभोग या आय (या उत्पादन) के स्तर में परिवर्तन की दर पर निर्भर करता है, न कि उपभोग या आय के निरपेक्ष स्तर पर अतः प्रेरित विनियोग अर्थव्यवस्था के विकास दर का फलन **होता** है। हिक्स के मॉडल में त्वरक, प्रेरित विनियोग पर आधारित है जो कि गुणक के साथ मिलकर ऊपरी मोड़ **(Upturn)** लाता है। हिक्स ने त्वरक को यों परिभाषित किया है कि यह प्रेरित विनियोग का आय में वृद्धि से अनुपात है।

गुणक तथा त्वरक के स्थिर मूल्यों में दिये होने पर लीवर प्रभाव (Leverage Effect) ही आर्थिक उतार-चढ़ावों के लिए उत्तरदायी होता है।

व्यापार-चक्र की विभिन्न अवस्थाएँ (Different Phases of Business Cycle)–हिक्स अपना विश्लेषण वहाँ से शुरू करते हैं जबकि पूर्ण रोजगार अथवा साधन का पूर्ण उपभोग हो रहा होता है। इस स्थिति में गुणांक तथा त्वरक के प्रभाव को ग्रहण कर व्यापार-चक्र की विभिन्न अवस्थाएँ बनती हैं। जिनका विवरण निम्न प्रकार है[1]—

(क) ऊर्ध्वगति या तेजी (Upswing and Boom)–मान लीजिए कि किसी घटना (जैसे आविष्कार) के कारण विनियोग में वृद्धि होती है। गुणक की क्रियाशीलता के कारण अतिरिक्त विनियोग से सृजित आय में वृद्धि विनियोग से अधिक होगी। आय में कितनी वृद्धि होगी, यह सीमान्त उपभोग प्रवृत्ति पर निर्भर करेगा। आय में वृद्धि के परिणामस्वरूप व्यय अर्थात् उपभोग माँग में वृद्धि हो जायेगी। त्वरक के सिद्धान्त के अनुसार जब उपभोग की माँग बढ़ती है तो मशीन आदि पूँजीगत उत्पादक वस्तुओं की माँग भी बढ़ेगी और इनकी माँग उपभोग वस्तुओं की तुलना में अधिक मात्रा व तेजी से बढ़ेगी। इस प्रकार "अर्थव्यवस्था के विनियोग की एक नई तथा पहले से भी बड़ी लहर दौड़ जायेगी।" यह नया

---

1. गुणक व त्वरक के प्रभाव के कुल आय में पड़ने वाले प्रभाव को स्पष्ट करने के लिए छात्र चाहें तो सैम्युल्सन सिद्धान्त में दी गयी सारणी पुनः दे सकते हैं।

विनियोग फिर गुणक की क्रियाशीलता के कारण आय तथा व्यय में बड़ी वृद्धि सृजित करेगा। इस प्रकार ऊर्ध्वगति तेजी पकड़ती जायेगी।

(ख) अधोगति व मन्दी (Downswing and Depression)–जब ऊर्ध्वगति तेजी पकड़ती जाती है तो उसी प्रकार प्रावैगिक निर्धारक क्रियाशील हो जाते हैं जो ऊर्ध्वगति को समाप्त कर देते हैं। ये प्रावैगिक निर्धारक इस प्रकार से क्रियाशील होते हैं।—

(i) जैसे-जैसे आय बढ़ती जाती है, सीमान्त उपभोग प्रवृत्ति घटती जाती है, अतः उपभोग व्यय में वृद्धि आय के अनुपात में नहीं हो पाती।

(ii) जैसे-जैसे कीमतें बढ़ती जाती हैं, वैसे-वैसे मजदूरी की तुलना में लाभ में अपेक्षाकृत अधिक तेजी से वृद्धि होती है। दूसरे शब्दों में, आय का वितरण धनिकों के पक्ष में तथा गरीबों के विपक्ष में होने लगता है। चूँकि धनिकों की उपभोग प्रवृत्ति गरीबों की अपेक्षा कम होती है, इसलिए आय की तुलना में उपभोग कम गति से बढ़ता है।

(iii) जब तेजी कुछ समय तक रुक जाती है तो पूँजी-उत्पाद अनुपात बढ़ने लगता है तथा विनियोग कम लाभदायक सिद्ध होने लगता है।

उपर्युक्त कारणों से एक ओर तो उपभोग व्यय में वृद्धि धीमी होती है दूसरी ओर पूँजी-उत्पाद अनुपात बढ़ जाने के कारण विनियोग कम लाभदायक सिद्ध होने लगता है। इसका परिणाम यह होता है कि विनियोग की दर घट जाती है। जब विनियोग की दर घट जाती है तो उपभोग में वृद्धि और धीमी पड़ जाती है। जब उपभोग व्यय में वृद्धि धीमी पड़ती है तथा त्वरक के कारण विनियोग घटता है तो अधोगति आरम्भ हो जाती है और धीरे-धीरे अर्थव्यवस्था मन्दी की पकड़ में आ जाती है।

(ग) पुनरुद्धार (Recovery)–जब कुछ समय तक मन्दी विद्यमान रहती है तो उपरोक्त घटनाएँ विपरीत दिशा में कार्य करने लगती हैं। सीमान्त उपभोग प्रवृत्ति में वृद्धि तथा आय का वितरण मजदूरी के पक्ष में होने से उपभोग के गिरने की दर घट जाती है। धीरे-धीरे उपभोग बढ़ने लगते हैं। विनियोग व्यय में वृद्धि अर्थव्यवस्था को मन्दी के गड्ढे से निकाल लेती है और अन्ततः ऊर्ध्वगति आरम्भ हो जाती है।

प्रो. हिक्स ने व्यापार-चक्र की विभिन्न अवस्थाओं को चित्र द्वारा समझाया है—

विनियोग एवं राष्ट्रीय आय अथवा विनियोग

चित्र 7 में AA रेखा स्वतन्त्र विनियोग को दर्शाती है। यह रेखा एक सीधी पड़ी रेखा है जो यह दिखाती है कि इस प्रकार का विनियोग एक निश्चित दर पर बढ़ता है। EE रेखा गुणक तथा त्वरक दोनों को परस्पर क्रिया द्वारा पैदा की गयी आय की वृद्धि को दर्शाती है। FF पूर्ण रोजगार की उच्चतम सीमा है। इससे अधिक राष्ट्रीय उत्पादन नहीं हो सकता तथा LL धरातलीय रेखा है जिससे कम राष्ट्रीय आय नहीं हो सकती।

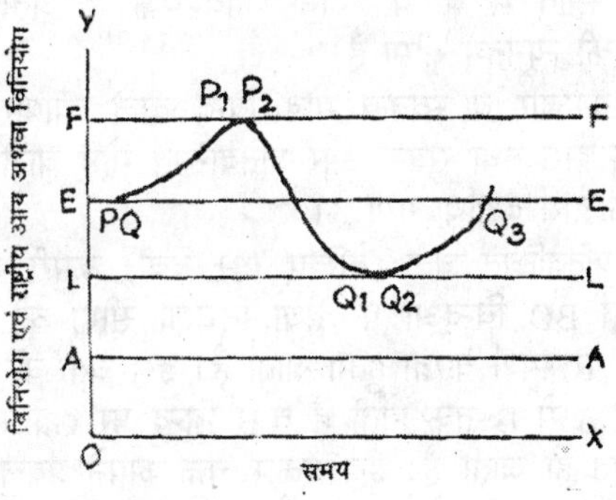

चित्र-7

मान लीजिए, PO साम्य की स्थिति है और इस स्थिति में किसी आविष्कार के कारण नया विनियोग एकदम बढ़कर P_1 पर पहुँच जाता है और आय बढ़ती है। इस वृद्धि के कारण त्वरक द्वारा और अधिक विनियोग किया जाता है। जब गुणक क्रियाशील हो जाता है जिससे आय में कई गुना वृद्धि हो जाती है। इस प्रकार गुणक तथा त्वरक दोनों के परस्पर प्रभाव द्वारा राष्ट्रीय आय P_0P_1 मार्ग पर ऊपर चढ़ती रहती है परन्तु यह वृद्धि P_1 पर रुक जायेगी, क्योंकि FF पूर्ण रोजगार की उच्चतम सीमा है। चूँकि P_1 पर पहुँचकर राष्ट्रीय आय में वृद्धि, मन्द गति से बढ़ती है, इसीलिए प्रेरित विनियोग घटने लगता है। प्रेरित विनियोग के घटने से व्यापार-चक्र नीचे को चल पड़ता है। अतः P_2 से राष्ट्रीय आय पुनः EE रेखा की ओर चल पड़ती है। विनियोग घटता जाता है और गुणक की विपरीत दिशा में क्रियाशीलता के कारण अर्थव्यवस्था P_2 से नीचे चलकर Q_1 पर पहुँच जाती है। Q_1 धरातलीय रेखा है अर्थात् राष्ट्रीय आय इससे कम नहीं हो सकती, अतः व्यापारिक-चक्र इससे और नीचे नहीं जायेगा। अर्थव्यवस्था Q_1 से Q_2 तक सरकती जायेगी। वहाँ आय-स्तर

में कुछ वृद्धि होती है जिससे प्रेरित विनियोग कुछ प्रोत्साहित होता है तथा मन्दी दूर होती है। इस प्रकार व्यापार-चक्र ऊपर से नीचे की ओर चलता है।

अब हम हिक्स के व्यापार-चक्र सिद्धान्त में ऊपरी मोड़ और निचला मोड़ बिन्दु (Upper and Lower Turning Points) तथा उनसे सम्बन्धित कमजोर या स्वतंत्र मोड़ वाले (Weak and Free Ending) एवं सबल तथा प्रतिबंधित मोड़ वाले (Strong and Constrained Ending) व्यापार-चक्रों के स्वरूप के सम्बन्ध में अध्ययन करेंगे।

हिक्स के सिद्धान्त के ऊपरी मोड़ बिन्दु पर पूर्ण रोजगार स्तर पर उत्पादन साधनों के उपभोग द्वारा उत्पादन तथा आय में वृद्धि की सम्भावनाएँ समाप्त हो जाती हैं। यह बिन्दु हैरोड के प्राकृतिक विकास दर की भाँति अर्थव्यवस्था के विकास की अधिकतम सीमा दर्शाती है।

सबल मोड़ वाला और प्रतिबन्धित चक्र वे हैं जहाँ सीमान्त उपभोग प्रवृत्ति और त्वरक के मूल्य ऐसे हैं कि यदि बाहरी अवरोधक कारक न हों तो विस्तार अधिकतम आर्थिक विकास में परिणत होता है और साथ ही साथ अर्थव्यवस्था से ऊपरी और निचले दोनों मोड़ बिन्दुओं को स्पर्श करती है। चूँकि ऐसे व्यापार-चक्र अधिकतम विकास-पथ और न्यूनतम विकास-पथ को स्पर्श करते हैं और इनके ऊपर या नीचे नहीं जा सकते इसलिए इन्हें प्रतिबन्धित चक्र कहा जाता है, क्योंकि इनका विस्तार अधिकतम सीमा द्वारा प्रतिबन्धित हो जाता है। इन्हें सबल मोड़ वाला चक्र भी कहते हैं, क्योंकि इन चक्रों का मोड़ अधिकतम सीमा के पूर्व नहीं होता है।

जहाँ तक कमजोर या स्वतन्त्र मोड़ वाले चक्रों का प्रश्न है, ये अर्थव्यवस्था की अधिकतम और न्यूनतम सीमाओं को स्पर्श किये बिना ही मुड़ जाते हैं। चूँकि इन चक्रों का मुड़ना बिना किसी अवरोध के हो जाता है अतः इन्हें स्वतन्त्र चक्र कहते हैं।

प्रतिबन्धित और स्वतन्त्र चक्रों को नीचे रेखाचित्र 8 द्वारा स्पष्ट किया गया है।

1. Gn प्राकृतिक विकास दर को दर्शाता है जो वास्तविक आय वृद्धि की अधिकतम सीमा को व्यक्त करता है।

2. Cs फलन उपभोग का न्यूनतम निर्वाह स्तर है जिसे प्रत्येक स्थिति में बनाये रखना आवश्यक है अतः C वक्र विकास की न्यूनतम सीमा है।

3. कमजोर व स्वतन्त्र मोड़ बिन्दु वाले व्यापार-चक्र को FF वक्र द्वारा तथा सबल और प्रतिबन्धित मोड़ वाले चक्र को PH वक्र द्वारा दर्शाया गया है।

4. प्रतिबन्धित चक्र (देखिए PH वक्र) ऊपरी अधिकतम सीमा को BD बिन्दुओं पर तथा निचली सीमा को A व G बिन्दुओं पर स्पर्श करता हुआ जाता है। इस चक्र की आय की वृद्धि जो A से B तक होती है व B बिन्दु पर Gn सीमा द्वारा प्रतिबन्धित हो जाती है। इस प्रकार चक्र अपने प्रबल मोड़ के साथ B से C की ओर मुड़ता है। संकुचन की इस स्थिति में कमी C बिन्दु से नीचे नहीं हो सकती अतः आर्थिक क्रियाओं का पुनः Cs से प्रतिबन्धित होकर C से D की ओर अग्रसर होता है।

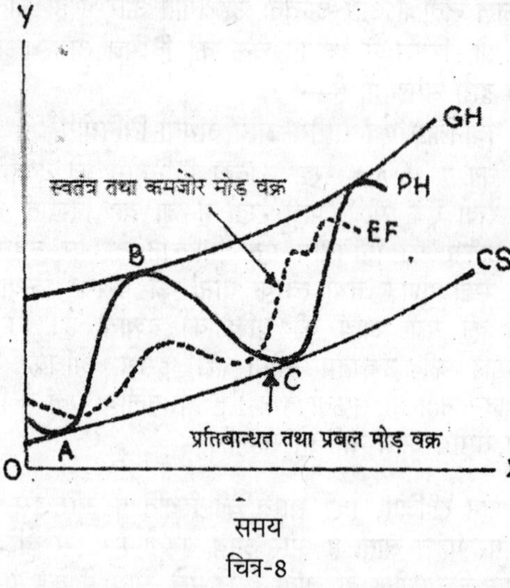

समय

चित्र-8

5. EF वक्र जो निर्बल व स्वतन्त्र मोड़ वाले व्यापार-चक्र को दर्शाता है, वह अधिकतम विकास की सीमा (Gn) और न्यूनतम विकास की सीमा (Cs) को बिना स्पर्श किये ही उनके पूर्व मुड़ जाता है। अतः इस चक्र का पथ और इसके मोड़ बिन्दु Gn तथा Cs सीमाओं से प्रतिबन्धित हैं।

मान्यताएँ (Assumptions)–व्यापार-चक्र का आधुनिक सिद्धान्त निम्नलिखित मान्यताओं पर आधारित है—

1. वर्तमान उपभोग पिछली आय का फलन है।

2. बचत और विनियोग गुणक इस रूप में है कि अर्थव्यवस्था में सन्तुलन पथ से दूर आर्थिक क्रियाओं से सीधे चक्रहीन रूप में जाना सम्भव है।

3. गुणक तथा त्वरक के मूल्य स्थिर हैं।

4. अर्थव्यवस्था प्रगतिशील है जिसमें स्वायत्त विनियोग स्थिर दर से इस तरह बढ़ता है, ताकि अर्थव्यवस्था गतिमान सन्तुलन की स्थिति में बनी रहे।

5. अर्थव्यवस्था उत्पादन के पूर्ण रोजगार स्तर से आगे नहीं विस्तार कर सकती। इस प्रकार पूर्ण रोजगार सीमा अर्थव्यवस्था के ऊपर की ओर गति पर प्रत्यक्ष नियन्त्रण का कार्य करती है।

6. आर्थिक क्रियाओं के संकुचन (Contraction) की दशा में त्वरक की क्रियाशीलता विस्तार अवस्था की क्रियाशीलता से भिन्न होती है और यह भिन्नता आर्थिक क्रियाओं के चढ़ाव और उतार के लिए महत्त्वपूर्ण है।

7. चूँकि यह मान लिया गया है कि उपभोग तथा प्रेरित विनियोजन समयान्तर के साथ कार्य करते हैं, इसलिए गुणक तथा त्वरक के बीच सम्बन्ध समयान्तर ढंग पर ग्रहण किया जाता है।

8. औसत पूँजी उत्पाद-अनुपात इकाई से अधिक माना गया है।

9. उत्पादन और आय को सदैव वास्तविक रूप में ही नापा गया है।

आलोचनात्मक मूल्यांकन (Critical Evaluation)—व्यापार-चक्र का आधुनिक सिद्धान्त व्यापार-चक्र की विभिन्न अवस्थाओं तथा मोड़ बिन्दुओं का विश्लेषण अत्यन्त सन्तोषजनक ढंग से प्रस्तुत करता है तथा चक्रों की सामयिकता पर भी प्रकाश डालता है। व्यापार-चक्र के आधुनिक सिद्धान्त में ऊपरी सीमा और निचली सतह की कल्पना की गयी है। अतः उत्पादन आय और रोजगार का उच्चावचन इन्हीं दो सीमाओं के भीतर होता रहता है। ऊपरी सीमा और निचली सतह की कल्पना से ही व्यापार-चक्र की सामयिकता का कुछ आभास हो जाता है।

आधुनिक सिद्धान्त में हैरोड की आर्थिक विकास की प्राकृतिक दर की अवधारणा का अनुकरण करके व्यापार-चक्र के ऊपर मोड़ बिन्दु का अध्ययन सन्तोषप्रद विश्लेषण प्रस्तुत किया गया है। इसी प्रकार निचले मोड़ के सम्बन्ध में यह प्रदर्शित करके कि किस प्रकार पूँजीगत सम्पत्तियों में उत्पादन क्षमता का आधिक्य ऊर्ध्वमुखी प्रवृत्ति के प्रारम्भ होने में विलम्ब ला देता है, हिक्स ने व्यापार-चक्र के सिद्धान्त के सम्बन्ध में अत्यन्त महत्त्वपूर्ण योगदान किया है।

उपर्युक्त गुणों के बावजूद हिक्स के सिद्धान्त की निम्नलिखित आधारों पर आलोचनाएँ की जाती हैं—

1. अवास्तविक मान्यताएँ (Unrealistic Assumption)—(अ) कीन्स के सिद्धान्त में यह मान लिया गया है कि व्यापार-चक्र की विभिन्न अवस्थाओं के दौरान गुणक और त्वरक का मान स्थिर रहता है। यह कीन्स के स्थिर उपभोग फलन पर आधारित है, पर यह वास्तविक नहीं है। कीन्सोपरान्त अनुभवगम्य शोध-कार्यों जिनमें प्रो. मिल्टन फ्रीडमैन तथा प्रो. ड्यूसेनबरी के कार्य प्रमुख हैं, ने यह प्रदर्शित किया है कि जब आय में चक्रीय उच्चावचन हो रहे हों तो उस समय उपभोग फलन या उपभोग की सीमान्त प्रवृत्ति स्थिर नहीं रहती है। जैसा मिल्टन फ्रीडमैन ने स्पष्ट किया कि अल्पकालिक आय तथा उपभोग के बीच निश्चित तथा स्थानीय सम्बन्ध नहीं होता है। इस प्रकार उनके अनुसार व्यापार-चक्र को विभिन्न अवस्थाओं में गुणक का मान परिवर्तित हो जाता है।

(ब) हिक्स ने त्वरक के मान को भी स्थिर मान लिया है। त्वरक की स्थिरता पहले से स्थिर पूँजी-उत्पादन अनुपात मानकर चलती है। ये मान्यताएँ अवास्तविक हैं, क्योंकि तकनीकी साधन विनियोजन की प्रवृत्ति तथा संरचना, पूँजी वस्तुओं का गर्भाधान अवधि इत्यादि के कारण पूँजी-उत्पाद अनुपात स्वयं परिवर्तनशील है। इसलिए प्रो. लुंडबर्ग ने सुझाव दिया है कि व्यापार-चक्रों को समझाने की वास्तविक पद्धति के लिए त्वरक में स्थिरता की मान्यता छोड़ दी जाय।

इसी प्रकार त्वरक सिद्धान्त यह मानता है कि पूँजी यन्त्रों में उत्पादन-क्षमता का आधिक्य नहीं। पर ऐसे उद्योग जिन पर चक्रीय उच्चावचनों का प्रभाव पड़ता है। सामान्यतया सिद्धान्ततः उत्पादन-क्षमता का आधिक्य बनाये रखते हैं।

(स) हिक्स के सिद्धान्त की यह मान्यता भी अवास्तविक है कि व्यापार-चक्र की विभिन्न अवस्थाओं में सतत् गति से निरन्तर स्वायत्त विनियोजन होता रहता है। कारण यह है कि मन्दी की अवधि में वित्तीय संकट स्वायत्त विनियोजन को उसके सामान्य स्तर से नीचे गिरा सकता है।

2. पूर्ण रोजगार सीमा (Full Employment Limit)–इस सिद्धान्त में पूर्ण रोजगार सीमा की परिभाषा उत्पादन पथ से स्वतन्त्र रूप में की गयी है। पूर्ण रोजगार सीमा को हिक्स ने हैरोड की प्राकृतिक विकास दर पर आधारित करते

हुए जनसंख्या वृद्धि और तकनीकी विकास आदि पर निर्भर माना है। इस आधार पर उन्होंने यह भी मान लिया है कि शिखर या सीमा वृद्धि पर स्वायत्त विनियोग वृद्धि दर से बढ़ रही है लेकिन इसके विपरीत पूर्ण रोजगार से सम्बन्धित उत्पादन का स्तर अर्थव्यवस्था में उपलब्ध पूँजी स्टॉक आदि साधनों की मात्रा पर निर्भर करता है फलतः जिस समयावधि में पूँजी स्टॉक में वृद्धि होती है, इसमें इस उच्चतम या शिखर सीमा में भी वृद्धि हो जाती है। जिसका विश्लेषण हिक्स के सिद्धान्त में नहीं किया गया है।

3. व्यापार-चक्र की तकनीकी व्याख्या (Technical Explanation of Business Cycle)—इस सिद्धान्त में व्यापार-चक्र जैसी जटिल समस्या को पूर्णतया तकनीकी या यांत्रिक कारण माना गया है। गुणक व त्वरक की तकनीकी प्रक्रिया यद्यपि व्यापार-चक्र के उदय होने में महत्त्वपूर्ण हो सकती है परन्तु वास्तविक जीवन में आर्थिक क्रियाओं में इतने यांत्रिक परिवर्तन नहीं होते जिसकी कल्पना हिक्स ने की। हिक्स के सिद्धान्त में व्यापारिक क्रियाओं में होने वाले चक्रीय परिवर्तनों की व्याख्या के सम्बन्ध में उन मनोवैज्ञानिक कारणों को ध्यान में नहीं रखा गया है जो भविष्य की अनिश्चितताओं तथा प्रत्याशाओं के कारण उत्पन्न होते हैं तथा एक प्रावैगिक पूँजीवादी अर्थव्यवस्था में इनका बहुत अधिक महत्त्व है।

4. स्वायत्त और प्रेरित विनियोग में अमान्य अन्तर (Non-logical Difference between Autonomous and Induced Investment)–ड्यूसेनबरी एवं लुण्डबर्ग आदि अर्थशास्त्रियों का कहना है कि स्वायत्त और प्रेरित विनियोग के बीच किया गया अन्तर बहुत मान्य नहीं है। वास्तव में, विनियोग का यह भेद समयावधि से सम्बन्धित है। प्रत्येक विनियोजन अल्पकाल में स्वायत्त होता है और स्वायत्त विनियोजन की अधिकांश मात्रा दीर्घकाल में प्रेरित बन जाती है। यह भी सम्भव है कि किसी विशिष्ट विनियोजन का कुछ भाग स्वायत्त हो और कुछ भाग प्रेरित, जैसा कि मशीनरी की स्थिति में। अतः स्वायत्त और प्रेरित विनियोग में किया गया अन्तर बहुत युक्तिसंगत नहीं है।

प्रो. शुम्पीटर के नव-प्रवर्तन सिद्धान्त में यह स्पष्ट किया गया है कि तकनीकी विकास और नव-प्रवर्तन से स्वायत्त विनियोग की दर में परिवर्तन होता रहता है और यह परिवर्तन न केवल चक्रीय उतार-चढ़ाव को प्रभावित करता है अपितु अधिकतम सीमा को भी ऊपर-नीचे कर सकता है।

5. मौद्रिक शक्तियों की अस्पष्ट भूमिका (Unspecific Role of Monetary Forces)–इस सिद्धान्त में मौद्रिक साधनों की भूमिका स्पष्ट नहीं है। हिक्स ने अपने इस मॉडल के द्वारा "जहाँ मौद्रिक अर्थशास्त्रियों की इस व्याख्या को कि "व्यापार-चक्र एक पूर्णतया मौद्रिक घटना है" समाप्त करने का प्रयास किया है, वहीं उन्होंने वास्तविक शक्तियों के प्रभाव को आवश्यकता से अधिक स्थापित किया है परन्तु इस बात को स्वयं हिक्स ने अपने सिद्धान्त में स्वीकार किया है कि मौद्रिक शक्तियों के प्रवेश से व्यापार-चक्र का रूप और सीमा-पथ प्रभावित होता है। उदाहरण के लिए, उनका कहना है कि यदि बैंक दुर्लभ मुद्रा नीति का अनुसरण करें तो शिखर के आने से पहले ही अवनति प्रारम्भ हो सकती है। एक और स्थान पर उन्होंने तर्क दिया है कि 1929 से 1933 तक का दीर्घकालिक संकुचन अधिकतर मौद्रिक संकट के कारण था। पुनः वे कहते हैं कि मौद्रिक साधन निचला मोड़ ला सकते हैं। इस प्रकार व्यापार-चक्र के हिक्सीय विश्लेषण में मौद्रिक साधनों की भूमिका स्पष्ट नहीं है।"

6. ऊपरी सीमा और सीमा की असन्तोषजनक व्याख्या (Unsatisfactory Explanation of Upper Limit and Lower Limit)–(अ) ड्यूसेनबरी के मतानुसार हिक्स का सिद्धान्त शिखर से मंदी के शुरू होने की समुचित व्याख्या करने में असमर्थ है। कारण यह है कि साधनों की कमी विनियोजन में आकस्मिक पतन और इस प्रकार मंदी नहीं ला सकती। उदाहरण के लिए 1875-1921 के बीच जो अमेरिका में मंदी आई, वह साधनों की कमी के कारण नहीं आई थी।

(ब) हिक्स का यह मत है कि यह स्वायत्त विनियोग ही है जो धीरे-धीरे निचली सीमा की ओर गति प्रदान करता है और फिर निचली सीमा पर स्वायत्त विनियोजन में वृद्धि से ही निम्न मोड़ बिन्दु आता है। हैरोड ने इस तर्क पर सन्देह व्यक्त किया है कि मन्दी के तल (**Floor**) पर स्वायत्त विनियोजन बढ़ेगा। मन्दी तो स्वायत्त विनियोजन को प्रोत्साहित करने के स्थान पर कम कर सकती है।

7. अन्य आलोचनाएँ (Other Criticisms)–(अ) हिक्स ने कहा कि व्यापार-चक्र की विस्तार अवस्था की अपेक्षा संकुचन अवस्था अधिक लम्बी होती है परन्तु युद्धोत्तरकालीन चक्रों ने वास्तविक व्यवहार में स्पष्ट कर दिया है कि व्यापार-चक्र की विस्तारशील व्यवस्था उसकी संकुचनशील अवस्था की अपेक्षाकृत बहुत अधिक लम्बी होती है।

(ब) इस सिद्धान्त में यह मान लिया गया है कि औसत पूँजी-उत्पाद एक वर्ष या इससे कम समयान्तर के लिए इकाई से अधिक होता है परन्तु व्यवहार में ऐसा देखने को नहीं मिलता।

निष्कर्ष–उपर्युक्त आलोचनाओं के बावजूद भी निष्कर्ष के रूप में यह कहा जा सकता है कि हिक्स का सिद्धान्त व्यापार-चक्र का सबसे पूर्ण व व्यवस्थित सिद्धान्त है और यह पिछले सभी सिद्धान्तों से श्रेष्ठ है।

क्या व्यापार-चक्र आर्थिक विकास के लिए आवश्यक है? (Is Business Cycle Essential for Economic Development)–व्यापार-चक आर्थिक विकास में बाधा है या प्रोत्साहन, इसके बारे में अनुचित वाद-विवाद आरम्भ हो गया है। कुछ अर्थशास्त्रियों का कहना है कि व्यापार-चक्र आर्थिक विकास के लिए लाभदायक है। मोरिस डाब (Mauric Dobb), काल्डोर (Kaldor), राबर्ट्सन (Robertson), रोस्टोव (Rostow), सरीखे उत्कृष्ट अर्थशास्त्रियों ने थोड़ी-सी स्फीति की है, क्योंकि इससे आर्थिक विकास में सहायता मिलती है। इसी प्रकार से राबर्ट्सन का मत है कि मन्दी के समय कमजोर फर्में नष्ट हो जाती हैं जिससे अर्थव्यवस्था सुदृढ़ एवं शक्तिशाली हो जाती है। अब हम देखेंगे कि कहाँ तक व्यापार-चक्र आर्थिक विकास में सहायक हो सकता है?

(अ) चढ़ता कीमत-स्तर (Rising Price Level)–प्रो. पीगू एवं राबर्ट्सन आदि अर्थशास्त्रियों का मत है कि कीमत में बहुत धीमी और क्रमिक वृद्धि अर्थव्यवस्था को गति प्रदान करती है, क्योंकि चढ़ती कीमतों से लाभ, उत्पादन तथा रोजगार बढ़ते हैं। इससे उत्पादक व समस्त अर्थव्यवस्था लाभान्वित होती है। श्रमिक वर्ग को रोजगार के अवसर बढ़ जाने से लाभ होता है। चढ़ती कीमतों से ऋणियों को जो सामान्यतः गरीब होते हैं, लाभ होगा व सार्वजनिक ऋणों का भार (Burden) भी कम हो जायेगा। मूल्य-वृद्धि के कारण शुद्ध विनियोग बढ़ेगा और इससे पूँजी-निर्माण में वृद्धि होगी, परिणामस्वरूप देश के आर्थिक विकास को गति मिलेगी।

परन्तु अधिकांश अर्थशास्त्रियों का मत है कि आर्थिक विकास के लिए स्फीति की आवश्यकता नहीं है। स्फीति तथा आर्थिक विकास में उचित व सीधा कारणात्मक सम्बन्ध स्थापित करना सम्भव नहीं है। जर्मनी और जापान देशों में यह सम्बन्ध प्रतिकूल सिद्ध हुआ है। निष्कर्ष के रूप में हम कह सकते हैं कि अल्पकाल में थोड़ी स्फीति लाभदायक सिद्ध हो सकती है परन्तु दीर्घकाल में स्थायी रूप से यह उचित नहीं है, क्योंकि स्फीति से (i) भयंकर सट्टेबाजी का आविर्भाव होता है; (ii) देशी माल को विदेशी बाजार में बेचना कठिन हो जाता है; (iii) मुद्रा का मूल्य उत्तरोत्तर गिरता जाता है, इसलिए लोग इस अपने पास रखने के अनिच्छुक हो जाते हैं अर्थात् बचत पर प्रतिकूल प्रभाव पड़ता है; (iv) लोग अपनी राशियों को विदेशों में विनियुक्त करने लगते हैं। मूल्य नियन्त्रित करने की आवश्यकता को अनुभव करते हुए चौथी योजना के ज्ञापन (Memorandum) में यह उल्लेख किया गया है कि "हाल ही की मूल्य-वृद्धि के कारण बहुत-से उत्पादकों और व्यापारियों को कष्ट उठाने पड़े हैं। यदि इस प्रकार की आमदनियों को योजना के लक्ष्यों के अनुसार बचत और विनियोग के रूप में परिवर्तित न किया जाये तो इससे अर्थव्यवस्था विकृत और असन्तुलित हो जायेगी।"

(ब) गिरता कीमत-स्तर (Falling Price Level)–कुछ व्यक्तियों का यह विचार है कि (i) मन्दी के समय निर्बल फर्में नष्ट हो जाती हैं और आर्थिक व्यवस्था शक्तिशाली हो जाती है; (ii) गिरती हुई कीमतों के साथ-साथ लाभ भी गिरने लगते हैं। अतः उत्पादक सावधान हो जाते हैं और लागत घटाने का भरसक प्रयत्न करते हैं। इस प्रकार कार्यक्षमता में वृद्धि हो जाती है; (ii) गिरती हुई कीमतों श्रमिक वर्ग के लिए कल्याणकारी होंगी, क्योंकि मजदूरी दरें कीमतें की अपेक्षा कम तेजी से गिरती हैं।

परन्तु कीमतों का गिरना सदैव लाभदायक नहीं होता। तकनीकी सुधार तथा उससे फलित कार्यक्षमता में वृद्धि के कारण कीमतों में क्रमिक ह्रास अत्यन्त वांछनीय है। यह श्रमिक वर्ग के लिए कल्याणकारी होगा और इससे राष्ट्रीय उत्पादन व रोजगार में किसी प्रकार की कमी नहीं आयेगी परन्तु यदि चलन में से कुछ मुद्रा हटाकर और व्यय में कमी लाकर कीमत-स्तर को गिराया जाय तो इसके परिणाम अवांछनीय होंगे। जब कीमतें गिरती हैं तो श्रमिकों की वास्तविक मजदूरी बढ़ती है परन्तु ऐसे काल में भी उसका दुर्भाग्य सुविस्तृत बेरोजगारी के रूप में प्रकट हो जाता है। घटता हुआ कीमत-स्तर लाभ घटाकर उत्पादकों को हानि पहुँचाता है जिससे उत्पादन निरुत्साहित होता है और समस्त अर्थव्यवस्था को हानि पहुँचती है।

निष्कर्ष–उपरोक्त विवेचन से स्पष्ट है कि बढ़ती तथा गिरती कीमतों के अच्छे प्रभाव भी हैं तथा बुरे प्रभाव भी। रॉबर्ट्सन का यह कहने का अभिप्राय कि व्यापार-चक्र आर्थिक विकास के लिए आवश्यक है, यह है कि व्यापार-चक्र केवल हल्की मुद्रा-स्फीति के रूप में यह हल्की मन्दी के रूप में ही होना चाहिए। सरकार को चक्र-विरोधी नीतियों की सहायता से इसे सदैव हल्के रूप में रखना चाहिए।

वास्तव में, धीमे और तेज व्यापार-चक्र में अन्तर करना कठिन है। प्रायः देखा गया है कि धीमा व्यापार-चक्र ही तेज व्यापार-चक्र के रूप में परिवर्तित हो जाता है। मार्क्स का मत है कि धीरे-धीरे करके व्यापार-चक्र तेज होता चला जायेगा। हिक्स ने भी इस तथ्य को स्वीकार किया है। अतः यह विचार अधिक उचित नहीं जान पड़ता है कि व्यापार-चक्र आर्थिक विकास के लिए आवश्यक है। "घटती-बढ़ती कीमतें तो शुद्ध दुर्भाग्य ही हैं। कीमतों के बार-बार चढ़ने-गिरने से अनिश्चिता बढ़ जाती है जिससे उत्पादन से सम्बद्ध जोखिम अधिक हो जाता है। भारी हानियों की सम्भावना के कारण उत्पादक भयभीत रहते हैं। कम उत्साही उत्पादकों के भाग जाने से अन्य उत्पादकों के उत्पादन के निम्न स्तर पर अत्यन्त प्रतिकूल प्रभाव पड़ता है।"

चक्र विरोधी नीति (Anti-Cyclical Policy)

उद्देश्य (Objectives)–पूँजीवाद अर्थव्यवस्था में मन्दी के बाद तेजी और तेजी के बाद मन्दी बारी-बारी से आती रहती है। यह सामाजिक हितों के लिए घातक होता है और अर्थव्यवस्था में भारी संकट उत्पन्न कर देती है। अतः व्यापार-चक्रों को नियन्त्रित करने की आवश्यकता है। इनको नियन्त्रित करने के प्रमुख उपाय निम्नलिखित हैं—

1. प्रशुल्क अथवा राजकोषीय नीति (Fiscal Policy)
2. मौद्रिक नीति (Monetary Policy)
3. भौतिक नियंत्रण (Physical Control) एवं
4. अन्य उपाय (Other Measures)

1. प्रशुल्क नीति (Fiscal Policy)

आर्थर स्मथीम के अनुसार, "प्रशुल्क नीति वह है जिसको सरकार अपने व्यय तथा आगम के कार्यक्रम को राष्ट्रीय आय, उत्पादन तथा रोजगार पर इच्छित प्रभाव डालने तथा अवांछित प्रभावों को रोकने के लिए प्रयुक्त करती हैं।" प्रशुल्क नीति के अन्तर्गत निम्न उपकरणों का सहारा लिया जाता है—

(क) व्यय में परिवर्तन (Change in Expenditure)–आय (Y) उपभोग (C) विनियोग (I) पर किये गये व्यय के योग के बराबर होती है। अतः अपस्फीति की रोकथाम के लिए उपयुक्त नीति सार्वजनिक व्यय में वृद्धि है तथा स्फीति को रोकने के लिए सार्वजनिक व्यय में कमी करनी चाहिए। चूँकि सार्वजनिक व्यय कुल व्यय का एक अंश है इसलिए सार्वजनिक व्यय बढ़ने से कुल व्यय बढ़ता है और सार्वजनिक व्यय घटने से कुल व्यय घटता है। यदि हम अतिरिक्त सार्वजनिक व्यय को (G) द्वारा व्यक्त करें तो कुल बढ़ा हुआ व्यय C + I + G होगा। इसी प्रकार यदि कुल व्यय में कमी लाने के लिए सार्वजनिक व्यय में G के बराबर कमी की जाय तो कुल घटा हुआ व्यय C + I – G होगा। यदि कुल व्यय C + I से बढ़ाकर C + I + G कर दिया जाय तो आय में वृद्धि होगी और कुल व्यय C + I से घटाकर C + I – G कर दिया जाय तो आय घट जायेगी जैसा कि चित्र 9 में दिखाया गया है।

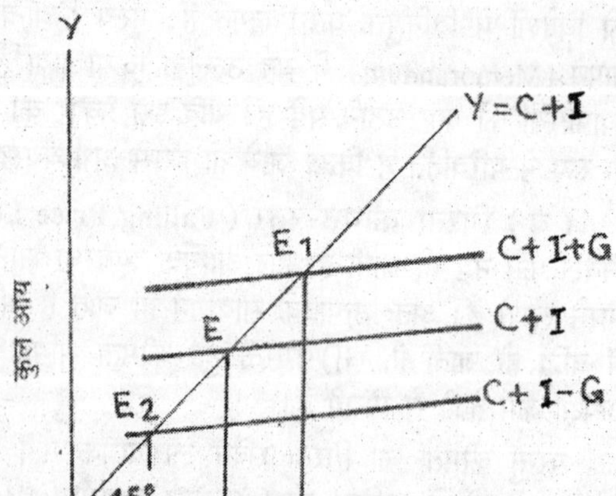

चित्र-9

चित्र में प्रारम्भिक स्थिति में कुल व्यय G + I है। E सन्तुलन बिन्दु है और राष्ट्रीय आय OM है। अब मान लीजिए, सार्वजनिक व्यय में G के बराबर वृद्धि होती है जिसके परिणामस्वरूप कुल व्यय वक्र खिसककर C + I + G की स्थिति में आ जाती है और नया सन्तुलन बिन्दु E_1 हो जाता है और आय बढ़कर ON हो जाती है। इसके विपरीत, यदि सार्वजनिक व्यय में G के बराबर कमी कर दी जाती है तो सन्तुलन बिन्दु F_2 हो जाता है और आय भी घटकर OL हो जाती है। इस प्रकार स्पष्ट है कि सार्वजनिक व्यय बढ़ने से आय बढ़ती है और सार्वजनिक व्यय घटने से आय घटती है। अतः (अ) अपस्फीतिजनक परिस्थितियों को समाप्त करने के लिए उपयुक्त नीति यह है कि व्यय में वृद्धि की जाय और (ब) स्फीतिजनक परिस्थितियों की समाप्ति के लिए उपयुक्त नीति यह है कि व्यय में कमी कर दी जाय।

यदि किसी अर्थव्यवस्था में अपस्फीतिजनक (मन्दी) परिस्थितियाँ विद्यमान हैं तो प्रश्न यह उठता है कि सरकार व्यय की किन मदों में व्यय को बढ़ाये। मोटे तौर से सरकार को निम्नलिखित तीन प्रकार के व्ययों को बढ़ाना चाहिए।

(i) उपभोग को प्रभावित करने वाले व्यय–सरकार को वृद्धावस्था, बेकारी, अपाहिजों की सहायता इत्यादि के रूप में आर्थिक सहायता देनी चाहिए, ताकि वे व्यक्ति जिनकी आय कम है, उनकी उपभोग शक्ति बढ़े। टेलर के अनुसार, सन् 1933-39 की अवधि में इस प्रकार की सहायता का एक बड़े पैमाने पर प्रयोग किया गया था।

(ii) व्यक्तिगत विनियोगों को प्रभावित करने वाले व्यय–सरकार को उद्योगों को आर्थिक सहायता प्रदान करनी चाहिए और व्यक्तिगत क्षेत्र की स्पर्द्धात्मक शक्ति को बढ़ाना चाहिए जिससे उनकी उत्पादन क्षमता बढ़े और वे अधिक कार्यशील बन सकें।

(iii) सार्वजनिक व्यय–सरकार को सार्वजनिक निर्माण कार्यों जैसे—सड़कों, भवनों, पार्कों, स्कूलों, नहरों, अस्पतालों, बन्दरगाहों आदि के निर्माण में रुपया व्यय करना चाहिए। इस प्रकार के सरकारी व्यय से प्रभावपूर्ण माँग और रोजगार की मात्रा में वृद्धि होगी।

इसके विपरीत मुद्रा-स्फीति काल में जिन मदों की हमने ऊपर गणना की है, उन पर खर्च समाप्त किया जा सकता है या घटाया जा सकता है।

(ख) करों में परिवर्तन (Change in Taxes)—करों में परिवर्तन निजी व्यय को प्रभावित करके राष्ट्रीय आय तथा रोजगार को प्रभावित करते हैं। मन्दी काल (अपस्फीति) में कर नीति ऐसी होनी चाहिए जिससे कि उपभोग और विनियोग व्यय को प्रोत्साहन मिले। वस्तुओं पर लगाये गये करों को घटाकर इतना कम कर दिया जाना चाहिए कि जनता के उपभोग व्यय में पर्याप्त वृद्धि हो सके। उत्पादन कर, बिक्री कर आदि करों में कमी करने से एक ओर तो व्यक्तियों के उपभोग व्यय बढ़ेंगे और दूसरी ओर, उत्पादकों तथा विक्रेताओं की आय बढ़ जायेगी और वे उत्पादन बढ़ाने के लिए प्रेरित होंगे। फलतः प्रायः रोजगार व विनियोग में वृद्धि होगी। इसी प्रकार व्यावसायिक एवं निगम करों में कमी करने से विनियोग व्यय में वृद्धि सम्भव हो सकेगी।

दूसरी ओर, स्फीतिकाल में क्रय-शक्ति (आय) को घटाने के लिए उपर्युक्त करों की दरों में वृद्धि करनी चाहिए तथा नये करों को लगाना चाहिए।

(ग) सार्वजनिक व्यय (Public Debt)—सार्वजनिक ऋणों का उपयोग भी मुद्रा-प्रसार व मुद्रा-संकुचन की स्थिति को दूर करने के लिए किया जाता है। सार्वजनिक ऋण के अन्तर्गत सरकार जो जनता से उधार लेती है और उसका जो भुगतान करती है, दोनों सम्मिलित हैं। जब सरकार जनता से उधार लेती है तो उसका प्रभाव करारोपण के समान होता है, क्योंकि इसके द्वारा जनता की अतिरिक्त क्रय-शक्ति सरकार के पास उधार के रूप में आ जाती है। इसी प्रकार जब सरकार सार्वजनिक ऋण का भुगतान करती है तो उसका प्रभाव सार्वजनिक व्यय के समान पड़ता है, क्योंकि इससे व्यक्तियों के पास मूल धन और ब्याज के रूप में अतिरिक्त क्रय शक्ति आ जाती है और प्रभावपूर्ण माँग में वृद्धि होती है। अतः स्फीति काल में उधार जमा करके मन्दी काल में चुकाया जाना चाहिए।

प्रशुल्क नीति की सीमाएँ (Limitations of Fiscal Policy)—यद्यपि विभिन्न प्रशुल्क यन्त्रों के समुचित प्रयोग से हम आर्थिक स्थायित्व की दिशा में अग्रसर हो सकते हैं परन्तु प्रशुल्क नीति की भी कुछ बुनियादी समस्याएँ हैं जो निम्नलिखित हैं—

1. सार्वजनिक व्यय में आये दिन और सहसा परिवर्तन करना आसान नहीं है।

2. सरकारी योजनाएँ भी जल्दी-जल्दी नहीं बदली जा सकतीं।

3. कर प्रणाली में आये दिन आकस्मिक परिवर्तन करना आसान नहीं है।

4. प्रशुल्क नीति दुधारी तलवार की भाँति है। यदि थोड़ी-सी भी सरकारी व्यय की दिशा गलत हुई तो या तो स्फीति हो जायेगी या मन्दी आ जायेगी।

2. मौद्रिक नीति
(Monetary Policy)

मौद्रिक नीति से आशय आर्थिक स्थिति में वांछित परिवर्तन लाने के लिए मुद्रा तथा साख की मात्रा में परिवर्तन है। दूसरे शब्दों में, मौद्रिक नीति के अन्तर्गत वे सभी उपाय आ जाते हैं जिनके द्वारा केन्द्रीय बैंक साख नियन्त्रण के उपकरणों को अधिक प्रभावशाली बनाता है। मौद्रिक नीति मुद्रा-स्फीति और मुद्रा-अपस्फीति को रोकने में सहायक होती है। केन्द्रीय बैंक जिन तरीकों से साख का नियन्त्रण करता है, उन्हें 'साख नियन्त्रण के उपकरण' कहते हैं। नीचे हम यह देखने का प्रयत्न करेंगे कि इन उपकरणों की सहायता से किस प्रकार मुद्रा-स्फीति और मुद्रा-अपस्फीति का नियन्त्रण किया जाता है—

(अ) बैंक दर नीति (Bank Rate Policy)—बैंक दर ब्याज की वह दर है जिस पर केन्द्रीय बैंक अन्य सदस्य बैंक को उधार देता है। यदि बैंक दर में वृद्धि की जाती है (अर्थात् व्यापारिक बैंक द्वारा ली जाने वाली ऋण पर ब्याज की दर बढ़ायी जाय), तब व्यापारिक बैंक भी अपने ऋणों की ब्याज दरों में वृद्धि करने के लिए विवश हो जाते हैं। इसके विपरीत, यदि बैंक दर कम कर दी जाय, तब व्यापारिक बैंक भी अपने ऋणों की ब्याज दरें कम करने में समर्थ हो जाते हैं।

स्फीति को रोकने के लिए केन्द्रीय बैंक दर में वृद्धि कर देनी चाहिए। बैंक दर में वृद्धि हो जाने के कारण व्यवसायी तथा उपभोक्ता बैंकों से अधिक ऋण लेना पसन्द नहीं करते जिसके परिणामस्वरूप अर्थव्यवस्था के स्फीतिक दबावों की तीव्रता में गिरावट आ जाती है।

इनके विपरीत, अर्थव्यवस्था को मन्दी से ऊपर उठाने के लिए केन्द्रीय बैंक को दर घटा देना चाहिए, ताकि ऋण सस्ता हो जाये और ऋणों पर आधारित व्यवसायों को प्रोत्साहन मिले।

(ब) खुले बाजार की क्रियाएँ (Open Market Operations)—स्फीति को रोकने के लिए उपयुक्त नीति यह है कि केन्द्रीय बैंक सरकारी प्रतिभूतियों को बेचें। प्रतिभूतियों के विक्रय के फलस्वरूप साधारणतया व्यापारिक बैंक की जमा में कमी आ जाती है, क्योंकि क्रेता अधिकतर प्रतिभूतियों का भुगतान बैंक जमा (Bank Deposits) में से करते हैं। व्यापारिक बैंकों की जमा में कमी होने से उनकी उधार देने की क्षमता कम हो जाती है और बैंक ऋण घट जाते हैं जिससे स्फीतिकारी प्रवृत्तियाँ कम हो जाती हैं। इसके विपरीत, मन्दी काल में केन्द्रीय बैंक को प्रतिभूतियों को खरीदना चाहिए, ताकि व्यापारिक बैंकों के यहाँ नकद जमा की मात्रा बढ़ जाये और उनकी उधार लेने की क्षमता में वृद्धि हो तथा साख विस्तार हो। यही बात मन्दीकाल में वांछित है।

(स) प्रासंगिक अनुपातों में परिवर्तन (Change in Reserve Ratio)—जब देश में मुद्रा-प्रसार हो तो केन्द्रीय बैंक को प्रासंगिक अनुपात को बढ़ा देना चाहिए। उदाहरण के लिए यदि केन्द्रीय बैंक के पास व्यापारिक बैंकों द्वारा रखा जाने वाला अनुपात 20% से बढ़ाकर 25% कर दिया जाता है तो व्यापारिक बैंकों को केन्द्रीय बैंक के पास अधिक धनराशि जमा करनी पड़ेगी इसलिए इसी अनुपात में व्यापारिक बैंकों को अपने ग्राहकों को ऋण दे सकने की शक्ति सीमित हो जायेगी। फलतः मुद्रा-प्रसार की तीव्रता कम हो जायेगी। इसके विपरीत, मन्दी काल में प्रासंगिक अनुपातों को घटा देना चाहिए।

(द) मार्जिन आवश्यकताओं में परिवर्तन (Change in Margin Requirement)—मार्जिन की ऊँची दर मौद्रिक प्रसार को रोकने में समर्थ होती है। उदाहरण के लिए, मान लीजिए, व्यापारिक बैंक गेहूँ के स्टॉक की जमानत पर स्टॉक के वर्तमान मूल्य के 70% अंश तक उधार देता है। इसका अर्थ यह है कि मार्जिन 30% है। अब मान लीजिए

कि केन्द्रीय बैंक व्यापारिक बैंकों को आदेश देता है कि वे मार्जिन 30% के स्थान पर 50% कर दें। ऐसी दशा में व्यापारिक बैंक अपने ग्राहक को प्रतिभूतियों के मूल्य के 50% से अधिक ऋण नहीं दे सकेंगे। अर्थात् 100 रुपये के गेहूँ के स्टॉक पर केवल 50 रुपये ही ऋण दिया जा सकेगा। फलतः बैंक ऋण घट जायेंगे। अतः केन्द्रीय बैंक के लिए उपयुक्त नीति यह है कि तेजी काल में मार्जिन की आवश्यकता को बढ़ा दें और मन्दीकाल में मार्जिन की आवश्यकता को घटा दें।

(य) उपभोक्ता का साख नियमन (Regulation of Consumer's Credit)—स्फीति काल में केन्द्रीय बैंक को उपभोक्त साख संकुचन के लिए— (i) अधिकांश उपभोग वस्तुओं पर उपभोक्ता साख नियन्त्रण नियम लागू करना चाहिए; (ii) विशिष्ट वस्तु की पहली किस्त की राशि अधिक रखनी चाहिए तथा (iii) भुगतान काल की अवधि को कम कर देना चाहिए। मन्दी काल में उपभोक्ता साख के विस्तार के लिए इन शर्तों को हल्की कर देनी चाहिए।

मौद्रिक नीति की सीमाएँ (Limitations of Monetary Policy)—किन्तु इन मौद्रिक उपायों की सीमा होती, है— (i) अकेले मौद्रिक उपचार ही मुद्रा प्रसार व मुद्रा-संकुचन पर रोक लगाने हेतु सफल प्रमाणित नहीं हुए हैं। उदाहरण के लिए, सन् 1923-33 में अमेरिका में कठोर साख नीति का पालन करने पर भी वस्तुओं की कीमतें बढ़ती जा रही थीं; (ii) वास्तविक विनियोगकर्ताओं पर अंकुश रखने में सरकारें असमर्थ रहती हैं तथा (iii) मौद्रिक नीति प्रायः इतनी कोमलता से लागू की जाती है कि इसकी व्यावहारिक उपयोगिता नहीं के बराबर होती है।

प्रो. हॉम का कहना है कि अकेली मौद्रिक नीति अर्थव्यवस्था में आर्थिक स्थिरता नहीं ला सकती। इसी प्रकार रेडक्लिफ समिति का विचार है कि ''स्फीति काल से मौद्रिक नीति प्रभावशाली हो सकती है परन्तु मन्दीकरण में इसकी क्षमता अत्यन्त सीमित है।''

3. भौतिक नियन्त्रण (Physical Control)

कीमत नियन्त्रण, कीमत स्थैर्य तथा राशनिंग (Price Control Price Support and Rationing)—प्रो. फिशर ने कीमत नियन्त्रण को स्फीति का मुकाबला करने के लिए एक उत्तम साधन माना है। कीमत नियन्त्रण के अन्तर्गत अधिकतम सीमा निश्चित की जाती है जिससे अधिकतम कीमतें स्फीति काल में नहीं बढ़ सकतीं। इसके विपरीत कीमत-स्थैर्य के अन्तर्गत कम से कम सीमा निर्धारित की जाती है जिससे कम कीमतें मन्दी में नहीं गिरतीं। ज्यों ही कीमतें इन सीमाओं को पार करती हैं, सरकार स्फीति काल में कीमत नियन्त्रण के साथ-साथ राशनिंग व्यवस्था लागू करके अर्थव्यवस्था में स्थिरता लाने का प्रयास करती है। इसके विपरीत मन्दीकाल में ज्यों ही कीमतें गिरती हैं, सरकार खुले बाजार में भारी स्टॉक खरीदकर उत्पादकों की रक्षा करती है परन्तु इन नीतियों की सफलता के लिए भारी साधन, उचित समय तथा कुशल प्रबन्ध की आवश्यकता पड़ती है।

4. अन्य उपाय (Other Measures)

1. औसत कुल लागत व औसत मूल्य स्तर में समानता (Equality between Aggregate Cost and Average Level)—यह भी सुझाव दिया जाता है कि तेजी रोकने के लिए औसत कुल लागत व औसत मूल्य-स्तर को समान रखा जाय जिससे न तो लाभ होगा, न हानि और फलतः अभिवृद्धि समाप्त हो जायेगी परन्तु इस सुझाव को कार्यान्वित करने के लिए अनेक कठिनाइयाँ हैं। एक तो औसत लागत व औसत मूल्य का हिसाब लगाना एक कठिन कार्य है।

2. उत्पादन विस्तार (Increase in Production)—मुद्रा-स्फीति को रोकने का एक प्रभावशाली उपाय देश में वस्तुओं और सेवाओं की मात्रा में वृद्धिं करना है किन्तु स्फीतिकाल में उत्पादन में वृद्धि करना कठिन काम है, क्योंकि उस समय उत्पादक के सभी साधन पूर्ण रूप में कार्यरत रहते हैं। इस सम्बन्ध में यह सुझाव दिया जा सकता है कि उत्पादन के साधन का पुनः वितरण इस प्रकार किया जाना चाहिए कि उन वस्तुओं के उत्पादन में वृद्धि हो जिन पर स्फीतिक दबावों का भार अत्यधिक है। इसके अतिरिक्त सरकार को उदार आयात नीति अपनानी चाहिए।

3. मजदूरी समंजन नीति (Wage Adjustment Policy)—कुछ विचारकों के अनुसार मजदूरी समंजन नीति आर्थिक स्थिरीकरण का एक महत्त्वपूर्ण उपकरण है। इस नीति के अनुसार अवसाद या मन्दी के समय में मजदूरी में कटौती कर दी जानी चाहिए, ताकि व्यापारियों को व्यक्तिगत विनियोग बढ़ाने में प्रोत्साहन मिले और स्फीति के दिनों में मजदूरी को नियन्त्रित रखना चाहिए, ताकि कीमतों में और अधिक वृद्धि न होने पाये। इस प्रकार मजदूरी समंजन नीति का सार यह है कि व्यापार-चक्रों से अलग-अलग पहलुओं में अलग-अलग मजदूरी नीति अपनानी चाहिए परन्तु यह एक अत्यन्त दुष्कर कार्य है। जब कीमतें बढ़ती हैं तो मजदूर संघ अधिक मजदूरी के लिए आग्रह करते हैं। परिणामतः कीमतें और अधिक बढ़ती हैं और फिर मजदूरी। इस प्रकार कीमत एवं मजदूरी का यह क्रम चलता रहता है। अतः दृढ़ मजदूर संघ के होते हुए भी स्फीति की दशा के बिना पूर्ण रोजगार स्थापित करना कठिन कार्य है। दूसरी ओर, व्यापार-चक्रों की अधोगति (Downward Direction) अर्थात् मन्दी के समय मजदूरी को घटाना कठिन कार्य है, क्योंकि श्रम-संगठनों, न्यूनतम मजदूरी कानून व बेरोजगारी, बीमा आदि के रहते हुए श्रमिक मजदूरियों में कटौती का बहुत शक्ति के साथ और कभी-कभी हिंसात्मक रूप से भी विरोध करेंगे।

पूर्ण रोजगार के लिए अपनायी गयी मजदूरी नीति को मजदूरी की द्वैत प्रकृति (Dual Nature) का ध्यान अवश्य रखना चाहिए। यह उत्पादकों के लिए लागत व मजदूरों के लिए आय होती है। यह कहना अधिक उचित होगा कि मजदूरी को उत्पादकता के साथ सम्बन्धित कर देना चाहिए (Wages should be linked with Productivity)।

पूर्ति के विश्लेषण के अध्ययन में रुचि रखने वाले अर्थशास्त्रियों ने विगत वर्षों में अपना ध्यान मजदूरी वृद्धि दर के मध्य के सम्बन्ध के अध्ययन पर केन्द्रित किया है। प्रो. ए. डब्ल्यू. फिलिप्स ने 1916 और 1957 के बीच ब्रिटेन में मजदूरी-दरों और बेरोजगारी के स्तर के बीच बने रहने वाले सम्बन्ध के बारे में जो अनुसंधान किया है, उससे इस निष्कर्ष की पुष्टि होती है कि बेरोजगारी का स्तर बढ़कर कीमतों में वृद्धि-दर में कमी लाई जा सकती है। कारण यह है कि स्वतन्त्र अर्थव्यवस्था की मजदूरी की लागत एवं कीमत स्तर में बहुत घनिष्ठ सम्बन्ध होता है। अतः यह मानते हुए कि मजदूरी दर के अनुरूप ही कीमतों में वृद्धि होती है, फिलिप्स वक्र यह प्रदर्शित करता है कि बेरोजगारी के विभिन्न स्तरों पर कीमतों में सम्भावित परिवर्तन कितना होगा। इस प्रकार यदि हम स्फीति की दर को कम करना चाहते हैं तो हमें बेरोजगारी के अधिक स्तर के लिए तैयार रहना चाहिये। चित्र 10 में PP फिलिप्स वक्र है जो कि बायीं ओर से दायीं ओर को नीचे की ओर ढालू है। नीचे की ओर गिरता हुआ यह वक्र यह दर्शाता है कि मजदूरी वृद्धि, स्फीति को बेकारी का स्तर बढ़ाकर समाप्त किया जा सकता है।

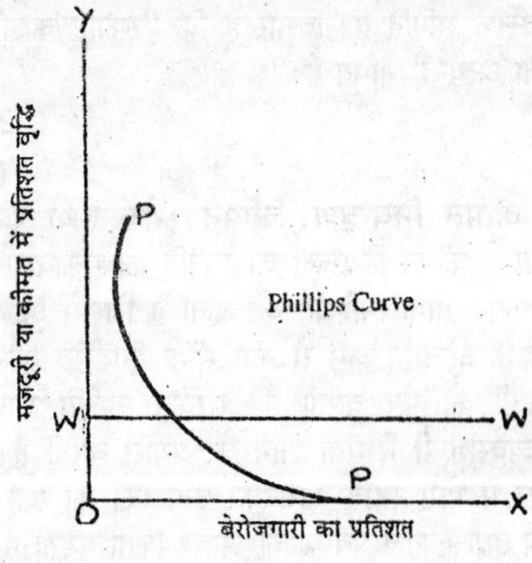

चित्र-10

यह उल्लेखनीय है कि केवल वही मजदूरी वृद्धि-दर स्फीति उत्पन्न करती है जो श्रम की उत्पादकता में 'वृद्धि' का परिणाम नहीं होती। चित्र में WW समतल रेखा श्रम की उत्पादकता में प्रतिशत वृद्धि प्रदर्शित करती है, अतः मजदूरी दर में W प्रतिशत तक मजदूरी वृद्धि, स्फीति उत्पन्न नहीं होती।

विभिन्न अर्थव्यवस्थाओं में आर्थिक स्फीति की भिन्नता के कारण फिलिप्स वक्र का स्वरूप अलग-अलग होगा परन्तु प्रत्येक अर्थव्यवस्था यही चाहेगी कि ऐसा प्रयत्न किया जाय जिसमें बिना कीमतों में विशेष वृद्धि किये रोजगार का ऊँचा स्तर बनाया जा सके।

(iv) स्वनिर्मित स्थिरकर्ता (Built-in Stablizers)—स्वनिर्मित स्थिरकर्ताओं से आशय व्यापार-चक्र की तेजी या मंदी द्वारा उत्पन्न की गई उन शक्तियों से है जो अपनी जन्मदाता प्रवृत्ति का ही विरोध करती हैं अर्थात् तेजी व मंदी स्वयं ऐसी प्रवृत्तियाँ उत्पन्न करती हैं जो उनकी रोकथाम करती हैं और उन्हें अन्ततः समाप्त कर देती हैं।

स्वनिर्मित स्थिरकर्ता तीन प्रकार के होते हैं—

(अ) मौद्रिक स्थिरकर्ता, (ब) राजकोषीय स्थिरकर्ता, (स) प्रावैगिक निर्धारक।

(अ) मौद्रिक स्थिरकर्ता–सर्वप्रथम हम देखेंगे कि मौद्रिक स्थिरकर्ता मंदी काल में किस प्रकार क्रियाशील होते हैं। मंदी काल में लाभ कम हो जाने के कारण विनियोग घट जाता है, बैंकों से लिये जाने वाले ऋण कम हो जाते हैं और बैंकों के पास अत्यधिक नकदी जमा हो जाती है अर्थात् इस प्रकार क्रम चलता है—भावी लाभ में कमी→ विनियोग में कमी → बैंकों के ऋणों में कमी → बैंकों के पास नकदी में वृद्धि। ऐसी स्थिति में बैंक ब्याज दर कम कर देते हैं और ऋण सम्बन्धी शर्तें हल्की कर देते हैं। फलतः ऋण अधिक आकर्षक हो जाते हैं और विनियोक्ता अधिक ऋण की माँग करने लगते हैं। इस प्रकार विस्तार की संचयी प्रवृत्ति पुनः नये सिरे से प्रारम्भ हो जाती है। इस प्रकार ब्याज दर में कमी, ऋण सम्बन्धी शर्तों का हल्का हो जाना स्वनिर्मित मौद्रिक स्थिरकर्ता हैं।

(ब) राजकोषीय स्थिरकर्ता–इसमें करों और व्ययों का प्रयोग इस प्रकार से होता है कि वे अस्थिरीकरण को दूर करने के लिए स्वतः ही ठीक दशा में कार्य करते हैं। अन्य शब्दों में, तेजी स्वयं ऐसी प्रवृत्तियाँ उत्पन्न करती है जो इसकी रोकथाम करती है और अन्ततः इसे समाप्त कर देती हैं। यही बात मंदी के बारे में सही है।

आयकर तथा व्यय-कर और बेकारी बीमा, वृद्धावस्था बीमा योजनाएँ, पेंशन आदि तथा अन्य सामाजिक सुरक्षा के उपाय ऐसे कदम हैं जो आय और व्यय को नम्यता और लोच प्रदान करते हैं।

(स) ये निर्धारक इस प्रकार हैं–सीमान्त उपभोग प्रवृत्ति ने परिवर्तन, लाभ के पक्ष या विरुद्ध आय का स्थानान्तरण तथा पूँजी-उत्पाद अनुपात में परिवर्तन। इन तीन प्रकार के परिवर्तनों की जननी स्वयं तेजी या मंदी है। तेजी ऐसी शक्तियों को जन्म देती है जो इसे समाप्त कर देती है और यही बात मंदी के बारे में भी सही है।

मंदी की अवधि में सम्भव है कि आदतों की बेलोचता के कारण आय गिरने पर भी परिवार अपना उपभोग व्यय कम न करे अथवा जिस अनुपात में आय में कमी आती है, उसी अनुपात में उपभोग में कमी नहीं आती। दूसरे शब्दों में, उपभोग व्यय के गिरने की दर घट जाने का एक कारण यह भी है कि मजदूरी की तुलना में लाभ अधिक घटते हैं, इसलिए आय का वितरण श्रमिक वर्ग के पक्ष में बदल जाता है और उनके उपभोग में अधिक कमी नहीं आ पाती। चूँकि उपभोग व्यय घटती हुई दर से घटता है इसलिए त्वरक क्रियाशील हो जाता है और विनयोग में वृद्धि होती है। इसके अतिरिक्त चूँकि कुछ समय के लिए विनियोग स्थगित कर दिये जाते हैं इसलिए नये आविष्कार तथा नव-प्रवर्तन (Innovation) जमा हो जाते हैं, विनियोग में वृद्धि होती है, गुणक व त्वरक दोनों ही कार्यशील हो जाते हैं और अर्थव्यवस्था पुनरुद्धार की ओर अग्रसर होने लगती है।

स्वनिर्मित स्थिरकर्ताओं पर पूर्ण रूप से निर्भरता उचित नहीं है, क्योंकि (i) राजकोषीय स्थिरकर्ता इतने क्षीण होते हैं कि वे घटनाओं की दिशा बदलने में सशक्त नहीं होते तथा मौद्रिक स्थिरकर्ता तथा प्रावैगिक निर्धारक विलम्ब से प्रभावी होते हैं।

निष्कर्ष—व्यापार-चक्रों के सम्बन्ध में हम इस निष्कर्ष पर पहुँचते हैं कि व्यापार-चक्र एक जटिल समस्या (Complex Phenomenon) है। कोई भी एक नीति अकेले उन पर प्रभावपूर्ण रोक या नियन्त्रण नहीं लगा सकती है। वास्तव में, मौद्रिक नीति, राजकोषीय नीति तथा स्वचालित स्थानीय कारकों को उचित विवेकपूर्ण नियंत्रण की आवश्यकता है।

परीक्षा प्रश्न
(Examination Questions)

I. दीर्घ उत्तरीय प्रश्न (Long Answer Type Questions)

1. व्यापार-चक्र की प्रमुख विशेषताएँ बताइये तथा एक व्यापार-चक्र की विभिन्न अवस्थाओं का भी उल्लेख कीजिए।

   Describe the essential characteristics of business cycle and also explain the various phases of a business cycle.

2. ''व्यापार-चक्र एक पूर्णतः मौद्रिक विषय है।'' (हाट्रे) क्या आप इस विचार से सहमत हैं?

   "Trade Cycle is a purely monetary phenomenon." (Hawtrey). Do you agree with this view?

3. व्यापार-चक्र के कुछ महत्त्वपूर्ण सिद्धान्तों का विवेचन कीजिए। आपके विचार में व्यापार-चक्र की सबसे अधिक सन्तोषजनक व्याख्या कौन-सी है?

   Discuss some of the important theories of business cycle. What in your poinion is the most satisfactory explanation of a business cycle?

4. "यदि गुणक तथा त्वरक एक-दूसरे के साथ प्रतिक्रिया करते हैं तो अर्थव्यवस्था में एक चक्रीय प्रवृत्ति रहती है।" इस कथन की समीक्षा कीजिए।

   "If the multiplier and acceleratory interact, there is an inherent cyclical tendency in the economy." Comment on this statement.

   अथवा

   हिक्स के व्यापार-चक्र सिद्धान्त की व्याख्या कीजिए।

   Discuss Hicksian theory of business cycles.

   अथवा

   व्यापार चक्र के सबसे अधिक सन्तोषजनक सिद्धान्त की विवेचना कीजिए।

   Discuss the most satisfactory principle of business cycle.

5. व्यापार-चक्र के मौद्रिक तथा अमौद्रिक कारणों की विवेचना कीजिए। इसके नियन्त्रण के लिए कौन-कौन से उपाय अपनाये जा सकते हैं?

   Discuss the monetary and non-monetary causes of business cycles. What measures are adopted to control them?

6. व्यापार-चक्र को नियन्त्रित करने के प्रत्यक्ष तथा अप्रत्यक्ष उपायों का उल्लेख कीजिए।

   Give an account of the direct and indirect methods to control business cycles.

II. लघु उत्तरीय प्रश्न (Short Answer Type Questions)

1. व्यापार-चक्र से क्या आशय है?
2. व्यापार-चक्र की विशेषताएँ लिखिए।
3. व्यापार-चक्र कितने प्रकार के होते हैं?
4. व्यापार-चक्र की प्रमुख अवस्थाएँ क्या हैं?
5. व्यापार-चक्र के हाट्रे का शुद्ध मौद्रिक सिद्धान्त स्पष्ट कीजिए।
6. हेयक का व्यापार-चक्र का सिद्धान्त स्पष्ट कीजिए।
7. शुम्पीटर के अनुसार आर्थिक उतार-चढ़ाव के प्रमुख कारण क्या हैं?
8. व्यापार-चक्र का सैम्युल्सन मॉडल की प्रमुख विशेषताएँ क्या हैं?
9. व्यापार-चक्र के आधुनिक सिद्धान्त के प्रमुख तत्व स्पष्ट कीजिए।
10. गुणक एवं त्वरक के प्रभाव को ग्रहण कर व्यापार-चक्र की विभिन्न अवस्थाएँ स्पष्ट कीजिए।
11. चक्र विरोधी नीति से क्या तात्पर्य है?
12. स्वनिर्मित स्थिरकर्त्ता से क्या तात्पर्य है?

III. वस्तुनिष्ठ प्रश्न (Objective Type Questions)

सही विकल्प चुनकर लिखिए :

1. व्यापार-चक्र की प्रमुख विशेषता है:

(अ) सामयिकता (ब) समक्रमकिता
(स) उपर्युक्त दोनों (द) उपर्युक्त में से कोई नहीं।

2. व्यापार की उत्तम अवस्था है:
(अ) पूर्ण रोजगार (ब) तेजी की स्थिति
(स) पुनरुद्धार (द) उपर्युक्त में से कोई नहीं।

3. "व्यापार-चक्र एक शुद्ध मौद्रिक घटना है।" वह कथन है :
(अ) हाट्रे (ब) हेयक
(स) कीन्स (द) उपर्युक्त में से कोई नहीं।

4. एफ.ए.वान हेयक ने व्यापार-चक्र के जिस सिद्धान्त का प्रतिपादन किया, उसका नाम है :
(अ) अल्प उपभोग सिद्धान्त (ब) अति बचत सिद्धान्त
(स) अति विनियोग सिद्धान्त (द) उपर्युक्त में से कोई नहीं।

5. कीन्स के मतानुसार व्यापार-चक्र की क्रियाशीलता का प्रमुख कारण है :
(अ) उपभोग में अत्यधिक वृद्धि (ब) ब्याज की दर में परिवर्तन
(स) पूँजी की सीमान्त उत्पादकता में परिवर्तन (द) उपर्युक्त में से कोई नहीं।

6. "गुणक एवं त्वरक के मान में अन्तर आने के साथ ही व्यापार-चक्र की आकृति भी बदल जाती है।" यह मत है :
(अ) सैम्युल्सन (ब) कीन्स
(स) हैन्सन (द) उपर्युक्त में से कोई नहीं

7. जब अर्थव्यवस्था में वास्तविक विनियोग और वास्तविक बचत एक महान दर से बढ़ रही हो तो उसे कहा जाता है:
(अ) विकास की वास्तविक दर (ब) विकास की वांछित दर
(स) विकास की प्राकृतिक दर (द) उपर्युक्त में से कोई नहीं।

उत्तर—1. (स), 2. (अ), 3. (अ), 4. (स), 5. (स) 6. (अ), 7. (ब)।

OOO

34

मकड़ी जाला प्रमेय या सिद्धान्त
(Cobweb Theorem or Theory)

महत्त्वपूर्ण अवधारणाएँ (Important Concepts)

1. मकड़ी जाला प्रमेय की अवधारणा (Concept of Cobweb Theory)—यह एक प्रावैधिक विश्लेषण है जिसमें विशेष रूप से कृषि वस्तुओं की कीमतों तथा उत्पादन में होने वाले **चक्रीय चलन (Cyclical Movement)** की व्याख्या की जाती है।

2. सतत मकड़ी जाला (Continuous Cobweb)—इस प्रकार की स्थिति तब उत्पन्न होती है जबकि पूर्ति रेखा का ढाल माँग रेखा के ढाल के बराबर होता है। इस मॉडल में सन्तुलन की स्थिति के चारों तरफ कीमत का उच्चावचन होता रहता है परन्तु सन्तुलन की स्थिति कभी प्राप्त नहीं होती।

3. अभिबिन्दुग मकड़ी जाला (Convergent Cobweb)—इस प्रकार का जाला तब उत्पन्न होता है जबकि पूर्ति रेखा का ढाल माँग रेखा के ढाल से अधिक होता है। इस मॉडल में सन्तुलन समय अवधियों के साथ कीमतों में उतार-चढ़ाव घटते जाते हैं और अन्त में कीमत सन्तुलन कीमत पर पहुँच जाती है।

4. अपबिन्दुग मकड़ी जाला (Divergent Cobweb)—यह तब उत्पन्न होता है जब माँग रेखा का ढाल पूर्ति रेखा के ढाल से अधिक होता है। इस मॉडल में कीमत के उतार-चढ़ाव सन्तुलन की स्थिति से दूर होते हुए विस्फोटक होते जाते हैं।

मकड़ी जाला सिद्धान्त का प्रतिपादन लगभग एक ही समय पर स्वतन्त्र रूप से **हेनरी शुल्ज, जान टिनवर्जन** तथा **आर्थर हनाउ** द्वारा किया गया परन्तु मकड़ी जाला नामकरण 1934 में **निकलोस कालडोर** द्वारा किया गया।

किसी वस्तु के सन्तुलन कीमत (Equilibrium Price) की विवेचना **स्थैतिक विश्लेषण (Static Analysis)** पर आधारित है जो यह मान लेता है कि माँग में परिवर्तनों के साथ पूर्ति शीघ्रता से समायोजन कर लेती है। अन्य शब्दों में, स्थैतिक विश्लेषण **'समय'** तत्त्व की पूर्णतया उपेक्षा करता है जो कि व्यावहारिक नहीं है। अतः जब आर्थिक विश्लेषण में **समय** या **समय विलम्बों** को सम्मिलित किया जाता है तो ऐसे विश्लेषण को **प्रावैगिक विश्लेषण (Dynamic Analysis)** कहते हैं। मकड़ी जाल सिद्धान्त एक सरल प्रावैगिक विश्लेषण को प्रस्तुत करता है।

मकड़ी जाल प्रमेय की अवधारणा (The Concept of Cobweb Theorem)— इस सिद्धान्त का प्रयोग विशेष रूप से कृषि वस्तुओं के मूल्यों तथा उत्पादन में होने वाले उच्चावचनों की व्याख्या के लिए किया गया है।

कृषि उत्पादन की एक **विशेषता** यह है कि उत्पादन का निर्णय लेने में (अर्थात् बीजों को बोने या पौधे को लगाने में) तथा वास्तविक उत्पादन या वस्तु की पूर्ति के बाजार में उपलब्ध होने के बीच कुछ **समय अन्तर (Time Interval)** रहता है। दूसरे शब्दों में, एक कृषि वस्तु एक समय अवधि में बोई जाती है और फसल दूसरी समय अवधि में तैयार होती है व काटी जाती है। इस प्रकार **उत्पादन के निर्माण में** तथा वस्तु की पूर्ति के बाजार में प्राप्त होने के बीच एक **समय विलम्ब (Time Lag)** रहता है। यहाँ पर **समय विलम्ब से अभिप्राय (Implications)** इस प्रकार है कि यदि किसी एक साल या एक समयावधि में फसल के समय पर कीमत औसत लागत से अधिक है तो कृषक यह आशा कर सकते हैं कि दूसरे साल या दूसरी समय अवधि में लगभग वही कीमत रहेगी। फलतः दूसरे वर्ष फसल इतनी अधिक हो जाती है कि जब वह बाजार में आती है तो कीमत औसत लागत से कम हो जाती है। इसके परिणामस्वरूप अगली समय अवधि में उत्पादन इतना कम हो जाता है कि कीमत बढ़ती है और बढ़कर औसत लागत से अधिक हो जाती है। इस प्रकार का चक्र चलता रहता है। इस सिद्धान्त या मॉडल को **मकड़ी जाल सिद्धान्त (Cobweb Theorem)** या **मकड़ी जाल मॉडल (Cobweb Model)** कहा जाता है। यह सिद्धान्त कृषि वस्तुओं या ऐसी वस्तुओं जिनका उत्पादन विस्तार

(Continuous) नहीं होता है बल्कि **जिनमें समय विलम्ब (Time Lag)** रहता है, की कीमतों (तथा उत्पादन में) **चक्रीय चलन (Cyclical Movement)** की व्याख्या करता है।

अतः **''मकड़ी जाल सिद्धान्त सन्तुलन के स्थायित्व के एक ऐसे विश्लेषण की स्थिति का नाम है जिसमें कि कीमत में परिवर्तनों के उत्तर में पूर्ति का समायोजन विलम्ब (या समय विलम्ब) के साथ होता है।''**

मकड़ी जाल सिद्धान्त के उद्देश्य (Objectives of Cobweb Theory)—मकड़ी जाल सिद्धान्त के निम्नलिखित दो उद्देश्य हैं—

1. यह माँग, पूर्ति तथा कीमत के प्रावैगिक परिवर्तनों के सरलतम मॉडल को बताता है।
2. **स्थायित्व दशाओं (Stability Conditions)** के प्रावैगिक विश्लेषण के परिणामस्वरूप मकड़ी जाल सिद्धान्त कृषि वस्तुओं की कीमतों व उत्पादन में चक्रीय उतार-चढ़ाव की एक सरल व्याख्या प्रस्तुत करता है।

मकड़ी जाल सिद्धान्त की मान्यताएँ (Assumptions)—मकड़ी जाल सिद्धान्त निम्नलिखित मान्यताओं पर आधारित है—

1. बाजार में पूर्ण प्रतियोगिता की स्थिति है।
2. मूल्य का नियमन चालू अवधि में उपलब्ध पूर्ति के द्वारा होता है।
3. आगामी समयावधि में उत्पादन का नियमन केवल चालू अवधि में प्रचलित मूल्य के द्वारा होता है।
4. माँग तथा पूर्ति रेखाएँ अपरिवर्तित रहती हैं। वे अपनी स्थितियों को नहीं बदलतीं। सुविधा के लिए यह भी मान लिया गया है कि वे सीधी रेखाएं होती हैं।
5. उत्पादन यानी पूर्ति एक निश्चित समय अन्तर के बाद प्राप्त होती है।
6. पूर्ति को कीमत व माँग में परिवर्तनों के साथ समायोजन में कुछ समय लगता है।

मकड़ी जाल मॉडल के तीन प्रमापित रूप
(Three Important forms of Cobweb Model)

बाजार में स्थायित्व की विशेषताओं को मकड़ी जाल सिद्धान्त के तीन रूपों में व्यक्त किया जाता है—

1. सतत मकड़ी जाला (Continuous Cobweb),
2. अभिबिन्दुग मकड़ी जाला (Convergent Cobweb) एवं
3. अपबिन्दुग मकड़ी जाला (Divergent Cobweb)।

1. सतत मकड़ी जाला (Continuous Cobweb)—मकड़ी जाल के इस मॉडल में सन्तुलन की स्थिति के चारों तरफ कीमत का ऊँचे से नीचे को निरन्तर उतार-चढ़ाव होता रहता है तथा उत्पादन का नीचे से ऊँचे की ओर निरन्तर उतार-चढ़ाव होता रहता है परन्तु सन्तुलन की स्थिति कभी प्राप्त नहीं होती है।

इस प्रकार की स्थिति तब दृष्टिगोचर होती है जबकि **पूर्ति रेखा का ढाल माँग रेखा के ढाल के बराबर होता है** जैसा कि चित्र-1 में दिखाया गया है। इसका अर्थ है कि कीमतों में परिवर्तनों के प्रति क्रेताओं और उत्पादकों की प्रतिक्रियाएँ एक समान होती हैं। ऐसे मॉडल को चित्र-1 की सहायता से समझाया गया है।

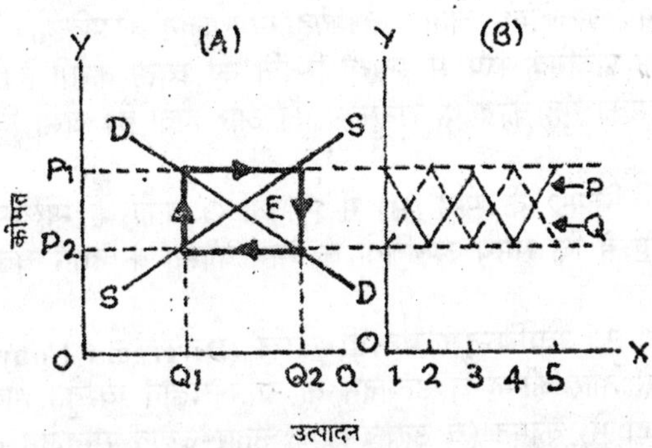

चित्र : 1

चित्र-1 के भाग (A) में—

(i) माँग और पूर्ति रेखाएँ समान लोच की हैं।

(ii) प्रारम्भिक स्थिति में दी हुई माँग और पूर्ति पर निर्धारित कीमत P_1 है तथा उससे सम्बन्धित पूर्ति Q_1 है।

(iii) दूसरी समय अवधि में ऊँचे मूल्य P_1 के कारण उत्पादन में वृद्धि होगी और वह बढ़कर Q_2 हो जाता है।

(iv) अब पूर्ति की माँग के ऊपर अतिरेक (पूर्ति Q_2 तथा माँग Q_1) कीमत में कमी लायेगी और वह कम होकर P_2 हो जायेगी। निम्नतर कीमत P_2 **तीसरी अवधि** में उत्पादन में कमी लायेगी और उत्पादन कम होकर Q_1 हो जायेगा। इस

अवधि में चूँकि पूर्ति माँग से कम है फलतः कीमत बढ़कर P_1 हो जायेगी।

(v) P_1 कीमत चौथी अवधि में पूर्ति को पुनः बढ़ाकर Q_2 कर देगी और यही कीमत तथा पूर्ति का क्रम चलता रहेगा। फलतः कोई सन्तुलन की स्थिति स्थापित नहीं हो सकेगी।

इस प्रकार से कीमत **सन्तुलन कीमत** E के चारों तरफ चक्कर काटती रहती है जैसा कि चित्र में **मोटी रेखाओं तथा तीरों द्वारा दर्शाया गया है।**

चित्र के भाग B में कीमत तथा पूर्ति की मात्रा में उच्चावचन को पृथक् से P तथा Q वक्र से प्रदर्शित किया गया है।

2. अभिबिन्दुग मकड़ी जाला (Convergent Cobweb)—मकड़ी जाल के इस मॉडल में कीमत के सन्तुलन की स्थिति के चारों तरफ उतार-चढ़ाव (Fluctuation) होते हैं परन्तु उतार-चढ़ाव कमजोर तथा और कमजोर होते जाते हैं अथवा वे परिमन्दित (Damped) हो जाते हैं तथा अन्त में वे बिल्कुल समाप्त हो जाते हैं और सन्तुलन की स्थिति प्राप्त हो जाती है।

अभिबिन्दुग **मकड़ी** जाल (Convergent Cobweb) तब उत्पन्न होता है जबकि पूर्ति रेखा का ढाल अधिक होता है माँग रेखा के **ढाल से**; (ऐसी स्थिति को चित्र-2 में दिखाया गया है।) इस बात का अर्थ है कि कीमत में परिवर्तनों के प्रति उत्पादकों की प्रतिक्रिया (Response) सापेक्षिक रूप से कम होती है उपभोक्ताओं की तुलना में। उत्पादकों की कम प्रतिक्रिया (Lesser Response) अन्त में सन्तुलन की स्थिति में पहुँचने में सहयोग देती है बशर्ते कि माँग व पूर्ति रेखाओं में कोई परिवर्तन न हो।

अभिबिन्दुग मकड़ी जाल को चित्र-2 द्वारा दर्शाया गया है।

चित्र में (i) प्रथम अवधि में कीमत P_1 तथा दूसरी अवधि में पूर्ति Q_2 है।

(ii) माँग के ऊपर पूर्ति का अतिरेक दूसरी अवधि में कीमत को कम करके P_2 पर ला देगी।

(iii) कीमत में कमी तीसरी अवधि में पूर्ति की मात्रा में कमी लायेगी। फलतः तीसरी अवधि में पूर्ति की मात्रा Q_1 हो जायेगी। पूर्ति की यह कमी कीमत को पुनः P_3 तक बढ़ा देगी। तीसरी अवधि की यह कीमत अर्थात् P_3 चौथी अवधि में पूर्ति की मात्रा को बढ़ायेगी और वह बढ़कर Q_3 कर देगी। इस प्रकार **समायोजन की प्रक्रिया चलती रहेगी और कीमत अन्त में सन्तुलन कीमत E की ओर** अभिकरण (Converge) कर जाती है अर्थात् सन्तुलन कीमत पर पहुँच जाती है परन्तु उल्लेखनीय है कि सन्तुलन की स्थिति तक पहुँचने के लिए समायोजन की प्रक्रिया कई समय अवधियाँ लेती है। यह समायोजन की प्रक्रिया एक प्रावैगिक रूप से स्थायी स्थिति को व्यक्त करती है। समायोजन प्रक्रिया का रूप मकड़ी जाल की तरह बन जाता है जिसका मुँह केन्द्र या सन्तुलन की ओर होता है। जैसा कि चित्र-2 के भाग A में मोटी रेखाओं व तीरों द्वारा दर्शाया गया है।

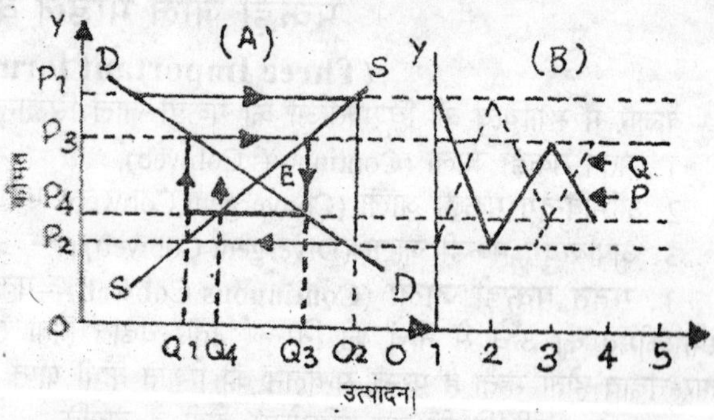

चित्र : 2

चित्र-2 के भाग (B) में P तथा Q वक्रों के माध्यम से उनमें उच्चावचनों को प्रदर्शित किया गया है। इस चित्र से स्पष्ट है कि समय अवधियों के साथ कीमत के उतार-चढ़ाव घटते जाते हैं और वे सन्तुलन के अधिक निकट आते जाते हैं।

3. अपबिन्दुग मकड़ी जाल (Divergent Cobweb)—मकड़ी जाल के इस मॉडल में सन्तुलन की स्थिति के चारों ओर कीमत व उत्पादन के उतार-चढ़ाव विस्तृत होते जाते हैं और सन्तुलन की स्थिति से दूर होते जाते हैं। दूसरे शब्दों में, कीमत (व उत्पादन) के उतार-चढ़ाव सन्तुलन की स्थिति से दूर होते हुए **विस्फोटक (Explosive)** होते जाते हैं।

अपबिन्दुग मकड़ी जाल (Divergent Cobweb) तब उत्पन्न होता है जबकि माँग रेखा का ढाल अधिक होता है पूर्ति रेखा के ढाल से (ऐसी स्थिति को चित्र-3 में दिखाया गया है)। इस बात का अर्थ है कि कीमत में परिवर्तनों के प्रति

उत्पादकों की प्रतिक्रिया अधिक होती है जो कि उच्चावचनों (fluctuations) को अधिक विस्तृत कर देती है। उपभोक्ता या क्रेता एक दी हुई कीमत पर, वस्तु की उस समस्त मात्रा को लेने को तैयार रहते हैं जिसकी कि बाजार में पूर्ति की जाती है परन्तु वस्तु की कितनी मात्रा की पूर्ति की जाये, इस बात का निर्णय उत्पादक करते हैं।

चित्र-3 के भाग A में (i) यदि प्रारम्भिक स्थिति में कीमत P_1 है तो दूसरी स्थिति में पूर्ति Q_1 होगी। माँग के ऊपर पूर्ति का यह अतिरेक दूसरी अवधि में कीमत में कमी लायेगी और कीमत घटकर P_2 हो जायेगी।

(ii) तीसरी अवधि में कीमत के घटने के कारण उत्पादन भी घटकर Q_2 हो जायेगा।

(iii) चौथी अवधि में कीमत पुनः बढ़कर P_3 हो जायेगी और इसके परिणामस्वरूप उत्पादन बढ़कर Q_3 हो जायेगा।

उच्चावचन का यह क्रम चलता रहेगा। कीमत, सन्तुलन कीमत से दूर और दूर होती जायेगी। यह समायोजन की प्रक्रिया अपबिन्दुग मकड़ी जाल का रूप धारण कर लेती है जैसा कि चित्र-3 के भाग A में मोटी रेखाओं व तीरों द्वारा दर्शाया गया है।

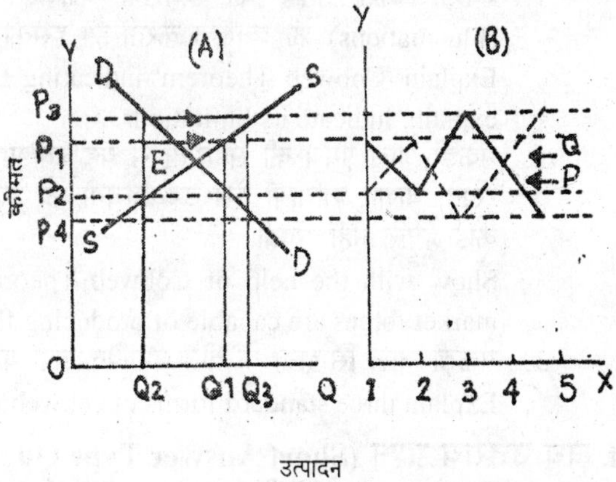

चित्र : 3

चित्र-3 के भाग B में सन्तुलन कीमत के चारों तरफ कीमत के उतार-चढ़ाव को अलग से दर्शाया गया है। चित्र से स्पष्ट है कि समय अवधियों के साथ कीमत के उतार-चढ़ाव बढ़ते जाते हैं तथा वे सन्तुलन की स्थिति से दूर व और दूर होते जाते हैं।

मकड़ी जाल मॉडल की आलोचनाएँ (Criticisms of Cobweb Model)—मकड़ी जाल मॉडल की प्रमुख आलोचनाएँ उसकी मान्यताओं को लेकर की जाती हैं। इस सिद्धान्त की मान्यताएँ हैं कि (1) पूर्ति योजनाएँ सदैव पूरी हो जाती हैं अर्थात् नियोजित पूर्ति सदैव वास्तविक पूर्ति के बराबर होती हैं। (2) एक समय अवधि में नियोजित पूर्ति पिछली समय अवधि की कीमत पर निर्भर करती है और बाजार कीमत सदैव वर्तमान पूर्ति को वर्तमान माँग के बराबर कर देती है।

वास्तविक जीवन में उपर्युक्त मान्यताएँ खरी नहीं उतरी हैं। जैसे—

(i) वास्तविक जगत में प्रायः नियोजित पूर्ति के बराबर ही वास्तविक पूर्ति नहीं होती। उदाहरण के लिए, खराब मौसम की दशाओं के कारण वास्तविक पूर्ति नियोजित पूर्ति से कम हो सकती है।

(ii) यह आवश्यक नहीं है कि बाजार की कीमत ऐसी हो जो कि सदैव वर्तमान पूर्ति को वर्तमान माँग के बराबर कर दे। विभिन्न कारणों से दोनों में अन्तर हो सकता है।

(iii) मकड़ी जाल सिद्धान्त इस बात की अवहेलना करता है कि उत्पादक अपने अनुभव से भी बहुत कुछ सीखते हैं। यदि कृषक या उत्पादक पिछले अनुभव से सीखते हैं तो नियोजित पूर्ति केवल पिछली कीमत पर ही निर्भर नहीं करेगी बल्कि वह इस बात पर भी निर्भर करेगी कि उत्पादक भविष्य में क्या आशा रखते हैं।

निष्कर्ष (conclusion)—उपर्युक्त आलोचनाओं के होते हुए भी इस सिद्धान्त का महत्त्व है जैसे—

(i) यह बाजार के प्रावैगिक स्थायित्व या अस्थायित्व के समझने में एक अन्तर्दृष्टि (Insight) प्रदान करता है।

(ii) मकड़ी जाल सिद्धान्त इस बात को बिल्कुल स्पष्ट करता है कि बाजार के स्थायित्व का विश्लेषण, बिना प्रावैगिक विश्लेषण (Dynamic Analysis) के नहीं किया जा सकता अर्थात् बाजार के स्थायित्व को जानने के लिए यह जरूरी है कि कीमत व उत्पादन में 'समायोजन की प्रक्रिया' अथवा 'समय-रास्ते' (Time Path) की जानकारी प्राप्त की जाये।

(iii) मकड़ी जाल सिद्धान्त बताता है कि कुछ स्थितियों में (अर्थात् जब पूर्ति रेखा का ढाल अधिक होता है माँग रेखा के ढाल से), बाजार में सन्तुलन की स्थिति वास्तव में प्राप्त हो जाती है परन्तु 'समायोजन की प्रक्रिया' को कई समयावधियाँ लग जाती हैं सन्तुलन तक पहुँचने में।

परीक्षा प्रश्न
(Examination Questions)

(I) दीर्घ उत्तरीय प्रश्न (Long Answer Type Questions)

1. मकड़ी जाल प्रमेय की व्याख्या कीजिए। यह कीमत व उत्पादन में किस प्रकार के उच्चावचनों (Fluctuations) की व्याख्या करता है। इसकी सीमाओं को बताइए।
   Explain 'Cobweb Theorem' indicating the type of price and output fluctuations which it can explain. Indicate its limitations.
2. मकड़ी जाल प्रमेय की सहायता से यह बताइए कि सभी बाजार स्थायी सन्तुलन की ओर जाने की प्रवृत्ति नहीं रखते; बाजार शक्तियाँ ऐसे उच्चावचनों को उत्पन्न करने के योग्य होती हैं जो कि सन्तुलन की ओर जाने की कोई प्रवृत्ति नहीं रखतीं।
   Show with the help of Cobweb Theorem that not all markets tend to a stable equilibrium; market forces are capable of producing fluroducing which have no tendency to equilibrium.
3. मकड़ी जाल सिद्धान्त के तीन प्रमापित रूपों की व्याख्या चित्रों की सहायता से कीजिए।
   Explain three standard forms of cobweb mode with the help of diagrams.

II. लघु उत्तरीय प्रश्न (Short Answer Type Questions)

1. मकड़ी जाल प्रमेय की अवधारणा स्पष्ट कीजिए।
2. मकड़ी जाल सिद्धान्त के उद्देश्य क्या हैं?
3. मकड़ी जाल सिद्धान्त की मान्यताएँ लिखिए।
4. सतत मकड़ी जाल को रेखाचित्र द्वारा स्पष्ट कीजिए।
5. अभिबिन्दुग (Convergent) व अपबिन्दुग (Divergent) मकड़ी जाल में अन्तर लिखिए।
6. मकड़ी जाल सिद्धान्त की आलोचनाएँ दीजिए।

III. वस्तुनिष्ठ प्रश्न (Objective Type Questions)

(A) सही विकल्प चुनकर लिखिए :

1. मकड़ी जाल सिद्धान्त का नामकरण किया है :
   (अ) निकलोस कालडोर ने (ब) हिक्स ने
   (स) मार्शल ने (द) उपर्युक्त में से कोई नहीं।
2. मकड़ी जाल सिद्धान्त एक सरल :
   (अ) स्थैतिक विश्लेषण है (ब) प्रावैगिक विश्लेषण है
   (स) तुलनात्मक विश्लेषण है (द) उपर्युक्त में से कोई नहीं।
3. सुमेल कीजिए :
   (अ) सतत मकड़ी जाला में (i) पूर्ति रेखा का ढाल माँग रेखा के ढाल से अधिक होता है।
   (ब) अभिबिन्दुग मकड़ी जाला में (ii) पूर्ति रेखा का ढाल माँग रेखा के ढाल के बराबर होता है।
   (स) अपबिन्दुग मकड़ी जाला में (iii) पूर्ति रेखा का ढाल माँग रेखा के ढाल से कम होता है।

   उत्तर—1. (अ), 2. (ब), 3. (अ) (ii) (ब) (i) (स) (iii)

(B) निम्नलिखित कथन सही हैं या गलत :

1. सतत मकड़ी जाल में कीमत सन्तुलन कीमत के चारों तरफ चक्कर लगाती है।
2. अभिबिन्दुग मकड़ी जाल में कीमत अन्त में सन्तुलित कीमत पर पहुँच जाती है।
3. अपबिन्दुग मकड़ी जाल में कीमत के उतार-चढ़ाव विस्फोट होते जाते हैं।
4. मकड़ी जाल सिद्धान्त की मान्यता है कि उत्पादन का नियमन अगली अवधि कीमतों के द्वारा होता है।

   उत्तर—1. सही, 2. सही, 3. सही, 4. गलत।

○○○

35 समष्टि आर्थिक नीति (Macro Economic Policy)

आर्थिक नीति (Economic Policy)—वर्तमान समय में सरकार द्वारा व्यावसायिक कार्यों का निर्धारण, जनहित एवं जनसेवाओं में व्यावसायिक कार्यों का संचालन, प्राकृतिक संसाधनों का उपयोग, पूंजी विनियोग की मात्रा, व्यावसायिक संस्थाओं का आकार एवं स्वरूप, आदि का निर्धारण, उद्योगों की स्थापना एवं संचालन तथा रोजगार के अवसरों में वृद्धि आदि कार्यों में सरकार की महत्त्वपूर्ण भूमिका होती है।

सभी व्यावसायिक क्रियाएँ सामाजिक व आर्थिक हित में हों, इसके लिए सरकार उन क्रियाओं पर नियमन, नियंत्रण व हस्तक्षेप करती है, जिसे आर्थिक नीति कहते हैं।

संक्षेप में, **आर्थिक नीति सरकार के उन क्रियाओं को कहते हैं, जो सरकार आर्थिक क्षेत्र में लेती है।**[1]

आर्थिक नीति का उद्देश्य अल्पावधि या दीर्घावधि में लोगों के कल्याण में वृद्धि करना होता है।

आर्थिक नीति के प्रकार (Types of Economic Policy)

आर्थिक नीति को दो भागों में बांटा जा सकता है—

(i) व्यष्टि आर्थिक नीति (Micro Economic Policy)

(ii) समष्टि आर्थिक नीति (Macro Economic Policy)

(i) व्यष्टि आर्थिक नीति (Micro Economic Policy)—व्यष्टि आर्थिक नीति व्यक्तियों और व्यक्तियों के छोटे समूहों से संबंधित होता है, इसका संबंध विशेष रूप से परिवारों फर्मों, उद्योगों आदि से होता है।

व्यष्टि आर्थिक नीति को हम इस प्रकार परिभाषित कर सकते हैं—"**व्यष्टि आर्थिक नीति अर्थव्यवस्था के व्यक्तिगत भाग विशेष रूप से उद्योग बाजार, व्यवसाय और परिवार से संबंधित होता है। व्यष्टि आर्थिक नीति का सम्बन्ध मुख्य रूप में कुशलता और समता लक्ष्य को प्राप्त करना होता है।**"[2]

इस प्रकार व्यष्टि आर्थिक नीति अर्थव्यवस्था के विशिष्ट व्यवहार का मूल्यांकन करती है और उन तरीकों को खोजती है, जिनसे उनके कार्यकरण (Performance) में सुधार करके आर्थिक कल्याण में वृद्धि की जा सके।

(ii) समष्टि आर्थिक नीति (Macro Economic Policy)

समष्टि आर्थिक नीति की अवधारणा एवं अर्थ (Concept and Meaning of Macro Economic Policy)—समष्टि अर्थशास्त्र समूहों अथवा समस्त अर्थव्यवस्था से संबंध रखने वाले औसतों का अध्ययन है, जैसे—कुल रोजगार, बेरोजगारी, राष्ट्रीय आय, राष्ट्रीय उत्पादन, कुल निवेश, कुल उपभोग, कुल बचत, कुल आपूर्ति, कुल मांग और सामान्य कीमत स्तर, मजदूरी स्तर ब्याज दरें तथा लागत ढांचा। अतः जब हम समष्टि अर्थव्यवस्था में मांग का उल्लेख करते हैं तब हमारा अभिप्राय समग्र मांग (Aggregate Demand) से होता है। इस प्रकार समष्टि अर्थशास्त्र के अध्ययन का केन्द्र समस्त अर्थव्यवस्था में पाई जाने वाली रोजगार की स्थिति तथा संसाधनों के विकास से संबंधित सिद्धान्तों से होता है। बेरोजगारी, आर्थिक उतार-चढ़ाव, मुद्रास्फीति, अपस्फीति, अस्थिरता, गतिहीनता, अंतर्राष्ट्रीय व्यापार तथा आर्थिक विकास की समस्याओं से इसका संबंध है। इन समस्याओं को समाधान के लिए जो अर्थनीति (Economic Policy) अपनायी जाती है, उसे समष्टि आर्थिक नीति या अर्थ नीति कहते हैं।

समष्टि अर्थ नीति उन साधनों या उपकरणों से संबंध रखती है, जिनसे सरकार देश के आर्थिक समस्याओं को नियंत्रित या दूर करती है।

---

1. Economic Policy refers to the actions that Governments take in the economic field.
2. Term microeconomic policy aimed at individual, parties of the economy especially industries, markets, businesses and the house holds. Microeconomic policy is usally concerned with from the micro goals of efficiency and equity.

संक्षेप में समष्टि अर्थनीति को हम इस प्रकार परिभाषित कर सकते हैं—

"समष्टि अर्थनीति समस्त अर्थव्यवस्था के व्यवहार का मूल्यांकन करती है तथा उन तरीकों को खोजती है, जिनसे उसके समस्त कार्यकरण में सुधार किया जा सके।"[1]

समष्टि आर्थिक नीति के क्षेत्र
(Scope of Macro Economic Policy)

समष्टि आर्थिक नीति के क्षेत्र के अन्तर्गत हम निम्नलिखित बातों को सम्मिलित करते हैं, जैसा कि नीचे सारणी में दर्शाया गया है:

सारणी-1 समष्टि आर्थिक नीति के क्षेत्र : उद्देश्य, नीति लक्ष्य विशिष्ट मूल्य व उपकरण

I. सम्भावित उद्देश्य		II. नीति लक्ष्य विशिष्ट मूल्य (Targeted Value)	III. उपकरण (Instrument)
विकसित देश (Developed Countries)	विकासशील देश (Developing Countries)		
1. पूर्ण रोजगार	1. आर्थिक संवृद्धि	1. 2% बेरोजागरी दर पूर पूर्ण रोजगार	1. राजकोषीय नीति
2. कीमत स्थिरता	2. अधिकतम उत्पादन तथा पूर्ण रोजगार।	2. 5% आर्थिक विकास	2. मौद्रिक नीति
3. विदेशी विनिमय की स्थिरता	3. कीमत स्थिरता के साथ विकास।	3. 5% की स्फीति दर पर कीमत स्थिरता	3. पूर्ति पक्ष नीति या अर्थशास्त्र
4. वितरणात्मक न्याय	4. आय तथा अधन की असमानता को दूर करना।		
	5. भुगतान शेष की स्थिरता		
	6. क्षेत्रीय असंतुलन को दूर करना		

I. समष्टि अर्थ नीति के उद्देश्य
(Objectives of Macro Economic Policy)

चूँकि विकसित राष्ट्रों की आर्थिक समस्याएँ विकासशील अर्थव्यवस्थाओं की तुलना में भिन्न होती है, इसलिए **समष्टि अर्थ नीति के उद्देश्य भी दोनों ही राष्ट्रों में भिन्न-भिन्न होते हैं।**

विकसित देशों में आर्थिक विकास का ऊँचा प्रतिमान तो पहले ही प्राप्त कर लिया गया होता है। अतः मुख्य समस्या उसको बनाये रखने की होती है। इसका लक्ष्य संवृद्धि दर को बढ़ाने की नहीं अपितु उसे बनाये रखने की होती है। वहाँ की समस्या बचत एवं विनियोग बढ़ाने की नहीं अपितु उसे वांछित दिशा देने की है, जिससे अर्थव्यवस्था अपने विकास मार्ग पर अग्रसर होती रहे। संक्षेप में, **आर्थिक दृष्टि से विकसित राष्ट्रों में समष्टि अर्थ नीति का मुख्य उद्देश्य पूर्ण रोजगार के स्तर पर देश में आर्थिक स्थायित्व लाना होता है।**

विकासशील देशों की समस्या विकसित देशों की समस्या से भिन्न होती है। विकासशील देशों को संवृद्धि के ऊँचे लक्ष्य प्राप्त करने के अतिरिक्त आर्थिक उतार-चढ़ावों को भी नियंत्रित करना होता है।

संक्षेप में **अर्द्धविकसित देश की मूल समस्या आर्थिक विकास के द्वारा पूर्ण रोजगार को प्राप्त करना है, जबकि विकसित अर्थव्यवस्था की समस्या उनको बनाये रखना है।**

उपर्युक्त विवेचन से स्पष्ट हो जाता है कि समष्टि अर्थ नीति के उद्देश्यों में विकसित देशों और विकासशील देशों में अंतर होता है। संक्षेप में, विकसित देशों और विकासशील देशों के समष्टि अर्थ नीति के उद्देश्यों को नीचे सारणी में

---

1. Macroeconomic Policy assesses the behaviour of the economy as a whole and seek ways in which its aggregate performance might be improved.

दर्शाया गया है—

सारणी-2 : विकसित एवं विकासशील देशों में समष्टि अर्थ नीति के उद्देश्य

	विकसित देश		विकासशील देश
1.	पूर्ण रोजगार	1.	आर्थिक संवृद्धि
2.	कीमत स्थिरता	2.	अधिकतम उत्पादन तथा पूर्ण रोजगार
3.	विदेशी विनिमय की स्थिरता	3.	कीमत स्थिरता के साथ विकास
4.	वितरणात्मक न्याय	4.	आय तथा धन की असमानता को कम करना।
		5.	भुगतान शेष की स्थिरता
		6.	क्षेत्रीय असंतुलन को दूर करना

विकसित देशों में समष्टि अर्थ नीति के उद्देश्य
(Objectives of Macro Economic Policy in Developed Countries)

विकसित देशों में समष्टि अर्थ नीति के प्रमुख उद्देश्य संक्षेप में निम्नलिखित हैं—

1. पूर्ण रोजगार (Full Employment)—पूर्ण रोजगार को प्राप्त करना समष्टि अर्थ नीति का एक प्रमुख उद्देश्य माना जाता है, कीन्स के मतानुसार, पूर्ण रोजगार का अर्थ अनैच्छिक (Involuntary) बेरोजगारी का अभाव है। दूसरे शब्दों में, **पूर्ण रोजगार वह स्थिति होती है, जिसमें देश के उन सभी व्यक्तियों को जो मजदूरी की वर्तमान दर पर काम करने के योग्य तथा इच्छुक होते हैं, उन्हें काम प्राप्त हो जाता है।**

प्रतिष्ठित अर्थशास्त्री मानते थे कि अर्थव्यवस्था में सदैव पूर्ण रोजगार रहता है। उनकी धारणा थी कि पूर्ण रोजगार की स्थिति एक सामान्य स्थिति होती है, और इससे विचलन को वे एक असामान्य स्थिति समझते थे। परन्तु उनके विचार में पूर्ण रोजगार घर्षणात्मक (Frictional) ऐच्छिक, मौसमी और संरचनात्मक बेरोजगारी से मेल खाता है।

कीन्स (Keynes) ने सबसे पहले इस बात को दृढ़तापूर्वक स्थापित किया कि यदि अर्थव्यवस्था को स्वतंत्र आर्थिक नीतियों पर छोड़ दिया जाये तो बेरोजगारी की समस्या स्वतः दूर नहीं हो सकती है। इसके लिए उद्देश्य पूर्ण प्रयास की आवश्यकता है। अतः पूर्ण रोजगार प्राप्त करने के लिए उन्होंने **सरकारी हस्तक्षेप में अत्यंत महत्त्वपूर्ण बताया। तब से पूर्ण रोजगार को प्राप्त करना समष्टि अर्थ नीति का एक प्रमुख उद्देश्य हो गया है।** पूर्ण रोजगार को प्राप्त करने के रूप में समष्टि अर्थ नीति का उद्देश्य अर्थव्यवस्था में उपलब्ध साधनों का अनुकूलतम प्रयोग करना है, ताकि उत्पादन वृद्धि के साथ रोजगार की मात्रा में वृद्धि हो सके।

पूर्ण रोजगार से उसका तात्पर्य शून्य बेरोजगारी नहीं है, अर्थात पूर्ण रोजगार हमेशा पूर्ण नहीं होता। अर्थव्यवस्था में जब पूर्ण रोजगार होता है, तब भी कुछ मात्रा में स्थायी बेरोजगारी हमेशा रहती ही है।

अब यह बात स्वीकार कर ली गई है कि पूर्ण रोजगार का मतलब है 96 से 97 प्रतिशत रोजगार, जबकि अस्थायी कारणों से अर्थव्यवस्था में **3 से 4 प्रतिशत बेरोजगारी विद्यमान रहती है। एक अर्थव्यवस्था में पूर्ण रोजगार विस्तारक मौद्रिक और राजकोषीय नीतियों द्वारा प्राप्त किया जा सकता है।**

2. कीमत स्थिरता (Price stability)—कीमतों में अस्थिरता के कारण रोजगार, व्यवसाय, उत्पादन, ऋणी व ऋणदाता के पारस्परिक संबंध आदि में अस्थिरता उत्पन्न होती है, जिससे अनावश्यक आर्थिक उतार-चढ़ाव और आर्थिक जीवन में अनिश्चितता बढ़ती है, इसलिए बहुत से अर्थशास्त्रियों का यह स्पष्ट मत है कि समष्टि आर्थिक नीति का सबसे महत्त्वपूर्ण उद्देश्य **कीमत स्तर में स्थिरता बनाये रखना चाहिए।**

बढ़ती हुई कीमतों (मुद्रा स्फीति) के कारण आर्थिक असमानताएँ बढ़ती हैं तथा/ देश के निर्धन तथा आर्थिक रूप से कमजोर वर्ग को अनेक कष्ट उठाने पड़ते हैं। इसके साथ ही कीमतों में बहुत अधिक कमी (विस्फीति-Deflation) का

होना भी हानिकारक है। क्योंकि इससे उत्पादन में कमी आती है तथा बेरोजगारी बढ़ती है। अतएव समष्टि अर्थ नीति अर्थव्यवस्था में पायी जाने वाली स्फीतिकारी तथा विस्फीतिकारी प्रवृत्तियों के उन्मूलन का प्रयत्न करती है।

स्थिर कीमत स्तर की नीति का अनुसरण करने में कुछ कठिनाइयों का सामना करना पड़ता है, जैसे—किस प्रकार कीमत स्तर स्थिर बनाया जाए। क्या सापेक्ष कीमत-स्तर को स्थिर बनाया जाए, या सामान्य कीमत स्तर को अथवा थोक या परचून कीमत स्तर को, या उपभोक्ता वस्तुओं अथवा उत्पादक वस्तुओं के कीमत स्तर को स्थिर बनाया जाए? इन कठिनाइयों के बावजूद, अधिकांश अर्थशास्त्री स्थिर कीमतों की नीति के पक्ष में हैं।

कीमत स्थिरता को प्रतिचक्रीय (Counter-cyclical) मौद्रिक और राजकोषीय नीतियाँ अपना कर कायम रखा जा सकता है अर्थात् सुस्ती में सस्ती मुद्रा नीति, घाटा बजट, कर छूटें, सार्वजनिक व्यय बढ़ाना आदि। दूसरी ओर तेजी में महंगी मुद्रा नीति, अतिरेक बजट, कर बढ़ाना, सार्वजनिक व्यय कम करना आदि।

3. विदेशी विनिमय की स्थिरता (Exchange Stability)—समष्टि अर्थ नीति का एक अन्य उद्देश्य विदेशी विनिमय दर में स्थिरता को प्राप्त करना है। विदेशी विनिमय दर का सम्बन्ध भुगतान संतुलन की स्थिरता से है।

विनिमय दर के अस्थायित्व का अर्थव्यवस्था के उत्पादन, रोजगार तथा आर्थिक विकास पर कुप्रभाव पड़ता है। यही नहीं विनिमय दर में होने वाले लगातार परिवर्तन से अंतर्राष्ट्रीय व्यापार तथा विभिन्न देशों के बीच आर्थिक सम्बन्धों में अनिश्चितता उत्पन्न होती है, जिससे व्यापार की दिशा तथा मात्रा प्रभावित होती है। विनिमय दर की अस्थिरता के कारण देश के आंतरिक कीमत पर भी प्रभाव पड़ता है और आंतरिक तथा विदेशी क्षेत्रों में सट्टेबाजी प्रवृत्तियाँ आरम्भ हो जाती है। अतः समष्टि अर्थ नीति विदेशी विनिमय भण्डारों को इस ढंग से नियमित करने का प्रयत्न करती है कि अंतर्राष्ट्रीय मुद्रा बाजार में मांग तथा पूर्ति के पैरामीटरों में स्थिरता बनायी रखी जाय।

किसी देश के **भुगतान शेष घाटे को प्रतिबंधात्मक (Restrictive)** मौद्रिक और राजकोषीय नीतियों (समष्टि अर्थ नीति) द्वारा समाप्त किया जा सकता है। ऐसा आयात को कम करके निर्यात को बढ़ाकर तथा करेंसी का अवमूल्यन करके किया जाता है।

4. वितरणात्मक न्याय (Distributive Justice)—पूँजीवादी तथा मिश्रित अर्थव्यवस्थाओं में निजी सम्पत्ति के अधिकार तथा उत्तराधिकार के नियम लागू होने के कारण आय और सम्पत्ति में बहुत अधिक विषमता पाई जाती है। इसके फलस्वरूप देश धनी और निर्धन दो वर्गों में बंट जाता है। धनी वर्ग निर्धन वर्ग का शोषण करता है। अतः सामाजिक न्याय के साथ विकास या सामाजिक न्याय के लिए विकास का महत्त्व बढ़ता जा रहा है। इस कारण यह आवश्यक हो गया है कि अर्थव्यवस्था में असमानता जन्य कुपरिणामों को रोकने के लिए विकास परिणामों के न्यायोचित वितरण की व्यवस्था सुनिश्चित की जाये। वितरणात्मक न्याय के बिना आर्थिक विकास के वास्तविक लक्ष्य नहीं पूरे हो पाते हैं। समष्टि अर्थ नीति द्वारा वितरणात्मक न्याय की ओर अर्थव्यवस्था को अग्रसर किया जा सकता है।

उपर्युक्त उद्देश्यों को प्राप्त करने के लिए समष्टि अर्थ नीति के उपकरणों (Instruments of Macro Economic Policy) का उपयोग किया जाता है, जिसकी विवेचना हम आगे करेंगे।

विकासशील देशों में समष्टि अर्थ नीति के उद्देश्य
(Objectives of Macro Economic Policy in Developing Countries)

विकासशील देशों की मुख्य समस्या अल्पकालीन उतार-चढ़ाव को रोकने के बजाय दीर्घकालीन संरचनात्मक (Structural) परिवर्तन लाने की है, इसीलिए समष्टि अर्थ नीति का उद्देश्य आर्थिक विकास में सहायक होना आवश्यक है?

संक्षेप में, विकासशील देशों में समष्टि अर्थ नीति के उद्देश्य निम्नलिखित हैं—

1. आर्थिक संवृद्धि (Economic Growth)—आर्थिक संवृद्धि उस प्रक्रिया को कहते हैं, जिसके द्वारा प्रति व्यक्ति वास्तविक आय में सतत (Substantial) वृद्धि होती है। विकासशील देशों में, लोगों की आय तथा उनका जीवन स्तर नीचा होता है। इसका कारण इन अर्थव्यवस्थाओं में उत्पादन क्षमता का निम्न (Low Production Capacity) होना है। अतः विकासशील देशों में समष्टि अर्थ नीति के विभिन्न उद्देश्यों में संभाव्य आर्थिक विकास की दर को प्राप्त करना अत्यंत महत्त्वपूर्ण हो जाता है।

आर्थिक विकास की गति तेज करने के उद्देश्य से समष्टि अर्थ नीति का प्रयोग निम्नलिखित दिशाओं में किया जाना चाहिए—

(i) विकासशील देश पूँजी की कमी के कारण निर्धनता के दुश्चक्र में फंसे रहते हैं। इस दुश्चक्र को तोड़ने के लिए पूँजी निर्माण की दर में वृद्धि की जानी चाहिए।

(ii) बचतें जुटाने तथा विनियोग को प्रोत्साहन करने के साथ-साथ यह भी आवश्यक है कि उत्पादन तथा अधिक महत्त्वपूर्ण क्षेत्रों में विनियोग बढ़े और अनावश्यक तथा अनउत्पादक क्षेत्रों में से नियंत्रित किया जाय।

2. अधिकतम उत्पादन तथा पूर्ण रोजगार (Maximum Production and full Employment)—विकासशील देशों में पूर्ण रोजगार की स्थिति नहीं होती। अतः समष्टि अर्थ नीति का प्रमुख उद्देश्य देश में रोजगार अवसरों में वृद्धि की जानी आवश्यक है। विद्यमान श्रम-शक्ति को रोजगार के अवसर प्रदान किये बिना आर्थिक विकास का लक्ष्य पूरा नहीं किया जा सकता है। रोजगार में वृद्धि के लिए सरकार को अपनी समष्टि अर्थ नीति के द्वारा अपनी आर्थिक विकास की गति को तेज करना चाहिए।

3. कीमत स्थिरता के साथ विकास (Growth with Price Stability)—विकासशील देशों में स्थिरता की दृष्टि से समस्या कीमतों में वृद्धि की है। विकास की गति जब तेज करने के प्रयत्न किये जाते हैं, तो कीमतों में वृद्धि होने लगती है। वर्तमान समय में समष्टि अर्थ नीति का प्रमुख लक्ष्य आर्थिक विकास के साथ स्थायित्व (Growth with stability) को प्राप्त करना है। अतः अर्थव्यवस्था में अधिकतम उत्पादन तथा पूर्ण रोजगार के साथ आर्थिक विकास के उद्देश्य को भी प्राप्त किया जा सकता है, जब आंतरिक मूल्य स्तर में अत्यधिक व हानिकारक वृद्धि न हो।

4. आय तथा धन की असमानता को कम करना (Reduction of Disparities of Income and Wealth)—विकासशील देशों में न केवल राष्ट्रीय आय की वृद्धि की समस्या है बल्कि आय तथा धन के वितरण की असमानता को कम करने की भी समस्या है। परंतु आय और धन की असमानता को कम करने का कार्य अधिकतम आर्थिक विकास का विरोधी है, क्योंकि सामाजिक असमानता में ही अधिक धन का संग्रह (बचत) एवं निवेश होता है, अतः सरकार को समष्टि अर्थ नीति द्वारा इन दोनों विरोधी कार्यों में सामंजस्य स्थापित करने का प्रयास करना चाहिए।

5. भुगतान शेष की स्थिरता (Stabilisation of Balance of Payment)—विकासशील देशों में विकास के लिए पूँजीगत वस्तुओं को कच्चे माल व तकनीकी ज्ञान का अधिक मात्रा में विदेशों से आयात होने के कारण व निर्यात योग्य आधिक्य कम होने के कारण भुगतान शेष की समस्या उत्पन्न हो जाती है। अतः सरकार को उचित समष्टि अर्थनीति द्वारा भुगतान शेष के घाटे को कम करने का प्रयास किया जाना चाहिए।

6. क्षेत्रीय असंतुलन को दूर करना (Removal of Regional Imbalances)—विकासशील अर्थव्यवस्था में क्षेत्रीय असंतुलन पाया जाता है। अतः अर्द्धविकसित देशों में समष्टि अर्थ नीति का उद्देश्य देश के सभी भागों का संतुलित विकास करना भी होता है।

उपर्युक्त उद्देश्यों के प्राप्त करने के लिए समष्टि अर्थ नीति के उपकरणों का उपयोग किया जाता है, जिसकी विवेचना हम अगले संभाग में करेंगे।

II. नीति लक्ष्य विशिष्ट मूल्य (Policy Targeted Specific Value)

ये वे मूल्य होते हैं जो सरकार अपनी समष्टि अर्थनीतियों के माध्यम से प्राप्त करना चाहती है। उदाहरण के लिए यदि सरकार अपनी समष्टि आर्थिक नीतियों के माध्यम से अर्थव्यवस्था में **पूर्ण रोजगार** प्राप्त करना चाहती है या कीमतों में स्थिरता लानी चाहती है अथवा आर्थिक विकास की दर को तीव्र करना चाहती है तो इसके लिए वे नीति लक्ष्य विशिष्ट मूल्य को निम्न प्रकार व्यक्त कर सकती है।

1. 2 प्रतिशत बेरोजगारी दर पर पूर्ण रोजगार प्राप्त करना।
2. अर्थव्यवस्था में 5% प्रतिवर्ष आर्थिक विकास की दर प्राप्त करना।
3. 5% प्रतिवर्ष की स्फीति दर पर कीमत स्थिरता प्राप्त करना आदि।

इस प्रकार **सरकार की नीति लक्ष्य विशिष्ट मूल्य है: 2 प्रतिशत बेरोजगारी दर, 5% प्रतिवर्ष आर्थिक विकास दर और 5% स्फीति दर होगा।**

III. समष्टि अर्थ-नीति के उपकरण
(Instruments of Macro Economic Policy)

समष्टि अर्थ-नीति के उद्देश्यों व लक्ष्यों की जो विवेचना की गयी है। उन्हें प्राप्त करने के लिए नीति सम्बन्धी उपकरणों (Policy Instruments) की आवश्यकता होती है। **लिप्सी** तथा **क्रिस्टल** के अनुसार, "नीति उपकरणों के उचित मूल्यों का चुनाव करना समष्टि-अर्थशास्त्र सम्बन्धी नीति की समस्या है ताकि परिणामों के श्रेष्ठतम सम्भव संयोगों को प्राप्त किया जा सके। यह निरन्तर परिवर्तनशील समस्या है क्योंकि विश्व अर्थव्यवस्था के विभिन्न भागों के आघातों के कारण लक्ष्य निरन्तर प्रभावित होते रहते हैं।"[1]

समष्टि अर्थ-नीति के लक्ष्यों को प्राप्त करने के लिए महत्त्वपूर्ण उपकरण हैं (i) राजकोषीय नीति (Fiscal Policy), (ii) मौद्रिक नीति (Monetary Policy) एवं (iii) पूर्ति-पक्ष नीति (Supply-side Policy)

1. राजकोषीय नीति (Fiscal Policy)—राजकोषीय नीति से अभिप्राय स्थिरीकरण या विकास के लिए सरकार द्वारा सार्वजनिक व्यय, कराधान और सार्वजनिक ऋण के प्रयोग से होता है। चूँकि राजकोषीय नीति मुख्य रूप से बजट के माध्यम से कार्य करती है अतः इसे बजट नीति भी कहते हैं।

सरकारी व्यय तथा कराधान में परिवर्तन के माध्यम से राजकोषीय नीति प्रबल रूप से राष्ट्रीय आय, रोजगार, उत्पादन तथा कीमतों को प्रभावित करती है।

2. मौद्रिक नीति (Monetary Policy)—'मौद्रिक नीति' का अर्थ एक देश के केन्द्रीय बैंक द्वारा अपनाए गये साख नियंत्रण उपायों से है।

मौद्रिक नीति के साधन दो प्रकार के होते हैं—प्रथम, **परिमाणात्मक (Quantitative)** जिन्हें सामान्य या अप्रत्यक्ष साधन कहा जा सकता है एवं दूसरे, **गुणात्मक (Qualitative)** जिन्हें **चयनात्मक** अथवा प्रत्यक्ष साधन कहा जा सकता है। ये दोनों प्रकार के साधन मुद्रा की पूर्ति, मुद्रा की लागत अर्थात् ब्याज की दर एवं साख की उपलब्धि के माध्यम से कुल माँग को प्रभावित करते हैं जिससे उत्पादन, रोजगार एवं आय का स्तर प्रभावित होता है। **परिमाणात्मक उपकरणों में** (i) **बैंक-दर,** (ii) **खुले बाजार की क्रियाएँ,** (iii) **आरक्षित निधियों के अनुपात में परिवर्तन,** (iv) **तरल कोषानुपात पद्धति** आते हैं। ये व्यापारिक बैंकों के माध्यम से समस्त अर्थव्यवस्था में साख के स्तर को नियन्त्रित करते हैं। **चयनात्मक साख नियन्त्रण** का उद्देश्य किसी विशेष प्रकार की साख को नियन्त्रित करना होता है। इनमें (i) उधार प्रतिभूति अन्तर (Margin) व (ii) उपभोक्ता साख का नियमन आदि शामिल किये जाते हैं। सभी देशों में मौद्रिक नीति के प्रबन्ध का कार्य वहाँ का केन्द्रीय बैंक किया करता है। अतः किसी निश्चित उद्देश्य की प्राप्ति हेतु केन्द्रीय बैंक उपरोक्त दोनों उपकरणों में से एक या दोनों का एक साथ प्रयोग कर सकती है।

3. पूर्ति-पक्ष नीति या अर्थशास्त्र (Supply-side Policy or Economics)—पूर्ति-पक्ष नीति या अर्थशास्त्र एक नई शब्दावली है जो 1970 के मध्य से अमरीकी अर्थव्यवस्था में कीन्सियन (Keynesian) माँग पक्ष की विफलता से उत्पन्न गतिहीन स्फीति (Staflation) के कारण प्रयोग में आयी। पूर्ति-पक्ष नीति अर्थव्यवस्था में समस्त पूर्ति बढ़ाने के लिए सभी प्रकार के प्रोत्साहन प्रदान करने पर बल देती है। उत्पादकों को निवेश, उत्पादन और रोजगार के लिए प्रोत्साहन आवश्यक है। इसी प्रकार, व्यक्तियों को अधिक कार्य और बचत करने के लिए प्रोत्साहन देने होते हैं। **पूर्ति-पक्ष नीतियों का मुख्य उद्देश्य स्फीति को कम स्तर पर रखना, पूर्ण रोजगार को प्राप्त करना और कायम रखना तथा तीव्र आर्थिक वृद्धि को प्राप्त करना है।**

नीति उद्देश्यों में विरोध या विनिमय
(Conflicts or Trade-off in Policy Objectives)

अभी तक हमने समग्र आर्थिक नीति के महत्त्वपूर्ण उद्देश्यों की विवेचना की परंतु विरोधाभास यह है कि यदि सरकार एक उद्देश्य को पूरा करने का प्रयास करती है, तो कोई और उद्देश्य दूर हट जाता है। उदाहरण के लिए, यदि सरकार पूर्ण रोजगार लाना चाहती है, तो वह कीमतों में स्थिरता के लक्ष्य को नहीं प्राप्त कर पाती। इसी प्रकार मुद्रा स्फीति की दर को कम करने के लिए बेरोजगारी की अपेक्षाकृत ऊँची दर के रूप में कीमत अदा करनी होती है। अब हम विभिन्न नीति उद्देश्यों में विरोधों का अध्ययन करेंगे।

---

1. "The macroeconomics policy problem is to choose appropriate values of the policy instruments in order to achivate the best possible combination of the outcomes of the targets. This is a continually changing problem because the targets are perpetually being affected by shocks from various parts of time world economy."
—*Lipsey and Chrystal*

1. पूर्ण रोजगार तथा आर्थिक विकास (Full Empoyment and economic Development)—कुछ अर्थशास्त्रियों का यह मत है कि जब आर्थिक विकास की दर बढ़ती है, तो बेरोजगारी की दर भी बढ़ जाती है। आर्थिक विकास से अर्थव्यवस्था में संसाधनों का पुनः आवंटन होता है, जिसमें श्रम की किस्म एवं मात्रा की माँग में परिवर्तन हो जाता है। कारण यह है कि श्रम एक विशिष्ट कार्य के लिए होते हैं, और जब आर्थिक विकास के साथ-साथ एक विशेष प्रकार की श्रमों की माँग कम हो जाती है, तो **बेरोजगारी फैलती है**। ऐसी स्थिति में सबसे अधिक मुसीबत **अकुशल श्रमिकों** को झेलनी पड़ती है।

2. आर्थिक विकास और कीमत स्थिरता (Economic Development and Price Stability)—आर्थिक विकास और कीमत स्थिरता में भी विरोध होता है। विकास की प्रक्रिया में वस्तुओं और सेवाओं की कीमतों में वृद्धि स्वभाविक है, कारण यह है कि जब बड़े पैमाने पर निवेश बढ़ते हैं तो लोगों के आय में भी वृद्धि होती है, लोगों की आय में वृद्धि होने से वस्तुओं और सेवाओं की माँग में वृद्धि हो जाती है, फलतः कीमतें बढ़ती हैं, इस प्रकार आर्थिक विकास के साथ-साथ कीमतों में स्फीतिकारी वृद्धि होती है, विशेष रूप से जब पूर्ण रोजगार का स्तर आ जाता है।

3. बेरोजगारी और मुद्रा स्फीति (Unemployment and Inflation)—इसी प्रकार यदि बेरोजगारी घटानी है तो मुद्रा-स्फीति को स्वीकार करना होगा, पूर्व रोजगार के स्तर पर स्थिरता **(Stability at full employment level)** के युगल लक्ष्यों **(twin objectives)** को एक साथ प्राप्त नहीं किया जा सकता है। यदि स्थिरता (कीमत स्थिरता) लानी है तो पूर्ण रोजगार नहीं होगा, और यदि पूर्ण रोजगार लाना है तो स्थिरता नहीं आयेगी। 1960 के दशक में फिलिप्स, सैम्युल्सन, सोलो तथा अन्य अर्थशास्त्रियों ने जो अध्ययन किए उनसे स्थापित हुआ कि स्फीति बढ़ाकर पूर्ण रोजगार उपलब्ध किया जा सकता है, और 5 या 6 प्रतिशत तक बेरोजगारी और कीमत स्थिरता लाई जा सकती है।

4. पूर्ण रोजगार और भुगतान संतुलन (Full Employment and Balance of Payment)

पूर्ण रोजगार और भुगतान संतुलन बनाए रखने की नीति में भी विरोध है, पूर्ण रोजगार और भुगतान संतुलन के विपरीत संबंध का अभिप्राय एक ट्रेड ऑफ (Trade-off) से होता है। जिसमें समस्या यह होती है कि देश का आंतरिक संतुलन बनाए रखा जाय अथवा बाह्य संतुलन। उदाहरण के लिए, यदि देश के भुगतान संतुलन में घाटा है, तो व्यय घटाने की नीति आयात कम हो जाएंगे, परन्तु इससे देश में बेरोजगारी बढ़ेगी।

इसके विपरीत सरकार देश में रोजगार में वृद्धि करना चाहती है, तो उसे अपने कुल सार्वजनिक व्यय बढ़ाने पड़ेंगे, जिससे आयात की मांग बढ़ेगी और भुगतान-संतुलन में घाटा उत्पन्न हो जाएगा। इस स्थिति से सरदार तभी बच सकती है, जब वह अवमूल्यन (Devaluation) जैसी व्यय सापेक्ष नीतियाँ अपनाये।

परीक्षा प्रश्न
(Examination Questions)

I. दीर्घ उत्तरीय प्रश्न (Long Answer Type Question)

1. समष्टि अर्थ नीति किसे कहते हैं? हमें समष्टि अर्थ-नीति की आवश्यकता क्यों है?
   What is macro-economic policy? Why do we need macro-economic policy.
2. विकसित देशों में समष्टि अर्थ नीति के उद्देश्यों की विवेचना कीजिए?
   Discuss the objectives of macro economic policy in developed countries.
3. विकासशील देशों में समष्टि अर्थ-नीति के उद्देश्य विकसित देशों से भिन्न होते हैं।
   The objectives of Macro-economic Policy of developed countries are quite different from developed country.

II. लघु उत्तरीय प्रश्न (Short Answer Type Question)

1. समष्टि अर्थ नीति से आप क्या समझते हैं?
2. इस कथन को स्पष्ट कीजिए "अर्द्धविकसित देशों में समष्टि अर्थ-नीति का मुख्य उद्देश्य पूर्ण रोजगार को बनाये रखना होता है।

3. स्थिरता के साथ विकास से क्या तात्पर्य है।
4. समष्टि अर्थ नीति के द्वारा वितरणात्मक न्याय किस प्रकार प्राप्त किया जा सकता है।
5. नीति उद्देश्यों में विरोध पर टिप्पणी लिखिए।

III. वस्तुनिष्ठ प्रश्न (Objective Type Question)

1. समष्टि अर्थ-नीति का सम्बन्ध होता है।
   (अ) अर्थव्यवस्था से (ब) एक फर्म से
   (स) व्यक्ति विशेष से (द) इनमें से कोई नहीं
2. विकसित देशों में समष्टि अर्थ-नीति का मुख्य उद्देश्य होता है।
   (अ) पूर्ण रोजगार को बनाये रखना
   (ब) आर्थिक संवृद्धि प्राप्त करना
   (स) उद्योगों का विकास करना
   (द) उपर्युक्त में से कोई नहीं।
3. समष्टि अर्थ-नीति के मुख्य उपकरण हैं
   (अ) मौद्रिक नीति (ब) राजकोषीय नीति
   (स) पूर्तिपक्ष नीति (द) उपर्युक्त सभी

उत्तर. 1. (अ), 2. (अ), 3. (द)

OOO

36

मौद्रिक नीति (Monetary Policy)

महत्त्वपूर्ण अवधारणाएँ (Important Concepts)

1. मौद्रिक नीति (Monetary Policy)—मौद्रिक नीति से आशय केन्द्रीय बैंक द्वारा अपनाये गये उन उपायों से है जिनके द्वारा वह अर्थव्यवस्था में करेंसी तथा साख की मात्रा नियंत्रित करता है।

2. विनिमय स्थिरता (Exchange Stability)—विनिमय स्थिरता का आशय विनिमय दर को स्थायी रखने से अथवा बाह्य सन्तुलन प्राप्त करने से है।

3. मूल्य स्थिरता (Price Stability)—मूल्य स्थिरता से आशय यह नहीं है कि सभी अलग-अलग और सामूहिक कीमतें स्थायी रहें बल्कि इसका आशय केवल यह है कि थोक कीमत निर्देशांक द्वारा सूचित औसत मूल्य स्तर को मामूली सीमाओं से अधिक घटने-बढ़ने नहीं देना चाहिए।

4. मुद्रा की तटस्थता (Exchange Stability)—मुद्रा की तटस्थता से आशय है कि मुद्रा नीति इस प्रकार से नियंत्रित करनी चाहिए, ताकि इसका रोजगार, उत्पादन, कीमत और आय के स्तर पर कोई प्रतिकूल प्रभाव न पड़ सके।

5. नियंत्रित मौद्रिक विस्तार (Controlled Monetary Expansion)—नियंत्रित मौद्रिक विस्तार की नीति का अर्थ है—एक तरफ आर्थिक विकास के लिए पर्याप्त वित्त का प्रबंध करना और दूसरी ओर, देश में मूल्य स्थिरता (Price Stability) को बनाये रखना।

6. कूपन रेट (Coupon Rate)—किसी प्रतिभूति के अंकित मूल्य पर दिये जाने वाले ब्याज की दर को कूपन रेट कहते हैं।

7. ट्रेजरी बिल (Treasury Bills)—ट्रेजरी बिल RBI द्वारा बेचे जाते हैं या इनकी नीलामी की जाती है।

8. स्वर्ण-रेखांकित प्रतिभूति (Gift-edged Securities)—ऐसी प्रतिभूतियाँ जिनमें अंकित मूलधन और ब्याज के वसूल करने में कोई विलम्ब या परेशानी नहीं होती, स्वर्ण रेखांकित प्रतिभूति कहलाती हैं। भारतीय संदर्भ में केन्द्र/राज्य सरकारों द्वारा जारी रेखांकित, गारंटी की गयी प्रतिभूतियों को रेखांकित प्रतिभूति कहा जाता है।

9. संदर्भ दर (Reference Rate)—संदर्भ दर से अभिप्राय ब्याज की वह सामान्य न्यूनतम दर है जिस पर मुद्रा के लेन-देन के सौदे होते हैं।

10. अर्थोपाय अग्रिम (Ways and Means Advanced, WMA)—WMA के अन्तर्गत रिजर्व बैंक केन्द्रीय सरकार को अल्पविकसित वित्तीय सहायता उपलब्ध करवाता है।

11. सांविधिक नकद रक्षित विधियाँ (Cash Reserve Ratio, CRR)—CRR से आशय व्यापारिक बैंक के कुल निक्षेपों के उस भाग से है जिसे वह रिजर्व बैंक के पास नकद रक्षित निधियों के रूप में अनिवार्य रूप से जमा करता है।

12. सांविधिक तरलता अपेक्षाएँ (Statutory Liquidity Requirements, SLR)—SLR से अभिप्राय एक व्यापारिक बैंक के कुल जमा के उस भाग से है जिसे नकद रक्षित निधि के रूप में अपने पास रखता है।

मौद्रिक नीति का अर्थ तथा उपकरण (Meaning and Instruments of Monetary Policy)—मौद्रिक नीति से अभिप्राय वह उपाय है जो अर्थव्यवस्था में मुद्रा व साख की मात्रा को नियन्त्रित करता है। दूसरे शब्दों में किसी देश की सरकार केन्द्रीय बैंक द्वारा अर्थव्यवस्था में किसी विशेष आर्थिक उद्देश्य की प्राप्ति हेतु (जैसे मूल्य स्थिरता, विदेशी विनिमय-दर स्थिरता, पूर्ण रोजगार अथवा आर्थिक विकास) संचालन में मुद्रा व साख की मात्रा के प्रसार तथा संकुचन के प्रबन्ध को मौद्रिक नीति कहा जाता है।

मौद्रिक नीति के सम्बन्ध में दी गई कुछ प्रमुख परिभाषाएँ निम्नलिखित हैं—

प्रो. हैरी जानसन के शब्दों में, "मौद्रिक नीति का अर्थ केन्द्रीय बैंक की नियंत्रण नीति से है जिसके द्वारा सामान्य आर्थिक नीति के लक्ष्यों को प्राप्त करने के उद्देश्य से मुद्रा की पूर्ति पर नियंत्रण करती है।"[1]

प्रसिद्ध अर्थशास्त्री **पाल आइंजिग (Paul Einzig)** के मतानुसार "वे सब मौद्रिक निर्णय तथा उपाय, जिनके उद्देश्य मौद्रिक हों अथवा अमौद्रिक हों, तथा वे सब अमौद्रिक निर्णय सम्मिलित होते हैं जिनका उद्देश्य मौद्रिक प्रणाली पर प्रभाव डालना होता है।" इस परिभाषा के अन्तर्गत मौद्रिक नीति के विषय क्षेत्र में प्रत्येक प्रकार के उन उपायों के अतिरिक्त जो मुद्रा के मूल्य तथा उसकी पूर्ति पर प्रभाव डालने के लिए किये जाते हैं, वे मौद्रिक उपाय भी सम्मिलित किए जा सकते हैं जो अमौद्रिक, आर्थिक, सामाजिक तथा राजनैतिक लक्ष्यों की प्राप्ति के लिए किए जाते हैं। इसी प्रकार मूल्य तथा वेतन के नियंत्रण, निर्यातों को बढ़ाना व आयातों को कम करना, बेरोजगारी को समाप्त करना, बचत नीति भी इस आय नीति में सम्मिलित किए जा सकते हैं जिनका मुख्य उद्देश्य मौद्रिक स्थिति को प्रभावित करना होता है।[2]

रिजर्व बैंक ऑफ इण्डिया ने मौद्रिक नीति को निम्न प्रकार परिभाषित किया है—

"मौद्रिक नीति के अन्तर्गत केन्द्रीय बैंक द्वारा अपने अधीन आर्थिक उपकरणों को इस प्रकार संचालित किया जाता है कि मुद्रा एवं साख की मात्रा की उपलब्धता लागत एवं उपयोग को प्रभावित किया जा सके ताकि उत्पादन एवं रोजगार के इष्टतम लक्ष्य की प्राप्ति हो सके, कीमतों में स्थिरता लायी जा सके, भुगतान शेष को सन्तुलित किया जा सके अथवा राज्य द्वारा निर्धारित किसी अन्य लक्ष्य की प्राप्ति की जा सके।"[3]

रिजर्व बैंक द्वारा दी गई परिभाषा में कोई नयी बात नहीं कही गई है, इसमें केवल मौद्रिक नीति के उद्देश्यों पर अधिक बल दिया गया है।

हार्वे एवं जानसन के अनुसार—"आधुनिक पद्धति के अनुसार हम मौद्रिक नीति की इस प्रकार परिभाषा कर सकते हैं—इसमें वे उपाय शामिल हैं कि जिनके द्वारा (i) ब्याज दर ऋण की लागत; और (ii) तरलता ऋण की प्राप्यता में परिवर्तन करके कुल व्यय के स्तर पर प्रभाव डालने की चेष्टा की जाती है।"[4]

उपर्युक्त परिभाषाओं के आधार पर मौद्रिक नीति को निम्न प्रकार परिभाषित किया गया है—

मौद्रिक नीति मुद्रा की मात्रा, साख की मात्रा एवं ब्याज की दर परिवर्तन अथवा दिशान्तरण की वह नीति है जिसे किसी देश के मौद्रिक अधिकारी पूर्व-निर्धारित लक्ष्यों की प्राप्ति के लिए संचालित करते हैं। अन्य शब्दों में मौद्रिक नीति का अर्थ उस नीति से समझा जाता है जिसके द्वारा मुद्रा के मूल्य को नियंत्रित किया जा सके।

इस प्रकार **संकुचित दृष्टिकोण** की मौद्रिक नीति से अभिप्राय साख की मात्रा का नियंत्रण है। परन्तु **विस्तृत दृष्टिकोण** से इनके अन्तर्गत वे सभी उपाय आते हैं जिनके द्वारा समाज में व्यय को प्रभावित करके कोई महत्त्वपूर्ण उद्देश्य जैसे पूर्ण रोजगार स्थापित किया जाता है और अर्थव्यवस्था में स्थिरता पायी जाती है। **प्रो. केन्ट** (Kent) के अनुसार

---

1. "Monetary Policy is a policy employing the Central Bank's control of the supply of money as an instrument for achieving the objectives of general economic policy," —*Harry G. Johnson*
2. "Monetary policy may be defined" as including all monetary decisions and measures irrespective of whether their aims are monetary or non-monetary, and all non-monetary decisions and measures that aim at affecting monetary system." —*Paul Einzig*
3. "Monetary policy refers to the use of official instruments under the control of the Central Bank to regulate the availability cost and use of money and credit with the aim of achieving optimum level of output and employment, price stability, balance of payments equilibrium or any other goals set by the state." —*Reserve Bank of India*
4. Harry G. Johnson : 'Monetary Theory and Policy', American Economic Review 1962.

"मौद्रिक नीति वह नीति है जिसके अन्तर्गत परिचलन में मुद्रा की मात्रा के प्रसार और संकुचन की व्यवस्था की जाती है ताकि कोई महत्त्वपूर्ण उद्देश्य जैसे कि पूर्ण रोजगार आदि प्राप्त किया जा सके।"

इस प्रकार मौद्रिक नीति की निम्न विशेषताएँ हैं—

(i) मौद्रिक नीति का सम्बन्ध **मुद्रा व साख की पूर्ति का नियमन** करने से है।

(ii) मुद्रा व साख की पूर्ति को निम्न रीतियों द्वारा प्रभावित किया जा सकता है—(अ) मात्रा में परिवर्तन द्वारा, (ब) प्रचलन वेग में परिवर्तन द्वारा, (स) उपलब्धता में परिवर्तन द्वारा एवं (द) लागत में परिवर्तन द्वारा। चूँकि प्रचलन वेग के परिवर्तनों पर मुद्रा अधिकारी का प्रत्यक्ष नियंत्रण नहीं होता इसलिए अन्य परिवर्तनों के द्वारा ही मुद्रा अधिकारी मुद्रा-मूल्य को नियंत्रण में रखने की चेष्टा करता है।

(iii) मौद्रिक नीति का निर्माण करने वाले अधिकारियों के समक्ष एक **निश्चित उद्देश्य** होता है।

(iv) इन उद्देश्यों की प्राप्ति के हेतु उनको नियंत्रण व शीघ्रतापूर्वक मुद्रा व साख की पूर्ति पर नियंत्रण करने वाले उपकरणों का प्रयोग करते रहना पड़ता है।

मौद्रिक नीति के उपकरण
(Instruments of Monetary Policy)

मौद्रिक नीति केन्द्रीय बैंक द्वारा अपनाये गये साख नियंत्रण उपायों से सम्बन्ध रखती है। ये दो प्रकार के होते हैं—(i) **मात्रात्मक (Quantitative)** सामान्य अथवा अप्रत्यक्ष नियंत्रण और (ii) **गुणात्मक (Qualitative)** चयनात्मक अथवा प्रत्यक्ष नियन्त्रण।[1]

मात्रात्मक या परिमाणात्मक साख नियंत्रण के अन्तर्गत (i) बैंक दर नीति, (ii) खुले बाजार की क्रियाएँ तथा (iii) परिवर्तनशील कोष अनुपात को सम्मिलित किया जाता है। उनका उद्देश्य व्यापारिक बैंकों के माध्यम से अर्थव्यवस्था में साख के **सम्पूर्ण स्तर** पर नियमन व नियंत्रण करना होता है।

चयनात्मक साख नियंत्रण का उद्देश्य विशिष्ट प्रकार की साख का नियंत्रण करना है। चयनात्मक साख नियंत्रण के अन्तर्गत सम्मिलित किया जाता है— (i) प्रत्यक्ष कार्यवाही, (ii) मार्जिन में परिवर्तन, (iii) उपभोक्ता साख नियमन, (iv) प्रचार, (v) साख राशनिंग तथा (vi) नैतिक दबाव।

एक प्रभावशाली मौद्रिक नीति के लिए आवश्यक है कि बैंक दर खुले बाजार की क्रियाएँ परिवर्तनशील कोष अनुपात आवश्यकताएँ और चयनात्मक साख नियंत्रणों को एक साथ अपनाया जाय। परन्तु सभी मुद्रा अर्थशास्त्रियों ने यह स्वीकार किया है कि—(i) मन्दी की अवस्था में जब निराशा का वातावरण रहता है और व्यापारियों का विश्वास अपनी क्षीणतम दशा में होता है, तब मौद्रिक नीति की सफलता शून्य होती है और (ii) स्फीति के विरुद्ध वह सफल रहती है।

मुद्रावादियों का मत है कि मौद्रिक नीति राजकोषीय नीति की तुलना में अधिक लोचदार होती है और उसे शीघ्र कार्यान्वित किया जा सकता है।

मौद्रिक नीति के उद्देश्य
(Objectives of Monetary Policy)

मौद्रिक नीति के उद्देश्य के सम्बन्ध में समय-समय पर मतभेद रहा है। वास्तव में मौद्रिक नीति का प्रमुख उद्देश्य भिन्न देशों में व भिन्न कालों में भिन्न रहा है और अक्सर तत्कालीन समस्याओं पर निर्भर रहा है। प्रो. कीन्स की मान्यता थी, "मौद्रिक नीति के उद्देश्य व्यापार चक्रों के बहाव को कम करना होना चाहिए तथा इसे पूर्ण रोजगार के बिन्दु पर बचत व विनिमय के बीच समानता बनाए रखना चाहिए।"

सामान्यतया मौद्रिक नीति के प्रमुख उद्देश्य इस प्रकार बताए जाते हैं—

1. भुगतान संतुलन एवं विनिमय स्थिरता (Balance of Payment and Exchange Stability);
2. मूल्य स्थिरता (Price Stability);

---

1. मौद्रिक नीति के उपकरण के सम्बन्ध में विस्तृत विवेचना केन्द्रीय बैंकिंग व परिमाणात्मक साख नियन्त्रण व केन्द्रीय बैंकिंग गुणात्मक साख नियन्त्रण अध्याय में की गई है।

3. मुद्रा की तटस्थता (Neutrality of Money);
4. पूर्ण रोजगार (Full Employment);
5. आर्थिक विकास (Economic Growth)

1. भुगतान संतुलन एवं विनिमय स्थिरता (Balance of Payment and Exchange)

स्वर्णमान के युग में मौद्रिक नीति का महत्त्वपूर्ण उद्देश्य विनिमय-दरों में स्थिरता तथा भुगतान संतुलन में साम्यावस्था (Equilibrium) बनाये रखना था। भुगतान संतुलन में अस्थायी असन्तुलनों को आन्तरिक कीमत स्तर आय रोजगार आदि में परिवर्तन करके ठीक करने का प्रयास किया जाता था। स्वर्णमान का स्वर्ण नियम यही था कि जब देश में स्वर्ण आ रहा हो तो मुद्रा-प्रसार करो और अब स्वर्ण देश से बाहर जाने लगे तो मुद्रा-संकुचन करना चाहिए। 1931 में इंग्लैण्ड में **मैकमिलन समिति** (Macmillan Committee) ने भी आन्तरिक कीमत-स्थिरता की तुलना में विनिमय-दरों की स्थिरता को अधिक महत्त्वपूर्ण समझा था।

वर्तमान युग में भी भुगतान संतुलन को बनाए रखना और विनिमय-दर में स्थिरता प्राप्त करना मौद्रिक नीति का एक महत्त्वपूर्ण लक्ष्य बन गया है।

विनिमय स्थिरता के पक्ष में तर्क (Argument in Favour of Exchange, Stability)—विनिमय-दर में होने वाले उच्चावचन से कई प्रकार की कठिनाइयाँ उत्पन्न हो जाती हैं, जैसे—

(i) सट्टे की प्रवृत्ति का आरम्भ—विदेशी विनिमय बाजार में सट्टे की प्रवृत्ति आरम्भ हो जाती है और इससे देश की साख को धक्का पहुँचता है।

(ii) विदेशी पूँजीपतियों को अविश्वास—विनिमय-दर में भारी उच्चावचन से विदेशी पूँजीपतियों का विश्वास उठ जाता है और वे देश में लगी पूँजी को स्वदेश वापस ले जाना आरम्भ कर देते हैं अथवा उन देशों में लगाते हैं जहाँ विनिमय दर स्थिर होती है।

(iii) आन्तरिक कीमत-स्तर पर बुरा प्रभाव—देश की विनिमय-दर में होने वाले साधारण परिवर्तनों का भी आन्तरिक कीमत-स्तर पर बुरा प्रभाव पड़ता है।

(iv) अन्तर्राष्ट्रीय सहयोग—विनिमय-दर की स्थिरता, अन्तर्राष्ट्रीय आर्थिक सहयोग के लिए आवश्यक है। अन्तर्राष्ट्रीय सहयोग से सन्तुलित विकास सम्भव होता है।

अतः उपर्युक्त बातों को ध्यान में रखते हुए यह कहा जाता है कि देश की मौद्रिक नीति का मुख्य उद्देश्य विनिमय-दर की स्थिरता को बनाए रखना होना चाहिए।

भुगतान संतुलन को ठीक स्तर में बनाए रखने तथा विनिमय-दर में स्थिरता रखने की दृष्टि से मौद्रिक-नीति का अनेक रीतियों से प्रयोग किया जा सकता है, जैसे—

(अ) विनिमय नियंत्रण (Exchange Control)—वर्तमान युग में प्रायः सभी विकासशील देशों में विनिमय नियंत्रणों के माध्यम से भुगतान संतुलन तथा विनिमय-दर को अनुकूल रखा जाता है।

(ब) ब्याज की दर (Rate of Interest)—भुगतान संतुलन को अनुकूल बनाने के लिए कभी-कभी ऋण पूँजी पर ब्याज की दर बढ़ा दी जाती है। इसका प्रभाव यह होता है कि विदेशों से पूँजी आयात होकर देशी बैंकों में जमा होने लगती है। पूँजी आयात होने से देश का भुगतान संतुलन अनुकूल हो जाता है और विनिमय-दर भी सामान्य स्तर पर बनी रहती है।

(स) नीची विनिमय-दर (Low Exchange Rate)—अपनी मुद्रा की विनिमय-दर नीची बनाये रखकर निर्यातों को प्रोत्साहित और आयातों को निरुत्साहित किया जाता है।

(द) बैंकिंग-नीति (Banking Policy)—भुगतान संतुलन ठीक करने के लिए बैंकों के माध्यम से धन प्रेषण अथवा भुगतान व्यवस्था को सरल कर दिया जाता है जिससे विदेशी लेन-देन प्रोत्साहित होने लगते हैं।

दोष (Demerits)—यद्यपि विनिमय स्थिरता का उद्देश्य सराहनीय है परन्तु इस नीति में अनेक दोष हैं—

(1) विनिमय-दरों के स्थायित्व का उद्देश्य रखने वाली मौद्रिक नीति देश में आन्तरिक मूल्य अस्थिरता की विकट समस्या को जन्म देती है जो कि समाज के सभी वर्गों के लिए हानिकारक है।

(2) स्थायी विनिमय-दरों की नीति देश को अन्य देशों पर आश्रित बना देती है। फलतः एक देश के मुद्रा-प्रसार प्रभाव स्थिर विनिमय-दर दरों के माध्यम से दूसरे देश में प्रवेश करके उसकी अर्थव्यवस्था को अस्त-व्यस्त कर देते हैं।

स्पष्ट है कि विनिमय-दर में स्थिरता का उद्देश्य अब इतना महत्त्वपूर्ण नहीं रहा, सिवाय उन देशों में जिन देशों में अर्थव्यवस्था में अभी भी अन्तर्राष्ट्रीय व्यापार की महानता हो।

2. मूल्य स्थिरता
(Price Stability)

1929 से 1933 तक की मन्दी के बाद मौद्रिक नीति का मुख्य उद्देश्य मूल्य-स्तर में स्थिरता और व्यापारिक चक्रों की स्थिरता बन गया है। आजकल अधिकांश अर्थशास्त्रियों, मुख्यतया कैसल और कीन्स का मत है कि मौद्रिक नीति का उद्देश्य देश के आंतरिक मूल्य को स्थिर बनाये रखना होना चाहिए। यह उल्लेखनीय है कि स्थायी मूल्य-स्तर का आशय यह नहीं है कि सभी अलग-अलग सामूहिक कीमतें स्थायी रहें, बल्कि इसका आशय केवल यह है कि थोक कीमत निर्देशांक द्वारा सूचित औसत मूल्य-स्तर को मामूली सीमाओं से अधिक घटने-बढ़ने नहीं देना चाहिए।

मौद्रिक नीति के मूल्य स्थिरता उद्देश्य को अमेरिका की न्यू डील योजना में सरकार द्वारा अपनाया गया था जबकि 6 जनवरी, 1930 ई. को राष्ट्रीय **रूजवेल्ट (Roosevelt)** ने अमेरिका संसद (Congres) को अपने वार्षिक व्याख्यान में बताया था, "यह राष्ट्र के हित में है कि वह सरकार से प्राइवेट साहस की सहायता करने को कहे जिससे सामान्य स्तर पुनः प्राप्त हो जाय तथा वह प्राप्त होने पर उसे व्यापक खतरनाक उतार-चढ़ाव से बचाया जा सके।"

मूल्य स्थिरता के पक्ष में तर्क (Arguments in Favour of Price Stability)—वास्तव में मूल्य अस्थिरता के कारण बहुत-सी कठिनाइयाँ उत्पन्न हो जाती हैं, जैसे—

(i) गिरते हुए मूल्यों की अवधियों में व्यापार चौपट हो जाता है और रोजगार व उत्पादन में भारी कमी हो जाती है।

(ii) बढ़ती हुई कीमतें आय के वितरण में असमानता को बढ़ावा देती हैं।

(iii) आन्तरिक मूल्यों में अस्थिरता स्वभाव में संचयी होती है, अर्थात् एक बार प्रारम्भ होने के पश्चात् यह दिन-प्रतिदिन बढ़ती चली जाती है और उससे सम्पूर्ण अर्थव्यवस्था के टूटने का भय उत्पन्न हो जाता है और अनेक राजनैतिक क्रांतियाँ जन्म लेती हैं। **जैसा विलियम मैकड़ोनल का कहना है**— "Inflation and democracy are not congenial bedfellows." इसी प्रकार **लिण्डन जानसन** ने कहा था, "मुद्रा-प्रसार का प्रश्न राष्ट्रीय सुरक्षा के पश्चात् दूसरे नम्बर के महत्त्व का है।"

मूल्य स्थिरता के विपक्ष में तर्क (Arguments against Price Stability)—परन्तु मूल्य स्थिरता की नीति का महत्त्व बहुत अल्पकाल तक रहा। शीघ्र ही इसका स्थान पूर्ण रोजगार के उद्देश्य ने ले लिया। मूल्य स्थिरता के विरोध में निम्न बातें कही जाती हैं।

(i) किन मूल्यों में स्थिरता लायी जाय—मूल्य स्थिरता की नीति के विरुद्ध यह आपत्ति की जाती है कि यह नीति स्पष्ट रूप से यह नहीं बताती कि कौन-सा मूल्य स्थिर रखा जाय—थोक मूल्यों को स्थिर रखा जाय या फुटकर मूल्यों को स्थिर रखा जाय? इसके अतिरिक्त एक अन्य कठिनाई यह भी है कि जब तक मूल्यों में सापेक्षिक स्थिरता न हो तब तक सामान्य स्तर में स्थिरता स्थापित करना अर्थहीन होता है। अब प्रश्न यह उत्पन्न होता है कि क्या मूल्यों में सापेक्षिक स्थिरता स्थापित की जाय? इन कठिनाइयों को ध्यान में रखते हुए आलोचकों के अनुसार मौद्रिक नीति का उद्देश्य मूल्य स्थिरता नहीं होना चाहिए।

(ii) मूल्यों में परिवर्तन आर्थिक जीवन के परिवर्तनों के परिणाम होते हैं—आलोचकों का कहना है कि आर्थिक जीवन की अस्तव्यस्तता के कारण ही मूल्यों में परिवर्तन होते हैं अर्थात् जीवन की अस्तव्यस्तता ही मूल्यों में परिवर्तन का कारण होती है। अतः मूल्य स्थिर रहते हुए भी आर्थिक सम्बन्धों एवं उत्पादन में अस्तव्यस्तता होना सम्भव है इसलिए मूल्यों में स्थिरता स्थापित करने की मौद्रिक नीति से कोई विशेष लाभ नहीं हो सकता।

(iii) मूल्य-स्तर में स्थिरता स्थापित करना कठिन है—मूल्य-स्तर में स्थिरता स्थापित करने के लिए एक ओर तो धन की पूर्ति को यथास्थिर रखना चाहिए और दूसरी ओर वस्तुओं तथा सेवाओं की मात्रा में परिवर्तन नहीं होना चाहिए। परन्तु ये दोनों बातें ही अत्यन्त कठिन हैं।

(iv) अल्पकालीन कीमतें–अल्पकालीन कीमतों को मौद्रिक-नीति के द्वारा स्थिर नहीं रखा जा सकता है, क्योंकि उनमें परिवर्तन के अनेक अमौद्रिक कारण हो सकते हैं जैसे माँग व पूर्ति पर मौसमी प्रभाव, सट्टे की प्रवृत्ति आदि। दीर्घकालीन कीमत स्तरों को भी मौद्रिक नीति के द्वारा तभी नियंत्रित किया जा सकता है जबकि इनमें परिवर्तन मौद्रिक कारणों का परिणाम हों।

(v) मूल्य-स्तर में स्थिरता सदैव वांछनीय नहीं होती–कीन्स के अनुसार पूर्ण रोजगार की दशा को प्राप्त करने के लिए यह आवश्यक है कि देश में थोड़ी-सी मूल्य-वृद्धि होती रहे। इससे उत्पादन के साधनों को पूर्ण रोजगार प्राप्त करने में सहायता मिलती है। अतः पूर्ण रोजगार की प्राप्ति के लिए मूल्य-स्तर में स्थिरता देश की अर्थव्यवस्था के लिए वांछनीय नहीं होती है।

(vi) हेयक की आलोचना—प्रो. हेयक के अनुसार कीमत-स्थिरता का उद्देश्य एक प्रावैगिक समाज की वास्तविक आवश्यकताओं की ओर ध्यान नहीं देना है। उनका विचार है कि अमेरिका में मन्दी की अवधि तथा तीक्ष्णता अन्य देशों की तुलना में अधिक थी, और इसका मुख्य कारण यह था कि अमेरिकी केन्द्रीय बैंकों ने मन्दी का मुकाबला करने के लिए कीमत-स्थिरता के उद्देश्य से मौद्रिक नीति का प्रयोग किया था। उन्होंने मौद्रिक नीति पर स्थिरतावादियों के बढ़ते हुए प्रभाव का विरोध किया है।[1]

3. मुद्रा की तटस्थता
(Neutrality of Money)

तटस्थ मुद्रा की नीति का सुझाव सर्वप्रथम प्रो. विकस्टीड (Wicksteed) ने प्रस्तुत किया था। तटस्थ मुद्रा नीति का सविस्तार विवेचन प्रो. हेयक ने अपनी पुस्तक 'मूल्य और उत्पादन' (Price and Production) में किया है। प्रो. राबर्ट्सन भी इस नीति के समर्थक हैं।

तटस्थ मुद्रा नीति स्वतन्त्र व्यापार की विचारधारा पर आधारित है। इस नीति के समर्थकों का कहना है कि मुद्रा की मात्रा में परिवर्तनों के परिणामस्वरूप ही देश के आर्थिक जीवन में अस्थिरता उत्पन्न होती है; इसीलिए देश में आर्थिक स्थिरता को बनाये रखना है तो मुद्रा की मात्रा में किसी प्रकार का परिवर्तन नहीं होना चाहिए अर्थात् मुद्रा को बिल्कुल तटस्थ कर देना चाहिए। इस विचार के अनुसार मुद्रा का एक ही कार्य है—विनिमय की सुविधा प्रदान करना। अतः इसको किसी भी प्रकार की बाधा नहीं उत्पन्न करना चाहिए और अपने प्रभाव में तटस्थ रहना चाहिए। इसी प्रकार प्रो. हेयक का कहना है कि बैंकों को मुद्रा तथा साख की मात्रा को यथास्थिर रखना चाहिए। अतः इन विचारकों के अनुसार अर्थव्यवस्था में स्फीति या अवस्फीति की दशा तब उत्पन्न होती है जबकि तटस्थ मुद्रा नीति का परित्याग कर दिया जाता है। प्रो. हेयक ने इस नीति का समर्थन करते हुए लिखा है, "जब हम यह देखते हैं कि एक ओर तो स्थायी मूल्य-स्तर के अन्तर्गत मौद्रिक प्रभाव सापेक्षिक मूल्यों में परिवर्तन ला सकते हैं तथा दूसरी ओर सापेक्षिक मूल्य तभी स्थिर रह सकते हैं जबकि मूल्य-स्तर बदलता रहे तो हम इस सामान्य धारणा का त्याग करने को विवश हो जाते हैं कि यदि अर्थव्यवस्था में सामान्य मूल्य-स्तर स्थिर रहे तो मौद्रिक शक्तियाँ आर्थिक स्थिरता में बाधा न डाल सकेंगी अर्थात् मुद्रा का प्रभाव सामान्य प्रभाव सामान्य मूल्य-स्तर के परिवर्तनों द्वारा ही सम्भव हो सकता है।

तटस्थ मुद्रा के उपर्युक्त प्रभावपूर्ण समर्थन के बावजूद भी तटस्थ मुद्रा नीति के विरोध में निम्नलिखित तर्क प्रस्तुत किये जाते हैं—

(i) व्यावहारिक जीवन में मुद्रा की मात्रा को पूर्ववत् बनाये रखना असम्भव है, क्योंकि हमारे पास ऐसा कोई साधन नहीं है जिससे व्यक्तियों द्वारा किये गये मुद्रा संग्रह का सही-सही अनुमान लगाया जा सके और मुद्रा के प्रचलन वेग के बारे में सही-सही जानकारी प्राप्त की जा सके।

(ii) आलोचकों का कहना है कि देश में विनियोग को प्रोत्साहित करने के लिए मूल्य-स्तर में थोड़ी-सी वृद्धि अनिवार्य होती है, अतः तटस्थ मुद्रा की नीति उपर्युक्त नहीं है।

(iii) प्रो. हैन्सन का मत है कि एकाधिकार तथा औद्योगिक संघों के वर्तमान युग में तटस्थ मुद्रा की नीति अव्यावहारिक है, क्योंकि एकाधिकारी अपने सभी साधनों का प्रयोग करते हुए मूल्य-स्तर में किसी प्रकार की कमी नहीं होने देते।

---

1. F.A. Von Hayek Monetary Theory and the trade Cycle, PP. 18-22.

(iv) यह धारणा मुद्रा के परिमाण सिद्धान्त पर आधारित है, जिसके अन्तर्गत मुद्रा की मात्रा और कीमत स्तर के बीच प्रत्यक्ष आनुपातिक सम्बन्ध की धारणा निहित है। परन्तु जैसा कि हम जानते हैं कि मुद्रा का परिमाण सिद्धान्त अनेक प्रकार से दोषपूर्ण है अतः उस पर आधारित मुद्रा की तटस्थता सम्बन्धी विचार भी दोषपूर्ण है।

(v) मुद्रा की तटस्थता का विचार एक भ्रम है। मन्दी की स्थिति में जबकि मुद्रा की मात्रा स्थिर रहने पर भी कीमतों और उत्पादन में कमी होती है तो मुद्रा की मात्रा बढ़ाकर कीमतों को नहीं बढ़ाया जा सकता है।

(vi) तटस्थ मुद्रा का विचार और इसके उद्देश्यों में सैद्धान्तिक असंगति भी है। मूलतः यह दृष्टिकोण स्वतन्त्र व्यापार नीति और पूर्ण प्रतियोगिता की धारणा पर आधारित है। परन्तु मुद्रा अधिकारी द्वारा मुद्रा परिमाण स्थिर रखकर अर्थव्यवस्था को मुक्त छोड़ देने से इस नीति का मूल उद्देश्य कीमतों में स्थिरता नहीं प्राप्त की जा सकती। इस उद्देश्य की प्राप्ति उसी समय संभव है जब मुद्रा अधिकारी द्वारा अर्थव्यवस्था में अनेक असंतुलनकारी तत्त्वों के प्रभाव को समाप्त करने के लिए मौद्रिक परिवर्तन की नीति अपनायी जाय।

उपर्युक्त विवेचन के आधार पर हम इस निष्कर्ष पर भी पहुँचते हैं कि तटस्थ मुद्रा की नीति अव्यावहारिक है। इसके द्वारा न तो अर्थव्यवस्था में पहले से उत्पन्न असंतुलन की स्थिति के उपचार का कोई उपाय मिलता है और न यही ज्ञात होता है कि विकासशील अर्थव्यवस्था को कैसे पूर्ण विकास की ओर ले जाया जा सकता है।

4. पूर्ण रोजगार
(Full Employment)

वर्तमान समय में रोजगार के उच्च स्तर को प्राप्त करना मौद्रिक नीति का एक महत्त्वपूर्ण उद्देश्य हो गया है। इसके पूर्व मौद्रिक नीति का प्रयोग कीमतों तथा विनिमय की स्थिरता के लिए किया जाता था किन्तु अब ये दोनों उद्देश्य गौण हो गये हैं।

क्राउथर (Crowther) के अनुसार, "किसी देश में मौद्रिक नीति का मुख्य उद्देश्य पूर्ण रोजगार के स्तर पर बचत एवं विनियोग में संतुलन स्थापित करना होना चाहिए।"

कीन्स (Keynes) के शब्दों में "O एक मौद्रिक नीति का उद्देश्य व्यापार चक्र के दुष्प्रभावों को कम करना होना चाहिए तथा पूर्ण रोजगार के स्तर पर उक्त नीति को बचत एवं विनियोग में संतुलन बनाये रखना चाहिए।"

पूर्ण रोजगार से आशय–यद्यपि पूर्ण रोजगार की परिभाषा के सम्बन्ध में व्यक्तिगत अर्थशास्त्रियों में मतभेद बना हुआ है, फिर, भी अधिकांश उस मत को स्वीकार करने लगे हैं जो संयुक्त राष्ट्र के विशेषज्ञों ने पूर्ण रोजगार के राष्ट्रीय तथा अन्तर्राष्ट्रीय उपायों (National and International Measures for Full Employment) के सम्बन्ध में व्यक्त किए गये हैं कि "पूर्ण रोजगार को ऐसी स्थिति माना जा सकता है जिसमें प्रभावी माँग बढ़ाकर रोजगार नहीं बढ़ाया जा सकता और बेरोजगारी उन न्यूनतम गुंजाइशों से नहीं बढ़ती जो अस्थायी तथा मौसमी कारणों के प्रभावों के लिए निकालनी पड़ती है।"

पूर्ण रोजगार की अवधारणा के सम्बन्ध में प्रो. कीन्स और बेवरिज के विचार भी इसी प्रकार हैं।

यह परिभाषा कीन्स तथा बेवरिज के पूर्ण रोजगार विषयक विचारों से मेल खाती है। अब यह बात स्वीकार कर ली गयी है कि पूर्ण रोजगार का मतलब है 96 से 97 प्रतिशत रोजगार जबकि अस्थायी कारणों से अर्थव्यवस्था में 3 से 4 प्रतिशत बेरोजगारी विद्यमान रहती है।

इस प्रकार पूर्ण रोजगार की धारणा उस आर्थिक व्यवस्था की धारणा को कहते हैं जिसमें साधनों के आदर्श संयोग से राष्ट्र की आय उच्चतम स्तर पर हो। अतः पूर्ण रोजगार प्राप्त करने के लिए मौद्रिक नीति के उद्देश्य के निम्नलिखित दो पहलू हैं—

(अ) साधनों की बेकारी को दूर करना और

(ब) पूर्ण रोजगार के स्तर पर देश की आर्थिक व्यवस्था को स्थायी बनाना।

पूर्ण रोजगार की प्राप्ति
(Achievement of Full Employment)

कीन्स के अनुसार चूँकि रोजगार प्रभावपूर्ण माँग पर निर्भर है और प्रभावपूर्ण माँग के दो अंग हैं—(अ) उपभोग पर व्यय तथा (ब) विनियोग पर व्यय, अतः रोजगार में वृद्धि करने के लिए अथवा बेरोजगारी दूर करने के लिए या तो उपभोग व्यय की वृद्धि की जाय अथवा विनियोग व्यय को बढ़ाया जाय।

रोजगार वृद्धि का एक भाग उपभोग व्यय में वृद्धि करना है। उपभोग व्यय दो घटकों से प्रभावित होता है—प्रथम, आय का आकार, द्वितीय, उपभोग प्रवृत्ति।

आय का आकार एक परतंत्र घटक (Dependent Variable) है और स्वतंत्र घटकों (Independent Variables) को बिना बढ़ाये हुए इसे नहीं बदला जा सकता है। प्रभावपूर्ण माँग में वृद्धि करने की दृष्टि से उपभोक्ताओं को उपभोक्ता वस्तुओं पर अधिक व्यय करने के लिए प्रोत्साहित किया जा सकता है। परन्तु यह भी कोई सरल कार्य नहीं है, क्योंकि उपभोग प्रवृत्ति-रीति-रिवाजों, आदतों और परम्पराओं से प्रभावित होती है जिन्हें अजपकाल में बढ़ाया नहीं जा सकता। इस प्रकार उपभोग प्रवृत्ति को बदलना कठिन है।

रोजगार में वृद्धि करने का दूसरा उपाय विनियोग में वृद्धि करना है। परन्तु प्रश्न यह है कि विनियोग व्यय को किस प्रकार बढ़ाया जा सकता है। विनियोग दो तत्त्वों द्वारा शामिल होता है—

(अ) पूँजी की सीमान्त उत्पादकता (Margianl Efficiency of Capital)

(ब) ब्याज की दर (Rate of Interest)

अतः विनियोग बढ़ाने के लिए या तो पूँजी की सीमान्त उत्पादकता को बढ़ाया जाय या ब्याज की दर को कम कर दिया जाय अथवा एक साथ ही दोनों विधियों का प्रयोग किया जाये। पूँजी की सीमान्त उत्पादकता स्वयं पूँजी सम्पत्ति की पूर्ति कीमत (लागत) और पूँजी-सम्पत्ति की भावी आय द्वारा निर्धारित होता है। पूँजी की सीमान्त उत्पादकता में वृद्धि का उपाय केवल यह है कि या तो पूँजी-सम्पत्ति की लागत घटे या पूँजी-समाप्ति द्वारा प्राप्त होने वाली आय बढ़े। पूँजी-सम्पत्ति की पूर्ति कीमत या लागत को कम नहीं किया जा सकता, क्योंकि सम्पत्ति की पूर्ति कीमत उस सम्पत्ति के उत्पादन करने वाले उद्योग के उत्पादन की दशाओं पर निर्भर रहती है जिस पर अल्पकाल में कोई नियंत्रण नहीं किया जा सकता है। पूँजी की सीमान्त उत्पादकता वृद्धि का अब दूसरा उपाय पूँजी सम्पत्ति की भावी आय में वृद्धि करना है। पूँजी की सम्भावित आय भविष्य पर निर्भर करती है, इसलिए यह बड़ा ही अनिश्चित घटक है। उद्यमियों को अधिक विनियोग करने के लिए प्रोत्साहित करने के लिए यह आवश्यक है कि सरकार उनको यह आश्वासन दे कि भविष्य बड़ा उज्ज्वल है और पूँजी-सम्पत्ति से सम्भावित आय बहुत अधिक होगी। भविष्य में लाभ होगा या नहीं यह उद्यमियों की आशावादिता और निराशावादिता पर निर्भर है जो कि मनोवैज्ञानिक घटक है जिसको नियंत्रित करना बहुत कठिन है। संक्षेप में, सरकार द्वारा पूँजी-सम्पत्ति की प्रत्याशित आय में वृद्धि कर सकना कठिन है। अतः पूँजी की सीमान्त उत्पादकता को बढ़ाकर विनियोग में वृद्धि करना सम्भव नहीं है।

विनियोग में वृद्धि करने का दूसरा साधन ब्याज की दर है। इसको नियंत्रित करना सरल है और इस पर सरकारी क्रिया का तुरन्त प्रभाव पड़ता है। ब्याज दर माँग पक्ष में तरलता पसंदगी और पूर्ति पक्ष में मुद्रा की मात्रा द्वारा निर्धारित होती है। तरलता पसंदगी पर सरकारी नियंत्रण का कम प्रभाव पड़ता है, क्योंकि इसका निर्धारण अधिकांश में मनोवैज्ञानिक तथ्यों द्वारा होता है। इसके विपरीत मुद्रा की मात्रा में सरलतापूर्वक परिवर्तन किया जा सकता है, क्योंकि इसका नियंत्रण मुद्रा एवं बैंकिंग अधिकारियों के हाथ में रहता है। कीन्स के मतानुसार विनियोग को प्रोत्साहित करने का सबसे अच्छा उपाय यह है कि ऐसे अवसरों पर मुद्रा की मात्रा बढ़ाकर, ब्याज की दर को कम करके सस्ती मुद्रा नीति का अनुसरण किया जाना चाहिए। ऐसे अवसरों पर सस्ती मुद्रा नीति विनियोग को बढ़ाकर रोजगार की वृद्धि में सहायक होती है। परन्तु प्रश्न यह है कि पूर्ण रोजगार स्थिति को प्राप्त करने तथा बनाये रखने के लिए सस्ती मुद्रा नीति अथवा निम्न ब्याज दर को ही अभीष्ट क्यों माना गया है; इसके समर्थन में अनेक तर्क प्रस्तुत किये गये हैं—

(i) **सस्ती मुद्रा पूँजीबाजार एवं विनियोग पर अच्छा प्रभाव डालती है**–व्यक्तिगत विनियोग पूँजी की सीमान्त उत्पादकता और ब्याज की दर निर्भर रहती है। इसलिए चूँकि मन्दी काल में पूँजी की सीमान्त उत्पादकता अत्यन्त गिर जाती है इसलिए जब तक ब्याज दर को ही उस अनुपात में नहीं घटाया जायेगा तब तक निजी विनियोग पर्याप्त मात्रा में नहीं हो सकेगा। अतः निजी विनियोग को प्रोत्साहित करने के लिए यह आवश्यक हो जाता है कि ब्याज की दर कम की जाय।

(ii) **सस्ती मुद्रा उपभोग व्यय को प्रोत्साहित करती है**–सस्ती मुद्रा नीति अर्थात् नीची ब्याज की दर उपभोग को प्रोत्साहित करती है। उपभोग में वृद्धि करने में सहायक होती है।

(iii) **सस्ती मुद्रा नीति दीर्घकालीन पूँजी निर्माण में सहायक होती है**–विनियोग के कुछ ऐसे रूप हैं जैसे निर्माण कार्य व सार्वजनिक सेवाएँ जो ब्याज दरों के परिवर्तनों से बहुत प्रभावित होते हैं। ब्याज दरों की गिरावट इन उद्योगों का विस्तार करने को प्रोत्साहन देती है फलतः अर्थव्यवस्था धीरे-धीरे मन्दी के प्रभाव से मुक्त हो जाती है।

(iv) **नीची ब्याज की दर सरकारी विनियोग को प्रोत्साहित करती है**–जैसा कि ऊपर बताया जा चुका है कि व्यक्तिगत विनियोग मन्दी काल में बहुत कम हो जाते हैं, उनकी पूर्ति के लिए सरकार सार्वजनिक कार्यों पर बहुत अधिक व्यय (विनियोग) करती है। ऐसी स्थिति में अपने बढ़े हुए खर्चे की पूर्ति सरकार मुद्रा बाजार से ऋण लेकर करती है। ब्याज की दर कम होने से सरकार के लिए ऋण लेना अपेक्षाकृत अधिक सस्ता पड़ता है।

(v) **बेकारी की समस्या का समाधान करने में सस्ती मुद्रा नीति मजदूरी कटौती नीति की अपेक्षा अधिक युक्तिसंगत है**—प्रो. केनिथ कुरिहार का कथन है कि चूँकि मजदूरी कटौती का श्रमिक संघों द्वारा विरोध किया जाता है इसलिए बेकारी की समस्या का समाधान करने के लिए सस्ती मुद्रा नीति (ब्याज दर की कमी) मजदूरी की दर में कमी की अपेक्षा अधिक युक्तिसंगत मालूम पड़ती है। इसके साथ ही साथ मजदूरी में कटौती से प्रभावपूर्ण माँग में कमी हो जायेगी जिससे पूर्ण रोजगार का उद्देश्य पूरा नहीं हो सकता।

इस प्रकार हम देखते हैं कि मन्दी एवं बेरोजगारी की अवधि में सस्ती मुद्रा नीति का आधार अत्यन्त सुदृढ़ है। वास्तव में मन्दी काल में सस्ती मुद्रा नीति के निम्न उद्देश्य होते हैं—(अ) विनियोग एवं उपभोग व्यय को प्रोत्साहित करने के लिए ब्याज की दरों में कमी करना, (ब) बैंकों की नकदी से सम्बन्धित स्थिति को सुदृढ़ बनाना और (स) मुद्रा के प्रचलन वेग में होने वाले ह्रास को कम करना। किन्तु ऐसे अवसरों पर सबसे महत्वपूर्ण समस्या यह होती है कि सस्ती मुद्रा नीति को प्रभावपूर्ण माँग रीति से किस भाँति लागू किया जाय कि इच्छित परिणामों की प्राप्ति हो सके। मुद्रा अधिकारी निम्नलिखित विधियों का सहारा लेते हुए सस्ती मुद्रा नीति के उद्देश्यों को प्राप्त कर सकते हैं—

1. बैंक दर नीति (Bank Rate Policy)—बैंक दर वह ब्याज की दर है जिस पर केन्द्रीय बैंक अन्य सदस्य बैंकों (व्यापारिक बैंक) को रुपया उधार देता है या जिस दर पर वह सदस्य बैंकों के बिलों को पुनः भुनाता है। मन्दी एवं व्यापक बेरोजगारी के समय केन्द्रीय बैंक अथवा मुद्रा अधिकारी का कर्तव्य है कि वह सुलभ साख के प्रोत्साहन के लिए तुरन्त ही ब्याज दर घटाने का प्रयास करे, क्योंकि यदि बैंक दर कम कर दी जाती है तो व्यापारिक बैंक भी अपने ऋणों की ब्याज दरें कम करने में समर्थ हो जाते हैं जिसका परिणाम यह होता है कि निजी व्यवसायी अधिक ऋण लेकर अधिक विनियोग करने लगते हैं।

2. खुले बाजार की क्रियाएँ (Open Market Operations)—खुले बाजार की क्रियाओं से अभिप्राय साख और नियंत्रित करने के लिए केन्द्रीय बैंक द्वारा खुले बाजार में सरकारी प्रतिभूतियों के क्रय-विक्रय से होता है। मन्दीकाल में केन्द्रीय बैंक को प्रतिभूतियों को खरीदना चाहिए। जब केन्द्रीय बैंक प्रतिभूतियाँ खरीदता है तो उसको इनका भुगतान करना पड़ता है। इन राशियों के प्रापक साधारणतः इन्हें बैंकों में जमा कर देते हैं, जिससे व्यापारिक बैंकों के यहाँ नकद जमा की मात्रा बढ़ जाती है और उनकी उधार देने की क्षमता बढ़ जाती है। परिणाम यह होता है कि सदस्य बैंक निजी व्यापारियों को अधिक ऋण एवं अग्रिम देने लगते हैं। जिससे निजी विनियोग को प्रोत्साहन मिलता है और रोजगार में वृद्धि होती है।

3. वैधानिक अनुपातों में परिवर्तन (Changes in Statutory Ratio)—प्रत्येक सदस्य बैंक के लिए यह आवश्यक होता है कि वह अपने जमा का एक निश्चित अनुपात केन्द्रीय बैंक के पास रखें। यह कोष जिस सीमा तक केन्द्रीय बैंक के पास रखा जाता है उस सीमा तक सदस्य बैंकों की ऋण देने की क्षमता घट जाती है। मन्दी एवं बेरोजगारी काल में केन्द्रीय बैंक को चाहिए कि वह अपने सदस्य बैंकों के प्रासंगिक अनुपात को घटा दें ताकि

व्यापारिक बैंकों को अधिक धनराशि केन्द्रीय बैंक के पास नहीं रखनी पड़ेगी। फलतः बैंकों की उधार देने की क्षमता में वृद्धि होगी।

उपरोक्त उपायों से साख को प्रोत्साहन मिलेगा और व्यवसायी एवं उद्यमी नवीन विनियोग कर सकेंगे। इसके प्रभाव से रोजगारहीन व्यक्तियों को अधिक रोजगार के अवसर उपलब्ध हो सकेंगे और मन्दी की स्थिति में सुधार होगा।

पूँजीवादी आर्थिक व्यवस्था जैसे-जैसे पूर्ण रोजगार की ओर आकर्षित होती जाती है, वैसे-वैसे इनमें मुद्रा-स्फीति की प्रवृत्तियों को बल मिलने लगता है। अतः पूर्ण रोजगार की अवस्था पहुँचने के पूर्व मौद्रिक नीति का उद्देश्य यह होता है कि वह सस्ती मुद्रा नीति को अपनाकर चालू बचतों की तुलना में चालू विनियोगों की मात्रा को अधिक रखे जिससे रोजगार में वृद्धि हो परन्तु जब पूर्ण रोजगार की अवस्था आ जाये तो मौद्रिक नीति का उद्देश्य बचत और विनियोगों को बराबर बनाये रखना होना चाहिए।

परन्तु **पूर्ण रोजगार बिन्दु पर मौद्रिक नीति का उद्देश्य बचत और विनियोग के बीच समानता बनाये रखे, क्यों होना चाहिए**? इस प्रश्न के उत्तर के लिए हमें देखना चाहिए कि कुल आय, कुल बचत, कुल उपभोग और कुल विनियोग के बीच क्या सम्बन्ध है।

कुल राष्ट्रीय आय अर्थव्यवस्था में, किसी दी हुई अवधि में, उत्पादित कुल वस्तुओं तथा सेवाओं की मात्रा अथवा मुद्रा के रूप में इन वस्तुओं तथा सेवाओं का कुल मूल्य होता है। इन कुल उत्पादित वस्तुओं को दो भागों में बाँटा जा सकता है (अ) उपभोग की वस्तुएँ व (ब) विनियोग की वस्तुएँ। इसका अर्थ यह है कि कुल आय (Y) कुल उपभोग (C) कुल विनियोग (I) के बराबर होती है। कुल आय में से उपभोग व्यय को घटा देने से जो कुछ शेष बचता है, उसे बचत कहते हैं। अर्थात् $S = Y - C$। इसी प्रकार यदि हम आय में से कुल उपभोग को घटा दें तो हमें कुल विनियोग प्राप्त हो जायेगा अर्थात् $I = Y - C$। समीकरण के रूप में—

कुल आय = कुल उपभोग + कुल विनियोग $Y = C + I$
कुल बचत = कुल आय — कुल उपभोग $S = Y - C$
कुल विनियोग = कुल आय — कुल उपभोग $I = Y - C$
कुल विनियोग = कुल उपभोग $I = S$

उपरोक्त समीकरणों से यह स्पष्ट है कि यदि आय की प्राप्ति तथा खर्च साथ-साथ चलते हैं तो बचत और विनियोग के मध्य समानता बनी रहेगी, क्योंकि जो कुछ बचाया जा रहा है वही विनियोग के रूप में पुनः अर्थव्यवस्था में आ जाता है। इस प्रकार कुल आय व कुल व्यय बराबर बने रहते हैं। **प्रो. क्राउथर** ने सम्पूर्ण अर्थव्यवस्था को मुद्रा की एक बहती हुई नदी माना है जिससे बहिर्मुखी नलिकाओं (अर्थात् बचत) द्वारा मुद्रा (जल) की मात्रा घटती रहती है और अन्तर्मुखी नलिकाओं (अर्थात् विनियोग) द्वारा मुद्रा (जल) की मात्रा बढ़ती रहती है। नदी में स्थिर प्रवाह के लिए जल नियंत्रण अधिकारी को बहिर्मुखी नलिकाओं का संतुलन रखना चाहिए। ठीक इसी प्रकार तेजी व मन्दी के आर्थिक संकटों से देश की रक्षा करने के लिए मुद्रा अधिकारियों को चाहिए कि वे पूर्ण रोजगार के स्तर पर बचत एवं विनियोग के मध्य संतुलन स्थापित रखें।

क्योंकि यदि पूर्ण रोजगार की अवस्था के बाद भी विनियोग अधिक बढ़ाये गये तो राष्ट्रीय आय में कोई वृद्धि न हो सकेगी, क्योंकि आर्थिक प्रसाधन पहले से ही पूर्ण रोजगार में संलग्न हैं। अतः केवल मुद्रा प्रसारित दबाव ही पैदा होगा और कीमतें बढ़ेंगी। दूसरी ओर यदि विनियोग की मात्रा बचत की मात्रा से गिरने दी गई तो अर्थव्यवस्था को मन्दी का सामना करना पड़ेगा। अतः हम क्राउथर के इस कथन से सहमत हैं कि मौद्रिक नीति का स्पष्ट उद्देश्य यह है कि पूर्ण रोजगार के स्तर पर बचत एवं विनियोग को साम्यावस्था में रखा जाय।

पूर्ण रोजगार की प्राप्ति हेतु मौद्रिक नीति का सफल प्रयोग करने वाले देशों में अमेरिका का नाम विशेष रूप से उल्लेखनीय है। वहाँ न्यू डील पॉलिसी के अन्तर्गत महान् मन्दी की अवधि में अर्थव्यवस्था को संकटों से बचाने के लिए मौद्रिक, बैंकिंग एवं अन्य नीतियों का समुचित प्रयोग किया गया है।

यहाँ पर दो निम्न बातें उल्लेखनीय हैं—

(i) पूर्ण रोजगार स्तर की प्राप्ति स्थिर मूल्यों से नहीं हो सकेगी बल्कि क्रमशः बढ़ने वाले मूल्यों से होगी। हाँ, पूर्ण रोजगार बिन्दु पर मूल्यों पर स्थिरता बनाये रखना आवश्यक होगा, क्योंकि पूर्ण रोजगार बिन्दु के बाद मूल्य-स्तर में कोई भी वृद्धि स्फीतिक होगी जबकि मूल्य-स्तरों में कमी अपस्फीतिक होगी।

(ii) पूर्ण रोजगार को बनाये रखने के लिए विनिमय की दर व भुगतान संतुलनों को स्थिर बनाये रखा जाना आवश्यक होगा, क्योंकि पूर्ण रोजगार की स्थिति बहुत नाजुक होती है और यदि विनियोग-दर में उच्चावचन होता है तो उससे देशों के भुगतान-संतुलन में उतार-चढ़ाव उत्पन्न हो जाते हैं तथा पूर्ण रोजगार के स्तर को बनाये रखना कठिन हो जाता है।

उपर्युक्त विवेचन से स्पष्ट है कि पूर्ण रोजगार की प्राप्ति और उसे बनाये रखना निश्चित रूप से श्रेष्ठतर उद्देश्य है, क्योंकि अन्य अपेक्षित उद्देश्य (जैसे मूल्यों में स्थिरता व विनियोग दरों की स्थिरता) इसमें स्वतः शामिल हो जाते हैं।

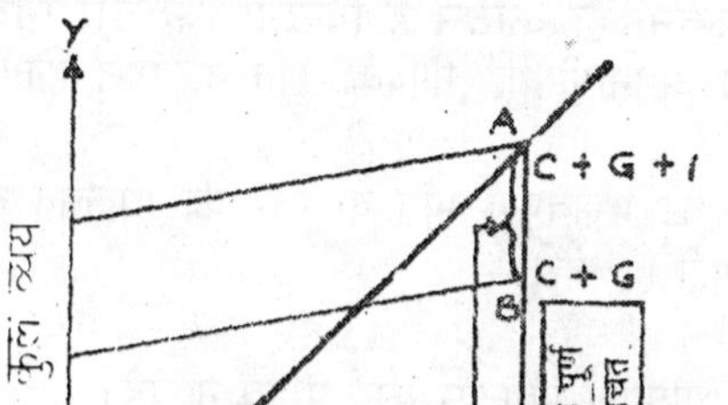

चित्र : 1

डयूसेनबरी (Dusenberry)[1]—के अनुसार मौद्रिक नीति पूर्ण रोजगार प्राप्त करने वाले उपकरणों में से एक है। उसके अनुसार मौद्रिक नीति का प्रमुख कार्य उन ब्याज दरों के स्तर का पता लगाना है जो कि विनियोग-माँग को पूर्ण रोजगार बचतों के ठीक बराबर कर देता है। (to find a level of interest rates which exactly investment demands with full employment saving) वास्तव में पूर्ण रोजगार की प्राप्ति के लिए विनियोग की एक विशिष्ट दर की आवश्यकता होती है, जैसा कि नीचे चित्र प्रदर्शित किया गया है। चित्र-1 में C + G रेखा उपभोग पर खर्च व सरकारी खर्च को प्रदर्शित करती है, अर्थात् यह कुल व्यय रेखा है। अतः मौद्रिक नीति का कार्य यह है कि वह विनियोग-माँग में वृद्धि करे ताकि कुल व्यय रेखा C + G + I खिसककर A बिन्दु अर्थात् पूर्ण रोजगार बिन्दु पर पहुँच जाये। (हम जानते हैं कि चाहे उपभोग पर व्यय बढ़े या विनिमय पर, उसका प्रभाव कुल व्यय पर पड़ता है।) BA के बीच का जो अन्तर है वह अर्थ-व्यवस्था की पूर्ण रोजगार से सम्बन्धित सम्भावित (Potential) बचत बताता है। अतः मौद्रिक नीति का कार्य यह है कि प्रचलन में इतनी मुद्रा की मात्रा डालें कि ब्याज दर इतनी हो जाय तो विनियोग-माँग पूर्ण रोजगार से सम्बन्धित बचत की मात्रा के बराबर कर दे। इसी तथ्य को चित्र-2 से समझाया गया है।

चित्र 2 (अ) में खड़ी रेखा S पूर्ण रोजगार से सम्बन्धित बचत प्रदर्शित कर रही है। I रेखा विभिन्न ब्याज की दर पर विनियोग की मात्रा को बतला रही है। Ro ब्याज की वह दर है जो विनिमय को पूर्ण रोजगार आय के स्तर पर प्राप्त बचत के ठीक बराबर कर देती है। चित्र (ब) में Yf वक्र पूर्ण रोजगार आय के स्तर पर मुद्रा की माँग को प्रदर्शित करता है। अतः OM मुद्रा की पूर्ति Ro ब्याज की दर प्राप्त करने के लिए आवश्यक है। Ro ही वह ब्याज की दर है जो विनियोग को बढ़ाकर पूर्ण रोजगार बचत के बराबर कर देती है स्पष्ट है कि बचत और विनियोग में समानता ब्याज दर के माध्यम से प्राप्त की जा सकती है और ब्याज दर का स्तर मुद्रा की पूर्ति पर निर्भर करता है।

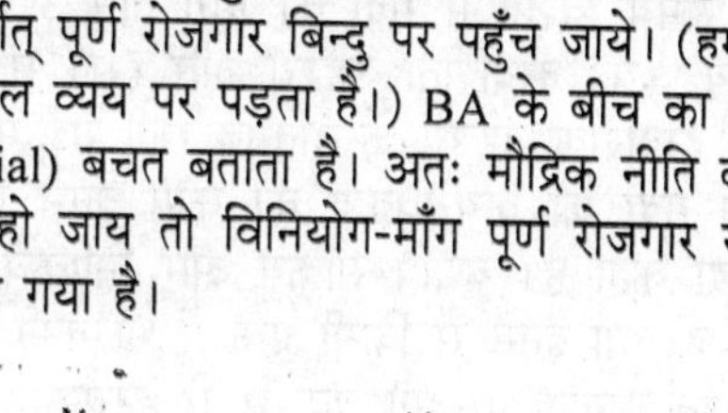

चित्र : 2

1. Duesenberry. J.S. : Money and Credits : Impact and Control, p. 77.

आर्थिक स्थिरता के लिए अपनायी गई मौद्रिक नीति की सीमाएँ
(Limitations of Monetary Policy Adopted for Economic Stability)
अथवा
सस्ती मुद्रा नीति की सीमाएँ
(Limitation of Cheap Money Policy)

यहाँ पर प्रश्न उत्पन्न होता है कि यदि मुद्रा नीति को अकेला ही लिया जाय तो वह अर्थव्यवस्था को मन्दी के गड्ढे में से निकालने में कहाँ तक प्रभावपूर्ण हो सकती है। सन् 1920 से पहले मौद्रिक नीति की प्रभावशीलता पर कम संदेह किया जा सकता था। परन्तु 1923-33 में जब यह अर्थव्यवस्था को मन्दी के फन्दे से ऊपर न उठा सकी तो मौद्रिक नीति पर खुले तौर से सन्देह प्रकट किया जाने लगा। रेडक्लिफ समिति का विचार है, **"स्फीति काल में मौद्रिक नीति प्रभावशाली हो सकती है परन्तु मन्दीकाल में इसकी क्षमता अत्यन्त सीमित है।"** प्रो. बेच के शब्दों में, **"मौद्रिक नीति मन्दी प्रभावहीन रहती है। मौद्रिक नीति से मन्दी दूर करना उतना ही कठिन है जितना कि गैस निकले गुब्बारे की डोर ढीली करके ऊपर चढ़ाना होता है।"** मन्दीकरण में अपनायी गई मौद्रिक नीति असफल होती है, क्योंकि वह अर्थव्यवस्था में उचित स्फूर्ति लाने में असमर्थ रहती है।

जब हम सस्ती मुद्रा नीति अथवा ब्याज दर में होने वाले परिवर्तनों का प्रभावपूर्ण माँग के स्तर को प्रभावित करने वाले साधन के रूप में विचार करते हैं तो हमारे सामने कई कठिनाइयाँ आती हैं, जैसे—

1. ब्याज की दर मन्दी के समय घटाना असम्भव हो सकता है।
2. हो सकता है कतिपय परिस्थितियों में ब्याज दर में परिवर्तनों का प्रभावपूर्ण माँग पर कोई प्रभाव न पड़े।

1. मन्दी के समय ब्याज दर को घटाना
(Reduction of Rate of Interest in Depression)

मुद्रा की माँग को घटाकर अथवा मुद्रा की पूर्ति को बढ़ाकर ब्याज दर को कम किया जा सकता है।

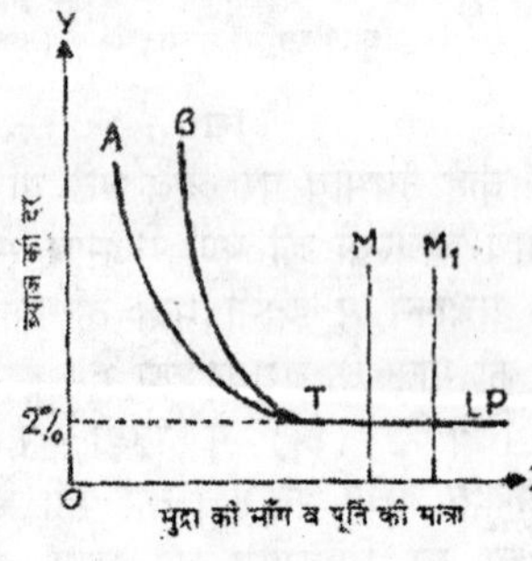

चित्र : 3

किसी समय विशेष में मुद्रा की माँग तीन उद्देश्यों से की जाती है—(अ) सौदा उद्देश्य, (ब) दूरदर्शिता उद्देश्य और (स) सट्टा उद्देश्य। कीन्स ने सौदा उद्देश्य एवं दूरदर्शिता उद्देश्य के अंतर्गत रखी गई मुद्रा को सक्रिय मुद्रा कहा है क्योंकि इस मुद्रा को क्रय-विक्रय का काम करने के लिए रखी गई मुद्रा को निष्क्रिय मुद्रा कहा है। यद्यपि सक्रिय और निष्क्रिय दोनों मुद्राएं एक-दूसरे पर निर्भर होती हैं तथा इनमें से किसी एक में भी कमी आने पर मुद्रा की माँग घट जायेगी अर्थात् तरलता पसंदगी चक्र B से हटकर A पर पहुँच जायेगी जैसा कि चित्र में दर्शाया गया है। इस प्रकार यदि सरकार अवस्फीति नीति पर चलती है, यदि आयों का अपेक्षाकृत थोड़े-थोड़े समय के उपरान्त भुगतान किया जाता है या अन्य सम्पत्तियों की तरलता में वृद्धि कर दी जाती है अथवा यदि लोग अपेक्षाकृत कम नकदी से काम चला लेने की असुविधा उठा लेने के लिए तैयार हों तो सक्रिय मुद्रा की माँग कम हो जायेगी। निष्क्रिय मुद्रा की माँग इस बात पर निर्भर करती है कि लोग सामान्य ब्याज दर के संबंध में क्या सोचते हैं। उनके विचार से जो सामान्य दर है यदि उसे संशोधित करके घटा दिया जाय तो निष्क्रिय मुद्रा की माँग में कमी हो जायेगी।

परन्तु लोगों की नकदी की माँग को बदल करके ब्याज दर में परिवर्तन करना कठिन होता है। मुद्रा पूर्ति में परिवर्तन करके अभीष्ट परिवर्तन अधिक शीघ्रता से किया जा सकता है। वस्तुतः ब्याज दर को जिस हद तक कम किया जाता है अन्य सम्पत्तियाँ भी उसी हद तक अधिकतर कम हो जाती हैं क्योंकि उसमें यह जोखिम कम रहता है कि उन्हें पूँजीगत हानि पर बेचना पड़ेगा अर्थात् मुद्रा पूर्ति में वृद्धि होने से न केवल प्रत्यक्ष रूप में ब्याज दर में कमी हो जाती है (क्योंकि निष्क्रिय उद्देश्य या सट्टा उद्देश्य के लिए अधिक मुद्रा बची रहती है) बल्कि तरलता पसन्दगी वक्र को बायीं ओर विवर्तित कर यह परोक्ष रूप से भी ब्याज दर में कमी करती है, क्योंकि अन्य सम्पत्तियाँ अधिक तरल हो जाने से वास्तविक मुद्रा की माँग कम हो जाती है।

यदि ब्याज दर पहले से ही बहुत कम है तो मन्दी के समय क्या होगा। चित्र में तरलता पसंदगी वक्र का गौर से विश्लेषण करने से स्पष्ट होता है कि तरलता पसंदगी वक्र तो शीघ्रता से गिरता है परन्तु फिर उसके गिरने की गति कम हो जाती है, फिर अंत में यह चपटी रेखा या OX अक्ष के समानान्तर रेखा हो जाती है। चित्र-3 में T बिन्दु के बाद ब्याज दर के प्रति तरलता पसंदगी वक्र पूर्णतः लोचदार क्यों हो जाता है? चित्र-3 में 2% ब्याज दर पर तरलता पसंदगी वक्र समानान्तर होने का अर्थ यह है कि ब्याज की न्यूनतम दर (यहाँ 2%) पर लोग समस्त मुद्रा को तरल रूप में रखेंगे और बिल्कुल उधार नहीं देंगे। इसका अर्थ यह है कि अब किसी प्रकार भी मुद्रा की मात्रा में कितनी ही वृद्धि क्यों न की जाय, लोग अतिरिक्त मुद्रा को नकदी के रूप में अपने ही पास रखेंगे। ऐसी स्थिति को कीन्स ने तरलता ट्रेप या जाल कहा है। जब ब्याज की दर बहुत गिर जाती है तो व्यक्ति यह सोचता है कि मुद्रा को उधार देने में जो जोखिम है उसकी तुलना में ब्याज की दर बहुत कम है इसलिए वह अपनी समस्त मुद्रा को तरल या नकद रूप में ही रखना पसन्द करता है। अन्य शब्दों में लोगों को यह आशा नहीं रहती कि ब्याज दर 2% से नीचे गिरेगी। यदि ब्याज दर 2% से नीचे गिरने की आशा नहीं है तो बाण्डों की कीमत ऊपर कैसे चढ़ सकती है क्योंकि बाण्डों की कीमत के तो तभी बढ़ने की आशा हो सकती है जब ब्याज दर गिरने की सम्भावना हो। परिणामतः बाण्डों में विनियोग करके लाभ कमाने की कोई सम्भावना नहीं। अतः लोग बाण्डों को खरीदना पसन्द नहीं करेंगे। अतः बाण्डों की पूर्ति अनन्त हो जाती है क्योंकि लोग केवल नकदी चाहते हैं।

इस प्रकार एक स्तर ऐसा होता है कि जिसके नीचे ब्याज दर तब तक नहीं घट सकती जब तक कि निष्क्रिय मुद्रा के धारण करने पर कोई दण्ड निर्धारित नहीं किया जाता। इसका अर्थ यह है कि विनियोग में वृद्धि करने के लिए ब्याज दर को जबरदस्ती और अधिक घटाने (अर्थात् OI से नीचे लाने) की शक्ति मुद्रा प्राधिकारियों के पास नहीं है (चित्र-3)। एकमात्र उपाय जिसके द्वारा आय का विस्तार किया जा सकता है वह यह है कि साहसियों की प्रत्याशाओं में सुधार करके अथवा उपभोग प्रवृत्ति में वृद्धि करके विनियोग वक्र को दायीं ओर हटाया जाय।

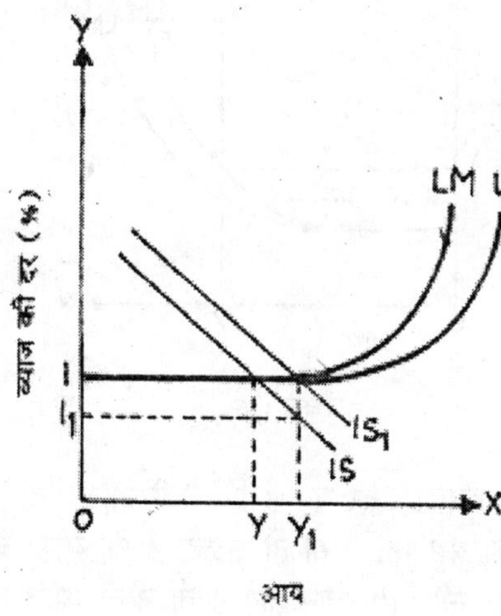

चित्र : 4

यदि हम LM/IS रेखा को लें तो हम देखेंगे कि चित्र-4 में आय का वर्तमान स्तर OY है जबकि हमें पूर्ण रोजगार स्तर OY_1 की आवश्यकता है। यदि ब्याज दर को OI_1 तक घटाया जा सके तो दिये गये विनियोग और बचत से पूर्ण रोजगार आय स्तर को प्राप्त किया जा सकता है। परन्तु मुद्रा पूर्ति में वृद्धि करने से केवल LM वक्र LM_1 तक हट जाता है और ब्याज की दर पर कोई प्रभाव नहीं पड़ता तथा आय का स्तर पूर्ववत् OY ही बना रहता है। स्पष्टतः मुद्रा की पूर्ति में वृद्धि होने से Y और Y_1 के बीच माँग पर कोई ठोस प्रभाव नहीं पड़ता। चूँकि ब्याज की दर पहले से ही बहुत अधिक गिर चुकी है इसलिए हर व्यक्ति बाण्डों की अपेक्षा अपनी मुद्रा को ही अधिक पसन्द करता है। इसलिए सरकार ब्याज दर को जबर्दस्ती OI से नीचे नहीं घटा सकती है। अतः एकमात्र उपाय जिससे आय का विस्तार किया जा सकता है यह है कि विनियोग बढ़ाकर अथवा बचत घटाकर IS वक्र को दायीं ओर विवर्तित करके IS_1 वक्र कर दिया जाय जैसा कि चित्र में दर्शाया गया है।

2. ब्याज दर में परिवर्तनों का प्रभावपूर्ण माँग पर कोई प्रभाव न पड़ना (No Effect on Effective Demand of Changes in Interest Rate)—यदि ब्याज दर में परिवर्तन किया भी जा सके तो भी हो सकता है कि प्रभावपूर्ण विनियोग के स्तर पर कोई प्रभाव न पड़े। इस सम्बन्ध में दो स्थितियाँ हो सकती हैं—

(अ) विनियोग ब्याज निरपेक्ष हो सकता है (Investment may be Interest Inelastic)—इस बात की भारी संभावना रहती है कि ब्याज दरों में होने वाले परिवर्तनों की विनियोग पर कोई अनुक्रिया न हो। यदि ऐसा है तो ब्याज नीति विनियोग व्यय के स्तर को प्रभावित करने के लिए प्रत्यक्ष रूप से कुछ नहीं कर सकती है।

चित्र-5 में चरम स्थिति दिखाई गई है। मुद्रा पूर्ति में OM से OM_1 तक वृद्धि होने से ब्याज की दर OI से घटकर OI_1 रह जाती है परन्तु विनियोग की राशि पर इसका कोई प्रभाव नहीं पड़ता और यदि आय के स्तर में परिवर्तन नहीं होता।

यदि हम चित्र-5 में LM/IS को लें तो देखेंगे कि ब्याज निरपेक्ष वक्र IS वक्र का निर्माण करता है जो लम्बवत् है। अतः यदि ब्याज को घटाया भी जा सके तो भी वह आय (Y) का विस्तार करने में निष्प्रभावी रहती है। चित्र-6 में ब्याज दर जब OI से घटकर OI_1 हो जाती है तो भी आय OY ही रहती है।

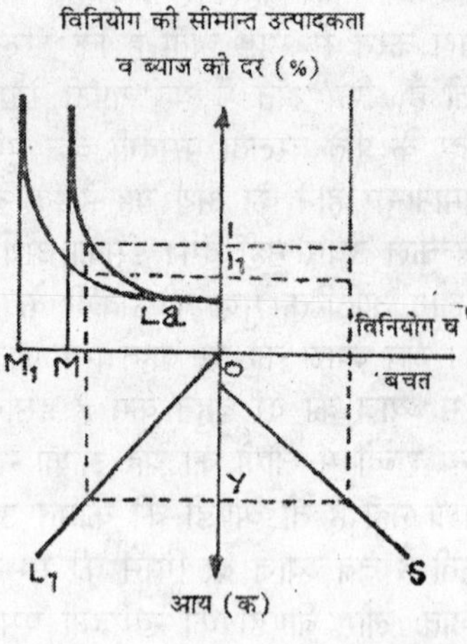

चित्र : 5

(ब) सीमान्त उपभोग प्रवृत्ति सापेक्ष रूप से कम हो सकती है (Marginal Propensity to Consume may be Relatively more or Less)—यदि सीमान्त उपभोग प्रवृत्ति बहुत कम है तो विनियोग का गुणक प्रभाव भी बहुत कम होगा, क्योंकि गुणक का आकार सीमान्त उपभोग प्रवृत्ति पर निर्भर करता है। फलतः ब्याज दर में परिवर्तन से विनियोग में होने वाले परिवर्तन का आय स्तर पर अधिक प्रभाव नहीं पड़ेगा।

उपर्युक्त विश्लेषण से स्पष्ट है कि जहाँ विनियोग ब्याज निरपेक्ष हो अथवा सीमान्त उपभोग प्रवृत्ति बहुत कम हो वहाँ ब्याज दरों में होने वाले परिवर्तनों का आय स्तर पर कोई महत्त्वपूर्ण प्रभाव नहीं पड़ता। यदि इन दोनों में से एक भी स्थिति हो तो मुख्य प्रयास यह होना चाहिए कि साहसियों को प्रत्याशाओं से अनुचित लाभ उठाकर अथवा उपभोग प्रवृत्ति में परिवर्तन करके IS वक्र को ऊपर खिसका दिया जाय।

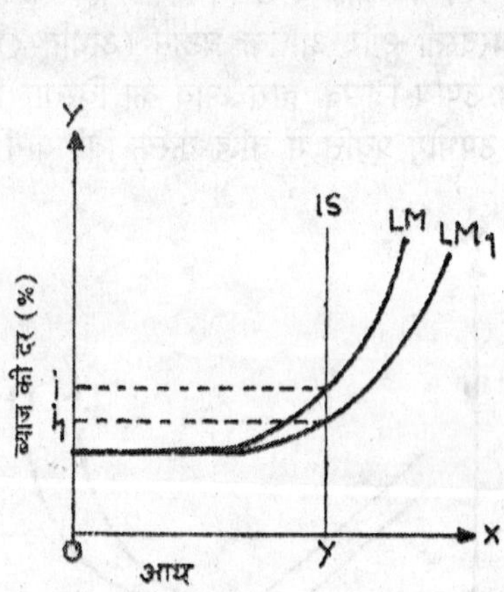

चित्र : 6

ब्याज नीति से परोक्ष रूप से साहसियों की प्रत्याशाओं में परिवर्तन किया जा सकता है। सरकार ब्याज दर को कम करके साहसियों या उपक्रमियों को यह विश्वास दिला सकती है कि वह विनियोग विस्तार करने की नीति पर चल रही है, फलतः विनियोग सीमान्त उत्पादकता वक्र (और इसलिए IS वक्र) दाहिनी ओर खिसक जाता है।

परन्तु प्रश्न यह उठता है कि यह ऐसा होने की संभावना क्यों रहती है? इसका उत्तर यह है कि तेजी और मन्दी के बीच की अवस्था में गुंजाइश अधिक रहती है। कारण यह है कि जब तेजी तेजी बढ़ रही है तो हो सकता है कि ब्याज की ऊँची दर होने पर विनियोग में कमी न हो, इसी प्रकार मन्दी के समय जब उपक्रमी निराशवान होते हैं तो नीची ब्याज दर विनियोग को उपलब्ध करने में प्रभावहीन सिद्ध हो सकती है।

5. आर्थिक विकास
(Economic Growth)

आर्थिक दृष्टि से विकसित राष्ट्रों में मौद्रिक नीति का प्रधान उद्देश्य पूर्ण रोजगार के स्तर पर देश में आर्थिक स्थायित्व को स्थापित करना होता है किन्तु अर्द्धविकसित राष्ट्रों में इसका प्रधान उद्देश्य आर्थिक विकास को प्रोत्साहित करना होता है। इस सम्बन्ध में विस्तृत विवेचना अगले अध्याय में की गई है।

उद्देश्यों का समन्वय (लक्ष्यों के लिए नीति साधनों का नियोजन)
(Co-ordination of Objective Assignment of Policy Instruments to Targets)

मौद्रिक नीति के अनेक उद्देश्य होते हैं, जैसे पूर्ण रोजगार, मूल्य-स्थिरता, आर्थिक विकास, विनिमय स्थिरता, भुगतान के शेष (Balance) का संतुलन आदि। कुछ उद्देश्य, जैसा कि हम प्रदर्शित कर चुके हैं, परस्पर विरोधी तथा असंगत होते हैं, क्योंकि विरोध के कतिपय क्षेत्र होते हैं, अतएव सभी उद्देश्यों का एक साथ अनुशीलन नहीं किया जा सकता। विभिन्न वस्तुनिष्ठ फलन एकाकी नहीं होते किन्तु वास्तव में वे बहुआयामात्मक होते हैं। एतदनुसार यह जानना आवश्यक है कि दो उद्देश्यों के बीच के विरोध को किस प्रकार सुलझाया जा सकता है और समन्वय स्थापित किया जा सकता है।

इन विरोधी उद्देश्यों के समन्वय के लिए दो मार्ग हैं, (अ) आशावाद का मार्ग (Optimising Approach), (ब) निश्चित लक्ष्य मार्ग (Fixed Target Approach)।

मौद्रिक अधिकारियों के लिए उन लक्ष्यों के सम्बन्ध में जिन्हें उन्हें पहले प्राप्त करना है, प्राथमिकता निर्धारित कर देनी चाहिए। साथ ही उन्हें विरोधी लक्ष्यों के मद में प्रतिस्थापना की दर चयन कर लेना चाहिए। अन्य शब्दों में इस बात का स्पष्ट उल्लेख होना चाहिए कि किसी लक्ष्य की प्राप्ति के लिए दूसरे लक्ष्यों का किस सीमा तक बलिदान या परित्याग करना होगा।

संक्षेप में लक्ष्यों के मध्य से प्राथमिकता का संकेत करना आवश्यक है। नीति के संदर्भ में आशावाद तथा निश्चित लक्ष्यों के मार्गों को प्रदर्शित करने के लिए हम फिलिप्स वक्र की दशा का विचार कर सकते हैं। फिलिप्स वक्र मौद्रिक मजदूरी दर के परिवर्तन की दर (मुद्रा प्रसार) तथा बेरोजगारी के मध्य में अनुभव सिद्ध विपरीत सांख्यकीय सम्बन्ध व्यक्त करता है। हम एक संशोधन फिलिप्स वक्र को प्रस्तुत कर सकते हैं जो बेरोजगारी के प्रतिशतों व मूल्य वृद्धियों के मध्य के सम्बन्ध प्रदर्शित करता है जैसा कि चित्र में मूल्यों के परिवर्तन की दर तथा बेरोजगारी के दर के मध्य प्रतिस्थापन को प्रदर्शित किया गया है। 1. आशावाद का मार्ग (Optimising Approach) मूल्यों के परिवर्तन की दर तथा बेरोजगारी के प्रतिशत को क्रमशः 02 तथा 04 अक्षों द्वारा क्रमशः प्रदर्शित किया गया है। PP हमारा सपरिवर्तित फिलिप्स वक्र है। बिन्दु D मूल्य स्थिरता की उस स्थिति का द्योतक है जो बेरोजगारी की प्रतिशत दर (OD) पर है। a. b. c. वक्र समुदाय अनधिमान (Community in Difference) वक्र हैं और बेरोजगारी तथा मुद्रा प्रसार के सम्बन्ध में अंशधारियों को प्रदर्शित करते हैं। इन वक्रों में प्रत्येक ऐसा अधिमान (Indifference) वक्र है जिस पर बेरोजगारी और मुद्रा प्रसार के विभिन्न संयोजन अधिकारियों को समान रूप से स्वीकार्य माने जा सकते हैं। उदाहरण के लिए अधिमान (Indifference) वक्र a पर तीन बिन्दु x, y, z मूल्य वृद्धि तथा बेरोजगारी के विभिन्न संयोजनों को व्यक्त करते हैं। ये बिन्दु x, y, z तब अंशधारियों को समान रूप से स्वीकार्य हैं। तथापि अधिमान (Indifference) वक्र जो उद्गम (Origin) के निकट है (यहाँ पर 'a') उद्गम से अधिक दूर वक्रों की तुलना में प्रवर समझा जाता है। यह इसलिए है कि 'a' पर अनधिमान वक्र, बेरोजगारी का एक निश्चित स्तर अपेक्षाकृत कम मुद्रा प्रसार से सम्बद्ध है—उन अनधिमान वक्रों की तुलना में जो 'a' वक्र के दाहिनी ओर अथवा ऊपर है।

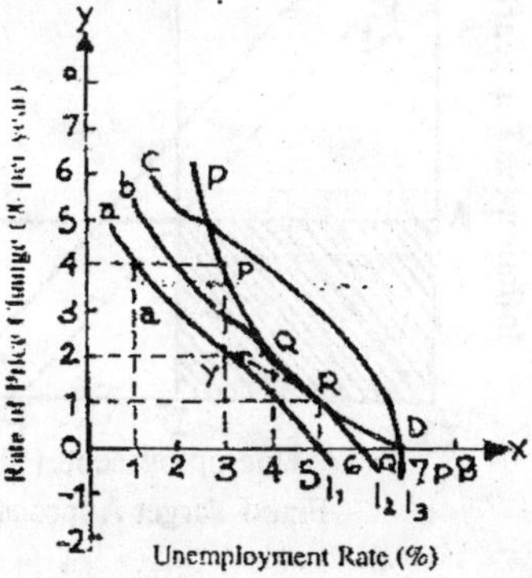

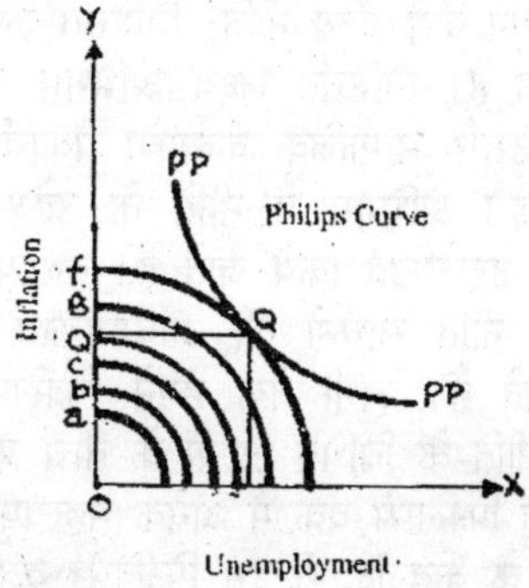

चित्र : 7

अब अधिकारी को यह निर्णय करना है कि कौन-सा संयोजन सामाजिक कल्याण को अधिकतम बना सकता है। स्पष्ट है कि सबसे अधिक वांछनीय संयोजन 'O' होगा जहाँ पर न केवल पूर्ण रोजगार है, वरन् मूल्य स्थिरता भी है। किन्तु इस बिन्दु पर पहुँचा नहीं जा सकता, क्योंकि मूल्य स्थिरता तथा पूर्ण रोजगार के उद्देश्यों में विरोध है। अतएव, कल्याण को फिलिप्स वक्र सम्बन्ध के प्रतिबंध के अधीन अधिकतम किया जाना है। अतएव अधिकारियों को बेरोजगारी के साथ मुद्रा प्रसार का उपयुक्त लक्ष्य चयन करने हेतु आर्थिक दृष्टि से संभव संयोजनों से जो संशोधित फिलिप्स वक्र पर PP पर स्थिर है चयन करना चाहिए। आशावाद का संयोजन वह होगा जहाँ समुदाय अनधिमान वक्र फिलिप्स वक्र के प्रति स्पर्शी (Tangent) होगा। यह O बिन्दु द्वारा प्रदर्शित किया गया है। इससे इंगित होता है कि 4 प्रतिशत बेरोजगार तथा 2 प्रतिशत मुद्रा प्रसार सामाजिक कल्याण को अधिकतम करेगा। यदि अधिकारी फिलिप्स वक्र PP पर अपेक्षाकृत कम मुद्रा प्रसार के साथ बेरोजगारी का अधिक, प्रतिशत चाहें, तब अनुकूलतम (Optimum) को R पर निर्धारित किया जा सकता है, जो इस फिलिप्स वक्र तथा अधिमान वक्र 'a' जो उच्चतर बेरोजगारी प्रतिशत को मुद्रा प्रसार के निम्नतम प्रतिशत से सम्बन्धित करती हैं के मध्य में स्पर्श बिन्दु है। 'R' बिन्दु पर अधिकारियों को 5 प्रतिशत बेरोजगारी तथा 2 प्रतिशत मुद्रा प्रसार स्वीकार करना होगा। तथापि बेरोजगारी तथा मुद्रा प्रसार के मध्य में वास्तविक प्रतिस्थापन अधिकारियों के वरीयता प्रतिरूप (Preference Pattern) पर निर्भर करेगा। अधिक इस बात पर निर्भर करेगा कि कोई विशिष्ट राजनैतिक प्रक्रिया पूर्ण रोजगार की परिभाषा कैसे करती है और अधिकारी मुद्रा प्रसार की कितनी मात्रा स्वीकार करने के लिए तत्पर हैं।

आशावादिता का मार्ग जिसकी ऊपर विवेचना की गई है, सामाजिक कल्याण वस्तुनिष्ठ प्रकार्य या फलन (Social Welfare Objective Function) के संदर्भ में है। यद्यपि वास्तविक जीवन में सामाजिक कल्याण वस्तुनिष्ठ फलन को निर्धारित करना बहुत कठिन है। अतः मौद्रिक नीति के विरोधी उद्देश्यों के मध्य में समन्वय करने के लिए हम दूसरे मार्ग या दृष्टिकोण का सहारा लेते हैं जिसे निश्चित लक्ष्य मार्ग कहते हैं।

निश्चित मार्ग या अभिगम (Fixed Target Approach)—निश्चित लक्ष्य अभिगम में, रोजगारी के कुछ निश्चित लक्ष्य (जैसे 95%) तथा मुद्रा प्रसार के कुछ निश्चित लक्ष्य (जैसे 5%) निर्धारित कर लिए जाते हैं। फिर कुछ अतिरिक्त नीति साधनों की सहायता से अपने उद्देश्य के अनुकूल फिलिप्स वक्र को नीचा किया जाता है। वालरस (Walras) के अनुसार उतने ही साधन आवश्यक हैं जितने उद्देश्य हों आय नीति की सहायता से निश्चित लक्ष्यों द्वारा निर्धारित मूल्य स्थिरता पूर्ण रोजगार के उद्देश्य उपलब्ध किये जा सकते हैं। इसे रेखाचित्र द्वारा प्रदर्शित किया जा सकता है। यदि मौद्रिक अधिकारी AB के नीचे क्षेत्र में रहना पसन्द करें तब फिलिप्स वक्र को नीचा किया जाना आवश्यक होगा। निश्चित लक्ष्यों की प्राप्ति के लिए परम्परागत साधन असमर्थ हैं। कुछ अतिरिक्त नीति साधन जैसे आय नीति, निश्चित लक्ष्य की प्राप्ति के लिए आवश्यक है। निश्चित लक्ष्य अभिगम अधिक यथार्थवादी है, क्योंकि उससे सामाजिक कल्याण प्रकार्य निर्धारित नहीं करना पड़ता। इस अभिगम में नीति के उद्देश्य निश्चित लक्ष्यों के संदर्भ में उल्लेखित किये जाते हैं। तथापि उस अभिगम में हमें उतने ही नीति साधनों की आवश्यकता होती है जितने हमारे लक्ष्य होते हैं। अभी तक हमने फिलिप्स वक्र के संदर्भ में मौद्रिक नीति के विभिन्न लक्ष्यों के बीच प्रतिस्थापन की विवेचना की किन्तु फिलिप्स वक्र में अनेक महत्त्वपूर्ण सीमाएँ होती हैं इन सीमाओं के बावजूद भी हम फिलिप्स वक्र अभिगम का उपयोग सहज रूप से विश्लेषणात्मक युक्ति (Analytical Device) के रूप में करते आए हैं।

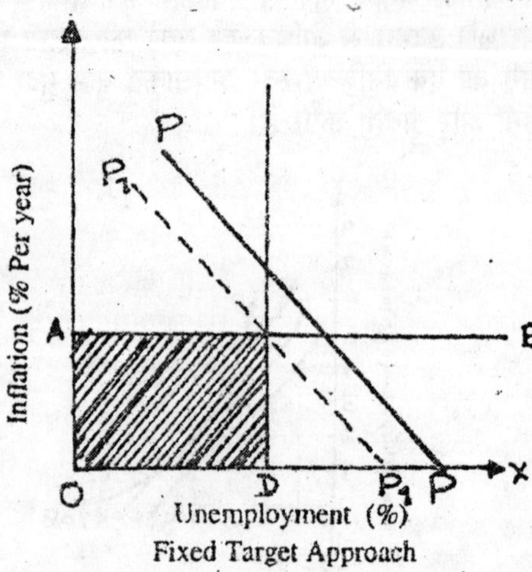

Fixed Target Approach

चित्र : 8

मौद्रिक नीति के कुछ विरोधी उद्देश्यों को सामंजस्यपूर्ण तथा विवेकपूर्ण मिश्रण द्वारा दूर किया जा सकता है। उदाहरण के लिए आर्थिक विकास और मूल्य स्थिरता के विरोधी उद्देश्यों को विनियोग के अनुकूलतम दर को निर्धारित करके सरलता से दूर किया जा सकता है। हाँ विनियोग की अनुकूलतम दर ऐसी होनी चाहिए जो न तो भुगतान संतुलन की स्थिति पर प्रतिकूल प्रभाव डाले और न ही आर्थिक विकास की गति को असाधारण रूप से कम करे।

इसी प्रकार मूल्य स्थिरता और विनिमय स्थिरता के लक्ष्यों के मध्य में टकराव की दशा में अधिकारियों को कार्य चयन (Choice of Action) निर्धारित करना होगा। यदि स्थिर विनिमय-दर को बनाए रखने के लिए मौद्रिक अधिकारियों द्वारा अपनाई गई नीति मूल्य स्थिरता की नीति से भी मेल खाती है, तब दोनों लक्ष्य सामंजस्यपूर्ण हो सकते हैं। मौद्रिक अधिकारी दोनों उद्देश्यों की पूर्ति कर सकते हैं यदि उनके पास विशाल स्वर्ण कोष हो। ऐसी स्थिति में सोने के निर्यात से साख संकुचन नहीं होगा और इस प्रकार विनिमय स्थिरता के साथ-साथ मूल्य स्थिरता को भी बनाए रखा जा सकता है। एक देश सोने के अन्तःप्रवाह (Influx) को रोक सकता है। ऐसे देशों में जहाँ विदेशी व्यापार अत्यन्त निर्णयात्मक है (जैसे—इंग्लैण्ड, जापान अथवा हालैण्ड) मुद्रा अधिकारी की बाह्य स्थिरता को प्राथमिकता देनी चाहिए और कुछ मात्रा में घरेलू मूल्य की अस्थिरता स्वीकार कर लेनी चाहिए। किन्तु उन देशों के लिए जिनका घरेलू बाजार बहुत विस्तृत है। (उदाहरण के लिए संयुक्त राज्य अमेरिका, भारतवर्ष) आंतरिक मूल्य स्थिरता के लक्ष्य को प्राथमिकता देनी चाहिए।

विरोधी अथवा परस्पर टकराने वाले उद्देश्यों की दशा में अधिकारियों को प्राथमिकताएँ निश्चित कर देनी चाहिए और उस अनुकूलतम संयोजन को अपनाने के लिए प्रयास करना चाहिए जो देश की आर्थिक तथा सामाजिक स्थिति के अनुरूप हो। उदाहरण के लिए आर्थिक विकास तथा मूल्य स्थिरता के विरोधी उद्देश्यों की दशा में देश को तेज गति (High Rate) और सरपट मुद्रा स्फीति के मध्य में चुनाव करना होगा।

तथापि मृदुल मुद्रा स्फीति को किसी दर और आर्थिक विकास के मध्य अनुकूलतम संयोजन का अंततः पता लगाया जा सकता है।

पूर्ण रोजगार और भुगतान संतुलन के साम्य के मध्य विरोध का भी समाधान किया जा सकता है। इसके लिए आवश्यक है कि मौद्रिक अधिकारी कुल माँग को ऊपर उठा सकें और व्यय अन्तरण (Switching) की नीति को अपना सकें ताकि भुगतान संतुलन पूर्ण रोजगार प्राप्त हो जाने पर साम्य की स्थिति में आ जाए। यदि इसका अनुमान नहीं किया जाता तो देश को आंतरिक और बाह्य साम्य के मध्य में चुनाव करना होगा।

अधिकारियों के लिए उद्देश्यों को अल्पकालिक तथा दीर्घकालिक श्रेणियों में वगीकृत करना आवश्यक है। ऐसा करते समय उन्हें तात्कालिक (Immediate) तथा दूरस्थ आर्थिक एवं सामाजिक आवश्यकताओं को ध्यान में रखना चाहिए।

आर्थिक नीति के अल्पकालिक उद्देश्यों की पूर्ति के लिए मौद्रिक तथा राजवित्तीय नीतियों को अपनाया जाना चाहिए लेकिन साख की अल्पकालिक उद्देश्यों को दीर्घकालिक उद्देश्यों की पूर्ति में बाधक नहीं बनना चाहिए। उदाहरण के लिए मूल्य स्थिरता अल्पकालिक उद्देश्य है जबकि आर्थिक विकास दीर्घकालिक उद्देश्य है। ऐसी स्थिति में मूल्य स्थिरता उद्देश्य की प्राप्ति के लिए अपनाया जाने वाला कोई भी उपाय आर्थिक विकास के दीर्घकालीन उद्देश्यों की प्राप्ति में बाधक नहीं बनना चाहिए। वस्तुतः मौद्रिक व राजकोषीय नीतियाँ इस प्रकार से संचालित की जा सकती हैं जिससे विनिमय-दर में स्थिरता प्राप्ति के अल्पकालिक उद्देश्य के साथ-साथ आर्थिक विकास की गति तेज की जा सके।

मौद्रिक नीति के विरोधी उद्देश्यों में समन्वय का सर्वोत्तम उपाय यह है कि हमें अल्पकालिक समस्याओं के समाधान को प्राथमिकता देना चाहिए लेकिन अल्पकालिक लक्ष्यों को दीर्घकालिक लक्ष्यों के अधीनस्थ रखना चाहिए। यह उल्लेखनीय है कि अल्पकालिक एवं दीर्घकालिक लक्ष्यों के मध्य मुख्य विरोध को दूर करने का प्रयास करना चाहिए लेकिन कभी-कभी छोटे-मोटे विरोधों को विद्यमान रहने दिया जा सकता है। लेकिन सारभूत बात यह है कि विरोधी लक्ष्यों के मध्य में चुनाव करते समय ऐसे अनुकूलतम संयोजन को प्राप्त करने के उद्देश्य होने चाहिए जो सर्वाधिक राष्ट्रीय हित में हो।

परीक्षा प्रश्न
(Examination Questions)

I. दीर्घ उत्तरीय प्रश्न (Long Answer Type Questions)

1. ''कीमत-स्थिरता तथा विनिमय-स्थिरता मौद्रिक नीति के वैकल्पिक उद्देश्य नहीं हैं बल्कि ऐसे उद्देश्य हैं जिन्हें एक साथ प्राप्त किया जा सकता है और इसके लिए प्रयास किये जायें।''

   "Price Stability and exchange stability are not alternative goals of monetary policy, but objectives which can and should be pursued simultaneously." Discuss.

2. ''किसी देश की मौद्रिक नीति का स्पष्ट उद्देश्य पूर्ण रोजगार के बिन्दु पर बचत और विनियोग में साम्य स्थापित करना होता है।'' इस विचार का स्पष्ट विवेचन कीजिए।

   "The obvious object of the monetary policy of a country is to obtain equilibrium between savings and investment at the point of full employment." Discuss their view clearly.

3. क्या आप इस मत से सहमत हैं कि मौद्रिक नीति का प्रमुख उद्देश्य 'मुद्रा की तटस्थता' होना चाहिए? भारत जैसे अर्द्धविकसित देश के लिए उपयुक्त मौद्रिक नीति क्या होगी?

   Do you agree with the view that 'neutrality of money' is the primary objectives of monetary policy? What do you think to be a suitable monetary policy for an under-developed country like India?

4. ''मौद्रिक नीति में समय-समय पर परिवर्तन हुए हैं। मौद्रिक नीति के क्षेत्र में मैकमिलन समिति, रेडक्लिफ समिति तथा कीन्स के विचार उल्लेखनीय हैं।'' इस कथन के उद्धरण में मौद्रिक नीति के उद्देश्यों में परिवर्तन का विवेचन कीजिए।

   "The objects of monetary policy have varied from time to time. The Macmillan Committee, the Redcliffe Committee and the Keynesian Views are important landmarks in the evaluation of the monetary Policy."

5. एक सस्ती मुद्रा नीति तथा सरल साख नीति के निम्नलिखित क्षेत्रों पर आर्थिक प्रभावों का विवेचन कीजिए : (अ) उत्पादन, (ब) रोजगार तथा (स) विदेशी व्यापार।

   Discuss the economic effects of a Cheap money and easy Credit policy for a country on (a) Production, (b) Employment and (c) Foreign Trade.

6. पूर्ण रोजगार की उपलब्धि में मौद्रिक उपायों का स्थान निर्धारित कीजिए।

   Determine the scope of monetary measures in the attainment of full employment.

(II) लघु उत्तरीय प्रश्न (Short Type Questions)

1. मौद्रिक नीति का अर्थ स्पष्ट कीजिए।
2. मौद्रिक नीति की विनिमय स्थिरता और मूल्य स्थिरता उद्देश्यों को स्पष्ट कीजिए।
3. मौद्रिक नीति के द्वारा पूर्ण रोजगार उद्देश्य को कैसे प्राप्त किया जा सकता है?
4. अर्द्ध-विकसित देशों में मौद्रिक नीति के उद्देश्य लिखिए।
5. मौद्रिक नीति की सामान्य सीमाएँ क्या हैं?
6. मौद्रिक नीति की अर्द्ध-विकसित देशों में सीमाएँ लिखिए।
7. मौद्रिक नीति के उपकरण कौन-कौन से हैं?
8. सस्ती मुद्रा नीति से क्या तात्पर्य है?

(III) वस्तुनिष्ठ प्रश्न (Objective Type Questions)

सही विकल्प छाँटकर लिखिए-

1. मौद्रिक नीति के अन्तर्गत सम्मिलित किया जाता है उन परिवर्तनों को जो कि सम्बन्धित होते हैं—
(अ) साख से (ब) मुद्रा से
(स) ब्याज-दर से (द) उपर्युक्त सभी से।
2. सस्ती मुद्रा नीति से आशय है—
(अ) बैंक-दर में वृद्धि (ब) बैंक-दर में कमी,
(स) बैंक-दर में स्थिरता (द) उपर्युक्त सभी।
3. प्रायः सभी देशों में मौद्रिक नीति का प्रबन्ध किया जाता है—
(अ) व्यापारिक बैकों द्वारा (ब) क्रेन्द्रीय बैंक द्वारा
(स) व्यापारियों द्वारा (द) उपर्युक्त में से किसी के द्वारा नहीं।
4. मुद्रा की तटस्थता से आशय है कि अर्थव्यवस्था की आर्थिक क्रियाओं पर मुद्रा का प्रभाव—
(अ) धीमें-धीमें पड़ना चाहिए (ब) अधिक से अधिक पड़ना चाहिए
(स) तटस्थ (द) उपर्युक्त में से कोई नहीं।
5. मौद्रिक नीति का उद्देश्य कहा जाता है—
(अ) आन्तरिक मूल्य-स्तर का स्थिरीकरण (ब) मुद्रा की तटस्थता
(स) अधिक आर्थिक विकास (द) उपर्युक्त सभी मौद्रिक नीति के उद्देश्य हैं।
6. जो मुद्रा नीची ब्याज दर पर प्राप्त होती है उसे कहते हैं—
(अ) अच्छी मुद्रा (ब) गरम मुद्रा
(स) सस्ती मुद्रा (द) उपर्युक्त में से कोई नहीं।
7. सस्ती मुद्रा नीति का सार्वप्रथम समर्थन किया था—
(अ) प्रो. एडम स्मिथ ने (ब) प्रो. कीन्स
(स) प्रो. मार्शल ने (द) उपर्युक्त में से कोई नहीं।
8. निम्नलिखित में से कौन-सा कथन गलत है—
(अ) मन्दी काल में केन्द्रीय बैंक की प्रतिभूतियों को खरीदना चाहिए।
(ब) सस्ती मुद्रा नीति को विस्तारक मुद्रा नीति कहते हैं।
(स) सस्ती मुद्रा नीति मजदूरी कटौती नीति की अपेक्षा अधिक युक्तिसंगत है।
(द) मन्दी के समय केन्द्रीय बैंक को सदस्य बैंकों के प्रासंगिक अनुपात को बढ़ा देना चाहिए।

उत्तर—1. (द) 2. (ब) 3. (ब), 4. (स), 5. (द) 6 (स), 7. (ब), 8. (द)।

OOO

37 मौद्रिक नीति एवं आर्थिक विकास
(Monetary Policy and Economic Growth)

अर्द्धविकसित देशों के लिए उपयुक्त मौद्रिक नीति
(Suitable Monetary Policy for Under-developed Countries)

आर्थिक दृष्टि से विकसित राष्ट्रों में मौद्रिक नीति का प्रधान उद्देश्य पूर्ण रोजगार के स्तर पर देश में आर्थिक स्थायित्व लाना होता है। परन्तु भारत जैसे अर्द्धविकसित देशों में उत्पादन तथा रोजगार में होने वाले चक्रवत् उतार-चढ़ाव कम महत्त्व रखते हैं। इनमें असली समस्या **संरचनात्मक परिवर्तनों की होती है।** ये देश दीर्घकाल से गतिरोध (Stagnation) की स्थिति में रहते हैं। ऐसी अर्थव्यवस्था में पूँजी और तकनीकी ज्ञान के अभाव के कारण आर्थिक साधन निष्क्रिय पड़े रहते हैं। इनके सामने दो प्रमुख समस्याएँ हैं—(अ) किस प्रकार अर्थव्यवस्था में व्यय-अदृश्य बेरोजगारी की समस्या को दूर किया जाये, (ब) किस प्रकार एक विशाल जनसंख्या की बेरोजगारी दूर की जाये जो कि रोजगार के अवसर के अभाव में बेकार रहते हैं।

अतः अर्द्धविकसित देश की मूल समस्या आर्थिक विकास के द्वारा पूर्ण रोजगार को प्राप्त करना है, जबकि विकसित अर्थव्यवस्था की समस्या उसको बनाये रखना है।

एक अर्द्धविकसित देश की मौद्रिक नीति के उद्देश्य
(Objectives of Monetary Policy in an Under-developed Country)

अर्द्धविकसित देशों में मौद्रिक नीति का प्रमुख उद्देश्य (i) आर्थिक विकास और (ii) कीमत स्थिरता होनी चाहिए। संक्षेप में, अर्द्धविकसित देशों द्वारा अपनायी जाने वाली नीति को **नियंत्रित विस्तार** की संज्ञा दी जा सकती है। अर्थात् इस नीति का उद्देश्य **आर्थिक विकास** के लिए पर्याप्त वित्त-प्रबंधन करना और **कीमत स्थिरता कायम रखना होना चाहिए।**

1. मौद्रिक नीति और आर्थिक विकास को प्रोत्साहन (Monetary Policy and Promotion of Economic Growth)

अर्द्धविकसित देशों में आर्थिक विकास की गति को अवरुद्ध करने वाले सबसे महत्त्वपूर्ण घटक पूँजी निर्माण की नीची दर का होना है। पूँजी निर्माण के लिए तीन स्वतंत्र परिवर्तनशील तत्त्व आवश्यक हैं—(1) बचत, (2) वित्तीय क्रियाशीलता, (3) विनियोग।

अतः पूँजी के निर्माण के लिए लोगों की बचत करनी चाहिए। इन बचतों को एकत्र करने की उचित तथा कुशल यंत्र व्यवस्था विद्यमान होनी चाहिए और अंत में इन बचतों को पूँजीगत वस्तुओं (विनियोगों) में बदल देना चाहिए। यदि पूँजी निर्माण की नीची दर न्यून विकास के लिए उत्तरदायी है, तो उसका तर्कसंगत निष्कर्ष यह है कि **जिस सीमा तक मौद्रिक नीति पूँजी निर्माण के तीन स्वतंत्र परिवर्तनशील तत्त्वों, अर्थात् बचत, वित्तीय कार्यशीलता व विनियोग को प्रभावित कर सकती है।** उस सीमा तक मौद्रिक नीति अर्द्धविकसित देशों के आर्थिक विकास में सहायक हो सकती है।

संक्षेप में आर्थिक विकास संवर्धन मौद्रिक नीति में निम्नलिखित तत्त्व होने चाहिए—

1. वित्तीय प्रणाली का विस्तार (Expansion of Financial System)—अर्द्धविकसित देश में मौद्रिक नीति का एक उद्देश्य उसकी करेंसी और साख व्यवस्था का सुधार करना है। अर्द्धविकसित देशों में जो कुछ थोड़ी-सी बचतें होती हैं

वे भी बैंकिंग सुविधाओं के अभाव में दबी रहती हैं और उनका प्रयोग उद्योग एवं व्यापार में नहीं होता। इसका अर्थ यह है कि यदि देश में बैंकिंग सुविधाएँ उपलब्ध हों और बैंकिंग प्रवृत्तियाँ तीव्र हों तो वे संस्थाएँ बचत को गतिमान करती हैं। अधिक साख सुविधाएँ प्रदान करने के लिए और ऐच्छिक बचतों को उत्पादक दिशाओं में तोड़ने के लिए अधिक बैंक तथा वित्तीय संस्थाएँ स्थापित की जायें। इसका उपचार यह है कि कृषकों, छोटे दुकानदारों तथा व्यापारियों के लिए साख उपलब्ध कराने के लिए ग्रामीण क्षेत्रों तक साख बैंकिंग तथा इकाई बैंकिंग का विस्तार किया जाये।

अर्द्धविकसित देशों में व्यापारिक बैंक केवल अल्पकालीन ऋण प्रदान करते हैं। ग्रामीण क्षेत्रों में भी ऋण सुविधाओं का अभाव रहता है, गाँव में ऋण का प्रमुख स्रोत अभी भी देशी बैंकर्स और साहूकार होते हैं, जो बहुत ऊँची ब्याज दर लेते हैं। साथ ही अर्द्धविकसित देशों में संगठित और विकसित स्टॉक तथा प्रतिभूति बाजार का अभाव रहता **है, इन** कमियों को दूर करने के लिए केन्द्रीय बैंक को देश के मौद्रिक नीति के निर्माण में प्रमुख कार्य करना चाहिए। अतः अर्द्धविकसित देशों में प्रभावपूर्ण मौद्रिक नीति के क्रियान्वयन के लिए आवश्यक है कि देश में एक मजबूत तथा शक्तिशाली केन्द्रीय बैंक हो।

ग्रामीण क्षेत्रों में गाँव के साहूकार की पकड़ तभी ढीली की जा सकती है, जब केन्द्रीय बैंक कृषकों को नीची ब्याज दरों पर अल्पकालीन, मध्यकालीन तथा दीर्घकालीन ऋण प्रदान करने के लिए नयी संस्थात्मक व्यवस्था करें। केन्द्रीय बैंक द्वारा वित्त प्रबंधक (Financed) शिखर बैंकों (Apex Banks) के साथ सहकारी ऋण समितियों का जाल इस समस्या को हल करने में सहायक हो सकता है। विशाल साधनों पर अधिकार रखने के कारण, छोटे तथा बड़े उद्योगों की वित्त व्यवस्था करने के लिए केन्द्रीय औद्योगिक बैंकों तथा वित्तीय निगमों की स्थापना में सहायक हो सकता है।

केन्द्रीय बैंक सरकार का राजकोषीय एजेंट भी होता है और इस प्रकार सार्वजनिक ऋण का प्रबंध करता है। वह स्वयं तथा अन्य व्यापारिक बैंकों के माध्यम से देश में सरकारी बांड तथा प्रतिभूतियों का निर्गमन करता है, क्योंकि अर्द्धविकसित देशों में संगठित व विकसित बिल बाजार का अभाव रहता है इसलिए केन्द्रीय बैंक स्टॉक तथा प्रतिभूतियों के मार्केट की स्थापना तथा संगठन कर सकता है।

अंतिम केन्द्रीय बैंक मुद्रा बाजार का संरक्षक होता है इसके पास वाणिज्य बैंकों पर अपनी इच्छानुसार नियंत्रण करने की काफी शक्ति होती है। "वाणिज्य बैंकों पर केन्द्रीय बैंक नियंत्रण मुद्रा नीति का मुख्य हथियार है।" पुनः बट्टे (Rediscounting) की सुविधाएँ प्रदान करके यह बैंकों को अधिक मध्य तथा दीर्घकालीन कर्जे देने को प्रोत्साहन दे सकता है।

परन्तु यह आशा नहीं की जा सकती कि मुद्रा तथा वित्तीय संस्थाएँ सीधे-सीधे विकास की प्राथमिक तथा सक्रिय चालक होंगी। उपक्रम तथा उद्यम में प्राप्त होने वाले आधारभूत प्रोत्साहन के दिए होने पर यह आवश्यक है कि मुद्रा व्यवस्था उन प्रोत्साहनों की प्रतिचारी (Responsive) हो, जो विकास की गति बढ़ने पर उत्पन्न होती है।[1]

उपर्युक्त विवेचन से स्पष्ट है कि—

(i) अर्द्धविकसित देशों में मौद्रिक नीति का एक लक्ष्य उसकी करेंसी और साख व्यवस्था का सुधार करना है।

(ii) अर्द्धविकसित देशों में उत्पादन कार्यों के लिए बचतों को गतिशील बनाने की दृष्टि से नयी वित्तीय संस्थाओं की रचना को प्रोत्साहित किया जाना चाहिए।

(iii) केन्द्रीय बैंकों स्टॉक तथा **प्रतिभूतियों के बाजार** की स्थापना और संगठन करना चाहिए।

(iv) औद्योगिक **बैंकों** तथा **वित्तीय निगमों** की स्थापना करनी चाहिए।

(v) केन्द्रीय बैंक को मुद्रा बाजार का **प्रभावशाली संरक्षक** होना चाहिए।

2. पूँजी निर्माण (Capital Formation)—आर्थिक विकास के लिए पूँजी निर्माण आवश्यक है। अधिकांश अर्द्धविकसित देश गरीबी के कुचक्र में फँसे हुए हैं जिसे तोड़ने के लिए अतिरिक्त **विनियोग** आवश्यक है। अन्यथा नीची आय→ नीची बचत→नीचा विनियोग→फिर नीची आय का कुचक्र चलता रहेगा।

---

1. "Monetary and Financial institutions in themselves can not be expected to be the Primary and active movers of development in direct sense. Given the fundamental stimulus which comes from enterprise and entrepreneurship, the monetary system must then be responsive to the stimuli that arise as development gains moments." —*Meir and Baldwin, opcit. P. 395*

अधिकांश अर्द्धविकसित देशों में विनियोग की दर 5 प्रतिशत से अधिक नहीं है। आर्थिक पिछड़ेपन से निकलने के लिए देशों के लिए विनियोग की दर बहुत ही कम है। **रोस्टोव** अपने **आत्म स्फूर्ति (Takeoff)** के सिद्धान्त में और **रोजन्स्टीन रोडान** ने अपने बड़े धक्के (Big-push) के सिद्धान्त में इस बात पर बल दिया है कि जब तक पिछड़ा हुआ देश अपने विनियोगों का 10 से 15 प्रतिशत तक नहीं कर लेता, वह निर्धनता के चंगुल से मुक्त नहीं हो सकता। पूँजी निर्माण के संदर्भ में (अ) विनियोग एवं (ब) बचत तक उनसे संबंधित आर्थिक पहलुओं की विस्तार से विवेचना करना आवश्यक है।

कीन्स के सिद्धान्त का एक महत्त्वपूर्ण तत्त्व विनियोग फलन है जो (i) पूँजी की सीमान्त उत्पादकता तथा (ii) ब्याज की दर पर निर्भर करता है। संक्षेप में पूँजी की सीमान्त उत्पादकता से आशय पूँजी की भावी आय से है।

(अ) पूँजी की सीमान्त उत्पादकता (Marginal Efficiency of Capital)—अर्द्धविकसित देशों में विनियोग के बहुत नीचे स्तर पर भी पूँजी की सीमान्त उत्पादकता बहुत कम होती है जिसके कारण विनियोग को प्रोत्साहित करना बहुत ही कठिन हो जाता है। पूँजी की सीमान्त उत्पादकता का कम होना कई कारणों का सम्मिलित परिणाम होता है, जैसे—राष्ट्रीय आय का बहुत बड़ा भाग कृषि से प्राप्त होता है, जिसमें प्रकृति पर निर्भरता का बोझ होता है और उत्पादन में प्रतिवर्ष उतार-चढ़ाव होता रहता है।

(i) अधिकांश जनसंख्या की आय अत्यन्त न्यून होती है, अतः वस्तुओं और सेवाओं की कुल माँग की मात्रा अत्यन्त सीमित होती है। **प्रो. नर्क्स** एक दृष्टांत देते हुए बताते हैं कि चिली जैसे निर्धन देश में यदि आधुनिक इस्पात कारखाना खोल दिया जाय तो केवल तीन घंटे में ही लोहे का एक विशेष सामान इतनी अधिक मात्रा में उत्पादित कर सकता है कि उस देश की साल भर की आवश्यकता पूरी करने के लिए पर्याप्त होगी और बाकी दिनों के लिए मशीन बेकार पड़ी रहेगी।

(ii) **अर्द्धविकसित** देशों में श्रम का बाहुल्य होने के कारण वह अपेक्षाकृत सस्ता होता है, जो बड़े पैमाने पर पूँजी विनियोग के मार्ग में बाधक होता है और उसे हतोत्साहित करता है।

(iii) अर्द्धविकसित देशों में औद्योगिक विकास के लिए आधारभूत सुविधाओं—बिजली, पानी की पूर्ति, यातायात और संचार के साधनों, सड़कों एवं बैंक, वित्तीय साधन, प्रशिक्षित श्रम आदि का अभाव रहता है, जो निजी विनियोग आदि को हतोत्साहित करता है।

उपर्युक्त कारणों से अर्द्धविकसित देशों में विनियोग को निरुत्साहित करने वाला एक मुख्य कारण पूँजी की बहुत ही कम सीमान्त उत्पादकता है। अन्य शब्दों में, **अर्द्धविकसित देशों में मौद्रिक नीति द्वारा पूँजी की सीमान्त उत्पादकता और फलतः विनियोग को बढ़ाना कठिन है।**

(ब) ब्याज की दर (Rate of Interest)—यद्यपि अर्द्धविकसित देशों में विनियोग को प्रोत्साहन देने के लिए ब्याज की दर ढाँचा सहायक नहीं है परन्तु इन देशों में ब्याज की दर का निम्न होना भी आर्थिक विकास के लिए महत्त्वपूर्ण है, क्योंकि **सस्ती मुद्रा** नीति ही देश में व्यवसायियों एवं उपक्रमियों को नवीन विनियोग के लिए आवश्यक प्रोत्साहन प्रदान करती है, साथ ही साथ अकेला निजी विनियोगकर्ता ही देश में तीव्र विकास करने में समर्थ नहीं हो सकता इसलिए सरकार को बड़े पैमाने पर सार्वजनिक विनियोग द्वारा उसकी पूर्ति करनी पड़ती है। सरकारी विनियोग के लिए भी सस्ती मुद्रा नीति सरकार के लिए लाभदायक होती है। कारण यह है कि ब्याज की सस्ती दर के रूप में सस्ती मुद्रा सार्वजनिक **ऋण भार** को घटाने में सहायक होती है। इस प्रकार सस्ती मुद्रा नीति अर्द्धविकसित देशों में निजी एवं सार्वजनिक क्षेत्रों में विनियोग को प्रोत्साहित करने के लिए आवश्यक प्रतीत होती है। **प्रो. बाखू** के शब्दों में, "आर्थिक विकास के कई निर्धारक तत्त्व हैं, परन्तु मुख्यतया वह विनियोजन की दर पर निर्भर है। यदि मौद्रिक नीति से विनियोजन प्रोत्साहित होता है तो विकास होगा और अगर विनियोजन हतोत्साहित होता है तो विकास रुकेगा। कम ब्याज की दर से विकास में सहायता मिलती है, क्योंकि इससे विनियोजन और रोजगार में वृद्धि होती है।"

विदेशी विनियोजकों के दृष्टिकोण से भी 'पूरक निधियों' (Complimentary Funds) के लिए अधिक सस्ती मुद्रा की प्राप्यता विदेशी निजी विनियोगों को प्रोत्साहन देती है।

परन्तु अर्द्धविकसित देशों में कम ब्याज दर नीति 'अमिश्रित वरदान' नहीं है। इसकी कुछ त्रुटियाँ भी हैं। यह सट्टा उद्देश्यों के लिए उधार तथा विनियोग को प्रोत्साहन देती है और इस प्रकार उत्पादक विनियोग के वित्त प्रबंधन में बाधा

पहुँचती है। सरकारी बांडों पर नीची ब्याज दर उन्हें विनियोजकों के लिए अनाकर्षक (Unattractive) बना देती है, क्योंकि लाभ उद्देश्य ही उनका पूर्णरूप से पथ प्रदर्शन करते हैं। नीची ब्याज दर अर्थव्यवस्था में बचतों की वृद्धि पर भी प्रतिकूल प्रभाव डालती है।

सट्टे से संबंधित उधार तथा विनियोग में साधनों के प्रवाह को रोकने के लिए केन्द्रीय बैंक को चाहिए कि **विभेदक (Discriminatory)** ब्याज दरों की नीति का अनुसरण करें और अनावश्यक तथा अनुत्पादक ऋणों पर ऊँची दरें तथा उत्पादक ऋणों पर नीची दरें वसूल करें। परन्तु इसका यह अभिप्राय नहीं है कि अर्द्धविकसित देशों में बचतें ब्याज लोचनात्मक होती हैं, क्योंकि ऐसी अर्थव्यवस्थाओं में आय का स्तर कम होता है, इसलिए ब्याज की ऊँची दर से बचत की प्रवृत्ति बढ़ने की संभावना नहीं है।

यद्यपि अर्द्धविकसित देशों में मौद्रिक नीति के द्वारा ब्याज की दर में उपयुक्त कमी करके, विनियोग को प्रोत्साहन प्रदान करके रोजगार, उत्पादन व वास्तविक आय में वृद्धि की जा सकती है परन्तु ब्याज की दर में कमी करके आर्थिक विकास को किस सीमा तक संभव बनाया जा सकता है यह दो बातों पर निर्भर करता है—(अ) व्यक्तियों की नकदी की माँग ब्याज सापेक्षता, (ब) विनियोग की ब्याज सापेक्षता। यदि नकदी अथवा नकदी की माँग ब्याज निरपेक्ष है अर्थात् कम ब्याज के घटने-बढ़ने का प्रभाव लोगों की नकदी की माँग पर बहुत कम पड़ता है और विनियोग ब्याज सापेक्ष है अर्थात् कम ब्याज की दर पर विनियोग की माँग बहुत बढ़ जाती है और अधिक ब्याज की दर पर विनियोग की माँग घट जाती है तो ऐसी स्थिति में मौद्रिक नीति आर्थिक विकास के कार्य में अधिक सहायक सिद्ध होगी। इसके विपरीत, यदि नकदी की माँग ब्याज सापेक्ष है और विनियोग ब्याज निरपेक्ष है अर्थात् ब्याज के घटने-बढ़ने का विनियोग पर कोई प्रभाव नहीं पड़ता तो ऐसी स्थिति में मौद्रिक नीति ब्याज दर के द्वारा आर्थिक विकास के कार्य में अधिक सहायक सिद्ध नहीं हो सकती।

(स) बचत (Savings)—पूँजी निर्माण या विनियोग के लिए बचत आवश्यक है लेकिन अर्द्धविकसित देशों में प्रति व्यक्ति आय कम होने के कारण बचत भी कम होती है। यहाँ ब्याज की दर बढ़ने से बचत के बढ़ने की संभावनाएँ नहीं होतीं। भारत का अनुभव इस बात का द्योतक है। कीन्स भी इस विचार का समर्थन करते हैं कि बचत और ब्याज की दर में कोई विशेष संबंध नहीं है।

इस प्रकार बचत इतनी **ब्याज लोच (Interest Elastic)** नहीं है जितनी कि **आय लोच (Income Elastic)** अथवा **मूल्य लोच (Price Elastic)** होती है। दूसरे शब्दों में, बचत ब्याज से अधिक प्रभावित नहीं होती परन्तु आय मूल्यों से प्रभावित होती है। भारत में ऐसा कई बार देख गया है कि जिस समय मूल्य बढ़े हैं तब जनसंख्या के एक भाग की बचत दर कम हो गयी है और कहीं पर तो **ऋणात्मक बचतें (Dis-savings)** भी हुई हैं।

मुद्रा स्फीति काल में बचत और मूल्यों में जो संबंध होता है उसे निम्न समीकरण द्वारा स्पष्ट किया जा सकता है—

$$\frac{Sr}{Yr} = -\frac{Cr}{Yr} = -\left(\frac{Cr}{Yr} P_f \times P_o\right)$$

जहाँ, Sr = बचत, Yr = कुल आय, Cr = उपभोग, Pf = खाद्य पदार्थ का कुल मूल्य, Po = अन्य वस्तुओं का कुल मूल्य।

यदि हम उन विभिन्न लोचों के प्रभाव की एक बार उपेक्षा कर दें तब भी हम देखते हैं कि भारत जैसे विकासशील देश में एक निश्चित अवधि में बचत का एक बहुत बड़ा भाग ऐसा है जो उत्पादक विनियोग में प्रवाहित नहीं हो पाया है इसका मुख्य कारण ग्रामीण क्षेत्रों में ऐसी संस्थाओं का अभाव है जो अतिरेक बचतों को एकत्रित कर उन्हें उत्पादक विनियोगों की ओर प्रवाहित कर सकें।

उपर्युक्त विवेचन से यह निष्कर्ष निकलता है कि अर्द्धविकसित देशों में मौद्रिक नीति बचतों को विनियोगों में प्रवाहित करने में कोई सक्रिय भूमिका का निर्वाह नहीं कर सकी है। अतः विनियोगों के लिए बचतों में वृद्धि करने के लिए निम्नलिखित दशाओं का होना आवश्यक है— (i) वास्तविक आय में वृद्धि, (ii) मूल्य स्तर स्थिर रहे, (iii) बचतों को एकत्र करने के लिए वित्तीय संस्थाओं की स्थापना हो, (iv) छोटे बचतकर्ताओं के लिए विनियोग अवसर उपलब्ध हों।

3. आर्थिक असमानताओं को कम करना (To Reduce Economic Inequalities)—अर्द्धविकसित देशों की एक बड़ी समस्या यह भी है कि आर्थिक विकास के साथ-साथ आर्थिक असमानताओं में वृद्धि होती जाती है। यदि आर्थिक विकास से सामान्य व्यक्ति लाभान्वित नहीं हो सके तो लोगों का विश्वास विकास की प्रक्रिया से उठ जाता है।

अतः मौद्रिक नीति में इस प्रकार की व्यवस्था होनी चाहिए कि कम आय वाले व्यक्तियों को सस्ती दरों पर ऋण उपलब्ध हो सके। आर्थिक समानता के दृष्टिकोण से विभेदात्मक ब्याज दर नीति अधिक उपयुक्त प्रतीत होती है। भारत में राष्ट्रीयकरण के बाद इस ओर कई कदम उठाये गये हैं, जैसे—समन्वित ग्रामीण विकास कार्यक्रम, नेहरू रोजगार योजना, प्राथमिक क्षेत्र आदि। कई क्षेत्रों पर ऋणों पर सब्सिडी दी जा रही है। इन सभी प्रयोगों की सफलता के लिए समर्पित शासनतंत्र की आवश्यकता होती है जिसके अभाव में भारत में सुविधाओं का दुरुपयोग हो रहा है।

4. ऋण प्रबंधन (Debt Management)—अर्द्धविकसित देशों में मौद्रिक नीति का एक महत्त्वपूर्ण कार्य सार्वजनिक ऋण का प्रबंध करना भी है। इसका उद्देश्य है, सरकारी बांडों का उचित समयमान जारी करना, उनकी कीमतों को स्थिर करना, और सार्वजनिक ऋण की व्यय लागत को न्यूनतम बनाना।

केन्द्रीय बैंक सरकारी बांडों के क्रय-विक्रय तथा सार्वजनिक ऋण के ढाँचे तथा संरचना में समय-समय पर परिवर्तन करने का उत्तरदायित्व लेता है।

ऋण प्रबंधन का प्रमुख उद्देश्य "ऐसी स्थितियों का निर्माण करना है जिनमें सार्वजनिक ऋण वर्ष-प्रतिवर्ष बड़े पैमाने पर, अर्थव्यवस्था को किसी किस्म का झटका दिये बिना बढ़ता जाये।"

सरकारी बांडों के लिए बाजार को स्थिर बनाने के लिए नीची ब्याज दरों की नीति आवश्यक है। कारण यह है कि ब्याज की नीची दर सरकारी बांडों की कीमत बढ़ा देती है, जिससे वे जनता के लिए अधिक आकर्षक बन जाते हैं और इस प्रकार सरकार के सार्वजनिक ऋण कार्यक्रमों को प्रोत्साहन देते हैं।

राष्ट्रीय ऋण सेवा लागत को न्यूनतम बनाने के लिए भी ब्याज दरों का नीचा ढांचा बनाये रखना आवश्यक है। **डॉ. सेठी** का मत है कि किसी एक मार्केट में ब्याज की दर से सक्रिय तथा लाभदायक कार्य करवाने के लिए सरकार को चाहिए कि प्रतिभूतियों का विस्तृत क्षेत्र प्रदान करे। उनकी धारणा है, जैसा कि अर्द्धविकसित देश में होता है, यदि उनके लिए माँग नहीं तो ऋण प्रबंधन नीतियों का आधारभूत कार्य उस माँग को उत्पन्न करना है।

5. पर्याप्त मुद्रा पूर्ति (Adequate Money Supply)—आर्थिक विकास की प्रक्रिया की दृष्टि से मुद्रा की पूर्ति पर्याप्त होनी चाहिए। आर्थिक विकास के साथ-साथ मुद्रा की माँग बढ़ती है जिसे पूरा करने के लिए मुद्रा की पूर्ति भी बढ़ानी आवश्यक होती है। मुद्रा की माँग बढ़ाने के अनेक कारण हैं, जैसे—जहाँ अभी तक मुद्रा का उपयोग नहीं होता था, अब मुद्रा का उपयोग शुरू हो जाता है। ग्रामीण आय में वृद्धि होती है जिससे अर्थव्यवस्था में सामान्य व्यवहार के लिए अधिक मुद्रा की आवश्यकता होती है, माँग की विविधता का विस्तार होता है, आदि। अतः मुद्रा अधिकारी को यह भी देखना चाहिए कि मुद्रा की पूर्ति एवं वृद्धि विकास की दृष्टि से पर्याप्त लचीली होनी चाहिए। पत्र मुद्रा का अधिकाधिक प्रचलन होना चाहिए तथा चैक व अन्य साख पत्रों का विस्तार किया जाना चाहिए। मुद्रा की पूर्ति में वृद्धि की दर वास्तविक आय में वृद्धि की दर के बराबर होनी चाहिए ताकि राष्ट्रीय आय के बढ़ने पर कीमतें न गिरें।

6. कुशल भुगतान यंत्र सुविधा (Efficient Payment Mechanism)—आर्थिक विकास की दृष्टि से मौद्रिक अधिकारी का एक महत्त्वपूर्ण कार्य यह है कि कुशल भुगतान यंत्र की व्यवस्था करे। यह इसलिए महत्त्वपूर्ण है, क्योंकि ज्यों-ज्यों विकास होता जाता है अर्थव्यवस्था का मौद्रिक क्षेत्र व्यापक बनता जाता है। ऐसी स्थिति में यदि भुगतान यंत्र (मुद्रा प्रणाली) को अकुशलता के साथ संचालित किया गया तो बढ़ते हुए विशिष्टीकरण और विनियम को हानि होगी।

7. रोजगार के अवसरों का सृजन (Creation of Employment Opportunities)—अर्द्धविकसित देशों में व्यापक पैमाने पर बेरोजगारी व अर्द्धबेरोजगारी विद्यमान रहती है। अतः इन देशों में मौद्रिक नीति का उद्देश्य रोजगार का सृजन करना होता है। रोजगार के अवसरों का सृजन श्रम-प्रधान उद्योगों में विनियोग करके किया जाता है। ब्याज दर के एक उपयुक्त ढाँचे का अनुसरण कर मौद्रिक नीति वांछित क्षेत्रों में विनियोग को प्रोत्साहन दे सकती है और इस प्रकार रोजगार के अधिक अवसर पैदा किये जा सकते हैं।

8. भुगतान संतुलन को उचित स्थिति में बनाये रखना (To Maintain Proper Balance of Payment)—विकास की प्रारंभिक अवस्था में विकासशील देशों की आयात संबंधी आवश्यकताएँ उनकी निर्यात संबंधी क्षमताओं से प्रायः अधिक होती हैं इसलिए इन देशों में व्यापार संतुलन संबंधी समस्याएँ विद्यमान रहती हैं। निर्यात बढ़ाने के लिए आंतरिक कीमतों में स्थिरता आवश्यक है। यदि आंतरिक कीमत स्तर अधिक है तो निर्यात योग्य वस्तुओं की कीमतें भी

बढ़ेंगी जिससे विश्व बाजार में देश की निर्यात योग्य वस्तुएँ प्रतियोगिता में नहीं टिक पायेंगे। फलतः विश्व बाजार में उन देशों का आधिपत्य हो जायेगा जिनके वस्तुओं की आंतरिक कीमतें अपेक्षाकृत कम हैं। इसलिए मौद्रिक नीति का यह उद्देश्य होना चाहिए कि वह एक सीमा तक कीमतों में स्थिरता बनाये रखे।

केन्द्रीय बैंक को उचित मौद्रिक नीति अपनाकर विदेशी मुद्रा का नियंत्रण करना चाहिए और यदि देश की मुद्रा की विदेशी विनिमय दर का अधिमूल्यन हो जाय तो उसे ठीक करने के लिए अपेक्षित कदम उठाना चाहिए। इस प्रकार हम देखते हैं कि मौद्रिक नीति विकास की प्रक्रिया में एक महत्त्वपूर्ण योगदान करती है। भारतीय योजना आयोग ने सही स्थिति का चित्रण किया है, ''एक नियोजित अर्थव्यवस्था में केन्द्रीय बैंक अपने आपको साख की कुल पूर्ति के नियमन तक अथवा बैंक साख के प्रवाह के निषेधात्मक विनिमय (Negative Regulation of the flow of Bank Credit) तक मुश्किल से ही मर्यादित रखती है। यह सम्पूर्ण देश में विकासवादी कार्यवाहियों की वित्तीय व्यवस्था के लिए आवश्यक यंत्र के निर्माण में सहायता करने के लिए प्रत्यक्ष और सक्रिय योगदान करती है।'' इस प्रकार अर्द्धविकसित देश जो निम्न स्तर की स्थिति से बाहर निकलना चाहता है उसमें केन्द्रीय बैंक का योगदान पर्याप्त भिन्न रहता है।

2. मौद्रिक नीति और कीमत स्थिरता (Monetary Policy and Price Stability)

अर्द्धविकसित देशों में मौद्रिक नीति का दूसरा उद्देश्य कीमत स्थिरता होना चाहिए, क्योंकि यह कहा जाता है कि आर्थिक विकास अपने गर्भ में मुद्रा प्रसार छुपाये रहता है। कारण यह है कि आर्थिक विकास की योजनाओं में सरकार भारी मात्रा में विनियोग करती है जिससे समाज में क्रय शक्ति का प्रसार होता है और वस्तुओं की माँग में वृद्धि होती है। यदि वह वस्तुओं की पूर्ति के बराबर ही रहती है तब मुद्रा प्रसार का कोई डर नहीं रहता, परन्तु वास्तव में यह होता है कि वस्तु पूर्ति की माँग से अक्सर कम रहती है। अतः अधिक विनियोग का तत्कालीन प्रभाव यह होता है कि कीमतें बढ़ जाती हैं अर्थात् स्फीतिजनक परिणाम उत्पन्न हो जाते हैं। शुरू में वस्तुओं की पूर्ति कम रहने के कारण यह हैं कि कम विकसित देशों में सामान्यतः अधिकांश विनियोग ऐसी दीर्घकालीन आयोजनाओं पर बन जाता है जिससे एक लम्बी अवधि के पश्चात् प्रतिफल प्राप्त होते हैं। परिणामतः सरकार के व्यय में तो वृद्धि (अर्थात् समाज में क्रय शक्ति का प्रसार) वर्तमान समय में होती है लेकिन व्यय के परिणामस्वरूप उत्पादन में वृद्धि काफी समय के पश्चात् होती है। परिणामतः स्फीतिजनक दबाव बढ़ जाते हैं और कीमतें बढ़ने लगती हैं। इन सबका अर्थ यह है कि आर्थिक विकास और मुद्रा प्रसार सहगामी हैं।

चूँकि आर्थिक विकास की प्रक्रिया से देश में मुद्रा प्रसार होना आवश्यक है इसलिए मौद्रिक नीति का उद्देश्य स्फीतिकारी दबावों पर काबू पाना है। इसके लिए साख नियंत्रण की **मात्रात्मक (Quantitative)** तथा **गुणात्मक (Qualitative)** दोनों ही रीतियों की आवश्यकता है।

अर्द्धविकसित देशों में **खुले बाजार की क्रियाएँ (Open Market Operations)** स्फीति को नियंत्रण करने में सफल नहीं होतीं। खुला बाजार प्रचालनों की सफलता इन बातों पर निर्भर करती हैं— (i) संगठित बिल मार्केट का अस्तित्व, (ii) व्यापारिक बैंकों द्वारा स्थिर नकद आरक्षण अनुपातों (Fixed Cash Reserve Ratios) को कायम रखना, (iii) केन्द्रीय बैंक से पुनः बट्टा सुविधाओं (Rediscounting Facilities) का अभाव। परन्तु ऐसी अर्थव्यवस्थाओं में ये साधन चालू नहीं रहते। अर्द्धविकसित राष्ट्रों में आय संगठित प्रतिभूति या बिल बाजार का अभाव रहता है, व्यापारिक बैंक लोचनात्मक **नकदी अनुपात (Cash Ratio)** रखते हैं क्योंकि केन्द्रीय बैंक का उन पर पूरा नियंत्रण नहीं होता। सापेक्ष कम ब्याज दरों के कारण व सरकारी प्रतिभूतियों में भी विनियोग नहीं करना चाहते। फिर, सरकारी प्रतिभूतियों में विनियोग करने की बजाय, वे अपनी आरक्षणों को तरल रूप में, जैसे—स्वर्ण, विदेशी विनिमय तथा नकदी के रूप में रखने को अधिमान देते हैं। केवल अंतिम शर्त कार्यशील होती है, क्योंकि व्यापारिक बैंकों की केन्द्रीय बैंक से पुनः बट्टा या उधार लेने की आदत नहीं होती।

अर्द्धविकसित देशों में बट्टागत बिलों के अभाव तथा व्यापारिक बैंकों के बड़ी नकदी में कोष रखने के स्वभाव के कारण, अर्द्धविकसित देशों में, **बैंक दर** नीति भी इतनी प्रभावशाली नहीं होती। जहाँ केन्द्रीय बैंक अधिक सशक्त होता है, वहाँ बैंक दर में समुचित परिवर्तन करके वह मार्केट दरों को प्रभावित कर सकता है।

साख नियंत्रण के उपाय के रूप में बैंकों के किस **न्यूनतम नकद कोष में परिवर्तन** की नीति अपेक्षाकृत अधिक प्रभावशाली होती है। अर्द्धविकसित देशों में व्यापारिक बैंक अधिक साख का निर्माण कर सकते हैं, क्योंकि वे बड़ी मात्रा में नकद कोष रखते हैं। केन्द्रीय बैंक न्यूनतम कोष की सीमा बढ़ाकर इस विस्तार को रोक सकता है। परन्तु साख के वितरण को, और इसलिए विनियोग को प्रभावित करने में मात्रात्मक रीतियों (Quantitative Measures) की अपेक्षा गुणात्मक रीतियों (Qualitative Measures) अधिक प्रभावशाली होती हैं। अर्द्धविकसित देशों में कृषि, खानों, बागान तथा उद्योगों में उपलब्ध विकल्पात्मक उत्पादक दिशाओं में विनियोग की बजाय स्वर्ण, आभूषणों तथा वास्तविक सम्पदा इत्यादि में विनियोग करने की प्रबल प्रवृत्ति होती है। इस प्रकार के अनुत्पादक उद्देश्यों के लिए साख सुविधाओं से नियंत्रण तथा परिसीमा के लिए **चयनात्मक साख नियंत्रण (Selective Credit Controls)** अधिक उपयुक्त हैं। अतः अर्द्धविकसित देशों के लिए चयनात्मक अथवा गुणात्मक साख नीति का विशेष महत्त्व रहता है। इस प्रकार के साख नियंत्रण का उपाय **निम्नलिखित तरीकों से आर्थिक विकास में सहायक हो सकता है–**

(i) जब आर्थिक विकास में देश के नियोजन का आधार लिया जाता है तो देश का केन्द्रीय बैंक अन्य बैंकों को यह आदेश देता है कि उद्योगों के बीच साख का वितरण उसी आधार पर करें जिस आधार पर उद्योगों को योजना में महत्त्व दिया गया है ऐसी स्थिति में चयनात्मक साख नियंत्रण सहायक होता है।

(ii) **चयनात्मक** अथवा **गुणात्मक** साख नियंत्रण सम्पूर्ण अर्थव्यवस्था पर बिना कोई हानिकारिक प्रभाव डाले मुद्रा प्रसार पर नियंत्रण कर सकता है।

(iii) **चयनात्मक** साख नियंत्रण तरीकों का प्रयोग बचतों को अनुत्पादक क्षेत्रों में जाने से रोकने के लिए किया जा सकता है।

(iv) **चयनात्मक** साख तरीकों का प्रयोग बचतों के प्रभाव को वांछित दिशाओं की ओर अंतरित करने के लिए किया जा सकता है।

(v) निर्यात में वृद्धि करने के उद्देश्य से साख नीति में भेद किया जा सकता है।

(vi) चयनात्मक साख तरीकों का प्रयोग करके बैंकों द्वारा जन-उपभोग की वस्तुओं के संग्रह के विरुद्ध पेशगी देने पर प्रतिबंध लगा दिया जाता है, क्योंकि अर्द्धविकसित देशों में इन वस्तुओं के मूल्य द्वारा अर्थव्यवस्था का सामान्य मूल्य स्तर नियंत्रित होता है।

साख नियंत्रण की विविध मात्रात्मक तथा गुणात्मक रीतियों से मात्रात्मक की अपेक्षा गुणात्मक अधिक प्रभावशाली है। परन्तु एक किसी रीति पर भरोसा रखने से काम नहीं चलेगा। इसलिए सामान्य नियंत्रण नीति को सफल बनाने के लिए साख नियंत्रण की गुणात्मक रीतियों के साथ-साथ न केवल ऐसे तरीके संस्थापित करने पड़ेंगे—जैसे कि (i) प्लांट तथा उपकरण का प्रत्यक्ष नियंत्रण, (ii) विभेदीकरण कर, (iii) आयातों तथा निर्यातों पर नियंत्रण—बल्कि वस्तु मार्केटों पर प्रत्यक्ष भौतिक नियंत्रण भी करने होंगे।

अर्द्धविकसित राष्ट्रों में मौद्रिक नीति की सीमाएँ
(Limitations of Monetary Policy in Under-developed Conutries)

यद्यपि अर्द्धविकसित देशों के आर्थिक विकास में मौद्रिक नीति का एक महत्त्वपूर्ण स्थान है, परन्तु अर्द्धविकसित देशों की संरचनात्मक विशेषताओं के कारण वहाँ मौद्रिक नीति के सफल प्रयोग का क्षेत्र अत्यन्त सीमित रहता है। अर्द्धविकसित देशों में मौद्रिक नीति के पूर्ण रूप से प्रभावशील न होने के कारण निम्नलिखित हैं—

1. मौद्रिक नीति का सीमित क्षेत्र (Limited Scope of Monetary Policy)

(अ) विशाल अमौद्रिक क्षेत्र (Large Non-monetaric Sector)—अर्द्धविकसित देशों में एक विशाल अमौद्रिक क्षेत्र पाया जाता है जहाँ मुद्रा का चलन नहीं होता बल्कि अदल-बदल की पद्धति ही प्रचलित होती है फलतः इन देशों में मुद्रा की मात्रा या ब्याज की दर संबंधी परिवर्तन आर्थिक क्रियाओं के परिवर्तन पर कोई प्रभाव नहीं डालते। इस प्रकार मौद्रिक नीति का क्षेत्र अत्यन्त सीमित रहता है।

(ब) साख मुद्रा का कम महत्त्व (Less Significance of Credit Money)—अर्द्धविकसित देशों में साख मुद्रा के स्थान पर चलन मुद्रा अधिक महत्त्वपूर्ण रहती है, इसलिए केन्द्रीय बैंकों की साख पर नियंत्रण लगाने पर भी मुद्रा की पूर्ति पर नियंत्रण नहीं हो पाता।

2. मौद्रिक नियंत्रण की सीमित प्रस्ताव (Limited Effect of Monetary Control)

(अ) संगठित मुद्रा बाजार का अभाव (Lack of Organised Money Market)—अर्द्धविकसित देशों में संगठित मुद्रा बाजार का अभाव रहता है। अतः बैंक दर, खुले बाजार की प्रक्रिया एवं बैंक कोष में परिवर्तन का देश की साख व्यवस्था पर प्रभावशाली प्रभाव नहीं पड़ा। जैसे बैंक दर बढ़ाने से भी इन देशों में साख का संकुचन नहीं हो पाता। क्योंकि व्यापारिक बैंक केन्द्रीय बैंक के ऊपर आश्रित नहीं होते। ब्याज दर बढ़ने से इन बैंकों के पास जमा राशि बढ़ जाती है, इस कारण से वे अपने साख निर्माण का कार्य पूर्ववत् करते रहते हैं। खुले बाजार की क्रियाएँ भी अधिक सफल नहीं होतीं, क्योंकि इन देशों में राज्य की प्रतिभूतियों का बाजार अविकसित होता है। इस तरह केन्द्रीय बैंक के द्वारा न्यूनतम कोष सीमा बढ़ाने से इन देशों में साख का संकुलन नहीं होता है, क्योंकि यहाँ बैंकिंग के बहुत से सौदे नकद में ही होते हैं और इस कारण बैंक सामान्यतः इस न्यूनतम सीमा से कहीं अधिक कोष रखते हैं। फलतः यदि केन्द्रीय बैंक न्यूनतम कोष की सीमा बढ़ाते भी हैं तो उनके लिए साख का संकुचन नहीं करना पड़ता।

(ब) अव्यवस्थित ब्याज दर संरचना (Unsystematic Rate Structure)—अर्द्धविकसित देश की ब्याज दर संरचना प्रायः सुसंबंधित एवं सुव्यवस्थित नहीं होती है। यहाँ ब्याज की दरों में एकरूपता का अभाव रहता है। बैंक दर, बाजारी ब्याज दर व बट्टा दर के बीच भारी अन्तर रहता है। ब्याज की दर स्थान के अनुसार बदलती रहती है। अतः अर्थव्यवस्था में प्रचलित विभिन्न ब्याज दरों व केन्द्रीय बैंक की ब्याज दर (बैंक दर) में कोई निश्चित संबंध न होने के कारण मौद्रिक नीति अधिक प्रभावपूर्ण नहीं हो पाती।

(स) बिल बाजार का अभाव (Lack of Bill Market)—अर्द्धविकसित देशों में प्रायः विकसित एवं समान कटौती बाजार का अभाव होता है जिसके कारण साख प्रणाली ठीक से कार्य नहीं कर पाती।

(द) अन्य कारण (Other Causes)—अर्द्धविकसित राष्ट्रों में मौद्रिक नियंत्रण के सीमित प्रभाव के अन्य कारण हैं—(क) अधिकांश बैंकिंग प्रणाली का केन्द्रीय बैंक के नियंत्रण के क्षेत्र से बाहर होना। (ख) सदस्य बैंक और केन्द्रीय बैंक के बीच ऐच्छिक और प्रभावपूर्ण सहयोग का न होना। (ग) अनुभव यह बताता है कि यदि मौद्रिक नीति प्रभावपूर्ण भी हो जाय तो भी इसका प्रभाव काफी विलम्ब के बाद उत्पन्न होता है। **प्रो. फ्रीडमैन** का मत है कि मौद्रिक नीति का उत्पादन पर प्रभाव अवश्य पड़ता है, परन्तु उपाय अपनाने व प्रभाव उत्पन्न होने में डेढ़ वर्ष का समय लग सकता है। यदि ऐसा हो तो तब तक स्थितियाँ ही बदल जाती हैं। (घ) मौद्रिक नीति स्वतन्त्र कीमत प्रक्रिया के अन्तर्गत अधिक प्रभावपूर्ण ढंग से कार्य करती है। अर्द्धविकसित अर्थव्यवस्थाएँ नियोजित अर्थव्यवस्थाएँ हैं। सरकार द्वारा स्वयं विनियोग किया जाता है और निजी क्षेत्र में विनियोग की दशा निर्धारित की जाती है। ऐसी स्थिति में मौद्रिक नीति के अधिक प्रभावपूर्ण होने की आशा नहीं की जा सकती है।

उपर्युक्त सीमाओं के अतिरिक्त विभिन्न मौद्रिक उपकरणों की प्रभावशीलता अनेक दूसरी शक्तियों द्वारा भी समाप्त हो जाती है जैसे सार्वजनिक व्यय, कर एवं ऋण प्रबन्धन नीति या उपयोग एवं बचत के बीच आय वितरण, कृषि नीति, विदेशी व्यापार एवं विनियोग नीतियाँ, प्रबन्धकों व श्रमिकों की सौदा करने की शक्ति; अर्थव्यवस्था के विभिन्न वर्गों के बीच आय का वितरण, शान्ति एवं युद्ध की समस्याएँ, प्रभावी मूल्यों के सम्बन्ध में उपभोक्ताओं की अपेक्षाएँ आदि।

उपर्युक्त कारणों से यह कहा जाता है कि अर्द्धविकसित देश में आर्थिक विकास को द्रुत करने के लिए अपनाई गई मुद्रा नीति निश्चित रूप से निष्फल हो जाती है।

यद्यपि एक अर्द्धविकसित देश के विकास में मौद्रिक नीति या क्षेत्र उक्त कारणों से अत्यन्त सीमित होता है, परन्तु इसका अर्थ यह नहीं कि अर्द्धविकसित देशों में इसकी कोई भूमिका नहीं है। यह सत्य है कि आर्थिक विकास की भारी समस्या केवल मौद्रिक तोड़-फोड़ से ही सुलझाई नहीं जा सकती, क्योंकि आर्थिक विकास भौतिक घटकों जैसे श्रम, पूँजी, भूमि, संगठन व साहस के रूप में उपलब्ध होने वाले प्रसाधनों पर निर्भर होता है। परन्तु मौद्रिक नीति साख की पूर्ति और उनके प्रयोग को प्रभावित करके मुद्रा प्रसार का सामना करके भुगतान संतुलन में साम्यता बनाए रखकर आर्थिक विकास में बड़ी सहायता कर सकती है। यही कारण है कि मौद्रिक नीति नियोजित आर्थिक विकास का आधारभूत यन्त्र मानी जाती है।

परीक्षा प्रश्न
(Examination Questions)

I. दीर्घ उत्तरीय प्रश्न (Long Answer Type Questions)

1. ''मौद्रिक नीति के उद्देश्यों में समय-समय पर परिवर्तन हुए हैं और अब आर्थिक वृद्धि का उद्देश्य अधिक महत्त्वपूर्ण माना जाने लगा है।'' इस कथन के उद्धरण में मौद्रिक नीति के उद्देश्यों में परिवर्तन का विवेचन कीजिए।

   "The objects of monetary policy have varied from time to time and object of economic growth is being more important now." Discuss with particular reference to the shift in emphasis on objectives of monetary policy.
2. एक अर्द्धविकसित देश में आर्थिक विकास लाने के लिए मौद्रिक नीति के महत्त्व की विवेचना कीजिए। क्या एक अर्द्धविकसित देश में मौद्रिक नीति के उद्देश्य एक विकसित अर्थव्यवस्था के उद्देश्यों से भिन्न होते हैं?

   Discuss the role of monetary policy in bringing about economic development in an under-developed economy. Do the objective of monetary policy in an under-developed economy differ from those in a developed economy?
3. मौद्रिक नीति की क्या सीमाएँ हैं? एक अर्द्धविकसित देश में इसकी प्रभावशीलता को कम करने वाले तत्त्वों की व्याख्या कीजिए।

   What are the limitations of monetary policy? Describe the factors which restrict its effectiveness in an under-developed country.
4. एक विकासशील देश में मौद्रिक नीति के क्या मुख्य उद्देश्य होते हैं? भारत का उदाहरण देकर विवेचन कीजिए।

   What are the main objectives of monetary policy in a developing country? Discuss with particular reference to India's experience.

II. लघु उत्तरीय प्रश्न (Short Answer Type Questions)

1. मौद्रिक नीति द्वारा आर्थिक विकास को किस प्रकार प्रोत्साहित किया जा सकता है?
2. क्या आप इस बात में सहमत हैं कि अर्द्धविकसित देश में नियंत्रित विस्तार की मौद्रिक नीति अपनायी जानी चाहिए।
3. मौद्रिक नीति द्वारा कीमत स्थिरता के लक्ष्य को कैसे प्राप्त किया जा सकता है?
4. अर्द्ध विकसित राष्ट्रों में मौद्रिक नीति की क्या सीमाएँ हैं?

III. वस्तुनिष्ठ प्रश्न (Objective Type Questions)

सही उत्तर चुनकर लिखिए–

1. अर्द्धविकसित देशों में मौद्रिक नीति के प्रमुख उद्देश्य हैं—

   (अ) आर्थिक विकास (ब) कीमत स्थिरता

   (स) नियंत्रित विकास (द) उपर्युक्त में से कोई नहीं।
2. अर्द्धविकसित राष्टों में मौद्रिक नियंत्रण के सीमित प्रभाव का कारण है—

   (अ) संगठित मुद्रा बाजार का अभाव (ब) बिल बाजार का अभाव

   (स) साख मुद्रा का क्रम उपभोग (द) उपर्युक्त सभी

उत्तर—1. (स), 2 (द)

OOO

38 राजकोषीय नीति व आर्थिक स्थायीकरण (कीमतों में स्थिरता)

(Fiscal Policy and Economic Stabilization—Price Stability)

महत्त्वपूर्ण अवधारणाएँ (Important Concepts)

1. राजकोषीय नीति (Fiscal Policy)—राजकोषीय नीति वह नीति है जिसमें सरकार अपने आय (आगम), व्यय और ऋण व्यवस्था आदि का उपयोग आर्थिक स्थिरता, आर्थिक विकास व पूर्ण रोजगार प्राप्त करने के लिए करती है।

2. बजट (Budget)—जब सरकार या संस्था एक वर्ष के लिए अनुमानित आय-व्यय का लेखा-जोखा प्रस्तुत करती है, तब इसे लेखा-जोखा या बजट कहते हैं।

3. संतुलित बजट (Balanced Budget)—जब सरकार की आय एवं व्यय दोनों एक-दूसरे के बराबर हों तो उसे संतुलित बजट कहेंगे।

4. बजट घाटा (Budget Deficit)—राजस्व खाता तथा पूँजी खाता में सामान्य प्राप्तियों व व्यय के अन्तर को बजट घाटा कहते हैं। कुछ प्रमुख सरकारी घाटों के आकलन का सूत्र निम्नलिखित है—

(अ) बजटीय घाटा (Budgetary Deficit) = कुल प्राप्तियाँ — कुल व्यय

(ब) राजस्व घाटा (Revenue Deficit) = राजस्व प्राप्तियाँ — राजस्व व्यय

(स) राजकोषीय घाटा (Fiscal Deficit) = बजटीय घाटा + उधार और अन्य देयताएँ

(द) प्राथमिक घाटा (Primary Deficit) = राजकोषीय घाटा — ब्याज की अदायगियाँ

पूँजीवादी अर्थव्यवस्था में मन्दी के बाद तेजी और तेजी के बाद मन्दी बारी-बारी से आती रहती है। यह सामाजिक हितों के लिए घातक होता है और अर्थव्यवस्था में भारी संकट उत्पन्न कर देता है। उदाहरणार्थ राजकोषीय कार्यकलापों के विस्तार की अवधि में व्यवसायियों को विशाल लाभ होते हैं, परन्तु श्रमिकों की दृष्टि से यह विस्तार तब तक वांछित है जब तक यह अर्थव्यवस्था को पूर्ण रोजगार की अवस्था की ओर ले जाती है। लेकिन जब पूर्ण रोजगार प्राप्त हो जाता है तो विस्तार प्रावस्था (Up Swing) वास्तविक आय में वृद्धि न लाकर अर्थव्यवस्था को स्फीति नामक दानव के हाथ में देती है और कीमतें बढ़ने लगती हैं। अतः राजकोषीय नीति को यह देखना चाहिए कि विस्तार प्रावस्था पूर्ण रोजगार की अवस्था से आगे न जाने पायें।

इसी प्रकार अधोगति (Down Swing) में निर्धनों को तीव्र बेकारी निर्धनता और कष्ट भोगने पड़ते हैं, व्यापारियों को हानि का अनुभव करना पड़ता है बहुत से उपक्रमी दिवालिया हो जाते हैं, बैंक तथा अन्य वित्तीय संस्थाएँ फेल हो जाती हैं तथापि अधोगति उस सीमा तक वांछित है जब तक यह स्फीति की प्रवृत्ति को विस्थापित करती है। अतः राजकोषीय नीति को यह निश्चित करना चाहिए कि अधोगति अर्थव्यवस्था को पूर्ण रोजगार के स्तर से नीचे न ले जायें।

राजकोषीय नीति व आर्थिक स्थायीकरण

(Fiscal Policy and Economic Stabilization)

आर्थिक स्थिरता को बढ़ाने के लिए राजकोषीय नीति की उपयुक्तता को धीरे-धीरे मान्यता मिली है। संयुक्त राज्य अमेरिका की कांग्रेस (संसद) ने 1946 में रोजगार अधिनियम पारित करके राजकोषीय नीति के आर्थिक उद्देश्य को इन शब्दों में व्यक्त किया, "संघीय सरकार की यह अनवरत नीति तथा जिम्मेदारी है कि वह अपनी आवश्यकताओं, दायित्वों तथा उद्योग, कृषि, श्रम की आवश्यकताओं के लिए सभी व्यावहारिक साधनों का उपयोग करे, राज्य और स्वायत्त सरकारों की योजनाओं एवं कार्यों में समन्वय स्थापित करे तथा मुक्त प्रतियोगी उद्यम को प्रोत्साहन प्रदान करे तथा सामान्य

कल्याण की उस स्थिति को, जिसके अन्तर्गत उन सभी लोगों को जो काम करने के योग्य तथा काम करने के इच्छुक हैं, उपयोगी रोजगार प्राप्त हो सके तथा अधिकतम रोजगार, उत्पत्ति एवं क्रय शक्ति में सुधार करे।'' इस प्रकार यह कहा जा सकता है कि राजकोषीय नीति का उद्देश्य मूल्य स्थिरता का पूर्ण रोजगार के द्वारा आर्थिक स्थिरता प्राप्त करना है।

मूल्य की स्थिरता का अर्थ यह है कि मूल्यों से सामान्य-स्तर में तीव्र अल्पकालीन उच्चावचन होने की भी कोई प्रवृत्ति नहीं है। अर्थात् राजकोषीय नीति को, जिसका उद्देश्य मूल्य स्तर में स्थिरता बनाए रखना है, मूल्य स्तर में अल्पकालीन उतार-चढ़ावों को रोकने का भरसक प्रयास करना चाहिए।

आर्थिक स्थिरता की प्राप्ति के लिए राजकोषीय नीति का जो स्वरूप अपनाया जाता है उसे प्रतिचक्रीय **राजकोषीय नीति कहते हैं।** इसके अनुसार सरकारी निर्णय ऐसे होते हैं जिनसे अर्थव्यवस्था में अस्थिरता (Instability) की ओर ले जाने वाली प्रवृत्तियों पर रोक लग जाती है। प्रतिचक्रीय राजकोषीय नीति का तात्पर्य यह है कि कर व सार्वजनिक व्यय व्यापार-चक्र के विपरीत दिशा में होने चाहिए अर्थात् व्यापार-चक्र के प्रसारण प्रावस्था (Expansion Phase) में सार्वजनिक व्यय (G) में कटौती की जानी चाहिए और करारोपण (T) में वृद्धि की जानी चाहिए और करारोपण (T) में कमी होनी चाहिए। अन्य शब्दों में, राजकोषीय नीति की सहायता से सरकार निजी अर्थव्यवस्था में चलने वाली हवा का रुख पलट देती है। **सैम्युल्सन (Samuelson)** के शब्दों में, "The private economy is often like a machine without an effective steering wheel or governor. Compensatory fiscal Policy ties to introduce such a governor or thermo-static control device."

आर्थिक जगत् में होने वाले उच्चावचनों को बिल्कुल समाप्त करने में यद्यपि क्षति-पूरक राजकोषीय नीति सफल नहीं होती तथापि इसके द्वारा व्यापार-चक्र की गहनता व विस्तार (Amplitude) को कम अवश्य किया जा सकता है। चित्र में आच्छादित (Shaded) क्षेत्र उस चक्रीय उच्चावचन के अंश को प्रदर्शित कर रहा है जिसे राजकोषीय नीति द्वारा समाप्त किया गया है।

व्यापार चक्र विरोधी राजकोषीय नीति की उपस्थिति व अनुपस्थिति में

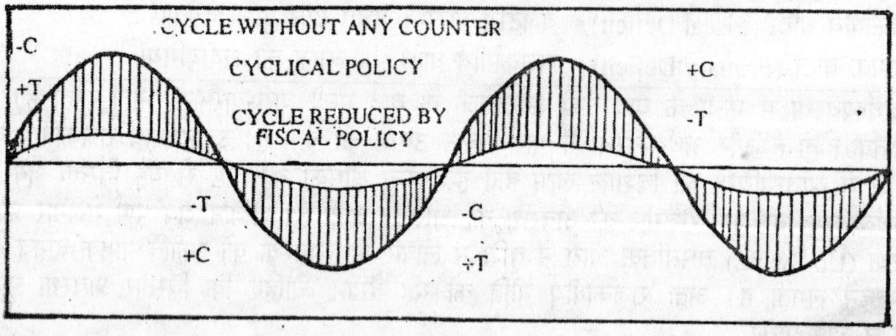

चित्र : 1

राजकोषीय नीति के उपकरण
(Instruments or Ingredients of Fiscal Policy)

ऊपर हम देख चुके हैं कि आर्थिक क्रियाओं का स्तर वस्तुओं तथा सेवाओं की कुल माँग पर निर्भर होता है। इस प्रकार राजकोषीय नीति के पीछे मूलभूत विचार यह है कि स्वतंत्र बाजार व्यवस्था में अस्थिरता इसलिए उत्पन्न होती है, क्योंकि कुल माँग में उत्पादन के मुकाबले समान गति से वृद्धि नहीं होती। ''राजस्व सार्वजनिक व्यय पर प्रत्यक्ष व निजी माँग पर अप्रत्यक्ष नियंत्रण रखता है। इसलिए समस्त माँग को बजट नीति, कर तथा सार्वजनिक ऋण के जरिये नियंत्रित व स्थिर किया जा सकता है जो कि राजकोषीय नीति के अंग हैं।'' संक्षेप में राजकोषीय नीति के प्रमुख उपकरण या अंग इस प्रकार हैं—

I. बजट-नीति (Budgetary Policy)

II. क्षतिपूरक राजकोषीय नीति (Compensatory Fiscal Policy)

(i) ढाँचे में नम्यता या स्वनिर्मित स्थिरकर्ता (Built in Flexibility of Automatic Stabilizers)

(ii) सूत्र-नम्यता (Formula Flexibility)

(iii) स्वनिर्णयात्मक कार्य (Discretionary Action)

III. सार्वजनिक व्यय (Pubilc Expenditure)

IV. सार्वजनिक ऋण (Public Debt)

I. बजट नीति (Budgetary Policy) प्रति चक्रीय राजकोषीय नीति (Contracyclical Fiscal Policy)—बजट राजकोषीय नीति का एक प्रमुख साधन है। बजट-नीति सरकार की प्राप्तियों तथा व्ययों के परिमाण पर नियंत्रण करती है। हम आगे उन सामान्य बजट नीतियों की चर्चा करते हैं जो अर्थव्यवस्था को स्थिर बनाने के लिए अपनायी जा सकती हैं।

(i) बजट घाटा (Budget Deficit) मन्दी में राजकोषीय नीति (Fiscal Policy Under Depression)—मन्दी को नियंत्रित करने के लिए घाटे का बजट एक महत्त्वपूर्ण उपकरण है। जब सरकारी व्यय उसकी प्राप्तियों से बढ़ जाती है तो उसे घाटे का बजट कहते हैं। **बजट घाटा हमेशा विस्तारक होता है** क्योंकि वास्तविक सरकारी व्यय की मात्रा की अपेक्षा राष्ट्रीय आय में अधिक वृद्धि होती है। इसी तथ्य को आगे चित्र-2 की सहायता से स्पष्ट किया गया है। चित्र में—

(i) C+I+G बजट प्रस्तुत करने से पहले उपभोग, विनियोग तथा सार्वजनिक व्यय अर्थात् कुल व्यय फलन को व्यक्त करता है। और सन्तुलन बिन्दु E है और सन्तुलन आय OY है।

(ii) मान लीजिए अर्थव्यवस्था में सरकारी व्यय G बढ़ाया जाता है, फलतः कुल व्यय फलन ऊपर की ओर खिसककर $C+I+G_1$ हो जाता है।

(iii) सार्वजनिक व्यय बढ़ने के फलस्वरूप कुल व्यय फलन ऊपर की ओर विवर्तित होता है। फलतः सन्तुलन बिन्दु E_1 पर होता है और आय OY से बढ़कर OY_1 हो जाती है।

(iv) चित्र से स्पष्ट है कि आय में वृद्धि सार्वजनिक व्यय से अधिक होती है। सार्वजनिक व्यय में वृद्धि ΔG के बराबर होती है। जबकि आय में वृद्धि ΔY के बराबर होती है।

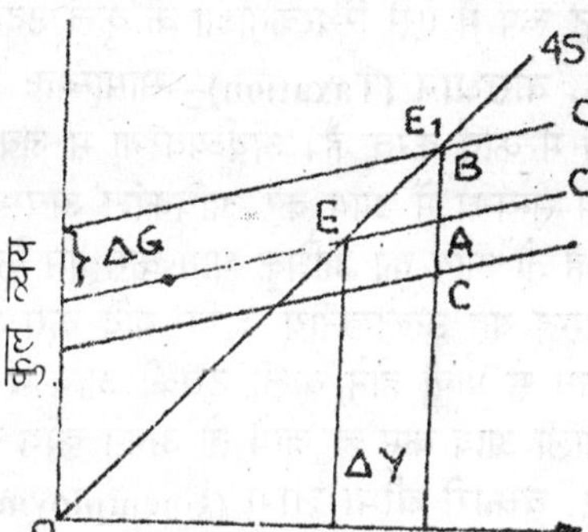

चित्र-2

इस प्रकार स्पष्ट है कि घाटे का बजट हमेशा विस्तारक होता है, क्योंकि वास्तविक सरकारी व्यय की अपेक्षा राष्ट्रीय आय में अधिक वृद्धि होती है। बजट घाटे के इस तरीके में पूर्ववत् रखा जाता है।

करों में कमी करके और सरकारी व्यय को पूर्ववत् रखते हुए भी घाटे का बजट बनाया जा सकता है। करों में कमी लोगों के हाथों में अपेक्षाकृत अधिक प्रयोज्य आय छोड़ देती है और इस प्रकार बढ़े हुए उपभोग व्यय को प्रेरित करती है। इसके परिणामस्वरूप आगे कुल माँग, उत्पादन आय तथा रोजगार में वृद्धि होगी। इसी तथ्य को चित्र-3 द्वारा स्पष्ट किया गया है। चित्र में—

(i) C मूल उपभोग फलन है।

(ii) मान लीजिए कि कर में ET के बराबर कटौती कर ली जाती है फलतः लोगों की प्रयोज्य आय बढ़ जायेगी, जिसके कारण उपभोग फलन भी विवर्तित होकर C_1 हो गया है।

(iii) करारोपण में कटौती से पूर्व उपभोग EY था करारोपण में कटौती के बाद उपभोग बढ़कर E_1Y_1 हो जाती है। और आय में YY_1 बराबर वृद्धि हो जाती है।

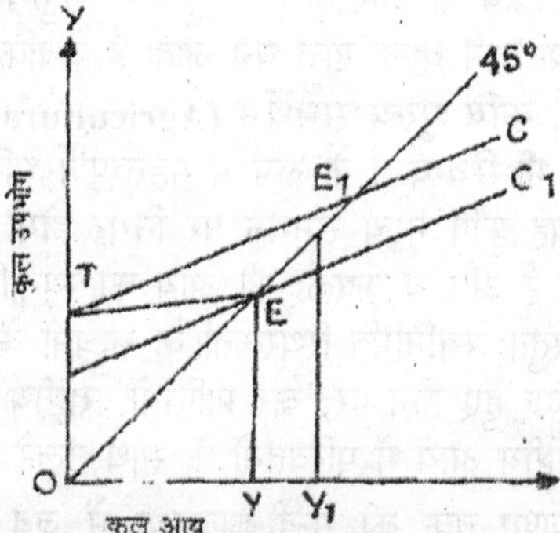

चित्र-3

II. क्षतिपूरक राजकोषीय नीति (Compensatory Fiscal Policy)—क्षतिपूरक राजकोषीय नीति का उद्देश्य सार्वजनिक व्ययों तथा करों में इस प्रकार परिवर्तन करना है ताकि मन्दी या तेजी की चिरकालीन प्रवृत्तियों के विरुद्ध

अर्थव्यवस्था की क्षतिपूर्ति हो सके। इसके लिए यह आवश्यक हो जाता है कि दीर्घकालीन राजकोषीय उपाय अपनाये जायें जो स्वतः ही अर्थव्यवस्था में होने वाले उच्चावचनों को दूर कर सके।

क्षतिपूरक राजकोषीय नीति के तीन मार्ग हैं—

(i) स्वचालित स्थिरकर्ता अर्थात् सन्निहित स्थिरकर्ता या ढाँचे में नम्यता
(Automatic Stabilizers or Built in Stabilizers or Built in Flexibility)

(ii) विवेकगत या स्वनिर्णायात्मक स्थिरकर्ता या कार्य
(Discretionary Stabilizers or Action)

(iii) सूत्रगत नमनीयता या सूत्र-नम्यता
(Formula Flexibility)

अब हम इस पर विस्तार से चर्चा करेंगे—

(i) स्वचालित स्थिरकर्ता अर्थात् सन्निहित स्थिरकर्ता या ढाँचे में नम्यता—स्वचालित स्थिरकर्ता (Automatic Stabilizers) अर्थात् वे नीतियाँ जो स्वयं कार्य करती हैं अर्थात् जो राजकोषीय नीति में अपने आप सन्निहित होती हैं। इन्हें सन्निहित स्थिरकर्ता (Built-in Stabilizers) भी कहा जाता है।

ऐसे स्वचालित स्थिरकर्ताओं को सरकार के आय-व्यय और उसकी नीतियों में ही पाया जाता है। इसलिए इन्हें दूसरों शब्दों में सन्निहित स्थिरकर्ता (Built-in Stabilizers) भी कहा जाता है, क्योंकि ये सरकार के आय-व्यय में सन्निहित होते हैं। मोटे रूप में ऐसे स्थिरकर्ताओं के कुल उदाहरण इस प्रकार हैं—

1. कराधान (Taxation)—सामान्यतः सरकार द्वारा किया जाने वाला कराधान स्वयं ही एक स्वचालित स्थिरकर्ता के रूप में कार्य करता है। अर्थव्यवस्था में जब आय बढ़ती है तो कराधान से सरकार को प्राप्त होने वाली आय भी बढ़ती है। इस सम्बन्ध में आय कर अधिकांश अवस्थाओं में प्रगतिशील अर्थात् वर्द्धमान होते हैं। जब आर्थिक क्रियाओं का स्तर बढ़ता है तो आय का अधिक भाग कराधान के रूप में वसूल कर लिया जाता है।

परन्तु यह उल्लेखनीय है कि यदि कराधान के स्थिरकारी प्रभावों को कार्य करने देना है तो सरकार को चाहिए कि जब करों से प्राप्त होने वाली उसकी आय में वृद्धि हो जाये तो वह अपने व्यय को न बढ़ाये अथवा जब करों से प्राप्त होने वाली आय कम हो जाये तो अपने व्यय को न घटाये।

2. बेकारी बीमा लाभ (Unemployment Insurance Benefits)—इनमें भी महत्त्वपूर्ण रूप में आर्थिक क्रियाओं और व्यय के स्तर पर स्थिरकारी प्रभाव डालने की क्षमता होती है। जब आर्थिक क्रियाओं का स्तर बढ़ता है और बेरोजगारी के स्तर में कमी होती है तो बेरोजगारी लोगों को दिये जाने वाले सरकारी भुगतानों में कमी हो जाती है जबकि इस तरह के अंशदानों (Contribution) से सरकार को प्राप्त होने वाली आय में वृद्धि हो जाती है। दूसरी ओर यदि आर्थिक क्रियाओं और आय के स्तर में संकुचलन होता है तो स्थिति इसके विपरीत होती है अर्थात् सरकार द्वारा बेरोजगारों पर किया जाने वाला खर्च बढ़ जाता है जबकि सरकार को ऐसे अंशदानों से प्राप्त होने वाली आय कम हो जाती है।

3. कृषि मूल्य समर्थन (Agricultural Price Support)—कृषि उत्पादनों के लिए सरकार द्वारा दिया जाने वाला समर्थन भी स्थिरकर्ता के रूप में महत्त्वपूर्ण भूमिका निभाता है। कृषि उत्पादनों के मूल्यों को सरकार किस सीमा तक गिरने देगी, यह कृषि मूल्य समर्थन पर निर्भर होगा। जिस सीमा तक ये मूल्य गिरेंगे उस सीमा को कृषि मूल्य समर्थन सीमित कर देते हैं और ये कृषकों की आय को न्यूनाधिक रूप में स्थिर बनाए रखते हैं।

वस्तुतः स्वनिर्मित स्थिरकर्ता के साधनों के रूप में कर तथा व्यय राष्ट्रीय आय से सम्बद्ध हैं। कर दरों का अपरिवर्तित ढाँचा दिए हुए होने पर, कर प्राप्तियों, राष्ट्रीय आय में गतियों के साथ, प्रत्यक्ष तौर से परिवर्तित करती है, जबकि सरकारी व्यय राष्ट्रीय आय में परिवर्तनों के साथ उलटे तौर से बदलते हैं।

व्यापार-चक्र की मन्दी प्रावस्था में जब राष्ट्रीय आय गिरती है तो कर, जो कि राष्ट्रीय आय की प्रतिशतता पर आधारित है, अपने आप घट जाते हैं और परिणामस्वरूप कर आय कम हो जाती है। इसके साथ, बेरोजगारी राहत तथा सामाजिक सुरक्षा हितों पर सरकारी व्यय अपने आप बढ़ जाते हैं। बजट में अपने आप घाटा होगा, जो अवस्फीतिकारी प्रवृत्तियों की रोकथाम करेगा।

इसके विपरीत तेजी की अवधि में जब राष्ट्रीय आय तीव्र गति से बढ़ती है तो कर दरों में वृद्धि होने पर कर प्राप्ति अपने आप बढ़ जायेगी। साथ ही साथ बेरोजगारी राहत और सामाजिक सुरक्षा हितों पर किये जाने वाले सरकारी व्यय स्वतः घट जायेंगे। ये दोनों शक्तियाँ अपने आप बचत का बजट निर्मित करेंगी और इस प्रकार स्फीतिकालीन प्रवृत्तियाँ अपने आप नियन्त्रित हो जायेंगी।

गुण—स्वनिर्मित स्थिरकर्ता की कई कारणों से सराहना की जाती है, जैसे (i) इससे मन्दी व तेजी के पूर्वानुमान की आवश्यकता नहीं पड़ती है। (ii) वे तत्काल प्रभावकारी होते हैं। (iii) करों व सार्वजनिक व्यय में बार-बार परिवर्तन नहीं करना पड़ता। फलतः व्यक्तियों पर इसका मनोवैज्ञानिक प्रभाव अधिक अच्छा रहता है। (iv) वे राजनीतिक क्रिया से प्रभावित नहीं होते। (v) अल्पकालीन व दीर्घकालीन राजकोषीय नीति को समन्वित (Integrate) करने का यह सबसे सरल उपाय है। (vi) भारी उतार-चढ़ाव में वे तुरन्त कार्य शुरू करते हैं। फलतः विवेकशील राजकोषीय नीतियों के लिए कानूनी या प्रशासनिक कार्यवाही करने का समय मिल जाता है।

दोष या सीमाएँ—स्वनिर्मित स्थिरकर्ता की अग्रलिखित सीमाएँ हैं—

(अ) प्रभावपूर्ण माँग में वास्तविक रूप से परिवर्तन होने से पहले शोधक (Corrective) क्रियाएँ करना आवश्यक है—प्रायः प्रत्याशाओं में परिवर्तन के कारण ही आर्थिक उतार-चढ़ाव उत्पन्न होते हैं। परन्तु प्रत्याशाएँ संचयी और संक्रामक होती हैं। मुद्रा-स्फीति शुरू होती है तो वह तत्काल तेजी से पकड़ लेती है। अतः व्यापार-चक्र के उच्चतम बिन्दु अर्थात् शिखर की ओर पहुँचने पर, प्रभावपूर्ण माँग में स्वतः कमी होने से पहले सामान्यतः किसी नियंत्रण की आवश्यकता होती है। इसी प्रकार अवरोध या उतार (Recession) में स्फीति स्थिरकर्ताओं के अपना पूर्ण प्रभाव डालने से पहले मूल्य, वेतन आदि को बढ़ाने की आवश्यकता होती है। जैसा कि ब्रिटेन को युद्धोत्तर काल में विदित हुआ है। इन क्रियाओं का समय निर्धारण करना अत्यन्त कठिन होता है।

(ब) स्थिरकर्ताओं के विलम्ब से कार्य करने पर उच्चावचनों में वृद्धि हो सकती है—उदाहरणार्थ ऐसा हो सकता है कि कोई कम्पनी इस समय पिछले वर्ष के लिए, जबकि तेजी की स्थिति थी और क्रिया का स्तर ऊँचा था, निगम कर में भारी धनराशि दे रही हो, चाहे वर्तमान समय में क्रियास्तर भले ही कम हो गया हो और कुछ प्रत्यवस्फीति वांछनीय हो।

(स) आय स्तर के साथ परिवर्तित होने वाली सरकारी खर्च की राशि थोड़ी होती है—अधिकांश सार्वजनिक व्यय नीति के अनुसार किये जाते हैं, जैसे—स्वास्थ्य, शिक्षा, रक्षा, सामाजिक कल्याण आदि पर व्यय अतः इसे परिवर्तित करके आय स्तर तक नहीं लाया जा सकता है।

(द) कर क्षरण गुणक को कम कर देता है परन्तु समाप्त नहीं करता—विनियोग अथवा सार्वजनिक व्यय में किसी स्वतः प्रेरित परिवर्तन का आय पर प्रभाव बढ़ जाता है, परन्तु उतना नहीं जितना तब बढ़ता जब कराधान में कोई क्षरण न होता।

प्रगतिशील कर की दर जितनी ही ऊँची होगी स्फीतिकारी प्रभाव भी उतना ही अधिक होगा, क्योंकि जब आय बढ़ेगी तो कर की दर भी बढ़ जायेगी और जब आय संकुचित होगी तो कर की दर घट जायेगी परन्तु कर की ऊँची दरें राजनीतिक रूप से व्यावहारिक नहीं होती और प्रत्येक दशा में उनका प्रयास-पहल आदि पर प्रतिकूल प्रभाव पड़ सकता है।

निष्कर्ष—राजकोषीय व्यवस्थाओं में अधिक से अधिक स्वनिर्मित स्थिरकर्ता तत्त्वों के निर्माण की आवश्यकता के पक्ष में बहुत कुछ दलीलें दी जा सकती हैं लेकिन केवल ये साधन ही हर अस्थायी स्थिति में पर्याप्त होंगे यह कहना संभव नहीं है। वस्तुतः छोटे-मोटे उतार-चढ़ावों में वे अपना प्रभाव अच्छी तरह दिखा सकते हैं। परन्तु अधिक व्यापक असंतुलन को दूर करने या किसी प्रवृत्ति विशेष को बनाये रखने के लिए जरूरी हो जाता है कि सुनियोजित कदम उठाये जायें।

(ii) विवेकगत या स्वनिर्णयात्मक स्थिरकर्ता या कार्य—विवेकगत स्थिरकर्ता (Discretionary Stabilizers) अर्थात् विवेकगत परिवर्तन जो सरकार के द्वारा जानबूझ कर आर्थिक क्रियाओं में परिवर्तन करने के लिए अपने निर्णय के अनुसार किये जाते हैं। ऐसे उपायों को सरकार अपनी ओर से पहल करके आर्थिक क्रियाओं को विशेष रूप से प्रभावित करने के लिए अपनाती है ताकि स्वचालित स्थिरकर्ताओं की अवरुद्ध गति बढ़ सके और जिससे स्थिरकर्ताओं में तीव्रता आ सके।

इस नीति की प्रमुख विशेषताएँ निम्नलिखित हैं—

(i) अर्थव्यवस्था में वांछित परिवर्तन लाने के लिए स्वनिर्णयात्मक राजकोषीय नीति कर-दरों अथवा सार्वजनिक व्यय अथवा दोनों में परिवर्तन करने की आवश्यकता पर जोर देती है।

(ii) यह सामान्य तौर से तीन रूप लेता है— (i) करों में परिवर्तन, जबकि व्यय स्थिर रहता है, (ii) व्यय में परिवर्तन जबकि कर स्थिर रहते हैं (iii) व्यय तथा कर दोनों में एक साथ परिवर्तन।

(iii) प्रथम तरीका, अर्थात् कर-दरों को बढ़ाकर और सरकारी व्यय को अपरिवर्तित रखते हुए स्फीति को नियंत्रित करने के लिए अधिक प्रभावशाली है। अवस्फीतिकारी प्रवृत्तियों को रोकने के लिए दूसरा तरीका अधिक उपयोगी है। कर-दरों के अपरिवर्तित रहते हुए सरकार अपना व्यय बढ़ाकर प्रभावी माँग तथा रोजगार को बढ़ा सकती है।

(iv) परन्तु स्फीतिकारी तथा अवस्फीतिकारी प्रवृत्तियों को रोकने के लिए अन्य दोनों तरीकों की अपेक्षा तीसरा तरीका कहीं अधिक प्रभावशाली तथा श्रेष्ठ है।

(v) स्फीति को रोकने के लिए कर बढ़ा दिये जाएँ और सरकारी व्यव घटा दिये जाएँ। दूसरी ओर, मन्दी का मुकाबला करने के लिए कर घटाए और सरकारी व्यय बढ़ाए जा सकते हैं।

सीमाएँ—स्वनिर्णयात्मक प्रति-चक्रीय कार्य उचित समय और सही पूर्वानुमान पर निर्भर करता है। परन्तु अर्थशास्त्रीय में सही पूर्वानुमान लगाना अत्यन्त कठिन है। फलतः राजकोषीय कार्यवाहियाँ हमेशा उसके बाद होती हैं जब व्यापार-चक्र में मूल बिन्दु अर्थात् तेजी या मन्दी आ चुकती है। इस प्रकार क्षतिपूरक राजकोषीय नीति का यह उपकरण भी अधिक प्रभावशाली सिद्ध नहीं हुआ है।

स्वतः चालित स्थिरकर्ता तथा विवेकगत स्थिरकर्ताओं की तुलना
(Comparison between Built-in Stabilizer and Discretionary Stabilization)

1. स्वतः चालित स्थिरकर्ताओं में कुछ विशेष सुविधाएँ होती हैं इसलिए कि इनकी प्रकृति स्वतः ही क्रियाशील हो जाने की होती है। आय में स्वायत्त परिवर्तनों के प्रत्युत्तर में वे अपने-आप क्रियाशील हो जाते हैं इसके विपरीत विवेकगत परिवर्तन कम से कम दो तरह से अस्थिरताकारी प्रभाव डालते हैं। **प्रथमतः**, ऐसे उपायों के निर्धारण में गलतियाँ हो सकती हैं और यथार्थ में ये उस समय भी प्रसारकारी शक्तियों का सृजन करते हैं जब आवश्यकता संकुचनकारी नीतियों की होती है और जब प्रसारकारी नीतियों की आवश्यकता पड़ती है तो ये संकुचनकारी शक्तियों का सृजन करते हैं। **द्वितीयतः** यदि अर्थव्यवस्था की स्थितियों की सही-सही जानकारी भी हो पाती है तो भी यदि उनकी क्रियाशीलता में अनुचित विलम्ब हो जाता है तो वे सही राजकोषीब उपाय भी गलत अस्थिरताकारी प्रभाव ला सकते हैं।

2. स्वचालित स्थिरकर्ताओं की क्रियाशीलता अल्पकालीन स्थिरीकरण उद्देश्यों तक ही सीमित होती है। सम्भव है कि विकास मूलक उद्देश्यों की दृष्टि से वे उपयोगी नहीं हों।

3. विवेकगत परिवर्तनों के **घोषणात्मक प्रभाव (Announcemental Effects)** भी होते हैं जो स्थिरीकरण के उद्देश्यों को पूरा करने में सहायता पहुँचा सकते हैं इस रूप में ऐसा परिवर्तन अर्थव्यवस्था में प्रत्युत्तर-अवधि को छोटा बना सकते हैं अर्थात् उनका प्रभाव बहुत शीघ्र पड़ सकता है।

4. जिस नीति का उद्देश्य प्रतिव्यक्ति आय में वृद्धि दर को अधिकतम करना है वह सम्भव है उन नीतियों के समान न हो जो अधिकतम अंश तक स्थिरता प्राप्त कर पाती हों और सब कुछ-ले-देकर भौतिक कल्याण के हित के कुछ अंश का त्याग किया जाना आवश्यक हो सकता है।

निष्कर्ष—अर्थव्यवस्था में आर्थिक स्थायित्व लाने के लिए स्वतः चालित स्थिरकर्ता और विवेकगत स्थिरकर्ता दोनों ही आवश्यक हैं, क्योंकि ये दोनों एक-दूसरे के पूरक हैं। जो लोग अर्थव्यवस्था में सरकारी हस्तक्षेप के विरोधी हैं वे विवेकगत नीतियों की विशेष रूप से आलोचनाएँ करते हैं कि विवेकगत स्थिरकर्ता न केवल अर्थव्यवस्था को स्थिरीकृत करने के लिए ही आवश्यक है वरन् स्थिरीकरण की गति को तेज करने के लिए भी। इसके अतिरिक्त विकास उद्देश्यों के सन्दर्भ में स्वतः चालित स्थिरकर्ता कमजोर हैं और इसलिए विकास प्रक्रिया को आगे बढ़ाने तथा तेज करने के लिए विवेकगत नीतियाँ अनिवार्य हो जाती हैं।

(iii) सूत्रगत नमनीयता या सूत्र नम्यता—स्वतः चालित स्थिरकर्ता की शक्ति सीमित होती है, जबकि सूत्रगत नमनीयता की सम्भावित शक्ति अधिक होती है। सूत्रगत नमनीयता उस व्यवस्था का संकेतक है जिसके अनुसार कर और

सरकारी व्यय के स्तरों में परिवर्तन को विधान द्वारा इस प्रकार पहले ही निर्धारित कर लिया जाता है कि आय में निश्चित परिवर्तन होने पर कर और सार्वजनिक व्यय में कितना परिवर्तन होगा। उदाहरणार्थ यह विधान बनाया जा सकता है कि यदि आय में X प्रतिशत की कमी होगी तो आयकर में Y प्रतिशत की कमी की जाएगी और सार्वजनिक व्यय में Y प्रतिशत की वृद्धि कर दी जाएगी।

संक्षेप में—

(i) सूत्र नम्यता के अन्तर्गत कर-दरों और सार्वजनिक व्यय को किसी अभिहित निर्देशांक (Designated Index) के व्यवहार के आधार पर परिवर्तित करते हैं।

(ii) यदि निर्देशांक किसी निश्चित बिन्दु से घट जाता है तो उसे पूर्व निर्धारित सूत्र के अनुसार सार्वजनिक व्यय में स्वचालित वृद्धि और कर-दरों में कमी की अपेक्षा रहेगी।

सूत्र नम्यता एक सैद्धान्तिक अवधारणा मात्र है, क्योंकि किसी भी राज्य ने इस युक्ति को न तो स्वीकार किया है और न ही लागू किया है। यदि इसे क्षतिपूरक तरीके से स्वीकार भी कर लिया जाये तो भी कोई ठोस सूत्र व्यापार के उतार-चढ़ावों का सही-सही पूर्वानुमान लगाने में असमर्थ होगा।

III. सार्वजनिक व्यय (Public Expenditure)—आर्थिक स्थिरीकरण राजकोषीय नीति के विभिन्न उपकरणों में सार्वजनिक व्यय अत्यधिक महत्त्वपूर्ण हैं। सार्वजनिक व्यय दो प्रकार के होते हैं— (I) समुदीपन व्यय (Pump Priming Spending) व (II) क्षतिपूरक या प्रतिकारी व्यय (Compensatory Spending)।

(I) समुद्दीपन व्यय–इससे आशय ऐसे सार्वजनिक व्यय से है जो आर्थिक क्रियाओं को प्रेरित और पुनर्जीवित करने के लिए किया जाता है ताकि नई क्रय शक्ति उत्पन्न हो और निजी विनियोग को प्रोत्साहन मिले। इस सम्बन्ध में मान्यता यह है कि प्रारम्भ में किया गया ऐसा सार्वजनिक व्यय मन्दी की दशा के निराकरण की एक निरन्तर प्रक्रिया जारी रख सकता है। जिस प्रकार किसी नल या पम्प को चालू करने के लिए शुरू से उसमें थोड़ा-सा पानी डाला जाता है और उसके बाद फिर वह नल निरन्तर बहने वाली धारा के रूप में काफी समय तक पानी देता रहता है ठीक उसी प्रकार यह सोचा गया था कि यदि मन्दी काल में एक बार सरकार थोड़ा धन व्यय कर दे तो उसके आर्थिक जीवन का प्रवाह सदा के लिए सरलता के साथ जारी रखा जा सकता है। संक्षेप में मन्दी काल में जब पूँजी की सीमान्त उत्पादकता में कमी के कारण निजी उपक्रमी विनियोग नहीं करते तो अर्थव्यवस्था में आर्थिक क्रियाओं को पुनर्जीवित करने के लिए समुद्दीपन-व्यय करकें अर्थव्यवस्था में स्फीति पैदा की जाती है। वास्तव में समुदीपन-व्यय निजी विनियोग का स्थान ग्रहण न करके उसे प्रोत्साहित करने के लिए किये जाते हैं।

समुद्दीपन-व्यय की सीमाएँ—जैसा कि स्पष्ट है कि समुदीपन-व्यय एक तदर्थ किस्म का उपाय है जिसका उद्देश्य मन्दी पर काबू पाना है। इस प्रकार यह दीर्घकालीन चक्रीय उतार-चढ़ावों से निपटने में असमर्थ है।

(ii) समुद्दीपन-व्यय की धारणा इस मान्यता पर आधारित है कि अर्थव्यवस्था की गतियाँ आत्म पोषित होती हैं। परन्तु अमेरिकी अर्थव्यवस्था में यह युक्ति आत्म-निर्भर नहीं सिद्ध हुई।

(iii) समुद्दीपन-व्यय या पम्प प्राइमिंग सिद्धान्त पर बहुत अधिक विश्वास नहीं किया जा सकता, क्योंकि यह देखा गया है कि यदि सार्वजनिक व्यय में बीच में कुछ कटौती कर दी जाती है तो उससे आय का स्तर पुनः गिरने लगता है। सन् 1933-38 की अवधि में अमेरिका में सरकार द्वारा समुद्दीपन-व्यय किये गये उनसे उसे कोई कारगर सफलता नहीं मिली।

(II) क्षतिपूरक व्यय—सरकार द्वारा किये जाने वाले प्रतिकारी व क्षतिपूरक व्यय का यह अर्थ है कि जब गैर सरकारी क्षेत्र द्वारा किया जाने वाला व्यय पर्याप्त नहीं होता तो सरकार उसकी पूर्ति के लिए स्वयं खर्च करती है। **प्रो. टेलर** के शब्दों में, ''प्रतिकारी व्यय का अभिप्राय यह है कि आय को वांछित स्तर पर लाने के लिए निजी व्यय की कमियों को सरकारी व्यय द्वारा पूरा किया जाये।

मन्दी की स्थिति में निजी विनियोग व्यय में जो भी कमी होती है उसे सार्वजनिक निर्माण कार्यों पर तथा उपायों द्वारा पूरा किया जाना चाहिए।

सार्वज़निक निर्माण कार्य में सड़कें, नहरें, बाँध, रेलें, हवाई अड्डे, स्कूल, अस्पताल, पार्क आदि के निर्माण को सम्मिलित किया जाता है।

राहत उपाय सामाजिक सुरक्षा भुगतान है जैसे बेरोजगारी, बीमा, पेंशन आदि।

जब निजी विनियोग में गिरावट आने के चिह्न अभिव्यक्ति होने लगें और मन्दी की सम्भावना हो, तो सरकार को चाहिए कि तुरन्त सार्वजनिक निर्माण कार्यक्रमों को हाथ में ले और राहत उपायों पर अपना व्यय बढ़ाए। सार्वजनिक निर्माण कार्यों पर व्यय खाली श्रमिकों को रोजगार प्रदान करेगा और गुणक अनुक्रम में कुल माँग उत्पादन तथा आय में वृद्धि लगाए। राहत उपायों पर व्यय का परिणाम यह होगा कि जो व्यापारिक मन्दी के शिकार हुए हैं, उन्हें मुद्रा प्रदान करेगा और उनकी आय में हुई कमी की क्षतिपूर्ति करेगा।

इसके विपरीत जब अर्थव्यवस्था में पुनरुत्थान के चिह्न अभिव्यक्त होने लगें तो सार्वजनिक निर्माण तथा राहत कार्यों पर व्यय धीरे-धीरे घटा दिया जाना चाहिए। जब सार्वजनिक निर्माण कार्यों और राहत उपायों पर व्यय घटाया या बन्द कराया जाता है तो एकदम उल्टे प्रभाव पड़ते हैं। व्यय में कमी के आधार को अर्थात् कुल माँग, उत्पादन और आय में कमी आती है।

सार्वजनिक निर्माण कार्य नीति में कठिनाइयाँ एवं सीमाएँ
(Difficulties and Limitations of Public Works)

(i) सबसे प्रमुख समस्या मन्दी व तेजी के आगमन के पूर्वानुमान की है, क्योंकि उसी के अनुरूप ही सार्वजनिक निर्माण कार्य आरम्भ करना होता है। कई बार यह जाँचना कठिन हो जाता है कि कब स्फीति काल का अन्त हुआ और अपस्फीति काल का प्रारम्भ हुआ है।

(ii) यदि आने वाली मन्दी का पूर्व आभास हो भी जाये तो भी सार्वजनिक निर्माण कार्यों की योजना बनाने तथा उन्हें लागू करने में काफी समय लग ही सकता है।

(iii) कुछ परियोजनाओं पर व्यय बहुत बड़ी मात्रा में होता है और उनको पूरा होने में समय भी लगता है। परन्तु यह सम्भव है कि ऐसी योजनाओं के पूरा होने तक स्फीतिजनक स्थितियाँ उत्पन्न हो जाएँ। ऐसी दशा में सरकारी व्यय में कमी करने का अर्थ होगा, प्रमुख परियोजनाओं को छोड़ देना। अतः कभी-कभी, सार्वजनिक निर्माण कार्यक्रम ऐसी प्रकृति के होते हैं (जैसे कि सिंचाई-बाँध) कि उन्हें एक बार आरम्भ करके बीच में नहीं छोड़ा जा सकता।

(iv) कुछ सार्वजनिक निर्माण कार्यक्रम, जैसे स्कूल व अस्पताल आदि, इस प्रकार के होते हैं जिन्हें स्थगित किया जा सकता है—चाहे अर्थव्यवस्था में स्फीति की दशा हो या अपस्फीति की।

(v) यह हो सकता है कि सरकार के पास सार्वजनिक निर्माण की समुचित योजनाएँ न हों और अधिक रोजगार उपलब्ध कराने के नाम पर यह बेकार की अनेक अनुपयोगी आयोजनाओं को हाथ में ले लें।

(vi) सार्वजनिक विनियोग **निजी विनियोगों से प्रतिद्वन्द्विता** भी कर सकते हैं और कभी-कभी उनका निजी विनियोग पर हानिकारक मनोवैज्ञानिक प्रभाव पड़ सकता है।

(vii) कई बार ऐसे कार्यों की पूर्ति के लिए भारी ऋण ले लिये जाते हैं तथा उन्हें ऐसे स्थानों पर लगा दिया जाता है, जहाँ पर बेकार साधन न हों। बेकार साधन अन्य स्थान पर हों। उनकी गतिशीलता में कठिनाई के कारण ऐसे कार्यों को सफल बनाना कठिन हो जाता है।

(viii) सार्वजनिक निर्माण कार्यों तथा सामाजिक सुरक्षा आदि के रूप में जो उपाय किये जाते हैं वह आगे चलकर स्थायी रूप ले सकते हैं और यदि उन्हें उद्देश्य प्राप्ति के बाद भी चालू रहने दिया जाये तो मुद्रा प्रसार के नये प्रकार की समस्याएँ उत्पन्न होने की सम्भावना रहती है।

(ix) जब सार्वजनिक निर्माण कार्यों का **वित्त प्रबन्धन** सार्वजनिक ऋण लेकर किया जाता है तो इसमें सरकार का ऋण भार बढ़ता है और आगे चलकर सार्वजनिक ऋण के भुगतान से संबंधित अनेक समस्याओं के उत्पन्न होने का भय रहता है।

अतः सार्वजनिक व्यय नीति की योजना बनाना कठिन है तथा उसे कार्यान्वित करना और भी कठिन है। उपरोक्त सीमाओं के बावजूद भी यह स्वीकार किया जाता है कि सार्वजनिक व्यय आर्थिक स्थायीकरण में महत्त्वपूर्ण भूमिका अदा करता है। वास्तव में यह "रस्सी पर चलने वाले नट के लिए सन्तुलन सूत्र है, जिसका प्रयोग दक्षता तथा सावधानी से किया जाना चाहिए।"

IV. सार्वजनिक ऋण—इसके अन्तर्गत सरकार जनता से उधार लेती है और उसका जो भुगतान करती है, सम्मिलित हैं। जब सरकार जनता से उधार लेती है तो उसका प्रभाव करारोपण के समान पड़ता है, क्योंकि इसके द्वारा जनता की अतिरिक्त क्रयशक्ति सरकार के पास उधार के रूप में आ जाती है। इसी प्रकार जब सरकार सार्वजनिक ऋण का भुगतान करती है तो उसका प्रभाव सार्वजनिक व्यय के समान पड़ता है, क्योंकि इससे व्यक्तियों के पास मूलधन और ब्याज के रूप में अतिरिक्त क्रयशक्ति आ जाती है और प्रभावपूर्ण माँग में वृद्धि होती है। अतः स्फीतिकाल में उधार जमा करके मन्दीकाल में चुकाया जाना चाहिए।

सार्वजनिक ऋणों का उपयोग भी **मन्दी** की स्थिति को दूर करने के लिए किया जा सकता है। सार्वजनिक ऋण पर हम अधिक निर्भर नहीं रह सकते। ये उसी समय तक लाभदायक हैं जबकि फालतू कोषों से प्राप्त किये जाते हैं। यदि ये वर्तमान उपभोगों को घटाकर या विनियोगों में कमी करके किये जाते हैं तो इसका प्रभाव अर्थव्यवस्था पर बुरा पड़ेगा। सार्वजनिक निर्माण कार्यों एवं सामाजिक सुरक्षा कार्यक्रमों को स्वीकार कर लेने से जो सरकारी बजट में घाटा आ जाता है, उसका कुछ अंश सरकार जनता से ऋण लेकर पूरा कर सकती है। किन्तु जनता से ऋण लेने में सरकार को दो बातों का ध्यान रखना पड़ेगा—(अ) ऋणभार को कम करने के लिए मन्दीकाल में ब्याज की सस्ती दर नीति को अपनाना पड़ेगा तथा (ब) जहाँ तक सम्भव हो सार्वजनिक ऋण को जनता के उस वर्ग से प्राप्त करना चाहिए जिनके पास निष्क्रिय कोष (फालतू धन) पड़ा हुआ है।

सार्वजनिक ऋण का भुगतान करके भी प्रभावपूर्ण माँग को बढ़ाया जा सकता है, यदि इस भुगतान की गई धनराशि का उपयोग उपभोगों तथा विनियोगों को बढ़ाने में किया जा सके। सरकार को समाज के उस वर्ग को पहले सार्वजनिक ऋण का भुगतान करना चाहिए जिसकी उपभोग प्रवृत्ति अधिक रहती है जैसे निम्न व मध्यम वर्ग के लोग।

अर्थव्यवस्था के स्फीतिक दबावों को कम करने के लिए भी सरकार जनता से ऋण ले सकती है। सरकार द्वारा ऋण लेने का उद्देश्य होता है कि जनता की अतिरिक्त क्रयशक्ति को ले लिया जाये।

राजकोषीय नीति या प्रशुल्क नीति (Limitations of Fiscal Policy)—यद्यपि राजकोषीय उपकरणों के समुचित प्रयोग से हम आर्थिक स्थायित्व की दिशा में अग्रसर हो सकते हैं किन्तु हमें यह नहीं समझना चाहिए कि ये उपकरण अमोघ अस्त्र हैं। राजकोषीय नीति की कुछ प्रमुख सीमाएँ हैं जिनमें से कुछ प्रमुख अग्रलिखित हैं—

1. अर्थव्यवस्था के विभिन्न क्षेत्रों गें पारस्परिक सम्बन्ध न होना—प्रायः यह देखने में मिलता है कि अर्थव्यवस्था के विभिन्न क्षेत्र घनिष्ठ रूप से परस्पर सम्बन्धित नहीं होते। यह विशेषता अर्द्धविकसित देशों में अधिक दृष्टिगोचर होती है। अर्थव्यवस्था के विभिन्न क्षेत्रों में परस्पर घनिष्ठ सम्बन्ध न होने का प्रभाव यह होता है कि राजकोषीय नीति के अन्तर्गत किये गये उपाय का प्रभाव अर्थव्यवस्था के सभी क्षेत्रों पर नहीं पड़ता। उदाहरणार्थ यदि देश के किसी भाग में मूल्य वृद्धि का क्रम चल रहा हो और दूसरे भाग में मन्दी की स्थिति हो तो ऐसी अवस्था में घाटे की वित्त व्यवस्था द्वारा क्रय-शक्ति में वृद्धि का लक्ष्य सम्भवतः मन्दी से पीड़ित उद्योगों को पुनर्जीवन प्रदान करने में सफल न होकर सामान्य कीमत-स्तर को ही बढ़ा देगा।

2. आय के पुनर्वितरण पर निर्भरता—राजकोषीय नीति के अन्तर्गत की गई क्रियाओं का प्रभाव उनके परिणामस्वरूप होने वाले पुनः वितरण पर निर्भर करता है। जब आय में होने वाली किसी भी वृद्धि का एक बड़ा भाग ऐसे वर्ग के लोगों के पास जाता है जिन्हें बचाने की आदत होती है तो समाज की कुल माँग पर आशातीत प्रभाव नहीं पड़ता है और राजकोषीय नीति आंशिक रूप से निष्फल हो जाती है, इसके विपरीत यदि आन्तरिक खर्चों और कर सम्बन्धी छूट प्रदान करने वाले लोग वे हैं, जो कि अपनी आय का एक बड़ा भाग सामान्यतः व्यय कर देते हैं तो कार्यवाहियों के 'गुणक प्रभाव' काफी अधिक होने की सम्भावना होती है और आर्थिक क्रिया पर जल्दी प्रभाव पड़ना सम्भव होता है।

3. सरकारी आय की लोचता प्रतिबन्धक प्रभाव—सरकारी आय की लोच स्वयं सरकार द्वारा अपनायी जाने वाली राजकोषीय नीति पर प्रतिबन्धात्मक प्रभाव डालती है। जब सरकार समाज में कुल व्यय का विस्तार करने के उद्देश्य से सरकारी व्यय में वृद्धि करती है। परन्तु ऐसा हो सकता है कि करारोपण के कारण उस खर्च का एक-एक भाग सरकार के पास आ जाए। यदि ऐसा हुआ तो सार्वजनिक व्यय का प्रभाव करारोपण द्वारा न्यून हो जाएगा और नीति के स्फीति विरोधी प्रभाव भी कम हो जायेंगे।

4. भुगतान सन्तुलन में परिवर्तन—भुगतान शेषों में परिवर्तन भी राजकोषीय नीति के प्रभावों को सीमित कर देते हैं। उदाहरणार्थ, सरकारी व्यय में वृद्धि का प्रभाव कुछ सीमा तक आयातों के मूल्य में वृद्धि तथा निर्यातों के मूल में कमी के रूप में पड़ता है। इसका अर्थ यह होता है कि निर्यातों में होने वाली आय कम हो जाती है। परिणामतः सरकारी व्यय का विस्तारक प्रभाव कम हो जाता है। जनता भी अपनी बढ़ी हुई आय का एक भाग देशी वस्तुओं के स्थान पर विदेशी आयातों पर व्यय करने लगती है और सार्वजनिक व्यय के गुणक प्रभाव को कम कर देती है।

5. प्रयासों की पूर्ति पर निर्भरता—राजकोषीय नीति की सफलता मानवीय प्रयासों के अनुकूल दिशा में परिवर्तन पर निर्भर करते हैं। जब सरकार की करारोपण और सार्वजनिक व्यय की नीति व्यक्तियों के कार्य करने की इच्छा पर कोई प्रतिकूल प्रभाव नहीं पड़ता तो राष्ट्रीय आय में आशा के अनुकूल वृद्धि होती है। प्रायः ऐसा देखा जाता है कि आय में वृद्धि होने के कारण लोगों में प्रयास करने की इच्छा कम हो जाती है, अतः इस स्थिति में सरकारी नीति के प्रभाव का एक भाग व्यर्थ हो जाता है। इसी प्रकार सरकार की स्फीति विरोधी नीति उस समय पर आंशकि रूप से निष्फल हो जाती है, जबकि सरकार द्वारा हतोत्साहित किये जाने के बावजूद वे और भी अधिक कार्य करने का प्रयत्न करते हैं।

6. गैर-सरकारी विनियोग पर सार्वजनिक व्यय के परस्पर विरोधी प्रभाव—यदि सार्वजनिक व्यय के प्रभाव गैर-सरकारी विनियोग पर परस्पर विरोधी हैं तो राष्ट्रीय आय पर सार्वजनिक व्यय का पूरा प्रभाव नहीं पड़ता। इस प्रकार की परिस्थिति विशेष रूप से उस समय उपस्थित होती है, जबकि ऋण द्वारा पोषित सार्वजनिक विनियोग का कोई कार्यक्रम रोजगार विस्तार के हेतु शुरू किया जाता है। यदि सरकार अपना नया विनियोग ऐसे उद्यमों में करती है जिन्हें कि व्यक्तिगत उपक्रमी या साहसी अपना कार्य क्षेत्र समझते हैं तो प्रतियोगिता की स्थिति उत्पन्न हो जाती है और गैर-सरकारी विनियोग पर उसकी गम्भीर प्रतिकूल प्रतिक्रियाएँ होती हैं। यही नहीं सरकारी ऋण से ब्याज की दरें बढ़ सकती हैं और गैर-सरकारी विनियोग हतोत्साहित हो सकता है। इस स्थिति में जब तक कि बैंकिंग व्यवस्था सरकार को अपना हार्दिक सहयोग न प्रदान करे और प्रचलित मौद्रिक पद्धति को बनाये रखने की आवश्यकताएँ मुद्रा दरों में वृद्धि को आवश्यक बना दे तब तक राजकोषीय नीति से आशानुकूल सफलता मिलने की सम्भावना बहुत कम रहती है।

7. अर्द्धविकसित देशों में सीमित उपयोग—अर्द्धविकसित देशों में चूँकि बजट राष्ट्रीय आय के अल्प भाग का ही निर्माण करते हैं, इसलिए वह अपना प्रभाव नहीं डाल पाते जितना कि विकसित देश में डाल देती है अर्द्धविकसित देशों में कर से प्राप्त आय राष्ट्रीय आय का बहुत छोटा भाग होती है, जबकि विकसित देशों में इसके विपरीत स्थिति होती है।

8. अन्य सीमाएँ—

(i) सार्वजनिक व्यय में आये दिन और सहसा परिवर्तन करना आसान नहीं है।

(ii) सरकारी योजनाएँ भी जल्दी नहीं बदली जा सकतीं।

(iii) प्रशुल्क नीति एक दो-धारी तलवार है। यदि थोड़ी-सी सरकारी व्यय की दिशा गलत हुई तो या स्फीति हो जायेगी और या मन्दी आ जायेगी।

(iv) इसी प्रकार कर प्रणाली में आये दिन आकस्मिक तब्दीलियाँ करना आसान नहीं है।

(v) लोकसभा के सदस्य साधारणतया करों के घटाने पर जोर देते हैं और वे बचत के बजट का विरोध करते हैं। यह भी एक रुकावट है।

निष्कर्ष—निष्कर्ष के रूप में यह कहा जा सकता है राजकोषीय उपायों को अपनी सीमाएँ हैं। इन उपायों से मुद्रा-स्फीति का दबाव कम किया जा सकता है परन्तु समाप्त नहीं किया जा सकता। राजकोषीय नीति मन्दी को रोकने तथा रोजगार बढ़ाने के लिए काफी प्रभावशाली होती है परन्तु मुद्रा-स्फीति रोकने के लिए इसका महत्त्व गौण है। इस स्थिति में राजकोषीय उपायों के साथ अन्य उपाय जैसे मौद्रिक नियंत्रण, मूल्य नियंत्रण तथा राशनिंग इत्यादि भी अपनाने पड़ेंगे।

Selecte References

1. Andley and Sundhram : Public Economics.
2. Raja Challiah : Fiscal Policy in Under-developed Countries.
3. Rawat Pyarelal : Principles of Public Finance.
4. V.V Boker : Public Finance and Full-Employment.

परीक्षा प्रश्न
(Examination Questions)

I. दीर्घ उत्तरीय प्रश्न (Long Answr Type Question)

1. राजकोषीय नीति के क्या साधन हैं? राजकोषीय नीति के द्वारा आर्थिक स्थिरता की उपलब्धि कैसे की जा सकती है?
   What are the instruments of fiscal policy? How can fiscal policy secure economic stability?
2. मुद्रा-स्फीति की रोकथाम के लिए किस प्रकार की राजकोषीय नीति कारगर हो सकती है?
   What type of fiscal policy will be effective in controlling inflation?
3. ''आर्थिक स्थिरता के लिए मौद्रिक एवं राजकोषीय नीतियों के मिश्रण की जरूरत है।'' इस कथन की विवेचना करें।
   "A mix of monetary and fiscal policy is needed for economic stability." Discuss this statement.

II. लघु उत्तरीय प्रश्न (Short Answer Type Questions)

1. राजकोषीय नीति व आर्थिक स्थायीकरण से क्या तात्पर्य है?
2. राजकोषीय नीति के मुख्य उपकरण कौन से हैं?
3. क्षतिपूरक राजकोषीय नीति स्पष्ट कीजिए।
4. राजकोषीय नीति की क्या सीमाएँ हैं?
5. राजकोषीय नीति के द्वारा आर्थिक स्थिरता कैसे प्राप्त की जा सकती है?
6. राजकोषीय एवं मौद्रिक नीतियों की प्रभावोत्पादकता के सम्बन्ध में टिप्पणी लिखिए।
7. मौद्रिक एवं राजकोषीय नीति में समन्वय का मुण्डल मॉडल क्या है।
8. मुण्डल मॉडल के दोष लिखिए।
9. मौद्रिक तथा राजकोषीय नीतियों में अंतर-संबंध स्पष्ट कीजिए।

(III) वस्तुनिष्ठ प्रश्न (Objective Type Questions)

1. राजकोषीय नीति के अंतर्गत अध्ययन किया जाता है—
   (अ) सरकार की आय एवं व्यय का (ब) सरकार की आय का
   (स) सरकार के व्यय का (द) करारोपण सार्वजनिक व्यय तथा सार्वजनिक ऋण का
2. आय की असमानता को कम करने के लिए जिस नीति का उपयोग किया जाता है, उसे कहते हैं—
   (अ) समुत्थान प्रोत्साहित नीति (ब) पुनर्वितरण कर नीति
   (स) क्षतिपूरक व्यय नीति (द) उपर्युक्त सभी।
3. राजकोषीय नीति का जनता पर प्रभाव पड़ता है—
   (अ) परोक्ष (ब) प्रत्यक्ष
   (स) तटस्थ (द) उपर्युक्त सभी।
4. व्यापार चक्र संकुचन अवस्था में करारोपण में
   (अ) वृद्धि होनी चाहिए (ब) कमी होनी चाहिए
   (स) पूर्ववत रहनी चाहिए (द) उपर्युक्त में से कोई नहीं
5. कीमत स्थिरता और पूर्ण रोजगार की प्राप्ति दोनों—
   (अ) अनुकूल उद्देश्य हैं (ब) विपरीत उद्देश्य हैं
   (स) उपर्युक्त दोनों (द) उपर्युक्त में से कोई नहीं।

उत्तर—1. (द), 2. (ब) , 3. (ब), 4. (ब), 5 (ब)

OOO

39 राजकोषीय एवं मौद्रिक नीतियों की प्रभावोत्पादकता एवं उनका समन्वयन (मुण्डल माडल)

(Effective Fiscal and Monetary Policies and Thier Reconciliation-Mundell's Model)

मौद्रिक तथा राजकोषीय नीतियों की सापेक्ष प्रभावोत्पादकता के संबंध में अर्थशास्त्रियों में गम्भीर मतभेद है। एक ओर कीन्सियन अर्थशास्त्रियों के अनुसार स्थिरीकरण के लिए राजकोषीय नीति अधिक प्रभावोत्पादक होती है दूसरी ओर मुद्रावादियों का मत है कि मौद्रिक नीति एक अधिक प्रबल उपकरण है। इन दोनों नीतियों की प्रभावोत्पादकता के विषय का विवेचन करने के लिए हम IS और LM वक्रों का प्रयोग करेंगे। **IS वक्र राजकोषीय नीति को दर्शाता है और LM वक्र मौद्रिक नीति को प्रदर्शित करता है।** इन दोनों नीतियों की प्रभावोत्पादकता इन वक्रों की आकृति पर निर्भर करेगी।

जब मुद्रा पूर्ति में वृद्धि होती है जब LM वक्र दायीं ओर विचलित होते हैं और जब मुद्रा पूर्ति में कमी होती है तब LM बायीं ओर विचलित होता है जैसा चित्र 1 में दर्शाया गया है।

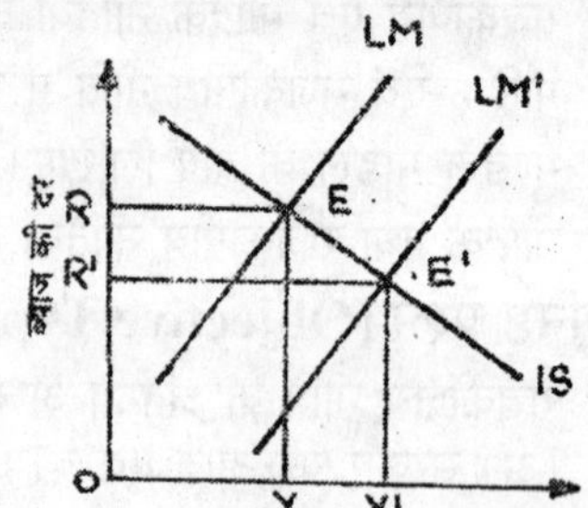

चित्र : 1

(i) मुद्रा पूर्ति के बढ़ने पर LM वक्र दायीं ओर विचलित होकर LM की स्थिति में हो जाता है। और IS वक्र की आकृति में कोई परिवर्तन नहीं होता है। OY आय और OR ब्याज दर के साथ E संतुलन बिन्दु को दर्शाता है।

(ii) LM वक्र के विचलन से ब्याज दर OR^1 हो जाती है विनियोग बढ़ जाते हैं और आय बढ़कर OY से OY^1 हो जाती है।

(iii) परन्तु मौद्रिक नीति की प्रभावोत्पादकता वक्र की आकृति पर निर्भर करेगी। LM वक्र जितना खड़ी हुई रेखा के आकार का होगा उतनी ही मौद्रिक नीति अधिक प्रभावोत्पादक होगी। इसका अर्थ यह है कि मुद्रा के लिए माँग की ब्याज-लोच कम है। अर्थात् जब मुद्रा की दर बढ़ती है तो ब्याज की दर बहुत कम हो जाती है। ब्याज की दर कम होने से विनियोग के स्तर में वृद्धि होती है। फलतः राष्ट्रीय आय में भी वृद्धि होती है। अब हम यह विश्लेषण करेंगे कि किस प्रकार IS-LM वक्रों को माडल द्वारा सरकार **राजकोषीय** तथा **मौद्रिक नीतियों** में परिवर्तन करके अर्थव्यवस्था को प्रभावित कर सकती है। यह उल्लेखनीय है कि IS-LM वक्रों के माडल में कीमत स्तर को स्थिर मान लिया जाता है। जब हम IS-LM वक्रों के माडल द्वारा सरकार की (i) राजकोषीय नीति (Fiscal Policy) तथा (ii) मौद्रिक नीति (Monetary Policy) का राष्ट्रीय आय ब्याज दर व विनियोग आदि पर प्रभाव का अध्ययन करेंगे।

I. राजकोषीय नीति में परिवर्तन

(Changes in Fiscal Policy)

राजकोषीय नीति का सम्बन्ध मुख्य रूप से सरकार की आयों (करों) तथा व्ययों से होता है। सरकारी व्यय तथा करों में परिवर्तन करके IS वक्र को विवर्तित (Shift) किया जाता है।

मान लीजिए देश में व्यापक मन्दी की स्थिति है फलतः राष्ट्रीय उत्पादन घट गया है तथा बेरोजगारी की समस्या गम्भीर हो गई है। अतः इस मन्दी की स्थिति पर काबू पाने के लिए हम मान लेते हैं कि सरकार अपने व्यय में ΔG के बराबर वृद्धि करती है। कीन्स के आय-व्यय दृष्टिकोण (Income-Expenditure Approach) के अनुसार सरकारी व्यय में ΔG के बराबर वृद्धि करती है, फलतः कुल राष्ट्रीय आय में $\Delta G \frac{1}{1-MPC}$ के बराबर वृद्धि होगी जहाँ $\frac{1}{1-MPC}$ गुणक है। IS-LM वक्रों में मॉडल में सरकार द्वारा ΔG के बराबर वृद्धि करने से IS वक्र दायीं ओर को $\Delta G \frac{1}{1-MPC}$ के बराबर विवर्तित हो जाएगा जैसा कि रेखाचित्र 1 में IS वक्र IS_1 से विवर्तित होकर IS_2 हो गया है। चित्र में CA की दूरी $\Delta G \frac{1}{1-MPC}$ के बराबर है।

सरकारी व्यय में वृद्धि से पूर्व राष्ट्रीय आय का संतुलन बिन्दु C पर है। जहाँ राष्ट्रीय आय OY_1 तथ ब्याज दर r_1 निर्धारित होता है।

सरकारी व्यय में वृद्धि के परिणामस्वरूप IS_1 वक्र दायीं ओर सरककर IS_2 हो जाता है फलतः नया संतुलन बिन्दु B है जहाँ LM वक्र को IS_2 वक्र काटता है।

इस नई संतुलन अवस्था में राष्ट्रीय आय अथवा राष्ट्रीय उत्पादन बढ़कर OY_2 हो जाता है और ब्याज की दर भी बढ़कर Or_1 से बढ़कर Or_2 हो जाती है।

उपर्युक्त विवेचन से यह स्पष्ट है कि IS-LM मॉडल यह सिद्ध करता है कि सरकारी व्यय में वृद्धि से राष्ट्रीय आय तथा ब्याज दर दोनों ही बढ़ जाती हैं। राष्ट्रीय आय या राष्ट्रीय उत्पादन में वृद्धि होने से रोजगार में भी वृद्धि होती है जिसके कारण बेरोजगारी की समस्या का समाधान हो जाता है।

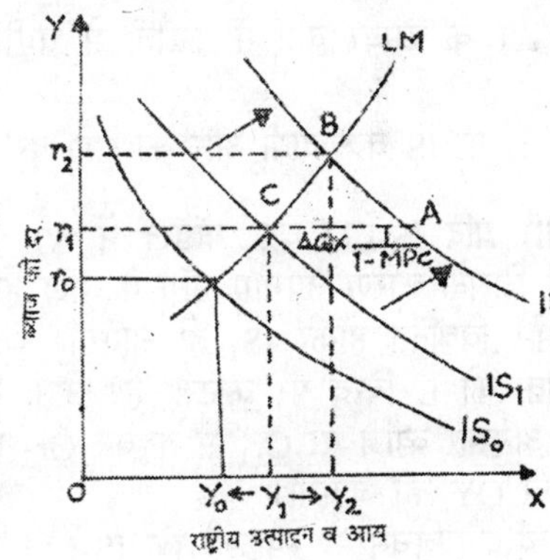

चित्र-2

IS-LM मॉडल में **सरकारी व्यय** में वृद्धि के प्रभाव के सम्बन्ध में एक बात विशेष रूप से उल्लेखनीय है कि इस विश्लेषण में कीन्स के **आय-व्यय** दृष्टिकोण की तुलना में राष्ट्रीय उत्पादन अथवा आय में कम वृद्धि होती है। कीन्स के मॉडल में सरकारी व्यय बढ़ने पर भी निजी विनियोग स्थिर रहता है परन्तु IS-LM वक्रों के मॉडल में जब सरकारी व्यय में वृद्धि से ब्याज की दर बढ़ती है तो ब्याज की दर बढ़ने के कारण निजी विनियोग कम हो जाता है।

रेखाचित्र 1A में कीन्स के आय-व्यय मॉडल के अनुसार राष्ट्रीय आय में स्थिर ब्याज की दर r_1 पर CA के समान $Ca = \left(\Delta G \times \frac{1}{1-MPC}\right)$ वृद्धि होती है जिसके बराबर IS वक्र दायें ओर को सरक गया है जबकि IS-LM वक्र मॉडल में ब्याज की दर r_1 से r_2 तक बढ़ गई और राष्ट्रीय आय में वृद्धि Y_1Y_2 के समान है जो कि CA से कम है और जैसा कि अभी ऊपर बताया गया IS-LM मॉडल में राष्ट्रीय आय में यह कम वृद्धि ब्याज दर बढ़ जाने से निजी निवेश के घट जाने के कारण है।

यदि सरकार अपने व्यय में कटौती कर देती है तो IS वक्र बायीं ओर विवर्तित हो जाएगा जैसा कि चित्र में IS_0 वक्र द्वारा प्रदर्शित किया गया है। IS_0 वक्र स्थिर LM वक्र को D बिन्दु पर काटता है। फलतः ब्याज की दर घटकर Or_0 हो जाती है तथा राष्ट्रीय आय में स्तर घटकर OY_1 घटकर OY_0 हो जाता है। स्पष्टतः सरकारी व्यय में कटौती से ब्याज दर और राष्ट्रीय आय दोनों ही घट जाते हैं।

करों में कटौती
(Deduction in Taxes)

अब हम IS-LM वक्रों के मॉडल द्वारा सरकार द्वारा करों में कटौती करने का अर्थव्यवस्था पर पड़ने वाले प्रभावों का विश्लेषण करेंगे। मान लीजिए सरकार करों में ΔT के बराबर कटौती करती है। कीन्स के मॉडल में एक दी हुई ब्याज दर पर राष्ट्रीय आय में $\Delta T \times \frac{MPC}{1-MPC}$ के बराबर वृद्धि होगी जहाँ $\frac{MPC}{1-MPC}$ कर गुणक है।

रेखाचित्र 2 में करों में कटौती का ब्याज की दर और राष्ट्रीय आय पर पड़ने वाले प्रभावों को दर्शाया गया है। चित्र में—

(i) प्रारम्भ में IS_1 तथा LM वक्र एक दूसरे को C बिन्दु पर काटते हैं। फलतः राष्ट्रीय आय OY_1 है और ब्याज or_1 है।

(ii) ΔT के बराबर करों में कटौती से राष्ट्रीय आय में $\Delta T \times \frac{MPC}{1-MPC}$ के बराबर वृद्धि होगी और इसलिए दी हुई ब्याज दर r_1 पर IS वक्र दायीं ओर को CD दूरी पर विवर्तित होता है। $\frac{1}{1}\left(CD = \Delta T \times \frac{MPC}{1-MPC}\right)$।

(iii) यदि IS-LM वक्र मॉडल में ΔT के बराबर कटौती की जाती है जिसके कारण उपभोग माँग में वृद्धि हो जाती है तो IS_1 वक्र दायीं ओर विवर्तित होकर IS_2 हो जाएगा। जहाँ पर IS_2 वक्र स्थिर LM वक्र को E बिन्दु पर काटता है। अतः संतुलन बिन्दु E होगा जिसके अनुसार ब्याज दर Or_1 से बढ़कर Or_2 तथा राष्ट्रीय आय OY_1 से बढ़कर OY_2 हो जाएगी।

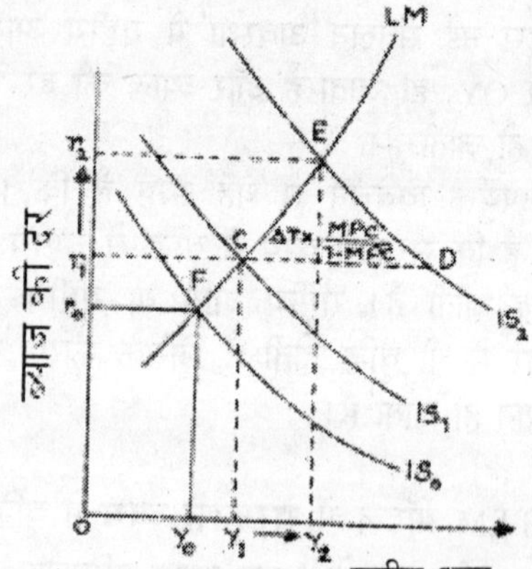

चित्र-3

उपर्युक्त विवेचन से स्पष्ट है कि IS-LM तक मॉडल में करों में कटौती ब्याज दर तथा राष्ट्रीय आय दोनों में वृद्धि करती है और सरकारी व्यय में वृद्धि की तरह करों में कटौती कीन्स के मॉडल की तुलना में IS-LM वक्रों के मॉडल में राष्ट्रीय आय में कम वृद्धि करती है। इसका कारण जैसा कि ऊपर हम अध्ययन कर चुके हैं यह है कि करों में कटौती के फलस्वरूप ब्याज दर के बढ़ जाने से निजी विनियोग घट जाता है।

यदि मुद्रास्फीति जैसी समस्याओं का समाधान करने के लिए सरकार करों में वृद्धि करती है तो इससे IS वक्र बायीं ओर विवर्तित हो जाएगा जिससे नई संतुलन की दशा में ब्याज दर तथा राष्ट्रीय आय दोनों घटकर क्रमशः Or_0 और OY_0 हो जाएंगे।

मौद्रिक नीति में परिवर्तन
(Changes in Monetary Policy)

मौद्रिक नीति से आशय केन्द्रीय बैंक द्वारा अपनाए गये उन उपायों से है जिसके द्वारा वह अर्थव्यवस्था में करेन्सी तथा साख की मात्रा नियंत्रित करता है। केन्द्रीय बैंक (i) बैंक दर (ii) खुले बाजार की क्रियाएँ (iii) आरक्षित निधियों के अनुपात में परिवर्तन तथा (iv) चयनात्मक साख नियंत्रण उपायों द्वारा अर्थव्यवस्था में साख का नियंत्रण करता है।

सरकार उपयुक्त मौद्रिक नीति के माध्यम से देश का आर्थिक विकास करती है और अर्थव्यवस्था में आर्थिक स्थिरता बनाए रखती है।

मौद्रिक नीति का सम्बन्ध देश में मुद्रा-पूर्ति से होता है। मन्दी को दूर करने के लिए केन्द्रीय बैंक विस्तारवादी मौद्रिक नीति (Expansionary Monetary Policy) अपनाती है। इसका अर्थ यह है कि मुद्रा पूर्ति में वृद्धि करके मंदी को दूर

किया जाता है। इसके विपरीत मुद्रास्फीति को नियंत्रित करने के लिए मुद्रा की पूर्ति कम की जाती है अर्थात् नियंत्रित मौद्रिक नीति (Controlled Monetary Policy) अपनायी जाती है।

IS-LM वक्रों में मॉडल द्वारा हम **मौद्रिक नीति** में परिवर्तन का अर्थव्यवस्था पर प्रभाव की व्याख्या कर सकते हैं। जैसा कि हम पहले पढ़-चुके हैं कि एक LM वक्र मुद्रा-पूर्ति को स्थिर मानकर बनाया जाता है। अतः मुद्रा-पूर्ति में परिवर्तन से LM वक्र स्थानान्तरित हो जाता है। आइए हम पहले मुद्रा पूर्ति में वृद्धि का IS-LM वक्र मॉडल द्वारा राष्ट्रीय आय व ब्याज दर पर प्रभाव को स्पष्ट करें।

जैसा कि ऊपर हम अध्ययन कर चुके हैं IS-LM वक्रों के मॉडल में कीमत स्तर को स्थिर मान लिया जाता है फलतः मुद्रा पूर्ति (M) में वृद्धि से अर्थव्यवस्था में वास्तविक मुद्रा पूर्ति (Real money balances) अथवा $\frac{M}{P}$ में भी वृद्धि हो जाएगी क्योंकि कीमत स्तर (P) स्थिर है।

कीन्स के तरलता पसंदगी सिद्धान्त के अनुसार राष्ट्रीय आय की एक दी हुई मात्रा पर वास्तविक मुद्रा पूर्ति में वृद्धि होने से ब्याज की दर घट जाएगी। परिणामस्वरूप मुद्रा पूर्ति में वृद्धि से LM वक्र दायीं ओर विवर्तित होकर LM_2 हो जाता है जिसके कारण संतुलन बिन्दु C से बदलकर D पर स्थापित होता है।

नये संतुलन बिन्दु D पर ब्याज की दर Or_1 से घटकर Or_2 हो जाती है और राष्ट्रीय आय OY_1 से बढ़कर OY_2 हो जाती है।

उपर्युक्त विवेचन के आधार पर यह कहा जा सकता है कि IS-LM वक्रों का मॉडल यह सिद्ध करता है कि विस्तारवादी मौद्रिक नीति से ब्याज दर घटती है और राष्ट्रीय आय बढ़ती है। अन्य शब्दों में मॉडल यह स्पष्ट करता है कि मौद्रिक नीति ब्याज दर में परिवर्तन करके राष्ट्रीय आय को प्रभावित करती है। साथ ही यह मॉडल यह भी स्पष्ट करता है कि मुद्रा में वृद्धि किस प्रक्रिया द्वारा आय को प्रभावित करती है। जैसा कि हमने ऊपर अध्ययन किया IS-LM मॉडल यह स्पष्ट करता है कि मुद्रा पूर्ति में वृद्धि से ब्याज दर घटती है जो विनियोग को प्रोत्साहित करती है और विनियोग के बढ़ने से प्रभावपूर्ण माँग में वृद्धि होती है।

इसी प्रकार जब मुद्रा स्फीति को दूर करने के लिए केन्द्रीय बैंक मुद्रा पूर्ति में कमी करती है तो LM वक्र दायीं ओर खिसककर LM_0 हो जाएगा। फलतः नये संतुलन बिन्दु E पर ब्याज दर बढ़कर or_3 हो जाएगी और राष्ट्रीय आय घटकर OY_0 हो जाएगी। ब्याज दर के बढ़ने से विनियोग घट जाएगा जिससे प्रभावपूर्ण माँग में कमी होगी परिणामस्वरूप राष्ट्रीय उत्पादन अथवा आय में गिरावट आ जाएगी।

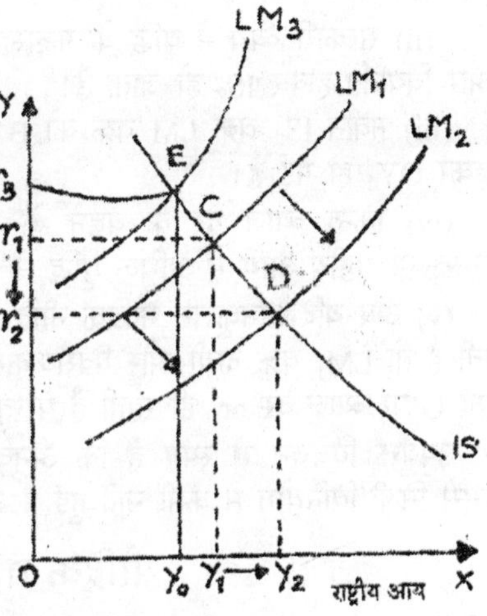

चित्र-4

राजकोषीय तथा मौद्रिक नीति की अन्तर क्रिया
(Interaction between Fiscal and Monetary Policy)

अभी तक हमने राजकोषीय तथा मौद्रिक नीतियों में परिवर्तन का अर्थव्यवस्था पर पड़ने वाले प्रभावों का पृथक-पृथक अध्ययन किया। परन्तु यह आवश्यक नहीं है कि उन्हें स्वतंत्र रूप से ही अपनाया जाय। वे एक दूसरे के पूरक के रूप में भी अपनायी जा सकती हैं। अब हम राजकोषीय तथा मौद्रिक नीतियों का संयुक्त रूप से उपयोग होने पर अर्थव्यवस्था पर पड़ने वाले प्रभावों का विश्लेषण करेंगे।

ऊपर हम अध्ययन कर चुके हैं कि राजकोषीय नीति के अन्तर्गत यदि सरकारी व्यय में वृद्धि की जाती है अथवा करों में कटौती की जाती है तो IS वक्र दायीं ओर विवर्तित हो जाता है जिसके फलस्वरूप नई संतुलन की स्थिति में ब्याज दर में वृद्धि हो जाती है और राष्ट्रीय उत्पादन या आय बढ़ता है। किन्तु ब्याज दर में वृद्धि के फलस्वरूप निजी विनियोग में

कमी आती है। इसे राजकोषीय नीति का क्राउडिंग आउट प्रभाव (Crowding Out Effect) कहते हैं।[1]

राजकोषीय नीति के इस क्राउडिंग प्राकट प्रभाव को दूर किया जा सकता है यदि इसके पूरक के रूप में अनुकूलन मौद्रिक नीति (Accommodating Monetary Policy) अपनायी जाय। अर्थात् जब राजकोषीय नीति के अन्तर्गत सरकारी व्यय में वृद्धि की जाती है जिसके कारण ब्याज दर बढ़ने से निजी विनियोग के घटने की सम्भावना रहती है तो **मौद्रिक नीति** के द्वारा मुद्रा पूर्ति में पर्याप्त वृद्धि करके ब्याज दर को बढ़ने से रोका जा सकता है। इस प्रकार मौद्रिक नीति राजकोषीय नीति के पूरक के रूप में कार्य कर सकती है और सरकारी व्यय के रूप में कार्य कर सकती है और सरकारी व्यय में वृद्धि करके सरकार बिना निजी विनियोग को कम किए राष्ट्रीय उत्पादन या आय में वृद्धि कर सकती है। इस तथ्य को चित्र द्वारा स्पष्ट किया गया है। चित्र में—

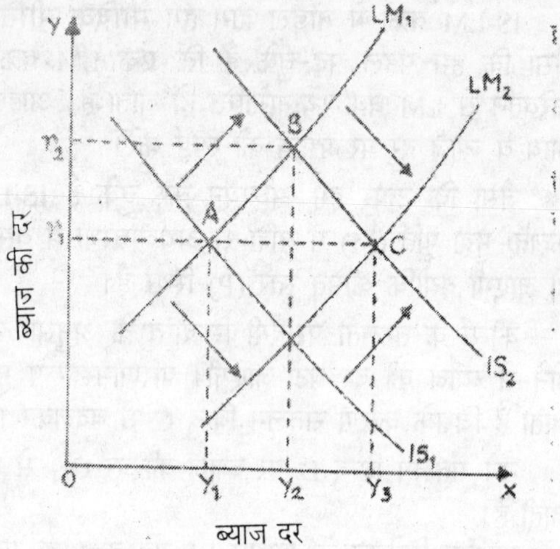

चित्र-5

(i) सरकारी व्यय में वृद्धि से पहले IS_1 तथा LM_1 वक्रों द्वारा ब्याज की दर r_1 तथा राष्ट्रीय आय Y_1 निर्धारित होती है।

(ii) सरकारी व्यय में वृद्धि के फलस्वरूप IS_1 वक्र दायीं ओर विवर्तित होकर IS_2 हो जाता है।

(iii) नवीन IS_2 वक्र LM वक्र को B बिन्दु पर काटता है। फलतः ब्याज दर बढ़कर or_2 तथा राष्ट्रीय आय OY_1 से बढ़कर OY_2 हो गई है।

(iv) किन्तु ब्याज दर के बढ़ने के कारण कुछ निजी विनियोग में कमी हो जायेगी जिससे सरकारी व्यय के फलस्वरूप राष्ट्रीय आय में अधिक वृद्धि नहीं होती है।

(v) अब यदि अनुकूलन मौद्रिक नीति के अन्तर्गत सरकारी व्यय में वृद्धि के साथ-साथ मुद्रा पूर्ति में भी वृद्धि कर दी जाती है तो LM_1 वक्र दायीं ओर खिसककर LM_2 हो जायेगा जो IS वक्र को C बिन्दु पर काटता है फलतः नये संतुलन बिन्दु C पर ब्याज दर or_1 ही रहती है परन्तु राष्ट्रीय आय OY_2 से बढ़कर OY_3 हो जाती है।

उपर्युक्त विवेचन से स्पष्ट है कि अनुकूल मौद्रिक नीति की सहायता से ब्याज दर को बढ़ने से रोका जा सका है जिससे निजी विनियोग में कमी नहीं हुई है और राष्ट्रीय आय में अधिक वृद्धि हुई है।

मौद्रिक तथा राजकोषीय नीतियों में अंतर-संबंध
(Inter-Relation between Monetary and Fiscal Policies)

मौद्रिक तथा राजकोषीय नीतियाँ दोनों परस्पर संबंधित हैं और एक-दूसरे की संपूरक हैं। यह निम्नलिखित से ज्ञात हो जाता है।

1. **मौद्रिक नीति** दीर्घकाल में अर्थव्यवस्था के स्थिरीकरण के लिए उपयोगी है जबकि **राजकोषीय नीति** अल्पकालीन उतार-चढ़ावों को नियंत्रित करने में सहायता करती है।

2. मौद्रिक नीति वित्तीय आधारित संरचना की व्यवस्था करती है और मुद्रा पूर्ति को नियमित करती है जबकि राजकोषीय नीति अर्थव्यवस्था में मुद्रा पूर्ति तथा तरलता को प्रभावित करती है।

3. मौद्रिक नीति स्फीतिकारी स्थिति को ठीक करने के लिए प्रभावशाली होती है।

4. ये दोनों नीतियाँ अर्थव्यवस्था में समस्त माँग के स्तर को प्रभावित करती हैं।

1. The tern " crowding out" refers to the reduction in private expenditure or investment causal by increase in government expenditure.

उपर्युक्त विवेचन से स्पष्ट है कि मौद्रिक तथा राजकोषीय नीतियाँ दोनों उपयोगी हैं और दोनों ही एक दूसरे के सम्पूरक है।

मौद्रिक एवं राजकोषीय नीति में समन्वय–मुण्डल मॉडल
(Reconcilation between Monetary and Fiscal Policies)

मुण्डल ने अर्थव्यवस्था में आंतरिक एवं बाह्य संतुलन की स्थापना के लिए विभिन्न स्थितियों को लेकर मौद्रिक तथा राजकोषीय उपायों के उचित उपयोग के संबंध में अपने विचार प्रस्तुत किये हैं। चित्र-2 में मुण्डल के विश्लेषण को प्रदर्शित किया गया है।

चित्र में (i) EE बाह्य संतुलन वक्र है जिसका प्रत्येक बिन्दु मौद्रिक तथा राजकोषीय उपायों के संयोग को दर्शाता है जिसे एक दी हुई विनिमय दर को संभालने के लिए किसी भी सरकारी हस्तक्षेप की आवश्यकता नहीं होती।

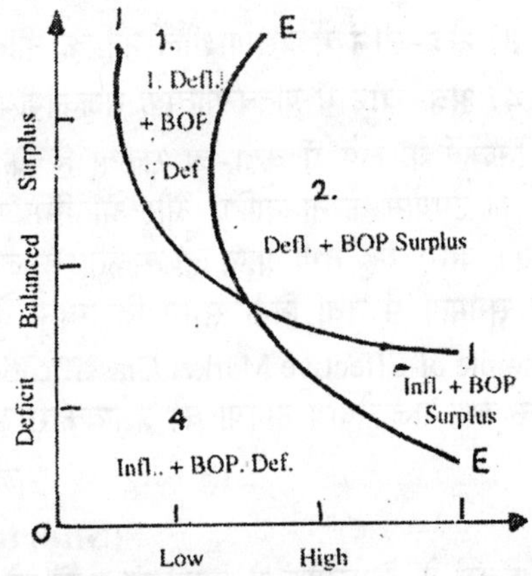

चित्र-6

(ii) एक प्रसरणशील राजकोषीय नीति का स्फीतिकारी प्रभाव होता है फलतः आयातों में वृद्धि होती है और भुगतान संतुलन प्रतिकूल हो जाता है। अब भुगतान संतुलन को संतुलन में रखने के लिए एक स्फीतिकारी—विरोधी मौद्रिक नीति की सहायता से ब्याज दर को ऊँचा करना होगा, जिसका अभिप्राय EE वक्र के साथ-साथ अधोमुखी चाल से है। EE वक्र की बायीं ओर नीचे के क्षेत्र में मौद्रिक तथा राजकोषीय उपायों का संयोग भुगतान संतुलन में घाटा उत्पन्न करेगा और वक्र के दायीं ओर ऊपर के क्षेत्र में मौद्रिक तथा राजकोषीय उपायों का संयोग भुगतान संतुलन में अतिरेक उत्पन्न करेगा।

(iii) II वक्र आंतरिक संतुलन को दर्शाता है। इस वक्र का प्रत्येक बिन्दु मौद्रिक तथा राजकोषीय उपाय के ऐसे संयोग को दिखाता है, जो स्फीति की नीची दर के साथ बेरोजगारी के अत्यन्त संतोषप्रद स्तर को प्राप्त करने के लिए किये गये हैं।

(iv) एक प्रसरणशील राजकोषीय नीति से स्फीति उत्पन्न होगी और संतुलन को स्थापित करने के लिए ब्याज दर में वृद्धि करनी होगी अर्थात् स्फीतिकारी-विरोधी मौद्रिक नीति को लागू करना होगा। इसका अर्थ यह है कि II वक्र के साथ-साथ अधोमुखी चलना होगा। इस वक्र के बायीं ओर नीचे के क्षेत्र में मौद्रिक तथा राजकोषीय उपायों का कोई भी संयोग स्फीतिकारी होगा और इस वक्र के दायीं ओर ऊपर के क्षेत्र में किये गये मौद्रिक तथा राजकोषीय उपायों के किसी भी संयोग का प्रभाव विस्फीतिकारी होगा।

(v) EE वक्र II वक्र की अपेक्षा अधिक स्थिर है जिसका अर्थ यह है कि EE वक्र मौद्रिक उपायों के प्रति अधिक संवेदनशील (Responsive) है और II वक्र राजकोषीय उपायों के प्रति अधिक संवेदनशील है।

(vi) इन दोनों वक्रों का निर्माण घरेलू (Domestic) तथा अन्तर्राष्ट्रीय (International) कीमतों के एवं निश्चित लागत अनुपात के आधार पर किया गया है। इस अनुपात में यदि किसी भी प्रकार का परिवर्तन किया जाता है तो उससे EE वक्र और II वक्रों दोनों में गति उत्पन्न होगी।

(vii) EE वक्र के दायीं ओर सरकने का अर्थ यह होगा कि किये हुए बजट घाटे अथवा अतिरेक पर बाह्य संतुलन की स्थापना के लिए ब्याज दर को बढ़ाना होगा। II वक्र की बायीं ओर अधोमुखी गति का अर्थ यह होगा कि ब्याज की एक विशेष दर पर आंतरिक संतुलन की स्थापना के लिए निर्यातों में कटौती करने के लिए बजट में एक अधिक बड़े घाटे की आवश्यकता होगी।

(viii) विभिन्न नीति विकल्पों को दिशा-निर्देश देने के लिए चार क्षेत्र (Four Region) है। (अ) **क्षेत्र एक** (Region-one) में दोनों नीतियों से मंदी तथा भुगतान संतुलन में घाटे का सृजन होता है। (ब) **क्षेत्र दो** (Region-two) एक ऐसी स्थिति का परिचायक है जिससे मंदी तथा भुगतान संतुलन में अतिरेक एक साथ उपस्थित होते हैं। (स) **क्षेत्र तीन**

(Region-three) में स्फीति और संतुलन अतिरेक (Surplus Balance of Payment) साथ-साथ उत्पन्न होते हैं। **क्षेत्र चार** (Region-four) में स्फीति और भुगतान संतुलन में घाटा एक साथ उपस्थित होते हैं।

(ix) उपर्युक्त विभिन्न क्षेत्रों में मौद्रिक व राजकोषीय नीति में समन्वयन निम्न प्रकार होना चाहिए—

1. क्षेत्र-एक में बाह्य संतुलन को पुनः स्थापित करने के हेतु प्रतिबन्धक मौद्रिक नीति और आन्तरिक संतुलन की पुनर्स्थापना के लिए एक प्रसरणशील राजकोषीय नीति को संयुक्त रूप में प्रयुक्त किया जाना चाहिए।

2. क्षेत्र-दो में प्रसरणशील राजकोषीय नीति और प्रसरणशील मौद्रिक नीति को साथ-साथ क्रियाशील किया जाना चाहिए।

3. क्षेत्र-तीन में प्रसरणशील मौद्रिक नीति के साथ संकुचनात्मक राजकोषीय नीति को लागू करना चाहिए। तथा

4. क्षेत्र-चार में प्रतिबन्धात्मक राजकोषीय नीति और प्रतिबन्धक मौद्रिक नीतियों का उपयोग किया जाना चाहिए।

निष्कर्ष के रूप में कहा जा सकता है कि मुंडल के अनुसार, "बाह्य संतुलन के उद्देश्य की प्राप्ति के लिए मौद्रिक नीति को उपयोग करना चाहिए और आंतरिक संतुलन के उद्देश्य की प्राप्ति के लिए राजकोषीय नीति को उपयोग में लाना चाहिए। परन्तु यह तभी प्राप्त हो सकता है जब मौद्रिक तथा राजकोषीय उपायों में उनके प्रभावों के दृष्टिगोचर होने से पहले सुगमता से तथा बिना समय विलम्बना के लगातार होता रहे। इसी को मुंडल का प्रभावीबाजार वर्गीकरण सिद्धान्त (Principle of Effective Market Classification) कहते हैं। इसका अर्थ यह है कि आंतरिक तथा बाह्य स्थिरता के लिए मौद्रिक तथा राजकोषीय उपायों को प्रभावकारी ढंग से उपयोग करना चाहिए।"

मण्डल के मॉडल के दोष
(Shortcomings of Mundell's Model)

मुन्डल के विश्लेषण में अग्रांकित दोषों को बताया गया है—

1. आवस्तविक धारणाएँ—प्राधिकारियों के लिए यह जानना संभव नहीं है कि अर्थव्यवस्था आंतरिक तथा बाह्य दोनों संतुलनों से कितनी दूर है। प्राधिकारियों के लिए उन परिमाणात्मक परिणामों का सही ज्ञान होना भी कठिन है जिनकी प्रत्येक नीति उपाय से प्राप्त होने की प्रत्याशा की जा सकती है। इस प्रकार ये दोनों धारणाएँ जिन पर मुंडल का विश्लेषण आधारित है; वास्तविकता से दूर है। मुंडल के विश्लेषण में सुदीर्घकालिक स्फीति की उपेक्षा की गई है जो लगभग सभी विकसित देशों में एक अत्यन्त साधारण घटना है।

2. अन्य घटकों की उपेक्षा—मुंडल के विश्लेषण के अनुसार ब्याज दरों में अन्तर के कारण ही पूँजी में गति उत्पन्न होती है जबकि पूँजी में गतियाँ अन्य तत्त्वों से भी उत्पन्न हो सकती है—जैसे विनिमय दर में परिवर्तनों के कारण भी पूँजी में गति उत्पन्न हो सकती है। फिर एक दीर्घकालीन घाटे का वित्त प्रबन्ध पूँजी के प्रवाहों के माध्यम से नहीं किया जा सकता।

3. भुगतान संतुलन में सामंजस्य—यह भी कहा गया है कि एक नीति मिश्रण से भुगतान संतुलन में समंजन नहीं होते। वह उसको केवल स्थिर करता है। पूँजी प्रवाहों से विदेशी मुद्रा की स्वायत्त माँग तथा पूर्ति के बीच का अंतराल बिना कीमतों तथा आय को प्रभावित किये कम हो जाता है।

4. ऋण सेवा लागतों की अपेक्षा—घरेलू ब्याज दरों में वृद्धि के कारण पूँजी के सतत अंतर्वाह से भुगतान संतुलन के चालू लेखे में जो ऋण सेवा लागतें उत्पन्न होती हैं मुंडल का विश्लेषण उनकी उपेक्षा करता है।

5. नीति मिश्रण के विपरीत प्रभाव—ब्याज दर के बढ़ने से घरेलू निवेश स्तर नीचा होता है। इसका निराकरण तभी हो सकता है जब सरकार अपने व्यय को बढ़ाए या करों को कम करे या दोनों उपायों को एक साथ लागू करे। परन्तु यह नीति मिश्रण अर्थव्यवस्था की बचतों को ऋण द्वारा व्यवस्थित सरकारी व्यय की ओर विचलित करके नष्ट कर देगा और पूँजी निर्माण को अवरुद्ध करेगा।

6. जॉनसन के अनुसार, "सभी देशों में एक साथ मौद्रिक तथा राजकोषीय नीतियों के सही संयोग को प्राप्त करना, विशेषकर जबकि नीतियों में समंजन क्रमिक प्रयोग तथा गलती द्वारा होता है, एक जटिल प्रक्रिया होगा और कुछ परिस्थितियों में संतुलन की ओर ले जाने की बजाय उससे दूर ले जा सकता है।"

परीक्षा प्रश्न
(Examination Questions)

I. दीर्घ उत्तरीय प्रश्न (Long Answer Type Questions)

1. मौद्रिक तथा राजकोषीय नीतियों के प्रभावोत्पादकता व क्षमता पर एक लेख लिखिए।
   Write an essay on effectiveness and efficiency of Monetary and fiscal policies.
2. मुण्डल के मॉडल की आलोचनात्मक व्याख्या कीजिए।
   Critically examine the Mundell's Model.
3. "राजकोषीय व मौद्रिक नीतियाँ एक दूसरे के पूरक हैं न कि प्रतिद्वन्द्वी" स्पष्ट कीजिए।
   "Fiscal and Monetary Policies are complimentary, not competitive to each other." Explain.

II. लघु उत्तरीय प्रश्न (Short Answer Type Questions)

1. राजकोषीय नीति व आर्थिक स्थायीकरण से क्या तात्पर्य है?
2. राजकोषीय नीति के मुख्य उपकरण कौन से हैं?
3. क्षति पूरक राजकोषीय नीति स्पष्ट कीजिए।
4. राजकोषीय नीति की क्या सीमाएँ हैं?
5. राजकोषीय नीति के द्वारा आर्थिक स्थिरता कैसे प्राप्त की जा सकती है?
6. राजकोषीय एवं मौद्रिक नीतियों की प्रभावोत्पादकता के सम्बन्ध में टिप्पणी लिखिए।
7. मौद्रिक एवं राजकोषीय नीति में समन्वय का मुण्डल मॉडल क्या है।
8. मुण्डल मॉडल के दोष लिखिए।
9. मौद्रिक तथा राजकोषीय नीतियों में अंतर-संबंध स्पष्ट कीजिए।

III. वस्तुनिष्ठ प्रश्न (Objective Type Questions)

1. राजकोषीय नीति के अंतर्गत अध्ययन किया जाता है—
   (अ) सरकार की आय एवं व्यय का (ब) सरकार की आय का
   (स) सरकार के व्यय का (द) करारोपण सार्वजनिक व्यय तथा सार्वजनिक ऋण का
2. आय की असमानता को कम करने के लिए जिस नीति का उपयोग किया जाता है, उसे कहते हैं—
   (अ) समुत्थान प्रोत्साहित नीति (ब) पुनर्वितरण कर नीति
   (स) क्षतिपूरक व्यय नीति (द) उपर्युक्त सभी।
3. राजकोषीय नीति का जनता पर प्रभाव पड़ता है—
   (अ) परोक्ष (ब) प्रत्यक्ष
   (स) तटस्थ (द) उपर्युक्त सभी।
4. व्यापार चक्र संकुचन अवस्था में करारोपण में
   (अ) वृद्धि होनी चाहिए, (ब) कमी होनी चाहिए,
   (स) पूर्ववत रहनी चाहिए (द) उपर्युक्त में से कोई नहीं
5. कीमत स्थिरता और पूर्ण रोजगार की प्राप्ति दोनों—
   (अ) अनुकूल उद्देश्य हैं (ब) विपरीत उद्देश्य हैं
   (स) उपर्युक्त दोनों (द) उपर्युक्त में से कोई नहीं।

उत्तर—1. (द), 2. (ब) , 3. (ब), 4. (ब), 5 (ब)

OOO

40 मुद्रावाद बनाम वित्तवाद या कीन्सवाद
(Monetarism vs. Fiscalism or Keynesianism)

मुद्रावाद एवं कीन्सवाद दो महत्वपूर्ण विचारधाराएँ हैं, जो अर्थव्यवस्था के समष्टि व्यवहार (Macro Behaviour) को स्पष्ट करते हैं। मुद्रावाद मुख्यतः फ्रीडमैन (Friedman) और उनके अनुयायियों से संबंधित हैं, जबकि कीन्सवाद कीन्स और उनके अनुयायियों से संबंधित हैं।

मुद्रावाद के अनुयायियों का मत है कि मुद्रा ही प्रमुख चर (Variable) है और मुद्रा की पूर्ति में परिवर्तन ही अर्थव्यवस्था के वास्तविक क्षेत्रों को प्रभावित करती है, अतः अर्थव्यवस्था में आर्थिक स्थिरता लाने में राजकोषीय नीति की अपेक्षा मौद्रिक नीति ही अधिक प्रभावकारी उपकरण हैं, संक्षेप में उनका मत है, **''केवल मुद्रा ही महत्व रखती है'' (Only money matters)**

दूसरी ओर कीन्सवाद के अनुयायियों का मत है कि **''मुद्रा का कोई महत्व नहीं है, और आर्थिक स्थिरता के लिए मौद्रिक नीति की अपेक्षा राजकोषीय नीति अधिक सशक्त उपकरण होता है।''**

संक्षेप में, मुद्रावाद के समर्थकों को मुद्रावादी और कीन्सवाद के समर्थक को **राजकोषीयवादी** कहते हैं।

मुद्रावाद बनाम वित्तवाद के विचारों का विश्लेषण हम निम्नलिखित दो शीर्षकों के अंतर्गत कर सकते हैं।

1. सैद्धान्तिक भेद (Theoretical Differences)
2. नीति विषयक भेद (Policy Differences)

अब हम उपर्युक्त दोनों बिन्दुओं पर पृथक्-पृथक् विश्लेषण करेंगे।

1. सैद्धान्तिक भेद (Theoretical Difference)—मुद्रावादियों के अनुसार मुद्रा पूर्ति **''अर्थव्यवस्था में प्रमुख होती है यद्यपि एकमात्र नहीं।''** यह अल्पकाल में कीमतों एवं उत्पादन के दोनों स्तरों का तथा दीर्घकाल में कीमतों के स्तर का निर्धारक होती है।

कीन्सवादी मुद्रावादियों के उपर्युक्त मत को अस्वीकार करते हैं कि मुद्रा पूर्ति में होने वाले परिवर्तन ही राष्ट्रीय आय में परिवर्तन लाते हैं। बल्कि **उनका तो यह मत है कि राष्ट्रीय आय में होने वाले परिवर्तन ही मुद्रा पूर्ति में परिवर्तन लाते हैं।**

संक्षेप में मुद्रावादियों और विश्ववादियों या कीन्सवादियों के बीच प्रमुख अन्तर का आधार है **मुद्रा की माँग एवं पूर्ति तथा कुल व्यय पर ब्याज दरों का पड़ने वाला प्रभाव।**

अब हम दोनों दृष्टिकोणों का अध्ययन पृथक्-पृथक् करेंगे।

(i) मुद्रा तथा कीमतों संबंधी मुद्रावादी सिद्धान्त (Monetarism Theory of Money and Price)—मुद्रावादियों का मत है कि मुद्रा की माँग को निर्धारित करने में ब्याज की दर कोई कार्य नहीं करती है। मुद्रा की माँग वस्तुतः मुद्रा की लेन-देन की माँग होती है जो आय के स्तर द्वारा निर्धारित होती है।

अतः मुद्रावादी दृष्टिकोण के अनुसार मुद्रा पूर्ति तथा कीमतों के बीच सम्बन्ध केवल सबल ही नहीं बल्कि प्रत्यक्ष भी होता है। इस सिद्धान्त में मुद्रा पूर्ति के विस्तार को उपभोक्ताओं तथा विनियोजकों दोनों के हाथों में अधिक मुद्रा रख दिये

जाने के रूप में माना गया है। चूँकि इस सिद्धान्त की यह मान्यता है कि मुद्रा संचय माँग (M^1) राष्ट्रीय आय की स्थिर फलन (Stable Function) है, इसलिए मुद्रा पूर्ति में वृद्धि लोगों की मुद्रा संचय की माँग की अपेक्षा अधिक नकद शेष उत्पन्न करती है और **अतिरिक्त मुद्रा शेष** को शीघ्र ही व्यय कर दिया जाता है जिसके फलस्वरूप वस्तुओं तथा सेवाओं की कुल माँग में वृद्धि होती है और कीमतें बढ़ती हैं। इस प्रकार फ्रीडमैन विश्लेषण में कीन्सियन विश्लेषण से भिन्न मुद्रा की पूर्ति में वृद्धि का कुल माँग में वृद्धि के माध्यम से कीमतों तथा आय पर प्रत्यक्ष प्रभाव का विश्लेषण किया है।

रेखाचित्र द्वारा स्पष्टीकरण (Diagrammatic Explanation)—फ्रीडमैन के मुद्रा परिमाण सिद्धान्त के चित्र द्वारा स्पष्ट किया गया है—

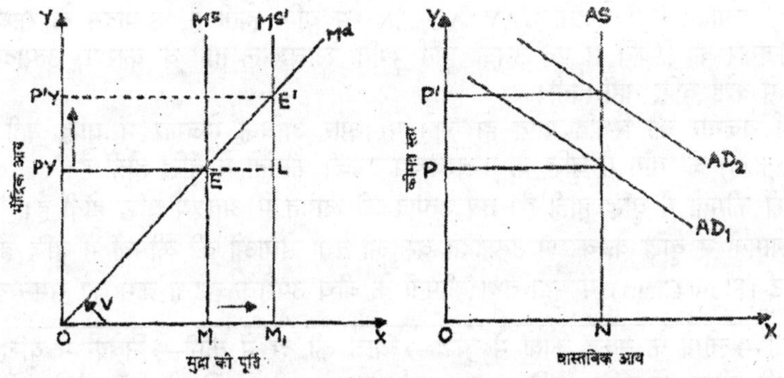

चित्र-1

1. चित्र-1 A में मुद्रा की प्रारम्भिक पूर्ति OM है जो बढ़कर अब OM_1 हो जाती है तो मौद्रिक आय के PY स्तर पर मुद्रा की पूर्ति मुद्रा संचय की माँग की अपेक्षा अधिक हो जाती है। अतः लोग अतिरिक्त मुद्रा शेष या पूर्ति को व्यय करने के लिए उत्साहित होंगे। फलतः वस्तुओं तथा सेवाओं की कुल माँग में वृद्धि होगी। अब यदि पूर्ण रोजगार की स्थिति होने के कारण वास्तविक आय का स्तर (Y) रहता है तो कुल माँग या व्यय में वृद्धि से कीमत स्तर (P) में वृद्धि होगी और वह मौद्रिक आय में वृद्धि कर देगी जैसा कि चित्र-1 A में P^1Y मौद्रिक आय के स्तर पर पुनः मुद्रा संचय की माँग नवीन अधिक मुद्रा पूर्ति OM_1 के बराबर हो जाती है।

2. चित्र-1 B में मुद्रा पूर्ति में वृद्धि के कीमत पर प्रभाव को प्रत्यक्ष रूप से प्रदर्शित किया गया है। चित्र में सकल राष्ट्रीय उत्पाद या वास्तविक आय को OX-अक्ष पर तथा कीमत स्तर को OY-अक्ष पर दर्शाया गया है। AS मुद्रा का कुल पूर्ति वक्र है जो पूर्ण रोजगार की मान्यता के अनुसार लम्बवत् सीधी रेखा है। AD_1 व AD_2 मुद्रा-पूर्ति की विभिन्न मात्राओं से सम्बन्धित कुल माँग वक्र है।

इस प्रकार चित्र-1 A में मुद्रा की पूर्ति OM से OM_1 होने पर चित्र 1B में मुद्रा की माँग AD_1 से बढ़कर AD_2 हो जाती है जिसके फलस्वरूप कीमत स्तर OP से बढ़कर OP^1 हो जाती है।

उपर्युक्त विवेचन से स्पष्ट है कि फ्रीडमैन के मुद्रा के परिमाण सिद्धान्त के अनुसार मुद्रा पूर्ति में वृद्धि कुल माँग में आनुपातिक वृद्धि करता जिसके कारण कीमतों में वृद्धि होती है। इस प्रकार मुद्रावादी दृष्टिकोण के अनुसार मुद्रा पूर्ति तथा कीमतों के बीच सम्बन्ध केवल सबल ही नहीं बल्कि प्रत्यक्ष भी होता है।

मुद्रा तथा कीमतों संबंधी कीन्सियन सिद्धान्त (Keynesian Theory of Money and Prices)—अपनी प्रसिद्ध पुस्तकों "A Treatise on Money" तथा "The General Theory of Employment Interest and Money" में कीन्स ने मुद्रा तथा कीमतों के संबंध में एक सिद्धान्त प्रस्तुत किया है। इसमें उत्पादन की लागत में परिवर्तनों के द्वारा मुद्रा तथा कीमतों में संबंध स्थापित करने का प्रयत्न किया गया है।

मुद्रा के **परिमाण सिद्धान्त** के अनुसार मुद्रा की मात्रा में परिवर्तन का कीमत स्तर पर प्रत्यक्ष तथा आनुपातिक प्रभाव पड़ता है।

इसके विपरीत **कीन्स** का मत है कि मुद्रा की मात्रा में परिवर्तन का कीमत स्तर पर परोक्ष रूप से प्रभाव पड़ता है। मुद्रा की पूर्ति कीमत स्तर को केवल ब्याज की दर तथा उत्पादन की लागत में परिवर्तन के द्वारा ही प्रभावित करती है।

मुद्रा और कीमत के सम्बन्ध में कीन्स के विचारों को निम्नलिखित बिन्दुओं के आधार पर स्पष्ट किया जा सकता है।

1. मुद्रा की मात्रा में परिवर्तन सबसे पहले ब्याज की दर को प्रभावित करता है।

2. मुद्रा की मात्रा बढ़ती है तो ब्याज दर घटती है।

3. ब्याज की दर में कमी से निवेश प्रोत्साहित होता है।

4. निवेश में वृद्धि (ΔI) गुणक प्रक्रिया के द्वारा आय, रोजगार तथा उत्पादन में वृद्धि करती है। ऐसा इस मान्यता पर है कि साधनों का अभी तक पूर्ण उपयोग नहीं किया गया है।

5. जैसे ही आय, उत्पादन तथा रोजगार (ΔY, ΔO, ΔN) में वृद्धि होती है, उत्पादन के साधनों की माँग में वृद्धि होती है। किन्तु पूर्ण रोजगार की स्थिति से पूर्व उनकी पूर्ति पूर्णतः लोचशील होने के कारण, उत्पादन में होने वाली वृद्धि के फलस्वरूप कीमतों में कोई वृद्धि नहीं होती।

6. एक बार पूर्ण रोजगार की स्थिति प्राप्त हो जाने पर और अधिक रोजगार में वृद्धि नहीं हो सकती है। अतः उत्पादन के आगतो (Inputs) की माँग में वृद्धि के फलस्वरूप उनकी कीमतों में वृद्धि होती है।

7. जब आगतों की कीमतों में वृद्धि होती है। तब उत्पाद की लागत में अवश्य वृद्धि होती है।

8. उत्पादन की लागतों में वृद्धि के कारण उत्पादित वस्तुओं तथा सेवाओं की कीमतों में वृद्धि होती है।

निम्न अनुक्रम चार्ट (Flow Chart) में मुद्रा तथा कीमतों के बीच उपरोक्त घटना क्रम का समन्वय दिखाया गया है।

मुद्रा की पूर्ति में वृद्धि→लोगों के नकद कोषों में वृद्धि→ब्याज की दर में कमी→निवेश में वृद्धि→आगतों की मांग में वृद्धि→आगतों की कीमत में वृद्धि (यदि साधन पूर्ण रोजगार की स्थिति में पहुँच चुके हों तो)→उत्पादन की लागत में वृद्धि→उत्पादित वस्तुओं तथा सेवाओं की कीमतों में वृद्धि।

मुद्रा तथा कीमतों संबंधी कीन्सियन सिद्धान्त का सारांश इस प्रकार है—जब एक अर्थव्यवस्था में बेरोजगारी की स्थिति पाई जाती है, तब तक मुद्रा की मात्रा में वृद्धि के कारण उत्पादन तथा रोजगार में वृद्धि होती है। पूर्ण रोजगार की स्थिति आ जाने से मुद्रा की मात्रा में वृद्धि होने के कारण कीमतों में उसी अनुपात में वृद्धि होने लगती है।

उपर्युक्त विवेचन के अनुसार मुद्रा तथा कीमतों के संबंध में कीन्स का विचार संक्षेप में इस प्रकार है। जब एक अर्थव्यवस्था में बेरोजगारी की स्थिति पाई जाती है, तब तक मुद्रा की मात्रा में वृद्धि के कारण उत्पादन तथा रोजगार में वृद्धि होती है। पूर्ण रोजगार की स्थिति आ जाने से मुद्रा की मात्रा में वृद्धि होने के कारण कीमतों में उसी अनुपात में वृद्धि होने लगती है। इसी तथ्य को नीचे चित्र द्वारा स्पष्ट किया गया है।

चित्र में मुद्रा तथा उत्पादन के सम्बन्ध को व्यक्त किया गया है। इस चित्र से ज्ञात होता है कि जैसे-जैसे मुद्रा की मात्रा O से M तक बढ़ती जाती है। उत्पादन भी O से OF तक उसी अनुपात में बढ़ रहा है। मुद्रा की मात्रा OK है तो उत्पादन OQ है जब मुद्रा की मात्रा बढ़कर OL हो जाती है तो उत्पादन इसी अनुपात में बढ़कर OQ_1 हो जाता है जब मुद्रा की मात्रा OM हो जाती है तो पूर्ण रोजगार के स्तर वाले उत्पादन OQ_F का उत्पादन होने लगता है। बिन्दु T तक उत्पादन वक्र ऊपर को उठ रहा है। बिन्दु T के पश्चात् उत्पादन वक्र एक खड़ी रेखा TC हो गयी है। इससे प्रकट होता है कि बिन्दु T के बाद मुद्रा की मात्रा में वृद्धि होने पर उत्पादन में कोई वृद्धि नहीं होगी।

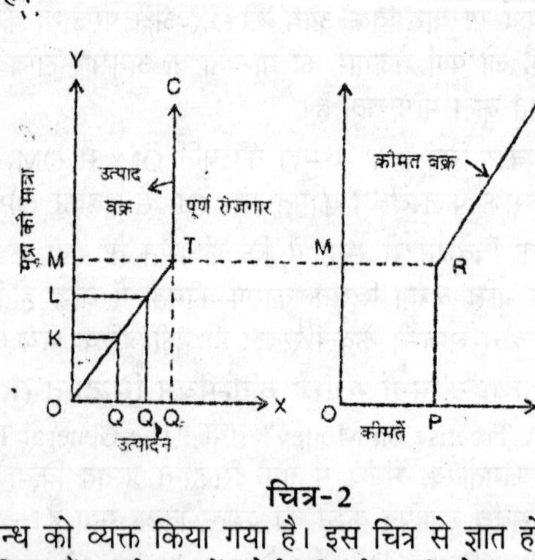

चित्र-2

चित्र B में मुद्रा के परिणाम और कीमतों के बीच के सम्बन्ध को व्यक्त किया गया है। इस चित्र से ज्ञात होता है जब तक मुद्रा की मात्रा OM से कम है तब कीमतें OP स्तर तक स्थिर हैं अर्थात् उनमें कोई परिवर्तन नहीं हो रहा है। इसका कारण यह है कि अर्थव्यवस्था में पूर्ण रोजगार की स्थिति उत्पन्न नहीं हुई है।

2. नीति विषयक भेद (Policy Differences)—मुद्रावादियों का मत है कि आर्थिक क्रिया पर राजकोषीय नीति की अपेक्षा मौद्रिक नीति का आधिक प्रभाव पड़ता है और राजकोषीय नीति तो केवल मुद्रा पूर्ति में परिवर्तन लाने में ही महत्वपूर्ण है। दूसरी ओर कीन्सवादी इस बात पर बल देते हैं कि अर्थव्यवस्था को प्रभावित करने में राजकोषीय तथा मौद्रिक दोनों ही नीतियाँ महत्व रखती हैं परन्तु वे मौद्रिक नीति की अपेक्षा राजकोषीय नीति को अधिक महत्व देते हैं।

अब हम मुद्रावादी दृष्टिकोण और कीन्सवादी दृष्टिकोण का पृथक-पृथक अध्ययन करेंगे।

मुद्रावादी दृष्टिकोण (The Monetarist View)—मुद्रावादी दृष्टिकोण को हम निम्नलिखित दो बिन्दुओं के आधार पर विश्लेषण करेंगे।

(i) आर्थिक स्थायित्वकरण में मौद्रिक नीति का ही अधिक महत्व है—मुद्रावादियों के अनुसार मुद्रा की पूर्ति में होने वाले परिवर्तनों का कीमतों, आय तथा उत्पादन पर काफी प्रभाव पड़ता है अतः **आर्थिक स्थायित्वकरण** के लिए **मौद्रिक नीति का ही महत्व है।**

मुद्रावादियों द्वारा अपनायी जाने वाली मौद्रिक नीति का किस प्रकार मुद्रा पूर्ति में होने वाले परिवर्तनों का कुल व्यय और इसलिए आय पर प्रत्यक्ष प्रभाव पड़ता है, उसका हम विश्लेषण करेंगे।

शुरू में मान लीजिए कि केन्द्रीय बैंक खुले बाजार में प्रतिभूतियों का क्रय करता है। इससे प्रतिभूतियों की कीमतें बढ़ जाएगी और ब्याज दर गिर जाएगी। फलतः लोग प्रतिभूतियों को बेचने लगेंगे और अधिक मुद्रा अपने पास रखेंगे। लोग अपनी बढ़ी हुई मुद्रा शेषों को वित्तीय सम्पत्तियों और टिकाऊ उपभोक्ता। वस्तुओं पर खर्च करेंगे। दूसरे लोग भी नीची ब्याज दरों से आकर्षित होकर टिकाऊ उपभोक्ता वस्तुओं, मकानों, प्लाटों और उपकरणों आदि पर व्यय करने के लिए बैंको से उधार लेते हैं। ये समस्त क्रियाएँ कुल व्यय तथा आय को बढ़ा देती है। इस प्रकार मुद्रावादियों के अनुसार विस्तारक मौद्रिक नीति कुल व्यय और इसीलिए आय दर प्रत्यक्ष प्रभाव डालती है। इसी तथ्य को नीचे रेखाचित्रों की सहायता से स्पष्ट किया गया है।

नोट—प्रतिभूतियों या बाण्डस की कीमत तथा ब्याज की दर में विपरीत संबंध होता है। बाण्ड्स की कीमत में वृद्धि होने का निहित अर्थ ब्याज की दर में कमी होना है तथा इसके विपरीत भी होता है।

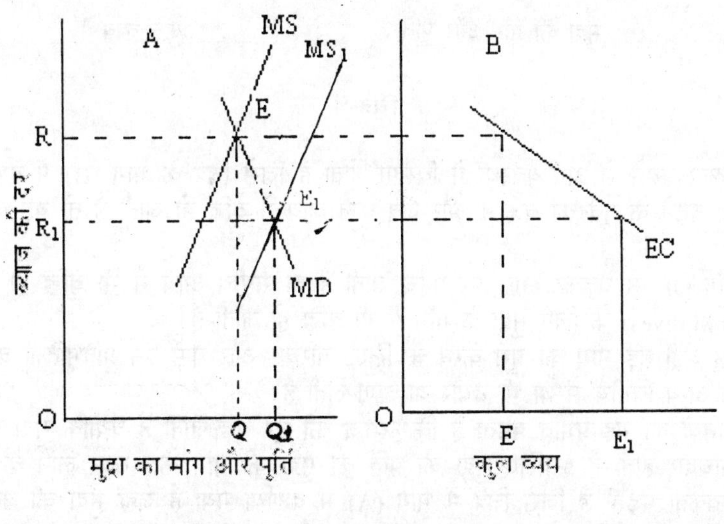

चित्र-3

चित्र-3 में (i) M_D मुद्रा का मांग वक्र है और M_S मुद्रा का पूर्ति वक्र है। दोनों ही वक्र ब्याज कम लोचशील है। (ii) शुरू में OR ब्याज दर पर दोनों ही वक्र संतुलन में है। जब मुद्रा पूर्ति बढ़कर M_{S1} हो जाती है, तो ब्याज की

दर OR से गिर कर OR_1 पर आ जाती है। क्योंकि मुद्रा की माँग ब्याज दरों के प्रति अपेक्षाकृत बेलोचदार होती है इसलिए वह OQ से बढ़कर OQ_1 पर चली जाती है।

(iii) चूँकि कुल व्यय ब्याज दर में इस कमी के प्रति बहुत लोचदार है इसलिए जैसा कि चित्र के भाग (B) में दर्शाया गया है कुल व्यय OE से बढ़कर OE_1 हो जाता है जहाँ EC वक्र को व्यक्त करता है। इस प्रकार कुल व्यय और आय बढ़ाने में **विस्तार मौद्रिक नीति बहुत ही सफल है।**

संक्षेप में **मुद्रावादियों के अनुसार विस्तार मौद्रिक नीति** के कारण ब्याज दर में परिवर्तन होता है जो अर्थव्यवस्था की निवेश की मात्रा को प्रभावित करता है और निवेश व्यय में परिवर्तन प्रत्यक्ष रूप से अर्थव्यवस्था के **कुल माँग या कुल व्यय** स्तर को प्रभावित करता है।

2. आर्थिक स्थायित्वकरण में राजकोषीय नीति का कोई महत्व नहीं है—अब हम मुद्रावादियों के इस धारणा का अध्ययन करेंगे कि आर्थिक स्थायित्वकरण में राजकोषीय नीति का कोई महत्व नहीं है जैसे कि नीचे चित्र द्वारा स्पष्ट किया गया है।

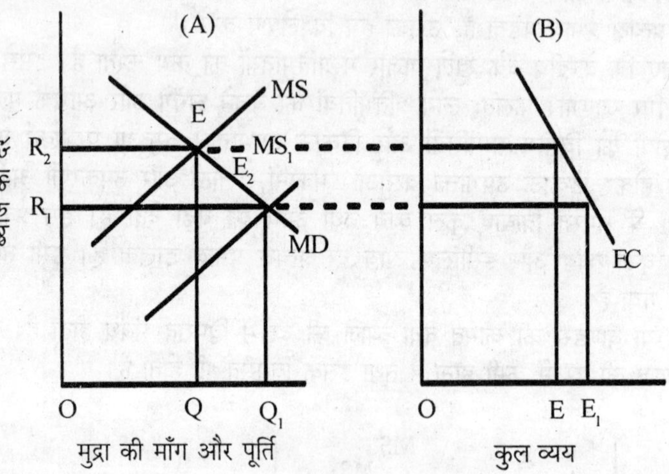

चित्र-4

चित्र-4 में कुल व्यय बढ़ने से अर्थव्यवस्था में विस्तार होता है जिसे चित्र के भाग (B) में दर्शाया गया है। चित्र में (i) EC वक्र कुल व्यय बढ़ने के पूर्व का वक्र है और जब कुल व्यय में वृद्धि हो जाती है तो यह वक्र दायीं ओर खिसक कर EC_1 हो जाता है।

(ii) जब कुल माँग OE से बढ़कर OE_1 पर पहुँच जाती है तो राष्ट्रीय आय में भी वृद्धि हो जाती है। इससे सौदा उद्देश्यों (Transaction Motives) के लिए मुद्रा के माँग में भी वृद्धि हो जाती है।

(iii) मुद्रा की इस बढ़ी हुई **माँग** को पूरा करने के लिए, परिवार और फर्में उन प्रतिभूतियों को बेचती है जो उनके पास है और बैंकों तथा अन्य वित्तीय संस्था भी उधार या ऋण लेती हैं।

(iv) उपर्युक्त प्रवृत्तियों का यह प्रभाव पड़ता है कि **ब्याज की दर** बढ़ जाती है क्योंकि मुद्रा की माँग ब्याज दरों में परिवर्तनों के प्रति बेलोचदार होती है इसलिए मुद्रा की पूर्ति को मुद्रा की मांग के बराबर लाने के लिए बहुत ही **ऊँची ब्याज दर की** आवश्यकता पड़ती है जिसे चित्र में भाग (A) में दर्शाया गया है जहाँ मुद्रा की बढ़ी हुई मांग को M_{D1} वक्र द्वारा और ब्याज की बढ़ी हुई दर को RR_1 द्वारा दर्शाया गया है।

(v) ब्याज की दर अत्यधिक बढ़ जाने से निजी व्यय में गिरावट आएगी। फलतः निजी व्यय OE_1 से घटकर OE_2 हो जाएगा जैसा कि चित्र के भाग (B) में दर्शाया गया है। फलतः **कुल व्यय पर विस्तारक** राजकोषीय नीति का शुद्ध प्रभाव मात्र EE_2 ही है।

इस प्रकार मुद्रावादियों के मतानुसार जब विस्तारक राजकोषीय नीति अपनाई जाती है तो सरकारी व्यय बढ़ जाता है। इससे आय में वृद्धि होती है जो ब्याज दर को बहुत अधिक बढ़ा देता है। ब्याज की दर में वृद्धि होने का परिणाम यह होता है कि निजी व्यय लगभग उतना ही घट जाता है जितना कि सरकारी व्यय बढ़ता है।

इस प्रकार मुद्रावादियों का कहना है कि राजकोषीय नीति अर्थव्यवस्था में आर्थिक स्थिरता लाने में बिल्कुल अप्रभावी होती है जिससे केवल क्राउडिंग आउट (Crowding out) होता है अर्थात जितना सरकारी व्यय बढ़ता है उतनी ही निजी निवेश में कमी होती है।

कीन्सियन या वित्तवादी दृष्टिकोण (Keynesian or Fiscalism)

कीन्सवादियों के दृष्टिकोण के अनुसार आर्थिक स्थिरता लाने के सम्बन्ध में उनके दृष्टिकोण का अध्ययन निम्नलिखित दो बिन्दुओं के आधार पर अध्ययन कर सकते हैं।

1. अर्थव्यवस्था को प्रभावित करने में राजकोषीय नीति की अपेक्षा मौद्रिक नीति का कम प्रभाव पड़ता है—कीन्सवादी दृष्टिकोण के अनुसार आर्थिक क्रियाओं पर मौद्रिक नीति की अपेक्षा राजकोषीय नीति का अधिक प्रभाव पड़ता है। वे कुल आय की सापेक्ष ब्याज बेलोचता के कारण मौद्रिक नीति को अर्थव्यवस्था को प्रभावित करने में कम प्रभावशील मानते हैं। इस तथ्य को स्पष्ट करने के लिए हम विस्तारक मौद्रिक नीति का अर्थव्यवस्था पर प्रभाव का अध्ययन करेंगे।

मान लीजिए केन्द्रीय बैंक खुले बाजार में प्रतिभूतियाँ खरीदता है जिसके फलस्वरूप प्रतिभूतियों की कीमत में वृद्धि हो जाती है और ब्याज की दर गिर जाती है। फलतः लोग प्रतिभूतियाँ बेचने लगते हैं ताकि वे अधिक मुद्रा अपने पास रख सके। चूँकि कीन्सियन प्रणाली में मुद्रा की मांग बहुत ही ब्याज-लोच (Interest Elastic) होती है। इसलिए यदि ब्याज की दर थोड़ी सी भी बढ़ेगी तो लोग **प्रतिभूतियों का विक्रय** करेंगे और मुद्रा को अपने पास रखेंगे। इसी तथ्य को नीचे चित्र-5 द्वारा स्पष्ट किया गया है।

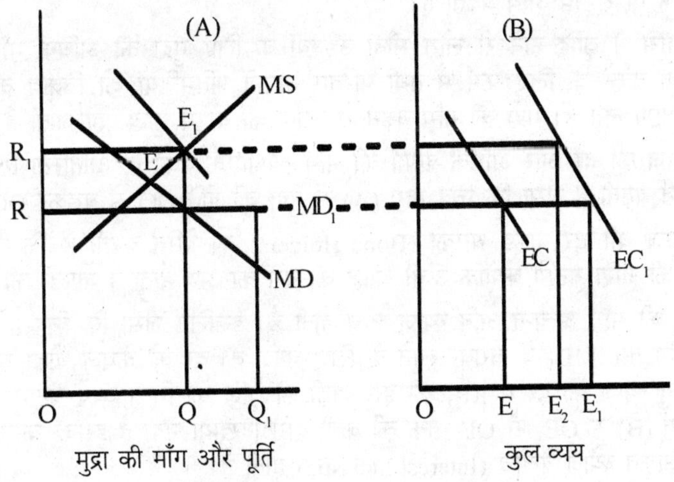

चित्र-5

चित्र 5 के A भाग में प्रारम्भिक स्थिति में ब्याज की दर और मुद्रा की पूर्ति क्रमशः OR व OQ है।

अब मान लीजिए केन्द्रीय बैंक की कार्यवाही के कारण मुद्रा की पूर्ति में वृद्धि हो जाती है जिसे चित्र में M_{S1} वक्र द्वारा दर्शाया गया है। जब मुद्रा की पूर्ति बढ़कर OQ_1 हो जाती है तो ब्याज की दर OR से कम होकर OR_1 हो जाती है। ब्याज की दर में यह RR_1 के बराबर कमी कुल व्यय में केवल EE_1 के बराबर वृद्धि करती है जैसा कि चित्र भाग (B) में दर्शाया गया है। इस प्रकार विस्तारक मौद्रिक नीति माँग तथा आय को बढ़ाने में सफल नहीं होती है।

2. अर्थव्यवस्था को प्रभावित करने में राजकोषीय नीति की अपेक्षा मौद्रिक नीति का कम प्रभाव पड़ता है—दूसरी ओर कीन्सवादी इस बात पर बल देते हैं कि अर्थव्यवस्था को प्रभावित करने में राजकोषीय तथा मौद्रिक दोनों ही नीतियाँ महत्व रखती हैं परन्तु वे **मौद्रिक नीति** की अपेक्षा राजकोषीय नीति को अधिक महत्व देते हैं अर्थात् मौद्रिक

अर्थव्यवस्था में मौद्रिक नीति की अपेक्षा राजकोषीय नीति अधिक प्रभावी होती है। इस तथ्य को नीचे चित्र-6 में दर्शाया गया है।

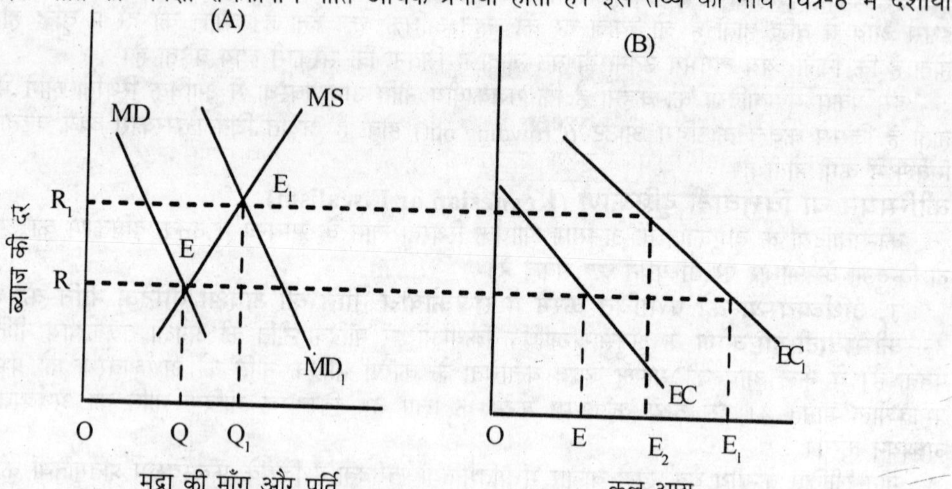

चित्र-6

(i) जब राष्ट्रीय आय बढ़ाने के लिए कुल व्यय में वृद्धि की जाती है तो अर्थव्यवस्था में विस्तार होता है जैसा कि चित्र के B भाग में कुल व्यय वक्र EC दाहिनी ओर खिसककर EC_1 पर चला जाता है। जब कुल व्यय OE से बढ़कर OE_1 हो जाता है तो राष्ट्रीय आय बढ़ती है।

राष्ट्रीय आय में वृद्धि होने से लोग सौदा उद्देश्यों के लिए मुद्रा की अधिक माँग करते हैं। मुद्रा की माँग में इस बढ़ोत्तरी को पूरा करने के लिए फर्म में तथा परिवार अपनी प्रतिभूतियों को विक्रय करते हैं तथा वित्तीय संस्थाओं जैसे बैंकों आदि से ऋण लेते हैं। मुद्रा की माँग बढ़ने से ब्याज की दर में वृद्धि हो जाती है।

ऊँची ब्याज की दरें और अधिक ऋणों की माँग व्यापारिक बैंकों के अतिरिक्त रिजर्व घटाने की प्रेरणा देते हैं इससे भी मुद्रा की पूर्ति बढ़ती है जैसा कि चित्र भाग (A) में मुद्रा की पूर्ति OQ से बढ़कर OQ_1 हो जाती है।

ऊँची ब्याज की दरें बाण्ड धारकों (Bond Holders) को प्रेरित करती हैं कि वे सट्टा उद्देश्यों के लिए रखी गई अपनी मुद्राओं की राशि घटाये क्योंकि ऊँची ब्याज की दरों का अर्थ होता है बाण्डों की कीमतों का गिरना।

चूँकि मुद्रा की माँग अत्यन्त अति ब्याज-लोच होती है। इसलिए जैसा कि चित्र-6 भाग A में मुद्रा पूर्ति M_S को E_1 पर नए मुद्रा माँग वक्र MD_1 के बराबर लाने के लिए ब्याज की दर को केवल थोड़ा-सा OR से OR_1 तक बढ़ाने की ही जरूरत है। परन्तु ब्याज की दर में RR_1 की इस थोड़ी-सी वृद्धि का निजी व्यय घटाने में बहुत कम प्रभाव पड़ता है जैसा कि चित्र के भाग (B) में OE_1 से OE_2 तक की कमी द्वारा दिखाया गया है इसका कारण यह है कि कीन्स की प्रणाली में कुल व्यय अपेक्षाकृत ब्याज बेलोच (Interest Inelastic) होती है।

इस प्रकार विस्तारक राजकोषीय नीति (Expanding Fiscal Policy) का प्रभाव यह पड़ता है कि जब ब्याज की दर में RR_1 की वृद्धि होती है तो उसके परिणामस्वरूप कुल व्यय में EE_2 के बराबर शुद्ध वृद्धि होती है और निजी व्यय में केवल थोड़ी सी अर्थात् E_1E_2 के बराबर ही कमी होती है। कीन्सवादी के अनुसार कुछ सीमा तक ही **क्राउडिंग आउट (Crowding out)** होता है अर्थात **जितना सरकारी व्यय बढ़ता है उतना ही निजी निवेश में कमी होती है,** जिससे राजकोषीय नीति की प्रभाविता थोड़ी सी कम हो जाती है वास्तव में क्राउडिंग आउट कितना होता है यह तरलता पसंदीगी वक्र और **निवेश माँग वक्र** की आकृति पर निर्भर करेगा। यदि मुद्रा की माँग की लोच कम है और विनियोग की माँग की लोच अधिक है तो राजकोषीय नीति कम प्रभावी होगी। इस प्रकार **कीन्सवादी मौद्रिक नीति की अपेक्षा राजकोषीय नीति को अधिक प्रभावी मानते हैं।**

निष्कर्ष (Conclusion)—मुद्रावाद तथा कीन्सवाद के सम्बन्ध में ऊपर दिये गये विश्लेषण से पता चलता है कि दोनों के मत लगभग एक-दूसरे के विपरीत हैं। संक्षेप में इन दोनों मतों के अन्तर को नीचे सरणी में दर्शाया गया है।

फ्रीडमैन एवं कीन्स के दृष्टिकोण में अन्तर
(Difference between Friedman's and Keynesian Approach)

फ्रीडमैन एवं कीन्स के दृष्टिकोण के मुख्य अन्तरों को निम्न चार्ट में दर्शाया गया है—

फ्रीडमैन	कीन्स
1. मुद्रावाद के समर्थक को मुद्रावादी कहते हैं।	1. कीन्सवाद के समर्थक को फिस्कलवादी कहते हैं।
2. इन्होंने मुद्रा माँग को स्थायी माना है।	2. इनका विश्लेषण मुद्रा माँग की अनिश्चितता से सम्बन्धित है।
3. इन्होंने राष्ट्रीय आय में अल्पकालीन परिवर्तनों की व्याख्या करने में मुद्रा की भूमिका पर बल दिया है। इनका मत है कि मुद्रा पूर्ति में परिवर्तनों के कारण ही राष्ट्रीय आय में परिवर्तन होता है।	3. इनका मत है कि राष्ट्रीय आय में होने वाले परिवर्तन ही मुद्रा पूर्ति में परिवर्तन लाते हैं न कि मुद्रा पूर्ति में होने वाले परिवर्तन राष्ट्रीय आय में परिवर्तन लाते हैं।
4. मुद्रावादी विवरण के अनुसार मुद्रा पूर्ति में जो परिवर्तन होते हैं वे **परोक्ष रूप से व्यय** तथा राष्ट्रीय आय को प्रभावित करते हैं।	4. इनका मत है कि मुद्रा पूर्ति में जो परिवर्तन होते हैं वे ब्याज दरों में परिवर्तनों के माध्यम से समस्त व्यय तथा आय के स्तर को परोक्ष रूप से प्रभावित करते हैं।
5. मुद्रावादियों के अनुसार मुद्रा की माँग और पूर्ति दोनों ही ब्याज बेलोच होते हैं, जबकि समस्त व्यय अत्यधिक ब्याज लोच होते हैं।	5. इनका मत है कि मुद्रा की माँग तथा पूर्ति अत्यधिक ब्याज लोच होती है जबकि समस्त व्यय ब्याज बेलोच होते हैं।
6. उन्होंने मुद्रा को एक **ऐसी परिसम्पत्ति अथवा पूँजी वस्तु माना है जो क्रयशक्ति की अस्थायी निवास है।** लोग इसको इसलिए अपने पास रखना चाहते हैं, क्योंकि यह आय अथवा उपभोज्य सेवाएँ प्रभावित करती हैं। मुद्रा के अन्तर्गत इन्होंने चलन मुद्रा, चालू जमा तथा सावधि जमा को सम्मिलित करके मुद्रा की परिभाषा को व्यापक बना दिया है।	6. कीन्स ने मुद्रा के अन्तर्गत केवल माँग जमाओं और बिना ब्याज के सरकारी ऋण को सम्मिलित किया है। इस प्रकार कीन्स की मुद्रा की परिभाषा फ्रीडमैन की तुलना में संकीर्ण है।
7. इनके अनुसार सम्पत्तिधारकों की ओर मुद्रा की माँग अनेक चरों का फलन है। ये हैं— Rn_1—मुद्रा पर प्राप्ति; बांडों पर प्राप्ति; Re—प्रतिभूतियों पर प्राप्ति (yield); gp'—भौतिक परिसम्पत्तियों पर प्राप्ति; और (म्यु) अन्य चरों को व्यक्त करता हुआ।	7. इन्होंने मुद्रा की माँग को केवल बाण्डों तक ही सीमित रखा है जहाँ ब्याज दरें उनको धारण करने की लागत हैं।
8. इनके अनुसार लोग विभिन्न उद्देश्यों के लिए तथा विभिन्न रूपों में मुद्रा शेषों को धारण करते हैं जैसे नगद मुद्रा, भौतिक परिसम्पत्ति, मानवीय सम्पत्ति इत्यादि।	8. कीन्स के अनुसार लोग मुद्रा शेषों को केवल तीन उद्देश्यों—सौदा उद्देश्य, सतर्कता उद्देश्य एवं सट्टा उद्देश्य के लिए रखते हैं।
9. मुद्रावादियों का मत है कि आर्थिक क्रियाओं पर राजकोषीय नीति की अपेक्षा मौद्रिक नीति का अधिक प्रभाव पड़ता है। राजकोषीय नीति तो केवल मुद्रा पूर्ति में परिवर्तन लाने में ही महत्वपूर्ण है।	9. कीन्सवादी इस बात पर बल देते हैं कि अर्थव्यवस्था को प्रभावित करने में राजकोषीय तथा मौद्रिक दोनों ही नीतियाँ महत्व रखती हैं परन्तु वे मौद्रिक नीति की अपेक्षा राजकोषीय नीति को अधिक महत्व देते हैं।

परीक्षा प्रश्न
(Examination Questions)

I. दीर्घ उत्तरीय प्रश्न (Long Answer Type Questions)

1. मुद्रावाद बनाम कीन्सवाद पर एक निबन्ध लिखिए।
   Write an essay on Monetarism Vs. Keynesianism.

II. लघु उत्तरीय प्रश्न (Short Answer Type Questions)

1. फ्रीडमैन व कीन्स के दृष्टिकोण में अन्तर लिखिए।
   Discuss the differences between Friedman's and Keynesian Approach.

III. वस्तुनिष्ठ प्रश्न (Objective Type Questions)

1. कीन्सवाद के समर्थक को कहते हैं—
   (अ) मुद्रावादी (ब) फिस्कलवादी
   (स) मार्क्सवादी (द) उपर्युक्त में से कोई नहीं
2. "मुद्रा की माँग व पूर्ति अत्यधिक ब्याज-लोच होती है" यह मत है।
   (अ) कीन्स का (ब) फ्रीडमैन का
   (स) पीगू का (द) रिकार्डो का

उत्तर—1. (ब), 2. (अ)।

OOO

41 वितरण के समष्टिगत आर्थिक सिद्धान्त
(Macro Economic Theories of Distribution)

अर्थ (Meaning)—आय के वितरण का समष्टिगत आर्थिक सिद्धान्त उत्पादन के साधनों की कुल कीमतों अथवा कुल पुरस्कारों के निर्धारण की व्याख्या प्रस्तुत करते हैं। यह सिद्धान्त राष्ट्रीय आय के विभिन्न उत्पादन के साधनों के कुल हिस्सों का अध्ययन करता है।

सरल शब्दों में, "वितरण का समष्टि आर्थिक सिद्धान्त इस बात की व्याख्या करता है कि राष्ट्रीय आय में मजदूरियों का कुल हिस्सा, लगान का कुल हिस्सा, ब्याज का कुल हिस्सा तथा लाभ का कुल हिस्सा कैसे निर्धारित होता है, अथवा यह सिद्धान्त कुल आय या राष्ट्रीय आय के श्रम आय तथा सम्पत्ति आय में वितरण का अध्ययन करता है।"[1]

व्यष्टिगत और समष्टिगत वितरण के सिद्धान्त में अन्तर–वितरण का व्यष्टिगत आर्थिक सिद्धान्त इस बात की व्याख्या करता है कि उत्पादन के साधनों की कीमतें अथवा उनके पुरस्कार कैसे निर्धारित होते हैं। अन्य शब्दों में यह इस बात का अध्ययन करता है कि ब्याज की दर श्रम की मजदूरी दर, भूमि की लगान दर अथवा साहसी का लाभ कैसे निर्धारित होता है। संक्षेप में **वितरण का व्यष्टिगत आर्थिक सिद्धान्त इस बात की व्याख्या करता है कि उत्पादन के साधनों की सापेक्षिक कीमतें कैसे निर्धारित होती हैं।**

वितरण का व्यष्टिगत सिद्धान्त हमें इस महत्त्वपूर्ण प्रश्न का उत्तर नहीं देता कि श्रम आय (अर्थात् मजदूरी व वेतनों) तथा गैर श्रम आय या सम्पत्ति आय (अर्थात् लगान, ब्याज तथा लाभ) में राष्ट्रीय आय का वितरण किस प्रकार निर्धारित होता है। अन्य शब्दों में वितरण का समष्टिगत आर्थिक सिद्धान्त कुल आय या राष्ट्रीय आय में उत्पादन के साधनों के सापेक्षिक हिस्सों का अध्ययन करता है।

उन्नीसवीं शताब्दी में तथा बीसवीं शताब्दी के आरम्भ में अर्थशास्त्रियों ने मुख्यतया वितरण के व्यष्टिगत आर्थिक सिद्धान्त में ही अभिरुचि दिखाई थी उन्होंने कुल राष्ट्रीय आय में से उत्पादन के साधनों के कुल हिस्सों के वितरण पर उचित ध्यान नहीं दिया था, परन्तु 1936 में **कीन्स की पुस्तक** 'General Theory of Employment Interest and Money' के प्रकाशन के बाद से अर्थशास्त्रियों की रुचि अर्थव्यवस्था में अल्पकाल में कुल आय व रोजगार के स्तर के निर्धारण की समस्या की ओर हस्तान्तरित हुई। "द्वितीय विश्वयुद्ध से आर्थिक विकास की समस्या तथा राष्ट्रीय आय के वितरण से संबंधित प्रश्नों पर एक नई और गहरी रुचि शुरू हुई। अन्य शब्दों में, अर्थशास्त्रियों ने वितरण के समष्टिगत आर्थिक सिद्धान्त पर ध्यान देना शुरू किया।

आय वितरण के समष्टिगत आर्थिक सिद्धान्त मुख्यतया आय व रोजगार के आधुनिक सिद्धान्त के ढाँचों पर आधारित है। आय वितरण के प्रमुख समष्टिगत सिद्धान्त निम्नलिखित हैं—

1. आय वितरण का रिकार्डियन या क्लासिकल सिद्धान्त
   (The Recardian Theory or Classical theory of Income Distribution)
2. आय वितरण का मार्क्सवादी सिद्धान्त
   (The Marxian Theory of Income Distribution)

---

[1] "Macro Economic theory of distribution explains how in the national income the total share of wages, total share of rent, total share of interest and total share of profit is determined. Or, the macro theory of distribution studies the distributions of total income (or national income) into labour income and property income."

3. काल्डोर का समग्र आय-वितरण सिद्धान्त
   (Kaldor's Theory of Aggregate Income Distribution)
4. वितरण का वीन्ट्राब का समष्टि आर्थिक सिद्धान्त
   (Weintraub's Macro Economic Theory of Income Distribution)

1. आय वितरण का रिकार्डियन या क्लासिकल सिद्धान्त (The Ricardian Theory or Classical Theory of Income Distribution)

आय के साधनों में वितरण की समस्या में सर्वप्रथम रुचि रिकार्डो ने ली। रिकार्डो द्वारा वितरणात्मक हिस्सों के निर्धारण की समस्या में रुचि लेने का कारण यह था कि उनका यह विचार था कि सम्पूर्ण व्यवस्था के कार्यचालन को समझने की कुंजी वितरण सिद्धान्त में निहित है।

रिकार्डो के सिद्धान्त में अर्थव्यवस्था को दो क्षेत्रों—कृषि व उद्योग—में विभाजित किया गया है और इन क्षेत्रों में मिलने वाली कुल आय को लगान, मजदूरी और लाभ में विभक्त किया गया है। रिकार्डो के सिद्धान्त में कृषि क्षेत्र को महत्त्वपूर्ण स्थान प्राप्त है, क्योंकि कृषि क्षेत्र में कार्यशील वितरणात्मक शक्तियाँ ही उद्योग में वितरणात्मक हिस्सों का निर्धारण करती हैं। इसके अतिरिक्त रिकार्डो का सिद्धान्त **निम्नलिखित मान्यताओं** पर आधारित है—

1. कृषि में **क्रमागत उत्पादन ह्रास नियम लागू** होता है जिसका आशय यह है कि जब भूमि पर अधिक श्रम प्रयोग किया जाता है तो श्रम के औसत और सीमान्त उत्पादनों में गिरावट आ जाती है।

2. **माल्थस का जनसंख्या** सिद्धान्त लागू होता है जिसके अनुसार मजदूरी दरों के न्यूनतम निर्वाह स्तर कम हो जाने पर जनसंख्या में वृद्धि होने लगती है और न्यूनतम निर्वाह स्तर से कम मजदूरी होने पर जनसंख्या गिरने लगती है। इस प्रकार दीर्घकाल में मजदूरी की दर जीवन-निर्वाह के न्यूनतम स्तर के बराबर होगी।

3. **लाभ पूँजी संचय** अथवा पूँजी निर्माण जो कि आर्थिक विकास का आधार है, के लिए आवश्यक प्रेरणा है।

4. अर्थव्यवस्था में कुल उत्पादन को **लगान, मजदूरी तथा आय**–इन तीन प्रधान हिस्सों में बाँटा जाता है यद्यपि रिकार्डो के सिद्धान्त में लगान केन्द्र बिन्दु है।

5. रिकार्डो ने अपने सिद्धान्त की व्याख्या अर्थव्यवस्था को दो मुख्य क्षेत्रों में बाँटकर की है अर्थात् कृषि और उद्योग पर उनके विश्लेषण में कृषि तथा उससे संबंधित बातें अधिक महत्त्वपूर्ण हैं।

तीन वर्ग (Three Groups)—उपर्युक्त मान्यताओं के आधार पर रिकार्डो का सिद्धान्त अर्थव्यवस्था में तीन वर्गों के परस्पर संबंधों पर आधारित है। वे हैं— (i) भूमिपति, (ii) पूँजीपति तथा (iii) श्रमिक—जिनमें भूमि की समस्त उपज बाँटी जाती है। जैसा कि रिकार्डो ने स्वयं अपनी पुस्तक के प्राक्कथन में लिखा, "भूमि की जो कुछ भी उपज, श्रम, मशीन एवं पूँजी के संयुक्त रूप से लागू करने पर इसके तल से प्राप्त की जाती है—समाज के तीन वर्गों में बाँट दी जाती है—जिनके नाम हैं भूमिपति—इसकी खेती के लिए आवश्यक भंडार या पूँजी का मालिक तथा श्रमिक जिनके परिश्रम से इस पर खेती की जाती है।" इन तीन वर्गों में कुल राष्ट्रीय उत्पादन क्रमशः लगान, लाभ और मजदूरी के रूप में बाँट दी जाती है।

लगान, लाभ एवं मजदूरी का बँटवारा (Division of Rent, Profit and Wages)

अनाज का कुल उत्पादन दिया हुआ होने पर प्रत्येक साधन का भाग निम्न प्रकार निर्धारित हो सकता है—

(i) श्रम का प्रति इकाई लगान श्रम के औसत और सीमान्त उत्पादन का अन्तर होता है। या कुल लगान श्रम के औसत उत्पादन तथा श्रम के सीमान्त उत्पादन का अन्तर X (गुणा) भूमि पर लगाई गई श्रम और पूँजी की मात्रा।

(ii) श्रम की सीमान्त उत्पादन और मजदूरी की दर का अन्तर 'लाभ' होता है।

(iii) **मजदूरी कोष (Wage Fund)**—निर्वाह (Subsistence) स्तर पर काम में लगाए गये मजदूरों की संख्या के आधार पर मजदूरी की दर निर्धारित की जाती है।

(iv) इस प्रकार उत्पादन और विक्रय किये गये कुल अनाज में से पहला हक है लगान का और शेष उत्पादन घाटा लगान (Produce Minus Rent) मजदूरी और लाभ में विभाजित कर दिया जाता है जबकि ब्याज लाभ में ही शामिल होता है।

लगान = श्रम की औसत उत्पादकता — श्रम की सीमान्त उत्पादकता × उत्पादन में लगाई गई श्रम की इकाइयाँ।

रिकार्डो ने सीमान्त सिद्धान्त और अतिरेक सिद्धान्त का प्रयोग करके लगानों, मजदूरियों लाभों के सापेक्ष हिस्सों के निर्धारण की व्याख्या किस प्रकार से की है उसको चित्र 1 की सहायता से स्पष्ट किया गया है। चित्र में X अक्ष पर कृषि भूमि पर लगाई गई श्रम की मात्रा को दिखाया गया है और Y अक्ष पर कृषि उत्पादन को। AP व MP क्रमशः श्रम की औसत और सीमान्त उत्पादकता प्रदर्शित करने वाले वक्र हैं। दोनों ही वक्र नीचे गिरते हैं। इसका कारण ह्रासमान प्रतिफल नियम का कार्यशील होना है। अब मान लीजिए कि कृषि में OM श्रम का प्रयोग किया जाता है तो श्रम की सीमान्त उत्पादकता MP और श्रम की औसत उत्पादकता MD होगी। सीमान्त और औसत उत्पादन में अन्तर PD के बराबर है। औसत उत्पादकता के आधार पर कुल उत्पादन की गणना इस प्रकार की जा सकती है—

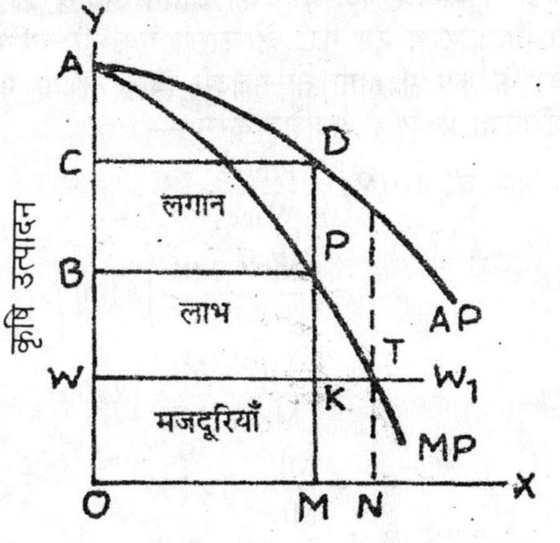

श्रम की इकाइयाँ

चित्र-1

कुल उत्पादन = औसत उत्पादन × श्रम की मात्रा
= MD × OM
= OMDC

अब हमें यह देखना है कि इस कुल उत्पादन OMDC में से कितना-कितना भाग लगान, मजदूरी व लाभ का होगा जैसा कि ऊपर बताया जा चुका है। लगान की गणना निम्न सूत्र के आधार पर की जा सकती है—

लगान = श्रम की औसत उत्पादकता — श्रम की सीमान्त उत्पादकता × उत्पादन में लगाई गई श्रम की इकाइयाँ।

= MD — MP × OM
= DP × OM
= CDPB (क्योंकि OM = BP

अब शेष बचा हुआ भाग OMDC — CDPB = OBPM श्रम पूँजी में किस प्रकार वितरित होगा? यह ध्यान देने योग्य है कि रिकार्डो के सिद्धान्त में, जैसा कि आधुनिक अर्थशास्त्र में सामान्यतया सोचा जाता है, श्रम की मजदूरी दर श्रम की सीमान्त उत्पादकता द्वारा नहीं होती। रिकार्डो के सिद्धान्त में सीमान्त उत्पादन को मजदूरियों व लाभों की मात्रा के बराबर माना गया है। इसलिए चित्र में MD श्रम और पूँजी दोनों का हिस्सा है। क्योंकि श्रम और पूँजी दोनों ही उत्पादन क्रिया में लगे हैं इसलिए सीमान्त उत्पादक सिद्धान्त श्रम और पूँजी के बीच लगान के बाद बचे हुए उत्पादन के वितरण का निर्धारण नहीं करता है। मजदूरी-दर के निर्धारण के लिए रिकार्डो ने मजदूरी जीवन-निर्वाह सिद्धान्त का सहारा लिया है। मान लीजिए कि रेखाचित्र में OW के बराबर गेहूँ जीवन-निर्वाह की न्यूनतम आवश्यकता का प्रतीक है, तब दीर्घकाल में जो मजदूरी की दर निर्धारित होगी वह OW के बराबर होगी। मजदूरी को प्रदर्शित करने वाली WW_1 रेखा पूर्णतया लोचदार है। चूँकि मजदूरी की दर OW है और कार्यरत श्रमिकों की संख्या OM है इसलिए OM × OW = OWKM मजदूरी होगी। अब शेष भाग अर्थात् OBPM = OWKM = BPKW कुल भाग होगा। इस प्रकार यह स्पष्ट है कि रिकार्डो के सिद्धान्त में लाभों को अवशिष्ट आय माना गया है जो कि मजदूरियों व लगानों का वितरण करने के बाद बचा रहता है। अन्य शब्दों में, कुल उत्पादन में से मजदूरियों या लगानों को निकालने पर जो अतिरिक्त रह जाता है, वह लाभ है।

अब एक महत्त्वपूर्ण प्रश्न यह उठता है कि लाभ की दर कितनी है? लाभ की दर से आशय उत्पादन कार्य में प्रयुक्त पूँजी और इस पर प्राप्त होने वाले लाभ के अनुपात से है। यंत्रों और औजारों के रूप में प्रयुक्त 'स्थिर पूँजी' और मजदूरी कोष के रूप में लगी हुई कार्यशील पूँजी का योग ही कुल पूँजी कहलाती है। पर यदि हम यह मान लें जैसा

रिकार्डो ने माना है कि पूँजी की जीवन अवधि केवल एक वर्ष है (जैसा एक फसल से दूसरी फसल तक) अर्थात् स्थिर पूँजी घिसावट व टूट-फूट के कारण एक ही वर्ष में समाप्त हो जाती है तो प्रयुक्त पूँजी केवल कार्यशील पूँजी (मजदूरी कोष) के रूप में होगी तो मजदूरी बिल अथवा मजदूरी कोष तथा लाभ का अनुपात ही गेहूँ के रूप में लाभ की दर अग्रलिखित प्रकार से प्रदर्शित करेगा—

$$\text{लाभ की दर (Y)} = \frac{\text{Profits}}{\text{Wages}}$$

$$= \left(\frac{MP - MK}{MK}\right) \times 100$$

$$= \left(\frac{MP}{MK} - \frac{MK}{MK}\right) \times 100$$

$$= \frac{MP}{MK} - 1 \times 100$$

चूँकि इसमें MK, जो जीवन-निर्वाह मजदूरी की दर है, स्थिर है इसीलिए गेहूँ के रूप में लाभ की दर प्रत्यक्ष रूप से सीमान्त उत्पादन MP के साथ परिवर्तित होगी।

अब यह जानना महत्त्वपूर्ण है कि आर्थिक विकास का सापेक्ष विवरणात्मक हिस्सों पर क्या प्रभाव पड़ता है? श्रम की माँग पूँजी संचय के द्वारा निर्धारित होती है और जब लाभ की दर धनात्मक रहती है, पूँजी संचय के लिए पूँजीपति उत्साहित होते हैं और अर्थव्यवस्था का विकास होता रहता है। जैसे-जैसे पूँजी-संचय में वृद्धि होती है श्रम की माँग में भी वृद्धि होती है, क्योंकि उत्पादन की वृद्धि के लिए अधिक श्रमिकों की आवश्यकता पड़ती है। श्रम की माँग में वृद्धि होने पर मजदूरियों की दरें न्यूनतम निर्वाह स्तर से अधिक हो जायेंगी और जनसंख्या में वृद्धि होगी। जनसंख्या में वृद्धि से मजदूरी की दर में गिरावट आएगी और श्रम-पूर्ति में वृद्धि के कारण मजदूरी की दर गिरकर न्यूनतम निर्वाह-स्तर तक पहुँच जाएगी। परन्तु जनसंख्या में वृद्धि के कारण कृषि वस्तुओं की माँग में वृद्धि हो जाएगी। जैसे-जैसे अधिक श्रमिकों को कृषि में लगाकर उत्पादन में वृद्धि की जाएगी उत्पादन ह्रास नियम के क्रियाशील होने के कारण श्रम के औसत व सीमान्त उत्पादनों में गिरावट आ जाएगी। फलस्वरूप लगान में वृद्धि हो जाएगी, क्योंकि जैसा कि हमने ऊपर देखा, लगान श्रम में औसत व सीमान्त उत्पादनों में अन्तर के बराबर होता है। चित्र-1 पर दृष्टि डालने से स्पष्ट हो जाएगा कि AP और MP वक्रों की दूरी श्रम की मात्रा में वृद्धि के साथ-साथ बढ़ती जाती है। इस प्रकार यदि तकनीक में किसी प्रकार का परिवर्तन न हो तो कृषि विकास के कारण लगानों में वृद्धि होगी।

इसके अतिरिक्त श्रम के औसत व सीमान्त उत्पादन में गिरावट का अर्थ है—उत्पादन लागत में वृद्धि। उत्पादन लागत बढ़ने के कारण कृषि उत्पादन की कीमतों में वृद्धि हो जाएगी। कृषि उत्पादन या अनाज की ऊँची कीमतों के कारण ऊँची मजदूरियाँ देना भी आवश्यक हो जाएगा ताकि वे अपने रहन-सहन के स्तर को पूर्ववत् बनाए रख सकें। परन्तु यह उल्लेखनीय है कि जब मजदूरों की मौद्रिक मजदूरी में (अर्थात् मुद्रा की दरों में) वृद्धि होगी और वास्तविक मजदूरी अर्थात् अनाज की दरों में, परिवर्तन नहीं होगा और वे न्यूनतम निर्वाह स्तर पर दीर्घकाल में स्थिर रहेंगी।

चित्र-1 से स्पष्ट है कि जब कृषि में लगाए गये श्रमिकों की मात्रा बढ़कर N तक पहुँच जाती है तो श्रमिकों का कुल मजदूरी हिस्सा बढ़कर OWTN के बराबर हो जाता है जो कि OM रोजगार स्तर पर प्राप्त हो रहे OWKM मजदूरी हिस्से से अधिक है। स्पष्टतः कुल उत्पादन में श्रम का कुल सापेक्ष हिस्सा बढ़ गया है। यहाँ पर यह ध्यान देना चाहिए कि मजदूरी हिस्से में जो वृद्धि हो रही है, वह लाभों की लागत पर हो रही है, क्योंकि रोजगार व उत्पादन में वृद्धि होने पर वे निरन्तर गिर रहे हैं। चित्र 1 से यह स्पष्ट है कि K बिन्दु के या OM से अधिक उत्पादन के दायीं ओर सीमान्त उत्पादन व न्यूनतम मजदूरी निर्वाह रेखा में दूरी कम हो रही है और T बिन्दु पर यह दूरी बिल्कुल समाप्त हो जाती है। बिन्दु T पर रोजगार ON है और यह जीवन-निर्वाह रेखा मजदूरी श्रम के सीमान्त उत्पादन के बराबर है। स्पष्ट है कि जैसे-जैसे रोजगार की मात्रा M बिन्दु से आगे बढ़ती जाती है, लाभ कम होता जाता है और ON रोजगार स्तर पर यह मिटकर शून्य हो जाता है।

उपर्युक्त विवरण से स्पष्ट है कि कृषि व उद्योग के कच्चे माल की कीमतों में वृद्धि होने के फलस्वरूप यदि मजदूरी में वृद्धि होती है तो लाभ में कमी हो जाती है अर्थात् विकास के साथ-साथ लगान में वृद्धि होने, वास्तविक मजदूरी दरों के स्थिर रहने तथा लाभों की दरों में कमी होने की प्रवृत्ति को चित्र-2 में प्रदर्शित किया गया है।

रिकार्डो के सिद्धान्त में लाभों को अर्थव्यवस्था में पूँजी संचय के लिए अनिवार्य प्रेरणा माना गया है। इसीलिए लाभ में कमी होने के कारण पूँजी संचय रुक जाएगा और अर्थव्यवस्था के विकास के लिए गम्भीर खतरा उत्पन्न हो जाएगा। जब लाभ की दर शून्य हो जाएगी और पूँजी संचयन बिल्कुल ही रुक जाएगा तब अर्थव्यवस्था एक स्थिर बिन्दु पर पहुँच जाएगी जिसे रिकार्डो ने दीर्घकालीन स्थिर अवस्था कहा है (Long-run Stationary State)।

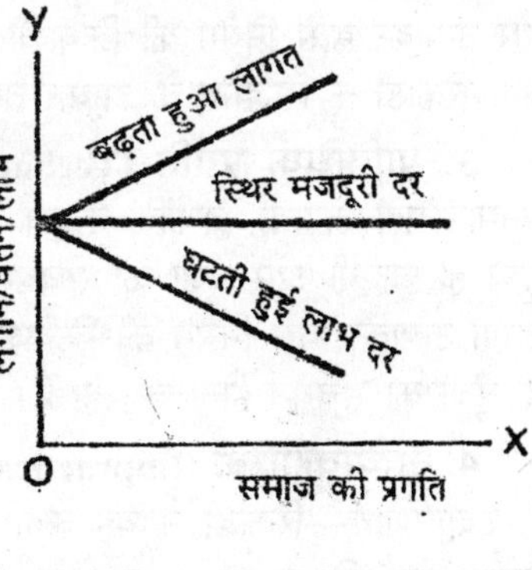

चित्र-2

रिकार्डो के वितरण सिद्धान्त का यह तार्किक निष्कर्ष कि दीर्घकाल में अर्थव्यवस्था स्थिर अवस्था में पहुँच जाती है, को **चित्र-3** द्वारा स्पष्ट किया जा सकता है। चित्र में OW कुल मजदूरी रेखा है जब मजदूरी सदैव जीवन-निर्वाह के बराबर हो जाती है। इस रेखा का ढाल एक स्थिर विकास दर और स्थिर वास्तविक मजदूरी दर को दर्शाता है। इस तरह $AP/OP = BP_1/OP_1 = CP_2/OP_2 =$ जीवन निर्वाह मजदूरी। TP लगान रहित कुल उत्पादन वक्र है।

अब यदि जनसंख्या OP है तो जीवन-निर्वाह मजदूरी दर AP और कुल लाभ AE है (PE — AP) = AE)। यह लाभ पूँजी संचयन को बढ़ावा देगा और इस तरह मजदूरी के AP स्तर से बढ़ने की प्रवृत्ति होगी और जीवन-निर्वाह स्तर से मजदूरी की यह वृद्धि जनसंख्या में वृद्धि लाएगी जो OP से बढ़कर OP_1 हो जाएगी। जनसंख्या की यह वृद्धि बढ़ी हुई मजदूरी स्तर को पुनः जीवन-निर्वाह स्तर पर ले आएगी जो P_1B है। पुनः इस दशा में भी FB के बराबर लाभ होगा जिससे मजदूरी और जनसंख्या में वृद्धि होगी। यह क्रिया तब तक चलती रहेगी जब तक कि जनसंख्या बढ़कर OP_3 नहीं हो जाती और जीवन-निर्वाह मजदूरी-दर TP_3 (जो कुल उत्पादन के बराबर है)। इस स्थिति में लाभ शून्य है, क्योंकि लगान देने के उपरान्त कुल उत्पादन केवल उतना ही है जो श्रमिकों को जीवन-निर्वाह पर कायम रख सके। शून्य लाभ की इस स्थिति में पुनः विनियोग करने की प्रेरणा समाप्त हो जाती है और इस तरह स्थिरावस्था आ जाती है। इस स्थिर दशा में निम्न विशेषताएँ होंगी—

चित्र-3

(अ) प्रगति की दर शून्य होगी।

(ब) मौद्रिक मजदूरियाँ एवं लगान अधिक होगा।

(स) लाभ शून्य या लगभग शून्य के बराबर होगा।

(द) मजदूरी जीवन-निर्वाह स्तर पर स्थिर हो जाएगी।

(य) लगान की दर ऊँची होगी।

रिकार्डो ने स्थिर दशा को खुशी का लक्षण माना है न कि निराशा का द्योतक। सामान्यतः दुनिया में विकास के बराबर पतन की स्थिति आती है। इन दोनों (विकास और पतन) के बीच में स्थिर दशा का विचार लाभदायक होता है।

आलोचनाएँ (Criticisms) :

1. एकीकरण का अभाव (Lack of Integration)—रिकार्डो के वितरण में सबसे बड़ी कमी यह है कि उसके मूल्य और वितरण सिद्धान्त के बीच एकीकरण का अभाव है। कीन्स तक अर्थशास्त्र की उपलब्धि इन विश्लेषण में रही है

कि वस्तुओं की कीमतें और सेवाओं की कीमतें आपस में इतनी संबंधित रही हैं कि दोनों के लिए सामान्यतया एक ही व्याख्या पर्याप्त थी। परन्तु रिकार्डो की व्याख्या में इसका अभाव है। रिकार्डो इस मूल्य और वितरण के बीच समता स्थापित न करते हुए उन्होंने वितरण को एक रूप में न देखकर तीन अलग समस्याओं के रूप में देखा है।

(2) अवास्तविक मान्यता (Unrealistic Assumptions)—रिकार्डो का सिद्धान्त माल्थस के जनसंख्या सिद्धान्त और उत्पादन ह्रास नियम की क्रियाशीलता की मान्यता पर आधारित है परन्तु ये दोनों सिद्धान्त त्रुटिपूर्ण सिद्ध हो चुके हैं। अतः रिकार्डो के सिद्धान्त के आधार तथ्य त्रुटिपूर्ण होने के कारण उनका सिद्धान्त अवास्तविक है।

3. प्राविधिक प्रगति (Technological Progress)—रिकार्डो ने प्राविधिक प्रगति की सम्भावनाओं का समुचित अनुमान नहीं लगाया, क्योंकि उनका यह विचार है कि उत्पादन ह्रास नियम के क्रियाशील होने के कारण लाभ की दर शून्य हो जाएगी और पूँजी का संचयन रुक जाएगा, गलत प्रमाणित हुआ। इसका कारण यह है कि प्राविधिक प्रगति के कारण उत्पादन ह्रास नियम की क्रियाशीलता की संभावनाओं को रोक दिया गया है और लाभ की दर इतनी ऊँची बनी है कि पूँजी का संचयन होता जा रहा है।

4. अव्यावहारिक (Impractical)—अपने सिद्धान्त में रिकार्डो ने जो निष्कर्ष दिये हैं, वे व्यवहार में सत्य नहीं हुए हैं, उदाहरणार्थ—रिकार्डो ने यह कहा था कि आर्थिक विकास के साथ-साथ मजदूरी का सापेक्ष भाग बढ़ेगा पर आर्थिक विकास का इतिहास यह स्पष्ट करता है कि मजदूरी के सापेक्ष भाग में वृद्धि नहीं हुई है। कुल उत्पादन के लाभों का हिस्सा सामान्यतः स्थिर हो रहा है और गतिहीनता की स्थिति नहीं देखी गई है। इस प्रकार हम देखते हैं कि वास्तविक घटनाओं ने रिकार्डो की सैद्धान्तिक व्यवस्था को सत्य सिद्ध नहीं किया है।

5. असफल वितरण का फलनात्मक सिद्धान्त (Unsuccessful Function of Distribution)—रिकार्डो का वितरण सिद्धान्त तीन साधनों से संबंधित सिद्धान्त, है, जो काफी स्पष्ट रूप से अलग तीन वर्गों—मजदूरों, भूमिपतियों और पूँजीपतियों के भाग निर्धारित करता है। प्रत्येक का भाग निश्चित करने में, रिकार्डो की धारणा यह है कि भूमि का हिस्सा प्रमुख होता है और शेष भाग को वह श्रम और पूँजी का हिस्सा समझता है। यह दृष्टिकोण गलत था। कारण यह है कि यह वितरण के फलनात्मक सिद्धान्त को प्रस्तुत करने में अर्थात् प्रत्येक साधन का उसकी सेवा के आधार पर अलग-अलग पुरस्कार निधारित करने में असफल रहा।

6. स्थिर गुणांक (Constant Variable)—इस धारणा में भी नहीं अपनाई जा सकती कि पूँजी और श्रम स्थिर गुणांक होते हैं। इस धारणा का खंडन इसी तथ्य से हो जाता है कि पूँजी और श्रम स्वतंत्र चर (Variables) साधन हैं।

7. ब्याज की अवधारणा (Concept of Interest)—रिकार्डो के वितरण सिद्धान्त में एक गम्भीर दोष यह है कि वह ब्याज की अवधारणा को स्वतंत्र पुरस्कार के रूप में नहीं लेता। ब्याज को लाभों में शामिल मान लिया गया है। यह गलत अवधारणा इस विचार से पैदा होती है कि पूँजीपति और उपक्रमी पृथक्-पृथक् व्यक्ति नहीं होते। वास्तव में पूँजीपति, उपक्रमी अलग-अलग होते हैं। उपक्रमी वह चालक शक्ति है जो पूँजी और श्रम दोनों का नियोजन करती है और निर्देशन देती है।

8. महत्त्वहीन (Insignificance)—इस सिद्धान्त का कोई महत्त्व नहीं है, क्योंकि यह सिद्धान्त प्रतियोगिता कीमत निर्धारण के माध्यम से पूर्ति और माँग तथा आर्थिक संगठन के रूप में उत्पादन के साधनों का पुरस्कार देने की समस्या पर विचार नहीं करता।

निष्कर्ष–उपर्युक्त कमियों के होते हुए भी प्रोफेसर काल्डोर के अनुसार, रिकार्डो की रुचि केवल वितरणात्मक भागों की समस्या में ही नहीं थी बल्कि इस विश्वास में भी थी कि आर्थिक व्यवसाय के कार्यकरण को समझने की कुंजी वितरण सिद्धान्त के हाथ में है अर्थात् उन शक्तियों की कुंजी, जो प्रगति की दर संरक्षण के प्रभावों और कराधान के अंतिम आपात (Incidence) आदि को निर्धारित करती है। 'वितरणात्मक भागों का नियमन करने वाले नियमों' के माध्यम से रिकार्डो उसको बनाने का प्रयत्न कर रहा था जिसे हम आजकल 'एक सरल समष्टि-आर्थिक मॉडल' कहते हैं। इस दृष्टि से रिकार्डो और कीन्स के वितरण सिद्धान्त में समरूपता है।

2. आय वितरण का मार्क्सवादी सिद्धान्त
(The Marxian Theory of Income Distribution)

जैसा कि प्रो. काल्डोर ने कहा है, "मार्क्सवादी सिद्धान्त मूल रूप से रिकार्डो के अतिरेक सिद्धान्त का ही संशोधित रूप है।" पर रिकार्डो के सिद्धान्त पर आधारित होने के बावजूद कुल उत्पादन में वितरणात्मक हिस्सों के व्यवहार के सम्बन्ध में मार्क्स के विश्लेषण का निष्कर्ष रिकार्डो से सर्वथा विपरीत है। अब हम मार्क्स के सिद्धान्त का अध्ययन करेंगे।

मार्क्स का आय वितरण का सिद्धान्त मूल्य के श्रम सिद्धान्त पर आधारित है। यह सिद्धान्त मार्क्स ने एडम स्मिथ व रिकार्डो से लिया था। मार्क्स के अनुसार प्रत्येक वस्तु की कीमत उसके उत्पाद में लगे हुए श्रम की मात्रा द्वारा निश्चित होती है। श्रम की विलक्षण विशेषता यह है कि यह अपनी कीमत से अधिक कीमत का सृजन करता है। श्रम द्वारा अपनी कीमत से अधिक कीमत के सृजन का अर्थ यह है कि जितनी मजदूरी न्यूनतम जीवन निर्वाह स्तर बनाए रखने के लिए दी जाती है उससे अधिक कीमत का उत्पादन करता है। चूँकि श्रमिक अपनी कीमत से ज्यादा कीमत का सृजन करता है अर्थात् अपनी उत्पादन लागत या जीवन निर्वाह के न्यूनतम स्तर से अधिक उत्पादन करता है और मजदूरों को मजदूरी जीवन निर्वाह के न्यूनतम स्तर के बराबर ही दी जाती है। इसके फलस्वरूप इसके द्वारा किये गये उत्पादन तथा उसे दी जाने वाली मजदूरी में अन्तर पाया जायेगा और यह अन्तर ही वह अतिरेक है जो पूँजीपति द्वारा हस्तगत कर लिया जाता है। इसे मार्क्स ने **अतिरेक कीमत** कहा है। यह अतिरेक कीमत पूँजीपतियों के लाभ का प्रतिनिधित्व करता है। अतः कुल उत्पादन की कीमतों में लाभों का हिस्सा इस बात पर निर्भर करता है कि अतिरेक कीमत का आकार क्या है। **प्रो. पेटरसन** ने उपयुक्त ही कहा है, "मार्क्सवादी आय वितरण के सिद्धान्त में अतिरेक कीमत की धारणा बहुत महत्त्वपूर्ण है। अतिरेक कीमत सबका स्रोत है और पूँजीपति द्वारा प्राप्त किया हुआ यह अतिरेक ही कुल आय में लाभ का अंश निर्धारण करेगा।

मार्क्सवादी विश्लेषण में उत्पादन की कुल कीमत में निम्नलिखित तीन तत्त्वों का समावेश रहता है—

(अ) स्थिर पूँजी (Fixed Capital)—इसमें उत्पादन में प्रयुक्त होने वाले कच्चे माल व उत्पादन के साधन आदि आते हैं। मार्क्स ने इनका 'C' द्वारा संकेत किया है।

(ब) परिवर्तनशील पूँजी (Variable Capital)—इसमें वह पूँजी सम्मिलित की जाती है जो श्रम शक्ति के क्रय पर खर्च की जाती है। अन्य शब्दों में, मजदूर कोष को ही मार्क्स ने परिवर्तनशील पूँजी कहकर पुकारा है। परिवर्तनशील पूँजी अतिरेक कीमत को जन्म देती है। मार्क्स ने इसको 'V' द्वारा संबोधित किया है।

(स) अतिरेक कीमत (Surplus Price)—वस्तु की कीमत में वह भाग है जिसका सृजन श्रमिक अपनी कीमत के अतिरिक्त करता है। इसे 'S' द्वारा व्यक्त किया जाता है।

अतः किसी वस्तु की कीमत अ, ब, स का योग होगी जिसे हम इस प्रकार लिख सकते हैं।

उत्पादन की कुल कीमत = स्थिर पूँजी + परिवर्तन पूँजी + अधिशेष कीमत

$$= C + V + S$$

चूँकि 'C' उत्पादन क्रिया में प्रयुक्त होने वाली पूँजीगत सम्पत्ति के ह्रास का प्रतीक है। इसलिए यदि हम कुल उत्पादन में से 'C' की कीमत निकाल दें तो हमको शुद्ध उत्पादन प्राप्त हो जाएगा और वह $V + S$ के बराबर होगा। V तथा S शुद्ध उत्पादन में क्रमशः मजदूरियों का हिस्सा और लाभों का हिस्सा है। अतः इन दोनों के अनुपात के आधार पर अतिरेक कीमत की दर को स्पष्ट किया गया है और यह कहा गया है कि अतिरेक कीमत की दर से अभिप्राय अतिरेक कीमत (S) या लाभ तथा परिवर्तनशील पूँजी (V) के अनुपात से है। संक्षेप में, अतिरेक कीमत का परिवर्तनशील पूँजी से जो अनुपात है उसी को मार्क्स ने अतिरेक कीमत की दर कहा है अर्थात्—

$$S' = \frac{S}{V}$$

जिसमें S' = अतिरेक कीमत की दर

S = अतिरेक कीमत

V = परिवर्तनशील, पूँजी

S/V अनुपात को मार्क्स ने 'शोषण की दर' (Rate of Exploitation) कहा है। शोषण की दर भी राष्ट्रीय आय में लाभों के हिस्से का मजदूरियों के हिस्से के अनुपात का प्रतिनिधित्व करती हैं। इस अनुपात में वृद्धि का अर्थ है शोषण की दर में वृद्धि और इसलिए राष्ट्रीय आय में मजदूरियों के हिस्से की तुलना में लाभों के हिस्से में वृद्धि और इसके विपरीत इस अनुपात में कमी का अर्थ है राष्ट्रीय आय में लाभों के हिस्से की तुलना में मजदूरियों के हिस्से में वृद्धि।

मार्क्स के अनुसार एक पूँजीवादी अर्थव्यवस्था में जो शक्ति कार्यशील होती है, उसके कारण श्रम के शोषण की दर में वृद्धि होती है। शोषण की दर या अतिरेक कीमत में वृद्धि करने के तीन तरीके हैं—

(अ) श्रमिकों के कार्य के घंटे बढ़ाकर। परन्तु आधुनिक युग में कारखाना अधिनियम बन जाने के कारण पूँजीपति इस योजना में अधिक सफल नहीं हो पाते हैं।

(ब) श्रम का गहन उपयोग करके इसके अन्तर्गत श्रम के कार्य के घंटे तो पूर्ववत् ही रहते हैं, परन्तु उससे अधिक उत्पादन करने के लिए कहा जाता है।

परन्तु इन दोनों तरीकों से अतिरिक्त कीमत की मात्रा में बहुत अधिक वृद्धि की जा सकती है।

(स) प्राविधिक उन्नति के द्वारा श्रम की उत्पादकता में वृद्धि करना मार्क्स के अनुसार अतिरेक कीमत बढ़ाने का यह तरीका महत्त्वपूर्ण है। पूँजीपति प्राविधिक प्रगति के द्वारा उत्पादन तकनीकों में सुधार लाता है जिससे श्रम की उत्पादकता में वृद्धि हो जाती है। फलतः उतने ही श्रम, कीमत व कार्य के घंटे के द्वारा पहले की अपेक्षा उत्पादन किया जाता है जिसके कारण 'S' में वृद्धि होगी, क्योंकि 'V' स्थिर है अथवा उतने ही उत्पादन की प्राप्ति कम "V" के द्वारा की जा सकती है। फलस्वरूप V की कमी के कारण S में वृद्धि होगी। दोनों ही स्थितियों में S/V में वृद्धि होगी।

इस प्रकार हम देखते हैं कि पूँजीपति प्राविधिक प्रगति के द्वारा अतिरिक्त कीमत में वृद्धि लाने का प्रयास करता है पर प्राविधिक प्रगति तो केवल पूँजी संचय की सहायता से ही प्राप्ति की जा सकती है। परिणामस्वरूप अतिरेक कीमत में वृद्धि को प्राप्त करने की पूँजीपतियों में प्रतियोगिता के कारण अर्थव्यवस्था में पूँजी संचय या विनियोजन तेजी से होता है। पूँजी संचयन के संबंध में मार्क्स रिकार्डो से भिन्न मत रखते हैं। उसके अनुसार पूँजीपति पूँजी संचय या विनियोजन लाभ के लालच से नहीं करता है (जैसा कि रिकार्डो का मत था) बल्कि प्रतियोगिता में अस्तित्व की रक्षा के लिए करता है।

इस प्रकार हम देखते हैं कि प्राविधिक प्रगति व पूँजी संचय के आगे बढ़ने के कारण जैसे-जैसे पूँजीवादी अर्थव्यवस्था का विकास होता जाता है, वैसे-वैसे पूँजीपतियों में प्रतियोगी संघर्ष के कारण राष्ट्रीय आय में लाभ का सापेक्षिक हिस्सा बढ़ता जाएगा व मजदूरी का सापेक्षिक हिस्सा कम होता जाएगा। इसको मार्क्स ने **श्रमिकों का कष्टाधिकरण (The Immiseration of the Proletariat)** या **श्रमिक वर्ग के कष्टों में वृद्धि का नियम (The Law of Increasing Misery of the Working Classes)** नाम दिया। यहाँ भी रिकार्डो व मार्क्स के बीच अन्तर स्पष्ट हो जाता है। मार्क्स का निष्कर्ष रिकार्डो के निष्कर्ष से बिलकुल विपरीत है। रिकार्डो का विचार था कि पूँजीवादी अर्थव्यवस्था के विकास के साथ मजदूरियों का सापेक्ष हिस्सा अधिक हो जाएगा और लाभों का सापेक्ष हिस्सा कम।

राष्ट्रीय आय में मजदूरी के सापेक्ष हिस्से के सम्बन्ध में मार्क्स और रिकार्डो के निष्कर्ष परस्पर सर्वथा विपरीत हैं पर रिकार्डो की भाँति मार्क्स भी यह स्वीकार करते हैं कि पूँजी संचय व आर्थिक विकास के साथ लाभ की दर में कमी आएगी। इस प्रकार मार्क्स के अनुसार आर्थिक विकास के साथ राष्ट्रीय आय में लाभ का सापेक्षिक हिस्सा तो बढ़ेगा पर लाभ की दर में कमी आएगी। यह विरोधाभास लगता है परन्तु मार्क्स ने इसके सह-अस्तित्व की व्याख्या की है। परन्तु रिकार्डो की भाँति वे लाभ की दर के गिरने के कारण क्रमागत उत्पत्ति ह्रास नियम के क्रियाशीलन को नहीं मानते बल्कि उन्होंने इस तथ्य की पुष्टि पूँजी की आंगिक रचना के आधार पर की है। कुल पूँजी में स्थिर पूँजी के अनुपात अर्थात् V/C+V से पूँजी की वास्तविक बनावट का ज्ञान होता है जिसे मार्क्स ने **पूँजी की आंगिक रचना (Organic Composition of Capital)** कहा है। पूँजी के एकत्रीकरण के फलस्वरूप उत्पादन की तमाम शाखाओं में पूँजी का आकार ही बदल जाता है। स्थिर पूँजी का परिवर्तनशील पूँजी से जितना ही अधिक अनुपात होता है उतनी ही अधिक लाभ की दर कम होती है। पूँजीवाद व्यवस्था में पूँजीपति पूँजी-एकत्रीकरण के साथ-साथ पूँजी अर्थात् मशीनों आदि की मात्रा बढ़ाते चले जाते हैं और परिवर्तनशील पूँजी अर्थात् श्रमिकों पर किया जाने वाला व्यय घटता चला जाता है जिससे

अतिरिक्त कीमत की कमी का अर्थ ही लाभ की मात्रा कम होना है। अन्य में अतिरिक्त कीमत गिरकर शून्य हो जाएगी और पूँजीवाद समाप्त हो जाएगा। इस प्रकार मार्क्स ने यह सिद्ध करने का प्रयत्न किया कि पूँजीवाद में लाभ की दर की गिरने की प्रवृत्ति रहती है।

मार्क्स यह मानकर चलता है कि जैसे-जैसे उपक्रमी अधिक पूँजी लगाते हैं वे श्रम की पूर्ति को स्थिर रखते हैं। चित्र 4 में—

(i) OX अक्ष पर पूँजी की मात्रा और OY अक्ष पर श्रम की मात्रा दर्शाया गया है।

(ii) कुल उत्पादन वक्र OA को प्रारम्भिक बिन्दु से खींचा गया है जिसकी ढाल यह बताती है कि कुल उत्पादन बिन्दु P तक बढ़ती हुई दर से और उसके पश्चात् उत्पादन घटती हुई दर से बढ़ता है। दूसरे शब्दों में, अधिक पूँजी लगाने से श्रम की पूर्ति स्थिर रहती है और घटता प्रतिफल नियम लागू होने लगता है। कुल मजदूरी OT के बराबर स्थिर मानी गई है और इसी कारण रेखा TW क्षैतिज अक्ष के समानान्तर खींची गई है जो कि यह प्रदर्शित करती है कि अधिक पूँजी लगाने से श्रम की मात्रा स्थिर रहती है।

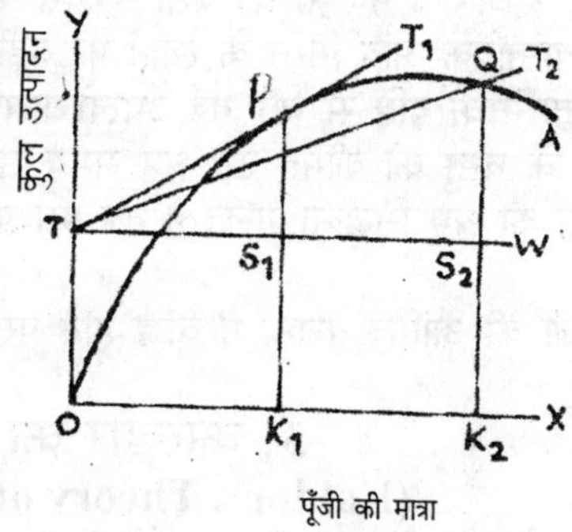

चित्र-4

(iii) बिन्दु T से एक रेखा TT_1 खींची गई है जो कि कुल उत्पादन वक्र को बिन्दु P पर स्पर्श करती है जबकि बिन्दु P से एक लम्ब PK_1 खींचा गया है जो रेखा TW को S_1 पर काटता है। इसी प्रकार, बिन्दु T से एक अन्य रेखा TT_2 खींची गई है जो कुल उत्पादन वक्र को बिन्दु Q पर नीचे से काटती है और बिन्दु Q से लम्ब QK_2 खींचा गया है जो रेखा TW को S_2 पर काटता है।

(iv) जब पूँजी की मात्रा OK_1 मशीनों पर लगाई जाती है तब कुल उत्पादन PK_1 होता है और इस उत्पादन पर उपक्रमी का कुल लाभ PK_1 होता है और इस उत्पादन पर उपक्रमी का कुल लाभ PS_1 है और PS_1/TS_1 लाभ की दर है।

अब यदि उपक्रमी लाभ को बढ़ाने की आशा से OK_1 से अधिक मात्रा पूँजी पर व्यय करते हैं तब लाभ की दर कम हो जाती है। स्पष्ट है कि OK_2 पूँजी लगाने से लाभ की दर QS_2/TS_2 रह जाती है। स्पष्टतः यह लाभ की दर पहली लाभ की दर PS_1/TS_1 की अपेक्षा कम है अतः अधिक पूँजी को मशीनों पर लगाने से लाभ की दर कम हो जाती है।

आधुनिक शब्दावली में हम यह कह सकते हैं कि मार्क्स का विचार यह है कि जब अधिक पूँजी प्रधान तकनीकों का प्रयोग किया जाता है तो लाभ की दर में गिरावट आ जाती है। यह प्रक्रिया तब तक चलती रहती है जब तक कि लाभ समाप्त नहीं हो जाते और संकट प्रारम्भ हो जाता है।

मार्क्स व रिकार्डो के सिद्धान्त में अन्तर (Difference between Marxian and Ricardian Theories)

1. रिकार्डो के अनुसार लगान और मजदूरी का अन्तर लाभ होते हैं जबकि मार्क्स समझता है कि श्रम की पूर्ति कीमत (मजदूरी या लगान) से श्रम के उत्पादन का अतिरेक लाभ होते हैं।

2. रिकार्डो के सिद्धान्त में, मजदूरी कोष में से जीवन निर्वाह स्तर के बराबर मजदूरी दी जाती है जबकि मार्क्स के विश्लेषण में 'श्रम की आरिक्षत सेना' (बेरोजगार जो समाज में हमेशा रहते हैं) मजदूरी की दर को निर्वाह स्तर से ऊपर जाने से रोकती है।

3. रिकार्डो समझता है कि घटते प्रतिफल के नियम की क्रियाशीलता के कारण लाभों का घटती दर की ओर झुकाव होता है जबकि मार्क्स की दृष्टि में यह प्रवृत्ति 'पूँजी की बढ़ती संगठन संरचना के नियम' अर्थात् परिवर्ती पूँजी से स्थिर पूँजी के अनुपात पर आधारित होती है।

4. रिकार्डो ने अनाज के रूप में मजदूरी की दर को स्थिर माना है जबकि मार्क्स सामान्य वस्तुओं के रूप में श्रम की पूर्ति कीमत को स्थिर माना है।

5. दोनों दृष्टिकोणों में एक और अन्तर पूँजी-संचय के मूल में स्थिर उद्देश्य के बारे में है। रिकार्डो की दृष्टि में पूँजीपति लाभ की ऊँची दर के आकर्षण से संचय करता है, परन्तु मार्क्स की दृष्टि में पूँजीपतियों के लिए संचय एक आवश्यक है, क्योंकि उनमें आपस में प्रतियोगिता होती है।

आलोचनाएँ (Criticisms)

1. व्यावहारिक दृष्टि से की गई आलोचनाएँ (Criticisms from Practical Point of View)—मार्क्सवादी आय वितरण का सिद्धान्त असंतोषजनक और अपूर्ण है। मार्क्स ने अपने सैद्धान्तिक विश्लेषण के आधार पर जो भविष्यवाणियाँ की थीं, वह सत्य सिद्ध नहीं हुई हैं। उदाहरणार्थ, प्राविधिक प्रगति के साथ-साथ न तो लाभ की दर में गिरावट आई है और न मजदूरों की दशा मजदूरी के अंश में कमी के कारण शोचनीय ही हुई है। आज पूँजीवादी देशों में मजदूरी की वास्तविक आय गिरने के स्थान पर बढ़ी है और इनके रहन-सहन में काफी सुधार हुआ है।

2. सैद्धान्तिक दृष्टि से की गई आलोचनाएँ (Criticisms from Theoretical Point of View)—(अ) मार्क्स की धारणा, कि वस्तु की कीमत उस श्रम समय से निर्धारित होती है जो उसके बनाने में लगा है, बिलकुल त्रुटिपूर्ण है। जबकि कीमत का श्रम सिद्धान्त गलत है तब इस पर आधारित अतिरेक कीमत व शोषण का सिद्धान्त भी गलत सिद्ध हो जाता है।

(ब) पूँजी की आंगिक रचना में वृद्धि होने पर लाभ की दर गिरने को मार्क्सवादी धारणा में भी बहुत-सी सैद्धान्तिक कमियाँ हैं।

3. काल्डोर का समग्र आय-वितरण सिद्धान्त
(Kaldor's Theory of Aggregate Income Distribution)

प्रो. काल्डोर ने भी आय वितरण के एक सिद्धान्त का प्रतिपादन किया है, जिसका महत्त्वपूर्ण स्थान समग्र आय-वितरण सिद्धान्तों के साथ-साथ आर्थिक विकास के सिद्धान्तों में भी है। चूँकि काल्डोर अपने वितरण के सिद्धान्त में यह मानते हैं कि आर्थिक विकास बहुत अंश तक आय के लाभ तथा मजदूरी के बीच वितरण पर निर्भर करता है। इसलिए आर्थिक विकास के सिद्धान्तों में भी इसका स्थान महत्त्वपूर्ण है।

प्रो. काल्डोर ने अपने सिद्धान्त को कीन्सवादी सिद्धान्त का नाम दिया है, क्योंकि अपने आय के लाभों व मजदूरियों के वितरण करने वाले तत्त्वों की व्याख्या के लिए कीन्स के सैद्धान्तिक ढाँचे या कीन्सवादी उपकरणों का उपयोग किया है।

प्रो. काल्डोर ने सम्पूर्ण राष्ट्रीय आय को अर्जित करने वाले लोगों को **दो भागों में** बाँटा है—मजदूर वर्ग व सम्पत्ति के स्वामी वर्ग। मजदूर वर्ग द्वारा अर्जित आय को मजदूरियाँ व सम्पत्ति के स्वामी वर्ग द्वारा अर्जित आय को लाभ कहा। इस प्रकार लाभ की परिभाषा सम्पत्ति के स्वामी वर्ग की आय के रूप में की है और इसलिए इसमें केवल साहसी को मिलने वाला पारितोषिक ही नहीं बल्कि सामान्य लाभ, लगान व ब्याज भी सम्मिलित हैं। मजदूरियों में केवल शारीरिक काम करने वालों का पारिश्रमिक ही नहीं बल्कि वेतन भी सम्मिलित है।

मान्यताएँ (Assumptions)

प्रो. काल्डोर के आय-वितरण सिद्धान्त का विश्लेषण करने से पूर्व उन मान्यताओं का वर्णन करना उपयुक्त होगा जिनके आधार पर काल्डोर ने यह बताया कि राष्ट्रीय आय का मजदूरियों व लाभों में वितरण किन कारणों पर निर्भर होता है। संक्षेप में प्रो. काल्डोर के आय-वितरण सिद्धान्त की **प्रमुख मान्यताएँ** निम्नलिखित हैं—

1. अर्थव्यवस्था में **पूर्ण रोजगार** की स्थिति रहती है। फलतः कुल उत्पादन या रोजगार दिया हुआ होता है।
2. मजदूरी वर्ग व सम्पत्ति के स्वामी वर्ग की बचत प्रवृत्ति या **उपभोग की सीमान्त प्रवृत्ति** स्थिर रहती है और पूँजीपति तथा लाभ प्राप्त करने वालों की तुलना में मजदूर वर्ग की बचत प्रवृत्ति कम होती है।
3. कुल आय को मोटे तौर पर दो भागों में बाँटा जा सकता है अर्थात् **कुल मजदूरी (W)** और **कुल लाभ (P)**।
4. कुल बचत मजदूरों की मजदूरी में से की गई बचत (SW) और पूँजीपतियों के लाभ से भी की गई बचत (SP) के योग के बराबर होती है। ऐसा इसलिए है, क्योंकि अर्थव्यवस्था को मुख्यतया दो ही क्षेत्रों में बाँटा गया है अतः बचत भी उन्हीं क्षेत्रों से होगी।

विशेषताएँ (Features)

काल्डोर अपने सिद्धान्त में यह बताने का प्रयास करते हैं कि विनियोग (I) और आय (Y) के अनुपात (Ratio of Investment 'I' to Income 'Y') में परिवर्तन राष्ट्रीय आय में लाभों तथा मजदूरियों के सापेक्षिक हिस्सों में किस प्रकार परिवर्तन उत्पन्न करता है।

काल्डोर के सिद्धान्त या मॉडल की विशेषताओं के सारांश को समीकरणों की शृंखलाओं के रूप में बताया जा सकता है—

$$\boxed{Y = W + P} \quad \text{.... (1)}$$

जबकि Y = मजदूरी (कुल) (National Income or Output)
W = मजदूरी (कुल) (Wages Total)
P = लाभ (कुल) (Profit Total)

उपर्युक्त समीकरण केवल एकसमता (Identity) है जो कि बताती है कि आय (Y) निर्मित होती है मजदूरियों (W) तथा लाभों (P) से।

काल्डोर के अनुसार अर्थव्यवस्था के (पूर्ण रोजगार स्तर पर) संतुलन के लिए अनुमानित विनियोग (Intended or ex-ente Investment I) बराबर होना चाहिए अनुमानित बचत S (Intended or ex-ente Saving S) के। इस प्रकार आधारभूत दशा को इस प्रकार लिखा जा सकता है—

$$\boxed{I = S} \quad \text{...(2)}$$

माना कि अर्थव्यवस्था के लिए कुल बचत (अनुमानित अर्थात् Ex-ente) को S द्वारा बताया जाता है, मजदूरी आय (Wage-Income) में से बचत को SW द्वारा तथा लाभ-आय (Profit-income) में से बचत को SP द्वारा बताया जाता है तो कुल बचत बराबर होगी SW तथा SP के योग के इस प्रकार

$$\boxed{S = S_W + S_P} \quad \text{... (3)}$$

वास्तव में संतुलन की अवस्था में बचत दो आय वर्गों (अर्थात् मजदूरी प्राप्तकर्ताओं तथा लाभ प्राप्तकत्ताओं की बचत करने की औसत प्रवृत्ति (Average Propensity to Save) पर निर्भर करती है। माना कि मजदूरी प्राप्तकर्त्ताओं (Wage Earners) की बचत करने की औसत प्रवृत्ति को SW तथा प्राप्तकर्त्ताओं (Profit Recepients) की बचत करने की औसत प्रवृत्ति को SP द्वारा व्यक्त किया जाता है तो, मजदूरी आय में से कुल बचत की मात्रा (SW) निम्न समीकरण द्वारा बताया जाता है—

$$\boxed{S_w = S_w \times W} \quad \text{... (4)}$$

तथा लाभ-आय में बचत की कुल मात्रा (S_p) को निम्न समीकरण द्वारा व्यक्त किया जाता है—

$$\boxed{S_p = S_p \times P} \quad \text{... (5)}$$

अब हम अर्थव्यवस्था में कुल बचत को निम्न प्रकार से व्यक्त करते हैं।

$S = S_w + S_p$
or $S = S_w \times W + s_p \times P$ [From Equation no. (4) and (5)]
or $S = S_w (Y—P) \times s_p \times P$ [From equation no. we have $W = Y—P$; and here for W we have put $Y—P$]
or $S = s_w Y—3_w P+s_p \times P$
or $S = P (s_p—s_w) + s_w Y$ ... (6)

अब हम संतुलन की आधारभूत दशा (Basic condition of equilibrium), जो कि समीकरण नं. 2 द्वारा दी जा चुकी है, को इस प्रकार लिखते हैं।

$$\boxed{I = S}$$

or $I = P (s_p—s_w) + s_w Y$ [By putting the value of S from equation no. 6]

उपर्युक्त समीकरण को दोनों पक्षों (Sides) को Y से भाग देने से हमें विनियोग (I) तथा आय (Y) का अनुपात (अर्थात् I/Y) प्राप्त हो जाता है जो कि नीचे किया गया है—

$$\boxed{I/Y = (s_p—s_w) P/Y + s_w} \quad \text{... (7)}$$

समीकरण नं. 7 के दोनों पक्षों (Sides) को ($s_p—s_w$) से भाग देने से तथा पुनर्व्यवस्थित (Rearrange) करने में हमें राष्ट्रीय आय (Y) में लाभ (P) का अनुपात प्राप्त हो जाता है अर्थात् P/Y प्राप्त हो जाता है जैसा कि आगे दिखाया गया है—

$$\boxed{P/Y = I(s_p—s_w) \times I/Y—s_w/(s_p—s_w)} \quad \text{....(8)}$$

चूँकि P लाभों के लिए तथा Y राष्ट्रीय आय के लिए अतः लाभ/आय = $I/s_p—s_w \times I/Y—S_w$ ($S_p—S_w$....यह समीकरण यह स्पष्ट करता है कि पूँजीपतियों तथा श्रमिकों की बचत करने की प्रवृत्तियाँ दी हुई होने पर लाभों का राष्ट्रीय आय से अनुपात (P/Y) विनियोग के राष्ट्रीय आय के अनुपात (I/Y) पर निर्भर होता है। विनियोग-आय अनुपात (I/Y) में वृद्धि होने पर, अर्थात् विनियोग की दर में वृद्धि होने पर आय में लाभों के हिस्से (W/Y) में तदनुरूप कमी हो जाती है।

काल्डोर के उपर्युक्त मॉडल में विनियोग की दर अथवा विनियोग का कुल आय से अनुपात को एक स्वतंत्र चर माना गया है, अर्थात् बचत करने की प्रवृत्ति (S_p तथा S_w) में परिवर्तन होने पर विनियोग में परिवर्तन नहीं होते। इसके अलावा काल्डोर का आय वितरण का मॉडल केवल उसी स्थिति में सही उतरता है जबकि पूँजीपतियों (अर्थात् लाभ प्राप्तकर्ता) तथा श्रमिकों (मजदूरी प्राप्तकर्ता) की बचत प्रवृत्तियों में अन्तर हो तथा लाभों में से बचत करने की सीमान्त प्रवृत्ति, मजदूरी में से बचत करने से अधिक हो। इस प्रकार यह मॉडल तभी क्रियाशील होगा जबकि—

$$S_p \neq S_w$$

$$\text{तथा } S_p > S_w$$

यदि लाभों में से बचत प्रवृत्ति (S_p), मजदूरी में से बचत करने की प्रवृत्ति (S_w) से कम होगी तो अर्थव्यवस्था स्थिर नहीं होगी। कारण यह है कि यदि $S_p < S_w$ है तो विनियोग में कमी होने पर उसी के अनुरूप कीमतों में कमी होने पर माँग में भी गिरावट होगी और फलतः कीमतों में और कमी होगी और यही क्रम अनवरत चलता रहेगा। इस प्रकार $S_p < S_w$ की स्थिति में कीमतों में कमी संचयी होगी और अर्थव्यवस्था अस्थिर।

इसी प्रकार यदि $S_p > S_w$ है, तो कीमतों में वृद्धि से माँग में वृद्धि होगी तथा इससे कीमतों में और वृद्धि का सृजन होगा। अतः अर्थव्यवस्था में स्थिरता के लिए $S_p > S_w$ एक अनिवार्य स्थिति है।

अर्थव्यवस्था की **स्थायित्व की मात्रा (Degree of Stability of the Economy)** निर्भर करती है। बचत करने की सीमान्त प्रवृत्तियों के अन्तर (Difference of Marginal Propensities to Save) पर अर्थात् $I/S_p—S_w$ पर, इसको काल्डोर 'आय वितरण के चेतना अंक' (Co-efficient of Sensitivity of Income Distribution) कहते हैं। यह राष्ट्रीय आय में लाभ के हिस्से में परिवर्तन को बताता है जो कि राष्ट्रीय आय में विनियोग के अनुपात या हिस्से में परिवर्तन के कारण उत्पन्न होता है। यदि दोनों 'बचत करने की प्रवृत्तियों' में अन्तर थोड़ा है तो $I/S_p—S_w$ का अंक (Co-efficient) बड़ा तथा विनियोग उत्पादन-अनुपात या विनियोग आय-अनुपात (I/Y) में थोड़े परिवर्तन लाभ-आय अनुपात (P/Y) में बड़े परिवर्तन उत्पन्न करेंगे और इसलिए आय वितरण में बड़े परिवर्तन उत्पन्न करेंगे। मजदूरी-आय में से बचत करने की सीमान्त प्रवृत्ति (S_w) के शून्य होने की विशिष्ट स्थिति में, लाभ की मात्रा को निम्नलिखित संबंध द्वारा लिया जायेगा।

$P = I/S_p. I$ [इसको समीकरण नं. (8) में $S_w = O$ के मूल्य को रखकर निकाला जाता है।]

अब प्रश्न यह उठता है कि विनियोग व्यय में वृद्धि के परिणामस्वरूप पूँजीपतियों (लाभ प्राप्त करने वाले) के पक्ष में आय का वितरण किस प्रकार परिवर्तित होता है? ऐसा कीमत स्तर में परिवर्तन के माध्यम से होता है। पूर्ण रोजगार के स्तर के दिया हुआ होने पर, जब विनियोग व्यय में वृद्धि होती है तो कीमतों में सामान्य वृद्धि होती है। काल्डोर के अनुसार चूँकि मजदूरियाँ कीमतों से पीछे रह जाती हैं इसलिए पूँजीपतियों के लाभों की सीमाओं में वृद्धि हो जाती है। इस प्रकार कीमतों में वृद्धि एवं मौद्रिक मजदूरियों के साथ-साथ न बढ़ने के कारण राष्ट्रीय आय में लाभों के हिस्से में वृद्धि हो जाती है और मजदूरियों के हिस्से में तदनुरूप कमी हो जाती है।

मजदूरियों में से बचत करने की प्रवृत्ति चूँकि लाभों में से बचत करने की प्रवृत्ति से कम होती है, इसलिए कीमतों में सामान्य स्तर में वृद्धि के कारण आय के वितरण में जो परिवर्तन लाभ प्राप्त करने वालों के पक्ष में होते हैं उनसे अर्थव्यवस्था में बचतों के हिस्सों में वृद्धि हो जाती है और अन्ततः नया संतुलन उस समय प्राप्त होता है जबकि उपर्युक्त प्रक्रिया द्वारा बचत आय अनुपात में फिर से वृद्धि हो जाती है, जिससे ऊँचे आय विनियोग के बराबर हो जाय।

अब हम काल्डोर की इस मान्यता की $S_p > S_w$ के महत्त्व को अच्छी प्रकार से समझते हैं। इस मान्यता की अनुपस्थिति में आय के पुनर्वितरण होने पर भी बचत आय अनुपात (Saving Income Ratio) में वृद्धि नहीं होगी और इसलिए अर्थव्यवस्था अस्थायित्व की स्थिति में होगी।

संक्षेप में, काल्डोर के आय वितरण के समष्टिगत आर्थिक सिद्धान्त की प्रमुख बातों को हम निम्नलिखित बिन्दुओं में प्रस्तुत कर सकते हैं।

(i) राष्ट्रीय आय में लाभ का हिस्सा अर्थात् P/Y विनियोग आय अनुपात अर्थात् I/Y का फैलन होता है। जबकि यह मान लिया जाता है कि S_p तथा S_w दोनों दिये हुए या स्थिर हैं तथा यह भी मान लिया जाता है कि $S_p > S_w$

जब राष्ट्रीय आय में लाभ का हिस्सा निर्धारित हो जाता है तो राष्ट्रीय आय में से शेष हिस्सा मजदूरियों का होता है।

(ii) यद्यपि राष्ट्रीय आय में लाभ का हिस्सा (P/Y) तथा वास्तविक मजदूरी दर विनियोग आय अनुपात (I/Y) के फलन होते हैं, परन्तु यह कुछ सीमाओं के अन्तर्गत यही होता है—

(अ) वास्तविक मजदूरी दर एक निश्चित जीवन निर्वाह मजदूरी की दर से कम नहीं हो सकती।

(ब) लाभ का हिस्सा एक न्यूनतम लाभ दर से नीचे नहीं गिर सकता। यह न्यूनतम लाभ दर ऐसी है जो कि पूँजीपतियों को विनियोग को प्रेरित करने के लिए आवश्यक है।

(स) लाभ का हिस्सा **एकाधिकारी दर की मात्रा (Degree of Monopoly Rate)** से नीचे नहीं गिर सकता। ऐसी लाभ दर का अर्थ है अपूर्ण प्रतियोगिता के कारण विक्रय राशि पर लाभ की न्यूनतम दर।

दशाएँ 'अ' तथा 'ब' वैकल्पिक हैं, इन दोनों में से जो भी ऊँची होगी वह लागू होगी।

(iii) पूँजीपति वर्ग के पक्ष में आय का वितरण जरूरी है ताकि ऊँचे बचत आय अनुपात को प्राप्त किया जा सके। यह विनियोग की एक ऊँची दर के साथ निरन्तर पूर्ण रोजगार संतुलन को बनाये रखने के लिए आवश्यक है।

(iv) कीमत स्तर वह साधन है, जो कि लाभ प्राप्तकर्ताओं या पूँजीपतियों के पक्ष में आय के पुनर्वितरण को उत्पन्न करता है यदि विनियोग अथवा विनियोग आय अनुपात में वृद्धि होती है।

प्रो. काल्डोर का यह सिद्धान्त एक रूप में रिकार्डो और मार्क्स के सिद्धान्तों के ठीक विपरीत निष्कर्ष देता है, क्योंकि इस सिद्धान्त में लाभ के स्थान पर मजदूरी को अवशेष (Residue) दिखाया गया है। काल्डोर के सिद्धान्त में लाभ एक अवशेष न होकर विनियोग करने की प्रवृत्ति तथा पूँजीपतियों की उपभोग प्रवृत्ति से नियंत्रित होकर पहले ही निर्धारित किया जाता है। इसके विपरीत रिकार्डो और मार्क्स के सिद्धान्तों में लाभ के स्थान पर मजदूरी कोष का निर्धारण पहले किया जाता है।

सिद्धान्त की आलोचनाएँ (Criticisms of Theory)

प्रो. काल्डोर ने अपने सिद्धान्त में आय के कार्यात्मक वितरण को ऐसे घटकों से संबंधित किया है जो अर्थव्यवस्था में रोजगार और आय स्तर के निर्धारण में अत्यधिक महत्त्वपूर्ण है। यह सिद्धान्त इस तथ्य पर प्रकाश डालता है कि अन्य बातों के साथ-साथ बचत तथा निवेश आय के वितरण को संयुक्त रूप से निधारित करते हैं और यह आय का वितरण ही है जो अन्य बातों के साथ-साथ मुख्य रूप से राष्ट्रीय आय के अंतिम आकार को निर्धारित करता है।

काल्डोर के सिद्धान्त का महत्त्व इसलिए भी है, क्योंकि यहाँ पर वितरण की समस्या को अर्थव्यवस्था के आर्थिक विकास के साथ-साथ दर्शाया गया है, क्योंकि विकास व सिद्धान्त में भी इस बात का विश्लेषण किया जाता है कि आय में लाभ और मजदूरी किस रूप में वितरित होती है। इस प्रकार कल्डोर का सिद्धान्त सही रूप में आय वितरण का एक आधुनिक और उपयुक्त सिद्धान्त है।

काल्डोर का सिद्धान्त महत्त्वपूर्ण होते हुए भी त्रुटिपूर्ण है। इसकी कई आधारों पर आलोचना हुई है जिनमें से कुछ प्रमुख आलोचनाएँ निम्नलिखित हैं—

1. एकपक्षीय सिद्धान्त (Onesided Theory)—काल्डोर ने अपने सिद्धान्त में यह मान लिया है कि उत्पादन का स्तर दिया हुआ है और अर्थव्यवस्था पूर्ण रोजगार की स्थिति में है। पूर्ण रोजगार में उत्पादन तथा आय की दी हुई मात्रा के कारण सीमान्त उत्पादकता का अनुमान नहीं लगाया जा सकता और इस तरह पूर्ति पक्ष को स्पष्टतः ध्यान में नहीं रखा गया है। अतः यह कहना अनुचित न होगा कि पूर्ण रोजगार की मान्यता के कारण पूर्ति पक्ष और उत्पादन निर्णयों को इस सिद्धान्त में छोड़ दिया गया है।

2. अवास्तविक मान्यताएँ (Unrealistic Assumptions)—इस सिद्धान्त की सबसे गम्भीर आलोचनाएँ इसकी मान्यताओं से संबंधित हैं, जैसे—(अ) चूँकि यह सिद्धान्त पूर्ण रोजगार की मान्यता पर आधारित है इसलिए यह सिद्धान्त इस बात की व्याख्या नहीं करता कि कार्यात्मक रूप में किस प्रकार आय का वितरण आय में परिवर्तन से प्रभावित होगा जबकि अर्थव्यवस्था में पूर्ण रोजगार की स्थिति नहीं है। (ब) काल्डोर के सिद्धान्त का एक महत्त्वपूर्ण निष्कर्ष—राष्ट्रीय

आय में सापेक्ष रूप में लाभ का अंश मजदूरी के अंश से अधिक होना भी पूर्ण रोजगार की अवास्तविक मान्यता के कारण आलोचना का विषय है। इस प्रकार अधिक वास्तविक स्थिति जो पूर्ण रोजगार से पहले की है उसमें इस सिद्धान्त की बिना व्याख्या किये हुए काल्डोर द्वारा जो सामान्य निष्कर्ष निकाले गये हैं, वे अनुचित और अव्यावहारिक हैं।

3. तर्कसंगत नहीं (Non-Logical)—यद्यपि काल्डोर ने अपने सिद्धान्त को कीन्स के बचत विनियोग सिद्धान्त पर आधारित किया है परन्तु वास्तव में यह सिद्धान्त कीन्सियन ढांचे में विश्लेषित हुआ प्रतीत ही नहीं होता। कीन्स के अर्थशास्त्र में समस्त विश्लेषणात्मक व्याख्या पूर्ण रोजगार स्थिति से पूर्व से संबंधित है अतः काल्डोर के सिद्धान्त को एक ओर कीन्सियन मॉडल मानना और दूसरी ओर सदैव पूर्ण रोजगार की स्थिति को मानकर व्याख्या करना तर्कसंगत नहीं होता।

4. लाभ अंतरों में कमी (Reduction in Difference of Profit)—काल्डोर की यह व्याख्या भी सदैव सत्य नहीं है कि कीमतों के स्तर में सभी कमियों के साथ-साथ लाभ-अंतरों (P/Y) में कमियाँ हों, क्योंकि दूसरी ओर, तकनीकी प्रगति कीमतों में कमी की अपेक्षा इकाई लागतों को अधिक कम कर सकती है। काल्डोर का सिद्धान्त इस प्रकार की संभावना की पूर्ण रूप से उपेक्षा करता है।

5. अन्य आलोचनाएँ (Other Criticisms)—(अ) प्रो. काल्डोर ने विनियोग को बचत अनुपात तथा बचत करने की प्रवृत्ति से स्वतंत्र माना है। परन्तु इस प्रकार की स्थिति वास्तविक जगत में नहीं पाई जाती है। स्वयं प्रो. काल्डोर ने यह स्वीकार किया है कि विनियोग एक स्वतंत्र घटक के रूप में न रहे तो इसका सिद्धान्त क्रियाशील नहीं होगा।

(ब) पाल डेविडसन के मतानुसार प्रो. काल्डोर ने विनियोग उत्पादन अनुपात को दिया हुआ मानकर समीकरण का उपयोग अत्यन्त यांत्रिक रूप से किया है।

(स) प्रो. काल्डोर अपने सिद्धान्त में मानव-पूँजी को सम्मिलित करने में सफल नहीं रहा, क्योंकि इसका ध्यान सदैव भौतिक पूँजी अर्थात् उत्पादन के भौतिक उपकरण पर ही केन्द्रित रहा। **श्री बी. जे. एम. कार्मिक** के शब्दों में, "मानव पूँजी को सम्मिलित न कर सकने के कारण यह सिद्धान्त इतना सरल है कि वास्तविक संसार की जटिलताओं की व्याख्या करने में असफल रहा।"

4. आय वितरण का वीन्ट्रॉब का समष्टिगत आर्थिक सिद्धान्त (Weintraub's Macro Economic Theory of Income Distribution)

आधुनिक समय में प्रो. सिडबी वीन्ट्रॉब ने अपनी पुस्तक 'An Approach to the Theory of Income Distribution' में आय के एक समष्टिगत आर्थिक सिद्धान्त का प्रतिपादन किया है, उन्होंने समष्टिगत आर्थिक सिद्धान्त में वितरण के निर्धारण में कुल पूर्ति फंक्शन या फलन को सर्वाधिक महत्त्व दिया है। **वीन्ट्रॉब** का मत है कि कुल पूर्ति फलन रोजगार के स्तर एवं मौद्रिक प्राप्ति का सम्बन्ध प्रदर्शित करता है।

मोटे तौर पर **वीन्ट्रॉब** के सिद्धान्त के निम्नलिखित दो पक्ष हैं—

(i) कुल पूर्ति फलन तथा सापेक्षित हिस्सों का सिद्धान्त
(The Aggregate Supply Function and the Theory of Relative Shares)

(ii) आय वितरण तथा कुल माँग फलन
(Distribution and Aggregate Demand Function)

अब हम दोनों पक्षों का पृथक्-पृथक् अध्ययन करेंगे।

(i) कुल पूर्ति फलन तथा सापेक्षित्त हिस्सों का सिद्धान्त (The Aggregate Supply Function and the Theory of Relative shares)

वीन्ट्रॉब कीन्स के कुल पूर्ति फलन को लेते हैं, और उसमें थोड़ा संशोधन करते हैं। कीन्स और वीन्ट्रॉब के पूर्ति फलन के दृष्टिकोण में थोड़ा अन्तर इस प्रकार है—वीन्ट्रॉब विक्रय राशि या मुद्रा राशि को वर्तमान कीमतों में मापते हैं, जबकि कीन्स विक्रय राशि स्थिर कीमतों पर मापते हैं। कुल पूर्ति फलन को व्यक्त करने के लिए वीन्ट्रॉब ने अंग्रेजी के कैपिटल या बड़े अक्षर Z का प्रयोग किया है और उनकी कुल पूर्ति फलन की परिभाषा इस प्रकार है—

कुल पूर्ति फलन (ASF) एक सारिणी (Schedule) है जिसका सम्बन्ध (वर्तमान कीमतों में व्यक्त की जाने वाली) विक्रय राशियों या मुद्रा राशियों के स्तर से होता है जो कि उत्पादकों द्वारा रोजगार के विभिन्न स्तरों को प्रदान करने के

लिए आवश्यक है। अन्य शब्दों में प्रत्येक मुद्रा राशि से सम्बन्धित रोजगार का एक विशिष्ट स्तर होगा। (विश्लेषण के स्थैतिक स्वभाव के कारण) रोजगार का प्रत्येक स्तर सम्बन्धित होगा, उत्पादन या (वास्तविक आय) के एक विशिष्ट स्तर के साथ।[1] वीन्ट्रॉब के अनुसार कुल पूर्ति फलन एक आरेखीय रेखा होती है जैसा कि चित्र 4 में दर्शाया गया है। कुल पूर्ति रेखा के स्वरूप की विवेचना करते समय वीन्ट्रॉब ने कुल पूर्ति की लोच के विचार का प्रयोग किया है और इस लोच के लिए वे 'E' चिह्न का प्रयोग करते हैं। 'E' मुद्रा राशि में परिवर्तन 'Change in Money Proceeds' तथा रोजगार में परिवर्तन या 'Change in Employment' के बीच संबंध को बताता है, अन्य शब्दों में

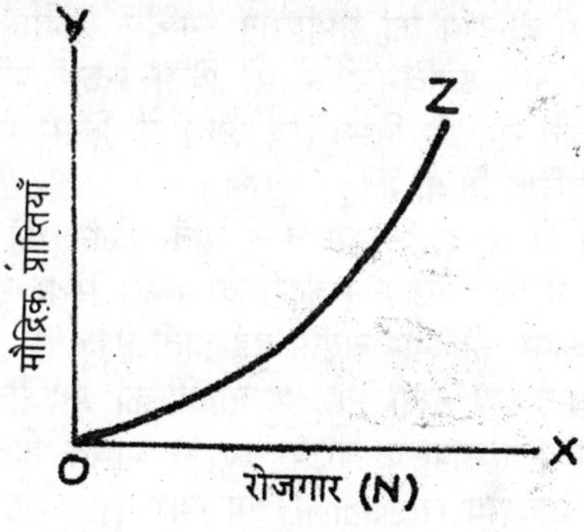

चित्र : 5

$$'E' = \frac{\text{रोजगार में आनुपातिक परिवर्तन (Proportional Change in Employment)}}{\text{मुद्रा राशि में आनुपातिक परिवर्तन (Porportional Change in Money)}}$$

$$\frac{\dfrac{\text{रोजगार में परिवर्तन } (\Delta N) \text{ (Change in Employment)}}{\text{रोजगार (Employment) } (N)}}{\dfrac{\text{मुद्रा राशि में परिवर्तन (Change in Money Proceeds) } (\Delta Z)}{\text{मुद्रा राशि (Money Proceeds) } (Z)}}$$

इस प्रकार : $E - \Delta N/\Lambda Z \times X/N$

यदि लोच का अंक इकाई से कम है ($E_z > 1$) तो इसका अर्थ यह है कि यदि मौद्रिक आय में एक प्रतिशत वृद्धि रोजगार और उत्पादन में एक प्रतिशत से कम वृद्धि उत्पन्न करेगा, यह घटते हुए उत्पादन की स्थिति में सही होगा।

यदि लोच का अंक इकाई से अधिक है ($E_z < 1$) तो इसका अभिप्राय है कि मुद्रा राशि में एक प्रतिशत की वृद्धि रोजगार व उत्पादन में एक प्रतिशत से अधिक वृद्धि उत्पन्न करेगी। ऐसी स्थिति में श्रम के लिए बढ़ते हुए उत्पादन के अन्तर्गत होगी।

उपर्युक्त विवेचन से स्पष्ट है कि वीन्ट्रॉब के अनुसार Z रेखा मौद्रिक राशियों (प्राप्तियों) और रोजगार के स्तर के बीच सम्बन्ध को व्यक्त करता है।

वीन्ट्रॉब की धारणा है कि कुल मौद्रिक राशि या प्राप्ति को तीन भागों में बाँटा जा सकता है—

(i) कुल मजदूरी (Aggregate Wages)

(ii) कुल स्थिर व्यय (Aggregate Fixed Expenditure)

(iii) अवशेष या लाभ (Residue or Profit)

यदि मजदूरी की दर स्थिर हो तब कुल मजदूरी को मालूम करने के लिए मजदूरी दर को रोजगार से गुणा ($W \times N = WN$) किया जा सकता है। स्थिर व्यय को 'F' से तथा लाभ को 'R' से प्रदर्शित करने पर निम्न समीकरण निर्मित किया जा सकता है—

---

1. Aggregate supply function is a schedule relating to different levels of minimum sale proceeds or money proceeds (expressed in current prices) which are necessary for the producers to provide different levels of empolyment. In other, words, there will be a particular level of employment related with each level of money proceeds and (because of static nature of analysis) each level of employment will be related with a particular levle of output (or real income).

$$\boxed{Z = WN + F + R}$$

इस प्रकार मौद्रिक राशि के शब्दों में नापी गई कुल पूर्ति (Z) के तीन भाग हैं— WN या WF तथा R ये तीन भाग और कुछ नहीं हैं बल्कि राष्ट्रीय आय में क्रमशः मजदूरियों, लगानों या स्थिर आयों तथा लाभों के कुल हिस्से हैं।

संक्षेप में वीन्ट्रॉब का समष्टिगत आर्थिक सिद्धान्त केवल इस बात की खोजबीन करता है कि यदि Z में परिवर्तन होता है तो इसके तीन उपविभागों में से किस प्रकार परिवर्तन होता। अर्थात् राष्ट्रीय लाभांश में परिवर्तन होने से मजदूरों के हिस्से पूँजीपति वर्ग के हिस्से एवं लाभ के हिस्से में किस प्रकार परिवर्तन होता है। वीन्ट्रॉब ने चित्र की सहायता से इन तीनों को प्रदर्शित किया है।

चित्र-6 में (i) OZ रेखा कुल पूर्ति फलन को और OW रेखा कुल मजदूरी को व्यक्त करती है। जबकि यह मान लिया जाता है कि मौद्रिक मजदूरी दर (W) स्थिर रहती है, रोजगार में वृद्धि के साथ कुल मजदूरी भी बढ़ती है इसलिए OW रेखा ऊपर की ओर चढ़ती हुई होती है।

(ii) बिन्दुकीय रेखा FF_1 भुगतानों को प्रदर्शित करती है और यह रेखा इस प्रकार खींची जाती है कि यह स्थिर भुगतानों की कुल मात्रा के बराबर W से अधिक होती है।

(iii) अवशेष (Residual) या लाभ (R) रेखा OZ तथा FF_1 अन्तर के बराबर होता है।

(iv) रोजगार स्तर ON तक साधनों के भुगतान या उनकी लागत की तुलना में मौद्रिक राशि या विक्रय राशि कम है जिसका अभिप्राय यह है कि ON रोजगार स्तर तक लाभ ऋणात्मक है। अन्य शब्दों में, अर्थव्यवस्था ON से नीचे रोजगार के स्तर पर एक लम्बे समय तक नहीं रह सकती, कारण यह है कि ऐसी परिस्थिति में औसत रूप में फर्मों को हानि होगी।

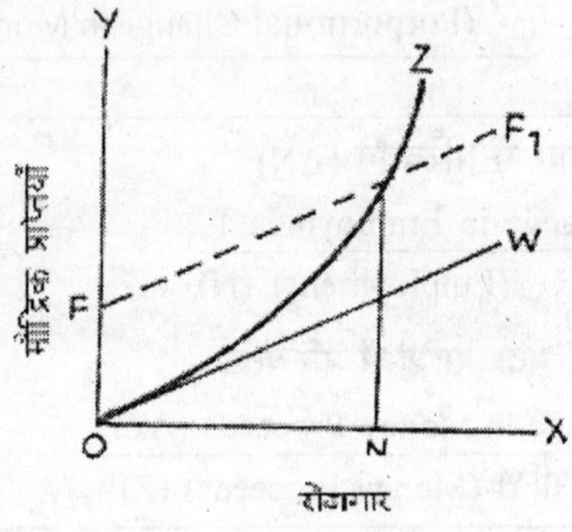

चित्र : 6

अब हम वीन्ट्रॉब के सापेक्षिक हिस्सों के सिद्धान्त की मुख्य विशेषताओं की विवेचना करेंगे। हम यह मान लेते हैं कि अर्थव्यवस्था में रोजगार में विस्तार होता है, फलतः कुल उत्पादन और आय में भी परिवर्तन होता है। कुल आय में परिवर्तन तीन प्रकार की आयों के सापेक्षिक हिस्सों को प्रभावित करेगा। सापेक्षिक हिस्से की स्थिति ON, OW तथा FF_1 रेखाओं के स्वरूप से सम्बन्धित मान्यताओं पर निर्भर करेगा।

सर्वप्रथम हम स्थिर आय समूह अथवा लगान प्राप्तकर्ताओं को लेते हैं।

यदि OZ रेखा का स्वरूप ऐसा है जैसा कि चित्र 2 में दर्शाया गया है, तब कुल आय (या कुल रोजगार) में वृद्धि के साथ, लगान आय प्राप्तकर्ताओं के समूह की सापेक्षिक स्थिति खराब होगी, क्योंकि समूह के निरपेक्ष मौद्रिक आय में परिवर्तन नहीं होता।

अब हम कुल आय (या उत्पादन) में मजदूरियों के सापेक्षिक हिस्से की स्थिति में लेते हैं।

उत्पादन (या रोजगार) के स्तर में वृद्धि के साथ कुल आय या उत्पादन में मजदूरी का हिस्सा (अर्थात् WN/Z) घटेगा। वास्तव में कुल उत्पादन (या कुल आय) में मजदूरी का हिस्सा कुल पूर्ति की लोच (Elasticity of Aggregate Supply) अर्थात् E_z पर निर्भर करेगा (हम यह मान चुके हैं कि $E_z < 1$, इसका अभिप्राय घटता हुआ उत्पादन अर्थात् श्रम के लिए घटता हुआ सीमान्त उत्पादन (Diminishing Return, that is, Disminishing Marginal Product for Labour)। ऐसी स्थिति में, उत्पादन और रोजगार स्तर में वृद्धि के साथ OW रेखा तथा OZ रेखा के बीच अन्तर बढ़ता जाता है, यह स्थिति चित्र-2 में दर्शाया गया है। स्पष्टतः अल्पकाल में रोजगार और उत्पादन में वृद्धि के साथ कुल आय में मजदूरी का सापेक्षिक हिस्सा घटेगा।

अन्त में हम कुल आय में लाभ के सापेक्षिक हिस्से की विवेचना करते हैं।

लाभ एक अवशेष है, अतः लाभ का सापेक्षिक हिस्सा अन्य दो आय हिस्सों की स्थिति पर निर्भर करेगा चूँकि रोजगार और उत्पादन में विस्तार के साथ-साथ लगान प्राप्तकर्ताओं और मजदूरों का हिस्सा घटता है इसलिए यह निष्कर्ष निकलता है कि उत्पादन और रोजगार में वृद्धि के साथ अवशेष हिस्सा, अर्थात् लाभ का हिस्सा बढ़ेगा।

वीन्ट्रॉब के आय वितरण के समष्टिगत आर्थिक सिद्धान्त के सार को निम्न प्रकार व्यक्त किया जा सकता है—

"अल्पकाल में तथा स्थैतिक विश्लेषण की सामान्य दशाओं के अन्तर्गत आय और रोजगार स्तर में वृद्धि आय में ऐसे पुनर्वितरण को उत्पन्न करेगी जो कि मौद्रिक शब्दों में स्थिर आय वाले व्यक्तियों या समूहों की लागत पर, लाभों के रूप में आय प्राप्तकर्ताओं के पक्ष में होने की प्रवृत्ति रखेगा तथा मजदूरी प्राप्तकर्त्ताओं की संभाव्य लागत पर भी लाभ प्राप्तकर्त्ताओं के पक्ष में आय वितरण होगा—जब तक कि घटते हुए उत्पादन के सिद्धान्त की मान्यता लागू रहती है तथा मौद्रिक मजदूरी स्थिर रहती है।"

(ii) आय वितरण तथा कुल माँग फलन (Income Distribution and the Aggregate Demand Function)

अब हम वीन्ट्रॉब के सिद्धान्त के दूसरे भाग का विश्लेषण करेंगे।

हम अध्ययन कर चुके हैं कि वीन्ट्रॉब सिद्धान्त का प्रथम भाग कुल पूर्ति फलन और उसके अंगों जो कि कुल आय में उत्पत्ति के साधनों के सापेक्षिक हिस्सों को बताते हैं, का अध्ययन करता है। अपने सिद्धान्त को पूरा करने के लिए वीन्ट्रॉब वर्तमान कीमतों के सन्दर्भ में कुल माँग फलन (D) का निर्माण करते हैं।

वीन्ट्रॉब ने कुल माँग फलन को निम्न प्रकार परिभाषित किया है—

"कुल माँग फलन अर्थव्यवस्था के कुल व्यय तथा कुल आय के वितरण के बीच सम्बन्ध स्थापित करता है। यदि हम इस सम्बन्ध को उल्टी तरफ से देखें तो इसका अभिप्राय है कि कुल आय का वितरण कुल व्यय (या कुल माँग) को प्रभावित करता है।"[1]

वीन्ट्रॉब अपने सिद्धान्त में माँग फलन को शामिल करके उसे पूर्ण व समन्वित बनाने का प्रयास करते हैं।

वीन्ट्रॉब के माँग फलन में मुख्यतया दो प्रकार के व्यय शामिल होते हैं—

(i) उपभोग (Consumption Expenditure)

(ii) विनियोग या निवेश व्यय (Investment Expenditure)

यह मान लिया जाता है कि आय स्तर के प्रति विनियोग स्वतंत्र होता है अर्थात् आय में परिवर्तन के साथ विनियोग में कोई परिवर्तन नहीं होता। चूँकि वीन्ट्रॉब का विश्लेषण वर्तमान कीमतों के शब्दों में है, इसलिए विनियोग व्यय का वर्तमान मुद्रा मूल्य (Current Money Value) कीमत स्तर में वृद्धि के साथ बढ़ेगा।

चूँकि विनियोग व्यय को स्वतंत्र मान लिया गया है इसलिए वीन्ट्रॉब ने कुल माँग की धारणा में उपभोग व्यय को महत्त्वपूर्ण माना है।

वीन्ट्रॉब कीन्सियन उपभोग फलन (Keynesian Consumption Function) को मानकर चलते हैं, परन्तु एक थोड़ा संशोधन (A Slight Modification) कर देते हैं। वीन्ट्रॉब अपने विश्लेषण में केवल वर्तमान व्यय योग्य आय (Current Disposable Income) को ही शामिल नहीं करते बल्कि सम्पत्ति स्टाक (Asset Holding) को भी शामिल करते हैं, ये दो प्रमुख तत्त्व (Two Main Factors) हैं जो कि उपभोग व्यय को निर्धारित (Determine) करते हैं। उपभोग व्यय (C) को समीकरणों के रूप (Equation Form) में निम्न प्रकार से व्यक्त किया जा सकता है।

$$\boxed{C = cy_d + \lambda A} \qquad \text{...(i)}$$

जबकि Y_d = वर्तमान व्यय-योग्य आय (Current Disposable Income)

c = उपभोग की औसत प्रवृत्ति (Average Propensity to Consume)

A = सम्पत्ति स्टॉक (Asset Holding)

λ = सम्पत्ति स्टॉक (A) में से सम्भव अबचतें [Possible Dis-savings out of Asset Holding (A)]

उपर्युक्त समीकरण में सबसे महत्त्वपूर्ण चर (variable) वर्तमान व्यय-योग्य आय (Current Disposable Income) Y_d है, क्योंकि यह उपभोग-व्यय तथा आय के वितरण में एक कड़ी (Link) का कार्य करता है। समीकरण (Equation) के रूप में Y_d निम्न प्रकार व्यक्त किया जा सकता है—

---

1. "In the short run under the usual condition of static analysis, a rise in the income and employment level bring about a redistribution of income which tends to favour the recipients of income in the form of profits at the definite expense of persons of groups whose incomes are fixed in money terms, and at the probable expense of wage earners—as long as the principle of diminishing returns is assumed operative and money wage rates remain constant."

$$Y_d = {}_wN + F + KP \qquad ...(ii)$$

उपर्युक्त समीकरण में, केवल एक नये चर (Variable) k को छोड़कर, अन्य सभी चरों का वही अर्थ है जो कि समीकरण नं. (i) के अन्तर्गत है। वीन्ट्रॉब के अनुसार k लाभों (R) के उस अंश (Fraction) को बताता है जो कि व्यक्तियों में वास्तव में वितरित किया जाता है।

यह स्पष्ट है कि कुल अर्थव्यवस्था के लिए कुल उपभोग फलन में आय प्राप्तकर्त्ताओं के तीन प्रमुख समूह—लगान प्राप्तकर्त्ता, मजदूरी प्राप्तकर्त्ता और लाभ प्राप्तकर्त्ता सम्मिलित होते हैं। अतः कुल उपभोग फलन को समझने के लिए आय व रोजगार के स्तर में वृद्धि के साथ, हमें उपर्युक्त तीन वर्गों में से प्रत्येक वर्ग के उपभोग व्यय का विश्लेषण करना होगा।

सर्वप्रथम हम लगान प्राप्तकर्त्ताओं के वर्ग के उपभोग व्यय या उपभोग फलन की जाँच करते हैं।

कुल पूर्ति फलन में हम अध्ययन कर चुके हैं कि आय स्तर में वृद्धि के साथ लगान प्राप्तकर्त्ताओं के वर्ग का सापेक्षिक आय हिस्सा घटता है और सामान्य कीमत स्तर में वृद्धि होती है। ऐसी स्थिति में यदि यह वर्ग अपने वास्तविक उपभोग के पहले के स्तर को बनाये रखना चाहता है तो उसका उपभोग व्यय बढ़ेगा (क्योंकि कीमतों में वृद्धि हो गई है)। इस वर्ग के लिए उपभोग व्यय रेखा (Consumption of Expenditure Curve) ऊपर को चढ़ती हुई होगी और यह एक निरपेक्ष अधिकतम की स्थिति (Position of Adsolute Maximum) में पहुँच सकती है जो कि इस वर्ग की कुल स्थिर मौद्रिक आय द्वारा निर्धारित होगी। इसका आशय है कि इस वर्ग की उपभोग की औसत प्रवृत्ति (Average Propensity to Consume) को बढ़ाना जारी रहेगा और अन्त में यह बढ़कर उस बिन्दु पर 100 प्रतिशत हो जायेगी जहाँ पर कि सामान्य मूल्य स्तर इतना ऊँचा हो गया हो जो कि वास्तविक उपभोग के प्रारम्भिक स्तर को बनाए रखने के लिए इस वर्ग को अपनी सम्पूर्ण वर्तमान आय को व्यय कर देने के लिए बाध्य कर दे।

अब हम मजदूरी प्राप्तकर्त्ताओं के उपभोग व्यय या उपभोग फलन की विवेचना करेंगे।

चित्र-7 में मजदूरी प्राप्तकर्त्ताओं की कुल मजदूरी बिल अथवा मौद्रिक आय को OW रेखा द्वारा प्रदर्शित किया गया है। यह इस मान्यता पर आधारित है कि मौद्रिक मजदूरी दर स्थिर है।

रोज़गार और आय में वृद्धि के साथ, मजदूरी प्राप्तकर्त्ता उपभोग पर अधिक व्यय करेंगे और इसलिए मजदूरी प्राप्तकर्त्ताओं के उपभोग व्यय को चित्र-3 में ऊपर को चढ़ती हुई रेखा OW_1 द्वारा दिखाया गया है। चित्र 7 में OW_1 मजदूरी प्राप्तकर्त्ताओं की उपभोग व्यय रेखा है जो चित्र-6 के कुल मजदूरी बिल रेखा OW के समान दिखाई देती है। परन्तु मजदूरी प्राप्तकर्त्ताओं की उपभोग व्यय रेखा OW_1 का ढाल चित्र-6 में कुल मजदूरी बिल की रेखा OW के ढाल की तुलना में कुल कम हो सकता है। यह इस मान्यता पर आधारित है कि मजदूरी प्राप्तकर्त्ता अपनी मौद्रिक आय में वृद्धि के साथ अधिक निरपेक्ष मात्राओं में बचत करता है।

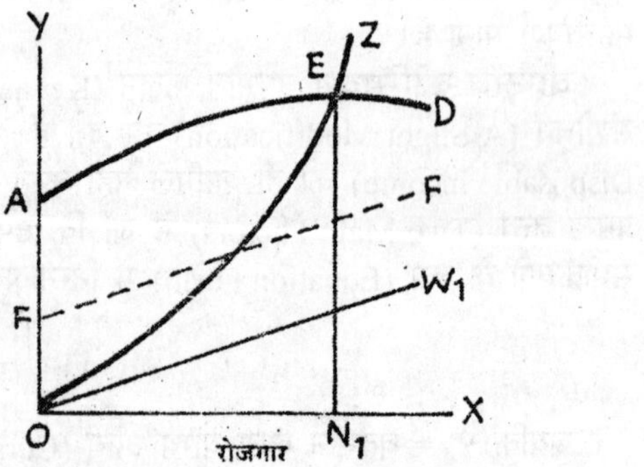

चित्र : 7

कीमत स्तर में वृद्धि, आय स्तर में वृद्धि होने पर भी, मजदूरी प्राप्तकर्त्ताओं की बचत करने की औसत प्रवृत्ति (अर्थात् बचत की जाने वाली वास्तविक आय के अनुपात) को बढ़ने से रोक सकती है, परन्तु अपने वास्तविक उपभोग के स्तर को बनाये रखने के लिए आय में वृद्धि के साथ, मजदूरी प्राप्तकर्त्ता अपने मौद्रिक व्यय को निश्चित रूप से बढ़ायेंगे।

कुल मिलाकर यह संभावना है कि (चित्र 7 में) मजदूरी प्राप्तकर्त्ताओं के वर्ग के उपभोग व्यय को दर्शाने वाली रेखा OW_1 ऊपर को उठती हुई होगी परन्तु कुल मजदूरी बिल की रेखा OW (चित्र 6 में) की तुलना में इसके ऊपर को चढ़ने की दर कुछ कम होगी।

अन्त में हम लाभ प्राप्तकर्त्ताओं या साहसियों के वर्ग में उपभोग व्यय या उपभोग फलन की विवेचना करेंगे।

साहसियों के वर्ग का उपभोग व्यय निम्न दो बातों पर निर्भर करता है—

(i) कुल लाभ के उस अनुपात पर निर्भर करता है जो हिस्सेदारों में लाभांश के रूप में बाँटा जाता है।

(ii) यदि यह अनुपात स्थिर मान लिया जाता है तो लाभ प्राप्तकर्त्ताओं का उपभोग व्यय इस बात पर निर्भर करेगा कि आय स्तर में और अधिक वृद्धि के साथ लाभों की स्थिति क्या होती है।

पहले हम यह मान चुके हैं कि मौद्रिक मजदूरी दर और लगान प्राप्तकर्त्ताओं के वर्ग की मौद्रिक आय स्थिर रहती है। इसलिए कीमत स्तर में वृद्धि की तुलना में लाभ आय अधिक तेजी से बढ़ेगी। वीन्ट्रॉब के अनुसार ऐसी स्थिति के अन्तर्गत वितरित किये गये लाभों में से उपभोग व्यय में उसी दर से वृद्धि करके जिस दर से कि सामान्य कीमत स्तर में वृद्धि हो रही है, साहसी वर्ग अपने वास्तविक उपभोग स्तर को बनाये रख सकता है। वीन्ट्रॉब के मतानुसार साहसी वर्ग की उपभोग व्यय रेखा उस रास्ते पर ऊपर की ओर चढ़ती हुई होगी जो कि (चित्र 6 में) OZ रेखा के लगभग समानान्तर होगी।

यदि हम आय प्राप्तकर्त्ताओं के तीन मुख्य समूहों—मजदूरी प्राप्तकर्त्ता, लगान प्राप्तकर्त्ता तथा लाभ प्राप्तकर्त्ता के उपभोग व्यय को मिला दें तो हमें कुल अर्थव्यवस्था के लिए कुल उपभोग फलन प्राप्त हो जायेगा और ऐसा कुल उपभोग फलन ऊपर को दाहिनी ओर चढ़ता हुआ होगा। परन्तु इसके चढ़ने की दर कुल पूर्ति फलन की तुलना में कम होगी।

इस प्रकार हम कुल उपभोग फलन का निर्माण करते हैं। यदि कुल उपभोग फलन में स्वतंत्र विनियोग व्यय को जोड़ दिया जाय तो हमें कुल माँग फलन ज्ञात हो जाता है। एक ऐसी ही कुल माँग फलन या रेखा को चित्र-7 में AD द्वारा प्रदर्शित किया गया है। यदि वास्तविक विनियोग को स्थिर मान लिया जाय तो आय और सामान्य कीमत स्तर में वृद्धि के साथ विनियोग के लिए वर्तमान मौद्रिक व्यय में वृद्धि होगी।

चित्र-7 में कुल माँग फलन (AD रेखा) तथा कुल पूर्ति फलन (OZ रेखा) एक-दूसरे को E बिन्दु पर काटते हैं और यह कटाव बिन्दु E रोजगार और आय के संतुलन स्तर को प्रदान करता है जो कि N_1 बताता है। आय के इस संतुलन स्तर N_1 पर 'प्रत्याशित कुल विक्रय राशि' (Expected Total Sale Proceeds) ठीक बराबर होगी उपभोक्ताओं और विनियोगकर्त्ताओं के वर्गों द्वारा किये गये कुल व्यय (Total Expenditure of the Consuming and Investing Groups) के।

निष्कर्ष—उपर्युक्त विवेचन से स्पष्ट है कि वीन्ट्रॉब का वितरण का समष्टिगत आर्थिक सिद्धान्त विस्तृत और समन्वित है।

Select References

1. Nickolas Kaldor : "*Alternative Theories of Distribution.*" *R.E.S., Vol XXIII, Vol. 2 1955-56*
2. Weintraub : *Approach to the Theory of Income Distribution, 1958.*
3. Jhingan M.L. : *Macro Economics.*

परीक्षा प्रश्न
(Examination Questions)

I. दीर्घ उत्तरीय प्रश्न (Long Answr Type Question)

1. आय वितरण के विभिन्न समष्टिगत आर्थिक सिद्धान्तों की विवेचना कीजिए।
   Discuss various Macro Economic Theory of income distribution.
2. रिकार्डो और मार्क्स के समष्टिगत वितरण के सिद्धान्त की तुलना कीजिए और अन्तर बताइए।
   Compare and contrast the macro economic models of distribution of Ricardo and Marx.
3. वीन्ट्रॉब के आय वितरण के समष्टि आर्थिक सिद्धान्त की विवेचना कीजिए।
   Discuss Weintraub's Macro Economic Theory of income distribution.

II. लघु उत्तरीय प्रश्न (Short Answer Type Questions)

1. वितरण के समष्टिगत आर्थिक सिद्धान्त से क्या तात्पर्य है?
2. व्यष्टिगत और समष्टिगत वितरण के सिद्धान्त में अन्तर बताइए।
3. रिकार्डो का वितरण सिद्धान्त क्या है?

4. आय वितरण का मार्क्सवादी सिद्धान्त लिखिए।
5. मार्क्स व रिकार्डो के सिद्धान्त में अन्तर स्पष्ट कीजिए।
6. मार्क्स के सिद्धान्त की प्रमुख आलोचनाएँ क्या हैं?
7. काल्डोर के समग्र आय वितरण सिद्धान्त की प्रमुख विशेषताएँ क्या हैं?

(III) वस्तुनिष्ठ प्रश्न (Objective Type Questions)

सही विकल्प चुनकर लिखिए :

1. रिकार्डो का आय वितरण सिद्धान्त आधारित है:
(अ) सीमान्त सिद्धान्त (ब) अतिरेक सिद्धान्त
(स) उपरोक्त दोनों (द) उपर्युक्त में से कोई नहीं।
2. दीर्घकालीन स्थिर अवस्था वह है जब :
(अ) लाभ की दर शून्य हो जाती है (ब) मजदूरी अधिकतम हो जाती है
(स) लाभ की दर अधिकतम हो जाती है (द) उपर्युक्त में से कोई नहीं।
3. मार्क्स के अनुसार पूँजीवादी व्यवस्था में उत्पादित किसी वस्तु के मुख्य तत्व हैं :
(अ) स्थिर पूँजी (ब) परिवर्तनशील पूँजी
(स) अतिरेक कीमत (द) उपर्युक्त सभी।
4. मार्क्स की पूँजी की प्रारम्भिक संरचना :
(अ) $\frac{C}{C+V}$ (ब) $\frac{C+V}{C}$
(स) C+V (द) उपर्युक्त में से कोई नहीं।
4. मार्क्स के अनुसार पूँजी की प्रारंभिक संरचना में वृद्धि होने पर :
(अ) लाभ की दर शून्य होगी (ब) लाभ की दर बढ़ेगी
(स) लाभ की दर घटेगी (द) उपर्युक्त में से कोई नहीं
6. कीन्सवादी वितरण का समष्टिपरक सिद्धान्त किस अर्थशास्त्री का है :
(अ) कीन्स (ब) काल्डोर
(स) मार्शल (द) उपर्युक्त में से कोई नहीं
7. अर्थशास्त्र की स्थायित्व की मात्रा निर्भर करती है:
(अ) $I/S_p\text{-}S_w$ (ब) $S_w\text{-}I/S_p$
(स) $S_p/I\text{-}S_w$ (द) उपर्युक्त में से कोई नहीं।

उत्तर—1. (स), 2. (अ), 3. (द), 4. (अ), 5.(स), 6. (ब) 7. (अ)।

OOO

42

कल्याणवादी अर्थशास्त्र–पुराना तथा नया

(Welfare Economics—Old And New)

संक्षिप्त ऐतिहासिक निरूपण : आर्थिक विश्लेषण की एक पृथक् शाखा के रूप में **'कल्याणवादी अर्थशास्त्र'** का विकास नवीन ही है। प्रसिद्ध प्रयोगवादी विचार **बेल्थम** का यह कथन **'अधिकतम ंख्या को अधिकतम सुख'** कल्याणवादी अर्थशास्त्री का आधार कहा जा सकता है। इसके बाद अंग्रेजी अर्थशास्त्री हाब्स ने अपनी पुस्तक **'कार्य और संपत्ति' (Work and Wealth, 1914)** में अर्थशास्त्र को सामाजिक सुधार का उपकरण बनने के लिए जोरदार शब्दों में समर्थन किया था। लगभग इसी समय अमरीकन **हेनरी क्ले** ने अपनी पुस्तक **'सामान्य अध्येता के लिए अर्थशास्त्र' (Economics for the General Reader, 1916)** में कल्याणवादी विचारधारा का समर्थन किया।

कल्याणवादी अर्थशास्त्र का वैज्ञानिक क्रमबद्ध अध्ययन **प्रो० पीगू** ने किया है। 1920 में **पीगू** की प्रसिद्ध पुस्तक **'कल्याण का अर्थशास्त्र' (Economics of Welfare)** के प्रकाशन के साथ ही कल्याणवादी अर्थशास्त्र का **एक पृथक् शाखा** के रूप में अध्ययन किया जाने लाग। वास्तव में पीगू को कल्याणवादी अर्थशास्त्र का पिता या जन्मदाता कहा जा सकता है। **प्रो० लिटिल** के शब्दों में "कल्याणवादी अर्थशास्त्र का प्रारंभ **प्रो० पीगू** के नाम के साथ जोड़ना अधिक उचित होगा। इससे पहले 'आनंद अर्थशास्त्र' (Happiness Economics) था और इसमें भी पहले **'धन अर्थशास्त्र' (Wealth-Economics)** था।" नवप्रतिष्ठित अर्थशास्त्रियों, जैसे–मार्शल, पीगू इत्यादि ने कल्याण पर मनोवैज्ञानिक शब्दों में विचार किया तथा उसमें वृद्धि के लिए उपयोगिता को अधिकतम करने का सुझाव दिया। इनके विरोध में **प्रो० राबिन्स** तथा उनके अनुयायियों ने कहा कि "अर्थशास्त्र चाहे किसी भी अन्य चीज से संबंधित हो लेकिन इनका संबंध भौतिक कल्याण से कदापि नहीं है।" राबिन्स के अनुसार, "अर्थशास्त्र को केवल वास्तविक अर्थशास्त्र ही मानना चाहिए।" **प्रो० राबिन्स** के इस विचार का कई प्रतिष्ठित अर्थशास्त्रियों, जैसे–**काल्डोर (Kaldor), हिक्स (Hicks), सिटोवस्की (Scitovsky), लिटिल (Little), सैम्युल्सन (Samelson), बर्गसन (Bergson)** इत्यादि ने विरोध किया तथा कल्याणवादी अर्थशास्त्र का जोरदार समर्थन करते हुए अपने विचार प्रकट किए। निस्संदेह अब कल्याणवादी अर्थशास्त्र आर्थिक विश्लेषण की एक महत्त्वपूर्ण शाखा है।

कल्याणवादी अर्थशास्त्र का अर्थ

कल्याणवादी अर्थशास्त्र, अर्थशास्त्र की वह शाखा है जो समाज के कल्याण को अधिकतम करने को ध्यान में रखकर आर्थिक नीतियों का विश्लेषण करती है। इसके अंतर्गत हम आर्थिक संगठन की कुशलता को अधिकतम सामाजिक कल्याण के संदर्भ में आँकते हैं। यह कुछ ऐसे सिद्धान्तों तथा कसौटियों का प्रतिपादन करता है, जिनके आधार पर यह आंका जाता है कि सरकार द्वारा कार्यान्वित की जाने वाली आर्थिक नीतियाँ उपयुक्त हैं या नहीं।

कल्याणवादी अर्थशास्त्र का केन्द्र-बिन्दु है–समाज के कल्याण को अधिकतम बिन्दु तक पहुँचाना। समाज के कल्याण को इस अधिकतम बिन्दु तक पहुँचाने के लिए साधनों का वर्णन और उनके आधार पर प्रतिपादित नीति विषयक निष्कर्ष कल्याणवादी अर्थशास्त्र की विषयवस्तु है।

संक्षेप में, कल्याणवादी अर्थशास्त्र को हम इस प्रकार परिभाषित कर सकते हैं, "कल्याणवादी अर्थशास्त्र आर्थिक विश्लेषण की वह शाखा है, जिसका संबंध मुख्यत: ऐसी कसौटियों का प्रतिपादन करना है, जिनके आधार पर नीतियों का विकास करके सामाजिक कल्याण को अधिकतम बनाया जा सके।"

1. प्रो० रैडर के शब्दों में, "कल्याणवादी अर्थशास्त्र, अर्थशास्त्र विज्ञान की वह शाखा है, जो आर्थिक नीतियों पर वांछनीयता के सिद्धान्त को लागू करने का प्रयास करता है।"[1]

---

1. "Welfare economics is the branch of economic science that attempts to establish and apply criteria of Propriety to economic Policies." *—Reder M.W.*

2. प्रो० ओश्कर लेज के अनुसार, ''कल्याणवादी अर्थशास्त्र उन दशाओं से सम्बन्धित है, जो किसी समाज के कल्याण को निर्धारित करती है। कल्याणवादी अर्थशास्त्र व्यवहारों के उन प्रतिमानों को निर्धारित करता है, जो आर्थिक क्रियाओं की सामाजिक विवेकशीलता की आवश्यकता को पूरा करते हैं।''

3. सिटोवस्की के अनुसार, ''कल्याणकारी अर्थशास्त्र आर्थिक सिद्धान्त का यह वह भाग है, जो मुख्यतया नीति से संबंधित होता है।''[1]

संक्षेप में कह सकते हैं ''कल्याणवादी अर्थशास्त्र आर्थिक सिद्धान्त की वह शाखा है, जो कि मुख्यतया वैकल्पिक नीतियों की सामाजिक वांछनीयता के मूल्यांकन से संबंधित होती है।''

किसी अर्थव्यवस्था का तुलनात्मक अध्ययन निम्नलिखित दो दृष्टिकोणों द्वारा किया जा सकता है–

(अ) अर्थव्यवस्था की समय-समय पर तुलना की जाए।

(ब) एक ही समय में दो अर्थव्यवस्थाओं की तुलना की जाए।

विश्व की अर्थव्यवस्था अर्थव्यवस्थाओं की एक शाखा है, जिसके अन्तर्गत विभिन्न समयों पर एक ही अर्थव्यवस्था की तुलना अथवा एक ही समय में विभिन्न अर्थव्यवस्थाओं की तुलना की जाती है। अब प्रश्न यह उत्पन्न होता है कि किस आधार पर एक अर्थव्यवस्था को दूसरी अर्थव्यवस्था की अपेक्षा उत्तम कहा जाए। अर्थव्यवस्था की उत्तमता अथवा निकृष्टता का मापन करना भी एक कठिन समस्या है। कल्याणवादी अर्थशास्त्र के अंतर्गत कुछ प्रस्थापनाओं का आधार मानकर समाज के हित में वैकल्पिक आर्थिक नीतियों अथवा दशाओं को उत्तमता अथवा निकृष्टता के पैमाने पर अंकित करने का प्रयत्न किया जाता है।

कल्याणवादी अर्थशास्त्र को **आदर्शवादी अर्थशास्त्र** भी कहा जाता है, क्योंकि इसका स्वभाव आदर्शात्मक होता है। यद्यपि कल्याणवादी अर्थशास्त्र का स्वभाव आदर्शात्मक होता है परन्तु इसका यह अर्थ नहीं है कि वह अवैज्ञानिक है। कल्याणवादी अर्थशास्त्र का उद्देश्य सामाजिक कल्याण को अधिकतम करना होता है और इस प्रकार उसका स्वभाव आदर्शात्मक है, परंतु आदर्शों या नैतिक निर्णयों अथवा लक्ष्यों को दिए हुए होने पर वांछनीय लक्ष्यों को प्राप्त करने के लिए निर्माण की जाने वाली नीतियों का अध्ययन निश्चय ही विश्लेषणात्मक और वैज्ञानिक है। अन्य शब्दों में, **''एक अर्थशास्त्री एक विशेष नीति के औचित्य का मूल्यांकन नहीं कर सकता और न वह वैकल्पिक नीतियों के बीच चुनाव कर सकता है, जब तक वह उन नीतियों के संभावित परिणामों तथा प्राप्त किए जाने वाले लक्ष्यों–दोनों पर ध्यान नहीं देता। विश्लेषणात्मक कल्याणवादी अर्थशास्त्र का इस प्रकार के मूल्यांकनों की अध्ययन पद्धति से संबंध होता है।''**

नि:संदेह अब कल्याणवादी अर्थशास्त्र आर्थिक विश्लेषण की महत्त्वपूर्ण शाखा है और यह बहुत-सी वर्तमान आर्थिक नीतियों के लिए उत्तरदायी है।

कल्याणवादी अर्थशास्त्र में नैतिक निर्णयों का स्थान
(The Place of Value Judgement in Welfare Economics)

नैतिक निर्णय से आशय : ऐसे नीतिशास्त्र संबंधी (Ethical) कथन जो कि सुझाव देने, प्रभावित करने तथा मनाने का कार्य करते हैं उन्हें **नैतिक निर्णय** कहा जाता है। उदाहरण के लिए, आर्थिक शक्ति के केन्द्रीकरण को कम किया जाना चाहिए। बढ़ती हुई कीमतों को नियंत्रित किया जाना चाहिए, जनसंख्या का नियंत्रण आर्थिक विकास में वृद्धि करेगा इत्यादि। इस प्रकार के कथन जो नैतिक निर्णयों को बताते हैं। इस प्रकार ''एक नैतिक निर्णध वह है जोकि विश्वासों या दृष्टिकोणों में परिवर्तन करके व्यक्तियों में प्रभावित करने की प्रवृत्ति रखता है।''

किसी देश या समाज में प्राय: नैतिक निर्णय संविधान या योजनाओं में व्यक्त किए जाते हैं और इनके संदर्भ में उपयुक्त आर्थिक नीतियों का निर्माण किया जाता है।

कल्याणवादी अर्थशास्त्र व नैतिक निर्णय–कल्याण एक नैतिक शब्द है और इसलिए सभी कल्याण कथन नैतिक होते हैं और उनमें नैतिक निर्णय शामिल रहते हैं। अब यह स्वीकार किया जाने लगा है कि ''कल्याणवादी अर्थशास्त्र और नीतिशास्त्र को पृथक् नहीं किया जा सकता।'' कल्याणवादी अर्थशास्त्र में नैतिक निर्णयों का स्पष्ट रूप से प्रयोग किया जाना चाहिए अथवा कल्याणवादी अर्थशास्त्र का कोई महत्त्व नहीं रह जायेगा।

---

1. "Welfare Economics is that Part of general body of economic theory which is Concerned with Policy Scitovsky.

क्या अर्थशास्त्रियों को स्वयं नैतिक निर्णयों को निर्धारित करना चाहिए–अब एक प्रमुख प्रश्न हमारे समक्ष यह आता है कि क्या अर्थशास्त्रियों को नैतिक निर्णयों को स्वयं निर्धारित करना चाहिए अथवा नैतिक निर्णयों को बाहर से दिया हुआ मान लेना चाहिए? अर्थशास्त्रियों में इस संबंध में मतभेद रहा है। अब हम नीचे कुछ प्रमुख अर्थशास्त्रियों के विचारों का इस संबंध में अध्ययन करेंगे–(अ) पीगू तथा न प्रतिष्ठित अर्थशास्त्री, (ब) पेरीटो, (स) हिक्स, काल्डोर तथा सिटोवस्की, (द) बर्गसन, सैम्युल्सन, लिटिल तथा एरो।

नवप्रतिष्ठित अर्थशास्त्रियों अर्थात् मार्शल और पीगू के अनुसार–मार्शल और पीगू के विचारों के अनुसार उपयोगिता का परिमाणात्मक मापन किया जा सकता है और इसलिए उपयोगिता एक गणनात्मक विचार है। इस मान्यता के आधार पर पीगू ने अपनी आय वितरण की नीति का प्रतिपादन किया, जिसके अनुसार यदि धनी वर्ग से आय लेकर निर्धन व्यक्ति को हस्तांतरित की जाती है तो सामाजिक कल्याण में वृद्धि होगी। इसका अर्थ यह है कि उपयोगिता (या कल्याण) की अंतर्वैयक्तिक तुलना करनी पड़ेगी परन्तु यह अंत:वैयक्तिक तुलना इस नैतिक निर्णय या नैतिक मान्यता पर आधारित है कि सभी व्यक्ति संतुष्टि के लिए सामान्य क्षमता रखते हैं।

स्पष्टत: पीगू द्वारा दी गई कल्याणवादी अर्थशास्त्र की व्याख्या नैतिक निर्णयों से मुक्त नहीं है।

प्रो० राबिन्स ने पीगू की नैतिक मान्यता की कड़ी आलोचना की और बताया कि अंत:वैयक्तिक तुलनाएँ संभव नहीं है।

प्रो० राबिन्स ने पेरेटियन कल्याण के विचार को स्वीकार किया है, जो कि क्रमवाचक उपयोगिता पर आधारित है। पेरेटियन कसौटी भी एक विस्तृत नैतिक मान्यता पर आधारित है और यह नैतिक मान्यता है, ''यह एक अच्छी बात है कि बिना किसी दूसरे को हानि पहुँचाए किसी एक व्यक्ति की स्थिति में सुधार हो।''

काल्डोर तथा सिटोवस्की ने क्षतिपूर्ति सिद्धान्त का निर्माण किया और सामाजिक कल्याण में परिवर्तन से संबंधित पैरेटियन विचार का विस्तार किया। अपने क्षतिपूर्ति सिद्धान्त की सहायता उन्होंने उन आर्थिक परिवर्तनों के सफल मूल्यांकन का दावा किया है जो कुछ व्यक्तियों के लिए लाभप्रद तथा कुछ के लिए हानिप्रद है। यद्यपि उन्होंने ऐसा बिना किसी मूल्यांकित मान्यता के किया, परंतु उनका दावा युक्तिपूर्ण सिद्ध नहीं हो सका क्योंकि नैतिक मान्यताएँ उनके सिद्धांत में ही अंतर्निहित हैं। कारण यह है कि इस सिद्धांत के अनुसार, व्यक्तियों को मिलने वाले लाभों तथा उनसे होने वाली हानियों की गणना मुद्रा के माध्यम से की जाती है जो इस मान्यता पर आधारित है कि धनी और निर्धन दोनों के हाथों में मुद्रा की उपयोगिता समान रहती है।

प्रो० बर्गसन प्रथम अर्थशास्त्री थे जिन्होंने स्पष्ट रूप से इस बात पर जोर दिया कि कल्याणवादी अर्थशास्त्र में नैतिक निर्णयों की आवश्यकता है। **सैम्युल्सन, लिटिल** तथा **एरो** का भी मत बर्गसन की भाँति है। इन अर्थशास्त्रियों ने यह निष्कर्ष निकाला कि अर्थशास्त्र एवं नीतिशास्त्र को पृथक्-पृथक नहीं रखना चाहिए। कल्यावादी अर्थशास्त्र में स्पष्ट रूप से नैतिक निर्णयों या नैतिक मान्यताओं को सम्मिलित किए बिना कोई भी अर्थपूर्ण कल्याण कथन या नीति सुझाव नहीं दिए जा सकते हैं। ये नैतिक निर्णय बाहर से भी लिए जा सकते हैं। एक अर्थशास्त्री बाहर से दिए हुए इन नैतिक निर्णयों से सहमति रखता है या नहीं। परंतु वह इन दिए हुए नैतिक निर्णयों या नैतिक मान्यताओं के आधार पर वैज्ञानिक ढंग से नैतिक सुझावों के अभिप्रायों को निकाल सकता है। इस प्रकार इन अर्थशास्त्रियों का मत है कि कल्याणवादी अर्थशास्त्र के अंतर्गत नैतिक निर्णयों से बचा नहीं जा सकता।

निष्कर्ष–अधिकांश आधुनिक अर्थशास्त्री बर्गसन, सैम्युल्सन आदि अर्थशास्त्रियों के विचारों से सहमत हैं कि कल्याणवादी अर्थशास्त्र में नैतिक निर्णयों की आवश्यकता है क्योंकि (अ) कल्याण एक नैतिक शब्द है अत: समस्त कल्याण कथन नैतिक होते हैं तथा उनमें नैतिक निर्णय सम्मिलित रहते हैं। (ब) कल्याणवादी अर्थशास्त्र का संबंध नीतियों के लिए सुझावों या नुस्खों के वैज्ञानिक अध्ययन से होता है। कोई भी सुझाव बिना किसी सामाजिक उद्देश्य के संदर्भ के नहीं दिए जा सकते और कोई सामाजिक उद्देश्य निर्धारित नहीं किया जा सकता जब तक कि स्पष्ट रूप से या गर्भित रूप से कुछ नैतिक निर्णयों को मानकर नहीं चला जाता है।

कल्याणवादी अर्थशास्त्र संबंधी सिद्धान्त

कल्याणवादी अर्थशास्त्र के संबंध में प्रतिपादित सिद्धान्तों का हम निम्नलिखित शीर्षकों के अंतर्गत अध्ययन कर सकते हैं–

I. प्राचीन कल्याणवादी अर्थशास्त्र
(Old Welfare Economics)

(अ) मार्शल का दृष्टिकोण
(ब) पीगू का दृष्टिकोण

II. नवीन कल्याणवादी अर्थशास्त्र
(New Welfare Economics)

(1) क्षतिपूर्ण पेरीटो का कल्याणवादी दृष्टिकोण
(2) काल्डोर सिटोवस्की हिक्स का क्षतिपूर्ति सिद्धान्त
(3) लिटिल की कसौटी
(4) सामाजिक कल्याण फलन
(5) ऐरो का सिद्धांत

I. प्राचीन कल्याणवादी अर्थशास्त्र

कल्याणवादी अर्थशास्त्र प्राचीन समय में इतना महत्त्वपूर्ण नहीं रहा है, जितना कि वर्तमान समय में है। परंतु फिर भी प्राचीन समय से ही कल्याणवादी अर्थशास्त्र को किसी-न-किसी रूप में महत्त्व अवश्य दिया गया है।

वाणिज्यवादियों के समय से ही कल्याणवादी अर्थशास्त्र पर बल दिया गया है, लेकिन उस समय के कल्याणवादी अर्थशास्त्र का उद्देश्य आज के उद्देश्य से भिन्न था। यद्यपि उन लोगों का उद्देश्य भी कल्याण में वृद्धि करना था, लेकिन कल्याण-वृद्धि के तरीके एवं विधियों में भिन्नता थी।

वाणिज्यवादी कल्याण की वृद्धि के लिए अधिक-से-अधिक निर्यात तथा कम-से-कम आयात करने की सरकारी नीतियों का समर्थन करते थे। उनका विचार था कि निर्यात अधिक होने से ही देश में सोना, चांदी तथा बहुमूल्य धातुएं प्राप्त होंगी और उससे देश के कल्याण में वृद्धि होगी।

प्रतिष्ठित अर्थशास्त्री, जैसे-एडम स्मिथ, माल्सथस आदि ने भी रिकार्डो के कल्याणवादी अर्थशास्त्र का समर्थन किया। ये धन और कल्याण से सीधा संबंध स्थापित करते थे अर्थात् उनके मतानुसार जितना अधिक धन का उत्पादन होगा, उतना ही अधिक कल्याण प्राप्त होगा। अतः उन्होंने अपना ध्यान इस बात पर केन्द्रित किया कि साधनों का संगठन तथा उनका विभिन्न प्रयोगों में वितरण इस प्रकार किया जाए कि भौतिक वस्तुओं का उत्पादन प्रतिवर्ष अधिकतम हो। इसको प्राप्त करने के लिए वे अधिकतम आर्थिक स्वतन्त्रता को आवश्यक मानते थे।

एडम स्मिथ की दृष्टि से श्रम-विभाजन और अहस्तक्षेप की नीति द्वारा ही वार्षिक उत्पादन को अधिकतम बनाया जा सकता है।

इसी प्रकार रिकार्डो ने शुद्ध आय, जिसके अन्तर्गत केवल लगान और लाभ ही सम्मिलित थे, अधिकतम करने पर जोर दिया।

प्रतिष्ठित अर्थशास्त्रियों विशेषतया मार्शल तथा पीगू ने कल्याण की कल्पना एक मनोवैज्ञानिक (अधिकतम संतोष) के रूप में की और उसको अधिकतम बिन्दु तक पहुँचाने के लिए मनोवैज्ञानिक साधनों का सुझाव दिया।

मार्शल का कल्याणवादी दृष्टिकोण

मार्शल ने अपनी पुस्तक 'उद्योग और व्यापार' (Industry and Trade) में कल्याणवादी अर्थशास्त्र की व्याख्या उपभोग की बचत संबंधी प्रसिद्ध विचारधारा के आधार पर करके आर्थिक कल्याण का आंशिक विश्लेषण प्रस्तुत किया है। मार्शल के अनुसार अर्थशास्त्र में सभी उपभोक्ताओं तथा सभी उत्पादकों को मिलने वाली कुल उपभोक्ता बचत तथा कुल उत्पादक बचत का योग ही कुल कल्याण प्रदर्शित करता है। उनका मत था कि प्रत्येक वस्तु के लिए कुल बचत का निर्माण उपभोक्ता की बचत के योग के बराबर होगा। जिस उत्पादन से कुल बचत अधिकतम हो, वह उत्पादन मात्रा समाज के कल्याण की दृष्टि से उत्तम होगी। इसी तथ्य को चित्र 1 द्वारा समझाया गया है।

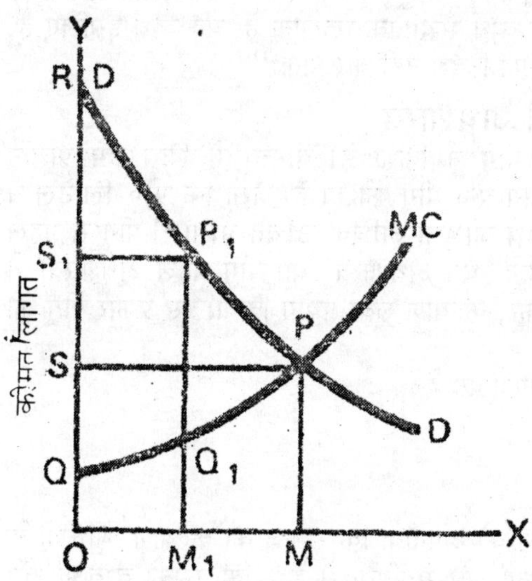

माला
चित्र : 1

चित्र में RD मांग वक्र तथा MC सीमांत लागत वक्र है। जब उत्पादन OM है तो कीमत PM है। चित्र में RPQ से निर्दिष्ट कुल बचत का द्योतक है, जिसमें RPS उपभोक्ता का बचत का माप है और PQS उत्पादक की बचत का माप है।

यदि उत्पादन कम करके OM_1 कर दिया जाता है तो कीमत बढ़कर P_1M_1 हो जाती है। अब उत्पादन की बचत $QQ_1P_1S_1$ हो जाती है जो PAS से अधिक है, परन्तु उपभोक्ता की बचत केवल P_1S_1R रहती है, जिसके परिणामस्वरूप समाज को प्राप्त होने वाली कुल बचत (अर्थात् उत्पादक बचत और उपभोक्ता बचत का योग) केवल $QQ_1P_1R_1$ हो जाती है जो कि स्पष्टतया PAR से कम है।

अपनी उपभोक्ता की बचत संबंधी विचारधारा के आधार पर मार्शल ने अपने अधिकतम संतुष्टि या अधिकतम कल्याण संबंधी सिद्धान्त का प्रतिपादन किया। उनके विचारानुसार एक प्रतिस्पर्द्धात्मक प्रणाली में अधिकतम कल्याण की स्थिति वहाँ होगी, जहां मांग और पूर्ति साम्य की अवस्था में होंगे। यदि मांग मूल्य पूर्ति मूल्य से अधिक है तो विनिमय उस मूल्य पर होगा जो उपभोक्ता और उत्पादक दोनों को ही अतिरेक या बचत दे सके।

इस प्रकार दोनों के अतिरेक में उस समय तक वृद्धि होती जाएगी, जब तक कि दीर्घकालीन साम्य की अवस्था न आ जाए। यदि इस साम्य बिन्दु से आगे उत्पादन किया जाए तो उपभोक्ता और उत्पादन दोनों के ही अतिरेक में कमी होगी। यदि रेखाचित्र 1 पर विचार किया जाएं तो इस स्थिति का स्पष्टीकरण हो जाएगा कि P बिन्दु के बाद उपभोक्ता तथा उत्पादक दोनों को ही कोई बचत नहीं प्राप्त होगी, बल्कि हानि सहन करनी पड़ेगी।

मार्शल का उपयुक्त अधिकतम कल्याण–संबंधित व्यक्ति को समान उपयोगिता प्राप्त होती है। मार्शल के अनुसार यह सिद्धांत तभी सफलतापूर्वक लागू होगा, जबकि समाज में धन और संपत्ति का समान वितरण हो।

2. यह सिद्धान्त इस मान्यता पर आधारित है कि उत्पादकों द्वारा प्राप्त किये जाने वाले मूल्य में प्रत्येक गिरावट के कारण उत्पादकों को हानि होगी, पर यह उस समय सत्य नहीं होगा जबकि औद्योगिक संगठन में सुधार के कारण मूल्य में कमी आए जिससे उपभोक्ता लाभान्वित हों, परन्तु जिसके कारण उत्पादकों को किसी प्रकार की हानि न हो।

मार्शल के कल्याणवादी अर्थशास्त्र के संबंध में निष्कर्ष के रूप में कहा जा सकता है कि मार्शल ने अपने अधिकतम संतुष्टि सिद्धांत के माध्यम से यह स्पष्ट किया है कि अधिकतम कल्याण की स्थिति वहाँ होगी जहाँ दीर्घकालीन प्रतियोगिता के कारण मांग और पूर्ति में संतुलन स्थापित हो जाए। परंतु जैसा कि मार्शल ने उल्लेख किया है कि इस सिद्धांत को कार्यान्वित करने के लिए न केवल यह आवश्यक है कि समाज में आय का वितरण समान हो बल्कि यह भी आवश्यक है कि अर्थव्यवस्था के सभी उद्योग उत्पादन लागत समता नियम के अंतर्गत कार्य कर रहे हों। यदि दूसरी स्थिति उपलब्ध न हो तो लागत वृद्धि वाले उद्योगों में उत्पादन की कटौती करके और लागत ह्रास नियम के अंतर्गत काम करने वाले उद्योगों में उत्पादन–वृद्धि करके कुल कल्याण में वृद्धि लायी जा सकती है। मार्शली के मतानुसार अर्थव्यवस्था के कुल कल्याण को अधिकतम करने के लिए लागत वृद्धि नियम के अंतर्गत काम करने वाले उद्योगों के ऊपर कर लगाना चाहिए और इसे अनुदान के रूप में ऐसे उद्योगों में दिया जाना चाहिए, जो लागत ह्रास नियम की स्थिति में कार्य कर रहे हों।

मार्शल के दृष्टिकोण की आलोचनाएँ–मार्शल ने कुल कल्याण को अधिकतम करने के लिए अपना जो कर अनुदान विश्लेषण प्रस्तुत किया है वह भ्रामक और अपूर्ण है, क्योंकि उन्होंने कर अनुदान के कारण उपभोक्ता की बचत

पर पड़ने वाले प्रभाव को तो ध्यान में रखा है परंतु इसके कारण उत्पादक के अतिरेक पर पड़ने वाले प्रभाव की उन्होंने उपेक्षा की है।

प्रो० लिटिल ने मार्शल के कल्याणवादी दृष्टिकोण की आलोचना करते हुए लिखा है, ''मार्शल का कल्याण-अर्थशास्त्र जिस अतिरेक की धारणा पर आधारित है वह एक पूर्णतया व्यर्थ सैद्धांतिक खिलौना है, यह व्यर्थ इसलिए है, क्योंकि कल्याण के निर्णय के संबंध में किसी भी व्यावहारिक कसौटी का निर्देश नहीं कर पाता।''

पीगू का कल्याणवादी अर्थशास्त्र

कल्याणवादी अर्थशास्त्र का वैज्ञानिक क्रमबद्ध अध्ययन प्रो० पीगू ने किया है। वास्तव में जिसे हम प्राचीन कल्याणवादी अर्थशास्त्र कहते हैं उसको एक निश्चित रूप देने का श्रेय प्रो० पीगू को ही है। जैसो कि **प्रो० लिटिल** ने कहा है, **''कल्याणवादी अर्थशास्त्री को प्रो० पीगू के नाम के साथ जोड़ना अधिक उचित होगा।''** पीगू से पहले 'आनन्द अर्थशास्त्र' (Happiness Economics) तथा इससे भी पहले 'धन अर्थशास्त्र' था। पीगू पहले अर्थशास्त्री थे जिन्होंने अपनी प्रसिद्ध पुस्तक का नाम 'कल्याण का अर्थशास्त्र' रखकर, कल्याण शब्द प्रयोग किया। इस प्रकार पीगू को कल्याणवादी अर्थशास्त्र का जन्मदाता कहा जाए तो अनुचित न होगा।

पीगू द्वारा प्रतिपादित कल्याणवादी अर्थशास्त्र की प्रमुख बातें निम्नलिखित हैं–

(अ) कल्याण का विचार

(ब) पीगूवियन या पुराने कल्याणवादी अर्थशास्त्र की मान्यताएँ

(स) सामाजिक कल्याण को अधिकतम करने की दशाएँ

(अ) कल्याण का विचार–प्रो० पीगू ने बेन्थम के इस दृष्टिकोण को अपनाया कि समाज का कल्याण व्यक्तियों के कल्याण का योग है और व्यक्ति के कल्याण का अर्थ उन उपयोगिताओं और संतुष्टियों से है जोकि उसको वस्तुओं और सेवाओं के प्रयोग से प्राप्त होता है। इस प्रकार कल्याण मस्तिष्क की अवस्था है।

पीगू ने यह अनुभव किया कि कल्याण अथवा सामान्य कल्याण का क्षेत्र अत्यंत ही विस्तृत है। इसके अंतर्गत एक व्यक्ति अथवा समाज को सभी प्रकार की वस्तुओं, आर्थिक तथा गैर-आर्थिक वस्तुओं के प्रयोग से प्राप्त होने वाला कल्याण शामिल होता है। इसलिए उन्होंने अपने अध्ययन को केवल आर्थिक कल्याण तक ही सीमित रखा और आर्थिक कल्याण की व्याख्या करते हुए कहा, ''यह सामान्य कल्याण का वह भाग है जो प्रत्यक्ष या परोक्ष रूप से मुद्रा रूपी मापदंड से संबंधित किया जा सके।''

(ब) पीगूवियन या पुराने कल्याणवादी अर्थशास्त्र की मान्यताएं–सामाजिक कल्याण को अधिकतम करने की दशाओं (Propositions or Conditions) की विवेचना करने से पहले यह आवश्यक है कि हम उन मान्यताओं को जान लें, जिनके आधार कल्याणवादी दशाएं (Welfare Propositions) निकाली जाती है, मुख्य मान्यताएँ निम्नलिखित हैं–

1. अधिकतम संतुष्टि–'प्रत्येक व्यक्ति अपनी संतुष्टि को अधिकतम करने का प्रयत्न करता है' जो कि उसको आर्थिक वस्तुओं व सेवाओं पर द्राव्यिक आय को व्यय करने से प्राप्त होती है। दूसरे शब्दों में, प्रत्येक उपभोक्ता विवेकपूर्ण ढंग (Rational way) से कार्य करता है।

2. अन्तःवैयक्तिक तुलनाएं–व्यक्ति अपने संतोष की दूसरों से तथा स्वयं द्वारा उपभोग की गई वस्तुओं तथा सेवाओं की विभिन्न मात्राओं से प्राप्त संतोष से तुलना कर सकता है।

3. सीमांत उपयोगिता ह्रास नियम–आय पर सीमान्त उपयोगिता ह्रास नियम लागू होता है।

4. समान संतोष–विभिन व्यक्ति समान वास्तविक आय से समान संतोष प्राप्त करते हैं।

(स) सामाजिक कल्याण को अधिकतम करने की दशाएं–प्रो० पीगू ने कल्याण के व्यक्तिगत विचार को राष्ट्रीय आय के वस्तुगत विचार से संबंधित किया है। प्रो० पीगू के शब्दों में, ''किसी देश के आर्थिक कल्याण को आर्थिक कारण प्रत्यक्ष रूप से नहीं, बल्कि आर्थिक-कल्याण के उस वस्तुनिष्ठ भाग के निर्माण तथा प्रयोग द्वारा प्रभावित करते हैं जिसे अर्थशास्त्री राष्ट्रीय आय या राष्ट्रीय लाभांश कहते हैं।'' इस प्रकार दोनों ही धारणाएं–आर्थिक कल्याण और राष्ट्रीय लाभांश, इतनी परस्पर समन्वित हैं कि दोनों में से किसी एक की विषयवस्तु के वर्णन से दूसरे के इसी से संबंधित विषयवस्तु के वर्णन का आभास होता है। इस प्रकार स्पष्ट है कि पीगू के कल्याणवादी विश्लेषण में आर्थिक कल्याण और राष्ट्रीय आय परस्पर संबंधित धारणाएँ हैं। राष्ट्रीय आय तथा आर्थिक कल्याण के बीच इस अन्योन्याश्रित संबंध के बावजूद भी पीगू का यह मत नहीं रहा कि आर्थिक कल्याण केवल राष्ट्रीय आय की मात्रा का ही फलन है बल्कि उनके मतानुसार आर्थिक

कल्याण के ऊपर आय के वितरण का भी प्रभाव पड़ता है। इस प्रकार प्रो० पीगू ने सामाजिक कल्याण को अधिकतम करने के लिए दो दशाएं या दोहरी कसौटी ('two condition' or double criterion) बताई।

(i) वास्तविक राष्ट्रीय आय व सामाजिक कल्याण में प्रत्यक्ष संबंध–वास्तविक राष्ट्रीय आय (अर्थात् वस्तुओं और सेवाओं के कुल उत्पादन) को अधिकतम करने से सामाजिक कल्याण अधिकतम होगा, यदि साधनों की पूर्ति दी हुई है। वास्तविक राष्ट्रीय आय में वृद्धि का अर्थ है–संतुष्टि की अधिक मात्रा और जिसके परिणामस्वरूप सामाजिक कल्याण में वृद्धि होगी और इसी प्रकार वास्तविक राष्ट्रीय आय में कमी का अर्थ है–संतुष्टि में की और इसलिए सामाजिक कल्याण में कमी। स्पष्टत: सामाजिक कल्याण को अधिकतम करने के लिए वास्तविक राष्ट्रीय आय को अधिकतम करना होगा। वास्तविक राष्ट्रीय आय को अधिकतम करने के लिए साधनों का आदर्श अथवा अनुकूलतम तरीके से आबंटन अथवा वितरण करना होगा। पीगू के शब्दों में, ''यदि मौद्रिक आय के वितरण को ध्यान में न रखा जाए तो साधनों के अनुकूलतम वितरण की स्थिति वहाँ होगी, जबकि अनेक साधनों में से प्रत्येक को इस प्रकार से प्रयोग में लाया जाए कि इसकी अंतिम इकाई के किसी भी प्रयोग से प्राप्त भौतिक उत्पादन का वही मौद्रिक मूल्य हो जो कि इसकी अंतिम इकाई के किसी अन्य प्रयोग से प्राप्त हो।''

संक्षेप में पीगू के अनुसार कल्याण उस स्थिति में अधिकतम होगा, जब–

(अ) सभी उद्योगों में सीमान्त व्यक्तिगत शुद्ध उत्पादन बराबर हो, ताकि उत्पादन के साधन एक उद्योग से हटकर दूसरे उद्योग में न जाएं।

(ब) सीमान्त व्यक्तिगत शुद्ध उत्पादन 'सीमान्त सामाजिक शुद्ध उत्पादन' के बराबर हो। यदि सीमांत व्यक्तिगत शुद्ध उत्पादन सीमांत सामाजिक शुद्ध उत्पादन से अधिक है तो इन दोनों के बीच समानता लाने के लिए कर लगाए जा सकते हैं। इसके विपरीत, यदि सामाजिक शुद्ध उत्पादन, सीमांत व्यक्तिगत शुद्ध उत्पादन से अधिक हो तो समानता उत्पन्न करने के लिए सरकारी आर्थिक सहायता प्रदान की जा सकती है।

पीगू ने अपने दृष्टिकोण की व्याख्या ऐसी आर्थिक पद्धति के आधार पर की है, जिसमें प्रतियोगिता के कारण सीमांत व्यक्तिगत शुद्ध उत्पादन और सीमांत सामाजिक शुद्ध उत्पादन के बीच समानता स्वत: स्थापित हो जाती है। यदि प्रतियोगिता इन दोनों के मध्य समानता स्थापित करने में असफल रहे तो सरकार को चाहिए कि कर या अनुदान के द्वारा इन दोनों में समानता स्थापित करे।

(ii) राष्ट्रीय आय के वितरण में परिवर्तन–वास्तविक आय का अमीरों से गरीबों की ओर हस्तातंरण समाज की कुल संतुष्टि में अर्थात् कुल कल्याण में वृद्धि लाएगा। उपयोगिता ह्रास नियम हमें बताता है कि जैसे-जैसे किसी वस्तु की मात्रा बढ़ती जाती है वैसे-वैसे अगली इकाई से मिलने वाली उपयोगिता भी क्रमश: घटती जाती है। यह नियम मौद्रिक आय पर भी क्रियाशील होता है अर्थात् जैसे-जैसे मौद्रिक आय बढ़ती जाती है, उसकी सीमांत उपयोगिता घटती जाती है। फलत: आय की सीमांत उपयोगिता धनी लोगों को, निर्धन लोगों की अपेक्षा कम होती है। अत: आय का धनी व्यक्तियों से निर्धन व्यक्तियों की ओर कोई भी हस्तातंरण निर्धन व्यक्तियों के कल्याण में वृद्धि करेगा और इसलिए समाज के कल्याण में वृद्धि होगी। संक्षेप में यदि आय धनी व्यक्तियों के निर्धन व्यक्तियों को हस्तांतरण की जाए तो समाज के कुल कल्याण में वृद्धि होगी। इस प्रकार का हस्तांतरण उस सीमा तक होना चाहिए जिस सीमा तक कि 'उत्पादक प्रयत्न, उपक्रम तथा पूंजीगत यंत्रों के विकास' (Productive effort, enterprise and development of capital equipment's) पर कोई बुरा प्रभाव नहीं पड़ता है। अन्य शब्दों में, पीगू के अनुसार सामाजिक कल्याण को अधिकतम करने के लिए आय के वितरण में समानता आवश्यक है। इसी तथ्य को रेखाचित्र 2 के द्वारा स्पष्ट किया गया है।

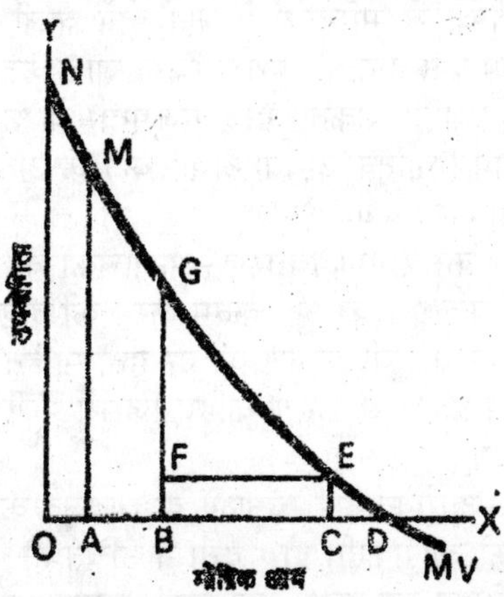

चित्र : 2

इस रेखाचित्र में संतुष्टि के लिए समान क्षमता (Equality of distribution income) की मान्यता पर अमीर और गरीब

दोनों वर्गों के लिए मौद्रिक आय में मिलने वाली सीमांत उपयोगिता को MU वक्र के द्वारा निरूपित किया गया है। यह वक्र बायें से दायें नीचे को गिरता हुआ है, जो यह प्रदर्शित करता है कि जैसे-जैसे आय बढ़ती जाती है मुद्रा की सीमांत उपयोगिता घटती जाती है। चित्र 2 में निर्धन व्यक्ति के पास OA तथा धनी व्यक्ति के पास OD आय है। अब यदि धनी व्यक्ति से CD आय लेकर गरीब व्यक्ति की ओर हस्तांतरित कर दी जाए तो निर्धन व्यक्ति की आय OA से बढ़कर OB हो जाएगी। हमने यहां मान लिया है कि CD बराबर है AB के। आय के इस हस्तांतरण से कुल कल्याण में वृद्धि होगी क्योंकि आय के इस हस्तांतरण से धनी के कल्याण में कमी EC के बराबर होगी जबकि गरीबों के कल्याण में वृद्धि BG के बराबर होगी। इस प्रकार BG = BC या FB = GF कुल कल्याण में वृद्धि होगी। इसे हम अन्य शब्दों में इस प्रकार भी कह सकते हैं कि सरकार की आर्थिक विकास संबंधी नीतियों के कारण यदि राष्ट्रीय आय में किसी प्रकार की वृद्धि की हो तो इसका अधिक भाग गरीब वर्ग को मिलना चाहिए तभी आर्थिक कल्याण अधिकतम होगा। रेखाचित्र 2 से स्पष्ट है कि यदि OD के बाद आय का भाग धनी वर्ग को मिलता है तो कल्याण में वृद्धि होने के स्थान में कमी होगी।

पीगू (या पुराने) कल्याणवादी अर्थशास्त्र की आलोचनाएं–प्रो० पीगू के कल्याणवादी अर्थशास्त्र के प्रति निम्नलिखित प्रमुख आलोचनाएँ की जाती हैं–

1. मुद्रा का मापदंड–पीगू का कल्याणवादी अर्थशास्त्र **मुद्रा के मापदंड** पर आधारित है परन्तु मुद्रा कल्याण का एक असंतोषजनक और अपर्याप्त माप है, क्योंकि कीमतों में परिवर्तन के साथ मुद्रा के मूल्य में भी परिवर्तन होता रहता है। थर्मामीटर की भाँति हमारे पास कोई उपयोगिता की माप का मीटर नहीं है।

2. संतुष्टियों का योग–परिणामात्मक रूप से संतुष्टियों का योग नहीं किया जा सकता है। इसलिए यह कहना कोई अर्थ नहीं रखता कि व्यक्तियों की संतुष्टियों का योग सामाजिक कल्याण है।

3. राष्ट्रीय आय से संबंद्ध–पीगू ने 'व्यक्तिगत' विचार 'कल्याण' को 'वस्तुगत' विचार राष्ट्रीय आय के साथ संबद्ध किया। परंतु आधुनिक अर्थशास्त्रियों का विचार है कि कल्याण के व्यक्तिगत विचार को 'चुनाव' (choice) के वस्तुगत विचार के साथ संबद्ध करना अधिक उचित है। यदि कोई व्यक्ति B स्थिति की अपेक्षा A स्थिति को चुनता है तो इसका अभिप्राय यह है कि उस व्यक्ति को A स्थिति ने अपेक्षाकृत अधिक संतुष्टि प्राप्त होती है। नि:संदेह यहां पर **'चुनाव'** का आधार उपयोगिता का क्रमवाचक विचार है। आधुनिक अर्थशास्त्री इस दृष्टिकोण को मान्यता देते हैं।

4. संतुष्टि की समान क्षमता–प्रो० राबिन्स ने पीगू के कल्याणवादी दृष्टिकोण को आधारभूत **मान्यता–संतुष्टि की समान क्षमता** को ही चुनौती दी है। उनके शब्दों में, संतुष्टि की समान क्षमता की धारणा नैतिक सिद्धान्त पर आधारित है, वैज्ञानिक प्रदर्शन पर नहीं। यह वैज्ञानिक अर्थ में तथ्यों का निर्णय नहीं है, बल्कि 'मूल्य का निर्णय' (Judgement of Value) है। संभवत: अंतिम विश्लेषण में इच्छा प्रधान कार्य है।'' इस आधार पर राबिन्स ने यह कहा कि पीगू का कल्याणवादी सिद्धांत एक आदर्शवादी अध्ययन है। इसे वास्तविक तथा वैज्ञानिक अध्ययन नहीं कहा जा सकता है।

5. कल्याण का वर्गीकरण–पीगू के कल्याणवादी अर्थशास्त्र के अध्ययन से ऐसी धारणा होती है कि आर्थिक कारणों या तत्त्वों से मस्तिष्क में प्राप्त होने वाली संतुष्टि को उस संतुष्टि से जो कि मस्तिष्क से अनार्थिक तत्त्वों के परिणामस्वरूप प्राप्त होती है, पृथक् किया जा सकता है, परंतु वास्तव में मस्तिष्क की एक अवस्था को दूसरी अवस्था से अलग नहीं किया जा सकता। **प्रो० मजुमदार** के शब्दों में, ''राष्ट्रीय उत्पाद तथा अन्य उद्देश्य-युक्त मानवीय क्रियाओं के अंतिम परिणाम (भौतिक अथवा अभौतिक) के अंतर के आधार पर तथा अन्य प्रकार के कल्याण के बीच अंतर करने की कल्पना का प्रयास निरर्थक है।''

6. आय का समान वितरण–आलोचकों का यह भी कहना है कि यदि पीगू के सुझाव का अनुसरण किया जाए तथा आर्थिक कल्याण को अधिकतम करने की दृष्टि से आय के वितरण का समान करने की नीति का पालन किया जाए तो अर्थव्यवस्था में पूँजी निर्माण की दर हतोत्साहित होगी। परंतु स्वयं पीगू ने इसे स्वीकार किया और कहा कि इस नीति का पालन इस प्रकार से करना चाहिए जिससे पूँजी निर्माण की दर और साहसी को मिलने वाली प्रेरणा में किसी प्रकार की कमी न हो।

निष्कर्ष–उपरोक्त आलोचनाओं के बावजूद कल्याणवादी अर्थशास्त्र के क्षेत्र में प्रो० पीगू के महत्त्वपूर्ण योगदान की उपेक्षा नहीं की जा सकती। **प्रो० दत्ता** ने उचित ही लिखा है, ''पीगू ने वह प्राप्त किया है जिसे प्रो० मार्शल अपने लिखित कार्यों में नहीं प्राप्त कर सके–आदर्शवादी समस्याओं का वास्तविक समस्याओं के साथ समन्वय तथा एक दृढ़ सैद्धांतिक विश्लेषण का निर्माण जो आर्थिक नीति के वैज्ञानिक सिद्धान्त के रूप में सहायक हो सके।''

पीगूवियन कल्याणवादी अर्थशास्त्र की उपयुक्त आलोचनाओं के परिणामस्वरूप कल्याणवादी अर्थशास्त्र के पुनर्निर्माण के संबंध में दो विचारधाराओं (Schools) का जन्म हुआ।

(i) नया कल्याणवादी अर्थशास्त्र (या क्षतिपूरक सिद्धान्त) जो कि पेरिटो के कल्याण विचार का विस्तार मात्र है, नए कल्याणवाद अर्थशास्त्र के निर्माता काल्डोर, हिक्स तथा सिटोवस्की है।

(ii) दूसरी विचारधारा है **'सार्वजनिक कल्याण फलन'** ('Social Welfare Function') इसके निर्माता बर्गसन, सैम्युल्सन इत्यादि अर्थशास्त्री हैं।

II. नवीन कल्याणवादी अर्थशास्त्र
(New Welfare Economics)

1. पेरीटो का कल्याणवादी अर्थशास्त्र या पेरीटो का सामाजिक अनुकूलतम
(Paretian Welfare Economics or Paretin Social Optimum)

विल्फेडो पेरीटो के द्वारा प्रस्तुत सिद्धांत को हम **'स्वयंसिद्ध कल्याण मूलक सिद्धांत' (A Priori Welfaore Theory)** की संज्ञा देते हैं। **पेरीटो सर्वप्रथम अर्थशास्त्री थे,** जिन्होंने उपयोगिता के क्रमवाचक विचार (Ordinal Concept of Utility) के आधार पर कल्याणवादी अर्थशास्त्र का विचार प्रस्तुत किया। पेरीटो ने उपयोगिता की मापनीयता तथा उसकी अंतर्वैयक्तिक तुलना के विचार को गलत सिद्ध किया तथा स्पष्ट किया कि पूर्ण प्रतियोगिता समाज को अनुकूलतम कल्याण की स्थिति को प्राप्त करने में सहायक होती है। अत: पेरीटो ने **सामान्य अनुकूलतम (General Optimum)** का विचार प्रस्तुत किया।

पेरीटो ने कल्याण के विचार को **सामाजिक आदर्श (Social Optimum)** का नाम दिया। इस विचार को देने के निम्नलिखित प्रमुख तीन उद्देश्य थे–

(i) आर्थिक कल्याण के अस्पष्ट विचार को स्पष्ट परिभाषित करना व उसकी माप करना।

(ii) आर्थिक कल्याण को विवेक मान्यताओं से मुक्त करना एक वैज्ञानिक आधार देना।

(iii) अर्थशास्त्री का सार्वजनिक नीतियों के प्रति दृष्टिकोण स्पष्ट करना।

पेरीटो का विचार था कि सामाजिक आदर्श इस प्रकार परिभाषित किया जाना चाहिए कि तीनों उद्देश्य पूरे हों।

पेरीटो का सामाजिक आदर्श या सामाजिक अनुकूलतम (Paretian Social Optimum) पेरीटो में सामाजिक कल्याण को अधिकतम करने का वस्तुगत 'जांच सिद्धांत' (test) या कसौटी (Criterion) देने का प्रयत्न किया। उनका 'जांच सिद्धान्त' या 'कसौटी' विभिन्न नामों से पुकारी जाती है, जैसे–'पेरीटो का सर्वसम्मति नियम' (Paret's Unanimity) अथवा पेरीटो को अनुकूलतम (Pareto Optimality) अथवा 'पेरीटो का सामाजिक अनुकूलतम' (Paret's Social Optimum) अथवा 'पेरेटियन अनुकूलतम' (Pareto's Optimum) अथवा 'सामान्य अनुकूलतम' (General Optimum), पेरीटो द्वारा प्रतिपादित सामाजिक अनुकूलतम अवस्था अथवा संतुलन से आशय उस अवस्था से है जिसमें समाज का कोई भी सदस्य तब तक अपने द्वारा अधिमानित स्थिति में नहीं पहुंच सकता, जब तक वहाँ किसी अन्य सदस्य को ऐसी स्थिति में नहीं डाल देता जो उसे कम पसंद है अन्य शब्दों में पेरीटो की सामाजिक अनुकूलतम यह स्थिति है, जिसके अंतर्गत साधनों (Inputs) तथा उत्पादन (Outputs) के अनुरावबंटन (Re-allocation) द्वारा बिना कम से कम एक व्यक्ति की हीनतर (Worse of) किए हुए किसी अन्य व्यक्ति को श्रेष्ठतम (better off) करना संभव नहीं होता है।

जैसा कि पेरीटो ने स्पष्ट रूप से लिखा है, "हम लोग अधिकतम संतुष्टि या कल्याण की स्थिति को परिभाषित करते हैं, जिसके अन्तर्गत किसी प्रकार का ऐसा सूक्ष्म परिवर्तन करना असंभव होता है कि स्थिर रहने वाली संतुष्टियों को छोड़कर सभी व्यक्तियों की संतुष्टियाँ बढ़ जायें तो अथवा घट जायें।"[1]

संक्षेप में, **पेरीटो के अनुकूलतम उत्पादन एवं वितरण की एक ऐसी व्यवस्था है, जिसमें बिना किसी का अहित किए किसी का भी हित करना संभव नहीं है।**

---

1. We are led to define as a position of maximum ophelimity (welfare) as one where is possible to make a small change of any Short such that ophelimities of all the Individuals, expect those that remain constant, are either all increased or all diminished.
—*Pareto, V.*

इस प्रकार पेरीटो अनुकूलतम के निम्नलिखित पहलू हैं–

(i) यदि कोई आर्थिक क्रिया एक व्यक्ति अथवा वर्ग को हित पहुँचाती है और किसी दूसरे व्यक्ति अथवा वर्ग को अहित नहीं पहुँचाती तो यह क्रिया वांछनीय है और इससे सामाजिक कल्याण में वृद्धि होगी।

(ii) यदि किसी व्यक्ति या वर्ग को हित पहुँचाने में दूसरे व्यक्ति अथवा वर्ग का अहित हो रहा है 'चाहे वह अहित कितना ही न्यून क्यों न हो, तो वह क्रिया वांछनीय नहीं होगी और इससे सामाजिक कल्याण में कमी आयेगी।'

पेरीटो के अनुसार ऐसी आर्थिक अवस्था जो किसी दूसरी अवस्था से इस दृष्टि से उत्तम हो कि पहली अवस्था में कम से कम एक व्यक्ति उत्तम हो, जबकि दूसरे की अपेक्षा कोई भी व्यक्ति खराब न हो तो प्रथम अवस्था को **पेरीटो उत्तम (Pareto Superior)** कहा जाए और यदि कोई आर्थिक व्यवस्था ऐसी हो जिससे कोई अन्य 'पेरीटो उत्तम' अवस्था न हो तो उस अवस्था को **'पेरीटो अनुकूलतम' (Pareto Optimum)** अथवा **सामाजिक अनुकूलतम अवस्था (Social Optimum)** अथवा **पेरीटो का सर्वसम्मति नियम (Pareto's Unanimity Rule)** कहा जाएगा। उदाहरणार्थ, यदि A और B दो आर्थिक अवस्थाएं हैं जिनमें से A अवस्था में कम से कम एक व्यक्ति B अवस्था की तुलना में श्रेष्ठ स्थिति में है तथा A में कोई भी व्यक्ति B अवस्था के व्यक्तियों की तुलना में खराब स्थिति में नहीं है तो A आर्थिक अवस्था **'पेरीटो उत्तम'** अवस्था कहीं जाएगी। अब A ऐसी अवस्था हो जिसमें कोई भी पेरीटो उत्तम अवस्था नहीं हो तो A को **पेरीटो अनुकूलतम अवस्था** कहा जाएगा। स्पष्टत: प्रत्येक समाज जो सामाजिक कल्याण को अधिकतम करने का प्रयास करता है पेरीटो **की अनुकूलतम अवस्था** प्राप्त करने का प्रयास करेगा।

पेरीटो अनुकूलतम का रेखाचित्र द्वारा स्पष्टीकरण–पेरीटो अनुकूलतम को निम्न दो विधियों द्वारा स्पष्ट किया जा सकता है–

(i) उपयोगिता संभावना वक्र द्वारा

(ii) एजवर्थ ब्राउले बाक्स रेखाचित्र द्वारा

(i) उपयोगिता संभावना वक्र द्वारा–उदासीनता वक्र तकनीक के शब्दों में, **"अनुकूलतम कल्याण की स्थिति वह है, जहाँ से किसी भी व्यक्ति को उच्चतर उदासीनता रेखा पर ले जाना उस समय तक संभव नहीं है, जब तक कि किसी अन्य व्यक्ति अथवा व्यक्तियों को निरंतर उदासीनता रेखा पर न पहुँचाया जाए।"**

चित्र : 3

पेरीटो की अनुकूलतम अवस्था अथवा अधिकतम सामाजिक कल्याण की अवस्था का प्रदर्शन रेखाचित्र 3 द्वारा स्पष्ट किया गया है। चित्र में X अक्ष पर A की क्रमवाचक उपयोगिता और Y अक्ष पर B की क्रमवाचक उपयोगिता प्रदर्शित की गई है। समाज में उत्पादन की एक दी हुई मात्रा के लिए PP_1 वक्र उपयोगिता संभावना वक्र है जो कि A और B के उपयोगिता-स्तरों के विभिन्न संयोगों को निरूपित करता है। अब हम PP_1 वक्र के नीचे स्थित C बिन्दु को लेते हैं। पेरीटियन कसौटी के अनुसार कोई भी परिवर्तन जो कि बिन्दु C से उपयोगिता संभावना वक्र (PP_1) के बिन्दुओं E, G तथा F में से किसी पर भी ले जाता है तो ऐसा चलन उपयोगिता या कल्याण के शब्दों में सुधार को बताता है। C से F तक का चलन बिना B को क्षति पहुँचाए–A के कल्याण अथवा उपयोगिता में वृद्धि को प्रदर्शित करता है, C से E तक चलन बिना A को क्षति पहुंचाए B के कल्याण में वृद्धि को बताता है और इसी प्रकार C से G तक चलन दोनों व्यक्तियों A तथा B के कल्याण में वृद्धि को निरूपित करता है। इसी प्रकार SCT के अंदर कोई भी चलन पेरीटो की दृष्टि से कल्याण में सुधार बताता है, परंतु इस भाग में (अर्थात् SCT) के बाहर कोई भी चलन पेरीटो सुधार नहीं है।

उदाहरण के लिए, C से D तक चलन B व्यक्ति की उपयोगिता या कल्याण में वृद्धि को बताता है, परन्तु A व्यक्ति के कल्याण में कमी या हानि को बताता है। इस प्रकार के चलन को पेरीटो कसौटी के आधार पर मूल्यांकन नहीं किया जा सकता, क्योंकि यह परिवर्तन B के कल्याण में वृद्धि करता है और A के कल्याण में कमी लाता है।

एजवर्थ बाउले बाक्स रेखाचित्र द्वारा–पेरीटो के विचार को एजवर्थ बाउले बाक्स रेखाचित्र द्वारा भी समझाया जा सकता है।

माना कि समाज में दो व्यक्ति A और B हैं जो वस्तु X तथा Y का उपभोग करते हैं। X तथा Y के विभिन्न संयोगों के उपभोग से प्राप्त होने वाले दोनों व्यक्तियों के संतोष के स्तर को उदासीनता वक्रों द्वारा प्रदर्शित किया गया है। चित्र 4 में (i) व्यक्ति A के लिए मूल बिन्दु OA है और उसका उदासीनता वक्र IA, IIA तथा IIIA है जो क्रमश: A व्यक्ति के बढ़ते हुए संतोष को प्रदर्शित करते हैं। (ii) इसी प्रकार व्यक्ति B के लिए मूल बिन्दु OB है और उसकी उदासीनता वक्र रेखाएं 1B, 2B तथा 3B है जो B व्यक्ति की क्रमश: बढ़ती संतुष्टि को प्रदर्शित करते हैं। (iii) माना कि X तथा Y वस्तुओं का A और B व्यक्ति में वितरण की स्थिति T है, जो स्पष्ट करता है A व्यक्ति के पास X वस्तु की ON तथा Y वस्तु की NT मात्रा है। इसी प्रकार B व्यक्ति के पास X वस्तु की TH तथा Y की TM मात्रा है। इस प्रकार X तथा Y वस्तु की कुल मात्रा A तथा B व्यक्तियों में वितरित है।

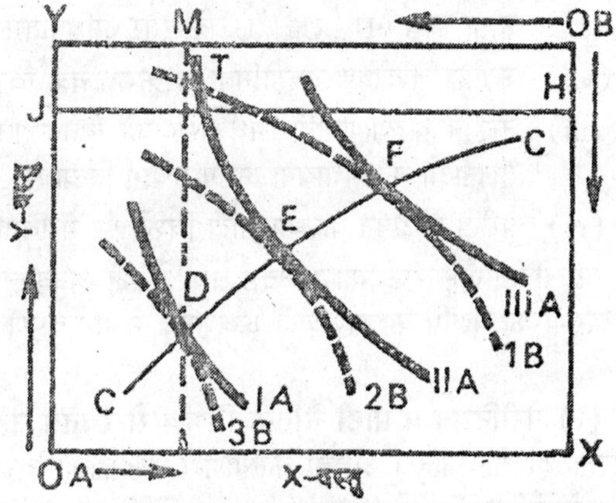

चित्र : 4

पेरीटो मापदंड के अनुसार यदि T बिन्दु F की ओर कोई पुनर्वितरण होता है तो B व्यक्ति की संतुष्टि पूर्ववत रहती है, परन्तु A व्यक्ति के संतोष का स्तर पहले की अपेक्षा बढ़ जाता है, क्योंकि B व्यक्ति उसी उदासीनता वक्र IB पर रहता है। (T तथा F दोनों ही बिंदु IB पर स्थित है) तथा A व्यक्ति IIA की अपेक्षा ऊँचे उदासीनता वक्र IIIA पर पहुंच जाता है। अत: T बिन्दु पेरीटो के अनुसार सामान्य अनुकूलतम की स्थिति नहीं है। इसी प्रकार यदि T से E बिन्दु की ओर कोई परिवर्तन किया जाता है तो भी A व्यक्ति का संतोष पूर्ववत् रहता है परंतु B व्यक्ति का संतोष पहले की अपेक्षा बढ़ जाता है। अत: E तथा F दोनों की स्थितियां T की अपेक्षा श्रेष्ठ हैं। दोनों व्यक्तियों के विभिन्न उदासीनता वक्रों के स्पर्श बिन्दु समान अनुकूलतम के बिन्दु होते हैं, जिन्हें एक वक्र से जोड़ देने पर संपर्क या प्रसंविदा वक्र प्राप्त हो जाता है। इस वक्र पर यदि हम ऊपर अथवा नीचे की ओर चलते हैं तो एक के संतोष में वृद्धि होती है तो दूसरे के संतोष में कमी आ जाती है। जिसके कारण इसे संघर्ष वर्ग भी कहा जाता है।

उपर्युक्त रेखाचित्र में E तथा F में कौन-सी स्थिति अपेक्षाकृत श्रेष्ठ है, इस प्रश्न का उत्तर पेरीटो का मापदण्ड प्रदान नहीं करता है।

मान्यताएं–पेरीटो ने अपने कल्याणवादी अर्थशास्त्र की विवेचना निम्नलिखित मान्यताओं के आधार पर की है–

(i) 'समाज' या 'राज्य' की काल्पनिक इकाई या व्यक्तियों के किसी समूह की अपेक्षा हमारा संबंध समाज में रहने वाले सभी व्यक्तियों के कल्याण से है।

(ii) किसी व्यक्ति के कल्याण को प्रभावित करने वाले गैर-आर्थिक तत्त्वों की हम उपेक्षा कर देते हैं। इन तत्त्वों में हम बाह्यताओं को भी शामिल करते हैं।

(iii) एक व्यक्ति ही अपने आर्थिक कल्याण का सर्वश्रेष्ठ निर्णायक है। इस संदर्भ में ऐसा प्रतीत होता है कि पेरीटो की उपभोक्त तथा उत्पादक की सार्वभौमिकता में पूरी आस्था है।

(iv) सभी वस्तुओं और साधनों के बाजार में पूर्ण प्रतियोगिता है।

(v) यदि साधनों या वस्तुओं के आबंटन में किसी भी परिवर्तन के फलस्वरूप किसी व्यक्ति के संतुष्टि स्तर में वृद्धि होती है अथवा किसी वस्तु के उत्पादन का स्तर बढ़ने की संभावना हो, जबकि इस परिवर्तन के कारण किसी अन्य व्यक्ति के संतुष्टि स्तर अथवा किसी अन्य वस्तु के उत्पादन पर कोई प्रतिकूल प्रभाव नहीं होता है तो ऐसे परिवर्तन से कुल आर्थिक कल्याण में निश्चित रूप से वृद्धि होगी।

(vi) समाज के समक्ष एक सामाजिक कल्याण फलन $W = f(U_A, U_B......U_S)$ है जिसमें U_A, U_B आदि समाज के सदस्यों को प्राप्त उपयोगिता के स्तर हैं। स्पष्ट है, समाज का आर्थिक कल्याण उस दशा में अधिकतम होगा, जब ($U_A, U_B....U_S$ के स्तर अधिकतम हों।

(vii) उनका विश्लेषण उपयोगिता के क्रमवाचक विचार पर आधारित है।

(viii) उन्होंने कल्याणवादी अर्थशास्त्र को नैतिक निर्णयों से स्वतंत्र करने के लिए उपयोगिता की अंत:वैयक्तिक तुलनाओं की संभावना का परित्याग किया है।

(ix) पेरीटो ने अपने कल्याणवादी विश्लेषण में वितरण की समस्याओं को सम्मिलित नहीं किया है।

आलोचनाएँ–पेरीटो का मानदंड तथा पेरीटो अनुकूलतम और उस पर आधारित अधिकतम सामाजिक कल्याण की अवधारणा का यद्यपि कल्याणवादी अर्थशास्त्र में महत्त्वपूर्ण स्थान है, परंतु उसकी निम्न दृष्टिकोणों से आलोचना की जाती है–

(i) पेरीटियन कसौटी नैतिक निर्णय से स्वतंत्र नहीं है–पेरीटियन कसौटी के समर्थक यह दावा करते हैं कि यह कुशलता (efficiency) अथवा कल्याण (Welfare) का एक वस्तु पूरक मानदंड (Objective Criterion) है जिसमें व्यक्ति के नैतिक निर्णयों का कोई स्थान नहीं। किन्तु इस विचार को चुनौती दी गई है। परंतु आलोचकों का कहना है कि पेरीटियन कसौटी भी एक विस्तृत नैतिक मान्यता पर आधारित है और वह नैतिक मान्यता है **'एक व्यक्ति को सदैव सबके लिए अच्छा करना चाहिए' (One should always do good to all)** अथवा यह एक अच्छी बात है कि किसी एक व्यक्ति की स्थिति में सुधार हुए बिना किसी दूसरे को हानि पहुँचाए (It is a good thing to make anyone better off without harming any one else) इस प्रकार पेरीटियन कसौटी भी नैतिक निर्णयों से स्वतंत्र नहीं है।

यही कारण है कि आधुनिक अर्थशास्त्री, जैसे–बर्गसन, सेम्युल्सन आदि कल्याणवादी अर्थशास्त्र के लिए नैतिक निर्णयों को सम्मिलित करना आवश्यक समझते हैं।

(ii) सीमित व्यवहार्यता–अस्पष्ट परिवर्तन पेरीटो का मापदंड केवल उन्हीं कल्याण संबंधी परिवर्तनों के संबंध में निर्णय देता है जो परिवर्तन स्पष्ट है। पेरीटो केवल उन्हीं परिवर्तनों की व्याख्या करते हैं जो या तो सभी व्यक्तियों की स्थिति को उत्तम कर दें या अन्य व्यक्तियों को बिना हानि पहुंचाए कुछ व्यक्तियों की स्थिति को उत्तम कर देते हैं। परंतु इस सिद्धान्त में त्रुटि यह है कि यह उन सरकारी नीतियों का मूल्यांकन करने में हमें सहायता नहीं करता जो कुछ व्यक्तियों को लाभ और कुछ को हानि पहुँचाती है। लेकिन वास्तविकता यह है कि बहुत कम आर्थिक नीतियाँ ऐसी होती हैं, जिनको कार्यान्वित करने के हेतु समाज में अन्य सदस्यों की आर्थिक स्थिति को बिगाड़े बिना समाज में कुछ सदस्यों की आर्थिक स्थिति में सुधार किया जा सकता है। स्पष्ट है कि पेरीटो का मापदंड केवल स्पष्ट निश्चित परिवर्तनों का मूल्यांकन करता है।

चित्र 3 में ऐसे नीति परिवर्तन, जो कि बिन्दु C से D तक चलन को उत्पन्न करता है, का मूल्यांकन पेरीटो की कसौटी के आधार पर नहीं किया जा सकता, क्योंकि यहां एक ओर तो B के कल्याण में वृद्धि होती है और दूसरी ओर A के कल्याण में कमी होती है।

पेरीटियन कसौटी के बहुत सीमित प्रयोग को हम एक महत्त्वपूर्ण उदाहरण द्वारा स्पष्ट कर सकते हैं। उदाहरणार्थ, एक एकाधिकारी स्थिति को समाप्त करने में बहुत से व्यक्ति लाभान्वित होंगे परंतु स्वयं एकाधिकारी के लिए हानिकर होगी। इस प्रकार एक एकाधिकार के संबंध में नीति कदम (Policy Measure) का पेरीटियन कसौटी के आधार पर मूल्यांकन नहीं किया जा सकता।

(iii) सापेक्ष आय–पेरीटो की यह मान्यता है कि **किसी व्यक्ति के कल्याण पर इस तथ्य का कोई प्रभाव नहीं पड़ता है कि उसके पड़ोसी की आय में वृद्धि हो गई है।** मिल का कथन है कि लोग और अमीर नहीं होना चाहते हैं अर्थात् लोग दूसरों के धन के प्रति ईर्ष्यालु होते हैं और यदि दूसरे व्यक्ति की आय में वृद्धि होती है तो उन्हें दुख अनुभव होता है भले ही उनकी आय में कोई कमी न हुई हो। उदाहरण के लिए, कालेज के किसी प्राध्यापक के वेतन में कोई कमी न होते हुए भी यदि उसके किसी सहयोगी के वेतन में वृद्धि कर दी जाए तो जिस प्राध्यापक का वेतन पूर्ववत ही है उसे अवश्य असंतोष होगा। अत: हम कह सकते हैं कि एक व्यक्ति का कल्याण उसे प्राप्त कुल वस्तुओं व सेवाओं की मात्रा पर निर्भर होने के अतिरिक्त इस बात पर भी निर्भर होता है कि अन्य व्यक्तियों को प्राप्त वस्तुओं व सेवाओं की मात्रा में वृद्धि हो गई है अथवा कमी हो गई है।

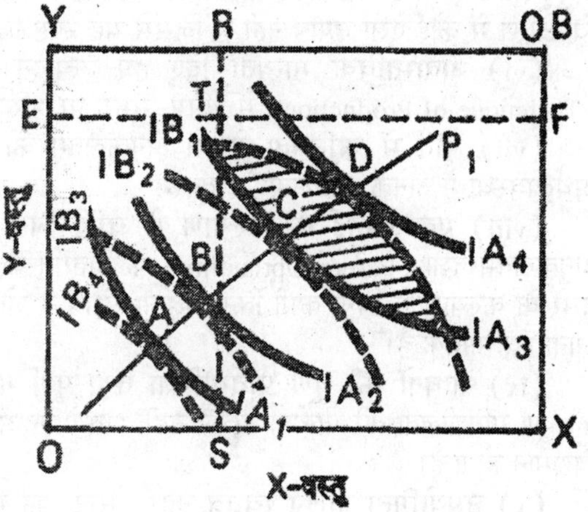

चित्र : 5

(iv) अनिर्धारणीय हल–पेरीटो अनुकूलतम विश्लेषण में एक कमी और यह है कि इससे अधिकतम सामाजिक कल्याण की विश्लेषण में बड़ी अनिश्चितता रहती है, इसका कारण यह है कि इस विश्लेषण में संविदा वक्र पर प्रत्येक बिन्दु पेरीटियन कसौटी की दृष्टि से अनुकूल होता है। उदाहरणार्थ, रेखाचित्र 5 में संविदा वक्र PP_1 पर प्रत्येक बिन्दु जैसे कि A, B, C व D आदि संविदा वक्र के बाहर जैसे T की तुलना में पेरीटो दृष्टि से श्रेष्ठ हैं। जैसा कि हम पूर्व में अध्ययन कर चुके हैं कि किसी ऐसे नीति परिवर्तन और फलस्वरूप साधनों के पुनराबंटन जिससे संविदा वक्र के एक बिन्दु से दूसरे बिदु तक गति होने पर एक व्यक्ति को हानि और दूसरे व्यक्ति को लाभ पहुंचता है। इसका अर्थ यह है कि पेरीटो कसौटी के आधार पर संविदा वक्र पर स्थिति सामाजिक विकल्पों की परस्पर तुलना नहीं की जा सकती क्योंकि संविदा वक्र पर गति से एक व्यक्ति को लाभ और दूसरे व्यक्ति को हानि होती है, अन्य शब्दों में उनमें कल्याण अथवा आय का पुनर्वितरण होता है, इसलिए संविदा वक्र पर स्थिति विभिन्न विकल्पों की तुलना और उनमें चयन, उपयोगिता की अंतरवैयक्तिक तुलना और उचित आय वितरण के संबंध में नैतिक निर्णयों के बिना नहीं किया जा सकता, परंतु पेरीटो ने अर्थशास्त्रियों द्वारा ये नैतिक निर्णय लेना उचित नहीं समझा और उसने नैतिक निर्णयों से स्वतंत्र सामाजिक कल्याण की कसौटी प्रस्तुत करने की चेष्टा की किंतु पेरीटो विश्लेषण अपनी कसौटी या मानदंड द्वारा किसी निश्चित अनुकूलतम तक पहुंचने में असफल रहा है इस कसौटी के आधार पर किसी नीति परिवर्तन अथवा आय के पुनर्वितरण के फलस्वरूप बाहर के बिन्दु से संविदा वक्र पर स्थित बिन्दु पर जाने से सामाजिक कल्याण में वृद्धि का होना सिद्ध किया जा सकता है परंतु संविदा वक्र के ऊपर स्थित विभिन्न बिन्दुओं, जो सभी पेरीटो दृष्टि से अनुकूलतम होते हैं, में चयन नहीं किया जा सकता। इस प्रकार सामाजिक कल्याण के पेरीटो अनुकूलतम विश्लेषण में बड़ी मात्रा में अनिश्चितता पाई जाती है, क्योंकि ऐसे बहुत से बिन्दु हैं जो पेरीटो की दृष्टि से अनुकूल हैं।

(v) वर्तमान आय वितरण का समर्थन–पेरीटो अनुकूलतम के अंतर्गत नहीं बतलाया गया है कि **अनुकूलतम आय वितरण (Optional Income Distribution)** को कैसे ज्ञात किया जाए। इस विश्लेषण में वर्तमान आय वितरण जिसके अंतर्गत अधिकांश जनता निर्धन और थोड़े से व्यक्ति धनी हैं को बनाये रखने का अनुमोदन किया जा सकता है। इस प्रकार प्रो० बामोल (Baumol) के अनुसार पेरीटो का दृष्टिकोण कल्याणवादी अर्थशास्त्रियों के पास आय वितरण के विषय पर ध्यान न देने के लिए बड़ा उपकरण है।"

यह उल्लेखनीय है कि प्रत्येक आय वितरण की स्थिति के लिए उनके पेरीटो अनुकूलतम बिन्दु होंगे। इस बात को स्पष्ट करने के लिए हम पुन: रेखाचित्र 5 को लेते हैं, चित्र में बिन्दु T वर्तमान आय वितरण को व्यक्त करता है, जिसके अनुसार संविदा वक्र PP_1 के भाग CD पर स्थित सभी बिन्दु पेरीटो अनुकूलतम होंगे।

इसी प्रकार बिन्दु R द्वारा व्यक्त आय वितरण के अनुरूप संविदा वक्र PP के भाग AB पर स्थित बिन्दु पेरीटो अनुकूलतम होंगे। इस प्रकार विभिन्न आय वितरण के अनुसार पेरीटो अनुकूलतम बिन्दु भी अलग-अलग होंगे। पेरीटो विश्लेषण में कोई ऐसा उपाय नहीं है जिससे यह स्पष्ट किया जा सके कि आय वितरण का कौन-सा ढाँचा श्रेष्ठ है।

(vi) अवास्तविक मान्यता–दिए हुए उत्पादन फलन की मान्यता अवास्तविक है क्योंकि उत्पादन तकनीक (Technique of Production) में समय-समय पर परिवर्तन होते रहते हैं।

(vii) पूर्ति में कठिनता–पेरीटो अनुकूलतम की सभी दशाओं की एक साथ पूर्ति अत्यधिक कठिन है क्योंकि अर्थव्यवस्था में अनेक जटिलताएँ होती हैं।

(viii) एक इकाई के कल्याण में वृद्धि बिना दूसरी इकाई के कल्याण में कभी संभव नहीं–पेरीटो की अनुकूलतम दशा (Pareto Optimality) के अंतर्गत यह मान लिया जाता है कि समाज के एक इकाई के कल्याण को दूसरे के कल्याण में बिना कमी किए बढ़ाना संभव है जो कि वास्तव में संभव नहीं है। दूसरे इकाइयों के कल्याण में कमी आना स्वाभाविक है।

(ix) साधनों की पूर्ण प्रतियोगिता तथा पूर्ण गतिशीलता की अनुचित मान्यता–पूर्ण प्रतियोगिता तथा साधनों की पूर्ण गतिशीलता की मान्यता उचित नहीं है क्योंकि अनेक आर्थिक तथा सामाजिक कारणों से गतिहीनता का कुछ अंश विद्यमान होता है।

(x) उपयोगिता फलन स्वतंत्र नहीं–पेरीटो यह मानकर चलते हैं कि उपयोगिता फलन एक-दूसरे से स्वतंत्र होते हैं अर्थात् एक उपभोक्ता के उपयोगिता फलन में परिवर्तन का कोई प्रभाव दूसरे पर नहीं पड़ता जो संभव नहीं है। उपयोगिता फलन एक-दूसरे से अवश्य प्रभावित होते हैं तथा यदि उन्हें एक-दूसरे से प्रभावित होता हुआ मान लें तो यह भी दिखलाया जा सकता है कि पेरीटो दशा (Pareto optimality) लागू नहीं होगी। ठीक यही निष्कर्ष उत्पादन क्षेत्र से संबंधित फर्मों के लिए ज्ञात किया जा सकता है।

उपर्युक्त आलोचनाओं के होते हुए भी पेरीटो की कसौटी बिलकुल निरर्थक नहीं है। यह इसलिए उपयोगी है कि यह 'पेरीटो दृष्टि से गैर-अनुकूल विकल्पों को अलग कर देने से उस क्षेत्र को घटा देता है जिनमें सर्वोत्तम विकल्पों की खोज हमें करनी है और इस प्रकार यह एक प्रथम कदम के रूप में उपयोगी है। कठिनाई तब होती है जब इस प्रथम कदम से इतना मोहित हो जाता है कि वह आगे जाने का प्रयास ही नहीं करता। परन्तु इसे पेरीटो मापदंड की त्रुटि नहीं कहा जा सकता।

इसके अतिरिक्त पेरीटो अनुकूलतम विश्लेषण का उपयोग यह भी है कि यह दो व्यक्तियों अथवा दो देशों में वस्तुओं के विनिमय अथवा व्यापार के लाभों (Gains From Trade) को स्पष्ट करता है।

क्षतिपूरक सिद्धांत
(Compensation Principle)

पेरीटो के कल्याणवादी दृष्टिकोण की व्याख्या करते हुए हमने यह देखा कि इनका कल्याणवादी सिद्धांत केवल उन्हीं स्पष्ट स्थितियों की विवेचना करता है, जिसमें आर्थिक परिवर्तन के कारण या तो सभी उत्तम स्थिति को प्राप्त कर लें अथवा बिना किसी को क्षति पहुंचाए कुछ लोग उत्तम स्थिति को प्राप्त कर लें। पेरीटो का सिद्धान्त उन आर्थिक परिवर्तनों के कारण कल्याण पर पड़ने वाले प्रभावों की व्याख्या नहीं करता जिनके फलस्वरूप कुछ लोग तो पहले से खराब स्थिति में आ जाएं जबकि कुछ लोग उत्तम स्थिति प्राप्त कर लें। अत: सभी प्रकार की स्थितियों का अध्ययन करने के लिए और उनकी तुलना करने के लिए प्रो० हिक्स तथा काल्डोर ने क्षतिपूर्ति सिद्धांत का प्रतिपादन किया।

इस श्रेणी के अंतर्गत निम्नलिखित मुख्य तीन अर्थशास्त्रियों के सिद्धांत सम्मिलित किए जाते हैं–1. काल्डोर का क्षतिपूरक सिद्धान्त (Kaldors Compensation Principles) 2. हिक्स की अनुकूलतम दशा (Hicksion optimality) 3. सिटोवस्की की दोहरी दशा (Scitovsky Double Criterion)

काल्डोर का क्षतिपूरक सिद्धान्त
(Kaldor's Compensation Principle)

काल्डोर और हिक्स दोनों के ही दृष्टिकोण आपस में बहुत मिलते हैं क्योंकि दोनों ही सिद्धांतों में क्षतिपूर्ति का उल्लेख किया गया है। दोनों ही सिद्धांतों का प्रयोग सामान्यतया एक साथ किया जाता है, इसलिए इसे काल्डोर-हिक्स

कसौटी भी कहते हैं। परंतु दोनों ही सिद्धान्तों के अंतर्गत क्षतिपूर्ति क्रिया विधियों में थोड़ा-सा अंतर पाया जाता है। अत: हम दोनों सिद्धांतों का पृथक्-पृथक अध्ययन कर रहे हैं।

काल्डोर के सिद्धान्त के अनुसार अर्थव्यवस्था में पुनर्संगठन या उसमें परिवर्तन से कुछ लोगों का कल्याण पहले से अधिक हो जाता है, किंतु कुछ अन्य लोगों का कल्याण पहले से कम हो जाता है तो हमें यह देखना चाहिए कि कल्याण की हानि कल्याण के लाभ से पूरी होती है या नहीं। यदि कुल कल्याण में वृद्धि कुल कल्याण की हानि से अधिक है तो इस प्रकार के पुनर्संगठन को उन्नति का चिह्न समझना चाहिए। ऐसी स्थिति में यह कहा जा सकता है कि कल्याण पहले की अपेक्षा बढ़ गया है। इस प्रकार स्पष्ट है कि अर्थव्यवस्था में पुनर्संगठन द्वारा कल्याण को बढ़ाया जा सकता है।

काल्डोर ने अपने मानदंड को निम्न शब्दों में व्यक्त किया है, "सभी परिस्थितियों में....जहां एक निश्चित नीति भौतिक उत्पादकता और इस प्रकार समय वास्तविक आय में वृद्धि करती है। सभी व्यक्तियों को पहले की अपेक्षा श्रेष्ठता या किसी हद तक बिना किसी की दशा हीनतर (Worse Off) किए कुछ लोगों को श्रेष्ठतर बनाना संभव होता है। यह प्रदर्शित करना पर्याप्त है कि यदि उन सभी व्यक्तियों को जो क्षतिग्रस्त होते हैं। उनकी क्षति की पूर्णतया पूर्ति कर दी जाती है तो भी शेष समुदाय पहले की अपेक्षा श्रेष्ठतर होगा।"[1]

काल्डोर सिद्धांत को संक्षेप में इस प्रकार समझाया जा सकता है–दो स्थितियों में A व B में से B की अपेक्षा A को सामाजिक दृष्टि से तभी श्रेष्ठ माना जा सकता है जब स्थिति A से लाभ उठाने वाले व्यक्ति हानि उठाने वाले व्यक्तियों को (A को स्वीकार करने हेतु) क्षतिपूर्ति दें, और फिर भी स्थिति B की तुलना में बेहतर रहे।

उदाहरणार्थ, यदि किसी रसायन निर्माता इकाई द्वारा किए गए जल प्रदूषण से पीड़ित समीपवर्ती बस्ती के लोगों को कारखाने के प्रबंधकों की ओर से क्षतिपूर्ति प्रदान करने के बाद भी समाज को प्राप्त कुल उत्पादन उस स्तर से अधिक हो जो कारखाने को बंद करने से होता, तो यह काल्डोर द्वारा सुझाई गई वह विधि है जिसके अंतर्गत बाह्यताओं से क्षतिग्रस्त लोगों को क्षतिपूर्ति मिलनी चाहिए।

काल्डोर ने लाभ प्राप्तकर्ता द्वारा क्षतिग्रस्त व्यक्ति को भुगतान किए जाने हेतु बाजार कीमत का उपयोग किया है, परंतु वास्तव में क्षतिपूरक भुगतान किया जाता है या नहीं तथा किस रूप में यह भुगतान किया जाता है, ये सब राजनीतिक अथवा नैतिक प्रश्न है, जहां तक अर्थशास्त्री का प्रश्न है। काल्डोर के मतानुसार उसे केवल क्षतिग्रस्त लोगों के लिए क्षतिपूर्ति की आवश्यकता एवं संभावना बतलाकर ही छोड़ देना चाहिए। काल्डोर के मतानुसार क्षतिपूर्ति की ये नीतियां इसलिए श्रेष्ठ हैं, क्योंकि इनके कारण समाज (क्षतिपूर्ति के बाद भी) अंतत: बेहतर या श्रेष्ठ स्थिति में होता है।

रेखाचित्र द्वारा स्पष्टीकरण–काल्डोर के सिद्धान्त को रेखाचित्र की सहायता से समझाने का प्रयास किया गया। चित्र-6 में–

(i) X और Y अंशों पर क्रमश: A तथा B उपभोक्ताओं को प्राप्त होने वाली उपयोगिता को दर्शाया गया है।

(ii) प्रारंभिक स्थिति में वस्तुओं का वितरण O बिन्दु के अनुसार किया गया है।

(iii) मान लीजिए किसी आर्थिक क्रिया के परिणामस्वरूप उपभोक्ताओं की दूसरी स्थिति R बिन्दु द्वारा प्रदर्शित होती है।

(iv) Q बिन्दु से R बिन्दु पर जाने से B उपभोक्ता की स्थिति पहले से अच्छी और A उपभोक्ता की स्थिति पहले से खराब हो जाती है।

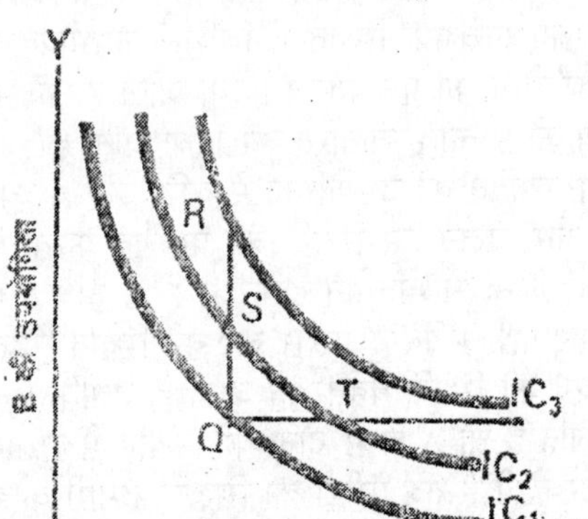

चित्र : 6

---

1. "In all cases.....Where a Certain Policy Leads to on increase in Physical Productivity and thus of aggregate real Income...It is Possible to make everybody batter of without making anybody worse off. It is quite sufficient... to show that even if all those who suffer as a result are fully compensated for their loss their loss the rest of the community will still be better of them before."

(v) मान लीजिए हम B उपभोक्ता से पूछते हैं कि यदि हम उसे R बिन्दु परन पहुंचने देना चाहें तो वह इसके बदले में कितनी क्षतिपूर्ति लेगा। मान लीजिए, वह M_2 मुद्रा की मांग करता है।

(vi) Q बिन्दु से R बिन्दु पर पहुँचने से A उपभोक्ता की स्थित पहले से बुरी हो जायेगी अतः यह R बिन्दु पर जाने का विरोध करेगा।

(vii) मान लीजिए R स्थिति के विरोध के लिए B उपभोक्ता A उपभोक्ता को (M_1 मुद्रा राशि देने के लिए तत्पर है, ऐसी स्थिति में निम्न तीन दशाएं संभव हैं–

(अ) $M_1 = M_2$: इस दशा में प्रथम व द्वितीय स्थिति में समाज कल्याण की मात्रा में कोई भी परिवर्नन नहीं होगा। अतः यह स्थिति काल्डोर दशा की व्याख्या नहीं करेगी।

(ब) $M_2 > M_2$: इस स्थिति में R बिन्दु में समाज कल्याण कम हो जायेगा अतः यह स्थिति भी हमारे लिए उपयोगी नहीं होगी।

(स) $M_1 < M_2$: इस दशा में A उपभोक्ता को होने वाली हानि को B उपभोक्ता पूरी कर देगा और इस क्षतिपूर्ति क्रिया के पश्चात् भी B की स्थिति, A से अच्छी रहेगी। अतः इस दशा में उपभोक्ताओं के शुद्ध कल्याण में वृद्धि होगी यही काल्डोर की स्थिति को स्पष्ट करेगा।

काल्डोर के इस मानदंड को उपयोगिता संभावना वक्र (Utility Possibility Curve) द्वारा भी सरलतापूर्वक स्पष्ट किया जा सकता है। चित्र 7 में X और Y अंशों पर क्रमशः A तथा B उपभोक्ता को प्राप्त होने वाली उपयोगिताओं को क्रमवाचक रूप में प्रदर्शित किया गया है।

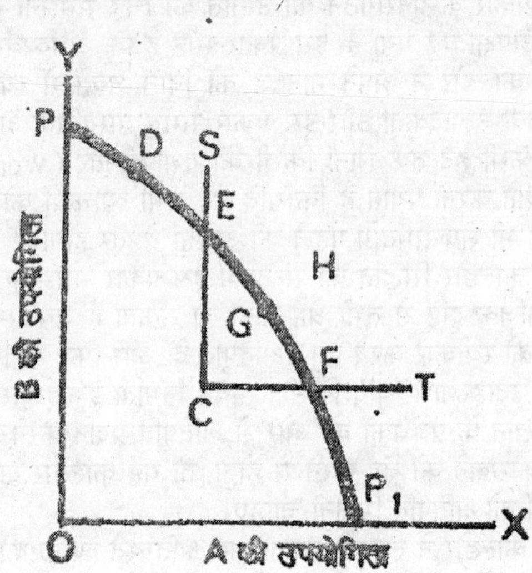

चित्र : 7

PP_1 एक उपयोगिता संभावना वक्र है जो वस्तुओं और सेवाओं के एक निश्चित समूह के दोनों व्यक्तियों A और B के मध्य वितरण के फलस्वरूप उन्हें प्राप्त होने वाली व्यक्तिगत उपयोगिताओं के विभिन्न संयोगों को प्रदर्शित करता है।

मान लीजिए प्रारंभिक स्थिति में विभिन्न उपभोक्ताओं के उपयोगिता स्तरों को C बिन्दु द्वारा प्रदर्शित किया गया है। यदि वस्तु और सेवा का पुनर्वितरण किया जाता है, जिसके कारण A द्वारा उपयोग की जाने वाली वस्तुओं तथा सेवाओं की कुछ मात्रा को B को हस्तांतरित कर दिया जाता है।

फलतः B व्यक्ति की उपयोगिता में वृद्धि और A व्यक्ति की उपयोगिता में कमी हो जाती है। रेखाचित्र में G बिन्दु से E बिन्दु की ओर चलन इस स्थिति को प्रदर्शित करता है। चित्र में किसी भी उस परिवर्तन के द्वारा जिसके फलस्वरूप अर्थव्यवस्था C बिन्दु से गतिमान होकर E F G अथवा H को प्राप्त हो जाती है A एवं B दोनों वर्गों के कल्याण में वृद्धि होती है। उदाहरणार्थ, E बिन्दु पर B वर्ग की स्थिति बेहतर हो जाती है, जबकि A वर्ग की स्थिति पूर्ववत् हो जाती है। F बिन्दु पर A वर्ग की स्थिति बेहतर हो जाती है जबकि B वर्ग की स्थिति पूर्ववत ही रहती है। जब बिन्दु C गतिमान होकर H बिन्दु पर जाते हैं तो A व B दोनों की स्थिति में सुधार होता है परंतु जब परिवर्तन के कारण अर्थव्यवस्था C बिन्दु से D को प्राप्त कर लेती है तब पेरीटो का सिद्धांत हमारी कोई सहायता करने में असमर्थ रहता है क्योंकि यह परिवर्तन B वर्ग के कल्याण में वृद्धि करके A वर्ग के कल्याण में कमी कर देता है। अतः पेरीटो के मानदंड के अनुसार C बिन्दु से E, G अथवा F को चलन कल्याण में वृद्धि को प्रदर्शित करता है।

किंतु C बिन्दु से D बिन्दु पर चलने को पेरीटो की कसौटी के अनुसार मूल्यांकित नहीं किया जा सकता, क्योंकि ऐसा होने पर B व्यक्ति की उपयोगिता में वृद्धि और A व्यक्ति की उपयोगिता में कमी हो जाती है।

PP_1 उपयोगिता संभावना वक्र D बिन्दु से लेकर भी जाता है, जिसका अर्थ है कि वस्तुओं और सेवाओं के वितरण से प्राप्त दोनों व्यक्तियों की उपयोगिताओं जिसे D बिन्दु द्वारा प्रर्दिशत किया गया है, को पुनर्वितरित करके E, F, G उपयोगिता संयोगों को प्राप्त किया जा सकता है। E, G, F संयोग C बिन्दु की अपेक्षा निश्चित रूप से सामाजिक कल्याण

में वृद्धि को प्रदर्शित करते हैं। इस प्रकार C बिन्दु ने D बिन्दु की ओर चलन सामाजिक कल्याण में वृद्धि को दर्शाता है, क्योंकि T बिन्दु पर प्राप्त वस्तुओं और सेवाओं को दोनों व्यक्तियों में इस प्रकार वितरित किया जाना संभव है कि किसी व्यक्ति की उपयोगिता C बिन्दु द्वारा प्रदर्शित उपयोग के स्तर से कम नहीं होती है।

D बिन्दु से E बिन्दु पर तथा निश्चित रूप से G बिन्दु पर A उपभोक्ता की हानि की क्षतिपूर्ति कर दी गई है अर्थात् B उपभोक्ता अपनी उपयोगिता में लाभ को A उपभोक्त की उपयोगिता में हानि की अपेक्षा अधिक मूल्यांकित करता है जो काल्डोर के मानदंड के अनुसार सामाजिक कल्याण में वृद्धि है। इस प्रकार काल्डोर के अनुसार C बिन्दु से D बिन्दु की ओर चलन केवल तभी सुधार होता है यदि C बिन्दु, D बिन्दु से होकर गुजरने वाले उपयोगिता संभावना वक्र के नीचे स्थित होता है।

यहां यह उल्लेखनीय है कि काल्डोर के कल्याणवादी मानदंड के अनुसार जब किसी नीति के परिवर्तन के फलस्वरूप उपयोगिता संभावना वक्र ऊपर की ओर अर्थात् दायीं ओर विवर्तित हो जाता है तो यह एक सुधार माना जायेगा अर्थात् इससे सामाजिक कल्याण में वृद्धि होगी। इसी तथ्य को रेखाचित्र द्वारा स्पष्ट किया गया है–

इस चित्र में प्रारंभिक उपयोगिता संभावना वक्र PP है जिसके बिन्दु C पर अर्थव्यवस्था साम्य की स्थिति में है।

अब मान लीजिए किसी नीति परिवर्तन के कारण उपयोगिता संभावना वक्र दायीं ओर विवर्तित होकर P_1P_1 हो जाती है, जिससे अर्थव्यवस्था की साम्य स्थिति अब बिन्दु S पर आ जाती है। बिन्दु S पर बिन्दु C की तुलना में A को प्राप्त होने वाली उपयोगिता की अपेक्षा अधिक है, किंतु निचले उपयोगिता संभावना वक्र PP के बिन्दु C से ऊपर की उपयोगिता संभावना वक्र P_1P_1 के बिन्दु S को चलन काल्डोर हिक्स मानदंड की दृष्टि से सामाजिक कल्याण में वृद्धि करेगा। कारण यह है कि बिन्दु S से केवल पुनर्वितरण द्वारा ऐसे बिन्दु जैसे कि R तक पहुंचा जा सकता है जो निश्चित रूप से C की तुलना में श्रेष्ठ है। अधिक स्पष्ट शब्दों में हम पुनर्वितरण द्वारा S बिन्दु से किसी अन्य बिन्दु तक पहुंच सकते हैं। जिस पर या तो C बिन्दु की तुलना में ये दोनों व्यक्तियों को प्राप्त होने वाली उपयोगिता अधिक हो या एक व्यक्ति का अधिक हो और दूसरे व्यक्ति का C बिन्दु पर प्राप्त उपयोगिता के बराबर हो इस प्रकार अर्थव्यवस्था का बिदु C से बिन्दु S तक का चलन काल्डोर हिक्स कसौटी के अनुसार सामाजिक कल्याण की दृष्टि से सुधार है।

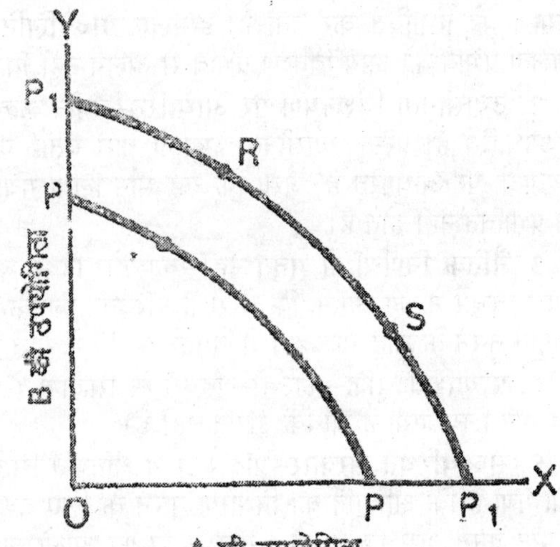

चित्र : 8

हिक्स की अनुकूलतम दशा
(Hicksian Optimality)

हिक्स का सिद्धांत काल्डोर सिद्धांत से सूक्ष्म रूप में ही अलग है, काल्डोर ने मुख्यतः लाभान्वित व्यक्तियों (Gainers) के दृष्टिकोण से तथा हिक्स ने हानिग्रस्त (Losers) के दृष्टिकोण से संभावित कल्याण में परिवर्तन की व्याख्या की। यही कारण है कि सामान्यतया उपर्युक्त दोनों मानदंडों को सम्मिलित रूप से काल्डोर हिक्स मानदंड के नाम से जाना जाता है।

हिक्स के अनुसार, समाज की A स्थिति B में अधिक अच्छी मानी जायेगी यदि A स्थिति में आने से जिन व्यक्तियों को हानि होने का भय हो वे सफलतापूर्वक घूस देकर लाभान्वित व्यक्तियों को B स्थिति में रोकने में सफल न हों। हिक्स के सिद्धान्त को स्पष्ट करने के लिए हम पुनः चित्र को लेते हैं। मान लीजिए प्रारम्भिक स्थिति C द्वारा प्रदर्शित की गई है। यदि C स्थिति से उपभोक्ताओं की स्थिति बदलकर D हो जाये तो उस दशा में A उपभोक्ता की स्थिति पहले से बुरी और B उपभोक्ता की स्थिति पहले से अच्छी हो जायेगी।

A उपभोक्ता B उपभोक्ता को कुछ धनराशि दे सकने का निर्णय ले सकता है और इसके बदले में वह D स्थिति में जाने का विरोध कर सकता है। ऐसी स्थिति में सामाजिक कल्याण में वृद्धि नहीं होगी।

काल्डोर दशा में यह मान लिया जाता है कि यह स्थिति संभव नहीं है अर्थात् लाभान्वित व्यक्तियों को हानि की स्थिति में आने वाले व्यक्ति क्षतिपूर्ति नहीं दे सकते हैं हिक्स ने इस दशा पर भी विचार किया है तथा इस कठिनाई के निराकरण के लिए वे मानकर चलते हैं कि हानि की स्थिति में आने वाले व्यक्ति, लाभान्वित व्यक्तियों को धनराशि प्रदान करने की स्थिति में नहीं हैं। यदि इसकी संभावना समाप्त हो जाये तो स्पष्टरूप से D पर विवर्तन अवश्य होगा, जिसके फलस्वरूप संपूर्ण समाज कल्याण में वृद्धि होगी।

काल्डोर-हिक्स की कल्याण कसौटी अर्थात् क्षतिपूर्ति सिद्धान्त की आलोचनाएं–बामोल, सैम्युल्सन और लिटिल आदि ने काल्डोर-हिक्स के दृष्टिकोण की निम्नलिखित आलोचनाएँ की हैं–

1. वितरण की अवहेलना–काल्डोर-हिक्स कसौट में उत्पादन तथा विनिमय से संबधित समस्याओं का अध्ययन वितरण से अलग किया गया है, परंतु वास्तव में उत्पादन कुशलता का अध्ययन वितरण की समस्या की अवहेलना करके नहीं किया जा सकता। केवल कुशलता की दृष्टि से आर्थिक कल्याण में कमी या वृद्धि को ठीक नहीं कहा जा सकता, इसका कारण यह है कि अर्थव्यवस्था के पुनर्संगठन के बाद की स्थिति की तुलना पुनर्संगठन के पहले की स्थिति से नहीं की जा सकती, क्योंकि प्रत्येक पुनर्संगठन से प्राप्त आय में कुछ पुनर्संगठन स्वयं विलीन हो जाते हैं जो कि आर्थिक कल्याण को प्रभावित कर देता है। इसलिए **प्रो० लिटिल** ने कहा है, ''स्वतंत्र उद्योग पर आधारित अर्थव्यवस्था में कुशलता प्रभाव को आय वितरण प्रभाव से अलग नहीं किया जा सकता, इसलिए क्षतिपूर्ति सिद्धान्त ठीक नहीं उतरता।''

2. उदासीनता विश्लेषण पर आधारित–नवीन कल्याणवादी अर्थशास्त्रियों का सिद्धान्त **उदासीनता वक्र विश्लेषण** पर आधारित है। परन्तु उदासीनता रेखाओं द्वारा बताई जाने वाली व्यक्तिगत अधिमानों की रेखा बहुत ही काल्पनिक मान्यताओं पर आधारित है, जैसा कि यह मान लिया गया है कि उपभोक्ताओं के अधिमान्य, मूल्य तथा अन्य परिवर्तनों द्वारा प्रभावित नहीं होते हैं।

3. नैतिक निर्णयों से मुक्त नहीं–काल्डोर हिक्स का मानदंड भी नैतिक निर्णयों से मुक्त नहीं है। प्रो० लिटिल और बामोल विचार ने यह कहना कि वे सभी परिवर्तन जिनके फलस्वरूप लाभ प्राप्त करने वाले व्यक्ति हानिग्रस्त व्यक्तियों की क्षतिपूर्ति करने के बाद भी पहले से श्रेष्ठतर स्थिति में रहते हैं, अच्छे और वांछनीय हैं स्वयं नैतिक निर्णय है।

4. प्रत्याशित वृद्धि–काल्डोर-हिक्स के सिद्धान्त में प्रत्याशित अथवा सामान्य वृद्धि को ही कल्याण की वास्तविक वृद्धि मान लिया गया है जो कि उचित नहीं है।

5. सुव्यवस्थित सरकार–प्रो० रैडर ने क्षतिपूर्ति सिद्धांत की आलोचना करते हुए कहा कि इस सिद्धांत में यह मान लिया गया है कि क्षतिपूर्ति का निर्धारण करने के लिए देश में सामान्य सुव्यवस्थित सरकार है। परंतु हर समय ऐसे शासन को प्राप्त करने असंभव है। प्रो० रैडर ने इसकी आलोचना यह की कि इस सिद्धांत में क्षतिपूर्ति की गणना करते समय शासकीय लागतों को ध्यान में नहीं रखा गया है।

6. नया सिद्धांत नहीं–हिक्स, काल्डोर, सिटोवस्की के किसी भी सिद्धांत को अवलोकित करने से इस निष्कर्ष पर पहुंचा जा सकता है कि ये सभी सिद्धांत क्षतिपूर्ति के पश्चात् पेरीटो अवस्था (Paretian optimality) में परिवर्तित हो जाते हैं। अत: ये सिद्धांत काल्डोर सिद्धांत से अलग नहीं माने जा सकते।

7. अंत:वैयक्तिक तुलना पर आधारित–काल्डोर और हिक्स का दृष्टिकोण अंत:वैयक्तिंक तुलना के उसी दोष पर आधारित है जिससे मार्शल और पीगू का मत दूषित था और जिसे दूर करने का दावा काल्डोर व हिक्स ने किया था। कारण यह कि इस सिद्धांत के अनुसार व्यक्तियों को मिलने वाले लाभों तथा उनसे होने वाली हानियों की गणना मुद्रा के माध्यम से की जाती है जो इस मान्यता पर आधारित है कि धनी और निर्धन दोनों के हाथों में मुद्रा की उपयोगिता समान रहती है।

8. बाह्य प्रभावों की उपेक्षा–यह सिद्धान्त बाह्य प्रभावों की उपेक्षा करता है क्योंकि यह मान लेता है कि एक व्यक्ति का कल्याण उसकी अपनी आर्थिक स्थिति पर ही निर्भर करता है और दूसरे व्यक्तियों की आर्थिक स्थितियों से अप्रभावित रहता है परंतु यह मान्यता उचित नहीं है क्योंकि एक व्यक्ति के कल्याण में वृद्धि दूसरे व्यक्तियों के कल्याण पर बुरे प्रभाव डाल सकता है। जबकि इन व्यक्तियों की आर्थिक स्थितियों में कोई भी परिवर्तन न हुआ हो।

9. नयी कल्याण कसौटी की अनुपस्थिति–काल्डोर-हिक्स कसौटी ने वास्तव में कोई नयी कल्याण कसौटी प्रस्तुत नहीं की है, बल्कि केवल धन में वृद्धि की परिभाषा दी है। काल्डोर के निम्न शब्दों से केवल धन में वृद्धि के विचार का ही आभास होता है, "जब धन का उत्पादन बढ़ता है तो एक ऐसा आय का वितरण मालूम किया जा सकता है जो कि कुछ व्यक्तियों की स्थिति में सुधार करता है बिना किसी अन्य को क्षति पहुँचाए।"

10. सिटोवस्की की आलोचना–सिटोवस्की ने यह सिद्ध करके दिखाया कि काल्डोर-हिक्स की कसौटी परस्पर विरोधी स्थितियां का निर्माण कर सकता है। इसके अनुसार काल्डोर-हिक्स के सिद्धान्त का अनुसरण किया जाए तो ऐसा निष्कर्ष मिल सकता है कि एक ही.स्थिति उत्तम भी हो और साथ ही खराब भी। इस आलोचना के विस्तृत विश्लेषण के लिए अगला शीर्षक सिटोवस्की की दोहरी कसौटी का अध्ययन कीजिए।

सिटोवस्की की दोहरी कसौटी
(The Scitovsky's Double Criterion)

प्रो० सिटोवस्की की आलोचना एवं काल्डोर-हिक्स सिद्धांत पर विचार–प्रो० सिटोवस्की ने यह सिद्ध करके दिखलाया है कि 'काल्डोर-हिक्स की कसौटी' परस्पर विरोधी स्थितियों का निर्माण कर सकती है। सिटोवस्की का मत है कि यह निर्णय करने के लिए किसी दिए हुए परिवर्तन के फलस्वरूप समाज का कल्याण बढ़ेगा या नहीं केवल यह मालूम करना यथेष्ट नहीं है कि यदि आय का पुनर्वितरण करना संभव हो सकता है तो आय के पुनर्वितरण के पश्चात नयी स्थिति में समाज में कुछ लोगों की स्थिति पहले से श्रेष्ठ हो जाएगी जबकि शेष अन्य लोगों की स्थिति पहले से खराब नहीं होगी। सिटोवस्की का कहना है कि हमें यह भी मालूम होना चाहिए कि परिवर्तन से पहले केवल आपके पुनर्वितरण द्वारा सामाजिक कल्याण को बढ़ाना संभव नहीं, क्योंकि यदि यह शर्त पूरी होगी तो निश्चित रूप से यह नहीं कहा जा सकता कि परिवर्तन द्वारा सामाजिक कल्याण में निःसंदेह वृद्धि होगी। सिटोवस्की के तर्कानुसार ऐसी स्थिति की संभावना भी हो सकती है, जिसमें न केवल वे लोग जो अर्थव्यवस्था के पुनर्संगठन से लाभान्वित होने वाले हैं, उन लोगों को जिन्हें पुनर्संगठन से हानि होती है, क्षतिपूर्ति करने को तैयार हैं बल्कि वे व्यक्ति भी जिनको पुनर्संगठन के कारण हानि होने की आशंका है उन लोगों को जिन्हें परिवर्तन से लाभ होता है परिवर्तन की मांग न करने के लिए घूस देने को तैयार हैं। ऐसी स्थिति में काल्डोर-हिक्स की कसौटी के आधार पर पुनर्संगठन को सामाजिक कल्याण में वृद्धि से वांछनीय कहना संभव नहीं है।

उदाहरण के लिए मान लीजिए, आर्थिक पुनर्संगठन या परिवर्तन जमींदारी प्रथा के उन्मूलन रूप में सरकारी नीति के माध्यम के समाज में क्रियाशील किया जाता है। चूंकि जमींदारी प्रथा के उन्मूलन के फलस्वरूप भूस्वामियों को हानि व काश्तकारों को लाभ होगा, इसलिए पुनर्संगठन के बाद काश्तकार जमीदारों को उनको हुई क्षति का मुआवजा दे सकते हैं। परंतु इस पुनर्संगठन के संबंध में जमींदार वर्ग भी, जिसे परिवर्तन द्वारा हानि होती है, काश्तकार वर्ग को घूस देने को तैयार हो सकता है ताकि काश्तकार सरकार पर दबाव डालें कि इस प्रकार का परिवर्तन न करे। काल्डोर-हिक्स कसौटी के अनुसार दोनों स्थितियों में सामाजिक कल्याण में वृद्धि होगी, परंतु एक स्थिति में आय के पुनर्वितरण के पूर्व-भू-स्वामित्व प्रणाली (Land Tenure System) में परिवर्तन होता है, जबकि दूसरी स्थिति में केवल काश्तकारों के पक्ष में आय का पुनर्वितरण होता है। इससे यह विरोधाभास पैदा होता है कि यदि हम प्रारम्भिक आय-वितरण पर विचार करते हैं तो हम इस निष्कर्ष पर पहुंचते हैं कि जमींदारी प्रथा का उन्मूलन व्यर्थ है। परंतु यदि हम भिन्न आय-वितरण पर विचार करते हैं तो ज़मींदारी प्रथा का उन्मूलन उचित मालूम होता है। यह विरोधाभास केवल उसी समय समाप्त होगा जब जमींदारी प्रथा का उन्मूलन के फलस्वरूप एक ऐसे काल्पनिक आदर्श समाज की स्थापना संभव हो सकती है जिसमें सभी लोग (अर्थात् जमींदार, काश्तकार व भूमिहीन श्रमिक) प्रारंभिक स्थिति की तुलना में श्रेष्ठ स्थिति में ही कर सकते हैं। परंतु व्यावहारिक जीवन में हम देखते हैं कि पुनर्संगठन के फलस्वरूप कुछ लोगों को लाभ होता है और कुछ लोगों को हानि। इसलिए किसी परिवर्तन या पुनर्संगठन को सामाजिक कल्याण में वृद्धि की दृष्टि से हितकर बताने से पूर्व दोहरी बताने से पूर्व दोहरी कसौटी की पूर्ति की जानी चाहिए। काल्डोर-हिक्स की कसौटी इसलिए त्रुटिपूर्ण है कि यह एक स्थिति में आय-वितरण के पश्चात् की स्थिति की तुलना दूसरी स्थिति में प्रारम्भिक आय-वितरण वाली स्थिति से करता है। सिटोवस्की का मत है कि विभिन्न आय-वितरणों से संबद्ध स्थितियों की तुलना करना असंगत होगा क्योंकि इन स्थितियों में व्यक्तिगत

उपयोगिताओं को भार देने की समस्या का सामना करना पड़ता है। इसलिए सिटोवस्की ने एक संशोधन करने का प्रस्ताव रखा। उनका कहना था कि हमको पहले यह देखना चाहिए कि क्या यह संभव है कि पुनर्संगठन के पश्चात् आय का पुनर्वितरण किया जा सकेगा, जिससे कि समाज का प्रत्येक आदमी पहले से अधिक अच्छी स्थिति में आ जाए। दूसरे, हमको यह भी देखना चाहिए कि क्या यह संभव है कि बिना पुनर्संगठन किए हुए आयों का इस प्रकार पुनर्वितरण किया जा सके कि नयी स्थिति में आकर प्रत्येक व्यक्ति अपने आपको पहले से अधिक अच्छी स्थिति में अनुभव करें।

सरल शब्दों में सिटोवस्की का यह कहना था कि हमको आयों के पुनर्वितरण की संभावना से पूर्व तथा उसके पश्चात् दोनों ही दशाओं में देखनी चाहिए। यदि पुनर्संगठन के पश्चात् किए गए आय के पुनर्वितरण के फलस्वरूप सभी व्यक्ति पुनर्संगठन के पूर्व से अच्छी स्थिति में आ जाते हैं तो यह कहा जा सकता है कि पुनर्संगठन से सामाजिक कल्याण में वृद्धि हुई है।

प्रो० सिटोवस्की ने हिक्स-काल्डोर के सिद्धांत की सफलता के लिए निम्नलिखित दो आवश्यक शर्तें बताई हैं–

(अ) आर्थिक संगठन में परिवर्तन तभी कल्याणकारी हो सकता है जब एक तो लाभ उठाने वाले हानि उठाने वालों की क्षतिपूर्ति करने में समर्थ हों, और (ब) दूसरे हानि उठाने की आशा रखने वाले लाभ उठाने की आशा वाले व्यक्तियों को घूस देकर परिवर्तन से विमुक्त न कर सकें।

रेखाचित्र 8 में यह प्रदर्शित किया गया है कि सिटोवस्की के अनुसार काल्डोर-हिक्स सामाजिक कल्याण कसौटी अर्थशास्त्री द्वारा यह घोषित करने के लिए कि कोई दिया हुआ परिवर्तन प्रारंभिक स्थिति की तुलना में श्रेष्ठ है अथवा नहीं, पर्याप्त नहीं है। काल्डोर-हिक्स कसौटी के अनुसार C बिन्दु से गतिमान होकर D बिन्दु को प्राप्त करना सामाजिक कल्याण की दृष्टि से वांछनीय है।

कारण यह है कि C बिन्दु PP_1 उपयोगिता संभावना वक्र (Utility Possibility Curve), जिस पर D बिन्दु स्थित है, के नीचे स्थित है। परंतु सिटोवस्की का मत है कि यह निष्कर्ष निकालने के पूर्व कि C से D की ओर परिवर्तन निश्चित रूप से समाज के कल्याण में वृद्धि का परिचायक है। हमें 'प्रतिवर्ती परीक्षण' करना चाहिए अर्थात् D को प्रारंभिक स्थिति मानकर यह देखना कि क्या D से C की ओर परिवर्तन को सुधार की स्थिति नहीं कहा जा सकता? सिटोवस्की के तर्कानुसार चूँकि C बिन्दु SS_1 उपयोगिता संभावना वक्र पर स्थिति है, इसलिए I, J अथवा H बिदुओं को, जो D बिन्दु के दाहिनी तथा ऊपर की ओर स्थित है, को प्राप्त करना संभव है। अतः यह भी कहना ठीक होगा कि C बिन्दु D बिन्दु की तुलना में बेहतर स्थिति का परिचायक है। इस संदिग्धता को दूर करने के उद्देश्य से सिटोवस्की ने निम्नलिखित दोहरी शर्तों वाले अधिक कठोर मापदंड के लागू करने का परामर्श किया है।

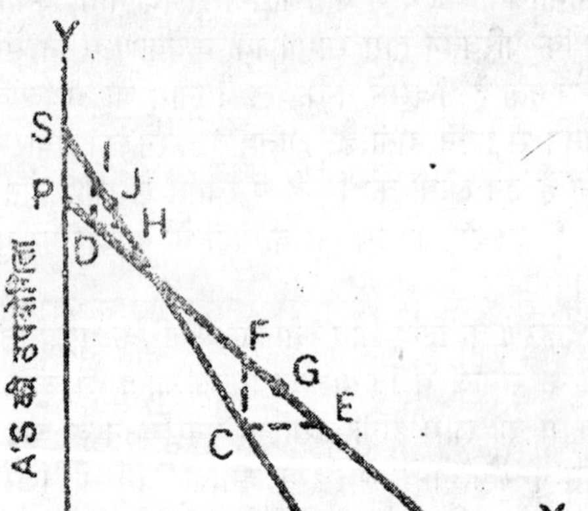

B वर्ग की उपयोगिता

चित्र : 9

(अ) सर्वप्रथम काल्डोर-हिक्स की कसौटी यह सत्यापन करने के लिए लागू कीजिए कि प्रारंभिक स्थिति से नयी स्थिति की गति सामाजिक कल्याण में वृद्धि की द्योतक है।

(ब) इसी कसौटी को यह सत्यापन करने के लिए भी लागू कीजिए कि नयी स्थिति से प्रारंभिक स्थिति की ओर प्रतिवर्ती गति सामाजिक कल्याण में सुधार को परिचायक नहीं है।

सिटोवस्की की दोहरी कसौटी उस मूल्य-निर्देशांक मापदंड (Price Index Criteria) के समान है जिसका उपयोग विभिन्न समय अवधियों के बीच कीमतों में परिवर्तन होने पर राष्ट्रीय आय की तुलना तथा मूल्यांकन करने में किया जाता है। यह सिद्ध करने के लिए कि समय-अवधि की तुलना में समय-अवधि-2 में वास्तविक आय में वृद्धि हुई है, केवल

यह सिद्ध करना पर्याप्त नहीं है कि $\Sigma p_1 q_1 > \Sigma p_1 q_1$ क्योंकि वस्तुओं के मूल्य व मात्रा में परिवर्तन हो सकता है।[1] वास्तविक राष्ट्रीय आय में केवल उसी समय वृद्धि मानी जाएगी जब दोहरे मापदंड की पूर्ति होगी। अर्थात्

$\Sigma p_1 q_2 > \Sigma p_2 q_1$ तथा $\Sigma p_2 q_2 > \Sigma p_2 q_1$

वास्तविक राष्ट्रीय आय में वृद्धि के दोहरे मापदंड की पूर्ति होने से सामाजिक कल्याण भी बढ़ जाएगा। यह इस मान्यता पर आधारित है कि सामाजिक कल्याण समाज के आय के वितरण में परिवर्तनों द्वारा प्रभावित नहीं होता है।

आलोचना–(i) सिटोवस्की की दोहरी कसौटी भी पर्याप्त नहीं है, क्योंकि इसका उपयोग केवल उस स्थिति में विरोधाभास दूर कर सकता है जबकि केवल दो स्थितियों के बीच तुलना की जाती है। परंतु जबकि दो से अधिक स्थितियों में से किसी एक का चुनाव और मूल्यांकन करना हो तो इसका उपयोग नहीं किया जा सकता है।

(ii) सिटोवस्की का मापदंड वास्तविक कल्याण की अवधारणा पर आधारित न होकर संभाव्य कल्याण अपेक्षाकृत अधिक महत्त्वपूर्ण है।

(iii) सिटोवस्की का मापदंड 'क्षतिपूर्ति कर सकते हैं' तथा 'घूस नहीं दे सकते' (can not bribe) पर आधारित है, वास्तविक क्षतिपूर्ति तथा वास्तविक घूस पर नहीं। अत: यह मापदंड भी व्यावहारिक नहीं है।

(iv) चूँकि सिटोवस्की का मापदंड काल्डोर-हिक्स के मापदंड पर आधारित हैं, अत: काल्डोर-हिक्स मापदंड की आलोचनाएं इस पर लागू होती है।

पेरीटो, काल्डोर व सिटोवस्की का तुलनात्मक अध्ययन–अब हम इस स्थिति में पहुंच गये हैं कि पेरीटो, काल्डोर व सिटोवस्की की द्वारा प्रस्तुत कल्याणवादी अर्थशास्त्र की उपयोगिता सम्भावना वक्र के आधार पर तुलनात्मक समीक्षा कर सकें।

पूर्व की भांति हम यह मान लेते हैं कि समाज में दो ही व्यक्ति A और B हैं, जिनके आर्थिक कल्याण को तो अधिकतम किया जाना है। चित्र 10 में A और B के संदर्भ में दो उत्पादन संभावना वक्र CD व EF प्रस्तुत किये गये हैं जो केवल ऐसे विभिन्न उपयोगिता स्तरों को प्रदर्शित करते हैं, जिन्हें आय के पुनर्वितरण द्वारा प्राप्त किया जा सकता है।

यदि हम वस्तुओं के उस संयोग से प्रारंभ करें जो उपयोगिता संभावना वक्र के P बिन्दु से संबद्ध है, तो पेरीटो द्वारा प्रस्तुत अनुकूलतम शर्तों के अनुसार किसी भी नीति द्वारा आर्थिक कल्याण में वृद्धि उस समय मानी जायेगी जबकि P से हटकर QR पर S पर समाज को लाया जाये क्योंकि इन बिन्दुओं पर A अथवा B दोनों की प्राप्त कुल उपयोगिता अधिक है।

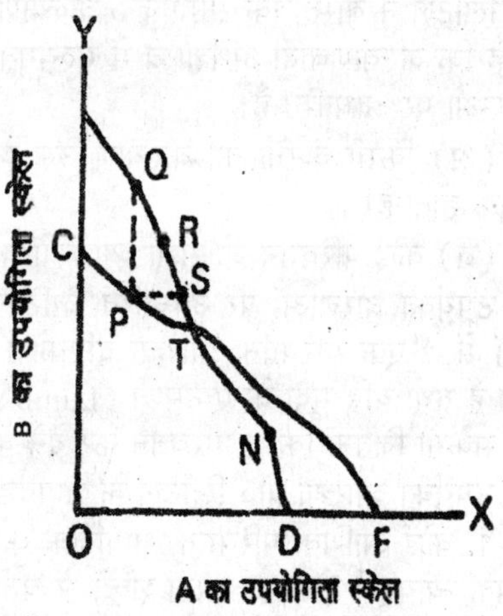

चित्र : 10

परंतु यदि हम साम्य स्थिति को P से बदलकर T पर लाना चाहें तो इससे A व्यक्ति को पहले की अपेक्षा अधिक उपयोगिता प्राप्त होगी परन्तु B व्यक्ति को प्राप्त होने वाली उपयोगिता में कमी आयेगी। अत: P से हटकर T बिन्दु से हटकर T बिन्दु पर चलन को पेरीटो के मानदंड के अनुसार मूल्यांकित नहीं किया जा सकता।

P से हटकर T पर साम्य स्थिति स्थापित करने पर क्या प्रभाव होंगे, इसका मूल्यांकन काल्डोर कसौटी से निम्न प्रकार किया जायेगा–

(i) B से यह पूछा जाये कि वह नई स्थिति को रोकने हेतु कितनी क्षतिपूर्ति देने को तत्पर है।

(ii) और A से यह पूछा जाये कि वह अपनी श्रेष्ठतर स्थिति के लिए B को कितनी क्षतिपूर्ति देना चाहता है।

(iii) यदि (i) की तुलना में (ii) की राशि अधिक है तो पुनर्वितरण से कुल आर्थिक कल्याण में वृद्धि होगी,

1. जहाँ p_1 व p_2 समय-अवधि 1 व 2 में क्रमश: वस्तुओं का मूल्य है एवं q_1 व q_2 क्रमश: समय-अवधि 1 व 2 में उपलब्ध वस्तुओं व सेवाओं की मात्राएँ हैं।

क्योंकि B को उसकी क्षति का मुआवजा चुकाने के बाद भी एक अंतिम स्थिति पूर्व की अपेक्षा अर्थात् P की तुलना में श्रेष्ठतर होगी।

काल्डोर द्वारा प्रस्तुत शर्त के अनुसार आर्थिक कल्याण में वृद्धि की एक पर्याप्त कसौटी यह है कि वस्तुओं मूल्य संयोग की तुलना में अंतिम सहयोग से प्राप्त उपयोगिता स्केल दोनों उपयोगिता स्केल दोनों उपभोक्ताओं के उपयोगिता संभावना वक्र पर नीचे की ओर स्थित हो। चित्र में P से N पर जाने पर काल्डोर की शर्त पूरी होती है।

इसके विपरीत N पर पहुँचने के बाद यदि हम P पर पुन: आना चाहें तो प्रस्तावित परिवर्तन के लिए N प्रारम्भिक हो जायेगा। परंतु N से P वाला परिवर्तन भी काल्डोर की शर्त के अनुरूप है, क्योंकि P की तुलना में N उपयोगिता संभावना वक्र के नीचे की ओर स्थित है। इस प्रकार पुनर्वितरण या स्थिति परिवर्तन के फलस्वरूप आर्थिक कल्याण में वृद्धि होती है। इसके साथ ही N से पुन: P पर जाने से भी आर्थिक कल्याण में वृद्धि होगी।

सिटोवस्की की दोहरी शर्त के अनुसार (i) यदि प्रारम्भिक स्थिति (P) से नई साम्य शर्त N के आने पर यदि आर्थिक कल्याण में वृद्धि हो तो काल्डोर की शर्त के अनुरूप है, परंतु (ii) N से P पर लौटने पर ऐसा नहीं होता। परंतु व्यावहारिक जीवन में यदा-कदा ही यह दोहरी शर्त पूरी हो पाती है।

3. लिटिल की कसौटी

(Little's Criterion)

प्रो० लिटिल ने काल्डोर और हिक्स के क्षतिपूर्ति सिद्धांत की आलोचना इस आधार पर की है कि उनका सिद्धांत संभाव्य कल्याण में परिवर्तन की व्याख्या करता है, वास्तविक कल्याण में परिवर्तन की व्याख्या नहीं करता। अत: प्रो० लिटिल ने वास्तविक सामाजिक कल्याण में परिवर्तन को मापने का अपना मापदंड प्रस्तुत किया है। प्रो० लिटिल का मत है कि कल्याणवादी अर्थशास्त्र में मूल्यगत या नैतिक निर्णय आवश्यक होते हैं, अत: उसकी कसौटी निम्न दो मूल्यगत धारणाओं पर आधारित है।

(अ) किसी व्यक्ति का कल्याण उस व्यक्ति विशेष द्वारा चयन की गई स्थिति में अन्य सभी स्थितियों की अपेक्षा अधिक होता है।

(ब) कोई परिवर्तन जो सभी व्यक्तियों को पहले की अपेक्षा श्रेष्ठ बनाता है सामाजिक कल्याण में वृद्धि करता है।

उपर्युक्त धारणाओं पर आधारित लिटिल की कसौटी को निम्न प्रकार व्यक्त किया जा सकता है। **प्रो० लिटिल** के शब्दों में, ''एक परिवर्तन आर्थिक दृष्टिकोण से वांछनीय है यदि इसके परिणामस्वरूप कल्याण का वितरण अच्छा हो जाता है तथा यदि मुद्रा के एकमुश्त (Lump-sum) हस्तांतरण द्वारा पुनर्वितरण की नीति प्रत्येक व्यक्ति को उतना श्रेष्ठ नहीं बना सकेगी जितना कि वे परिवर्तन कर देने के पश्चात् होंगे।''

उपर्युक्त व्याख्या प्रो० लिटिल के मापदंड की निम्नलिखित विशेषताओं का आभास होता है–

1. कोई आर्थिक परिवर्तन सामाजिक कल्याण में वृद्धि तब करता है, जबकि परिवर्तित स्थिति में वितरण अपेक्षाकृत अधिक न्यायपूर्ण होता है। सरल शब्दों में वर्तमान स्थिति से नवीन स्थिति को परिवर्तन सामाजिक कल्याण में वृद्धि करता है यदि उसके फलस्वरूप वितरण में सुधार होता है।

2. आर्थिक परिवर्तन के कारण मसाज के एक वर्ग को होने वाला लाभ दूसरे वर्ग की संभावित हानि से अधिक होना चाहिए।

3. **प्रो० सेन** ने लिटिल की कसौटी के तीन प्रमुख लक्ष्य बताये हैं–(i) पेरीटो के समान ही लिटिल ने भी सामाजिक कल्याण को **समाज के व्यक्तिगत सदस्यों** के कल्याण पेर आधारित किया है। (ii) पेरीटो के समान ही लिटिल भी स्वीकार करते हैं कि यदि किसी परिवर्तन से एक व्यक्ति के कल्याण में वृद्धि होती है तथा दूसरे व्यक्ति के कल्याण में कोई कमी नहीं होती है तो सामाजिक कल्याण पहले की अपेक्षा अधिक हो जाता है। (iii) प्रो० लिटिल किसी गैर पेरीटो (Non-Paretion) चुनाव करने पर सामाजिक कल्याण में परिवर्तन का कोई ठीक-ठीक निर्णय प्रस्तुत करते किन्तु इस प्रकार का निर्णय सक्रिय होना चाहिए।

लिटिल की कसौटी को उपयोगिता संभावना वक्र द्वारा भी स्पष्ट किया जा सकता है। चित्र-11 में PP और P_1P_1 दो उपयोगिता संभावना वक्र है।

माना कि कोई आर्थिक परिवर्तन समाज को S_1 से S_2 बिन्दु पर ले जाता है। S_1 और S_2 व्यक्तियों के कल्याण की दो विभिन्न स्थितियों को प्रदर्शित करते हैं।

लिटिल की कसौटी के अनुसार S_1 से S_2 को परिवर्तन के दृष्टिकोण से भी परखना आवश्यक है, इसलिए प्रो0 लिटिल PP उपयोगिता संभावना वक्र जो S_1 से होकर गुजरता है, पर Q बिन्दु की कल्पना करते हैं जो वितरण की दृष्टिकोण से S_1 की अपेक्षा श्रेष्ठ है। Q तथा S_1 बिन्दु एक ही उपयोगिता संभावना वक्र PP पर स्थित है। अत: वे वस्तुओं और सेवाओं के एक निश्चित संयोग के ही भिन्न वितरण को प्रदर्शित करते हैं। लिटिल की मान्यता के अनुसार Q बिन्दु पर S_1 बिन्दु की अपेक्षा पुनर्वितरण सुधरा हुआ है। अन्य शब्दों में Q बिन्दु पर दोनों व्यक्तियों में वस्तु तथा सेवा की एक निश्चित मात्रा का पुनर्वितरण बिन्दु S_1 पर वितरण की अपेक्षा श्रेष्ठ है। अत: S_1 से Q का परिवर्तन सामाजिक कल्याण में वृद्धि करता है।

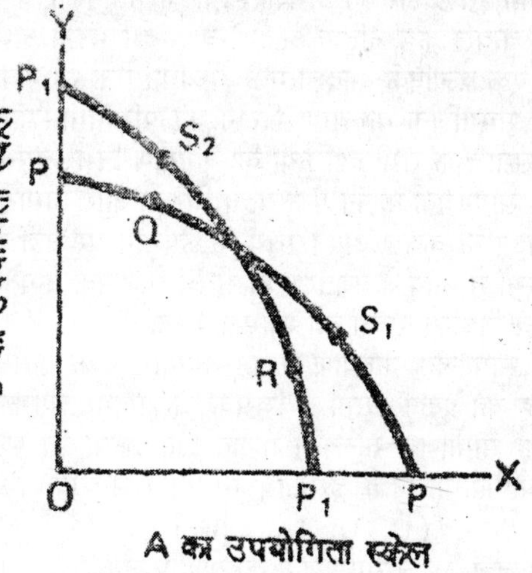

चित्र : 11

इसी प्रकार Q बिन्दु से S_2 बिन्दु का परिवर्तन पेरीटो के मानदंड के अनुसार सुधार है, जिसके परिणामस्वरूप S_1 से S_2 को परिवर्तन निश्चित रूप से एक सुधार है। चूंकि S_2 स्थिति S_1 की अपेक्षा की श्रेष्ठ वितरण प्रदर्शित करती है और साथ ही S_2 को परिवर्तन से क्षतिग्रस्त व्यक्ति लाभान्वित व्यक्तियों को लाभप्रद रूप से परिवर्तन का विरोध करने के लिए घूस देने में असमर्थ है।

लिटिल की कसौटी की आलोचनाएं–

1. अस्पष्ट मान्यताएं–लिटिल द्वारा व्यक्ति सुधरा हुआ पुनर्वितरण अस्पष्ट मान्यताओं पर आधारित है। लिटिल ने S_1 से Q बिन्दु को परिवर्तन वितरण के दृष्टिकोण से न्यायपूर्ण बताया, किंतु इसे उसी समय स्वीकार किया जा सकता है, जबकि यह A और B व्यक्ति की रुचियों के अनुरूप हों। ऐसा न होने पर Q बिन्दु पर वास्तविक कल्याण का स्तर S_1 की अपेक्षा कम हो जायेगा।

2. स्पष्ट निर्णय की कमी–लिटिल की कसौटी से भी सामाजिक कल्याण में परिवर्तन के विषय में कोई स्पष्ट निर्णय नहीं लिया जा सकता है।

इस प्रकार क्षतिपूर्ति सिद्धांत, जो सामाजिक कल्याण में संभाव्य परिवर्तन पर आधारित था, कल्याण में परिवर्तन की व्याख्या करने में असफल रहा। डॉ० लिटिल ने इसी कमी को दूर करने के लिए सामाजिक कल्याण में वास्तविक परिवर्तन पर आधारित अपनी कसौटी प्रतिपादित की किंतु यह भी सामाजिक कल्याण में परिवर्तन की व्याख्या करने में असफल सिद्ध हुई।

4. सामाजिक कल्याण फलन
(The Social Welfare Function)

नवीन कल्याणवादी अर्थशास्त्र की प्रमुख आलोचमा यह रही है कि इससे आय के वितरण के प्रभाव पर ध्यान नहीं दिया गया, क्योंकि इसके कारण नैतिक निर्णय की बात आती। अत: बर्गसन, सैम्युल्सन, लिटिल तथा ऐरी ने सामाजिक कल्याण के विचार को प्रस्तुत किया जो कि सामाजिक फलन के नाम से प्रसिद्ध है। सामान्यतया आर्थिक परिवर्तन कुछ व्यक्तियों की स्थिति में सुधार करते हैं और कुछ की स्थिति को खराब कर देते हैं अत: इन अर्थशास्त्रियों के अनुसार सामाजिक कल्याण में परिवर्तनों को जानने के लिए उपयोगिता की अन्त:वैयक्तिक तुलनाएं (Inter personal Comparisons of utility) जरूरी है, और अंत:वैयक्तिक तुलनाएं कुछ नैतिक निर्णयों या नैतिक मान्यताओं (Value judgements of ethical assumptions) के संदर्भ में ही की जा सकती है। इस प्रकार, इन अर्थशास्त्रियों के अनुसार कल्याण विश्लेषण (Welfare analysis) के नैतिक निर्णयों को स्पष्ट रूप से प्रवेश (explicitly introduce) करना

पड़ेगा। इस प्रकार इन अर्थशास्त्रियों के मतानुसार कल्याणवादी अर्थशास्त्र आवश्यक रूप से एक आदर्शात्मक अध्ययन है और केवल कुछ नैतिक आदर्शों के संदर्भ में ही अर्थशास्त्री अर्थपूर्ण कल्याण-दशाओं को प्रस्तुत कर सकते हैं और तभी यह एक वैज्ञानिक आदर्शात्मक अध्ययन बना रह सकता है।

सामाजिक कल्याण फलन की परिभाषा–सामाजिक कल्याण फलन उन सब तत्त्वों को या चरों को बताता है, जिन पर समाज के सभी व्यक्तियों का कल्याण निर्भर करता है।

सामाजिक फलन एक बहुत विस्तृत और सामान्यीकृत विचार इस अर्थ में है कि प्रत्येक व्यक्ति का कल्याण वस्तु और सेवाओं के केवल अपने स्वयं के उपभोग पर नहीं बल्कि अन्य व्यक्यितों के उपभोग पर भी निर्भर करता है, समाज के सदस्यों में आय के वितरण के संबंध में उसके अपने दृष्टिकोण पर निर्भर करता है और यह व्यक्तियों के कल्याण के अन्य संभव निर्धारक तत्त्वों को शामिल करता है।

सामाजिक कल्याण फलन उपयोगिता के क्रमवाचक विचार का प्रयोग करता है। यह स्पष्ट नैतिक निर्णयों के एक समूह को प्रदान करता है जिसके आधार पर व्यक्तियों की उपयोगिताओं अर्थात् कल्याणों का योग किया जा सकता है, ताकि सामाजिक कल्याण फलन प्राप्त किया जा सके। इस प्रकार सामाजिक कल्याण फलन एक प्रकार का सामूहिक उपयोगिता फलन है। इसको निम्न प्रकार से व्यक्त किया जा सकता है–

$W = f(U_1, U_2, U_3......U_2)$

जहाँ, W = सामाजिक कल्याण फलन

f फलन

U_1, U_2, U_3 आदि = समाज में व्यक्तियों के 'उपयोगिता फलनो' या चुनाव-सूचकों को बताते हैं।

अब हम सामाजिक कल्याण फलन को संक्षेप में निम्न प्रकार से दो भागों में परिभाषित कर सकते हैं–

(अ) "सामाजिक कल्याण फलन प्रत्येक व्यक्ति के कल्याण का फलन समझा जाता है जो कि प्रत्येक व्यक्ति के कल्याण पर निर्भर करता है न केवल अपने स्वयं के कल्याण पर। साथ ही उसकी दृष्टि में समाज में के सभी सदस्यों के कल्याण के वितरण पर भी निर्भर करता है।

(ब) "सामाजिक कल्याण फलन का रूप नैतिक निर्णयों पर निर्भर करता है जो कि सामान्तया अर्थशास्त्र के बाहर से दिए जाते हैं और जिनके आधार पर आर्थिक नीतियों की सामाजिक वांछनीयता का मूल्यांकन किया जाता है।"

चूंकि सामाजिक कल्याण के संबंध में नैतिक निर्णयों द्वारा ही सामाजिक कल्याण के स्तर में परिवर्तन मालूम किया जाता है। अतः हम यह स्पष्ट करने का प्रयत्न करेंगे कि ऐसे नैतिक निर्णय कौन ले? वस्तुतः नैतिक निर्णय लेने वाला व्यक्ति ऐसा होना चाहिए जो सामाजिक कल्याण को सर्वोपरि महत्त्व देते हुए निष्पक्ष रूप से निर्णय ले। बर्गसन और सैम्युलसन ने इस संदर्भ में एक **महात्मा** की कल्पना की है जो समाज के कल्याण में परिवर्तन के संबंध में कोई नैतिक निर्णय लेता है। वह महात्मा ही सामाजिक कल्याण में वृद्धि के लिए निर्णय लेता है कि (अ) समाज में कितने वस्तुओं का उत्पादन हो, (ब) उत्पादन किस प्रकार किया जाए, (स) कितना उत्पादन किया जाए, तथा (द) समाज में आय और संपत्ति का वितरण किस प्रकार होना चाहिए आदि। महात्मा के इन सभी निर्णयों को समाज के सभी व्यक्तियों को स्वीकार करना होगा क्योंकि स्वयं समाज ने ही महात्मा को निर्णय लेने का अधिकार यह सोचकर दिया है कि वह सामाजिक कल्याण को सर्वोपरि रखकर निर्णय लेगा। इस प्रकार एक महात्मा की कल्पना द्वारा हम उपयोगिता की अंतर्वैयक्तिक तुलना, उपयोगिता के मापने, जोड़ने तथा घटाने आदि की समस्याओं से मुक्ति पा जाते हैं।

बर्गसन और **सैम्युल्सन** ने जिस महात्मा की कल्पना की है उसके सभी नैतिक अथवा मूल्यगत निर्णय परस्पर संगत होने चाहिए। नैतिक निर्णय के परस्पर संगत होने से तात्पर्य यह है कि किसी दी हुई परिस्थिति में यदि वह X को Y की तुलना में अधिक पसंद करता है और Y को Z की अपेक्षा अधिक अधिमान देता है तो उसे X को Z से भी अधिक अधिमान देना चाहिए।

सामाजिक कल्याण फलन की विशेषताएँ–उपर्युक्त विवेचन से सामाजिक कल्याण फलन की निम्नलिखित विशेषताओं का आभास होता है–

(i) यह व्यक्ति के कल्याण को प्रभावित करने वाले तत्त्वों के संयोगों की **क्रमवाचक व्यवस्था** पर आधारित है अर्थात् यह उपयोगिता के क्रमवाचक विचार का उपयोग करता है।

(ii) सामाजिक कल्याण फलन **नैतिक निर्णयों** को स्पष्ट रूप से सम्मिलित करता है और यह उपयोगिता की अंत:वैयक्तिक तुलनाओं की आज्ञा देता है।

(iii) यह स्वभाव में **अत्यधिक सामान्य** इस अर्थ में है कि प्रत्येक व्यक्ति का कल्याण निर्भर करता है न केवल प्रत्येक व्यक्ति की आय और धन पर बल्कि समाज के अन्य सदस्यों के कल्याण व धन के वितरण पर।

(iv) सामाजिक कल्याण फलन उन सब तत्त्वों या चरों को बताता है जिन पर कि समाज के सभी व्यक्तियों का कल्याण निर्भर करता है।

(v) नैतिक या मूल्यगत निर्णयों के आधार पर एक बार सामाजिक कल्याण फलन के निर्धारित हो जाने के पश्चात् अनुकूलतम कल्याण के स्तर को प्राप्त करने के लिए कीमत सिद्धान्त द्वारा साधनों का आबंटन विभिन्न क्षेत्रों में किया जा सकता है और वस्तुओं के उत्पादन को उपभोक्ताओं में न्यायपूर्वक वितरित किया जा सकता है ताकि सामाजिक कल्याण अधिकतम हो सके।

सामाजिक कल्याण फलन को सामाजिक उदासीनता वक्रों के समूह द्वारा दर्शाया जा सकता है। हम यह मान लेते हैं कि एक सरल अर्थव्यवस्था में A और B दो ही व्यक्ति हैं। चित्र 12 में A और B व्यक्तियों की उपयोगिता को क्रमशः X अक्ष और Y अक्ष में प्रदर्शित किया गया है। चित्र में SW_1, SW_2, SW_3 आदि सामाजिक उदासीनता वक्र है। ये प्रत्येक वक्र व्यक्ति A और B की उपयोगिताओं के विभिन्न संयोगों को व्यक्त करते हैं जो सामाजिक कल्याण के एक समान स्तर को उत्पन्न करते हैं। प्रत्येक दायीं ओर वाला सामाजिक उदासीनता वक्र अधिक सामाजिक कल्याण का सूचक होता है। यदि कोई नीति परिवर्तन जो अर्थव्यवस्था को C बिदु से F बिन्दु पर ले जाती है सामाजिक कल्याण स्तर में वृद्धि करेगी। इसके विपरीत यदि कोई नीति परिवर्तन अर्थव्यवस्था को E बिन्दु से C बिन्दु पर ले जाती है तो सामाजिक कल्याण में कमी होगी। हां, यदि कोई नीति परिवर्तन अर्थव्यवस्था को C बिन्दु से D बिन्दु पर पहुँचाता है तो सामाजिक कल्याण का स्तर यथास्थिर रहेगा।

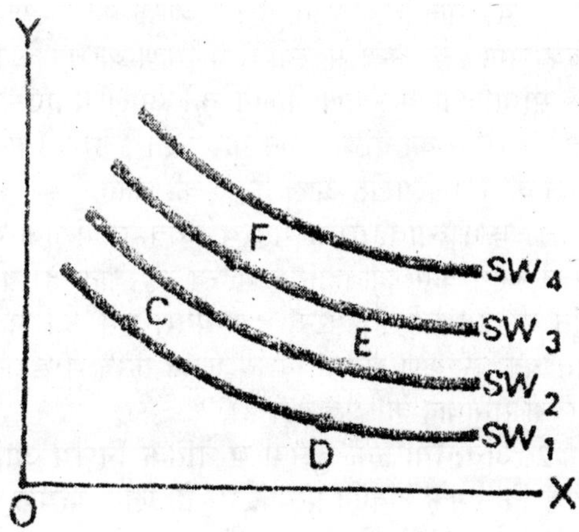

चित्र : 12

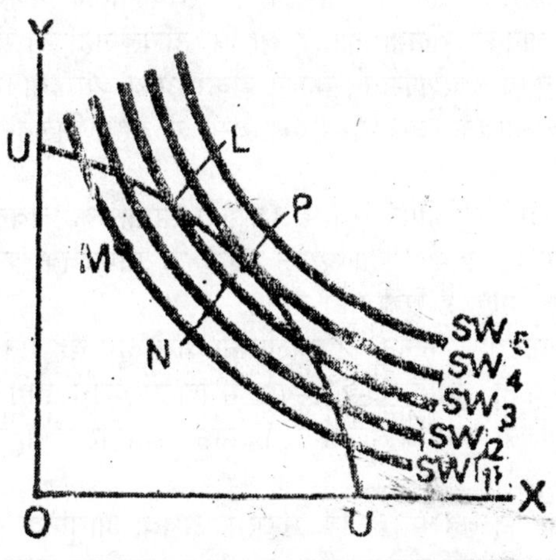

चित्र : 13

सर्वोत्तम प्राप्य कल्याण बिन्दु अथवा सर्वोत्तम अनुकूलतम बिन्दु–सामाजिक कल्याण फलन की सहायता से हम अधिकतम सामाजिक कल्याण अथवा सर्वोत्तम प्राप्त कल्याण बिन्दु प्राप्त कर सकते हैं। चित्र में UU उपयोगिता सीमा रेखा है जो दो व्यक्तियों के उन उपयोगिता संयोगों को व्यक्त करता है जो कि भौतिक रूप से उपलब्ध किये जा सकते हैं। चित्र 13 में SW_1, SW_2 व SW_3 आदि सामाजिक कल्याण अथवा सामाजिक उदासीनता वक्र है। सामाजिक उदासीनता वक्र जितना ही अधिक ऊँचा होगा सामाजिक कल्याण का स्तर उतना ही अधिक होगा। चित्र में P बिन्दु अधिकतम सामाजिक कल्याण प्राप्त बिन्दु है यहां पर सामाजिक कल्याण या उदासीनता वक्र (SW_4) उपयोगिता रेखा (UU) की स्पर्शी रेखा बन जाती है। इस विशेष बिन्दु P को प्रतिबंधित अधिकतम संतोष (Constrained Bliss) का बिन्दु कहा जाता है, क्योंकि यह संसाधनों की मात्रा तथा टेक्नालॉजी स्तर के प्रतिबंध दिये होने पर अधिकतम संतुष्टि (Bliss) की प्राप्ति को प्रदर्शित करता है। समाज को P बिन्दु

अथवा SO_4 वक्र के ऊपर के वक्रों पर जैसे कि SW_5 से अधिक कल्याण प्राप्त होगा, परंतु भौतिक साधनों की उपलब्धि तथा तकनीकी स्तर के प्रतिबंध दिए होने पर उनकी प्राप्ति संभव नहीं है।

उपर्युक्त विश्लेषण से स्पष्ट है कि (अ) सामाजिक कल्याण फलन की सहायता से उपयोगिता सीमा वक्र पर स्थित असंख्य पेरीटो अनुकूलतम बिन्दुओं से हम केवल एक विशेष संतुलन बिन्दु प्राप्त करते हैं जिस पर समाज का कल्याण अधिकतम होता है। (ब) यह विशेष बिन्दु वह है जिस पर सामाजिक कल्याण रेखा उपयोगिता सीमा रेखा की स्पर्शी रेखा बन जाती है। (स) इस विशेष बिन्दु को प्रतिबंधित अधिकतम संतोष बिन्दु कहते हैं।

सामाजिक कल्याण फलन की मान्यताएं–यह उपयोगिता के क्रमवाचक विचार को मानता है।

2. यह नैतिक निर्णयों को सम्मिलित करता है और उपयोगिता की अंत:वैयक्तिक तुलनाओं की आज्ञा देता है।

3. यह मान लेता है कि बाह्य मितव्ययिताओं और अमितव्ययिताओं के प्रभाव विद्यमान होते हैं।

4. यह मान लिया जाता है कि व्यक्ति का कल्याण न केवल व्यक्ति की स्वयं की आय और धन पर निर्भर करता है, बल्कि समाज के अन्य सदस्यों में कल्याण या धन के वितरण पर भी निर्भर करता है।

सामाजिक कल्याण फलन की आलोचनाएँ–प्रो० बामोल के अनुसार, ''सामाजिक कल्याण फलन एक अत्यंत उपयोगी संदर्भ का ढांचा प्रदान करता है।'' उसको एक महान् सैद्धान्तिक तरीका कहा जाता है। परंतु सामाजिक कल्याण फलन की निम्नलिखित आलोचनाएं की जाती हैं–

1. कम व्यावहारिक महत्त्व–व्यवहार में एक सामाजिक कल्याण फलन को बनाना बहुत कठिन है और इसलिए इसका बहुत कम व्यावहारिक महत्त्व रह जाता है। **प्रो० बामोल** के शब्दों में, ''बर्गसन की कसौटी यद्यपि हमारे लिए बहुत ही उपयोगी है, परन्तु दुर्भाग्यवश हमें उन साधनों, तरीकों और आदेशों का ज्ञान नहीं कराती, जो इसके लिए आवश्यक कल्याण संबंधी निर्णय एकत्र करने में सहायक हो। इस प्रकार यह हमें अब भी कार्य के कठिन भाग के संबंध में बिना समाधान के छोड़ देती है।''

2. अंत:वैयक्तिक तुलना व नैतिक निर्णय आदि दोषों से दूषित–सामाजिक कल्याण फलन का सबसे बड़ा दोष यह है कि इसके अंतर्गत प्रत्येक चर के लिए, प्रत्येक व्यक्ति के अधिमान के संबंध में समान भार देते हैं तो हमें यह कार्य स्वयं अपने मूल्यांकनों या मापदंडों के अनुसार करना होगा, क्योंकि भारों का कोई वस्तुगत मापदंड नहीं है। ऐसी स्थिति में इसे उपयोगिता की अंत:वैयक्तिक तुलना का अथवा अन्य किसी मापदंड का जो भावात्मक होगा, सहारा लेना पड़ेगा। इसके कारण यह सिद्धांत भी अंत:वैयक्तिक तुलना तथा नैतिक निर्णय आदि दोषों से दूषित हो जाता है।

3. नैतिक निर्णय लेने संबंधी दोष–इन अर्थशास्त्रियों का कहना है कि अर्थशास्त्रियों को स्वयं नैतिक निर्णय लेने चाहिए। व्यक्ति, सरकार या राजनीतिज्ञों द्वारा दिए गए निर्णयों को मानकर चलना चाहिए जो कि उचित नहीं है। राबिन्स का वास्तविक अर्थशास्त्र भी यह कहता है कि नैतिक निर्णयों का कार्य अर्थशास्त्रियों का न होकर अन्य व्यक्तियों, जैसे–सरकार आदि का है। इस दृष्टि से सामाजिक कल्याण फलन और वास्तविक अर्थशास्त्र एक-दूसरे से बहुत मिलते-जुलते हैं।

4. अत्यधिक औपचारिक–सामाजिक कल्याण फलन बहुत अधिक औपचारिक है जिसका सामाजिक जीवन और चयन के महत्त्वपूर्ण तथ्यों से बहुत कम संबंध है। **पाल स्ट्रीटेन** के शब्दों में, ''आवश्यक प्रकार के सामाजिक कल्याण फलन के मॉडल में कोई राजनीतिक कार्यक्रम अथवा व्यक्तिगत मूल्य मापदंड सही नहीं होगा।''

5. डॉ० लिटिल की आलोचना–डॉ० लिटिल ने सामाजिक कल्याण फलन की आलोचना करते हुए यह मत व्यक्त किया है कि यह फलन प्रजातांत्रिक राज्य में लागू नहीं किया जा सकता, क्योंकि ऐसी स्थिति में जितने व्यक्ति होंगे उतनी ही संख्या में सामाजिक कल्याण फलन भी होंगे। इस प्रकार यह पूर्णतया सामान्य फलन है, जिसका व्यवहार में बहुत कम महत्त्व है?

6. जे० के० मेहता की आलोचना : प्रो० जे० के० मेहता का यह मत है कि महात्मा अथवा आधुनिक युग में प्रतिनिधि सरकारों को निष्पक्ष रूप में नैतिक निर्णय देना चाहिए परंतु निष्पक्ष होने के लिए संस्था का व्यक्तिगत स्वार्थ का अभाव होना आवश्यक है। व्यक्तिगत स्वार्थ का अभाव आवश्यकता विहीनता की दशा में ही संभव है। वास्तविक जीवन में आवश्यकता विहीनता असंभव है अत: निष्पक्षता भी असंभव है। फलत: निष्पक्ष नैतिक निर्णय भी संभव नहीं है। अत: कोई सामाजिक कल्याण फलन कल्याण के परिवर्तन के संबंध में पूर्णतया सत्य निर्णय नहीं दे पाता।

7. बहुमत द्वारा सामाजिक कल्याण फलन की गणना–यह भी कहा जा सकता है कि यहां पर **बहुमत द्वारा सामाजिक कल्याण** फलन की गणना की जा सकती है, परंतु जब हम इस बात पर ध्यान देते हैं कि सामाजिक कल्याण फलन का संबंध समाज में रहने वाले समस्त व्यक्तियों के लिए है न कि बहुसंख्यक लोगों के लिए, तो बहुमत द्वारा निर्धारित किया हुआ सामाजिक अधिमान क्रम उसी प्रकार से अर्थहीन होता है, जिस प्रकार से अल्पसंख्यकों द्वारा निर्धारित किया हुआ सामाजिक अधिमान क्रम।

8. समानता का अभाव–पहले ही स्पष्ट किया जा चुका है कि समाज कल्याण फलन एक विशिष्ट या अनोखा फलन नहीं होता तथा ऐसी दशा में कौन-सा फलन समाज के लिए अनुकूलतम होगा इसे निर्धारित करना असंभव है।

इस प्रकार यदि हम अर्थपूर्ण सामाजिक कल्याण फलन की गणना करना चाहते हैं तो इसके लिए सभी व्यक्तियों को एकमत होना चाहिए। परंतु दुर्भाग्यवश सभी व्यक्तियों का किसी चीज पर एकमत होना संभव नहीं होता।

9. विरोधाभास–कैनेथ जे० ऐरी ने अपनी पुस्तक 'Social Choice and Individual Values' में यह प्रदर्शित किया है कि जब व्यक्तियों के समक्ष दो से अधिक विकल्प (alternatives) होते हैं, तो उस स्थिति में **एक समान रूप और विरोधाभासहीन सामाजिक अधिमान क्रम प्राप्त करना कठिन हो जाता है।** उदाहरण के लिए, हम एक ऐसी स्थिति लेते हैं जिसमें तीन व्यक्ति राम, श्याम और मोहन हैं और तीन विकल्प आम, केला और सेब हैं। मान लीजिए कि राम आम को केले से अधिक पसंद करता है, और सेब से केले को अधिक पसंद करता है। इसलिए स्पष्ट है कि वह सेब से आम अधिक पसंद करता है। श्याम सेब से केले को अधिक पसंद करता है, और सेब को आम से अधिक पसंद है, अत: वह केले को आम से अधिक पसंद करता है। इसी प्रकार मोहन आम से सेब अधिक पसंद करता है और केले से आम अधिक पसंद करता है। इसलिए मोहन सेब को केले से अधिक पसंद करता है। इस प्रकार प्रत्येक विकल्प जोड़े जो कि बहुमत द्वारा तैयार किए जाएंगे, इस प्रकार होंगे–

विकल्प	व्यक्ति	
	पक्ष	विपक्ष
1. केले से आम अधिक पसंद	राम एवं मोहन	श्याम
2. सेब से केला अधिक पसंद	राम एवं श्याम	मोहन
3. आम से सेब अधिक पसंद	श्याम एवं मोहन	राम

उपरोक्त चार्ट से स्पष्ट है कि बहुसंख्यक केले से आम अधिक पसंद करते हैं और सेब से केला अधिक पसंद करते हैं। इसलिए हम कह सकते हैं कि समाज को सेब से अधिक आम पसंद है, क्योंकि जब आम केले से अधिक पसंद है और केला सेब से, इसलिए आम सेब से अधिक पसंद है। लेकिन चार्ट से यह भी स्पष्ट है कि बहुसंख्यक आम से सेब अधिक पंसद करते हैं। इस प्रकार बहुमत के द्वारा जो सामाजिक निष्कर्ष निकाले जाते हैं, वे विरोधाभासपूर्ण हो सकते हैं।

अत: हम इस निष्कर्ष पर पहुँचते हैं कि इस प्रकार के सामाजिक कल्याण फलन की गणना करना जिससे व्यक्ति के अधिमानों को ध्यान में रखा जाएं, मुश्किल है। यह केवल पूर्णतया तानाशाही शासन में उपयुक्त हो सकता है।

निष्कर्ष–उपरोक्त विवेचन से स्पष्ट है कि कल्याणवाद अर्थशास्त्र अभी भी एक असंतोषजनक स्थिति में है। उपयोगिता की अंत: वैयक्तिक तुलना और नैतिक निर्णयों से बचने के लिए विभिन्न अर्थशास्त्रियों द्वारा किए गए प्रयास असफल सिद्ध हुए हैं। इसका मुख्य कारण यह है कि अर्थशास्त्र में मनुष्य के आर्थिक कल्याण का अध्ययन किया जाता है। परंतु मनुष्य अपने कार्यों में केवल तर्क से ही प्रभावित नहीं होता, अन्य प्रेरणाएं भी उस पर प्रभाव डालती हैं।

5. ऐरो तथा कल्याणकारी अर्थशास्त्र (Arrow and Welfare Economics)

बर्गसन और सेम्युल्सन ने सामाजिक कल्याणफलन का प्रतिपादन करके कल्याणवादी अर्थशास्त्र में महत्त्वपूर्ण योगदान दिया है। परंतु **केनेथ जे० ऐरो** ने अपनी पुस्तक **Social Choice and Individual Values** में यह तर्क दिया कि समाज के आर्थिक कल्याण को सामान्य तौर पर सामूहिक निर्णय प्रक्रिया द्वारा अधिकतम नहीं किया जा सकता। उन्होंने यह स्पष्ट किया कि सामाजिक कल्याण-फलन का निर्माण करना असंभव है। चूंकि विभिन्न व्यक्तियों की इच्छाओं के संविलयन सामान्य द्वारा सामाजिक निर्णय के लिए उचित विधि का प्रतिपादन करना अत्यंत दुष्कर कार्य है।

प्रो० ऐरो ने रुचि (Taste) और मूल्य (Value) में अंतर स्पष्ट किया है। उनका मत है कि बर्गसन ने अपने सामाजिक कल्याण-फलन में किसी व्यक्ति की उपयोगिता अथवा (पसंदगी) को उपभोग की गई वस्तुओं की मात्रा पर निर्भर माना है। अत: एक व्यक्ति के वैकल्पिक सामाजिक स्तर के क्रम उसकी रुचियों की व्याख्या करते हैं, ऐरो ने सामाजिक स्तर को निम्न प्रकार परिभाषित किया है।

"एक सामाजिक स्तर की संक्षिप्त परिभाषा प्रत्येक व्यक्तियों के हाथ में प्रत्येक प्रकार की वस्तु की मात्रा, प्रत्येक व्यक्ति द्वारा पूर्ति किए जाने वाले श्रम की मात्रा, प्रत्येक प्रकार के उत्पादक क्रिया में विनियोजित उत्पादन साधनों की मात्रा तथा नगरीय सेवाओं कूटनीति तथा अन्य साधनों से इसकी निरंतरता व प्रसिद्ध मनुष्यों की मूर्ति की स्थापना जैसी विभिन्न प्रकार की सामूहिक क्रिया की पूर्ण व्याख्या होगी।

ऐरो के मतानुसार सामाजिक स्तर का व्यक्तिगत क्रम न केवल स्वयं के उपभोग पर बल्कि अन्य व्यक्तियों के उपयोग पर भी निर्भर करता है, इसका अर्थ यह है कि एक व्यक्ति का कल्याण उपभोग की न केवल निरपेक्ष मात्रा पर बल्कि सापेक्ष मात्राओं पर भी निर्भर करता है। अधिक सरल शब्दों में एक व्यक्ति का कल्याण केवल स्वयं द्वारा उपभोग की जाने वाली सुख-सुविधाओं पर ही नहीं निर्भर करता बल्कि वह इस बात पर भी निर्भर करता है कि व्यक्ति विशेष की तुलना में अन्य व्यक्तियों को उपलब्ध होने वाली सुख-सुविधाएं कैसी हैं।

विभिन्न सामाजिक स्तरों के प्रति एक व्यक्ति के इस प्रकार के विचार नैतिक निर्णय कहे जाते हैं, जो व्यक्ति विशेष के मूल्यों (Values) को प्रदर्शित करते हैं। ऐरो का कहना है कि व्यक्तिगत मूल्यों के अनुसार सामाजिक स्तरों को क्रमबद्ध करना सामाजिक कल्याण को अधिकतम करने के लिए अत्यधिक आवश्यक है, किंतु रुचियों (Tastes) और मूल्यों (Values) में कोई स्पष्ट अंतर नहीं है, जैसा कि रोथनबर्ग ने स्पष्ट किया है, कि ये क्रम चाहे रुचियों पर आधारित हों अथवा मूल्यों पर एक समान होते हैं!

ऐरो की शर्तें–ऐरो ने व्यक्ति और समुदाय के निर्णय के मध्य संबंध के आधार पर सामाजिक कल्याण की व्याख्या की है। समाज के विभिन्न सदस्यों की इच्छाओं के मालूम होने पर उन इच्छाओं के एक समुदाय के निर्णय के रूप में सम्मिलित करने के लिए उचित विधि को मालूम करना आवश्यक है। इसके लिए ऐरो ने निम्नलिखित चार दशाएं बताई हैं, जिन्हें व्यक्तियों के अधिमानों या पसंदगी को प्रदर्शित करने के लिए सामाजिक चुनावों को और पूरा करना चाहिए।

(i) संगत चुनाव–सामाजिक चुनाव ऐसे होने चाहिए जो संगत हों अर्थात् यदि A स्थिति को B स्थिति की अपेक्षा अधिक और B स्थिति को C स्थिति की अपेक्षा अधिक पसंद किया जाता है तो A स्थिति C स्थिति की अपेक्षा अधिक पसंद की जाएगी।

(ii) सामुदायिक निर्णय–समुदाय का निर्णय किसी ऐसे व्यक्ति द्वारा नहीं किया जाना चाहिए जो उस समुदाय के बाहर रहते हों और साथ ही यह निर्णय समुदाय के किसी एक व्यक्ति द्वारा भी नहीं लिया जाना चाहिए। संक्षेप में कोई भी निर्णय समुदाय के सभी सदस्यों की इच्छाओं के अनुरूप लिये जाने चाहिए।

(iii) अनुरूप चुनाव–सामाजिक चुनाव किसी समाज के सदस्यों के चुनावों से विपरीत दिशा में परिवर्तित नहीं होना चाहिए अर्थात् सामाजिक चुनाव विभिन्न व्यक्तियों के चुनावों के अनुरूप होना चाहिए।

(iv) सामाजिक निर्णय का परिवर्तन–दो विकल्पों के मध्य सामाजिक निर्णय तब तक परिवर्तित नहीं होने चाहिए जब तक कि समुदाय का कोई व्यक्ति अपने उस क्रम को परिवर्तित नहीं करता, जिसमें वह अपने अधिमानों के अनुसार इन विकल्पों को क्रमबद्ध करता है। इसका अर्थ यह है कि A तथा B दो विकल्पों के मध्य सामाजिक अधिमान व्यक्तियों के केवल इन्हीं दो विकल्पों के संबंध में मत पर ही निर्भर रहना चाहिए।

उपर्युक्त शर्तों को देखने से प्रतीत होता है कि समूह के निर्णय के लिए यह उचित शर्तें हैं किंतु ऐरो का मत है कि समूह के विषय में निर्णय लेना अत्यंत कठिन है। क्योंकि इनमें से कम से कम एक दशा आवश्यक रूप से पूरी नहीं होती है, अत: समूह का निर्णय अर्थात् सामाजिक चुनाव एक दुष्कर समस्या है।

ऐरो ने सामाजिक चुनाव के विषय में उपर्युक्त प्रकार की कठिनाइयों का स्पष्टीकरण एक उदाहरण द्वारा किया है समूह के विषय में निर्णय लेने की एक अच्छी विधि से मतदान होता है किंतु इसके द्वारा ऐरो की प्रथम शर्त पूरी नहीं होती है। जिसका अर्थ यह है कि प्रत्येक मतदाता के सक्रिय अधिमान (Transitive preference) होने पर भी बहुलता नियम (Majority Rule) इस प्रकार के सामाजिक चुनाव कर सकता है जो सक्रिय नहीं है, इसका तात्पर्य यह है कि व्यक्तिगत अधिमान संगत होने पर भी बहुलता नियम पर आधारित सामाजिक चुनाव असंगत हो सकते हैं! इस तथ्य को नीचे

उदाहरण द्वारा स्पष्ट किया गया है–

मान लीजिए X, Y और Z तीन व्यक्तियों को A, B तथा C तीन सामाजिक विकल्पों में से चुनाव करना है। माना कि सर्वाधिक मध्यम और न्यूनतम अधिमान को वे क्रमश: 3, 2 तथा 1 संख्या लिखकर व्यक्त करते हैं, जिसके आधार पर तीनों विकल्पों के संबंध विभिन्न व्यक्तियों के निम्न सारणी में दर्शाए गए अधिमान क्रम में प्राप्त होते हैं।

सारणी 1

	A	B	C
X	3	2	1
Y	1	3	2
Z	2	1	3

उपर्युक्त सारणी से स्पष्ट है कि–

(i) X व्यक्ति A को B की अपेक्षा और B को C की अपेक्षा अधिक अधिमान देता है।

(ii) Y व्यक्ति B को C की अपेक्षा तथा C को A की अपेक्षा अधिक अधिमान देता है।

(iii) Z व्यक्ति C को A की अपेक्षा और A को B की अपेक्षा अधिक अधिमान प्रदान करता है।

(iv) इस प्रकार X तथा Z दोनों व्यक्ति A को B की अपेक्षा अधिमान देते हैं और X एवं Y दोनों व्यक्ति B को C की अपेक्षा अधिक अधिमान प्रदान करते हैं।

(v) इस प्रकार Y तथा Z दोनों व्यक्ति C स्थिति को A की तुलना में अधिक अधिमान देते हैं।

इस प्रकार स्पष्ट है कि तीन में से दो अर्थात् बहुसंख्यक A को B की अपेक्षा और B को C की अपेक्षा अधिक अधिमान प्रदान देते हैं, जबकि संगत परीक्षण के अनुसार यदि A को B की अपेक्षा तथा B को C की अपेक्षा अधिक अधिमान्यता दी जाती है तो A को C की अपेक्षा अधिक अधिमान्यता दी जानी चाहिए। यह बहुमत नियम के विरोधाभास को स्पष्ट कर देता है, जो कि प्रो॰ ऐरो के अनुसार, गत्यावरोध (dead lock) और इसलिए सामाजिकता की दृष्टि से अनपेक्षित निष्क्रियता (Underired Inaction) को जन्म देता है। इस प्रकार, एक ऐसे सामाजिक कल्याण फलन का निर्माण संभव नहीं जो सब व्यक्तियों के अधिमानों पर ध्यान देता हो।

प्रोफेसर बामोल के अनुसार, ''सामाजिक कल्याण फलन कल्याणकारी निर्णयों का संग्रह करने के लिए उस सम्मान तथा हिदायतों के सैट से लैस होकर नहीं आता जिसकी इसे जरूरत पड़ती है। इस प्रकार कल्याणकारी अर्थशास्त्र की प्रमुख समस्याओं को हल करने में बहुत सहायक नहीं है।

ऐरो संभावना प्रमेय (Arrow Possibility Theorem)–सामाजिक चुनाव तथा व्यक्तिगत मूल्यों की उपर्युक्त व्याख्या करने के पश्चात् ऐरो ने गणित तथा प्रतीकात्मक तर्कशास्त्र (Symbolic Logic) की सहायता से 'सामान्य सिद्धांत' (General Possibility Theorem) का प्रतिमान क्रिया है, जिसकी सहायता से उन्होंने व्यक्तिगत अधिमानों के आधार पर सामूहिक अधिमान का निर्माण करने को असंभव सिद्ध किया है।

ऐरो ने निम्नलिखित पांच स्वयं सिद्धियों (Axioms) का उल्लेख किया, जिसे किसी भी अधिमान संरचना (Preference Structure) द्वारा न्यूनतम रूप से ग्राह्य (Acceptable) होना चाहिए।

1. पूर्णक्रमता (Complete Ordering)–किसी भी सामाजिक अधिमान्यताओं (Social Preference) द्वारा व्यक्तिगत स्थिति के समय संपूर्ण क्रमों को पूरा किया जाना चाहिए तथा यह दशा "Is at least Socially as" द्वारा निर्धारित होनी चाहिए अर्थात् पूर्णक्रमता (Complete Ordering) हेतु प्रस्तुत दशा की पूर्ति आवश्यक है। यह दशा उसी स्थिति में पूर्ण होती है, जबकि संगतता (Transitively) प्रतिबिंबता (Reflexity) तथा पूर्णता (Completeness) का गुण पूरा हो।

2. अप्रभाव (Non-Imposition)–सामाजिक अधिमान्यताओं (Social Preference) को स्वतंत्र रूप से बिना व्यक्तिगत अधिमानों पर ध्यान दिए लागू नहीं करना चाहिए। मान लिया X तथा Y दो स्थितियां हैं तथा अधिकांश व्यक्ति X को X की तुलना में अधिक पसंद करते हैं तथा एक व्यक्ति Y को X की तुलना में पसंद करता है तो इस स्थिति में सामाजिक अधिमान्यताओं के अनुसार X का, Y से अधिक पसंद किया जाना आवश्यक है न कि Y को X के सापेक्ष।

3. गैर तानाशाही (Non-Dictatorship)–सामाजिक अधिमान्यताओं का निर्धारण किसी एक व्यक्ति की अधिमानता के आधार पर नहीं किया जाना चाहिए, यदि एक व्यक्ति द्वारा पसंद क्रम Y की तुलना में X हो तो यदि केवल इसी व्यक्ति के आधार पर ही सामाजिक अधिमान्यताओं का निर्धारण किया जाये तो ऐसी सामाजिक अधिमान्यता सही नहीं होगी। इस स्थिति में सामाजिक अधिमान्यताओं के निर्धारण के व्यक्तिगत आधार पर करने का तात्पर्य होगा कि व्यक्ति एक तानाशाह है।

4. निरर्थक विकल्पों से स्वतंत्र (Independence of Irrellevent alternatives)–किसी विकल्पों में सबसे अधिक अधिमान वाले विकल्प के अतिरिक्त अन्य विकल्पों को निरर्थक माना जाना चाहिए और सामाजिक अधिमान्यताओं के निर्धारण प्रयुक्त विकल्प दूसरे विकल्पों से स्वतंत्र होना आवश्यक है।

5. व्यक्तिगत अधिमान्यताओं के प्रति संवेदनशीलता (Responsiveness to Individual Preference)–मान लीजिए कि स्थिति X दिए हुए व्यक्तिगत अधिमान्यताओं के आधार पर, Y की अपेक्षा अधिक वांछनीय है, मान लीजिए कि व्यक्तिगत क्रमों में इस प्रकार से परिवर्तन होता है कि एक या दो व्यक्ति X के क्रम को तो ऊँचा कर देते हैं तथा अन्य कोई व्यक्ति इसे नीचे नहीं करता है तो ऐसी दशा में X को Y की अपेक्षा अधिक वांछनीय माना जाना चाहिए।

संक्षेप में ऐरो ने अपने संभावना सिद्धांत की व्याख्या इस प्रकार की है, ''यदि हम उपयोगिता की अंतर्वैयक्तिक तुलना को स्वीकार नहीं करते हैं तो व्यक्तिगत रुचियों से सामाजिक अधिमानों की ओर जाने की एक मात्र विधि, जो संतोषजनक होगी तथा जो व्यक्तिगत क्रमों के समूहों के विस्तृत श्रेणी के लिए परिभाषित होगी, वह या तो अध्यारोपित अथवा अधिनायकीय (dictatorial)है।''

आलोचनाएं–ऐरो के कल्याणवादी अर्थशास्त्र की निम्नलिखित आलोचनाएं की जाती हैं–

(i) प्रो० मिशन की आलोचनाएं–प्रो० मिशन ने ऐरो के कल्याणवादी अर्थशास्त्र की निम्नलिखित आलोचनाएं की हैं–

(अ) ऐरो की सामाजिक उदासीनता की विचारधारा (Concept of Social Indifference)–केवल एक व्यक्ति के संदर्भ में ही स्वीकार्य है, समाज के संदर्भ में नहीं।

(ब) ऐरो ने एक उचित सामाजिक कल्याण-फलन की खोज में उपयोगिता की मापनीयता तथा अंतर्वैयक्तिक तुलना को अस्वीकार करने का दावा किया है, किंतु बहुसंख्यक विचार के अंतर्गत उपयोगिता की मापनीयता और अंतर्वैयक्तिक तुलना के विचार अंतर्निहित हैं।

(ii) बामोल की आलोचनाएं–बामोल के मतानुसार यद्यपि व्यक्तिगत क्रमों के आधार पर संतोषजनक सामाजिक क्रम का निर्माण करना असंभव है, परंतु इसका कारण ऐरो की मान्यता ही है।

इसके अतिरिक्त ऐरो ने विभिन्न सामाजिक स्तरों में किसी विकल्प के चुनाव के लिए केवल कोटिक्रम (Ranking) को ही ध्यान में रखा है और विभिन्न इच्छाओं की हीनता के आधार पर विभिन्न विकल्पों को भार प्रदान नहीं किया है।

(iii) प्रो० लिटिल की आलोचनाएं–अर्थशास्त्र की आलोचना करते हुए कहा है कि उनके सामाजिक कल्याण फलन के संबंध में नकारात्मक निष्कर्ष अर्थात् असंभावित का कल्याणवादी अर्थशास्त्र में कोई प्रयोग नहीं है। अत: ऐरो के फलन को सामाजिक कल्याण फलन के बजाय निर्णय करने की प्रक्रिया के रूप में समझा जाना चाहिए।

इस प्रकार ऐरो के कल्याणवादी अर्थशास्त्र की भी अनेक दृष्टिकोणों से आलोचना की गई जिससे यह स्पष्ट होता है कि यद्यपि कल्याणवादी अर्थशास्त्र के क्षेत्र में सैद्धांतिक और व्यावहारिक की काफी प्रगति हुई, परंतु फिर भी सामाजिक कल्याण में परिवर्तन को मालूम करने के लिए किसी उचित कसौटी की खोज नहीं की जा सकती है। वस्तुत: एक वास्तविक सामाजिक कल्याण फलन के अंतर्गत उन समस्त सामाजिक, धार्मिक, आर्थिक और राजनीतिक तत्त्वों को सम्मिलित करना आवश्यक होता है, जिनसे समाज कल्याण प्रभावित होता है, किंतु इस संबंध में मुख्यतया दो कठिनाइयां हैं–प्रथम, सामाजिक कल्याण को प्रभावित करने वाले अनेक पदों को सम्मिलित करना आवश्यक है और द्वितीय, इसके साथ उन अनेक चरों की परिभाषात्मक माप भी असंभव है। फलत: सर्वमान्य सामाजिक कल्याण फलन का निर्माण करना भी असंभव प्रतीत होता है।

Selecte References

Pigou, A.C. : The Economic of Welfare (4th ed.)

Myint, H. : Theories of Welfare Economics, Pt. II, 1948

Samuelson, P.A. : Foundations of Economics Analysis, Chap. 8, 1947
"Social Indifference Curves." Quarterly Journal of Economics, 1956

Baumol, W.J. : Welfare Economics and the Theory of State, (2nd ed.) 1965

J. De. V. Graaf : Theoretical Welfare Economics, 1957

Mishan, E.J. : "A Survey of Welfare Economics, 1939-59," Economic Journal, 1960
"The Recent Debate on Welfare Criteria," O.E.P, 1965

Little, I.M.D. : A Critique of Welfare Economics, (2nd ed.), 1957

Dobb, M. : Welfare Economics and the Economics of Socialism, 1969

Taylor, Lange : On the Economic Theory of Socialism

Arrow, L. : Social Choice and individual Values, (2nd ed.). 1963

Nath, S.K : A Re-appraisal of Welfare Economics, 1969

परीक्षा प्रश्न
(Examination Questions)

1. पुराने कल्याणवादी अर्थशास्त्र तथा नये कल्याणवादी अर्थशास्त्र के बीच अंतर बतलाइये तथा नये कल्याणवादी अर्थशास्त्र की सीमाएं बताइए।
   Distinguish between old welfare economics and new welfare economics and discuss the limitations of new welfare economics.
2. पीगू के कल्याणवादी अर्थशास्त्र तथा पेरीटो के कल्याणवादी अर्थशास्त्र के बीच अंतर की एक आलोचनात्मक व्याख्या कीजिए।
   Give a critical evaluation of the distinction between Pigouvion welfare economics and Pareto's welfare economics.
3. नये कल्याणवादी अर्थशास्त्र की एक आलोचनात्मक विवेचना कीजिए।
   Give a critical evaluation of new welfare economics.
4. ''सामाजिक कल्याण फलन प्रत्येक व्यक्ति के कल्याण का फलन समझा जाता है और प्रत्येक व्यक्ति का कल्याण निर्भर करता है न केवल अपने स्वयं के कल्याण पर बल्कि उसकी दृष्टि से समाज के सभी सदस्यों में कल्याण के वितरण पर भी।'' इस कथन की आलोचनात्मक व्याख्या कीजिए।
   "The social welfare function can be thought of as a function of each individual's welfare, which in turn depends both on his personal well-being and on his appraisal of welfare among all members of the community." Discuss critically.

II. लघु उत्तरीय प्रश्न (Short Answer Type Question)

1. कल्याणवादी अर्थशास्त्र क्या है?
2. कल्याणवादी अर्थशास्त्र में नैतिक निर्णयों का क्या स्थान है?
3. पेरीटो का सामाजिक आदर्श क्या है?
4. सामाजिक अनुकूलतम की स्थिति क्या है?
5. एक प्रतियोगी प्रणाली में पेरिटियन अनुकूलतम की प्रमुख दशाएँ क्या हैं?
6. कालडोर का क्षतिपूर्ति सिद्धान्त क्या है?
7. क्षतिपूर्ति सिद्धान्त की प्रमुख आलोचनाएँ लिखिए।
8. सामाजिक कल्याण फलन क्या है?
9. सामाजिक कल्याण फलन की प्रमुख आलोचनाएँ क्या हैं?

III. वस्तुनिष्ठ प्रश्न (Objective Type Questiona)

सही विकल्प छाँटकर लिखिए–

1. समाज की वृद्धि अथवा कमी के मापन हेतु सर्वप्रथम एक निश्चित कसौटी का प्रतिपादन किया—
   (अ) प्रो. पीगू (ब) पेरिटो
   (स) काल्डोर (द) हिक्स
2. पेरीटो का कल्याणवादी अर्थशास्त्र आधारित है—
   (अ) गणनावाचक विचार पर (ब) क्रमवाचक विचार पर
   (स) उपयोगिता विश्लेषण पर (द) उपर्युक्त में से कोई नहीं
3. पेरीटियन अनुकूलतम की स्थिति प्राप्त करने की शर्तों को कहते हैं—
   (अ) सीमान्त स्थैतिक दशाएँ (ब) प्रथम क्रम की दशाएँ
   (स) उपर्युक्त दोनों (द) उपर्युक्त में से कोई नहीं
4. निम्नलिखित में से कौन-सा कथन पेरीटो के सिद्धान्त की मान्यता से सम्बन्धित नहीं है—
   (अ) कल्याणकारी अर्थशास्त्र नैतिक नियमों से स्वतन्त्र है
   (ब) कल्याणकारी अर्थशास्त्र वितरण की समस्याओं से सम्बन्धित किया है
   (स) कल्याणवादी अर्थशास्त्र में क्रमवाचक विचार को स्वीकार किया है
   (द) उपर्युक्त में से कोई नहीं।
5. आर्थिक कल्याण की दृष्टि से कोई भी परिवर्तन सुधार तभी कहा जायेगा जबकि वह किसी को हानि पहुँचाये बिना कम से कम एक व्यक्ति की दशा में सुधार करता है। यह कहलाता है—
   (अ) क्षतिपूर्ति सिद्धान्त (ब) पेरीटो की अनुकूलतमता
   (स) सामाजिक कल्याण फलन (द) उपर्युक्त में से कोई नहीं
6. किन्हीं दो वस्तुओं के मध्य रूपान्तरण की सीमान्त दर किन्हीं भी उन दो फर्मों के लिए समान होनी चाहिए जो कि उन दोनों वस्तुओं का उत्पादन करती है। पेरिटो के अनुकूलतमता की यह दशा कहलाती है—
   (अ) साधनों के अनुकूलतम आबंटन की दशा
   (ब) विशिष्टता की अनुकूलतम मात्रा की दशा

(स) साधन के अनुकूलतम प्रयोग की दशा

(द) उपर्युक्त में से कोई नहीं।

7. निम्न में से पेरिटो की अनुकूलतम की दशा नहीं है—

(अ) उत्पादन के अनुकूलतम दिशा की दशा

(ब) वस्तुओं के अनुकूलतम उपभोग की दशा

(स) वस्तुओं के अनुकूलतम आबंटन की दशा

(द) साधन के अनुकूलतम प्रयोग की दशा

8. यह सिद्धान्त "दो स्थितियों में A व B में से B की अपेक्षा A को सामाजि दृष्टि से तभी श्रेष्ठ माना जा सकता है जब स्थिति A से लाभ उठाने वाले व्यक्तियों को (A को स्वीकार करने हेतु) क्षतिपूर्ति दे और फिर भी स्थिति B की तुलना में बेहतर रहे हैं—

(अ) कालडोर का (ब) हिक्स का

(स) सैम्युल्सन का (द) उपर्युक्त में से कोई नहीं

9. सामाजिक कल्याण फलन सिद्धान्त का प्रतिपादन मुख्य रूप से किया है—

(अ) बॉमोल ने (ब) प्रो. मार्शल व पीगू ने

(स) बर्गसन व सैम्युल्सन ने (द) उपर्युक्त में से कोई नहीं

10. निम्नलिखित में से कौन-सा कथन सही नहीं है?

(अ) कल्याणकारी क्षतिपूरक सिद्धान्त में नैतिक मूल्यों को सम्मिलित किया गया है।

(ब) सामाजिक कल्याण फलन समाज के कल्याण का क्रमसूचक निर्देशांक होता है।

(स) कालडोर-हिक्स के सिद्धान्त में वितरण की समस्या पर ध्यान नहीं दिया गया है।

(द) सामाजिक कल्याण फलन में नैतिक मूल्यों को सम्मिलित किया गया है।

उत्तर—1. (ब), 2. (ब), 3. (स), 4. (अ), 5. (ब), 6. (ब), 7. (ब), 8.(ब), व (स), 9. (अ), 10. (स)।

OOO